DIRECT SOCIAL WORK PRACTICE: Theory and Skills

ダイレクト・ソーシャルワークハンドブック

対人支援の理論と技術

ディーン・H・ヘプワース
ロナルド・H・ルーニー
グレンダ・デューベリー・ルーニー
キム・シュトローム-ゴットフリート
ジョアン・ラーセン
［著］

武田信子
［監修］

北島英治
澁谷昌史
平野直己
藤林慶子
山野則子
［監訳］

明石書店

Direct Social Work Practice

by Dean H. Hepworth, Ronald H. Rooney,
Glenda Dewberry Rooney, Kim Strom-Gottfried
and Jo Ann Larsen

Copyright © 2010, 2006 Brooks/Cole, Cengage Learning

Japanese translation published by arrangement with

Cengage Learning Inc.through The English Agency(Japan) Ltd.

序　文

　本書は、"*Direct Social Work Practice*"の第8版である。読者の方々には、本書を活用して、効果的で倫理にかなったソーシャルワーク実践を始めていただきたいと願っている。

本書のねらい

　"*Direct Social Work Practice*"第8版では、ソーシャルワーク固有の使命と価値観に基づくさまざまなモデル、理論、技法を紹介する。本書で取り上げるアプローチは、エビデンスに基づいたものであり、同時にストレングスとエンパワメントの視点を重視したものである。本書は、課題中心、危機介入、認知行動、解決志向、および動機づけのための面接といった各種のアプローチの影響を強く受けている。また、アセスメントや介入に対して多面的な観点に立ち、環境を修正するための介入についても記述している。さらに第8版では、以下の項目を新たに追加あるいは補足した。

- 未成年者および高齢者に対する実践内容の適用
- 移民政策、資源の制約、経済問題といった、現代の実践に影響を及ぼす社会的課題の特定
- 米国ソーシャルワーク教育協議会による教育方針および認定基準（Educational Policy and Accreditation Standards：EPAS）に明記されたコンピテンシーへの着目
- 各章ごとの技術向上のための演習問題
- さまざまなクライエントや設定の面接記録。テキストには、抜粋した内容を掲載。

本書の構成

　本書は4部で構成されている。

　第1部では、ソーシャルワーク専門職と、ダイレクトソーシャルワーク実践について紹介し、援助プロセスの概要を示す。まず第1章では、本書におけるEPAS基準の扱い方について説明し、ソーシャルワークにおけるエビデンスに基づく実践の現状について検討する。第2章では、ソーシャルワーク分野の役割と領域を紹介し、続いて第3章では、援助プロセスの概要を述べる。第1部を締めくくる第4章では、ソーシャルワークの基本的価値、専門職にとってコアとなる倫理基準、倫理的意思決定に向けた方略について検討する。

　第2部では、援助プロセスの開始期について述べ、各章では事例を紹介する［訳注：原版に付属のDVDは、日本語版では割愛している。事例は「帰省」「故郷へ帰る」「ごねる人への支援」「高齢者の悲嘆のアセスメント」「保護観察官とのワーク」「コーニング家」「10代の母親と里親」があり、事例を参照している箇所には、文中に◇を付している］。まず第5章では、関係構築のための技術に焦点を当て、第6章では、懸案事項を引き出すこと、問題を深く探ること、方向性やセッションの焦点を示すことなどに関連する理論や技術について検討する。続いて第7章では、コミュニケーション上の障壁について考え、第8章では、アセスメント、問題とストレングスの探求の過程について取り上げ、文化に配慮したアセスメント、解決志向のアセスメント、および児童に対するアセスメントに関わる内容を取り扱う。第9章では、個人内システムおよび環境的システムのアセスメントについて検討し、精神状態に関する検査の実施、DSM-IV-TR［訳注：2013年に

『DSM-5』に改訂されている〕の利用や生物学・心理・社会的アセスメントのまとめ方についての情報を提供する。

　第10章では、家族のアセスメントに焦点を当てる。家族ストレッサーやレジリエンスに関する内容、および家族ストレングスやストレッサーの評価に役立つ数々の手段を紹介する。第11章では、さまざまな設定におけるグループワークの役割や、さまざまな種類のグループ形成の概念について検討する。第12章では、効率的な、クライエントに焦点を当てた目標設定や記録の仕方について紹介する。

　第3部では、援助プロセスの中間期すなわち目標達成の局面について検討する。まず第13章では、実践に対する課題中心、危機介入、認知の再構成、解決志向のアプローチに関する最新の情報を含む、変化重視方略について考える。

　第14章では、環境の修正、ニーズの評価、資源の開発や補完、エンパワメントに焦点を移し、さらに、アドボカシー、ソーシャルアクション、コミュニティの組織化における潜在的な倫理的な課題に注目する。第15章では、家族関係の強化方法を新たな事例を用いて詳しく紹介する。第16章では、グループワークにおける倫理的課題や文化的に特殊なグループや一回のみのセッション・グループといった画期的な手法を含む、グループワークに適用可能な理論や技術を検討し、第17章では、専門家によるより深い共感、解釈、直面化について新たな事例や文献を用いて紹介する。第18章では、変化に対する障害や障壁の対処に焦点を当て、共感疲労やバーンアウト、およびクライエントやソーシャルワーカーの反応や事例について新しい情報を紹介する。

　第4部では、援助プロセスの終結期を取り上げ、第19章で評価に関する研究を紹介し、ソーシャルワーク関係の計画的な、あるいは計画外のさまざまな終結に対応するため、終結全般について詳しく説明する。

各章を読み進める順序について

　本書は、個人から家族、グループ、マクロ実践に至る各システムの各レベルの実践についてそれぞれの局面ごとに構成されている。教員によっては、特定の実践形態について一つのまとまりとしてすべての内容を網羅したいと考える場合もあるだろう。特に、個人を対象としたソーシャルワーク実践をテーマとしたコースの場合、第1章から順を追って進む必要はない（表1を参照）。まず第5章から第9章までを紹介した後、第12章と13章に飛び、最後に第17章と18章で掘り下げた内容を取り扱う。同様に、家族をテーマとした場合、第10章と第15章をまとめて紹介し、またグループをテーマとした場合は、第11章と第16章を導入とする。本書において、章の提示の順序をこのようにしたのは、介入の形態の選択から始めるよりも、各局面で必要な介入を紹介していく方がシステムの観点に適していると考えたからである。

表1　実践形態による章の構成のあり方

実践形態	
概論	第1～4、19章
個人	第5～9、12、13、17、18章
家族	第10、15章
グループ	第11、16章
マクロ	第14章

謝　辞

　有益なコメントや提案をしてくれた以下の同僚たちに、感謝の意を表したい。我々を支えてくれた執筆グループのマイク・コバネツ（Mike Chovanc）、アネット・ガーテン（Annete Gerten）、エレナ・アイザックソナス（Elena Izaksonas）、レイチェル・ロイブラット（Rachel Roiblatt）、ナンシー・ローデンボーグ（Nancy Rodenborg）各氏。調査、見直し、ケースの構成、参考文献一覧の管理に携わってくれた研究助手のデイヴィッド・デヴィート＆トニヤ・ヴァンデインス（David DeVito and Tonya VanDeinse）各氏にも感謝したい。以下のビデオおよびシミュレーション参加者には、心からお礼を述べたい。サラ・ゴットフリート（Sarah Gottfried）、シャノン・ヴァン・オスデル（Shannon Van Osdel）、エミリー・ウィリアムズ（Emily Williams）、ヘザー・パーネル（Heather Parnell）、クリステン・ルカシェビッチ（Kristen Lukasiewicz）、エリカ・ジョンソン（Erika Johnson）、アンジェラ・ブラン（Angela Brandt）、アーウィン・トンプソン（Irwin Thompson）、アリ・ヴォゲル（Ali Vogel）、ジャニック・メイズ女史（Mrs. Janic Mays）、ドロシー・フラハーティー（Dorothy Flaherty）、ヴァル・ヴェラスケス（Val Velazquez）、キャシー・リンガム（Kathy Ringham）、メアリー・パットリッジ（Mary Pattridge）、カリ・カーペンター（Cali Carpenter）各氏。また、ビデオの開発・編集に多大なる時間を費やしてくれたミネソタ大学のキース・ブラウン＆ピート・マッコーリー（Keith Brown and Pete McCauley）各氏の技術に感謝の意を表する。また、本書の読者である学生諸君および現場のソーシャルワーカーに対し、提案、事例、激励の言葉をいただいたことに対するお礼を申し上げる。

　ジョージ・ゴットフリート（George Gottfried）、ローラ・デューベリー（Lola Dewberry）、クリス・ルーニー（Chris Rooney）各氏をはじめとする、我々の同僚、友人、家族からの支援、インスピレーション、チャレンジなしには本書を完成することはできなかっただろう。最後に、セス・ドブリン（Seth Dobrin）氏率いるラーニング株式会社のチームには、その熱意、専門知識、および忍耐に対し、格別の感謝の意を表したい。

監修者はしがき

　本書は "*Direct Social Work Practice : Theory and Skills, Eighth Edition*" の全訳である。翻訳の動機は、ここ30年、北米のソーシャルワーク教育の大学院で最もポピュラーな、10回も版を重ねているテキストを、日本の社会福祉関係の皆さんのみならず、心理臨床家をはじめとする対人支援専門職の皆さんに紹介して、この分野への理解を促進したいという思いであった。

　対人支援の理論と技術を学ぶことは、ソーシャルワークだけではなく、心理臨床、教育・保育・養護・子育て、医療・看護、介護・保健、子ども・若者・高齢者・女性支援、マイノリティ支援、社会政策立案、犯罪対策、ボランティアなど、人と関わる仕事をする方たちの基本であるが、ここまで詳細に基本について一冊にまとめられている本は、ほかに知らない。基本書とはいえ、この本を読みこなし実践できたら、対人支援に関して優れたプロと言えるだろう。自分の実践も研究も大きく変化することは間違いない。

　米国の事例を基にした本ではあるが、さまざまに起きている日本の社会的弱者をめぐる問題を、どうとらえどう支援していくのか、ということについて、この本に沿って考えていくことで、思考を深めていくことができるだろう。これからまだ日本が欧米化していく余地があるのだとしたら、起きてくる課題に対して、今のうちに予防策を講じる必要があると思う。そのためにこの本がきっと役立つ。海外の失敗と成功、ここからその両方が学べるだろう。

本書の読み方

1．まず目次・見出しで概要をつかむ

　本書は原著より目次を細かく掲載してある。自分の関心のある項目を探し出すために、是非、活用してほしい。また、見出しに使う語句は、できる限り専門用語を日本語としてわかりやすく意味がとれるように言い換えて記述した。本文では定訳や英語の元の単語に即した一般的な訳に戻した場合があるので、読みながら概念を徐々に頭に入れていっていただきたい。

2．グループで力を合わせて読み進めてほしい

　本書を読み進めていく中で、わかりにくいところがあったら、グループで力を合わせて読み進めてほしい。

　1000ページ近くもある翻訳学術書を一人で読みこなすのは、なかなか難しい。そもそも個人で購入する本として、本書は高価である。一人で購入して一人で読める人は多くはないだろう。研究室、大学や地域の図書館、行政機関、NPO法人等の団体の事務所などに置いて、あるいは、研究会や勉強会で共有して、みんなで読んでほしい。

　その際、自分と同じ活動をする人と学んでも、全く違う分野の人と学んでも、きっと新しい気づきがあるだろう。初学者でもベテランでも、それぞれに読み込むことができるだろう。索引を用いて、辞書のように活用することもでき、現場で「これはどうしよう」と思ったときに参考にしたり、この分野の研究にはどんなものがあるのだろうと思ったときに調べたりすることができる。

大学院テキストであるから、本来、授業で読むものであるが、日本には、ソーシャルワークはもとより社会福祉を学べる大学院修士課程が、国立大学では一大学のみ、公立大学で十余りしかない。私立大学でも数十である。国や行政の政策をしっかりと「弱者の立場から」とらえて、社会をより良く変革していこうという実践的学問が、日本ではまだマイナーな学問なのである。海外の大学院に進学してソーシャルワークを学んでも、あまりにも環境、考え方が異なり、日本に戻ってくる人は少ない。でも、日本で学び、日本のために、ソーシャルワークという学問を活用する人間が必要なのである。この本を読むことで、日本に居ながらにして、北米の大学院レベルの勉強ができるわけである。

　そもそも監修者は社会福祉士ではない。対人支援の分野、特に社会的弱者になってしまう子どもたちに寄り添いたいと思って仕事をしてきた臨床心理士であり、教師教育者であるに過ぎない。しかし、この本を日本に紹介して、多くの対人支援専門職の方たちに供したいと思った。社会をよりよくしていくにはどうしたらいいのだろう、と漠然と思っている人たちや、より強い立場の人たちの作る壁にあきらめそうになっている人たちに、若き学徒のみならず、専門分野を問わず、対人支援分野で活動している現場の人たちに、この本をぜひ読みこなしてほしいと思う。実践を重ねてきた方にとっては、自分の実践の言語化とエビデンスの確認、意識から抜け落ちている弱点の補強になると思う。

3．知らない概念を身につけるために

　新しい概念の理解のためには、わからないまましばらく読み進めて実践例などを参考にし、もう一度元に戻るという読み方をお勧めしたい。

　実際のところ、本書の中には、英語の直訳としては成立しているが、日本語としては意味が取りづらいという部分が少なからずある。日本にない概念を、日本語で簡潔に表現するためには、その概念を深く理解する必要があって、単に言葉を当てはめるだけでは済まない。監修者として時間をかけて全体に目を通し、翻訳・監訳されたものをさらにできる限り日本語として通じる言葉に置き換える努力をしたが、その結果として、従来の専門用語とのずれが生じたり、訳語にブレができたり、意訳が過ぎていると指摘されるであろうところもある。訳出の責任者としてあらかじめお断りし、ご海容願うとともに、むしろ幅広い読者によって、どのような言葉で表現し理解していくことが適切であるか、議論されることを願っている。

4．それぞれの分野にあわせて興味のあるところから

　読者は、それぞれの専門分野に合わせて、興味深いところから徐々に読んでほしい。本書は、学問としてエビデンスを伴って書かれている。大多数の大人が知らないこと、日本にまだ届いていないこと、アメリカの中でも実際にはなかなか広がらなくて苦戦していること、けれども、そこで頑張っている人たちがいること、が書かれている。

　社会福祉士はもとより、心理臨床家に学んでほしいのは、エコロジカルな視点、社会的にどう専門性を生かしていくかということ、そして、文化や価値をどう面接の中で扱っていくか、ということである。臨床心理士のカリキュラムの項目にはコミュニティ心理学が入っている。しかしそれでも、個人面接の視点から学びを進める心理臨床家は、どうしてもミクロな観点から事例をとらえがちである。本書はダイレクト実践をタイトルとし、カウンセリング技術についても細やかに説明しているが、臨床心理学に比べてはるかに社会的視点から記述されており、しかもマク

ロ実践について記述した章もあるほどである。ミクロ実践を行うにあたってもマクロな視野が欠かせないことは、本書を学ぶことによってよくわかるようになるだろう。

　また、子どもや子ども家庭に接する立場の方たちには、もっとも社会的弱者の位置におかれがちな乳幼児の世界や、女性（母親）たちの想いを理解し、代弁することの必要性を学んでほしい。実際のところ、この立場の方たちは、自分たち自身が社会的弱者となっている現実に対して、どうしていくかについて作戦を立てて考えていくことが必要だろうと思う。

　この本を読もうと思う教育者や医療者がいらしたら、それは本当にうれしいことである。教育者や医療者が対人支援職であるということは近年になって言われこそすれ、あまり認識されてこなかった。児童生徒・学生、患者など、教える対象や治療対象に対してこれらの専門職は権力を容易に持ちうる存在である。1日の3分の1を過ごす場にいる教育者が、児童生徒・学生とどう接するか、身体を預ける医療者が、ケアを受ける立場の患者とどう接するか、彼らの権利に対してどういう認識を持っているかは、彼らの人生を左右するほどの大きなことであると思う。そういう意味において、教師教育や医学教育の中に、対人支援の視点が入ることは非常に意義のあることだと考えている。

　また、社会政策の立案者、市民運動の活動家こそ、ソーシャルワークの視点を身につけてほしい。米国大統領のバラク・オバマ氏がコミュニティオーガナイザーであったことはよく知られている。現実にソーシャルワークの視点を施策に落とし込むことは、大統領にしても困難であるが、この分野の専門家の数が増えることによって、社会はきっと変えられる。改めて書いておこう。ソーシャルワークの目的は、社会変革なのである。

本書出版の経緯

　本書に出会ったのは、1999年に武蔵大学特別研究員として、トロント大学大学院ソーシャルワーク研究科客員研究員となり、Marion Bogo教授のMaster of Social Work課程の1年生用授業に体験参加した折である。東京大学大学院「教育学」研究科修士課程と博士課程で学んだ「臨床心理学」と臨床現場で学んだ計10年分位の内容がぎっしり詰まった「ソーシャルワーク」の本に、大変に驚いたことを覚えている。そして、この本は、日本の社会福祉はもとより、臨床心理学を始めとした対人支援分野で読まれる必要があると強く思ったのである。その一年後、カナダから帰国してすぐに埼玉大学教育学部や学習院大学心理学専攻の学生たちとこの本を読み始めた。そして、その時の学生たちの翻訳をもとに当時全国で活躍していた子育て支援の関係者とコミュニティワーク実践研究会を立ち上げて勉強会を開いたりもした。しかし何しろ厚すぎて、英文と雑な訳で読みこなすことは困難であった。それが今、訳書となって目の前にある。感無量である。

　本書の出版は、2008年に東洋大学で開催された第8回日本子ども家庭福祉学会大会の際、大会長であられた故高橋重宏先生が、私の希望を聞き、明石書店の深澤孝之さんにお声掛け下さったことがきっかけである。明石書店がこの無謀な企画を引き受けてくださったことに心から感謝している。本書の出版準備中に、巻頭言をお願いしていた高橋重宏先生がお亡くなりになられた。本書の出版は高橋重宏先生のソーシャルワークへの熱き想いに寄与するものであると信じている。

　これだけの質と量のある翻訳をしあげるにあたっては、それぞれの章の担当の先生方、日本社会事業大学の北島英治先生、関東学院大学の澁谷昌史先生、北海道教育大学の平野直己先生、東洋大学の藤林慶子先生、大阪府立大学の山野則子先生、下訳を担当してくださった上田洋介さん、

藤野るり子さん、編集者の清水祐子さんのご尽力があり、明石書店の大野祐子さんはじめ、編集担当の皆様のご協力があってこそのことである。心から感謝している。また、長丁場の作業に伴走し、原稿に目を通してアドバイスくださった日本コミュニティワーク協会共同代表の横須賀聡子氏に改めてお礼を言いたい。なお、本書は、平成26年度武蔵大学研究出版助成を受けている。本書の出版の意義に対するご理解に感謝したい。本書によって、日本の対人支援専門職の視野が広がり、すべての社会成員のウェルビーイングが実現に近づくことを願っている。

2015年3月11日　東日本大震災4周年の日に

監修者　武田　信子

ダイレクト・ソーシャルワーク ハンドブック
対人支援の理論と技術

◇

目 次

序文 3
謝辞 5
監修者はしがき 7

第1部 序 論

第1章　ソーシャルワークの課題 ……………………………… 28
- **■ソーシャルワークの使命** 30
- **■ソーシャルワークの目的** 31
- **■ソーシャルワークの価値** 32
  - 価値と倫理 36
  - ソーシャルワークの倫理綱領 38
  - 〈BOX 1 - 1〉 EPAS コンピテンシー 39
  - コンピテンシーを習得するための枠組み 46
    - エコロジカル・システム・モデル◆システム理論を非線形でとらえること◆システム理論の限界
- **■介入の決定と実行** 52
  - 介入の選択に影響を与えるガイドライン 55
- **■まとめ** 56

第2章　ダイレクト実践──対象領域、理念、役割 ……………………………… 57
- **■対象領域** 57
  - ジェネラリストの実践 58
  - ダイレクト実践 60
- **■ダイレクト実践の理念** 62
- **■ダイレクト分野の実践者の役割** 64
  - サービスを直接提供すること 64
  - システム間のつなぎ役 64
    - 仲介者◆ケースマネジャー／コーディネーター◆仲裁人／調停者◆クライエントのアドボケイト
  - システムの維持と強化 66
    - 組織の分析者◆ファシリテーター／エクスペディター（代理交渉人）◆チーム・メンバー◆コンサルタント／コンサルティー
  - 研究者／研究結果の利用者 68
  - システムの開発 69
    - プログラム開発者◆プランナー◆援助の方針および手順の開発者◆アドボケイト
- **■まとめ** 70

第3章　援助プロセスの概要 ……………………………… 71
- **■多様な理論とソーシャルワーカーに共通の要素** 71
- **■援助のプロセス** 72
  - 第Ⅰ段階──探索、契約、アセスメント、計画 73
  - 第Ⅱ段階──実行と目標達成 81

　　　　　　自己効力感の強化◆進捗状況のモニタリング◆目標達成の阻害要因◆関わり合い
　　　　　　の中で生じる反応◆クライエントの自己覚知の強化◆自己の活用
　　　第Ⅲ段階──終結　85
　　　　　　援助関係を成功裡に終結させること◆変化を維持するための方略を計画する
■ **面接の過程──構造と技術**　86
　　　物理的条件　87
　　　面接の構造　88
　　　ラポールの構築　88
　　　　　　クライエントのいるところから始める◆通訳の利用
　　　探索の過程　94
　　　　　　期待を探る◆重要な情報を引き出す
　　　深層への焦点づけ　96
　　　アウトラインの活用　96
　　　感情的な機能のアセスメント　97
　　　認知的な機能の探索　97
　　　薬物依存、暴力、性的虐待の探索　97
　　　目的と契約に関する協議　98
　　　面接の終わらせ方　98
　　　目標の達成　99
■ **まとめ**　100

第4章　ソーシャルワークの基本的価値の実現 … 101

■ **個人の価値観と専門職上の価値の相互作用**　101
■ **ソーシャルワークの基本的価値**　102
■ **専門職上の価値を受け入れる際の課題**　114
■ **倫理**　115
　　　法と倫理の交差　115
　　　主要な倫理原則　117
　　　　　　自己決定◆インフォームドコンセントの提供◆専門職上の境界の維持◆秘密保持
　　　秘密保持の限界とは何か？　126
　　　　　　スーパービジョンとコンサルテーション◆クライエントによる守秘義務の権利放
　　　　　　棄◆自己または他者に対する危険◆子どもや高齢者に対する虐待の疑い◆召喚令
　　　　　　状と秘匿特権付き情報◆さまざまな種類の記録に対する守秘義務
　　　倫理的ジレンマの理解と解決　132
■ **まとめ**　138
■ **倫理的ジレンマをコントロールする技術の向上のための演習問題**　138
■ **基本的価値を実行に移す技術の向上のための演習問題**　140
■ **クライエントの発言**　141
■ **回答例**　142

第2部 探索、アセスメント、計画

第5章 コミュニケーションの確立
──共感的でオーセンティックなコミュニケーション ……………146

- ■参加者の役割　147
- ■インフォームドコンセント、秘密保持、機関の方針について話し合う　153
- ■促進条件　154
- ■共感的コミュニケーション　155
- ■感情に気づく力の開発　157
- ■感情を表現する語句　158
  - 感情に関する語句のリストを用いる　165
  - 表層にある感情と奥底にある感情を同定するための演習問題　167
    - クライエントの陳述
- ■共感を正確に伝える　168
  - 共感的コミュニケーションの尺度　170
    - レベル1──低レベルの共感的な受け答え◆レベル2──やや低いレベルの共感的な受け答え◆レベル3──同等あるいは対等な言い換えができるレベルの共感的な受け答え◆レベル4──やや高レベルの共感的な受け答え◆レベル5──高レベルの共感的な受け答え
  - 際立ったレベルの共感的な受け答えの演習問題　175
- ■クライエントの発言　175
- ■対等な共感をもって受け答えする　177
  - 対等な受け答えを構成する　178
  - 共感的な受け答えのための導入句　179
  - 共感的な受け答えを用いる　180
  - 共感的なコミュニケーションの複数の用途　181
    - 初回面接でクライエントとの関係を構築する◆クライエントとの関係を保つ◆クライエントの問題を正確に評価する◆クライエントの非言語的メッセージに応答する◆うまく直面化を用いる◆クライエント側にある面接の進行の妨げとなるものを扱う◆怒りと暴力のパターンに対処する◆グループディスカッションを促進するために共感的な受け答えを利用する
  - クライエントに共感的な受け答えの仕方を教える　187
- ■オーセンティシティ　188
  - 自己開示の種類　190
  - 自己開示のタイミングと強さ　191
  - オーセンティックに受け答えするためのパラダイム　191
  - オーセンティックな受け答えのためのガイドライン　193
  - オーセンティックな受け答えのための手がかり　199
    - クライエントからのメッセージを契機とするオーセンティックな受け答え◆ソーシャルワーカーから始めるオーセンティックな受け答え
  - ポジティブなフィードバック──オーセンティックな受け答えの一形態として　207
- ■クライエントとアサーティブに関わる　209
  - 要請し、指示を与える　209
  - 焦点を維持し、妨害を取り扱う　211
  - 機能不全のプロセスを制止すること　211
  - クライエントの怒りに「身を乗り出す」　212
  - ノーと言い、限界を設定する　213
- ■まとめ　216
  - オーセンティックな態度で、アサーティブに受け答えするための演習◆発言と状

況◆回答例◆共感的コミュニケーションの技術向上のための演習問題◆クライエントの発言◆回答例◆表層にある感情と奥底にある感情を一致させる演習問題の解答◆共感的な受け答えのレベルを識別する演習問題に対する解答

第6章　相手の話に沿い、問題を探り、焦点を当てる技術　……… 228

- ■クライエントとの心理的コンタクトを維持し、問題を探る　228
- ■相手の話に沿う技術　230
- ■言語化を促す受け答え　230
  - 最低限の促し　230
  - 強調を用いる受け答え　231
- ■言い換えによる受け答え　231
  - 言い換えの演習問題　232
- ■クローズドエンド型の受け答えとオープンエンド型の受け答え　233
  - クローズエンド型とオープンエンド型の受け答えを区別する演習問題　235
    - クライエントの発言
  - クローズドエンド型とオープンエンド型の受け答えを区別して用いること　236
- ■具体性を求める受け答え　240
  - クライエントの表現の具体性を高める受け答えの種類　241
    - 受け取った内容を確認する◆曖昧なあるいは馴染みのない言葉の意味を明確にする◆クライエントが出した結論の根拠を探索する◆クライエントが当事者として発言することを手助けする◆具体的な感情を引き出す◆「今、ここ」に焦点を当てる◆クライエントの経験に関する詳しい情報を引き出す◆相互作用に起きる行動に関する詳細な情報を引き出す
  - ソーシャルワーカーの表現の具体化　249
  - 具体性を求める受け答えの演習　251
    - クライエントの発言◆回答例
- ■問題に焦点を当てる受け答え――複雑な技術　253
  - 探索の対象とする問題を選ぶ　254
  - 問題を深く探る　255
    - オープンエンド型の受け答え◆具体性の追求◆共感的な受け答え
  - オープンエンド型と共感的な・具体的な受け答えを組み合わせて、焦点への着目を維持する　259
  - 焦点づけを妨げる障害に対応する　263
    - クライエントが問題に焦点を当てること、またそのやり直しをすることを助ける介入
- ■要約して返す受け答え　265
  - 問題の重要な面を強調する　265
  - 冗長なメッセージを要約する　267
  - 面接の焦点を振り返る　269
  - 主要な焦点と今後の継続性の視点を与える　269
  - 相手の話に沿う技術を自分で分析する　270
- ■まとめ　270
- ■言い換えの演習の回答例　270
- ■クローズドエンド型とオープンエンド型の受け答えを区別する演習の解答　272
- ■オープンエンド型の受け答えの回答例　272

第7章　逆効果を生むコミュニケーション・パターンの除去　……274

- ■逆効果を生むコミュニケーション・パターンの影響　274
- ■効果的なコミュニケーションを妨げる非言語的な阻害要因の除去　275
  - 身体的な関わり　275
  - 非言語的な手がかりの微妙な文化的差異　275
  - その他の非言語的な行動　276
  - 非言語的なパターンによる受け答えの一覧の作成　277
- ■コミュニケーションを妨げる言語的な阻害要因の除去　279
  - 安心させること、同情すること、慰めること、大目に見ること　280
  - 早計に助言すること、忠告や解決策を与えること　281
  - 皮肉や不適切な形でユーモアを用いること　283
  - 評価すること、批判すること、非難すること　283
  - 理詰めや説教、指示、説得などによって正しいものの見方を納得させようとすること　284
  - 分析すること、診断すること、出まかせのあるいは独善的な解釈をすること　286
  - 脅すこと、警告すること、反撃すること　287
  - 質問を畳みかけること　288
  - 誘導尋問をすること　289
  - 不適切にあるいは過度に話をさえぎること　289
  - 相互関係を支配すること　290
  - 無難で社交的なやりとりを助長すること　291
  - 受け答えが少ないこと　292
  - オウム返しをすること、特定の言い回しや決まり文句を多用すること　292
  - 遠い過去にこだわること　293
  - 資料あさりを続けること　293
- ■自分の受け答えの効果の測定　294
- ■新しい技術を学ぶという課題　296
- ■まとめ　298

第8章　アセスメント――問題とストレングスの探求と理解　……299

- ■アセスメントの多次元性　300
- ■アセスメントの定義――過程と成果　301
- ■アセスメントと診断　304
  - 精神疾患の診断・統計マニュアル（DSM-IV-TR）　305
- ■文化に配慮した上での能力のアセスメント　307
- ■アセスメントにおけるストレングスの強調　310
- ■アセスメントにおける知識と理論の役割　313
- ■情報源　316
- ■問題のアセスメントの際に問われる質問　322
  - 開始時には　323
  - 何が問題でそれがどう表れているのかなどを同定すること　324
  - 周囲の人々とのやりとりやシステムとの関係　326
  - 発達上生じてくる要求と欲求のアセスメント　327
  - 示された問題に含まれる典型的な欲求　327
  - 人生の移行に伴うストレス　329
  - 問題の深刻度　330
  - クライエントが問題に付与する意味　330
  - 行動の発生場所　331

　　　　問題行動の発生時期や時間　332
　　　　問題行動の発生頻度　332
　　　　問題の継続の歴史　332
　　　　クライエントの問題対処能力に影響を与えるその他の問題　333
　　　　問題に対するクライエントの感情的反応　334
　　　　これまでの対処の試みと今後必要な技術　335
　　　　文化の要因、社会の要因、社会階級の要因　336
　　　　外部の資源の必要性　337
　　■子どもと高齢者に対するアセスメント　338
　　　　マルトリートメント　338
　　　　　　情報源と面接技法
　　■まとめ　341
　　■ストレングスと問題を探る技術の向上のための演習問題　341

第9章　アセスメント──個人的要因、対人的要因、環境的要因　343

　　■人が抱える問題に存在する複数のシステムの相互作用　343
　　■個人内システム　344
　　■生物物理学的な機能　345
　　　　身体的特徴と外見　345
　　　　身体的健康　346
　　■薬物、アルコール、ドラッグの使用と乱用に対するアセスメント　347
　　　　アルコールの摂取と乱用　348
　　　　その他の薬物の使用と乱用　350
　　　　重複診断──依存症と精神疾患　350
　　　　薬物使用を調べるための面接技術の活用　352
　　■認知的／知覚的機能のアセスメント　352
　　　　知的機能　353
　　　　判断力　353
　　　　現実検討　354
　　　　一貫性　355
　　　　認知の柔軟性　355
　　　　価値観　355
　　　　誤解　357
　　　　自己概念　357
　　■感情の機能に対するアセスメント　358
　　　　感情のコントロール　358
　　　　〈BOX9－1〉　認知障害あるいは思考障害　359
　　　　感情の幅　360
　　　　感情の妥当性　360
　　　　情緒障害　361
　　　　　　双極性障害◆大うつ病性障害
　　　　自殺の危険性　363
　　　　子どもと青年のうつ病と自殺の危険　364
　　　　高齢者におけるうつ病と自殺のリスク　366
　　■行動の機能に対するアセスメント　367
　　■動機づけに対するアセスメント　368
　　■環境システムに対するアセスメント　370
　　　　物理的環境　371

ソーシャルサポートシステム　372
　　　スピリチュアリティと宗教団体への所属　375
　■アセスメントの記録　377
　　　事例のノート　381
　■まとめ　382
　■アセスメント技術向上のための演習問題　382

第10章　多様な家庭的・文化的背景を持つ家族の機能のアセスメント　384

　■家族に対するソーシャルワーク実践　384
　■家族の定義　385
　■家族の機能　386
　■家族のストレッサー　388
　　　社会政策　389
　　　貧困　390
　　　誰が、なぜ、貧しいのか　391
　　　子どもへの影響　392
　　　人生の移行と別離　393
　　　思いもよらない家族の状況変化　393
　　　仕事と家族　394
　　　家族の回復力　396
　■家族の機能を評価するために用いるシステムの枠組み　397
　　　家族に対するアセスメント用ツール　397
　　　ストレングスを基盤としたリスクのアセスメント　399
　■システムの概念　400
　　　システム概念の適用　400
　　　家族のホメオスタシス　401
　■家族のルール　402
　　　機能的なルールと硬直化したルール　403
　　　　ルールを評価する際の注意点
　　　ルール違反　405
　　　ルールの柔軟性　406
　　　　ルールをマッピングする
　■家族の交流における内容とプロセスのレベル　408
　　　一連のやりとり　409
　　　行動に対する「循環的」説明の使用　412
　■システムの枠組みを用いた問題のアセスメント　414
　■家族に対するアセスメントの切り口　415
　　　家族の背景　417
　　　　家族の形態◆グループ内の多様性◆移民および難民としての地位
　　　家族のストレングス　422
　　　家族システムの境界と境界の維持　423
　　　　外的な家族の境界の維持◆内部における境界と家族のサブシステム◆家族のサブシステムと連携◆文化と家族の変容◆つながっていない家族における人間関係◆外部の家族の解放
　　　家族の権力構造　429
　　　　家族システムの内部における力の要素◆権力の分配とバランス◆多文化的視点◆力に対するアセスメント
　　　家族の意思決定プロセス　433

　　　　　家族の意思決定に対するアセスメント
　　　家族の目標　436
　　　家族の神話と認知パターン　438
　　　家族の役割　440
　　　家族のメンバーのコミュニケーション・スタイル　442
　　　　　コミュニケーションの一貫性と明確性◆コミュニケーションの阻害要因◆受け手側の技術◆送り手側の技術◆ストレングスと成果、成長を認める受け答え
　　　家族のライフサイクル　448
■まとめ　449
■技術向上のための演習問題　450

第11章　ソーシャルワークにおけるグループの形成と評価　………452

■グループの分類　453
■援助グループの形成　456
　　　グループのニーズの特定　456
　　　グループの目的の確立　456
　　　　　機関とソーシャルワーカーの視点◆クライエントの視点
　　　リーダーシップのあり方の決定　459
　　　個人とグループの具体的な目標の確立　460
　　　事前面接の実施　460
　　　グループの構成の決定　463
　　　開かれたグループか、閉じたグループか　464
　　　グループのサイズと場所の決定　465
　　　頻度と継続期間の設定　466
　　　グループのガイドラインの設定　466
　　　　　グループのフォーマット◆グループの意思決定◆グループによくある問題への対処
■グループの進捗状況に対するアセスメント　473
　　　グループに対するアセスメントのためのシステムの枠組み　474
　　　個人のパターン化された行動の評価　474
　　　　　グループのメンバーの役割の特定◆個人の行動プロファイルの作成◆個人の成長を見いだすこと◆文化の影響力
　　　個人の認知パターンに対するアセスメント　480
　　　グループのパターン化された行動に対するアセスメント　481
　　　グループの連携に対するアセスメント　484
　　　権力と意思決定スタイルに対するアセスメント　485
　　　グループの規範、価値観、結束に関するアセスメント　485
　　　　　規範◆価値観◆結束
■課題グループの形成　489
　　　課題グループのための計画づくり　489
　　　課題グループの開始　490
■グループとの実践における倫理　491
　　　初回セッション　492
■まとめ　496
■グループの計画づくりの技術向上のための演習問題　496

第12章　目標の設定と契約の締結　………498

■目標　498
　　　目標の意味と役割　498

目標とターゲットとされる懸案事項の関連づけ　499
　　プログラムの目的と目標　500
　　目標の設定に影響を及ぼす要因　502
　　　　クライエントの参加◆価値観と信念◆目標設定に内在する価値◆家族の関与◆環境条件◆法の強制によるクライエントの立場
　　目標の種類　508
　　目標の選択と定義に関するガイドライン　509
　　　　目標は自発的なクライエントが求める望ましい結果とつながっていること◆法の強制によるクライエントに対する目標の選択および設定の方略
　　動機と目標の一致　511
　　法による指示をクライエントが合意できるものにする方略　512
　　交換条件の提示　512
　　法による指示からの解放　513
　　　　目標は、明確で測定可能な言葉で定義すること
　　目標の細分化　516
　　　　目標と課題◆目標は、実現可能なものであること
　　法の強制によるクライエントに指示されたケースプラン　519
　　　　目標は、ソーシャルワーク実践者の知識や技術に相応したものであること◆セカンド・スーパービジョン◆目標は、成長に重きを置いた肯定的な言葉で表現すること◆大きな留保事項のある目標に対する合意を回避すること◆ソーシャルワーカーの価値観と目標の間の緊張◆一方策としての紹介◆倫理と法律にまつわる緊張◆目標は、機関の機能と一貫していること

■目標を立てるためのガイドラインの未成年者への適用　525
　　学校ベースのグループの事例　526
　　目標を取り決める過程　531
　　　　目標を取り決める交渉に向けたクライエントの心構えの確認◆法の義務によるクライエントの心構え◆目標の目的と機能の説明◆協働で行う適切な目標の選択◆目標の具体的定義と変化の程度の特定◆目標達成に対する潜在的な阻害要因の確認と、メリットとリスクについての話し合い◆クライエントが具体的な目標への関与を選択するための支援◆クライエントによる優先順位に基づく目標の順位づけ

■測定と評価　541
　　評価方法と進捗状況の測定　542
　　　　進捗状況のモニタリングへのクライエントの参加
　　評価に必要な資源　543
　　注意点と長所　544
　　定量的測定　545
　　　　明白な行動の測定◆ベースラインとなる行動の遡及的な評価◆明白でない行動の測定◆自定式尺度◆ベースラインを入手するためのガイドライン◆自記式尺度を用いた測定◆定量的測定を用いた進捗状況のモニタリング◆測定に対するクライエントの受容力
　　定性的測定　551
　　　　論理的分析効果◆インフォーマティブ・イベントあるいはクリティカル・インシデンス◆プログラムの目的の測定と評価手段の組み合わせ◆定性的測定を用いた進捗状況のモニタリング◆測定すべきか、すべきでないか◆行動の契約と目標達成の尺度◆クライエントの参加

■契約　556
　　契約の倫理的根拠　557
　　公式・非公式の契約　557
　　契約の締結　558
　　　　達成すべき目標◆参加者の役割◆活用すべき介入または技法◆セッションの期限、頻度、および期間◆セッションの頻度と継続時間◆進捗状況のモニタリングの手段◆契約の再交渉に関する規定◆日常的な管理項目
　　契約のサンプル　563

- ■まとめ　566
- ■技術向上のための演習問題　569

第3部　変化をめざす段階

第13章　変化をめざす方略の計画と実行　572

- ■変化志向アプローチ　572
- ■目標の達成方略の計画　573
  - 問題と目標は何か　573
  - アプローチは、対象となる個人、家族、またはグループに適したものであるか　574
  - 子どもの発達と家族ライフサイクル　575
  - ストレスフルな移行　576
  - マイノリティグループ　577
  - どのような実証的あるいは概念的なエビデンスが、アプローチの有効性を裏づけているか　580
  - アプローチの方法はソーシャルワークの基本価値観や倫理と一致しているか　580
    - 未成年者◆非西洋的な視点
  - アプローチに対して、十分な知識や技術を持ち合わせているか　584
- ■実践モデルと技法　584
  - 課題中心システム　584
  - 課題中心アプローチの原則　584
  - 理論的な枠組み　585
  - 課題中心モデルの実証的なエビデンスとその活用　585
  - 多様なグループへの適用　586
- ■課題中心モデルの手順　586
  - 課題の策定　586
  - グループと家族の目標の細分化　588
  - ソーシャルワーカーにとっての課題　589
  - 対応策の策定　589
  - 課題の代替案についてのブレインストーミング　591
  - 課題実行の手順（TIS）　592
    - 課題を実行するためのクライエントの関わりの拡大◆課題の実行に関する詳細な計画◆障害の分析と解決◆課題に含まれる行動のリハーサルあるいは実践◆課題の計画のまとめ直し
  - 焦点と継続性の維持　603
  - 課題完了の失敗　604
    - 課題に関わる実行上の問題◆ターゲットとなる懸案事項に関わる実行上の問題
  - 進捗状況のモニタリング　609
    - 課題中心アプローチの長所と限界
- ■危機介入　610
  - 危機介入における均衡モデルの原則　610
  - 危機の定義と段階　611
    - 危機反応
  - 面接の期間　613
  - 未成年者に対する配慮　614
    - 危機がもたらすメリット
  - 理論的枠組み　616
    - 危機の種類
  - 多様なグループへの適用　618

危機介入の過程と方法　619
　　　　　手順1——問題を定義する◆手順2——クライエントの安全を確保する◆手順3
　　　　　——支援を提供する◆手順4——選択肢を検討する◆手順5——計画を立てる◆
　　　　　手順6——コミットメントを獲得する◆将来を見越した指導
　　　危機介入モデルの長所と限界　625
■認知再構成法　627
　　　理論的枠組み　627
　　　認知行動療法の原理——認知再構成法　627
　　　認知の歪みとは何か　628
　　　認知再構成法の実証的なエビデンスとその活用　632
　　　　　未成年者に対する活用
　　　多様なグループに対する認知再構成法の適用　633
　　　認知再構成法の手続き　635
　　　　　認知再構成法の説明◆認知再構成法の説明におけるソーシャルワーカー自身の例
　　　　　の活用◆試験準備中の学生◆子どもの面倒を見る親戚◆自分の家への訪問を望む
　　　　　高齢クライエント
　　　長所と限界、および注意点　646
■解決志向短期療法　647
　　　解決志向の原理　648
　　　理論的枠組み　648
　　　解決志向方略の実証的なエビデンスとその活用　648
　　　　　未成年者への利用
　　　多様なグループへの適用　649
　　　解決志向の手順と技法　650
　　　長所と限界　652
　　　まとめ　655
■問題解決介入アプローチの傾向と挑戦　656
■技術向上のための演習問題　658

第14章　介入の方略としての資源開発、組織化、プランニング、およびアドボカシー……………………………………… 660

■ソーシャルワークのコミットメント　660
　　　マクロ実践の定義　661
■ミクロ実践とマクロ実践の連結　662
■マクロ実践の活動　663
■介入の方略　664
　　　エンパワメントとストレングス　665
　　　社会問題と社会状況の分析　666
　　　　　価値観と資源配分◆誰が、どのように、政策決定の影響を受けているか◆差別的
　　　　　効果と社会正義◆問題に責任があるのは誰か、または何か
■資源の開発と補完　672
　　　既存資源の補完　674
　　　コミュニティ資源の動員　677
　　　多様なグループに対する資源の開発　680
■サポートシステムの活用と拡充　681
　　　コミュニティサポートシステムとネットワーク　682
　　　サポートシステムとしての組織　683
　　　移民と難民のグループ　684
　　　注意点とアドバイス　686
■アドボカシーとソーシャルアクション　686

政策と法律　687
　　倫理的問題と個人責任および就労機会調整法
コーズアドボカシーとソーシャルアクション　689
　　アドボカシーとソーシャルアクションの定義
アドボカシーあるいはソーシャルアクションの適用　690
コンピテンスと技術　691
　　アドボカシーと倫理原則
アドボカシーとソーシャルアクションの技法と手順　692
　　社会正義に対するさまざまな見方

■ コミュニティの組織化　694
■ コミュニティ介入のモデルと方略　695
■ コミュニティ介入の手順と技術　696
組織化の技術　697
多様なグループに対する組織化と計画　697

■ コミュニティの組織化における倫理的問題　699
■ 組織環境の改善　700
組織内の変革　701
　　変革の方略◆組織学習と学習する組織

■ 組織の環境　703
職員　703
　　変革者としての職員◆リスク、メリットと反発
方針と実践　707
　　組織の方針と実践の分析◆クライエントの尊厳を高め、不変の価値を尊重すること◆職員の行動と態度◆プライバシー、尊厳と人としての価値◆組織の安全対策◆慣行となっている人種その他の差別◆文化を考慮する力をつけるための組織の方略◆資源とツール
施設内のプログラム　716

■ サービスの調整と組織の協働　718
組織間の関係　720
ケースマネジメント　720
協働──事例　722

■ マクロ実践の評価　724
■ まとめ　725
■ 技術向上のための演習問題　725

第15章　家族関係の強化　727

■ ファミリーソーシャルワークへのアプローチ　727
■ イニシャルコンタクト　730
カップルや家族とのイニシャルコンタクト　730
　　その他の場面でのイニシャルコンタクト
両親とのイニシャルコンタクト　733

■ 家族あるいはカップルを対象とした初回セッションの指揮を執る　735
予約を入れる際にマイノリティの立場や文化において起きうるダイナミクス　738

■ 家族に対する介入──文化的およびエコロジカルな視点　746
コミュニケーション・スタイルの違い　747
ヒエラルキーへの配慮　748
ソーシャルワーカーの権威　748
家族の関与　749
エコロジカルな視点による家族理解　751
10代の母親──トワナの事例　752

レズビアンカップル──アンナとジャッキーの事例　753
■家族への介入──その将来への焦点づけ　754
■コミュニケーション・パターンとコミュニケーション・スタイル　755
■フィードバックの与え方と受け止め方　756
肯定的フィードバックの授受の適切さに関するアセスメントにクライエントを関与させることについて　756
肯定的フィードバックの重要な役割に関してクライエントを教育することについて　757
肯定的な認知を育む　758
カップルに対し、肯定的な認知の仕方に敏感に反応させる◆経過の見直しと段階的な成長の評価◆認知の仕方を高めるための課題の導入
クライエントによる肯定的なフィードバックの授受を可能にすることについて　760
■家族への介入──関わりの修正のための方略　762
メタコミュニケーション　762
家族内のルールの修正　764
緊急介入　767
緊急介入を行うためのガイドライン
クライエントを葛藤から解放させるための支援　770
相補的な関わりの修復　773
交換条件を前提とした変化のための合意交渉　773
■家族への介入──誤解と認知の歪みの修正　775
■家族への介入──家族メンバーの位置関係の修復　777
■まとめ　781
■技術向上のための演習問題　781

第16章　ソーシャルワーク・グループへの介入　783
■グループの発展段階　784
第1段階　参加への準備──接近・回避行動　784
HEARTグループにおける参加準備
第2段階　力とコントロール──移行の時期　786
HEARTグループにおける力とコントロール
第3段階　親密性──家族的な準拠枠の構築　788
HEARTグループにおける親密性
第4段階　差別化──グループのアイデンティティと内的な準拠枠の構築　790
HEARTグループにおける差別化
第5段階　分離──解散　791
■グループの発展の各段階におけるリーダーの役割　792
■グループの構成要素への介入　793
凝集性の促進　796
グループの規範の扱い　796
HEARTグループにおける規範の設定
メンバーの役割に対する介入　799
サブグループの扱い　800
リーダーシップ役割の意図的な活用　801
■グループの発展の各段階を通じて行われる介入　802
よくある間違い──HEARTグループにおいて内容を過度に重視し、説教に至った例　803
参加への準備段階における介入　804
具体性の追求　806
力とコントロールの段階における介入　807
変化を最小限に抑える◆バランスのとれたフィードバックを促す◆効果的なコミュニケーションを増やす◆治療規範を構築する

親密性の段階と差別化の段階における介入　814
　　　ＨＥＡＲＴグループの例に見る役に立たない考え方——選択的な焦点づけ　816
　　　終結段階における介入　817
　■グループを対象としたソーシャルワークの新たな展開　818
　■課題グループを対象としたワーク　821
　　　問題の特定化　821
　　　メンバーの関与の促進　822
　　　発展の段階に対する意識向上　822
　■まとめ　823
　■グループ介入に関する技術の向上のための演習問題　824
　■クライエントの発言　824
　■回答例　824

第17章　専門家によるより深い共感、解釈、および直面化　826

　■クライエントの自意識の意味と重要性　826
　■専門家によるより深い共感と解釈　827
　　　より深い感情　829
　　　感情、思考、行動の根底にある意味　831
　　　欲求と目標　832
　　　行動の隠れた目的　833
　　　実現されていないストレングスと可能性　835
　　　解釈と専門家によるより深い共感の利用に関するガイドライン　836
　　　直面化　838
　　　直面化の利用に関するガイドライン　843
　　　アサーティブな直面化の適用　846
　　　　　認知・知覚的矛盾◆情緒的矛盾◆行動的矛盾
　■まとめ　848
　■専門家によるより深い共感と解釈に関する技術向上のための演習問題　849
　■クライエントの発言　849
　■解釈と専門家によるより深い共感のための回答例　850
　■直面化に関する技術向上のための演習問題　851
　■状況と対話　852
　■直面化のための回答例　854

第18章　変化の阻害要因の扱い方　857

　■変化の阻害要因　857
　■関わり合いの中で生じる反応　858
　　　クライエントに対するソーシャルワーカーの過少関与と過剰関与　860
　　　バーンアウト、共感疲労、および代理トラウマ　865
　　　　　クライエントの反応——潜在的な阻害要因の評価と介入
　　　病的あるいは適性に欠けるソーシャルワーカー　869
　　　異人種間および異文化間の阻害要因　870
　　　　　肯定的な異文化間関係の育成
　　　信頼関係の構築の難しさ　875
　　　転移反応　876
　　　　　転移反応の特定◆転移反応の管理
　　　逆転移反応　882

現実的な実践者の反応　885
　　　クライエントに対する性的関心　886
　■変化に対する抵抗の取り扱い　887
　　　変化に対する抵抗の回避　889
　　　転移性の抵抗　890
　　　変化に対する抵抗の兆し　890
　　　抵抗を見つけて取り扱うこと　892
　　　肯定的意味づけ　893
　　　成長の機会としての問題の再定義　894
　　　リラベリング　894
　　　リフレーミング　894
　　　抵抗のパターンに対する直面化　895
　　　　治療的なしばり
　■まとめ　896
　■技術向上のための演習問題　897
　■関わり合いの中で生じる反応と抵抗の取り扱いに関する
　　技術向上のための演習問題　897
　■クライエントの発言　897
　■回答例　898

第4部　終結の段階

第19章　最終段階——評価と終結 … 902

　■評価　902
　　　成果　903
　　　経過　905
　　　満足度　906
　　　　終結
　　　終結の種類　908
　　　　計画外の終結◆成果を伴わない計画的終結◆成果をあげた計画的終結◆期限または構造的制約による終結◆計画的終結に関わるその他の決定要因
　　　終結に向けたクライエントの反応に対する理解と対応　914
　　　終結に対するソーシャルワーカーの反応　918
　■成果の集約と今後の維持方略の計画　919
　　　フォローアップ・セッション　920
　　　終結における儀式　920
　■まとめ　922

文献　924
索引　965

第1部

序　論

本書の第1部では、さまざまなシステムの背景にある概念、価値観、歴史的な観点、および情報を提供する。これらの情報は、第2部で展開される具体的なダイレクト実践の技術を身に付ける際に、土台としての役割を果たすだろう。

第1章では、ソーシャルワークという専門職について紹介する。その使命、目的、価値について論じ、ソーシャルワークの仕事を概念化するための指針として、システム理論がどのように役立つかを説明する。

第2章では、ソーシャルワーカーに課せられた役割について詳述する。臨床ソーシャルワーク実践とダイレクトソーシャルワーク実践の違いを説明し、ダイレクト実践の理念について論じる。

第3章では、援助プロセス（調査、実践、終結）の概要を示す。

最終の第4章では、ソーシャルワークの根底にある基本的価値と倫理的問題について紹介する。

第1部 序論

第1章

ソーシャルワークの課題

本章の概要
- ソーシャルワークの使命と、ソーシャルワーク・サービスの目的を紹介する。
- サービスを提供するにあたって、ソーシャルワーカーが、構造的な文脈の中で果たす役割を論じる。
- ソーシャルワーカーの指針となる価値を明らかにする。
- 個人、家族と環境との関係を理解するために役立つシステムという概念、ならびにエコロジカルな概念を紹介する。

事例 ●●

　二人の小学生の母親であるマルタ・ラミレスが、児童福祉サービスに紹介されてきた。学期中、子どもたちに7日以上の無断欠席をさせたことが、州の基準に照らし、教育上のネグレクトとみなされたのだ。児童福祉ソーシャルワーカーのトビアスは、ラミレス夫人と面談した結果、以前他の州に住んでいた際にも、さらにはメキシコから不法入国してくる以前にも、同程度の無断欠席をしていたことが明らかになった。しかし、過去に今回のような調査が実施されたことはなかった。家族がかつて住んでいた州では、教育上のネグレクトに関する基準が異なっていたためである。ラミレス夫人は、子どもたちはしばしば、風邪をひいたり喘息になるのだと説明した。さらに夫人は、子どもたちにとって学校は居心地のよい場所ではなく、彼らは自分たちがヒスパニック系であるがゆえに教師につらく当たられると感じているのだと言った。加えて、ラミレス夫人自身が仕事中に背中を負傷しており、ベッドから起き上がることができない朝もあることがわかった。不法入国者であるがゆえに、夫人には必要な外科的治療を受ける資格がないのだ。最後にラミレス夫人は、自分が抑うつ状態や不安に悩まされていることを打ち明けた。
　トビアスは法の要請で紹介されて来たことを話し、子どもたちの出席状況に関する母親の考えを尋ねた。児童福祉ワーカーの仕事は、家族を援助して、子どもたちが教育を受けられるようにすることだと説明し、さらに、ラミレス夫人と家族にとって、コミュニティ内での生活がどのような状況かを尋ねた。さらに、トビアスは自身が二つの役割を担っていることを説明した。すなわち、一つは、法の要請に従い法令違反に対処するという役割、もう一つは、家族が自ら問題の解決に取り組めるよう支援するという役割である。

ソーシャルワーカーの多くは、組織に所属して活動している。組織とは例えば学校であり、その中で、ソーシャルワーカーはコミュニティ全体を守りつつ、弱い立場にある個人を守るという二重の責務を担い、同時に、それ以外のさまざまな援助的役割を果たしている（Trotter, 2006）。所属する組織を問わず、ソーシャルワーカーは、クライエントの自己決定というソーシャルワークの価値に従い行動する。そのため、トビアスは、ラミレス夫人と子どもたちの不登校の問題を調査するだけでなく、夫人を悩ませている他の問題にも取り組んだのだ。

　ラミレス夫人は、子どもたちの欠席が多いことを認めた。その原因が、子どもたちの病気と、学校が子どもたちにとって安心できる場所でなく、歓迎されていないと感じていることにあると考えており、また、母親自身の健康問題も子どもたちに登校の準備をさせられない原因の一つになっているのだと言った。

　トビアスは、子どもたちが登校して、学校でよりよい教育体験を得られるようになるために、問題解決へ向けての支援を受けることを望むか否か、ラミレス夫人に尋ねた。さらにラミレス夫人の心身の健康問題に対処するために、医療分野との連携の途を探ることを申し出た。

・・

　この事例にはソーシャルワーク実践におけるいくつかの特徴が現れている。私たちソーシャルワーカーは、専門職として、貧困者、障害を持つ人、公民権を剥奪された人、差別的扱いを受けている人のための社会正義の追求に身を捧げる（Marsh, 2005；Finn & Jacobson, 2003；Pelton, 2003；Van Womer, 2002；Carniol, 1992）。本事例においてトビアスは、ラミレス夫人を、子どもの不登校という問題を抱える親として見ているだけではなく、米国内の不法移民を取り巻くアンビバレントで未解決の問題（Padila et al., 2008）を抱えるクライエントとしても見ている。2005年に、サービス提供者による不法移民の援助を犯罪とする法律が、下院を通過した後に上院で廃案となった。これに対し、全米ソーシャルワーカー協会（NASW）の「移民ツールキット」（NASW, 2006, p.4）は、"難民や移民の窮状に対しては、人としての価値とニーズを基礎において考えられるべきであって、外交政策と結びついたイデオロギー的な対立を基礎として考えるべきではない"としている。この二つの立場の明らかな違いは、ソーシャルワーカーが日々の実践の中で社会正義の問題に取り組んでいることを示すものである。ソーシャルワーカーであるトビアスが、独力で不法移民の不安定な状況を解決することは不可能だ。しかし、ラミレス夫人や地域の保健機関と協働して、問題解決に向けた努力をすることはできる。ソーシャルワーカーだけが、援助が必要なクライエントに直接のサービスを提供する援助の専門職というわけではないが、ソーシャルワーカーには差別的取扱いを受けている人々に力を与えたいという特別な思いがある（Parsons, 2002）。

　ソーシャルワーカーは実に多種多様な現場で仕事をしている。政府機関、学校、ヘルスケア・センター、家族・児童福祉機関、メンタルヘルス・センター、経済産業界、矯正施設、あるいは個人開業の場合もある。ソーシャルワーカーは、年齢、人種、民族、社会経済的レベル、宗教、性的指向、障害の有無等において異なる、実にさまざまな人々と共に仕事をする。ソーシャルワーカーは自らの仕事についてさまざまな言葉で表現する。「報われる」「フラストレーションが溜まる」「充実感がある」「落胆することが多い」「ストレスに満ちている」等々だが、最も多く聞かれるのは、「やりがいがある」という言葉である。

　先の事例において、ラミレス夫人は、子どもたちの登校に関する問題についても、自らの心身

の問題についても認識しながら、自ら援助を求めることはなかった。夫人がソーシャルワーカーと会うことになったのは、子どもたちの出席率の悪さゆえに小学校の担当者から「依頼された」からである。自らサービスを受けることを「申請する」人は、最も明白に「自発的な」クライエントである。ラミレス夫人のようなクライエントになる可能性のある人の多くは、自分の懸案事項に対して目に見える形で対処されれば、自発的な姿勢を見せるようになる。ソーシャルワーカーが実践を行う際のクライエントの自発性の度合いは、自らの意思でサービスを求める「アプリカント（申請者）」のレベルから、裁判所の命令で強制されてサービスを受けることになった「法の強制によるクライエント」のレベルまで幅がある。クライエントになる可能性のある人の多くはこの両極端の間のどこかに位置付けられる。法的な強制を受けたわけではないが、自らサービスを求めたわけでもない（Trotter, 2006）。このような、法的強制ではなく、家族や学校等からの働きかけによってサービスを受けることになったクライエントになる可能性のある人は、「非自発的なクライエント」と呼ばれる（Rooney, 2009）。

　これらクライエントのタイプ（自発的なクライエント、法の強制によるクライエント、非自発的なクライエント）に応じて、ソーシャルワークのアセスメントは3つの側面を持つ。

1．クライエントになる可能性のある人により語られる多彩な問題を探ること
2．法の強制による介入あるいは健康や安全に関わる問題を含み得る状況
3．アセスメントにより明らかになるその他の潜在的な問題

　このようなアセスメントには、ストレングスと潜在的な資源を対象とするものもある。例えば、ラミレス夫人のストレングスと潜在的な資源として、子どもたちには両親よりもよい暮らしをさせたいという強い想いがある。一方、地域のサポートシステムや宗教的なサポートシステムが、現在の地元にもメキシコにも存在する。これらの潜在的な資源は、不法移民の健康問題に対するセーフティネットがないことや、ラミレス夫人自身の心身の問題といった、背景にある内的外的課題と併せて評価されなければならない。

■ソーシャルワークの使命

　ソーシャルワーカーが専門職上の役割の遂行に際してよって立つ物の見方は、ラミレス夫人の問題がどのように概念化されるか、および解決への取組みがどのようなものになるかに影響を与える。全米ソーシャルワーカー協会（NASW）によれば、「ソーシャルワークという専門職の最も重要な使命は、人間のウェルビーイングを強化し、すべての人々が人間にとって基本的なニーズを満たされるよう支援することである。その際、特に、弱い立場にある人、差別的取扱いを受けている人、貧困に苦しんでいる人のニーズには格別の注意を払わなければならない」（NASW, 1999, p1）というものである。一方、国際ソーシャルワーカー連盟の定義によれば、ソーシャルワークの目的には、社会変革を促進し、人々に力と自由を与え、そのウェルビーイングを高めることが含まれる（IFSW, 2000, p1）。このようにソーシャルワークの使命の定義を振り返ると、社会の周縁にいる人々やエンパワメントへの焦点づけを維持することになるが、それに加えてグローバルで文化的な敏感さも追加すべきである（Bidgood, Holosko, & Taylor, 2003）。

本書では、実践の場を問わずソーシャルワークの核となる要素について論じる。このような中核的要素は二つの次元に分類できる。すなわち、ソーシャルワークという専門職の目的と、コア・コンピテンシーである。コア・コンピテンシーには、特有の知識・価値・実践行動が含まれる（CSWE, 2008, p.1）。第1章では、ソーシャルワークの目的と、10のコア・コンピテンシーのうちの最初の9つについて論じる。10番目のコア・コンピテンシーとは「個人、家族、グループ、組織、コミュニティに対する関与、調査、介入、評価」（EPAS, 2008, p.7）であり、本書では第3章で論じ、その後のすべての章の基礎となる。

■ソーシャルワークの目的

ソーシャルワークの実践者は、クライエントが具体的な目標達成に向け前進するための手助けをする。一方、このような目標達成のための方法は、個々のクライエントが置かれた固有の状況に従ってさまざまである。それでも、すべてのソーシャルワーカーは、ソーシャルワークという専門職の存在意義と目的を構成する共通の目標を共有している。これらの目標はソーシャルワークという専門職を一つにし、個々のソーシャルワーカーがある特定の現場でのみ有効な狭すぎる視野を持たないようにするのに役立つ。クライエントに最善のサービスを提供するために、ソーシャルワーカーは自ら進んで責任を引き受け、特定の社会的機関の機能や組織の一員として割り当てられた自らの役割を超えた行動に従事せねばならない。例えば、ラミレス夫人と面談した児童福祉ソーシャルワーカーは、児童を保護するという児童福祉機関の使命を超えて、夫人の抱える問題と懸念事項についてアセスメントした。

CSWEによれば、ソーシャルワークという専門職の存在意義は「個人とコミュニティのウェルビーイングを促進する」ことにあるという（EPAS, 2008, p.1）。さらに、この存在意義は、社会経済的正義、人間の権利を制限する状況の否定、貧困の根絶、そしてすべての人々の生活の質の向上を求めてのたたかいを通じて実現されるのである」（EPAS, 2008, p.1）。ゆえに、社会経済的正義の追求が、ソーシャルワークの存在意義の中心に位置付けられる。社会正義という言葉には、個人や集団の福祉に資するために社会的な機関を設立することが含まれる。そして経済的正義とは、最低限度の生活を営むための賃金、給与の平等、職業上の差別、社会保障のような、経済的ウェルビーイングに関わる社会正義の側面のことである。

2007年、コラムニストのジョージ・ウィルと保守派の学者グループが、ソーシャルワーク倫理綱領ならびに本書の旧版の著者を、言論の自由を破壊し批判的思考を否定することで政治的正統主義を規定するものだとして非難した（Will, 2007；NAS, 2007）。米国の政治状況の中で、社会経済的正義の実現に対する支援の優先順位は浮き沈みするのに対し、ソーシャルワークという専門職においては、これらの目標を常に変わることなく中核的使命としてサポートを行う。その時々の政治における多数派が、リベラル、保守、緑の党、無所属、あるいは他のいかなる政治的所属に自らを位置づけようとも、ソーシャルワーカーはその影響を受けない。ソーシャルワーカーは、抑圧された人々をその支持基盤とし、彼等に利益をもたらそうとする政治団体と連携する。この目的に従い、ソーシャルワーカーは、アメリカ人であろうと移民であろうと、さらに合法的移民でも不法移民でも区別することなく、彼らの社会経済的正義の促進を追求するのだ。人権と生活の質を制限する状況を阻止するという原則に従い、トビアスは、ラミレス夫人と子どもたちが学校で歓迎されていないという申し立てを真摯に受け止めた。確かに、国家の読み書きテストの成

績向上優先という方針の下では、英語を母国語としない人々のニーズへの着目は、目標と相容れない関係にあるといえる。

　これまでに概観してきた目的に照らすと、トビアスは、ラミレス夫人とその家族がそのニーズを満たせるように、さまざまな方法で援助できることがわかる。不法移民の健康問題を解決するための政策立案もその方法の一つである。ソーシャルワーカーは目的達成に向けて、予防・回復・治療という三つの機能を果たす。

- 予防とは、弱い立場にいる人々に、タイミングよくサービスを提供し、問題が拡大する前に、彼らの社会的機能を強化することを意味する。家族計画、子育て相談、保護者教育、結婚前カウンセリング、退職前カウンセリング、豊かな結婚生活のためのプログラムなどの各種プログラムやアクティビティが含まれる。
- 回復とは、肉体的精神的困難により損なわれた機能の回復を追求することである。ここでのクライエントグループには、重い脊椎障害によりさまざまな重さの麻痺を持つ人々や、慢性的精神疾患に苦しむ人々、発達障害のある人々、充分な教育を受けていない人々、その他さまざまな形での障害を抱えた人々がいる。
- 治療（treatment）とは、既存の社会問題の除去または改善を意味する。このカテゴリに属するクライエントになる可能性のある人の多くは、ラミレス夫人のような、学校システムや家族、隣人、医師などにニーズを見いだされ、紹介されてきた人々である。

　人とコミュニティのウェルビーイングを推進するという目的は、「人と環境という構図とグローバルな視野、人間の多様性の尊重、科学的研究に基づく知識によって導かれる」（EPAS, 2008, p.1）。「人と環境という構図」に導かれるというのは、ソーシャルワーカーは、個人の行動を調べる際に、常に背景と合わせて、その行動と環境とがどのように相互に影響を与え合っているかを精査する必要があるということだ。グローバルな視野を身に付けるとは、ソーシャルワークという専門職においては、ニーズを調査する際に国境を越えて物事を見なければならないということを意味する。「グローバルな視野」は、さらに、トビアスと彼の所属機関が、ラミレス夫人がメキシコからの移民であるという事実の重要性を、夫人を取り巻く環境的背景の一部として、不登校や夫人の健康問題と関連付けて意識しておかねばならないことを示唆している。

　EPASは、社会計画が、サービス、社会正義、人間の尊厳と価値、人間関係の重要性、誠実さ、コンピテンス、人権、科学的研究といったソーシャルワークという専門職の中核的価値にコミットすることを支持している（NASW, 1999；EPAS, 2008）。

■ソーシャルワークの価値

　すべての専門職には、その実践者に目的と方向性を与える優先的な価値がある。ソーシャルワークにおいても他の専門職においても、その目的と目標は、確かにそれぞれの価値体系から導かれるものである。しかしながら、専門職上の価値は社会的な価値観と不可分である。むしろ、各専門職は、社会的な価値観の中から、自らの信奉する価値観を選び取っているといえる。一方、社会の側では、専門職上の活動に対し、支援法の制定や資金援助、特定の社会的機能に関する職務の委譲、そしてこのような機能が適切に遂行されることを保証する仕組み作りを通じて、これ

を是認する。専門職は特定の社会的な価値観に結びついているため、それらの特定の価値観に基づいて社会の良心として働きかけようとする傾向がある。

　価値観は、世界はどうあるべきか、人は通常どのようにふるまうべきか、望ましい生活状況とはいかなるものか等に関する信念を色濃く反映する。米国における一般的な社会的価値観は、独立宣言、合衆国憲法や国の法律に反映されている。これらは、人々のある種の権利を宣言し保証する。加えて、社会的な価値観は、人権を守り公益を高めようとする政府の構成要素や施策の中に具体化される。しかしながら、価値観や権利についての解釈は一つではない。例えば、女性に中絶を認めるべきかという国民の間で熱心に議論される命題、ゲイ、レズビアン、バイセクシャルといった人々が結婚による利益を享受する権利についての論争、銃規制支持者と個人の権利を重視する人々との争いについて考えてみるとよい。

　ソーシャルワークの専門職の価値もまた、自由な選択と機会を享受する権利に対する信念を色濃く反映している。この価値は、人々の福祉に資する望ましい生活環境、この専門職に従事する者に相応しい、人に対する見方、扱い方、人々が追求すべき目標、そして目標達成のために採用すべき手段についての認識に基づくものである。次に私たちは、ソーシャルワーク教育に方向性を与える5つの価値と目的について考察する。第4章では、これらの価値について吟味し、NASWの倫理綱領に含まれるその他の価値について論じている。以下に5つの価値を掲載し、それぞれにコメントを付与する。

1.「ソーシャルワーカーの専門職上の人間関係は、個人の価値と尊厳に対する敬意の上に築かれ、相互的関与、受容、秘密保持、誠実さ、責任を持ってコンフリクトに対処することで高められる」（EPAS, 2008）

　この価値は、倫理綱領の中にも反映されている。倫理綱領における第一の価値はシンプルで、「ソーシャルワーカーの最大の目標は、サービスをすること」（NASW, 1999, p.5）というものだ。これはすなわち、ソーシャルワーカーは他者へのサービスを自己の利益よりも優先し、援助を必要としている人々のため、そして社会問題の解決のために、自らの知識、価値、技術を用いなければならない、ということだ。第二の価値は、他者に対するサービスを行うにあたっては、「ソーシャルワーカーは人間の固有の尊厳と価値に敬意を払う」というものだ。すべての人は特別な存在であり、固有の価値を持つ。ゆえに、ソーシャルワーカーが人々と関わっていくときには、資源を求め利用しながらも、人々の尊厳と個性を増進し、そのコンピテンシーを高め、自力で問題を解決し対処する能力を強化しなければならない。

　ソーシャルワークのサービスを受ける人の多くが、困難な状況に打ちのめされ、これに対処するための資源も底をついてしまっており、多数の問題を抱え、ストレスに苦しんでいる。クライエントのストレスレベルを下げることに加えて、実践者はさまざまな方法でクライエントを援助することができる。例えば、新しい観点から問題をとらえ直すこと、治療のためのさまざまな選択肢を検討すること、自らのストレングスに対する自覚を養うこと、問題への対処のためにすでに利用されている資源だけでなく、まだ利用されていない資源も動員すること、自己覚知を強化すること、そして問題解決の方策と対人関係の技術を伝授することなどの方法である。

　ソーシャルワーカーは、「人間関係において最も重要なこと」を認識しつつ、これらの機能を果たす（NASW, 1999, p.5）。この原則は、クライエントのウェルビーイングを回復、維

持、強化することを目的とした努力において、ソーシャルワーカーがパートナーとしてクライエントと関わることを示している。この価値は、倫理綱領のもう一つの倫理原則に反映されている。すなわち「ソーシャルワーカーは、信頼に値する行動を取ること」(p.6) である。この原則は、ソーシャルワーカーは実践に従事する際、専門職上の使命と価値、ならびに倫理綱領に従うこと、そして同時に自らが所属する組織において倫理にかなった実践を推進すべきことを示している (p.6)。

2．「ソーシャルワーカーは、個人が周囲の影響から独立して決定を行う権利、ならびに、自ら積極的に援助プロセスに参加する権利を尊重する」

人は他者の権利を侵害しない範囲において、自らの自由を追求する権利を有する。ゆえに、ソーシャルワーカーは、資源を求め活用している人々との関わりを通じて、彼らの自立性と自己決定能力を強化しなければならない。過去において、ソーシャルワーカーや他の援助職にある者は「欠点、病気、障害」に焦点を置き過ぎる傾向があった（Cowger, 1992）。現在では、エンパワメントとストレングスに焦点が置かれ、ソーシャルワーカーはその当然の義務として、クライエントが自力で生活を改善できるよう、個人の潜在能力や政治的権利を行使する力を強化するための支援を行う（Finn & Jacobson, 2003；Parsons, 2002；Saleebey, 1997）。この価値に従い、本書では、クライエントとの協働においてエンパワメントとストレングス志向の見方に立脚している。第13章では、クライエントのエンパワメントと、他から独立して行動する能力を強化するためにデザインされた技術に焦点を当てる。

3．「ソーシャルワーカーは、クライエントのシステムが必要とする資源を獲得できるように支援する」

人は人生の課題と困難に立ち向かうために必要な資源を獲得し、また一生を通じて自らの可能性に気づく機会を得られなければならない。クライエントが自らの目標達成に必要な資源を手に入れられないのであれば、クライエントの自己決定とエンパワメントに対する私たちの関与は、中身を伴わないものになってしまう（Hartman, 1993）。先述の事例におけるラミレス夫人のような人々は、入手可能な資源についておよそ知らないことが多く、実践者は、公共の法的サービス、医療機関、児童福祉局、メンタルヘルスセンター、高齢者センター、家族問題カウンセリングセンターといった資源となるシステムに彼らを紹介する仲介者としての役割を果たさなければならない。個人や家族のクライエントの中には、多くの異なる資源システムから物やサービスの提供を受けることを必要としているかもしれないし、必要な物やサービスを入手するために必要な語学力、肉体的精神的能力、あるいは経験を欠いているかもしれない。このような場合、実践者がケースマネジャーとしての役割を担う場合もある。すなわち、直接サービスを提供するのみではなく、クライエントとさまざまな資源とを結びつけ、クライエントが必要なサービスを必要なときに受けられるよう保証することに責任を負うのである。仲介者とケースマネジャーの役割については、第2章と第14章で論じる。

クライエントが必要とする資源が入手不可能な場合もある。このような場合、実践者はプログラム開発者として働き、新しい資源システムを創出し、組織する。このような努力の例としては、民間企業や役所と協働し高齢者や貧困者が医療機関に通うための交通手段を整えること、近隣住民を組織しよりよい教育プログラムやレクリエーションプログラムを要求すること、賃借人を組織し、家主や公共住宅機関に対する権利を行使し、居住環境や衛生状態の改善を求めること、援助グループ、技術開発（専門職訓練）グループ、自助グループを組

織し、人生の難題に取り組めるように支援することなどを挙げることができる。

　ソーシャルワーカーは、資源に対してアクセスしやすくすることにより、目標達成を目指すことも多い。ソーシャルワーカーはファシリテーターやイネイブラー（精神的支援者）の役割を演じることで、さまざまな機能を果たす。すなわち、家族のメンバー間のコミュニケーションを強化すること、問題を起こした生徒を支援するために教師やスクールカウンセラー、ソーシャルワーカー等の努力を一つにまとめること、グループがメンバーに対して最大限のサポートを提供できるように支援すること、共同作業者間のコミュニケーションのための道筋をつけること、患者や受刑者を施設内の自治に参加させること、病院やメンタルヘルスセンターでの活動において、専門を異にするメンバー間の円滑な共同作業を推進すること、利用者からの情報を政府機関の政策決定委員会に提供すること、などである。これらの目標については、後の章で、具体的に取り上げる。

4．「ソーシャルワーカーは、社会的機関をより人間的な、人々のニーズを反映したものに変えるよう努力する」

　ダイレクト実践を行う者は、ダイレクトなサービスの提供を第一の仕事とするが、同時に、物理的社会的環境の改善や、政策立案、法律制定を通じて、クライエントの生活の質的向上を目指して努力する責任も負っている。個人、家族、グループ、近隣の問題は、物理的環境の汚染を禁止し、物理的社会的環境を改善する法律や政策を施行することで解消されるか、少なくとも改善される場合が多いのだ。それゆえ、ソーシャルワーカーは、自らの任務を、クライエントに対する治療的活動に限定するのではなく、問題の原因となっている環境的側面を見つけ出し、その改善に向けた活動を立ち上げたり、支援したりすることが必要である。このトピックについては、第14章と第18章において詳細に論じる。

　ソーシャルワーカーは、自らが所属する組織あるいはそれ以外の組織の方針や手続きを精査し、クライエントが資源に容易にアクセスできるか、クライエントの尊厳を強化するような形でサービスが提供されているかを明らかにするという、エクスペディター（代理交渉人）や問題解決者の役割を担うことを通じて、この価値を体現することもできる。複雑な申請手続き、資源・サービス提供の無用な遅延、差別的な方針、機関の立地条件によるアクセスの困難さ、サービス提供時間帯の不便さ、非人間的な手続きやスタッフの態度などの要因が、クライエントの資源利用を阻んだり、彼らに屈辱的な経験をさせたりする場合があるのだ。

　利用者からの情報の入手を可能にするシステムを作ることは、クライエントに対する組織の対応をモニタリングするための方法の一つだ。クライエントに、本来得られるはずのサービスや資源を確実に享受させるためには、ソーシャルワーカーがクライエントと協力し、あるいは、クライエントの代理人として、支援活動を行うことが必要となる場合がある（詳細は第14章と第18章で論じる）。ソーシャルワーカーは、コーディネーター、仲裁者、情報提供者の役割を演じることにより、この価値をサポートすることもある。例えば、ケースマネジャーとして、複数の資源システムから提供される医療、教育、メンタルヘルス、リハビリテーション等の各種サービスをコーディネートするような場合がある。仲裁者としては、機関同士、多数派グループ対少数派グループ、近隣住民グループ間の紛争解決を求められる場合がある。ソーシャルワーカーは公的機関や民間団体に対し、法律や新たな資金提供源に関する情報を提供し、これらの資源システム間の相互作用を促進することで、その相互関係に潜在的に影響を及ぼす場合もある。

ソーシャルワーカーには、同時に、主要な複数の組織と協働して、現在の相互関係や資源の利用可能性に影響を与える方針や手続きの変更について、相互に認識を促すことが求められる。

5. 「ソーシャルワーカーは、多様な人々の個性に敬意を表し、これを受容する」ソーシャルワーカーは、サービスを実施するに当たって、さまざまな側面が交ざりあった多様な性質を持つ人々と交流する。例えば、「年齢、社会的地位、文化、障害、民族、性別、性別に関するアイデンティティとその表現、移民としての地位、政治的信条、人種、宗教、性行動と性的指向、信仰、身体的精神的能力、国籍（EPAS, 2008, p. 5）」などの側面である。同じく、NASWの倫理綱領においても、ソーシャルワーカーは、複数の文化を理解し、それぞれの文化のストレングスを認識し、クライエントの文化に対する基礎的な知識を持ち、その文化に充分に配慮したサービスを提供することが求められている（NASW, 1999, p. 5）。この価値が意味するのは、ソーシャルワーカーは、違いを認識したうえでこれを尊重しなければならないということだ。ソーシャルワーカーは一生をかけて、繰り返し学び続けなければならない。残念ながら、実践者に多様性のすべての側面を理解させてくれるような「ハウツー本」の類は存在しない。この価値を実践するために実践者は、自分の知識、つまりこれらのクライエントに提供するサービスをよりきめ細やかに効果的にするための、多様なグループを出自とする個人のストレングスと資源に関する知識を絶えず更新し続けなければならない。

自らがマイノリティの立場にあるソーシャルワーカーが増え続けている。彼らは、自らと同じ集団に属する人だけでなく、多数派の文化に属するクライエントや機関のスタッフたちとも、効果的に協働するという課題に取り組んでいる。

価値と倫理

上記の5つの価値を実現することは、一人ひとりの市民と社会双方の責任であるはずだ。社会の側には、環境を整備し、市民に政策決定過程への参加の機会を与えることが望まれる。市民の側は、この過程に積極的に参画し、自らの責任を果たさなくてはならない。

個別に考えるなら、これら5つの価値および専門職上の使命は、ソーシャルワークに特有のものではない。しかしながら、これらを独自に組み合わせていくことで、ソーシャルワークは他の専門職と異なるものになるのである。全体として考えたとき、これらの内容は、ソーシャルワークのアイデンティティが、社会福祉機関との結びつきの中から生まれてきたということを明らかにしている。ギルバート（Gilbert, 1977）によれば、社会福祉とは、産業社会におけるさまざまな種類の害悪に苦しめられる人々に対する救済を意味する。「他の主たる組織が、人々を援助し資源を提供するという機能を充分に果たしていない場合に、その組織の本来の性質が家族、宗教団体、経済団体、教育機関等何であろうと、その不足を補うのが社会福祉の仕事である」（p. 402）

これら5つの価値は、ソーシャルワークという専門職のきわめて重要な理想を示すものであり、そのため、高いレベルの抽象性を持つ形で提示されている。その一方で、シポリン（Siporin, 1975）とレヴィ（Levy, 1973）が述べたように、専門職上の価値にはさまざまなレベルのものが存在する。中位のレベルでは、価値は社会のさまざまな部分と結びついている——その例として、一つの強固なコミュニティの特徴があげられる。さらに抽象度を下げたレベルでは、価値はより実践的であり、どのような態度が望ましいかについてまで言及する。

例えば、理想的なソーシャルワーク実践者とは、温厚で思いやりがあり、率直で、クライエン

トから得た機密情報を決して漏らすことのない強い責任感を持つ人間である。読者はソーシャルワークという分野に足を踏み入れることを選択したのであるから、おそらくはあなたの個人的な価値観の多くが、実践者の大部分が支持するソーシャルワークの中心的価値とほぼ一致するだろう。これに対し、中位レベルまたは第三レベルの価値においては、読者の見解は、ソーシャルワーカーの多数派がよって立つ具体的な価値に対する立場とは必ずしも合致しないかもしれない。

　自己決定とは、決定を下す際に、選択の自由を行使する権利があることを意味する。先述したような問題に関与する実践者は、個人の価値観と専門職上の価値の間の葛藤により、ジレンマに悩まされることがある。加えて、2つの専門職上の価値や原則の間で葛藤が生じることもよくある。ソーシャルワークの価値から生じる、専門職としての公的立場も、時に社会の多数派の姿勢と相反する場合がある。例えば、国民皆保険制度に対して行われる専門職上の支援は、米国連邦議会の支持を得られていない。

　私たちは、ソーシャルワーカーが、多くの道徳的政治的問題に関して多様な価値観を有する立場に対して、充分柔軟に耳を傾けるようにと提案する。価値に対する立ち位置が異なるということは必ずしもソーシャルワーカーのあり方が専門職の5つの中核的価値について分散してしまっているということを示しているとは言えない。むしろ、同じ目的を達成するための手段が多数存在することを反映するものである。確かに、頑迷に自らが好む方法を最後まで譲らないという姿勢は、厳しい試練に直面したときに崩壊する場合が多い。私たちは柔軟性を重視するが、それと同時に、NASWのような専門職上の組織の場においては、各自の信念がいかなるものであれ、それを強く主張すべきであるという価値に対する私たちの基本方針を再確認しておく。さらに、ソーシャルワーカーは、価値に対する立場が異なる同僚に対しても、クライエントに対するときと同様の敬意を払い、その尊厳と自己決定権を認めるべきだというのが、私たちの主張である。問題に対する見解の相違は率直に表明してよい。風通しがよく、かつ互いへの尊敬が感じられる雰囲気の中で議論を交わすことにより、問題を明らかにすることができ、プロ同士の結束も養われるのだ。

　個人の価値観や専門職上の価値と、個人またはグループのクライエントの価値観の間の葛藤が持ち上がる場合がある。学生は（熟練した実践者さえも）、近親相姦や不貞、レイプ、児童へのネグレクトや虐待、配偶者に対する虐待、そして犯罪行為のような、価値観に関わる問題状況に直面した際に葛藤を経験する。ダイレクト分野の実践者は通常、世間一般の人々が目をそむけるような各種の問題と向き合うのであり、さらに個人の価値観がソーシャルワーカーのクライエントに対する態度、知覚、感情、反応に表れることは避けられないから、仕事をするときには柔軟性と中立性を保つことが重要である。同じくらい重要なのが、自らの価値観を自覚し、それが専門職上の価値とどう合致しているのかを認識し、異なる価値観を持つクライエントや、攻撃的な行動をとるクライエントに対して、個人の価値観がどのような影響を与えるのかをアセスメントすることである。

　クライエントや他の専門職に従事する人々と交流する際に、価値観は行動を決定する重要な要素であるから、本書では第4章に、潜在的な価値のジレンマを含んだ実践状況と、読者が個人の価値観をよりよく自覚できるようになるための演習問題を掲載している。第4章ではまた、尊重し合う関係性の強化という局面について詳細に扱い、読者とクライエントの双方にとってつらいものとなり得る価値に関わる状況に対して、それを尊重して対応するにあたって役立つ演習問題を載せている。

ソーシャルワークの倫理綱領

　正当な専門職にとっての本質的な特性を示したものが倫理綱領であり、その専門職に従事する者に対する期待を定めた原則からなっている。倫理綱領は、専門職集団の中で自らの立脚点を維持するためにメンバーが遵守しなければならない行動規範を具体化したものである。それゆえ、倫理綱領の中には、規則として定められた行為以外にも、期待される責任と行動が定義されている。倫理綱領の目的の中核は、これが各関係者に対する説明責任について正式に表明したものであるという点である。すなわち (1) ソーシャルワークという専門職に認可を与える社会に対する説明責任、(2) 実践者のサービス利用者に対する説明責任、(3) 実践者が担う、ソーシャルワークという専門職に対する説明責任である。説明責任をしっかりとする態勢を推進することで、倫理綱領は、さらに次のような重要な目的を達することができる。

1．メンバーの行動に規律を与えることが可能な明白な基準を提示することで、専門職上の信用を維持することができる。
2．メンバーによる実践を、より適性かつ信頼できる、責任感を伴ったものにすることができる。
3．悪徳業者や能力の低い実践者から、一般の利用者を守ることができる。

　ソーシャルワーカーの実践を許可し、非倫理的行動に対する申し立てを受け付ける免許委員会が、ほぼすべての州に設置されている（Land, 1988；DeAngelis, 2000）。同様に、NASWの地域や州における支部が審査委員会を設置し、倫理綱領違反の申し立てを調査する。国レベルの委員会は、地方レベルの委員会に対してコンサルティングを行い、地方支部による決議要請について検討する。私たちは先にCSWEが表明する5つの価値を紹介した際に、倫理綱領の価値を併せて紹介した。
　これらの価値は、ソーシャルワーク教育の基礎となり、この専門職がすべての人々を尊重すること、ならびに社会的経済的正義の実現のために努力するという、専門職上のコミットメントの基礎となる（EPAS, 2008, p. 2）。
　CSWEの定めるEPASは、コンピテンシーベースの教育方式を基礎とし、成果としてのパフォーマンスに注目すべきことを規定する（EPAS, 2008, p.2）。ここでのコンピテンシーは、知識、価値、技術を基礎としつつ、これらを統合して、個人、家族、グループに対する実践に応用するものである。私たちはこのコンピテンシーについて、ソーシャルワーク学科の大学卒業レベルの実践者としてふさわしいコンピテンシーを持っていると言うためには、教育課程修了時に何ができるようになっているべきかという視点から論じている。
　今、これらのコンピテンシーが自分に備わっていないからといって、不安には思わないでほしい。このようなコンピテンシーを卒業までに身につけさせるのは、本人の仕事であると同時に、教育プログラムの側の仕事でもあるのだ（Box 1-1参照）。

Box●1－1　EPAS コンピテンシー

EPAS コンピテンシー2.1

　ここでは、学生たちが、プロのソーシャルワーカーを自認し、それにふさわしい行動をとるように、と明記する。このコンピテンシーを満たすためには、ソーシャルワーカーという専門職の歴史に精通し、この専門職の発展と自らの専門職上の行動の改善と成長のために努力しなければならない。このコンピテンシーを身に付けたソーシャルワーカーは、クライエントのサービスに対するアクセスを確保し、自省と自己観察を怠らず、身をただし、専門職上の役割と限界に注意し、行動、外見、コミュニケーションにおいて、この専門職に相応しいふるまいを示さなければならない。キャリアを通じて学び続け、スーパービジョンやコンサルテーションを利用すべきである（EPAS, 2008, p3）。本テキストでは、第4章で提供する教材を用いて、読者がこれらのコンピテンシーを示すことができるように指導する。

EPAS コンピテンシー 2.1.2

　ここでは、ソーシャルワークの倫理原則を適用して、専門職上の実践を方向付けることが求められており、専門職上の価値基盤、倫理原則、関連法に精通することが必要となる。このコンピテンシーを満たすためには、ソーシャルワーカーは自らの個人的価値観を認識しコントロールすることで、専門職上の価値に沿った実践を行わなければならない。例えば、仮にトビアスが、ラミレス夫人とその子どもたちとの仕事の妨げとなる恐れのある個人的価値観を持っていたとすれば、専門職上の価値がその個人の価値観に優先するように注意を払うことになるだろう。ソーシャルワーカーはNASWの倫理綱領のような規準を適用する際に倫理的決断もし、倫理的な葛藤の解決にあたっては曖昧さに耐え、原則に基づいた判断に至るために倫理的推論の方略を適用する（EPAS, 2008, p.4）。本書の第4章には、読者がこのコンピテンシーを身に付けるために役立つ内容を含んでいる。

EPAS コンピテンシー 2.1.3

　ここでは、プロとしての判断を伝え、提供するために、批判的な思考法を用いることが要求されている。ジョージ・ウィル（George Will）と米国研究者協会（Natonal Association of Scholars, 2007）は、ソーシャルワークという専門職においては批判的な思考よりも政治的な正当性が重んじられていると主張したが、実際には、このコンピテンシーが私たちに、専門職を実践する現場において批判的な思考法を用いることを明確に要求している。このコンピテンシーの実践においては、論理学の原則に関する知識、科学的な探究の態度、優れた判断力に関する知識力を示すことになる。批判的な思考を実践するためには、創造性と好奇心をもって関連情報についての知識を広げ、これを統合することが必要である。このコンピテンシーを実践するにあたっては、ソーシャルワーカーは、複数の情報源から得られた情報を識別し、評価し、統合することになる。ここでの情報には、調査に基づく事実、経験知、評価モデルの分析、各方法を統合するための創造性（EPAS, 2008, p.4）が含まれる。このコンピテンシーに従うなら、トビアスは、調査に基づく事実を参照し、経験知を用いてそれを統合し、自らの実践を方向付けることになるだろう。このコンピテンシーを追求するなら、ソーシャルワーカーは、意思決定を行う際に、複数の情報源を参照することが求められる。批判的な思考法については、各章の中にその一部として組み入れていく。

EPAS コンピテンシー 2.1.4

　ここでは、多様性と文化的差異に配慮した実践を行うことが要求される。多様性の特質は、「年齢、階級（社会的地位）、肌の色、文化、障害、倫理観、ジェンダー、ジェンダー的自己認識と表現、移民としての地位、政治的信条、人種、宗教、性別、ならびに性的指向」（EPAS, 2008, p5）といった複数の要素のインターセクショナリティ（交差性）と理解されている。ソーシャルワーカーがこのコンピテンシーを発揮するのは、多くのクライエントが人生で味わう抑圧、貧困、社会的無視、阻害といった経験の影響を理解し、同時に他のソーシャルワーカーを含む協働者が享受する特権、権力、称賛などの恩恵を正しく評価したときである。このコンピテンシーは、多様性を尊重するというソーシャルワークの誓約を、「抑圧された人々に奉仕する」という私たちの誓約とつなぐものである。このコンピテンシーを追求することで、構造や価値からいかにして抑圧、無視、疎外が生み出され、逆に特権が強化されるかを認識することができる。さらに、ソーシャルワーカーが情報提供者として情報利用者と協働する際は、自らを学習者と位置づける（EPAS, 2008, p5）。ソーシャルワーカーは、同時に、多様な人々と関わる際に、個人的なバイアスや個人の価値観の影響を除くために、自己覚知している必要がある。個人的なバイアスを除くという目標を重視する一方で、より合理的で現実的な目標として、自らのバイアスに気付き、それを適切にコントロールできるようになることを目指すことを勧める。例えば、ラミレス夫人とのワークの初期において、トビアスは事例記録に、子どもたちが学校に行こうとしないのは、ラミレス夫人を含む不法移民が、米国での新しいコミュニティの他の生徒やその家庭と比べて、教育を重視していないからではないかとの疑念を記していた。実際には、メキシコからの移民が教育に高い価値を置いていることを示す証拠が存在する（Valencia and Black, 2002）。トビアスがこのように記したことは、確信とも仮説ともバイアスともとれるが、ラミレス夫人とのワークにおいて深刻な影響をもたらす可能性があった。トビアスが、子どもたちが学校に行こうとしない主な原因が、夫人や周囲のメキシコ系移民の教育に対する関心の薄さにあると確信して行動していたならば、例えば、子どもたちが学校で歓迎されていないと感じていることといった、他のコミュニティや学校に起因する障壁を見いだすことはできなかったかもしれない。抑圧されたグループのメンバーが置かれた状況に対するすべての責任は本人にある、と考えることは、ホレイショ・アルジャー（Horatio Alger）の小説が作り出した、すべての成功者は自力でのしあがったという神話が作り出した誤った価値観である。このコンピテンシーは、抑圧する主体として機能する構造に対して敏感であることを要求する。本書では各章において、多様性と文化的差異に対する注意を読みとることができよう。

EPAS コンピテンシー 2.1.5

　このコンピテンシーは、人権と社会正義の推進を要求する。このコンピテンシーは、社会に生きるすべての人が、自由、安全、プライバシー、適切な生活水準、医療、教育といった基本的人権を持つことを主張する（EPAS, 2008, p. 5）。このコンピテンシーは、ソーシャルワーク倫理綱領の2つ目の価値に反映されている。すなわち「ソーシャルワークは社会的不正と闘う」（NASW, 1999）。その価値は、ソーシャルワーカーが、貧困、差別、その他の不当な扱いを受けている、抑圧された、あるいは弱い立場の人々に代わって、社会の変革を追求するように促す。危機に瀕した人々に対する支援に注力することにより、彼らが自らの人生に影響を及ぼすための力を高めるはずだ。ソーシャルワークという専門職が、批判的な思考法を目標達成の手段として支持する一方で、ソーシャルワーク教育は、人権と社会正義の実現に最大限の努力を払う。社会のすべてのメンバーが資源と機会を享受すべきであるなら、法、政府の政策、社会的プログラムは、これらの資源と機会への市民の平等なアクセスを保障しなければならない。ソーシャルワーカーは、権利があるにも

かかわらず、サービス、資源、物へのアクセスを拒否されていたクライエントを支援することで、社会正義を推進する。ソーシャルワーカーの仕事には、新たなニーズに応えるために、新しい資源を開発することも含まれる。

　このコンピテンシーを満たすためには、世界的な抑圧の現実を認識する必要がある。そして、正義に関する理論と、人間固有の権利と市民としての権利を促進するための方略に精通しなければならない。組織、機関、社会の中に社会正義の実践を組み込むよう努力することも求められる。さらに、社会における抑圧と差別のメカニズムを理解し、人権と社会経済的正義を推進するための実践をアドボケイトし、自らこれに従事しなければならない。ジョージ・ウィル（George Will）と米国研究者協会（Natonal Association of scholars）の報告によれば、ソーシャルワークを専攻する学生に対し、自らの宗教的信念と相容れないグループをアドボケイトするよう、講師から指示された例もあるという（Will, 2007 ; NAS, 2007）。例えば、ゲイとレズビアンの人々による養子縁組をアドボケイトするように要求された学生もいる。多くの州で、養子縁組のための条件の中に、性的指向は含まれていない。学生に対し、特定の抑圧されたグループをアドボケイトするよう求めることが倫理に反しないかという点は確かに議論の余地がある。しかしながら、このコンピテンシーは、人権と社会経済的正義をアドボケイトすることが、この専門職に期待されているのだということを、明確に示すものである。

　このコンピテンシーに従うならば、トビアスは、子どもたちの不登校の問題を、より広い枠組みにおいて理解するように努め、ラミレス夫人と子どもたちがなぜ、この地域に移住することになったのかを理解しようとするだろう。よりよい収入を求める経済的動機が、移民に影響を与えることに気付くべきである。本書の第15章では、社会正義のアドボケイトに関するコンピテンシーに焦点を置く。例えば、トビアスや他のソーシャルワーカーは、ラミレス夫人とのみ仕事をするのではなく、そのコミュニティにおける不法移民の置かれた状況に対し、コミュニティの組織化やアドボカシーの視点からアプローチし、個人の利益のみならず、グループ全体の利益のためにワークすることもできるのだ。本書はダイレクト実践の介入を最優先してそこに焦点を当てているので、この目標達成のための情報源としては教育プログラムの他のコースや他のテキストを利用するとよいだろう。

EPAS コンピテンシー 2.1.6

　ここでは、研究に裏付けられた実践と、実践に裏付けられた研究に従事することが要求される（EPAS, 2008, p.5）。このコンピテンシーを満たすためには、実践経験を研究に活かし、実証ベースの介入を実施して自らの実践を評価し、研究における発見を実践、ポリシー、ソーシャルサービスの改善に役立てることが求められる。量的研究と質的研究に精通し、知識を構築するための科学的および倫理的アプローチを理解することになるだろう。ソーシャルワーカーとして実践で得た経験を、科学的探究において活用し、研究に基づくエビデンスを、実践に活かすのである（P. 5）。

　提唱者の中には、エビデンスベースドの介入を採用するための必要条件として、クライエントに対してエビデンスベースドのアプローチについて説明できること、使いやすく現実的な評価のフォーマットを作成すること、これらの介入と評価のフォーマットを、クライエントの情報に基づき改良すること、エビデンスベースドのテクニックの関連要素を理解すること、介入の実践から得た証拠を取り入れること、そして実践の場で証拠を利用する際には批判的な視点を保つことを挙げる者もいる（Pollio, 2006, p. 224）。介入を構想する際には、介入を選択する際にその理論的な根拠を考察するのと同様に、背景に対する知識を動員することが必要だと提言する者もいる（Walsh, 2006, ; Payne, 2005 ; Adams, Matto & Le Croy, in press）。さまざまな実践現場で利用可能な証拠の幅広さを考えると、エビデンスベースドの実践は、介入計画の背景として、重要な情報源と

されるべきとの意見には賛同できる。この原則に従うなら、トビアスと彼が所属する児童福祉局に対し、不登校の問題で家族を支援する際に、エビデンスベースドの介入を重視するようにアドバイスすることが可能である。トビアスと児童福祉局は、不登校の問題について、学校の教職員と家族の間の個人的関係の構築を促進する「チェック・アンド・コネクト（"Check and Connect"）」のようなプログラムを知ることになるだろう（Anderson et al., 2004）。彼らに必要なのは、その知識を環境的背景および関連する介入についての情報と統合することだ。例えば、子どもたちが通学するための交通手段についてラミレス夫人を援助することは、介入の一部になるであろうし、学校と協働して、子どもたちを歓迎する雰囲気を作り出すことも同様だ。ラミレス夫人の心身の健康も、この背景の一部である。医療提供者との関係が構築され、夫人が必要とする外科的治療や抑うつ状態に関する夫人のニーズが満たされれば、夫人が子どもたちに学校へ行く準備をさせることは比較的容易になるだろう。本書の各章において、このコンピテンシーに関する情報を読みとることができる。

EPAS コンピテンシー 2.1.7

　ここでは、人間の行動と社会的環境に関する知識を応用することが求められている。このコンピテンシーを満たすためには、人間の一生を通じての行動に関して精通していることが求められる。さらに、人々が生活する社会システムについて熟知し、健康やウェルビーイングの維持や獲得を、社会システムがどのように促進したり妨げたりしているのかよく知らなければならない。生物学的発達、社会的発達、文化的発達、心理学的発達、精神的発達について理解する際には、一般教養課程で学んだ理論や知識が応用できるだろう（EPAS, 2008, p. 6）。これらの概念的枠組みを、アセスメント・介入のプロセスの指針として利用し、その知識を批判し、応用することで、人と環境を理解することができるだろう（p. 6）。アカデミックなプログラムにおいては、人間の行動と社会的環境に関連する他のコースを容易に見つけ、本章で得た知識に肉付けをすることができるだろう。また、本書では第8～10章において、このコンピテンシーについて具体的に取り上げている。社会システム理論は、アセスメント・介入に方向性を与えてくれる理論の一つなので、本章で後ほど紹介する。

EPAS コンピテンシー 2.1.8

　ここでは、政策の実践に従事し、社会経済的ウェルビーイングの向上と、効果的なソーシャルワークサービスを提供することが求められる（EPAS, 2008, p. 6）。援助の専門職として、ソーシャルワークが持つ際立った特徴の一つが、すべてのダイレクト実践が政策を背景として行われるという認識である。それゆえに、ソーシャルワーカーは、政策とサービスの歴史と現在の成り立ちについて知っておく必要がある。このコンピテンシーを追求する中で、ソーシャルワーカーは、クライエントの社会的ウェルビーイングを増進する政策を分析、立案、提唱する（p.6）。さらに、効果的な政策的措置を求めて、同僚やクライエントと協働する。クライエントに直接サービスを提供するソーシャルワーカーがいる一方で、クライエントをサポートする環境に対し間接的に影響を与えるべく行動し、社会インフラの維持と、クライエントのニーズが満たされるように助力するソーシャルワーカーも存在する。ソーシャルワークの教育課程には、この分野の上級実践のカリキュラムと同様に、政策と実践に関する必須科目が一つ以上含まれている場合が多い。このコンピテンシーについて、本書では第15章で扱う。トビアスとラミレス夫人のやりとりについては、不登校に関する医療とヘルスケア機関へのアクセスに関する政策を背景において考えなくてはならない。

EPAS コンピテンシー 2.1.9

　ここで要求されているのは、専門職上の背景の絶え間ない変化に対応し、また自らこの背景を変化させ続けることである。先述のとおり、援助の専門職であるソーシャルワーカーは、実践の政策的背景のみならず、組織やコミュニティ、社会といった、より広い専門職上の背景に対して敏感であることが求められる。このコンピテンシーを追求するにあたっては、情報に通じ、資源を多く確保し、積極的な姿勢で、変化し続ける組織、コミュニティ、社会といった背景に、実践のすべてのレベルにおいて、対応し続けなければならない。サービスを提供するために、関連する場所や人の変化、科学や技術の発展、社会の潮流を発見、評価し、これを注視することになるだろう。ソーシャルワーカーは、同時に、サービス提供の持続的な変化を促進するためにリーダーシップをとり、ソーシャルサービスの質的改善のための実践に取り組まなければならない（EPAS, 2008, p. 6）。トビアスがこのコンピテンシーを満たしたといえるためには、ラミレス夫人の子どもたちが通っていた小学校における、スペイン語を母国語とする子どもたちのおかれた状況についての知識を得ることが必要だ。先に触れたように、読み取りテストの成績を伸ばすことへのプレッシャーが、間接的に、英語を母国語としない生徒たちへのプレッシャーになっていた可能性もある。このコンピテンシーは、本書の各章に織り込まれており、第15章において特に強調されている。

EPAS コンピテンシー 2.1.10, 2.1.11, 2.1.12, 2.1.13, 2.1.14

　ここでは、個人、家族、グループ、組織、コミュニティに対し、関与、調査、介入するためのコンピテンシーが要求されている（EPAS, 2008, p.7）。これらのコンピテンシーは、ソーシャルワークの介入において最も重要な位置を占めるものであり、本書はここに反映されている知識や技術に取り組むことを目的として編集されている。

EPAS コンピテンシー 2.1.10.1

　ここでは、契約について言及している。このコンピテンシーを満たすためには、ソーシャルワーカーは個人、家族、グループ、組織、コミュニティと共に活動するための準備を、物質面においても精神面においても整えなければならない（EPAS,2008,p.7）。これは、共感などの対人技術を用い、双方の合意の上でワークの焦点を定め、求める結果のイメージを共有することによって可能になる（p.7）。私たちはこのコンピテンシーを特に重視しており、第5章〜第7章の大部分と、第10章および第12章の一部でこの分野に関する知識と技術について論じている。この技術を用いるなら、トビアスは、ラミレス夫人とその家族に個人的に関与しようと努力するだろう。関与の努力が実を結ぶか否かは、ある意味、文化的規範に対する敏感さに左右されるため、多様性に関するEPASコンピテンシー2.1.3に対する配慮も必要になると認識している。

EPAS コンピテンシー 2.1.10.2

　アセスメントに関するこのコンピテンシーは、クライエントに関するデータを収集し、整理し、解釈するために必要とされる知識と技術について述べている。ここでは、ソーシャルワーカーは、クライエントシステムのストレングスと限界の両方を評価する技術を身につけることが求められる。ソーシャルワーカーには、双方の合意に基づいて介入の最終目標と小目標を設定し、適切な介入方略を選択する能力が要求される（EPAS,2008,p7）。このコンピテンシーについては、第8〜10章において取り上げる。

EPAS コンピテンシー 2.1.10.3

　ここでは、介入に関する知識と技術に言及している。予防方略に関する知識と技術がここに含ま

れる。予防の方略とは、クライエントの能力を高め、問題解決を支援し、クライエントシステムに代わって交渉、仲裁、主張を行い、変化と終結へと導くために企画されるものである。本書が直接ソーシャルワークの介入に焦点を当てるものであることに鑑み、第10～19章を、この領域のコンピテンシーにあてている。

EPAS コンピテンシー 2.1.10.4

ここでは、評価に関する知識と技術を要求している。このコンピテンシーを満たすには、ソーシャルワーカーは、介入を批判的に分析し、追跡し、評価することができなければならない（EPAS, 2008, p7）。このコンピテンシーを満たすために、トビアスは、ラミレス夫人と共に目標を設定したうえで、定期的に進捗を評価するだろう。このコンピテンシーはいくつかの章に組み入れられているが、第12章において、最も具体的に取り上げられている。

EPAS コンピテンシー 2.2

ここではジェネラリスト実践に関する知識と技術について述べられている。ジェネラリスト実践者は、一般教養課程の教育ならびに人と社会のウェルビーイングの促進のために必要な個人と環境の構図を基盤としている（EPAS, 2008, p.8）。ジェネラリスト実践者は予防と介入の幅広い方法を用い、個人、家族、グループ、組織、コミュニティに対して活動を行う。このコンピテンシーは、多くのソーシャルワーク実践者が、多様なサービスをさまざまなレベルで提供する組織の中で働いているという事実に言及している。ジェネラリスト実践者はソーシャルワークという仕事に共感し、実践の中で、倫理原則と批判的思考を適用する（p.8）。彼らは自らの実践に多様性を取り入れ、人権と社会正義をアドボケイトすることが期待されている。彼らは、人間のストレングスとレジリエンスを育てながらそれを行うのである。そして、実践者は研究に裏付けられた実践に従事し、変化し続ける専門職上の背景に積極的に対応する。ソーシャルワーク教育は BSW［訳注：ソーシャルワーク学士］と MSW［訳注：ソーシャルワーク修士］という2種類の実践課程を採用している。このコンピテンシーは、BSW 実践者に期待される内容ならびに MSW 課程の初年度に組み込まれている内容について述べている。トビアスは BSW の実践者であるから、ジェネラリスト実践に必要とされる範囲の技術と知識を用いることが期待される。このコンピテンシーについては、第2章と第3章において最も力を入れて論じている。

EPAS コンピテンシー 2.2

ここでは、上級レベルの実践に必要な知識と技術が記述されている。上級レベルの実践者は、人と社会のウェルビーイングの向上のために行うアセスメント、介入、評価において、下位レベルの実践者とは異なる、クライエントの差異に応じた、自己批判的な方法を用いることが期待されている（EPAS, 2008, p8）。上級レベルの実践者は、広範囲にわたる学際的総合的な知識と技術を統合し応用することが期待されている。このレベルの実践者は、ソーシャルワーク実践の質と、さらにはソーシャルワークという専門職を、洗練し進歩させることが期待されている。上級実践者は、一つの専門分野に特化した知識と技術により強化されたコア・コンピテンシーを取り入れている（EPAS, 2008, p8）。ソーシャルワークにおける上級実践とは、実践者の教育プログラムにより定義された集中化の完成を意味する。このような集中化は、ミクロ、メゾ、マクロ実践といった形の専門分野に分けられる場合が多い。

効率的な実践のためには、実践の3レベルすべてに関する知識が必要とされる。にもかかわらず、ソーシャルワークを教える教育機関では、通常、ミクロレベルの実践またはマクロレベルの実践のどちらか一方だけに「集中化」したカリキュラムを提供し、他方に対する習熟は求めない。もちろ

ん、多様なカリキュラムが存在する。ジェネラリスト実践のカリキュラムを用意し、3つのレベルの実践をバランスよく身に付けることを学生に求める学校もある。学部課程と大学院課程の初年度においては、ジェネラリスト実践のカリキュラムを置き、学生があらゆるレベルのクライエントとの実践ができるようになることを目標とするのが典型だ。

実践における3レベルに対応する実践方法は以下のとおりだ。

- ミクロレベルの実践

このレベルの実践者は、個人、カップル、家族といったさまざまなクライエントを取りまくシステムを含む人々を対象にサービスを提供する。ミクロレベルにおける実践では、実践者はクライエントと対面して直接にサービスを提供するため、ダイレクト実践（または臨床実践）と呼ばれる。しかし、その一方で、ダイレクト実践はクライエントと対面して行われる実践に限定されるというわけでは決してない。これについては、第2章で論じている。

- メゾレベルの実践

第二のレベルは、「家庭生活におけるほど親密ではなく、また組織や機関の代表同士のような形式的な関係でもない、自助グループや治療グループ内、あるいは学校の友人や会社の同僚、近隣の住人といった人たちの間の人間関係」（Sheafor, Horejsi, & Horejsi, 1994, pp.9-10）である。メゾレベルにおけるイベントとは、「個人と、その最も身近で重要な人々との接点」（Zastrow & Kirst-Ashman, 1990, p.11）ということになる。ゆえに、メゾレベルの介入は、家族や同僚、学級といった、クライエントに直接的に影響を与えるシステムを変化させる方向で計画される。

- マクロレベルの実践

マクロレベルの実践は、対面式のサービス提供からはさらにかけ離れており、社会計画やコミュニティの組織化を含むものである。マクロレベルにおいては、ソーシャルワーカーは、個人、グループ、組織によって構成されるコミュニティのアクションシステムが社会問題に対処しようとする際に、変革を促進する専門職として援助する。例えば、ソーシャルワーカーは、市民団体や民間企業、公共団体、政府系組織と協働することもある。マクロレベルの実践者は以下のような活動を行う。（1）コミュニティグループや組織と協働したり、自らこれを立ち上げたりする。（2）プログラムを計画し、作り上げる。（3）プログラムを実行に移し、管理し、評価する（Meenaghan, 1987）。

ミクロレベルの実践は、特定の層の人々や組織に対するダイレクト実践すなわちミクロレベルの実践の領域とともに選考される場合が多い。児童福祉や家族実践、グループワーク、スクールソーシャルワーク、老化に関わる問題、子どもや青年を相手とする仕事などがこれにあたる。一方、マクロレベルの実践コース科目が焦点を置くのは、コミュニティの組織化やプランニング、マネジメント、アドボカシーなどの実践である。

社会の価値観や法律に沿った効果的なサービス提供を追求する福祉サービス団体において、マネジメントのためにはリーダーシップをとることが必要になる。そこには、方針を立案し、次にその方針を運用における目標に具体化すること、プログラムをデザインし実行すること、資金集めと資源配分、組織内および組織間の運営のコントロール、個人への指示とスーパービジョン、組織としての意思表明と広報活動、コミュニティ教育、追跡、評価、そして組織の生産性向上のための改善等に従事する過程が含まれる（Sarri, 1987, pp. 29-30）。第2章で論じるが、ダイレクト実践者は、多かれ少なかれ、必ず管理的な活動に関わることになる。さらに、修士号を持つダイレクト分野の実践者の多くが、プロとしてキャリアを積んだ後に、スーパーバイザーや管理者になる。それゆえ、マネジメントに関する知識は、修士レベルのダイレクト分野の実践者にとって重要なのであり、ソーシャルワークの修士課程のカリキュラムでマネジメントを扱うコースが必須科目になって

いる場合も多い。ダイレクト分野の実践者の多くは、マクロレベルの実践にほとんどあるいはまったく携わらないが、実践者の数が少なく、社会計画の専門家に依頼することができないような地方で働く実践者は、関心を持つ市民やコミュニティのリーダーと協働して、社会的問題の発生を予防し、資源を開拓するために働くことになる可能性がある。本書では多くの章の中で上級レベルの実践について触れているが、その主眼はこれらを紹介することにある。

EPAS コンピテンシー 2.3

ここではシグネチャー教育法、すなわち現場教育について記述している。シグネチャー教育法とは、ソーシャルワークという専門職において、学生が社会の中で活動する実践者の役割を果たせるようになるための指導と学習の方式である。さまざまな専門職ごとに、専門家がその理論と実践を結び付け統合できるようにするための指導方法は異なる。ソーシャルワークにおいて、これは現場教育により実現される。現場教育は、教室で理論や概念を学習した成果を現場での実践に結びつけるべく設計されたものである（EPAS, 2008, p.8）。ソーシャルワークにおいては、高い要求に応えるソーシャルワーク実践を身に付けるために、教室と現場が同程度に重要と考えられている。現場教育は、その設計・監督・調整・評価の各段階において、学生が授業で身に付けた成果を実証できるようなものになっている。本書では、現場に身を置いて考えてみることではじめて解決できるようにデザインされた練習問題を各章に多数掲載している。

コンピテンシーを習得するための枠組み

これまでに述べてきたコンピテンシーを習得するにあたり、実践者ならびに初学者は、自らが仕事をするうえでの土台とするための枠組みを正しく設定することが必要である。特定の問題状況に対する特定の介入に向けられた、社会科学やソーシャルワーク、異分野の協働研究が生み出す情報は日々増え続けている。活用できる情報は断片的なものである場合が多いため、介入を導入し成功させようとするのは困難な課題となる。さらに、ソーシャルワークは、心理的ニーズから環境に関するニーズに至るまで、分野横断的な問題を抱えたクライエントを対象として、機関において実施されることが多い。このようなレベルの問題や活動に取り組むためには、自らのものの見方を正しく位置づけることが必要とされる（Germain, 1979, 1981；Meyer, 1983；Pincus & Minahan, 1973；Siporin, 1980）。

エコロジカル・システム・モデル

このモデルは生物学に由来するが、これを適用することは、1970年代の半ばまでソーシャルワークの世界で支配的だった「環境の中の個人」という見方と強い概念的親和性を持つ。この見方においても、人間の機能に対する環境的要因の影響は認識されていたが、人の問題を評価するにあたって、内面的要因が過度に強調されるものだった。さらに、環境は個人を抑圧するものとする認識は、個人が環境に影響を与える力を持つことを充分に認識していないものだった。

個人の内面に対する過度の強調は、1920年代から30年代にかけてのフロイト理論の隆盛と広範な普及の結果だったのであるが、これが頂点に達したのは、1940年代から50年代にかけてだった。1960年代から70年代には、自我心理学、システム理論、家族療法の理論が登場し、民族的文化的要因の重要性に対する認識が広がり、エコロジカルな要因が強調されるようになると、環境的要

因ならびに人と環境の相互作用について理解することの重要性についての認識が徐々に高まっていった。

システムモデルが最初に構築されたのは自然科学においてだった。一方で、エコロジカル理論が生物学における環境ムーブメントの中で発展した。ソーシャルワークにおけるエコロジカル・システム理論は、このシステム理論とエコロジカル理論を応用したものである。

エコロジカル理論において、ソーシャルワーカーに特に関わりの深い2つの概念が、ハビタット（Habitat）とニッチ（Niche）である。ハビタットとは、生命体が生きる場所を意味する言葉であり、これは人間においては、特定の文化的背景を持つ物理的社会的状況からなる。ハビタットが人々の成長と発展のために必要な資源を豊富に備えていれば、そこで生きる人々は繁栄する。ハビタットに重要な資源が不足していたなら、肉体的、社会的、感情的発達にも、現在有している機能にも、悪影響を与えるだろう。例えば、友人や親戚、隣人、職場の同僚や教会仲間といった、支えとなってくれる社会的ネットワークやペットの存在が、人生のつらいストレスが与えるダメージを軽減することを、多くの調査結果が示している。これとは対照的に、社会的ネットワークを充分に持たない人々は、生活の中でストレス状況に直面した際に、深刻なうつ状態に陥ったり、薬物やアルコールの乱用や暴力行為などの反社会的なやり方で反応したりする。

ニッチとは、コミュニティのメンバーがその中で占める地位や役割のことをいう。人が成熟に至る過程で果たすべき課題の一つが、社会の中で自らのニッチを見つけることである。それが自尊心と確固たるアイデンティティの感覚を獲得するために必要不可欠だからである。しかし、自らのニッチを見つけるためには、人のニーズに合致する機会が社会の中にあることが前提となる。ところが、社会の中には、人種、民族、性別、貧困、年齢、障害、性的アイデンティティ、その他の要因により平等の機会を与えられていない人々が存在し、彼らにはこの前提は当てはまらないかもしれない。

ソーシャルワークの目的は、すでに述べたように、人々が自らに適したニッチを創出する機会を拡大できるように、社会正義を推進することにある。エコロジカル・システム理論は、個人が常に環境内の他の個人やシステムと交流し、これら個人やシステムが相互に影響を与え合うことを前提としている。

すべてのシステムは、二つとない独自の存在である。他とは異なる特徴を有し、他との関わり方も独特である（例えば、個人、家族、グループ、隣人のどれをとっても、同じものは二つと存在しない）。それゆえ、人々は単に外界からの力に反応するだけではない。むしろ外界、すなわち他の人々やグループ、組織、さらには物理的な環境にさえも働きかけ、その反応を方向づける。例えば、人々は住む場所を選択し、生活環境を改善するか気にしないかを選択し、都市の荒廃と闘い、空気と水の品質の安全性を確保し、貧しい高齢者のために適切な住居を提供するための方針を立ち上げるか否か、あるいはこれを支援するか否かを選択する。

それゆえ、人に関する問題について適切なアセスメントを行い、介入を計画するためには、人々と環境システムとが相互にいかなる影響を及ぼしあっているかについて熟慮する必要がある。アセスメントを計画するにあたって、この相互の影響し合う関係を考慮することの重要性は、過去数十年間にわたる、人間の問題に対するとらえ方の変化に反映されている。障害を例に考えてみよう。現在では障害は医学あるいは経済学の用語というよりも、むしろ心理社会学の用語になっている。ロート（Roth, 1987）が明らかにしたように、重要なことが明らかになるのは常に、障害者を含むエコロジカルな枠組みや、社会と障害者の交流、他者の態度、健常者により作

られた建築物、移動手段、社会組織を通じてである」(p.434)。このように障害は、肉体的精神的な制約を受けている人のニーズと、その周りにある資源（例えば、リハビリテーションのプログラム、特別な物質的便宜、教育、社会的支援システム等）との間をうまく結びつけることで、最小化できるのである。

　エコロジカル・システムの観点から考えると、人間のニーズの充足と発達上の課題の達成のためには、環境の中の適切な資源と、人と環境とのポジティブな交流が必要不可欠なのは明らかだ。例えば、学生が効果的に学習を進めるためには、適切な学校、有能な教師、親の支援、充分に理解し考える能力、学びたいという意欲、そして教師と生徒とのポジティブな関係が必要不可欠である。環境の側での資源の不足や、これらの資源を必要とする、あるいは利用する側の個人が持つ制約、また個人と環境システムとの間の交流における機能不全などにより、人のニーズは充足を妨げられ、ストレスや機能障害がもたらされる恐れがある。このストレスを軽減あるいは除去するためには、ニーズの充足、すなわち人と環境の調和的な適合を目指した対処の努力をしなければならない。しかしながら、人々は対処の方法を知っているとは限らない。ソーシャルワークは、そのような人々がニーズを充たせるように、重要な資源を彼らに紹介したり、自ら資源を開発したりする。さらには、クライエントの能力を開発し、彼らが自力で資源を活用し外界からの圧力に対処できるようにすることも、ソーシャルワークの仕事に含まれる。

　エコロジカル・システムの観点からアセスメントを実施するためには、人々と環境との相互作用のある多様なシステムについての知識が必要なのは明らかだ。

- 個人のサブシステム（生物物理学的、認知的、感情的、行動的、動機的）
- 対人関係システム（親子、夫婦、家族、親戚、友人、隣人、文化的準拠集団、信仰団体、社会的ネットワーク内の他のメンバー）
- 組織、機関、コミュニティ
- 物理的環境（住居、近隣の環境、建物、その他の人工物、ならびに、水、天候や気候）

　これらのシステムと、その相互作用については、第8～11章で検討する。

　エコロジカル・システム・モデルの重要な特徴は、その対象領域の広さにある。健康、家族関係、収入の不足、メンタルヘルスの問題、行政機関との紛争、失業、教育問題等、人の典型的な問題はすべて、このモデルに包含することができ、実践者はこのモデルを用いることで、これらの問題に含まれる複雑に絡んだ変数を解析することができるようになる。

　問題の原因に対するアセスメントを実施し、介入の焦点を決めることは、エコロジカル・システムモデルを適用するための第一歩である。システムモデルをソーシャルワーク実践に応用してきたピンカスとミナハン（Pincus & Minahan）は、「クライエントシステム」［訳注：クライエントを取りまくシステム］には、変化を要求する人、変化を是認する人、変化により利益を得ることが期待される人、変化するために契約を結ぶ人が含まれると指摘する（Pincas & Minahan, 1973；Compton & Galaway, 2005）。自ら変化を求めるクライエントを「アプリカント（志望者）」と呼ぶ。クライエントが自ら選択してソーシャルワーカーのもとを訪れる場合よりも、他者から紹介を受けて来る場合の方が多い。「リファラル」とは、自らの意思ではなく、他の専門職の人や家族の強い要請でサービスを求めることになった人をいう。一方、「コンタクテッド・パーソン」とは、支援活動を通じて話を持ちかけられた人々である（Compton & Galaway, 2005）。リ

ファラルとコンタクテッドの中には、窓口となった人や機関から強制を受けていない人もいるかもしれないが、先述のとおり、強制的にサービスを受けさせられることになった人もいる。ソーシャルワーカーは、彼らを「クライエントになる可能性のある人」として扱うべきで、自分を訪ねて来ることになった経緯と、窓口になった人や機関に対する彼らの反応を知っておかなければならない。例えば、ラミレス夫人の場合、教育的ネグレクトの可能性に対する調査の一環として、児童福祉サービスに話を持ちかけられたのであるから、クライエントになる可能性のある人と見なすこともできるのである。

次のステップは、問題状況に含まれる関連システムに対して、何をすべきかを決めることである。このステップでは、実践者は広範囲にわたる実践理論および介入手法を概観する。介入が最大の効果をあげるためには、問題となっているシステムにとって重要な意味を持つすべてのシステムに向けられたものでなくてはならない。

「ターゲットシステム」［訳注：ターゲットとするシステム］とは、変化への努力が向けられる焦点のことである。自発的なクライエントにおいては、通常、サービスを求めるきっかけになった懸念事項がこれに含まれる。法の強制によるクライエントにおいては、本人が認識していない違法あるいは危険な行為を含む場合もある（図1-1参照）。「クライエントシステム」はサービスにより利益を得ることを求める、あるいは利益を得ることが期待される人々からなる。この定義にはアプリカントや自発的なクライエント、非自発的なクライエントも含まれるということに注意すべきである（図1-2参照）。

クライエントが個人的な問題について援助を求める場合、ターゲットシステムとクライエントシステムが重なる。しかし、クライエントが求めるのは、自らの外部の問題に対する援助である場合が多い。このような場合、その問題がターゲットシステムの中心になる可能性もある。例えば、ラミレス夫人は精神的肉体的健康についての不安を抱くと同時に、子どもたちが学校で歓迎されていないと感じていることも心配の種だった。一方で、トビアスは法で定められた教育的ネグレクトの調査を進めなければならない。これらの問題領域は、複数の問題に取り組むための窓口となる個人や機関を開拓していくにつれ、一つに統合される可能性もある。重要なのは、ターゲットとする問題としてよいのは、その人の抱える問題であって、その人自身をターゲットにしてはならないということだ。ターゲットシステムとして人に焦点を置くのは、その個人を物のように扱うことになり、すべての人が持つ個人の尊厳をないがしろにするものだ。ゆえに、ターゲットシステムと見なしてよいのは、不登校の問題であって、ラミレス夫人と子どもたちであっ

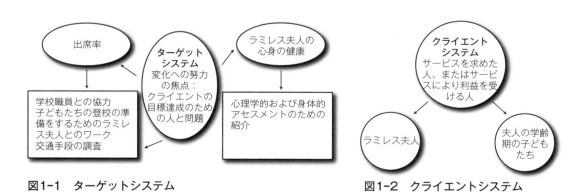

図1-1　ターゲットシステム　　　　　　　　　図1-2　クライエントシステム

てはならない。

「アクションシステム」［訳注：アクションするためのシステム］とは、ソーシャルワーカーが目的達成のために協働しなければならない公的または私的な資源や人をいう。そこには、公的な資源以外にも、家族、友人、その他の資源が含まれる。例えば、先の事例における不登校に対するアクションシステムとしては、ラミレス夫人とトビアスの間で合意されたプランに従い、不登校問題の担当官、教師、親戚、隣人、宗教的資源や、公共交通機関などが含まれる（図1-3参照）。

「エージェンシーシステム」［訳注：機関のシステム］とは、アクションシステムの中の特別に編成される部分集合であり、ターゲットの問題に取り組む実践者と公的なサービスシステムを併せて称したものである（Compton & Galaway , 2005）。先の不登校の事例においては、小学校と児童福祉局がエージェンシーシステムに含まれる（図1-4参照）。

社会的なシステムは、新しい情報やフィードバックに対する開放性と閉鎖性の程度においてもさまざまである。閉鎖的なシステムは外部との間に堅牢な壁を作り、情報の出入りを防ごうとする。開放的なシステムは外部との風通しをよく保ち、自由な情報の流通を認める。新しい情報に対する家族の態度もさまざまで、完全に閉鎖的な態度を示す家族もあれば、過度に開放的な家族もある。事実、すべての家族や人的システムが、一部の領域においては安定と境界を維持しようと努力し、他の領域においては変化を求め、あるいは変化に対応しようと努力するため、そこに

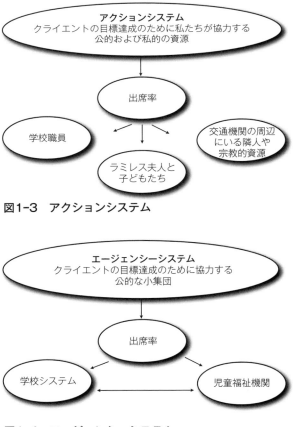

図1-3　アクションシステム

図1-4　エージェンシーシステム

緊張関係が生まれる。システム理論の研究者は、システムの一部における変化が、システムの他の部分に影響を与えるということが頻繁に起こると指摘している。例えば、ラミレス夫人の心身の健康状態が、子どもたちが登校する準備を整えられないことに大きな影響を及ぼしている可能性がある。だからこそ、夫人に病院に行くよう説得することは、不登校の問題に大きな影響を与える可能性があるのだ。

「結果同一性の原則」は、出発点が異なっていても同じ結果が得られることをいう。例えば、出身地や人生経験の異なる同級生が、この出発点の違いにもかかわらず、同じ教育課程を修了する。「結果多様性の原則」は、同じ出発点からスタートしても結果が異なる可能性があるということだ。同じ教育課程を学んだ同級生たちが、その後、自らの実践の場として、さまざまな現場に所属することになるのが、まさにこれである。

システム理論を非線形でとらえること

伝統的なシステム理論においては、システムや組織は、秩序、合理性、安定性により特徴づけられるとされた（Warren, Franklin, & Streeter, 1998）。ゆえに、このようなシステムの安定性を強調することは、境界、ホメオスタシス、均衡といった概念と調和する。システム理論は、秩序ある状況に加えて、非線形システムを考慮に入れると役立つかもしれない。変化の過程にあるシステムは、最初の出来事とそれらに対するフィードバックに対して非常に敏感になりうる。例えば、非線形の変化とは、青年の声の大きさの1デシベルの変化が、大人にとって10デシベルの変化になってしまうような状況のことである（Warren et al., 1998）。過去における些細な出来事が、システム全体に影響を及ぼし続けるということがあり得るのである。重要な介入がシステム内で増幅され強化されることで、その結果、家族システムに顕著な変化がもたらされるという説を、この増幅機能は支持するものだとも言われている。

このような秩序立っていない状況は結果多様性の原則を強調する。すなわち、最初の条件が同じでも結果はまったく異なり得るのだ。結果多様性の原則を現実に当てはめることにより、カオスを単なる無秩序ととらえるのではなく、そこに柔軟性と変化への契機を見いだすことが可能になるのである。

システム理論の限界

システム理論は確かに、人と環境の相互作用について有益な概念を与えてくれることが多いが、個別具体的な介入の処方箋を示すことまで期待するのは難しい（Whittaker & Tracy, 1989）。同様に、ウェイクフィールド（Wakefield, 1996a, 1996b）は、システムの概念は領域に固有の知識に関しては大した貢献をしていないと主張した。また、システム理論は確かに不完全で不充分かもしれないが、複雑な組織間の関係を概念化するための有益なメタファーを与えてくれると主張する者もいる。

おそらく、システム理論にあまりに多くを期待するのは間違いだろう（Gitterman, 1996）。私たちの見解はこうだ。ソーシャルワーカーが認識しなければならないさまざまなレベルの現象を概念化するために、システム理論は有用なメタファーを提供してくれる。だがそもそも、このようなメタファーは、実践を導くには不充分である。結果同一性や結果多様性といった概念も人的社会的システムにそのまま適用することは不可能だ。

■介入の決定と実行

クライエントの目標達成を支援するために実行する介入を、ソーシャルワーカーはどのようにして決定するのか。ソーシャルワーカーという専門職が確立して以来、状況を理解し正しい介入を選択するために、複数の理論が選択され応用されてきた。精神力動的理論は、初期において、機能的アプローチ、心理社会的アプローチ、問題解決アプローチといった応用を通じてソーシャルワークの介入を導き出すための、説明の根拠として重要であった（Hollis and Woods, 1981；Perlman, 1957；Taft, 1937）。これらのどのアプローチにおいても、個人が外界にいかに対処するかを説明するために、自我心理学が特に重要な理論的根拠とされた。精神力動的理論は、説明のための枠組みを幅広く提供したが、具体的な介入の根拠としてはさほど有用ではなく、このアプローチにおいては高度な抽象化が求められるため、その効果を評価するのは困難だった。

ソーシャルワークサービスの効果に対する疑念が高まると、効果が実証されているために成功が期待できる方法の採用が強調されるようになった（Fischer, 1973）。ソーシャルワーカーは、それ一つであらゆる状況におけるダイレクト実践に使える万能のアプローチを求めるのではなく、個々のクライエントを取り巻く状況と問題ごとに、それぞれ最適なアプローチを求める方向へと導かれた（Fischer, 1978）。この目標を達成するために、折衷的な実践がデザインされるが、これもまたそれなりの対応が必要となる。例えば、特定のアプローチにおいて使用する技能を選択する際には、その技能を生み出したアプローチについての知識と、そのアプローチの長所と短所に対するアセスメントに基づいて選択するのがベストなのである（Coady and Lehmann, 2008；Marsh, 2004）。

バーリンとマーシュは、実践における意思決定を与えるいくつもの合理的な変数があると指摘している。その中には、ソーシャルワーカーが何を求めるべきかに方向性を示す明確な概念の枠組み、真剣な関わりの態度（コミットメント）と価値、直感、自然発生的な即興性、共感的理解、実証的に得られたデータが含まれる（Berlin and Marsh, 1993, p.230）（図1-5参照）。

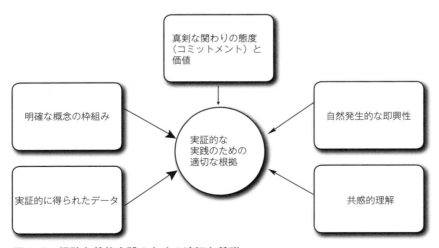

図1-5　経験主義的実践のための適切な基礎

出典：Adapted from Berlin and Marsh, 1993, p. 230.

実証的に得られたデータは、クライエントと共にどのように事を進めていくかを決める上で、情報源として重要な役割を果たす。実証ベースの実践は、科学的証拠に基づいた実践モデルを推進するものである（Baker, 2003）。このようなアプローチにおいては、問題と成果について考える際に測定可能な言葉が用いられ、介入をモニタリングし、効果を評価するためにデータが収集される。介入は科学的根拠と体系的に測定・評価された効果に基づいて選択される（Cournoyer, 2004；Petr & Walter, 2005）。「エビデンスベースドの実践」という言葉は「実証ベースの実践」よりも広い意味を持つものとして提唱されてきた。なぜなら特定の状況に適合するという文脈で外部の研究結果が考慮され、また逆に、インフォームドコンセントや、クライエントの価値観と期待という文脈の中でそれらが考慮されるからである（Gambrill, 2004；Petr & Walter, 2005, p. 252）。

　エビデンスベースドの実践は、最初は医学において、利用可能なエビデンスの質を評価し、エビデンスをクライエントや患者に提示することで彼らも意思決定に参加できるようにしながら、患者の治療におけるベストプラクティスを見いだすことを目指した、良心的な努力の試みとして始まった（Adams & Drake, 2006；Scheyett, 2006）。さらに最近になって、エビデンスベースドの実践の二つの形態が、特によく知られるようになってきた。

　第一の形態である「プロセスモデル」は、上に記したエビデンスベースドの実践の医学的定義と調和するものであり、個人の実践者による実践に焦点を当てる。具体的にいうと、個人の実践者は、自らがクライエントとの仕事を通じて得たデータをもって回答可能な質問を作るための方法を学ぶのである（Rubin, 2007）。この質問に基づき、適切な実証的資料にアクセスすることが可能になる。実践者は、オンラインのジャーナルや論文にコンピュータからアクセスすることによって、適切な文献を参照できなければならない。実践者は入手可能なすべての研究成果に関するすべての文献に目を通さなければならないわけではない。介入に関する情報の現状をまとめた二次的なレビューや、メタ分析を探せばよいのだ。例えば、児童福祉という文脈における変化の段階に関するエビデンスの状況は、リトル＆ガービン（Littele and Girvin, 2004）によってまとめられている。介入を評価するにあたり、介入におけるアセスメント尺度の信頼性を評価するためのレベル階層が開発されてきた。例えば、無作為に実施された複数の研究があれば、介入に潜在的に強い根拠を与えるものになる。児童福祉のような社会問題やこれを扱う現場に関しては、このような複数の無作為な研究が存在することはまれな場合もある。しかしながら、その他の適切にコントロールされた研究成果は利用できる可能性がある（Thomlison, 2005；Whiting Blome, & Steib, 2004；Gira, Kessler, & Poertner, 2001）。入手できる研究成果の範囲がどうであれ、実践者は介入のための支援のレベルを評価する技術を持つ必要がある。このデータに対する評価をベースに、ソーシャルワークの実践者は、クライエントとエビデンスを共有し、何をすべきかについて、一緒に合意に基づく決定を下すことが可能になる。この共同で行う決定に続いて、実践者とクライエントは、忠実に介入を実行し、それが成果を生んでいるかを評価する。これはボトムアップ型モデルであると特徴づけることができる。なぜなら、提起された問題と選択された介入が、介入に最も近い人々、すなわち実践者とクライエントによって決定されたと考えることができるからである（Rubin, 2007）。

　この形で提起されたプロセスモデルの前提の中には、アセスメントを必要とするものがいくつかある。このモデルにおいては、実践者は介入を自由に選択することができ、クライエントも自由にこれを受け入れるか拒否するかを決めることができるという前提がある。実際には、ど

の介入が利用可能かを決定するうえで、機関レベルの実践が大きな影響力を持っている（Payne, 2005）。介入の中には、政策や法、事前の教育や慣例を根拠に、機関やスーパーバイザーに支持されているものもある。プロセスモデルを利用する実践者は、このような介入が、研究成果に基づくエビデンスの検討により支持されることを望む。

この問題を認識し、かつ実践者の完全な統制のもとに介入の選択がなされるわけではないということを認識した場合、提唱者たちの中には、解決策となるのは、特定の問題と介入に関するエビデンスをいくつかのチームで研究することであり、その研究チームが実践チームによって用いられるべき実践に関する示唆をすることであると提案する者たちもいる（Proctor, 2007）。ソーシャルワーカー養成機関と連携し、機関のチームが問題を特定して運営管理面での支援を引き受ける一方で、教育機関がエビデンスベースドの実践のトレーニングをすることもできる。次に、クライエントが完全には自発的でない場合には、実践者と機関は、エビデンスベースドの決定を下すことが許され、またそうすべきである。しかし、法の強制によるクライエントは、その決定を拒否する権利が自分にあるとは思わない可能性がある（Scheyett, 2006；Kessler et al., 2005）。このような場合、クライエントはインフォームドコンセントを通じて、介入の合理性と、その効果に関する証拠について知る権利を持つ。このモデルは、さらに、実践者に適切な文献や資源にアクセスするための充分な時間があることも前提としている。最後に、このモデルは、実践者が効果的にエビデンスベースドの介入を実行するために充分な技術を持ち、トレーニングを受け、スーパービジョンが得られることを前提としている（Rubin, 2007）。

上で述べたようなプロセスモデルに伴う問題に対する一つの答えという意味も込めて、エビデンスベースドの実践の別バージョンが、実践の中でのトレーニングとして論じられている。このアプローチで強調されるのは、特定の問題や人に対して有効性を示してきた実践モデルを見つけ出し、これを学び、実践することである。このアプローチの支持者によれば、その長所は、介入についての知識を得ることだけに焦点が置かれるのではなく、介入を効果的に実行するために必要な技術の獲得にも力が注がれるという事実にある（Rubin, 2007）。このアプローチには固有の危険性があるとの批判もある。一つ目の危険は、学生は有能な実践者になるための方法を学ぶ際、しばしば不安にさいなまれ、一つのエビデンスベースドの実践を身に付けてしまうと、それが本来有効性をもつ範囲を超えて一般化してしまう場合があるという点である。このようにして、先に紹介した理論やモデルを学んだだけで、効果に関する証拠や他の方法の検討もしないで実行してしまう学生と同じ問題を、ある意味、再現してしまうことになるのだ。すなわち、道具をカナヅチしか持っていないと、すべての問題がクギに見えてしまいかねないのだ（Scheyette, 2006）。二つ目の危険は、エビデンスベースドの実践には、それぞれ固有の賞味期限があり、新しい研究成果により、信頼性が高められる実践方法もあれば、根拠が揺るがされる実践方法もあるという点である。それゆえ、一つのエビデンスベースドの実践を身に付けたという事実は他の方法を身に付けることを妨げないし、妨げることになってはならない。実際に、有能な実践者になるという課題は、キャリア全体を通じて追求されるべきもので、学校での教育課程の修了により完結するようなものではないのである。最後に、行動学的アプローチならびに認知行動学的アプローチは、エビデンスベースドの実践の代表とされるものである。これらのアプローチが有利なのは、これらを基礎とする実践がリサーチの手順に適合しているからであり、それゆえに、他のアプローチは代表とされにくいのだとの指摘もある（Coady & Lehmann, 2008；Walsh, 2006）。他のアプローチにとって課題となるのは、リサーチ手順の価値やモデルを代表するか否かを問うこと

よりも、有効性の基盤を強化することである。解決志向アプローチのようないくつかの新しいアプローチが、実際に有効性の基盤を強化しているという証拠も揃いつつある（Kim, 2008）。

アドボケイトたちは、どちらのアプローチにも、ソーシャルワーク教育の中で指導される意義があるという。すなわち、すべての学生はエビデンスベースドの実践のプロセスモデルを実行する方法を身に付けるべきであり、同時にすべての学生が少なくとも一つのエビデンスベースドの実践の方法に習熟すべきだというのだ（Rubin, 2007）。この提言の支持者たちは、またこの種の実践の中には、特定の方法についての専門性が求められるものもあり、上級ジェネラリストのための実践カリキュラムを含むプログラムとはなじまない場合もあるという（Howard, Allen-Meares, & Ruffolo, 2007）。私たちは、上級ジェネラリストのための実践カリキュラムを発展させてきたプログラムが、その領域における背景と実践者への期待を充分に配慮したものであること、ならびに、ジェネラリストの実践が現在でもBSWプログラムとMSWプログラムの初年度における標準と認識されていることから、この論点に関してどちらか一方を支持することはしない。

介入の選択に影響を与えるガイドライン

ソーシャルワーク実践の中で、クライエントに対し介入を実行するタイミングと方法を決める際の補助的道具として、以下のガイドラインに従うことを推奨する。

1．「ソーシャルワーカーはクライエントの自己決定、エンパワメント、ストレングスの強化を最大限に価値をおき、意思決定におけるクライエントの声が高められるように努める」。
　　すべての主要な決定についてソーシャルワーク実践者が権限を持ち、自由に決定できることを前提とするマニュアル化されたアプローチは、この価値とまったく相容れないものである。この価値に従うなら、意思決定を行っていくうえでの情報へのアクセスに、可能な限りクライエントを参加させることを求めていくことになる（Coady & Lehmann, 2008）。

2．「ソーシャルワーカーは、人と状況、現場、コミュニティ、および組織との関係に充分留意しながら、システム理論的視点から、環境をアセスメントする」。
　　私たちは問題のレベルをアセスメントし、介入の適切なレベルを評定する（Allen-Meares & Garvin, 2000）。レベルを異にする複数の資源が必要とされる場合が多いことを認識し、狭い臨床的視野により実践者とクライエントにのみ焦点を当てることがないように注意する。それゆえ、私たちを方向付けるデータや視点の利用は、ダイレクト実践や臨床的介入とともに、システム間の橋渡しなどの、私たちが担う複数の役割によって、ある程度統制されていなければならない（Richey & Roffman, 1999）。

3．「ソーシャルワーカーは、介入を検討する際に、人の多様性に敏感に配慮する」。
　　私たちは、ある人々に対してテストされた介入が、他の人々にも常に一般化できるという仮定を排除しなければならない。そうすることで私たちは、クライエントが持つ、自らにとって何が適切かについての独自の考え方に対し、特に敏感でいることができる（Allen-Meares & Garvin, 2000）。

4．「ソーシャルワーカーは、プロセスレベルと介入レベルの両方において、クライエントと

共にワークの進め方を決める際の根拠として、エビデンスベースドの実践を利用する」。私たちは、ソーシャルワークの実践者が、担当する問題に対する有効な介入に関する証拠にアクセスできることを期待する。このような証拠は、個人の研究や、組織のプライオリティを通じて、あるいは、重要分野における実践のためのガイドライン構築を目指した大学チームとの共同作業を通じて入手することができる。倫理綱領は、私たちが自らのコンピテンシーとスーパービジョンのレベルを超えて行動しないことを要求しているのであるから、たとえどの介入が有効かについて知識を持っていたとしても、常にそれを実行に移せるというわけではない。教育プログラムの一環として、二つ以上のエビデンスベースドアプローチを実践する方法を身に付けることは有益な目標といえる。しかし、本書の目標は、初級レベルの実践を行うための基礎技術を身に付けてもらうことにある。私たちは、エビデンスベースドの実践のプロセスモデルの影響を受け、クライエントと共に意思決定をするために質問をし、データを閲覧できるようになるための方法をモデリングすることにより、有益なツールを提供することを目指している。このレベルにおいて今すぐに実行に移せるようなエビデンスベースドの実践のアプローチを教えようと試みるのは現実的ではない。これらを紹介することは可能だが、実行に移すためには、さらなるトレーニングとスーパービジョンが必要である。

5．「ソーシャルワーカーは実践を批判的に考察し、仮説を精査し、他の選択肢について調査すること」

　私たちは、他の選択肢を調査することを喜んで受け入れることで、データそのものが示唆するよりも広範囲に理論を適用してしまうという、初期のソーシャルワークの旧弊を排除しようと努める（Briggs & Rzepnicki, 2004；Gambrill, 2004）。一つのアプローチにのみ従うことには、そのアプローチにそぐわないデータは無視されてしまうという危険が伴う（Maguire, 2002）。逆に、特定のクライエントと状況へのデータの適合性に対するアセスメントをすることなく、エビデンスベースドという名前がついていることを根拠にアプローチを選択する場合にも、同じ危険が伴うといえる（Scheyett, 2006）。

■まとめ

　本章ではソーシャルワークを、特別な使命とゆるぎない価値により特徴付けられる専門職として紹介した。ソーシャルワーカーとそのクライエントが、種類もレベルも異なる多様な環境において活動する際に、エコロジカルおよびシステムの概念は、自分たちが対処しなければならない対象を概念化するために有用である。第2章では、ダイレクト実践とソーシャルワーカーの役割の具体化に、より深く踏み込むことになる。

第2章

ダイレクト実践
―― 対象領域、理念、役割

> **本章の概要**
>
> 本章では、ダイレクト実践の背景と理念を紹介する。その中で、ダイレクト実践と臨床実践の意味を明らかにし、ダイレクトソーシャルワークの実践者が果たすべきさまざまな役割について解説する。

■対象領域

　1970年以前、ソーシャルワークの実践はその実践方法あるいは実践分野ごとに定義されていた。このため、ソーシャルワーカーは多様に個別化されて認識されていた。ケースワーカー、グループワーカー、コミュニティオーガナイザー、児童福祉ワーカー、精神科ソーシャルワーカー、スクールソーシャルワーカー、医療ソーシャルワーカー、等々である。ダイレクト実践ならびに臨床実践という言葉は、ソーシャルワークの用語としては比較的新しいものなのだ。

　これらが一つの専門職として統合されたのは、1955年、National Association of Social Workers, NASW（全米ソーシャルワーカー協会）の設立による。同時に『Social Work』誌が発刊され、狭い視野に基づく実践から現在のより広い視野に基づく実践へと、徐々に方向転換されることとなった。この方向転換が加速したのは1960年代から70年代にかけてである。米国における社会不安から、あらゆる制度に対する異議申し立てや批判が沸き起こり、ソーシャルワークも槍玉に上がった。有色人種層、貧困層の組織化された人々、その他の虐げられた集団は、ソーシャルワーカーの仕事は自分たちの差し迫った要求を満たすことのできない、的外れなものだと批判した。このような批判は、その多くが妥当なものだった。当時、ソーシャルワーカーの多くは、狭い視野に基づく臨床的な活動に従事し、虐げられた人々が真に関心を寄せる社会問題の解決には目を向けていなかったのである（Specht & Courtney, 1994）。

　この時期、ソーシャルワークの方法として中心的だったのは、ケースワークだった。ケースワークは、多種多様な現場における活動を含み、その目的は、個人、夫婦、家族を援助し、彼らの社会的機能を損なわせている問題に対し、各自がより効果的に取り組めるよう支援することだった。また一方で、グループワークが実践方法として発展してきた。グループワーカーは、セツルメントハウスや近隣での活動、街にたむろする不良少年たちに対する活動、さらに、病院、

矯正施設等、さまざまな現場における実践活動を展開した。ケースワークと比較して、グループワークはより大きな集団を対象としたが、これもやはり広範な社会問題に取り組むものではなかった。幅広い内容を持つソーシャルサービスの提供が緊急に求められる中、ケースワークやグループワークのような方法による、狭く限定された修正的（治療的）な活動では、対応不可能なのは明らかだった。

ゴードン（Gordon, 1965）とバートレット（Bartlett, 1970）により実施されたソーシャルワーク実践枠組み（すなわち、共通基盤）の構築は、ソーシャルワークにより広い視座を与えるものとなった。この枠組みは目的、価値、承認、知識、共通技術からなる。この新しい視座は実践の方法を志向するものではなかったため、これを表すための包括的な用語が新たに作られた。「ソーシャルワーク実践」である。

ジェネラリストの実践

全米ソーシャルワーク教育協議会（Council of Social Work Education, CSWE）は、ソーシャルワーク実践枠組みの発展に対応し、次のような指導方針を採択した。すなわち、学校連盟の認定基準を満たすためには、ソーシャルワーク教育のプログラムに、ソーシャルワーク実践の共通知識基盤を指導する基礎コースを置く必要がある、というものだ。学部（BSW）においても大学院修士課程（MSW）においても、このような基礎コースを置くことで、学生にジェネラリストとしての実践を身に付けさせる点は同じである。しかしながら、BSWのカリキュラムは、ジェネラリスト・ソーシャルワーカーの育成を主眼としてデザインされ、特定の実践方法に特化することを避けるものになっている。第1章で述べたように、ジェネラリストのプログラムが論理的根拠とするのは、実践者はクライエントの抱える問題をあらゆる角度から全体的に把握できる視野を身に付けるべきであり、問題に影響を与えている複数レベルのシステムを対象とした介入を計画できるようになるべきだ、という考え方だ。同様に、クライエントの目的と要求に合わせて、適切な介入が導き出されるべきなのであって、介入に合わせて目的が選択されてはならない。対象とされるクライエントシステムは、ミクロシステム（個人・夫婦・家族・団体）から、メゾ～マクロシステム（組織、機関、コミュニティ、地域、国）まで幅広い。

クライエントと、彼らが必要とする物品やサービスを提供できる資源システムとの間をつなぐことが、BSWソーシャルワーカーの最も重要な機能である。事実、BSWプログラムの多くが、学生がケースマネジャーの役割、すなわちクライエントと資源システム間の橋渡しとしての役割を担えるように育成することを目指している。ケースマネジャーの仕事は、第1章で軽く触れたが、本章でも後に簡単に論じる。さらに第14章において大きく取り上げる。

MSWプログラムの初年度（基礎課程）においても、大学院の学生に対し、ジェネラリストの実践の指導が行われる。MSWプログラムの中には、「上級のジェネラリストの実践」を指導するものもあるが、これは少数だ。二年次のカリキュラムにおいて、学生が実践方法あるいは実践分野（薬物乱用、老化、児童福祉、家族とのワーク、医療、精神衛生）において、専門化あるいは「集中化」することを認めるプログラムが大多数だ（Raymond, Teare, & Atherton, 1996）。実践方法は一般にミクロ／マクロに分けられる。ミクロとはダイレクト実践を意味し、マクロとは社会政策、コミュニティオーガニゼーション、社会経済的正義の実現のための計画策定を意味する。MSWの学生はこのようにジェネラリストであると同時にスペシャリストでもある実践者として育成されるのだ。

BSWとMSWのソーシャルワーカーにおける、方向性の類似と機能の相違、そして両レベルの実践者が並存することの重要性は、この後に掲載した事例の中で浮き彫りにされている。ここで留意してほしいのは、この類似と相違が一続きのもので、明確な線引きはないということだ。すなわち、ある状況でMSWソーシャルワーカーが担当する仕事が、他所ではBSWソーシャルワーカーにより担当される場合もあり、その逆もありうるのだ。同様に、地域や実践分野、MSW修了者の調達の可否により、両者の担当業務が変わってくる場合もある。

事例・・・

アーサー・ハリソンとマレーネ・フィッシャーはともに発達障害を抱える未婚の男女である。彼らには二人の息子がいる。二人が児童保護サービスの目にとまったのは、二人の長男であり、発達障害のあるロジャーが、13歳になる発達障害を持たない弟のロイとその友人から性的暴行を受けたことを教師に話したことがきっかけだった。ロイも友人も尋問され、自らの行為を認めた。ロイは、その行為を隣人から学んだと言った。ロイはこの隣人に7歳のときから性的虐待を受けていた

家族は、郡の児童保護機関から派遣されたBSWソーシャルワーカーのクリスティン・サマーズが実施したアセスメントに参加した。ロジャーは養護施設に入り、ロイは性的暴行の容疑で告発された。一方、隣人の少年は、3つの第一級性的暴行の容疑で告発され、尋問前の勾留状態にあった。クリスティンは、両親と会い、ストレングス・ベースド・アセスメントと、リスク・アセスメントを実施した。このアセスメントにより、ハリソン氏とフィッシャー氏が、子どもたちに学校でよい成績を維持させ、趣味や仕事をサポートするなど、多くの面でよく協力し合って親としての役割を果たしていたことが明らかになった。この事件により、子どもたちを危険から守るには両親の力では不十分ではないかとの懸念が持ち上がった。サマーズが実施した共同調査の結果、ハリソン氏とフィッシャー氏が子どもたちに対する監護権を取り戻すことをゴールとする計画が策定された。

クリスティンはケースマネジャーとして働き、子どもたちの監護権を取り戻すという目標達成に向けたハリソン氏とフィッシャー氏の努力に協力していた数人の援助者の調整役となった。本件でクリスティンは二重の役割を演じた（Trotter, 2006）。すなわち、（1）一般市民と社会的弱者を保護するためにデザインされた社会的なコントロールを確保する役割（2）家族を支援する役割（すなわち、援助的役割）である。これら二つの役割は、ケースワーカーにより、同時に実践されることもあれば、片方ずつ順に実践されることもあり、どちらか一つのみが実践される場合もある。本事例においては、サマーズは当初、主に一般市民と社会的弱者を守るという役割によって方向づけられた行動をもって、アセスメントを実施していた。その後、子どもたちの監護権を取り戻すための計画について両親との合意に至った後は、サマーズは、より援助的役割を演じることができるようになった。この計画には、子どもの性的問題行動に対する取組みに関する特別な専門知識を持つMSW実践者のデブラ・ソンタークへの紹介も含まれていた。ソンターク氏は、ロイ、ロジャー、および両親と面談した後、児童福祉局と裁判所に、家族が再び一緒に暮らすことが安全と判断できるタイミングと条件について提言した。

この例が示すとおり、MSWのダイレクト実践者は、BSW実践者よりも過去に取扱ったケース件数、責任、受けてきた教育において上回っている分、個人や家族に対してより掘り下げたサービスを提供する。MSW実践者は、家族によりよいサービスを提供できるよう、複数のサービス

を組み合わせることができるのだ。

ダイレクト実践

「ダイレクト実践」には、個人、夫婦、家族、グループに対する仕事が含まれる。ダイレクトソーシャルワークの実践者は、クライエントと対面してサービスを提供すること以外にも多様な役割を演じる。とりわけ、他の専門職や組織、施設と協力して仕事をし、また、クライエントのアドボケイトとして、地主、政府機関の役人、政策委員会、議会との仲裁を行う。ダイレクトソーシャルワーク実践は、さまざまな現場や問題領域において実施される。例えば、ダイレクト実践には、人生の発達段階（児童、青年、若年層、高齢者）や、問題領域（児童福祉、DV、心身の健康問題、薬物乱用、ホームレスと住宅供給計画、雇用計画のような貧困撲滅に関する問題）、介入の種類（家族ワーク、グループワーク）、実践現場（学校ソーシャルワーク、障害者向けサービス）など、さまざまに分類されたクライエントに対するサービスが含まれる（図2-1参照）。

「臨床実践」という言葉は、「ダイレクト実践」の別名として用いられることもある。臨床ソーシャルワーク実践は、「個人、家族、グループにおける精神的、行動的、感情的障害を診断、治療、予防するためのメンタルヘルス・サービスの提供」と定義されてきた（臨床ソーシャルワーク連盟：Clinical Social Work Federation, 1997）。臨床実践の焦点は、「メンタルヘルスの治療を機関、クリニック、病院、あるいは個人の実践者が提供することにある」（臨床ソーシャルワーク学会：Clinical Social Work Association, 2008）と言われている。また一方で、心理療法といった個人を対象とする活動から、クライエントの擁護や予防に向けた努力のような社会を対象とする活動までを含む幅広い実践活動を含めた定義を提唱する者もいる（Swenson, 2002）。しかしながら、支払い請求が可能な、個人を対象とした活動に注力しなければならないという圧力も存在する（Frey & Dupper, 2005）。臨床ソーシャルワーク実践は、さまざまな役割を果たしながらも、その中にメンタルヘルス・サービスを提供する機能を含むものと考えることができるだろう。メンタルヘルスに関する治療は、多くの現場でクライエントに提供されるかもしれないが、そのような治療は現場の主たる機能ではない。例えば、ホームレスの人たち用のシェルターにはメンタルヘルス・

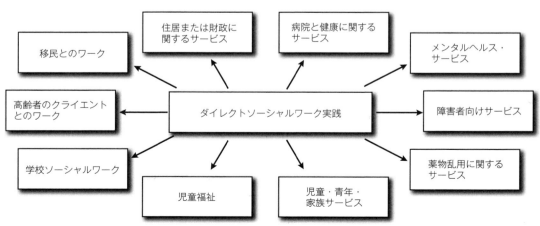

図2-1　ダイレクト実践の理念の原則

サービスを受けているクライエントがいるかもしれないが、シェルターの主たる機能は、あくまでも住居に関する支援を提供するための、環境に対する介入である。

「臨床ソーシャルワーカー」という肩書きが特別な意味を持つ州もある。ソーシャルワーカーの上級免許が、この名前で呼ばれているのだ。免許に関わる条項として、メンタルヘルスの問題の診断と治療には、治療者が臨床免許を持っているか、この免許を持つ者のスーパービジョンのもとで行われることが要求される。この免許を取得するためには、一定時間の研修とスーパービジョンを受けること、そして試験に合格することが必要とされる。そして、この免許を保持することが、心理療法やカウンセリングの提供に対し、第三者機関からの治療費の償還を受ける際の資格証明として要求されている。

私たちは、免許制度と償還の問題の重要性や、「臨床ソーシャルワーカー」という言葉が帯びるステータスと特権は認識しているが、すべてのダイレクトソーシャルワーク実践を、臨床ソーシャルワークという言葉で包含する必要はないと考える。メンタルヘルス・サービスの有無とは無関係に、例えば児童福祉サービスにおいて、子どもや家族を援助する際にもきわめて重要な介入が実施される。臨床実践という言葉によって「高品質のソーシャルワーク実践」を暗示しようとする向きもある。しかし私たちは、臨床サービスとは直接サービスの一形態であり、さまざまな実践分野で提供されるものだが、その一つの機能としてメンタルヘルスの問題に対するアセスメントと治療を含むものと定義すべきと考える。本書では、ミクロレベルの実践が行われる現場の本質的機能に従って、ダイレクト実践と臨床実践という言葉の両方を使い分けていく。

ダイレクト実践にはケースワーカーからカウンセラーまで、広範な役割が含まれる。困難を抱えた人々の援助において中心になるのは、彼らの問題に対処する最善の方法を見いだすことを支援する知識と技術である。この支援のためには、人間の問題を評価し、適切な資源システムを見つけ出し、これを開発し利用するための知識と技術が要求される。クライエントを参加させ、関連する目標を相互に計画し、参加者の役割を決めることは、援助プロセスにおける不可欠な要素である。同様に、実践者は介入に関する知識とこれを実行するための技術を持っていなければならない。援助プロセスについては第3章でより広範囲に概観しており、また本書全体が、クライエントとのダイレクト実践に関連する理論と技術について詳述することをテーマとしている。

ソーシャルワークのダイレクト実践者は、個人、夫婦、家族、グループにおける問題を含む相互作用について、面接し、アセスメントを実施し、介入を行うための知識と技術を備えていなければならない。グループの進行過程に関する知識と、グループをリードする技術は、ともに不可欠であり、自然な援助ネットワークを形成する技術や、学際的なチームのメンバーとして機能するための技術、システム内やシステム間で交渉を行う技術も同様に重要である。交渉人としての役割は、紛争を仲裁し、クライエントのためにサービスを要求し、資源を獲得する技術を必要とする。これらの技術はすべて、高度な対人技術を具体化したものである。

心理療法に従事することが、社会正義の実現を主な使命とする専門職として適切といえるかについて疑問を呈した者もいた（Specht & Courtney, 1994）。一方では、心理療法も目標達成のための手段の一つとして用いられるのであれば、必ずしも社会正義の実現という使命と矛盾するものではないと反論する者もあった（Wakefield, 1996a, 1996b）。スウェンソン（Swenson, 1998）は、クライエントのストレングスを活用し、社会的立場や力関係に十分に配慮し、抑圧への抵抗を試みるものであれば、臨床実践は社会正義という考え方に矛盾するものではないと主張した。私たちは、このような議論は意味のないものと考える。現在のソーシャルワーク実践者ならびにその

他の援助の専門家たちは、行動モデルや家族システムモデルといった、さらなる理論的基盤を応用して心理療法を実践している。マネージド・ケア（管理的な医療ケア）の環境における臨床実践は、具体的な問題、ストレングス、資源に焦点を当て、高度に構造化された目標指向型の実践であり、治療における最終目標を達成するために、各セッションごとに明確な目標を設定する（Franklin, 2002）。

■ダイレクト実践の理念

　専門職が発展するに従って、知識基盤が拡大し、実践者は抽象的な価値や知識を具体的な実践状況に応用するという経験を得ていく。役立つ価値は、ここで変化の一部として徐々に進化していく。つまり、それらは実践に応用されながら、実践のための原則やガイドラインとなっていく。このようにしてできた原則は、人間の問題の本質や原因について、望ましいと思われる信念を表現する。またこれらは同時に、人々の問題対処能力、望ましい目標、援助関係において高く評価される性質についてどう考えればよいかということも描き出す。最終的に、それらの原則は、実践者とクライエントの役割、有能なグループ・リーダーの特徴、人間の成長過程の本質といった、援助プロセスの重要な要素についての信念を含むようになる。

　私たちは、自らの価値選択を含む、把握しきれないほど多様な情報源から得た原則を統合することにより、長い年月をかけて実践の理念を進化させてきた。このようにして、ダイレクト実践の理念として、図2-2で概観した原則を提示する。

ダイレクト実践の理念

1. ソーシャルワークのクライエントが経験する問題は、資源・知識・技術（社会的、システム的、個人の持つ資源）のうちのどれか一つ、あるいは複数の不足が原因となっている。

2. ソーシャルワークのクライエントは、しばしば、貧困、人種差別、性差別、同性愛者への差別、その他の差別全般、そして資源の不足に直面しているから、ソーシャルワーカーは、クライエントが尊厳を失うことなく自らの権利、資源、治療へのアクセスを確保することが可能になるようにシステムと交渉し、変革を求める。さらに、資源システムを修正し、開発することにより、よりクライエントのニーズに応えられるものになるよう努力する。

3. 人々には、自ら選択と決定を行う能力がある。環境にある程度支配されているとはいえ、自覚している以上に、実際には環境に影響を及ぼす力を持っている。ソーシャルワーカーは、クライエントが（1）自己決定能力を獲得し、（2）重要な資源へのアクセスを確保できるよう支援することにより、クライエントのエンパワメントに役立つことを目指す。重要な資源とは彼らの人生に影響力を持つ資源であり、同時に、環境が個人やグループの一員としてのクライエントにマイナスの作用を及ぼすときに、その影響力に変化をもたらす力を強化してくれるような資源である。

4. 社会的サービスのシステムは個人の機能の障害を基礎として資金の提供を受けている場合が多いため、健康やストレングス、自然なサポートシステムを強調する、よりシステム的な問題解決アプローチに対して、サービス提供システムがより細やかに対応できるよう、ソーシャルワーカーは、教育的機能を果たさなければならない。

5. ソーシャルワーカーは、他者から強いられて、あるいは法的制裁という強制力の下で、不本意ながらサービスを受けることに躊躇する人々の対応をする場合も多い。人は自らの価値観と信念に従う権利を有するが、時に彼らの行為が他者の権利を侵害する場合がある。そこで、ソーシャルワーカーは、クライエントが彼らの問題のこのような側面と向き合うための支援をする。躊躇する、すなわち、法の強制によるクライエントは、しばしば援助関係の構築を求めず、むしろそれを避けようとするため、ソーシャルワーカーには交渉力が必要となる場合が多い。

6. クライエントの中には、ソーシャルワーカーの援助のもとで変化を経験したいと願い、自らサービスを願い出る者もいる。このようなクライエントの態度は、ソーシャルワーカーとの受容的な関係を確立し、適切な自己開示を行うことで、より深い自己覚知を求めることを可能にし、現在という時間をより完全に生きることを可能にする。

7. すべてのクライエントは、自発的なクライエントであろうと法の強制によるクライエントであろうと、敬意と尊厳ある対応を受け、自らの選択に際し援助を受ける権利を有する。

8. クライエントの目標を認識するのは容易でない場合が多いが、彼らの行動には目標がある。また一方で、クライエントは自らの問題を解決するために、新しい技術、知識、アプローチを学ぶことができる。クライエントが自らのストレングスを見いだせるよう援助し、成長し変化する力を肯定することは、ソーシャルワーカーの責務である。

9. クライエントの現在の問題は、過去の人間関係や問題に影響を受けている場合が多く、過去に焦点づけることが有効な場合もある。しかし、ほとんどの問題は、クライエントの持つストレングスと対処パターンを動員して、現在の選択に焦点づけることにより軽減することができる。

図2-2　ダイレクト実践の理念の原則

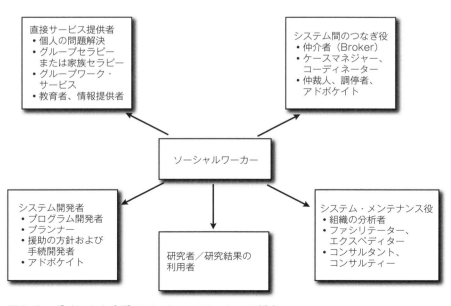

図2-3　ダイレクト実践のソーシャルワーカーの働き

■ダイレクト分野の実践者の役割

近年、ダイレクト分野の実践者が職責を全うするために演じるさまざまな役割が、ますます注目を集めるようになってきた。第1章において、これら多くの役割に言及した。本節では、これらの役割について簡単にまとめたうえで、本書中で個々の役割についてさらに詳しく論じた節を示す。役割を分類するにあたっては、一部、リスター（Lister, 1987）の提示した枠組みを基盤にしている（図2-3参照）。

サービスを直接提供すること

このカテゴリに分類される役割は、ソーシャルワーカーがクライエントまたはコンシューマ・グループと直接対面してサービスを提供するものである。

- 個人に対するケースワークまたはカウンセリング
- 夫婦療法と家族療法（個人とのセッション、共同セッション、グループセッションを含む場合もある）
- グループワーク・サービス（支援グループ、治療グループ、自助グループ、課題グループ、能力開発グループを含む場合もある）
- 教育者または情報提供者。ソーシャルワーカーは、個人とのセッションや共同セッション、グループセッションにおいて、あるいは、コンシューマ・グループや公共に向けた教育的プレゼンテーションにおいて重要な情報を提供する場合がある。例えば、実践者は親としての技術、夫婦生活を豊かにする方法、ストレスマネジメント、あるいは、心身の医療に関するさまざまな側面などをテーマとした教育的セッションを実施する場合がある（Dore, 1993）

これらの役割は、ダイレクト分野のサービスを行うソーシャルワーカーの大部分にとって、最も重要な仕事である。本書全体が、ソーシャルワーカーにこのようなダイレクト分野のサービスを提供するための準備をさせることを目指しているのだから、本節ではこれらの役割についてこれ以上詳しく述べることはしない。

システム間のつなぎ役

クライエントが必要とする資源が、既存の社会機関により提供されず、クライエントが他の利用可能な資源を知らない、あるいはそれを利用する能力がないという場合があるため、ソーシャルワーカーは、しばしば、人々を他の資源と結びつけるという役割を果たすことになる。

仲介者

仲介者（すなわち、人々を資源と結びつける媒介になる人）の役割を果たすためには、ソーシャルワーカーは、適切な紹介をするために、すべてのコミュニティ資源に精通していなければならない。紹介を成功させるためには、資源となるシステムの方針を熟知し、重要な担当者との協働関係が必要不可欠である。先の事例において、BSWレベルのソーシャルワーカーであるクリスティン・サマーズは、ハリソン氏とフィッシャー氏に対するサービスにおいて仲介者として活

動し、性的行動を専門とする MSW レベルのカウンセラーであるデブラ・ソンタークへの紹介等を実施した。実践者の助けを借りて、サービスに対する不安と誤解を克服することではじめて、自ら資源を利用できるようになる人も多い。

ソーシャルワーカーは、シンプルで効果的な紹介の仕組みと、クライエントがその後、実際に紹介先システムの利用を継続しているかモニタリングするための方法を構築する責任がある。第3章では、クライエントを必要な資源に紹介する技術の獲得を支援するガイドラインを提供する。

ケースマネジャー／コーディネーター

クライエントの中には、紹介先のシステムとの関係を継続するための能力、技術、知識、資源を欠いている者もいる。このような場合、ソーシャルワーカーは、クライエントのニーズの評価と、他の資源から供与された必要不可欠な物資やサービスの提供に関する手配と調整を主な任務とするケースマネジャーとしてサービスを行う場合がある。ケースマネジャーは、必要とされる物資やサービスが適切なタイミングで提供されるように、クライエントと直接関わることもある。

ケースマネジャーは、計画が実行され予定通り確実にサービスが提供されるように、クライエントとの緊密な連絡を保ち（時には、ダイレクトなケースワーク・サービスを提供することさえある）、他のサービス提供者とも密に連絡を取り合わなければならない。実践者は他のどの役割を担うときよりも、ケースマネジャーとして働くときに、クライエントと環境とのインターフェイス（接点）としての機能を果たす、ということは注目に値する。近年、ケースマネジメント・サービスを必要とする人々（例えば、ホームレスの人、高齢のクライエント、深刻かつ永続的な精神疾患を持つ人々）が劇的に増加しているのに伴い、論文の中にも、このようなサービスを必要とするクライエント、ケースマネジメントに関連する諸問題、ケースマネジャーのさまざまな機能に焦点を当てた数多くの記述が見られるようになった。これらの話題については、第14章で詳しく扱うので、それまでこの議論は保留にしておく。

仲裁人／調停者

時に、クライエントとサービス提供者の関係が破綻し、そのために、クライエントに資格があるにもかかわらず必要なサービスが提供されないという事態が発生する。例えば、クライエントは、自分の健康保険でまかなわれると信じて資源を探しつづけるかもしれない。あるいは、勤労福祉プログラムの参加者がプログラムの認定基準を満たさなかったために認定されないような場合である（Hage, 2004）。

サービスが断られる理由としては、さまざまなことが考えられる。クライエントが自分で資格を満たしていることを適切に提示できない場合もあるだろうし、クライエントとサービス提供者の間に時に生じてしまう緊張関係のために、クライエントが自らサービスの要求を取り下げてしまう場合や、提供者側がサービスを差し控えてしまう場合もあるだろう。

このような場合には、実践者は仲裁人として、サービス供与の障害となっている事情を取り除こうとサービスを実施する。「仲裁」とは、「公平中立な討論の場を設け、両者が論争を経て、相互に満足できる問題解決方法の発見を促す」プロセスである（Chandler, 1986, p. 346）。仲裁人としてサービスを提供する際には、破綻の原因を見いだすために、両者の言い分に注意深く耳を傾け、事実と感情を引き出さなければならない。確実で完全な情報を手に入れるまでは、どちらの側にも肩入れしないことが重要である。破綻の本質を見極めたなら、両者の間にある障壁を取り

除き、潜在的な誤解を解き、サービス提供の妨げとなっているネガティブな感情に対処することを目標とした適切な是正措置を計画することが可能になる。この過程で使用されるコミュニケーションの技術は、本書の後の章で説明している。

近年、仲裁の技術に関する知識は増大し、高度に洗練されたものになっている。今日においては、ますます多くの実践者が、独力で、または弁護士と協働して、離婚の際の子どもの監護権や子どもとの面会権、財産分与などに関する論争の仲裁にあたっている。同様の技術が、個人的論争や労使紛争、犯罪被害者と加害者間といった状況にも適用可能である（Nugent et al., 2001）。

クライエントのアドボケイト

ソーシャルワーカーはこの専門職の発祥以来、個人またはグループのクライエントを擁護する者としての役割を担ってきた。この役割を担う義務が、NASW倫理綱領の中でごく最近になって再確認された。すなわち、専門職上の使命を追求するためにソーシャルワーカーが実施する活動の一つとして、クライエントのアドボカシーが含まれるようになったのだ（NASW, 1996, p.2）。

クライエントと資源を結びつけることと関連して、アドボカシーとは、他の方法では得られないサービスと資源をクライエントに獲得させるために、クライエントと協働し、同時に／あるいは、クライエントの代理人として働くプロセスである。アドボカシーが発生しうる状況と適切な改善手段については、第19章で詳しく論じる。アドボカシーのために必要な技術についても（クライエントのグループに対するソーシャルアクションを含めて）、第14章で論じる。

システムの維持と強化

社会福祉機関のスタッフの一人として、ソーシャルワーカーは、効果的なサービスの提供を妨げる原因となる機関の構造、方針、機関内の機能的な関係について評価する責任を負う。

組織の分析者

組織における役割を遂行するにあたっては、サービスの提供にネガティブな影響を与える組織の構造、ポリシー、手続き等の要因を特定することが必要となる。この役割を効果的に遂行するためには、組織ならびに管理に関する理論についての知識が必要不可欠である。この役割について、本書では第14章で詳しく論じている。組織の力学については、組織論に関する講座を受講することでも、さらに学習を深めることができる。

ファシリテーター／エクスペディター（代理交渉人）

サービスの提供を阻害する要因を特定した後に、ソーシャルワーカーは、これを改善するための計画の策定と遂行に責任を負う。ここには、機関の役員や管理者に対し関連情報を提供すること、問題に対処するためのスタッフ・ミーティングを提唱すること、頑迷な管理者にプレッシャーをかけて説得するために他のスタッフと協働することで、重要な実践トレーニングの開催を推進しこれに参加すること、その他同様の活動が含まれる場合もある。

チーム・メンバー

機関や施設といった現場（例：メンタルヘルス、医療、リハビリテーション、教育等の現場）の多くで、実践者は、臨床チームの一員として互いに協力し、クライエントの問題の評価や、サービ

スの提供などの機能を果たす（Sands, 1989；Sands, Stafford, & McClelland, 1990）。このようなチームは、通常、精神科医または内科医、心理学者、ソーシャルワーカー、看護師、そして、場合によっては、リハビリテーション・カウンセラー、作業療法士、教師、レクリエーション療法士など、場面により異なるメンバーで構成される。チームのメンバーは各自がさまざまな異なる種類の専門分野を持っており、アセスメントの作成や計画づくり、治療的介入の実施において、その能力が活かされる。ソーシャルワークの実践者はしばしば、チームの一員として、家族の力学に関する知識で貢献したり、家族のメンバーとの治療的なワークに従事する。

　このようなチームは、より影響力の強い専門職のメンバーによって支配される場合がある（Bell, 2001）。デーン＆サイモン（Dane and Simon, 1991）は、使命と意思決定がソーシャルワーカー以外のメンバーにより支配されている現場では、ソーシャルワーカーは自らの専門職上の使命と、就業先機関の価値観との矛盾を経験することが多いことを指摘した。しかし、ソーシャルワーカーは、資源についての知識や、クライエントと資源を引き合わせるという自らの専門性を発揮しつつ、ストレングスに対する他のメンバーの感受性を養い、より全体的なアプローチの実現を主張することができる。ソーシャルワーカーはさらに、患者の退院計画策定においてコミュニティ資源に関する知識を応用して、長期の入院後の社会復帰を促進するという役割を期待される。このようにして、ソーシャルワーカーは、比較的軽視されがちなシステムやストレングスといった視座をチームに取り入れることができる。

　ソーシャルワーカーは、学校や児童福祉といった複数のシステムにまたがる分野横断的なワークに携わり、複数のシステム内で同時にワークを行う能力を要求される（Bailey-Dempsey & Reid, 1995）。ソーシャルワーカーは、チームの一員として、患者の退院計画をコーディネートするケースマネジャーの仕事を任される場合も多い（Dane &Simon, 1991；Kadushin & Kulys, 1993）。

コンサルタント／コンサルティー

　コンサルテーションは、専門家がコンサルティー（相談者）に対して、より効果的なサービスをクライエントに提供できるよう、コンサルティーが担当する問題に関する知識、技術、態度、行動を増強、開発、修正、解放する過程である（Kadushin, 1977）。ソーシャルワーカーはコンサルテーションの提供者にも利用者にもなるが、MSWソーシャルワーカーは、利用者になる場合よりも提供者になる場合の方が多いという傾向がある。BSWソーシャルワーカーは、特定のコミュニティ資源の利用可能性についてコンサルテーションの提供者になれる。しかしながら、複雑な状況や行動を含む問題解決に効果的に取り組むための方法について情報が必要な際には、コンサルテーションの利用者となる場合の方が多い。ソーシャルワーカーは、医師や看護師、精神科医や心理学者、そしてある種の問題（例：薬物乱用、児童虐待、性的問題）に関わる高度な専門知識を持った他のソーシャルワーカーの持つ専門知識が必要な場合には、コンサルティー（相談者）としての役割を担う。

　ソーシャルワーカーは、他の専門職に従事するチームのメンバーや、専門知識を必要としている他のソーシャルワーカーに対して、コンサルタントとして働く。ここにはスーパーバイザーの役割を果たす場合も含まれる。例えば、学校職員が、問題のある生徒を理解しこれに対処するために助けを求めている場合や、医療従事者が患者の家族や民族的文化的要素を理解するために支援を必要としている場合、裁判所関係者が子どもの監護権の決定や、仮釈放、保護観察の決定に関する事案に携わる場合など、多くの同様の状況においてコンサルテーションを提供する。

スーパーバイザー

ソーシャルワークにおいて、コンサルタントとコンサルティーの関係が発生するのは、ソーシャルワーカーとスーパーバイザーとの関係における場合が多い。スーパーバイザーは、ソーシャルワークの実践者によるダイレクト実践の質を高めるように支援するという重要な役割を果たす。スーパーバイザーは、スーパービジョンを通じて、スタッフが現場の指揮命令系統や義務、ポリシーについて正しく学べるように指導する責任を負う（Munson, 2002, p. 38）。スーパーバイザーは、スタッフとしてのソーシャルワーカーを指導する重要な手段として、彼らが実施するケース・プレゼンテーションを利用する場合が多い。このようなプレゼンテーションは、ソーシャルワーカーが抱えている疑問に答えを見いだすために実施される。また、スーパーバイザーは、ソーシャルワーカーがアセスメントを介入の計画と評価に結びつける手助けをする。スーパーバイザーの特別な責任の中には、クライエントのアドボカシーが必要な際にスーパーバイジーがそれを認識するように支援すること、倫理的なコンフリクトの所在を明らかにし解決すること、クライエントとソーシャルワーカーの交流に影響を与える人種、民族、ライフスタイル、脆弱性といった課題を見守り続けることなどが含まれる。さらに、スーパーバイザーは、スタッフが必要とする資源の確保や他の組織との連携の促進において、主導的役割を果たす場合もしばしばある。

研究者／研究結果の利用者

実践者は現場が公的機関であると私的組織であるとを問わず、測定可能な介入の選択と、介入の効果の測定、ならびに、クライエントの進捗状況を体系的にモニタリングすることに責任を負う。このような過程を実行するためには、実践者は研究を実施し、これを活用することが必要になる。

第1章で説明したとおり、ソーシャルワーカーには、研究の技術を実践に応用することが期待されている。この応用はさまざまなレベルにおいて行われる。例えば、効果性に関する研究論文を調べる際に役立つ形で疑問を明らかにすることができれば、それはこの種のコンピテンシーの一つといえる。現在実施されている実践の有効性に対する評価を実行することも、このコンピテンシーの一つだ。実践者の中には、単独事例（すなわち、単独システム）のデザインを利用する者もいる。このタイプの研究デザインは、実践者が、問題行動を取り除いたり、現状は十分にできていない行動（例えば、宿題をすること、向社会的行動をとること、子どもに現実的で一貫性のある禁止事項を課すこと、ポジティブなメッセージを届けること、飲酒を控えること）の頻度を高めたりすることを目指した介入を実行する前に、問題行動の程度（頻度と深刻度）を測るための物差しを実践者が手に入れることを可能にする。このような物差しを使ってベースラインを作成し、このベースラインに照らして、介入の実施期間を通じて定期的に同じ物差しを適用して測定を行い、さらに、終結ならびにフォローアップの過程でこれを用いることで、介入の結果を評価することが可能になる（Reid, 1994）。おそらく、これよりも頻繁に実践者が利用するのが、あらかじめ設定した採点基準を用いて目標達成度を評価することが必要とされる「目標達成度評価法（Goal Attainment Scaling）」という方法である（Corcoran & Vandiver, 1996）。

システムの開発

　ダイレクト分野の実践者は、時に、機関のサービスを改善または拡張する機会を得ることがある。そのベースとなるのは、満たされていないクライエントのニーズや、サービスにおける格差、予防的なサービスに対するニーズ、現在実施されているものとは異なる介入を採用することでより確かな結果が得られる可能性を示す研究結果等である。

プログラム開発者

　先に述べたように、実践者は、クライエントのニーズが明らかになると、これに対応する形で、サービスを開発する機会を得る場合が多い。この種のサービスには、教育プログラム（例：移民や未婚の10代の妊娠）、支援グループ（例：レイプ被害者、アルコール中毒のアダルト・チルドレン、近親相姦の被害者）、技術開発のプログラム（例：ストレス・マネジメント、ペアレンティング、アサーション・トレーニング）等が含まれ得る。

プランナー

　コミュニティプランナーを利用することが難しい小さなコミュニティや地方においては、ダイレクト分野の実践者が計画づくりの役割を担わなければならない場合もある。この場合、通常はコミュニティのリーダーと協働することになる。この役割において、実践者は、公式および非公式に影響力を持つ人々と共に、クライエントの満たされていない新しいニーズに応えるためのプログラムを計画する。このようなニーズについて、ざっといくつかの例をあげると、保育プログラム、高齢者や障害者向けの交通機関の確保やレクリエーションやヘルスケアのプログラムなどがある。

援助の方針および手順の開発者

　ダイレクト分野の実践者が、援助の方針や手順の作成に参加するのは、実践者がその中でダイレクトなサービスをクライエントに提供する機関に限定される。このような活動への参加の程度は、各機関の運営の態様に大きく左右される。有能な運営者は、どうすれば機関が利用者に対するサービスをより効果的に提供できるかについて、プロであるソーシャルワーカーのスタッフから広く情報を求め、聞き出そうとする。実践者は「最前線」でサービスを実践しているがゆえに、クライエントのニーズを評価し、方針と手順がクライエントの利益を最大化するために役立っているか否かを評価するためにきわめて重要な位置にあるのだ。これらの理由から、ソーシャルワーカーは援助の方針と手順の決定過程に積極的に参加すべきである。

　地方や小さなコミュニティでは、ダイレクト分野の実践者はしばしば、そのターゲットとなるグループよりもむしろ、これを取り囲むより広いコミュニティのニーズに関わる方針の形成に参加する。このような場合、ソーシャルワーカーは、社会福祉政策とサービスおよびコミュニティ計画の課程で得た知識と技術を活用しなければならない。

アドボケイト

　ソーシャルワーカーは、個人のクライエントをアドボケイトすることがあるのと同様に、必要とされる資源の提供と社会正義の増進を目指した立法行為と社会政策の形成を求めてアドボケイ

トするために、クライエント・グループや、他のソーシャルワーカー、協働関係を形成した専門職の人々と連携する。アドボカシーとソーシャルアクションの技術については、第14章で論じる。

■まとめ

　ダイレクトソーシャルワーク実践の特徴は、一人の実践者が複数の役割を演じるところにある。これら複数の役割は、対象となる問題のレベルに応じて、複数のシステム・レベルにおいて実行される。この役割に関連する知識と技術は、ダイレクト実践の課程とは異なるカリキュラムの中で指導される。これらすべての役割に必要とされる知識と技術を、本書一冊の中で、十分に検討することは不可能である。そのため、本書では主にダイレクトなサービスの提供に関わる役割に焦点を絞っている。

第3章

援助プロセスの概要

本章の概要

　本章では、援助プロセスの3段階、つまり、探索・実行・終結について概観する。援助プロセスにおいては、自発性の程度等、さまざまな面で異なる状況にあるクライエントと共に問題解決を図ることに焦点化する。そのため、そのプロセスは、より大きなシステムの文脈を考慮に入れて示される。さらに、後の第5、6章で詳述する面接について、その構造と構成要素を紹介する。

■多様な理論とソーシャルワーカーに共通の要素

　ダイレクト分野の実践者は、個人、夫婦、家族、グループ等のシステムにおける実践の中で、人間の行動に関する多くの異なる理論や実践モデルを総動員し、幅広い介入を行うことで、多種多様なクライエントにサービスを提供する。このような多様性にもかかわらず、ソーシャルワーカーが目指すゴールは共通である。すなわち、クライエントがその生活の中で直面する問題により効果的に対処し、生活の質を改善できるように支援することである。人が内的または外的要因に押されてソーシャルワークを利用するのは、彼らの生活において現在の解決の試みが機能していないからである。支援のためのさまざまなアプローチは、問題対目標という構図の中それぞれ焦点を置く割合がそれぞれ異なる。私たちが本書で採用する立場においては、ダイレクト分野の実践者にとって、問題に真剣に取り組み、クライエントの心を動かしてサービスを求めるよう働きかけることが、当初の問題状況を改善する方法を見いだすためにクライエントと共に創造的に働くことと同様に重要だと考える（McMillen et al., 2004）。

　どのようなサービス提供が可能かを計画する際に、クライエントになる可能性のある人自身がニーズを認めているか否か、あるいは援助を求めているか否かは重要な問題である。クライエントの、そのような内的あるいは外的原因に対する態度は、ソーシャルワーカーとのコンタクトへの見通しに対する、クライエントの動機づけや姿勢に影響を及ぼす。第1章で述べたように、クライエントになる可能性のある人の中には、このような内的外的問題に対処するソーシャルワーカーのサービスを自ら求める「アプリカント（志願者）」も存在する（Alcabes & Jones, 1985）。一方、多くの場合、援助の必要性は、教師や医師、雇用主、家族といった外部の人々によって見

いだされる。このようなクライエントになる可能性のある人は、自らサービスを求めたわけではないのだから、「リファラル（紹介されたクライエント）」と考えるのが適切だろう（Compton & Galaway, 2005）。紹介に対する彼らの認識もさまざまで、苦痛の源と見なす人もいれば、素直に援助される可能性を見いだす人もいる。これら以外のクライエントになる可能性のある人は、第1章で紹介したとおり、少なくとも当初は、他者や司法機関に強制された結果、要求を受け入れるという形で、これに応じることになった「法の強制によるクライエント」である（Reid, 1978）。最初のコンタクトを開始した際に、アプリカント、リファラル、法の強制によるクライエントのどれであっても、自身の問題に対処するための契約について話し合うことが可能であれば、彼らは皆、クライエントになる可能性のある人である。子どもはクライエントになる可能性のある人の中でも特殊な例で、アプリカントであることはまれで、その行動に懸念を覚えた教師や家族より紹介されるのが通例である。

　クライエントになる可能性のある人たちは、関わり始めに不均衡な状況に出会う。しかしそのような状況の中で、彼らは、新しい資源を開発したり未知の資源を活用したりすることによって、緊張を下げ問題を乗り越え、彼らの潜在的な問題解決能力を磨くことができる。クライエントを援助する方法が何であれ、ほとんどのダイレクト実践のソーシャルワーカーは、クライエントの問題の解消を目指して援助プロセスを採用する。すなわち、ソーシャルワーカーは、クライエントの問題を特定し、優先順位をつけるために効果的な方法を見極めながら、クライエントが、自身が気づいた問題、あるいは周囲から指摘された問題を評価できるように支援する。次に、ソーシャルワーカーとクライエントは協働して、問題の解消のために可能性のあるアプローチを見いだし、今後の実践の方針を決定する。このようなアプローチの選択方法の一部として、クライエントの問題解消に対する有効性についての入手可能な証拠が用いられる。法の強制によるクライエントは、自分ではどうすることもできない問題を抱えていたり、問題解消のためのアプローチが他の関係者により義務付けられている、といった状況にある。

　クライエントは、このような状況においても、これらの問題や、対処を義務付けられた範囲を超えて見いだされた問題に対して、少なくとも限定された選択肢の中から対処方法を選び取ることが可能である。このような方略的アプローチが見いだされ、選択されると、次にその実行段階に入る。クライエントとソーシャルワーカーは、協働で作業を行いながら、自分たちの努力の成果を評価し、必要に応じて計画を軌道修正する。ソーシャルワーカーはさまざまなコミュニケーションの技術を用いながら、クライエントの問題に関わる多様なシステムに応じた問題解決過程を実行する。

　本章の前半では、援助プロセスの概要と、その明確な3つの段階を紹介する。本章の後半では、クライエントに対応する際の重要な局面である面接法の構造とプロセスに焦点を当てる。後の章で、家族やグループの構造とプロセス、ならびにこのプロセスを修正する際に用いられる技術について取り上げる。

■援助のプロセス

　援助プロセスは、大きく3つの段階により構成される。

　第Ⅰ段階：探索、契約、アセスメント、計画

第Ⅱ段階：実行と目標達成
第Ⅲ段階：終結

　この3段階はそれぞれ明確な目標を持つ。援助プロセスは一般に、これらの段階を経ることで、成功裡に進めることができる。しかしながら、この3つの段階は、そこで使用される活動や技術により明確に区切られるものではない。むしろ、各段階ごとに異なるのは、活動や技術の種類自体というよりは、その頻度や強度においてである。例えば、探索と事前評価のプロセスは、第Ⅰ段階で中心的位置を占めるのに比べると、後の段階ではいくらか重要性が低くなるが、援助プロセスを通じて、継続して用いられるのである。

第Ⅰ段階——探索、契約、アセスメント、計画

　最初の段階では、後の段階でクライエントの問題解決能力の向上ならびに問題解決そのものを目指した介入や方略を実行するための、基礎固めを行う。危機介入や退院計画から、施設における長期的ケアに至るまで、継続期間や状況を問わず、あらゆる援助関係において重要なステップである。第Ⅰ段階に含まれる過程と達成されるべき課題は以下のとおりである。

1. 紹介に至った理由を含むクライエントについて、抱えている問題、環境的要因について、包括的な情報を引き出すことによって、クライエントの問題を探ること
2. ラポールを構築し、動機づけを強化すること
3. 問題に対する多面的なアセスメントを作成し、問題に関して重要な役割を果たしているシステムを特定し、活用可能な資源あるいは開発しなければならない資源を特定すること
4. 問題の解決または緩和のために達成すべき目標を相互に協議し、契約を締結すること
5. 紹介を行うこと

　ここで、これら5つの過程について簡単に論じながら、各過程について詳細に論じた本書内の箇所を紹介する。

「クライエントの人となり、抱えている問題、環境的要因について、コンタクトのきっかけになった紹介に影響を与えた力を含む、包括的な情報を引き出すことによって、クライエントの問題を探ること」

　コンタクトは、クライエントになる可能性のある人がソーシャルワーカーを訪ねるに至らしめた状況に対する初回の探索から始まる。この段階では、クライエントになる可能性のある人をアプリカントと見なすべきではない。多くの現場において自らワークを求めてくるクライエントは少数派であり、最終的に自ら申し込んだ場合でも、実はその多くは、周囲からの提言や強制の結果なのである（Cingolani, 1984）。

　クライエントになる可能性のある人は、援助を求めることで得られる成果に対して懐疑的で、何を期待できるかについて無知な場合がある。ソーシャルワーカーは多くの場合、クライエントのコンタクトの理由となった状況について、インテークシートの記載や、紹介元から情報を得る。以下のような質問により、それについて多くの可能性を見いだすことができる。

- インテークシートを拝見しました。あなたがどうしてここに来るに至ったのか、あなた自身の言葉でお聞かせ願えませんか？
- 私たちにお手伝いできるのは、どのようなことでしょう？

このような質問は、クライエントになる可能性のある人がコンタクトの理由として考えている問題や外的圧力についての詳しい説明を引き出す最初の機会となるはずだ。ソーシャルワーカーは、クライエントになる可能性のある人のコンタクトの動機がどの程度自発的なものか、逆にどの程度外的圧力に応えてのものなのかについての判断を開始することができる。例えば、生徒は、教室での行動や学習能力に懸念を抱いた教師により紹介されて来る場合が多い。このような場合、ソーシャルワーカーは、以下のように、紹介に至った状況を事実のまま、クライエントを脅かすことのないように説明すべきである。

- 先生が私のところに君を紹介してきたのは、君が時々学校に遅刻してくるのと、君が疲れているように見えるからということなんです。実際のところ、君は学校についてどんなふうに感じていますか？

ソーシャルワーカーはさらに、初回コンタクトの目的についての自らの考えを簡潔明瞭に話し、ソーシャルワーカーがどのようにクライエントを援助できるかについて考えるよう促すべきである。

- 今、こうして私たちが会っているのは、学校の先生が心配している件について詳しく話を聴きたかったのと、君の目から見て学校はどんな感じなのかを聴きたかったからなんです。私の仕事は、君にとって、いまより何をよくしていけばいいのか、そして君が学校からもっと多くを得られるようになるために、一緒に何かできることはないか考えることなんです。

「ラポールを構築し、動機づけを強化すること」

効果的なコミュニケーションは、援助関係において決定的に重要である。ソーシャルワーカーがクライエントの心をとらえられなければ、クライエントが自ら進んで重要な情報や感情を明かすことはないだろうし、なお一層悪い場合には、2回目以降のセッションに現れない可能性もある。クライエントの心をとらえることに成功すれば、ラポールが形成され、それによりクライエントは警戒を解き、ソーシャルワーカーに対する信頼を強め、自分の役に立ちたいと考えていることに気づくようになる。ソーシャルワーカーがクライエントのウェルビーイングを理解し、これに純粋に関心を寄せているということをクライエントが受け入れることが、ラポール形成のための一つの条件である。ソーシャルワーカーとさまざまな点において明らかな違いを持つクライエント（例えば、人種、民族、性別、性的指向、年齢等）との間に、このようなポジティブな受容関係を築くためには、ソーシャルワーカーは、関連する文化的要素に注意を払い、状況に従い、異なる面接技法を用いることが必要になる（面接技法については、本章で後に紹介し、また本書全体を通じて論じている）。クライエントになる可能性のある人は、最初に記入を求められるインテークシートを見ただけで、自らが抱える問題に対する機関の受容力を見きわめてしまう可能性がある。例えば、結婚状況について尋ねる質問項目において、法的結婚以外の継続的関係が考慮され

ていなければ、その機関はゲイ、レズビアン、バイセクシュアル、トランスジェンダーの人々に対して無神経だと言っているのと同じである（Charnley & Langley, 2008）。さらに、他から紹介されてきたクライエントになる可能性のある人に対して、ソーシャルワーカーは自らの意志が重要なのであって、必ずしも紹介元によって問題だと見なされたことに対処しなければならないわけではない、ということを再確認しなければならない。

アプリカントでも自ら純粋に紹介を望んだのでもないクライエントになる可能性のある人は、しばしば、援助プロセスに疑問を投げかける。自分が問題を抱えているとは認めず、困難を他人や環境のせいにする場合も多い。

このようなクライエントに対峙するとき、ソーシャルワーカーは以下のような困難な課題への対応が必要になる。

- ネガティブな感情の緩和
- 他者によって見いだされた問題をクライエントが理解できるように力を貸し、問題に取り組むことのメリットとデメリットを評価すること
- 認識された問題に取り組むためのやる気を起こさせること

熟練したソーシャルワーカーは、このような法の強制によるクライエントの動機をうまく引き出す場合が多いが、これは、クライエントとソーシャルワーカーの間の相互作用が、動機づけに大きな影響を及ぼすというシステム理論の原則の正しさを裏付けるものといえよう。

あるいは、クライエントの中には、問題を率直に認めており、変化を目指す動機にも欠けるところはないのだが、問題に取り組む姿勢が受身であり、ソーシャルワーカーが魔法のように問題を解決してくれることを期待しているという場合もある。クライエントが実現不可能な役割を期待してくる場合があるかもしれないが、ソーシャルワーカーはこれを引き受けてはならない。むしろ、治療のための行動方針を検討するにあたって、クライエントがソーシャルワーカーのパートナーとして共に働いてくれると信じていると、声に出して伝えるべきであり、問題解決の成功のために不可欠な作業を実施するために、クライエントのエネルギーを動員すべきである。さらに、問題だけに目をやるのではなく、クライエントの人生において、うまくいっていることは何かを見いだし、またクライエントが現在、困難な状況にどのような方法で対処しているかを見きわめておくことも、有益である。

クライエントの問題を認識したうえで、クライエントがその解決に向けて積極的に取り組むようになるための動機が何かを明確に理解することは、有効な方略の一つである。クライエントになる可能性のある人は動機づけを欠いているわけではない。むしろ、彼らは他者によって見いだされた問題や目標であるがゆえに、これに取り組むことに動機を見いだせない場合があるのだ。加えて、動機づけは、その人の過去の経験にも影響を受ける。目標達成を目指した行動の成否を、過去の経験に基づいて予測してしまうのである。成功経験の少ない人が、しばしば動機づけを欠いているように見えるのはそのためだ。つまり、ソーシャルワーカーは、クライエントの動機を高めるために、自らの行動が目標達成のために有効だと思える機会を数多く経験できるようにクライエントを支援しなければならない（Gold, 1990）。動機は、変化の段階と関連づけて見ることもできる。中には、クライエントは「しっかり考える前」の状態にあり、他者によって見いだされた問題についてまだ自分ではしっかり考えていない段階にあるといえるような場合もある（Di

Clemente & Prochaska, 1998)。例えば、遅刻と疲労感の件で紹介されてきた子どもは、それを自らの責任感の問題と考えたことはなく、大人や兄弟が学校に間に合うように連れて行ってくれるか、あるいは夜早い時刻に眠らせてくれるかどうかが問題で、自分にはどうにもできないことだと考えているかもしれない。多くのクライエントは「しっかり考える」段階にあると考えられる。すなわち、問題には気づいているが、自分が変化するにあたっての選択肢や利点、ならびに変化しなければどのような結果になるのかという点については十分に認識していないという段階である（Di Clemente & Prochaska, 1998）。そのような可能性を検討するために、この段階にあるクライエントは支援を受けることができる。例えば、先の例の子どもから、ソーシャルワーカーは睡眠のパターンについて、また、学校に行くための準備として普段何をどのようにしているかについて、情報を集めることができる。そして、このまま遅刻を続け、学校で疲れた状態を続けていたらどうなるか、逆に、行動パターンを修正し、遅刻をしなくなり、十分に休養をとった状態で学校で過ごせたら、物事がどのように変わりうるかについて、一緒に考えることができる。

ゆえに、ソーシャルワーカーはクライエントの動機を引き出す能力を身につけ、進んで問題を認めるが、必要な努力をしたり、本質的な変化を遂げることに伴う不快に耐えることには気が進まないというクライエントに手を貸せるようにならなければならない。この過程における重要な課題は、クライエントになる可能性のある人に対し、援助プロセスに何を期待できるのかという情報を与えることである。このような社会化への努力には、ソーシャルワーカーと機関が援助できる問題の種類や、機密保持等の権利およびこの権利が制限されうる状況、ならびに、ソーシャルワーカーとクライエントにどのような行動が期待されるか、といった情報を確認することが含まれる（Videka-Sherman, 1988）。

グループにおいてクライエントがやるべきことは二つある。ソーシャルワーカーを信頼することと、他のグループメンバーを信頼することである。グループメンバーが多様な人種、民族、社会的地位、で構成されていたら、グループリーダーは、このような文化的行動決定要因に対して敏感でなければならない。グループリーダーは、ソーシャルワーカーとメンバー間のみならず、メンバー間にも存在しうる、ラポール形成を妨げる障壁の除去を推進する役割を担わなければならない。

グループの規範と相互の期待を形成することも、グループを成功へと導く一体感の醸成につながる。ラポール形成のためには、ソーシャルワーカーの中立的態度、受容的姿勢、クライエントの自己決定に対する尊重、クライエントの価値と尊厳、独自性と個性、ならびに問題解決能力に対する尊重が必要である（第4章で詳しく論じる）。結局、ソーシャルワーカーがクライエントに対し、共感性と信頼性をもって接するときに、ラポールは形成されるのだ。共感性と信頼性という2つの技術については本書の後の章にて考察する。

「問題に対する多面的なアセスメントを作成し、問題に関して重要な役割を果たしているシステムを特定し、活用可能な資源あるいは開発しなければならない資源を特定すること」

ソーシャルワーカーは、クライエントとのラポールの構築と、クライエントの問題の探索を同時に進めなければならない。これらの活動は相互に補強し合うものであり、明敏な探索を実施すれば、情報を引き出せるのみならず、ソーシャルワーカーに対する信用と信頼を得ることもできる。

共感を示すソーシャルワーカーはラポールを形成することができ、クライエントが伝えようと

していることに対する理解を示すことができる。これがひいてはクライエントの態度をより率直なものにし、その感情表現の幅を広げることになる。このようにより積極的に気持ちを伝え合うようになることで、クライエントの置かれた状況や、彼らの困難と能力の両方において感情が果たしている役割について、ソーシャルワーカーはより深く理解できるようになる。このように、ソーシャルワーカーのコミュニケーションの技術は複数の機能を果たす。すなわち、関係構築を推進し、情報共有を促し、ラポールを構築するのだ。

問題の探索は、重要な過程である。なぜなら、問題のすべての側面とそれらの相互作用を理解できるようになるためには、その前に、包括的な情報の収集が必要だからである。探索は、クライエントが表明した感情的状態や現在の懸念事項に、しっかりと耳を傾けることから始まる。ソーシャルワーカーは、関連システム（個人的、対人的、環境的）にまで徐々に探索の範囲を広げ、問題の最も重要な側面を深く掘り下げていく。この探索の過程において、ソーシャルワーカーはクライエントのストレングスに注意を払い、これを強調する。このストレングスこそが、後の目標達成段階において重要な資源となることを認識しているからである。ソーシャルワーカーは、クライエントが現在問題に対処している方法と、問題が発生しない例外的な場合を、クライエントが特定できるよう手助けすることができる（Greene et al., 2005）。例えば、先の児童のクライエントに対応しているソーシャルワーカーは、学校に遅刻せず疲労感もなかった日を子ども自身が特定し、それを可能にした家庭環境における条件を遡って見つけ出せるように、援助することができる。

探索の過程において個人や夫婦、家族、グループに対して使用される技術については、本章の後の部分で大枠を説明し、後続の章で詳細に論じる。問題状況を完全に探るためには、ソーシャルワーカーは、人の問題に共通に含まれるさまざまなシステムについて知っておく必要がある。この主題については、第8章～第11章で詳しく考察する。

問題探索の技術は、クライエントとの初回コンタクトから始まり、援助関係を通じて継続するアセスメントの過程において用いられる。ソーシャルワーカーは面接をしながら、クライエントの行動、思考、信念、感情、そして当然ながら開示された情報について、その重要性を比較検討する。ソーシャルワーカーは、このように少しずつ時間をかけて探索を行い、それを基にして、問題のどの側面を詳しく調べるべきか、感情をより深く掘り下げるべきタイミングはいつか等を決めていく。アセスメントの過程を進めながら、ソーシャルワーカーは同時に、問題解決過程の第2段階の基礎となる目標と契約を導き出すための効果的なアセスメントを構築しなければならない。適切なアセスメントには、問題、人、および環境的背景の分析が含まれる。

探索対象として考えられる領域は数多く存在するが、探索に使える時間は限られている。それゆえ、探索の焦点を絞ることが重要である。探索を複数の層に分けて実施することで、このような焦点を保つことが容易になる。第一の層では、クライエントの安全に関わる問題、法による指示、クライエントのサービスに対する要望に注意を集中することが必要である。この3要素のセットが最優先とされる理由は、法による指示が選択に影響を及ぼさず、また、本人および他者に対する危険が存在しない限りにおいて、クライエントの要望が最も重視されるべきと考えられるからである。

問題を分析することで、問題の原因になっている要素を特定することができる。例えば、資源の不足や、個人、対人関係、社会システムの問題、あるいはこれらの要素間の相互作用などである。ソーシャルワーカーは、問題の本質と重要性を考える際、これらの要素を、自らのコンピテ

ンシーならびに所属機関の提供するサービスの種類に照らして評価しなければならない。問題解決のために、薬剤の処方や言語療法など、機関の機能を超えるサービスが必要となる場合、他の専門職や機関への紹介が行われるべきである。

個人システムの分析には、クライエントの欲求とニーズ、対処能力、ストレングスと限界、問題解決への動機づけ等に対する評価が含まれる。ソーシャルワーカーは、最初の2つの側面を評価する際には、柔軟性、判断力、感情面での特徴、責任感の程度、ストレス耐性、批判的思考力、対人的な技術といった要素を評価しなければならない。これらの要素は、適切で達成可能な目標を選択するために重要であり、後の第9章において詳細に論じる。

エコロジカルな要因に対するアセスメントには、クライエントの問題に際立った影響を与えているシステムにおいて足りているものと不足しているもの、成功していることと失敗していること、ストレングスと弱みに対する考察を必要とする。エコロジカルなアセスメントは、クライエントの満たされていないニーズを満足させるためにはどのシステムを強化し、動員し、開発しなければならないかを特定することを目的とする。クライエントのニーズに影響を与えることの多いシステムとしては、夫婦、家族、社会的サポートシステム（例：親戚、友人、隣人、同僚、ピア・グループ、民族的準拠集団）、宗教的信仰システム、保育システム、医療システム、雇用システム、さまざまな施設、そして物理環境などがある。例えば、先に事例として挙げた子どもの件では、通学に利用できる交通手段、保育システムの担当者、夕方と朝に子どもが学校に行く準備を手伝ってくれる人などに関して、子どもと共に人や環境を見つけることを目指して子どもとワークすることで、必要なサポートシステムを見つけることができるだろう。

文化的要因もまた、環境に対するアセスメントにおいて重要である。なぜなら、人的社会的ニーズとそれらを満足させるための方法は、それぞれの文化ごとに大きく異なるからである。さらに、クライエントのニーズを満たすために利用可能な資源も、文化的背景によって異なるのである。文化によっては、危機的状況においてその文化のメンバーを助けるために権威を授けられた、民間の治療家や、宗教的指導者、拡張家族の親戚等の先住民の援助者が存在する場合もある。このような援助者から、ソーシャルワーカーとクライエントが有益な援助を受けられることが多い。

クライエントの状況の背景に対するアセスメントにおいては、問題ある相互作用の当事者間の行動と反応のみならず、その状況に対する分析も必要になる。状況に関する知識と、問題事象の前後、最中における当事者の行動は、問題行動を形成し維持する力を理解するのにきわめて重要である。それゆえ、アセスメントにおいては、ソーシャルワーカーが、実際の人々の相互関係に関する詳細な情報を獲得することが必要となる。

個人に対するアセスメントを、個々人として実施する場合にも、夫婦や家族、グループの中の一因として実施する場合にも、上位のシステムがどのように機能しているかを評価することが重要になる。これらのシステムは、独特な性質を持つ。権力の分配、役割の定義、規則、規範、コミュニケーション手段、繰り返される相互作用のパターンなどである。これらのシステムが持つストレングスと問題は、ともに、メンバーの行動に強い影響を与える。従って、個人の問題はシステムの問題につながる傾向があり、それゆえ、介入は、システムと個人の双方に対して向けられなければならない。

システムに対するアセスメントは、さまざまなデータ収集の手順をベースとする。カップルや家族に対するサービスにおいて、ソーシャルワーカーは、個人に対する面接を実施することもあ

ればしない場合もある。それは、特定の問題を抱える家族に対する介入の有効性に関する証拠の有無、機関の実践内容、家族のメンバーとの事前のコンタクトで得た印象などに基づいて決められる。共同セッションにおいて、探索とアセスメントが単独に実施されれば、これらの過程は、参加者同士の相互作用が重要な意義を持つことを除けば、個人に対する面接で用いられる過程と似たものになる。個人との面接で収集される情報はクライエント自身による報告と描写に限定され、ソーシャルワーカーは関連するシステムの実際の相互作用について推測しなければならないが、共同セッションやグループセッションにおいては、ソーシャルワーカーが直接、相互作用を観察することが可能である。そのような場合、ソーシャルワーカーは、コミュニケーションと相互作用におけるストレングスと問題、およびシステムの特性に対して注意を払うべきである（第10章、第11章参照）。結果として、システム内で発生する、個々の当事者のコミュニケーションスタイルと、メンバー間の交流パターン、そして各過程における個々のメンバーの影響力に、重点的に注目したアセスメントになる。これらの要素は、さまざまなレベルの上位システムの機能を強化するための介入を選択する際に、比較検討される。

　最終的に、有効なアセスメントを実現するためには、探索プロセスの一環として集められたすべての関連情報を総合することが必要となる。このようなアセスメントの妥当性を高めるためには、ソーシャルワーカーは、クライエントに認識を求め、彼らが認識した問題と希望に関する情報の収集を助けることによって、クライエントを過程に引き込むべきである。例えば、ソーシャルワーカーは、自らが得た印象をクライエントに伝え、その印象に対するクライエントの肯定や否定を求めることができる。また、クライエントのストレングスを強調し、問題解決のために利用できる、あるいは開発が必要な、その他の関連する資源システムを見つけることが有益である。ソーシャルワーカーとクライエントが問題の本質に関して合意に至った時、クライエントが援助プロセスの第Ⅱ段階に進むために十分な動機を得られているならば、ソーシャルワーカーとクライエントは、最終目標について話し合う過程に入る準備ができたといえる。

「問題の解決または緩和のために達成すべき目標を相互に協議し、契約を締結すること」
　ソーシャルワーカーと個人、カップル、グループのクライエントが問題の本質ならびに関連するシステムについて合意に至ったなら、この当事者たちは個人やグループの目標について話し合う準備ができている。この相互交流の過程は、問題状況を解決または改善するために、何を変化させる必要があるか、有効なアクションのうちどれを実行する必要があるかを見つけ出すことを目指すものである。私たちは目標選択の過程について、本章で簡単に触れ、第13章において詳細に論じる。サービスの妥当性について合意に至らなかった場合、あるいはクライエントがサービスを継続しないことを選択した場合、サービスは終結することもあり得る。このように、状況によっては、サービスはアセスメントの完了とともに終了するのである。

　法の強制によるクライエントのケースにおいては、サービスの妥当性について合意に至らなかった場合、またはクライエントが問題を認識しなかった場合であっても、ソーシャルワークのコンタクトを強制的に継続する場合もあるかもしれない。目標に関する話し合いの後では、参加者は第Ⅰ段階における最後の作業を引き受ける。すなわち、契約の作成である。契約（第12章参照）は、これもまた相互の交渉に基づくものだが、ソーシャルワーカーとクライエントの間の、達成すべき目標、実行すべき有効な方略、当事者の役割と責任、実践の計画、その他の要素に関する正式な取り決めまたは合意により構成される。クライエントシステムがカップルや家族、グ

ループである場合、契約にはグループの目標を具体化した内容も含まれ、これはグループの活動を促進し、目標達成を後押しすることにつながる。

相互に契約を作成することは、きわめて重要な過程である。というのは、これにより、援助プロセスが理解しやすくなり、クライエントがソーシャルワーカーから現実的に考えて何を期待できるのか、クライエント自身に何が期待されるのか、相互に何を達成しようとするのか、問題解決プロセスとして何が含まれるのか等が明らかになるからである。自発的なクライエントとの契約締結は比較的容易であり、ソーシャルワーカーとの契約を通じて、クライエントが何の達成を望むのかを具体的に特定することになる。法の強制によるクライエントとの契約締結には、クライエントが表明している要望とは別に、法的に義務付けられた問題や利害関係などの層を含む。

問題解決中心アプローチにおいては、クライエントとの作業においては目標達成を主眼とすべきとの立場を取る（De Jong & Berg, 2002）。しかしながら、そのような目標は、最初にコンタクトを促した問題の是正や除去とは直接の関係を持たないものになる場合もある。問題という観点からのワークを行うことなく、解決に至ることがあり得るのである（De Jong & Berg, 2001）。例えば、放火をしたという理由で紹介されてきた子どもは、必ず大人の監視下でのみマッチを使うようにすることで危険でなくなり信頼を得ることを目標としたワークを行うことも可能である。クライエント自身により認識された目標に焦点を当てることで、秘められたストレングスと資源を引き出すようなエンパワーへの推進力が生まれる可能性もある。私たちも、クライエントをエンパワーして、利用可能な資源を最大限に活用することが望ましいとする立場を取る。問題に焦点を当てることは、非生産的な場合もある。しかしながら、基金や機関といった環境においては、その理念においても資金調達の手続きという観点からも、問題に焦点が当てられるのであるから、問題という概念を無視することにはリスクを伴う（McMillen et al., 2004）。

要するに私たちは、目標とその達成のための方法に対するクライエントのオーナーシップを支持するという点で、問題解決中心の方法論に影響を受けている（De Jong, 2001）。しかしながら、私たちは、すべてのクライエントがすべての問題に対する解答を自らの中に持っているとは考えておらず、この点において、問題解決中心の方法論とは立場を異にする。類似の状況におけるクライエントに対して有効だった解決方法に関する専門的情報が有益な場合がよくある（Reid, 2000）。私たちは、「クライエントがすべてを知っている」あるいは「ソーシャルワーカーがすべてを知っている」などと考えるのではなく、クライエントとワーカーが問題解決のための計画を立てる間、互いに情報をわかち合うことを促進することがソーシャルワーカーの仕事だとする立場を採用する（Reid, 2000）。問題解決中心アプローチについては、第13章においてより詳細に考察する。

「紹介すること」

クライエントの問題を探索した結果、現在の問題を治療・改善するためには、機関が提供できる以上の資源やサービスが必要だとわかることも多い。これは、複数の満たされないニーズを抱えているクライエントの場合に特に当てはまる。このような場合、他の資源やサービス提供者への紹介が必要になる。不運にも、クライエントには、このような必要性の高い資源を利用するための知識や技術が欠けている場合がある。このような場合（例えば、クライエントが重篤で永続的な精神疾患を持つ場合、発達障害や肉体的障害を持つ場合、里子の場合、寝たきりの老人である場合）、ソーシャルワーカーはケースマネジャーとしての役割を担う場合がある。クライエントが重要な

資源を探し求め、獲得しようとする場合、クライエントと他の資源システムを結びつける際には、慎重な対応が必要である。

第Ⅱ段階── 実行と目標達成

　相互に契約を結んだ後、ソーシャルワーカーとクライエントは、問題解決過程の中心である、実行と目標達成の過程へと進む。この過程は、行動志向の段階、または変化志向の段階としても知られている。第Ⅱ段階には、ソーシャルワーカーと、個人、カップル、グループのクライエントが、共同で作成した計画を解釈し、実行に移すことが含まれる。すなわち、当事者は、各自の努力を結集して、最も高い優先順位が設定された目標の達成を目指すのである。この過程は、目標追求のために用いるおよその方法を見つけるために、目標を大まかな課題に落とし込むことから始まる。次に、このような大まかな課題は、さらに具体的な課題に分割され、この具体的課題により、個々のセッション間でクライエントとソーシャルワーカーが何をすることになるかが決まる（Epstein & Brown, 2002；Reid, 1992；Robinson, 1930；Taft, 1937）（注1）。課題はクライエント個人が持つ機能と結びついたり、クライエントの環境内に存在する他者との相互作用と関係を持つ場合もある。さらに、学校、病院、法執行機関などの他の資源システムとの相互作用を含む場合もある。この目標と課題について協議する過程については、第12章において詳細に論じる。

　クライエントの目標設定の後に、ソーシャルワーカーはこれらの目標と関連作業の達成を支援するために設計された介入を選択し、実行する。介入は特定された問題と、クライエントと相互に協議され正確なアセスメントにより導き出された目標に直接関わるものでなければならない。ソーシャルワーカーが、クライエント自身の問題に対する視点を考慮せず、個々の問題の独自性を無視するとき、援助の努力は往々にして失敗に終わる。

自己効力感の強化

　クライエントが援助プロセスの中で自己効力感の向上を経験したときに、援助プロセスは、大きく前進するということを、複数の研究結果が強調している（Dolan et al., 2008；Bandura & Locke, 2003；Washington & Moxley, 2003；Lane, Daugherty, & Nyman, 1998）。「自己効力感」とは、特定の目標達成に関連する行動と作業を、自分がうまく実施できるという期待と信念のことである。この概念は、個人のエンパワメントと重なる考え方だということに注意してほしい。

　自己効力感を強化する最も効果的な方法は、クライエントが自らの目標達成のために必要な行動を実際に実行するように支援することである。また、クライエントに自らのストレングスに気づかせることや、クライエントが目標達成に向けて少しずつ積み重ねた進歩を認識させることも、自己効力感を強化するための方法の一つである。

　家族やグループのメンバーも、自己効力感を強化するための有効な資源となる。ソーシャルワーカーは、グループや家族のメンバーの一人ひとりが、ストレングスと進歩に気づくことができるような課題を完遂できるように支援することで、これらの資源を開発し活用することができる。自己効力感を強化するその他の要素については、第13章で考察する。

進捗状況のモニタリング

　目標達成に向けたワークを進めるにあたっては、定期的に進捗状況をモニタリングすることが重要になる。その理由は以下の4つである。

1.「変化に向けた方略と介入の有効性を評価するために」
　ソーシャルワーカーが、マネージド・ケア・システムの金銭的負担を負う第三者を満足させるために、サービスの有効性を説明することの必要性が増している。加えて、ソーシャルワーカーは、クライエントのために最も有用な証拠に基づく介入を選択する責任を負う（Thyer, 2002）。採用したアプローチや介入が望ましい効果を生んでいない場合、ソーシャルワーカーは、この失敗の原因を特定するか、あるいは、異なるアプローチの採用についてクライエントと協議することを検討しなければならない。

2.「クライエントの努力を目標達成に向けて正しく方向付けるために」
　目標達成に向けての進捗状況を評価することは、集中と努力の継続を後押しし、時間を有効に使うよう促すことになる（Corcoran & Vandiver, 1996）。

3.「進捗状況や進展のなさに対するクライエントの反応を常に把握しておくために」
　自分が進歩していないと思い込んでいるとき、クライエントは意気消沈し、援助プロセスを信じる気持ちを失ってしまう恐れがある。定期的に進歩を評価することで、ソーシャルワーカーは、放っておくと援助プロセスの効果を過小評価するおそれのあるクライエントの否定的な反応に注意を向けることができる。

4.「目標達成に集中し、進歩を評価するために」
　このような努力により、自らの問題に取り組むクライエントの動機づけを保つのに役立つ。

　進捗を評価するための方法は、主観的な意見を引き出すことから、さまざまなタイプの測定手段の利用まで多岐にわたる。単一被験者法による探索は手軽で、費用もほぼゼロであり、ほとんどのクライエントに有効で、探索に必要な専門知識も最小限である。これに加えて最近では、ソーシャルワーカーはさまざまな標準化された成果の測定手段を用いることができ、これらは役に立つ場合が多い。第12章で、単一被験者法による探索と、成果の測定方法についてより詳細に論じる。

目標達成の阻害要因

　クライエントが目標達成を目指し関連する課題の遂行に努める間、彼らの進捗状況がスムーズで平穏無事であることは滅多にない。むしろクライエントは、問題解決のために奮闘しながら、障壁にぶつかり、不安や疑い、恐怖やその他の不快な反応を経験するのが普通である。さらには、家族やグループのメンバー、重要な他者などが、このような変化を目指すクライエントの努力を否定し、ソーシャルワーカーの世話になっているとしてクライエントを嘲ったり、ソーシャルワーカーについて冷笑的なことを言うなどして、クライエントの変化をより困難なものにし、その努力を台無しにする場合がある（だからこそ、問題解決過程に、できる限り重要な他者を引き込むことが重要なのである）。このような変化への障壁によって提起された難題により、ソーシャルワーカーは、奮闘努力するクライエントを注意深く見守り、障壁の克服を支援するために十分な技術を身に付けなければならない。

　家族やグループに対するワークにおいては、目的達成を阻む障壁に直面することがよくある。このような障壁には、グループの特定のメンバーの参加を制限する性格的要素や、メンバーの問題行動、進捗状況を阻害するグループ内のプロセス等が含まれる。家庭環境における阻害要因も障壁の一つである。

さらに、目標達成のために欠かせない資源を有するシステムにおける、変化に対する組織的な抵抗がある場合、これもまた障壁になる。組織による資源やサービス提供の拒否（例：医療、リハビリテーション・サービス、生活保護）や、クライエントの資源に対するアクセスを過度に制限する政策や手続きなどのために、ソーシャルワーカーが仲裁者や擁護者としての役割を担わなければならないこともある。この種の組織的障壁の克服方法については第14章において強調している。

関わり合いの中で生じる反応

ソーシャルワーカーとクライエントが問題解決に向けて協働している際に、どちらかが感情的反応を見せれば、それは協働関係の有効性を阻害し、目標達成の障壁となる場合がある。例えば、クライエントは、非現実的な期待を抱いたり、ソーシャルワーカーの意図を誤解したりすることがある。クライエントはそれにより、失望、落胆、傷心、怒り、拒絶、親密な関係の切望、その他さまざまな感情的な反応を見せ、これは目標に向けた前進を阻害する深刻な要因となり得る。

カップル、両親、グループのメンバーもまた、上位のクライエントシステムのメンバーに対して、関わり合いの中で生じる反応を経験し、その結果、このシステムの中で問題ある相互作用のパターンが生まれる場合がある。これらの反応は、両親や重要な他者との関係から学んだ不適応な態度や信念を反映していることも珍しくない。しかしながら、そのような場合を除けば、ソーシャルワーカーやクライエントシステムのメンバーは、個人または家族やグループのメンバーから好ましくない反応を引き出してしまうような行動を、無意識のうちにとってしまっている場合が多い。いずれにしても、このような関わり合いの中で生じる有害な反応は見つけては解決することが重要である。そうしなければ、クライエントの努力は目標達成に向かわないものとなるか、ひどい場合には、クライエントは途中で援助プロセスから身を引いてしまうことになりかねない。

ソーシャルワーカーもまた、反応に陥りやすい。信頼できるやり方でクライエントとの関係を保っているソーシャルワーカーは、クライエントの社会的環境の中の現実世界に移し変えることが可能な体験をクライエントに提供する。すなわち、ソーシャルワーカーといえども人間であり、失敗もするし、感情や欲望を捨て去ることはできないということを、クライエントとの関係の中で伝えるのである。ソーシャルワーカーにとって、自らのクライエントに対する好ましくない反応について自覚し、これを制御する方法を理解しておくことは重要である。さもなくば、クライエントの問題以前に、むしろ自らの問題に取り組むことになってしまい、援助プロセスを深刻な危機に陥れることになりかねない。例えば、女子学生の実践者が、計画を作成し実行することが困難なクライエントとの関係において、クライエントの家族の一員であるかのように接していることに気づき、クライエントと同様の問題を感じているような場合である。スーパービジョンを通じて、そのような関係性に気づくことができれば、彼女はクライエントは家族とは違う存在だと割り切って考えることが可能になる。第17章において、クライエントまたはソーシャルワーカー、あるいはその双方に備わっている可能性がある、関わり合いの中で潜在的な反応に対処するための助言を記述している。

クライエントの自己覚知の強化

クライエントがソーシャルワーカーとの新しい関係においてやりとりをし、カップルや家族、グループとの関係において思いきって新しい対人行動を試してみると、彼らは皆、喜びや恐れ、

戸惑いや、さらには打ちのめされるような感情などを味わうことになる。このような感情的反応をコントロールする努力は、目標達成のための活動からは一時的に遠回りすることになるかもしれないが、自己覚知を育てるためのよい機会になることが多い。自己覚知は自己実現のための第一歩である。自発的なクライエントの多くは、自らのことをより完全に理解したいと願っており、従来は表現されずに埋もれていた、あるいは表出を拒否されていた感情に対する自覚を深めることは、彼らにとってプラスになる。

　ソーシャルワーカーは、目標達成段階において、専門家によるより深い共感的な受け答えにより、クライエントの自己発見のプロセスを促進することができる。専門家によるより深い共感的な受け答えは、相互的で共感的な受け答えよりも、深い感情に焦点を当てる（第Ⅰ段階についての議論で既述のとおり）。この技法は個人や共同の面接でもグループセッションでも適切に用いることができる。専門家によるより深い共感（第17章で詳述）は、クライエントが自らの感情に触れ、大切な他者に対して感情を明確に伝えることができるよう援助する際に、特に有益である。

　自己覚知を養うために使われるもう一つの技法が、第17章の主題となる直面化である。この技法は、成長を無にする認知、感情、コミュニケーション、行動、価値観、態度におけるズレにクライエントが気付くために役立つもので、設定された目標に照らして、このようなズレを精査するものである。直面化は、クライエントが法を犯したり、自己あるいは他者の安全を脅かすような行為をする場合にも利用される。直面化は、善意を前提として提起されなければならず、高い技術を必要とする。

自己の活用

　援助関係が実行過程と目標達成段階を通じて強化されるに従い、ソーシャルワーカーはさらに、自分自身を、成長と目標達成を促進するための道具として用いるようになる。ソーシャルワーカーが自発的かつ適切に自らの感情、ものの見方、経験を開示しながらクライエントと関わることにより、クライエントは、自分がオープンで信頼できる人間と交流していることを確信するようになる。ソーシャルワーカーが信頼できる行動の模範を示すことで、クライエントが自らリスクを冒し、信頼できる行動で報いてくれることをクライエントに促し、これにより、クライエントが自己実現と対人関係における重要な成長を遂げることを可能にする。

　実際に、グループの中でリーダーが信頼できる行動の模範となるとき、メンバーは同様の行動を見せることで、これにならうこともある。信頼できるやり方で人と接するソーシャルワーカーは、クライエントの現実世界における社会的人間関係にそのまま適用できるような経験を、クライエントに提供することができるのだ。これに対して、不自然で、第三者的で、不毛な印象を与える「いかにも専門職上の」関係では、クライエントの現実社会の人間関係にそのまま適用することはできない。これらの問題は明らかに、ソーシャルワーカーのトレーニングのプロセスにおいてカバーされているべきである。

　アサーティブであるとは、援助関係を侵害し目標達成への進歩を阻害する問題行動に、巧みにかつ断固たる態度で対処するということである。例えば、クライエントの行動が目標と矛盾したり、クライエント自身や他者にとって有害となる可能性がある場合に、ソーシャルワーカーはこのような状況に対処しなければならない。さらに、ソーシャルワーカーは、上位のクライエントシステムに対しても、アサーティブでなければならないことがある。例えば、目標達成の妨げになるグループ・メンバーの行動に焦点を当てるような場合である。自己を活用して対人関係にお

いて信頼できる行動、アサーティブな態度を示す方法については、第5章で焦点を当てる。

第Ⅲ段階──終結

援助プロセスの終結の段階には、主に3つの側面が含まれる。

1．クライエントの目標がうまく達成できたといえるのがいつかをアセスメントすること
2．クライエントが援助関係終結後も変化を維持し成長を続けられるようにするための方略を構築できるよう、力を貸すこと
3．援助関係をうまく終結させること

終結のタイミングを決めることは、例えば課題中心アプローチ等の短期的な治療方法が用いられる場合のように、初回のコンタクトにおいてあらかじめ時間的制限が決められているような場合には、比較的容易である。同様に、個人やグループの目標が明白な場合（例：仕事を見つけること、人工器官を手に入れること、介護の手配をすること、子どもへの指導者を確保すること、具体的なグループ活動を実行すること、市民集会を開催すること）も、終結のタイミングは明白である。

目標として、明確な達成基準のない成長や変化が含まれている場合もある。そのような場合、ソーシャルワーカーとクライエントが協力し、成功といえる程度の変化を遂げられたかを判断しなければならない。このような明確な達成基準のない目標の例としては、自尊心の向上、コミュニケーション技術の向上、社会的状況における外向性の獲得、より効果的な紛争解決能力の獲得等がある。このような場合、具体的で実現可能な目標達成の指標を設けることにより、終結の判断に伴う曖昧さを取り除くことができる。これについては第12章で論じる。ただし、最近では、マネージド・ケアのように、サービスと支払者に関する契約によりサービスの継続期間と条件が決まるなど、終結と延長に関する判断に第三者機関が関わる場合が多くなっている（Corcoran & Vandiver, 1996）。

援助関係を成功裡に終結させること

ソーシャルワーカーとクライエントは、共にプライドと達成感をわかち合い、終結に対して肯定的な反応を見せる場合が多い（Fortune, Pearlingi, & Rochelle, 1992）。義務やその他の強制によりソーシャルワーカーと面談することになったクライエントは、このような強制がなくなることや、外部からの監視による拘束からも解放されることで、安堵感を得るかもしれない。これとは対照的に、自発的なクライエントの場合は、個人的な問題を打ち明け、クライエントのケアを受けながら、激しい感情の浮き沈みをくぐり抜けたことで、ソーシャルワーカーに親密な感情を抱いている場合が多い。その結果、終結段階は、このタイプのクライエントに複雑な感情をもたらす傾向がある。ソーシャルワーカーに対し強い感謝の念を感じる場合が多く、しかし同時に、問題を探り出し変化を遂げることに伴う不快な感情を経験しなくて済むという安堵感（言うまでもなく、これ以上料金を支払わなくて済むという安堵感も）をも経験する場合が多い。

クライエントは通常、将来の課題に独りで立ち向かうという見通しに対して楽観的なものだが、なかにはソーシャルワーカーとの関係終結に対して喪失感を覚えるクライエントもいる。さらには、楽観的でありながらも、独りで問題に対処する自分の能力に対する不安を併せ持っている場合もある。

それなりの期間、ともに援助プロセスに取り組む経験をすると、クライエントはソーシャルワーカーに対して強い愛着を感じることがある。ソーシャルワーカーが依存的な関係を育ててしまったような場合、特にそうである。このような場合、個人のクライエントにとって、終結過程は、重要な感情的ニーズを満たしていた人間関係を手放すという、痛みを伴う過程になる。さらに、このようなクライエントは、ソーシャルワーカーによる励ましの力なしでは未来に直面することに不安を感じることがよくある。グループのメンバーも、ソーシャルワーカーやグループメンバーたちとのサポート関係と、問題に対処する際に支えとなった重要な資源の喪失に直面するとき、同様の感情を経験することがある。

個人やグループと終結過程を実施する際、彼らの心理的ストレスを最小化するためには、感情的反応に対する洞察力と、クライエントを援助してこのような反応を乗り越えさせる技術が必要とされる。このテーマについては第19章において詳細に論じる。

変化を維持するための方略を計画する

ソーシャルワーカーは、正式なソーシャルワークサービスの終結後も、クライエントが変化を維持し、成長を継続できるような方略の開発の必要性に対する懸念を表明してきた（Rzepnicki, 1991）。このような懸念を促したのは、終結後に多くのクライエントが再発あるいは退行し、最初の機能レベルにまで戻ってしまうという探索結果である。その結果、現在では、変化を維持するための方略に対して、より大きな関心が向けられるようになった。フォローアップ・セッションを計画することで、結果の継続性を評価できるようになるだけでなく、ソーシャルワーカーのクライエントに対する関心が後々まで継続することを示すことができ、終結プロセスの促進にもつながる。この問題については、第19章において論じる。

■面接の過程——構造と技術

運営管理者やソーシャル・プランナーも、目標達成のために面接技術に頼る部分が大きいが、それ以上に、ダイレクト実践のソーシャルワーカーは面接を、クライエントに影響を与える第一の手段として利用する。エビデンスベースドの実践が強調されるようになっているが、さまざまな場面に合わせて応用・修正できる、中核的な面接技術を身につけることの重要性は、むしろ増している。面接技術には、アクティブ・リスニング、矛盾の識別と対処、認知再構成法、相互共感技術などがあるが、これらはジェネラリスト実践モデルの主要な構成要素となっている（Adams, Matto, & Le Croy, 2008）。これらの曖昧さをはらむ要素が、結果に対して相当な影響力を持つ（Drisko, 2004）。すなわち、人間関係や治療上の協力関係が大きな影響力を持つことが、さまざまな研究によってわかってきたのだ（Norcross & Lambert, 2006）。実際、ソーシャルワークの成果に現れる差異の30％を、このような人間関係的要素により説明できることが示されている（Duncan & Miller, 2000；Hubble, Duncan & Miller, 1999）。

面接は、その目的、現場の種類、クライエントの特徴、参加者の数等により変化する。例えば、ソーシャルワーカーと個人、夫婦、家族といった単位での相互作用を含むこともある。面接はオフィスや家庭、病院、刑務所、車の中、その他さまざまな場所で実施される。子どもとの面接は大人や高齢者との面接とは異なる。面接に影響を与える要素はさまざまだが、すべての効果的な面接に共通の要素がいくつか存在する。本節では、このような重要な要素を特定し、関連技術に

焦点を当てる。

物理的条件

　面接は、ソーシャルワーカーがある程度コントロール可能な、オフィスや面接室などで実施されることもある。クライエントの家で実施される面接の場合は、当然ながら、よりクライエントの嗜好による影響を受けやすくなる。面接が実施される物理的な環境は、参加者の面接中の態度や感情、協力の度合い、反応の良し悪しに影響を与える。以下のような条件を整えることが、面接を生産的なものにするために役立つ。

1．適度な空調と照明
2．快適な室温
3．ゆとりのある空間（閉じ込められているとか混雑しているといった印象を防ぐため）
4．魅力的な家具や装飾
5．適度に背中を支える椅子
6．クライエントの文化的信条に照らしてプライバシーが適切に守られていること
7．注意をそらすものがないこと
8．参加者間に十分なスペースがあること

　最初の5つは明らかに、快適な居心地のよい環境を提供することに関する事項であり、詳しい説明は不要である。
　当然ながら、プライバシーは重要である。個人的な情報や感情を打ち明けようというときに、他の人間に見られたり聞かれたりする可能性があれば、人は防御的になりがちである。面接においても同様で、人に聞かれる恐れがあるような状況では、集中したり自分を表現することは困難になる。これらの条件をどの程度ソーシャルワーカーがコントロールできるかは、現場によってさまざまだ。例えば、問題の解決方法を検討する際に、家族や友人、宗教団体の指導者などの自らが信頼を置く人間の同席を願い出る人もいる（Burford & Pennell, 1996）。現場によっては、完全なプライバシーを確保することが困難な場合もある。しかしながら、たとえ病院のベッドで面接をするような場合でも、ドアを閉め、ベッド間のカーテンを引き、看護師等スタッフには必要な場合以外は部屋に入らないように依頼しておくことで、可能な限りプライバシーを守ることができる。家庭で面接を実施する場合、プライバシーの確保はさらに難しくなる場合がある。しかし、面接者が、プライバシーを確保することでセッションの生産性が高まることをしっかりと強調すれば、家族は必要もないのに邪魔をしたり、気を散らしたりすることがないように取り計らってくれるものである。公的ソーシャルサービス施設のソーシャルワーカーは、パーティションで区切られた小区画で面接をする場合が多い。専用の面接室を用いることができれば、さらにプライバシーを確保することが可能になる。
　面接においては参加者の感情が激しく高まることもあるため、集中を妨げるような要素は排除しておくことが肝要である。電話やドアのノック、その他室外の雑音は集中を妨げ、重要な会話を中断してしまう可能性がある。さらには、排除可能であるにもかかわらず、このような集中を阻害する要因を放置している面接者に対し、クライエントは自らが大切な存在として扱われていると感じることは難しい。クライエントに赤ん坊や小さな子どもがいる場合、その泣き言やか

まってもらおうとする行動、落ち着きのない行動などが、集中を阻害する要因になる。小さな子どもが長時間じっとしていられないのは当然なのだから、ソーシャルワーカーは、面接中は誰かに子どもを預けておくように両親に促すべきである（親子のやりとりを観察することが重要な場合は別である）。子どもの世話を手配しなければならないことがサービス利用の障壁になってしまう場合もあるので、そのような場合に備えて、ソーシャルワーカーやその所属機関の多くが、子ども用の玩具を用意している。

クライエントとの間にデスクを置くことは、ソーシャルワーカーの権威を強調する効果を持つ。クライエントがアジア人である場合、ソーシャルワーカーの権威や立場を強調することは、正当で適切な専門職上の身分を示すために有効な手段となる場合もある。しかし多くの場合、ソーシャルワーカーとクライエントの間に置かれたデスクは、開かれたコミュニケーションを妨げる障壁になる。

ソーシャルワーカーの身の安全の確保が必要な場合には、机という障壁は有用である。例えば、机という障壁を通してソーシャルワーカーの権威を最大にしておくことがサービスの目的を促進するために必要であると思っているソーシャルワーカーもいる。

しかし、ほとんどの場合において、ソーシャルワーカーは平等の感覚を持とうと努めている。そのために、机の位置を考えて、自分とクライエントの間隔を調整できるように、椅子を動かせるようにしている者もいるし、面接中はデスクから完全に離れて、別の椅子を利用することを好む者もいる。

子どもとの面接の際には、ちょっとした玩具など手でいじることができるものや、お絵かきの道具を子どもが使えるようにしておくことが効果的だという面接者も多い。このような玩具や道具は、子どもが知らない大人とコミュニケーションをとる際の緊張をほぐし、自分のことを話させるのに役立つのだという（Krähenbühl & Blades, 2006；Lamb & Brown, 2006；Lukas, 1993）。

面接の構造

ソーシャルワークにおける面接には、目的、構造、方向性および焦点がある。目的とは、問題の除去・解決のため、あるいは、人々の生活品質の向上を目指した方略の構築や活動をプランニングするために、体系的な情報交換を行うことである。面接の構造は、個々の現場、クライエント、援助プロセスの段階によって、少しずつ異なる。実際に、高い技術を持つ面接者は、状況の違いに応じて、または各個人とのセッションにおける流れを見極め、面接の構造を柔軟に変化させながら適用している。

個々の面接はそれぞれが独自のものである。それでもなお、効果的な面接は、共通の大まかな構造に従い、いくつかの共通の性質を持ち、そこで面接者がある特定の基本技術を使用していることが示されている。基本的要素について考察するにあたって、初回の面接に含まれる構造と過程に焦点を当てるところから始める。

ラポールの構築

クライエントの問題に対する探索を開始する前に、ラポールを構築することが重要である。クライエントとのラポールは、効果的な面接に欠かせない率直で自由なコミュニケーションを育む。ラポールを獲得することで、クライエントは、自分を援助しようというソーシャルワーカーの意思と良心に信頼を寄せられるようになり、自ら進んでリスクを冒し、時に苦痛を感じながらも、

個人的な感情や情報を打ち明けるようになる。特に、クライエントが高い対人関係構築力を持つ場合には、容易にソーシャルワーカーに対する信頼と信用が得られる場合もある。自発的なクライエントはしばしば「私はどういう人間で、なぜこのような状況に陥っているのでしょう？」と尋ねるが、これに対し、法の強制によるクライエントにとっては、最初からソーシャルワーカーを信頼することは難しく、「あなたは誰で、いつまでここに居る気ですか？」と尋ねる（Rooney, 2009）。

ラポールの構築は、クライエントへの友好的な挨拶と自己紹介から始まる。クライエントシステムが家族の場合、一人ひとりに対して自己紹介すべきである。自己紹介をし、クライエントの名前を呼ぶ際に重要なのは、クライエントがどのように呼ばれたいかを、礼儀正しく尋ねることである。そうすることで、クライエントに対する敬意と、相手が望む呼び名を使いたいという気持ちを伝えることができる。ファーストネームで呼ばれることで、堅苦しくない雰囲気にしたいクライエントもいるが、すべてのクライエントに対して、最初からファーストネームを用いることは控えたほうがよい。クライエントの民族的社会的背景が多様だからであり、例えば、アフリカ系アメリカ人の一部などでは、ファーストネームで呼ぶことが尊敬の念の欠如を示すものと解釈される場合がある（Edwards, 1982；McNeely & Badami, 1984）。

クライエントとの間にラポールを築くためには、その前に大きな障壁を乗り越えることを必要とする場合が多い。ソーシャルワーク機関とコンタクトした経験がほとんどない、あるいは皆無だというクライエントが大部分であり、初回の面接やグループセッションに望む際には、ためらいや不安を抱えているものだということを、胸に刻んでおくべきだ。最初から援助を求められることは少ない。自らの問題に援助を求めることを、自らの失敗、弱さ、不適格さを証明することになると考える人もいる。さらには、個人的な問題を打ち明けることに、恥や屈辱を感じるという人もいる。これは特に、他人を信じることが苦手な人に多くみられる。

文化的な要素や言葉の違いがあると、さらにラポールの構築を阻害する潜在的障壁は複雑になる。例えば、自らの文化的伝統との強い結びつきを保持しているアジア系アメリカ人の中には、個人や家族の問題を他人に話さないように条件付けられている人もいる。他者に問題を打ち明けることが、個人の力不足や、家族全体の汚点とみなされる場合もある。このような民族的グループに属するクライエントにおいては、結果として生じる恥への恐れがラポールの形成を妨げる可能性がある（Kumabe, Nishida, & Hepworth, 1985；Lum, 1996；Tsui & Schultz, 1985）。アフリカ系アメリカ人、先住アメリカ人、ラテンアメリカ系アメリカ人においても、他の民族グループにより搾取や差別を受けてきた歴史的経験から生じる不信感により、ラポールの構築に困難を経験する場合がある（Longres, 1991；Proctor & Davis, 1994）。

子どもの場合、知らない大人と会話することに慣れていないという場合もある（Lamb & Brown, 2006）。例えば、教師とのやりとりは、命令や知識を試すテストである場合が大部分であるかもしれない。子どもにとって、出来事や家族の状況を説明するのは、新たな経験かもしれず、一緒にいる大人に、話を先に進めるための手がかりを求める可能性もある。誘導尋問になるのを避けるためには、オープンエンドな質問をすることが望ましい。

クライエントの抱える問題が、児童虐待や反道徳的行為、犯罪行為などの社会的に許されない行為についての申し立てを含む場合、オープンなコミュニケーションはさらに困難になる。グループにおいては、他のメンバーに対して自らの問題をさらさなければならないことで、より激しい痛みを伴うことになる。とりわけ、初期のセッションにおける他のメンバーの反応が、未知

の物事に対する脅威を示すものだった場合に、この傾向は強まる。

　ラポールを形成する手段の一つは、クライエントとの「ウォーミングアップ」の時間を設けることである。特に、このように関係を始めることが文化的規範となっている、先住アメリカ人や、アジアおよび環太平洋諸国の文化に強く根ざしている人々、ラテンアメリカ系アメリカ人など、いくつかの民族的マイノリティに属するクライエントの場合に、特に重要である。例えば、アギラー（Aguilar ,1972）は、メキシコ系アメリカ人のクライエントに対するときの、ウォーミングアップの時間の大切さを強調している。多くのハワイ先住民やサモア先住民も、外部の人間との新しいコンタクトを始めるにあたっては、「トークストーリー」という、友好的で堅苦しくない、軽い内容の個人的な会話から始めたいと考える。この会話はアギラー（Aguilar）が描写しているものに似通っている。トークストーリー抜きに深刻な問題の議論を始めるのは、このような文化的グループにおいては、無礼で無神経な行動と見なされる。ウォーミングアップの時間をおろそかにするソーシャルワーカーも、このような文化的グループのメンバーからは、受動的な抵抗を受けやすい。アメリカ先住民がクライエントである場合、ウォーミングアップの時間と、全体的にゆっくりなテンポを保つことも、きわめて重要である（Hull, 1982）。パブロ（Pablo, 1978）によれば、先住アメリカ人との関係をもっともうまく構築しているのは、控えめで指示的でないソーシャルワーカーだという。同様に、スペイン系の実践者によるオープンな自己開示が、スペイン系のクライエントとの間のラポール形成に役立っていることが報告されている（Rosenthal-Gelman, 2004）。

　ウォーミングアップの期間は、若者との間にラポールを形成するためにも重要である。若者の多くは、大人の束縛から自由になりたいと願う発達段階にあり、それゆえにソーシャルワーカーに対して警戒心を持つ場合がある。法を犯したり、権威に対して公然と反抗的態度を示したりするような若者には、これが特に当てはまる。さらに、ソーシャルワーカーに会うのがまったくあるいはほとんど初めてという若者は、ソーシャルワーカーの役割についてほんのわずかしか理解していない。若者の多くが、少なくとも最初は法の強制によるクライエントであり、ソーシャルワーカーを敵と見なし、その役割が自分たちを罰したり力を行使することにあると考え、不安を抱いている。

　ウォーミングアップは短時間で十分な場合がほとんどである。すでに障壁があるのでなければ、導入部の後、タイムリーな話題についての簡単な会話（異常気象や、広く話題になる地域や国のイベント、すでにわかっているクライエントの関心事についての話題など）が、クライエントの問題を探るのに適した雰囲気作りに役立つ。

　実際には、ほとんどのクライエントが、自らが抱える問題についての議論を、ただちに始めることを期待している。それゆえ、ソーシャルワーカーが目の前の問題にすぐに取り掛かろうとしない場合、クライエントは不安を増してしまうかもしれない（Ivanoff, Blythe, & Tripodi, 1994）。この傾向はとりわけ、自らコンタクトを求めたわけではない法の強制によるクライエントの場合に顕著である。このようなクライエントに対するときも、ソーシャルワーカーが注意深く、彼らの感情に反応し、紹介に至った背景を説明することで、探索過程にうまく方向性を与え、クライエントの警戒心を解くことができれば、速やかにラポールを築くことが可能である。

　ラポール構築のためには、クライエントに対する尊敬が不可欠である。本章と第1章で、私たちはクライエントの尊厳と価値、独自性、問題解決能力等の要素に対し敬意を表すことの重要性を強調してきた。尊敬の念は、さらに、礼儀正しさとしても表現される。時間を守ること、クラ

イエントが快適でいるか気を配ること、注意深く話を聴くこと、クライエントの名前を覚えること、動作が制限されているクライエントを補助すること等は、ソーシャルワーカーがクライエントの価値を認め、その尊厳と価値を重んじているというメッセージを伝えるものである。礼儀を軽んじてはいけない。

ソーシャルワーカーからの、クライエントの感情や考え方に対する理解と受容を伝えるメッセージは、言葉によるものか否かを問わず、クライエントとのラポール形成を促進する。これはクライエントの考え方や問題点に賛同したり許容したりすることを意味するのではなく、むしろ、クライエントが独自の考え方や態度、感情を持つ権利について理解し、これを認めるということを意味する。

クライエントが言葉あるいはそれ以外の方法で表現する感情に対して敏感であり、これらの感情に対し共感的に反応することは、クライエントが容易に認識できる形で理解を伝えることになる。共感的な反応は「私はあなたと共にいる。私にはあなたが話すこと、経験していることが理解できる」というメッセージを、クライエントに対し明確に伝える。成功している援助者が活用している共感的反応は、第Ⅰ段階でのみ重要なのではなく、後続の段階においても同様に重要である。この必要不可欠な技術（第5章にて詳述する）を身につけるためには、着実で継続的な実践が必要である。

偽りのない人間であること、あるいは純粋であることも、ラポール形成を促進するソーシャルワーカーの資質の一つである。援助プロセスの第Ⅰ段階を通じて偽りのない人間でいるということは、本音を隠して冷徹に専門職上の役割を演じるのではなく、純粋に一人の人間として、クライエントとの関係を保つことを意味する。ソーシャルワーカーの偽りのない行動は、オープンに人と接することの模範となり、クライエントの防衛心を抑え、よりオープンに他者と接することを促す（Doster & Nesbitt, 1979）。

職業上の仮面の下に本当の自分を隠しているソーシャルワーカーではなく、偽りのない態度で接するソーシャルワーカーと接することで、クライエントは現実世界の人間関係により近い関係を経験することができる。面接の初期段階において偽りなく純粋な態度を適度に示すことにより、きわめて効果的にオープンな関係を養うことができる（Giannandrea & Murphy, 1973；Mann & Murphy, 1975；Simonson, 1976）。この段階においては、ソーシャルワーカーは、非防衛的で自己一致した態度をもって、自然で率直な態度でクライエントと接する。すなわち、ソーシャルワーカーの行動と反応が、自らが内面において経験している状態と合致しているということだ。

偽りがない態度においては、ユーモアを建設的に用いることも許される。しかしながら、適度に偽りのない態度をとるためには、過度な自己開示は避けなければならない。焦点はクライエントに置かれるべきであり、個人的な情報の開示や、個人的な経験について話すことは慎重にすべきだ。だが、援助プロセスにおける変化指向の段階においては、ソーシャルワーカーは、それがクライエントの成長を促すと考えるときには、自己開示を行う場合もある。自己開示については、第5章において詳述する。

ラポールは、コミュニケーションを阻害する受け答えを控えることによっても強化される。コミュニケーションを阻害しないために、ソーシャルワーカーは、この種の受け答えについてよく知ったうえで、このようなコミュニケーションのやり方を排除しなければならない。そのために、第7章においては、コミュニケーションの阻害要因となるさまざまなタイプの受け答えならびに面接のパターンを特定し、これらを排除する方法について説明する。

初心者のソーシャルワーカーはしばしば、面接を実施する際に、何かを忘れてしまったり、きわめて重要な事柄を見落としたりして、その結果、悲惨な結果を招いてしまうのではないかと不安を抱き、緊張して固くなったり、言葉が出てこなくなったり、不安を払拭するために絶え間なくしゃべり続けたりする（Epstein and Brown, 2002）。後続の章にあるような模擬面接はこのような不安を払拭するのに役立つ。さらに、この模擬面接により、紹介に基づくクライエントとのラポール構築のためには、ソーシャルワーカーは紹介にまつわる事情を認識し、クライエントの選択肢、権利、期待できることについて明らかにする必要があるということに気づくことができる。

クライエントのいるところから始める
　ソーシャルワークの研究者たちは、「動機と目標の一致」すなわち、クライエントの動機とソーシャルワーカーが提供しようとしているサービスの間にずれがないことが、ソーシャルワークの有効性に関する研究において、成功事例の要因となっている最も大切な要素であることを示唆してきた（Reid & Hanrahan, 1982）。クライエントの動機から出発することは、ラポールを構築し維持し、クライエントとの精神的つながりを保つための助けとなる。

　例えば、初回面接の最初の段階で、クライエントが感情的に苦しんでいるように見えたなら、ソーシャルワーカーは、クライエントの問題状況の探索を開始する前に、まずこの感情的苦悩の方に焦点を当てる場合もある。「あなたは、非常に大変な日々を過ごしておられるようですね。現在のあなたの状況について、聴かせていただくことはできますか？」などが、この場合の適切な応答の例である。クライエントの感情的苦悩は探索過程の阻害要因となり得るが、クライエントの感情面と関連要素について話し合うことで解消される傾向がある。さらには、クライエントの感情に対して敏感に反応することは、ラポールを形成することになる。すなわち、クライエントはソーシャルワーカーのことを、自分を気遣ってくれる、敏感で、思いやりのある人間だと見なすようになるのである。

　不慣れなソーシャルワーカーは、クライエントのいるところから出発することに困難を覚える。なぜなら、素早く明確に機関のサービスを提供せず、クライエントの問題に対する探索をおろそかにしている、あるいは遅延させているのではないかと不安になってしまうからである。このようなソーシャルワーカーも、実践経験を積むことで、リラックスできるようになり、クライエントがどのように紹介されてきたか、またこれからどのようなサービスを受けられるかといった情報をクライエントに伝える際に、クライエントの関心に焦点を当てることで、スーパーバイザー等の期待に合うような対応ができるようになると気づくだろう。

　法の強制によるクライエントに対するサービスを実施する際に、クライエントのいるところから出発することは、きわめて重要な意味を持つ。このようなクライエントがソーシャルワークを訪ねることになったのは、外部からの強制によるものであり、初回面接に臨むにあたり、彼らはネガティブな感情や敵意を持っている場合が多い。そのため、ソーシャルワーカーはまず、このような感情を引き出すことから始め、感情がおさまるまで、これに焦点を当て続ける。否定的な感情に対し共感的に反応し、理解と受容を伝えることにより、熟練したソーシャルワーカーは、クライエントの否定的な感情を中和し、そうすることでクライエントが、自らの問題状況を掘り下げることを受け入れやすくする。例えば、ソーシャルワーカーは法の強制によるクライエントに対して、採用可能な選択肢を明らかにすることで、否定的な感情を除去することができる。もしソーシャルワーカーが、クライエントの否定的な感情に対処し損ねると、その後持続的な抵抗

にあうことになりやすい。このような反応はしばしば、抵抗、変化の拒否、動機の欠如などとレッテルを貼られる。しかし、これらに対しては、欠点としてレッテルを貼って解釈するのではなく、このような態度や行動は、個人の価値観が脅かされている場合の正常な反応とする期待を込めた解釈に置き換え、見直してみることが有効である（Rooney, 2009）。子どもや若者が紹介されてきた場合、それは大人が彼らの行動を問題視したからである場合が多く、それゆえに彼らは特に反抗的な態度を取る場合がある。実践者は自分たちが、子どもや若者側の視点から事態がどのように見えているのかを聴きたいのだということを明らかにすることで対応することが可能だ。

言葉が障壁になる場合もある。民族的マイノリティや移民のクライエントは、英語を解する能力が十分でない場合が多く、その場合、平凡な表現を用いているにもかかわらず理解が難しいということが起こりうる。民族的マイノリティのクライエントや、十分な教育を受けていないクライエントの場合、ソーシャルワーカーはコミュニケーションのスピードを落とし、言葉以外で示されたクライエントの困惑に対して特に敏感でいなければならない。民族的マイノリティのクライエントは、恥ずかしい思いを避けるために、実際には理解できず困っているにもかかわらず、理解したというメッセージを示す場合もある。

通訳の利用

民族的マイノリティや移民のクライエントで、ほとんどまったく英語がわからないという場合、有効なコミュニケーションを実現するためには、クライエントと同じ民族に属する通訳を雇い、ソーシャルワーカーとクライエントの間で異なる文化的価値観と言語の橋渡し役を依頼することが必要になる。しかしながら、効果的なサービスの実現のためには、ソーシャルワーカーと通訳の双方に特別な技術が必要となる。通訳は、慎重に選抜され、当該過程における面接と通訳の重要性を理解できなければならず、さらには文化的ニュアンスをソーシャルワーカーに伝えられるように訓練されていなければならない。このように、熟練した通訳者は、言葉の表面的な意味をはるかに超えて、非言語的コミュニケーションや、特定の文化に固有の態度や信念、微妙な表現、感情的反応、そしてクライエントの期待などまでも伝えることで、ソーシャルワーカーを支援する。

もちろん、ラポール構築のためには、ソーシャルワーカーは民族的マイノリティのクライエントに対しても、共感を伝え、感情的なつながりを築く必要がある。そのため通訳者は「面接者の言動と同じ言動を正確に伝える能力を要求される。すなわち、同じ感情を表現し、通訳先の言語において可能な限り同等のイントネーションを用いて話し、言語的非言語的方法の両方を駆使して、面接者が表現していることを、さまざまなレベルで伝えなければならない」（Freed, 1988, p. 316）。

ソーシャルワーカーは、クライエントに対し通訳者の役割について説明し、ソーシャルワーカーと通訳者の両方が、中立性を保ち機密保持義務を負うことを保証すべきである。言うまでもなく、これらの要素は、通訳者に対するトレーニングの過程にも含まれているべきである。加えて、通訳を利用した異文化間のワークを成功させるために、ソーシャルワーカーは、クライエントと通訳者の母国の歴史と文化について精通していることが必要である。

通訳者を参加させる場合、ソーシャルワーカーは面接のペースを落とすことも必要である。ソーシャルワーカーと通訳者が面接で協働するための技術を身に付けている場合、効果的な協働関係を発展させることができ、多くのクライエントにとって、そのプロセスは有益で治療的効果

のあるものになるだろう。この短い議論の中で示されたとおり、通訳者を用いた面接は、面接者と通訳者の双方に慎重な準備が必要な、複雑な過程である。

探索の過程

　クライエントが自らの問題状況について議論を始める準備ができていることを示したら、彼らの問題について探り始める。問題を探り始める際には、通常、以下のようなメッセージが用いられる。

- あなたの状況について話していただけますか？
- あなたがなぜここに来たのか聴かせていただきたいです。
- あなたに何が起こっているのか、教えてください。そうすれば、あなたがその問題に対してどのように対処できるか、一緒に考えることができます。
- 学校はどうですか？　どの科目が好きですか？　あまり好きじゃないのはどの科目ですか？

　クライエントは自らの問題と結びつけながら、一般的な答えを返すだろう。ここでのソーシャルワーカーの役割は、クライエントの話を引き出し、理解を伝える受け答えをし、クライエントの問題に含まれる要因についての明白なイメージを得るために必要な詳細な情報を探ることである。

　こちらからほとんど促すことなく、自発的に豊富な情報を提供してくれるクライエントもいる一方で、特に紹介による法の強制によるクライエント等の中には、難色を示したり、自らの感情と葛藤したり、自らを表現する適切な言葉がうまく見つけられなかったりする者もいる。紹介によるクライエントは、他者から問題視された結果として無理やり面接に参加させられたと考えている場合もあるため、このような外的強制について細かく話をするという反応を示す場合もある。ソーシャルワーカーは、紹介に関連する状況について自らが知っている情報を伝えることで、この過程においてクライエントに力を貸すことができる。

　探索過程を促進するために、ソーシャルワーカーは多くの技術を活用する。一つの応答の中に、二種類や三種類の技術が織り交ぜられている場合も多い。このような技術の一つである「言語化を促す受け答え」は、クライエントが自らの懸案事項を言葉にし続けることを後押しする。言語化を促す受け答えは、最小限の（言語的および非言語的）促しを含み、受け答えを強調し、思いやりや関心、そしてクライエントが言葉で表現し続けることへの期待を伝える。これについては、第6章にて詳細に論じる。

　ソーシャルワーカーがクライエントのメッセージを、ただ聴いているだけでなく理解しているのだということをクライエントに確信させるようなフィードバックをただちに返すことで、コミュニケーション（およびラポール）を促進する受け答え方法もある。「言い換えによる受け答え」は、ソーシャルワーカーがクライエントのメッセージの中身を理解したことを示すフィードバックを返す。言い換えによる受け答えを用い、面接者は、クライエントが表現したことを、（他の言葉を用いて）言い換える。これに対して、「共感的反応」は、クライエントが過去に経験した感情、あるいは現在経験している感情にソーシャルワーカーが気付いているということを示すものである。パラフレージングも、共感的な受け答えも、第5、第6章で論じるが、ともに、クライエントが民族的少数派または移民であったり、発達障害のある場合など、その言語能力が

十分でない場合に、特に重要である。言葉の壁がある場合、ソーシャルワーカーは、自分がクライエントを、あるいはクライエントが自分を、正確に理解していると思い込まないよう、注意しなければならない。

　個人的な問題や家族の問題については外部の人間と話をしないよう、文化的に条件付けられた民族のクライエントに対応する場合、ソーシャルワーカーは、クライエントの真意を理解するために特別な努力をしなければならない。このようなクライエントの多くは、面接に参加することに慣れておらず、自らの問題について率直には話さない傾向がある。むしろ、秘められた（隠された）メッセージを送ることにより、ソーシャルワーカーがその行間を読むことで問題に気付いてくれることを期待する。ソーシャルワーカーはフィードバックを縦横に活用することで、クライエントの真意に対する自らの理解が的を射ているか否かを確認することが必要である。

　ソーシャルワーカーがクライエントの真意を理解していること、ならびにクライエントがソーシャルワーカーの真意を理解していることを確認するためにフィードバックを用いることは、無用な誤解を防ぐために有効である。加えて、クライエントは一般的に、相互の理解を実現するためのソーシャルワーカーの努力に感謝し、相互理解を追求するソーシャルワーカーの忍耐力と執念は、自分たちを尊重し、価値を認めていることの証拠だと解釈する。しかしながら、ソーシャルワーカーを教育することは、民族的マイノリティに属するクライエントの義務ではない（注2）。逆に、ソーシャルワーカーが、少数派のクライエントの文化について知っていると思っていることが、実は不適切なステレオタイプである場合がある。多数派の文化的規範に対する同化と文化的対応の度合いは、個人や家族によりさまざまだからである（Congress, 1994）。例えば、一般的なラテンアメリカ系アメリカ人の価値観をベースとして、ソーシャルワーカーが「他の家族の皆さんに助けを求めることは可能ですか」と言う場合がある。

期待を探る

　問題について探索する前に、クライエントの期待を特定することは重要である。クライエントの期待は、その社会経済的地位や文化的背景、洗練の度合い、援助の専門家と接触した過去の経験等により、かなり異なるものとなる。実際に、クライエントとソーシャルワーカーのそれぞれの役割に対する期待を明確化しておく社会化の過程が、より成功をもたらしやすいことがわかっている（Rooney, 2009；Videka-Sherman, 1988）。

　ときには、クライエントの期待が、実際にソーシャルワーカーが提供できる内容から、あまりにもかけ離れているという場合もある。ソーシャルワーカーがこのような非現実的な期待に気付き、うまく対処できない場合、クライエントは激しく落胆し、２回目以降の面接を続ける気を失ってしまうということもありうる。またある時には、紹介によるクライエントが、問題に対して、家族などの紹介元とは異なる見方をしている場合に、自分の見方で問題に対処することを選択できる可能性について誤解しているという場合がある。このような期待を探索することにより、ソーシャルワーカーは援助プロセスの本質をクライエントに明示する機会を設け、落胆したクライエントの感情に対処する。クライエントの期待を認識することは、ソーシャルワーカーがクライエントのニーズと期待に根ざしたアプローチと介入を採用するために役立つ。これについては、第５章において詳述する。

重要な情報を引き出す

　ソーシャルワーカーは探索過程において、クライエントがソーシャルワーカーやグループのメンバー、そして重要な他者と共に問題について議論し、相互作用をする中で明らかにされた情報の重要性を評価する。実際に、断片的な情報の意味と重要性を評価することは、ソーシャルワーカーが、問題のどの側面が際立っていて詳細な探索を要するのか、あるいは、問題のある側面についてより深く掘り下げる準備がクライエントにできているか、クライエントやシステムのパターン化された行動のうち、効果的な機能を阻害するものはどれか、激しい感情を引き出すのに適切なあるいは不適切な時はいつか、等を判断するのに役立つ。

　問題探索の方向は包括的な内容から具体的な内容へと進む。自らの問題に対するクライエントの最初の説明は、通常、包括的な性質を持つ（「我々はすべてと戦っている」「私には友達が作れるなんて思わない」「スコットにどう対応していいのかまるでわからない。彼は我々が頼むことを何一つやろうとしない」「児童保護施設が私は子どもの世話をしていないと言った」など）。しかしながら実際には、クライエントの問題は、通常、多くの側面を持ち、正確な理解のためには、一つ一つを注意深くアセスメントする必要がある。オープンエンド型の回答方式は、問題探索の開始時においては効果的な場合があるが、一方で、問題に寄与しこれを維持するさまざまな要因やシステムを特定し明らかにするために必要な詳細情報を立証するためには、他の種類の回答形式が用いられる。このような詳細な情報を引き出すためには、具体的な情報を求める回答方式が採用される。このような種類の回答形式は多数存在するが、それぞれ第6章において詳しく考察する。詳細な事実情報を引き出すための、もう一つの回答方式は、クローズドエンド型の質問である（これについても第6章で論じる）。

深層への焦点づけ

　詳細な情報を引き出すために必要な個々の技術を身に付けていることに加えて、ソーシャルワーカーは全体的な情報を引き出すまで、問題に対する集中を維持することができなければならない。相互に影響し合い問題を生み出しているさまざまな力（個人、対人間、環境システムを含む）について十分な情報を得るまでは、ソーシャルワーカーが問題を完全に探索することはできない。焦点づけの技術は、これまでに確認してきたさまざまな技術と、要約する受け答えとを組み合わせたものである

　探索の過程を通じて、ソーシャルワーカーは膨大な質問に関連する情報を引き出す必要があり、これに対する回答はクライエントの問題に影響を及ぼす要因（環境的要因を含む）を理解するためにきわめて重要である。これらの質問は、ソーシャルワーカーにとって道しるべとなり、面接の方向性を示すものとなる。

アウトラインの活用

　ソーシャルワーカーは、面接全般に関わる質問のほか、特定の場面に即した情報を集める必要がある。経験の浅いソーシャルワーカーにとっては、特定の状況や問題に関する質問のアウトラインを準備しておくことがきわめて有効な場合がある。ただし、面接中はクライエントに集中し、アウトラインに縛られず柔軟でいることが重要である。第6章において、アウトラインの例とこれを使用する際の注意事項を載せている。

感情的な機能のアセスメント

ソーシャルワーカーは探索過程の中で、クライエントの刻一刻と変化する感情的反応、ならびにクライエントの問題において感情のパターン（例：怒りを十分に統制できないこと、うつ状態、大きく揺れ動く気分）が果たしている役割に対してきわめて敏感でなければならない。面接中にクライエントが感情的な反応（例：号泣、強い不安、怒り、傷心）を見せると、それはしばしば問題解決の妨げとなり、クライエントが平静を取り戻すための回り道が必要になる。ただし、法の強制によるクライエントが不安や怒りを示す場合、それは持続的な感情のパターンによるものというより、不本意なコンタクトを強いられているという状況が影響している可能性があるという点に注意しなければならない。

他の状況において行動に強い影響を与える感情のパターンも、それ自体問題であり、慎重な探索が必要である。例えば、うつ病は私たちの社会に蔓延している問題だが、一般的に適切な治療をすればよい効果が現れる。クライエントがうつの兆候を示した場合、抑うつの深さと自殺の危険を注意深く探索すべきである。この種の感情的パターンの探索においては、共感的なコミュニケーションが主要な技術となる。考慮が必要な要素、うつ状態の程度と自殺のリスクに対するアセスメント、および関連技術については第9章で論じる。

認知的な機能の探索

思考パターンや信念、態度は行動を決める強力な要因であるから、クライエントの問題において際立っているように見える状況や出来事に対するクライエント自身の意見と解釈を調べることは重要である。注意深く探索することで、誤った情報（事実誤認）や歪んだ意味づけ、誤った信念、非機能的な思考パターン（頑迷で独断的な思考等）が、クライエントの問題に重要な役割を果たしていることがわかることが多い。

クライエントの思考を調べるために一般に用いられるメッセージは以下のようなものである。

- どのように考えてその結論に至ったのですか？
- どのような意味を見いだしているのですか？
- 何が起こったのか、説明していただけますか？
- それについて、あなたの見解（あるいは信念）を聴かせてください。

認知的な機能のアセスメントとその他の関連するアセスメントの技術については、第9章において詳しく論じる。

薬物依存、暴力、性的虐待の探索

私たちの社会における薬物依存（アルコール依存を含む）、暴力、性的虐待に関わる問題の蔓延、ならびにその重大性を考えると、これらがクライエントの問題に関わっていないか、あるいは主要な原因になっていないか、その可能性を必ず探るべきである。これらの問題行動の重大性ゆえに、第9章ではその大部分を用いて、そのアセスメントについて論じている。

目標と契約に関する協議

　ソーシャルワーカーとクライエントの双方が、初回コンタクトの端緒となった問題について十分な探索ができたと確信したら、プランニングの段階に入る準備ができたといえる。この時までに（遅くとも）、他の資源やサービスの必要性の有無が明らかになっていなければならない。他の資源が必要であるか、他の資源の方がより適切であるなら、ソーシャルワーカーはクライエントを他に紹介する過程を開始しなければならない場合もある。クライエントの問題が機関の機能に合っていて、クライエントも援助プロセスを続ける意思を示しているなら、契約に関する話し合いを始めるのが適切である。法の強制によるクライエントが、これ以上援助プロセスに参加することを望まないようであれば、この段階で選択肢を明示するべきである。例えば、クライエントは裁判所に戻ることを選択することもできる。あえて義務を履行しないことを選択し、それに対する法的な責任を問われるリスクを背負うこともできるし、最小限に義務を履行することも選択できる。そして、ソーシャルワーカーと共に法による指示の範囲を超えて問題に取り組むことを選択することもできるのである（Rooney, 2009）。

　問題解決アプローチにおいて、目標とは、問題解決への努力が成功した場合に達成される最終結果を具体的に示すものである。一般に、ソーシャルワーカーとクライエントは、探索過程で協働する結果として、どのような成果あるいは変化を達成することが望ましく、あるいは重要であるかについて、共通の見解を持っているものである。しかしながら、クライエントが見落としている目標の重要性を、ソーシャルワーカーは認識することができる場合があるし、逆もあり得る。ソーシャルワーカーは目標を設定することの合理的理由を説明することで、クライエントに目標設定の過程を紹介する。明確に述べれば、目標は問題解決過程に方向性を与え、援助の努力において、前進するための道しるべの役割や、結果に対する評価基準としての役割を果たす。目標を効果的に利用するため、ソーシャルワーカーには、クライエントを促し、自ら実現可能な目標の選択や、目標達成のための大まかな作業計画の作成、セッションとセッションの間の期間におけるソーシャルワーカーとクライエントの努力に方向性を与える具体的な作業計画の策定に参加させる技術が必要である。

　問題状況の解決のために二つ以上の目標達成が必要な場合（それが普通だが）、ソーシャルワーカーはクライエントが複数の目標間に優先順位を付けるのを手伝い、目標達成へ向けた最初の努力が、問題の最も厄介な側面に向けられるようにすべきである。目標がクライエントにとって大きな意味をもつことを念押しし、クライエントに目標をじっくり練り上げさせるよう促すことにより、クライエントは問題に対する意識を高め、自ら積極的に問題解決過程に参加するようになる。問題解決アプローチにおける「ミラクル・クエスチョン」のようなテクニックは、クライエントの目標に対する見解を精緻化させるために利用することができる（De Jong & Berg, 2002）。法の強制によるクライエントでも、しばしば、目標に向けられた指示を選択することもあるし、そのような選択を行う過程に参加することもある。目標選択の過程と契約作成の過程の重要な要素については、第12章にて詳しく論じる。

面接の終わらせ方

　初回面接も、契約の過程も、次の面接までどう過ごすかのアレンジについての話し合いと、次のステップについての合意により完了する。この面接の過程の最終段階において、ソーシャル

ワーカーは、セッションの実施時間と頻度、今後の参加者、目標達成手段、援助プロセスの継続期間、料金、次回面接の予定日時、関連する機関の方針と手続き、その他の関連事項について、クライエントに説明すべきである。これらの面接の過程が完了したら、あるいは、面接のために割り当てた時間が経過したら、面接を終了させるのが適切である。面接を終了させるために適したメッセージは以下のようなものである。

- そろそろ時間ですね。今日はこのへんにして、次回までに今回話し合った作業を実践してみて、次回はそれについての検討から始めましょう。
- もう時間が来てしまいますが、まだ調べなければならない領域が残っています。次回セッションの予定を決めましょう。次回で残りの探索を完了させて、今後の方向性について検討しましょう。
- 時間があと数分になってしまいました。それでは、今日何ができたか、そして次回までに何をしておくかをまとめましょう。

目標の達成

　援助プロセスの第Ⅱ段階では、クライエントの目標達成を援助するために面接技術が用いられた。この段階では主に、目標達成のためにクライエントがしなければならない行動と作業を確認し実行することに焦点が置かれていた。クライエントにこれらの行動を実行するための準備をさせることが、実践を成功させるためにはきわめて重要である。幸い、この準備のための効果的な方法が用意されている（第13章参照）。クライエントが自らの人生に変化をもたらすための困難な過程に取り組むにあたって重要なのは、優先順位の高い少数の目標に集中して取り組むことである。少数の目標に関して十分な進捗状況を確認できるまでは、他の目標に焦点を移してはならない。そうしなければ、クライエントはさまざまな問題に次々に気をとられ、目に見える進歩を遂げられないまま、エネルギーを浪費してしまうことになる。それゆえ、ソーシャルワーカーは、クライエントに構造と方向性を与えるという重責を担うことになる。この目的のためには、セッション中ならびにセッション間において、集中を維持させる技術が重要である（第6章参照）。

　先述したとおり、援助プロセスにおいては目標達成の妨げとなる障害がつきものである。個人における障壁としては、変化に伴う恐怖や、（通常、個人に対する大きな心理的負担と引き換えに）防衛的になってしまって変化への努力に対して強い抵抗を示す行動パターンや思考パターンなどがある。カップルや家族における障壁としては染み付いた相互作用のパターンがある。これは力関係や依存関係の永続化、安全な心理的距離の維持、（親密さを犠牲にした）自立心の育成などのために生じる変化に対する抵抗を示す。グループにおける障壁としては、非機能的なプロセスのパターンがある。これは、リーダーが、グループの目標達成や成長のために貢献する他者とともに、これを排除しようと再三努力するにもかかわらず、完全に排除することは難しい。

　個人、カップル、グループにおいて、成長と進歩を阻害する感情的な障壁に気づき、これを解決する手段として、専門家としてのより深い共感という方法が利用される。直面化は高いリスクを伴う技術であり、クライエントが思考や行動における抵抗のパターンに自ら気づき、これを解決することを助けるために使用されるものである。これらの技能を効果的に活用するためには高度な知識が必要である。そのため、第17章をこれにあて、関連技術を身につけるための演習問題を掲載している。変化を阻害する障壁に対処するためのさらなる技能（関連する反応も含む）に

ついては、第18章で論じている。

■まとめ

本章では、援助プロセスにおける3つの段階について大まかに検討し、面接法に含まれる構造と過程について簡単に検討した。本書の残りの部分では、援助プロセスの3つの段階と、各段階で使用される面接技法に焦点を当て、詳細に論じている。

注
1. 具体的な各段階とこれに伴うケースワーク構築のための作業は、ジェシー・タフト（Jessie Taft）と バージニア・ロビンソン（Virginia Robinson）ならびに 機能主義学派 により最初に開発されたものである。この概念は後に、レイド（Reid, 2000）および エプスタインとブラウン（Epstein and Brown, 2002）により、課題中心アプローチとして拡張された。
2. リラ・ジョージ（Lila Geroge）、リーチ湖種族の調査ディレクター（Research Director, Leech Lake Tribe）（個人内会話による、1993）。

第4章

ソーシャルワークの基本的価値の実現

本章の概要

　第1章で述べたように、ソーシャルワークの実践は、知識、技術、価値により導かれる。第4章では、この三領域のうち、価値について扱う。ここではソーシャルワークという専門職の基本的価値と、そこから導かれる倫理的義務について紹介する。実践においては、価値観の崩壊や倫理原則の衝突が起こる可能性がある。そのため、本章ではこのようなジレンマのいくつかについて説明し、解決のための助言を示す。本章を読み進めることで、読者は複雑な状況に身を置くことになった自分を想像し、自らの個人としての価値観を分析し、ソーシャルワークの専門職上の価値との親和性を評価するという課題に取り組む機会を得る。本章の目標は次のとおりである。

- ソーシャルワークの中核的価値と、それがどのように実践されるかを理解する。
- 個人の価値と専門職上の価値が交差する際に発生する緊張関係を調べることで、自己覚知と専門職上のコンピテンスを身につける。
- NASWの倫理綱領が専門職上の実践のガイドラインとして果たす役割について知る。
- 4つの中核的な倫理的問題（自己決定、インフォームドコンセント、専門職上の境界、秘密保持）に精通する。
- 倫理的ジレンマを解消するための手順とこれらをケースに適用する方法を知る。
- 未成年のクライエントに倫理的基準を適用することに伴う複雑な事情を理解する。

■個人の価値観と専門職上の価値の相互作用

　価値観とは「優先される考え方」あるいは物事がどうあるべきかについての信念である。私たちは皆、価値観を持っている。それは、何が重要で何が適切かについての信念であり、それゆえに私たちを行動や決断へと導くものである。ソーシャルワークという専門職にも固有の価値がある。それはソーシャルワーカーにとって何が重要なのかを示し、専門職上の実践の指針となる。ソーシャルワーカーは、自らの個人としての価値観と調和していなければならず、このような個人価値観が専門職により奉じられている価値と調和や不調和を起こすのがいかなる場合かを認識

しておかなければならない。加えて、ソーシャルワーカーは、クライエントもまた個人的価値観を持ち、これが彼らの信念と行動を形作っていること、ならびに、それがソーシャルワーカー自身の価値観や専門職上の価値と衝突する可能性があるということを認識しておかなければならない。さらには、より大きな社会に目を向ければ、文化的規範、政策、法律や世論により明示された価値がある。これらもまた、ソーシャルワーカーの個人的信念やクライエントの価値観、専門職上の価値と衝突を起こす可能性がある。

自己覚知はこれらの衝突の可能性を未然に取り除くための第一歩である。次節では、専門職の中核的価値について説明し、個人の価値観を認識する機会を提供し、ソーシャルワーカーが自らの信念をクライエントに押し付けることで発生しうる問題について説明する。

■ソーシャルワークの基本的価値

ソーシャルワークという専門職の中核的価値と、これらの価値を代表する倫理原則は、全米ソーシャルワーカー協会（National Association of Social Workers：NASW）（NASW, 1999）が作成した倫理綱領と学術論文に明示されている。以下はその要約である。

- すべての人が、人生の問題に対処し自らの可能性を十分に活かすために必要な資源にアクセスする権利を持つ。サービスの価値は、この原則に集約されている。すなわち、この原則において、ソーシャルワーカーはサービスを自己の利益を超えた次元へと高めるのである。特に、ソーシャルワークの専門職上の価値は社会正義のために働くことに重きを置く。ソーシャルワーカーの「変革への努力は、主として、貧困、失業、差別、その他の社会的不正に焦点を当てたものである。これらの活動は抑圧および文化的民族的多様性に対する感受性と知識を高めることを追求するものである。ソーシャルワーカーは、必要な情報、サービス、資源へのアクセス、機会の平等、重要な意思決定への参加を、すべての人々が享受できるように尽力する」（NASW, 1999, p. 5）。
- ソーシャルワーカーが人間の尊厳と価値を重んじていることは、サービスの対象となる人の固有の尊厳を重んじる姿勢と、クライエントの個性を認める力を損なわせる可能性のある偏見を持たぬよう自省する努力により示される。
- ソーシャルワーカーは人間関係をウェルビーイングのための必要不可欠な要素と考え、「変化のための重要な手段」と見なす（NASW, 1999, p5）。人間関係を重んじるという価値は、ソーシャルワーカーのクライエントとの関わり方、ならびにクライエントの人生における人間関係の質を向上させようとするソーシャルワーカーの努力に影響を与える。
- インテグリティという価値は、プロのソーシャルワーカーは信頼に値する行動を示すということを意味する。ソーシャルワーカーは、クライエントに対しても同僚に対しても公正さと敬意をもって接し、自らが正直であると同時に、他者に対しても責任ある倫理的な実践を促す。
- コンピテンスという価値は、ソーシャルワーカーが自らの能力の範囲内で実践を行い、専門性を絶えず高め、強化し続けることを要求する。ソーシャルワーカーは専門家として、自らの能力が個人的な事情や薬物の乱用、その他の問題により損なわれることが決してないよう、責任を持たなければならない。同様に、他のソーシャルワーカーの至らない点、あるいは問題ある実践を見つけた場合には、これに対処すべく行動を起こさなければならない。

これらの価値の意味するところは何か？　これらを実践に移すことでどのような問題が生じるのか？　これらはソーシャルワーカー、クライエント、社会のそれぞれが持つ価値観とどのように衝突するのか？　以下の節では、これらの価値と、問題が発生しうる状況について説明する。章末の技術向上のための演習問題を活用することで、価値観の衝突を見つけ出し、これに対処する力を身につけることができる。

1.「すべての人が、人生の問題に対処し自らの可能性を十分に活かすために必要なすべての資源にアクセスできるべきである」

ソーシャルワークの歴史的かつ決定的な特徴は、この専門職が社会的背景の中での個人のウェルビーイングに注目するという点にある。環境の影響力に対して「人の生活の中に問題を作り出し、これを助長し、この解決に取り組むものとして注意を向けること」は、ソーシャルワークの理論と実践の基礎をなすものである（NASW, 1999, p. 1）。

この価値を実践するということは、人は資源にアクセスする権利を持つと信じることを意味する。同時に、ソーシャルワーカーとして、クライエントがこれらの資源を確保できるよう支援すること、および満たされていないニーズを満たすために方針を立て計画を実行することに尽力するということを意味する。この価値観を受け入れることは容易な選択のようにも思えるが、時に具体的な事例において、これと相容れない信念や個人的な偏向が明らかになり、ソーシャルワーカーがこの価値を維持することが困難になる場合がある。このような困難を経験する可能性をはらむ状況に気づく能力を高めるためには、下の各シナリオにおけるクライエントとの面接での自分自身を想像してみるとよい。自らの感情と、不快感や葛藤に注目してほしい。次に、そのような反応が、対応するソーシャルワークの価値に合致するものか、よく考えてほしい。もしクライエント自身は資源を求めていないが、その必要性が明らかなとき、どのような資源の開発が可能で、その開発に自分がどのように取り組むことができるかについて、熟考してほしい。

状況1　あなたは公的支援機関に所属する実践者である。当機関では、クライエントにとって必要不可欠な、眼鏡、義歯、補聴器、その他の人工装具を購入する目的に限定された特別な基金を管理している。あなたのクライエントのY氏は、独身者用の大きなアパートに住み、慢性の精神疾患を患っている。Y氏は眼鏡の購入のために特別支援金を要請した。以前使っていた眼鏡を誤って落としてしまい、通行人に踏まれてしまったのだという。しかし、彼のアパートの大家と、前にY氏を担当していたソーシャルワーカーから話を聴くと、Y氏は精神錯乱のために頻繁に眼鏡をなくしており、昨年だけで数回も、眼鏡購入用に緊急資金を受け取っていたことが判明する。

状況2　中心都市の貧窮した大家族を訪問した際、あなたは10代の少年であるエディが動物の絵を描くところを見る。その絵は素晴らしく、エディの特異な才能を示すものだった。あなたが絵を褒めると、エディは恥ずかしそうだったが、かすかな微笑みが、自分が認められたことに対する喜びを物語っていた。すると、エディの母親が、息子が暇さえあれば絵ばかり描いて時間を無駄にしていると不満気に言った。するとエディの顔から微笑みは消え、傷つき落胆した表情に変わった。

状況3 生活保護を受給している老夫婦宅への定期訪問の際、あなたは屋根が雨漏りしていることに気づく。夫婦は何度か小さな補修をしてきたようだが、屋根は古くぼろぼろになっている。夫婦が複数の業者から屋根の張替え費用の見積もりを集めたところ、最低でも3,500ドルかかることがわかった。機関で資金援助してくれないかとあなたは尋ねられた。州の政策では、このような修繕費用は、例外的な状況に限って認められていた。ただし、それには大量の事務手続きが必要となり、そこには郡のソーシャルサービス担当官、郡の諮問機関、および州のソーシャルサービス担当官の特別承認を得ることが含まれていた。

状況4 M氏は3カ月前に重篤な心臓発作を起こし、療養のため家具運搬の仕事を休職していた。診断書には、今後、激しい肉体労働はしてはならない旨の指示が明記されている。M氏は同じ仕事での復帰を諦め、労災補償や、家族を養うために役立つ他の資源を見つけてほしいと、あなたに依頼してきた。あなたは、たとえM氏がこれらの支援について資格を有していたとしても、これを受けることで、M氏のリハビリへの意欲や、身体の状態に合わせて無理なくできる仕事を探す気力を失わせてしまうのではないかと懸念している。

　これらの場面には、人々が技術や潜在能力を開発したり、安全や生活品質を確保したりするために、資源や機会を必要としている状況が描かれている。これらのニーズに応えるにあたって障害となり得るのは、状況1～4の順に沿って挙げるなら、以下のような事項である。

1．ソーシャルワーカーの断定的な態度
2．伸ばすことができる能力に気づかないこと、あるいはそれがワークの目標とは無関係なために能力を伸ばそうとしないこと
3．含まれる作業と他の責任のプレッシャーから、他の選択肢を提示しないこと
4．クライエントの支援としてのサービスの有効性に対する疑念と、予期せぬ結果をもたらすかもしれないという不安

　あなたは複数の場面を読んで、ここに挙げた反応のうちのいずれか、あるいはまた別の反応を経験したことがあると思ったのではないだろうか。このような不快な反応はすべての人に共通のものではない。このような反応は、より深い自省と、困難な状況においてもソーシャルワークの価値観を保持するためのさらなる経験の必要性を示すものである。次節において、この種の葛藤を含む反応に対処するための方策について説明する。

2．「ソーシャルワーカーは人間の固有の尊厳と価値を尊重する。ソーシャルワーカーは人間関係の中心的重要性を認識する」(NASW, 1999, p. 5)
　これらの価値が意味するところは、ソーシャルワーカーは、すべての人が、その過去や現在の行動、信条、生き方、社会的地位にかかわらず、生まれたときから重要であるという信念を持ち、このような人の資質を理解することが、クライエントをパートナーとして加え、共に変化へ向けた努力をするにあたって必要不可欠だと信じるということである。これらの価値は、「無条件の肯定的関心」「干渉しない思いやり」「受容」「肯定」などと呼ばれることのある、いくつかの関連する概念を内包している。

これらの価値においては、相手に対する尊重が援助関係において必要不可欠な要素であることが認識されている。個人的な問題を共有し、深い感情を打ち明けるリスクを負うためには、その前に、自らが完全に受け入れられていることを感じ、援助者の良心と助けようとする意思を実感することが必要である。サービスを求めてくる個人が、援助を求めることに恥や無力感を感じているような場合、このような関係の構築が特に難しい場合もある。クライエントが自発的にサービスを求めてきたのではない場合や、彼らが他者に対する暴力、犯罪行為、その他の違法行為により社会的規範を犯している場合、ソーシャルワーカーの視点に立った判断や非難に対して特に警戒的になる。あなたの役割は、問題に関してクライエントが非難に値するか否かを判断したり、彼らの善悪、正邪、有罪無罪などを決めたりすることではない。むしろ、あなたの役割は、クライエントを、その問題点と資源を併せて理解しようと努め、問題解決への努力を支援することにある。

　受容と中立的態度と共に、同じくらい重要なのが、すべての人々は独自の存在であり、ソーシャルワーカーはサービスを行うすべての人々の個性を認めるべきだという価値である。人々は、当然ながら、さまざまに異なる肉体的精神的特性を持ち、さらに、その経験は無限の多様性を持つ。人々は外見、信念、生理的機能、関心、才能、意欲、目標、価値、感情的行動的パターン、その他数多くの要素において異なっている。他者の独自性を認めるためには、その人の世界に入り込むように努め、その人がどのような人生を経験しているのか理解する努力をしなければならない。その人の立場に立ってみることによってはじめて、豊かで複雑な個性を完全に理解することが可能になるのだ。この提言の実証例として、やけどを負った子どもたちのキャンプにボランティアとして参加したソーシャルワーカーの洞察がある（Williams & Reeves, 2004）。学生たちはキャンプという状況で不安、自意識、哀れみ、恐怖といった感情を乗り越えただけでなく、ソーシャルワーカーとは異なる価値と方法論を持つ仲間のボランティア（消防士）に対する固定観念や敵意をも克服したのである。敬意、コミュニケーション、他者に向ける注意（自分に向ける注意に対するものとして）、固定観念ではないその人個人の尊重、共通の目的への注力などを通じて、すべてのボランティアが、キャンプに参加した全員が喜びと癒しを経験できるようなコミュニティづくりに成功したのである。

　当然ながら、個々の人間の個性を肯定することは、彼らの人生観を正しく認識することよりもはるかに難しい。その時々のクライエントの経験に対する理解を伝え、その経験の妥当性を肯定することができなければならない。この肯定は、相手の物の見方や感情のすべてに賛同したり許したりすることではない。ソーシャルワーカーとしてのあなたの役割には、クライエントの混乱や、思考と感情の葛藤を解決すること、認知の歪みを現実に即すように正すこと、その人独自のストレングスを活用させること、現実と非合理な反応を区別すること、等が含まれる。この役割を果たすには、自身が独立性と個性を保持していることが必要である。そうでなければ、クライエントと過剰に同一化してしまう恐れがあり、クライエントに新鮮なアドバイスを提供することができなくなってしまう。すなわち、他者の経験を肯定するとは、その経験の妥当性を確認することであって、そうすることで、その人の人格的同一性の感覚と自尊心を養うことになる。

　自らの偏見と固定観念（肯定的か否定的かを問わず）に疑いを持たないソーシャルワーカーは、個々のクライエントの独自性に気づくことができず、その個性と自尊心を肯定する機会を失ってしまう。「ストリートギャング」「女子社交クラブの一員」「高齢者」「精神病患者」といったレッテルを貼られた人は、その個性が見えにくくなってしまう。有害な固定観念が永続化してしまう。

ソーシャルワーカーがこのような先入観から出発してしまうと、クライエントとの効果的な関係の構築は失敗におわる可能性がある。クライエントのニーズや能力を見落としてしまう可能性があり、そうなると、アセスメント、目標設定、介入は歪んだものになってしまうだろう。

このような実践は厄介な結果を招く。高齢のクライエントの回復可能な健康問題（栄養不足や投薬の必要などを伴う）が、単なる老化現象として片付けられてしまうような場合を想像してみてほしい。また、発達障害のあるクライエントが、性行為と避妊について学ぶことに関心を持っている場合に、担当ソーシャルワーカーがその問題への取り組み方を誤り、発達障害のある人には性行為や避妊に関する事柄は無関係と見なしてしまったような場合を考えてみてほしい。クライエントが女子社交クラブのメンバーだからという理由で、人生のすべてが順調に違いないと考えてしまうようなソーシャルワーカーに対して、メンバーである彼女は摂食障害の兆候や自殺念慮について打ちあけることはないであろう。病気そのものや延命について以上に、レズビアンのパートナーに自らの死期を決めてもらうことに強い関心を寄せている末期の患者についてはどうだろう。思い込みや偏見を排除することは、効果的なソーシャルワーク実践にとって、明らかに重要なのである。

最初に挙げたこれら2つの価値を受け入れる力は、経験をつみ、幅広いクライエントと接することによって身につくものである。他者を受容することは、その人生経験を理解することによってはじめて可能になるのであり、他者の行動を批判や評価することによって可能になるのではないということを、熟練した実践者は学んできている。ソーシャルワーカーは実践を通じて、悩みを抱えた一人の人間としてのクライエントを見るように努力すべきであり、「怠惰」「無責任」「犯罪者」「障害者」「淫乱」などのレッテルを基にして理解することを避けるべきである。クライエントについて多くを学ぶにつれ、彼らの多くがさまざまな形の欠乏に苦しみ、虐待、拒絶、搾取を味わってきたことがわかるようになるだろう。忘れてはならないのは、クライエントはあなたが気づいていない能力や資産を持っているかもしれないということである。クライエントが自尊心を獲得し、自己変革とウェルビーイングの実現に欠かせない能力を発揮するためには、あなたが一貫して尊敬と受容的態度を示し続けることが、きわめて重要なのである。

ただし、クライエントに対する性急な判断を差し控えることは、違法な、不道徳な、不正な、搾取的な、無責任な行動を許すということを意味するのではない。私たちは自分の独自の価値観や道徳的基準に従うのではなく、社会の規範や法律に従って、人々の人生を援助するという責務を担う。その過程で、ソーシャルワーカーは、問題に直面したクライエントが自らの責任を果たそうとする際に、非難することなく、手を差し伸べなければならない。実際、多くの場合において、クライエントが自らの決意が持つ影響力に気づき、それに従って自らの行動を修正しようとする場合においてのみ、変化は可能なのだ。「非難すること」と「責任の所在を明らかにすること」の違いは、前者が懲罰的になりがちなのに対して、後者は、クライエントの自己変革を助けようというソーシャルワーカーの肯定的な意図から生じるという点にある。実践者として、あなたは、自らの価値観をクライエントに押し付けることなく、同時にこれを保ち続けるという難題に直面することが避けられない（Doherty, 1995）。この問題を解決するための第一歩は、あなた自身の人を裁こうとする傾向を改めることである。そしてもう一つの課題が、冷静さを身につけることにより、社会的に受け入れられない行為に関わる問題について議論する際に、困惑や狼狽を表に出さないようになることである。

以下に示す、価値観を明らかにする演習問題は、あなたの弱点を見つけるのに役立つだろう。

それぞれの状況で、クライエントと面接またはグループセッションをしている自分を想像してほしい。場合によっては、仲間の学生と一緒に、この状況を用いてロールプレイをしてみてもよいだろう。クライエントの役割を演じてみることも勉強になるので、相互に役を交代しながらやるのもよい。状況を頭に描く際、あるいはロールプレイをする際、自らの感情、態度、行動に注意を向けてほしい。各状況について試した後に、以下の1～5の質問について熟考あるいは議論してみてほしい。

1. あなたはどのような感情を味わい、どのような態度をとったか。それらは実際に起こったことに起因するものか、それともこのような状況や人物に関してあらかじめ持っていた先入観から生じたものか。
2. あなたはクライエントと一緒にいて落ち着いていられたか、あるいは不安を感じたか。あなたの「クライエント」に対する態度を、級友はどのように理解したか。クライエントがあなたの価値観や反応に対し警戒心を持ったのは何がきっかけだったか。
3. あなたが特に冷静でいられなかった状況設定はあるか。どのような価値が、あなたの感情、態度、行動に反映されたのか。
4. あなたは、各場面におけるクライエントのニーズについてどのように想定したのか。
5. あなたはクライエントを理解するにあたり、固定観念を払拭してクライエントを理解するために、どのような行動をとったか、あるいはどのような情報を求めたか。

状況5 クライエントは35歳の既婚男性。あなたの大学の女子寮の窓から中を覗いていたとして逮捕された後、裁判所からセキュリティの厳しい精神医療施設への収容を命じられる。あなたが自己紹介する間、クライエントは落ち着かない様子で顔を赤くしている。

状況6 あなたは養子縁組を検討している家庭の調査を命じられる。初回面接のために訪問した際に、このカップルがゲイの男性であることに気付く。

状況7 あなたは児童保護の役割を持つワーカーである。クライエントは妻の連れ子である13歳の娘と、2カ月の間に数回の性的関係を持ち、その後、娘は家出してしまったのだという。クライエントは初回面接で「何が問題なのかわからない。血が繋がってるわけでもないのに」と言う。

状況8 あなたのクライエントは68歳の末期ガン患者で、この数カ月の間、化学療法を受けている。先月と比べてやつれ、劇的に衰弱したように見える。彼女は、痛みが増す一方なので、睡眠薬を大量に飲むことが最善の策に違いないと言う。

状況9 あなたは保護観察担当官である。高齢者や精神障害者と親しくなったうえで、月々の障害手当金を盗んでいたとして逮捕された女性の判決前調査を、裁判官より命じられる。

状況10 あなたは8週間にわたり、学校において行動上の困難があるとされた10歳の少年と関わってきた。遊戯療法において少年は、自分がこれまでにどんなふうに放火をしたり、近隣の犬や猫を切り刻んできたか、あなたの前で再現してみせた。

状況11 あなたのクライエントのO氏は、ドメスティック・バイオレンスの被害者用シェルターへの入居を許可された。夫の暴力で、彼女は鎖骨を骨折し、腕を負傷した。彼女がシェルターに連絡を取ったのはこれが8回目であるが、過去の7回はすべて、自ら家に帰るか、夫に連れ戻されるかのどちらかだった。

状況12 最近あなたのクライエントになった低所得者層の家族が、相当な額の小切手を受け取った。前の大家との和解金だという。期限を超過した請求書の支払い用資金の調達を支援するために訪問した際に、家族がその和解金を大型テレビの購入と地元のカジノでのギャンブルで使い果たしてしまったことを知る。

状況13 あなたはラテンアメリカ系アメリカ人のアウトリーチ担当ワーカーである。ある白人女性のクライエントはあなたが提供する支援に対する感謝を示しながらも、あなたに対して何度も「この不法移民どものせいで」仕事が見つからないのが腹立たしいと言う。

状況14 クライエントは高校の最上級生。厳格な宗教的背景を持つ大家族の長女である。クライエントは大学に進学したくてたまらないのだが、両親からは、下の兄弟の面倒を見て、家族の司祭職を手伝ってほしいと言われている。

　以上を読んだりロールプレイしたりすることで、あなたが不安やネガティブな感情を経験したとしてもおかしくない。ソーシャルワーカーが数多くの状況に苦もなく対処できるようになったとしても、その誰もが、まったく新しい状況や、自らに深く根を張った信念を揺るがしたり、価値の矛盾を引き起こしたりするような状況に遭遇すると、足をすくわれる可能性がある。個別のニーズを持った個人としてクライエントを見るために、互いの相違点を超え、自らの安全な領域を踏み越え、悲惨な行為を掘り下げて考えることには、困難を伴う場合もある。しかし、行為ではなく行為者に焦点を置くことで、徐々に、人に否定的なレッテルを貼る傾向を克服し、その人の全体像をとらえることができるようになる。

　このような受容は、実践においてどのように行動に表されるのか？　受容を伝えるための方法としては、注意深くクライエントの言葉に耳を傾けること、クライエントの感情に敏感に反応すること、表情や声の抑揚、身振りを用いて興味や関心を伝えること、礼儀を示し、クライエントが安心していられるように注意を払うこと等が挙げられる。これらの技術については第6章と、本章末の演習問題で論じ、例を示す。

　ある人の行動があなたの価値に抵触し、そのためにあなたがこれに対して心を開き受容することができないという場合、その人を助けようとするあなたの努力は効果が薄くなる。否定的な感情を隠しておくことは、不可能ではないとしても、困難だからである。あなたがクライエントに対する否定的な感情を覆い隠すことができたとしても、おそらく彼らを救うことはできないだろう。心にもない言動は、すぐに見抜かれるものなのだ。自分を開放し、相手を受容する能力を高めるためには、信念や背景、行動があなたとまったく異なる他者と接する機会を、彼らの独自性を味わうことで自らを豊かにする好機と考えるようにすることが効果的かもしれない。真に開放的な人間は、このような機会を楽しみ、相手との違いを新鮮で刺激的だと見なし、そのような相

手との交流を、人を動機づけする原動力について理解を深めるための好機ととらえる。あらゆるタイプの人間と接する機会を大切にし、相手を理解しようとすることで、人間の多様性と複雑さについて、より深く理解することができるだろう。そうするうちに、あなたは、いつのまにか人を批判することが少なくなり、人間的な成長を遂げていることだろう。同じ分野で仕事をしたことのある他のソーシャルワーカーと話してみることも、有効かもしれない。彼らは価値の矛盾をどのように解決したのか？　文化を考慮する力をどうやって獲得したのか？　その行為を軽蔑しつつも行為者に対しては尊敬をもって接するということが可能なのか？

3．「インテグリティという価値観は、ソーシャルワークの専門家は、信頼に値する行動をとる
　　ということを意味する」

　倫理原則において、インテグリティとは、ソーシャルワーカーが正直に行動し、所属機関において倫理的実践を促進し、自らの倫理的行動に責任を持つことを意味する（Reamer, 1998a）。実践においては、ソーシャルワーカーは自分自身とその資格を正確に提示し、他の形での虚偽表示（例：請求時や調査結果の提示の際）ならびに、詐欺や不正を行わないということを意味する。インテグリティは同時に、ソーシャルワーカーの同僚との接し方についても当てはまる。専門家は互いを尊重し、クライエントやその他の人間を専門職上の論争に巻き込むことなく、協働する専門家に対しても無用な遠慮をしないことが求められる。これらが期待されるのは、私たち個人に対する信頼を得るために重要なのみでなく、私たち一人ひとりがより大きな意味でこの専門職の代表者であり、それを汚すような行動をとってはならないからである。

　これは比較的実現が容易な期待であるように思えるかもしれない。しかしながら、他の同僚や所属組織からの圧力が倫理的ジレンマを生み出すような場合、事態は難しくなる。そのような場合、難しいのは、何が正しいかではなく、どうするかである。以下に誠実さの原則を含むこのようなジレンマの例を２つ挙げる。このようなジレンマを解消し、正直さとプロ意識をもって行動するために、どのような方策に従うことが可能だろうか？

状況15　あなたの所属機関は最近、福祉改革の一環としての「仕事復帰」プログラムの実施のための巨額の連邦補助金を受領した。何がここでいう「仕事」に含まれるかの判定基準はきわめて明確であるにもかかわらず、機関はあなたと他の同僚たち（ソーシャルワーカーはあなたしかいない）に対し、この金になるプログラムが確実に今後も継続されるように、クライエントのボランティア活動やその他の無償の作業も「仕事」に含めて数えるようにと圧力をかけた。機関が言うには、有償の仕事を見つけるのは困難なのだから、クライエントが意欲的に働いてさえいれば、それがたとえ無償であっても「法の文言には反するとしても、精神には合致する」のだと主張している。

状況16　スーパーバイザーが、あなたが実施している家族セッションの有効性を評価したいと言う。そして、クライエントには知らせずに、セッションを録音するようにと指示される。録音されていることを知ったら、クライエントの行動が変化し、評価の結果が歪んだものになってしまうので、それを避けるためだと言う。スーパーバイザーは、どちらにしてもこの事例については、あなたと話し合うのだから、クライエントの明示的な許可はなくても録音は許されるはずだと考えている。

4．「コンピテンスという価値は、ソーシャルワーカーが自らの能力の範囲内で実践を行い、専門職上の専門性を絶えず高め、強化し続けることを要求する」

インテグリティという価値と同様に、この原則はソーシャルワーカーに自己覚知と自己規制を求める責任を課す。専門家としての実践に期待されるのは、個人が責任をもって自らの限界を把握し、そのキャリアを通じて、専門家としての技量を高めるために必要な知識と経験を追求し続けることである。この原則は、ソーシャルワーカーは自らの技量が十分でない場合には事例の担当を断ること、ならびに、絶えず自省し、専門家としての成長を続けるためにスーパービジョンを求めることを意味する。エビデンスベースドの実践は、実践に関する最新の研究成果を常にフォローし続け、効果的でないまたは有害な実践方法を切り捨て、各クライエントの独自の状況に合わせた介入を構築しながら、専門家がその人生が続く限り学び続けなければならないということを意味する（Gambrill, 2007）。これらの要素はどれもが、専門職上のコンピテンスの開発と維持に言及したものである。NASWの倫理綱領における、ソーシャルワーカーに求められる能力の中には、文化を考慮する力も含まれる。これは、さまざまなグループ、そのストレングス、抑圧による影響、文化に配慮したサービスの提供についての理解を要求するものである（NASW, 1999）。

自己規制はソーシャルワーカーに対し、自らの専門職上のコンピテンスに影響を与える出来事や問題に対して注意を払うことを求めるものである。例えば、ソーシャルワーカーの心身の健康に関する問題が、クライエントへのサービスに影響を与えないか？クライエントに対する個人的な反応（怒りや偏愛、性的魅力を感じること等）が、特定の事例においてソーシャルワーカーの判断を誤らせないか？　家族の問題やその他のストレスが、クライエントのニーズに対応する能力を損わせないか？　「逆転移」は、ソーシャルワーカーの経験と感情的反応がクライエントに対する理解と、クライエントとの相互関係に与えるさまざまな影響を幅広く包含する言葉である。あなたは後に本書で、逆転移が援助プロセスに建設的にも破壊的にも作用し得ることを学ぶことになる。このような反応に注意を払い、その影響を分析し、これに対処するために、スーパーバイザーとのセッションを行うことが重要である。

スーパービジョンは、専門家としての成長と、コンピテンスの維持のために欠かせない要素である。援助職におけるスーパーバイザーは、ワーカーのミスを発見しこれを正そうと肩越しにのぞき込むような存在ではない。通常、スーパーバイザーはメンター、教師、コーチ、カウンセラーを一つにまとめたような役割を担う存在と考えられている（Haynes, Corey, & Moulton, 2003）。スーパービジョンをうまく利用するには、正直かつ自覚的に助言を求め、議論のための問題を提起し、自らの課題と成功を共有し、率直にフィードバック、称賛、批判、変化を受け入れることが必要である。スーパーバイザーが有能であれば、あなたは自らをはっきりと見る技術を養うことができ、自らの長所と短所、嗜好や偏見を理解し、これらをクライエントの利益のためにうまく統制することができるようになる。

ソーシャルワーカーにとって、コンピテンスを養い維持することはキャリアを通じての責務であるが、これを続けることが困難になる場合もあり得る。以下のシナリオについて考えてほしい。

状況17　あなたは財政難を抱える小さなカウンセリングセンターの新人である。組織の上司は、虚弱な高齢者に対するアウトリーチ、アセスメント、およびケースマネジメントの契約を結んだ。あなたはソーシャルワーク学科の学生時代に人間行動学の講座を受講していたが、高齢者、特に

リスクのある高齢者とのワークについては、学んだことも実践の経験もなかった。上司はあなたに、この新しいプログラムのリーダーとなるように依頼し、組織の生き残りのために、この新しい資金源がいかに重要であるかを強調した。

状況18 この数週間、あなたは自分がクライエントの一人に心を魅かれていることに気付いていた。クライエントのことを頻繁に考え、今頃何をしているだろうと、1日に何度も考えていた。あなたは、その気持ちが、本件に対する自らの客観性に影響を及ぼすのではないかと考えたが、スーパーバイザーにそのことを相談するのは気が進まなかった。それは、スーパーバイザーからの今年の評価に影響する可能性があると考えたからである。

コンピテンスとは何か？　ソーシャルワーカーが完全にコンピテントであると感じたことなどかつてあっただろうか？　機能障害とは何か？　それが私たち自身と私たちの実践に適用されたときに、これをどうすれば知ることができるのか？　自己評価のためには自己認識と内省が必要である。自らのコンピテンスを測定するためには、正直に自分を吟味し、同僚やスーパーバイザーからのアドバイスを求めることが必要である。専門職としての成長のためには、文献や、継続的な教育、講座、ケース会議等を通じて積極的に、すでに身につけた技術に磨きをかけ、新しい技術を開発する機会を求めることが必要である。これは自分が知らないことは何かを知り、自らの欠点を進んで認めることを意味する。クライエントが常に高品質のサービスを受けられるように、新しい技術を習得する際の学習曲線を自覚したり、新しい介入を試みたり、スタッフ教育やスーパービジョンを用いたりすることを意味する（NASW, 1999）。それは同時に、私たちにクライエントの状況に対処できるだけの技術、手腕、能力が不足している場合、私たちは適切な紹介をすることで、私たち自身のニーズよりクライエントのニーズを大切にすべきことを意味している。

事例を通して考えてみよう

ソーシャルワーカーがコンピテンスを評価し、これを高めることを可能にする方法の一つが、ケースの記録をレビューすることである。クライエントとのセッションにおける対話の経緯を紙に記録する方法と、個人や家族、グループとの面接をテープに録音・録画する方法が考えられる（Murphy & Dillon, 2008）。クライエントが落ち着かないということを根拠に、録音や録画を拒むソーシャルワーカーが多いが、実際には、クライエントはテープの存在を忘れてしまうことが多く、むしろソーシャルワーカー自身がテープの存在と、後から自分の実践を見直さなければならないことを考えてストレスを感じる場合が多いのである。しかしながら、倫理的実践のためには、長所と短所を正しく評価し、そしてひいては質の高い実践を実現するという、より重要な目標を達成するために、この不快感に立ち向かうことが必要なのである。コーニング夫妻（アーヴィンとアンジェラ）の面接をしたアリーは、セッションを記録したテープをレビューした結果、多くの洞察を得た。以下はアリーがレビューから得た洞察の一部である。

初回セッションの開始直後に、アーヴィンはセッションに参加することに対する不満を明白に口にした。彼のその言葉の影響を受け、当初、ワーク関係は緊張感に満ちたものになった。その時私は、彼の不満について掘り下げる会話をすることは困難だと考えた。開始時の雰囲気を悪くしたくなかった。もう一つの選択肢も、決して対処しやすいものではなかった。実際に私の注意を惹いたのはアーヴィンの口調なのだが、私は彼のコメントを無視することによって、二人に、感情的になっているクライエントと会うのは気が進まないし、そのつもりもないことを伝えた。私たちの間には、セッションの残り時間中、大きな距離があった。アーヴィンが次第に神経をたかぶらせるのを感じた。アーヴィンは会話に口を挟み、ぞんざいな態度と否定的感情を表したが、私は感情を爆発させたり部屋を出て行ってしまうよりマシだと思った。

　私がアーヴィンの不満を放置したため、彼との距離は縮まらず、面接はアンジェラとの会話を中心に進められた。初回セッションの時間の大部分で、私は足を組んでアンジェラの方を向いて座っていた。私は時折、ノートを抱え込むようにして腕を組んだ。私の姿勢から、私が部屋に満ちた緊張感のために落ち着きを失っていることがわかるだろう。

　私は、自分がナーバスになっていることが他の箇所にも表れていることに気づいた。インタビュー中、折に触れ、私は夫婦の個人的状況の詳細について質問をした。このようなセンシティブな質問をする際、私の声は次第に小さくなり、録音から質問の全体が聞き取れないほどだった。私が落ち着いた態度を示し、せめて普段の口調を保つことができていたら、質問の難しさを和らげ、より多くの情報を引き出せただろう。

　自分が「えーと」とか「だから」という言葉をあまりに頻繁に使っていることに驚いた。これまで気づいたことがなかったのだが、私はこれらの言葉を、文と文の間で一息つくために使っていた。最近では注意するようになり、クライエントとのワークの間、私はクライエントからポイントや情報を引き出すのに役立つ言葉だけを使うようにしている。「あなたたち」という言葉も多く使っていたが、少しだけ過ぎていて、無礼な印象を与える可能性がある。

　面接に臨む準備が不十分だったため、私はたくさんしゃべっていた。初回セッションの間中、私は夫婦に対して何を提供できるかと、そればかりを考えていた。ビデオを見ることで、アンジェラとアーヴィンがなぜイライラして落ち着かなかったのかがわかる。私は最終的に、夫婦に手頃な価格のアパートと専門職斡旋サービスについての情報を提供する計画を伝えたが、伝え方が場当たり的だった。夫婦がほとんど知らないパートナーシップ制度について、二人の確認を求めたことがさらに混乱を招いた。ここは面接における重要なポイントだった。ここで、私たちが同じ考えを共有していることを、クライエント夫婦に対し確認することができたはずだったのだ。

　2回目のセッションでも、アーヴィンと関わることに対する私のためらいは続いていた。このセッションで、アーヴィンは初めて、夫婦のクレジットカード残高が2,000ドルあることを打ち明けた。夫婦は押し問答を始めた。それは彼らとのワークにおけるつらい時間として思い出される。ここで私は夫婦の金銭管理の方法を調べる絶好の機会を得たのだが、そのとき自分がしたことをテープで見て愕然とした。私は金銭管理に関する議論を深めるかわりに、新しいアパートを手に入れるにあたっての、その他の障壁をすべて列挙するという方向に話を進めたのだ。私が個人的に決めていた目標は、2回目のセッションのための準備をす

ることだった。私はリストしておいたすべての項目を完了したいと考えており、そのうちの一つは、夫婦の目標達成に対する障壁について議論することだった。

その際に、クレジットカードの件について明らかにする過程を進めていれば、情報を引き出し、夫婦が家計の管理に関わる役割をより効果的に分担できるように支援することができただろうし、さらに、クライエントに深く関与し、アーヴィンとの間にラポールを構築することさえもできたかもしれない。私がその問題を掘り下げなかったため、アーヴィンは驚き落胆し、障壁を列挙するようにとの提案には応じなかった。アーヴィンに何か付け加えることがないかと確認した際、彼はそれまでの数分間、借金について考えることで頭がいっぱいで、話を聴いていなかったと言った。

クライエントがどの領域に取り組みたいのかを見いだすという仕事についてはうまくやり遂げたといえる。クライエントは、ワークの成果について満足していると言い、関係が深まるにつれて安心感が増したと言ってくれた。一方で作業リストに関しては、さらに詳細なものを作ることができたかもしれない。アーヴィンの就職とキャリア開発に関する目標について話し合った際、彼はレンガ職人になるための見習いプログラムに参加させてほしいと言っていた。現在はすでに参加しているかもしれない。この目標は、アーヴィンがコントロールできるように、小さな課題に完全に分けるべきだった。アーヴィンが個別の小目標を達成できても、自分ではコントロールできない要因のために最終目標を実現できなかった場合、彼は自身の目標達成と、大目標と小目標を設定することの有効性について調べようとするだろう（残念ながら時間が十分になく、私たちはこの最終目標に対し、面接の最後にざっと扱うことしかできなかった）。

協働作業の期間が終わりに近づいた頃には、アーヴィンとアンジェラは住居、就職、学校とのコミュニケーションに関して大きな進歩を遂げていた。二人とエコマップの全体を見渡し、彼らが人生を変革するためにどれだけのことをやり遂げたかを確認する機会を得られたことが嬉しかった。テープを見ることで、私は彼らの成功と努力をもっと強調すべきだったことに気づいた。祝福と賛辞を贈る好機を逃してしまったと感じている。

最終セッションにおいて、アーヴィンとアンジェラとのワークについて評価を行った。「私はおせっかい過ぎではなかったでしょ？」と言うのは、あけすけ過ぎる。私はこの映像を見て、この尋ね方にはフィードバックを求める気持ちよりは、念を押したがっていることが示唆されていることに気づいた。実際に、私がキャリア形成において焦点を当てていることの一つは、クライエントが自己決定できるように力づけ、成長させる方法を身につけることであり、何かをクライエントの「代わりにやってあげる」ことではない。一緒にワークを行ったクライエントが私との関係を、同じ目線に立った協働的関係と考えることは、私にとって重要である。自分が偉そうだったり、押し付けがましかったりしなかったかということを、私は本当に知りたかったのだ。アーヴィンとアンジェラがもっと正直なフィードバックを返してくれるようにするためには、どう質問をしなおすべきか、今はわかる。「私と一緒にワークする間、尊重されていると感じましたか？　あなたのニーズと問題に対応することができましたか？」と尋ねればよかったのだ。

■専門職上の価値を受け入れる際の課題

　本節でソーシャルワークという専門職の基本的価値について紹介した際に、価値観の衝突の可能性を数多くの状況やケースを示して強調した。自己覚知、新しい人や出来事を受け入れる構えができていること、実践経験の積み重ね等は、いずれも価値観の衝突を克服するための重要な要素である。だが、このような努力にもかかわらず、あなたと他者の間に価値観の衝突がなくならない場合にはどうすればよいか。ソーシャルワーカーは時に、専門職上の価値に従うことができないような状況に直面したり、クライエントの行動や目標に触れて、前向きな援助プロセスの確立が到底不可能という否定的な気持ちを味わったりする。例えば、実践者自身が児童虐待の被害者だった経験を持つ場合には、幼児性愛者を自らのクライエントとして受けいれることは困難かもしれない。人工中絶に強く反対の立場を取っている実践者は、望まない妊娠に悩む女性を支援するのに困難を覚えるかもしれない。このような場合に重要なのは、まずは自分の中にこの種の感情が存在することを認め、そのうえで、スーパービジョンや心理療法を利用して、この感情を掘り下げてみることである。援助者としての限界を克服するために、このような問題を解決することは可能かもしれない。しかし、解決不能な問題である場合、あるいは状況が特殊な場合には、ソーシャルワーカーとそのスーパーバイザーは、このようなクライエントおよび目標を受けいれられる他の実践者に、担当を変更する可能性を探るべきである。このような状況で大切なのは、クライエントに対し、担当者変更の理由が個人的な拒絶ではなく、クライエントに最適なサービスを提供するために、前任者が適任ではないことが判明したためだということを明らかにすることである。通常、ソーシャルワーカーの問題について詳細に説明する必要はない。概要の説明をすることにより、クライエントに善意を伝え、そのウェルビーイングを守ることは可能である。担当替えが不可能な場合、ソーシャルワーカーは責任をもって、確実に適切なサービスが提供され、倫理的専門職上の責務を果たせるように、強力な支援を求めなければならない。クライエントを受け入れられないという事態が相次ぎ、専門家として相応しい役割遂行ができない場合、自らと将来のクライエントのために、ソーシャルワークという分野に対する自らの適性を真剣に考え直す必要がある。

　複数の文化や国籍が関わるソーシャルワークにおいては、専門職上の価値の適用はさらに難しくなる（Healy, 2007）。正義や奉仕、受容といった価値は、普遍的な行動指針として認められるだろうか？　あるいは、このような価値の適用には文化的規範に従った調整が必要なのだろうか？　NASWやその他のソーシャルワーク倫理綱領は、個人の権利の価値を集団の利益と比べて重視しすぎ、独立を相互依存に比べて重んじすぎると主張する者もいる（Jessop, 1998；Silvawe, 1995）。このように、これらの価値は西洋的なバイアスがかかったもので、他の文化における価値に対する配慮が十分でないといえるかもしれない。これは単なる哲学的議論というわけではない。個人やグループのクライエントがまったく異なる価値観を持つ場合に、それは実践者にとって大きな困難の原因となるのだ。ソーシャルワーカーは、正義と平等の擁護者としての責任と、女性の割礼や子どもへの体罰、決められた相手との結婚、社会的地位、性別、性的指向による権利の相違といった文化的慣行を尊重すべきという要請との間に、どのように折り合いを付ければよいのだろうか？　文化的価値は時間とともに方向性を変えながら進化するし、ソーシャルワーカーのシステム変革の努力は、特定のグループを迫害し権限を奪うような姿勢に対して

適切に向けられるかもしれない。しかし、ソーシャルワーカーは、どうすれば、自らの努力がパターナリズムや自民族中心主義が生み出した見当違いの努力ではなく、真に適切で、個々の文化的グループの希望に合致した努力とすることができるのだろうか？

ヒーリー（Healy, 2007）は、「穏健な普遍主義」（p. 24）の立場を推奨する。文化的多様性とコミュニティの結束と同時に、平等と自己防衛に対する人間の権利も尊重すべきとする立場である。結局のところ、異なる価値の間のバランスを取るということは、ソーシャルワーカーが、個人としても集団としても、自分と同僚やクライエントの価値観を認識し、異なる価値観の間の緊張関係を調整するための継続的な教育と対話に従事することを意味する。

■倫理

倫理綱領とは、専門職上の価値を具体化したものである。倫理綱領は、特定の専門職に従事するメンバーの行動原理と規範を示すものである。ソーシャルワークにおける最も重要な倫理綱領は、NASWが制定しているものである。それはソーシャルワーカーが専門家として負う責任の範囲を、クライエント、同僚、雇用主、専門職に対し、そして社会全体に対して示すものである。本節では、ソーシャルワーカーの倫理的責任における4つの主要領域について扱う。すなわち、自己決定、インフォームドコンセント、クライエントとソーシャルワーカー間の境界維持、秘密保持の4つである。しかし、まず最初に、倫理が法による指示ならびに違法行為のリスクにどのように関わるのかを論じる。本節の最後には、倫理的ジレンマを解決するために利用可能な資源と過程をまとめる。

法と倫理の交差

ソーシャルワークの実践は、無数の政策、法律、規則により規制を受ける。裁判所の判例、アメリカ連邦議会、州議会、免許交付委員会、監督官庁などにより、さまざまな規則が作られるが、これらはソーシャルワーカーの意思決定や活動に影響を与える。例えば、州の報告義務法は、ソーシャルワーカーに児童虐待が疑われる事例についての報告を要求する。HIPAA（「医療保険の相互運用性と説明責任に関する法律」The Health Insurance Portabiligy and Accountability Act）は、患者に関する記録の保管と共有について規制する（U. S. Department of Health and Human Services, 2003）。保険局がソーシャルワーカーに対して、HIVに感染しているクライエントの氏名を公的保険機関に報告することを義務付けている州もあれば、患者の氏名やHIV感染者であることを他に漏らすことを規則により禁じている州もある。免許交付委員会が、重罪の有罪判決を受けたことのある者によるソーシャルワーク実践を禁じている例もある。連邦裁判所の判例では、ソーシャルワーカーとのコミュニケーションに対して、証拠開示義務に抗弁する特権を拡張して認めていたものもある（Reamer, 1999）。連邦法は不法入国者に対する特定の利益供与を禁じている場合もある。

適切なソーシャルワーク実践のためには、この専門職に影響を及ぼし、自らの実践領域や対象となるクライエント層に対して適用される法律や規則について認識しておく必要がある。しかし、法を知っているだけでは十分ではない。次の事例について考えてみてほしい。

第1部　序論

事例

アリスという38歳の女性が、短期間の不倫関係により生じた罪悪感に打ちのめされた状態で治療に訪れた。3回目のセッションにおいて、アリスは自分がHIVに感染していることを打ち明けた。そしてあなたに、夫には黙っていてほしいと言う。不倫がばれて、夫と娘たちを失うのが怖いというのだ。あなたは夫の健康に危険が及ぶことを恐れ、アリス自らが夫に告げるか、さもなくば自分から告げることを許してほしいと告げる。アリスは、もし夫に話したら、それは守秘義務違反であり、プライバシーの侵害だという。アリスはあなたを訴えるか、免許交付委員会と倫理委員会に報告するとほのめかす。

この事例は、倫理、法律、規則が衝突する場面をうまくとらえ、ソーシャルワーカーが「誤った」決断をした場合にさらされる危険を描き出している。このような状況において、ソーシャルワーカーは、弁護士やスーパーバイザーが明確な回答により、何をすべきかを正確に教えてくれることを欲する。残念ながら、事態はそう単純なものではない。適切な実践のためには適用できる倫理原則と関連法規の両方を知っていなければならない。しかも、このような知識を得たからといって、ジレンマが解消されるとは限らない。本事例では、自己決定と秘密保持という倫理原則が、他者を危害から守るという原則と対立しており、この事例自体が裁判所の判例に由来するものである（Cohen & Cohen, 1999；Reamer, 1995）。事例が発生する州や現場によっては、ソーシャルワーカーの活動を規制する法律や規則が存在する場合がある。結局、たとえソーシャルワーカーの行動が思慮深く、慎重で、倫理的かつ合法的だったとしても、不法行為として民事訴訟を起こされる脅威は、ソーシャルワーカーの前に大きく立ちはだかることになる。法と倫理が交差する場面を考える場合、2つの楕円が重なり合うベン図を思い浮かべてみるとわかりやすくなるかもしれない（図4-1参照）。真ん中の重なった部分は、倫理と法に共通する部分である。両方の楕円の内側の重なり合わない部分には、それぞれ法あるいは倫理の片方にしか当てはまらない要素が入る。NASW倫理綱領に含まれる原則の中には、法律や規則の規制対象とされていないものもある（例えば、ワーカーとスーパーバイザーが性的関係を持つことの禁止や、同僚に対し敬意を持って接するべきとする原則など）。同様に法律では規制されているが、倫理綱領では触れられていない事柄もある。例えば、飲酒運転は違法だが、倫理綱領にはこれに関する原則はない。二つの領域が交差する場合、一致する部分と一致しない部分が生じ得る。倫理綱領には以下のように述べられている。

「ソーシャルワーカーの主要な責務は、クライエントのウェルビーイングの促進にある。通常は、クライエントの関心こそが最も重視されるべきものである。しかしながら、限定的な状況において、より広い社会に対するソーシャルワーカーの責任や、クライエントの具体的な法による指示が、クライエントに対する忠実義務よりも優先される場合があり、その場合はクライエントに対しその旨通知しなければならない」（NASW, 1999, p. 7）

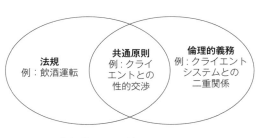

図4-1　法と倫理の関係

さらに、

> 「ソーシャルワーカーの倫理的義務が機関の方針や関連法規と矛盾するような事態も起こりうる。このような矛盾が生じた場合、ソーシャルワーカーは、倫理綱領で提示された価値、原則、基準に適合する方法でこの矛盾を解消するために責任をもって努力する必要がある。この矛盾を合理的に解消する方法が見いだせない場合、意思決定を行うに先立って、適切なコンサルテーションを受けなければならない」(NASW, 1999, pp. 3-4)

倫理的意思決定の過程については、本章で後に扱う。しかし、ここで重要なのは、ソーシャルワーカーが効果的な実践を行うためには、法と倫理原則の両方を知っておかなければならないということである。ワーカーは、二つあるいは三つ以上の倫理的義務や法による指示が衝突する場合があることも、認識しておかなければならない。例えば、州法が不法移民に対するサービスや資源の提供を禁じている場合もあるが、倫理的には、ソーシャルワーカーは人の基本的ニーズを満たすことが期待されていると考えられる。慎重な調査とコンサルテーションを行い、原則を巧みに応用することが、法と倫理が矛盾する際にも、あなたを正しい実践へと導いてくれるだろう。

主要な倫理原則

NASW 倫理綱領には広範な役割を担ったソーシャルワーカー（スーパーバイザー、教師、ダイレクト分野の実践者、管理者）が、さまざまな倫理的問題（利害関係、コンピテンス、秘密保持における衝突）に取り組むための155の原則が含まれている。本節では、ダイレクト実践に近接する4つの主要な領域について精査する。すなわち、自己決定、インフォームドコンセント、専門職上の境界、秘密保持の4つである。

自己決定

バイステック（Biestek, 1957）は自己決定を、「クライエントが、自身に関する選択と決定を自由に行う権利と必要性を、実践的に認識すること」と定義した（p. 103）。自己決定は、ソーシャルワークのクライエントに対する倫理的責任の中核をなすものである。

> ソーシャルワーカーは、クライエントの自己決定の権利を尊重し促進する。そして、クライエントが自らの目標を見つけ、これを明確にするための努力を支援する。ソーシャルワーカーは、クライエントがすでに行った、あるいはその可能性のある行動に、クライエント自身あるいは他者に対する深刻かつ予測可能な切迫した危険を見いだした場合には、自らの専門職上の判断に基づき、クライエントの自己決定の権利を制限する場合がある（NASW, 1999, p. 7）。

この価値は、クライエントが成長し変化する力、自らの問題に対する解決策を見いだす力を持ち、さらに自ら責任を持って自由な選択を行う権利と能力を持つという信念を具体化したものである。これらの価値が強調されるのは、実践者がストレングス志向の視点を採用し、クライエントの限界と過去の失敗を指摘することよりも、ポジティブな資質と未開発の潜在能力を探すことに焦点を置く場合である（Cowger, 1994；Saleeby, 1997）。このような前向きな視点は、クライエ

ントの希望と勇気を育み、自己効力感を養う。一方、これらの要素は、結果を成功に導くために不可欠な、クライエントの意欲を高める。

　個人の自己決定の権利をどの程度支持するかは、援助の役割と過程についてのあなたの視点に大きく影響される。あなたが自らの主要な役割を、解決策を提供することや、惜しみなく助言を与えることと考えているなら、あなたはクライエントに依存心を養い、クライエントのストレングスに気づいたりこれを肯定することができずに彼らを不当に貶め、受動的協力者（あるいは、このような状況で多く見られる受動的抵抗者）という地位に彼らを追いやってしまう（注1）。このような傲慢な態度は非生産的である。率直なコミュニケーションを阻害するばかりか、同じくらい重要なことだが、自らの問題に積極的に対処することによりストレングスや自尊心を獲得する機会を奪ってしまうのだ。通常、依存心を養うということは、人に力を与えるのではなく、むしろ力を奪うことになり、これはクライエントの利益に反するのである。

　自己決定を肯定し、成長を支援する関係というのは、問題解決方法の探求と、成長の促進を目指して実践者とクライエント（個人、カップル、グループを問わず）が相互に努力するような種類の協力関係である。クライエントの自己変革を助ける存在として、ソーシャルワーカーはクライエントのさまざまな努力に力を貸す。自らの問題を現実的に考え、さまざまな解決方法とそれがもたらす結果について熟慮し、変革指向の方略を実行に移し、自己および他者をより完全に理解すること、それまで気づいていなかったストレングスと成長の機会に気づくこと、自己変革と成長に対する障害に立ち向かおうとするクライエントの努力が実を結ぶよう力を貸すことである。これらのステップと同じくらい有効なのが、これらの選択肢を追求する最終的な責任をクライエントに負わせることである。

　自己決定を養うことがクライエントの自主性を強化するのと同じくらい、パターナリズム（すなわち、本人のためだと言って、自己決定を妨げること）は、クライエントの自主性を阻害する。リンザー（Linzer, 1999）はパターナリズムについて、「強制やごまかし、情報隠蔽などにより、あるいは他者の幸福のために、人の望みや行動を無視すること」と定義した（p. 137）。パターナリズムいによる施しという概念もあり、これは、ソーシャルワーカーが、クライエントの生活の質を改善するためとして、クライエント自身の反対を押し切ってまで、保護的な介入を実施することをいう（Abramson, 1985；Murdach, 1996）。

　ソーシャルワーカーがクライエントの自主性を無視することが許される場合があるとすれば、それはどのような状況においてだろうか？　クライエントがまだ若く、能力不足と判定される場合、自殺のような取り返しのつかない行為を防ぐことができる場合、そして、例えば深刻な犯罪を防止する場合のように、クライエントの意思決定や行動に介入することが他者の自由や権利を保護することになるような場合には、パターナリズムも許容される余地がある（Abramson, 1985；Reamer, 1989）。マーダック（Murdach）は、パターナリズムによる施しについて、リスクの大きさとクライエントの自己決定能力の程度に応じ、干渉のレベルを3段階に分けて提示した。しかし、このような状況においても、ソーシャルワーカーは、クライエントの行動により引き起こされる可能性のある結果と、彼らの意思決定の根拠を比較検討しなければならない。例えば、精神障害を持つ患者が薬物療法を拒否した場合、クライエントは意思決定能力を欠いているのだから、彼らに薬物療法を強制することは「本人のため」だと主張する者もいる。しかし、医師による診断結果や措置は人の自主性を無視する十分な理由とはいえない。このため、個人の意思に反して入院させたり薬物治療をさせたりするためには、州ごとに行政上および司法上の複雑な手

続きが定められ、これに従うことが必要とされている。

　クライエントの自己決定能力が低減している場合でも、ソーシャルワーカーは彼らが自らの能力を可能な限り発揮できるように、支援しなければならない。例えば、自己決定は末期の患者にも適用することができる。ソーシャルワーカーがクライエントの持つ選択肢について教え、事前指示書を通じて希望を明確に伝え、医療従事者にどの医療的介入が許容されるかを指示するように促すことで、これが可能になるのだ。こうして示された指示書の内容は、患者の容態が悪化し、意思決定ができなくなった際に効力を発揮する。事前指示書は、リビングウィル（生前遺言）という形でも、永続的委任状に従って行動するように個人に権限を与えるという形でも正当性を認められる。後者の手続きは、リビングウィルよりも範囲が広く、より効力が大きい。永続的委任状または医療に関する委任状を与えられた人は、患者が深刻な病気や事故により意思決定能力が完全に失われてしまった場合に、あたかも自分が患者自身であるかのように決定を下す権限を与えられる。

　クライエントの自己決定権を実効化しようとすると、時に困惑する課題に直面する場合がある。場合によっては、安全といったより高次の原則を自己決定権より優先しなければならないという現実が、事態をより複雑にする。実際の状況において、自己決定の価値を確保するための方法を考えてもらうために、筆者やその同僚たちが実践で遭遇した問題状況を用いた演習問題を提示する。各シナリオを読みながら、どのような行動方針が選択可能かについて検討し、あなたが意思決定の材料として参照するであろう法や政策、資源について考えてみてほしい。クライエントの自己決定を最大化し、同時にその利益も増進させるために、あなたに何ができるか考えてほしい。

状況1　あなたは、州の福祉局で、多数のグループホーム入居者に対するケアを監督する仕事をしていた。サービスの対価は州が負担していた。あなたは、同じ施設に住む、ともに20代の2人のクライエントから、ぜひ結婚したいのだと告げられる。施設の管理者は「この二人は知的障害なんです」と強く反対した。そして、もし二人が結婚するなら、子どもができるかもしれず、彼らには育てることなどできないと言う。さらに管理者は、施設には夫婦用のプライベートな部屋などなく、二人が結婚するなら、グループホームから出て行ってもらうことになると言う。

状況2　15歳の家出少女。妊娠4カ月。生まれてくる子どもについて何度かあなたに相談してきた。前回の訪問時に、少女は自分がヘロイン常習者であることを打ち明けた。あなたは、薬物はお腹の子どもにダメージを与える可能性があるので心配だと告げたが、少女は不安を感じていない様子で、薬をやめる意思もないようだった。あなたはさらに、少女が売春で得た金でヘロインを買い、路上で生活していることを知っている。

状況3　自らの貯蓄を糧に自宅で生活しているF夫妻宅を訪問した際、あなたは、夫妻が雇った数名の在宅医療補助者が、夫妻から金品を盗み、夫妻の健康と栄養状態を危機に陥れるほどのひどいケアが行われていたことを知った。あなたは夫妻と、ケアの不十分さについて話し合ったが、夫妻は自分の問題には自分で対処できると頑なに主張し、「老人ホームに入れようなんて思うなよ！」と言う。

状況4　あなたはリハビリテーション・ワーカーとして、若い女性のクライエントに、地元の専

門学校で美容師になるための教育を受けられるよう手配を行った。美容師という専門職に、彼女が強い関心を示したのだ。ところが、最初は熱心だったのだが、今ではこの教育プログラムをやめて看護師になりたいと言い出した。クライエントによれば、彼女の学校でのスーパーバイザーが彼女のやることに対して非常に批判的で、他の講師たちも彼女をいじめ、陰口を言っているのだという。あなたはどうすればよいかわからなかった。なぜなら、このクライエントは、言葉にややトゲがあり、他人の反感を買うことがよくあることを知っていたからだ。あなたは、教育プログラムを変えるよりも、むしろ、スーパーバイザーや仲間とうまくコミュニケーションをとる方法を身につけることが、クライエントには必要なのではないかと考える。

状況5 ガン患者である中年女性。直近の化学療法によりすっかり衰弱してしまい、自ら、これ以上の治療は拒否することを決意した。担当医は、年齢、全体的健康状態、ガンの進行度などのどの要素を考えても、治療が成功する可能性は高く、彼女は治療を続けるべきだと言う。彼女が痛みに苦しむ姿を見て驚いた家族は、彼女の決断を支持している。

インフォームドコンセントの提供

　NASW倫理綱領のうち6つの原則が、インフォームドコンセントを扱ったものである。インフォームドコンセントは、その本質において、ソーシャルワーカーに対し「明確でわかりやすい言葉を用いて、サービスの目的、サービスに伴うリスク、第三者支払人の要求に基づくサービスの限界、関連費用、合理的な他の選択肢、同意を拒否または撤回するクライエントの権利、同意の有効期間について、クライエントに伝えることである。ソーシャルワーカーはクライエントに、質問する機会を与えなければならない」(NASW, 1999, pp. 7-8)。倫理綱領には、学生がサービスを提供する場合には、クライエントにそのことが知らされなければならないとの記述もある。タイミングよくわかりやすいインフォームドコンセントが実施されれば、クライエントは過程に対する期待を抱くようになり、その後のソーシャルワークサービスのための準備を整えることができる。例えば、インフォームドコンセントとして伝えられるべき共通の要素の一つとして、クライエントのプライバシーの限界がある。クライエント自身あるいは他者に危害を加える恐れがあるような状況においては、ソーシャルワーカーには守秘義務を破り、適切な援助を求めることが許されるということを、ソーシャルワーカーはクライエントに明確に伝える。子どもや高齢者に対する虐待や、伝染病については、報告義務が課せられていることも、通常ここで告げられる。クライエントに対し、敬意を持って、権利と責任について教えることに加え、インフォームドコンセントは、ソーシャルワーカーにとって必要になるであろう将来の行動のための基盤を築くことにもなる。先述の事例では、夫にHIV感染者であるという事実を伝えることを拒否したクライエントに対して、最初の段階で、ソーシャルワーカーには他者を危害から守る責任と、公的な保険機関等にクライエントの無防備な性行為により生じるリスクについて通知する義務があることを、インフォームドコンセントとして警告しておくべきだった。

　ソーシャルワーカーの中には、インフォームドコンセントを初回面接時に片づけてしまいたい形式的な手続きと見なしている者や、単なる法的書式に過ぎず、クライエントにサインをさせてしまえば、後はファイルに綴じてしまっておけばよいと考えている者もいる。実際には、インフォームドコンセントは、援助プロセスにおける積極的で持続的な要素であるべきだ。初回のセッションには緊張感と不安が伴うことから、クライエントはあなたが提示している情報の重要

性を認識できない可能性がある。加えて、クライエントのリスク、利益、選択肢について、議論を必要とする新しい問題が発生する（Strom-Gottfried, 1998b）。ゆえに、サービスの個々の要素に立ち返って、援助プロセスの全体について改めて質問を促すことには意味がある。関連する方針や、一般的に尋ねられる質問とそれに対する回答を載せた「Q&A集」をクライエントに渡しておくのも、面接時間外においてクライエントに疑問が生じたときに参照するのに役立つ（Houston-Vega, Nuehring, & Daguio, 1997）。

　聴覚、識字、言葉の問題を抱えるクライエントとのインフォームドコンセントを促進するために、ソーシャルワーカーは、翻訳者、通訳者、その他複数のコミュニケーション手段を、必要に応じて利用する。クライエントが一時的あるいは永続的に、インフォームドコンセントを承認する能力を欠く場合、「ソーシャルワーカーは、クライエントの理解力のレベルに合わせた説明をしたうえで、適切な第三者機関の許可を得ることでクライエントの利益を守るべきであり」、さらに「この第三者機関が間違いなくクライエント自身の要望と利益に合致する行動をとっていることを確かめるようにすべきである」（NASW, 1999, p. 8）。法の強制によるクライエントであっても、自らが受けているサービスの本質について知る権利があり、サービスを拒否する権利について理解する権利がある。

事例を通して考えてみよう

　◇事例『帰省』では、アナとジャッキーという二人の女性に対する面接の最初に、インフォームドコンセントのどのような要素がカバーされていたか？
- セッション中に共有することになった事実に対する守秘義務への、ソーシャルワーカーならびに二人のクライエントからの期待
- 守秘義務の限界：自己または他者に対する危険
- 片方のクライエントと個人セッションをすることになった場合に、そこで議論された、あるいは打ち明けられた情報について、二人一緒のセッションにおいては秘密として扱われないこと。
- ワーカーが面接のために確保している時間（40分）
- 初回セッションの目的。ソーシャルワーカーはクライエントに、これは二人のクライエントが個人としてならびにカップルとして、自分（たち）について語り、不安や葛藤について、ワーカーとわかち合うための時間だと伝えた。
- 二人とのワークの本質。ワーカーは二人に、自分はどちらかの味方をするわけではなく、審判の役割を果たすわけでもないことを伝え、さらに、ワーカーにとっては、二人の関係こそがクライエントなのであり、一人ひとりを切り離して考えるのではないと告げた。
- 二人の関係が治療上の焦点であることは間違いないが、時にワーカーは特別に二人の片方の後押しをしたり、課題を与えたりする。ワーカーはこれを、二人の交流の仕方について理解を深め、二人の関係がどのように機能しているのかを明らかにするために、必要になる場合があるのだと説明した。

> 他にインフォームドコンセントとしてカバーすべきだったことは何か？
> - カップル、特に同性同士のカップルをクライエントとした過去のワークの経験。
> - カップルとのセラピーにおいてソーシャルワーカーが好む理論的枠組み
> - カップルでのセラピーを、同じソーシャルワーカーと行う場合の選択肢（例：カップルのための教育グループ、グループセラピー、読書療法）
> - 料金支払いに関するスケジュールと、保険の適用範囲に関する規約
> - クライエントの、ソーシャルワーカーとの同意を撤回する権利と、セラピーを中止する権利

専門職上の境界の維持

「境界」とは、ソーシャルワーカーとクライエントがワーク関係を続けようとするにあたって、維持されなければならない、両者を分ける明確な線引きのことを言う。ここには、クライエントの利益を第一の焦点とし、ワーカーの専門職上の実践が危うくなるような状況を回避することで、利害の衝突を避けようとする狙いがある。また、境界はクライエントとソーシャルワーカーの関係が社会における人間関係とは異なるものだということを明確にするという機能もある。両者の関係には高次の信頼とクライエントの自己開示が含まれるが、それでもなお、これは友人やパートナー、家族とのような親密な関係ではないのである。このような境界が存在し、ソーシャルワーカーがこれを守ることを、クライエントが信じられるようになると、両者は援助が求められている問題により集中することが可能になる。自身のことを抵抗なく話すことができるし、ソーシャルワーカーの反応や言葉（サポート、対立、共感を問わず）が専門職上の関係から生まれたものであり、社交的意味や性的意味を持った申し出ではなく、また、友人が賛成したり反対したりするときのような個人的な反応ではないのだということを信頼することができるのである。

ソーシャルワーカーと他の援助専門職たちが、境界の存在によって、クライエントがソーシャルワーカーより価値が低い存在と見なされるような、上下関係が築かれるように思い、この概念に違和感を感じるときもある。援助のプロの中には、このような境界線を引くことは、冷たく殺伐とした対応であり、クライエントを同じ人間として扱い、温かさと思いやりをもって対応するのではなく、あたかもモノのように扱うことになると考える者もいるだろう（Lazarus, 1994）。私たちの見解では、この2つの立場は、相容れないものではない。ソーシャルワーカーはクライエントとの間に、協働的問題解決と相互性を特徴とした関係を築くことができ、さらに、境界を不鮮明にしたりソーシャルワークの目的を曖昧にしたりすることなしに、クライエントに対して裏表なく思いやりをもって対応することができるのである。

NASWの倫理綱領は6つの規定を通じて、境界に対処する。

1. 「ソーシャルワーカーは専門職上の関係を悪用してはならず、自らの個人的・宗教的・政治的、ビジネス的利益のために他者を不当に利用するようなことがあってはならない」（NASW, 1999, p. 9）。
2. 「ソーシャルワーカーは、クライエントや元クライエントとの間に、クライエントを不当に利用したり危害を加える可能性があるような、一元的でない関係を作ってはならない。一元的でない関係の形成が避けられない場合、ソーシャルワーカーはクライエントを保護する

ための適切な措置を行い、明確で適切な、そして文化に対する繊細な配慮を伴った境界を築く責任がある（一元的でない関係は、専門職上の関係か社会的関係かビジネス上の関係かを問わず、ソーシャルワーカーがクライエントと二つ以上の異なる関係において接するときに発生する。一元的でない複数の関係が同時期に並存することもあれば、時期を異にして発生する場合もある）」（NASW, 1999, pp. 9-10）。

3．「ソーシャルワーカーは、クライエントを精神的に傷つける可能性がある場合には、身体的接触（抱き上げたり、頭を撫でたりすること）……をしてはならない」（NASW, 1999, p. 13）。

4．「ソーシャルワーカーは、いかなる状況においても、現在のクライエントとの性行為や性的接触を行ってはならない。それが合意に基づく場合と強制による場合を問わない」（NASW, 1999, p. 13）。

5．「ソーシャルワーカーは、クライエントの親族や、それ以外のクライエントと親密な関係にある個人とも、それがクライエントを不当に利用したり傷つける可能性がある場合には、性的行為を行ってはならない。クライエントの親族や、クライエントと個人的な関係を有する第三者との性行為や性的接触は、クライエントを傷つける可能性があり、ソーシャルワーカーとクライエント間の適切な専門職上の境界の維持を困難にする恐れがある。明確で適切、かつ文化的配慮を伴う境界を維持するすべての責任を負うのは、ソーシャルワーカーの側であり、クライエントやその親族、クライエントが親しくしている個人の側ではないのだ」（NASW, 1999, p. 13）。

6．「ソーシャルワーカーは、かつてクライエントであった人とも性行為や性的接触をしてはならない。彼らを傷つける可能性があるからである」（NASW, 1999, p. 13）。

　これらの実践原則は、自明のように思われるかもしれないが、ソーシャルワークという専門職に伴う困難な領域を示すものである。倫理に関する苦情を調査した結果、NASWが裁定した倫理違反行為の全事例中、半分以上を境界の侵害が占めていることが判明した（Strom-Gottfried, 1999a）。同様に、1961年から1990年におけるソーシャルワークの違法行為に対する苦情の頻度に関する調査の結果、リーマー（Reamer, 1995）は、性的暴行が苦情の領域として2番目に多く、罰金として支払われた金額としては最も多いと結論づけた。ソーシャルワーカーのほとんどは、クライエントと性的関係を結ぶことになるなど想像もできない。しかし、この結果はしばしば、クライエント側の度を越した自己開示や、個人的なプレゼントのやりとり、交流や会食、クライエントに家事や事務仕事等を依頼することなどを含み得る、境界の問題という「足を踏み外しやすい坂道」の最後に行き着く先なのである（Borys & Pope, 1989；Epstein, Simon, & Kay, 1992；Gabbard, 1996；Gartrell, 1992）。

　クライエントに性的魅力を感じること自体は珍しいことではない。しかしながら、このような感情が持ち上がったときには、教職員やスーパバイザーに相談し、これを認識し、分析してもらえるようにすべきだ。話し合うことで、感情は中和され落ち着きを取り戻し、この魅力に導かれて行動してしまう可能性を減らすことができる（Pope, Keith-Spiegel, & Tabachnick, 1986）。これらの問題は、第18章において、関連する反応（変化を妨げる障壁の取り扱い）と、その援助プロセスに対する影響を議論する際に、さらに詳しく掘り下げる。

　その他の境界の問題には軽微なものも複雑なものもある。例えば、仕事場の待合室で隣人に会うこともあるだろうし、買い物中にクライエントに偶然出くわすこともあるだろう。車を買お

としたら営業担当者が元クライエントだということもあり得る。病院に親戚の見舞いに行った際に、同じ病室に現在あるいは以前のクライエントが入院しているかもしれない。ソーシャルワークのサービスを必要としている友人が、自分をすでによく知っているからという理由で、あなたに担当してほしいと依頼してくるかもしれない。クライエントから卒業式や結婚式といった「家族」のイベントへの参加を頼まれるかもしれない。クライエントに共感し、最高の友達になれたかもしれないと思うこともあるだろう。クライエントが職探しに苦労しているのに同情し、ちょうど新人を採用しようとしている友人への紹介を検討するかもしれない。可能性を挙げればきりがない。そして、これらに対処するにあたっては秘密保持や利益相反の禁止等、その他の倫理的問題も考慮しなければならない。重要なのは、一元的でない関係に注意すること、同僚やスーパーバイザーと問題状況について議論すること、そして境界が不明瞭になった状況の中に、援助関係において最も重要なことが含まれるということに注意を払うことである（Brownlee, 1996；Erickson, 2001；Reamer, 2001）。コンサルテーションは、一元的でない関係が回避可能なものか、その関係が問題をはらむものかを判断するための助けとなる。明確な境界線が引かれなければならないときに、クライエントが不当に利用されたり、サービスが曖昧になったり有害な影響を受けたりすることがないようにすることは、ソーシャルワーカーの側の責務である。

秘密保持

実践的な観点から見ると、秘密保持は援助プロセスの必須条件である。秘密保持の保証がなければ、クライエントが自らリスクを負ってプライベートな面を打ち明けることは考えにくい。もしそれが公にされれば、恥をかいたり自らの評判が損なわれる可能性があるからである。クライエントの問題に、不貞や逸脱した性行動、違法行為、児童虐待等が含まれる場合は特にこれが当てはまる。秘密保持という言葉の意味は、実践者がこのような個人的事柄を他者に決して明かさないという保証である。

ソーシャルワーカーはクライエントに対する秘密を保持するよう、NASW倫理綱領により義務付けられている。多数の規範が設けられ、この原則を運用可能にしているが、要するに、ソーシャルワーカーはクライエントを尊重し、情報収集は効果的なサービスを提供するためにのみ実施し、情報公開はクライエントの合意に基づく場合にのみ行うことが期待されている。クライエントの許可なく情報公開することは、やむを得ない理由に基づく場合にのみ行われるべきであり、その場合も、どの情報を誰に公開できるかには制限がある。これらの守秘義務に対する例外は、本章で後ほど取り扱う。

正当な理由のない守秘義務違反は、正義に対する侵害であり、信頼して預けた秘密を盗むことに等しい（Biestek, 1957）。クライエントが打ち明ける情報は、時に衝撃的で、滑稽で、奇想天外で、刺激的であるため、守秘義務を厳格に維持するためには、強いコミットメントと、常に警戒を怠らないことが必要である。守秘義務を堅持するという責任を全うするためには、不適切な状況で情報を開示しないように注意することが必要である。例えば、ワークの詳しい内容について家族や友人と話し合うこと、同僚との井戸端会議、他者に聞こえる場所で口述筆記を行うこと、クライエントの状況について他のスタッフに聞こえる場所で議論すること、エレベータなどの公共の場所でクライエントについての話をすることなどに注意せねばならない。

情報の収集、移送、保管を電子データとして行えるテクノロジーの出現により、クライエントのプライバシー保護に新たな複雑さが生じることとなった（Gelman, Pollack, & Weiner, 1999）。ク

ライエントに留守番電話を残すとき、クライエント以外の誰かがメッセージを聴く可能性がないと言い切れるだろうか？　同僚があなたにケースに関するファックスを送信するというとき、貴方が届いた文書を回収する前に誰かに読まれることがないと断言できるだろうか？　デイビッドソン＆デイビッドソン（Davidson and Davidson,1996）等が述べているように、このような新しいテクノロジーの出現は、保険会社やその他のサービスに対して支払いを行う事業者が、償還を承認するに際して、ケースに関するより多くの詳細な情報を要求するようになったのと時期を同じくしている。そのため、クライエントは、秘密保持の限界と、保険金請求のための情報提供に伴う潜在的リスクについて、十分に情報を得ていることが必要になる（Corcoran & Winslade, 1994）。

　倫理原則からさらに一歩踏み込んで、HIPAA（Health Insurance Portability and Accountability Act, 医療保険の相互運用性と説明責任に関する法律）は、個人の健康に関する情報の保護に関する連邦政府の基準を定めた。HIPAAによる規制は薬局、医療現場、保険プラン、個人向け心身医療保険プランの提供者に影響を与えるものである。そこでは、紙の記録、電子データ、電子的コミュニケーション、口頭でのコミュニケーションなど、個人の特定を可能にするあらゆる形でのクライエント情報が規制される。HIPAAには、ソーシャルワーカーにとって重要な条項がいくつか含まれている（HIPAA Medical Privacy Rule, 2003；Protecting the Privacy of Patients' Health Information, 2003）。

- 心理療法の記録はHIPAAのもとでは特別な保護を受ける。そのような記録を公開するには、特別な、個別の許可が必要とされる。心理療法の記録はクライエントごとのファイルに個別に保管されなければならず、保護されていると見なされるためには、他にも基準を満たさなければならない。
- クライエントは自らの記録を参照できなければならない。そして、内容に誤りを見つけた場合には修正を求める機会を与えられるべきである。しかしながら、HIPAAのもとでは、クライエントの心理療法の記録に対する参照は制限されている。
- クライエントは組織のプライバシー・ポリシーに関する情報を与えられなければならず、書類への署名その他の方法で、情報を取得したことを示さなければならない。
- クライエントの記録または情報は治療目的以外で使用されることがないように保護されなければならない。例えばマーケティングなどの用途がこれにあたるが、クライエントが個別に同意を与えた場合は、この限りではない。
- クライエントは秘密保持のためにその他の合理的努力を要求する権利を有することを理解しておくべきである。例えば、特定の時間に、あるいは特定の電話番号にのみ連絡するように求めることができるというようなことである。
- 組織とそこで働く個人（臨床職、事務職、管理職、その他）は、セキュリティ基準が確実に実施され、スタッフ教育と組織の方針を通じて、確実に強化されるよう、注意しなければならない。
- 州法がHIPAAの条項より厳しい場合（すなわちクライエントの保護を強化している場合）は、州法がHIPAAに優先して適用される。
- HIPAAはNASW倫理綱領に含まれるような専門職上の規範の正当性を認めている。専門職上の規範の条項がHIPAAの条項よりも厳しい場合もある。

秘密保持の限界とは何か？

　ソーシャルワーカーは、専門職上の義務を遂行する中で収集した情報の保護を期待される一方で、ケースに関する情報の提供が許可される場合、義務付けられる場合もある。例えば、スーパービジョンやコンサルテーションを求める場合や、クライエントが自ら守秘義務に伴う権利を放棄した場合、クライエントが自己や他者に対する危険を示した場合、児童や高齢者に対する虐待の疑いを報告する場合、償還礼状や裁判所の命令を受けた場合、などが挙げられる。

スーパービジョンとコンサルテーション

　守秘義務に関する権利は絶対的なものではない。なぜなら、ケースの状況は、頻繁にスーパーバイザーやコンサルタントと話し合われ、スタッフ会議において発表されるからである。しかしながら、このような場合に情報を公開することは、クライエントに対するサービスの向上が目的であり、クライエントは一般に、その目的が明らかにされれば、これに同意すると考えられる。クライエントはこのような情報公開が行われる可能性があることを知らされていなければならず、実践者がスーパービジョンを求める際には、クライエントを特定できる情報を可能な限り隠し、個人情報については絶対に必要なもの以外公開してはならないという義務を負う。

　管理者、ボランティア、事務職員、コンサルタント、委員会のメンバー、調査員、弁護士、その他品質保証やピア・レビュー、認定のために事例のレビューを受ける外部の人間も、ファイルや事例に関する情報を参照する場合がある。このような情報に対するアクセスは、クライエントへのサービスの改善を目的としなければならず、情報公開を受ける個人は、機密性の高い情報を悪用しないことを約束する契約書に署名をしなければならない。さらに、ソーシャルワーカーが秘密保持を保護するためのポリシーや規範の周知に努め、ケースに関する情報が、注意深く、敬意を持って取り扱われることを保証することが絶対に必要である。

クライエントによる守秘義務の権利放棄

　ソーシャルワーカーは、他の専門家や機関から、クライエントの問題や提供しているサービスの本質に関わる秘密情報の提供を依頼されることが多い。時には、このような依頼があまりに厳然たる調子で行われ、虚を突かれて、迂闊にも特定の人間をクライエントであると認めてしまったり、求められるがままにケースに関する情報を提供してしまったりする場合がある。このような場合に重要なのは、この種の情報が提供可能になるのは、クライエントの文書によるインフォームドコンセントがあり、これにより実践者と機関が要求された情報の開示について法的責任から解放される場合に限られるということである。しかしながら、たとえインフォームドコンセントが得られた場合であっても、他の関係者にとって絶対に必要不可欠な情報のみに絞って開示することが重要である。

　いくつかの例外的状況においては、インフォームドコンセントなしに情報の開示が可能な場合もあり、クライエントの生命に危険が迫っていると考えられる場合や、児童虐待のようにソーシャルワーカーが情報提供を法的に強制されている場合など、真に緊急の状況がこれにあたる。これ以外の場合においては、情報公開に対するクライエントの書面による合意なしに秘密情報を公開する際には、事前に、スーパーバイザーや弁護士の意見を求めるのが賢明である。

　クライエントが守秘義務に伴う権利を放棄する場合の例として、最後に提示するのは、クライ

エントがソーシャルワーカーの行為を違法であるとして訴訟を起こした場合である。このような行動は、「患者またはクライエントの特権を放棄」（Dickson, 1998, p. 48）するものであり、実践者は訴訟に対する防御を行うために必要な情報を自由に公開することが可能となる。

自己または他者に対する危険

守秘義務に伴うクライエントの権利よりも、第三者の権利が優先される場合がある。クライエントが第三者に深刻な危害を与える危険性のある行為を計画し、これを実践者に打ち明けたような場合である。例えば、クライエントが誘拐や傷害、殺人を計画している場合、実践者は、この計画の実行がされた場合に被害者となる人、ならびに法執行機関に情報を公開し、速やかに防止策を取れるようにする義務がある。実際、このような状況で適切な情報公開がなされなかった場合には、実践者は職務上の義務を怠ったとして民事訴訟を起こされやすい。この領域において基礎となる判例はタラソフ（Tarasoff）事件のものである（Reamer, 1994）。この事件では、大学の医療サービスにおいて精神分析医の診療を受けていた若い男が、女友達であったタチアナ・タラソフを脅迫した。セラピストは男との面接の後に、大学警察に対して注意を促したが、警察は男が女性に危害を加えることはないと判断した。数週間後に、その若い男はタチアナ・タラソフを殺害し、その家族が、タチアナに対して注意を促すべきだったと主張して訴訟を起こしたのである。結局、裁判所は、メンタルヘルスの専門家にはクライエントの企図する犯罪を防ぐ義務があるとの判決を下した。

この判決は、その後の事例やこれを基に制定された州法においてさまざまに解釈されてきたが、その中でも一貫して、二つの原則が導き出されている（Dickson, 1998；Houston-Vega, Nuehring, & Daguio, 1997）。すなわち、ソーシャルワーカーは、被害者となる可能性のある人を特定でき、この人に深刻かつ予測可能かつ切迫した危険があることを認識した場合には、被害の発生を防ぐために、（1）被害が見込まれる人に対して警告し、（2）その他の予防措置（警察への連絡や、クライエントを安全な施設に移送することなど）を取らねばならない、というものである。

個人の安全を守る義務が適用される場合として、クライエントの自殺を防止するための介入がある。通常、クライエントの自殺を防ぐために行われた守秘義務違反に対して訴訟を起こしても成功していない（VandeCreek, Knapp, & Herzog, 1988）。逆に、「自殺を防ぐために、適切かつ十分な行動がとられなかった場合、不法死亡に対する責任が立証される可能性がある」（Houston-Vega, Nuehring, & Daguio, 1997, p. 105）。クライエントに対する守秘義務を破ることが許されるために十分なリスクというのがどのようなものかは、臨床的判断であり、同時に倫理的問題でもある。第8章において、自殺の脅威やクライエントの攻撃における死に至る危険性を判定するために使えるガイドラインを提示する。

子どもや高齢者に対する虐待の疑い

子どもに対する虐待やネグレクトの事例においては、他者の権利が、守秘義務に伴うクライエントの権利に優先される。事実、50州すべてが、児童虐待が疑われるか判明している場合に、これを報告することを、専門家に対して法的に義務づけている。さらに、児童虐待に関する報告義務を定める法規には、報告義務違反が犯罪となり得る条項を含む場合もある。法による指示に基づき守秘義務に反する場合には、実践者は民事上および刑事上の責任からともに保護されることを覚えておく必要がある（Butz, 1985）。いくつかの州では、高齢者やその他の社会的弱者である

成人に対する虐待が疑われる場合にも同様の条項を設けている（Corey, Corey, & Callanan, 2007；Dickson, 1998）。虐待が疑われる場合の報告義務は、ソーシャルワーカーに、必要な範囲を超えて守秘義務を破る権利を与えるものではない。すなわち、たとえワーカーに報告義務があっても、児童福祉局に伝えるケース情報のうち、虐待そのものと無関係な情報をどこまで伝えるかについては、なお注意を払うべきである。さらに、虐待が疑われる場合に、報告先として要求されているのは、特定の保護機関であって、クライエントの家族や教師、その他の関係者に対する情報の公開が要求されているのではない。

　報告を理由に訴追される恐れはないといっても、実践者は、守秘義務を破った後でなおクライエントとの援助関係を維持し続けるという難題に取り組まなければならない（Butz, 1985）。この緊張関係に対処する一つの方法は、インフォームドコンセントである。先に述べたように、クライエントはサービスの最初の段階で、サービスの「基本ルール」、ならびにクライエントの秘密保持の限界について知らされているべきである。児童虐待の疑いがある場合には報告義務があることを理解していれば、この報告によってクライエントとソーシャルワーカーの関係が傷つけられることはないはずである。同様に、倫理綱領にも「ソーシャルワーカーは、秘密情報の公開について、ならびにそれにより生じると考えられる結果について、可能な範囲で、そして可能な限り情報公開に先立って、クライエントに伝えるべきである」（NASW, 1999, p. 10）とある。インフォームドコンセントを獲得したうえで、児童虐待に関する報告書の提出を決定するまでの過程を慎重に進めることにより、クライエントの裏切られたという感情は軽減され、援助関係は維持される。

　しかし、義務付けられた報告要請に従うという決定は、常に一筋縄でいくものではない。ロング（Long, 1986）の報告によると「インディアン特別保留区や小さな田舎町では、コミュニティ内で虐待の被害者と加害者、その密告者を隠しておくことが不可能な場合が多い。医療の専門家が最大限の努力を払っても、虐待の加害者は非公式なルートを通じて、あるいは、部族の裁判手続きを通じて、虐待の事実を通報したのが誰かを知ることになる」（p. 133）。さらに、一族のメンバーに対する忠誠心が、情報提供者を保護する責任や虐待された子どもを守る必要性よりも優先される場合もある。その結果、部族における制裁は、情報提供者に対するもののほうが、虐待者に対するものよりも厳しいものになる可能性がある。虐待の定義も文化により異なる。（一般的な基準に照らしたときの）ひどい虐待が、ある文化の内部においては、被害者や他の家族によって問題と見なされないという可能性もある。

　文化の相違は、決して民族的マイノリティのグループのみに関わる問題ではない。ロング（Long, 1986）は、緊密に連携したアングロサクソン系の医療実践者たちが、同僚が犯した児童虐待に関する報告書をいかに軽視し、効果的な介入を妨げていたかを示すさらなる証拠資料を提示している。専門職上の社会的地位に対する忠誠心が、虐待者をかばい、虐待された子どもの保護を妨げていることは明らかである。ある意味、このような場合に守秘義務を破りたくないという専門家の意識への対抗手段として、報告を義務付けるという方法が生まれたのである。サブグループや特定のクライエントに対する忠誠心を、社会的弱者を危害から保護するという要求に優先させてはならない。同様に、虐待についての通報のメリットや、児童福祉課の対応能力に対する疑いは、報告を行わない理由としては不十分である。法と倫理は、児童の安全を推進する専門家の責任について明言し、児童保護サービスと協働して調査を行う責任を負わせている。

召喚令状と秘匿特権付き情報

　守秘義務に伴うクライエントの権利に対するさらにもう一つの制限がある。この権利は必ずしも法廷の中にまで拡張されないという点だ。ソーシャルワーカーが秘匿特権付き情報の概念を認識したうえで実践を行っていても、裁判所により秘密情報の開示や、秘密の記録の提出を強制される場合がある。「秘匿特権付き情報」とは、「法的に保護された関係」において作られる情報で、「情報作成者の合意なしには法廷に持ち込んではならない」ものである（Dickson, 1998, p. 32）。ここでいう情報作成者とは、通常、患者やクライエントのことである。

　ところが、特権の有無と適用可否についての判断は複雑になる場合がある。ディクソン（Dickson）によれば「特権に関する法は、いくつかの要素により内容が異なるものになる。なかでも特に、情報を受け取る個人の専門職、情報の内容、情報伝達の目的、刑事手続きか民事手続きか、専門家が州に雇われているのか個人で開業しているのか、等である」（1998, p. 33）。国のレベルでは、連邦最高裁判所によるジャッフェ・ヴィ・エドモン（Jaffee v. Redmond）事件の判例において、クライエントの情報に秘匿権を認め「その秘匿権は資格を持つソーシャルワーカーに対して」特別に拡張されるものとした（Social Workers and Psychotherapist-Patient Privilege: *Jaffee v. Redmond* Revisited, 2005）。

　この判例により連邦裁判所の姿勢は明確だといえるが、州レベルの判断は曖昧で不統一である。そのためソーシャルワーカーは、自らが活動する州の法律や規則を理解し、裁判所から記録の提出命令が出されたり、宣誓が要求されたりした場合の秘密保持の限界について、クライエントに完全に知らせておかなければならない。バーンスタイン（Bernstein, 1977）は、実践者は「裁判所に召喚され、記録を携えて行き、宣誓をし、違反すれば法定侮辱罪を適用される状況で、関係者が何を話したのか、そのやりとりに関して何が記録されたのかについて、証言を強制される」（p. 264）（注2）ことを、クライエントに説明することを提言している。バーンスタインはさらに、この可能性について理解したことを示す文書にクライエントの署名を受け、クライエントの事例ファイルに保管しておくことを勧めている。

　秘匿特権付き情報を認める法は、クライエントの保護のために制定されたものである。ゆえに秘匿権を有するのはクライエントであって、専門家の側ではない（Schwartz, 1989）。言い換えるなら、実践者が召喚され証言台に立った場合に、クライエント側の弁護人が実践者の証言を差し止めるために、この秘匿権を行使することができるのである（Bernstein, 1977）。逆に言えば、クライエント側の弁護士はこの秘匿権を放棄することもでき、その場合、実践者は裁判所からの求めにより、情報の開示を義務付けられる。

　秘匿特権付き情報に関するもう一つの重要な要素は、クライエントの権利が絶対ではないということである（Levick, 1981）。裁判所が判決を下すにあたり、機密情報の開示により得られる利益が情報開示による損害を上回る場合には、裁判長は秘匿権を認めないこともできる。時に、秘匿権は合法的な犯罪捜査の場合においては却下されるが、これは、情報の必要性が秘密保持の要請よりも切実だと見なされるからである（Schwartz, 1989）。すなわち、最終的には、秘匿権に関する問題は裁判所がケースバイケースで判断するのである。

　令状は、記録提出に関するものであると証言に関するものであるとを問わず、裁判所の命令であり、ソーシャルワーカーはこれも無視することはできない。もちろん、時には無関係な重要でない情報に関して令状が発行される場合もある。それゆえ、ソーシャルワーカーは秘匿権付き情報の提出に関しては慎重でなければならない。令状の内容を注意深く確認し、クライエントと

相談し、スーパーバイザーや機関の弁護士のコンサルティングを受けることが、対応方法を決めるうえで役立つかもしれない。以下の情報源に、ソーシャルワーカーが召喚令状に対処するときに役立つ情報が提供されている。オースティン、モリネ＆ウィリアムズ（Austin, Moline, and Williams, 1990）、ディクソン（Dickson, 1998）、ヒューストン－ベガ、ヌリング＆ダギオ（Houston-Vega, Nuehring, & Daguio, 1997）、ポロウィー＆ギルバートソン（Polowy and Gilbertson, 1997）、バースキー＆グールド（Barsky and Gould, 2004）、ならびに NASW の Law Note Series（2008）。

さまざまな種類の記録に対する守秘義務

認可基準、資金源、州法ならびに連邦法——これらのすべてが、機関の記録管理体制の維持方法に影響を与える。事例の記録は提出を命じられる場合があり、また、クライエントと他の職員もこれらの情報にアクセスできるため、実践者は守秘義務を最大限に実効化するためのポリシーを作成し、これを実行することが必要不可欠である。この目的達成のために、ソーシャルワーカーは以下のガイドラインに従うべきである。

1. 機関の機能に必要不可欠な情報以外は記録しないこと。客観的事実を特定し、これを主観的意見と区別すること。叙述的な言葉を用いて記述し、専門用語を避けること。未確定の精神科的診断あるいは内科的診断を記載しないこと。
2. クライエントの私生活に関わる詳細な内容を、事例の記録に含めないこと。私的な問題は一般的な言葉に直して記載すること。事例ファイルに会話を一語一句書き取ったものやプロセスを録画したものを含めないこと。
3. 記録は常にメンテナンスし更新することで、その正確さ、妥当性、適時性、完全さを確保すること。
4. 聴き取りは、プライバシーに配慮された防音機能のついた施設を用いて実施すること。
5. 事例の記録は、鍵のついたファイルに入れ、そのファイルを頻繁に参照する必要のある職員だけに鍵を渡すこと。電子的に保管されたデータについても、プライバシーを守るために同様の注意を払うこと。
6. 非常事態でかつ特別な許可がある場合を除いては、事例ファイルを機関の外に持ち出さないこと。
7. 事例ファイルを誰かが閲覧できる状態で机上に放置したり、事例情報をコンピュータの画面に表示したまま、誰かに見られる可能性がある状態にしておかないこと。
8. コンピュータ、電子メール、ファックス、ボイスメール、留守番電話、その他の技術を用いて情報の伝達を行う際には、可能な限り、セキュリティ上の問題がないこと、情報が正しい送り先に届けられること、個人を特定可能な情報が送られないことを保証するために予防措置を講じること。
9. 秘密保持を徹底し、そしてクライエントの秘密保持に関する権利を保護するために定められた機関のポリシーと手続きの遵守状況をモニタリングするために、実習のセッションを利用すること。
10. クライエントに対して、機関が情報を収集する権限を有すること、ならびに、情報の開示が許されるための条件、情報の基本的な使い道、そして機関に提供する情報を限定することによる影響があれば、それについて伝えること。

11. クライエントに自身に関する記録が存在することを知らせるための手続きを確立すること。（必要であれば）医学的心理学的記録を開示するための特別な基準や、記録の修正または訂正が要求されたときの審査方法についても知らせておくこと（Schrier, 1980）。

NASW の倫理綱領には「ソーシャルワーカーはクライエントに対し、自己に関する記録にアクセスするための適切な手段を提供すべきである」（NASW, 1999, p. 12）をはじめとして、これらの条項がほぼすべて反映されている。加えて、ソーシャルワーカーは、クライエントが記録を閲覧することで、誤解する可能性や悪意を持つ恐れがある場合には、クライエントが記録を正しく解釈できるように手を貸し、相談に応じるべきである」と述べている（p. 12）。「クライエントが記録へのアクセスを制限されるのは、クライエントがそれにより深刻な損害を被るという説得力のある証拠がある場合のみ」（p. 12）に限られるべきである。クライエントの記録へのアクセスを広く保護しようという傾向が記録の悪用を防ぎ、実践者にケース記録の保持において慎重かつ厳格、厳正になることを強いることで、クライエントの権利を強化することになったというのが、私たちの見解である。

ソーシャルワーカーは時に面接やグループセッションを録音・録画する場合がある。これを用いて、後から交流パターンやグループの経過を分析し、自らのパフォーマンスを精査することで、技術や技能の向上を目指すものである。録音・録画は学生と実習講師の教育セッションにおいても広く使われる。さらに録音・録画のもう一つの用途は、クライエントにセッション中の自らの実際のふるまいを見せ聴かせることで、直接のフィードバックを与えることである。

先述のどの理由によるものであろうと、セッションを録音・録画する前には、ソーシャルワーカーは、記録がどのように使われるのか、誰が記録を参照するのか、いつ消去されるのかを明示した同意書に、クライエントの署名を得るべきである。クライエントに知らせ、同意書を得ることなしには、録音・録画しては決してしてはならない。セッションの録音・録画に対するクライエントの反応はさまざまである。クライエントの気が進まないようであれば、その意思を尊重すべきである。クライエントの拒否する権利を説明することに気を配りつつ、率直かつ誠実に話をすることで、クライエントの同意を得られる可能性は高まる。適切に説明すれば、ほとんどのクライエントが録音・録画に同意してくれるだろう。実際に、私たちの経験では、録音・録画に居心地の悪さを感じるのは、クライエントよりもむしろ実践を行う学生の方だ。

セッションの録音・録画を行うソーシャルワーカーは、秘密保持に対する重い責任を負うことになる。セッションをそのまま録音・録画したものには、秘匿すべき赤裸々な情報が含まれる可能性が高いからである。このような録音・録画された記録は、コピーの禁止や無許可での閲覧禁止などを徹底することにより保護しなければならない。そして、本来の目的を達した後には、速やかに消去しなければならない。これらのガイドラインへの注意を怠ることは、専門職倫理違反とされる場合がある。

未成年者に対する実践における倫理　［訳注：米国では18歳未満が未成年である］

18歳未満のクライエントへの適用のために倫理原則を解釈しなおすことは、ソーシャルワーク実践における特に難しい課題である（Strom-Gottfried, 2008）。未成年者のクライエ

ントは秘密保持、インフォームドコンセント、自己決定、その他の倫理原則による保護などの権利を有するが、その一方で、その権利は法や政策、あるいは成熟度や自己決定能力の差異により、また、保護者である大人への依存の程度に従い、制限を受ける。このように、両親は子どもの治療記録を参照する権利やセラピー中に子どもに問題が持ち上がる度に通知を受ける権利を持つ場合がある。15歳の子どもは彼女の子どもの治療に関する決定権を認められているが、彼女自身の治療の決定権は、その親が持つ。児童福祉士やその他の専門家は、どうすれば子ども自身の利益が最大になるかを評価したうえで、子どもをどこに住まわせるか、いつ引っ越させるかを決めることができる。10歳の子どもは、投薬や治療を拒否しようとしても、その年齢と認知的能力に照らして、その権利を認められていない。そのため、本人が拒否の意志を明示しても、両親またはその他の保護者が、強制的に従わせることができるのである。

　未成年者の権利は、個々のサービス現場、および彼らが抱えている問題により影響を受ける。例えば、薬物中毒に対するサービスを求めている若者は、秘密保持に関する連邦規則（42-CFR：連邦規則42巻）によりプライバシーを保護される。たとえ両親がサービスに関する情報を求めても認められない（Strom-Gottfried, 2008）。同様に、周産期医療や性感染症の治療を必要としている未成年者は、サービスに対して自ら同意を与えることができ、秘密保持が保証される。両親の同意が遅れることにより未成年者のウェルビーイングが危険にさらされる可能性がある緊急の場合には、両親の同意なしに救急サービスを受けられる場合もある。「未成年の性行為を認めない教育プログラム」のための財政的支援を受けている学区においては、避妊やHIV感染予防手段に関して、ソーシャルワーカーや看護師が学生と共有することが許される情報は限られている。

　おわかりのとおり、未成年との実践は、法的、発達的、倫理的、社会的問題が複雑に絡まりあっている。この複雑な絡み合いを解くためには、子どもの発達と人生の最初の20年間で発現する肉体的・感情的・認知的能力を完全に理解することが必要である。同時に、ソーシャルワーカーには倫理原則に対する理解も必要である。これによりワーカーは、未成年者の権利に対する発達の程度に応じた法的制限と、年齢とは無関係にクライエントの権利を尊重すべきという専門職上の期待との間に葛藤が生じ得る領域が存在することを、よく理解できるようになる。児童福祉サービスの現場で働く専門家はクライエントに対するサービスに影響を与えるポリシーや実践について精通しておくべきである。ソーシャルワーカーは、スーパービジョン、スタッフのコンサルテーション、慎重な意思決定など通じてさまざまな要因を個別に検討し、制約を受けながらも、未成年者の権利を最大化できるように努めなければならない。

倫理的ジレンマの理解と解決

　ソーシャルワーカーは時に、二つの価値観や倫理原則が衝突する状況で、どちらを優先すべきかわからず困惑することがある。例えば、先述の自己決定と秘密保持に関する議論においては、クライエントの権利とソーシャルワーカーの倫理的義務よりも、より高次の価値（例えば、生命・安全・ウェルビーイングに対する権利）が優先される例を引用した。すなわち、クライエント

が児童を肉体的または性的に虐待してきたことを告白したり、他者の健康や安全を脅かす切迫した危険をはらむ行為を真剣に計画していることを打ち明けた場合には、クライエントの秘密保持に関する権利は二の次とされる。あなたを雇用している機関のポリシーや実践が、クライエントに不利益をもたらすと考えられる場合にも、ジレンマは生じる。あなたは変革を推進する倫理的義務について葛藤をおぼえるだろう。そうすることで職を失う恐れがあり、スタッフとの人間関係にも亀裂が生じる恐れがあるからだ。

このような状況はソーシャルワーカーに苦悩に満ちた困難な選択を迫る。リーマーはこのような決定をする際に役立つ一般的なガイドラインを作成した（Reamer, 1989）。ここに私たちの作成したガイドラインと、その応用例を示す。

1．「生命、健康、ウェルビーイング、生命、生活必需品に対する権利は、機密保護の権利や、財産・教育・娯楽といった付加的な『ものごと』に対する機会を求める権利よりも優先される」

   私たちは先に、児童虐待や他者への加害の恐れがある場合について、この原則の適用例に触れた。このような場面での児童や大人の健康やウェルビーイングに対する権利は、機密保持に優先する。

2．「個人のウェルビーイングに対する基本的権利は、プライバシー、自由、自己決定に対する他者の権利よりも優先される」

   （一貫してこの原則を堅持している）裁判所の用語で言えば、「公共の危険が生まれるときに保護特権は終わる」（Reamer, 1994, p. 31）。例えば、幼児や子どもの治療を受ける権利とニーズは、信仰を理由に医療を拒否する両親の権利よりも優先される。

3．「自己決定権は、その人の基本的ウェルビーイングの権利よりも優先される」

   この原則は、人には自らの利益に反するように思われる行動をとる権利があると主張する。ただし、関連する情報を考慮し、情報に基づく自発的な決定を行う能力があること、そして行為の結果が他者のウェルビーイングを脅かさないことが条件とされる。例えば、ある大人が、高速道路の陸橋の下で生活することを選択した場合、そのような生活は愚かで健康にも悪いと思われたとしても、この選択を制限する権利は誰にもないのだ。この原則は、選択の自由に重要な価値があることを認め、人が過った選択をし、失敗する権利を保護するのである。ただし先述のとおり、行為者の決定の結果、自身の死や心身の健康に対する深刻なダメージを招くような場合には、この原則の適用は差し控えられる。

4．「ウェルビーイングに対する人間の権利は法や政策、あるいは組織の規則よりも優先される場合がある」

   通常、ソーシャルワーカーは、法や政策、また、ソーシャルワーク機関やその他の組織、ボランティア団体の定める手続きに従うことを義務付けられている。しかしながら、政策が不公平なものであったり、その他の理由でクライエントのウェルビーイングを阻害する場合には、法や政策、あるいは手続きに反することが正当化される。この原則の例としては、特定のグループに属する人間を差別し、食い物にするような方針や実践がある。例えば、機関はクライエントを選り好みしてはならず、健康で裕福な人々のみをクライエントとして選び（「クリーミング」「チェリー・ピッキング」と呼ばれる慣行）、悲惨な状況にある人々へのサービスを拒否するようなことがあってはならない。このような状況においては、影響を受けるグ

ループのウェルビーイングが、問題となっている法や政策、手続きなどに対する遵守義務よりも優先される。

　倫理的ソーシャルワークには、差別、不公平、反倫理性の除去を目指し、法や政策の改正を推進することが含まれる。例えば、マネージド・ケアにより提起された倫理的課題に関して、サンレー（Sunley, 1997）は「ケース・アドボカシー」と「コーズ・アドボカシー」の両方に取り組むことを提案する。これにより、特定の政策や慣行により不利益を受けるクライエントを、個人・グループを問わず、支援しようとするものだ。ブレガー＆ホローウェイ（Brager and Holloway, 1983）、コーリー、コーリー＆カラナン（Corey, Corey, and Callanan, 2007）、フレイ（Frey, 1990）などの資料が、問題をはらむシステムの中で変革をもたらす仲介者として効果的に活動するために役立つガイドラインを提供してくれている。

　リーマーのガイドラインは価値のジレンマの解決のための貴重な資料となるが、これをソーシャルワーカーが遭遇する多種多様な状況に適用しようとするならば、そこには必ず、不確実さや曖昧さといった、実践者が受け入れなければならない現実が待っていることになる。自分が倫理的ジレンマに陥っていることに気付いたら、どうすればよいだろうか。倫理的意思決定モデルに良好な結果をもたらす力があるのか、真価のほどはまだわからない。だがそれでもなお、倫理的意思決定モデルにおいて推奨されている以下の手順は、複数の選択肢を検討するにあたって、慎重かつ綿密な調査を確保するために利用することができる（Corey, Corey, & Callanan, 2007；Reamer, 1989；Strom-Gottfried, 2007, 2008）。

1．問題またはジレンマを特定すること。そのために、状況に関する可能な限り多くの情報を集めること。可能な限り多様な観点からの情報を集め、可能であればクライエントからも情報を得ること。
2．中核となる原則、およびこれと矛盾する問題を特定すること。
3．関連する倫理綱領の条項に目を通すこと。
4．適用され得る法や規則に目を通すこと。
5．同僚、スーパーバイザー、弁護士のコンサルテーションを受けること。
6．実現可能で効果が見込まれる活動方針を検討し、さまざまな選択肢とそれぞれがもたらす結果を吟味すること。
7．活動方針を決め、既知の情報をよく検討し、他の活動方針を選択した場合のインパクトを評価すること。
8．意思決定の内容を効果的に実現するための方略を練ること。
9．手続きと結果を評価し、意図されたとおりの成果が得られたかを判定し、将来の意思決定のために修正すべき事項を検討すること。

　これらの手続きを実施する際、上記の順序に従う必要はない。例えば、決定を実行に移すために、選択肢を明らかにし、それぞれの長所と短所を特定し、方略のリハーサルを行うためには、コンサルテーションを受けることが有用なことがわかる。選択肢が明らかにされることで、法や倫理原則、価値観を精査することが可能になる。たとえ、計画をしたりコンサルテーションを受けたりする時間もなく、その場で決定を下さなければならなかった場合であっても、その意思決

定の事後評価にはこのモデルを用いることができる。これにより、将来のジレンマに対応するための批判的考察が可能になる。重要なのは、単なる直感や保守的な意思決定を超えて、十分な情報を根拠に、注意深く、批判的に検討された選択に至ることである。

これらの手順以上に重要なのは、意思決定過程の各段階で検討された情報や意見を、必ず文書化しておくことである。この文書は、クライエントの公式な記録として残される場合もあれば、実践者の非公式なメモにもなり、スーパーバイザーとのセッションの記録とすることもできる。

倫理的意思決定モデルの応用として、本章の最初に提示したアリスの事例を用いる。ご記憶かもしれないが、アリスは38歳の女性で、不倫がばれることを恐れ、夫に自分がHIV感染者であることを打ち明けられないでいる。

このケースに対するソーシャルワーカーのジレンマは、アリスに自身がHIV感染者であることを告白されたが、同時にアリスがこれを夫に告げることは拒否しており、それにより夫に感染の危険が及んでいることに起因している。ワーカーのアリスに対する忠誠心には、彼女のニーズと希望に応えることのみでなく、彼女が他者すなわち夫を傷つけることを防ぐことも含まれる。ワーカーが真実を明かせば、夫の健康（ひいては生命）を守ることができるかもしれない。しかし、そうすることで、アリスのプライバシーの権利を侵害することになり、ワーカーに対する信頼は損なわれ、不倫を暴露することで彼女の夫婦関係を危うくする。一方、アリスの秘密を守れば、彼女のプライバシーは保護されることになるが、事情を知らない夫を、致死的な病に感染するという重大な危険にさらすことになる。本ケースにおいて、ワーカーは、自らの作為不作為に伴う法的責任についても神経をつかうことになるかもしれない。事実、本件において不満を持ったあるいは損害を受けた側の関係者は、ワーカーの責任を追及する可能性がある。すなわち、アリスは、プライバシー侵害に対する責任を追及する可能性があり、夫は、自分を損害から保護しなかった過失（職務怠慢）に対する責任を追及するかもしれない。

NAWS倫理綱領（1999）においても、いくつかの条項において、このジレンマに言及している。

「ソーシャルワーカーは専門職として実施したサービスで得た情報のすべてを保護しなければならない。ただし、専門職上の理由により止むを得ない場合は例外である。深刻で予見可能な切迫した危険がクライエントあるいは特定可能な第三者に及ぶのを防ぐために情報の開示が必要な場合、あるいは法律や規則によりクライエントの同意なき情報開示が要求される場合には、ソーシャルワーカーが情報を機密として保護するという一般的な期待は妥当しない。いかなる場合であっても、ソーシャルワーカーが機密情報を開示するにあたっては、期待される目的を達するために必要な最小限の情報に留めなければならない。情報開示の目的に直接関係ある情報のみが開示の対象とされるべきである」(1.07c)

「ソーシャルワーカーは、可能であれば事前に、クライエントに機密情報を開示することを告げ、それに伴う結果について、できる限り詳しく説明すべきである。これは法的要請やクライエントの同意に基づいて機密情報を開示する場合でも同様である」(1.07d)

「ソーシャルワーカーは、守秘義務の本質と、クライエントの機密保持の権利に伴う限界について、クライエントおよび他の利害関係者と話し合っておくべきである。ソーシャルワーカーは、機密情報が要求され得るのはどのような場面か、機密情報の開示が法的に義務付けられる可能性があるのはどのような状況かについて、クライエントと確認しておくこと

が望ましい。この話し合いは、ソーシャルワーカーとクライエントの関係において、可能な限り早期に実施されるべきであり、その関係が続く間、必要に応じて実施されるべきである」（1.07e）

　これらの条項には、重要な倫理的概念が組み込まれている。すなわち、クライエントの自己決定に対する尊重、インフォームドコンセントの重要性、プライバシーに関わる情報を扱う際に慎重であることの重要性である。アリスの事例において、サービスの最初の段階で、ソーシャルワーカーがインフォームドコンセントをどのように扱ったかを知っておくことは有用である。クライエントが自己や他者に対する危険をもたらし得ることが判明した場合に、ソーシャルワーカーが負う義務について、アリスは理解していただろうか。理解していたのであれば、夫に対して事実を知らせると告げられて、アリスが驚き、裏切られたと感じることはなかったはずで、むしろ、サービスの状況と守秘義務に伴う限界を考え合わせると、当然の結論と理解されたはずである。

　倫理原則以上に、ソーシャルワーカーは、彼らの管轄区域および実践現場に適用される、法律、規則、施策について熟知していなければならない。HIV感染者であるという情報の開示は、法とポリシーが州によって大きく異なる例の一つである。なかには、医療従事者は、確立された手続きに従う限り、第三者の健康を保護するための情報開示責任からは明確に解放されると明記している州もある。これに対し、パートナーに知らせることを公衆衛生上の義務と見なし、アリスの事例のような場合、保険機関が必要な開示を行うために、専門家には保険局に対し警告することが義務付けられるという州もある。できるなら、アリスがサービスを求めた機関がすでに法を理解し、その内容を機関の方針に組み入れ、必要な場合には、サービスの開始に先立って、すべてのクライエントに対するインフォームドコンセントの内容として合意を得ておくことが望ましい。

　本事例においては、スーパーバイザーによる指導も重要である。アリスのソーシャルワーカーは、発生し得る結果（アリス、アリスの夫、援助関係、機関のそれぞれに関して）について考え抜くために助けを必要としている。ワーカーは、スーパービジョンを活用することで、行動の選択肢とそこに含まれるさまざまなプラス面とマイナス面を見極め、反応をあらかじめ予想し、それに対処するための準備をし、今後の実践を改善するための方法について熟慮すべきである。ワーカーは、スーパーバイザーとの話し合いからさらに一歩進んで、法律や医学の専門家から、感染症を患うクライエントとのワークにおける自らの選択肢、法的責任やベストプラクティスに関する疑問に対処するために、詳細なコンサルテーションを受けることもできる。このような対話においてワーカーは、クライエントのケースの細部ではなく、自身のジレンマの原因となっている問題に焦点を当てるようにして、クライエントが誰か特定されないように注意しなければならない。

　このような話し合いをすることで、ソーシャルワーカーは単独でまたは組み合わせて活用できる選択肢を、少なくとも5つは見つけることができるだろう。

- アリスの希望を尊重し、秘密を守ること。
- アリスの病気が夫に感染しないように、アリスに安全なセックスを指導すること。
- アリスが夫に打ち明けないでいることがもたらす結果についてアリスに教えることにより、夫

にHIVに感染していることを打ち明けるよう促すこと。
- アリスの口から夫に打ち明ける機会を提供し、それができないのであれば、ソーシャルワーカーから話すことになると伝えること。
- アリスの夫の身に迫る危険について、公的保険機関に匿名で報告を行うこと。

どの選択肢に従ったとしても、アリスが自らの病気の本質を理解していること、適切な治療を受けていること、他人にHIVを感染させないための予防措置をとっていることを確認しておく必要がある。こうすることは、クライエントのニーズを最優先に考えるという倫理に合致し、同時に、アリスが自分の病気を秘密にすることから生じる損害を軽減するという実益もある。

それでもなお疑問は残る。「言うべきか言わざるべきか」。最終的にアリスの夫に警告することを含む選択肢は、夫の健康とウェルビーイングを保護することになり、明らかに他の選択肢より優れている。これらの選択肢は、ソーシャルワーカーに対し、第三者を重大で予見可能な危害から守ることを要求する倫理基準、原則、ポリシーに従うものである。おそらく、アリスの秘密を守ることで夫がエイズに感染し、共犯関係や法的責任について悩まされるよりも、夫に警告する方がソーシャルワーカーの心は平安でいられるだろう。

夫に事実を伝えることのデメリットは、プライバシーに関するアリスの明示的な要望に反すること、援助関係において中心的重要さを持つ信頼関係が破壊されてしまうこと、不倫の事実が明らかになることで夫婦関係を危機に陥れる恐れがあることである。アリスは、ソーシャルワーカーまたは所属機関による守秘義務違反として、監督委員会に対するクレームや告訴を行うとして、脅してくる可能性もある。ソーシャワーカーがアリスに、自ら夫に告白するように促す選択肢は、実現に時間を要するかもしれない。しかし、これにはアリスをエンパワーし、彼女自身に状況をコントロールさせ、自らのジレンマに正面から取り組ませることになるという利点がある。このプロセスにおいては、アリスがソーシャワーカーを信頼できることが必要不可欠である。ソーシャワーカーはアリスを促して、現在の状況とHIVに感染した経緯を夫に打ち明けることによって生じる短期的な結果と比較して、長きにわたって夫に真実を告げないでいることが招く結果について考えるように促すことができる。ソーシャワーカーは、アリスが夫と家族との非常に困難な対話のために準備し、計画を立てることを支援することができ、この対話の後、夫の反応がいかなるものであっても、彼女をサポートすることができる。この困難な問題に対し、ソーシャワーカーがアリス自身の意志を無視して即座に夫に事実を伝えてしまったなら、クライエントと「共に」ワークすることの利点は失われてしまうのだ。

夫のニーズと利益を考慮することなく、秘密にしておきたいというアリスの要望を尊重することは、クライエントの自己決定の原則には適合するが、第三者の安全保護に関する法やポリシーには反する可能性があり、アリスにとってもそれが最善の策とはいえないだろう。ソーシャルワーカーはしばしば、クライエント自身の願いと、適切に問題に対処するために必要な手順との間をうまく調整しながら前進しなければならない。アリスは目先のことだけを考えて、夫への告白を避けたいと願うが、これは長期的に見れば、結局は誰かに苦痛や危害を加えることを避けられないのである。事実、アリスが沈黙を続けようとすることで、彼女は自身の健康と家族との関係を苦痛に感じながら、何もできず行き詰まっているのだ。アリスに感情移入し、彼女が自身の不安と問題に率直に取り組むよう援助できるワーカーなら、倫理的責任も専門職上の責任も全うすることができる。もしこの過程が失敗したなら、ワーカーはアリスの意志に反して夫に注意喚

起するということになるだろう。公共保険機関が高い専門性と豊富な経験を持っていることを考えれば、本ケースを地域の公共保険機関に持ち込み、支援を求めることはおそらく得策となるだろう。

自己覚知と自己評価は、効果的かつ倫理的な専門職実践に欠かせない要素である。この過程を通じて、アリスのソーシャルワーカーは、自らの動機、意思決定、行動を評価しなければならない。スーパービジョンも自己評価にとって重要な要素である。熟練した熱心なスーパーバイザーは、ソーシャルワーカーが意思決定過程におけるストレングスと弱み、肯定的な成果と問題ある結果を峻別し、改善や技術向上の余地がある領域を見つけられるよう支援することができる。その意思決定は適切にジレンマを解決したか？ もしその意思決定が、問題に満ちた予期せぬ結果を引き起こしたのであれば、それを改善するために何ができるだろうか？ 例えば、アリス自身の口から夫に病気のことを伝えさせようとソーシャルワーカーが努力した結果、アリスが治療に来なくなってしまったとしたら、スーパーバイザーがこれを評価することで、ソーシャルワーカーは過去の行動を評価するだけでなく、次のステップを決めることもできるだろう。

■まとめ

本章では、ソーシャルワークという専門職を支える倫理と価値について紹介した。これは自己決定の支援、機密事項の尊重、インフォームドコンセントの獲得、境界の維持、倫理的ジレンマの解決のための指針を提供するものである。本章では、倫理的ジレンマを解決へと導く手順を示し、これらの手順を、自己決定およびクライエントの秘密保持が、他者の安全を脅かすことになる事例に適用した。第5章では、クライエントに対し、あるいはクライエントに代わって、効果的なコミュニケーションを行うための初歩的技術を学びながら、専門職上の価値観の代弁者として、これを行動に移す段階へと進む。

■倫理的ジレンマをコントロールする技術の向上のための演習問題

以下の演習問題において、倫理的概念や倫理的意思決定を具体的な実践状況に適用するための練習をすることができる。ここには私たちや同僚が実践において出くわす最も困難な状況が含まれる。適切な応答や行動方針は、安易に見いだせるものであることはまずない。以下の質問について考えてほしい。

1．事例の中で対立しているのはどのような原則や感情か？
2．さまざまな行動方針における長所と短所は何か？
3．このジレンマを解決するために適用可能なガイドラインはどれか？
4．倫理的行動方針の決定において支援を受けるために、どのような資源に相談することが可能か？

状況1

数週間前に実施された夫婦療法における個別セッションで、ある男性クライエントから自分はゲイだと告白された。妻はそのことを知らないのだと言う。あなたは妻の方とも面接しているが、今日、この妻から電話があった。妻は結婚生活の問題について進展がないことに悩んでおり、夫

がゲイである可能性があるとは思わないかと単刀直入に尋ねてきた。

状況2
　あなたは州の矯正施設の中に若者のグループを作ろうとしている。過去の経験から、若者グループ内で時に、過去の逮捕を免れた犯罪行為について話をすることがあることを知っていた。また、あなたは若者たちが、施設からの逃亡計画や、例えばマリファナを吸ったり、施設内の支給品や財産を仲間や職員から盗んだりといった、施設内で自身あるいは他者がすでに実行した、あるいは実行を計画している軽率な行為や軽い犯罪行為について話をするかもしれないことも知っていた。あなたはグループ内で知った情報のすべてを共有する必要があるか。機密保持に限界があるのなら、あなたはどのようにして信頼を育て、同時に情報を共有することができるか。

状況3
　家庭内の問題の相談所で、あなたがクライエントに対しインテーク面接を実施した際に、彼女の子どもたちが二人とも引きこもっていることがわかった。子どもの一人にはひどいあざもあった。クライエントは、インタビューの間中、防衛的で懐疑的であるように見え、面接に来たことに対して葛藤を抱えているように思われた。ある時、クライエントは、親としての責任に押しつぶされそうに感じており、子どもの扱いに困難を感じていると語った。彼女はさらに、自分が子どもたちを傷つけてしまうのではないかという恐怖についてほのめかし、その後急に話題を変えた。あなたがクライエントを促し、話題を子どもたちとの問題に戻すと、彼女は、支援を求めていたが考えが変わったと言い、子どもの手を引き、急いでオフィスから出て行った。

状況4
　あなたはある夫婦およびその思春期の娘と、親子関係の問題について二度の面接をしてきた。両親は二人とも娘に対する態度が極端に否定的で非難的だった。家族の問題は、娘が「きちんと」しさえすれば消え去るのだと言っていた。今日は、娘との個別面接において、彼女が突然泣き出し、あなたに対し、自分は妊娠していて、週末に中絶するために「どこかへ行く」つもりだと言う。少女はあなたに、両親に言わないでほしいと懇願した。両親が知ったらひどく怒ると思っているのだ。

状況5
　メンタルヘルス機関において、あなたは男性のクライエントとの実践を行ってきた。彼の治療歴には、怒ると暴力的になり、肉体的な虐待行為を行うとされている。クライエントは、最近の妻との別居に関する問題のため、極度の心理的プレッシャーを受けていた。今日のインタビューで、彼は激しく怒っており、拳を握り締め、妻は離婚手続きを始め、他州への転居を計画していると聞いたと言う。「もしそれが本当なら、あいつは子どもたちを俺から引き離そうとしている。そんなことをされるぐらいなら、あいつを殺してやる」と大声で怒鳴った。

状況6
　あなたと個別実践を行っているクライエントの中には、カウンセリング費用の支払いを健康保険でまかなっている人が数名いる。そのうちの一人は、微妙な問題を抱えており、自分の症状に

ついて誰かに知られること、特に雇用主に知られることをひどく心配している。最近経験した出来事が、クライエントの症状を悪化させ、この病状の進行について保険会社のケアマネジャーに伝え、より進んだ治療セッションを承認してもらうことが必要になった。あなたは保険会社にクライエントに関する情報を伝えることには懸念があった。特に、ボイスメールの仕組みを使うことに抵抗があった。保険会社の代理人は、ボイスメールを使う慣行は会社全体の方針であり、これに従わない限り、治療継続の承認を受けることは難しく、保険会社からこれ以上の委託を受けることは難しくなるだろうと言った。

状況7

あなたと配偶者は週に一度家の掃除をしてもらうため、家政婦募集の広告を出している。申し込んできた人の一人は、あなたのかつてのクライエントだった。彼女は手紙で、どうしても仕事が必要で、かつてサービスを受けていたからという理由だけで差別はしないでほしいと書いてきた。

状況8

あなたはソーシャルワーク学科の学生で、最初の現場実習に出ようとしている。事前のオリエンテーションで、スーパーバイザーから、クライエントには自分が学生であることを告げるべきではないと指導された。学校側がトレーニング中のソーシャルワーカーにその身分をクライエントに明かすように求めていることはわかっているのだが、クライエントに告げないのはスーパーバイザーである彼女の意向であり、同時に機関のポリシーでもあるのだと言う。スーパーバイザーは、学生であると告げることは、クライエントのサービスに対する信頼感を弱め、また、機関がサービスの料金を請求する際に問題が生じるのだという。

状況9

あなたがソーシャルワーカーとして勤務する高校には、学生の健康と安全に関する厳格な規則が定められている。具体的には、避妊や安全なセックスの方法については、尋ねられても生徒に話してはならないと規則で定められている。のみならず、このような方法について教えてくれそうな人に紹介することも許されていない。このような問題や疑問を持つ生徒については、両親あるいはホームドクターのみに委ねなければならないと指示されているのだ。

■基本的価値を実行に移す技術の向上のための演習問題

あなたが現場での具体的な実践において、ソーシャルワークの基本的価値を実行に移すための技術を開発できるよう支援するために、演習問題と模範的受け答えを多数用意した。それぞれを読んで、状況と密接な関係があるのはどの価値かに注意してほしい。記憶を呼び起こすために下に価値を記載しておく。

1. ソーシャルワーカーは、クライエントが必要な資源に当たり前にアクセスできるよう支援することで、人に対するサービスと社会正義への関与を重んじる。
2. ソーシャルワーカーは人間の固有の尊厳と価値を重んじる。

3．ソーシャルワーカーは人間関係を最大限に尊重する。
4．ソーシャルワーカーはインテグリティをもって行動する。
5．ソーシャルワーカーはコンピテンスをもって実践を行う責任を負う。

次に、自分がクライエントに対するサービス提供者であると仮定し、関連するソーシャルワークの価値を実行に移す受け答えを考えてほしい。それぞれの演習が済んだら、あなたの受け答えを、問題の後に載せてある模範的受け答えと比較してみてほしい。模範的な対応は、多くの実施可能で許容できる受け答えのうちの一つに過ぎないことに留意しながら、それを分析し、自分の受け答えと比較してほしい。同時に、口調は、効果的で一貫したコミュニケーションのための重要な要素であることを覚えておいてほしい。下の模範的受け答えが、例えば、思いやり、ためらい、怒り、焦り、同情、親切心、うぬぼれなど、さまざまな口調でさまざまな感情を込めて話されるところを想像してみてほしい。どれが誠実に響くだろうか。どれがクライエントとの目的達成に資するだろうか。どれがクライエントの尊厳を大切にし、これを支えるという専門職上の価値に合致するだろうか。これらの演習問題のすべてに回答してみることで、あなたはダイレクトソーシャルワーク実践で遭遇する多種多様な困難な状況において、価値を行動に移す能力を向上させることができるだろう。

■クライエントの発言

1. **グループのメンバー**［初回グループセッションにて］：「私はこれから話すことが誰かに言いふらされたりしないと確信できない限り、本当に心を開いて自分自身のことを話すなんてことはできません。［ソーシャルワーカーに顔を向けて］そんなことがおこらないと、どうすれば信じることができますか？」

2. **矯正施設に入っている青年**［ソーシャルワーカーが自己紹介をした後で］：「つまり、あんたは俺を助けたいと。じゃあどうすればよいか教えてやるよ。この糞みてーなとこから俺を出してくれりゃいいんだよ。それだけだ」

3. **21歳の女性のクライエント**［メンタルヘルスの実践者に対して］：「ええ、習慣を絶ち切るってことはある意味勝ちだと思うわ。でも、自分の人生を振り返ってみて、自分に生きがいみたいなものがあるんだろうかって思った。家族には見捨てられ、数え切れないほどの腐った奴らと金で寝てきた。クスリのためよ。3回も性病になった。私が人に何を与えないといけないの？　私の人生なんて腐りきってるのよ」

4. **10代の男性**［矯正施設のグループセッションで］：［靴を脱いでだらしなく椅子に座っている。その足はひどい臭いを放っている。他のメンバーは鼻をつまみ冷笑的なことを言う。男性は防衛的に反応する］「おい、ガタガタ言うな。気持ち悪い奴らだ。靴を脱ぐくらい何だっていうんだ」

5. **女性**［家庭カウンセリングセンターでの初回面接にて］：「私の結婚生活に関する問題につ

いてお話しする前に、あなたに伝えておかないといけないわ。私はセブンスデーアドベンディスト派なの。私の教会について何か知っていますか。結婚生活の問題の多くが、私の信仰に関わることだから尋ねているんだけど」

6. 女性のクライエント［6度目の面接で］：「頭がおかしいと思われるかもしれないけど、先週からずっと考えていたの。あなたは一人の人間としての私にはあまり関心がないんじゃないかって。私はあなたにとって、分析したり記録したりする対象に過ぎないんじゃないかと感じるのよ」

7. 10代の女性［居住型療養施設にて、禁制品を所持しているのをスーパーバイザー兼カウンセラーに見つかった。］：「ウィルソンさん、お願いだから報告しないで。最近は前よりマシになってるの。もう十分学んだわ。私のことはもう心配しなくていいの。麻薬に手を出すことはもうないから」

8. クライエント［初回面接でソーシャルワーカーがメモを取るのを見て］：「あなたが何をメモしてるのか知りたくてたまらない。俺のこと、頭がおかしいと思っているんだろう。この面接が終わったら、そのメモをコピーさせてもらっていいか」

9. 男性の仮出所者。27歳。詐欺師だとの噂がある［週に一度の義務で保護監察官を訪問した際に］：「おお、あなたは成功されているんですね。すばらしいオフィスだ。いや、つまりは、あなたがそれだけの人物だということですね。奥さんもお子さんも素敵なんでしょうね。あの写真がそうですか？」

10. 女性のクライエント。34歳［3度目の面接にて］：「今、ひどくピリピリしてる。緊張したときの胸が締めつけられるような感じ。［中断］この面接から何かを得たいのであれば、お話ししないといけないようですね。［躊躇して］結婚生活の問題について、お話しましたよね。ジャックは知らないのだけど、私には好きな女性がいるの。［顔を紅潮させて］努力したの。本当に努力したのよ。だけど、どうしてもジャックに対しては魅力を感じることができなかったの。他の女性のことを考えながらでないと、セックスをするのも耐えられないの。ジャックは自分に原因があると思っているようだけど、彼のせいじゃないの」［あごが震えている］

11. 保護観察中の黒人男性［白人のセラピストに対して］：「クソうぬぼれやがって。俺を助けたいだと？ そうはいくか。お前は黒人のことを何もわかっちゃいない。生きてさえいりゃもうけもんってとこで俺は育ったんだ。いったい俺の人生の何がわかるってんだ」

■回答例

1.「ジニーはよい指摘をしてくれました。これには他の皆さんも関心があると思います。個人的な感情や経験を、グループ内で安心してわかち合うためには、あなたたちのそれぞれが、

ここで語られたことを、絶対に口外してはならないということを理解しておく必要があります。私自身はここで得た情報を絶対に秘密にしておくと約束できます。でも、ジニーの質問に対する皆さんからの意見もうかがいたいです」

2．「もし私があなたの立場だったとしたら、同じことを求めていると思いますよ。実際に、それこそ私があなたに求めていることでもあるんです。でも、私もあなたも知ってるとおり、審査委員会は、あなたが外でやっていけると思うまでは、釈放してはくれません。私はあなたを外に出すことはできません。でも、あなたが協力してくれれば、あなたが釈放のための条件をみたすよう、あなた自身を変えるお手伝いをすることができます」

3．「あなたは自分を責めていますね。自分で悪いと思っていることを、あなたがたくさんやってきたとしても、私はあなたが麻薬をやめようとして、それを続けるためにしてきた努力に心を打たれます。それは正しい方向へ歩み出すための大きな一歩なのです。あなたが抱いている自分の過去に対する嫌悪感によって、現在のあなたの歩みが邪魔されないようにするにはどうすればよいのでしょう」

4．「グループとして私たちに必要なのは、ジムを笑いものにすることではなく、彼の役に立つフィードバックを与えることだと思います。今、何が起きたのかについて話をしましょう。ジム、まずはあなたから、グループの皆に、今何を感じているのか話してくれますか？」

5．「正直に申し上げて、私はあなたの宗教についてほとんど知りません。そんな私があなたの問題を正しく評価できるか、あなたは不安になるかもしれませんね。あなたが私に力を貸してくれるのなら、私はあなたの信仰について理解するように最大の努力をすることを約束できます。だけど、一番大事なのは、あなたがそれで安心できるかということです。このような状況で、ご自身の問題を私と共有することについてどう思われますか」

6．「私が個人的に、あなたという人物に関心がないと感じておられるのなら、それはつらいでしょうね。あなたと一緒に、この点をもう少し掘り下げてみたいと思います。なぜなら、それは私があなたに対して感じていることとまったく違っているからです。私があなたにどのような印象を与えてきたのか、そしてあなたがなぜ、そのような結論に至ったのか、少し話し合ってみましょう」

7．「ジョイ、あなたがその困難さゆえに、薬との関係を絶てていなかったのは残念です。あなたがごたごたに巻き込まれるのを見るのはつらいけど、私には選択の余地がないのです。私はこの件を報告せねばなりません。あなたのことを報告しなければ、私は規則に違反することになります。長い目で見たとき、それはあなたのためになりません。率直に言うと、あなたが本当に規則を守るようになったと確信できるまで、私はあなたのことを心配し続けるでしょう」

8．［小さく笑いながら］「私が何を考え何を書いているか不安になっても、全然おかしいこと

ではないですよ。私が書いているのは、私たちが話したこと。あなたが私に言ったことは大切だから、後から思い出せるように、メモを取っているのです。見たければ見てくれてもいいですよ。実際、私にどんなふうに思われていると感じて不安になったのか、もう少し聴かせてもらえると嬉しいです」

9．「事実、そのとおりですよ。妻も子どもたちも本当に素晴らしいです。でも、今日来てもらったのは、あなたのことを話すためです。レックス、あなたの就職面接がどうなったのか聴かせてもらえますか」

10．「その秘密を胸にしまっておくことは、とてもつらかったのですね。私があなたを非難すると思ったかもしれないけれど、その話をしてくれたおかげで一緒にそれに取り組むことができて、私は嬉しいです。大変な勇気が必要だったでしょう。私はそれに敬意を表します」

11．「黒人として生きるということ、そしてあなたの近隣での生活について、すべて理解できると言ったら嘘になるでしょう。そして、私がうぬぼれているように見えたら、それについては申し訳ないと思います。私はあなたに関心がある。そしてあなたの生活について、もっと理解したいのです」

注
1．相互に目標が見定められ、援助関係における役割が明らかになったら、実践者はアドバイスを与えることをためらう必要はない。なぜなら、実践者の専門性と情報は、変化を目指す努力の妨げになることもあれば、正しい方向に導くこともあるからである。重要なのは、アドバイスを与えることをクライエントを支援するための主要な方法とすべきではないということである。
2．秘匿特権付き情報とは、司法手続において、クライエントが証言台で自身の秘密が公にされることを防ぐ法的権利である。秘匿特権付情報を認める法規において、特定の専門職従事者は、守秘義務を伴う関係を背景として打ち明けられた情報の開示を、法的に強制されることを免れる。

第2部

探索、アセスメント、計画

この本の第2部では、援助プロセスの第一段階の進め方と技術について記述する。
第5章では、文脈を設定したり、クライエントとの効果的な協働関係を構築するための技術を展開したりすることからこの探索を始める。これは、初回面接の2つの主たる目的のうちの1つである。
第6章ではもう1つの重要な目標、すなわちクライエントが抱える困難がどのようなものかを徹底的に探すための技術に焦点を移す。
第7章では、効果的な協働関係の発展を妨げる言語的コミュニケーション、あるいは非言語的コミュニケーションのパターンを特定する。
第8章と第9章では、具体的なアセスメントの進め方に焦点づける。
第8章では、アセスメントの過程、情報源、クライエントの問題の描写、過程の中で問うべき質問について解説する。
第9章では、エコロジカルな視点によるアセスメントのさまざまな側面に焦点を当てる。具体的には個人内システム、対人システム、文化システム、環境システムについて説明し、これらが互いに絡みあうことで、問題が発生し、維持されることについて述べる。
第10章では家族システムに焦点を絞る。さまざまなタイプの家族構造について論じ、家族の機能を評価する際に検討しなければならない家族の対人的背景など家族システムの特徴について考察する。
第11章ではグループに焦点を移す。ここでは、グループの目的、メンバーの選択、必要な準備作業、グループの過程を開始する方法に焦点を当てて論じる。さらに、グループの機能を評価する際に考慮しなければならないさまざまな要因にも目を向ける。
第2部の最後、第12章では、自発的なクライエントと法の強制によるクライエントに対し、それぞれどのように目標を設定し契約を結ぶかについて扱う。本章には、これらの過程に取り組むための理論、技術、ガイドラインが記述されているが、これらは目標達成に向けた過程の土台となるものである。

第5章

コミュニケーションの確立
——共感的でオーセンティックなコミュニケーション

本章の概要

　介入は、多様な理論に基づいて実施されるが、成功した介入における改善の要因を調べると、そのおよそ70%を占めていたのが、ワーカーとクライエントの人間関係および治療上の協力関係において普通に見られる要素だった（Wampold, 2001, p. 207 ; Lambert & Ogles, 2004 ; Drisko, 2004 ; Norcross & Lambert, 2006）。治療の成果に関する調査によると、クライエントの改善は次の4つの要素によって大部分が説明されるという。すなわち、クライエント側の要因または治療外の要因（40%）、関係性に関わる要因（30%）、プラシーボ効果、希望、期待といった要因（15%）、そしてモデルや技法に関わる要因（15%）である（Duncan & Miller, 2000 ; Hubble, Duncan, & Miller, 1999 ; Adams et al., 2008）。この結果をみるとクライエントの改善に関わる成果の半分近くが、なされた治療のタイプによるのではなく、ソーシャルワーカーが身につけるべき基本的な技術と能力に依拠しているのである。

　ソーシャルワークにおける関係性は、文脈の中で展開する。第5章では、ミクロレベルのダイレクト実践の技術をいかに身につけ、クライエントを支援するという文脈でこれをいかに応用するかについて検討する。面接は、クライエントになる予定の者、ソーシャルワーカー、そしてソーシャルワーカーの所属機関という設定の間でなされるコンタクトの、予測可能な各種要因を反映する構造に従って行われる。すなわち、面接の開始時においては、まず、各々が役割に慣れ、法律上および倫理上の限界と境界を確認し、ラポールの構築に向けた努力をすることに焦点が置かれる。この点から、ソーシャルワーカーは、クライエントがソーシャルワーカーの所属する場や機関を訪ねることになった理由を把握するためにクライエントを必要とする。こうして協働して探るという活動を土台として、次にソーシャルワーカーとクライエントは、クライエントの問題に取り組むためにどんな試みをなすべきかについて契約あるいは合意を形成し、この事例についてソーシャルワーカーの実践を方向付ける目標を設定するために話し合う。クライエントとのコンタクトが一度の面接で終わらない場合には、ソーシャルワーカーとクライエントは、協働作業を進展させるために、各々が次回面接までにしておくことについて課題または具体的計画を取り決めて、その面接を終える。この面接の構造は、ソーシャルワーカーが、共感的で、アサーティブかつオーセンティックな（本物の）コミュニケーションを用いてクライエントと交流するために考えられた実践技術と一体となって維持される。

■参加者の役割

　クライエントは援助プロセスについての理解が乏しいため、彼らの期待するものが、ソーシャルワーカーの期待とかけ離れている場合がある。残念なことだが、このようなクライエントとソーシャルワーカーの期待の食い違いが、援助プロセスを阻害する場合がある。認識されていない期待の食い違いが不満の原因となり、中産階級よりも下層階級のクライエントとのセラピーにおいて援助関係が短期で打ち切られる割合が高いことが、2つの古典的な研究成果（Aronson & Overall, 1966；Mayer & Timms, 1969）により明らかにされている。初回面接の後もクライエントがソーシャルワーカーとのコンタクトを続ける可能性を高めるために「役割導入面接（role-induction interview）」を用いることの効果が、ホーン－サリッチら（Hoehn-Saric and colleagues, 1964）により立証されている。この研究では、特に事前準備をされなかったクライエント群と比較して、役割導入の準備があったクライエントたちの方がコンタクトを継続する可能性が高く、治療もうまくいった。コーデン（Kooden, 1994）は、ゲイである男性セラピストが、自己開示を通じて、いかにしてゲイの青年の社会化のためのモデルとなり得るかを示した。さらに、法の強制によるクライエントとのワークについて論じた複数の文献が、ワーク関係を発展させるためには、実践者とクライエントの役割を明確にすることが重要であることを強調している（Rooney, 2009；Trotter, 2006）。

　以下に紹介するガイドラインは、役割の明確化において同様の肯定的な成果を得るために役立つだろう。

1．「クライエントの期待を見極めること」

　クライエントたちはさまざまな期待を抱いて初回面接に参加する。例えば、解説、魔法のような解決策、助言の提供、家族の誰かの変化、等々である。クライエントが、民族的少数派に属していて、専門家との援助関係の経験がない場合、クライエントの期待を慎重に調べ、必要に応じてソーシャルワーカーの役割を修正することが不可欠である。

　クライエントは、ソーシャルワーカーに促されなくても、自らの期待を明確に話す場合もある。例えば、ある母親は、息子が引き起こした問題について語った後に「息子と話をして、自分がどれだけ私たちを傷つけているか、わからせてやってほしいのです」と言った。母親の「希望」には、ソーシャルワーカーによる特定の行動が含まれることに注意してほしい。このような形でクライエントが自らの期待を自発的に表明する場合、非現実的な目標を取り扱う好機を得られたといえる。しかしながら、クライエントが自らの期待を率直に話さず、あなたがクライエントから期待を聞き出さなければならない場合の方が多い。クライエントにとっては、希望について語ることが、最大級の親密さを要する告白である場合が多いため、ラポールが形成できるまでは、クライエントの内面に深く立ち入って聞き出そうとしないことが重要である。

　こういったことから、あまりに時期尚早に自己開示を求めることは、クライエントを防衛的にしてしまう可能性がある。そこでソーシャルワーカーは、クライエントが自らの問題について報告するための機会、そしてソーシャルワーカーのセンシティブな理解力と善意を知るための機会を十分に得た後、しばらく時間が経過してから、面接の自然な流れの中に織り込む形で、クライエントの期待について調べるようにすべきである。

もし自発的なクライエントがいまだ自発的に希望を明らかにしていない場合、機が熟したと感じたときに次のような質問をすることで、これを引き出すことができる。
- 私（または機関）が、どのようにあなたを支援する（または助ける）ことを期待（または希望）していますか？
- ここに来ようと考えたとき、あなたが思い描いていた援助は、どのようなものでしたか？

紹介あるいは強制によりサービスを受けることになったクライエントになる可能性のある人は、自らサービスを求めたのではないので、実践者は、彼らがサービスの申し出を受け入れることに伴い、どのような変化が起こる可能性があるのかについて、説明が必要になる場合が多い。

> ◇事例『故郷へ帰る』では、子どもと家族への支援に関する民間施設の実践者であるドロシーと、仕事での働きぶりに問題があるとして雇用主から紹介されてきた、ヴァレリーという名の先住アメリカ人のクライエントの例が示されている。ドロシーは、クライエントであるヴァレリーが秘密保持についていくつもの懸念を抱えており、ヴァレリーが支援の申し出を受け入れるかどうかを検討する前に、まずこの懸念を取り扱うことが必要だと気付いた。このような状況では、多くの場合、次のような働きかけでクライエントの懸念を引き出すことが有効だろう。
> - 「これまで、あなたがここでの支援を受けるように紹介／要請された事情について一緒に考えてきました。ですが、私が知りたいのは、あなた自身がこのプロセスで何を期待するかなのです」

2.「援助プロセスの本質を簡潔に説明し、クライエントとソーシャルワーカーの関係をクライエントの問題解決を求めて協働するパートナーと定義すること」

クライエントはしばしば、ソーシャルワーカーが即座に実行可能な助言を与えてくれて、それによりすぐに問題が解決することを期待している。あなたが実際にどのように彼らの助けになることができるか、また、彼らの問題に対してこのような「魔法の薬」的な方法で対処することが有益でない理由を明らかにすれば、クライエントはさほど落胆することもなく、このような非現実的な期待を捨て、より現実的な理解を受け入れるだろう。実行可能な最良の解決方法をクライエント自身が見いだせるように手助けしたいという意思を伝え、時期尚早な助言の提供はクライエントのためにならないことを明確にしておくことはとても重要である。このような説明をしておかないと、クライエントは、あなたが期待に応えようとしたがらないのは自分への関心がないからだという誤った結論を出す可能性がある。事実、メイヤー＆ティムズ（Mayer and Timms, 1969）の研究によれば、対人関係の問題について受けた支援に不満を覚えたクライエントは、カウンセラーが具体的な助言をできなかったのは、クライエントへの関心や援助したいという意欲が足りないからだと考えていた。このように、十分な時間をかけてクライエントの期待を探り、どのように援助できるかを明確にすることで、クライエントが思い込みに基づく否定的な結論を下し、時期尚早に関わりを中断してしまう可能性を防ぐことになる。

ここで注意してほしいのは、私たちはクライエントに助言することの価値を否定しているのではないということである。むしろ、私たちが言いたいのは、効果的な助言を行うためには、問題についての力動とその問題の渦中にある当事者たちについての力動に対する十分な知識が基礎に

なければならないということである。初回面接のみを通じてこのレベルの理解に達するとは考え難いのである。

以下のようなメッセージを伝えることで、多くのクライエントに非現実的な期待の修正を促し、各々の役割を明確にすることが可能になる。

- 「急いで問題を解決したいと思う気持ちはわかります。私の助言で簡単に問題が解決するなら何よりですが、実際には不可能です。おそらく、すでに多くの助言を受けてこられたのではないでしょうか？助言するだけなら簡単ですからね。でも、私の経験から言わせてもらうと、ある人（カップルまたは家族）にとって有効な助言が他の人にとってはまったく効果がないということもあり得るのです」
- 「思うに、私たちは協力してたくさんの解決方法について検討し、それらの選択肢の中から、あなたが自分に合っていて現在の状況に適した解決方法を選び出す、という作業をする必要があるようです。長い目で見ればそれが一番あなたのためになると思います。でも、本当に正しい解決方法を見つけるためには、それなりの時間を使って、十分に考えなければなりません」

以上のような役割の明確化には先に述べた以下の重要な要素が含まれる。(1)クライエントが抱く非現実な期待と焦りを認め、それに共感を示すこと、(2)ソーシャルワーカーの援助しようとする意思を表現すること、(3)クライエントの非現実な期待を満たすことができない理由を説明すること、(4)ソーシャルワーカーによる専門的意見の一部として、援助プロセスを明確にしたうえで、クライエントが積極的にプロセスに参加し、自らの行動方針を最終的に決定する責任を負うという形での協働関係を定義すること。

カップルが互いの関係に関する問題について支援を求めてきた場合、もとを正せばこの困難の原因は相手側にあるとし、カウンセラーが相手に行いを改めるよう働きかけてくれるだろうという非現実的な期待を抱いているのが常である。このような期待が広く浸透しているため、ソーシャルワーカーは、初回面接（個人面接か合同面接かを問わず）の早い段階で相手側への期待を引き出し、自分の援助者としての役割を明確にする場合が多い。これによりその後の探索をより生産的なものにするための準備を整えるのである。面接の早い段階で援助プロセスを明確化すると、相互に非難し競い合いがちな双方の傾向が少なくなりやすい。さらに、ソーシャルワーカーがカップル間の「非難合戦」に巻き込まれることを拒否し、その代わりに問題に対する双方の寄与を自覚するよう促すことに焦点づけても、これに対し防衛的に反応することが少なくなる。

◇事例『帰省』では、実践者が基本原則をいかにして示し得るかが実演されている。

> ソーシャルワーカー：「カップルでの面接をお二人にとって有益なものにするために、基本原則を示させてください。私はここを安心できる場所にしたいので、ここで語られたことは原則として外には漏らしません。ただし他者に深刻な危害を与えるような内容が語られた場合は例外です。自殺やエイズの感染などがこれにあたります。私はあなた方の問題に関して、どちらかの味方になるつもりはありません。お二人がそれぞ

> れご自分の思いを語りやすくするためにレフェリー役を演じると思ってください」

　この引用にはクライエントの役割のもう一つの側面が示されている。それは、感じたことや考えたこと、あるいは実際に起こったことを共有するために率直に表現することである。率直さを求める理由を説明し、コミュニケーションしようとする意思をあなた自身が率直に表明することで、クライエントは率直さという要素を受け入れやすくなる。クライエントの役割のこの側面に目を向けさせるためには、以下のように明確に述べることを心がけるべきである。

　ソーシャルワーカー：「あなたが最大の利益を得るためには、私に対してできる限り率直であることが必要です。つまり、感じたことや考えたこと、経験した出来事などが問題をはらむものであっても、隠さず打ち明けてほしいのです。あなたが率直に、そして正直に話してくれるならば、私はあなた自身のことやあなたの困っている問題を理解することができるでしょう。考えていること、感じていることについて知っているのは、あなただけなのです。あなたが話してくれた分だけ、私はそれを知ることができるのです。
　考えたことや感じたことを打ち明けるのをつらく感じることもあるでしょう。でも、まさにそれこそが、何よりも私たちを困らせる感情なのです。あなたが何かを心に秘めてしまったら、それは期待はずれな結果を招くことになるかもしれないということを思い出してください。打ち明けるのが難しいと感じることがあれば、私にそう言ってください。あなたの中で起きていることについて、すなわち、打ち明けるのが困難な理由について話し合うことで、それを打ち明けることに伴うつらさをやわらげることができるかもしれません。
　私もあなたに対して率直かつ正直でいます。もし何か質問があったり、私について知りたいことがあれば、尋ねてください。私は率直に答えます。すべての質問に答えることはできないかもしれませんが、そのときはなぜお返事できないかについて説明します」

　援助プロセスへのクライエントの参加意識を高めるために、次回面接までの間に自分で困難に取り組むならば、さらに進展が期待できると強調することも重要である。変化の大部分は面接の中で生じることに起因すると誤解しているクライエントもいる。実際には、面接の内容そのものよりも、クライエントが面接で得た情報をいかに応用するかの方がはるかに重要である。以下のメッセージは、このクライエントの責任という側面を明確にするものである。

　ソーシャルワーカー：「私たちはあなたの目標達成に向けてできる限り速く進めていきたいと思っています。あなたが自分の進歩を加速させる方法の一つは、面接と面接の間に、問題に一所懸命取り組むことです。それはつまり、あなたが同意した課題を実際に行ってみることであり、面接で話し合ったことを日常生活の中で応用してみることであり、考えたことや感じたこと、経験した出来事を、心に刻んでおいたり書き残したりすることです。そうすることで、次回面接で一緒にこれらのことを検討することができるでしょう。実際のところ、目標を達成するためには、面接そのものよりも、次の面接までの時間にあなたが何をするかの方が重要なのです。私たちが一緒に過ごすのは毎週ほんの短い時間だけです。次の面接を待つ残りの時間は、あなたにとって、一緒に話し合い、計画したことを応用する機会となるのです」

さらに、クライエントの役割のもう一つの側面は、面接の約束を守ることである。この要素は言うまでもなく自明のことであるが、予約時間について話し合うことはクライエントの責任を強調し、約束の時間に来られなかったり予約をキャンセルしたりする原因となりうる障害に対して前向きに対処する心の準備をさせることになる。以下のようなメッセージがクライエントの役割のこの側面を明確にする。

> ソーシャルワーカー:「一緒にワークに取り組む上で、あなたが面接の約束を守ることはとても大事なことです。もちろん、病気のような不測の事態が起きることもありますから、そんなときは予約の変更も可能です。でも、それ以外の場合にも、あなたはやる気を失ったり、ここに来ることに意味があるのかと疑問を持ったりするかもしれません。私の言動に気分を害して、私に会いたくないと思うかもしれません。私は、敢えてあなたを傷つけるような言動をとることはありません。それでも、あなたが私に対して不愉快な感情を抱くことはあり得ます。大事なのは面接の約束を守ることです。落胆したり腹が立ったりしたなら、それについて私たちは話し合わなければならないからです。それが簡単でないことはわかっていますが、そうすることが、あなたにとって、手に負えずにいる自分の感情にうまく対処することに役立つのです。予約の機会を失うことになれば、面接に戻ってくることをより難しく感じるでしょう」

> ◇逆に、例えば、紹介されてきたクライエントの場合、実践者はクライエントになる可能性のある人が次回の面接にも来るつもりでいるとは考えないほうがよい。例えば、事例『故郷へ帰る』の中で、実践者であるドロシーは面接の終盤で次のように言っている。
> 「次の面接に来る決心がついたら、そこでは、あなたが直面しているすべての困り事を細かく分けた上で、あなたが一番重要だと思っているものから、一つずつ検討していきましょう」

ソーシャルワーカーにとっての最後の課題は、変化のプロセスには困難がつきものだということを強調することである。この現実を明らかにすることで、クライエントが後に必ず味わうことになる複雑な感情に対して、より深い心構えを持たせることができる。援助プロセスの初期においてこのような困難を強調しておくならば、クライエントは複雑な感情や経験に屈服したり敗北感を味わったりすることなく、乗り越えなければならない当然の障害として考えることができるだろう。予測可能な困難については、次のように言葉で説明することで、援助プロセスで生じる浮き沈みを伴う移り変わりを明らかにすることができる:

> ソーシャルワーカー:「私たちはあなたが達成したいと望む目標について話をしてきました。これを達成することは簡単ではありません。変化するということは、困難で時に痛みを伴う闘いを避けては通れないものなのです。変化することを求めるならば、うまくいく時期も、つらい時期もあるでしょう。このことを理解しておけば、落胆したり、白旗を揚げて降参したいと思ったりすることはなくなるでしょう。悲観的になれというのではないのです。実際、私はあなたが目標に達することに関してとても楽観的です。ただ同時にそれは簡単なことではないから、あなたに誤解させたくないのです。重要なのは、あなたが感じることを分かち

合って、共に感情をうまくコントロールしていくことなのです」

　何年にもわたって、数多くのクライエントが、最初の面接で、そのような説明を受けることができてよかったと振り返って報告している。彼らは、道のりが険しくなり、目標の追求に迷いを感じはじめたとき、このような落胆を感じるのは当然なのだということを思い出し、関わりをやめてしまわずに、耐え抜く決意を奮い起こしたのである。

　クライエントの役割を明確化するだけでなく、あなた自身の役割を明確にすることも重要である。クライエントが自らの問題をよりしっかりと理解できるよう手助けをすることで、あなたはパートナーになるのだということを強調しておきたい。あなたはクライエントを外側からよく見渡せるところにいるのだから、クライエントが新しい視点から自分の困難を眺められるように手助けすることができ、それまで見落とされていた解決方法を検討することもできるのだ。そして、あなたが改善に向かうための活動の可能性について積極的かつ熱心に考えるパートナーであるのは確かだが、最終的な決定権はクライエントにあることを、さらに明確にしておきたい。あなたはクライエントが複数の選択肢を比較検討する際に力を貸すが、あなたが望むのは、クライエントが自らのストレングスを発達させるところを見ることであり、自立的に活動する力を可能な限り十分に発揮する姿を見ることである。さらに、クライエントが自らのストレングスと着実な成長ぶりに目を向けられるよう支援を計画することを強調しておこう。あなたは援助プロセスの初期段階において積極的にこの機能を果たそうとするだろうが、同時にクライエントが自らのストレングスに気づき、自立した形で成長できると学ぶように励まし続けるだろうと強調しておきたい。

> 　◇事例『ごねる人への支援』で、ソーシャルワーカーのロン・ルーニーは、突然異動することになった他のソーシャルワーカーの仕事を引き継ぐことになった。クライエントのモリーは、長く重症の精神疾患を抱えている。面接時間の大部分が、前任者の突然の異動により崩壊した信頼関係の修復のために費やされている。こうした状況を引き受けたくはないが、よくあることであるので、対処するためのモデルを準備しておくことが大切である。このソーシャルワーカーは自らの役割について、モリーが自分で選んだコミュニティの中で支障なく暮らせるだけの支援を受けるプランをもつ手伝いをすることだと言う。

　あなたがクライエントに対して明確にしておくべき援助的役割のもう一つの側面がある。それは、クライエントが目標達成への努力の中で対峙する障害の予測に力を貸したいという意図と、このような障害を乗り越えるための方略を立てる手助けをしたいという意思である。あなたの役割の中のこの側面を明示することで、変化を遂げることは容易ではないという現実と、それでもあなたが常にクライエントと共にいて、背後からクライエントを支え、方向を示すという考え方をさらに強化することになる。どの家族もそれぞれ独自の状況に直面しており、それぞれに異なる価値観を持つことをあなたは知り、これらの価値観と状況をクライエントの視点から理解することが自分の仕事なのだと気づくだろう。あなたはそのとき初めて、クライエントにとって実行する価値のある計画を立てられるよう、クライエントの手助けをしようと思うだろう。

　ソーシャルワーカーが、強制的な設定で潜在的なクライエントとの間に生産的な協働関係を構築するためには、いくつかの特有の障害を克服しなければならない。強制的に連れられてきたク

ライエントは自ら求めて接触を持ったわけではないので、自らの利益に反するととらえている場合が多いからである。以下の会話で、よい協働関係への期待を養うためにソーシャルワーカーがどのように話を始めるかを見てほしい。

> クライエント：「前のワーカーのことが好きじゃなかった。家に上がりこんできて、あれはしていい、これはしちゃだめとか言ってきたからね。私は他人から、自分の子どものことでつべこべ言われるのが大嫌いなのよ」
>
> ソーシャルワーカー：「前のワーカーとは不愉快な経験だったということですか」
>
> クライエント：「ええ、そうよ。あれをしなさい、これをしなさいなんて指図されるのは、とにかく気に入らない」
>
> ソーシャルワーカー：「では、違うやり方でいきましょう。だって、私はすべてをわかっているわけではないですから。あなたの家族やあなた自身の人生に起こっている状況について一番よく知っているのはあなたです。あなたが気に掛けている問題について教えてほしいですし、問題を一緒に解決するためにはどうするのが一番よいか、あなたに話してほしいのです」
>
> クライエント：「ええ」
>
> ソーシャルワーカー：「あなたと一緒にケースプランという個別の計画を立てることが私の仕事になるでしょう。私は『これをしなさい』なんていうつもりはありません。あなたにはそこでの決定事項に対して提案をして、『うん。これならできそうだ』と言ってほしいのです。私は何に取り組むか、どんな方法でやるかについて決める際、あなたと考えを共有したいと思っています。裁判所に命じられた義務、例えば面接を受けることなども、契約の中には組み込まなければなりません。それでも、私たちが何にどう取り組むかについて、たくさんの意見を出してほしいのです」

ソーシャルワーカーは、前任者に関して述べたクライエントのコメントを、後任である自分との関係がいかなるものになるのか探りを入れているものと解釈した。ワーカーは自分の役割を説明し、自らにとって重要な目標に取り組むために、クライエントに何ができるかについて明確かつ具体的に示した。

■インフォームドコンセント、秘密保持、機関の方針について話し合う

ソーシャルワーカーとクライエントの出会いの背景には、常に限界と可能性と権利が存在する。これに関して、ソーシャルワーカーは第4章で論じたコミュニケーションに関する権利と限界についてクライエントに伝えなければならない。すなわち、秘密保持とその限界について話し合い、インフォームドコンセントを確認し、機関の方針や法による限界について話をする必要がある。先ほどの事例のソーシャルワーカーが、この課題についてどのように提案していくかを見てみよう。

> ソーシャルワーカー：「あなたが私に話すことを、私が他所で話すことはないと言っていいでしょう。ただ、私は上司には、あなたとの会話について話すことになります。また、ある状

況が生じた際には、私はあなたとの会話を人に話さざるを得ない場合もあります。例えば、あなたが他者に重大な危害を加えるおそれがある場合、私には通告する義務が生じるためにその情報を自分の中に留めておくことは許されないのです。例えば、あなたのお子さんが危険な状態にある場合、私には報告義務が生じ、そのことを外部に伝えなければなりません。同じく、あなたが自分自身をひどく傷つけようとするような場合も、そのことを外部に話さなければなりません。さらに、裁判官は召喚礼状を発することによって、あなたと私でやってきたことの概要を知ることができます。以上について、何か質問はありますか？」

面接初期でのこの秘密保持とその限界に関する説明の部分においては、ソーシャルワーカーは、話し合いの中にインフォームドコンセントの精神が盛り込まれるように、クライエントが容易に理解できる言葉で話をすることが重要である。この話し合いの内容の細かい部分は、あなたのおかれている設定によって異なる。こうした義務事項を真摯な姿勢で伝えることが大切なのであって、インフォームドコンセントの精神をないがしろにして、体裁だけを整えた書面を儀式のように示すだけで済ませてしまってはならない。多忙な機関における実践では、この原則が守られないこともある。共有する情報の内容や共有方法について、どうすることがクライエントのためになるのか、スーパーバイザーと議論するとよい。

> ◇事例『故郷へ帰る』で、実践者のドロシーと先住アメリカ人のクライエントであるヴァレリーは、映像の最初の数分間で秘密保持の限界について話し合っている。ヴァレリーは、この支援の場を紹介したドロシーのスーパーバイザーに対して今回の面接の内容がどのように報告されるかを気にしている。加えて、彼女はドロシーの児童福祉に関する報告義務について心配していた。夏の間、10代の娘に下の子どもたちの面倒を見させていたからである。この事例は、自分の意志ではまったくない状況に他者によって紹介されてきたクライエントの場合、事態はいかに型通りにいかないかを示している。

■促進条件

ソーシャルワーカーはクライエントとの生産的なワーク関係構築のためにブロックを積み上げるように、コミュニケーションスキルを用いる。本章では、援助関係の促進条件あるいは中核的条件と呼ばれるものの中に含まれる3つの技術のうちの2つに焦点を当てる。これらの条件または技術はもともとカール・ロジャーズ（Carl Rogers, 1957）が、共感、無条件の肯定的関心ならびに自己一致と呼んだものである。その後、他の用語が導入され、私たちはこの条件を共感、尊重、支配的でない温かさ、ならびにオーセンティシティまたは純粋性と呼ぶ。私たちは支配的でない温かさについて第4章で詳しく論じるので、ここでは共感とオーセンティシティに焦点を絞って論じる。

（主に心理学の）研究結果が、これら3つの促進条件が肯定的な成果につながることを示してきた。さらに、ソーシャルワーカーによってなされた研究（Nugent, 1992）でも、これらの条件には前向きな援助関係を促進する効果があることが見いだされた。このような理由から、ソーシャ

ルワーカーにとってこれらの技術を身に付けることは不可欠なのである。これらの技術は自発的に援助を求めるクライエントとの治療場面において特に役立つ。しかし、私たちは、法の強制によるクライエントとの関係においても、例えば退院計画のような、セラピーが第一の焦点とならないその他の状況においても、促進条件がブロックを積み上げる役割を果たすことができることを示そうと思う（Bennett, Legon, & Zilberfein, 1989）。

■共感的コミュニケーション

　共感的コミュニケーションを行うためには、正確かつ敏感にクライエントが内側で感じていることをソーシャルワーカーが、受け取り、この感情についての理解を、その時クライエントが体験していることと調和した言葉で伝える能力が必要とされる。つまり、共感の第一の側面である共感的認識は、第二の側面の前提条件となっているのである。第二の側面とは、クライエントの内的経験に対して理解している感情を、ソーシャルワーカーが正確な反射を用いて応答することである。

　共感的コミュニケーションは、援助関係を涵養し維持する役割と、ソーシャルワーカーがクライエントにとって情緒的な面で重要性と影響力を持つ存在になることで人生を生き抜く手段を提供する役割を果たすという点で重要である。法の強制によるクライエントが、援助関係を自ら求めていないという義務的な状況では、共感的理解を伝えることによって、クライエントの恐れ怯える気持ちのレベルを下げ、その防衛的姿勢を和らげる。さらに、共感的な理解を伝えることは、ソーシャルワーカーのクライエントへの関心と、支援したいという意思を伝え、クライエントの行動に変化を起こすことを促進する雰囲気を作り出す。これに加えて、活用しうる資源や機会に制限のある環境で生活しているクライエントは多いので、ソーシャルワーカーが問題の背景に存在する社会経済的文脈に対して共感を示すことは、クライエントの個人的経験に対する共感を助けるものとして重要である（Keefe, 1978）。

　クライエントの感情に対応する際、ソーシャルワーカーは、真の感情を隠すためにそのクライエントが習慣的に用いる取り繕いや見せかけの態度に騙されないようにしなければならない。つまり、共感的コミュニケーションを行うならば、例えば「あーあ、そんなの別にどうでもいいよ」とか「彼が何をしようが関係ないよ」などという取り繕った発言の根底に隠された感情の方に反応するであろう。このような発言は、往々にして、落胆や苦痛を隠そうとするものであり、孤独に苦しむクライエントが「誰も必要ない」と言ったり、耐え難い拒絶を受けたときに「誰にも私を傷付けさせない」と言ったりするのと同じなのである。クライエントと表面的に接している限り、ソーシャルワーカーは、彼らの個人的な論理や感情を、脆弱で愚かで不適切に思うかもしれない。しかし、実際に生活している中で経験しているクライエントの私的な世界の内奥へと入っていくためには、こうした個人的な解釈や判断を行うことは避けなければならない。

　共感的にクライエントの気持ちに沿うためには、クライエントが直接に示している感情を把握するだけではなく、相互伝達の探索プロセスの中でクライエントの心の奥底にある感情を見つけ出し、感じていることや行動に秘められたクライエントにとっての意味や個人的な重要性を発見することが必要である。このような隠された思いと意味に触れるためには、ソーシャルワーカーは言葉にされたメッセージだけでなく、表情や口調、しゃべる際のテンポ、姿勢や身振りなどの、よりかすかな手がかりに注意を向けなければならない。これらは言葉の意味するところを強める

場合もあれば、言葉と矛盾している場合もある。赤面する、泣く、沈黙する、どもる、口調を変化させる、歯を食いしばる、拳を握り締める、口をすぼめる、頭を垂れる、頻繁に姿勢を変える、などの言葉にならない非言語的手がかりを通して、苦悩に満ちた感情や思考といった思いが表現されている場合が多い。

共感的コミュニケーションにおいては、ソーシャルワーカーがクライエントの世界と経験を理解しようと試みるという意味で「相手の身になること」が必要になる。クライエントが不本意な紹介のためプレッシャーを感じている場合には、共感的なソーシャルワーカーであれば、このプレッシャーの存在とそれがもたらす感情に気づき、理解することだろう。同時に、ソーシャルワーカーはクライエントにとっての意味や、クライエントが感じていることの重要性を深く感じているときでさえも、クライエントの世界の外側に留まって、クライエントの恐怖や怒り、喜び、苦痛などに呑み込まれないようにしなければならない。「クライエントと共にある」ということは、ソーシャルワーカーがクライエントの感情的状態に強く意識を集中しながらも、同時に自らの視座を失わず、クライエントの感情にとらわれていない状態を意味するのである。

他者と同じ感情を自らも味わってしまう人や、他者のあらゆる経験から同じように影響を受けてしまう人は、共感的ではなく、通常同情的に反応しているのである。同情的に応じることは、感情的ならびに知的な同調の程度によって、相手の感じていることを支持することや、大目にみることなどが含まれる（例：「あなたの立場だったら私も同じように感じたでしょう」「あなたは正しいと思いますよ」）。これに対して、共感的に応じることでは、相手に賛同することなく、その者が感じていることやおかれている状況を理解することを意味するのである（例：「あなたの気持ちがわかります」「あなたはこう言いたいのですね」）。

ソーシャルワーカーが彼らの感情を支持する場合、クライエントは自らの行動や状況を省みる必要性を感じず、そのため、成長と変化のために必要不可欠な自己探求のプロセスに取り組もうとしないかもしれない。さらには、クライエントはソーシャルワーカーに対して、自らの問題において重要な役割を演じている他者の行動を変えてくれることを望んでいるものである。したがって、クライエントとの距離を保ち、客観性を維持することは、援助プロセスにおける重要な側面である。言うまでもなく、ソーシャルワーカーがクライエントの感情や態度を引き継いでしまったら、外部の者であるからこそ提供できる重要な視座を失うだけでなく、クライエントの役に立つこともできなくなってしまうのである。

もちろん、共感的であるためには、単にクライエントの感じていることを認識するだけでは足りない。ソーシャルワーカーは、クライエントの内的経験についての理解が正しいかどうかを確認するために、言葉や言葉以外の方法で反応を返すこともしなければならない。他者に対する共感的感情を得ながら、それをまったく相手に伝えないということは珍しいことではない。高いレベルの共感性を示すためには、言葉や言葉以外の方法で理解を伝える技術が要求される。ソーシャルワーカーによく見られる失敗は、クライエントに対し「あなたの気持ちがわかります」と言うことだ。このような反応に対して、クライエントは、理解されたという感覚を得るよりも、むしろ、ソーシャルワーカーの洞察力に対する疑念を抱く。このソーシャルワーカーの言葉には何を理解したかについて具体的に示していないからである。実際に、このような応答を用いるのは、ソーシャルワーカーが、問題となっている状況の重要性を完全に把握できているというほどには、まだ十分にクライエントの感情を掘り下げられていないことを示しているといえる。

「私はあなたと共にいる。私は理解している」というメッセージを誤解のないように伝えるた

めには、ソーシャルワーカーは共感的に受け答えしなければならない。この技術を用いることで、受容と理解の雰囲気を醸し出すことができ、クライエントがリスクを冒して、より深い個人的な感情を打ち明けやすくなる。本章では後に、共感的な受け答えの技術を身に付けるための理論と演習を提示する。まず、感情を表現する語句の一覧を示す。これは、クライエントが経験する幅広い感情に対応するという難題に応えるために、あなたの語彙を増やすことを意図している。次に、共感的コミュニケーションを身に付けるための前提として必要な、他者が感じていることを受け止める能力を高めるのに役立つ演習問題を提示する。さらに、自分の共感性のレベルを見極めるのに役立ててもらうため、ソーシャルワーカーの応答例と演習問題とともに、共感的な受け答えを測定する評価尺度を収録した。これらの演習問題を用いることで、実践で効果的に使用できるレベルの共感的コミュニケーションを身に付けるのに役立つだろう。

■感情に気づく力の開発

　感情や情緒は行動に強い影響を及ぼし、クライエントの問題において中心的役割を果たす場合も多い。自ら申し込んできた者や自発的なクライエントは、率直な態度で援助関係に参加し、自らの問題とそれに関連する感情について探索することを希望することが少なくない。逆に、法の強制によるクライエントは、強い感情を経験していながら、これに対処するための援助関係を積極的に求めてこなかった人たちである（Cingolani, 1984）。したがって、このようなクライエントに対しては、技術の使い方が少々異なってくる。法の強制によるクライエントたちが経験している状況とこの状況によって引き起こされる感情に対して共感を示すことこそが、ソーシャルワーカーの目標の1つになるだろうからである。

　クライエントが示す多種多様な情緒や感情状態に対応するために、ソーシャルワーカーは人間の情緒の多様性に十分に気づかなければならない。さらに、クライエントの感じていることを正確に反映するだけでなく、その感情の強さもとらえるために、ソーシャルワーカーには、感情語や感情表現に関する豊富な語彙が求められる。例えば、怒りを表現するためには、多数の記述的な感情語を用いることができる。激怒、むかつく、憤怒、立腹、気分を害する、むしゃくしゃする、いらだつなどである。これらはすべて、怒りという感情の微妙な差異と強さの違いを表現するものである。

　このような言葉を慎重に用いることで、クライエントの感情に対し鋭敏かつ正確に焦点を当てることができる。感じるところを正確に映し返すための豊富な語彙を持ち、これを活用する技術は、経験豊富なソーシャルワーカーでも身につけていない場合が多い。高度な共感的な受け答えは、(1)思考プロセス、(2)応答プロセスの二つの段階で行われることを認識しておくことは重要である。感情を表現するための語彙が不足していると、ソーシャルワーカーは、クライエントが経験する感情の強さと範囲を十分に概念化できず、それゆえにこれを十分に反射によって返すこともできない。

　私たちの経験から言って、経験の浅いソーシャルワーカーは、通常、共感を伝える際に用いることのできる感情に関する語彙が乏しい。感情をとらえるために使うことのできる言葉は数百存在するが、彼らが動揺とか、不満などの数語のみで自ら学ぶことをやめてしまい、その限られた語彙ばかりを頻繁に使うならば、援助のプロセスの中で発せられるクライエントからのメッセージの豊かさを見失ってしまうことになる。

以下に示す一覧は、ソーシャルワーカーがクライエントの感情に反応する際に使うことができる表現を幅広く集めたものである。感情語を正しく使い分けることは、共感的な受け答えのために重要であるだけでなく、オーセンティックな関係を築く上でも欠かせないものであることを覚えておいてほしい。有能な専門家になるために、ソーシャルワーカーは、他者の内的経験を深く共有する能力を身につけるのみならず、自らの個人的な感情を建設的に表現する方法を自分のものとする成熟のプロセスを経験することが必要なのである。

■感情を表現する語句

能力／ストレングス

あなたにはできると確信している	自信に満ちた
優越感	有力な
強力な（効き目がある）	勇敢な
毅然とした	断固とした
強い	影響力のある
勇ましい	印象深い
力強い	やる気に満ちた
成功した	信頼できる
掌握した	主導権を握った
知識を身につけた	熱心な
達成感	大胆な
元気いっぱいである	印象的な
信頼できる	信念
自己を信頼した	自立的な
抜け目ない	能力のある
適任の	しっかりした
有能な	すべてをコントロールした
対処できる	有力な
気分が乗っている	覚悟ができた
力量がある	熟練した

幸福／満足

得意げな	絶妙な
恍惚とした	夢心地の
有頂天の	考えのまとまった
気分最高の	見事な
浮き浮きした	喜びに満ちた
とてもいい	陶酔した

喜んでいる	驚くべき
胸が高鳴る	熱狂的な
感激した	素敵な
すごい	高揚して
楽しい	愉快な
陽気な	幸福な
快活な	素晴らしい
生き生きした	上機嫌な
かっこいい	満足して
洗練された	悦に入った
好ましい	満足した
希望に満ちた	円熟した
満たされた	くつろいだ
気が晴れた	安らかな
穏やかな	落ち着いた
気楽に	最高の

思いやり／愛	
憧れる	愛する
夢中になった	魅惑された
大切にする	崇拝する
敬愛する	慕う
のめりこむ	優しさ
親愛の情	いとしいと思う
尊重する	思いやり
好む	好感
尊敬する	敬服する
気遣い	憧れている
熱中した	信頼する
親密な	重んじる
意気投合する	大切にする
温かい目を向ける	友好的な
受け入れる	

絶望／落胆	
苦悩に満ちた	やけになって
最悪の気分の	惨めな
意気消沈した	しゅんとした
不愉快な	不快な
身の毛もよだつ	ひどく嫌な
絶望した	悲観的な
憂うつな	希望のない
意気消沈した	失望した
悲嘆に暮れた	ゾッとするような
失意の	よるべのない
行き詰まった	気を落とした
悔やんだ	やる気を失った
悲観的な	涙に暮れた
涙ぐんだ	落ち込んだ
自信喪失した	うつうつとした
途方に暮れた	陰うつな
塞ぎ込んだ	うんざりした
望みを絶たれた	不幸な
元気のない	弱った
失望した	悲しい
不調な	

不全感／無力感	
まったく	価値のない
何の役にも立たない	成功の見込みがない
無力な	頼りない
力不足の	身動きが取れない
劣った	弱体化した
使い物にならない	終わっている
落ちこぼれたような	正常に機能しない
不十分な	支配された
不適任の	ちっぽけな
ふさわしくない	ぎこちない
圧倒された	効果のない
ばかみたいな	何かが欠けている
ぶざまな	不完全な
ひ弱な	できない

意気地のない　　　　取るに足りない
盛りを過ぎた　　　　出来損ないの
動けない　　　　　　操られた
言いなりの　　　　　内気な
心もとない　　　　　自信のない
不安な　　　　　　　ためらいがちな
意志が弱い　　　　　もたもたした
不相応な

不安／緊張

怯えた	驚いた
おどおどした	震え上がった
絶望した	パニック状態の
恐怖におののいた	足がすくんだ
取り乱した	呆然とした
ショックを受けた	脅かされた
おじけづいた	はらはらしている
あがった	びくびくした
傷つきやすい	ぞっとした
危惧した	苛立った
不安定な	不信に満ちた
どきどきした	きまりが悪い
防御的な	ピリピリした
硬くなった	ぎょっとした
張り詰めた	そわそわした
イラついた	気が立った
オロオロした	気がかりな
不安な	気後れした
臆病な	用心深い
当惑した	焦った
はにかんだ	どぎまぎした
落ち着かない	確信が持てない
気が気でない	自意識過剰の
心もとない	動揺した
じっとしていられない	

困惑／悩み

途方に暮れた	困惑した
苦しみを抱いた	当惑した
まごついた	圧倒された
逃げ場を失った	面食らった
ジレンマに陥った	混乱した
板ばさみになった	どうしてよいか分からない
堂々巡りの	心が乱れた
混乱した	五里霧中の
問題を抱えた	路頭に迷った
戸惑った	落ち着きを失った
しどろもどろになった	参った
慌てふためいた	苦境に陥った
ズタズタになった	踏ん切りがつかない
気持ちが荒れた	葛藤を抱いた
面食らった	引き裂かれた
複雑な心境の	不安定な
迷っている	気が気でない
悩みを抱えた	焦った
決めかねている	

拒絶／攻撃

打ちひしがれた	脅えた
荒廃した	立腹した
傷ついた	打ちのめされた
ひどく苦しんだ	見捨てられた
騙された	捨てられた
裏切られた	感情を害された
軽んじられた	虐待された
見くびられた	批判された
酷評された	疑われた
糾弾された	笑いものにされた
汚名を着せられた	不当な扱いを受けた
冷笑された	過小評価された
軽蔑された	ばかにされた
嘲られた	利用された
食い物にされた	評判を落とされた
けなされた	中傷された

攻撃された	おとしめられる
軽視された	辱められる
見過ごされた	無視された
失望した	ないがしろにされた
不当に評価された	落胆した
軽く扱われた	なめられた
体面をけがされた	侮られた
否定された	軽く見られた

怒り／恨み

逆上した	激高した
怒り狂った	煮えくり返った
頭にきている	激怒した
カンカンに怒った	憎しみに満ちた
苦々しい思いの	イラついた
復讐心に燃えた	憤慨した
憤然とした	平常心をなくした
敵意を抱いた	むしゃくしゃした
カンカンに怒った	腹に据えかねた
立腹した	へそを曲げる
苛立った	むっとした
イライラした	腹を立てた
失望した	むきになった
吐き気を催した	むかついた
うんざりした	怒った
機嫌を損ねた	心を乱された
気分を害した	平静を失った
不機嫌な	辟易した
癪に障った	不平を抱いた
ご機嫌斜めの	かんしゃくを起こした
怒りに満ちた	荒れ狂った

孤独

天涯孤独な	孤立した
見捨てられた	ひとりぼっちな
見放された	よるべのない
孤独な	疎外された
疎遠になった	拒絶された
わびしい	一人きりの
世捨て人的な	閉じこもった
わびしい	よそよそしい
打ち解けない	隔絶された

罪悪感／当惑

煩悶した	許せない
屈辱を感じる	汚名を負わされた
貶められた	身の毛もよだつ
無念さを感じた	暴露された
烙印を押された	穴があったら入りたい
ばつの悪い	面目ない
後ろめたい	後悔した
低俗な	不愉快きわまりない
途方にくれた	顔を潰された
愚かな	ばかげた
くだらない	みっともない
恥さらしな	後悔に満ちた
間違った	きまりの悪い
過失がある	誤った
責任がある	へまをする
失望した	チャンスを逃す

感情に関する語句のリストを用いる

　クライエントが表現する感情の本質をとらえた受け答えをするための演習が章末に掲載されており、感情を表現する語句の一覧はここで用いることができる。他所から紹介されてきたためにクライエントになる可能性のある人や、法の強制によるクライエントは、初期段階において、怒りや敵意、罪悪感、動揺、拒絶、混乱、緊張、無力感、頼りなさ、落ち込み、失望を感じている場合が多い。第7章において、私たちは、効果的なコミュニケーションを阻害する要因について検討するが、このような阻害要因の一つとして、ソーシャルワーカーが、法の強制によるクライエントが抱く否定的な感情について、本人の無責任な行為の報いだと考え、共感できなくなることが挙げられる。すなわち、ソーシャルワーカーの中には、困難に直面した際に自らの責任を全うしなかったのだから、クライエントは当然否定的な感情をもつに値すると考える者もいるのだ。第4章で述べたように、クライエントの価値を受容するというソーシャルワークが大事にしている考え方が示しているのは、たとえどんなにクライエントが自らの行動の結果に対して責任を取っていなかったとしても、私たちは彼らの絶望と無力感に対して共感することができるということなのである。

　まず「感情を通じてのメッセージ」に対して受け答えをした後で、他の語句を用いることで、より正確にクライエントの感情をとらえることができないか、一覧表をチェックしてみてほしい。同時に、クライエントのメッセージの中に、あなたが見いだしたものとは違う種類の感情が込められていないかを確認するために、一覧を一とおり調べてみるとよい。あなたが録音・録画した面接をレビューする際にも、クライエントの感情を言葉にした受け答えの正確さをチェックするのに役立つだろう。

　感情を表現する語句の一覧をここに掲載したのは、あなたがクライエントとより共感的にコミュニケーションするのに役立ててもらうためである。しかしながら、同じ言語環境であっても、その言葉の内包する意味が、年齢、地域、民族集団、社会的地位等により異なる場合がある。同僚や学友と一緒に、あなたが日頃出会っている集団用に特別に作成する感情語の一覧を、じっくり時間をかけて作ってみることをお勧めする。例えば、さまざまな社会経済的または民族的集団に属する若者がよく使う仲間言葉の一覧を作っておくと重宝する。俗語や仲間言葉をよく知らないのに無理に使おうとすると、共感的であろうとする目的を達するどころか、逆に問題が起きる場合もある。しかしそれでも、クライエントが感じていることを正確に表現できる言葉を見つけようとする努力は、クライエントにあなたの純粋な関心を伝えることになる場合が多い。

　より幅広い感情をあらわす語彙を獲得することは、クライエントにより深い共感を示すための一歩となる。それにより、クライエントが経験していることに対するあなたの理解と配慮をより効果的に伝えられるようになる。多くのクライエントが、自分のおかれている状況と、この状況に関して抱く感情を変えたいと思っているのだから、共感を伝えることは、こうした問題に取り組むことを支援するための第一歩なのである。

　本章に載せた感情を表現する語句の一覧はすべてを網羅したものではないが、援助プロセスで頻繁に遭遇する感情や情緒を含んでいる。感情語は11のカテゴリに分けられる。そこにはありとあらゆる感情、すなわち強い苦悩や苦痛（例：悲しみ、恐怖、当惑、激怒、無力感）から、肯定的な感情（例：喜び、高揚感、恍惚感、至福、達成感）が含まれる。私たちはクライエントのストレングスを強調する立場にあることから、言葉の分類の中に、成長、ストレングス、能力に関連す

るクライエントの感情をとらえる際に役立つものも含めるよう配慮した。

　それぞれのカテゴリ内で、語句は概ねそれに伴う感情の強さに従って並べられている。すなわち、強い感情を伴う言葉を各カテゴリの先頭に配し、次第に柔らかい言葉になるように配置してある。クライエントのメッセージに応えるために、ソーシャルワーカーは、クライエントの経験している感情の強さに合致した感情語を選択しなければならない。

　例として、薬物依存のアフターケア・プログラムにおいて、ガスの検針係として職場復帰しているアフリカ系アメリカ人とワークしている場面を考えてみよう。クライエントは、郊外の白人が多く住む地域を検針のために訪ねた。彼によると、ある家のドアをノックしたところ、年配の白人女性が彼を家に入れることを拒んだのだという。彼は写真付きの身分証明書を制服につけていたにもかかわらずにである。「俺はひどく落ち込み、憂うつになった。あんたに何ができる。俺はまともになろうとしてやるべきことをやっている。なのに、黒人だというだけで仕事をさせてもらえない」。このような反応は、当然のことながら、ソーシャルワーカーからの真摯な受け答えを求めている。「あなたは、この女性が黒人に対して抱いている恐怖心のために仕事ができなかったことで、貶められ、侮辱されたと感じたのですね。あなたは差別された、見下されたと感じた。それでも、あなたはそんな屈辱的な気分を抱えながら、また薬物に戻ろうとはしなかった。あなたは道を踏み外さなかった。まともなままだ。他人にどう思われても負けなかったのですね」。

　クライエントの感情の強さを正確に反映した言葉を使うことに加えて、口調や言葉以外の身振りや表情によっても、言葉で伝えたのと同様に、感情の強さを反映した受け答えをすることが重要である。程度を限定する語を適切に使うことにより、感情の強さを正確に伝えられることもある。例えば「あなたは入学試験の出来が悪くて（いくらか）（とても）（ひどく）（ものすごく）落ち込んだのですね」のように。

　クライエントのメッセージに、複数の感情が込められている場合もある。以下のようなクライエントからのメッセージについて考えてみよう。「私は10代の娘のことをどうしたらいいかわからないのです。薬をやっているのはわかっているのだけど、娘は私を無視して口をきこうともしない。あの子が求めるのは、友達と出歩くことか、一人で放っておかれることだけ。私のことを本当に嫌いなんだなと思うこともよくあります」。このメッセージには多様な感情が含まれ、これをとらえる言葉としては困惑した、途方にくれた、混乱した、驚いた、心を痛めた、打ちのめされた、戸惑った、絶望した、不安な、怯えた、疎外された、拒絶された、傷ついたなどがある。これらすべての感情語を使って受け答えしても、あまりに長たらしく、クライエントは圧倒されてしまうだろう。しかし、包括的な共感的な受け答えであるためには、不安なとか混乱したといったような、表面に現れた感情のうちの少なくともいくつかを言葉にして、タイミングよく伝えなければならない。ソーシャルワーカーはより深いレベルの感情に焦点を置く場合もある。これについてはこの後の段落で説明する。

　先述したクライエントのメッセージには、明確には述べられていない感情が多く暗示されていることに気づいてほしい。中にはクライエント自身も気づいていない感情があるかもしれないが、これに目を向けるように促すことで、クライエントはその存在に容易に気づくことができる感情もある。例えば、クライエントのメッセージに含まれた傷つきや拒絶、さらには怒りなどの感情を敏感に見つけ出して伝えることで、クライエントはこれを共感的に認めることができるかもしれない。ソーシャルワーカーの助けがなければ、このような深いレベルの感情について十分に気

づく方へと展開することはなかっただろう。

　クライエントのメッセージに応答する際には、明らかにわかる感情と、不確かな深いレベルの感情を区別できていなければならない。援助プロセスの初期段階においては、ワーク関係を構築し、理解し合える雰囲気を作るのに最も効果的な方法は、相互レベルの共感性を用いること、すなわち、クライエントのただちに明白な感情に焦点を置くことである。あなたがクライエントの状況を理解しようと、純粋に努力し献身していることがわかるにつれ、クライエントは「共感的に受け止められている」と体験する。こうして、徐々に脅威を感じさせない雰囲気が生まれ、クライエントは自己防衛の必要性を感じなくなる。

　先の例におけるアフリカ系アメリカ人のクライエントのような、抑圧されたグループに属するクライエントは、ソーシャルワーカーからよりよく理解されたと感じるかもしれないが、それでもなお、異質な環境に対する幻滅は続くだろう。環境に対するそのような感情を認めることは重要である。シンゴラニ（Cingolani, 1984）は、このようなクライエントとの「協議による関係」が「援助関係」の代わりになると書いている。とはいえ、協議による関係でも、信頼を高めることは不可欠である。そのような信頼は、ソーシャルワーカーが、面接の中で言葉によって共感を示すだけでなく、面接外の行動によって、自らが信頼に足る人間であり、クライエントの利益を常に目指していることを示すことによって得られるのである。同様に、イヴァノーフ、ブライス＆トリポディ（Ivanoff, Blythe, and Tripodi,1994, p. 21）は、共感を過度に強調することは、法の強制によるクライエントにとって、操られているように感じさせてしまう場合があると指摘している。自発的なクライエントにとっては、これなら信頼できるという雰囲気があると自己開示ができるようになり、自己理解の前提が整って、ついには行動の変化を促進することとなる。この肯定的な雰囲気が「専門家によるより深い」または「拡大された」レベルの共感を用いる途を準備し、その結果、奥底にある感情に触れ、行動の背後に隠れている意味や目標を明らかにすることを可能にする。

　これとは逆に、援助プロセスの初期段階で奥底にある感情を明るみに出そうとすると、逆効果を招く。ワーク関係が強固に確立していない段階でクライエント自身が気づいていない感情を明るみに出そうとすると、抵抗を招きやすく、時期尚早に突然、関わりが終わってしまう恐れがある。協議による関係にある法の強制によるクライエントは、このような深い感情が暴露されることを決して望まないし、ソーシャルワーカーがこれを探ろうとするなら、侵入的だと感じるだろう（Ivanoff, Blythe, and Tripodi, 1994, p. 21）。

表層にある感情と奥底にある感情を同定するための演習問題

　以下の演習問題では、クライエントのメッセージに含まれる、すぐ読み取れる表層にある感情と、想定される奥底にある感情の両方を見つけ出してほしい。クライエントは感情語を使わない場合が多く、メッセージに含まれる感情のほとんどは暗示されたものでしかないということを覚えておいてほしい。演習問題の完了に向けて、1つ1つのメッセージを読み、そこに含まれる感情を書き出してみよう。次に、感情をあらわす語句の一覧を見渡して、あなたの応答を改善できるかどうかを検討してほしい。4つのメッセージすべてに応答し終えたら、あなたが見いだした感情をあらわす語句と章末に載せてある解答を用いてチェックしてみてほしい。あなたが見いだした感情が、解答と意味において同じであれば、あなたの応答は正確だと考えてよい。そうでない場合は、クライエントのメッセージを見直して、あなたが見落としたクライエントの感情を知

るための手がかりがないか振り返ってみてほしい。

クライエントの陳述
1. 年配のクライエント：「子どもたちの生活が忙しいのはわかっている。私に電話するような時間はないのだ」
   明らかな感情：
   想定される深い感情：

2. レズビアンのクライエント。最近家族にカミングアウトしたパートナーに向かって述べている：「あなたの弟の結婚式で、家族写真を撮ろうとしたとき、私が写真に入ることを誰も望まなかった。実際、私と話をしようとする人は誰もいなかった」
   明らかな感情：
   想定される深い感情：

3. クライエント：「10代の頃は、自分が結婚して子どもを持ったら、母が私にしたように子どもを怒鳴りつけたりは絶対にしないと思っていた。なのに、今は私がサニーに対して同じことをしている」（泣きながら）
   明らかな感情：
   想定される深い感情：

4. 児童福祉局でのアフリカ系アメリカ人のクライエント：「結局は、俺みたいな人間を嫌がるよ。俺たちは酒を飲んで、ガキを殴って、生活保護を貯めこんで、薬をやると思ってやがるからね」
   明らかな感情：
   想定される深い感情：

章末に置いた対等な共感的な受け答えのための演習問題も、感情を感知する力を養うのに役立つだろう。

■共感を正確に伝える

　共感的な受け答えは基礎的な技術だが、一方で、この力を身に付けるためには、体系的な訓練と大きな努力が必要とされる複雑な技術でもある。共感的コミュニケーションの技術には限界や最終到達点のようなものはない。この技術は常に、「成長」の途上にあるのだ。高い技術を身に付けたプロであっても、録音した面接を聴けば、見落としていた感情があることを発見する。また一方、多くのソーシャルワーカーが、共感的な受け答えを十全に活用し、正しく選択して用いることができていない。この技術の幅広い用途と、クライエントに影響を与え、その瞬間瞬間に移り変わる交流の中で成長を涵養するというその力を理解できていないのだ。
　事実、ソーシャルワーカーの中には、共感的な受け答えを訓練する必要性を認めない者もいる。自分はすでにクライエントと接触をもつことで十分に共感的だと思い込んでいるのだ。ソーシャ

ルワークの学習を始めたばかりの学生がクライエントとの関係において用いる共感性のレベルは、効果的なワークのために必要とされるレベルよりかなり低いことを、研究結果が示している（Fischer, 1978；Larsen, 1975）。

もちろん、このような研究結果は、高いレベルの共感性を発揮してさりげなく人と関わるなど重要な場面で、生まれながらに人の役に立つ人はかなり少ないからである。人生経験を通じて獲得される共感性、尊重、純粋さの度合いは人によってさまざまだが、これらの技術を高いレベルにまで到達させるためには、厳しい訓練が必要とされる。共感の条件を特定して操作可能にするための調査で用いる尺度は、詳細な調査研究によって開発され、実証されてきた（Truax & Carkhuff, 1967）。これらの尺度は、高レベルから低レベルまでの範囲の中で共感性のレベルを位置づけするのだが、これは本質的なソーシャルワーカーの技術を明らかにして操作可能にしただけでなく、実践においてこれらの技術と成果の関係を確立する上で重要な突破口となった。

共感的なコミュニケーションの尺度は、ソーシャルワークの教育者が研究室の講座で研修生の共感性のレベルを学習の前後で比較評価する際に特に役立つことがわかっている（Larsen & Hepworth, 1978；Wells, 1975）。この尺度はさらに、学生が低レベルと高レベルの共感的な受け答えを区別するのに役立てるために用いられてきたし、グループでの訓練において、学生の受け答えの共感性レベルを、別の学生や講師に判定させる目的で用いられてきた。学生はこれにより、低レベルの受け答えを高レベルの受け答えへと改善するための指導を受けるのである。

カーカフ（Carkhuff, 1969）の共感性尺度は、9レベルからなり、教育や研究において広く利用されている。この本の中でもこの尺度の類似バージョンを紹介する。9段階による尺度は教育を補助するものとしては役立つが、学生には各レベルを明確に区別することが難しく、やや混乱を招くものだということがわかった。そのため、本書では、ハモンド、ヘプワース＆スミス（Hammond, Hepworth, and Smith, 1977）の提示した9レベルの尺度を採用し、これを5レベルに集約したものを、本節の後に載せている。

この共感的なコミュニケーションの尺度では、レベル1の受け答えは一般的に、クライエントの視点ではなく、自分自身の視点にとらわれたソーシャルワーカーによる受け答えである。このため、ソーシャルワーカーはクライエントの感情を正しくとらえることがまったくできない。このような低レベルにある場合、ソーシャルワーカーの応答は第7章で特定されている効果的でないコミュニケーション・スタイルとみなされるのが一般的である。レベル2の受け答えとは、クライエントを理解しようとする努力は伝わるが、部分的に不正確あるいは不完全な場合をいう。

レベル3、すなわち中位レベルの受け答えでは、ソーシャルワーカーの受け答えは主要な部分において、クライエントの表層にある感情や表現を正しくとらえている。この中位レベルは、文献では「互換的」「相補的」と広く呼ばれていて、効果的でかつ実行可能な援助プロセスを形成することを可能にする「最低限の促進的レベル」とみなされている。

中位レベルを越えると、ソーシャルワーカーの受け答えは表層にある感情にさらに付け加わるものがぐっと増すようになる。最高レベルにおいて、ソーシャルワーカーの受け答えはクライエントの表現を明らかに越えていく。このような高レベルの共感的な受け答えでは、ソーシャルワーカーはクライエントの感情全体に目配りができ、その強さについてまで正確に応答し、最も深い瞬間をクライエントと「共に」いることができる。レベル4と5の共感的な受け答えにおいては、クラエイントの奥底にある感情を推測することが必要になるが、これは軽度から中程度の解釈が含まれる。

共感的コミュニケーションの尺度

レベル 1 ── 低レベルの共感的な受け答え

　レベル１においては、ソーシャルワーカーはクライエントの最も明白な感情さえ、およそ気づくことも理解することもできない。ソーシャルワーカーの受け答えは見当違いで、多くの場合、不愉快なものである。コミュニケーションを円滑にするどころか、むしろ阻害する。ソーシャルワーカーは、個人的な視点にとらわれて思考するため、話の主題を変えてしまったり、反論したり、時期尚早な助言や説教をするなど、コミュニケーションを阻害するさまざまな効果的でない言動により、しばしばクライエントが自身の問題に向かおうとする気持ちを脇道に追いやって、援助プロセスを断片的なものにしてしまう。さらには、ソーシャルワーカーの非言語的な受け答えも、クライエントの発言の気分や内容に照らして不適切なものである。

　ソーシャルワーカーがこのような低レベルの関わり方を示してくると、クライエントは多くの場合、混乱し防衛的になる。クライエントも、底の浅い議論に終始したり、反論する、異議を唱える、話をそらす、心を閉ざし黙り込むといった反応を示す。こうしてクライエントのエネルギーは問題解決のための探求やワークに対して注がれなくなってしまうのである。

　残念なことに、レベル１の受け答えは、クライエントが法の強制によるクライエントであったり、非難を浴びていたり、あるいは逸脱者と見なされているような設定状況において見られる場合が多い。いかなる状況においてもクライエントは敬意を持って扱われなければならないという規範でもない限り、このような受け答えはクライエントの怒りを招くばかりで、実践者にとって成果をもたらすことはほとんどない。これらの応答について紹介するのは、手本にしてほしいからでは決してない。このような受け答えをしている場面を見たり、あるいはあなた自身がこのような受け答えをしたりしている場合に、それは実践者か現場のどちらかに問題が生じていることを知らせているのだと自覚しておくためである。ソーシャルワーカーがその日たまたま調子が悪かっただけであればまだよいが、それが見過ごされ、実践の標準となってしまってはいけない。児童福祉局での、最近薬物依存の治療プログラムを終えたばかりの母親の例を検討してみよう。

クライエント：「家の近くで、アフターケアの治療プログラムに参加したいんです。文化の違いに対する配慮があって、私が仕事を続けることを許してくれるような」

レベル０の受け答え：「自分の都合なんて考えてちゃだめでしょう。あなたが親として安心できる人になって、何よりも娘さんのために何をすべきかを考えないと。あなたがそんな考えだから、娘さんが保護を受けないといけないのよ。こんなことじゃ、親権を取り戻せる可能性は低いですね」

　実践者に正当な理由があって、クライエントに多様な選択肢の検討を求めた可能性もある。しかし、断定的な発言は状況を悪くするのみで、ソーシャルワーカーの意見にクライエントが耳を傾けることを期待するのは難しくなる。

レベル１の受け答え：「家の近くで治療プログラムを見つけたいわけですね」

　この応答は最低限の促進力しか持たないが、少なくとも、レベル０の例のような断定的な言い

方は避けている。

> **アフリカ系アメリカ人の男性**：［児童福祉ワーカーに］「俺はお前らみたいな人間を信用しちゃいない。お前らは、俺から息子を遠ざけるためなら何でもやるんだ。俺はやるべきことはすべてやってきた。なのにお前らは来るたびに新しい条件をつけてきやがる」

レベル1の受け答え

- 「とにかくケースプランとおりにやり通しなさい。そうすればきっとうまくいきますよ」（助言）
- 「もしも去年、あなたがもっときちんとケースプランを守ろうとしてたら今頃どうなっていたか、ちょっと考えてみてください。今よりずっと目標に近づけていたはずですよ」（論理的な議論での説得、クライエントの行為に対する否定的な評価）
- 「前のソーシャルワーカーとはどんな感じだったのですか？」（話題の転換）
- 「そのうちに全部うまくいくと思いませんか？」（誘導尋問、タイミングの悪い気休め）
- 「なぜですか。それはちょっと言い過ぎでしょう。私と一緒にワークを続けているだけで、知らないうちによくなりますよ」（気休め、励まし、助言）
- 「あなたの態度はあまり前向きとはいえないですね。もし自分の行動に責任を持ってケースプランに従っていたら、それだけで、こんな状況にはなっていないはずです」（クライエントを裁き、責める）

この最後の受け答えは、共感的な受け答えの尺度においてまさに否定的に評価され得る。すなわち、受け答えが共感的でないのみならず、クライエントを積極的に攻撃し、裁くものとなっているからである。共感ではなく反感を伝えているのだ。他者を危険にさらすクライエントに対する不満は理解できる。しかし、このような発言は、その後、協働的な関係でワークしようとする努力の大きな妨げとなるのである。

先の例では、低い共感レベルで用いられる非効果的なコミュニケーションのスタイルを示した。ソーシャルワーカーのメッセージは、クライエントの問題に対する自身の見立てを反映したものであるが、クライエント自身の内的経験を把握できていないということに注目してほしい。このような応答はクライエントを窮地に追い込み、思考の流れをせき止め、ソーシャルワーカーに対する否定的な感情を生み出すのだ。

レベル2──やや低いレベルの共感的な受け答え

レベル2では、ソーシャルワーカーは表面的なメッセージには受け答えするが、そこに含まれる感情や事実の面で見落としがある。ソーシャルワーカーは感情に不適切な修飾を加えたり（例：「いくらか～」「少し～」「～みたいな」）、感情を不正確に解釈したりする（例：「怒り」と「苦痛」、「怯え」と「緊張」）こともある。受け答えはソーシャルワーカー自身の概念上の見立てから引き出される場合もある。このような受け答えは診断としては正確かもしれないが、共感性という意味ではクライエントの表現に寄り添ったものではない可能性がある。レベル2の受け答えは部分的な正確さしか持たないが、クライエントを理解しようとするソーシャルワーカーの努力は

確かに伝えることができる。そのため、クライエントのコミュニケーションや問題に対する取り組みを完全に阻害するということはない。

レベル２の受け答え

- 「とにかく忍耐強くならなければなりません。あなたが腹を立てているのがわかります」
  「腹を立てて」という言葉では、クライエントの感情を曖昧にしかとらえられない。これに対して、「憤慨して」「激怒して」「当惑して」などの感情語を使えば、より正確にクライエントの内面の経験を反映できる。

- 「ケースプランが今まであまりうまくいってないから怒っているのですね。あなたは短期間で多くを期待し過ぎです。まだ時間はたっぷりあります」
  聴き手はクライエントの感情を正確につかむところから始めたが、その後で評価的な解釈（「あなたは短期間で多くを期待し過ぎです」）と、不適切な気休めに移ってしまった。

- 「これまでの進み具合に不満でもあるのですか？」
  この受け答えは、問題となっている出来事に関するクライエントの感情や理解を無視して、外的で事実的な状況に焦点を置くものである。

- 「あなたは事があまりうまく進んでいないように感じているのですね」
  この応答には、クライエントのまさに生じている明白な感情に対する言及が含まれていない。経験の浅いソーシャルワーカーは、「あなたは……のように感じるのですね」という導入句をよく用いるが、その際、クライエントの感情をつかめていないことに気づいていない。

- 「息子さんを取り戻せなくて落胆しているのですね」
  この受け答えは、部分的には正確だが、本当に努力がよい結果に結びつくのかという疑念による、クライエントの怒りと児童福祉局に対する不信感をとらえていない。

- 「あなたの努力が今まで実を結んでいないことに腹を立て、落胆しているのはわかります。ですが、あなたが期待するほど児童福祉局は素早く機能できないのです」
  このメッセージの出だしはよいのだが、クライエントが抱える困難に関わる理由について説明している部分のせいで、共感的な受け答えとは呼べないものになっている。この受け答えは一方への肩入れという類型に該当する。すなわち、クライエントが児童福祉局に多くを期待し過ぎていると指摘し、局側の活動を正当化しているのである。

> ◇事例『故郷へ帰る』で、実践者はクライエントから職場の同僚との不愉快な関係について説明を聴いた後、それを要約した上で、レベル２の共感に当たるコメントを付け加えた。「つまり、あなたのお話を私はこんなふうに理解しました。あなたが自分自身のプロジェクトに取り組んでいるところに、メアリーが来て、自分の仕事をあなたに押し付けて、完成させるように頼んでいったということですね？　このことがあなたにどんなことをもたらしたのでしょう？」実践者の質問には共感が込められているが、もっとはっきりと言葉にして表現できたはずだ。

先の受け答えの中には、ソーシャルワーカーがクライエントのメッセージに対し共感的に受け答えしようとする際によく見られる失敗の多くが描かれている。メッセージのある部分は、正確なものや、あるいは有用なものであるかもしれないが、すべての受け答えが何らかの形で、クラ

イエントが経験していることを無視するかまたは見落としている。

レベル3──同等あるいは対等な言い換えができるレベルの共感的な受け答え

　レベル3におけるソーシャルワーカーの言語的・非言語的な受け答えは、クライエントに理解していることを伝え返し、また基本的にクライエントが明らかに表出していることを同じレベルで伝え返すことができ、それはクライエントのメッセージや表面的な感情、あり方の事実を正確に反映したものといえる。対等な受け応えというのは、感情を付け加えたり、表面的な感情を越えて深めたりすることがほぼなく、表現された感情や声のトーンを下げるということもないものである。

　ここで、クライエントのメッセージに含まれる事実内容を把握することは、望ましくはあるが求められるわけではない。もし事実が含まれるのであれば、それは正確でなければならない。レベル3の受け答えはさらに、探索的かつ問題に焦点を絞った受け答えをクライエントに促す。経験の浅いソーシャルワーカーも、効果的に機能するレベルの対等で共感的な受け答えの技術を身につけることはできる。これがレベル3において妥当と考えられる目標である。

レベル3の受け答え

- 「あなたは事態がなかなか進まないことに本当に腹を立てていて、自分の努力が実るのだろうかと心配しているのですね」
- 「あなたはだいぶ打ちのめされていて、『いつか本当に息子を取り戻せるのだろうか』と自問なさっているように思えます」

> 　◇事例『ごねる人への支援』には非常に長いやりとりがあり、その中でクライエントであるモリーは、ソーシャルワーカーがケース記録に何を記載しているのか疑わしいと言う。実践者は「私があなたについて書いたり考えたりすることや、あなたについて記録をつけること自体が、あなたには不愉快なことなのだと言っているように聞こえますよ」と答える。この応答はクライエントの不安に直接に対処するものである。

　レベル3の受け答えは、言い換えの可能性をその本質とし、クライエントのメッセージに含まれる直接で明白な感情を正確に表現するものである。受け答えの内容もまた正確である。しかし、より深い感情や意味が付け加えられることはない。二つ目に示した受け答えは、話し方を三人称から一人称に変え、ソーシャルワーカーがあたかもクライエント自身であるかのように話をすることで共感を伝えるというテクニックの一例を示すものである。

レベル4──やや高レベルの共感的な受け答え

　レベル4の応答は、やや付加的で、クライエントの奥底にあって語られていない感情や問題の様相を正確に見つけ出す。ソーシャルワーカーの受け答えは、クライエントのメッセージに含まれた微妙なまたは隠された側面に光を当て、クライエントが、心のいくらか深いところにある感情と、それまで探索したことのないような行動のもつ意味や目的に触れることを可能にする。このように、レベル4の応答は、クライエントの自己覚知を目指すものである。

レベル4の受け答え

- 「息子さんを取り戻すことがちっとも進まないと思ってご不満のようですね。これまであなたの力になってきていないと感じておられる、新しいソーシャルワーカーや児童福祉局とこれからもワークをしていくことに本当に期待できるのかとお考えなのですね」

> ◇事例『ごねる人への支援』の中で、クライエントのモリーは、ほかの人の考える精神疾患の概念に自分は当てはまらないと言っている。実践者は「あなたのおっしゃったことを理解できているかどうか確認させてください。あなたは車を持っているし自己主張もできるから、周囲の人は、あなたがとても能力が高い人で、社会資源など必要としてはいないと言うかもしれない。(クライエント:『そうよ』)。だからあなたが資源を要求したら、(クライエント:『役所をだましてるって言われる』)つまり、本当は自分にない権利を主張していると言われてしまう。でも、あなた自身は、車を持っていて自己主張もできるけど、それでもなお他のニーズがあると考えているわけですよね」。この受け答えは一見して明らかな感情と内容を伝えるだけでなく、クライエントのより深い感情を映し返すことでしっかりと付け加えている。このケースにおいては、クライエントが、実践者が何か言い終わる前にすぐに受け答えしていることが、共感的な受け答えが正確だと受け取られていることを示している。

レベル5——高レベルの共感的な受け答え

レベル5においては、ソーシャルワーカーは、クライエントのその瞬間瞬間の体験プロセスにぴたりと寄り添うように声と表現の強弱を使い分け、個々の感情の微妙な差異を反射しながら、表層的にも深層的にも、その範囲と強度の両面で、クライエントの感情と意図に正確に応答する。ソーシャルワーカーは現在の感情と経験を、過去において表現された感情や経験と結びつける場合もあるし、言葉にせずにあるパターン、主題、目的を正確に見つけ出す場合もある。応答によって、クライエントのメッセージの中にあらわされる潜在的な目標が同定されることもあり、それは個人の成長のために期待できる方向性を指し示し、行動のための地ならしをする。このような高いレベルで共感的に応答することは、低いレベルでの応答と比較して、クライエントの感情と問題に対する探求をはるかに幅広く、深い方へと促す。経験の浅い面接者がこのレベルで共感を伝えられることはまれであり、経験豊富な面接者であっても、多少頻度が高くなるに過ぎない。面接の終盤になって、クライエントの自発性がより高まるようになった頃に、このような深い応答ができる機会が訪れやすくなる。

レベル5の受け答え

> ◇事例『ごねる人への支援』の中で、重症で持続的な精神疾患を抱えるクライエントのモリーが、本人が「油たっぷりの車輪」と呼ぶように、常に激しい自己主張と強引な行動ばかりしているという主題が浮かび上がってきた。彼女は多くの教育プログラムにおいて、そのように行動するよう訓練を受けてきたのだ。しかしこのような技術は「諸刃の剣」であり、モリーはこの強引さにより痛い目にあうこともあった。このような主題とモリーの言葉を反映して、実践者のロン・ルーニーは言った。「あなたはまさしく闘う勇気を持っているよう

だし、自己主張のための技術も学んできた。でも、あなたの言うとおり、それは諸刃の剣になりかねないのですね。あなたの自己主張によって、望みが叶うこともあるでしょうし、あなたをキーキーとごねてばかりのうるさい車輪のようだと思う人もいるでしょう」

際立ったレベルの共感的な受け答えの演習問題

　以下の演習では、例示された受け答えの共感性レベルを評価してもらう。これによりあなたは自らの受け答えの有効性を判定する能力を向上させることができる。これらの演習で、あなた自身の共感的メッセージを見立てるという今後の実践に向けた準備をすることができるだろう。3人のクライエントの発言の後に、いくつかの想定された受け答えが示される。これらの受け答えを、共感性の尺度を用いて評価してほしい。感情を表現する語句の一覧を用いて、クライエントのメッセージに含まれる感情を最初に同定すれば、メッセージを評価することは難しくないはずだ。個々の受け答えを評価した後で、章末に載せられた解答と比較してみてほしい。評価尺度を参照し、正しく評価できなかった受け答えを分析し、著者の評価の理由を見いだしてほしい。

■クライエントの発言

1．80歳の独身女性
　（自力歩行可能な高齢者向けの独立居住施設への転居依頼について、ソーシャルワーカーに向かって）
「ああ、引っ越すことを考えれば考えるほど、怖くなる。ここには私の面倒を見てくれる隣人がいる。新しい土地には知り合いが誰もいない。一人ぼっちになるのが怖い」

受け答え
1．「あなたにはとても恐いでしょうね。ご近所のお知り合いやよく知っている環境から離れて暮らすことになるのですから。でも新しい土地にも親切な人はたくさんいますよ。やることもたくさんあります。そのうえ、毎日一食、温かい料理を出してもらえるんですよ」
2．「心配しないで。すぐに友達ができます。もっと早く引っ越しておけばよかったって思いますよ」
3．「何日か前に私が置いていった申込用紙にサインしていただけましたか？」
4．「隣人やお友達と離れることになるので、引っ越しについて考えただけで不安になってしまうのですね。今よりはるかに生活しやすくなるけれど、それでもやっぱり他の部分で、暮らし向きが良くなるかどうか確信が持てないのですね」
5．「だから私はある意味、あなたが変化にかけてみるよりも、今の所に留まるほうがよいのではないかと思いますよ」
6．「新しいアパートの住人の多くが、引っ越してくる前は、あなたとまったく同じように怖がっていましたよ。でも、今でも後悔している人は、私の知る限り一人もいません」
7．「あなたは転居についてとても複雑な感情をお持ちのようですね。より楽に生活できるなら引っ越したいと思う気持ちと、孤独になって途方に暮れることを恐れ、あなたを気にかけてくれる人たちと一緒にいたいという気持ちの両方があるのですね」

8. 「あなたはすべてを振り出しに戻した方がいいとおっしゃるのですか？」

2．16歳の男性

（週1度のソーシャルワーク保護観察官への訪問において）：「毎週毎週ここに来なきゃならない意味がわからねえ。ひと月前に裁判所に行ってから、何の問題も起こしちゃいないんだ。そろそろ俺を信用してくれてもいいだろうが」

受け答え

1. 「ひと月は長くないでしょう。それに、あなたが問題なく過ごしているかどうかなんてどうしてわかります？」
2. 「私と会う必要はないかもしれないですね。それはわかりますが、裁判官の命令だし、保護観察の条件に従わないのなら、裁判官はそれを問題にしますよ」
3. 「裁判所に行ってからもう一カ月ですか？ そんなに経ったとは思いませんでした」
4. 「あなたはここに来たくない。そしてもう私の信頼を得たと思っているのですね？」
5. 「毎週ここに来ないといけないことがあなたには不満なんですね。そして私があなたに裁判官に従うようにと言うのが気に入らないわけですね」
6. 「ちょっと、こんな面倒なことになってるのは、あなたのせいでしょう。気に入らないからって、私に文句を言わないでくださいよ。もしかして裁判官を説き伏せたいとでも思ってるのですか」
7. 「毎週ここに来なければならないのが、君にはうっとうしいのですね。私にとやかく言うのをやめてほしいと思っているのでしょう」
8. 「あなたはどうしてここに通わなければならないのかと困惑していて、通う必要がなくなればよいのにと願っているのですね」

3．グループメンバー

［ためらいながら、小さな声で］：「このグループの中で言いたいことを言うのはすごく難しいです。舌がもつれて、鼓動がどんどん速くなってしまいます。この中に私のことをよく思っていない人がいると感じています」

受け答え
（グループメンバーまたはグループリーダーによる）

1. 「うん。私も時々同じように感じることがある」
2. 「グループの中で気持ちを伝えようとするのが怖いのですね。言葉が見つからなくて、他の人が自分のことをどう考えているか気になってしまうのですね」
3. 「あなたが内気なのはわかります。でも、今みたいに、グループ内でもっと話をするよう努力することが大事なのだと思いますよ。それがグループメンバーとしての義務の一つなのだから」
4. 「グループの中で話そうとすると、恐怖を感じるのですね」
5. 「たった今、あなたが自分を表現することの怖さについて語ったときにも、あなたがおそらくひどく緊張して身動きが取れなくなっているのだろうと感じました」

6．「自分をさらけ出すのは怖いかもしれないけれど、あなたの中にはこの恐怖を克服して、もっとグループの皆と積極的に関わりたいと思っている部分もあるのではないかと思います」
7．「どうして私たちがあなたをよく思ってないなんて考えるんだろう。確かにちょっと自意識過剰じゃないかと思うけど、それはたいしたことではないです」
8．「あなたを見ていると、自分がグループに参加したばかりの頃に感じていたことを想い出します。私は怖くて、ほとんどの時間、うつむいて床ばかり見ていました」
9．「あなたがよく思われてないなんて感じるようなことを、僕らはしたでしょうか」

4．住宅プログラムに紹介されたホームレスのクライエントが、ソーシャルワーカーとのインテーク面接を終えようとしている。どうして職を失ったのかと尋ねられたときの答えは「予算の削減、レイオフ、そして自分は勤続年数が短かった」

受け答え
1．「それについて、あなたはどう思いますか？」
2．「つまり、予算の削減や、レイオフ、勤続年数の短さなどのいくつかの要素が、あなたが職を失った理由であり、ホームレスになった原因だというわけですね」
3．「ホームレスになってどのくらい経ちますか？」
4．「職を失ったことについて、自分自身の責任もあると考えたりしませんか？」

■対等な共感をもって受け答えする

　共感的な受け答え（レベル3）は、クライエントのメッセージを把握し、問題についての探索を促進するために、援助プロセスで終始用いられる基本技術である。初期段階において、共感的な受け答えは個人面接、合同面接、グループ面接での重要な目的にかなっている。つまり、共感的な受け答えはワーク関係の構築を促進させ、コミュニケーションと自己開示の促進にとって欠かせない相互理解の雰囲気を醸成する。このようにして、その後も続いていく援助プロセスの諸段階において感情をより深く探求するための土台を形成するのである。

　レベル4と5の共感的な受け答えは、その使用頻度が高いほど多くの利益をもたらすというわけではないことに注意してほしい。事実、初回や2回目の面接のなかではこのような受け答えを一度するくらいが有効で適切であろう。それ以上の頻度で使うには、ある深さをもった関係が必要であり、それだけの関係はまだ構築されていない。共感的な受け答えは初期の面接においてクライエントが表出する感情や意味のレベルを越えている場合が多いため、その大部分は、援助プロセスの後の段階のために取っておかれる。

　対等な受け答えは援助プロセスの最初の段階の目的を達成するために頻繁に使われる重要な技術であるから、まずはレベル3の受け答えの初歩の習得を目指すことをお勧めする。この技術を広く実践することで、あなたは発展性のある援助関係の構築、面接、データ収集を行うための能力を著しく高めることができるはずだ。本章の残りの部分には、対等な受け答えの習得のために役立つガイドラインと、実践演習を載せてある。専門家によるより深いレベルの受け答えは、対等な受け答えの技術の拡張となるが、そのレベルの受け答えは、特定の目標を達成するためにさ

まざまなやり方で利用される高度な技術である。そのため、このレベルの共感的な受け答えはその他の変化志向の技術あるいは「アクション」の技術とともに、本書の第3部で紹介する。

対等な受け答えを構成する

　共感尺度のレベル3に到達するためには、クライエントのメッセージの内容と表層にあらわれた感情を正確に把握する能力が必要とされる。クライエントのメッセージを単に言い換えただけにならないように伝え方を工夫することが重要である。

　以下のパラダイムは、共感的あるいは内省的なメッセージの要素を同定するものだが、共感的な受け答えの技術を概念化し習得するために役立つことがわかっている。

　あなたは＿＿＿について、＿＿＿と感じる。なぜなら＿＿＿だから。（感じていることを正確に同定あるいは記述する）

　その応答は、クライエントのメッセージのみに焦点を置き、ソーシャルワーカーによる概念化を反映していない。

　以下の場面は、ソーシャルワーカーと17歳の女性のクライエントによるある面接場面から引用している。共感的な受け答えを構成する際に、先述のパラダイムを用いる場面が描かれている。

クライエント：「父と話をするとき、私はいつも怖くて泣かずにはいられない。自分を出して、父に反論したいのだけど、全然できないのです」

ソーシャルワーカー：「お父さんと話をしようとすると、あなたはまさにパニックのような気持ちになってしまうのですね。本当は動揺しないで、落ち着いて思いとおりに、お父さんと話したいと思っているから、あなたはがっかりしてしまうのですね」

　クライエントのメッセージには、多くの場合、葛藤する複数の感情、または対照的な複数の感情が含まれる。例えば「ドラッグは好きだけど、時々、どんな害があるのかと不安になる」のように。このような場合、対照的な感情の両方に光を当てなければならない。

- あなたは＿＿＿と感じる一方で、＿＿＿とも感じている。
- あなたはドラッグを楽しむ一方で、自分にとって害になるのではないかという考えもしつこいほどに頭に浮かぶから、その間で引き裂かれるような感じになってしまうのですね。（注1）

　対等なレベルで共感的に応答するためには、クライエントが容易に理解できる言葉を使う必要があることを忘れてはならない。抽象的で難解な言葉や専門用語を使うことは、コミュニケーションを阻害する障壁となるため、避けなければならない。受け答えするときの言葉にバリエーションを持たせることも重要である。専門家の多くはステレオタイプ的な同じ応答パターンを繰り返しがちで、通常、コミュニケーションの糸口となる導入句のバリエーションも乏しい。「あなたは……のように感じているのですね」とか「あなたは……とおっしゃいましたね」のような導入句が何度も繰り返されると、クライエントの集中を妨げるだけでなく、誠意がなく不自然な態度に見えてしまう。この種のステレオタイプな受け答えをすると、ソーシャルワーカーの小手

先の技術に注意が向いてしまい、言葉に込められたメッセージからは注意がそれてしまうのである。

多様な導入句の一覧は、受け答えのレパートリーを広げるのに役立つだろう。一覧を声に出して何度か読んだうえで、本章と第17章に載せた、専門家によるより深い受け答えをカバーした共感的コミュニケーションの演習問題をやりながら、何度も一覧を確認することをお勧めする。対等な共感的な受け答えの定型（「あなたは＿＿＿＿だから、＿＿＿＿と感じるのですね」）は、クライエントのメッセージに含まれる感情と意図にあなたが注目することを助けるための教材に過ぎず、導入句の一覧を活用することで、より自然な受け答えが可能になる。

レベル3の対等な共感的な受け答えを習得してもらうために作られた演習問題が章末に置かれている。演習問題の中には、さまざまな現場で、個人・グループ・カップル・家族とのワークにおいて実際に語られた、さまざまなクライエントの発言が含まれている。

技術向上のための演習問題が終わったら、その後の数週間、面接においてあなたが用いた共感的な受け答えの数を記録して、学んだ技術をどの程度応用できているか確認してみるとよい。さらに、自分自身で、あるいは共感的な受け答えに精通した同僚に頼んで、あなたの受け答えを採点し、各面接における共感的な受け答えのレベルの平均値を確かめることをお勧めする。（経験の浅いソーシャルワーカーはほとんどがそうなのだが）共感的な受け答えを十分に使えていないことや、あるいは低レベルの共感的な受け答えしかできていないことが判明したならば、技術向上のための目標を立てようと思うだろう。

共感的な受け答えのための導入句

「もしかして……ということでしょうか」
「……なのでしょうか」
「あなたがおっしゃっているのは……ということでしょうか」
「もし間違っていたら教えていただきたいのですが、私の理解では……」
「おそらくあなたは……のように感じているのですね」
「あなたは時々、……と考えるのですね」
「たぶん、全然違うと思うのですが、……」
「理解できているか確信が持てないのだけど、あなたが感じているのは……」
「お聞きしたかぎりでは、あなたは……」
「あなたが感じているのは、こういうことですか？」
「あなたを理解できているか確認させてください。あなたは……」
「あなたが私に伝えたいことは、……」
「私の理解が正しいなら、……」
「つまり、あなたは……のように感じているのですね」
「あなたは……のように感じるのですね」
「あなたはまるで……と言っているように聞こえてしまうのですが」
「あなたは……と言っているように聞こえます」
「つまり、あなたの考えでは……」
「あなたが……のように感じているように思えます」
「あなたがおっしゃりたいことは……のように思えますが」

「あなたは……のように感じていると推測します」
「私があなたの言葉を正しく理解できているなら……」
「あなたの言葉は私には……のように聞こえます」
「あなたは……と感じていますね」
「あなたを理解できているかわからないけど、……でしょうか」
「あなたは……と感じているように見えます」
「あなたは……と感じているかのようです」
「たぶん、あなたは……と感じていますね」
「……と感じているのですか」
「理解できているかわからないのですが、あなたがおっしゃりたかったのは……ということですか」
「あなたは……のように思えます」
「それがあなたの言いたかったことですか」
「あなたがおっしゃっているのは……ということだと思えるのですが」
「私は……のような印象を持っています」
「私が思ったのは、あなたは……と感じたのではないかと」
「私には、あなたはまるで……と言っているのと同じに聞こえます」
「つまり、あなたが思うには……」
「気がついたのですが、あなたは、……」
「もしかして、……とおっしゃっているのですか」
「つまり、あなたには……のように思えるということですね」
「まさに今、あなたは……のように感じているのですね」
「あなたは……のように感じたに違いない」
「あなたの話を聴いていると、まるで……」
「あなたは話から、……のような印象を受けました」
「あなたの発言から、あなたは……と感じているように思えます」
「あなたの言葉から、あなたの気持ちを推測すると、……」

共感的な受け答えを用いる

　クライエントとの面接の初期段階において、ラポールを構築し、クライエントと「緊密な関係を保つ」ための方法として、共感的な受け答えを頻繁に使用するべきである。ソーシャルワーカーの理解が不正確であっても、それが許容されるように、受け答えは暫定的なものとして伝えるとよい。「理解できているか確認させてください」とか「私の理解は正しいですか」のような適切な導入句を用いて、応答の正確さをチェックすることは、クライエントを理解したいという熱意と、間違った受け取り方を修正しようとする気持ちを伝えるのに効果的である。

　共感的な受け答えを使い始めたばかりの学習者は、クライエントが何の障壁も感じることなくコミュニケーションを行うことで、数カ月あるいは数年にわたって抱えてきた思いが解放され、時に感情が洪水のようにあふれ出すことをしばしば警戒する。だが、共感的な受け答えは、そういった感情を引き起こすのではなく、むしろ感情の表現を促しているのだということを理解することは重要である。つまり、共感的な受け答えはこのような感情をより理性的かつ客観的に探求

し検討することをクライエントに明確に示すのである。

　経験の浅いソーシャルワーカーの多くがそうであるように、あなたの共感的な受け答えが常に正確にクライエントの感情を映し出すことができるわけでないことで、クライエントに「ダメージ」を与えたり、援助関係を崩壊させてしまったりするのではないかと不安になるかもしれない。しかしながら、おそらく正確さよりも重要なのは、クライエントの経験を受け止めようと真摯に試み、理解しようとするあなたの姿勢である。援助に向けての善意と意図を、言葉やそれ以外による慎重な応答によって示し続けていれば、たまに理解し損ねたり、タイミングを誤ったりしたからといってクライエントとソーシャルワーカーの関係が損なわれることはない。実際に、クライエントのメッセージを明確にしようとするソーシャルワーカーの努力は、通常、援助プロセスにとってマイナスになることはなく、むしろこれを向上させる。クライエントがあなたの間違いを訂正した際に、あなたが率直で防衛的でない共感的態度で対応するなら、なおさらである。

共感的なコミュニケーションの複数の用途

　共感的なコミュニケーションが多くの用途に使えることは本章ですでに述べた。本節では、あなたが相互的共感的な受け答えを活用できるさまざまな方法について紹介する。

初回面接でクライエントとの関係を構築する

　すでにここまで書いてきたように、共感的な受け答えをすることによって、ソーシャルワーカーがクライエントの感情をしっかりととらえているとわかるように示すことができ、また、クライエントが自分の考えや気持ちを思い切ってじっくり振り返ろうと思う雰囲気を作ることができるようになる。ソーシャルワーカーがクライエントに共感的に関わる時の方が、共感を伝えられていない場合に比べて、クライエントとの接触が継続する可能性が高まることを、多くの研究者が立証している。

　異文化間の関係において、共感に大きな力を発揮させるためには、ソーシャルワーカーは文化的要因に敏感でなければならない。文化的要因を理解することの重要性は、すでにおよそ45年前、クライエントとソーシャルワーカーの考え方の対立について研究していたメイヤー＆ティムズ（Mayer and Timms, 1969）により明らかにされている。研究結果に基づいて、彼らは以下のように結論づけた。「ソーシャルワーカーは、精神力動的な意味でクライエントをとらえるところから始めるが、文化的要素に関して共感的になる点では不十分である」（p.38）。

　共感的な受け答えは文化間のギャップを橋渡しするために重要であるが、アジア系アメリカ人や先住アメリカ人に対しては過度に使われる場合がある。これらのグループのメンバーの多くは、他と比べて感情表現が控えめなことが多く、ソーシャルワーカーが共感的な受け答えを多く用いると、不快や困惑を表すこともある。それでもなお、「行間を読む」こと、つまり、こうしたクライエントが普段は直接表現しない悩ましい感情に敏感に応答することは重要である。彼らが抱える困難に関連する苦痛な感情を敏感に察知するソーシャルワーカーを高く評価するのは、他のクライエントと同じである。

　アジア系アメリカ人に対しては、より指導的かつ積極的な、秩序ある姿勢で臨むことが重要だということを再度強調しておかねばならない。ツーイ＆シュルツ（Tsui and Schultz,1985）は「単に共感的で受身で非指示的な方法は（アジア人の）クライエントを混乱させ、疎外感を味わわせるだけである」（p.568）と明言している。先住アメリカ人のクライエントについても、各人の文

化への適応の度合いにもよるが、同じことが言える。

> ◇事例『故郷へ帰る』の中で、ソーシャルワーカーのドロシーは、先住アメリカ人のクライエントであるヴァレリーとワークを行っている。ヴァレリーは雇用主から紹介されてきたのだが、ソーシャルワーカーとのコンタクトに対して用心深く不安を抱いている様子である。クライエントは、ソーシャルワーカーと面談することによって、児童福祉関連の調査を受けることになるのではないかと心配しているようだ。ドロシーは、共感的なつながりや文化的つながりを築こうとさまざまな努力をした。変化が訪れたのは、ドロシーが次のパウワウ（北米インディアンの儀式）が間近であることを知っていて、それに参加する予定だということを、ヴァレリーが知ったときだった。

クライエントとの関係を保つ

対等で共感的な受け答えをするということは、「クライエントが今いるところからはじめる」というソーシャルワークの原則を実践することであり、ソーシャルワーカーが今クライエントの感じていることに常に寄り添う姿勢を維持させる役割を持っている。ソーシャルワーカーは他の多くの技術やテクニックも必ず用いるが、クライエントとの関係を保つためには、絶えず共感的な受け答えに立ち返ることが必要になる。その意味で、共感的コミュニケーションは、基礎的な介入であると同時に、他の介入を用いるための前提でもある。ジェンドリン（Gendlin,1974）は、クライエントとの関係を保つ際に共感が果たす役割の重要性を強調するために、車の運転の比喩を用いている。すなわち、車の運転には道路を見ること以外にも多くの要素が含まれる。ドライバーはハンドルを操り、ブレーキを踏み、方向指示を出し、信号を見るなど、さまざまなことを行う。景色を眺める人もいるだろうし、人とおしゃべりをしたり、物思いにふけったりする人もいるだろう。しかし、これらと同時に、道路を見るということは、常に最優先で行われなければならない。

視界が悪くなり、危険な状況になると、他のことはすべてやめて、ドライバーは目の前の道路と危険をはらむ状況を注視することに集中しなければならない。周囲に対する適切な注意を怠ったために事故に巻き込まれるドライバーがいるように、ソーシャルワーカーも、すでにクライエントの気持ちを把握していると勘違いしてしまい、クライエントの雰囲気や応答の変化や文化の違いに対し注意がおろそかになる場合がある。その結果として、ソーシャルワーカーがクライエントの大切な感情を認識することに失敗してしまい、クライエントがソーシャルワーカーを無関心なあるいは無神経な人物とみなして、援助のプロセスから離れていってしまうかもしれない。

クライエントの問題を正確に評価する

ソーシャルワーカーによる共感のレベルは、クライエントの自己探索のレベルと相関するようである。すなわち、共感的な受け答えのレベルが高ければ、クライエントの自分自身および問題に対する探索は増大するのである。ソーシャルワーカーが初回面接の中で頻繁に共感的な受け答えを用いてクライエントと「共に」動き出すにつれて、クライエントは自らの問題について明確に語り始め、出来事や関連する情報について打ち明け始める。たとえて言うなら、クライエントはこうして、正確なアセスメントのために重要な情報を提供することによって、進むべき方向へ

とソーシャルワーカーを案内するのである。問診を重視すると言って、クライエントの意図とは無関係にソーシャルワーカーが決めた流れに沿って面接を進め、当てずっぽうの質問をして不要な情報を集めるのに無駄な時間を費やすようなやり方とは完全に対極をなすのが、このアプローチである。

クライエントの非言語的メッセージに応答する

　クライエントは、表情や身振り、姿勢などにより、言葉では表現しえない感情を暗に伝えることがよくある。例えば、面接の経過の中で、クライエントが悲しみや当惑、苦痛や不快感を表すかもしれない。このような場合、ソーシャルワーカーはクライエントの今の感情について自分がどう理解しているかを伝え、クライエントの言外にほのめかされた感情に沿って内面をみる反応をし、そこに生起している感情をわかりやすく言語化するかもしれない。例えば、成績表の内容が悪かったため意気消沈し、うなだれて腰掛けているクライエントに対し、ソーシャルワーカーは「今、あなたはとても悲しみ、落胆していますし、おそらく敗北感も感じているように見えます」と言うことができるだろう。グループ面接や合同面接で、ソーシャルワーカーは、数人の参加者の、あるいは参加者全員の非言語的メッセージを映し返すことになるかもしれない。例えば、ソーシャルワーカーは「今日は何だか落ち着かない雰囲気ですね。この話題が長く続いていて、皆さんつらいですよね。『今日はもう、この問題について考えたくないよ』なんて声が聞こえるような気がしますが、いかがですか？　当たっていますか？」

　子どもはソーシャルワーカーなど見知らぬ人に対するとき、言葉よりも、それ以外の方法で意思を伝えようとすることが多い。このような非言語的メッセージについてや、それが何を意味するのかについて訊いてみることが有効な場合もある。おもちゃで遊びながら、あまり目を合わせず、家での様子を尋ねる質問にも一言での返答を繰り返すだけの子どもは、このプロセスに対する落ち着かない気持ち、あるいは馴染めないという思いを伝えようとしているのかもしれない。遊戯療法とは、子どもが行動を通じて自らに起こっていることを伝えることを認める技法である（Lukas, 1993）。

　共感的な受け答えが、クライエントの言葉にならない経験のプロセスにぴったり合った場合、クライエントは、自分が経験してきた感情がどのようなものであったのかについて、探索を始めることができるようになる。クライエントの非言語的メッセージを明確にすることは重要な技術であり、本書では第6章、第8章、第10章で論じている。

うまく直面化を用いる

　直面化は変化を指向する局面において、クライエントの気づきを広げ、行為へと動機づけるために用いられる。この方法が最も適しているのは、クライエントが違法な行為をしたり、あるいは自傷他害の危険をもつ行為を行っている場合である。このような行為がクライエントが自ら選択した目標や価値観と葛藤するときにも、直面化の使用が適切である。

　もちろん、タイミングよく直面化を用いたとしても、クライエントがそれを受容する程度はさまざまである。したがって、そのようなクライエントの状況や直面化への抵抗感に対しては配慮が必要であり、ソーシャルワーカーはこれから始まる直面化がクライエントに与える影響を判断して、そのような介入がよりよく働くようにプロセスを実行していかなければならない。これは直面化の直後に生じるクライエントの反応に合致した共感的な受け答えを用いることで実現でき

る。ソーシャルワーカーが注意深く思いやりをもってクライエントの表現に耳を傾けることにより、クライエントの防衛的姿勢を緩和することができる。実際に、クライエントは自身に適合するものを受け入れ、それ以外の不適当に思えるものを拒絶しながら、新しい情報を処理し、自らの考えの妥当性について熟慮し確かめるようになる。この重要な技術のためのガイドラインは第17章に掲載されている。

　直面化と共感的な受け答えをうまく織り交ぜることができれば、論争の火種となる問題や集中を乱す行為など、グループワークを妨げる要因への対処が必要なときに、プロセスをうまく仕切るための有力な技法となる。

クライエント側にある面接の進行の妨げとなるものを扱う

　面接の中で進行していることに対してクライエントが抵抗を示したとしたらそれは時には健全なことでもある。しばしば無意識的抵抗と解釈されることが、実際には、面接や介入におけるソーシャルワーカーの技術的稚拙さに対する否定的反応である場合もあれば、クライエントの困惑、誤解、さらには無気力による反応である可能性もある。ゆえに、クライエントの反応を注意深く観察して、それに伴う感情に率直にかつ繊細に対応することが重要である。クライエントの言語的または非言語的行動は、援助プロセスで進行していることに対する遠まわしな意見の表明である場合もある。例えば、クライエントは時計を見て面接の残り時間を尋ねたり、ソーシャルワーカーから身体を背けたり、足で床をコツコツと鳴らしたり、窓の外を眺めたりする。このようにクライエントが面接に集中できなくなってきたように見えたら、クライエントの言語的メッセージと非言語的メッセージのどちらかまたは両方を受けとめて共感的な受け答えをすると、面接で起こっていることについて話し合いを始めるために役立つかもしれない。

　ソーシャルワーカーは時に、早口で次々に話題を変える非常におしゃべりなクライエントと実践を行うことがある。過剰なほどにおしゃべりなクライエントは、経験の浅いソーシャルワーカーにとっては大変な難題である。クライエントの話に割って入るのは無作法だという誤った考えを乗り越えなければならないからである。このような誤解により、新米の面接者は初回面接で、援助プロセスの構造や方向性を示すことなく、1回の面接時間のほとんどを饒舌なクライエントの聴き手として過ごしてしまう。あるいは、それが問題への建設的な対応になると誤解して、クライエントが絶え間なく話すことを許してしまうこともある。これはまったく正反対で、度を越したおしゃべりは多くの場合、面接を表面的なレベルに留めてしまい、問題を特定し探求することを妨げることになる。あるいは、それが深刻な感情に関わる精神疾患の兆候である場合もある。

　ソーシャルワーカーが毎回の面接について、その構造と方向性を示すことは重要である。これにより、特定の課題を深く検討したいという期待を伝えるのである。これについては後の章で詳細に扱うことになる。ここでは、とてもおしゃべりなクライエントに対し、プロセスの進行速度を緩め、議論に深みを持たせるための準備として、共感的な受け答えを戦略的に用いることの必要性を強調するに留めておく。

　例えば、ソーシャルワーカーは、クライエントの話に口をはさんだり、これに介入したりするために、次のような言葉を用いることができる。「私があなたの意図を理解できているかどうか確認したいので、ちょっと割り込ませてください。私は、あなたが……のように感じていると思っています」「その話題について話す前に、私がお話についていけているかどうか確認させてください。あなたは……ということを言っておられるように聞こえますが……」「それについて

話をするのは、ほんの少し待ってもらえないですか。あなたのお話をちゃんと理解できているかどうか確認したいのです。あなたのこれまでのお話の要点を、もっと詳しく聴かせていただけないでしょうか？」

怒りと暴力のパターンに対処する

　個人面接やグループ面接のなかで、クライエント（とりわけ自らの意思でソーシャルワーカーのもとを訪ねたのではない者や法の強制によるクライエント）は、しばしば怒りや苦痛、落胆といった強烈で葛藤を引き起こす感情が波のように押し寄せてくる経験をすることがある。この例のように、これらの感情と折り合いをつけられるようクライエントを支援する際に重要なツールとなるのが共感的な受け答えである。共感的な受け答えによりこれらの感情について詳しく述べる形での表出が促され、クライエントはさまざまな感情を発散し、明確化し、味わうプロセスに携わるようになる。時間とともに、クライエントの感情は平静を取り戻し、より合理的で思慮深い状態に達することができる。

　クライエントの感情に明確に焦点を合わせる目的で用いられるとき、共感的な受け答えは目標への前進を妨げるクライエントの強い感情に対応し、これを修正する効果を発揮する。ソーシャルワーカーがこうした事態をうまく取り扱うことで、クライエントは自己への気づきを増し、カタルシスを味わうことを通じて、援助関係はさらに強化されるのである。

　共感的な受け答えが特に役立つのは、敵意に満ちたクライエントに対応するときであり、次の発言にみられるように、クライエントがソーシャルワーカーに怒りの感情を抱いているような場面では欠かすことができない。「あんたは俺の問題解決を助けるとか言ってるが、何の役にも立ってないじゃないか。なのにどうして俺はここに来なきゃならないんだ」このようなとき、ソーシャルワーカーは防衛的に受け答えしてしまいたくなる衝動と戦わねばならない。防衛的な受け答えはさらにクライエントをいらだたせ、状況を悪化させるのだ。例えば、クライエントの感じ方に異議を申し立てるような受け答えをするなら、それは援助関係を損なうことになるだろう。ソーシャルワーカーはクライエントの体験プロセスと感情を理解しようとし、クライエントにこのような感情を十分に吟味させようとする、純粋な努力を受け答えにより示さねばならない。

　法の強制によるクライエントは、目標に近づくペースが遅く見えることに不満を抱くようになることがあり、制度の考え方や組織の人間が邪魔をしていると感じる場合がある。ソーシャルワーカーとクライエントが前向きに協働できるようになり、制度をクライエントの目標達成に向けて機能させるための方法を見つけ出すためには、この怒りに共感することが必要なのである（Rooney & Chovanec, 2004）。

　この考え方を心に留めつつ、次の対等で共感的な受け答えがもたらす効果について考えてみてほしい。「あなたは事態が改善しないことにとてもがっかりなさっているし、私がもっと役に立つ人だったならよかったのにという思いもあって、私に対しいらだっているのですね」。この受け答えは、現状とソーシャルワーカーに対するクライエントの不満について、防衛的にならずに正確に認識している。だが、クライエントの怒りを鎮め、もっと十分に、そして合理的に問題を検討できるようにクライエントの心を解放するためには、これだけで十分とは言えないだろう。

　共感的に受け答えをして、クライエントの感情を注意深く追いながら、クライエントの経験に注意深く寄り添っていく。この数分間の営みが、ソーシャルワーカーとクライエントの双方にとって、クライエントを爆発へと駆り立てた強烈な感情をもっとはっきりと理解し、この感情の

源泉を十分に掘り下げる助けとなるのである。表出された感情に注意を向けるということは、その内実を軽視するということではない。例えば、ソーシャルワーカーは上で述べたような共感的な受け答えに続けて「あなたが私たちのワークのどのあたりについて手応えがあると感じられないのか、あなたと一緒に、より深く掘り下げていきたいと思っています」などと言うことができる。

　グループ面接や合同面接の中でクライエントの怒りに直面するときに忘れてはならないのが、怒りをあらわにしているクライエント本人の否定的感情と立場に対して共感的に受け答えするだけでなく、異なる思いでその状況を経験しているかもしれない他のメンバーの感情や意見にも配慮し、これを映し返すことである。このようなやり方で共感的な受け答えを用いることは、問題の解明に向けた情報収集の助けとなるし、メンバーたちの怒りを冷まして自分たちの感情を検討する助けにもなる。そして、グループでこの問題を考える際に他の視点を引き出すことにも役立つ。加えて、このような場合に共感的な受け答えを用いることで、この問題に含まれる課題についての議論がより理性的になりやすく、それにより問題解決の実現へ向けての準備が整うことになる。

　ここで述べた原則は暴力的行動に走りがちなクライエントにも適用される。このようなクライエントはだいたいが子どもや配偶者に対する暴力の経験によりソーシャルワークの対象となることが多い。暴力に訴える人は、彼らの心の中に絶望や不満を抱えており、問題状況に対してより建設的な方法で対処する技術や経験をもたないためである場合が多い。もともと短気で感情のコントロールが苦手な人間である場合もあるが、多くは、問題に対処する機制として正しい手段の代わりに暴力を学習したと考えられる背景をもっている。彼らの強い怒りを鎮め、さらにその不満を理解するために共感を用いることは、このようなクライエントとワークを進めていく上で重要な第一歩となる（Lane, 1986）。怒りの感情に関する困難をもつクライエントの中には、アルコールや薬物を摂取したときにだけ怒りを表出するという者もいる。しらふの状態で自分をコントロールできる時に、怒りの感情を体験し表出するよう支援することが、クライエントに怒りに対処するための建設的な方法を学習させるための主要なアプローチである（Potter-Efron & Potter-Efron, 1992）。

> 　◇事例『ごねる人への支援』のいくつかの場面では、怒りと不満をあらわにしているクライエントのモリーと、この怒りに対して共感的に受け答えしようと試みるソーシャルワーカーのルーニーが取り上げられている。特に、モリーは前任のソーシャルワーカーが突然異動になり、ルーニーに引き継がれたことに不満を感じており、彼にソーシャルワーカーとしてのアイデンティティを示すようにしつこく要求し続けている。この難題がどのように解決されるかに注目してほしい。他に重要なのは、モリーがソーシャルワーカーへの信頼度はゼロ未満だと言い、その原因を過去のソーシャルワーカーへの不信感によるものだとしている点である。

グループディスカッションを促進するために共感的な受け答えを利用する

　ソーシャルワーカーは、合同面接やグループ面接において特定の課題について議論を促す場合、はじめに話題を特定し、次にその話題に関するさまざまなメンバーの見解に反応して共感的

（あるいは言い換えによる）受け答えを用いることがある。ソーシャルワーカーは同時に、議論に加わっていないメンバーからの受け答えを積極的に求め、共感的な受け答え（あるいは言い換え）を用いることで、彼らの見解を受け入れる。このような形で共感的な受け答えを頻繁に用いることにより、クライエントのグループディスカッションへの参加を促進する（強化する）。

クライエントに共感的な受け答えの仕方を教える

　クライエントはしばしば人間関係の難しさを抱えているが、それはクライエントのコミュニケーションの仕方が、他者のメッセージに正確に耳を傾け他者に対して自分がどうしているか伝えることがうまくないという問題に起因している。ソーシャルワーカーの重要な仕事の一つとして、クライエントに対して共感的な受け答えの方法を教えることが含まれる。この任務はソーシャルワーカー自身がモデルになることで、一部は達成される。これはクライエントの変化と成長を促す可能性のある技法として広く認知されている。他者のメッセージを歪めて受け取ったり、無視したりする人（例えば、カップル、家族などの密接な人間関係において見られる）にとっては、効果的に傾聴し、共感的に受け答えするソーシャルワーカーの姿を観察することが、代理学習として有益な場合もある。さらに、ソーシャルワーカーが共感的に受け答えをしつづけた結果として、他者に自分から接近することや自己表現が苦手なクライエントが、自分自身の感情を認識できるようになり、より十分に自らを表現できるように少しずつなっていく場合もある。

　クライエントに共感的なコミュニケーションの技術を教えることはまた、教育的役割を担うのだと考える必要があるかもしれない。深刻な葛藤を抱えるカップルを援助するためのアプローチの中には、互いに相手から共感を受けたり、相手に対して共感を表現したりするという方法を活用しているものもある。ソーシャルワーカーが教育者としての役割を担う際には、クライエントが共感的に受け答えできるように、ちょうどよいタイミングで介入することが必要である。特に、面接の中で、クライエントが他者の関わりを無視したり軽視したり、これに対して攻撃したりしたようなタイミングである。この役割に関して、私たちはソーシャルワーカーに次のような行動を取ることをお勧めする。

1．本章で紹介した共感的な受け答えのためのパラダイムを、クライエントに教える。もし適切と判断されるなら、本章の最後に載せた、初心者のソーシャルワーカーに推奨される演習と同様の、二人が組になって行う演習を、クライエントにやってもらうのもよいだろう。両者にとって中立的な話題を選び、数分間、相手方の話に注意深く耳を傾けた後に、役割を交替する。その後、参加者と一緒に、各自にとって演習がどのような影響を及ぼしたかを評価する。
2．クライエントに本章で提示した感情語句と導入句の一覧を紹介する。適切と判断されるなら、初心者のソーシャルワーカーにすすめるのと同じように、クライエントに一週間かけて、感情表現の語彙を増やすことを宿題として課すのもよいだろう。
3．面接中、クライエントがメッセージを無視したり、気づかなかったりした場合に、これに介入する。カップルや家族、グループとの直接的なソーシャルワークにおいてはよく起こる状況である。このような場面では、プロセスを中断して、メッセージの送り手にもう一度言うように求め、受け手にこのメッセージの言い換え、すなわちメッセージの核心を新しい言葉を用いてとらえ直すことを求めるとよい。以下はその例である。

16歳の娘：「学校なんか行きたくない。教師は嫌な奴ばかりだし、生徒も私をバカにして笑って

いる人ばかりだし」
母親：「でも、行かなきゃならないの。あんたがまじめになって勉強したら、学校は今の半分もつらくなくなるよ。お母さんはね……」
ソーシャルワーカー：［言葉をさえぎって、母親に向かって］「ジャネットの不登校について、あなたが心から心配しておられるのはよくわかります。ですが、ちょっとだけお願いしたいことがあります。ジャネットが今あなたに向かって言ったことを、彼女に向かって繰り返して言ってみてください。それによって彼女の言葉を味わってほしいのです」
母親：［ソーシャルワーカーの方を向いて］「娘は学校が嫌いだと言いました」
ソーシャルワーカー：「およそ合っています。でも、ジャネットの方を向いて言ってください。彼女の気持ちがわかるかどうか、考えてみてください」
母親：［娘に向き直って］「あなたにとって、学校に行くのはとてもつらいことなのだと思う。あなたは先生たちが嫌いで、生徒たちからは仲間外れにされ、バカにされていると感じている」
ジャネット：［涙を浮かべて］「そう。そうなの……。とてもつらいの」

　ソーシャルワーカーが介入し、助言するまで、母親の受け答えが共感的なものではなかったことに注意してほしい。この例が示しているのは、クライエントが相手のメッセージを「聞く」ことを辛抱強く教えることがいかに重要かということである。この重要性はどれだけ強調しても足りないくらいである。クライエントは、機能的ではない受け答えをしてしまう習慣から抜け出すことができないため、傾聴の技術を身に付けることにかなりの困難が生じる場合が多い。たとえクライエントが効果的なコミュニケーション方法の習得を自ら強く希望し、ソーシャルワーカーが積極的に彼らを支援しているときでさえも、こうした困難が生じる。

4．クライエント同士が相互に傾聴し合っているのを観察しているとき、あるいは先の例のように、クライエントがあなたの指導に従って行動しているときに、ポジティブなフィードバックを与える。先の例においては、ソーシャルワーカーは母親に対して、次のようにほめることもできただろう。「あなたの受け答えはとてもよかったです。あなたのメッセージは、娘さんが経験したことを、正確に反映するものでした。娘さんも自分が言いたかったことを本当に理解してもらえたと感じたと思いますよ」また、会話のやりとりを通じて何を経験したかについて話し合うことや、肯定的な感情と見解を強調することを参加者にしてもらうのも有用である。

■オーセンティシティ

　共感と尊重が効果的なワーク関係の構築のために不可欠だということは、多くの理論家が同意するところだが、率直さや自己開示をどの程度求めるべきかについては、意見がわかれる。自己開示とは、実践者のクライエントに対する意見、考え、感情、反応、さらには個人的経験について、クライエントに伝えることである（Deal, 1999）。自己開示をするか否か、どのタイミングで行うかについては、クライエントの利益という観点から決められるべきであり、実践者にとっての必要に基づいて決められるべきではない。あるクライエントは次のように言った。「私のケースワーカーは、自分の恋人のこととか週末のこととかあれこれ何でもしゃべりたがったの。だから私は言ってやった。『そんな情報はいりません。知る必要もないし知りたくもない』ってね。

あの人とそんなことを話し合いたくないし、そんなことまで聞かされたくないの」このクライエントは明らかに、この種の個人的な情報提供に価値があるとはとらえていなかった。ディール（Deal）は、経験の浅いソーシャルワーカーは頻繁に自己開示の利用を報告するが、この方法を適切に実施するための条件についてはよく理解していないようだと報告している。

　実証的なエビデンスに関して目を向けてみると、トルアックス＆ミッチェル（Truax and Mitchell,1971）、ならびに ガーマン（Gurman 1977）は、数多くの研究結果を引用して、共感と尊重と純粋さが肯定的な結果と相関することを示した。しかしながら、これらの研究の批判的な分析と、これと矛盾する他の研究の知見から、専門家たちは初期の調査の知見を疑問視し、「セラピストの『技術』と成果との関連は、当初の仮説と比べてもっと複雑なものだ」と結論づけている（Parloff, Waskow, & Wolfe, 1978, p. 251）。

　それでもなお、オーセンティシティ（純粋性とも呼ばれる）と、他の促進条件は、援助プロセスの中心的位置を占めるものと見なされている。オーセンティシティは、自然で正直な、自発的で率直な、そして純粋な語り方で自己をわかち合うことと定義される。オーセンティック、あるいは純粋であるためには、作り物でない自発的な表現をするために、一人の人間としてクライエントと関わり合うことが必要になる。加えて、ソーシャルワーカーが発する言葉がその本音と矛盾しない、本当に感じていることであり、考えていることでなければならないということでもある。オーセンティックなソーシャルワーカーは、生身の人間としてクライエントと関わり、自らの感情を表現し、この感情に対して自ら責任を負う。自らの感情を否定したり、このような感情を引き起こしたクライエントを責めたりはしないのだ。オーセンティシティという言葉には、クライエントに対して過ちを認められるくらいに、非防衛的で人間的であるという意味が含まれる。クライエントが防衛を緩めて、今以上に率直になること（それにより弱さをさらけ出すこと）を期待しているのであるからこそ、ソーシャルワーカーは自分自身が人間らしさや率直さの手本とならなければならず、「専門家である」という仮面の背後に隠れていてはならないのだ。

　オーセンティックに関わるということは、ソーシャルワーカーが無制限に自らの感情をさらけ出すことを意味するのではない。実際に、偽りのない表現というのは、時に不快で、また破壊的でさえあり得る。例えば、ヤロム＆リーバーマン（Yalom and Lieberman, 1971）は、エンカウンターグループについて調査した結果、リーダーや他のメンバーによる攻撃や拒絶が、その対象となったメンバーに多くの心理的な傷つきを与えることを見いだした。ゆえに、ソーシャルワーカーは、そうすることがセラピーの目的にかなう場合にのみ、クライエントとオーセンティックに関わるべきなのである。この制限は、自由裁量が認められる幅が広く、ソーシャルワーカーに対して禁止するのは、(1)クライエントを不快にさせること（たとえ、心からの感情を表現しているとしても）、ならびに(2)クライエントでなくソーシャルワーカーの要求を満たすために自分の個人的な経験や感情に焦点を当てることの二点のみである。

　一つ目の制限について言えば、ソーシャルワーカーは、オーセンティシティについて、それを盾にすれば何をやっても許される免罪符であるかのように誤解してはならない。とりわけ、敵意を表現する場合にそれが当てはまる。二つ目の制限は、ソーシャルワーカーが自らのニーズではなく、クライエントのニーズに応えることの重要性をあらためて表明したものだ。さらに言えば、ソーシャルワーカーがセラピーの目的達成の手段として、自らの感情や経験をクライエントに伝える場合には、その後すぐに焦点をクライエントに戻すことが必要である。オーセンティックに関わるのは、その対象が個人でも家族でもグループでも、クライエントの成長を促進するためで

あり、ソーシャルワーカー自身が自らの正直さやオーセンティシティを誇示するためではないということを、肝に命じておきたい。

自己開示の種類

自己開示がオーセンティシティのどんな側面をあらわしているかについては、研究者によっていろいろな定義がなされてきた（Chelune,1979）。ここでの議論のために、私たちは自己開示について、自己に関する情報の意識的かつ意図的な開示であり、言葉によるものと言葉以外の行動（例えば、微笑むこと、顔を歪めること、不信感の表現として顔を振ること）の両方を含むものと定義しておく。セラピー的観点から言えば、ソーシャルワーカーの自己開示はクライエントに信頼と率直さをもって応じることを促すものである。

デニッシュ、ダウジェリ＆ハウアー（Danish, D'Augelli, and Hauer,1980）は、二つのタイプの自己開示を見いだした。自己関与的な説明と個人的な自己開示である。前者は面接の流れの中で、クライエントに対するソーシャルワーカーの個人的反応を表現するメッセージを含むものである。自己関与的な説明の例を以下に示す。

- 「この一週間のあなたの進歩には驚いています。先週話し合ったことをちゃんと実行して、怒りをコントロールする方法の習得へ向けて、また一歩前進しましたね」
- 「今のあなたの言葉を聴いて私が感じたことをお話しさせてください。あなたがあまりにひどく自己を卑下するのを聴いて、私は悲しくなってしまいました。私のあなたに対する見方はまったくそれとは違っています。あなたが自分に課している痛みから、どうにかしてあなたを解放できないかと思っています」
- 「あのね、君がこの一年で失ったものについて考えると、僕は君のがんばりに本当に驚いているんだよ。もし自分だったら、君のように耐え抜くことができたか、自信がないな」

これに対し、個人的な自己開示のメッセージは、ソーシャルワーカーが現在経験している、あるいは過去に経験したことのある、クライエントの抱える問題に似た葛藤や問題に焦点を当てるものである。このタイプの自己開示の例を以下に示す。

- （夫婦に向かって）「お子さんたちについての問題をお二人からうかがっていると、私の子どもが同い年だった頃、私も同じような困難を抱えていたことを思い出します」（ソーシャルワーカーは自分の経験を関連づけはじめる）
- （個人のクライエントに向かって）「私たちは皆多かれ少なかれ、同じ不安と闘っているのだと思います。実は今週のはじめに私も……」（ソーシャルワーカーは同様の不安を経験した出来事を語る）

自己開示のタイプによる効果の違いを比較した研究の結果は一様ではない。結論が出ていない以上、ソーシャルワーカーは、個人的な自己開示を慎重に用いるべきであり、同時に、クライエントの所属する文化圏によっては、援助プロセスの初期段階では自己開示を抑えめにすることが必要な場合もあり得ることを認識しておくべきである。ローゼンソール－ゲルマン（Rosenthal-Gelman）の研究報告によれば、ヒスパニック系の実践者は、同じヒスパニック系のクライエント

との関わりを始めるときに、より自己開示しようとする傾向があるが、これはより個人的な関係を確立すべきという文化的規範を尊重したものである（Rosenthal-Gelman, 2004）。論理的に考えてみれば、ソーシャルワーカーが現在抱えている問題をクライエントに開示することは、クライエントのソーシャルワーカーに対する信頼を揺るがすことになる可能性があるのがわかる。自分の問題さえ解決できないソーシャルワーカーに他人の問題を解決することなどできるのか、というわけである。さらに、ソーシャルワーカーが自身の問題に焦点を当てることで、クライエントへの関心がそれてしまい、クライエントはソーシャルワーカーが自分自身の問題の方に焦点を当てたいのではないかと結論づけてしまうかもしれない。これに対して、自己関与的な自己開示はリスクが低いと思われ、援助プロセスと結びついて適切である。

自己開示のタイミングと強さ

さらに、自己開示のもう一つの側面は、ソーシャルワーカーが伝える際のタイミングと強さのレベル（表面的なものから高度に個人的な発言まで）の問題である。クライエントとの間にラポールと信頼関係が構築され、クライエントの側から、より個人的なレベルの話をする心の準備ができたことを示してくるまで、ソーシャルワーカーは個人的な感情や経験を伝えることを避けるべきである。早過ぎる自己開示が危険なのは、本来はクライエントの恐れを取り除き、防衛の姿勢を和らげることが必要なまさにその時期に、時期尚早の自己開示によってクライエントを怯えさせ、感情を心の内に閉じ込めさせてしまうからである。

個人的な基準を強く打ち出す関係のもち方に慣れていない異文化出身のクライエントの場合には、特に危険が大きい。白人のソーシャルワーカーと有色人種のクライエントの異文化間交流においては、自己開示を抑制してより形式重視であることが有効であるだろう。一方、ツイ＆シュルツ（Tsui and Schultz, 1985）は、アジア系アメリカ人のクライエントについて、ソーシャルワーカーによる自己開示がラポールの構築を促進する可能性があることを示している。すなわち、個人的な事柄の開示と適度なレベルの感情表現は、アジア系のクライエントを安心させるために最も効果的な方法である場合が多いのだ。アジア系の家族の感情表現が一般的に抑制的であることを考えあわせると、セラピストはクライエントの役割モデルとして実際的にふるまっていることで、適切な感情表現がいかに治療プロセスを促進させるかを示すのである（Tsui and Schultz, 1985, p. 568）。当然ながら、アジア系アメリカ人の家族が皆同じというわけではない。個々のメンバーごとに文化適応のレベルや、自己開示のような価値観に馴染んでいる度合いも、一様ではないからである。

ソーシャルワーカーがクライエントのニーズから離れずずっとクライエントに寄り添っている限り、彼らはすでにソーシャルワーカーを信頼してもよいと思っているので、ソーシャルワーカーがオーセンティックな受け答えをしても、クライエントと適切に率直さや自発性を伴った関係を持つことができるようになる。たとえ信頼が強くても、ソーシャルワーカーは自己開示を適度なレベルに留めるべきである。一定のレベルを超えると、オーセンティックな受け答えであっても、もはや援助プロセスを促進することはなくなるのである（Truax & Carkhuff, 1964）。

オーセンティックに受け答えするためのパラダイム

効果的なメッセージを発するためのパラダイム（典型的な枠組み）を持つことができるなら、経験の浅いソーシャルワーカー（およびクライエント）も、オーセンティックに関わる技術をよ

り容易に身につけることができるだろう。

(1)「私」は　　　　　　　　～について　（　）する。　　なぜなら～だから。

(2) 具体的感情または希望　(3) 出来事の中立的な描写　(4) 送り手または他者に与える影響

　以下の例（Larsen, 1980）では、このパラダイムの使い方を示すため、施設入所中の若者が発したメッセージに対するソーシャルワーク科の学生インターンの受け答えを載せている。学生は、この状況を次のように説明している。「ダンと私は先週、ひどい状況を経験しました。私が生活棟に入ると、ダンはどういうわけか、いきなり私に対して怒りをぶつけてきたのです。そしてそのまま一晩中私を罵り続けました。今週になって、ダンは私に謝りたいと、連絡してきました」。

ダン：「その夜のことは本当にごめんなさい。本気であんなふうに言ったわけじゃないんだ。たぶん君はもう僕と一緒に何かをしたいとは思わないよね」
学生：「ええ。そうですね、ダン。あんなことになってしまったことは私も残念です。私はあの夜、あなたがどうして怒っているのかわからなかったから、とても傷つき混乱しました。あなたが理由を話してくれようとしないから、私は不満でイライラしたし、何をどうすればいいのかまるでわからなかった。あの夜、私が本当に不安になったのは、あの出来事が、私たちがこれからお互いを理解し合っていくための妨げになるのではないかと思ったからです。本当に起きてほしくないことが起きてしまいました」

　この学生がパラダイムのすべての要素を用いていることに注目してほしい。すなわち、具体的な感情（苦痛、混乱、不満、不安）を特定すること、起こった出来事を中立的で非難を含まない言い方で説明すること、その出来事がクライエントとソーシャルワーカー間の関係に与えるかもしれない影響を特定すること、である。

　パラダイムについて考える際、このパラダイムを機械的に適用し、「私は……についてこのように感じる」という応答パターンに常に従うように勧めているのではないことに注意してほしい。私たちはむしろ、オーセンティックなメッセージの構築を実践する際に、このパラダイムの構成要素を学習し、これをさまざまに組み合わせることをお勧めしたいのである。いつか自然な会話のレパートリーとしてオーセンティックなありかたが身につけば、もはやパラダイムを参照する必要はなくなっているだろう。

　このパラダイムは、クライエントにオーセンティックな形での受け答えを教える際に応用できることにも注目してほしい。このパラダイムをクライエントに提示し、いくつかの実践的メッセージについて指導し、彼らのメッセージの中にこのパラダイムのすべての要素が含まれるように手助けすることをお勧めする。例えば、次のように。

具体的な「私」の感情	私はフラストレーションを感じる
出来事の描写	私がしゃべっているのに、あなたが新聞を読んでいるとき
影響	軽んじられたと思い、あなたにとって自分はどうでもいい存在だと感じるから

オーセンティックなメッセージを表現するときには、普段の会話で用いる言葉を使う必要があることをクライエントに強調することが重要である。さらに、一方では、自らの感情と意見についても語るべきであることを強調するとよい。そうしなければ、彼らがメッセージに変化を持たせる際に、相手を非難するようなコミュニケーションの型にはまってしまう恐れがあるからである。

オーセンティックな受け答えのためのガイドライン

　あなたがオーセンティックな受け答えを実践し、また、クライエントにも他者との間でオーセンティックな受け答えをする方法を教える際、オーセンティックなメッセージの4つの要素と結びついた以下のガイドラインを心に留めておくとよい。

1．『私』という代名詞を使うことで、メッセージを個人化すること

　オーセンティックな形で受け答えしようと試みるとき、ソーシャルワーカーもクライエントも共に、「あなたは……」という代名詞を使って話を始めがちであるが、これは誤りである。「あなたは……」という導入句から受け答えを始めると、受け答えの焦点が、語り手自身が経験していることではなく、誰か他の人に置かれてしまいがちになる。これに対し、メッセージの主語を「私」とすることで、語り手が自らの感じていることに責任を持つことや、発言に個人的な色彩を付与すること、すなわち個人化が促進される。

　ソーシャルワーカーが受け答えに際して「私」を主語とする説明を意欲的に用いることで、グループプロセスの質に深い影響をもたらすことがある。コミュニケーションが自分たちにとって特別なものだという感覚が増し、クライエントが「私」を主語とする発言をする頻度も増すのである。一般的に、グループ（カップルや家族を含む）はソーシャルワーカーのコミュニケーションのスタイルにならう傾向があるのである。

　ソーシャルワーカーが「私」を主語とするメッセージを頻繁に使うと、グループがこれに倣うのと同様に、ソーシャルワーカーの逆効果の行動も真似てしまう可能性がある。例えば、漠然とした一般論として物を言ったり、個人の範囲を超える問題に焦点を当ててみたり、いぶかしげな態度や、対立的な姿勢でグループと接したりしてしまうのである。このため、ソーシャルワーカーの行動の中には、必ずしもクライエントが実生活で見習うべき良い模範とはならないものもある。

　ソーシャルワーカーが、クライエントに身に付けてほしい技術のモデルとなるにあたっては注意が必要である。ソーシャルワーカーは、意識せずとも自分のメッセージを当事者として個人化して伝えることができるようになり、自分の内的体験をクライエントと建設的に共有できるようになるまで、オーセンティックな形で関係性が作れなくてはならない。そして、ソーシャルワーカーは、個人あるいはグループのクライエントが、メッセージを当事者として自分事として伝えられるようにするために、自分たちの会話のレパートリーの中に意識的に「私」メッセージを取り入れる努力をするよう提案することもできる。その上で、クライエントのメッセージが個人化されたものになっていない際には、自分事として発言できるように継続的にクライエントを支援することも不可欠である。

2.「さまざまな深さを持つ感情を伝えること」

　ソーシャルワーカーは、自らの体験プロセスの奥底にある感情に触れようとしなければならない。これはソーシャルワーカーがクライエントに対し強いネガティブな感情（例えば、反感、怒り、嫌悪、むかつき、退屈）を抱いている場合に特に重要である。感情のより深い面を分析することで、クライエントに対する、よりポジティブな感情が明らかになる場合が多いからである。このようなポジティブな感情を表現することは、クライエントの自尊心を維持することになる。一方、表層的かつネガティブな感情はクライエントにとって脅威となり、クライエントの心に防衛の姿勢と怒りを生み出す。

　例えば、約束の時間に常習的に遅刻するクライエントに対し、怒り（そしておそらくは嫌悪）を表現する際、ソーシャルワーカーはまず、自らの怒りの感情を、迷惑しているという気持ちと結びつけるかもしれない。より深い感情に触れようとすることで、ソーシャルワーカーは、迷惑しているという気持ちは、クライエントが援助プロセスに熱心に取り組まないことに対する落胆する気持ちから発していることを見いだすかもしれない。さらに深いレベルには、自らがクライエントにとってさほど重要な存在でないと感じることの苦痛があるかもしれない。さらに内観を進めることで、クライエントが人生の他の領域においても同様の行動をしていて、人間関係に悪影響を与えているのではないかと懸念している気持ちが明らかになるかもしれない。

　ソーシャルワーカーは自分の中に発見した複数の（ときに葛藤する）感情をクライエントに有益な形で伝えることがある。このことを次のメッセージで示してみよう。

ソーシャルワーカー；[母親に向かって]「面接中、あなたに対してある気持ちを抱いていました。それをあなたに伝えたいと思います。そうすることで、他の人があなたと一緒にいて抱くかもしれない気持ちを明らかにできるかもしれないと思うからです。私があなたにお伝えしたかったのは、面接中に、あなたがたびたびロバート（クライエントの息子）の手助けをしようとするように思えることです。ときには彼の行為がもたらす結果から、彼を保護しているように見えるのです。それでも私は黙っていましたが、すると胃のあたりが少し痛むようになってきたのです。そして、私は気づいたのです。私はあなたが傷つき、気分を害することで、私たちの関係に悪い影響を及ぼすことを恐れていたのです。まさに今そのことを考えると、自分が時折、薄氷を踏むような思いであなたにしゃべっているということに気づきます。これでは私たちの間に距離ができてしまいますから、この状態をよいとは思いません。もう一つ、この状態がいやなのは、建設的なフィードバックを処理するあなたの力を、私が過小評価しているように思えるからです。あなたは時々弱さを見せるけれども、本当はもっと強い人だと思うのです。（短い間）私の話を聴いて、まさに今あなたが何を感じているか、話していただけませんか？」

　ソーシャルワーカーを目指す学生たちと同様に、クライエントも自らの経験から、より深くより複雑な感情を除外してしまい、感情の一側面だけに注目してしまいがちである。また、実際にクライエントは、自らが経験している何らかの感情を正確に伝えることに困難を覚えることが多い。どちらの場合においても、ソーシャルワーカーは、クライエントが自らの感情に対する認識を広げ、自らを率直に表現できるようになるよう、辛抱強く支援すべきである。以下のやりとりはその例である。

ソーシャルワーカー:「あなたは奥さんに向かって映画に連れていきたくないと言った。すると奥さんは『ごろごろ寝てばっかり』と言ったのですね。これはつまり、あなたが奥さんと一緒に何もしたがらないという意味ですよね。それを聞いて、どんな気持ちでしたか」(注2)

夫:「妻がそう思うのなら、きっとそのとおりなんだろうと思いましたよ」

ソーシャルワーカー:「あなたがそのとき、どのように感じていたか、よく思い出すことはできますか。あなたはそのとき考えたことを、少しだけ話してくれましたが、心の中で何が起きていましたか。感情語を使って、あなたがそのとき感じていたことを表現してみてください」

夫:[沈黙]「私は、もし彼女が私の背中を……」

ソーシャルワーカー:[優しく口を挟み]「感情語で表現していただけますか。『不愉快だった』とか『傷ついた』とか『落ち込んだ』とか。あなたはどんなふうに感じたのでしょう」

夫:「そうだね。私はイラッとしたよ」

ソーシャルワーカー:「つまり、あなたはいらだちを感じたのですね。なるほど。あなたがその感情を見つけてくれて嬉しく思います。では、さらに根本的な感情を見つけることができないか試してみてください。以前お話ししたことを思い出してください。怒りとは一般に、他の感情を隠すために表面的に現れてくる感情なのです。あなたのいらだちの下には何が隠れているのでしょうか」

夫:「うーん、不満といったらいいんだろうか。とにかくそこに座って妻がくどくど言うのを聞くのが嫌だった。とにかくしつこかった」

ソーシャルワーカー:「ちょっと確認させてください。たった今、この件についてあなたが話すとき、あなたは本当の落胆を感じていて、事態が変化することに対して絶望感さえ抱いているように思えました。まるであなたはあきらめてしまったかのようです。思うに、これがあなたが土曜日に感じたことの一部なのではないでしょうか?」

夫:「そうだな。確かに私は諦めている。妻の幸福のために私ができることなど何もない」

ソーシャルワーカー:「あなたが自分が感じている絶望感をあなたが認識することができてよかったです。あなたが自分の感情を見つけるために数分間一緒にがんばってくれたことにも感謝します。あなたは深い感情をお持ちで、時々それを表現するのが難しいようですね。それについて、ご自身ではどのようにお考えですか?」

この引用の中で、ソーシャルワーカーは、クライエントが心の奥底にある感情を見つけられるように、念入りな指導を行っている。いらだちと不満の感情よりも深いところに、クライエントは苦痛と、妻にとって自分が重要でないという気持ちに関わる、より根本的な感情を見いだした。このソーシャルワーカーは自発的な「訓練面接」をその後も実施することで、このクライエントがさらに容易に自身の感情を見つけ出し、それを表現するための言葉を見つけ、「私」を主語として発言を始められるように手助けをすることができるであろう。

3. 状況や治療の対象とされた行動について中立的かつ記述的な言葉を用いて説明する

クライエントは、自ら発するメッセージの中で、その反応を促すことになった状況について曖昧にしか語らないか、語ること自体を避けることが多い。さらには、非難するようなやり方でメッセージを伝えるために、それが受け手側に防衛的姿勢を生み出し、自己開示の他の側面に目が行かなくなってしまうこともある。どちらの場合も、自己開示は最小限のものとなり、受け手

にとってみれば、相当に価値をもつはずの情報を受け取ることができない。

例えば、以下のメッセージがいかに不毛かについて考えてみてほしい。

- 「あなたはいい人だ」
- 「あなたはもっと誠実であるべきだ」
- 「あなたとのワークは順調に進んでいますよ」
- 「あなたは態度が悪い」

これらのメッセージはいずれも、あなたが有能であるか、正当に評価されているか、あるいは水準を満たしていないかというような、行動の具体的な面を特定するために受け手が必要とする情報が欠けている。ソーシャルワーカーは、行動について言及することで、親、配偶者、その他の人々が生産的なフィードバックを受け取れるように支援すべきである。以下にこのようなメッセージの例を示す（6歳の娘に対して語りかける親の言葉である）。

- 「今夜の君は、自分一人でいろんなことができた。本当に偉かったね。自分でおもちゃを片付けたし、夕飯の前にはちゃんと手を洗ったし、ぐずぐずしないで夕飯を食べ終えた。とても嬉しいよ」
- 「お母さんは今日のあなたにとてもがっかりしてるのよ。学校から帰ってきたのに、洋服を着替えなかった。犬の餌もやらなかったわ。それに宿題も始めようとしなかったのだから」

最後の例の中で、この親は娘に「私」を主語としたメッセージを送り、頼りにならないと叱るのではなく、落胆の感情を表したことに注目してほしい。

オーセンティックな受け答えにおいては、ソーシャルワーカーは自らの受け答えを導いた具体的な出来事を注意深く説明すべきである。クライエントの注意を、彼ら自身が十分に気づいていない、自らの行動の側面に向けさせたい場合は特にそうすべきである。以下のソーシャルワーカーのメッセージは、この点を説明している。

ソーシャルワーカー：「私にはちょっと気になっていることがあって、それをあなたにお伝えしなければなりません。ほんの少し前に、あなたがご主人と一緒に状況に対処した際のやり方の中で、私がよいと思った点についてフィードバックをしました。［クライエントが明らかにした具体的な行動に言及する。］ そのとき、あなたは私の受け答えを（具体的な行動を挙げる）〜することで、無視しましたね。実のところ、こういうことは今回が初めてではありません。あなたは自分がよいことをしたり進歩したりしたことについて、自分を褒めてあげるということが苦手なようですね。もしかしたら、これが時々あなたをひどく落胆させる理由の一つなのかもしれません。この意味で、あなたは自分の行動を、どのように見ているのでしょうか？」

ソーシャルワーカーは、自らの受け答えが具体的であるかどうか常に評価しなければならない。こうすることで、クライエントが具体的な行動に対するフィードバックの恩恵や肯定的な模範となる経験を受け取れるようにするのだ。クライエントが自らの受け答えを具体的状況から切り離し、大雑把な一般論として語る場合に、クライエントに具体的にフィードバックするよう指導す

ることもきわめて重要である。

4．問題状況や問題行動が周囲に与える具体的な影響を特定すること

　オーセンティックなメッセージは、そのメッセージの送り手が、受け手に対して、そのメッセージによって伝わる状況が与える具体的な影響を示すことができない場合が多い。しかしそのような情報は有用で役立つ。「私」メッセージのこの要素はまた、受け手を適応させたり変化を起こさせたりする可能性を高めるものであり、とりわけ、もしメッセージの送り手が、受け手の行動が自分に具体的な影響を与えているということを示した場合には、その可能性が高くなる。

　成人グループに所属する男性に対する、ソーシャルワーカーのオーセンティックな受け答えについて検討してみよう。

ソーシャルワーカー：「私は、あなたが勝手に話題を変えてしまうことに、時々イライラしてしまうことがあります。［直前に起こった状況を説明する。具体的な発言や行動を描写しながら。］『早く次へ行こう』とせかすあなたに応えるか、グループにとって有益な議論を続けるか、悩んでしまうことがあるのです。グループの中でも、同じように複雑な感情を抱いている人がいるかもしれないし、私が感じているようなプレッシャーを感じている人がいるかもしれません」

　ここで、ソーシャルワーカーは、クライエントの行動が自分にどのような影響を及ぼしているかを具体的に明らかにしている。そのうえで、他のメンバーも同じ影響を受けているかもしれないことを示唆する。ソーシャルワーカーがこのようなフィードバックをすれば、グループの他のメンバーも自発的に同様のフィードバックをする可能性がある。そして、クライエントは、自らの行動と他者の反応との間の因果関係について自分なりの結論を出し、グループ内での人との関わり方を変えることを望むか否かを自ら決めることになる。

　ソーシャルワーカーは、クライエントの行動がソーシャルワーカーのみならずクライエント自身に対し、どれだけネガティブな影響を与えるかを見極め、伝えることができる（例：「私は（具体的な行動）について懸念しています。それがあなたの目標達成の妨げになるからです」）。さらに、クライエントの行動が周囲の人（例：クライエントの妻）や、周囲との関係に及ぼす影響について、ソーシャルワーカーから伝えることも有効である（例：「あなたの行動が、息子さんとあなたの間に溝を作っているように思えます」）。

　クライエントは、他者の行動が自分自身に及ぼす影響を見いだすことにしばしば困難を覚える。例えば、母親が子どもに「どこかよそで遊んできてちょうだい」というメッセージを伝えるとき、そこに理由は示されておらず、子どもの行動の何が彼女にネガティブな影響を与えたのかを示していない。これに対して、母親がもしオーセンティックなやり方で受け答えするなら、母親は次のように、子どもの行動の及ぼす具体的な影響を明確に示すことになる。「廊下を歩いて通るのが大変なのよ。おもちゃにつまずいたり、あなたをよけて歩いたりしないといけないでしょ。ママは何回も転びそうになってるし、他の人も転んじゃうかもしれないでしょ。誰かが怪我するかもしれないわよね。だから、おもちゃを自分の部屋へ持っていってほしいとお願いしているのよ」

　状況が自分に及ぼす影響を明確に示すことで、クライエントの要求はただの気まぐれと思われ

なくなり、より説得力を持つようになる。そして、それゆえに、受け手が適切な対応をしてくれる場合が多くなる。この例が強調しているのは、この点である。多くのクライエントが、援助プロセスの開始以前にはある種の自滅的な行動を続けているのだが、ここでその重要な理由に思い当たる。すなわち、過去に他者によって、自分を変えるよう攻撃やプレッシャーを受けるばかりで、クライエント自身の行動が他者を悩ませていることについて、オーセンティックな形で、そして感情を逆なでしない形で情報を与えられることがなかったからではないか、と考えるのである。行動を変えるように注意する人もいたかもしれないが、それはクライエントの感情と結びついた言い方（例：「あなたは落胆して不満そうに見えるよ。力になりたいけど、どうすればいいかわからない」）ではなく、利己的な印象を与えるもの（例：「おい、すねるなよ」）だったのではないか。こういった発言は、クライエントの心の琴線に触れることはない。誰かの命令に従って自分を変えてしまうのは、他者に支配され自分の自律性を失うことになると考えてしまいかねないのだ。

　以下の会話では、グループの一人であるキャロリンが、最初の2回の面接の間ずっと沈黙を続けている他のメンバーに対して、自分なりの言葉で意見を述べ、自らの態度を表明しようとする。ソーシャルワーカーがキャロリンをどのように支援しているかに注目して、次のやりとりを読んでほしい。

キャロリン：「このグループに新しいルールを作ってそれに従う必要があるんじゃないかって話しをしたの。私はグループの全員が何らかの発言をするというルールが必要じゃないかと思うのよ」［キャロリンはメッセージを自分なりの言葉で個人化してはおらず、代わりに、彼女がまだ特定していないニーズを満たすための解決策を提示していることに注目］

ソーシャルワーカー：［キャロリンに］「グループでそのルールについて検討してみるとよいと思います。ですが、その前に、少しの間でいいので、あなたの心が感じていることに触れてみることはできるかしら。それを「私」を主語とした言葉で話してみてくれませんか。

キャロリン：「ええ、わかりました。ジャネットはまるまる2週間、まったくしゃべっていません。私はそれに本当にイライラしてたんです」

ソーシャルワーカー：「イライラ以外に感じていることはないかな？」［キャロリンが軽い怒り以外の感情を見つけられるように助け舟を出している］

キャロリン：「私は、多分、少し落ち着かないんだと思います。ジャネットがどんなふうに考えているかわからないから。彼女が私たちのことを裁いているみたいで、怖いんじゃないかと思う。『私たちを』じゃなくて、『私を』ですね。私は彼女のことをもっと知りたいと思っているのに、今は彼女から拒否されているみたいで、裏切られたような気がしているのかも」

ソーシャルワーカー：「今話してくれたことのおかげで、問題の本質に迫ることを始められそうですね。では、ジャネットに向かって直接、気持ちを伝えてみてはどうかな。あなたが今感じていること、特に、彼女が黙っていることがあなたにどんなふうな影響を与えているかを」

キャロリン：［ジャネットに］「私が先週、本当に心を開いた時から、あなたが私のことをどう考えているのかって、私はずっと気になっていたの。本当に、あなたのことをもっとよく知りたいと思っているの。でも、そんな気持ちよりもっと深いところで、あなたのことが気になるの。あなたはつらそうで寂しそうに見えるから、私は落ち着かないのよ。あなたがそんな気持ちでいるとは考えたくない。率直に言うと、このグループに参加していることをあなたがどう思っているのか知りたいの。あなたは居心地がよくなさそうに見えるけど、もし実際にそうな

ら、気分がよくなれるように力になりたいと思っているわ」

　この例では、ソーシャルワーカーは、キャロリンが自分の中にある感情をより幅広く味わい、ジャネットの沈黙に対する自らの反応を見つけ出せるよう、力を貸している。ソーシャルワーカーの介入に応えて、キャロリンも、最初のメッセージでは明白でなかった、よりポジティブな感情を表現している。これはソーシャルワーカーがクライエントにより深いレベルにある感情を探るよう促した場合に、よく起こる現象である。

　一人のメンバーに対し、他者の行動に対する具体的感情の特定に取り組ませることで、グループ全体に学習の機会を与えることになる。各メンバーは自らの会話のレパートリーを広げ、そこにこのような促しを行う発言を取り入れることがしばしば起こるのだ。事実、ソーシャルワーカーがクライエントに特定の技術習得を支援する程度に比例して、クライエントはその技術をよく身に付けることができるのだ。

オーセンティックな受け答えのための手がかり

　ソーシャルワーカーがオーセンティックな受け答えをするためのきっかけとなるのは、(1) 自己開示を求めるクライエント側のメッセージ、あるいは (2) 役立つと信じて、自分の受け取り方と応答を伝えようと決意するソーシャルワーカー側の判断である。ここからは、これら2つを契機とするオーセンティックな受け答えについて考えてみよう。

クライエントからのメッセージを契機とするオーセンティックな受け答え
クライエントからの個人情報の要求
　クライエントはしばしば、学生やソーシャルワーカーに個人情報に関する質問を突きつけてくる。例えば、「おいくつですか？」「子どもはいるの？」「信仰は？」「結婚してますか？」「学生さんですか？」というように。クライエントにとっては、信頼して秘密を打ち明けることになるソーシャルワーカーについて興味をもって質問を投げかけるのは自然なことである。自らの健やかな成長と未来が、この相手にかかっているのであればなおさらである。

　自己開示的な受け答えは適切な場合とそうでない場合がある。それは個々の質問の背後にあるクライエントの動機をソーシャルワーカーがどのように評価するかにかかっている。質問が情報への自然な欲求に促されてのものと思われるときには、自己開示的な受け答えをするのが適切な場合が多い。しかしながら、一見して無害な質問も、深い不安や厄介な感情を隠そうとするものである場合もある。このような場合には、すぐに答えを与えることは得策ではない。すぐに答えてしまうと、クライエントの問題と感情を掘り下げ、解決するための入り口になったかもしれない扉が、閉じられてしまうかもしれないからだ（Strean, 1997）。クライエントは一人取り残されて、自らの感情と戦わねばならなくなる。それはプロセスの進展に深刻な影響を与える可能性があり、さらにはソーシャルワーク上の関わりを目標達成前に終了させてしまうかもしれない。

　具体的にイメージするために、以下の会話を例に考えてみよう。これは、23歳の学生ソーシャルワーカーと、夫婦生活の問題に関わって支援を求めてきた43歳の女性のクライエントとの初回面接における会話である。

クライエント：「あなた、結婚されてるの？」

学生ソーシャルワーカー：「いいえ。でも婚約しています。どうしてですか？」
クライエント：「え、いや別に。ちょっと気になっただけ」

　中年の女性が自分よりはるかに若い学生に相談するという状況を考えると、クライエントの質問は、学生に自分の結婚生活の苦労を理解するために不可欠な人生経験や、問題解決を支援するために必要な能力が足りないのではないかという懸念に基づくものと推測される。この例では、学生ソーシャルワーカーがすぐに偽ることなく自己開示してしまったが、これは適切ではない。クライエントに対し、質問の背後にある感情を掘り下げてみるように促していないからである。

　逆に、ソーシャルワーカーが早すぎる自己開示をしなければ、このような会話から、援助プロセスにとって重要な情報を引き出すことができるかもしれない。クライエントの質問が自然な好奇心から発せられたものか、その裏に秘められた心配や何らかの感情から発したものかを区別することは難しい。経験則から言えば、個人的な質問をしてくるクライエントの動機に疑問がある場合には、自分の意見や感情を開示する前に、オープンエンドな受け答え、または共感的な受け答えを用いるのである。このような受け答えをすることで、クライエントが内に秘めた関心や懸念を打ち明けてくれる可能性が明らかに高くなる。ソーシャルワーカーがオーセンティックな受け答えをする前に、共感的な受け答えを用いていたらどうなるかを、以下の会話で見てほしい。

クライエント：「あなた、結婚されてるの？」
学生ソーシャルワーカー：「私がずいぶん若いから、あなたのお悩みを理解してお役に立てるのかって、心配していらっしゃるのではないですか」
クライエント：「そうね。そんなふうに考えたかもしれない。気を悪くしないで」
学生ソーシャルワーカー：「逆ですよ。率直に言ってくださって嬉しいです。カウンセラーを信頼したいと思われるのは当然のことです。あなたにはいろいろ懸念されていることがあるわけですから。心配なことがあればもっとおっしゃってみてください」

　この学生は、クライエントの心配がありそうなところに応答し、見事にあててみせた。このような機敏さは、クライエントからの信頼感を醸成し、セラピーのための協力関係の確立を強く促進する。この学生が問題を避けて通ろうとするのではなく、逆により深い説明を求めてその状況に「乗っかる」ことは、クライエントには学生の支援能力に対する自信の表れだと解釈されるだろう。クライエントの懸念を完全に掘り下げた後であれば、この学生はオーセンティックな受け答えにより自らの技能を明らかにする回答をしてもかまわない。

学生ソーシャルワーカー：「私は自分があなたのお役に立てると確信しています。この点はご理解ください。結婚カウンセリングについては一定期間学びましたし、概ねあなたと同じ悩みを持たれている方のカウンセリングを担当した経験もあります。定期的にスーパーバイザーとも相談しています。
　もちろん、私の能力を最終的に判断するのはあなたです。あなたが今後の面接を受けられるかどうかを決めるためにも、今日の面接の最後に、あなたの中にいまだに残っている感情があれば、それをすべて話し合っておくことが重要になるでしょう」

ソーシャルワーカーの見解を求める質問

　クライエントはソーシャルワーカーの意見・見解や感情を問う質問をしてくる場合もある。典型的な例は「私は他のクライエントさんと比べてどうですか？」「私には支援が必要でしょうか？」「私は頭がおかしいんでしょうか？」「私に希望などあるのでしょうか」などである。このような質問はソーシャルワーカーにとっては難題である。質問の裏にある動機について考えなければならないし、ただちに見解や感情を明かすべきか、共感的な受け答えあるいはオープンエンドな応答を用いるべきかを判断しなければならないのだ。

　しかし、ソーシャルワーカーが自らの見解を述べるとき、彼らの応答は、その内的経験と合致していなければならない。「私に希望などあるのでしょうか？」という質問に対して、ソーシャルワーカーは、共感とオーセンティシティの要素を織り交ぜたメッセージを用いて、自らの内面に合致した応答をすることもできる。

ソーシャルワーカー：「そのようにお尋ねになるということは、あなたが抱えている問題について私たちの手には負えないと思っておられるのかもしれませんね。確かにあなたは難しい問題を抱えておいでです。でも、私たちが力を合わせれば、物事はよい方向に向かうと私は信じています。あなたは私に何度もストレングスを見せてくれました。例えば［クライエントの示したストレングスの例を示す］。これはあなたが変化するための助けになるはずです。もちろん、多くの問題は、あなたが自ら進んで、状況の改善に役立つと考える変化を起こそうと努力するかどうかにかかっていますし、目標達成のために必要な時間と努力を注ぎ込むことができるかどうかにかかっています。その意味では、この状況と物事が好転するかどうかを決めるのはあなたなのです。この事実を知ることで、多くの人が勇気付けられます」

　オーセンティシティにしたがって、クライエントのすべての質問に答える必要はない。個人的な質問に答えることを不快に感じ、そうすることが得策ではないと考えるのであれば、回答を拒否する余裕をもちたい。ただその場合に重要なのは、オーセンティックな受け答えを再び用いて、なぜ回答しないかについて自分なりの理由を率直に説明することである。例えば、10代のクライエントがソーシャルワーカーに対し、結婚前に誰かと性的関係を持ったことがあるかと尋ねた場合、ソーシャルワーカーは次のように答えることができる。

ソーシャルワーカー：私はそのような情報をあなたに打ち明けない方がいいと思います。これは私の人生のとてもプライベートな事柄だからです。私にこんなことを尋ねると、あなたにもそれなりのリスクが生じます。私の勘違いかもしれませんが、あなたの質問はおそらく、あなた自身が抱えている苦しみと何らかの関係があると思っています。この質問のきっかけになったあなたの考えについて教えてくれると嬉しいです。

　そしてソーシャルワーカーは共感的な受け答えとオープンエンドな質問を用いて、クライエントの反応と質問の動機について調べるべきである。

ソーシャルワーカーから始めるオーセンティックな受け答え

　ソーシャルワーカーから始めるオーセンティックな応答にはさまざまな形態がある。以下に検

討していこう。

過去の経験の開示

　先に示されたように、自己開示は最小限に用いられるべきである。そして、クライエントの問題と関わる内容を、簡潔に、タイミングよく用いるべきである。具体的なクライエントの苦悩と結びつけて、ソーシャルワーカーは、「私が……について苦しんでいた頃に、あなたと同じような気持ちを経験しました」のように言うこともできる。ソーシャルワーカーは同様に、個人的な見解や経験をクライエントの参考のために引用することも可能である。例えば「子どもにとってそれはまったく普通の行動だと思いますよ。例えば、私の5歳になる……」のように。このような状況に自己開示を用いるための基本的指針は、ソーシャルワーカーが、自分自身に焦点を当てるのはそれがクライエントのセラピーに対するニーズにかなっているという確信を持っているときのみでなければならないということだ。

見解、考え、反応、見立てを伝えること

　援助プロセスの変化志向段階におけるソーシャルワーカーの主な役割は、クライエントの問題に関する個人的な考えや理解を伝えることであり、「率直なフィードバック・システム」の役割を果たすことである（Hammond et al., 1977）。このような受け答えは、以下の手法のうちの一つまたは複数を用いて、変化のプロセスを深めることを目指す。

1. 問題において重要な役割を果たしている力動についてのクライエントの気づきを高めること。
2. 問題や出来事に関する異なる見方を提供すること。
3. クライエントが行動や感情の目的を概念化できるよう支援すること。
4. どのようにクライエントが他者（ソーシャルワーカーも含む）に影響を与えているかを教えること。
5. 個人またはグループのレベルで機能する、（機能的と非機能的の両方の）認知パターンと行動パターンにクライエントの注意を向けさせること。
6. クライエントの行動に対する、あるいは支援関係の中で生じているプロセスに対するソーシャルワーカーが今ここで体験している感情的および身体的反応を伝えること。
7. クライエントのストレングスと成長についてポジティブなフィードバックを与えること。

　これらの目的を達成するために、オーセンティックな態度で受け答えした後は、クライエントに自分自身の意見を表明させ、自分自身の結論を引き出すように促すことが肝要である。不正な方法を用いてクライエントに影響を及ぼして特定の見解を押し付けたり、ソーシャルワーカーから見て望ましいと思われる方向に誘導したり（例：「あなたは……について考慮すべきだとは思いませんか？」）してはならない。その代わりに、ソーシャルワーカーがクライエントの見解を認めるようにすれば、クライエントは本心に反する行動を取らされたり、同意できない見解に支配されたりしないよう身を守る必要から解放されることになる。

　自らの見解をクライエントに伝えることには、確かにある種のリスクを伴う。特に、クライエントがソーシャルワーカーの動機を誤解して、自らに対する批判や罵倒、叱責などを受けたと考

える可能性もある。ソーシャルワーカーが受け答えの前に、援助したいという意図を明確にしておくことで、このリスクをある程度は減らすことができるが、それでもなお、クライエントの反応には注意を払っておかなければならない。それはソーシャルワーカーの1つの受け答えがクライエントの敏感になった神経を逆撫でする可能性があるからである。

　関係が壊れるのを防ぐために（あるいはこれを修復するために）、ソーシャルワーカーは、クライエントに焦点を戻し、自己開示の与えた影響を測りつつ、率直なフィードバックに対するクライエントの反応に対して共感的に注意を向けるべきである。ソーシャルワーカーのオーセンティックな受け答えによってクライエントの感情を傷つけたと思われる場合、ソーシャルワーカーは、クライエントの傷ついた感情を引き出し、両者の関係に安定を取り戻すことを目的としたその後の受け答えへと導くために、共感の技術を用いることができる。一般に、ソーシャルワーカーがクライエントへの思いやりを表現し、意図していた善意を明確に伝えることも効果的である。

ソーシャルワーカー：「私がお話ししたことが、ひどくあなたを傷つけてしまったのですね。それで今、あなたは落ち込んでしまっているのですね。［クライエントはうなずくが、目を合わせようとはしない］あなたを傷つけるなんて、私が一番したくないことだからこそ、申し訳なく思っています。今どんなふうに感じているのか、聞かせてもらえないでしょうか？」

追い詰められたときに、率直に（かつ如才なく）受け答えを伝えること

　クライエントは、ときどき、ソーシャルワーカーが、援助関係に直接的な影響を与えるようなメッセージに受け答えしなければならないという強いプレッシャーを受けるような状況を作り出す。例えば、ソーシャルワーカーは無関心だ、思いやりがない、イライラしている、不機嫌だ、批判的だ、不適格だ、能力が低い、などと言って非難するような場合である。さらに、クライエントは（ときには、援助関係がまだしっかりと確立されていない段階で）突っ込んだ質問をして、ただちに回答するよう求めてくることもある。

　例えば、ある女性のクライエントが初回面接で最初に発した言葉が「私は同性愛者です。何か問題ありますか？」であるような場合である。また、ある妊娠中のクライエントは、面接の開始と同時に「中絶についてどう思われます？」とソーシャルワーカーに尋ねてきたこともある。何年もの間、学生たちは、おびただしい数のこのような状況を報告してきた。これらは学生たちが円滑な受け答えができるかを試す厳しい試練なのである。ある事例では、あるグループに所属する男性が、女子学生のリーダーに写真を撮らせてほしいと言ってきた。別のケースでは、思春期の少年が靴を脱ぎ、ひどく臭う足をソーシャルワーカーの机に投げ出してきた。過去の実践経験を思い起こせば、誰もが、クライエントの行動により不快な気持ちにさせられたり、ハラハラさせられたりした経験があるに違いない。

面接中に不快感を経験すること

　ソーシャルワーカーは、強い不快感を経験することで、面接が何かが間違った方向に進んでおり、その解決に取り組まなければならないことに気づかされる場合がある。その不快感についてじっくりと考え、その発生原因やこれを悪化させた原因と考えられる出来事を特定しようとすることは重要である（例：「私はとても居心地の悪さを感じています。クライエントから『あなたは忙し

すぎて私に構っていられないようね』とか『私なんかにあなたのお手を煩わすほどの価値はないのかもしれませんね』なんてことを言われると、どう答えていいかわからないのです」)。まずは自分自身で不快感の原因を探した後で、ソーシャルワーカーは、以下のように応答することもできるだろう。

ソーシャルワーカー：「最近の2回の面接で、あなたが話してくれたいくつかのことについて、私が感じたことをお話しさせてください。[対象となるクライエントの発言を特定する]。あなたは自分自身を重要でない存在だと考えているように思えます。まるで自分にあまり価値がないみたいに。そしてただここにいることで、私の重荷になっていると感じているように思えます。私はあなたにわかってほしい。家族から反対されたにもかかわらず、あなたが支援を求めてここに来る勇気を持っていたことを、私は嬉しく思っているんですよ。私はあなたの力になりたいと願っていることをわかってほしいのです。それも私には重要なことなのです。それなのに、あなたは自分が私の重荷になっていると感じている。その気持ちについて、もっと話していただけませんか」

ソーシャルワーカーが具体的に自己敗北的な思考や感情を特定し、受け答えの中に共感とオーセンティシティの要素を織り交ぜていることに注目してほしい。

ソーシャルワーカーを窮地に追いやる状況としては、この他に、クライエントからの怒りに満ちた攻撃がある。これについては本章で後ほど取り上げる。ソーシャルワーカーはこのような場面でもオーセンティックな態度で受け答えする方法を身に付けなければならない。初回面接で青年が攻撃してきたという状況を考えてみてほしい。「こんなところにいたくない。ソーシャルワーカーは負け犬ばかりだ」などと言ってくる。このような状況では、ソーシャルワーカーは次のような受け答えをすることで、自らの反応を伝えるべきである。

ソーシャルワーカー：「あなたは私に会わなければならないことに本当に腹を立てているようですね。ソーシャルワーカーとの過去の経験もあまりよいものではなかったのでしょう。私と会うことを無理強いするつもりはありません。あなたの気持ちを尊重します。だけれど、私が気になりひっかかっているのは、あなたがすべてのソーシャルワーカーをひとくくりにしているために、あなたには私のことも負け犬に映っているということです。これは不愉快です。もしもあなたが、私と一緒に何かを成し遂げられるかもしれないという可能性から心を閉ざしているのなら、私があなたの役に立てる可能性は非常に小さくなってしまいます。私はあなたに関心があるし、あなたがどのような問題に直面しているのか知りたいと思っています。このことをどうぞわかってください」

このようにソーシャルワーカーが共感的な受け答えとオーセンティックな受け答えを組み合わせて用いることで、クライエントの怒りが鎮まり、状況に対してより合理的に考えるようになる場合が多い。

クライエントの行動が不合理な場合、あるいは苦痛を感じさせる場合に、感情を伝えること

ソーシャルワーカーはクライエントがどのような行動に直面しても、およそ軽く受け流せるぐらいでなければならないが、不満、怒り、ひいては苦痛を感じて当然といえるような状況を経験

することも時にはあるだろう。例えば、あるクライエントが、どこからかソーシャルワーカーの自宅の電話番号を入手し、頻繁に電話をかけてきて日々の危機的状況について話すようになった。しかし、その話の内容自体は、次回の面接まで待ったとしても何も問題のないものであった。また、ほろ酔い状態のクライエントが真夜中に電話をかけてきて「ちょっと話そう」と言ってきたという例もある。さらには、クライエントの青年が、ソーシャルワーカーの車のタイヤから空気を抜いてしまったというのも、このような事例の一つである。

このような状況では、ソーシャルワーカーは自分の気持ちをクライエントに伝えるべきである——ただし、建設的なやり方で伝えられるという確信を持てる場合に限る。以下の録音された事例では、矯正施設で学生のソーシャルワーカーがオーセンティックな受け答えと共感的な受け答えとを織り交ぜて、ラテンアメリカ系アメリカ人の若者と対峙している。この若者は自室で見つけられた薬物について自分が隠したのではないと主張していた。若者の話を信じて、学生ソーシャルワーカーが彼を援助したが、結局その後、彼が嘘を言っていたことが判明した。学生ソーシャルワーカーは、実践で直面化をするのが初めてだったので不安だったが、オーセンティックな受け答えを明確に伝えようと努めた。面白いことに、ソーシャルワーカーがクライエントに対して「率直に話をする」ことができるよう、クライエント自身が力を与えることになったのだ。

学生ソーシャルワーカー：「あなたに話したいことがあるの。ランディ……」［適切な言葉を探して言葉に詰まる］

ランディ：「さあ、言いなよ。ほら、はっきり言えよ」

学生ソーシャルワーカー：「ええ。先週、事件の報告書を私が受け取ったときのことを覚えてる？　そう。私はあなたが無実だと本当に信じていたの。私は聴聞会に出席して、あなたの無実を確信しているから告訴を取り下げるべきだって皆に言おうと準備していたの。私は、何ていうか、気分が悪いんだと思うわ。だって、あなたと話をしたとき、あなたはやってないって言ってたじゃない。でも、そう、ちょっと違う気もするな」

ランディ：「俺が嘘を言ったって言うんだろ。いいから、続けなよ」

学生ソーシャルワーカー：「うーん、そうね。私はちょっと傷ついたんだと思う。あなたがたぶん、私のことをもっと信頼してくれていると思っていたから」

ランディ：「わかったよ。スーザン、俺にもちょっと言わせてよ。俺が育ったところでは、そういうのを嘘とは言わないんだよ。いわゆる生き延びるための方便ってやつだね。俺的には自分が嘘を言ったなんて思ってないわけ。生きていくために必要なことをしたまで。よくある手なんだけどね、うまくいかなかった」

学生ソーシャルワーカー：「言いたいことはわかったわ、ランディ。あなたは私たちとは住む世界が違うってことを言いたいのね。だから同じことでもとらえ方が違う。私がアングロサクソン系だから、あなたの人生がどのようなものかなんてわかるわけがないって言いたいのね」

数分後、学生ソーシャルワーカーがクライエントの感情をさらに掘り下げた後で、以下のようなやりとりが行われた。

学生ソーシャルワーカー：「ランディ、いくつか知っておいてほしいことがあるの。一つ目は、ソーシャルワーカーがクライエントと話をするときは、守秘義務と呼ばれるものを尊重しなけ

ればならないということ。だから、ほとんどの場合、あなたがここで話したことを、あなたの許可なしで他に漏らすことはできないの。でも、法律や規則に違反している場合は例外で、それを秘密にすることはできないのです。二つ目は、私はあなたにすべてを教えてほしいとは思っていないということ。私に言いたくないこともあるでしょう。だから、私の質問に対して嘘で答えるぐらいなら、言いたくないって言ってくれればいいの。そうしてくれる？」

ランディ：「うん、わかった。［沈黙］聴いてくれる、スーザン。もう俺のことを嘘つきとかそんなふうに考えるのはやめてほしいんだ。こんなことを言っても、そんなの勝手な言い草だとか思われるかもしれないけど、本当のことなんだよ。あんたに嘘をついたのはあれが初めてだったの。信じてくれないだろうけど」

学生ソーシャルワーカー：「もちろん信じるわよ、ランディ」［彼は安心したように見える。沈黙が流れる］

ランディ：「よし、スーザン、これで決まりだね。俺はあんたに二度と嘘をつかない。もし言いたくないことがあったら、言いたくないと言う」

学生ソーシャルワーカー：「ぜひ、そうしてね。［二人は歩いて行く］ねえ、ランディ、私は本気で、あなたがこのプログラムをやり遂げるのを見たいの。そしてできるだけ早くここを出てほしい。薬物の件があるから、やり直すのは大変だと思う。でも、あなたはやり遂げられると思うわ」［ソーシャルワーカーがこれまでの長い期間に発したどの言葉よりも、この言葉はランディの心に大きな影響を与えたように思われた。ランディの表情には喜びの色が浮かび、そして笑顔が満面に広がった］

このやりとりで注目すべきなのは、ソーシャルワーカーがオーセンティシティと共感の技術だけを使って、事件をポジティブな結末へと導いたという点である。学生ソーシャルワーカーが、自分の感情を無視していたなら、クライエントと前向きな関係を築く力は失われていただろうし、関係に壊滅的打撃を与えていただろう。そうではなく、状況に焦点を置いたことで、両者にとって有益な結果となった。

クライエントからポジティブなフィードバックを受けたときに気持ちを伝える

ソーシャルワーカーは、自らの人柄や仕事ぶりについてクライエントからポジティブなフィードバックを受けた際に、受容的な態度で受け答えすることが難しいと感じる場合がある。ソーシャルワーカーは、クライエントがその人生の中でポジティブなフィードバックを受容することを期待しているのであるから、自ら模範としてポジティブなフィードバックに対し受容的な態度を示すことを勧めたい。以下のやりとりでその例を示す。

クライエント：「あなたがいなければ、何もできなかったんじゃないかと思う。私が必要としているときにあなたが傍にいてくれなかったら、ここまでやり遂げられなかったことでしょう。あなたは私の人生を変えてくれたのです」

ソーシャルワーカー：「そんなふうに思ってくれてありがとう。あなたの言葉に感激していますし、あなたが状況に対処できるという自信を深めていることがわかって、とても嬉しいです。でも、私は確かにあなたのお手伝いはしたけれど、あなた自身の努力こそが、あなたの成長の決定的な要因だったということはわかっておいてくださいね」

ポジティブなフィードバック――オーセンティックな受け答えの一形態として

　変化のプロセスにおけるポジティブなフィードバックが果たす役割の重要性に鑑み、このテーマを十分に論じることができるよう、独立の項を設けておく。ソーシャルワーカーがこの技術をしばしば用いるのは、あるいは用いなければならないのは、クライエントに対する情報提供、つまり、彼らのポジティブな態度や、彼らが示すストレングス、効果的な対処を可能にする心的機制、緩やかな変化といったことに関する情報提供の際である。

　援助プロセスの中では、ソーシャルワーカーがクライエントの行為や成長に触れ、温かい気持ちや前向きな思いを実感する場面が何度も訪れる。それが適切と判断される場合には、ソーシャルワーカーはこのような思いをクライエントに対して自発的に伝えるべきである。以下のメッセージはその例である。

- 「他者との関係の中で自分のおかれている役割を、あなたは自分の行動の『内省』によって分析することができます。この点について、私はあなたには人並みはずれて高い能力があると思っています。そしてこの強みはあなたが見いだした問題の解決にとても役立つと思います」
- 「私はこのグループの中にいて、何度も感動させられました。それはあなたが、ご主人を亡くされた悲しみにもかかわらず、困っている人々に援助の手を差し伸べていらっしゃるのを見たときです」
- ［新しく作られたグループで］：「初回面接と比べて、今週はトラブルもなく作業に取り掛かることができ、集中して続けることができましたね。皆さんがこの20分の間で、ほとんど私が手伝うこともなく、グループの規則を作りあげていく様子を見て、私は嬉しくなりました。『このグループは本当に素晴らしい』と思ったのです」

　最初の2つのメッセージは、個人のストレングスを認めるものである。3つ目は、グループプロセスの中でソーシャルワーカーが気づいた行動の変化を言葉で表現したものである。どちらのタイプのメッセージも、変化のプロセスを促進する特定の行動にクライエントの意識を集中させて、最終的にはこのような行動の頻度が増大することを期待しているのである。自己評価の低いクライエントに対しては、肯定的なメッセージを継続的に送ることで、より陽性の自己イメージを長期的に保持させることも可能である。ポジティブなフィードバックを用いて、クライエントの努力と良い結果との間の因果関係を示すならば、クライエントは満足感や達成感、そして自らが状況をコントロールしているという実感を得ることもできる。

　さらに、ポジティブなフィードバックは、自らの持つ対処能力に対するクライエントの自信を深めさせるという付加的効果を持つこともある。精神的に打ちのめされてギリギリの状態で面接に現れたクライエントが、当分自力で問題に対処できる気持ちになって帰っていくということもある。彼らが力を得た理由の一つとして、ソーシャルワーカーがオーセンティックな受け答えを活用して、クライエントが問題に対処し、これをうまく取り扱ってきた領域を明示し強調したことにあると考えられる。

　学生やソーシャルワーカーの面接を録音したものを聴いていると、クライエントのストレングスまたは漸進的な成長を強調しているオーセンティックな受け答えが意外に少ないことにしばしば気づかされる。このようにポジティブなフィードバックが不足しているのは残念なことだ。私

たちの経験では、クライエントの変化の度合いは、ソーシャルワーカーがこれら2つの領域、つまりクライエントのストレングスと成長に焦点を当てた程度と関連することが多いからである。もしソーシャルワーカーが継続的にクライエントの長所と、初期の面接においてよく見られるポジティブな変化へのかすかな兆候に焦点を当て続けるなら、クライエントは通常、変化のプロセスに一層取り組むようになるだろう。変化が加速してくれば、ソーシャルワーカーはクライエントの成功に関してより広範囲に焦点を当てることができるようになり、彼らのストレングスと有効な対処行動を見いだし、これを強化することも可能になる。

ソーシャルワーカーはクライエントのストレングスと成長を認めるにあたり、いくつかの課題に直面する。例えば、クライエントがストレングスや進歩を見せた際にほんのつかの間だけ生じる前向きな感情をとらえて、これを伝える力をソーシャルワーカーが身につけていくことも課題の一つである。ソーシャルワーカーは前向きな行動について具体的な情報を提供できるように、出来事を記録しておくことを学ばなければならない。もう一つの課題と責任は、クライエントに対し、相互にポジティブなフィードバックを与え合うことを教えることであり、この方法については第15章で論じる。

クライエントのストレングスに気付く力を高める方法として、クライエントと協働して、クライエントが利用できる資源のプロフィールを作ることをお勧めする。この作業は個人、カップル、家族、またはグループと共に行うこともでき、できるなら援助プロセスの初期段階で行いたい。個人面接においては、ソーシャルワーカーはクライエントに自分のストレングスを思いつく限りすべて見つけ出し、その一覧の作成を依頼しておくとよい。ソーシャルワーカーも、自らが観察により見いだしたクライエントの力となるストレングスを挙げ、一覧に追加する。そして、この一覧を保管しておいて、何度も振り返り、新たなストレングスを見つけるたびにそれを一覧に追加していくのである。

家族やカップル、グループの場合、ソーシャルワーカーは同じ手順に従ってそれぞれのメンバーのストレングスを評価してもかまわないが、一人ひとりのメンバーのもつストレングスについて気づいていることを、他のメンバーから語らせるのもよいだろう。これとともに、ソーシャルワーカーは、援助プロセスの中で定期的に、カップルや家族、グループの全体としてのストレングスと漸進的成長を見つけさせるとよい。クライエントたちが一人ひとり、あるいはグループ全体のストレングスを見つけていった後に、ソーシャルワーカーは、ストレングスを発見していった体験をどう受け止めたかについて、クライエントの見解を聴いてみるとよい。すると、クライエントは相互に、本人が自覚しているよりも自分はずっと多くの使える力を持っている、と感じている場合が多いのである。ソーシャルワーカーは、クライエントが楽な気持ちで自らの肯定的な特性と個人的資源を認めることができるようにするために、ストレングスを見つけ出す際にクライエントが経験する不快な感情についても掘り下げていかなければならない。

さらに、初期の面接ではプロセスを注意深く観察することをすすめておきたい。クライエントのもつストレングスや、行動の前向きな変化の兆しに気づいたら、記録に系統的に記載しておくとよい。クライエントのストレングスと漸進的成長を記録するだけではなく、あなた（または他のグループメンバー）がこの変化に注目していたかどうかについても記録するとよい。一回の面接の中での変化はごくかすかな形で生じていることが多いということを心に留めておかねばならない。例えば、ある面接の後半で、クライエントがより率直に問題を議論するようになったとか、最初は拒んでいた作業にまがりなりにも取り組むようになったとか、自分自身に関するよりリス

クの高い情報を打ち明けることを通してソーシャルワーカーに対する信頼の大きさを示したとか、自らの問題に関して自分自身の責任を初めて認めたなどがこれにあたる。一方、グループや家族はさらに短期間で成長を遂げるかもしれない。クライエントの成長を見逃さないように、常にアンテナを敏感にしておくことが非常に重要である。

■クライエントとアサーティブに関わる

オーセンティックな関係構築のもう一つの側面は、状況が許す限り、クライエントとアサーティブに付き合うことである。アサーティブに付き合うことには、さまざまな理由がある。クライエントに信頼感を与え、彼らが指示に従うような影響力を発揮するために、ソーシャルワーカーは、自らの能力を示す付き合い方をしなければならない。これは援助プロセスの初期段階において特に重要である。クライエントはしばしば、自らが抱える問題をソーシャルワーカーが理解できるか、自分を助けてくれるだけの能力がソーシャルワーカーにあるかを見定めようと、密かにテストやチェックをしているのだ。

合同面接やグループ面接の際、クライエントは、ソーシャルワーカーが、面接の中で生じる可能性のある破壊的なやりとりに耐える力を持っているかどうか疑うものである。実際のところ、家族やグループのメンバーは、通常、ソーシャルワーカーのアサーティブなふるまいを観察し続け、この疑問に対して大丈夫という結論を得て、やっと十分に心を分かち合い、リスクを負い、援助プロセスに本気で取り組み始めるものである。

ソーシャルワーカーが、クライエントの問題を取り扱うことができるだけの十分な力と、混沌としかねない一触即発のプロセスを統御するために必要な保護と構造を提供できるだけの十分な力を断固たる行動で示して、クライエントを安心させることができるならば、クライエントは通常、安心感と希望を持って問題に取り組みはじめるだろう。クライエントを脆弱にしているプロセスの機能不全な部分を除去し回避させる能力をソーシャルワーカーはもっていないと思われたなら、クライエントはこの危険な状況に身をさらすべきかどうかという当然の疑問を抱き、その結果、援助プロセスから撤退してしまうかもしれない。

アサーティブに関わる技術も、直面化を開始する際の必要条件である。これは変化に反する障害を乗り越えるために用いられる主要なテクニックである。しかし、直面化を用いる際には、ソーシャルワーカーに細やかな心配りと洗練された技術が必要となる。クライエントとの関係を悪化させてしまう可能性もある危険の高い技法だからである。実際に、ソーシャルワーカーがアサーティブに伝えようとするのであれば、それがどのような形であれ、クライエントの感情と自尊心に対する誠意と共感的関心を示す文脈において伝えなければならない。

この節では、クライエントに対しアサーティブに介入する際に役立つガイドラインを明らかにする。

要請し、指示を与える

クライエントが自身の抱える問題解決に対して、今より気楽に向き合い建設的に取り組めるよう援助するために、ソーシャルワーカーは、頻繁にクライエントに要請をしなければならない。このような要請の中には、これまでの面接とは異なるやり方で他のクライエントと関わることが含まれる場合もある。例えば、ソーシャルワーカーはクライエントに次のようにするよう依頼す

る。

1．ソーシャルワーカーを介さないで、お互いに直接、話をしてください。
2．面接中、他の参加者にフィードバックしてください。
3．他の参加者のメッセージの意味を吟味したうえで受け答えし、傾聴する姿勢を保ち、メッセージを自分を主語にして出してください。
4．椅子の並べ方を変えてください。
5．ロールプレイをしてみてください。
6．他の参加者に要請を出してください。
7．面接中は、責任を持って決められたやり方で受け答えをするようにしてください。
8．今週中は決められた課題を実行することに同意してください。
9．自分自身またはグループや家族の人たちの長所と少しずつ成長している部分を見つけ出してください。

　要請は、きっぱりと断固たる言葉で表現することが重要である。さらに、言葉以外の態度においても、アサーティブであることが重要である。ソーシャルワーカーによくある失敗として、クライエントに対する要請をためらいがちな言葉で表現してしまい、そのためクライエントが要請に従ってよいのか迷ってしまう場合がある。ためらいがちな言葉で伝えられたメッセージと、断固とした言葉で伝えられたメッセージの違いは、表5-1のやりとりにおいても見ることができる。
　表5-1の「断固たる要請」の列にあるとおり、多くの場合、ソーシャルワーカーのクライエントに対する要求は、実際には命令に近いものである。命令はクライエントに対し負担を強いる宣言であることから、それが不満なら異議を申し立てるように促すべきである。以下のメッセージにこれが描かれている：

ソーシャルワーカー：「その質問に答える前に、椅子を奥さんの方に向けてください。［ソーシャルワーカーは身を乗り出し、クライエントが椅子を調節するのを手伝う。ソーシャルワーカーが妻に言う］あなたも椅子の向きを変えていただけますか。ご主人に向かって直接話ができるように。ありがとうございます。私たちの話し合いの間、お二人が完全に気持ちを伝え合うことが大切なのです」

　もしソーシャルワーカーがクライエントに選択の余地を与えたなら（例：「椅子の向きを変えてみてはいかがですか？」）、クライエントは肯定的な反応をしなかったかもしれない。私たちが言いたいのは、クライエントに面接の中での行動を変えてもらいたいときには、どうしてほしいのかを明確に述べねばならないということだ。もしクライエントが指示に対して言葉で異議をあらわすならば、あるいはもしクライエントが言葉以外のふるまいで要請に従うことに難色を示すならば、これに対し共感的に受け答えし、クライエントの抵抗の根本原因を掘り下げることが重要である。こうした探索を通して、クライエントの不安や疑念が解消され、ソーシャルワーカーが要請した行動を取りやすくなることが多いのである。

表5-1 ためらいがちな要請 vs 断固たる要請

ためらいがちな要請	断固たる要請
ちょっと口を挟んでもよろしいでしょうか？	ちょっと口を挟みますよ。
よかったらロールプレイをやってみませんか？	ちょっとロールプレイをやりましょう。
失礼ですが、ちょっと本題からそれていないでしょうか。	少し本題からそれてしまっているようです。少し前まで話していた話題に戻ってください。
キャシーが今言ったことについて話をしませんか。	キャシーが言ったことを振り返ってみましょう。とても重要な話だと思います。

焦点を維持し、妨害を取り扱う

　焦点を維持することは、ソーシャルワーカーの側に高い技術とアサーティブな力が要求される重要な課題である。邪魔が入り、注意が乱される出来事が起こったときに、プロセスへの集中を維持したり回復したりするために言葉で介入することが重要な場合が多い。しかし、時にはこのままいけば肯定的な結論に向かうと考えられる大切なプロセスに水を差してくる出来事からメンバーを守るために、ソーシャルワーカーは非言語レベルでアサーティブさを発揮して受け答えしなければならないこともある。次の例は、家族面接からの引用である：

キム、14歳：〔涙を浮かべ、母親に怒りをぶつける〕「お母さんはこれまで私の話なんか聴いてくれなかったじゃない。家では私たちを怒鳴って、寝室にこもってしまうばかりで」
R夫人：「そこまでひどくはなかったと思ってたけど……」
R氏〔ソーシャルワーカーに向かって話す婦人をさえぎって〕：「それは妻には難しいと思う。なぜなら……」
ソーシャルワーカー〔父親に向かって片手を挙げて「黙って」という意思を伝え、母親と娘に対しては視線を維持し続けながら、キムに話しかける〕：「あなたの言ったことについてしばらく考えてみましょう。お母さんに今、あなたが感じていることを伝えてみてください」

機能不全のプロセスを制止すること

　経験の浅いソーシャルワーカーは、機能していないプロセスを長く続かせてしまう場合が多い。その理由としては、どうやって介入してよいかがわからないからという場合もあれば、クライエント同士が一連のやりとりを終えるまで待つべきだと考えるからという場合もある。このような場合、ソーシャルワーカーは自らに課せられた重要な責任の一つを全うしていないことになる。すなわち、プロセスの方向性を示し、導くことと、参加者同士が促進的な方法で互いに交流できるよう影響を与えることができていないのである。クライエントが援助を求める理由の多くが、自らの破壊的な交流プロセスに対処できないことにあるということを思い出してほしい。つまり、クライエントに口論や甘言、脅し、批判、レッテル貼りなど、彼らが日頃から陥っている他者との交流パターンを長時間続けさせても、問題を悪化させるだけなのである。ソーシャルワーカー

はこのような状況に介入すべきであり、クライエントに、よりコミュニケーションを促進する行動を教え、その後の交流の中で実践できるように導かなければならない。

　進行中のプロセスを中断させるよう決めたなら、クライエントがあなたの話に耳を傾け、指示に従うよう、断固たる態度でこれを実行すべきである。あなたの介入がアサーティブでなかった場合、クライエント（特に攻撃的なクライエント）に対して影響を及ぼす力は失われてしまうだろう。議論をうまく切ることができてはじめて、その関係の中であなたが力と影響を示すことができるからである（Parlee, 1979）。あなたが機能不全のプロセスを止めさせようと介入した際に、クライエントがこれを無視したりうまく避けたりすることを許してしまうと、クライエントに関係におけるコントロールを明け渡し、活動を制限されてしまう。

　プロセスの中断や介入に関しては、アサーティブに（攻撃的ではなく）行動することを推奨するが、クライエントがプロセスに付与している関心に対しては敏感でなければならない。なぜなら、ソーシャルワーカーがあるプロセスを非生産的または破壊的なものだと見なしたとしても、クライエントはそう思っていないかもしれないからである。それゆえ、プロセスを中断するタイミングが重要である。今起きていることにただちにクライエントの注意を向けさせることが不可欠ではないならば、自然に会話が中断されるのを待てばよい。自然な中断がなかなか発生しない場合には、ソーシャルワーカーが中断すべきである。しかし、破壊的な交流プロセスの中断を遅らせてはならない。以下に例を示す。

妻：［ソーシャルワーカーに］「子どもたちは私の言いつけを守るべきだと思うんです。でも、私が子どもたちに何かするように言うたびに、主人がやらなくていいって言うんです。これじゃ、子どもをだめにしているだけです。ほとんどが主人のせいなんです」
夫：「おいおい、それってまさにお前がどれだけアホかって話だぜ」
ソーシャルワーカー：「ちょっと中断させていただきますよ。あらを探し合っても、お互いに怒りが募るばかりですからね」

　この例では、クライエントの夫妻が機能不全の受け答えを一言ずつしたところで、ソーシャルワーカーは議論を軌道修正するために介入した。参加者がすぐに中断しなければ、ソーシャルワーカーは身体を使って、コミュニケーションを遮断したり、極端な例では「そこまで！」と叫んだりすることで行動を中断させたりする。ソーシャルワーカーが、ただちにかつ断固たる姿勢で介入する意思を示したなら、クライエントは通常、すぐにこれに従うものである。

クライエントの怒りに「身を乗り出す」

　クライエントの怒りと不満を率直に取り扱うことの重要性については、どれだけ強調しても足りない。このような怒りに直面したときに、ソーシャルワーカーが防衛的になったり怯えたりすることは珍しいことではない。特に他者に危害を加えたと申し立てられ、自発的に訪れたわけではないクライエントとワークする場合には、多くのソーシャルワーカーが「あなたには怒る権利などない。身から出た錆だ。私のやり方に従わないと、報いを受けるのは自分だぞ」などといったメッセージを伝えて、仕返しをしてしまいがちである。クライエントの怒りに対してアサーティブに受け答えするとは、その怒りに対して受身なままで、従順に踏みつけられるだけのドアマットになりなさいということではない。このような怒りに直面した際に、ソーシャルワーカー

がアサーティブかつ巧みに対処できなければ、多くのクライエントからの敬意を失い、ひいては彼らを援助する力まで失ってしまう。さらに、クライエントが今まで他者に対してしてきたように、自らの怒りを利用してソーシャルワーカーに恐怖を抱かせ、影響力を及ぼそうとするかもしれない。

　クライエントの怒りを取り扱う際にアサーティブに受け答えできるよう支援するために、私たちは以下のことを提案する。

- 共感的に受け答えして、クライエントの怒りと、可能であれば怒り以外の根底にある感情を映し返そう。（例：あなたは＿＿＿のことで私に腹を立てていて、おそらく＿＿＿に対して落胆しているのですね）
- 怒りを誘発した出来事の本質を理解することができるまで、その状況と参加者たちの感情を探索し続けよう。この探求の間に、あなたに向かう怒りは消えていき、クライエントが自分自身に目を向け、目下の状況の中で自らが負うべき適切な責任を引き受けるところをみるかもしれない。よくあることだが、「本当の問題」はあなたと直接には関係していないかもしれないのだ。
- クライエントの怒りを調べていく間に、適切だと判断されるときには、自らの感情と反応をオーセンティックな形で表現しよう。（例：あなたがそんなふうに感じているとは知らなかった……。私はこの状況にどうすれば役に立てたのか教えてほしいのです。私の関わるやり方に、どこか直すべきところがあるのかもしれない…。あなたが感じたことを私に伝えてくれて嬉しいです。）
- （適切な場合）問題解決アプローチを応用しよう。これにより、同様の出来事や状況が今後は起きないようにするために、すべての関係者が調整を行うのである。
- 特定のクライエントが頻繁に、しかも機能不全なやり方で怒りを表現する場合、その表現の仕方に着目し、そのようなコミュニケーションの持ち方が他者との関係の中で自分に引き起こしてしまう問題を特定し、受け答えパターンを修正するという目標について話し合うこともできるだろう。
- クライエントの怒りに共感することに加えて、アサーティブに個人としての限界と境界を設定することで模範を示すこともできる。例えば、「あなたがこの状況に対してどのように感じているのか、そしてあなたがどう変わりたいかについては、よく理解できたと思います。ですが、あなたがそんなに興奮していたのでは、話し合うことなんてできませんよ。自分を落ち着かせることができないのでしたら、日を改めて、あなたが自分の感情をもっとコントロールできるときに、もう一度会うことにしましょうか」または「私は確かに、あなたが引き起こした問題について話を聴き、これにお返事することは約束しましたが、これ以上罵られ続けるのは遠慮します」

ノーと言い、限界を設定する

　クライエントに代わってソーシャルワーカーがする行為は、確かに適切なことが多い。例えば、クライエントに代わって交渉をし、他の団体や今後活用する可能性のある資源と協議して、クライエント自身の行為を補い促進することは、当然、ソーシャルワーカーの担当すべきことである（Epstein, 1992, p. 208）。しかしながら、ソーシャルワーカーは時には、クライエントと契約するにあたり、その要請を却下し、限界を設けなければならない。経験の浅いソーシャルワーカーは、

人を助けたいという意思を示したいと考えがちであり、要請を断るというステップを実行することに困難を覚える場合がある。人を助けようと献身することは望ましい資質であるが、ソーシャルワーカーとクライエントの双方にとって最大の利益をもたらすためには、いつクライエントの要請に応えるのが適切かという判断に基づいて、これを調整することも必要である。

クライエントの中には、過去の経験から、ソーシャルワーカーは面接で要請すれば大抵のことに応えてくれるものだと信じている場合もある。しかしながら、クライエントが自力で学習できることまでソーシャルワーカーに頼ることよりも、自ら活動の範囲を広げることの方が、自分に能力や力があることを経験できる場合が多いのである。結果として、もしソーシャルワーカーが深く考えることなく、クライエントが自力で実行できる、あるいは将来的に実行可能になりそうなことまで引き受けてしまうと、クライエントの受身な態度を強化してしまう可能性があるのだ。

限界を設定することは、ソーシャルワーカーが法の強制によるクライエントとワークする際に、特別な意味を持つ。シンゴラーニ（Cingolani, 1984）は、ソーシャルワーカーがこのようなクライエントとの間に交渉に基づく関係を築くことについて言及している。交渉に基づく関係において、ソーシャルワーカーは、カウンセラーという比較的落ち着いていられる役割に加えて、妥協を促し、仲裁し、実行するという役割も担うことになる。例えば、法の強制によるクライエントが裁判所の命令の履行について「中止」を求めた場合、ソーシャルワーカーはクライエントの選択と、この選択がもたらす結果について明確に理解していなければならない。同時に、ソーシャルワーカーは、クライエントがソーシャルワーカーに何を期待すべきなのかを明らかにしなければならない。

ローリー［DVに関するグループの一員］：「私は10回のグループ面接のうち、8回は出席していたはずだから、あんたはそうじゃないと報告しているのはおかしいんじゃないか。仕事を抜けられなくて出られなかった面接もあったけど、出席できるものには全部出たんだよ」

ソーシャルワーカー：「ローリー、あなたの面接への参加は確かに7回でした。そして、それ以外の面接にも出席するように努力しましたね。ですが、あなたが署名をした契約書は、裁判所にも提出されているものですが、そこにはグループ面接を完了したと認められるためには8回の面接を終えていなければならないと書いてあります。私には裁判所の命令を変更する力はありません。裁判所の命令に従う決心がついたのであれば、私は喜んであなたの雇い主に話をして、あなたが裁判所の命令に応じることができるように、スケジュールの調整を依頼しますよ」

ソーシャルワーカーは受け答えの中で、裁判所の命令から逃れることはできないことを明言している。同時に、ローリーに対し、裁判所の命令に従うのであれば、喜んで仲裁者の役割を引き受け、雇い主とのスケジュール調整という厄介な仕事を手伝うと言っている。

他人を喜ばせたいという思いが強すぎるソーシャルワーカーにとって、ほどよくアサーティブであるということは、クライエントにとって簡単ではないのと同様に、簡単ではない。この手のソーシャルワーカーは、それがクライエントにとって最大の利益をもたらす場合であってさえも、クライエントの要請を断ることや、制限を設けることに困難を覚える。さらに、このようなソーシャルワーカーにとっては、アサーティブにふるまう能力を高めるための作業を自分自身に課すことがプラスになるかもしれない。アサーティブになるための訓練グループに参加したり、評判

のよい文献を読み込んだりすることも役立つだろう。
　クライエントの要請を断るべき状況は数多く存在するが、その一部を以下に列挙しておく。

1．クライエントから社交上の付き合いに参加してほしいと誘われた場合
2．クライエントから特別待遇を認めてほしいと頼まれたとき（例：規則で定められた金額より低い料金を設定する）
3．クライエントが身体的なふれあいを求めてきたとき
4．クライエントが自分で対処すべき状況について仲裁を求めたとき
5．認められない理由で正規の予約を破棄した後で、クライエントから特別に面会を求められたとき
6．クライエントにお金を貸してほしいと要求されたとき
7．クライエントが試験観察や仮出所での、あるいは施設との遵守事項を違反したことについて内密にしてほしいと要請してきたとき
8．配偶者から自分のパートナーに情報を与えないでほしいと要請されたとき
9．クライエントが犯罪や他者への暴力行為を行う計画を打ち明けたとき
10．雇い主や他の機関に対して偽の情報を報告するようクライエントから頼まれたとき

要請を断ることに加えて、次のような状況では、クライエントに制限を与える必要が出てくるだろう。

1．クライエントがあなたの家や事務所に何度も電話をかけてくるとき
2．クライエントが事前の説明もなく予約をキャンセルするとき
3．クライエントが罵倒するやり方や暴力的なやり方で感情を表現するとき
4．クライエントが毎回のように、終了時間を越えても面接を続けようとするとき
5．クライエントが繰り返し契約の履行を怠るとき（例：料金未払いや度重なる予約のすっぽかし）
6．クライエントがあなたやスタッフに性的誘いをかけてくるとき
7．クライエントが酩酊状態で面接に現れたとき

　クライエントの要求を断り、制限を設け、それでも落ち着いて余裕でいられるということは、プロとしての熟練度を示す要素の一つである。経験を積むにつれ、クライエントの期待が合理的である（から断らない）と保証して援助することと、クライエントに他の具体的な活動を提供することによって役立つことが同じであると理解できるようになるだろう。ソーシャルワーカーがオーセンティックな形で、およびアサーティブな形で関係を作ることを支援するために作成された演習問題への回答の中に、要求を断り、クライエントにノーと言う模範となる受け答えを見いだすことができるだろう。
　もちろん、ソーシャルワーカーは他のソーシャルワーカーや他の専門職に従事する人々に対しても効果的に自分の考えを伝えなければならない。初心者のソーシャルワーカーは、経験の他にも時に自信が不足しているため、医師や弁護士、経験豊富なソーシャルワーカーなどに対して必要以上に萎縮してしまいがちである。その結果、付き合い方が受身になったり、根拠に薄く不合

理に思える計画や要求を渋々受け入れてしまったりすることも起こりかねない。他の専門家たちの考え方を心を開いて受け止めることはとても重要だが、それでもなお、経験の浅いソーシャルワーカーは、リスクを冒して自らの見解を表明し、自らが正しいと思うことを主張すべきである。さもないと、経験の浅いソーシャルワーカーでも、目の前のクライエントについて、他の専門家より多くのことを知っているかもしれないのに、合同事例検討会で、貴重な情報を提供し損ねてしまうことになりかねない。

初心者のソーシャルワーカーは、不合理な紹介や不適切な指示の受け入れを拒否することで、限界を設定し自らの正当性を主張することも必要である。同様に、他の専門家が、クライエントが権利をもっているはずの資源の利用を拒否したり、クライエントに対して侮辱的な呼び方をしたり、倫理に外れた行為に及んだりする場合には、アサーティブな態度を発揮することが必要になる場合がある。事実、クライエントの擁護者としての役割を果たすためには、アサーティブであることが必要不可欠である。この役割については、第14章において詳細に議論する。

■まとめ

本章では、共感性、アサーティブな態度、自己開示を適切に用いながらクライエントとコミュニケーションを取る方法、ならびにクライエントに代わって他者とコミュニケーションを取る方法を紹介した。第6章では、傾聴し、焦点づけ、探索する能力を開発することで、本章で学んだ技術をさらに発展させる。しかし、その前に、本章の演習問題を最後までやることで、本章で学んだ新しい技術の練習をしておくべきである。

オーセンティックな態度で、アサーティブに受け答えするための演習

以下の演習問題はオーセンティックな態度で、アサーティブに受け答えする技術を身に付けるのに役立つ。個々の状況とクライエントのメッセージを読んだ後、自分が担当ソーシャルワーカーであるつもりで、受け答えを書いてみてほしい。その後、自分が書いた受け答えと模範として示した受け答えを比較してもらうのだが、適切な受け答えは数多く存在し、ここに示した模範的な受け答えはほんの一例に過ぎないということは、心に留めておいてほしい。

第17章（直面化の演習）と第18章（人間関係における反応と抵抗の取り扱いに関する演習）には、オーセンティックな態度で、アサーティブに受け答えすることを要求するような追加的な演習問題がある。

発言と状況

1. **夫婦の一方**［同席による夫婦セラピーにおける3回目の面接にて］：「結婚カウンセラーになっている方はいいですよね。何をすべきかわかってるから、私たちみたいな問題を抱えることなんてないでしょう」

2. **女性のクライエント、23歳**［初回の面接で］：「私の問題のいくつかは、避妊に対する私の所属する教会の立場と関係があるんです。教えてください。あなたはカトリックですか？」

第5章 コミュニケーションの確立

3．クライエント［5回目の面接で］：「眠くてたまらないって感じだね」［ソーシャルワーカーは、アレルギーのため抗ヒスタミン剤を飲んでおり、眠気に襲われている］

4．成人のグループメンバー［2回目の面接で、ソーシャルワーカーに向かって。グループのメンバーたちは、面接の議題を決めようと苦心している］：「何を話し合うべきかなんて、あなたに決めてほしいよ。それってグループリーダーの役目じゃないの？ これじゃ時間の無駄だよ」

5．男性のクライエント［6回目の面接で］：「ねえ、妻と私は来週の水曜日にパーティーをやるんだ。あなたと奥さんを招待したいんだけど」

6．クライエント［面接予定の3時間前に電話をかけてきて］：「この数日間風邪を引いてしまって、でも、よくなってきてはいるんです。今日、うかがった方がいいでしょうか？」

7．クライエント［面接の終了予定時刻は過ぎており、ソーシャルワーカーはすでに面接を終えようとしている。過去の複数の面接においても、クライエントは決められた終了時刻をオーバーしがちだった］：「さっきの話で、今日話し合いたかったのに忘れていたことを思い出したんです。よかったら、簡単に話したいんだけど」

8．クライエント［たった今、雇い主と話をする場面の行動リハーサルを終え、それはソーシャルワーカーが期待した以上の出来だった］

9．女性のクライエント［10回目の面接で］：「今週はずっとあなたのことですごくイラついてた。私が美術の通信教育を受講することを話したとき、あなたは、通信講座には詐欺まがいのものがあって、大学に行く方が安上がりだなんてことしか言ってくれなかった。あなたが言ったようなことはわかってたけど、私はちゃんとこの通信講座を調べて、そのうえでお金を出す価値があると思ったの。あなたは私を馬鹿にした。腹が立って仕方なかった」

10．クライエント［7回目の面接で］：「なんだか今日はピリピリしてるみたいですね。何かお悩みでも？」［ソーシャルワーカーは最近、親を亡くした。もう一人の親は錯乱状態になっており、その世話のため、緊張状態にあった］

11．クライエント［成功したセラピーの最終回も終わりに近づいていた頃］：「私は本当にあなたのご支援に感謝しています。どれだけ私が助けられたか、あなたはご存じないと思う。あなたに出会うまでは沈み行く舟に乗っているようでした。今ではずいぶん精神的にしっかりしているのを感じます」

12．保護観察中の不良少年、15歳［初回面接で］：「いろいろ話をする前に、俺の話すことがどんなふうに扱われるのかを知っておく必要がある。誰か他の奴にも俺の話が伝わるのか？」

13. ソーシャルワーカー［毎日のスケジュールに予定を入れるのを忘れていて、その結果、クライエントとの面接の約束を守れなかった。それに気づいたのが翌日で、クライエントに電話をかける］

回答例

1. ［微笑みながら］「ええ。役に立つということは認めざるを得ないですね。でも、結婚カウンセラーにとっても、結婚生活がピクニックみたいなものではないということは知っておいてください。私たちも厳しい状況を経験することはあります。皆さんと同じで、夫婦関係を生き生きと育み続けてゆくためには、努力しないといけないんです」

2. 「あなたが気になっているのは、この問題に対する私の立場と、私があなたの気持ちを理解し受け入れることができるかということですね。これまでにもカトリックの方とはたくさん一緒にワークをして、抱えておられる問題を理解してきました。私がカトリックでなかったとしたら、何か問題がありそうですか？」

3. 「あなたは鋭い観察力をお持ちですね。確かに私はこの5分ほど睡魔と戦っていました。それについては謝ります。昼食前に抗ヒスタミン剤を飲まなければならなくて、その副作用で眠くなってしまうのです。私の眠気があなたとは関係ないものだということはご理解ください。少し動き回れば、眠気もなくなるでしょう」

4. 「あなた方がイライラされるのはわかりますし、議題を決めてしまいたい気持ちもわかります。ですが、私が議題を決めてしまったら、皆さんの意思に合致しないものになるでしょうし、グループの特権を私が奪うことになってしまいます。おそらくグループにとっては、初回の面接で議論した、合意に基づく決定の方法に従うことが得策でしょう」

5. 「ご招待ありがとうございます。とても嬉しいです。楽しそうだから伺いたいと思っている自分もいるのですが、お誘いをお断りしなければなりません。プロとしてあなた方と会っている一方で、仕事の場以外での交流を持ってしまうと、私の役割に反することになってしまい、今のようにお役に立つことができなくなってしまいます。お断りしなければならないこと、ご理解いただけると嬉しいです」

6. 「電話で教えてくれてありがとうございます。あなたが間違いなく回復したと思えるまで、次回の予約は保留にしたほうがよさそうですね。率直すぎるかもしれないけど、風邪をうつされる危険は避けたいんです。ご理解いただけると嬉しいです。明後日、空いてる時間がありますから、そのときまでに完全に治っていて、あなたのご都合がよければ、その時間にお会いできるように空けておきますね」

7. 「申し訳ないのですが、今日はそれについてお話しする時間はないですね。次週までとっておきましょう。あなたがこの件について検討したいとおっしゃっていたこと、メモしておきますね。それでは、今日はこれで終わりにしましょう。次の予約がありますので」

8.「あなたが自分の権利を堂々と主張し、とても前向きな印象だったのを見て、私は感動しました。この驚きがあなたに伝わると嬉しいです。あなたの上司に向かって同じように接したなら、彼も同じように感動したはずです」

9.「私に対する気持ちを話してくれてありがとうございます。あなたに申し訳ないことをしてしまったようです。おっしゃるとおり、あなたが通信講座を詳しく調べていたかを確認もしないで、根拠のない推測をしてしまいました。通信講座で詐欺にあった人を知っているものだから、あなたのことも心配しすぎてしまったのだと思います。でも、あなたが講座のことをすでによく調べていたのであれば、私が間違っていました」

10.「尋ねてくれてありがとう。ええ。今週、私はちょっとした緊張状態にありました。母が急死してしまい、それがショックだったのと、それで父が深刻なダメージを受けてしまっていて。それが大きなプレッシャーになっていたのです。でも、面接中はそれを表に出さないでいられると思っていました。私があなたに集中できていないなら、面接を中断したいと思います。あるいは、もし私が完全に集中できていないとあなたが感じたなら、その時は教えてください。あなたをいい加減に扱おうなんて気持ちはないのです」

11.「本当にありがとう。これが最後だから、私があなたとのワークをどれだけ楽しんでいたか知ってほしいです。あなたはとても熱心に取り組みました。それが、あなたが大きく進歩した最大の理由です。あなたのことがとても気になるから、新しいお仕事がどんな具合か教えていただきたいです。これからも連絡くださいね」

12.「よい質問ですね。私があなたの立場なら、同じ疑問を抱いたでしょう。あなたから得た情報は可能な限り秘密にします。もちろん、あなたの情報を記録したファイルを保管することになりますが、そこに記録する内容は必要なものだけに限られますし、あなたが望むなら、内容を確認することもできます。私はスーパーバイザーとミーティングをすることもあって、クライエントのために最も役に立つにはどうすべきか話し合います。だから、スーパーバイザーにあなたについての情報を話すこともあるかもしれません。でも、スーパーバイザーもそれを守秘義務として扱います。ただ、もしあなたが法律に反する行為や保護観察の条件に違反する行為について私に話したなら、その情報を秘密として保護するという約束はできません。私は裁判所に対して責任を負っていて、あなたが保護観察の条件を満たしていることを見届けることが、その責任の一部だからです。そのときは裁判官に対して報告書を出さなければなりません。秘密保持に関して、何か特に心配な事があれば教えていただけませんか」

13.「Mさん、とても恥ずかしい気持ちでお電話を差し上げています。ほんの数分前に、昨日の大失敗に気づいたんです。先週、予約をいただいた際、スケジュール帳に書きそびれてしまい、そのまま完全に忘れてしまっていました。どうかご容赦いただけないでしょうか。あなたには何の問題もなく、完全に私の失敗なのだということを、どうかわかっていただきたいのです」

共感的コミュニケーションの技術向上のための演習問題

　以下の演習問題には、多種多様な実際のクライエントのメッセージが含まれており、これらは相互的で共感的な受け答え（レベル3）を習得するのに役立つ。クライエントのメッセージを読み、クライエントの表層にある感情をとらえた共感的な受け答えを作って紙に書き出してみよう。受け答えを作るにあたっては、典型的な会話の言葉よりも、「あなたは_____について（または_____だから）_____と感じているのですね」という枠組みを利用するとよい。あなたの受け答えを新鮮で変化に富んだ自然なものになるように励んでほしい。受け答えのレパートリーを広げるために、感情表現の語句一覧を継続的に利用することを強く勧める。

　受け答えを作成した後に、演習問題の後にある模範的な受け答えと比較してみてほしい。多様な受け答えの形式によく注意をし、そしてあなたの受け答えと模範的な受け答えの効果を高めている要素に十分な注意を払いながら、違いを分析してほしい。

　この演習問題には、27の異なるクライエントの発言が含まれているため、すべての演習問題を一気に全部やってしまおうとしないで、何回かに分けて行うことを勧めたい。このきわめて重要な技術に熟達するためには、実践を継続していくことと、自身の受け答えについて注意深く精査することが必要である。

クライエントの発言

1. **発達障害のある14歳の少年の父親**［少年をコントロールするのが困難になってきている］：「私たちはヘンリーをどう扱えばよいのか、今やよくわからないのです。いつも世話をしてやりたいと思うのですが、それが一体、あの子自身や私たちのためになっているのか、それさえわからなくなるところまできてしまったのです。ヘンリーは成長し、力も強くなりました。もう私たちにはあの子を抑えることができないのです。先週、妻が息子に殴られました。夜遅くにコンビニに連れて行けというのを断ったからです。私は他所に行っていて留守でした。妻には今も痣が残っています。妻は今では息子を恐れています。私もそうなりつつあることを認めざるを得ません」

2. **ラテンアメリカ系アメリカ人**［都市部のヒスパニック地区に住んでいる］：「英語だけでなく、スペイン語でも教えてくれたら、うちの子たちの成績はもっと上がるはずです。英語がよくわからないせいで落ちこぼれてしまうことを心配しているんです。どうやったら助けてやれるのかわからないし。私たちの民族は二カ国語での教育プログラムの実現のために努力してきましたが、教育委員会はまるで相手にもしてくれないのです」

3. **31歳の女性のクライエント**：「夫が女をつくって街を出てしまってから、長い間、寂しくて落ち込んでいます。自分に何か落ち度があったのか、それとも単に男は信用できないものなのかと悩んでしまうんです」

4. **母親**［はじめて家庭訪問を受け、戸口の階段にいる児童福祉保護サービスワーカーに向かって］：「あたしが子どもの面倒を見ていないなんて言いがかりをつけているのはどこのどいつなのよ？［涙ながらに］世界一の母親ではないかもしれないけど、私はがんばってるわよ。うちと同じぐらいほったらかしの子なんて、このあたりにはいくらでもいるじゃな

い」

5．中学3年生の男子［スクールソーシャルワーカーに］：「僕はホントに負け犬の気分です。スポーツがまるでダメで、チーム分けでは、僕はいつも最後なんだ。どっちのチームも僕を取りたくないと言って、実際にけんかになったことも何回かあるんだ」

6．虐待を受けている女性のグループのメンバー：「先月、アートとの生活は生きた心地がしないほど恐ろしいものでした。彼の憎しみにあふれたまなざしを見て、私はやられるんだなと思う。そんな毎日でした。つい最近に死の恐怖を感じたときには、もし彼の弟がたまたま立ち寄らなかったら、私は本当に殺されていたかもしれません。彼のもとに帰るのが怖いです。でも、どうすればいいでしょう。ここにはそんなに長居ができないのでしょ！」

7．34歳の男性［結婚セラピストに向かって］：「一度でいいから、女房に口出しされずに、自分が何かを成し遂げられるってところを見せたいんです。ここに来ることを奴に言ってないのはそのためです。もし知られてしまったら、また何かと口を出してきてあいつがすべてを仕切ろうとするんだから」

8．アフリカ系アメリカ人の男性［グループ面接にて］：「私はただ人間として受け入れられたいだけなんだ。雇ってくれるなら私に何ができるかを見て決めてほしい。肌の色だけを見て決めるなんてやめてほしい。黒人だから雇うというのなら、黒人だから雇わないってのと何も変わらない、バカにした話だ。私はただこの自分という人間を受け入れてほしいんだ」

9．州立刑務所に入っているクライエント［リハビリテーション・ワーカーに対して］：「ここでは人を動物みたいに扱うんだぜ。牛みたいに追い回すんだ。ここに入ってなきゃならないのはわかってるんだが、たまに、もう我慢できないって思うよ。何かが身体の中で湧き上がってきて、爆発しそうになるんだ」

10．クライエント［精神保健福祉士に向かって］：「子どもの頃のいい思い出なんて一つもない。大きな空っぽの空間って感じ。テレビを観ていた父親が、ふと私の方を見たことを覚えてる。その顔はうつろで、まるで私なんていないみたいで」

11．病院の患者［医療ソーシャルワーカーに対して］：「ブラウン先生は腕のいい外科医だし、その彼が心配いらないと言ってくれているのはわかっています。この手術にはほとんどリスクがないってね。安心していいはずですけれども、実を言うと、もうとにかく怖くて怖くて、おかしくなりそうなのです」

12．29歳の女性のメンバー［結婚セラピーのグループで］：「他のみんなに、これがどんな感じかわかってほしいんです。ヒューと私はいつも不愉快な言い争いをするの。私が本当に助けてほしいときに、彼は何も手伝ってくれないの。女の仕事なんてやってたまるかって言うのよ。それが本当にイラつくの。もう私のこと奴隷だと思っているんじゃないかって感じる

第2部　探索、アセスメント、計画

ようになっちゃって」

13. 21歳の男子大学生：「フランシーヌは、電話するねって言うくせに、絶対にかけてこない。だから、いつもこっちから電話しなきゃならない。じゃないと音信不通になっちゃうからね。これじゃ一方的すぎるでしょ？　彼女のことそんなに必要じゃなければ、『これは何ていうゲームなんだ？』なんて聴いてやるんだけどね。さすがに自分勝手がすぎるんじゃないかと思うんだよね」

14. 14歳の白人の学生［スクールソーシャルワーカーに向かって］：「正直に言うとね、学校にいる黒人の子は大嫌いなんだ。自分たちだけで固まって、白人とは仲良くしようとしない。何をするかわからないし、彼らの前でどうふるまっていいかもわからない。彼らが周りにいると落ち着かないし、いや、正直に言うと怖いんだ。何か彼らの気に障ることをしたら、飛びかかってこられるんじゃないかってね」

15. 27歳の独身女性［精神保健福祉士に］：「女性であることの喜びに関するこの講座を受講しています。この前のテーマは、どうやって男を捕まえるかでした。私の今までのやり方が間違っていたことに気づかせてくれました。でも、男性たちに思わせぶりな態度を取るまで自分を貶めたくはないのです。そんなことが必要だというなら、私は永遠に一人だわ」

16. 29歳の既婚男性［結婚セラピストに］：「性的な面では結婚生活に満足していません。時々、男性とのセックスについてさえ考えることがあります。なんていうか、そんなことを考えることに、興味があるんです。妻と私はセックスについて十分に話しあうことができますが、まったくよくはなりません」

17. 32歳の既婚女性［家族ソーシャルワーカー］：「私は主人と子どもたちを愛しています。彼らなしではどうしていいかわからないぐらいです。それなのに、木曜日のように頭がおかしくなってしまう日があるのです。家族から逃げ出して、そのまま帰ってきたくないと思ってしまう」

18. 目が不自由な既婚女性［目が不自由な人のグループで他のメンバーに対して］：「あのね、誰にでもできる当たり前のことをやっただけで、褒められたり大騒ぎされたりすると腹が立つの。見世物になったような気持ちになる。目が見えない人じゃなくて、仕事ができる人として認められたい」

19. 男性教師［精神保健福祉士に］：「私の悩みは、人の褒め言葉を受け入れることができないということです。友人は私が何年もの間、大きなよい影響を与えてきた生徒たちもいるじゃないかと言ってくれましたが、それを受け入れていい気分になることができませんでした。私はそのとき『あなたは間違ってる。私は誰かに影響を与えたことなんて一度もない』と考えてしまうのです」

20. 26歳のレズビアン［個人ソーシャルワーカーに］：「前に、職場の女の子たちがレズビア

ンについて話しているのを聞いたの。レズビアンなんて考えるだけでも気持ちが悪いって話だった。私がどんな気持ちだったかわかりますか？」

21．アルコール依存グループの男性メンバー：「俺はこのグループの一員だという気分にはなれないよ。俺以外の奴らは、学歴もありいい仕事についているみたいだ。なのに、俺なんて中卒だし、ただの溶接工だよ」

22．30歳の男性［個人ソーシャルワーカーに］：「私は時々、信じられないほど小さなことで頭にきてしまうのです。チェスで負けただけで、頭が真っ白になってしまう。そもそも、ミスをした自分に腹が立つ。ひどいミスをするなんて自分らしくない。相手は誰でもいいからすぐに次のゲームを始めて挽回したくなるから、屈辱を感じているんだと思う」

23．72歳の男性クライエント［医療ソーシャルワーカーに］：「心臓発作で倒れてから、こんな予感を感じるようになったんだ。実際に、俺の人生はもう終わりだってね。自分はただの病人で、自分のためにも他人のためにも役に立たないと感じるんだ」

24．養護施設に入っている15歳の少年［児童福祉ワーカーに対し］：「俺はあの人たち（養父母）とはおさらばした。あの人たちは俺を一日中働かせたいと思ってる。まるで奴隷か何かみたいに。あんたがここから連れ出してくれないのなら、俺は逃げるよ」

25．13歳になる家族の一員［初回の家族面接で］：「うん。私は家族のみんなと違った意見があるわ。私はお互いに思いやっているという感じをもちたいの。でも実際はそうじゃない。家に帰るたびに、ママは私に文句を言って、パパは黙っていて関心がないみたいね。家に帰る意味なんてないと思う」

26．既婚女性［結婚セラピストとの初回面接で］：「こんなの完全に時間の無駄だと思います。こんなところに来たくなかったし、主人に無理強いされなければ来てなかった。ここに来るべきなのは私じゃなく、主人の方なのに」

27．既婚女性［YMCAの成人女性グループにて］：「今週は、物事の進み具合に本当に満足できました。ついにしっかりと行動できたと思えたのです。自分の感情をうまく調整できるようになったし、久しぶりに、自分が知性ある人間だと感じることができました」

回答例

1．「本当に難しい状況にいるのですね。ヘンリーを家に置いておきたいけれど、最近の彼の攻撃性と体力が強まってきたことを考えると、本当に恐ろしくなって、お父さんにとっても息子さんにとっても他のあり方を考えたほうがよいかもしれないと思われるようになられたのですね」

2．「お子さんたちの学校での様子をご心配されていて、2カ国語での授業が必要だとお考え

なのですね」

3．「それはつらかったでしょうね。ご主人があなたをおいて他の女性のところへ行ってしまったなんて。さぞかし寂しかったでしょう。それで『自分に何か落ち度があったのか、それとも単に男は信用できないものなのか』なんていうつらい問いかけを自分にするようになっていたのですね」

4．「あなたをひどく動揺させてしまったようですね。お子さんの面倒をちゃんと見ているのに通報されるなんておかしいとおっしゃりたいのですね。理解していただきたいのですが、私はあなたをネグレクトだと非難しようというのではないのです。申し立てがあったので、それについて調査しなければならないだけなのです。結果として私が『問題なし』という報告をすることになる可能性もありますし、そうであってほしいと私も思います。でも、もう少しあなたと話をしなければなりません。入れていただいてもよろしいでしょうか？」

5．「運動神経が関わることについては、あなたは本当に嫌な思いをしていると感じているのですね。取り残された気持ちになることや、最後までチームに選ばれないことを、とても屈辱的に感じるのですね」

6．「この1カ月間、あなたは怯え、文字どおり命の危険を感じながら生活してこられたのですね。あなたが危険から自分を遠ざけたのは賢明でした。グループには同じような経験をした女性たちがたくさんいて、これからどうしたらいいのかという同じジレンマを抱えています。グループの一員として、私たちはそれぞれがお互いに助け合って、どんなふうに行動するのが最善なのかを考え抜くことができます。当面は、安全な場所と、計画を練るための時間が確保されているのです」

7．「奥さんが何かにつけあなたをせかして、世話を焼こうとするのに、閉口されているのですね。奥さんと自分自身に対して、自分だけの力でできるんだということを証明されたいのですね」

8．「人々があなたに関わってくるのが、あなたの人種ゆえであって、個人として、すなわちあなた自身として受け入れられているわけではないということに、うんざりされているのですね」

9．「私の理解が正しいなら、あなたはここでの扱われ方、つまり、まるで人間以下の存在であるかのような扱われ方に、貶められているような気持ちになるのですね。それが精神的にきつくて。時々、怒りが湧き上がってきて、あふれてしまいそうになるのですね」

10．「あなたのお話をうかがって、ずっと大きな孤独を感じながら育ってこられたのだという印象を持ちました。まるでご自身が誰にとっても重要でないかのように、特にあなたのお父さんにとって大事にされなかったとお感じなのですね」

11.「つまり頭では、心配ない、任せればいいと自分に言い聞かせているんですね。それでも、別の次元で、その手術を恐れているということを認めざるを得ないと。［短い沈黙］。でも、あなたの怖れる気持ちはきわめて当然のことですよ。自分に正直な人は誰でも恐怖を感じるものです。あなたの恐れについてもう少しお話をうかがってみたいのですが、いかがでしょう」

12.「つまり、ヒューにどこまで期待するのが妥当かについて、お互いの意見が違っていて、そのためにひどい言い争いになるのですね。あなたはヒューに手伝ってほしいと言って断られたことに本当に腹を立てている、つまり一人で重荷を背負わなければならないのは不公平だとおっしゃっているように聞こえます。ヒュー、あなたの意見をうかがってみたいです。その後で、他のメンバーに、自分ならこのような状況にどう対処するか聞いてみましょう」

13.「あなたの中には、『もっとフランシーヌに対して多くを求める権利があるはずだ、つまりいつも自分から何かをしなければならないのは気分がよくない』と言っている自分がいるのですね。そして、彼女のやることに対して文句を言いたい気持ちもあるのだけど、彼女を失ってしまうリスクを恐れて、そうするのには不安があるのですね」

14.「つまり、黒人のクラスメイトといると不安で、彼らが何を考えているかわからないということですね。彼らがそばにいると、何かで彼らの機嫌を損ねてしまい、襲いかかってこられるのではないかとハラハラしてしまうのですね」

15.「近頃は、男性と女性がどんなふうに付き合えばよいかについてたくさんの、相互に矛盾した助言があって、どれを信じたらいいのか見つけるのは大変です。あなたはゲームなどしたくないと自分でわかっているのだけれど、その講座では一人でいたくなければそうしなさいと教えているのですね」

16.「あなたたちは話し合っているのだけど、事態はよくならない。それであなたはひどく意気消沈しているのですね。時々、男性とであれば性的満足を得られるのではないかと思い、それにある種の魅力を感じているのですね」

17.「あなたは家族のことを深く思いやっているのだけれど、時々、完全に打ちのめされてしまって、すべての責任から逃げ出すための片道切符を手に入れたいと考えるのですね」

18.「誰でもできるようなことをしただけなのに、人に誉めそやされたりすると、特別扱いされ、貶められるように感じると言っているのですね。あなたはこうした扱いに腹が立ち、目の不自由な人としてではなく、仕事ができる人として認められたいと思うのですね」

19.「見方によれば、あなたは自分が賞賛に値しないから、人から褒められると落ち着かない気持ちになるとおっしゃっているように思えます。自分は賞賛に値することなど何もしていないと感じているかのようですね」

20.「職場の女の子たちに自分のことを知られたら、ひどいことを言われるだろうと思って、あなたはとても居心地が悪くなり、怒りを覚えたのですね。本当につらかったでしょう」

21.「テッド、あなたは、グループの仲間たちとうまくなじめていないように感じて、落ち着かないようですね。あなたは、他の人たちの学歴があなたより高いことが気になって、皆に自分が受け入れられていないと感じ、心配になっているのですね」

22.「負けると、たくさんの感情があなたの中で湧き上がるのですね。すなわち、負けたことによる自分自身に対する怒りや落胆、メンツをつぶされたという思い、他の相手になら勝てることを証明しなければという焦りなどが」

23.「今は何もかもがとても恐ろしく感じるのですね。楽しみにできる未来など何もなくて、すべての希望が絶たれてしまったと。そしてあなたは、物事はよくなることはなく、悪くなる一方なのではないかと恐れていらっしゃるのですね」

24.「あなたは今、ひどく怒っておられるようですね。そしてあなたが、変化を起こすことが必要だと感じておられることもわかります。もう少し正確に、何が起こっているのかを聴かせてもらえないでしょうか？」

25.「私の理解は正しいでしょうか。つまりあなたは、お母さんからは非難され、お父さんからは無視されていると感じている。ご両親があなたのことを本当に支えあっていると感じたくて、家族のそれぞれが、お互いに気持ちを伝えあえればいいと思っている」

26.「あなたはご主人にここに来ることを無理強いされたことに、ひどく腹を立てているのですね。今ここにいなければならない必要性を感じず、怒りを感じているのですね」

27.「素晴らしいです。あなたは自らの進歩に対する喜びを感じておられるのですね。本当に何事もうまくやれているようです。何より、自分自身への愛情を取り戻されている」

表層にある感情と奥底にある感情を一致させる演習問題の解答

1. 明らかな感情：取るにたりない、無視された、落胆した、傷ついた
   想定される深い感情：拒否された、放棄された、見捨てられた、貧しい、孤独な、意気消沈した

2. 明らかな感情：愛されていない、不安な、困惑した、恥ずかしい、のけ者にされた、あるいは排除された
   想定される深い感情：傷ついた、怒りに満ちた、軽視された、拒絶された、なめられた、堕落した、自己の好ましさに対し疑念を持った

3. 明らかな感情：悔しい、自己に失望した、落胆した、子どもたちをがっかりさせた、当惑

した
　想定される深い感情：後ろめたい、無力な、不快な、挫折感、自制心のない、子どもを傷つけることを恐れた
4．明らかな感情：不満な、腹を立てた、つらい
　想定される深い感情：意気消沈した、落胆した、希望を失った

共感的な受け答えのレベルを識別する演習問題に対する解答
クライエントの発言

クライエント1		クライエント2		クライエント3	
受け答え	レベル	受け答え	レベル	受け答え	レベル
1.	2	1.	1	1.	1
2.	1	2.	3	2.	4
3.	1	3.	1	3.	2
4.	3	4.	2	4.	2
5.	2	5.	4	5.	5
6.	2	6.	1	6.	1
7.	4	7.	3	7.	2
8.	1	8.	2	8.	2

注

1．このように対立する感情に光を当てることは、動機づけのための面接において、変化に対する準備の程度をクライエント自身が評価するのを支援するための、重要な技術である（Miller and Rollnick, 2002）。
2．夫を「ごろごろ寝てばっかり」と呼ぶことで、妻は夫の行動を一つの型にはめてしまう乱暴な一般化をしようとした。ソーシャルワーカーはしばらくの間、夫に注意を向け続けることを選択したが、夫婦に対し、相互にレッテル貼りをするのはやめるようにと促したことは重要である。クライエントがレッテル貼りをする場合の介入方法については、後の章で詳述している。

第6章

相手の話に沿い、問題を探り、焦点を当てる技術

本章の概要

第6章では、相手の話に沿う技術と、この技術をクライエントの問題を探り、焦点を当てていく際の用い方を紹介する。これらの技術は、クライエントと共感的に関わり合おうとするソーシャルワーカーの努力の土台となるものである。ミクロ実践におけるクライエントとの協働に役立つだけでなく、クライエントのアドボカシーのために動く場合や、同僚や他の専門家とともに協働する場合などのような、メゾレベルの実践でも有用である。

■クライエントとの心理的コンタクトを維持し、問題を探る

相手の話に沿う際には、さまざまな技術を使用し、時にそれらの技術を組み合わせることが必要になる。こうした技術を使うと、その時々にクライエントとの心理的コンタクトを維持することや、クライエントのメッセージに対する正確な理解を伝えることができるようになる。さらに、相手の話に沿うという行動は、クライエント側の満足と、関係継続のために重要な2つのパフォーマンスの変数に関わってくる。

1. 刺激と反応の一致：メッセージが正確に受け取られていることが、ソーシャルワーカーの受け答えによってクライエントにフィードバックされる程度
2. 内容の関連性：ソーシャルワーカーの受け答えする内容が、クライエントの実際の懸案事項とつながっていると認識される程度

この2つの変数を最初に概念化したのは、ローゼン（Rosen, 1972）である。ローゼンは、これらの変数がクライエントの継続期間といかに関連するかについて、実証的ならびに理論的な裏付けを詳細に示した。さらに、この2つの変数については、ドゥーン&プロクター（Duehn and Proctor, 1977）が行った研究において、ソーシャルワーカーの重要な行動上の反応として妥当性が示されている。彼らは、ソーシャルワーカーとクライエントのやりとりを分析し、治療を継続したクライエントに対するよりも、時期尚早に治療をやめてしまったクライエントに対して、ソーシャルワーカーはクライエントのメッセージに一致しない形で受け答えすることが多いと見

見いだした（一致しないメッセージは、クライエントからのメッセージが受け取られたことを示す直接的なフィードバックになっていないものである）。さらに、ソーシャルワーカーは「継続群」に対するときよりも、「中断群」に対しての方が期待された内容と合致する受け答えを行う比率が低かった。ドゥーン＆プロクター（Duehn and Proctor, 1977）は、クライエントのメッセージとつながって、このメッセージに正確に沿った形での受け答えが、面接内でのやりとりについてのその時々の満足を徐々に高めていくと結論づけた。逆に、クライエントが前に伝えたメッセージと結びつかない、また、クライエントの実質的な困りごととは関係のない質問やその他の受け答えをし続けていると、クライエントは持続的に不満を募らせることになる。内容に対する期待が満足できない場合に、クライエントは時期尚早に治療を中断させてしまうことが少なくない。これとは対照的に、相手に沿う行動を効果的に用いることが、動機と目標の一致、つまり、クライエントの動機とソーシャルワーカーの目標の適合度を高めるのである。これは、ソーシャルワークの効果研究において、よい結果と関連する要因の一つである（Reid & Hanrahan, 1982）。クライエントのメッセージや困りごとと直接関係するように受け答えすることは、このように、クライエントの満足感を高め、継続性を促進し、生き生きとしたワークを行う上での関係性の確立に大きく寄与するのである。

　ソーシャルワークを学ぶ学生は、本書で述べられるような実践技術をどのように身に付けるのか。これに関する研究は、こうした技術は模擬面接の中で指導を受け、実際にやってみることでうまくできるようになると示唆している（Sowers-Hoag & Thyer, 1985）。しかし、そこで身につけた技術が現場での実践にまで一般化されるかどうかについて、結論が示されているわけではない。例えば、現場に出た学生は、共感性を促進する技術を多く用いるが、質問や明確化の技術についてはあまり用いることができないという研究がある（Carrillo, Gallant, & Thyer, 1995）。また、現場の中で学生は、トレーニング・プログラムで重視されている以上に、クローズドエンド型の質問を多用し、助言を多く与える傾向があることを見いだした研究もある（Kopp & Butterfield, 1985）。最近の研究では、1年生は2年生と比べてほとんどの実践技術に関して有意な進歩を示せなかったが、課題と目標の焦点化という点においてはうまくできるようになっていたという（Deal & Brintzenhofe-Szok, 2004）。

　ツーイ＆シュルツ（Tsui and Schultz,1985）は、メンタルヘルスの問題を抱えて来談したアジア系アメリカ人に対して、質問の意義について説明することの重要性を強調した。こうしたケースでは、ソーシャルワーカーは、現病歴やこれまでの治療に関する情報、家族的な背景、心理社会的ストレッサーに関わる質問をする目的を、クライエントにはっきりと伝えて理解を得る必要がある。これらの質問内容が現在の症状とどう関係するのかについて、多くのアジア系のクライエントには明確さが感じられないというのである。しかし、実際のところ他のクライエントも同じであろう。アジア系クライエントの多くが、精神的苦痛を、生理学的な障害または性格的な弱さであると考える。こうした考えについては、実際的なセラピーが開始される以前に、慎重に取り扱われなければならない（Tsui & Schultz, 1985, pp. 567-568）。同様に、歴史的に抑圧を受けてきた集団のメンバーであるクライエントは、ソーシャルワーカーからの質問を、自分の問題解決を支援するためのものとは考えず、取調べや尋問であるかのように受け取る可能性がある。したがって、このような質問に際しては、その理由を説明することが不可欠である。

◇事例『故郷へ帰る』では、ヴァルのソーシャルワーカーに対する不信感と、ソーシャル

> ワーカーからの質問が最終的に児童福祉からの調査につながるのではないかという恐れが、持続的なテーマとなっている。

相手の話に沿う技術は、クライエントとの密接な心理的コンタクトの維持を可能にし、また、援助のプロセスの中で2つの重要な機能を果たす。第1に、ソーシャルワーカーがクライエントの問題を深いところまで探索することを可能にし、個人的情報を豊富に引き出すという機能である。第2に、ソーシャルワーカーが、クライエントの経験を形づくっている要素や、援助のプロセスにおいてよい変化を促す動きに対して、選択的な焦点化を可能にするという機能である。

ここから、クライエントの問題をたどり、探索するための、さまざまな技術を紹介する。これらの技術の中には、容易に習得できるものもあれば、相応の努力を要するものもある。本章の中心をなす演習問題は、これらの重要な技術を習得するために役立つだろう。共感的な受け答えはクライエントのメッセージに沿うための最も重要な技術なのだが、これについては第5章で詳細に論じたので、ここでは取り上げない。ただし、共感的な受け答えと相手の話に沿う技術を織り交ぜることで、関連するクライエントの問題に焦点づけ、これを十分に探索するための能力を高めることについては、後に論じる。

■相手の話に沿う技術

本章で紹介する技術には、7つの受け答えの型がある。

1．言語化を促す受け答え
2．言い換えによる受け答え
3．クローズドエンド型の受け答え
4．オープンエンド型の受け答え
5．具体性を求める受け答え
6．問題に焦点を当てる受け答え
7．要約して返す受け答え

■言語化を促す受け答え

言語化を促す受け答えとは、ソーシャルワーカーがクライエントの言葉に注意深く耳を傾け、クライエントの言語化を励ますことをいう。これには2つのタイプがある。最低限の促しと協調を用いる受け答えである。

最低限の促し

最低限の促しとは、ソーシャルワーカーが注意深く聴いていると伝えることであり、同時にクライエントが言語化し続けることを励ますことでもある。最低限の促しは、言葉を用いても、用いなくても行うことができる。

言葉を用いない最低限の促しは、うなずきや表情、身振り手振りなどにより、クライエントの語ることを理解しようとして、受け入れていること、関心をもっていること、関わりをもってい

ることを伝えるために用いられる。これらは「よく聴いていますよ。続けてください」というメッセージを潜在的に伝えるものである。

　言葉を用いての最低限の促しは、関心や励ましを伝えたり、あるいは、直前のクライエントの発言をさらに発展させた形での言語化を求めたりするための短いメッセージである。「はい」「なるほど」「でも？」「うんうん」（いわゆる共感的あいづち）「それで？」「続けてください」「もっと教えてください」等の短いメッセージであり、これによりクライエントの言葉が適切であることを肯定し、話を続けるように刺激して促すものである。

強調を用いる受け答え

　強調を用いる受け答え（Hackney & Cormier, 1979）は、質問するような声の調子で、あるいは強調を用いて、単語や短いフレーズを繰り返すことである。クライエントが「私は職場の上司が私を扱うときのやり方がもううんざりなんです」と言う場面を考えてみよう。そこでソーシャルワーカーは「もううんざりなんですね」と答えるかもしれない。この短い受け答えはさらに詳細な説明をクライエントに求めることを意図している。

■言い換えによる受け答え

　クライエントははっきりと自分の感情について語っているかもしれないが、そのメッセージに含まれる感情の状態よりもむしろ認知的側面に焦点化しようとするのが言い換えを用いた受け応えである。以下に、言い換えの例を4つ挙げる。

例1
　高齢者のクライエント：「私は自分で選ぶことができないような生活はいやなんだ」
　ソーシャルワーカー：「つまり、自立できているかどうかがあなたにとっては重要な問題なのですね」

例2
　クライエント：「今日病院で最終検査を受けてきました。問題ないそうです」
　ソーシャルワーカー：「つまり、健康であるとのお墨付きをもらえたのですね」

例3
　先住アメリカ人のクライエント（◇事例『故郷へ帰る』より）：「昇進のことを考えるとワクワクするよ。給料は上がるだろうし、あの部署の上司は本当にいい人なの。彼女は私を尊重してくれて、とてもうまくやっていける」
　ソーシャルワーカー：「つまり、仕事にとっても家庭にとっても、より大きな支援が得られることになりそうだ、ということですね」

例4
　マネージド・ケアの利用管理者：「あなたの患者の状態からすれば、あなたが要求している

サービスレベルに相当するとは言えないと考えます」
　ソーシャルワーカー：「それはつまり、私の作った資料を承認基準に照らしてみると、私の提示したサービスの必要性は認められないと、あなたは感じているわけですね」

　例4で注目してほしいのは、言い換えの技術が健康保険のケアマネジャーという、クライエントへのサービス提供に強い影響力を持つ人とのコミュニケーションの中で用いられていることである（Strom-Gottfried, 1998a）。言い換えを控えめに使用するなら、クライエントの自己表出を促進するための他の受け答えとともにさまざまな機会に用いることができる。しかし、過度に使用すると、物まねでもされているかのような印象を与えてしまう。

　言い換えの技術は、ソーシャルワーカーが特定の考え方や状況に焦点を当て、それについてクライエントに検討させたい場合に有用である。これに対して、クライエントが感情的になっている場合には、この技法は適さない。このような場合、ソーシャルワーカーは共感的な受け答えをする必要がある。そして、クライエントの感情を正確に把握し、クライエントが自分の感じているものを内省して整理することを手伝うのである。場合によっては、ソーシャルワーカーは、治療上の目的から、議論をクライエントの感情から引き離すように方向付けることもあるだろう。例えば、落胆したことや幻滅したことについて話すのが習慣になってしまっている慢性的なうつ状態のクライエントにとって、感情へのとらわれを抑えて行動に焦点化することがクライエントの苦痛を和らげるのに有益だとソーシャルワーカーが確信したような場合である。ソーシャルワーカーが感情を強調しないように選択する場合には、内容を反映する言い換えが有効かつ適切である。

　◇事例『高齢者の悲嘆のアセスメント』では、実践者は最近未亡人になった高齢のクライエントに、一緒に行うワークの終わりにどんなことが起こることを期待するか尋ねている。クライエントは次のように答えている。「もっと自分に自信を持ちたいし、家をもっと綺麗にして、お庭も綺麗にしたいわ。それに、行きたいときに買い物に行って、誰かを呼ばなくても病院に行けるようになりたい」ソーシャルワーカーのキャシーは、次のように共感的に要約している。「あなたはこれからもしっかり一人で暮らしていきたいのですね」

言い換えの演習問題

　以下の演習では、クライエントや他の登場人物のメッセージに対する受け答えを、言い換えの技術を用いて作成してもらいたい。言い換えは通常、メッセージの感情的側面よりも、認知的側面を映し出そうとすると覚えておいてほしい。この演習問題に対する模範的な受け答えは、章末に掲載してある。一方、クライエントや他の人の言葉を言い換えることは、彼らの考えに対する賛同や容認を意味するものではないということに注意してほしい。

クライエントまたは同僚の発言

1. **クライエント**：「私は人と話すことができません。集団の中では完全に緊張して固まってしまうんです」

2. 妻：「この数週間は、前よりずっと、夫や子どもの話に耳を傾けることができるようになりました」
3. クライエント：「母と言い争いになっても、必ずと言っていいほど私の負けで終わります。私は今でも母を恐れて気づかっているのだと思います」
4. 夫：「とにかくどうしてよいかわからない。離婚の方向に話を進めてしまったら、私はおそらく子どもたちの養育権を失い、あまり会えなくなってしまうだろう。だけど離婚しないのなら、また同じことを我慢しなければならない。妻が変わるとは思えないのです」
5. 高齢のクライエント：「ここに慣れるのはそんなに難しくなかったよ。働いている人たちは親切で優しくて、付き合いやすいからね。私は昔から人付き合いの良い人間なんだよ」
6. 母親［娘について語って］：「率直に言って、娘の問題の多くは私に責任があると思っています」
7. 母親［勤労福祉プログラムに参加して］：「私に対して、良い母であり、学校との約束を守り、子どもたちの面倒をみて、おまけにこれだけの時間、仕事をしろだなんて、一体どういうことなのか理解できないわ」
8. 治療チームのメンバー：「この家族に対するサービスをこれ以上続けても意味があるとはまったく思えない。母親はやる気がないし、子どもたちは母親から離れていた方が幸せだ。こんな家族がまともになることなんて永遠にないよ」
9. 末期ガンの患者：「私はまだ46歳で、やりたいことがまだまだたくさんあるのにと思い、本当に腹が立つ日もあります。また別の日には、自分が25年間、1日2箱ものタバコを吸っていたのだから自業自得だと考えて、打ちのめされたような気分になることもあるのです」
10. 小学生：「学校には僕をいじめる子たちがいるんだ。卑怯な奴らだ。もし手を出してきたら、やり返してやるんだ」

■クローズドエンド型の受け答えとオープンエンド型の受け答え

クローズドエンド型の質問は、1つの話題にしぼって、わずかな語数の回答か、あるいは単純に「はい／いいえ」式の答えにクライエントの受け答えを限定させることであり、一般的に、特定の情報を引き出すために使用される。クローズドエンド型の質問の典型例を以下に示す。

- 「離婚されたのはいつですか？」
- 「結婚生活において性にまつわる困難はありますか？」
- 「最後に健康診断を受けたのはいつですか？」
- 「あなたの健康保険はメディケア［訳注：米国の高齢者向け医療保険制度］ですか？」

クローズドエンド型の質問はクライエントに制限を与え、限定的な情報を引き出す。このような受け答えは多くの場合、適切かつ有用である。本章で後に、この種の受け答えを効果的に使用するためのタイミングと方法について論じる。

クローズドエンド型の質問がクライエントのメッセージを限定するのとは対照的に、オープンエンド型の質問や説明とは、クライエントに幅広い表現を促し、もっとも関連性をもち重要と思えることを自由に表現するよう求めるものである。以下に例を示す。

ソーシャルワーカー：「娘さんの話が出ましたね。娘さんはどんなふうにあなたの問題と関わってくるのでしょうか？」

クライエント：「どうしていいかわからないんです。娘は父親と一緒に暮らしたくて、私を困らせるようにしているだけじゃないかと思うこともよくあります。家のことを手伝ってと言っても、やろうとしないだけじゃなく、私は何の世話にもなってないなんて言うんです。無理に手伝わせようとすると、ひどい喧嘩になって、結局、何も得られずに終わってしまいます。本当に絶望的な気持ちになります」

この例では、ソーシャルワーカーのオープンエンド型の質問がクライエントにきっかけを与えて、娘との問題の詳細にまで話を広げさせ、娘のふるまい、母親の何とかしようという努力、現在の打ちのめされた気持ちを打ち明けることになった。メッセージの中に含まれていた情報は、オープンエンド型の受け答えを通して豊富なデータが得られることを典型的にあらわしている。

他の状況、例えば先のマネージド・ケアの再検討担当者との電話での会話の例では、ソーシャルワーカーは、双方にとって有益な解決策を導く合意点を探ろうとするために、オープンエンド型の質問を用いることができる。

ソーシャルワーカー［マネージド・ケアの利用に関するレビュアーに］：「私が説明したような状況に対する妥当な保証範囲がどのように定められているかについて、明示していただけますか？」

オープンエンド型の質問の中には、構造化されず、話題までもクライエントの選択に委ねるものもある（例：「今日は何をお話されたいですか？」「あなたが悩んでいる問題について、他に話していただけることはありませんか？」）。また、ソーシャルワーカーが議論すべき話題を決めるが、受け答えについてはクライエントの自由に任せるという意味で、構造化されている場合もある（例：「あなたは息子さんとの間に起きた出来事について恥じているとおっしゃいましたが、それについてもう少しお話を聞かせていただけないでしょうか？」）。それ以外のオープンエンド型の受け答えは、構造化と非構造化の間のどこかに位置づけられる。クライエントに、2、3語のわずかな言葉で受け答えするか、より多くの情報を用いて詳細に述べるかについて選択する余地を与えるのである（例：「これをやる気がどのくらいありますか？」）。

ソーシャルワーカーは、質問という形で、あるいは丁寧な命令という形で、オープンエンド型の受け答えをすることができる。末期ガンの患者が「医師は私の命が残り6カ月か7カ月だと考えています。もっと短いかもしれないし、長いかもしれない。それは経験に基づく推測に過ぎないそうです」ソーシャルワーカーは次のように、質問を用いて受け答えすることもできる。例えば「その見通しについて、どう思われますか」あるいは「その見通しについて、あなたがどう思っていらっしゃるか、教えていただけますか」などである。丁寧な命令は、情報を求めるという意味では直接の質問と同じ効果を持つが、より柔らかい印象となり、使いこなすには洗練された技術が必要である。同じ性質を持つのが、埋め込まれた質問というもので、これは質問の形をとらないが、情報の要求を表現するやり方である。

埋め込まれた質問の例としては「……が気になりますね」「……なのでしょうかね」「……を知りたくなりますね」などが挙げられる。オープンエンド型の質問は「何を」または「どのように

して」ではじまることが多い。「なぜ」で始まる質問は生産的にならない場合が多い。なぜなら、問われている理由や動機、原因は、すでに明白であるか、クライエントにとっても曖昧であるか、わからないものである可能性があるからだ。「なぜ」を用いた質問（「なぜそんなことになったのですか？」）よりも「どのように」を用いた質問（「どのようにしてそうなったのですか？」）の方が、クライエントの行動やそのパターンについて、はるかに豊富な情報を引き出すことができる場合が多い。

> ◇事例『帰省』では、実践者であるキム・シュトローム-ゴットフリートが、あるパートナーに、家族に自分がレズビアンであることを告白したときの経験について尋ねている。「告白したときの会話について、少し尋ねてもいいでしょうか？ 簡単なことではなさそうだけど、あなたにはそれができた。その話をもう少しだけ教えてもらえないでしょうか？」

クローズドエンド型とオープンエンド型の受け答えを区別する演習問題

以下の演習は、クローズドエンド型のメッセージとオープンエンド型のメッセージを区別するために役立つものである。それぞれの発言を読んで、クローズドエンド型の質問には"C"を、オープンエンド型の質問には"O"を記入して区別してほしい。章末に解答が載せてある。

1．「校長先生との問題のことで、お母さんが私と会うように言ったの？」
2．「ジョンがそう言ったとき、あなたは心の中でどんな気持ちになったのかな？」
3．「あなたはもううんざりしていて、和解を求めることに、ここまで苦労する価値があるのか、自信がなくなってきたとおっしゃいましたね。それについて詳しく話していただけないですか？」
4．「公判日はいつですか？」

それでは、以下のクライエントのメッセージを読んで、オープンエンド型の受け答えを書いてみよう。「なぜ」という質問は避けること。これらのメッセージに対するオープンエンド型の受け答えの例は、章末に載せてある。

クライエントの発言

1．クライエント：「ラルフと同じグループにいるときはいつも、自分がラルフに自分も頭がいいんだということをわからせようとすることばかり言っていると気づきました」
2．クライエント：「約束とか、忘れてしまいそうなことがあるときはいつも、私は両親に電話で教えてもらうようにしています」
3．10代の少年［前任の保護観察カウンセラーについて話している］：「あの人にはまったくがっかりした。俺は本当に信用してたんだぜ。本音をすっかり話したから、あの人は俺のことをよく知ってるよ」
4．集団養護施設の管理者：「私どもとしては、グラディスにはもっと適した生活様式の居住施設に引っ越していただく必要がありそうだと考えます。彼女が必要としている種類のケア

を、ここでは提供することができそうにありません」

本書の次節では、特定の話題に焦点を当てた議論を続けるために、オープンエンド型の受け答えと共感的な受け答えを織り交ぜる方法を説明する。その準備として、次の2つのクライエントのメッセージに受け答えしてみてほしい。その際、共感的な受け答えの後でオープンエンド型の質問をすることで、クライエントが同じ話題について詳しく話をするよう促してほしい。

5．中絶したがっている10代の未婚の少女［母親に連れられてきた。母親は産むという選択肢について話し合いたいと考えている］：「あなたたちはみんなお母さんの言いなりで、私が自分で決めたことをやめさせようとしているでしょう」
6．クライエント：「人生は困難ばかりで、意味や道理なんてあるようには思えない。これ以上人生について理解したいのかさえ、自分でもまるでわからない」

特に、先の演習を済ませた人には、クローズドエンド型の受け答えとオープンエンド型の受け答えの違いは一目瞭然だと思われるかもしれない。しかしながら、私たちの経験から言うと、初心者のソーシャルワーカーは（熟練したソーシャルワーカーでも）、実際の面接において、自分の受け答えがオープンエンド型なのか、クローズドエンド型なのかを区別することも、豊富で大切な情報を引き出すための効果の違いに気づくことも、ある場面でどちらの受け答えを用いるのが適切かを決めることも、難しく感じるものである。したがって、私たちがお勧めしたいのは、同僚と談話をするときに、オープンエンド型の質問を用いて話を引き出し、彼らがどのように受け答えするかに注目する、という練習をすることである。また、クライエントとの面接の録音を聴きながら、章末に提示した書式を用いて、自らのクローズドエンド型の受け答えとオープンエンド型の受け答えの使用頻度とその適切さを評価することもお勧めしたい。

クローズドエンド型とオープンエンド型の受け答えを区別して用いること

初心者のソーシャルワーカーの多くは、クローズドエンド型の質問をし過ぎる傾向がある。また、このような質問の多くがコミュニケーションを阻害したり、援助プロセスにとって役に立たなかったり無関係だったりする。こうなってしまうと、セッションは取調べの様相を呈してくる。ソーシャルワーカーは大量の質問を速射砲のようにクライエントに浴びせて、クライエントに胸の内を言語化し続けさせるという義務を果たそうとする。施設に入っている若者に対するソーシャルワーカーの面接記録を以下に引用する。何が起きているかに気づいてほしい。

ソーシャルワーカー：「昨日、お母さんに会ったよ。わざわざコロラドから、君に会いに来たの？」
クライエント：「ああ」
ソーシャルワーカー：「バスに乗ってこんな遠くまで会いに来てくれるなんて君のことを本当に心配しているに違いないと思うよ。そう思わないかい？」
クライエント：「そうだろうね」
ソーシャルワーカー：「お母さんとの外出はうまくいったかい？」
クライエント：「あぁ、楽しかった」

ソーシャルワーカー:「一時帰宅の予定についてお母さんに話すつもりだと言っていたよね。話したの?」
クライエント:「うん」

　この例のように、情報を引き出すために、オープンエンド型の受け答えの代わりに、クローズドエンド型の受け答えが用いられると、その多くのやりとりがひどく散漫なものになってしまう。しかも、クライエントの受け答えは短くなり、引き出される情報は明らかに少なくなってしまう。
　オープンエンド型の受け答えは、クローズドエンド型の質問と同じ情報について尋ねる場合にも、クライエントの問題について、はるかに多くの情報と詳細な説明を本人から引き出せる。次の2つの例は、あるクライエントに対して同じ話題をオープンエンド型の受け答えとクローズドエンド型の受け答えをした場合を対比するものである。これらの対照的な受け答えによって引き出される情報量の違いを正しく評価するために、オープンエンド型の質問により引き出された受け答えと、クローズドエンド型の質問により引き出された受け答えとを比較してみるとよい。

例1
　クローズドエンド型の受け答え:「わざわざコロラドから、君に会いに来たの?」
　オープンエンド型の受け答え:「お母さんとの外出について聴かせてくれる?」

例2
　クローズドエンド型の受け答え:「一時帰宅の予定についてお母さんに話したの?」
　オープンエンド型の受け答え:「一時帰宅の予定について話したとき、お母さんはどんな反応だったかな?」

　時折、初心者のソーシャルワーカーはクライエントの感情を探る目的でクローズドエンド型の質問を用いることがあるが、クライエントからの受け答えはたいてい最小限の自己開示に留まると予想されるであろう。クローズドエンド型の質問は、感情の幅広い表出を促すというよりは、以下の例に示すように、受け答えを限定的なものにする。

ソーシャルワーカー:「彼女に誘いを断られて、拒絶されたような気分になりましたか?」
クライエント:「うん」
ソーシャルワーカー:「そんなふうに、拒絶されたという気分を味わったことが他にもありますか?」
クライエント:「うん。何度もね」
ソーシャルワーカー:「最初はいつですか?」
クライエント:「うーん、言うのは難しいな」

　ここでは、ソーシャルワーカーはどのようにクライエントがこの状況を受け止めているかを明らかにしようとするよりも、むしろクライエントを誘導している。拒絶されることに関連する感情と思考を探索するために、ソーシャルワーカーが共感的な受け答えとオープンエンド型の受け答えを用いていたならば、クライエントはもっと多くのことを打ち明けていただろう。

オープンエンド型の受け答えは、クローズドエンド型の受け答えよりも多くの情報を引き出せることから、オープンエンド型の受け答えを多く用いることがデータ収集を効率的なものにする。実際、クライエントから引き出された情報量は、オープンエンド型の受け答えが使用された頻度に正比例する。オープンエンド型の受け答えを多く用いることは、面接の流れをスムーズにする。これに対し、クローズドエンド型の質問の連続は、プロセスを断片的にし、連続性のないものにしてしまう。

　クローズドエンド型の質問は、主に重要な事実に関する情報を引き出すために使用される。熟練のソーシャルワーカーは、クローズドエンド型の使用に慎重である。なぜなら、クライエントは通常、ソーシャルワーカーのオープンエンド型の受け答えと促しの受け答えに助けられながら、クライエント自身の話を展開していくにつれて、幅広い事実に関する情報を自発的に打ち明けてくれるものだからである。面接の最初の部分において、クローズドエンド型の質問が使われることは通常ほとんどないが、その後、クライエントが語らなかった情報を引き出すために、より広く使われるようになる。例えば、子どもたちの名前や年齢、職場、結婚した日、医学的事実、家族や出自に関する情報などである。

　この種の事実に関するデータを入手するために、ソーシャルワーカーは会話の中に、話題に直接関連するクローズドエンド型の質問を、控えめに織り込むこともできる。例えば、クライエントが何年にもわたり結婚に関する問題を抱えている場合、ソーシャルワーカーはあたかもついでに尋ねるかのように「それで、2人が結婚されてから何年になるのですか？」と尋ねることもできる。同様に、親が半年前に外で働くようになってから、子どもが学校を休みがちになったという話が出た際に、ソーシャルワーカーは、「なるほど。ところで、どのような仕事をなさっているのですか？」と尋ねることもできるだろう。もちろん、問題に焦点を戻すことは不可欠である。必要があれば、ソーシャルワーカーは、オープンエンド型の受け答えを用いて話題を元に戻し、容易に焦点を維持することができる。例えば、ソーシャルワーカーは「あなたが仕事を始めた頃に、アーニーが学校を休むようになったとおっしゃいましたね。その頃、家庭で何が起きていたのか、もう少し教えていただきたいのですが」などと言うことも可能だ。

　オープンエンド型の受け答えは一般に豊富な情報を生み出すため、初期の面接を通じて使用される。だが、これが最も盛んに用いられるのは面接の最初の部分で、これは、一連のコミュニケーションを開始し、クライエントが自身の人生の中で問題となっている側面について打ち明けるように促すためである。以下のオープンエンド型の丁寧な命令は、開始のメッセージの典型である：「何について話し合いたいか教えていただけますか？　それについて一緒に考えましょう」。このような受け答えはクライエントに対する関心と、自分なりのやり方で自らの問題に関わっているクライエントの能力に対する敬意を示すものであり、ひいてはワーク関係の発展にもつながる。

　クライエントが特定の問題領域について語るようになれば、より広範囲にオープンエンド型の受け答えを用いることで、さらなる関連情報を引き出すことができる。例えば、クライエントは職場や家族内の人間関係における問題について明らかにするかもしれない。以下のようなオープンエンド型の受け答えが、明確な情報を引き出すだろう。

- 「お仕事の困りごとについて、もう少し聞かせてください」
- 「買い物帰りに強盗にあった際の状況について、もう少しお話ししていただけないでしょう

か?」

　オープンエンド型の受け答えは親族や同僚、他の専門家とのコミュニケーションを円滑にするためにも用いることができる。例えば、シュトローム-ゴットフリート（Strom-Gottfried）は、ケア提供者と再検討担当者との間での交渉やコミュニケーションにおいて、効果的なコミュニケーション技術を用いることを提案している。ソーシャルワーカーが推薦したサービスについて、あるクライアントに対してまだ承認されていないような場合、ソーシャルワーカーは、両者が合意できる目標を見いだす努力をすることになるが、その際にオープンエンド型の受け答えで情報を求めることができるだろう。

　「彼女が可能な限り最高のサービスを受けているか、また、彼女の状況が悪化していないかについてご心配いただき、ありがたく思っています。私たちは安全について心配しており、それはあなた方も同じはずです。この手続きにより、どのように彼女の安全を確保できることになるのか、教えていただけますか?」(Strom-Gottfried, 1998a, p. 398)

　時にはクローズドエンド型の質問を幅広く使用して情報を得ることが必要になる場合もある。例えば、クライエントが反応に乏しく、情報を提供することに積極的でない場合や、思考力や知的能力に制限がある場合などである。しかしながら、前者の場合は、面接に参加していることについてクライエントが現在どう感じているかを探索することが不可欠である。この場合、クライエントの感情はネガティブであるために、言葉で表現することへの妨げになっていることが多い。ネガティブな感情に焦点を当て、これを解決すること（第12章で詳しく論じるが）は、オープンエンド型の受け答えを効果的に使えるようにすることになる。子どもの中には、クローズドエンド型のメッセージを面接の早期に主要な聴取法として用いることが有効に働くこともある。しかし、その関係が深まるにつれて、オープンエンド型の受け答えの使用を継続的に試してみるべきである。

　オープンエンド型の受け答えをレパートリーに加えるならば、面接での聴取スタイルは劇的に改善され、自信を深めることもできる。オープンエンド型の受け答えとクローズドエンド型の受け答えをバランスよく織り交ぜる技術を身につけさせる際にあなたの補助として、あなたの面接での聴取スタイルを検討するのに役立つ記録フォームを用意した（表6-1）。このフォームを用いて、あなたが実施した個人面接や合同面接、グループ面接を一定期間にわたり記録し、この記録を分析することで、2つのタイプの受け答えを使用することによる変化を見極めるとよい。記録フォームは、あなたがオープンエンド型またはクローズドエンド型の受け答えをどの程度使用すべきかを判断するのに役立つ。
　さらに、あなたは次の目的をもって、自らのワークを振り返るとよいだろう。

1．重要な関連データを見落としたのはいつか、もしオープンエンド型またはクローズドエンド型の受け答えを用いていたら、より的確に情報を入手できていたかを確かめること。
2．クローズドエンド型の質問の使用が不適切で非効果的だった場面、あるいはデータ収集のプロセスから注意がそれていた場面を見極めること。
3．クライエントの参加意欲を高め、より豊富なデータを引き出すために、クローズドエンド

図6-1　具体性を追求したオープンエンドまたはクローズドエンド型の受け答えの記録フォーム

ソーシャルワーカーの受け答え	オープンエンド型の受け答え	クローズドエンド型の受け答え
1.		
2.		
3.		
4.		
5.		
6.		
7.		

指示：あなたのオープンエンド型またはクローズドエンド型の受け答えを逐一記録し、適切な受け答えの欄にチェックを記すこと。あなたがどれだけ実践できるかは、機関ごとの時間制限によって決まってくる。

型の受け答えの代わりに用いることができそうなオープンエンド型の受け答えを作成する練習をすること。

■具体性を求める受け答え

　私たちの多くは、自らの経験について話すときに、一般論として考え語る傾向があり、正確さを欠いた言葉を用いがちである。（「週末はどうだった？」「ひどかったよ」）。しかしながら、自らの感情と経験について十分理解されるように伝え合うためには、具体的に、すなわち特定性を伴って、受け答えできなければならない。具体的に受け答えするとは、特定の経験や行動、感情をはっきりと記述する言葉を用いることを意味する。例を示すと、次のメッセージでは、インターンのスーパーバイザーが自らの経験を曖昧で一般的な言葉を用いて表現している：「あなたの面接はよかったと思う」。このように言う代わりに、彼は自らの経験をより正確な言葉で表現することができたかもしれない：「インタビューの最中、私は、あなたがオープンエンド型の質問とクローズドエンド型の質問を織り交ぜながら、リラックスした態度で面接を実施していることに感心した」。

　具体性という概念をあなたが理解できているかを確かめるために、以下のメッセージのうちどれがクライエントの経験に関する具体的に記述していた情報を含んでいるかを評価してみてほしい：

1. 「もし両手をちゃんと自分で動かせていたら起こさなかったはずの事故を、私は何度か起こしてきました。深刻な結果にはならなかったけれど、そうなる可能性はあったのです」
2. 「カウンセリングに何を期待してよいのかわからないから、今は落ち着かなさを感じています。あなたが私にはカウンセリングなどいらないと、考えているのではないかと思うので

す」
3．「いい子ね、スージー」
4．「他人が問題を抱えているかどうかなんて、誰も気にしていないように思えます」
5．「前のソーシャルワーカーは、電話にも出てくれなかったよ」
6．「夫に向かって、何もかも終わりよ、離婚したい、って、泣かないで言えるのかしら」
7．「よくやりましたね」

クライエントから伝えられた情報の中に具体性の高い内容をもつ言葉を含むメッセージを見つけるのは、おそらく容易だったであろう。

ソーシャルワーカーとしての力量を高めようとする際に、挑まねばならない課題の1つが、クライエントが抽象的かつ一般的な言葉で表現したメッセージに対して、常にこれに気づき、クライエントが感情や経験と結びついた特異性の高い情報を明らかにできるように力を貸すことである。このような情報は正確なアセスメントをするために役立つし、これに従って介入を計画するためにも役立つ。2つ目の挑むべき課題は、クライエントが他者との関係の中で、もっと具体的に受け答えできる方法を学べるように支援することである。これは、あなた自身が模範となってクライエントに具体性のもつ特質を示すことができなければ達成できない課題だろう。3つ目の課題は、あなた自身の経験を、正確かつ記述的な言葉で表現することである。具体的なメッセージに気づくだけでは十分ではなく、これに加えて、具体的に受け答えすることに習熟し、それが他者と話し関わるとき、自然なスタイルになっているくらいに実践しなければならない。

具体性を求める技術に関する議論の残りの部分では、これら3つの課題が達成できるように支援することに目を向けていく。

クライエントの表現の具体性を高める受け答えの種類

一般的かつ抽象的なメッセージから抜け出すことのできないソーシャルワーカーは、クライエントの問題の具体性や意味をよく把握できないことが多い。一方、誤解の余地を最小限にする具体性の高い情報を引き出すことは、困難である。クライエントが表明する印象、見解、結論、意見などは、客観的であろうと努力したとしても、ある程度の先入観と歪曲は避けられない。先に述べたように、クライエントは一般論で語りがちであり、不正確な言葉で受け答えしがちである。その結果、クライエントのメッセージは聴く人によってそれぞれ異なった意味に理解されてしまう可能性がある。

クライエントがもっと具体的に受け答えできるように支援するさまざまな方法をあなたが概念化できるように、以下の節では、具体性を求める受け答えのさまざまな側面について検証する。

1．受け取った内容を確認する
2．曖昧なあるいは馴染みのない言葉の意味を明確にする
3．クライエントが出した結論の根拠を探る
4．クライエントが当事者として発言することを手助けする
5．具体的な感情を引き出す
6．（「かつて、どこかで」ではなく）「今、ここ」に焦点を当てる
7．クライエントの経験に関する詳しい情報を引き出す

8．他者とのやりとりに関する詳しい情報を引き出す

　これらの側面について議論することに加えて、本節では技術を高めるための演習問題を10題用意した。これらの演習問題は、あなたの具体性に関する理解を、一般的で抽象的なものから特定性をもった具体的なものにしていく目的で作成されている。

受け取った内容を確認する

　ソーシャルワーカーがクライエントのメッセージを正確に聴き取れたかどうかを明確にし、「確認」するための受け答え（例：「それは……という意味ですか？」「……ということをおっしゃっているのですか？」）は、クライエントとの間にラポールを構築し、彼らの問題を理解したいという思いを伝えるために不可欠である。このような受け答えは、援助プロセスの中で生じる受け取り違いや投影を少なくさせることにもなる。ソーシャルワーカーが理解に向けて努力することは、クライエントの利益にもなる。なぜなら、受け答えを明確にさせることは、クライエントが自らの感情やそれ以外の懸念に関する考えを鋭敏にし、そしてその考えを構築しなおすための助けになるからであり、これにより、クライエントの自己覚知と成長が促進されるからである。

　時には、クライエントのメッセージの不完全さ、または曖昧さ、複雑さゆえに、受け取った内容を確認することが不可欠な場合もある。また、時には、非常に抽象的あるいは隠喩的な話し方を繰り返すクライエントや、思考にまとまりがなく、筋が通らないメッセージや意味不明なメッセージを発するクライエントもいる。このような場合、ソーシャルワーカーは、クライエントのメッセージを整理し、受け取った内容を明確にするために、普段よりも時間をかける必要がある。

　またある時には、クライエントが伝えるメッセージの混乱・誤り・不完全さのためではなく、むしろメッセージに対するソーシャルワーカーの注意が不十分だったり、メッセージの意味を十分に把握できなかったりしたために、明確化が必要になる場合もある。1回の面接のあらゆる瞬間を通して十分に注意を向けているためには、強い集中力が必要になる。当然ながら、グループや家族とのミーティングにおいて、無数のやりとりが発生し、ソーシャルワーカーの注意を引こうと競い合うようにコミュニケーションがなされるような状況になれば、すべてのメッセージに対して完全に集中し、その本質を完全に理解することは不可能である。

　あなたの受け取った内容についてクライエントから継続的にフィードバックを引き出すために、そして、あなたがうまく理解できず確信が持てないとき、明確化が必要であると率直に認めるためには、わからないことを明確にわかるようにする受け答えの技術を身につけておくことが大切である。クライエントの意味することと感じることを正確に把握しようとする努力は、個人としてあるいは専門家としての至らなさをあらわすものとしてではなく、あなたの純粋性と理解しようという姿勢を最も端的に示すものとして受け取られるはずである。

　あなたの受け取る力をチェックするために、明確化を求める簡単な質問をしてみたり、あるいは、クライエントのメッセージに対してあなたが受け取ったことを反映させた言い換えや共感的な受け答えを、明確化に向けた要請に織り交ぜてみたり（例：「私は、あなたが＿＿＿＿＿＿とおっしゃっているように思うのですが、間違いないですか？」）してみよう。メッセージを明確にしている例としては以下のようなものがある。

- 「あなたは本当にイライラしているように見えます。その理由は、あなたが手伝ってほしい

と言ったときに彼が応えてくれなかったからということだけではなく、彼があなたをわざと傷つけようとしているように思えるからですね。この理解は正しいでしょうか？」
- 「あなたのお話についていけているかどうかちょっとわからないのです。あなたが話してくれた出来事の順序について私が理解できているかどうか、確認させてください」
- 「今のお話をもう少し続けていただいていいですか？　私があなたの真意を理解していると確信を持ちたいのです」
- 「今のお話をもう一度聞かせていただけないでしょうか？　実例などをつけていただけると、私に理解しやすくなるかもしれません」

◇事例『ごねる人への支援』の中で、実践者のロン・ルーニーは、持続的で重い精神疾患を持つクライエントのモリーに「つまり、あなたは、精神疾患という言葉が持つ意味について、あなたと他の人の考え方とでは違っていると感じているのですね」と尋ねている。

- 「私は混乱しています。あなたが話してくださったことはこういうことなのかな、と私が思うところを、私の言葉で話してみてもいいですか」
- 「1つのグループであるのだけれども、この問題に対するアプローチについて、みなさんの意見はわかれているように思います。私が聴いた内容を要約させてください。その後で、これまで表明されてきたさまざまな立場を私が理解できているかどうかについて意見をいただけると嬉しいです」

自分自身がどのように受け取ったかを明確にすることに加えて、ソーシャルワーカーは、合同セッションやグループセッションに参加しているクライエントが他の参加者のメッセージをどのように受け取ったかを明確にする手伝いもする。これは次に挙げる方法のいずれかにより可能である。

- 明確化する受け答えの模範を示す。それは、ソーシャルワーカーがクライエントのメッセージに対して自分が受け取ったことを確認しようとすることで、自然に生じる。
- 明確化を求めることをクライエントに指示する。例えば、ある合同面接の中でのソーシャルワーカーによる次のような受け答えについて検討してみよう。「困った表情をされているように見えますが、あなた［母親］が娘さんの言いたいことを理解されているのか私にはちょっとわかりません。娘さんに向かって、あなたが聴いたことを話して、理解が正しいかどうか尋ねてみてもらえますか？」
- 受け取ったことを明確にする方法を教え、他者のメッセージを確認しようとする努力を強化する。以下にその例を示す。
［グループに向かって］：「家族にコミュニケーションの問題が起きる理由の1つとして、お互いが相手の話そうとしていることを正確に聞いておらず、そのために、不正確なあるいは不十分な情報をもとに受け答えや反応をすることが多いことが挙げられます。皆さんには、相手の発言を明確にするために、私が『確認する』受け答えと呼ぶ方法を頻繁に使うことをお勧めします。例えば、『今の話の意図がよくわかりませんでした。あなたが言いたかったのは……』などです。これから進めていく中で、誰かがこの種の受け答えを使っているのに

気づいたら、それを例として皆さんに示しますね」
［家族に対して］：「皆さんはジムがお父さんのお話を『確認』したのに気づかれましたか？思い出してください。このような受け答えをすることが大事だというお話を前にしましたよね。［父親に］ボブ、ジムがあのように言ったとき、どう思われましたか？」

曖昧なあるいは馴染みのない言葉の意味を明確にする

自分の考えを表現する際に、クライエントは多義的な言葉を使ったり、独特な言い回しを使ったりすることが多い。例えば「この学校の子どもたちはたちが悪い」というメッセージにおいて、「たちが悪い」という言葉はソーシャルワーカーとそのクライエントで異なる意味で受け取る可能性がある。もしソーシャルワーカーがクライエントに、この言葉の意味を尋ねなければ、クライエントが生徒たちの暴力的で非友好的、脅迫的なふるまいについて述べているのだと確信を持つことは不可能だ。次のような受け答えのどれか1つを用いることで、言葉の正確な意味を明らかにすることができるだろう。

- 「この学校にはたちの悪い子どもたちがいるということですが、どのようにたちが悪いのか教えてもらえますか」
- 「あなたは、子どもたちの中にたちの悪いふるまいをする者がいると言っていましたが、いま一つピンときていません。私のために、もう少し意味を明確にしてもらえないでしょうか？」
- 「この学校で起きている、たちの悪いことの例を挙げてもらえないでしょうか」

他にも正確さに欠ける言葉はいくらでもあるので、ある言葉にクライエントが込めた意味が、自分が使うときの意味と同じだろうと、思い込むことを避けなければならない。例えば、「共依存的な」「無責任な」「自分勝手な」「不注意な」などの言葉は、聴く人の視点に応じて異なる意味を想起させる。正確な意味を決めるためには、明確化を求めるか、あるいはその行為が実際に行われたとされる出来事の例を挙げてもらうのが最善の方法である

クライエントが出した結論の根拠を探索する

クライエントは、あたかもそれが既成の事実であるかのように、自らの見解や結論を述べることが多い。例えば「私は正気を失いそうだ」「相方はもう私を愛していない」などのメッセージには、クライエントが導き出した見解や結論が含まれている。正確にクライエントが抱える困難を評価するためには、ソーシャルワーカーはこれらの見解や結論の根拠とされる情報を聴き出さなければならない。この情報はソーシャルワーカーがクライエントの感情や行動の強い規定因となる思考パターンを把握するのに役立つ。例えば、自分がもう愛されていないと確信している人は、あたかもこの確信が事実であるかのようにふるまう。もちろん、ソーシャルワークの役割は、歪曲を明らかにし、促進的なやり方で誤った結論に疑問を投げかけることである。

以下の受け答えは先に引用したメッセージに込められた見解や結論の根拠となっている情報についての明確化を引き出すものである。

- 「正気を失いそうとは、どういう意味でしょうか？」

- 「どうしてご自分が正気を失いそうだという結論に至ったのでしょうか？」
- 「相手の方があなたをもう愛していないと信じるようになったきっかけは何ですか？」

グループの全員が自分たちの状況をより良くしようと努力する際に、役立ちそうもない固定観念を共通して抱いている場合があることに注意してほしい。このような場合、ソーシャルワーカーは、メンバーが自分たちの見解について熟考し分析することを支援するというやっかいな課題に直面することになる。例えば、ソーシャルワーカーは、グループのメンバーが次のような結論や歪曲をアセスメントするように援助を行う必要がある。

- 「私たちは問題に対して何もすることができない。私たちは無力で、私たちの人生は他人に支配されている」
- 「権力者たちは私たちをやっつけようと躍起になっている」
- 「私たちの抱える問題の責任は、誰か他の人にある」
- 「やつら（他の民族、宗教、グループ等のメンバー）はクズだ」

第13章で、私たちは歪曲や誤った結論に疑念を抱かせるというソーシャルワーカーの役割について論じ、この目的に向けて使用されうるテクニックがどのようなものか示す。

クライエントが当事者として発言することを手助けする

クライエントのあるメッセージが比較的具体性を持つかどうかは、そのメッセージが何を焦点とし、あるいは何を主題としているかに、ある程度関連してくる。クライエントのメッセージは、焦点をどこにおくかによって、いくつかの異なる段階のトピックに分けられる（Cormier & Cormier, 1979）。それぞれのメッセージは異なった情報に強調を置き、結果的に議論する内容に大きな違いを導く。

- 自己への焦点。「私」という主語で示される（例：「約束を守れなくて、私はとても残念です」）
- 他者への焦点。「彼ら」「人（皆）」「誰か」または具体的な人の名前を主語とすることで示される（例：彼らはその契約上の役割をまだ果たしていない）
- グループや、自己と他者の間の相互関係に対する焦点。「私たち」という主語により示される（例：「私たちはそうしたいです」）
- 内容に対する焦点。「出来事」「機関」「状況」「考え」などの主語により示される（例：「学校は楽じゃなかった」）

クライエントは、他者や内容に焦点を置いたり、グループの一員として自分を語ったりする傾向があり、「私」などの自分自身を指す代名詞を主語として自らの発言をあまり我がこととしてとらえない。この傾向は次のメッセージに示されている：「物事が私にとってよい方向には進んでいないように思える」「彼らは私のことが好きじゃない」「みんな自分の問題について語るのはつらい」。最後の例では、クライエントは彼女自身の問題について語ることが彼女にとってつらいと言っているのだが、「みんな」という言葉を使って、これにより問題を一般化し、自分自身の葛藤を曖昧にしている。

クライエントが発言を我がこととしてとらえるのを助けるために、ソーシャルワーカーは3つの課題に対応する。

1. 自分自身の抱える悩みとその悩みに対する自身の感情的反応について語る際に、クライエントが一人称の代名詞（「私は」「私を」）を使うことができるように、ソーシャルワーカーはその模範となり、教え、コーチする。例えば、自己よりも内容に焦点をおいたクライエントの曖昧なメッセージ（「家にあるものすべてが駄目になっていくように思える」）に対する反応として、ソーシャルワーカーはクライエントに対し、このメッセージを「私」を主語とするメッセージとして作りなおすように、そして、そこに自分自身が経験している具体的な情報を含めるように、穏やかに依頼するのである。自己に焦点を置くメッセージ（「私は……と思う」「私は……と感じる」「私は……がほしい」）と、自分以外を主語としたメッセージ（「それは……」「誰かが……」）との違いについて、クライエントに教えることも有効である。
2. ソーシャルワーカーは、自己に言及したメッセージと、対象に関するメッセージ（例：事物、物事、考え、状況に関するもの）の違いを教えなければならない。クライエントに対し自らの問題について語る際に自己に言及する代名詞を使うように指導するのは大変な仕事だが、そこからクライエントは大きな利益を得る。実際、自分の感情を認めることなく、あるいは感情に対する責任を負うことをしないで、一般論として抽象的に自らの問題について語ることは、コミュニケーションの問題を生じる原因の中でも最も広く蔓延している原因の1つである。
3. ソーシャルワーカーはしばしばクライエントに焦点を置き、クライエントの名前または「あなた」という代名詞を用いて話さなければならない。クライエントが、他者や漠然とした状況、またはグループ全体のことを話題にし始めたり、話を脱線させはじめたり、クライエント自身についての情報が少ない、あるいはクライエントと状況あるいは他者との関係性についての情報もおよそ含まない出来事や内容を話し始めると、初心者のソーシャルワーカーは、これに注意を奪われがちである。以下の例では、ソーシャルワーカーの受け答えはクライエントに向かうよりもむしろ状況の方に焦点を当ててしまっている。

クライエント：「子どもたちは私を介護施設に閉じ込めたがっています」
ソーシャルワーカー：「そのことについてどう思われますか？」

対照的に、次のメッセージは、クライエントの抱える困りごとを個人化し、彼女が経験している感情をはっきりと同定している。

ソーシャルワーカー：「あなたは、お子さんたちがあなたを介護施設に入れようとしているのではないかと、心配しておられるのですね。あなたは、ご自分にとって何が安心な環境なのかを決める際にはそこに関わりたいのですよね」

ソーシャルワーカーはクライエントがメッセージを我がこととしてとらえる手助けをするために、さまざまな技術を用いることができる。先の例では、ソーシャルワーカーは共感的な受け答えを用いた。この例では、クライエントが自分に焦点を当てることを助けたいという点で、この技術がとても役立っている。感情を我がこととしての個人化は、共感的な受け答えのパラダイム

が本来持っている特徴であることを思い出してほしい（あなたは……について……と感じる。なぜなら……だから）。このように、クライエントは自己言及の代名詞を用いないで発言をすることがあり、そこでソーシャルワーカーは、共感的な受け答えを用いることで、クライエントが自己の感情を「自分のものとする」支援をすることができるのである。

具体的な感情を引き出す

　クライエントがメッセージを我がこととして感情を表現した場合でも、ソーシャルワーカーはしばしば、クライエントが何を経験しているかをより明確にするために、付加的な情報を引き出す必要がある。なぜなら、ある「感情語」は、具体的な感情というよりも、一般的な感情の状態を意味するからである。例えば、「昇給がなかったので、私は本当に動揺している」というメッセージにおける「動揺している」という言葉は、一般的な心の枠組みを明らかにする助けにはなるが、正確な感情を特定することはできていない。この例では、「動揺している」は、昇給がなかったことによる、落胆、意気消沈、報われない気持ち、無価値感、怒り、憤慨、さらには無能感や無力感などを指している可能性があるのだ。付加的な情報を引き出すことにより初めて、ソーシャルワーカーは、クライエントが実際どのように「動揺」を経験しているのかを確かめることができるのである。

　具体性を欠いた感情語は他にもある。例えば「不満」「不安」「落ち着かない」「困る」「悩む」などである。クライエントがこれらの言葉を使うときには、ソーシャルワーカーは以下のように受け答えすることで、彼らの感情を正確に示すことができる。

- 「『動揺している』とは、どういう意味でしょう？」
- 「その感情について、もっと理解したいのです。『不満だ』と言われたその意味をもう少しはっきりお話ししていただけないでしょうか？」
- 「あなたは悩んでいると話されましたが、どんなふうに悩んでおられるのかをもう少し話していただけませんか？」

「今、ここ」に焦点を当てる

　具体性のもう1つの側面は、過去から現在に、すなわち「今、ここ」に焦点を移動させる受け答えという形を取る。まさにこの今、この現在に関するメッセージは具体性が高く、これに対し、過去に力点をおくメッセージは具体性が乏しい。クライエントの中には（ソーシャルワーカーの中にも）過去の感情や出来事についての話をしがちな人がいる。ソーシャルワーカーが、面接の中で一瞬だけ姿を見せるクライエントの感情と経験に焦点を当てることができなかったために、残念なことに、クライエントを理解し、その成長を促すための貴重なチャンスが指の間からすり抜けてしまうこともあるのだ。クライエントに生起する感情に焦点を合わせることにより、あなたは反応と行動を直接観察することができ、感情や経験について事後的に報告を受けるときに生じるあらゆる先入観や誤謬を排除することができる。さらに、ソーシャルワーカーのフィードバックが今まさに生じているクライエントの経験に関与しているときに、その効果は絶大なものになる。

　次のやりとりは、このような状況において具体性に達するための方法を示すものである。

クライエント［言葉を詰まらせながら］:「彼女がもう別れようって言ったとき、好きな人ができたって言ったとき、そう、俺は思ったんだ。またかよって。完全に一人ぼっちだって感じた。誰もいなくなったみたいに」

ソーシャルワーカー:「それは本当につらかったですね」［クライエントはうなずく。涙が湧き出る］「まさに今、そのときと同じ気持ちではないでしょうか。今この瞬間です」［クライエントはうなずいて同意を示す］

このような場合、クライエントの内的経験に直接触れるための道が開かれるのみならず、温かく受容的で支持的な関係を背景として、クライエントが深い苦痛に満ちた感情を分ち合うことにより、永続的な利益をもたらすかもしれない。ソーシャルワーカーに対する感情（例：怒り、苦痛、落胆、情愛的欲求、恐怖）を含む「今、ここ」という経験は関係の即時性として知られている。関係の即時性に関する技術については、別の検討が必要となるため、第18章において取り上げることにする。

グループ、夫婦、家族において「今、ここ」における経験に焦点を当てること（第15章で詳細に論じる）は、これらのシステムのメンバーが、抑えつけてきた感情を発散できるようにするための、特に有効なテクニックである。さらに、即時的な感情に焦点を置く介入は、埋もれていた問題を表面化させることで、これらのシステムのメンバーが、自分たちの抱える困難をはっきりと見定めて、探索できるための支援に向けての、そして（もしそれが適切なら）問題解決に取り組むための支援に向けてのソーシャルワーカーの足場を提供することになる。

クライエントの経験に関する詳しい情報を引き出す

先に述べたように、具体的な受け答えが重要である理由の1つは、クライエントが自らの経験について漠然とした発言をすることが多いことにある。例えば「このグループの中には変化を求めない人がいて、彼らは一切の努力をしていない」のような発言である。これを以下の具体的な発言と比較してみてほしい。ここでクライエントは問題に自分も関わっていることを認め、その本質を明確にする詳細な情報を与えてくれている。

クライエント:「私はこのグループの中で、自分の問題に取り組みたいと思っているので、気になるのです。でも、これについて私が話そうとすると、ジョン、あなたがあれこれ嫌味を言ってくる。そんなとき、（名前を挙げる）のように、それを聴いてただ笑っている人もいれば、話題を変えようとする人もいる。そんなことがあると、私は無視された気がして、自分の世界にただ逃げ込んでしまう」

クライエントが自分のメッセージを我がこととしてとらえ、自らの感情と問題を「自分のものと認める」ことができるように支援する一方で、ソーシャルワーカーは、先のメッセージに示されているような、クライエントがまさに経験していることを明らかにする情報を引き出す質問をする。「どうやって」「何を」を尋ねる質問はクライエントから具体的な情報を引き出すために有効であることが多い。例えば、クライエントの「このグループの中には変化を求めない人がいて、彼らは一切の努力をしていない」というメッセージに対して、ソーシャルワーカーは「グループの中で何が起きるのを見て、あなたはそのような結論に至ったのですか？」と受け答えすること

ができる。

相互作用に起きる行動に関する詳細な情報を引き出す

　相互作用に起きる行動を正確に評価する際にも、具体的な受け答えは必要不可欠である。このような受け答えは、相互作用的な出来事の中で実際に何が起きたのか、つまり、どんな状況がこの出来事の前にあったのか、関係者が何を言い何をしたのか、クライエントはどんな特定の思考と感情を経験したのか、その出来事はどんな結果となったのかなどに目標を定めて行われる。言い換えれば、ソーシャルワーカーはクライエントの見解や結論を聴いて満足するのではなく、起きたことの詳細を引き出すのである。
　以下に、クライエントのメッセージに対する具体的な受け答えの例を示す。

　　高校生：「うちの教師が昨日ついにキレたんだ。それで俺のこと完璧にコケにしやがった。あんなに言われなきゃならないようなことは何もやってないのに」
　　ソーシャルワーカー：「それはずいぶん落ち込んだでしょう。何が起きたのか順を追って教えてくれないかな？　つまり、どうしてそんな状況になったのか、お互いに何を言って何をしたのかを教えてほしいんだ。何がまずかったのか、もっとよく理解したいから、自分がそこにいて実際に見ていたように、詳しく知りたいんだよ」

　このような場合に重要なのは、「それから、何が起こったの？」「次にあなたは何をしたの？」「それから、誰が何て言ったの？」などと受け答えることによって、質問中の事象についてクライエントが関わることを支援し続け、クライエントをその話題にとどめておくことである。多くの事象について調査して、機能不全に陥りやすいパターンが明らかになった場合には、ソーシャルワーカーは、クライエントにその結果を伝え、クライエントがパターン化された行動の効果を判断する手助けをし、そして、そのパターンを変えたいと思う彼らの動機を評価し、それに責任を担う。

ソーシャルワーカーの表現の具体化

　具体性の追究は、クライエントとソーシャルワーカー双方のコミュニケーションに適用される。この役割を果たすために、あなたは頻繁に説明し、明確化し、フィードバックを与え、個人的な感情や見解をクライエントに伝えることになる。正式の専門的な教育プログラムを受け始めたばかりのソーシャルワーカーであれば、一般の人々と同様に、曖昧で一般的な言葉でコミュニケーションを取りがちであるかもしれない。このような曖昧な表現をしてしまうと、当然ながら、クライエントや関係者はあなたのメッセージの意味を誤って解釈し、間違った結論を出し、困惑することになる可能性がある。
　以下は実際にソーシャルワーカーから伝えられたメッセージである。これらのメッセージにみられる具体性の欠如について検討してほしい。

- 「あなたにはうっ積された敵意が満ちているように思えます」
- 「今日あなたはグループの中で本当にうまくやることができましたね」
- 「あなたの問題の多くはあなたの自己イメージに原因があると思います」

「敵意」「うまくやる」「自己イメージ」などの曖昧な言葉が使われると、クライエントはソーシャルワーカーの真意がわからず、困惑の中に取り残されてしまう可能性がある。さらに、このようなコミュニケーションのスタイルでは、根拠となる情報なしに結論だけが提示される。その結果、クライエントにできるのは、額面どおりにこれを受け入れるか、妥当でないとして拒否するか、結論の根拠となるものを推測するかのいずれかになってしまう。運がよければ、受容的で探索的でアサーティブなクライエントが、もっと具体的に話してほしいと要求してくるかもしれないが、そのようなクライエントは多くない。

先述のメッセージと同じ状況に対し、ソーシャルワーカーがより具体的に受け答えをした場合の例を挙げるので、比較してほしい。

- 「お子さんの養育権に関する奥さんとの調停をどうまとめるかについて話し合ってきましたが、あなたは何度か、すぐに腹を立てたりいらだったりされたように見受けられました。あなたにとって、とてもつらい話題なのだと思います。そのとき、あなたがどんなふうに感じておられたのか、そのまま教えていただきたいのですが」
- 「あなたが今夜のグループの中で何度か発言するのを見ましたよ。……などと言って、マージョリーに対してとても役立つ洞察を与えているなと思いました。あなたが前までのセッションのときと比べて、楽な気持ちでいることもわかりました」
- 「あなたは自分の家族の人たちに劣等感を抱き、家族と接する際に自分の感情や意見を軽視するという傾向があることについて、一緒に話をしてきましたね。私はその見解が、さきほど話していた妹さんとの件についてもあてはまると思うのです。妹さんとそのご主人がいつも喧嘩をしているから、あなたは一緒に旅行に行きたくない。それなのに、妹さんにプレッシャーをかけられるから行かざるを得ないと感じてしまう。他の場合と同じように、あなた自身がどう感じるかは重要でないという結論を引き出そうとしているように見えます」

> ◇事例『帰省』の中で、実践者のキム・シュトローム-ゴットフリートは、具体性をもった所見を述べることで、同時にフィードバックを与え、ある行動の意味について示唆する（第17章で詳述する）：「ここに何か動きが起こっています。それはあなた方がこの休日の問題を改善しようとする時に、2人の間にさまざまなレベルで働いています。とはいっても、あなたがどのようにしてこの関係を家族の関係と共に考えていくかについて話し合ってきたことから考えると、この問題はより大きな問題の一部に過ぎないように思われるのです」

ソーシャルワーカーが具体的に話をし、意味を明確にし、発言を我がこととして、結論の根拠を示すようにすると、クライエントが解釈を誤ったり、自分の感情や考えを投影したりするようなことは起こりにくくなる。クライエントは、自分に何が期待されているのか、どのように自分のことが受け取られているのかについて明白に知りたいと願うし、ソーシャルワーカーがセッションで議論する話題について、なぜそのように考え、感じるのか理由を明らかにしてほしいと考える。ソーシャルワーカーが具体的なメッセージを送る模範を示せば、クライエントはそれをモデルに具体的に話すことを学習するのである。

初心者であっても経験豊富であっても、ソーシャルワーカーにはさらに、専門用語の不適切な使用を避けるという課題がある。残念なことに、専門用語は専門家同士の会話の中にあふれてお

り、ソーシャルワークの文献や事例記録の中にも蔓延している。専門用語の使用は、クライエントに対し、意味を明確にするというより、むしろ混乱させるものである。専門用語を仲間同士で不用意に使うことは、ステレオタイプ的な考え方を養うこととなり、それゆえに、クライエントを個性的な存在として扱うという基本的な価値の対極をなす態度だといえる。さらに、クライエントに貼られたレッテルは、ソーシャルワーカーによって異なるイメージを呼び起こし、それによって、コミュニケーションの中に重要な誤りの源泉を入り込ませることになる。以下の専門用語だらけのメッセージを読んで、その具体性の欠如について検討してほしい。

- 「Nさんには強い受動的攻撃性の傾向が現れています」
- 「ショーンはグループの中で適切な衝動統制を示し、ポジティブなやり方でリーダーとしての権威を試してみせた」
- 「ハルには自己統制を高めるための支援が必要だ」
- 「そのクライエントは　境界型の特徴を示している」
- 「そのグループのメンバーたちは妥当な限度枠まで反応することができた」
- 「ルースは中学2年生にしては、情緒的に未熟であるように思われる」

　同僚に対しクライエントに関する情報を正確に伝えるためには、クライエントの行動を明確に説明することと、結論のもととなる情報源を明らかにすることが必要である。例えば、「ルースは中学2年生にしては、情緒的に未熟であるように思われる」という曖昧なメッセージと比べて、もしあなたが具体的な受け答えの形で情報を伝達するならば、他のソーシャルワーカーがどれだけ正確にクライエントについて受け止めることができるかを考えてみてほしい。「教師によれば、ルースは学校では静かに一人で過ごしているという。授業では、直接指されなければ自分から質問に答えることは一切なく、宿題をやってこないことも多い。彼女はかなりの時間を空想に耽って過ごしたり、物をいじって遊んだりしている」。このようにクライエントの行動を記述することで、曖昧な印象や誤った結論が伝わることがなくなり、同僚のクライエントに対する受け止め方に先入観を与えることを避けることができる。

　具体性を伴うコミュニケーションの技術は、長期にわたる決意をもった努力によってのみ身につけることができるというのが、私たちが経験から得た結論である。自らのコミュニケーションが曖昧だとの自覚がなければ、この課題はもっと複雑なものになる。私たちが勧めたいのは、録音されたセッションや、自分の普段の会話について、具体的なコミュニケーションができている例かできていない例かという視点から、注意深く、そして継続的にモニターすることである。この種のモニターを行うことで、自分のために適切な目標を設定し、自分の成長を展望することができる。さらにお勧めしたいのは、実習の教員に依頼して、この重要な技術に関するあなたのパフォーマンス・レベルをフィードバックしてもらうことである。

具体性を求める受け答えの演習

　次の演習では、クライエントの問題に関する具体的なデータを引き出すための受け答えを作って書き出してほしい。共感的な受け答えや言い換えを織り交ぜた受け答えにするとよいだろう。演習問題に取り組みながら、具体性を求めるための8つのガイドラインを見直すことは、効果的な受け答えを作り上げるのに役立ち、この技術のさまざまな特徴を明確に概念化するための助け

にもなるだろう。演習問題が完了したら、自分が作った受け答えを、模範的な受け答えと比べてみてほしい。

クライエントの発言

1. 青年［最近、矯正施設に入所したことについて話している］：「またここに戻ってくるなんて、本当に妙な気分だ」
2. クライエント：「友達なんかに頼っちゃだめだ。いつでも背後から斬りつけるように裏切ってくるかわからないよ」
3. クライエント：「彼はひどいかんしゃく持ちだ。いつもそうで、これからもずっと変わらない」
4. クライエント：「私の上司は本当に無神経な人なんですよ。信じられないでしょうが。彼女の頭の中は、報告書と締切りのことばかりなんです」
5. クライエント：「先週、あなたのオフィスから帰った後、私は動転していました。あなたは私が言っていたことをまるで理解してくれていないし、私の気持ちなんて気にかけていないと思ったのです」
6. クライエント：「父はもう58歳にもなるのに、まったくの子どもで、いつも怒ってばかりいるのです」
7. 年配のクライエント：「慢性の関節リウマチのせいで手の調子が悪くって。台所でポットや鍋を使うとき、不意に具合が悪くなるんです」
8. クライエント：「医者に行くことを考えると、とにかく落ち着かない気持ちになるんです。それが悩みになっていると思うんです」
9. アフリカ系アメリカ人の学生［アフリカ系アメリカ人のソーシャルワーカーに向かって］：「学校に遅刻するわけをどうしてあの教師に言わないのかって聞いたよね。教えてあげるよ。それはあいつが白人だから。それだけさ。あの女は俺たち黒人の生徒を嫌ってる。あいつと話し合うことなんて何もない。そういうことだよ」
10. クライエント：「ジョンは私にまるで興味がない。私が死んだって、ぐっすり眠れちゃうんだ」

回答例

1. 「妙な気分というのが、どんな感じなのか教えてもらえませんか？」
2. 「あなたはこれまで友達に裏切られたと感じた経験があるのですね。最近のそうした経験を教えてくださいますか？」
3. 「彼があなたにかんしゃくを起こしたらどんなことになるのか、もっと話してもらえますか？」あるいは「彼がかんしゃくを自分でコントロールできる見込みはあまりなさそうにあなたは思っているみたいですね。どうして彼は変わらないと結論づけたのでしょう？」［ソーシャルワーカーはメッセージの個々の特徴に分けて探ってもよい］
4. 「上司の方がどんなふうにして、あなたに対して無神経にふるまうか、いくつか例をあげて教えてくださいますか？」
5. 「先週の私の受け答えに傷つき、がっかりされたようですね。あなたは今もなお、同じ思いに苦しんでいるように見受けられます。今この瞬間に、あなたが感じていることをお話し

してもらえますか？」
6．「お父さんのあなたへのコミュニケーションの仕方が大人げないと、あなたは感じているのですね。お父さんのコミュニケーションの仕方であなたがこれは困ったと感じた最近の出来事をいくつか思い出すことはできますか？」
7．「関節炎の痛みが一層悪化していて、普通ならできていたことができなくなっているということのようですね。ポットや鍋を扱うのが難しいとお話しされましたが、あなたが料理している最中にどんなことが起きたのか、最近あったことを話してもらえますか？」
8．「まさに今、医者に行くことを考えてみてください。そして感じるままでいてください。［沈黙。］あなたの中では何が起こっていますか。何を考え、感じていますか？」
9．「つまり、あなたはほとんど希望がないと考えているのですね。あなたはライト先生に強い反発を抱いている。彼女が黒人学生に悪意を持っているとあなたが結論を出すきっかけになった出来事について関心があります。聴かせてもらえませんか？」
10．「彼の目にはあなたがまったく映っていないと感じているのですね。どうしてそのような結論に至ったのかな？」

■問題に焦点を当てる受け答え──複雑な技術

あなたの実践において焦点づけが重要な技術であることにはいくつかの理由がある。あなたがクライエントと過ごせる時間は限られているから、重要な話題に注目して進めていくことによって、1回1回の面接を最大限に活用することが大切になる。あなたには、援助のプロセスを導き、迷走を避ける役目もある。援助関係は通常の社会での人間関係とは異なり、はっきりとした焦点と継続性を特徴とすべきである。ソーシャルワーカーとして、私たちはクライエントが自らの問題によりしっかりとした深みをもって焦点を当てることができるように、そして望ましい変化を遂げるまでその焦点を維持できるようにクライエントを支援するという重要な役割を果たしているのである。

加えて、家族や集団は、ときどき、自分たちの問題に効果的に焦点づけることができなくなってしまうような関わり合いの難しさを抱えてしまうものである。機能不全に陥ってしまった関わり合いのプロセスが原因となって、家族や集団が目下問題が深まる前にその問題からひき離されてしまう場合があるが、ソーシャルワーカーは、そのような場合にはいつでも、家族や集団の機能を高めるために、再びその議論を焦点化することができなければならない。

問題に効果的に焦点を当てる方法の習得に役立つよう、焦点を当てる技術の3つの機能について検討する。

1．探索の対象とする問題を選ぶ
2．問題を深く探る
3．焦点づけを維持し、主題を維持する

これらの機能を知ることで、関連する話題にしっかりと焦点を当て、正確な問題のアセスメントを作成するための十分なデータを引き出すことが可能となるだろう。これは適切な実践の前提条件である。

探索の対象とする問題を選ぶ

探索に関連する領域は個々の状況ごとに異なる。老人ホームやグループホーム、児童福祉施設など、同じ設定の中でソーシャルワーカーと接しているクライエントの間では、多くの共通の困りごとを抱えている場合がある。

あなたが日ごろ知っているクライエントの母集団とは異なる困りごとを抱えるクライエントと会う際には、事前に調査対象に関連し、探索の可能性をもつ問題領域の一覧表を（実習科目の指導教官や現場での上司との話し合いのなかで）作っておくと、効果的に探るための準備になるだろう。こうした事前準備は、経験の浅いソーシャルワーカーが共通して陥りがちな失敗を避けるために役立つ。ここでいう失敗とは、例えば、クライエントの問題と無関係な領域に焦点を当ててしまうことや、役に立つかどうかわからない情報ばかりを引き出してしまうことである。

例えば、施設に収容されている若者に対する初回面接に際して、あらかじめ以下のような領域について探る可能性があることを知っていれば、質問と受け答えをより効果的に選んで行うことができるだろう。

1. 現在の困りごとに関するクライエント自身の受け止め
2. クライエントがとらえている強さと資源
3. 施設に収容された理由と、法的権限に関するこれまでの問題ならびに薬物やアルコールの使用に関するこれまでの問題に関するおおよその歴史について
4. 個々の家族との関係についての詳細。悩みの種と支援の資源の両面から
5. 簡単な家族の歴史
6. 学校での適応状態。例えば、成績、問題となる科目、関心領域、さまざまな教師たちとの関係など
7. 施設での生活の適応状態。例えば同輩や監督官との関係
8. 施設外での仲間関係
9. 人生の目標と、もっと短期的な目標
10. 支援者との過去の経験に対する反応
11. 困りごとに取り組むための作業関係に従事する態度

施設に収容された青年は法の強制によるクライエントであるので、この青年が、ワークの内容のうち、どこまでが交渉の余地のない義務であり、どこからが交渉の余地がある、あるいは自由に選択できるものと理解しているかという問題を、探索の対象の一部として含むことになる（Rooney, 2009）。

同様に、自ら来談する抑うつを主訴とする中年女性に対するインタビューを予定しているのであれば、初回面接を実施するにあたっては、次の話題の領域が役立つだろう。

1. クライエントが把握している問題。睡眠パターンや食欲の変化といった抑うつ症状の特徴を含む
2. クライエントがとらえている強さと資源
3. 健康状態、前回の健康診断の日付、現在受けている薬物治療

4．抑うつの始まりと継続期間。過去のうつエピソードまたは躁的エピソードの症状
5．抑うつの始まりと関連するライフイベント（特に喪失）
6．自殺に関する念慮、意思、企図の有無
7．問題ある思考パターン（例：自己卑下、自己批判、罪悪感、無価値感、無力感、絶望感）
8．過去の対処の努力、過去の治療歴
9．対人関係の質（例：対人技術と欠点、夫婦関係と親子関係における葛藤と支援）
10．クライエントの抑うつに対する重要な他者の反応
11．支援システム（適切さと利用可能性）
12．日常の活動
13．達成感と不適当感
14．抑うつ的行動あるいは躁的行動に関する家族歴

このクライエントは自ら来談しているので、先ほどの施設に収容された青年と比べると、より自発的であるであろう。したがって、クライエントが援助を求めることになった特定の問題を明らかにすることに関心を払うことになる。

先述のとおり、問題領域はさまざまであり、これに従い、話題となる可能性のある領域のアウトラインも同様に変化する。つまり、結婚カウンセリングを求めるカップルに対する初回面接や、アルコール依存者のグループに対する初回面接においては、最初に紹介した施設入所の若者のリストとはまた異なる数多くの項目をその探索領域のリストに含めることになる。しかしながら、注意してほしいのは、項目番号の1と2、そして8から11は、個人のクライエントに対するすべての探索的面接において考慮されるであろうし、グループメンバーになることが見込まれるクライエントに対する予備面接にも同様に応用できるものである。

アウトラインを用いるにあたっては、堅苦しくこれに従うことや、頼りすぎることは避けるべきである。さもないと、知らぬ間に面接での自然な自発性を破壊し、クライエントが自分なりのやり方で自身について語るのを妨げる可能性があるのだ。その代わりに、クライエントに自由に自らの問題を話し合うことを励まし、その間、そこであらわれるどんな問題に対してもより深く探索できるように、あなたは促進的な役割を果たすのである。とりわけ、あなたはアウトラインを柔軟に用いなければならない。すなわち、話題の順序を変更すること、話題自体を修正、追加、削除すること、そしてアウトラインを用いることがコミュニケーションを妨げるのであれば、完全に捨て去ってしまうことも必要である。

もちろん、有意義な話題領域を必ずしも予測できるわけではない。結局、同じ母集団に属するクライエントには、多くの共通点があるかもしれないが、彼らが抱える問題は必ず固有の特徴がある。この理由から、今後の面接で探索すべき新たな話題領域を見つけるために、面接の録音テープを実習科目の教員や現場の上司と振り返ることが重要である。

問題を深く探る

問題に焦点を当てることの重要な側面の一つは、探索を一般的で表層的なものから、より深層的で意味深いものへと確実に進めていくために、大切な話題を議論の中心におくことにある。ソーシャルワーカーは問題を十分に探るために必要な技術を持っていなければならない。なぜなら、援助プロセスの中での成功は、いかに明確かつ正確に問題を定義できるかにかかっているか

らである。

　特定の問題を選びとって注意を向けることは、経験の浅いソーシャルワーカーにとっては困難な課題である。彼らは個人面接やグループ面接においてしばしば方向性を失い、内容や感情という重要な領域に踏み込むことなく繰り返し上滑りしてしまい、大概は表層的で時に歪んだ情報を引き出してしまう。この傾向の例として、学校現場での青年との初回面接からの抜粋を以下に示す。

> ソーシャルワーカー：「ご家族について話していただけませんか」
> クライエント：「父は病気で、母は死にました。今は姉と暮らしています」
> ソーシャルワーカー：「お姉さんとの生活はいかがですか」
> クライエント：「いい感じでやっています。姉はよく面倒見てくれてます」
> ソーシャルワーカー：「お父さんについては、いかがですか？」
> クライエント：「仲良くやってますよ。問題はあるけれど、ほとんどの場合、大丈夫です。実際、父に会うことはあまりないんです」
> ソーシャルワーカー：「学校について教えてください。学校はいかがですか？」
> クライエント：「学校はあまり好きじゃないけど、成績は何とかなってます」
> ソーシャルワーカー：「今年この学校に転校してきたんですよね。前の学校ではいかがでしたか」

　家族や学校といった話題について表層的に焦点を当ててしまっていることで、このソーシャルワーカーは、クライエントの状況を明るみに出すために必要なだけの深さで、想定しうる問題領域に対して探る機会を逸している。この探索では、価値ある情報をほとんど引き出すことができなかったとしても驚くには値しない。なぜなら、ソーシャルワーカーが話題となる領域にしっかりと焦点を当てる受け答えができていないからである。次の節では、特定の領域への焦点づけを維持するソーシャルワーカーの能力を大いに高めるための技術について、さらに詳述する。

オープンエンド型の受け答え

　ソーシャルワーカーは個人面接、合同面接、グループでの面接において、望ましい話題にさりげなく焦点を当てるために、オープンエンド型の質問を用いる場合がある。先に述べたように、オープンエンド型の質問の中には、クライエントに話題を自由に選択させるものもあれば、特定の話題に焦点を絞って、その話題に対してクライエントが自由に受け答えするよう促すものもある。以下の例は、抑うつを抱えて8人の子どもを育てる母親との初回面接から引用したものである。ここではソーシャルワーカーが、クライエントの問題に作用する対人関係の動きを把握して、重要な情報を豊富に手に入れる可能性のある話題の領域がここと定めるために、どのようにオープンエンド型の受け答えをしているかが示されている（注1）。

- 「私と一緒にワークをすることで、何を目指したいと考えてきましたか？」
- 「この数分間でいくつもの話題について話し合ってきました。その中で一番重要だと思われるものを選んで、それについてもっと話してもらえませんか？」
- 「一番上の息子さんが以前のように放課後に帰宅しなくなり、下の子どもたちの面倒を見て

くれなくなったとお話されましたね。そのことについてもっと話を聴かせていただきたいのです」
- 「ご主人があなたを見放すかもしれないという心配についてお話しされているときに、幾度もあなたの声は震えていました。あなたが今感じていることを私に話していただくことができるでしょうか」
- 「ご主人が子育ての手助けをあまりしてくれないということを、あなたはこれまでの話で示してくれました。また、あなたは、自分だけでお子さんの世話をするのは手に余るし、うまくできないとおっしゃっていたように思います。お子さんの世話をしようとすると、一体何が起こるのかについて教えてください」
- 「他の子どもたち以上に、その14歳の娘さんについて多くの問題を抱えていると話してくれましたね。このジャネットについて、そしてあなたが抱えているジャネットに関する問題について教えてください」

これらの例では、ソーシャルワーカーのオープンエンド型の質問と受け答えの仕方によって、探索は一般的なものから特定のものへと徐々に変化している。同時にそれぞれの受け答えや質問によって、探索に向かっていく新たな話題が定められていることに注目してほしい。

このような方法で定められた話題について深く探っていくために、ソーシャルワーカーは、オープンエンド型の質問に加えて、クライエントのより詳細な表現に焦点を当ててこれを引き出すために、その他の言葉を用いて相手の話に沿う促進的な受け答えを組み合わせて用いなければならない。例えば、オープンエンド型の受け答えを用いることで、話題とする領域を定義した後で、ソーシャルワーカーは他のオープンエンド型の質問を話し合いの中に織り交ぜることにより探索を深めることができるだろう。しかしながら、そのオープンエンド型の受け答えが焦点を他の領域に移動させてしまうならば、探索は後戻りすることになる。次の会話の中で、ソーシャルワーカーの2つ目のオープンエンド型の受け答えによって、強い感情表出を伴うクライエントのメッセージから焦点がどのように逸れてしまうかに注目してほしい。

ソーシャルワーカー：「あなたは定年退職について心配されているとお話しされていましたね。このご心配について、もっと話していただけると有難いのですが」［オープンエンド型の受け答え］

クライエント：「毎日働きに出ない生活なんて想像もできないのです。もう今から途方に暮れています。今まで仕事を辞めたことすらない。どうしていいかまるでわからなくなると思うんです」

ソーシャルワーカー：「退職された後、どのように時間を過ごすことを思い描いていらっしゃいますか？」［オープンエンド型の受け答え］

確かにオープンエンド型の受け答えはクライエントの問題に関する新しい情報を引き出すことができるかもしれないが、性急にこれを用いることでクライエントを誤った方向に導くことになれば、援助プロセスを促進することはできない。ソーシャルワーカーが頻繁に話題を変えるようなやり方で、オープンエンド型の受け答えや他の種類の受け答えを利用するならば、関連性のない断片的な情報ばかりを集めてしまうことになる。結果的に、クライエントの問題に関するソー

シャルワーカーの知識には大きな欠落が生じ、これによってアセスメントは台無しになってしまう。ソーシャルワーカーは、オープンエンド型の受け答えを作る際、その受け答えが指し示す方向について、敏感に自覚していなければならない。

具体性の追求

　先に私たちは具体性の追求に関するさまざまな面について論じ、例を示してきた。具体性を追求することを通して、ソーシャルワーカーは一般的な話題から特定の話題へと向かうことができ、話題を深めて掘り下げることができるようになる。そうであるから、具体性の追求は焦点づけのテクニックの中でも重要である。重篤で持続的な心的疾患を抱えるクライエントとの面接を引用して、この能力について例示する。

　　クライエント：「とにかく何かをしようにもエネルギーがないのです。この薬のおかげで私はまったく動けないのです」
　　ソーシャルワーカー：「あなたの薬の副作用が問題のようですね。その副作用がどんなものなのか、具体的に教えてくれますか？」

　話題の領域に焦点を当て、深めることによって、ソーシャルワーカーは、問題を生じさせる思考や行動、あるいはやりとりを認識できるようになり、つまりはクライエントがこれらを認識するための支援をすることが可能になる。この後の節では、ソーシャルワーカーが探索を目的とした面接の中で、具体性の探索を他の焦点づけの技術と組み合わせて用いることによって、いかにして効果的に話題の領域に焦点を当てるかを検討する。現実のところ、ソーシャルワーカーが焦点を確立し維持するために主に用いる受け答えのほとんどが、さまざまな種類の受け答えの組み合わせなのである。

共感的な受け答え

　共感的に受け答えすることは、ソーシャルワーカーがクライエントの手に余る感情に焦点を当てて深めることを可能にするという重要な機能を果たす。次の例に示すとおりである。

　　クライエント：「毎日働きに出ない生活なんて想像もできないのです。もう今から途方に暮れています。今まで仕事を辞めたことすらない。どうしていいかまるでわからなくなると思うんです」
　　ソーシャルワーカー：「あなたはこう話されているに思えます。『今でさえ、私は定年退職を恐れている。自分はこれまでずっと大切にしてきたものを手放そうとしているのだ。それは私にとってかけがえのないものなのだ』と。あなたが途方に暮れてしまうというのは、退職してしまったら、自分が役に立たない人間になってしまうのではないかと心配されているのかもしれないと思いました」
　　クライエント：「大部分は私自身の問題なのだと思います。時々、自分は今や役立たずの人間だと思うことがあるのです。もう何年もの間、趣味を見つけたり楽しみを求めたりすることがまるでないまま生きてきました。私に仕事以外のことができるとは思えないのです」
　　ソーシャルワーカー：「未来への希望がなく、自分にできることはすべてやってしまったかの

ように感じている部分があなたにはあるようですね。しかしそれでも、あなたにはまた別の部分があって、新たな楽しみを探すのにまだ遅すぎることはないんじゃないかとも考えているのではないでしょうか」
クライエント：「時間をもてあましてしまい、家でふさぎこんでしまうのが怖くて仕方ないのです。今でも目に浮かぶようです。妻は私が家事を手伝ったりして、一日中忙しくしていてほしいと考えるでしょう。私はその手のことをするのがずっと好きではなかったのです。他の興味を持てることを探すのに遅すぎるということはないと思います。仕事ではなく、楽しみとして、何か書いてみたいと思っていました。ほら、私の年にもなると記憶もおぼつかなくなるというでしょう。私は家族の物語のようなものをちょっと書いてみたいと思っているんです」

　ソーシャルワーカーが面接のプロセスの中で、共感的な受け答えを用い、豊富な情報を引き出すにつれて、クライエントの問題が次第に明らかになっていく様子に注目してほしい。ソーシャルワーカーは、ただクライエントの無力感について探索するだけではなく、新たな解決策の可能性も提起している。

オープンエンド型と共感的な・具体的な受け答えを組み合わせて、焦点への着目を維持する

　ある選択された話題に焦点を定めるために、オープンエンド型の受け答えを用いた後で、ソーシャルワーカーはその話題の焦点への着目を維持するために、他の受け答えを用いるべきである。以下の引用で、ソーシャルワーカーが問題を深く掘り下げるために、オープンエンド型の受け答えと共感的な受け答えを用い、これによりクライエントが自らの苦悩の本質に向き合えるようになっていく様子を見てほしい。オープンエンド型の受け答えと共感的な受け答えの組み合わせにより引き出されるクライエントの受け答えの豊かさにも注目してほしい。

ソーシャルワーカー：「息子さんのお話をされている間、彼について話すあなたから、苦痛と不本意な気持ちを感じました。あなたが感じていることについて、もっと理解したいと思います。まさに今、あなたがどのような気持ちを味わっておられるのか、教えてくださいませんか？」［共感的な受け答えとオープンエンド型の受け答えを用いて具体性を求めている］
クライエント：「今朝、ここに来るのにあまり気が進まなかったのです。もうちょっとで電話してキャンセルするところでした。ジム［息子］に関するこれらの問題は、私自身の力で対処できなければならないと思っています。ここに来ることは、息子のことが私の手には負えないと認めることと同じに思えるのです」
ソーシャルワーカー：「つまり、あなたはここに来る予約をすることが［言い換え］、負けを認め、失敗を認め、力不足を認めることになると思った。それが苦痛だったのですね？」［共感的な受け答え］
クライエント：「ええ。そうですね。何らかの助けが必要なのはわかっています。それを認めるのは、私にはただつらいんです。でも、この件に関して私の一番の問題は夫なのです。夫は私よりもずっと、この問題を誰にも力を借りず、自分たちだけで片付けるべきだと思っていて、私がここに来ることに反対しているのです」

ソーシャルワーカー：「つまり、とてもつらいことだけど、あなたはジムに関しては間違いなく何らかの助けを借りる必要があると考えているのですね。ところが、あなたはご主人の態度に悩まされているのですね。そのことについてもう少し聞かせてもらえますか？」［共感的な受け答えとオープンエンド型の受け答えの組み合わせ］

この例の中で、ソーシャルワーカーは、オープンエンド型の受け答えと共感的な受け答えを組み合わせることで、クライエントの「今、ここ」における経験について話し合いを始め、その後、クライエントの感情をより深く掘り下げるために、また別の共感的な受け答えと組み合わせた受け答えを続けて用いている。最後の受け答えでは、ソーシャルワーカーは援助プロセスに対する潜在的障害（セラピーに対する夫の態度）に焦点を絞ったが、これについても同じ方法で探りうるであろう。

オープンエンド型の受け答えと共感的な受け答えもまた、定められた話題についてグループメンバーの議論を促し、意欲を高めるために組み合わせて用いることができる。例えば、ソーシャルワーカーは、特定の話題に対するフィードバックをグループに求めるために、オープンエンド型の受け答え（「……についてどう思われますか」）を用いた後で、求めに応じて意見を出してくれたメンバーの貢献への感謝の意を表すために、共感的な受け答えやその他の促進的受け答えを用いることができる。

オープンエンド型の受け答えを活用することで、ソーシャルワーカーはそれまで意見を述べていないメンバーたちに対し、順に意見を求めることができる（「……についてどう思いますか、レイ？」）。

次の例では、ソーシャルワーカーは共感的な受け答えと具体的な受け答えをあわせて用いることで、深い探索を促している。組み合わされた受け答えによって、問題を生み出す参照すべき行動上の手がかりが明らかにされる様子に注目してほしい。共感的なメッセージによって、クライエントの苦悩に対するソーシャルワーカーの敏感な気づきと思いやりが伝達されている。オープンエンド型の受け答えと具体的な受け答えによって、最近の出来事の細部に焦点を当て、クライエントが女性から拒絶されるのは、無神経で不適切な社会的行動と関係があるかもしれないという、価値のある手がかりを引き出している。このような方法で目標が定式化されることが、クライエントにとって非常に重要である。

独身の男性クライエント、20歳：「僕のどこがおかしいっていうんだろう。そうじゃなきゃ、こんなふうに女性から毛嫌いされたりしないと思うのです。時々、自分はこの先ずっと独りなんじゃないかと思うことがあります。どうしてここに相談しにきたのかさえよくわからない。僕はもうお手上げなんです」

ソーシャルワーカー：「自分のことだけどどうすることもできない、もうすっかり望みを失ってしまったという感じですね。でも同時に、あなたには、まだ希望を捨てられず、何とかしたいと思っている部分もあるようですね」［共感的な受け答え］

クライエント：「いったい僕にどうしろって言うんですか？　僕はこんなこと続けていられないですよ。いったいあと何回打ちのめされて、立ち上がればよいのでしょう」

ソーシャルワーカー：「そんなとき、あなたは深く傷ついて、落胆されたのでしょうね。最近のことで、打ちのめされたと感じられた時のことを話してくれませんか？」［共感的な受け

答えと具体性を求める受け答えの組み合わせ］

クライエント：「いいよ。同僚の男がブラインド・デート［訳注：初対面の男女がデートすること］のダンスパーティーを紹介してくれたんです。それで、僕はその女の子を連れて行った。これがもう災難としか言いようのないものだったんです。会場に着くと、彼女は僕をずっと無視し続けて、他の男たちと踊っていたのです。さらにひどいことに、彼女はそのうちの一人と一緒に帰ってしまったんですよ。僕にひとこと挨拶するくらいの礼儀もないんですから。僕はもう呆然という感じで、彼女に何が起こったんだって思いました」

ソーシャルワーカー：「拒絶されたと感じただけじゃなく、ものすごく頭にきたことでしょうね。彼女とうまくいかないと最初に感じたのはいつごろでしたか？」［共感的な受け答えと具体性を求める受け答えの組み合わせ］

クライエント：「会場に向かう車の中で、彼女がタバコに火をつけた、あの時だと思います。そんなに肺がんになりたいのかって、彼女をからかったんです」

ソーシャルワーカー：「なるほど。そのときの彼女の反応はどうでした？彼女の気分を害したかもしれないと思いましたか？」［具体性を求める受け答え］

クライエント：「彼女は黙っていました。ただタバコをふかしていました。そのとき、彼女は本気で僕にいらついているんだなと思いました」

ソーシャルワーカー：「今、こうして振り返ってみると、その時点で関係を修復するために何と言えばよかったと思いますか」［問題解決方法について熟考を促す］

次の例では、初回の合同面接において、ソーシャルワーカーが共感的な受け答えと具体性を求める受け答えを取り混ぜて用いることで、やりとりに関する詳しい情報を引き出す様子を観察してほしい。受け答えを組み合わせることは、クライエントの問題に直接関わる特定の情報を豊富に引き出すために有効な技法である。具体性を求める受け答えは詳しい情報を引き出す。これに対して、共感的な受け答えは、クライエントが時々刻々経験していることにソーシャルワーカーが波長を合わせることを可能にする。これによって探索を妨げる障壁となる可能性がある感情に焦点を当てるのである。

ソーシャルワーカー：「あなたは、コミュニケーションに難しさがあると説明されましたね。うまくコミュニケーションが取れていないと感じたときの例を教えてください。そして、私たちが何が起きているか理解できているかどうか確認するために、少しずつ順を追って見ていきましょう」

妻：「ええ。週末がその例ですね。いつも、私は外出して子どもたちと楽しみたいと思うのだけど、ジョンは家にいたいって言うんです。いつも出かけたいとばかり言うって、私を責めるようになりました」

ソーシャルワーカー：「具体的な例を挙げていただけますか」［具体性の追求］

妻：「いいですよ。この前の土曜日、みんなで外食して、その後で映画を見たかったんです。でもジョンは家でテレビを見ていたいって言ったんです」

ソーシャルワーカー：「ジョンが何をしたかの前に、もう少しだけ奥さんのお話を聞かせてください。そのとき、あなたは本当に映画に行きたかったのですね。あなたの言動について正確に教えていただけますか？」［具体性の追求］

妻：「こう言ったと思います。『ジョン、子どもたちと夕飯と映画に出かけましょうよ』」

ソーシャルワーカー：「なるほど。話した内容はわかりました。それでは、どんな口調で話したのですか？」［具体性の追求］。

妻：「彼がどうせ嫌だと言うと思っていたから、本気で行きたがってるような言い方はしなかったと思うわ」

ソーシャルワーカー：「ジョンの方を向いて、そのときと同じ言い方で言ってみてください」［具体性の追求］

妻：「ええ。［夫の方に向き直って］映画に行きましょうよ？」

ソーシャルワーカー：「ジョンが外出することについて疑っているような声の響きがありますね」［焦点を当てての観察］

妻［さえぎって］：「彼が行きたくないのはわかってたから」

ソーシャルワーカー：「つまり、ご主人は当然行きたがらないだろうと思っていたということですね。まるでご主人の答えをすでにわかっていたみたいに」［夫に向かって］「奥さんが尋ねたときの言い方は、ご主人が覚えているのと同じですか？」［夫はうなずく］

ソーシャルワーカー：「奥さんが映画に行こうと尋ねた後、あなたはどうしましたか？」［具体性の追求］

夫：「いやだ、と言ったよ。土曜日は家でゆっくりしたかったんだ。家でできることもあるだろ、という気分だったんだ」

ソーシャルワーカー：「つまり、あなたの返事は短いものだったのですね。あなたはどうして出かけたくないかという理由を言わないで、ただ、いやだと言ったわけですね。間違いないですか」［焦点を当てた観察］

夫：「そうだよ。どうせ本当は別に行きたくないんだろうと思ったんだ。あんな言い方をするから」

ソーシャルワーカー：「いやだと言ったとき、どんな気持ちでしたか？」［具体性の追求］

夫：ただ本当にくたびれていたんじゃないかな。仕事のプレッシャーも多くて、たまにはのんびりしたい。それを妻は理解してくれないんだ」

ソーシャルワーカー：「つまり、あなたが話しているのは、そのとき『何もかも忘れられる時間がただ必要だった』ということですね。だけど、奥さんがあなたの気持ちを理解してくれるかどうか疑わしく思ったのですね」［夫はうなずく］［妻の方を向いて］「それでは、ご主人がいやだと言った後、あなたはどうしましたか？」［共感的な受け答えと具体性を求める受け答えの組み合わせ］

妻：「家で座っているだけの主人の様子について話し始めたと思います」

ソーシャルワーカー：「望んでいたような返事をジョンからもらえなかったことで、あなたは傷ついて、大切にされていないと感じたのではないかと思いますがいかがですか？」［共感的な受け答え］

妻［うなずいて］：「私が何をしたいかについて考えてくれているなんて思えませんでした」

ソーシャルワーカー：「では、奥さんが自分の気持ちに対処したときのやり方は、『自分はこんなふうに感じている』と伝えることよりも、むしろ、ジョンを批判することだったとまとめても問題ないでしょうか？」［妻はうなずく］［具体性の追求］

ソーシャルワーカー［夫に向かって］：「では、先ほどの具体例に戻りましょう。奥さんに責め

られて、あなたはどうしましたか？」［具体性の追求］
夫：「言い返したと思う。『お前もたまには家にいろ。やるべきことがあるだろ』って」

　この一連のやりとりの中で、ソーシャルワーカーは質問をすることで、夫婦に自分たちの相互作用の流れを描写させ、その過程で主要な細部を引き出し、語れなかった憶測やメッセージについての洞察を与えた。

焦点づけを妨げる障害に対応する

　選択的に焦点を当てて、話題としている領域を深く掘り下げる努力をしているのに、核心に触れる情報を引き出せないことが時にあるかもしれない。このような場合、まずソーシャルワーカー自身の面接スタイルの有効性を評価すべきではあるけれども、同時に、彼らの行動があなたの焦点化に向けた努力の妨げにどの程度なっているか検討するために、クライエントのコミュニケーションのスタイルを分析することも必要である。クライエントには、対人関係に困難を生じさせるコミュニケーションや行動のパターンをもっている（しかし、気づいていない）がために、援助を求めてくる者が多い。加えて、まだソーシャルワーカーとの関係が自分の力になると考えていないような、自発性に乏しいクライエントでは、焦点を当てられることを避けたがる場合がある。以下のリストは、個人面接、家族面接、そしてグループ面接において、焦点を当てようとするあなたの試みに対抗するクライエントのコミュニケーションに共通するパターンを明らかにするものである。

- 「わかりません」と反応すること
- 話題を換えたり、気になる微妙な領域を避けたりすること
- 次々に話題を換えながら、とりとめなく話すこと
- 知性化すること、または抽象的であったり一般的な言葉を用いたりすること
- 現在から過去へ焦点をそらすこと
- 質問に対して質問で返すこと
- 過剰に口を挟んでくること
- 質問されたときに意見を表明しなくなること
- 過剰に言葉の量が増えること
- 話題や問題を巧妙にかわすためにユーモアや皮肉を用いること
- 言葉で議論を威圧すること

　ソーシャルワーカーの支援を求める気持ちなどなく、焦点を当てられることを避けたがる人が、自らのプライバシーを守るためにどのようにしてこの種の方法を用いるかを把握するのは容易である。法の強制によるクライエントの場合には、こうした行動は、信頼のレベルが低いことや、ソーシャルワーカーとの出会いの有効性に疑いをもっていることを意味していそうである。問題を探ることから目を背けようとする行動やコミュニケーションが度重なる場合には、クライエントの注意を巧みに問題の探索に向けさせたり、クライエントが実際的な目標に見合う行動を取るように支援したりすることにより、これに対抗することができる。グループの中においては、ソーシャルワーカーは効果的な焦点づけやコミュニケーションの邪魔をする行動を修正す

る方向でメンバーたちを支えなければならない。そうしないと、問題解決に関わる作業のほとんどが達成される段階までグループを成長させることができないからである。クライエントが子どもである場合、最初のコンタクトでの受け答えは、限定的で、受動的で、表現力の乏しいものになることが多い。こうした行動は、コミュニケーションをしていないと解釈されるかもしれない。しかし実際のところ、子どもは、見知らぬ権威ある人との相互作用において、このような行動が適切だと考えている場合が多いのである（Hersen & Thomas, 2007；Lamb & Brown, 2006；Evans, 2004；Powell, Thomson, & Dietze, 1997）。

　ソーシャルワーカーはクライエントのもたらす障壁を取り扱い、修正するために多種多様な技法を使うことができる。このようなテクニックには次のことが含まれる。クライエントにそれまでと異なるコミュニケーションやふるまいを求めること；クライエントがより効果的なコミュニケーションのスタイルを身につけることができるように、教え、模範を示し、コーチングすること；前向きで促進的な反応を強化すること；機能しうる行動に対して選択的に注意を向けること。

クライエントが問題に焦点を当てること、またそのやり直しをすることを助ける介入

　グループ面接や合同面接の中で生じるコミュニケーションには、単に複雑だというだけではなく、混乱させられるものや、見当違いのものが交じってくる場合がある。そうなると、さまざまな話題の間をさまよったり、とりとめのないものになったりせずに、定められた話題をしっかり探ることができるようにメンバーを支援するというソーシャルワーカーの仕事は、困難なものになる。このことに関連して、ソーシャルワーカーが用いることのできるテクニックとして、問題を強調したり明確にしたりすることや、見過ごされてきたコメントや事柄にクライエントの注意を向けさせることがある。このような例において、その目指すところは必ずしも話題を探ることではなく（探索はその後で行われることになるだろうが）、むしろ、重要な内容を強調したり明瞭にしたりすることである。ソーシャルワーカーは、面接の早い時期に生起した、あるいはソーシャルワーカーによる焦点化の受け答えの直前に発生したコミュニケーションや出来事に、クライエントの注意を向けさせる。このテクニックは以下のようなメッセージの形をとって用いられる。

- ［両親が同席する面接で息子に向かって］：「レイ、ついさっき、君は重要な指摘をしたね。ご両親は気づかれたでしょうか。さっき話したことをもう一度言ってくれないかな」
- ［ある人に対して］：「少し前の発言に戻りたいと思うのですが。あなたは_____と言いましたね。そのとき、私は口を挟みたくなかったのです。多分、それは大切な発言で、今振り返ってみるといいと思うのです」
- ［家族に向けて］：「少し前、私たちが話し合っていたときにあることが起きました。［出来事を記述する。］そのとき、私たちは別の議論をしていましたが、このことによって、みなさんはどれほど深く影響を受けただろうと思われたので、覚えていたのです。ほんの少しの間だけでも起きたことについて検討したらいいと思います」
- ［グループのメンバーに対して］「ジョン、ちょっと前にあなたが話していたときの、_____という発言だけど、何を伝えたかったのかわからなかったの。私と他のメンバーのために、この発言について明確にしてもらえますか？」
- ［グループに向かって］：「少し前に、私たちは_____に関する議論に集中して取り組んでいました。ところが、その議論から注意がそれてしまい、私たちがここに集まっている目的

とはさほど関係がないと思われる話になってしまいました。先に話していた主題を中途半端なままにしてしまうのはどうかと私は思います。というのも、みなさんは何らかの解決策を見いだそうと熱心に議論していましたし、それで、もう少しで何か突破口が見えるような気がしていたからです」

　グループ面接や家族面接におけるコミュニケーションの複雑さゆえに、焦点づけのプロセスの中で多少の効率の悪さが生じるのは避けられない。それでもなお、ソーシャルワーカーは効果的に焦点を当てるための行動を教えることにより、グループの焦点づけに向けた努力をさらに進めて、より効率的に時間を使えるように促すことができる。私たちは、ソーシャルワーカーが実際に、グループが焦点づけする役割をもつことについて説明し、関わることや、能動的傾聴、オープンエンド型の質問といった、焦点化にとって望ましい行動を同定することを提案しているのである。この話し合いの中で、これらの技術を活用することでメンバーが問題の探索を促進できると強調することが重要である。

　ソーシャルワーカーは、グループや家族が適切な形で問題に焦点を当てているときに、彼らにポジティブなフィードバックを与え、彼らの努力を強化することによって、これらの技術のより積極的な使用を促すことができる。グループのメンバーは通常、焦点を当てる方法を学ぶ際に、何らかの困難を経験するものだが、ソーシャルワーカーによる十分な指導と教育が実施されれば、3回目か4回目の面接までには問題を深く掘り下げることができるようになる。ソーシャルワーカーによるこのような尽力によって、グループは成熟に向かって、つまり個々のメンバーがセラピーの恩恵を最大限に受けることができる段階に向かって、加速して前進することができる。事実、この段階にあるグループには、メンバーたちが多くの話題の表面をかすめるのではなく、むしろ問題をかなりの深さまで探るという特徴がある。

■要約して返す受け答え

要約という技法には、異なりつつも相互に関連する4つの面がある。

1. 議論の焦点を変更する前に、特定の問題に関する議論の重要な面を強調すること
2. クライエントのメッセージが冗長な場合に、関連する面の間の結びつきを示すこと
3. 次の面接の前に、この回の面接の主要な焦点とクライエントが取り組む予定の課題について振り返ること
4. 面接と面接の間に焦点と連続性を与える目的で、前回面接の強調点を繰り返して伝え、その週の課題に関するクライエントの進歩具合を振り返る

　こうした要約の諸側面は、用いられる時も方法も異なるが、援助のプロセスのさまざまなところで明らかになる要素を機能面で結びつけるという共通の目的で役に立つものである。これらの詳細については次節で考察する。

問題の重要な面を強調する

　問題に対する探索がそれほど深いものになっていない面接初期の段階では、要約の技法は、次

の問題の探索に進む前に、1つの問題の本質的な諸側面を結びつけ、強調するために効果的に用いられる。例えば、外界からの圧力、明白な行動パターン、充足されない要求や欲求、秘められた思考と感情といった複数の要因の交錯によって、どのようにしてその問題が生み出されているように見えるかをソーシャルワーカーは記述できるかもしれない。重要な鍵となる諸要素を結びつけることは、クライエントが自らの問題に対してより正確で完全な観点を獲得するために役立つ。

　要約の技法は、このような形で用いられる場合、問題を構成する断片を組み合わせて一貫性のある全体像を形成するという機能をもつことになる。新鮮でより正確な観点で問題を見ることは有益である場合が多い。なぜなら、これによってクライエントの認識が広がり、それまでは乗り越えられないと思われていた問題に取り組むための希望と情熱が生み出されるからである。

　問題を強調する要約の技法は一般的に、面接の中で自然に訪れる場面で用いられる。それは、その問題を構成する重要な諸側面が適切に探索されてきたとソーシャルワーカーが確信し、クライエントは自らの懸案事項について話をする機会を得てきたことに納得しているように見える場面である。次の例は、この種の要約の技法を示すものである。この事例では、80歳になる未亡人のクライエントが健康面での衰えと孤立感、最近見せるようになった精神的落ち込みのため、他の居住施設への移住の可能性を探索するために、高齢者向けサービス・プログラムに紹介されてきた。ソーシャルワーカーとともに、他の居住施設への移住について探索するためのワークを進めるにつれ、二人は、クライエントにとってよりよい居住環境といえるために重要ないくつかの特徴を見いだした。重要な特徴をなす諸要因を強調しつつ、ソーシャルワーカーは現時点での結論を要約している：

ソーシャルワーカー：「つまり、社会と交流を持てる環境を探しているけれど、プライバシーもあなたにとって重要だということでしょうか。つまり、あなたは、自分なりに頼らずやっていきたいと思っているのですね」

　この種の要約の受け答えは、目標を定めるプロセスのための序章的な役割を果たす。目標は、問題を定めるところから、自然に流れるように導かれていくものだからである。さらにその上に、その問題を構成するさまざまな側面を強調することは、目標に達するために達成しなければならない小目標や課題を順に見いだしていくことを促す。先の例では、よりよい生活の状況について探索するために、ソーシャルワーカーは、クライエントに、自分が求めるプライバシーの形（一人暮らしか誰かとの同居か）と、社会との交流の種類（望ましい他者との接触の量と質）を分析できるように、手助けすることになる。

　問題を構成する際立つ諸側面を要約することは、グループ、夫婦、家族との面接の中で重要な技法である。これを用いることで、ソーシャルワーカーは、ここというところでセッションの流れを一旦停止し、それぞれの参加者が感じている困難を強調することができる。例えば、妊娠した少女と母親との家族面接において、ソーシャルワーカーは、以下のように話をすることができた。

- ［妊娠している少女に向かって］：「あなたは、お腹の赤ちゃんをどうするかは、自分が決めることだと思っているのですね。自分の身体にとって、そしてあなたにとって、中絶が最

良の解決策だと判断したのですね。あなたはこの決定を下す法的権利が自分にあるのを知っていて、それを支持してほしいと思っている。お母さんはあなたを助けたいと思っていても、どのような判断を下すべきかについては口を出すことはできないと、あなたは感じているのですね」

- ［母親に対して］：「お話をされている間、あなたは悲しみに満ちていて、娘さんが下そうとしている決断についてとても心を悩ませているようでした。『娘のことは大切に思っている。でも、自分自身でこのような決断ができるほど大人じゃないと思う』とあなたはお話しされました。あなたの家系の女性は妊娠するのが大変難しいということでしたね。そして、娘さんに中絶以外の選択肢を検討してほしいというのが、あなたの願いなのですね。つまり、娘さんに対する責任は感じるけれど、お腹の中の赤ちゃんに対しても、子どもを宿すことに関する家族の歴史に対しても責任を感じているということでしょうか」

このような受け答えは、面接に耳を傾けているすべてのメンバーに向けて、それぞれの参加者がもっている要求や懸念や問題を、簡潔かつ中立的な言葉でまとめて伝えている。この種の要約は、現在生じている問題に対してすべての参加者が解決のために努力し、責任を負うことを強調する。それにより、家族が、家庭内の問題の原因のすべてを1人の人間に押し付けがちな傾向に対抗するのである。

冗長なメッセージを要約する

クライエントのメッセージは一語または一文のものから、冗長な、そして時にはとりとめのない独白までさまざまである。簡潔なメッセージはその意味や重要性が容易に認識できる場合が多いのに対し、冗長なメッセージはソーシャルワーカーに多様で複雑な要素を要約してつなぐという難題を強いる。複数の要素をつなぐことは、クライエントのメッセージの重要性と意味にしばしば光を当てて、それらを拡張する。そのため、このようなメッセージは第17章で論じる専門家によるより深い共感の一つの型ということができる。

クライエントの冗長なメッセージには、通常、感情、思考、記述的内容が含まれるため、あなたはどのようにこれらの側面を議論の焦点に結びつけるかを決める必要がある。例として、脳に軽い障害を持ち、社会から引きこもっている16歳の女性が発した次のメッセージについて考えてみてほしい。彼女は一人っ子で、過保護でありながらも同時に微妙に拒絶的な母親に、極端に依存している。

クライエント：「母は私を愛していると言いますが、私はそれを信じられません。私は母を喜ばせたことなんて一度もありません。母は私が髪を一人で洗えないと言うと怒鳴りつけます。でも母の助けを借りないとうまく洗えないのです。『いつまで子どもでいるのかしら？』と母は言います。母は友達と一緒に出かけてしまい、私はあの古い家に一人で残されます。あの家に一人で残されたら、私がどれだけ怖がるか知っているのに。母はこんなふうに言います。『ナンシー、ずっとあなたの子守りばかりしているわけにはいかないのよ。お母さんだって自分のためにしたいこともあるのだから。友達を作るとか、テレビを見るとか、ギターでも弾いてみてはどうかしら？ 自分のことをかわいそうに思うのはいい加減やめるのよ』。愛している人がこんなこと言いますか？ 母に怒鳴られたら私はすごく腹が立って、

殺したい気持ちを我慢するのが精一杯です」

クライエントのメッセージの中には以下のような要素が込められている。

1．母親から愛されたいが、安心できず、拒否されていると時に感じる。
2．例えば洗髪のような、特定のことをうまくやれないと感じている。
3．ある特定の世話をしてもらうことや、人づきあいに関して、極端に母親に依存していると感じている。
4．母親に一人にされると恐怖を感じる。
5．母に非難されたり一人にされたりすると、傷つき（言葉にはしていない）、怒りを感じる。
6．母親から怒鳴られると強い怒りを感じ、襲い掛かりたい気持ちになる。

次の要約による受け答えは、これらの要素をまとめたものである。

ソーシャルワーカー：「つまり、あなたは、お母さんに対する感情によってさまざまな方向に振り回されていると感じるのですね。お母さんに愛されたい。でも、非難されたり一人にされたりすると、愛されていないと感じて腹が立つ。そして、いろいろなことでお母さんに頼っているから、どうしたらいいかわからない。でも、時々、怒鳴りつけられると、本当に腹が立って、やり返したくなる。そんなふうにピリピリしないでもっとお母さんとの関係が楽になればいいと思っているのですね」

合同面接やグループ面接では、要約技法は、交流の中に含まれる重要な要素と力動に光を当て、これらを結び合わせるために効果的に用いることもできる。以下のやりとりとソーシャルワーカーの要約による受け答えが、その例である。

> ◇事例『帰省』の中で、合同面接の模様を見ることができる。この中で、家族治療を受けに来たカップルは、それぞれの家族とどの程度オープンな関係を築くべきなのかについて悩んでいる。ジャッキーはオープンに会話がなされる家庭で育った。彼女はアナの家族にあるオープンに気持ちを取り扱うことに遠慮がちな雰囲気に、不満を感じていた。実践者のキムは以下のように要約して言った。「新しい家庭を築いたり新たにカップルになったりするときには、自分が育った家庭と作ろうとしている新しい家庭との間で悩むものです。これは休みの日の計画を決めるときに表面化することがあります」

時折、クライエントのメッセージが、すべてを結び付けることなどできないくらい膨大な量の無関係な要素を含むくらい、あまりにもとりとめのないことがある。このような場合には、その時点での面接の主旨に最も関係のあるメッセージの諸要素を引き出し、これに焦点を当てることがソーシャルワーカーの仕事である。このような使い方をすれば、要約技法は面接に焦点と方向性を与え、目的のない雑談のようになることを防ぐことになる。思考がルーズなクライエントや、不快な事柄に焦点を当てなければならないことを避けて、とりとめなく話すクライエントに対して、あなたは見かけ上の焦点と継続性を確かめるために口を挟んで話を切ることが必要になる場

合もあるだろう。そうしなければ、面接は支離滅裂で非生産的なものになってしまう。焦点と継続性を維持するための技術は後に本章および第13章にて論じる。

面接の焦点を振り返る

個人面接や合同面接、グループ面接の経過中に、複数の問題に焦点を当て、個々の問題に関わるたくさんの要素について話し合うことがよくある。初回あるいは２回目のセッションの終了近くで、初期の探索に費やされた時間に応じて、要約の技法が使われる。要約の技法は、それまでに話し合われてきた重要な諸問題を振り返り、これらの問題に関連するテーマやパターンを強調するために用いられる。テーマやパターンを要約することは、機能不全を起こしているパターンと、明らかにされた困難においてクライエント自身が果たす役割に関するクライエント一人ひとりの認識を広げる（クライエントが要約の内容の妥当性を認めていることが前提である）。以上のように、この技術を用いることで、成長と変化に向かう有望な道が開かれるのである。

ソーシャルワーカーは、実際に、要約する受け答えを用いて面接の中で見いだされた問題をはらむテーマやパターンを振り返り、クライエントがこれらの問題のパターンの修正に向かうという目標に取り組む心構えがどの程度あるかを測ることができる。

◇事例『故郷へ帰る』では、面接の終了間際に、ソーシャルワーカーのドロシーが以下のように要約を行っている：「あなたは、思わしくない勤務評定で仕事上のストレスを多く抱え、あなたの昇進の可能性について同僚から嫌味な言葉を浴びせられる不安も抱えています。家の方では、あなたは同居のお母さんの世話をし、外で働かず家にいる息子さんとその恋人、それにその二人の赤ん坊の面倒までみています。頼みの娘さんも子どもたちの世話に忙しい。家庭を維持するための仕事がすべてあなたにのしかかっています。あなたは食事も睡眠も満足に取れておらず、以前は好きだったことにも興味が持てなくなっています」

主要な焦点と今後の継続性の視点を与える

ソーシャルワーカーは、個人面接やグループ面接、合同面接の開始時に、前回の面接でクライエントが成し遂げたことを振り返り、今回の面接に向けたステージを設定するためにも、要約の技術を用いることができる。同時に、ソーシャルワーカーは、今回の面接の中でクライエントたちが達成したいと願うことに関して、何を議論すれば有効であるかを考えたり、あるいは何をしてクライエントの気持ちをリフレッシュするかを決定したりするかもしれない。さらに、要約技法を、１つの議論の結論を出すところで重要な点をまとめるために定期的に用いたり、面接の最後に主要な焦点を振り返ったりするために用いることもできる。そのようにしながら、ソーシャルワーカーは、その回の面接の成果を、クライエントの目指す目標という大きな視野の中に位置づける必要がある。ソーシャルワーカーは、個々の面接において現れた目立った内容や動きが、より大きな全体の中でどのように調和するかを検討しようとする。そうすることで初めて、ソーシャルワーカーとクライエントは方向感覚を維持することや、迷ったり迂回したりすることによる無用な遅延の発生（面接と面接の間、または面接の中で継続性を欠く場合によく生じる問題である）を回避することを期待できるのである。

割り当てられた時間の終了間近に、要約技法を「締めくくり」として用いることで、ソーシャルワーカーはこの回の面接を自然な結論へと導くことができる。この回の鍵となるポイントを強調し、一つにまとめることに加えて、ソーシャルワーカーは次回の面接までに実行する課題についてクライエントの計画をよく吟味する。面接がこのような要約で終わる場合、すべての参加者は互いの努力が方向づけられる目標と関連づけて自分たちがそれまでどこにいて、これからどこへ向かうのかを明確しているはずである。

相手の話に沿う技術を自分で分析する

　ある期間の間に、どのくらいの頻度で、いくつかの主要な「相手の話に沿う技術」（共感的な受け答え、具体性を求める受け答え、オープンエンド型の受け答え、クローズドエンド型の受け答え）が出現するかを数え上げることで、これらの各技術を、相互に関連付けながら、どの程度、活用し、組み合わせ、バランスをとっているかについて評価する準備ができる。相手の話に沿う技術を記録する書式（図6-2）上に、録音された面接から抜きだされたあなたの受け答えを一つ一つ分類してみてほしい。一人で、あるいは実習の指導教官と一緒に、さまざまな受け答えの相対的な使用や組み合わせの程度について分析して、特定の種類の受け答えの出現頻度が高すぎたり低すぎたりすることがないか確認してほしい。そして、今後の面接に向けて、技術の使用におけるバランスの悪さを是正するステップを考慮してみてほしい。

■まとめ

　本章では、読者がソーシャルワーク実践の中で、よりよい焦点化、言葉を用いて気持ちをフォローすること、要約を行うための手段として、探索や言い換えの方法、クローズドエンド型の受け答えやオープンエンド型の受け答えなどを適切に用いる方法を身につけることを支援してきた。これらの技術はクライエントとの対話においても、クライエントの代理である他の関係者や同僚と対話するときにも応用することができる。第7章では、経験の浅いソーシャルワーカーが直面する共通の困難と、これを克服するためのいくつかの方法について探索する。

■言い換えの演習の回答例

1．「あなたは自分が機能していない集団の中ではとにかく緊張してしまうのですね」

2．「つまり、あなたはご主人とお子さんの話に耳を傾けることについて、本当の進歩を遂げたのですね」

3．「お母さんと言い争うとき、恐怖心がひどく邪魔をして、あなたはいつも損をしてしまうのですね」

4．「お子さんにあまり会えなくなるというのは、離婚の代償としては高すぎると考えて、本当に悩んで迷っているのですね。だけど、このまま結婚生活を続けても、これ以上よくなることはないと、そう確信しているのですね」

第6章 相手の話に沿い、問題を探り、焦点を当てる技術

図6-2 「相手の話に沿う技術」の記録用書式

クライエントのメッセージ	オープンエンド型の受け答え	クローズドエンド型の受け答え	共感的受け答え	共感のレベル	具体性を求める受け答え	要約する受け答え	その他の受け答え
1.							
2.							
3.							
4.							
5.							
6.							
7.							

指示：録音された面接からあなたの受け答えを抜き出し、その一つ一つを分類してください。ある受け答えが複数のカテゴリーにまたがる場合（組み合わされた受け答え）、1つの受け答えとして記録すること。ただし、その受け答えに含まれる複数のカテゴリーをそれぞれチェックすること。「その他の受け答え」に分類されたもの以外の受け答えについて、特定の種類の受け答えの使用頻度が高すぎたり低すぎたりしないかを分析し、今後の面接で、この偏りを是正するために何をすればよいかを見いだすこと。「相手の話に沿う技術」に対する習熟度を長期にわたって確認できるように書式をコピーして持っておくこと。

5．「つまり、ここの人たちが親切で、あなたが人との付き合い方を心得ていたことで、ここでの生活に適応しやすかったということですね」

6．「つまり、娘さんの問題の多くは、あなたに原因があると思っているのですね」

7．「あなたは、子育てと仕事の責任の板挟みで、負担を抱えすぎているということですね」

8．「あなたの過去の経験から、これ以上サービスを続けても効果があるか疑わしいと思われるのですね。お母さんがやる気がないと感じていることについてもう少し教えてくれますか？」

9．「つまり、時々あなたは人生に裏切られたように感じ、またある時は、病気になったのは自分がタバコを吸ってきた結果だと思うのですね」

10．「つまり、あなたにとってこの学校でリラックスして過ごしたり友達を作ったりすることは簡単なことではないということですね。あなたが卑怯だと思うようなことを彼らがしてきたら、あなたも身を守るためにやり返さないといけないと思うのですね」

■クローズドエンド型とオープンエンド型の受け答えを区別する演習の解答

発言	受け答え
1	C
2	O
3	O
4	C

■オープンエンド型の受け答えの回答例

1．「あなたがラルフに印象づけたいと思う気持ちについて、もう少し聞かせてもらえないでしょうか？」

2．「あなたは何を失敗しないかと心配しているのでしょうか？」

3．「その保護観察官との経験を踏まえて、あなたは、私とどのような関係を築きたいですか？」

4．「つまり、あなたの施設ではグラディスが必要としていることを提供できないと思われるのですね。彼女が求めているとあなたが考えているケアというのはどういうものなのか説明してくれますか？」

5．「つまり、あなたが最善だと考えることを行うために、私が手伝いたいと思っているなんて信用しないというのですね。あなたのお母さんと結託しているとあなたに思わせたのは、私のどのような言動だったのか、教えてもらえますか？」

6．「あなたはまさに今、本当に希望を持てない状況にあるということのようですね。解決のための努力を続けたいのか、自分でもわからないと話していたとき、あなたは何をしようと考えていたのでしょう。もっと聞かせてくれませんか？」

注
1．これらのメッセージのうちのいくつかは、具体性の追求に分類することもできるだろう。具体性を求めるメッセージとオープンエンド型のメッセージは両立しないものではない。実際、両者はかなりの程度重なっている場合が多いのである。

第7章

逆効果を生むコミュニケーション・パターンの除去

> **本章の概要**
>
> 　第7章では、経験の浅いソーシャルワーカーが（経験のあるソーシャルワーカーの多くも）実践の中で体験するコミュニケーションの難しさについて検討し、そのような不完全なコミュニケーション・パターンの代わりになりうる建設的なパターンを示す。こうした困難に注意するようになることで、経験の浅いソーシャルワーカーは、建設的なやり方でコミュニケーションを行うことに注意を集中することができる。ダイレクト実践への応用のみならず、本章では、メゾやマクロの領域での実践におけるコミュニケーションの例も数多く提供する。

■逆効果を生むコミュニケーション・パターンの影響

　ソーシャルワーカーになって間もないあなたは、人の役に立ちたいという願いと自らの技術を高めようという決意をもって実践に臨む。この願いと決意は、すべてのクライエントが問題を解決し、あなたの能力に感謝することを保証するような完璧な技術へと、直接に変換されるわけではない。むしろ、あなたは必ず失敗をし、よほどの努力をしないことには、自分がいつか完全にうまくいったと思える日が来ることはないのではないかと悩むことになるだろう。しかし、気を落とさないでほしい。どんなに力を持ったソーシャルワーカーでも、最初は初心者だったのである。失敗から学ぶことは、あなたの教育にとって不可欠な一部なのである。本章は、あなたが援助プロセスを阻害する可能性のある言語的および非言語的コミュニケーションを認識し、これを克服できるよう支援することを目的としている。

　一途なソーシャルワーカーによるコミュニケーションのレパートリーには、覚えたての新しい技術のたどたどしい試みや、情報の自由な流れを阻害して援助関係にネガティブな影響を与えるような受け答えのパターンが常に見られるものである。このような受け答えのパターンは、例えば、防衛的姿勢や敵意、沈黙などを生み出し、受け答えのたびにワークの進行を阻害してしまう。このような受け答えをずっとしていると、成長の阻害、時期尚早な中断、クライエントの機能の悪化などを引き起こしかねない。ニュージェント＆ハーヴァーソン（Nugent and Halvorson,1995）は、積極的に傾聴する際の言葉の用い方が異なるだけで、クライエントの情緒的な反応がすぐに異なってくるということを示している。

初心の学生による実践に関する最近の研究では、学部の学生396人と院生276人によって行われた674件のロールプレイのビデオについての分析に基づいて、以下で示すような、ありがちな間違いのパターンを明らかにした（Ragg, Okagbue-Reaves, & Piers, 2007）。

■効果的なコミュニケーションを妨げる非言語的な阻害要因の除去

非言語的な行動は人々の相互作用に強い影響を及ぼす。このコミュニケーションの媒介の重要性は、面接の中でみせるカウンセラーの非言語的な行動がカウンセラーの有効性に対する評価に対して有意に働くという事実によって強調される。非言語的な手がかりは、言葉で伝達するメッセージを承認したり否定したりする機能を果たしているが、その大部分が、当事者の自覚していないものである。実際に、非言語的な手がかりは、情報の送り手が受け手に対して伝達するつもりのない情報を伝えてしまうという「情報漏えい」を生み出す可能性がある。例えば、赤面、冷笑、驚きや動揺などの表情は、ソーシャルワーカーのクライエントに対する態度を言葉よりもはるかに雄弁に物語る。事実、ソーシャルワーカーの言語的コミュニケーションと非言語的なコミュニケーションの間に不一致がある場合、クライエントはその言語的なメッセージへの疑念が高くなる。非言語的な手がかりが口に出して語られた言葉よりも正確に気持ちをあらわす。人は長い時間をかけて、他者との無数の交流を通じて、このことを学ぶのである。

身体的な関わり

経験の浅いソーシャルワーカーは自分の非言語的な行動に対し比較的無自覚である場合が多い。彼らは気遣いや理解、尊敬を伝える際に役立てるために、非言語的な行動を自覚的に利用する方法を学んだ経験がないのだろう。したがって、援助プロセスにとって不可欠な基本的な技術である「身体的な関わり」をマスターすることは、ソーシャルワーカーにとっての最初の学習課題の1つなのである。相手に対する身体的な関わりとは、受容的な態度によって伝えられるもので、例えば、クライエントにまっすぐに対面すること、身を乗り出すこと、目を合わせ続けること、リラックスした状態を保つことなどである。

関わることはまた、ソーシャルワーカーが「しっかりと立ち現れること」、すなわち、鍛錬された注意によって、クライエントと時々刻々接触を保つことを要求する。しっかりと立ち現れ、リラックスした態度で関わることを、経験の浅いソーシャルワーカーに期待するのは難しい。彼らは次に何をすればよいか、どうすればクライエントの役に立てるか、どうすればクライエントを傷つけないでいられるか、などと心配ばかりしているのが常だからである。初心者のソーシャルワーカーは、熟練のソーシャルワーカーのロールプレイや、クライエントとの面接の観察を数多く重ねておくことで、こうした技術が多くの経験によって発展する可能性をさらに高めるであろう。

非言語的な手がかりの微妙な文化的差異

異文化間の人間関係の中で十分に役立つような非言語的な行動を意識的に用いるために、ソーシャルワーカーが認識しておかねばならないのは、異なる文化に属する集団によって、特定の非言語的なふるまいのもつ意味が異なることである。例えば、視線を合わせることは、米国文化に所属する大多数の者たちには望ましいふるまいである。その上に実際のところ、視線を合わせる

ことを避ける人は、信用できない、あるいは回避的な人だと見なされるだろう。これとは逆に、あるアメリカ先民族の中には、直接相手の目を見つめることをプライバシーの侵害と見なすものがある。ある民族に所属する者と目を合わせようとする場合には、見つめることに関する規範について注意と調査が重要である（Gross, 1995）（注1）。

　ともかく、民族集団を横断して一般化することには危険が伴う。最近の研究においては、フィリピン人の学生は、多くの態度や見方、信念などに関して、中国人の学生よりも白人の学生の方に類似していることが報告されている。また、同じ研究が示すところによれば、女性は同じ民族集団内にいる男性よりも、異なる民族集団の女性同士の方と類似しているという（Agbayani-Siewart, 2004）。

　ソーシャルワーカーは、こうした条件を念頭に入れた上で、アジア人のクライエントが援助の専門家を、（しばしば身体的症状として示される）問題に対して助言を与えることで解決してくれる権威的存在とみなすことがあることを検討しておくべきである。アジア人のクライエントは権威者に対するこの敬意のために、ソーシャルワーカーに話しかけてもらわないかぎり、ほとんど話そうとしない場合がある。従って、ソーシャルワーカーは、このクライエントの態度を、受動的、寡黙、迎合的などと誤解してしまう場合があるのだ。その結果として、「セラピストが面接のお膳立てをしてくれ、主導権を握り、そして解決策を与えてくれるのを、クライエントが辛抱強く待っているために、沈黙という形で長いズレが生じることがある」（Tsui & Schultz, 1985, p. 565）。このようなコミュニケーションに生まれるズレは両当事者に不安を生み出し、この不安がラポールの形成を困難にし、援助プロセスを阻害してしまう。さらには、クライエントの非言語的行動を正しく解釈することに失敗してしまうために、ソーシャルワーカーはクライエントが単調で平坦な情緒状態にある（例えば、あまり感情が動かない）と、誤った判断をしてしまうかもしれない。こうした危険が潜むことを考慮するならば、例えば役割期待について明確化することに重点を置くなど、アジア人のクライエントに対してもっと積極的にふるまうことをソーシャルワーカーも配慮するべきだろう。

その他の非言語的な行動

　ソーシャルワーカーとクライエントとの心理的コンタクトを阻害する障壁が生まれる原因は他にもある。例えば、クライエントに対する判断や評価ばかりに没頭してしまう場合や、クライエントの問題を即座に解決する方法を見つけなければならないというプレッシャーを心のうちに抱えてしまう場合である。同様に、新しい技術を実践することで精一杯になって、クライエントに集中できないような場合もある。外からの雑音や電話の着信音、面接するには不適切な部屋、プライバシーの保護が不十分なことなども、ソーシャルワーカーが心理的な存在として立ち現れることを妨げる。

　好ましくないふるまいや望ましくない姿勢にあらわれる手がかりはたくさんあり、そうしたものを示してしまうことで、ソーシャルワーカーがクライエントに対する関心の薄さを伝えてしまうことがある。例えば、うつろなまなざし、窓の外に目をやること、頻繁に時計に目を向けること、あくびをすることや、そわそわした態度などは、クライエントへの注意の欠如を示唆する。手を震わせたり、身をこわばらせたりすることは、怒りや不安を伝達するであろう。ここに挙げたもの以外にもさまざまなふるまいに示される、自らに対する関心や敬意の欠如のようなメッセージを伝える手がかりは、ほとんどのクライエントに容易に気づかれるものである。いかなる

形であれ、批判されたり拒絶されたりすることに非常に敏感になっているクライエントがほとんどだからである。はっきりとしておこう。ある程度の資源と自尊心を持って自発的に関与するクライエントであるなら、無礼と感じられるソーシャルワーカーのふるまいを受容しないだろうし、それは当然のことだろう。ということは、このソーシャルワーカーのもとには、限られた選択肢とごくわずかな資源しか持たず、低い自尊心のクライエントしか、このようなふるまいを受け入れる以外にないと考えている法の強制によるクライエントしか残らないのだ。

> ◇事例『保護監察官とのワーク』に、ほぼレベル０の共感性を示す、敬意に欠く言語的および非言語的なふるまいの例がとして、を見てほしい。残念なことだが、配偶者に対する暴力のような逸脱行動の嫌疑をかけられている人を収容する施設においては、このような例は珍しいことではない。クライエントの立場は弱く、実践者は時間的制約の中でアセスメントを完了させなければならないからだ。実践者が、時間が切迫していることにクライエントの注意を促しつつ、以前行った、怒りの管理トレーニングにおいてほとんど何も身につけていないと判断している点に注目してほしい。幸いにも、あなたは例7-2を参照することもできる。こちらは例7-1のシナリオを、敬意をもった観点から再構成したものである。例7-1で見られる実践者のふるまいの一覧を作って、例7-2でのふるまいと比較してみてほしい。

非言語的なパターンによる受け答えの一覧の作成

クライエントに受け答えする際のあなた自身のスタイルに関する一覧作りに役立ててもらうために、表7-1に、推奨できる非言語的な行動と推奨できない非言語的な行動を示してある。あなたは自らの非言語的な受け答えのレパートリーの中に、両者が混在していることに気づくだろう。一部の受け答えは、援助関係を強化し、クライエントの進歩を促進する可能性を持つ。それ以外のものとして、初心者のソーシャルワーカーにみられる望ましくない態度に、過敏になることがあり、これはクライエントが自由に情報を開示することの妨げとなり、援助プロセスの進行の遅れと結びつくことがある。ここであなたがやるべきことは３つある。すなわち(1)あなたが繰り返している非言語的ふるまいを調べること、(2)効果的なコミュニケーションを阻害する非言語的なパターンを除去すること、(3)望ましい非言語的ふるまいを維持し、増やすこと。

本章の最後に、関わりの非言語的な側面に関してフィードバックを得るためにトレーニングあるいはスーパービジョンにおいて利用することを想定したチェックリストを付けてある。実際の面接あるいは模擬面接における自分のパフォーマンスの録画を振り返る機会や、スーパーバイザーや同僚からあなたのふるまいにしぼった形でフィードバックを得る機会があれば、関わりの身体的側面について比較的短期間で適切にマスターすることができるはずだ。

録画された実践風景を見れば、あなたがすでに表7-1に挙げた望ましい身体的な関わり行動のいくつかをすでに行っていることがわかるかもしれない。同時に、他者と関係を築くために明らかに役立つ、独自の非言語的特質、例えば、人懐っこい笑顔やリラックスした柔らかい物腰などを持っているかもしれない。自らの非言語的なふるまいの一覧を作る際には、これらのふるまいについて第三者からのフィードバックを受けるとよい。そして、適宜、推奨されるふるまいの頻度を高めていこう。とりわけ、第３章で論じたあたたかさという資質を磨くよう努力してほしい。

面接の録画を振り返る際、プレッシャーや緊張を感じたときの非言語的な反応に特に注意を払ってほしい。これを調べることが、あなたの反応が逆効果をもたらすものかどうかを判定するのに役立つ。初心の面接者は誰もが、クライエントとの最初のコンタクトで落ち着かない瞬間を経験するのであり、非言語的な反応は彼らがどの程度落ち着いていたかを測る指標となる。自らの行動に対する自覚を高めるためには、あなたが緊迫している時に示す言語的および非言語的な行動の一覧を作るとよい。面接の録画を振り返ると、緊迫している際には、ユーモアを用いて受け答えしたり、そわそわしたり、言葉の抑揚を変えたり、身体の姿勢を硬直させていたりするなど、あなたらしいさまざまな過敏な特徴を示すことに気づくかもしれない。不安を示す明白な徴候に気づくようになり、これを取り除こうと努力することは非言語的な反応に習熟するために重要なステップである。

表7-1 実践者の非言語的なコミュニケーションの一覧表

推　奨	非推奨
表　情	
・直接、目を合わせること（文化的に禁止されている場合を除く） ・表情に映し出される温かい気持ちと関心 ・クライエントと同じ目の高さを保つこと ・適度に豊かで生気をたたえた表情 ・リラックスした口元、時折示される微笑み	・目を合わせることの回避 ・人や物をじろじろと見ること ・批判的な形で眉を吊り上げること ・目の位置がクライエントより高いこと、あるいは低いこと ・過度にうなずくこと ・あくびをすること ・冷たく、硬い表情 ・不適切な軽微な笑み ・不賛成とばかりに唇をすぼめること、または怒りや笑いを抑えて唇を噛むこと
姿　勢	
・腕や手の動きに適度な表情があること、適切な身振り ・わずかに身を乗り出すこと、集中しつつリラックスしていること	・固い姿勢でいること、しっかり腕組みすること ・クライエントに正対せず身体を背けること ・手を落ち着きなくいじり動かすこと ・椅子の中で身体を終始動かしていたり、椅子を揺らしたりすること ・前屈みになったり、机に足を乗せたりすること ・口元に手や指を置くこと ・強調するために指差すこと
声	
・はっきりと聞こえるがうるさくはないこと ・温かみのある声の調子 ・クライエントのメッセージに含まれる気持ちや感情の微妙な色合いを反映するように声を調整すること ・適度な会話のテンポ	・ボソボソと話す、あるいは聞き取りにくい話し方 ・単調な声 ・つかえながら話すこと ・頻繁な文法的間違い ・長い沈黙 ・過剰に快活な話しぶり ・遅すぎたり、速すぎたり、途切れ途切れの話し方 ・神経質な笑い声 ・咳払いをし続けること ・大声で話すこと
身体的距離	
・椅子と椅子の距離が3～5フィート（1～1.5メートルであること）	・過度に近すぎたり遠すぎたりすること ・机や他の物を間に置くこと

◇事例『ごねる人への支援』の中で、実践者であるロン・ルーニーは、新たに重篤で慢性の精神疾患を持つクライエントのケースマネージャになった際に、資格の有無に関する質問をされて驚いた。はじめのうち、ロンがむすっとして、皮肉な感じで受け答えしている様子に気づいてほしい。その後、彼は、実はクライエントが、自身が食い物にされる恐れから自らを守るためにそのようにふるまっていると考え、態度を改めることになる。経験豊富な実践者であっても失敗をするものである。願わくば、経験の浅いソーシャルワーカーよりも速やかに自らの失敗に気づき、修復することを期待したい。

■コミュニケーションを妨げる言語的な阻害要因の除去

効果的でない受け答えには多くのタイプがあるが、こうした受け答えによりクライエントが問題を探求することやソーシャルワーカーと本音でやりとりする気持ちを思いとどまらせてしまうことがある。その理由を理解するために、リアクタンス理論について説明しよう。リアクタンス理論が示唆するところによると、クライエントは大切な自由を守るべく行動するという（Brehm & Brehm, 1981）。このような自由には、自分の意見を持つ自由や行為に向かう傾向が含まれる。このような貴重な自由が脅かされると、クライエントはしばしば、議論から撤退したり、異議を唱えたり、あるいは表層的な話題に向かうのである。

以下のリストは一般的な言葉の阻害要因を示している。これらは通常、コミュニケーションにおいて直接に否定的な効果を及ぼし、クライエントが関連する情報を明らかにすることや問題に取り組むことを抑制してしまう。

1．安心させること、同情すること、慰めること、大目に見ること
2．早計に助言すること、忠告や解決策を与えること
3．皮肉やユーモアを用いて、クライエントが問題に向かうことの邪魔をしたり、クライエントの問題を軽く扱うこと
4．評価すること、批判すること、非難すること
5．理詰めや、説教、指示、説得などによって正しい物の見方を納得させようとすること
6．分析すること、診断すること、うわべだけのあるいは独善的な解釈をすること
7．脅すこと、警告すること、反撃すること

最初の3つの行動は、経験の浅い実践者が、さまざまな集団に属する人々に対して、あるいは多様な設定場面において広くやってしまいがちな間違いである。そこにはソーシャルワーカーとしての過敏さと、早く役に立ちたいという強い願いが反映している場合が多い。3から7番もよくある失敗だが、「とらわれたクライエント」とのワークにおいてよく発生しやすい。この言葉は、クライエントとソーシャルワーカーの力が対等ではなく、容易に逃げ出すことができない状況にあるクライエントを意味する。これらの行動の根底には、本人や他者に害をもたらすような行動や問題解決を行ってきた人々に対する、ソーシャルワーカーの優越感を反映するテーマが存

在しているかもしれない。

安心させること、同情すること、慰めること、大目に見ること

- 「明日はもっとよくなっていますよ」
- 「大丈夫。何とかなります」
- 「たぶん、あなたは状況を悪くするようなことを何もしなかったと思います」
- 「本当に気の毒に思います」

　初心者のソーシャルワーカーの面接の録音を調べると、その90%に見られるパターンが、クライエントがそうするのは当たり前であるとか、クライエントが気にかけている問題に対してあなたには責任がないなどと、クライエントを安心させようとする内容であった（Ragg, Okagbue-Reaves, Piers, 2007）。正当な理由がある場合、安心を与える受け答えは、選択的に、タイミングを間違えなければ、クライエントにとって必要な希望や支えとなりうる（注2）。しかしながら、「何とかなりますよ」「誰だって問題を抱えているんです」「見かけほど絶望的な事態ではないです」などと、クライエントをうわべの言葉で安心させようとするのでは、ソーシャルワーカーはクライエントの落胆や怒り、絶望感、無力感といった感情を避けていることになる。クライエントが直面させられている状況は厳しいことが多く、やすやすと直接的な安心をもたらすことなどできない。クライエントの感情をうわべだけの言葉で取り繕い、居心地の悪さを回避しようとするのではなく、ソーシャルワーカーはこのような苦悩の感情の探求を引き受け、苦痛な現実を認識するための支援を引き受けなければならない。初心のソーシャルワーカーは、自分はまずクライエントの経験している困難に耳を傾け、理解するのだということをクライエントに伝える必要がある。それでこそ、これからの改善への見通しを探求する中で、希望についてもクライエントに伝えることができるだろう。会話の中に適切なタイミングがあればだが。

　早計に、あるいは希望に関する真の根拠もなく、クライエントを安心させることは、クライエントのためというよりも、ソーシャルワーカーの意図に沿ってなされることが多い。実際のところ、クライエントが困難に感じていることを打ち明けることをソーシャルワーカーが思いとどまらせようと努力していることを意味している可能性もある。すなわち、安心は、クライエントの援助のためというよりも、むしろソーシャルワーカーの心の平静と均衡を取り戻すのに役立てられているのかもしれない。このようなうわべだけの発言は、希望を見いださせるというよりむしろ、クライエントの感情を理解していないことを伝えてしまい、ソーシャルワーカーの偽りのなさについて疑念を生じさせる。クライエントの方は、「そんなふうに言うのは簡単だろうが、実際に私がどれだけ怯えているかわかっていないだろう」とか「私を気分よくさせるために言っているだけだろう」などと考えて反応するかもしれない。加えて、クライエントの弁明にまわる受け答え（例：「あなたは非難されるいわれはない」）や、クライエントの立場に同情する受け答え（「あなたがどうしてそんなふうに感じるのか、よくわかります。私だって恐らく同じことをしたでしょう」）などは、知らず知らずに不適切な行動を強化してしまったり、問題に取り組むにあたってのクライエントのもつべき不安や意欲を減じてしまうという効果を持つことがしばしば生じる。

◇不適切な形で安心させることの代わりに用いることができる、より前向きで有益な受け答えが、肯定的なリフレーミングという技法である。これはクライエントの問題を軽く扱う

のではなく、異なる方向から光を当てるものである。例えば、事例『故郷へ帰る』の中でクライエントであるヴァルは、薬物を再使用することへの懸念について語り始める。実践者のドロシーは、このような心配を軽く扱うことはせず、ヴァルがどのようにして薬物を再び使いたいという欲求に何とか対処してきたかについて質問をしている。

早計に助言すること、忠告や解決策を与えること

- 「ここで多くの困難を背負ってきた経緯があるのですから、新しい場所への転居をお勧めします」
- 「娘さんに別の新しい方法を試してみる必要があると思います。私がご提案したいのは……」
- 「タイムアウト［訳注：問題となる行動を強めてしまう刺激やその刺激のある場所から一定時間引き離すこと］を試してみるのが一番かと思います」
- 「あなたのパートナーがそんなにダメな人なのであれば、誰か別の方と新しい関係を築かれてはどうですか？」

ラッグ、オカクビ - リーブス＆ピアーズ（Ragg, Okagbue-Reaves, and Piers, 2007）の研究によれば、経験の浅い実践者たちの録画の90% で、実践者がある時点でクライエントの話に耳を傾けるのをやめてしまい、問題提起に対する解決策を思いつこうと頭の中で考え事を始めているように見える場面があるという。これが、もう一つのよくあるパターンである。このようなパターンは、過去の仕事における立場や、友人とのやりとりの中で養われたのかもしれない。より大きな状況を把握することなく問題解決の方法を導き出すことをこれまでパターンとしてきたのである。私たちは、実践者が問題とその実現可能な解決方法について考える能力を信用しないというのではない。むしろ、解決策の選択肢を一緒に検討するより先に、その実践者が十分に状況を把握し、クライエントと共感をわかち合えるところまで待つことの重要性を強調したいのである。実際のところ、どのような頻度で、あるいはどのような状況下で助言が提供されているかについてはほとんど知られていない（Brehm & Brehm, 1981）。クライエントはしばしば助言を求めてくるからこそ、時機にかなった助言は、重要な支援の手段となる。逆に、タイムリーでない助言は反対の結果を招く恐れがある。クライエントが援助プロセスの早い段階で助言を懇願してきた場合でさえも、クライエントはその助言に対して否定的な反応を示す場合が多い。なぜなら、ここで提案された解決策は、表面的な情報を基礎としたものにならざるを得ず、本当のニーズに対処するものでない場合が多いからである。さらに、クライエントはしばしば、ほとんど理解されていない葛藤や感情、プレッシャーを抱え、これらで頭がいっぱいになっているために、この時点ではまだ問題に対して行動を起こす準備はできていないのである。これらの理由から、時期尚早な助言を提供した後で、ソーシャルワーカーはクライエントから、「なるほど。でも、それはもう試しました」とか「それは無理だと思います」というような返答を受けてしまうかもしれない。実際には、こうした反応を受けたら、拙速な助言をする癖に陥っている可能性を知らせる手がかりとなるフィードバックとして理解するとよい。

クライエントの多くが、ソーシャルワーカーを問題解決の専門家とみなして、助言を求める一

方で、これに対処するソーシャルワーカーは、現在問題になっている状況を、過去に対処したことのある類似の状況に素早く照らし合わせ、他のクライエントに対して有効だった解決策を提案することで、（誤って）問題解決を急ごうとする可能性がある。このような場合、長い時間にわたって苦しめられてきた問題への魔法のような答えや、そこからの瞬時の解放を非現実にも期待するクライエントに対して、ソーシャルワーカーは早急に答えや解決策を提示しなければならないというプレッシャーを感じているのかもしれない。経験の浅いソーシャルワーカーは、医師のように養生法を処方することを自分の役割として要求されていると誤解して、クライエントの問題に解決策を与えなければならないと内心プレッシャーを感じている場合もある。このソーシャルワーカーはこうしてクライエントの問題を充分に探求する前に助言を与えるというリスクを冒すことになる。実際には、ソーシャルワークの主な役割は、知恵を授けることではなく、クライエントとともに問題と解決法を発見するためのプロセスを作り出し、方向付けを行うことなのであり、それは時間のかかる、集中的な努力を必要とする作業である。

　法の強制によるクライエントとワーク中の駆け出しのソーシャルワーカーは、クライエントが現在の窮地に陥ることになったのは、まずい選択とつたない問題解決法が原因なのだとみなして、ソーシャルワーカー自身の意見を「強く主張する」ことが正当化されると感じるかもしれない。第4章で示したように、ソーシャルワークの実践は、クライエントを裁くところではない。すなわち、私たちは特定の状況におけるクライエントのパフォーマンスや能力について評価する必要はあるかもしれないが、それは、クライエントを人として裁くこととは違うのである。クライエントの向社会行動を強化し、そのための模範を示すことを通じてクライエントを援助することは、クライエントを裁き、ソーシャルワーカー自身の見解を押し付けることと同義ではないのである（Trotter, 2006）。

　いつ、どのように助言をするかは、援助プロセスにおいてきわめて重要な問題である。助言は慎重になされるべきであり、クライエントが抱える問題と想定しうる解決法に関する考えを充分に探索した後で初めて提示されるべきである。そこに達していれば、ソーシャルワーカーはコンサルタントとして、クライエントが考え出した解決策を補完するために、解決策に対する暫定的な意見を伝えてもよいだろう。ソーシャルワーカーにプレッシャーをかけて時期尚早にもかかわらず意見を引き出そうとするクライエントは、この問題に対する有効な解決策を発想する機会を自ら放棄していることになってしまう。このような状況では、ソーシャルワーカーは、クライエントの固有の問題に適合する解決策を生み出し、調整するという支援を行う中で、クライエント自身が果たすべき役割をはっきりと強調することが必要である。

　実現可能な解決策を案出することを目指してソーシャルワーカーとクライエントの双方がいかに関わっていくか。この点に向けて双方がそれぞれ果たすべき役割と求められる期待をソーシャルワーカーが適切な形で明確にしないなら、クライエントは一方的に早計な助言を受けたいと望むかもしれない。ソーシャルワーカーが自らの優位な立場を前提にして、クライエントに実行可能な行動計画について考え抜くよう促さずに、早計に問題解決策を提供してしまうならば、クライエントの依存心は高まり、創造的思考は抑え付けられてしまうだろう。惜しみなくアドバイスを与えることも、クライエントの強さと潜在能力を過小評価あるいは無視するもので、多くのクライエントがこのような高圧的な扱いに対して内心では怒りを感じるものである。加えて、自らどのように行動するかに関する計画に積極的に関与しなかったクライエントは、ソーシャルワーカーから提示された助言を実行に移すための動機を欠いている場合もある。さらには、よくある

皮肉や不適切な形でユーモアを用いること

- 「今日は一日機嫌がよくないみたいだけど、寝起きが悪かったのかな？」
- 「私たちは前もこれと同じことをしてきたような気がするなぁ」
- 「完全にその手にひっかかってしまいましたね」
- 「あなたは自分が困っていると思っていますね」

　ユーモアが役に立つこともある。緊張感に満ちたり、退屈なものになりかねないワークに安堵をもたらすこともあれば、時には見通しを与えてくれることもあるからだ。ポリオ（Pollio, 1995）はユーモアの使用が適切か否かを判断する方法を提示した。同じく、ヴァン・ウォーマー＆ボアズ（van Wormer and Boes, 1997）は、ソーシャルワーカーがトラウマに向き合いながらも機能し続ける際に、ユーモアはその余裕を与える手段となることについて解説している。言葉遊びや、馬鹿げた話や不条理な話をすることは、ソーシャルワーカーとクライエントが困難な状況に向き合う際の助けになりうるのである。ソーシャルワーカーとクライエントが共に、不条理な結論の面白みを味わうことで、状況を大局的にとらえることが可能になるのだ。またユーモアは、クライエントが感情的になりすぎずに、安全に感情を表現することも可能にする（Dewayne, 1978）。ケーン（Kane, 1995）は、グループワークにおいてユーモアを活用することが、HIVの患者たちとのワークの助けになりうることを報告している。グループワークについて、カプラン（Caplan, 1995）は、ユーモアの雰囲気を醸し出すことが、暴力的な男性たちとのワークで必要となる安全と落ち着きをどのように生み出すかを論じている。

　しかしながら、ユーモアの過度の使用は、本質から目を逸らさせることになり、面接の内容を表層的なレベルにとどまらせ、相互の目標達成を妨げることになりかねない。皮肉は無自覚な敵意から生じる場合が多く、クライエントにも対抗する形での敵意を生じさせることになりやすい。同様に、クライエントが危機と不運な出来事の連続について語るときに、「『最悪の一週間だったで賞』は、間違いなくあなたのものだ」などとコメントするのは、その困難についてまじめに考えていないと理解される恐れがある。その週に生じた困難に共感を示し、こうした困難に対処してきたクライエントを称える方が、より望ましい受け答えといえるだろう。

評価すること、批判すること、非難すること

- 「それは間違っています」
- 「家から逃げ出したのは、大きな間違いでしたね」
- 「あなたの問題の一つは、別の見方を考慮しようとしないことです」
- 「あなたはどうかしていますよ」

　クライエントがソーシャルワーカーを温かく敬意に満ちた人だと受け取る場合に比べて、批判的で道徳的で防衛的だと受け取る場合、当然のことながら、クライエントはソーシャルワーカーに支えられているとは感じられないものである（Coady & Marziali, 1994, Eaton, Abeles & Gutfreund, 1993, Safran & Muran, 2000）。評価する受け答えや不承認を示す受け答えは、クライ

エントおよび援助プロセスにとって有害なものとなり得る。ソーシャルワーカーから批判されていると受け取ると、クライエントは通常、防衛的に反応しやすく、攻撃に転じる場合もある。また、意味のあるコミュニケーションを一切やめてしまうクライエントもいるかもしれない。ソーシャルワーカーの優れた専門家としての能力にクライエントが脅威を感じている場合には、ソーシャルワーカーからの否定的な評価を自分の判断のつたなさや価値のなさを正確に反映していると受け入れてしまうクライエントもいる。クライエントにこうした否定的な判断を下しているとすれば、このソーシャルワーカーは評価しない態度と受容というソーシャルワークの基本として価値を置いている事柄に反しているのである。

　自発的に関与していて束縛がなく他の選択肢もある状況で、適切な自己評価と十分な力を持っているクライエントにとって、このような受け答えは到底耐えられるものではないだろう。このようなクライエントは、あなたが明らかに無礼なふるまいをした場合、あなたを「クビ」にしたり、あなたの上司に報告したり、通告をすることだろう。また、あなたが自分を支配しようとする存在と受け取り、心を閉ざしてしまう場合もあるだろう。

　法の強制によるクライエントの場合、ソーシャルワーカーとうまくやっていかなければ、どんな危険な結果が待ち受けているかという思いに直面することになる場合が多い。したがって、相当な自制心と自己評価を持つクライエントならば、このような威嚇に対して無言でじっと我慢するだろう。別のクライエントは、自分が受けた攻撃と同様な反応を示しては、クライエントの抵抗の証拠としてケース記録に記されるかもしれない。

　ソーシャルワーカーがクライエント自身や他者に対する危険、あるいは法の侵害を案じた場合には、行為のもたらす結果や他の選択可能性にクライエントが気づくように質問をしてみるとよいかもしれない。例えば、ソーシャルワーカーは、「あなたが家から逃げ出すことによって生じる結果について、今はどう考えますか？」とか、「あなたのパートナーの視点から見たなら、今回のことはどのように見えるでしょう？」などと尋ねてもよいだろう。

理詰めや説教、指示、説得などによって
正しいものの見方を納得させようとすること

- 「薬物に関する事実を直視しましょう」
- 「あなたは自分の人生にもう少し責任を持たなければなりません。そうでしょう」
- 「家から逃げ出したところで、もっと面倒なことになるだけですよ」
- 「そんな態度でいても、何の解決にもなりません」

　クライエントは、ソーシャルワーカーから見ると安全とは言えない行為や違法行為、クライエントの目標と相反するように見える行為を企図することがある。しかしながら、説得や指示、これに類似した行為によりクライエントを納得させようとすると、いわゆるブーメラン効果をしばしば引き起こす。すなわち、クライエントはソーシャルワーカーが説得していることの利点を納得しないばかりか、それまで以上に自らの信念にしがみつこうとしやすくなるのである。リアクタンス理論によれば、クライエントは自らの自由という貴重な特権が脅かされるとき、これを守ろうとする (Brehm & Brehm, 1981)。一部のクライエント（とりわけ、青年期の若者、つまり、非依存的な思考が特徴的な発達段階にある者たち）にとって、ソーシャルワーカーの意見に従う、あるいはこれに賛同することが、自らの個としての独立や自由を捨てるに等しく感じられる。この

ようなクライエントとワークする際の課題は、彼らに他の選択肢やそれらがもたらす結果について気づかせる手段を講じつつ、同時に彼らの意見に耳を傾け、尊重する方法を身につけることである。同じ状況を扱った2つの例を下に示すので、比較してほしい。

> 10代の母親：「高校はとりあえず中退することに決めて、美容師の資格を取ることにしたの」
> 実践者：「高校を中退なんかしたら、今もこれからも、あなた自身と子どもたちは苦しむことになることがわからないかしら？　今アクセサリーをいくつか買うためだけのことで、今後あなたや子どもたちが生涯で手にするはずの何百ドル何千ドルという金額を、自分からどぶに捨てるっていうの？」
> 10代の母親：「だけど、私の人生なのよ！　子どもたちに今、必要な物があるの！　ギリギリの生活っていうのがどういうものか、あなたはわかってないのよ。あなたの指図は受けたくない！　母親でもないくせに！　自分と子どもたちにとって何がいちばんいいかは、私がわかっているわ！」

直面化―否認サイクル（Murphy & Baxter, 1997）と命名されている状態に陥るよりも、10代の母親であるクライエントの見解を理解する努力をしつつ受け答えしてから、他の選択肢とそれらがもたらすであろう結論について検討する方が賢明である。

> 10代の母親：「高校はとりあえず中退することに決めて、美容師の資格を取ることにしたの」
> 実践者：「つまり、これまでしばらくの間高校に通ってきて、それなりにうまくいっているけど、今は違う方向に進んで、美容師の資格を取る方があなたにとっていいんじゃないかと考えているのね。そのあたりをもう少し聞かせてくれないかしら」
> 10代の母親：「うん。確かに学校では一生懸命がんばってきたわ。でも今は、もっとお金が必要なの。ずっと先の話じゃなくて、今ね。子どもたちも私も、生きていくのに十分なだけのお金がないの」
> 実践者：「それで、美容師の資格を取れば、そのための役に立つんじゃないか、というわけね」
> 10代の母親：「そう。今でも高校は出て卒業証書をもらいたい気持ちはあるの。中退するよりも高校の卒業資格があった方が、子どもたちや自分のために、たくさん収入を得られるのはわかっている。美容師の資格を取っていたら、高校を卒業するのが少し遅くなってしまうはず。でもやり遂げられると思う」
> 実践者：「つまり、長期的な計画としては、高校の卒業資格を取るつもりで、単にそれを遅らせるということなのね。美容師の資格を取ることで、今のあなたと子どもたちの生活が楽になるだろうと考えているのね。今高校を退学することで、何か不利になることはないの？」
> 10代の母親：「気持ちがそれてしまって、学校に戻らなかった場合だけね。学校に通う習慣がなくなってしまうとか、中退してしまった人たちと付き合うようになるかもしれない」
> 実践者：「それは考えておかないといけないわね。高校を離れるのを一時的なものにして、戻って来ようという決意はどの程度固いものですか？」

最初の例では、実践者は自分が最も賢明と考える行動の道筋を、クライエントに熱心に説得しようとしている。このような努力は、どんなに正しい内容であっても、力対力の争いを生み出し、

それによりクライエントの個人的人間関係において過去に生じたことのある力動を繰り返すことになる。説教をしてしまうことで、ソーシャルワーカーはクライエントの感情や考え方を無視し、その代わりに自分が「正しいこと」を強調している。このやり方はクライエントに怒り、疎外感、敵意といった感情を生み出す。このようなやり方は倫理にもとるものであり、効果的でもない。

　クライエントが詳細な情報に基づく意思決定をするために、正確な情報を入手できるよう支援するという意味で、説得も倫理的に妥当な介入となりうる。クライエントが自分自身の目標に反する行為や、自分や他者に危険を及ぼしそうな行為を熟考しているとき、説得への努力は、倫理的に妥当な介入になりうる。しかしながら、このような努力はソーシャルワーカーが「お気に入り」の解決方法のみ強調すべきではなく、むしろ、ソーシャルワーカーが賛同できないものも含む複数の選択肢それぞれの長所と短所を吟味できるようにクライエントを支援すべきである（Rooney, 2009）。このように、ソーシャルワーカーの努力は、クライエントを納得させることにあるのではなく、クライエントが情報に基づいた判断を下せるように支援することに向けられるべきなのである。2つ目の例のように、実践者はクライエントを攻撃しないからこそ、自分自身で意思決定を行うクライエントの権利を支援することができ、そうすることで他の選択肢や結果を検討することができるのである

分析すること、診断すること、出まかせのあるいは独善的な解釈をすること

- 「あなたがそんなふうにふるまうのは、パートナーに対して怒っているからです」
- 「あなたの態度が、彼らの考え方に公平に耳を傾けることをできなくさせていたのかもしれませんね」
- 「あなたは消極的に攻撃するんですね」
- 「今日のあなたは本当に敵意に満ちています」

　行動の力動に関する解釈は、慎重かつ適切なタイミングで実施されれば、有力な変化に向かわせる技術となりうる（第18章参照）。しかしながら、行動の持つ目的や意味に焦点をおいた正確な解釈であっても、実質上、それがクライエントの自覚している意識の範囲を超えている場合には、クライエントの反発を買い、失敗に終わる運命にある。

　独断的な言い方をされると（例：「私はあなたのどこが間違っているかわかっている」「あなたがどう感じているかわかっている」「あなたの本当の動機は何であるかわかっている」）、解釈は秘密を暴かれたような、逃げ場を失ったような気持ちを抱かせ、クライエントに脅威を与えるものとなる。でまかせのような解釈を押しつけられると、クライエントは目前の問題に取り組むよりも、その解釈を否定し、自分自身について弁明し、怒って反論することにエネルギーを費やしてしまう場合が多い。

　「固着」「転移」「抵抗」「強化」「抑圧」「受動性」「神経症性」をはじめとしたあまたあるソーシャルワークの専門用語を、クライエントの目の前で彼らの行動を記述するために用いることもまた、援助プロセスを壊しかねない。実際に、これはクライエントを当惑させ混乱させて、変化とは反対に向かう可能性がある。これらの用語は、複雑な現象や心のメカニズムを過度に単純化し、クライエントをステレオタイプに押し込むことにもなり、それによりクライエントの独自性を無視してしまうことになりかねない。さらに、これらの大雑把な一般化ではクライエントの抱える諸問題の操作的定義にならないし、行動を修正する道筋を示すものにもならない。もしクラ

イエントが問題に対してソーシャルワーカーが定めた偏狭な定義を受け入れるならば、彼らは、ソーシャルワーカーが用いたものと同じ用語で自らを定義することになるだろう（例：「私は受動的な人間だ」「私はシゾイド・パーソナリティだ」など）。この種のステレオタイプ的なレッテル貼りは、しばしば、クライエントが自分自身を「病気」とみなし、状況を絶望的とみなす原因となり、彼らが問題に取り組まないための口実を与えることになってしまう。

脅すこと、警告すること、反撃すること

- 「……したほうが身のためですよ！」
- 「……しないと、後悔することになりますよ」
- 「自分のためになることは何かということくらいわかっているのなら、当然あなたは……しますよね」

　時折、クライエントは自分自身や他者を危険にさらす行為や違法な行為を考えだすことがある。このような場合、クライエントにそのような行為が引き起こしうる結果について警告を与えることは、倫理にかなった適切な介入である。これに対し、上記のような類の脅しを行うならば、何らかの反抗的行動が生じて、すでに緊迫している状況はさらに悪化してしまう。

　どれだけ善意のソーシャルワーカーであっても、暴言や非難や叱責を浴びせられたり、誠実さ、能力、やる気や威信に対して疑問を投げかけられるなどの圧力を受けると、時にはいらだったり、防衛的に反応したりする場合がある。例えば、青年たちとのグループ面接を行うソーシャルワーカーは、この手の母集団のクライエントたちが示す挑発的なふるまいによって、適切に受け答えしようとどれだけ努力してもうまくいかない場合があることを思い知るだろう。

　クライエントたちが示す挑発的な行動の背後にある力動がどのようなものであろうと、防衛的になって受け答えすることは逆効果となる。というのは、クライエントがこれまでに他者から誘発され、あるいは他者により経験してきた典型的な反応を再現することになるからである。したがって、ソーシャルワーカーとしての適性を高めるために、自分自身の自然に生じる防衛反応を抑えて、ネガティブな感情に対処するための効果的な方法を発展させることを覚える必要がある。

　例えば、共感的なコミュニケーションは、ネガティブな感情に対しカタルシス的な解放をもたらすことにより、緊迫した状況を鎮静化し、クライエントの感情の根底にある諸要因に対する探求という感情に流されがちな作業を、より理性的に行うことを可能にする。一例として、あるクライエントに対する返答として、「あなたは難しい決断をしなければならなくて、あなたにとってあまり気の進まない複数の選択肢の間で板挟みになっていますね。私は、あなたが将来受け入れることができる決定をしてほしいと思っています」と言えば、選択する権利に対する支援と敬意を伝えることができる。

　ある種の受け答えによって生じるネガティブな効果はただちに明らかになるとは限らない。クライエントがその時にはっきりとネガティブな反応を示すとは限らないからであり、援助プロセスにとってマイナスの効果が一度のやりとりの中で観察されうるものではないからである。そこで、受け答えの効果を評価するためには、ソーシャルワーカーは有害な受け答えが生じる頻度を見極め、このような受け答えが援助プロセスに与える総合的な影響を評価しなければならないのである。ソーシャルワーカーが何種類かの受け答えばかり頻繁に使用しているとすれば、それは、以下のような逆効果をもたらすコミュニケーション・パターンの存在を示唆している（この一覧

は、279ページに掲載したソーシャルワーカーの問題行動の一覧の続きであることに注意してほしい）：

8. 質問を畳みかけること
9. 誘導尋問を用いること
10. 不適切にあるいは過度に話を遮ること
11. 相互関係を支配すること
12. 無難な社会的相互関係を助長すること
13. 受け答えする機会が少ないこと
14. オウム返しをすること、特定の言い回しや決まり文句を多用すること
15. 遠い過去にこだわること
16. 資料あさりを続けること

これらのパターンに当てはまる個人の受け答えは、たまにしか使われないなら影響するとは限らない。しかしながら、多様な受け答えパターンを使うことなく、これらの受け答えばかりを頻繁に使う場合には、面接の自然な流れが阻害され、開示される情報の豊かさも限定的となる。以下の項では、これらの言葉による障壁とソーシャルワーカーの有害な受け答えのそれぞれについて詳述する。

質問を畳みかけること

問題を探求する際に、ソーシャルワーカーは、特定の問題領域についての詳細な情報を開示しやすくなるように、クライエントを促す質問を用いる。一度に複数の質問をすること、すなわち「畳みかける」質問は、焦点をわからなくさせ、クライエントを混乱させる。以下のメッセージの中にどれだけたくさん答えなければならないことがあるかを検討してみてほしい。

- 「あなたが状況をコントロールできていると感じられないとき、あなたの心の中で何が起こっているのでしょうか？　そのときあなたは何について考えていますか？　何をしていますか？」
- 「今までにこれからどこに住もうかと考えたことがありますか？　それはあなたにとっての大きな関心事ですか？　あるいは、ほかに優先される関心事はありますか？」

質問を畳みかけることは、経験の浅いソーシャルワーカーがよくやってしまう問題である。数多くの選択肢を一度に全部提供してしまうことで、少しでも早くクライエントを助けたいと感じているのかもしれない。先に挙げた質問の中の一つに適切に回答しようとするだけでも、クライエントは広範な内容を答えなければならないだろう。しかしながら、ソーシャルワーカーからの複数の問いかけに対して、クライエントは一つの質問に焦点づけるわけにはいかず、しばしば表面的で具体性を欠いた形で答えてしまい、援助プロセスにとって重要な情報を省いてしまう。このように、畳みかける質問は「不毛」であり、関連情報の収集という意味でも非生産的かつ非効果的である。焦らずゆっくりと、一度に一つの質問をすることが望ましい。もしも質問を畳みかけてしまって（ソーシャルワーカーなら誰もが折に触れてやってきたことだが）、クライエントが受け答えに詰まったなら、その中でより適切な質問だけを繰り返すことで、この問題を修正するこ

とができる。

誘導尋問をすること

　誘導尋問には、特定の見解に同意するようにクライエントを仕向けたり、クライエントにとって最も利益になると考えられる解決策を採用させようとするソーシャルワーカーの思惑が隠されている。例えば以下のようなものである。

- 「パートナーとうまくやっていくために本当に努力したと思われますか？」
- 「本気でそんなことを言っているわけはないですよね？」
- 「あなたは家を出て自活するには若すぎると思いませんか？」
- 「お母さんと言い合ったところで、これまでと同じようにお母さんを怒らせて、叱りつけられるだけだと思いませんか？」

　実際に、この種の質問は、ソーシャルワーカーがクライエントと議論すべき本来の問題を覆い隠してしまう。ソーシャルワーカーはそうした問題に関する自らの感情や意見を隠しているつもりでも、解決策という形で遠まわしに提示している（例：「あなたは……すべきだと思いませんか？」）。こうして、誘導尋問によって、ソーシャルワーカーの望む結論にクライエントを導こうとするのである。だが、クライエントがこのような策略を見抜けないと思ったら間違いだ。実際には、クライエントはソーシャルワーカーの真意に気づいている場合が多く、内心では誘導尋問という形で意見や命令を押し付けられることを拒んでいる。それでもなお、ソーシャルワーカーとの対立や論争を避けるために、クライエントは曖昧な同意を示したり、単純に話題を変えたりすることもある。

　これに対し、ソーシャルワーカーがクライエントに検討してほしい問題について真摯に責任を引き受けるとき、クライエントがソーシャルワーカーの問いかけに受容的な態度で受け答えする可能性は高まる。さらに、ソーシャルワーカーは、自らの視点から見た「正しい」答えをほのめかすようなことをせずに質問をすることができる。例えば「パートナーから合意を得るために、これまでどのようなことを試しましたか？」という質問には、前掲の一つめの質問に見られるような「正解」を促すヒントは含まれていない。同様に、最後の質問も次のように言い換えることができるだろう。「私にはちょっとわからないのですよね。過去に試みたときよりももっとうまくお母さんとの話し合いができそうだと、どうしてあなたは思うのでしょう？」

不適切にあるいは過度に話をさえぎること

　経験の浅いソーシャルワーカーは、自らが用意した項目ならびに機関から求められている事項をすべて網羅しなければと、しばしば過剰に心配する（「スーパーバイザーに何を報告しようか？」）。問題に関連する領域への集中を維持するために、ソーシャルワーカーは、クライエントの話を遮らなければならないことも時にはある。しかし、このような中断を有効に行うためには、明確な目的に基づいてタイミングよくスムーズに実施されなければならない。中断が唐突に行われたり、問題領域の探求からクライエントの気を逸らせたりする場合には、援助プロセスに悪影響を与える。タイミングの悪い中断を繰り返すと、クライエントをいらだたせ、自発的な表現が抑制されてしまい、問題に対する探求を妨げてしまう。あらかじめ重要な質問を特定し、優先順位を付け

て、概要を作っておくことは、このパターンを避けるために役立つ。

相互関係を支配すること

　時に、ソーシャルワーカーはしゃべりすぎたり、多くのクローズドエンド型の質問をすることで、クライエントとの相互関係を支配してしまう場合がある。つまり、議論の方向づけをする責任をクライエントと共に引き受けるのではなく、ソーシャルワーカーが主導権を握ろうとするのだ。その他にも、ソーシャルワーカーによる支配的な行動としては、助言を繰り返し与えること、クライエントに改善するよう圧力をかけること、クライエントの説得のために長々と議論すること、頻繁に口を挟むこと、等がある。ソーシャルワーカーの中には、クライエントの見解や問題解決能力に対する敬意を伝えることを忘れ、まるで自分がすべてを知っているかのようにしきりにふるまう者もいる。このような独善的で権威主義的な態度は、自分の考えを表明しようとするクライエントの意欲を奪い、そして優劣、上下の関係を生み出す。そこでクライエントは自らの圧倒的不利を感じ、ソーシャルワーカーの傲慢な態度に怒りを覚えることになる。

　ソーシャルワーカーは、個人・家族・グループによる面接の（ワーカー自身も含む）全参加者の相対的な関与の度合いを観察すべきである。クライエントたちは発言回数や積極性という点で自ずと異なるが、情報、悩み、意見を共有する上では援助プロセスの中で、グループの全員が等しく機会を得るべきである。ソーシャルワーカーは、この機会が全員に与えられることを保証する責任を担っているのである。

　先述のとおり、アジア系アメリカ人との初回面接においては、ソーシャルワーカーはアジア系ではないクライエントの場合よりも指示的にならなければならないことが多いが、一般的なガイドラインとしては、援助プロセスの中でクライエントはソーシャルワーカーよりも「話す時間」が多くなるようにすべきである。ソーシャルワーカーはグループ面接や合同面接において、メンバーたちの代わりに話したり、一部のメンバーの肩を持ったり、演説を始めるなどのふるまいによって、相互作用を支配することで、この実践の目標を台無しにしてしまう時がある。

　取り立てておしゃべりではないソーシャルワーカーでも、沈黙や受け身による自分の居心地の悪さを軽減する手段として、控えめなクライエントや自己主張の強くないクライエントと関わり、面接を支配することがある。よく話をするクライエントが相手のときと比べて、控えめなクライエントや引きこもりのクライエントに対するときに、ソーシャルワーカーがより積極的になるのは当然だが、高圧的な態度と受け取られることは避けなければならない。

　クライエントの話を引き出す促進的な受け答えを用いることは、沈黙や受動性を最小化するための有効な手段である。録音した面接を振り返り、あなたがそこでの相互作用を支配していることがわかったら、自分がこのようなふるまいをしたわけを探索することが重要である。権威的な受け答えや支配的な受け答えを具体的に特定し、これらの受け答えに先行する出来事を同定するとよい。さらに、あなた自身が反応に至った手がかりとして、クライエントの対人関係の持ち方を調べるとともに、その時にあなたが体験していた感じを分析するとよい。あなたの振り返りと、パフォーマンスに対する評価に基づいて、効果的でない受け答えを促進的なものに置き換えることによって自分自身の関わり方を修正していく方略を計画するのである。また、クライエントに対して援助プロセスにもっと積極的に参加することを約束してもらうためにも、彼らが示す受動的なふるまいや、主張をしないあり方に目を向け、これを掘り下げて検討する必要も生じるかもしれない。

無難で社交的なやりとりを助長すること

　感情を排除し、自己開示を最小化するために無難な話題ばかりに向かう議論に流され、それに終始することは、援助プロセスにとって有害である。天気やニュース、趣味、共通の関心や知り合い等についての世間話は、本来治療的関係であるべきものを社交的な関係にしてしまう。社交的な関係におけるコミュニケーションの特徴はその軽さと散漫さにあるのに対して、援助的で成長促進的な関係の特徴は、話題の焦点がはっきりしており、話題が特定されている点にある。ラッグ、オカクビ-リーブス＆ピアーズ（Ragg, Okagbue-Reaves, and Piers, 2007）の研究では、また別の、しばしば現れるパターンが見いだされている。それは、怒りや落胆、悲しみといったたかぶる感情を内省するよりもむしろこれらの感情の表出をごまかそうとしがちになるという経験の浅い実践者が陥りやすいパターンである。

親：「うちの子たちのものを全部取り上げたことが何度かあります。子どもたちはひどく怒って私をバカにした態度をとるので、腹立つ気持ちを抑えるのに精一杯なんです」
実践者：「近頃の子どもは手強いですね」

　より適切な受け答えは以下のようになることだろう。

実践者：「お子さんたちが敬意を欠いた態度をとると、ときには腹が立ってきて、仕返しをしたくなってくる。それを抑えるのは大変ですね」

　一般的に、援助プロセスにおいては、無難で社交的なやりとりは避けた方がよい。しかし、この原則には２つの例外がある：

- 子どもや若者がクライエントである場合では、無難な話題を話し合うことが、彼らの防衛を緩め、危険を冒して心を開くきっかけになることがある。つまりソーシャルワーカーがこれらのクライエントと擬似的友人役割を築く助けとなる。
- 平凡な話題について短時間話し合うことは、初回面接において互いに知り合うためやウォーミングアップを行う時間として用いる場合や、２回目以降の面接の開始直後の時間帯に用いるのであれば、適切で有用な場合がある。第３章で論じたような、形式ばらない話から始めることがその文化の規範となっている民族集団出身のクライエントを相手にする場合には特に重要である。

　しかしながら、たとえ不適切な社交的やりとりを避けようとしたとしても、クライエントの中には、あなたが、クライエントの直面している問題や援助プロセスの目的と関係のある話題に議論を方向づけようと試みると、これに拒む者がいる。このような状況に対処するための技法については、本書の第18章で取り上げる。とりあえずは、ソーシャルワーカーは、面接の開始後数分以内に合意されている議論のテーマを持ち出すようにするのが適切であると述べるに留めておきたい。

受け答えが少ないこと

　個人・合同・グループ面接における自らの受け答えの頻度を確認することは重要な作業である。あなたはソーシャルワーカーとして、実践の目的を追求し、クライエントの全般的なウェルビーイングを促進するために、クライエントとの限られた交流の時間を十分に活用するという倫理的義務を負っている。しかしながら、ソーシャルワーカーが能動性に欠ける場合、クライエントの成長を促すための探求を行うべき有意義なタイミングを逃すことが常々生じてしまうため、不適切なあるいは非生産的な内容へと面接の焦点が逸れてしまうのに任せてしまうことになる。最大限役立つ存在になるために、ソーシャルワーカーは、自分とクライエントそれぞれの責任をはっきりと示す契約をクライエントとの間に交わすことによって、援助プロセスを構築しなければならない。ソーシャルワーカーの側の役割について言えば、クライエントが自らの問題を同定しこれを探求するように、そして目標を設定し、自らの困難を軽くできるような課題を描き出せるように取り組むのである。

　能動性に欠けるソーシャルワーカーは、プロセスを生産的とは反対の方向に向かわせ、問題解決を失敗させる原因の一つになる。例えば、有害な影響の一つとして、自身あるいは他者にとって有害な状況にあるクライエントに対して実践すべき介入をせず、クライエントがソーシャルワーカーに対する信頼を失ってしまうことが挙げられる。特に、合同またはグループ面接において、クライエントたちの間での関係を壊すようなコミュニケーションに対してソーシャルワーカーが介入しない場合、クライエントの信頼は大きく損なわれてしまう。

　ソーシャルワーカーの積極性それ自体も重要ではあるが、その時々の受け答えの質が重要である。促進的な受け答えをすることを怠ったり、その頻度があまりに少ないと、ソーシャルワーカーはその影響力を著しく失ってしまう。

オウム返しをすること、特定の言い回しや決まり文句を多用すること

　伝えたことをそのままオウム返しされると、クライエントはいらだつものである。彼らはソーシャルワーカーに辛辣な非難の言葉を発するかもしれない。「ああ、そうだよ。まさしくそう言いましたよ」というように。ソーシャルワーカーは、クライエントの言葉を単純に繰り返すよりも、クライエントのメッセージの本質をとらえて、鮮明な視点で彼らのメッセージを言い換える生き生きとした言葉を用いるべきである。さらに、ソーシャルワーカーは、余計な決まり文句を挟むことでコミュニケーションを遮ることがないように注意しなければならない。このような決まり文句を差し挟むことによって話が拡散していくありさまは、以下のメッセージで見て取ることができる。

　　ソーシャルワーカー：「助けを求めてやって来る人はそう多くはないんだよ、そうだよね。つまり、君は問題を抱えていることに気づいていて、そうだよね、そしてその問題について取り組みたいと思っているということなんだ。そうだよね。私の言っていること、わかるかな？」

　「そうだよね」「いい？」（「この作業に取り掛かろう。いい？」）「〜とか」（「私たちは街に行ったりとか、したじゃない」）「いいねえ」などの言い回しを頻繁に使うことをよく思わず、いらだつク

ライエントもいる（さらに言うなら、ソーシャルワーカーも）。過度の使用という点では、世に蔓延る流行の決まり文句についても同じことが言える。例えば「ヤバイ」「私的には〜」「〜みたいな」「マジ？」「すっごーい」などがこれにあたる。

> ◇事例『コーニング家』の中で、アリーはクライエントである夫婦に向かって、頻繁に「みなさん」という言葉を使っている。私たちには、クライエントがこのような複数形の言葉に対してどのように答えているかわからないし、肯定的に反応しているのか否定的に反応しているのかもわからない。この二人のクライエントに対してどんな別の言葉で表現することができただろうか。

ソーシャルワーカーが時折やってしまうその他の失敗として、若いクライエントに対し、いわゆる若者言葉を過度に使って「仲良くしようとしすぎる」ことが挙げられる。若者はこのようなコミュニケーションをインチキくさいとみなし、ソーシャルワーカーを不誠実と受け取るので、ワークをしていくための関係性の発展が阻害されてしまう。

遠い過去にこだわること

ソーシャルワーカーの言語的受け答えが焦点を当てる対象は、過去・現在・未来のいずれでもあり得る。どのくらいクライエントの歴史に関わる事実の収集を強調するかについては、援助の専門家の間でも意見が分かれる。しかしながら、焦点の大部分を現在におくことはきわめて重要である。なぜなら、クライエントが変化させることができるのは、現在の状況、行動、感情だけだからである。個人・グループ・カップル・家族が過去にこだわることを容認することは、現在の苦痛を感じている側面を避け、必要な変化に対処することを避けるために、クライエントが用いている陽動作戦を強化することになるだろう。

過去に関するメッセージは、その過去と関連づけた形で、クライエントが今まさに経験している感情を表している場合もある。以下がその例である。

クライエント［声を震わせて］：「彼はよく私を怒らせました」
ソーシャルワーカー：「彼があなたをずいぶん怒らせていた頃があったのですね。その頃のことを考えると、今でも、あなたの中で怒りや痛みが湧き起こっているように見えます」

上の抜粋のように、クライエントの説明を過去形から現在形へと変化させることで、クライエントの現在の感情と問題に関する豊富な情報が生み出されることがよくある。クライエントの未来を志向した主張を現在に引き寄せて検討することについても同じことが言える（例：「あなたが話してくれた未来の出来事について、今のあなたはどのように感じておられますか？」）。おわかりのとおり、クライエントの問題を明らかにする努力の中で、歴史的な事実が語られている時であっても、クライエントが今現在経験していることに焦点を移動させることは、可能であるというだけでなく、しばしば生産的なのである。

資料あさりを続けること

経験の浅いソーシャルワーカーが（そして経験豊富なソーシャルワーカーの多くも）陥りやすい

危険の一つに、クライエントの心配事、自身や家族の安全に関わる問題、あるいは法的な義務とわずかにしか関係しない内容まで追求してしまうことがある。それが重要だとするソーシャルワーカーや機関なりの持論があるのかもしれないが、クライエントを困惑させるものである。クライエントにこの種の混乱が生じるのは、クライエントがソーシャルワーカーに会いに来るきっかけとなった心配事とソーシャルワーカーや機関なりの持論とも言うべき考え方との関連がはっきりしていないからであろう。したがって、あらかじめそうした詮索について容易に正当化しうる合理的理由を持たないのであれば、クライエントをわずかにしか関係しない領域へと促すことを避けることが賢明な予防法であろう。もしもソーシャルワーカーがこれまで触れていない新たな領域について探索することが妥当だと思うのであれば、その目的について説明することが必要になる。

■自分の受け答えの効果の測定

　ここまでの議論は、あなたが今まで使っていた有効でないコミュニケーション・パターンを特定するのに役立ったはずだ。ほとんどの学習者が、過剰にクローズド・エンド型の質問を用い、話題を頻繁に変え、クライエントの問題をすっかり探求しないうちに解決策を提案することから、あなたもこれらのパターンに特に注意しておくといいだろう。さらに、あなた独自の逆効果となる受け答えパターンに気づくために、インタビューする際の自分のやり方を振り返っておく必要があるだろう。

　本書を利用する指導者のためのマニュアル［訳注：日本語版にはない］には、学生が逆効果をもたらす受け答えに気づき、これを避けるための支援用に作成した教室で実施できる演習を掲載してある。面接において有効ではないスタイルを特定するためには、受け答えの頻度とパターンのあり方にとりわけ注目を払う必要があることから、章末にある「コミュニケーションを阻害する言葉の障壁に対する評価」という書式を用いて、録音された面接を聴き、そのやりとりの部分を広く分析することは役立つだろう。

　自分の受け答えの効果を測定する一つの方法は、あなたの受け答えの直後に起こるクライエントの反応を注意深く観察することである。グループや家族との面接では複数のクライエントが関与しているので、このようなシステムの中にいるクライエントたちから、あなたの受け答えの相対的な有効性を知るための多様な言語的および非言語的な手がかりを頻繁に得ることができる。

　自分のメッセージを評価するにあたっては、クライエントが以下にあてはまるような反応を示せば、その受け答えはおそらく役立っていると考えられると心に留めておくとよい。

- クライエントが、1つの問題の探求を続ける、あるいは1つの話題に留まる。
- クライエントが、抑制していた問題状況に関連する感情を表出する。
- クライエントが、自己探求や自己体験をもっと深めようとする。
- クライエントが、自分自身に関わる素材を自発的に提供する。
- クライエントが、言語的あるいは非言語的な形で、あなたの受け答えが妥当であることをはっきりと示す。

　これに対して、クライエントが以下のうちのどれかの反応を示した場合は、あなたの受け答え

があまりに直面化を要求するものであったり、タイミングが悪かったり、的外れだったりしたものと考えられる。

- クライエントが言語的あるいは非言語的な形で、あなたの受け答えを拒否する。
- クライエントが話題を変える。
- クライエントがメッセージを無視する。
- クライエントが混乱または困惑しているように見える。
- クライエントがより表層的になったり、没個性的にふるまったり、感情的に離れてしまったり、あるいは防衛的になる。
- クライエントが、心に生じる思いの意味を検討することなく、反論したり、怒りをあらわにする。

ソーシャルワーカーとクライエントの相互作用を分析するにあたっては、参加者たちは互いに影響し合うことを念頭に置いておかねばならない。つまり、個人面接において、一方の者の受け答えが、他方の表出に影響を与えるのである。グループや合同面接の場合、ソーシャルワーカーも含む一人ひとりのコミュニケーションが、他の全参加者の受け答えに影響を与えることになる。しかしながら、集団状況においては、コミュニケーションの複雑さゆえに、あるメッセージが他の参加者の反応にどのような影響を及ぼすかを見いだすことは、困難な場合もある。

面接の初心者はしばしば、クライエントの非生産的な受け答えに対して、見境なく、または無計画に受け答えしたり、実践の目標に合致する、あるいは成長の道筋を反映するものとして異論をはさまずポジティブな受け答えを返したりしてこれを強化してしまう。例えば、ラッグ，オカクビ-リーブス＆ピアーズ（Ragg, Okagbue-Reaves, and Piers, 2007）は、実践の初心者は、文脈の中でそれが重要かどうかにかかわらず、最後の表現だけを取り出して込み入ったクライエントの反応に受け答えすることがしばしばあると見いだした。この場合、あなたが聴取したいくつかの話題を反射し返すことが、より生産的な受け答えと言えるだろう。経験の浅いソーシャルワーカーであるあなたは、効果をもたらすことのない、あるいは有害なものとなるコミュニケーションが自分自身やクライエントに永続的に定着することを許さないという視点をもって、クライエントとのその時々の交流を観察し、振り返ることが重要である。

経験の浅いソーシャルワーカーは、個人面接のなかで効果をもたらさないコミュニケーションのパターンを経験することもあるだろうが、問題あるコミュニケーションの繰り返しに出くわす可能性が高いのは、グループや配偶者や家族との合同面接においてである。実際に、合同面接やグループ・ミーティングを指揮してこれを効果的なものにすることは、上級のソーシャルワーカーであっても非常に困難な課題となることが多い。クライエントの非効果的なコミュニケーションが家族やグループのメンバー間に強い怒りや防衛的な態度、そして混乱をもたらす。

要するに、あなたには同時に行う2つの仕事がある。つまり、自らの効果をもたらさない受け答えを観察し、分析し、除去しながら、同時に、クライエントの効果をもたらさない受け答えを観察し、管理し、修正しなければならない。これはなかなか難問である。クライエントの間に生じるコミュニケーション不全を修正するには、熟練が必要だが、自分自身の側にある効果的なコミュニケーションの障壁を取り除くことは、比較的短期間で可能である。私生活の中で、効果をもたらさない受け答えの型を除去し、新しいコミュニケーション・技術を試してみれば、さらに

進歩は早まることだろう。残念ながら、多くのソーシャルワーカーが、自らの援助技術をクライエントとのワークだけに区分し限定して用い、同僚の専門家や友人、家族との関係では、効果をもたらさないコミュニケーションスタイルを用い続けている。

援助技術を対人関係の普遍的なスタイルの一部として存分に活用して自分のものにしているソーシャルワーカーと比べると、援助技術を私生活に完全に取り入れられていないソーシャルワーカーは、クライエントと効果的な関係を持てていないものである。これらの重要な技術を適切に身につけ、クライエントを支援する自らの能力を十分に引き出すためには、ソーシャルワーカーは自らの対人能力とパーソナリティの統合をすすめなければならないと私たちは信じている。これにより、自己実現を達成した人、あるいは、十分に機能する人としてクライエントのモデルになるのである。この人格面での目標を追求することは、ソーシャルワーカーにとって他者とコミュニケーションをとり人間関係を築くための新たな技術をクライエントに指導するという重要な役割を果たすための心構えをさせることになる。

■新しい技術を学ぶという課題

援助のプロセスは一人ひとりに独自のものであるから、治療関係を築きこれを維持するには、ソーシャルワーカーの側に高度な訓練に裏付けられた努力が要求される。どの瞬間、どのやりとりにおいても、ソーシャルワーカーはクライエントのニーズと問題にしっかりと焦点づけていなければならない。一つ一つのやりとりの成否は、ソーシャルワーカーが治療の目標に向かってプロセスを前進させるべく、いかにして意識的に特定の技術を巧みに用いるかにかかっている。

興味深いことに、新しい技術を学ぶ際に学生を脅かす主要なものの1つは、自分のこれまでの対人関係のスタイルを手放すことで、よくわからないけれど大切な自分の何かを捨て去ることにはならないかという不安から生じるものである。同様に、過去にソーシャルワークの実践に従事したことのある学生は、自分がこれまでクライエントに影響を及ぼし「変化」させてきた対人関係の方法や、スタイルを身につけてきたという事実がおびやかされるのではないかという心配をするかもしれない。つまり、これまで身につけてきた受け答えパターンを放棄することで、苦労してやっと手に入れた有能感をも捨て去ることになりはしないかという恐れである。こうした懸念がしばしば悪化するのは、教室や実習における指導やスーパービジョンの重点が新しい技術の習得やクライエントへの効果的な受け答えや介入の強化ではなく、間違いをなくし効果的でない介入や受け答えをやめることに置かれる場合である。こうした場合では、学生は自らの間違いに対してはかなりのフィードバックを受けられるが、効果的な受け答えや対人関係の持ち方について得るものは不足しやすい。したがって、学生は（ちょうどクライエントと同じように）防衛をはがされ、脅えたようになり、自分が慣れ親しんだものを失ってしまったという感覚をより強く経験する結果になるかもしれない。

経験の浅いソーシャルワーカーであるあなたは、効果的でない、あるいは害をもたらすような話し方や介入の方法に向けられた建設的なフィードバックに対しては、心を広くもち、防衛的にならずに受け止めることを学ばなければならない。同時に、指導者や同僚から、その時々の効果的な受け答えに対する肯定的なフィードバックを引き出すのは自分だという自覚を持たなければならない。スーパービジョンの時間は限られていることを忘れず、その時間を有効に活用する責任ならびにコンピテンシーを獲得することに対する責任は、あなたと実習教官が等しく負うのだ

第7章　逆効果を生むコミュニケーション・パターンの除去

コミュニケーションを阻害する言語的障壁に対する評価				
指示：録音された面接を15分毎に振り返り、効果的でない受け答えの使用回数を数え、該当する枠に印を付けること。				
15分の録音サンプル	1	2	3	4
1. 安心させること、同情すること、慰めること、大目に見ること				
2. 早計に助言すること、忠告や解決策を与えること				
3. 皮肉やユーモアを用いて、クライエントが問題に向かうことの邪魔をしたり、クライエントの問題を軽く扱うこと				
4. 評価すること、批判すること、非難すること				
5. 理詰めや、説教、指示、説得などによって正しい物の見方を納得させようとすること				
6. 分析すること、診断すること、うわべだけのあるいは独善的な解釈をすること				
7. 脅すこと、警告すること、反撃すること				
8. 質問を畳みかけること				
9. 誘導尋問を用いること				
10. 不適切にあるいは過度に話を遮ること				
11. 相互関係を支配すること				
12. 無難な社会的相互関係を助長すること				
13. 受け答えする機会が少ないこと				
14. オウム返しをすること、特定の言い回しや決まり文句を多用すること				
15. 遠い過去にこだわること				
16. 資料あさりを続けること				
コミュニケーションを阻害するその他の受け答えを記入：				

身体的な関わり行動の評価	
	コメント
1. 直接に、目を合わせること 0　1　2　3　4	
2. 表情に映し出される温かい気持ちと関心 0　1　2　3　4	
3. クライエントと同じ目の高さを保つこと 0　1　2　3　4	
4. 適度に豊かで生気をたたえた表情 0　1　2　3　4	
5. 腕や手の動きに適度な表情があること、適切な身振り 0　1　2　3　4	
6. わずかに身を乗り出すこと、集中しつつリラックスしていること 0　1　2　3　4	
7. はっきりと聞こえるがうるさくはないこと 0　1　2　3　4	
8. 温かみのある声の調子 0　1　2　3　4	
9. クライエントのメッセージに含まれる気持ちや感情の微妙な色合いを反映するように声を調整すること 0　1　2　3　4	
10. 適度な会話のテンポ 0　1　2　3　4	
11. 注意をそらさせる行動（そわそわ、あくび、窓の外を眺めること、時計に目をやること）がないこと 0　1　2　3　4	
12. その他 0　1　2　3　4	

評定尺度：
0＝劣っている。明確な改善を要する
1＝弱い。相当の改善を要する
2＝最低限に許容できるが成長の余地あり
3＝小さな誤りはあるも、おおむね高いレベルにある
4＝一貫して高いレベルにある

ということを心に刻んでおこう。系統立てた方法で自分自身の成長を確認する工夫を講じることも大切である。例えば、クライエントとの面接を録音・録画で振り返ったり、面接内でのよい受け答えと悪い受け答えを数え上げたり、本書にある効果的なメッセージを構築するためのガイドラインと自分の受け答えを比較するなどができるだろう。おそらく自分の能力を高めるためにあなたに要求される最も重要なことは、自らの受け答えを絶えず確認し、裏打ちのある技術の実践を通じて、自覚を持ってあなた自身の技術の水準向上に取り組むことというただ1点に尽きる。

本書で説明してきた技術の中に簡単に習熟できるものはほとんどない。クライエントの内的体験に敏感にかつ十分に耳を傾ける能力をものにし、自分自身の体験過程を誠実かつ有益なやり方で伝える能力を発展させ、これらの技術をタイミングよく使用するセンスを身につけるには、実際のところ、優秀なソーシャルワーカーであっても数年を要するだろう。

数カ月先に、あなたが新しい受け答えのパターンを作り上げ、新しく身につけた技術を試してみるとき、あなたは間違いなく「成長痛」を経験することになる。すなわち、何とか新しいやり方で受け答えしようとすることと、クライエントに対してあたたかく自然にいたわりをもって接しようとすることの間でもがくことによる不均衡の感覚である。あなたは自分の受け答えが機械的であると感じ、「クライエントは私が本心でないことをわかっている」と見透かされているような感覚を経験するかもしれない。それでも、特定の技術を習得しようと熱意を持って努力すれば、ぎこちなさは少しずつ薄れていき、やがて気づけば、これらの技術があなたのレパートリーに加わっていることになるだろう。

■まとめ

第7章では、初心のソーシャルワーカーがしばしば直面する、効果的なコミュニケーションを阻害する一連の非言語的および言語的な障壁について概説した。障壁となる可能性に注意を払うようになり、もっと生産的な別の選択肢を適用する技術を身につけるにつれて、自分の進歩にもっと自信を持てるようになるだろう。第8章では、あなたのコミュニケーションの技術を、最も重要な課題の一つである、複数のシステムのアセスメントの実施という作業に応用する。

注
1．実際の行動を反映しない人為的な二項対立をでっちあげないことが重要である。例えば、エマ・グロス（Emma Gross, 1995）は、先住アメリカ人の文化について、あまりにも頻繁に、不適切な一般化がなされてきていると論じている。
2．励ましの言葉は、クライエントの能力に向けられるのが最も適切である。第5章で述べたように、適切な励ましの言葉は、ポジティブなフィードバックの技術を用いることで、効果的に伝えることができる。

第8章

アセスメント
——問題とストレングスの探求と理解

本章の概要

　アセスメントとは、情報を集めて一貫した形で、クライエント像やクライエントの置かれる状況を記述することである。アセスメントにはクライエントの困難の性質や原因に関するソーシャルワーカーの推論が含まれており、そのアセスメントはその後のクライエントとの相互作用の基盤となって、目標の設定、介入の決定、進展の評価などを方向付けることになる。第8章では、アセスメントの基本についてと、クライエントの問題とストレングスのアセスメントに用いる方略について焦点づけて述べる。第9章では、その人がどの程度機能し、他者および周囲と関わりを持つかという点について検討し描写する際に考慮すべき留意点について説明する。クライエントの対人関係のあり方、および社会システムと環境との関連については、第8章と第9章の両方で取り上げる。第10章では、相互作用と家族の機能のあり方をアセスメントする際に用いられる方法と概念について説明する。第11章では、グループワークを計画し、アセスメントする際に用いられる概念を取り上げる。

本章の目指すところは以下のとおりである。

- アセスメントは、情報を収集することと、収集した情報を1つの作業仮説にまとめあげて記述することからなるということを理解すること
- アセスメントと診断の違いについて学ぶこと
- DSM-IV-TRとは何か、どのような経緯で作られたのかを知ること
- アセスメントの中で、クライエントのストレングスや資源を把握する方法を理解すること
- 文化を考慮するアセスメントに必要な要素を認識し、また、自民族中心のアセスメントの危険性を理解すること
- 知識と理論がアセスメントに枠組みを与える役割を果たすということを明らかにすること
- ソーシャルワーカーのアセスメントに資する情報源を知ること
- アセスメントを実施する際に心に留めておくべき質問について学ぶこと
- 問題を分析する際の基本となるさまざまな要素について熟知すること

■アセスメントの多次元性

　人が抱える問題は、見た目は単純に思えるものであっても、実は多くの要因が複雑に絡み合っている場合が多い。問題のもともとの源泉が個人の中だけにあるとか、個人の環境の中だけに存在するなどということはめったにない。むしろ、その個人と外界の間で「相互の関わり合い」が発生しているのである。人は外界に働きかけつつ、外界に対し反応する。したがって、このような行為がどのような性質をもつかによって、外界からの反応は影響を受けるのである（そして、逆もまた然りである）。例えば、10代の息子とのコミュニケーション不足を嘆く親がいるとしよう。その親は、息子が無愛想でほとんど何もしゃべろうとしないことにその原因を求めるかもしれない。これに対して、息子の方に話を聴くと、親と話をしても、しつこく詮索され説教され批判されるだけで意味がないのだと言うだろう。両者とも相手に対する不満をもっていることは確かだが、知らず知らずのうちに、機能不全の相互作用を生み出し、これを維持するようなやり方でふるまっているのである。このように、コミュニケーションの崩壊は、どちらか一方の言動のみが原因で起こるような、単純な原因と結果という（直線的な）もので生じるのではない。むしろ、相互の関わり合いがその困難を作り出すのである。双方の言動は原因にもなり、結果にもなる。それは見方次第なのである。

　人が抱える問題の多次元性は、人とは、自分の要求を満たすために、他者や複雑な社会制度・慣行に依存せざるをえない社会的な生き物であることの帰結でもある。衣食住や医療などの基本的要求を満たすためには、適切な経済手段が必要であり、物やサービスを入手できる状況が必要である。教育、社交、娯楽に関するニーズを満たすためには、社会制度との相互作用が必要である。他者との間で親密な感情や愛されている気持ちを味わい、親交を得、所属意識を感じ、性的満足を得るためには、親しい関係にある人々、家族、社会的ネットワーク、コミュニティの中で、十分な社会的関係を保つことが必要となる。同様に、人が自尊心を感じる程度は、個人の心理学的要因と他者からのフィードバックの質により決まる。

　アセスメントを実施するにあたり、ソーシャルワーカーは、クライエントならびに、クライエント・システムに影響を与える数多くのシステム（例：経済的、法的、教育的、医療的、宗教的、社会的、対人関係的）に関して広い知識を持つことが要求される。ある個人の機能のありように対するアセスメントを実施する際には、その機能を多様な側面から評価することが必要である。例えば、ソーシャルワーカーは生物および身体面、認知面、感情面、文化面、行動面、動機面といったその個人のサブシステムの間の力動的な相互作用を考慮し、これらの相互作用がクライエントの抱える問題とどのように関連するかを考慮する必要がある。クライエント・システムが夫婦や家族である場合、アセスメントにおいては、システムのメンバー一人ひとりに注目するのとともに、メンバー間のコミュニケーションや相互作用のパターンに注意を払う必要がある。もっともすべてのシステムやサブシステムが、クライエントの置かれている状況により体験される問題に重要な役割を果たしているわけではない。しかしながら、問題に関連するシステムを見落としてしまえば、アセスメントは不完全なものに終わるどころか、最悪の場合、見当違いなものや間違ったものになってしまう。それゆえ、質の悪いアセスメントに基づく介入は、効果がなかったり、見当違いなものだったり、ひいては有害なものになったりするのである。

　要するに、アセスメントの実施にあたり、クライエントのニーズと、援助機関の目的および資

源は、あなたの選択と優先順位に影響を及ぼす。あなたはクライエントが抱える目下の心配事、あるいは直面している問題に必ず注目しなければならない。優先順位を変える可能性をもつ法律や安全に関する諸問題があるかどうかを特定し、このケースにおけるストレングスや資源の登場につながる多くの可能性に注意を向け、アセスメント完了までに頼る可能性のあるすべての情報源について検討する必要がある。さらに、多次元のアセスメントにおいて考慮しなければならない多くの特徴を、コミュニケーションのもつ相互的な性質とともに認識しておかなければならない。つまり、単純な因果律を超えたアセスメントが求められるのである。最後に、あなたは自分自身の経歴、価値観、先入観、ふるまいに注意を払う必要がある。これらのものは、クライエントとあなたの関わり合いと、結果として示されるアセスメントに主観を差し挟むことになる可能性を持つからである。

■アセスメントの定義——過程と成果

「アセスメント」はさまざまに定義しうる言葉である。例えば、クライエントについて、およびその者のニーズやストレングスについて簡潔なイメージを作りあげることを目的とした情報の収集と分析が行われる、実践者とクライエントの間で取り交わされるプロセスのことを指す。ソーシャルワークを主な専門的役割とする場面においては、ソーシャルワーカーは一人でアセスメントを行うことも多いが、アセスメントの作成のために同僚や他の分野のメンバーに相談をすることもある。通常は、形式的なアセスメントは1、2回の面接で完了する。このアセスメントは、その機関やソーシャルワーカーが、クライエントのニーズや要求に応対するために最も適した存在といえるかを判断するための機会にもなる。ソーシャルワーカーは、クライエントのサービスを受ける資格の有無について明確にし（例えば、保険の適用範囲や、その他の判断基準を基礎として）、プログラムやソーシャルワーカーがクライエントのニーズに適合しないと判断された場合には、他の資源への紹介を行う。

ソーシャルワークが唯一の専門的役割でもなく、主要でもない場面（「2次的設定」または「ホスト設定」と呼ばれることが多い）においては、ソーシャルワーカーは、臨床チーム（例：精神保健、学校、矯正施設など）の一員であったり、アセスメントのプロセスが、精神科医、ソーシャルワーカー、心理学者、看護師、教師、他の分野のメンバーとの共同作業で行われることもある。このような設定場面では、ソーシャルワーカーは通常、社会歴を収集し、人間関係と家族の力動に関する知識を活用する形で貢献する。アセスメントのプロセスは全チームメンバーがそれぞれのアセスメントを完了したうえで、グループ・ミーティングを開いて1つのアセスメントに総合する必要があるため、長い時間を要するかもしれない。

アセスメントの焦点は、アセスメントを実施する支援施設や、ソーシャルワーカーがよって立つ理論的方向性の影響も受ける。すべての面接に共通するデータもあるが、ソーシャルワーカーの使命、理論的枠組み等の要因によって、特定の面接やアセスメントの定式化で焦点づけるものが異なることもある。例えば、児童が危険に晒されているという申し立てについて調査をしているソーシャルワーカーであれば、そのケースにおける暴力の可能性とリスクの程度に関わる質問をし、結論を導き出すだろう。認知行動療法の理論に重きを置くソーシャルワーカーであれば、クライエントの感情と行為に生じる誤った概念あるいは認知の歪みの影響を評価するアセスメントを構築するだろう。矯正施設で働く臨床家であれば、犯罪者を分類し、リスクとニーズを判断

するためにまた別の概念や基準を用いるだろう（Beyer & Balster, 2001）。これは、どのケースにおいても、ソーシャルワーカーはそれらの問題「だけ」を取り上げようとしているという意味ではなく、むしろ、質問や結論はソーシャルワーカーの使命・理論・場面設定・臨床的関心に従って狭められることを意味する。

　ソーシャルワーカーは、クライエントと接触し始めたときからその関係を終える期間を通じてアセスメントのプロセスに従事する。それは数週間かもしれないし、数カ月、あるいは数年間にわたることもある。このように、アセスメントは、ケースの経過全体を通じて新しい情報が姿を現すたびに、これを受け止め、分析し、統合することを含む、流動的で力動的なプロセスなのである。初回面接の中で、ソーシャルワーカーは豊富な情報を引き出すものである。そして、ソーシャルワーカーは、クライエントとの関わり合いが展開していくに従って、これらの情報の意味や意義を評価しなければならない。深く掘り下げる価値のある重要な情報はどれか、クライエントの人となりや現前する問題の理解のためにさほど重要でない問題はどれかを判断する際に、この一瞬一瞬のアセスメントがソーシャルワーカーを導くのである。その状況を明らかにするのに十分な情報を収集した後で、ソーシャルワーカーはこの情報を分析し、クライエントと協働して問題に対する暫定的な定式化の中に情報を統合する。クライエントになる可能性のある者は、この段階より先にソーシャルワーカーと共に進むことは少ない。彼らの問題が他の資源への紹介によって最適に取り扱うことができる場合や、資格条件を満たしていない場合、あるいは、彼らがこれ以上の関係継続を望まない場合など、関わりはこの時点で終える場合が多いのである。

　ソーシャルワーカーとクライエントの関わりが継続する場合、ワークの中心的関心事ではなくなるものの、アセスメントもまた継続される。クライエントは、問題解決が進むにつれて、しばしば新しい情報を開示し、当初の評価に新たな光を投げかけることになる。この新たな視点はクライエントを深く知るようになったことによる当然の結果として現れることもある。あるいは、クライエントが、ソーシャルワーカーに対する信用と能力に対する確信を持てるまで、重要な情報の開示を差し控えてきた可能性もある。その結果、当初のアセスメントが不正確だということがわかり、廃棄や大きな変更が必要になる場合が多い。

　「アセスメント」という術語は、クライエントを理解するプロセスから導かれた文書化された成果を指すこともあるので注意したい。1つの成果としてのアセスメントは、クライエントの抱える問題、資源、その他関連する諸因子に関する、「任意の時点における」実際の定式化あるいは論述により構成される。公式のアセスメントでは、関連データを分析・統合して問題の実用的な定義を構築することが求められる。そこでは、関連する諸因子を明らかにし、この諸因子がどのようにして問題を生み出し、継続させる方向で相互作用するかを明確にする。アセスメントは常に更新され最新の状態に保たれる必要があるので、アセスメントを「入手可能な最新のデータに基づく複雑な作業仮説」と考えることが有用である。

　文書化されたアセスメントには、包括的な心理社会面の報告書から、例えばクライエントの心理状態、薬物の使用状況、セルフケアの能力、自殺の危険性など、特定のテーマに関する簡単な分析までが広く含まれる。アセスメントは、他の資源へのクライエントの移管やケースの終結を促すために、そのケースの進展を要約したり、クライエントの包括的な全体像を提供することもある。文書化された成果ならびにアセスメントそれ自体が示す見通しと焦点は、3つの因子の影響を受けて多様になる。ソーシャルワーカーの「役割」、ソーシャルワーカーが働く「設定」、クライエントにより提示された「ニーズ」の3つである。例えば、スクール・ソーシャルワーカー

がある小学校の児童に対してアセスメントを実施する場合、学級の環境そのものだけでなく、学級において過去に発生した秩序を破壊する行為の記録とパターンに焦点を当てるだろう。家庭支援機関のソーシャルワーカーであれば、同じ子どもを見る場合でも、教室での問題行動のみならず、児童の発達史や家族力動についてより広く焦点を当てるかもしれない。大人のメンターをつける上でのその子どもの適性を評価することになったソーシャルワーカーであれば、その子どもがメンターとの関係をうまく活用できるか否かを規定する子どもの周囲にある社会システムのみならず、家族の収入その他の情報も確認するだろう。さらに例をあげるなら、退院計画を担う病院ソーシャルワーカーであれば、心臓手術を終えたクライエントに退院する準備が整っているか否かを評価し、帰宅を首尾よくすすめるために必要なサービスと情報の決定を行うだろう。地域保健または精神保健の機関で働くソーシャルワーカーであれば、同じクライエントに対して、病気や手術がクライエントの情緒面の落ち着きや夫婦関係に及ぼした影響を判断するために評価をするかもしれない。職業訓練施設で働くソーシャルワーカーであれば、就労復帰についてのクライエントの準備と、復帰への移行に必要な職場環境について焦点づけてアセスメントを行うだろう。

　ソーシャルワーカーは、現場によって、現場に即した特定の問題に焦点を当ててアセスメントを実施することになるのだが、その一方で、現場を問わず重要なアセスメントの優先事項がある。優先すべき項目を持たなければ、ソーシャルワーカーは、バランスが悪く、不十分な、方向性を誤った評価を行ってしまう危険性がある。まずは、以下の3つの問題がすべての状況においてアセスメントの対象とされるべきである。

1．「クライエントは、何を主要な問題あるいは困りごととみなしているか？」
　　時に「クライエントの側から始めること」と述べられるように、この問いはソーシャルワーカーがクライエントの自己決定に重きを置いており、またクライエント自身が定めた目標（ただし合法性、倫理的妥当性、実現可能性がある場合）の達成を支援することに関与する姿勢をもつことを明らかにする。実践上でもクライエントが困りごとを話して共通することが、クライエントが面接に来るきっかけとなった心の重荷や不安のいくつかを軽減するのに役立つものである。

2．「（もしあれば）クライエントとソーシャルワーカーが考慮しなければならない、現在のあるいは近い将来の法による指示は何か？」
　　もしクライエントがサービスを受けることを義務付けられていたり、その他の法に関わる懸案事項に直面しているなら、この要因はアセスメントの本質ならびにクライエントの姿勢を決めることになる。それゆえ、最初に「この問題を俎上に載せる」のが重要なのである。例えば、アダルト・プロテクション・ワーカー［訳注：成人に対する保護の担当ワーカー］は、高齢者のクライエントに対する虐待、ネグレクト、その他のリスクを評価しなければならない。

3．「（もしあれば）どのような健康や安全に対する潜在的で深刻な問題に、ソーシャルワーカーやクライエントは注意を払わなければならないか？」
　　ソーシャルワーカーは、クライエントを危険にさらす可能性のある健康問題やその他の状態に対して注意を払わなければならない。これらの問題はクライエントの現在の問題にとって中心的な意味を持つ場合もあれば、ソーシャルワーカーによる緊急の介入を必要とする危

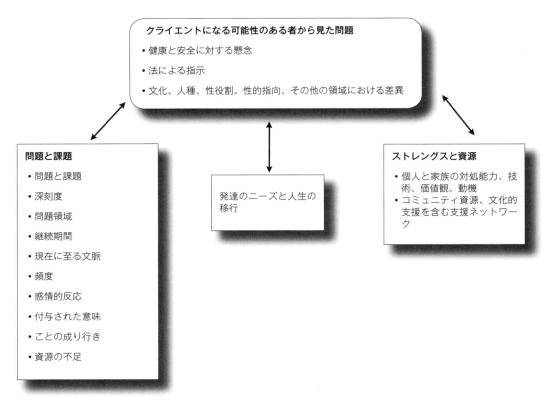

図8-1 概要：ストレングスと問題に対するアセスメントにおける注意事項

険を示していることもある。この職業は、クライエントの自己決定に重きを置くのは確かだが、一方で、ソーシャルワーカーは、「深刻で予見できる差し迫った危害」を示す状況においては、たとえクライエントの希望を覆すことになったとしても、自らの役割を果たさなければならない（NASW, 1999, p. 7）。

これら3つの基本的問いを扱った後で、ソーシャルワーカーはクライエントの機能のありよう、周囲の環境との相互作用、問題と課題、ストレングスと資源、発達のニーズと人生の移行、ケースに関連した鍵となるシステムについて、引き続き調査を続けることになる。本章の残りの部分と第9章では、さらにこれらの領域に対する個別のアセスメント方法を詳しく説明する（図8-1参照）。

■アセスメントと診断

この時点で診断とアセスメントの違いを明らかにしておくことは重要である。「診断」とは個人またはその状況に対して付けられるラベルあるいは術語のことである。診断においては、具体的に定義された基準を用いて簡潔な分類が行われる。そこでは医学的病状（例「末期腎疾患」、「糖尿病」）、精神障害（例「抑うつ」「広場恐怖」）、その他の分類（「軽度精神遅滞」「情緒や行動の障害」「学習障害」）を示すことが可能である。診断のラベルは、多くの目的に資する。例えば、専

門家と患者が共通理解をもって一連の症状について話し合うための言語を提供する。認められている診断用語を用いることで、問題に対する調査研究や、適切な治療法や投薬法の同定、さらには同様の問題を抱える人々の間を結びつけることなどが促進する。例えば、一連の問題行動を「双極性障害」と診断することにより、クライエントや担当医、そしてソーシャルワーカーが、必要な薬物治療や治療サービスを同定することが可能になる。診断によってクライエントの体験に「名前が与えられる」ことで、彼らを安心させることもある。さらに、診断されることによってクライエントが、その病気についてより多くのことを学び、支援グループを見つけ、その障害理解を深めることができるようになるかもしれない。

しかし、診断には難しさもある。このようなラベル付けは、複雑な問題を説明する際の便法ではあるが、それがすべてを物語ることにはならない。クライエント自身やその家族、支援者たちが、診断ラベルによってのみクライエントを見るようになれば、診断がクライエントを規定する予言となってしまう可能性もある。この特徴は次のような言い方の違いにも表れている。すなわち「ジョーは統合失調症だ」や「統合失調症のジョー」という言い方と、「ジョーは統合失調症を抱えている人だ」という言い方では、それぞれ受け取られ方が異なる。このような診断ラベルには、多くの利点もあるが、時には考え違い（誤診や時間の経過で変化してしまった診断）をしてしまうこともあり得るし（誤診や時間とともに診断が変化した結果）、さらに、診断ラベルがクライエントの困難や能力に関する重要な情報を覆い隠してしまう可能性もある。例えば、クライエントを「軽度の精神遅滞」と診断するのは、その個人のIQテストのスコアについて述べているだけであり、日常生活における機能の具合や興味、目標、楽しみ、課題などがどのレベルにあるのかについては何も語ってはいないのである。

ここで、アセスメントの出番である。アセスメントは、特定の診断の基礎となる症状を描写するが、さらに、クライエントの生育歴や背景、症状がクライエントに及ぼしている影響、問題に対処するために利用できる支援と資源等について私たちが理解するのに役立つ。言い換えれば、診断はアセスメントから導かれた結果であるが、クライエントの物語の一部にすぎないのである。

精神疾患の診断・統計マニュアル（DSM-IV-TR）

『精神疾患の診断・統計マニュアル（*The Diagnostic and Statistical Manual*：*DSM-IV-TR*）』［訳注：2013年にDSM-5に改訂されている］は、精神障害と情緒障害を理解し定式化するための重要なツールである（American Psychiatric Association, 2000）。これは、健康やメンタルヘルスに関する障害、症状、社会環境、怪我や病気の原因についてコード化するための共通のシステムである『疾病および関連保健問題の国際統計分類 第10版（*The International Statistical Classification of Diseases and Related Health Problems, 10th Revision*：*ICD-10*）』とリンクしている（Munson, 2002）。DSM-IV-TRのような診断システムは多くの理由で非難を浴びてきた。個人の病理に過度に注目するあまり、ストレングスや社会的環境的問題に目を向けないことも、理由の1つである。批判する者は、このマニュアルが時代や文化に結びついたものであることを示唆し、分類の妥当性に疑問を投げかけている。ソーシャルワークにおいてDSMを使用することは、この職業の歴史と焦点に照らして、なじまないとする者もいる（Kirk & Kutchins, 1992）。

このような批判にもかかわらず、DSM-IV-TRは、専門家や一般の利用者に広く使用されている。診断とアセスメントはしばしば保険の償還やその他のサービスへの給付のために必要とされ、また、ソーシャルワーカー自身が実際に診断をするかどうかはともかくとして、多くのワーカー

が精神保健機関で診断を受けたクライエントとワークを行っている。

十分にDSM-IV-TRに精通し、人間の複雑な行動と感情にこれを適用するためには、専門的な知識と訓練を受けることが必要である。本節では、基礎的な知識を提供し、分類システムの特徴を紹介し、第9章における認知と感情に関する優れた診断についての議論の参照用として役立てることを目指すに留める。

DSM-IV-TRは「多軸」システムを用いる。ここでは、5つの軸を用いてコーディングをすることにより診断と機能に関する情報が提供される。

第Ⅰ軸

臨床疾患（例：睡眠障害、不安障害、摂食障害、気分障害、統合失調症、通常幼児期、児童期または青年期に初めて診断される疾患、物質関連障害）

臨床的関与の対象となることのある他の状態（例：対人関係の問題、虐待やネグレクトに関連した問題、身体疾患に影響を与えている心理的要因）

第Ⅱ軸

パーソナリティ障害（例：境界性人格障害、反社会性人格障害、自己愛性人格障害、強迫性人格障害、統合失調質人格障害、妄想性人格障害）

精神遅滞

第Ⅲ軸

一般身体疾患（例：糖尿病、慢性閉塞性肺疾患、高血圧症）

臨床家は情報源が何であるかに注意しなければならない。例えば「患者の報告」「医師の紹介」など。

第Ⅳ軸

心理社会的および環境的問題。「PEPs（Psychosocial and environmental problems）」とも呼ばれる。（例：教育上の問題、法律関係および犯罪に関連した問題、住居の問題）

第Ⅴ軸

機能の全体的評定。GAF（Global Assessment of Functioning）スコアとも呼ばれる（心理的・社会的・職業的機能について専門家が評価する際に用いられる、1から100の得点による尺度。その時間をGAFスコアの横に括弧書で記載する。"（現在）"というように。0点はGAFスコアを導くためには情報が不十分な場合に使用される）（Bloom, Fischer, & Orme, 2006）

DSM-IV-TRシステムにおいては、疾患は3桁〜5桁のコードで示され、小数点以下の桁で重症度と疾患の経過が示される。すなわち、296.21であれば「大うつ病性障害、単一エピソード、軽症」を意味する（Munson, 2002）。そのマニュアルでは、個々の疾患ごとに、標準化された書式を用いて、関連情報を示す。各節では以下の事項に関する最新の知見を扱う。

- 診断的特徴

- 病型／特定用語
- 記録の手順
- 関連する特徴および疾患
- 特有の文化・年齢・性別に関する特徴
- 有病率
- 経過
- 家族発現様式
- 鑑別診断
- 診断基準

　このマニュアルが試みているのは、マニュアルがカバーする疾患を厳密に記述することである。ここでは、特別な状況を除けば、特定の理論的枠組みの使用や、特定の治療方法の推奨、障害の原因（あるいは病因）の追求などはしない。カプラン＆サドック（Kaplan & Sadock, 2007）や、『DSM-IV-TR ケースブック（DSM-IV-TR Casebook）』（Gibbon, 1995）、『DSM-IV-TR』（American Psychiatric Association, 2000）などの資料は、このマニュアルを使いこなし、自ら診断を行い、さらに他者の診断を活用するための臨床的洞察力を身に付けるための準備用教材として有用である。

■文化に配慮した上での能力のアセスメント

　本書では援助プロセスのさまざまな側面に関わるいくつもの文化的要因について論じている。本節では、アセスメントのプロセスに重要性をもつ一般的な文化的要因に焦点を当てる。ここで私たちが強調しておきたいのは、文化とは人種や民族といった集団のみならず、独特な文化的特性をもつ集団（例：ゲイ、レズビアン、バイセクシュアル、トランス・ジェンダー、聴覚障害者、高齢者、リカバリー［訳注：精神疾患からの回復者］にも関連するということである。文化に配慮した能力のアセスメントのために必要とされるものとしては、文化的規範、文化的適応、ならびに言語の相違に関する知識、個人的特性と文化に結びついた特性とを区別する能力、偏見のない評価と文化に配慮した適切なサービス提供のために必要な情報を求める積極性、アセスメントのプロセスのなかで文化的な差異を明らかにする方法についての理解が挙げられる。

　さまざまな領域において、文化により異なる決まったパターンというべきものが用意されている。子育て、コミュニケーション、家族のメンバーの役割、配偶者の選択、高齢者の介護などは、文化差が見られる分野のほんの一部である。例えば、子どもの不登校について、ラテン・アメリカ系アメリカ人の家庭であれば、誰にこの問題を相談するのが適切だろう。ゲイやレズビアンのコミュニティにおける標準的なデートの仕方とはどのようなものだろう。子どもが何歳になれば弟や妹の世話をさせてよいのだろう。ダウン症の青年の独立についてはどのような期待を持つのが適切だろう。ラオス人の両親は子どもの教育に対する希望についてどのような見解を持つだろう。

　クライエントの文化的背景があなた自身のそれとは明らかに異なる場合、クライエントの文化的規範について知っておくことは必須である。このような知識がないと、個人のアセスメントでも、対人間のシステムのアセスメントでも、あなたは大きな失敗をしかねないだろう。なぜなら、ある文化の文脈では機能するパターンが、別の文化での文脈においては問題をはらむものであ

る可能性があるし、その逆もあり得るからだ。アセスメントにおけるこのような失敗は、文化的な観点から見れば無神経な介入をもたらし、クライエントの問題を緩和するどころかむしろ悪化させてしまう可能性をもつ。とは言え、文化的規範について必要な知識を獲得するのは容易なことではない。必要とされるのは、差異がどんな領域にあるのか、さまざまな集団がどのような抑圧の歴史とリスクを持っているのかに対する基礎的な理解である。さらに、自らの偏見や先入観について自省し、クライエントやその他主要な情報提供者と継続的に話し合うことが求められる (Gilbert, 2003；Smith, 2004)。

この最後の1つ、継続的な話し合いは、民族集団のうちであってもかなりの多様性があるがゆえに重要である。ある集団に属するメンバーについて過度に一般化してしまうことは、個人の行動の意味を（明確にするよりもむしろ）わかりにくくしてしまう。例えば、合衆国には400以上の異なる先住アメリカ人の部族集団が存在し、彼らは250を超える固有の言語を使用している (Edwards, 1983)。平原インディアンの部族と、南西部の先住アメリカ人を比較した結果、まったく対照的な文化的パターンや個人の行動パターンが、特定の社会的問題の発生数の顕著な差異とともに、明らかにされている (May, Hymbaugh, Aase, & Samet, 1983)。同様の顕著な異質性がすべての人種的や文化的集団において存在する。

文化的なサブグループに同質性があるが、たとえそうであっても、個人間には多様性が広く存在する。そのため、特定の集団に関する文化的な特徴を熟知していることは必要ではあるが、その集団内に属する個々のメンバーを理解するには十分とはいえないのである。したがって、その行動が文化の影響を受けたものなのか、その者のパーソナリティから生み出されたものなのかを区別するという課題に、実践者は直面する。特定の文化をもつ集団に対する深い知識はこうした区別をすることに役立つ。しかしながら、迷ったときには、その文化集団に所属する、よく情報に通じた協力的なメンバーに相談してみることを実践者にお勧めする。

民族的マイノリティ出身者の機能をアセスメントする際には、その人が置かれている文化に対する適応をどのくらい実感しているか、その程度を考慮することが重要である。民族的マイノリティのクライエントは、実際的には2つの文化（彼らのアイデンティティあるいは両親の家系の相違によっては、それ以上）に所属している。そのため、彼らの機能のあり様はその文化的起源と多数派の文化の両者との関係の中で検討されなければならないのである。同じ民族グループ出身のクライエントであっても、文化的変容の程度や複数文化の並存状態に対する違和感の程度という点で、大きな多様性が生じるであろう。それにはいくつかの要因が関わる。例えば、移住からの世代数、社会化の度合い、多数派の文化との相互作用などである。民族的マイノリティ集団に属するそれぞれのメンバーを区別する際には、次の可能性について検討してみよう。

1．規範、価値観、信条、ものの見方等に関して2つの文化間にみられる共通性の程度
2．文化的通訳者、仲介者、手本となる存在の有無
3．規範に従った行動をしようとした際に、双方の文化から得られるフィードバックの量と種類（肯定的あるいは否定的）
4．少数派に属する個人の考え方や問題解決の方法と、多数派的文化において普及している、あるいは高い価値が置かれている様式との相性
5．その者の2カ国語を操る程度
6．多数派的文化のメンバーと外見的特徴が相違する程度。例えば、肌の色や顔立ちの特徴等

(De Anda, 1984, p. 102)。

　有力でない集団のメンバーは、有力な集団に同化しようと努力した結果、加わりたいと望んでいる集団のメンバーから偏見や人種差別的な態度で扱われることで、心理的な困難を味わうかもしれない（Mayadas,Ramanathan, & Suarez, 1998. 1999）。別の困難としては、文化間の価値観の違いから生じるものがあるだろう。例えば、多数派の人々は、ジャマイカ人とスーダン人、リベリア人とアフリカ系アメリカ人を区別することができない。それぞれの文化よりも、むしろ肌の色などの特徴に基づいてすべてを分類するからである。アーミッシュ派［訳注：キリスト教の一派。電気等、現代の技術に頼らない生活を営む］からの離教を選択した男女は、2つの世界の間にとらわれて、そのどちらからも受け入れられていないように感じる（McGoldrick, Giordano, & Pearce, 1996）。同性愛を否定する教義を持つ宗教の信者であるレズビアンの女性は、自分の中の2つの世界を調和させるのに困難を覚えることだろう。これらの例は、ソーシャルワーカーがクライエントの複数文化性をアセスメントする必要性、さまざまな文化に対する感性をもつ必要性、クライエントにその文化的ルーツとのつながりを維持するよう促す必要性、他の文化と交流することの複雑さを理解する必要性を裏付けるものである。文化について自らの気づきを高めることは、ソーシャルワーカー自身にとっても重要である。なぜならその知識がクライエントを理解し、よりよいサービスを提供するために有用であるからだ（Gilbert, 2003）。

　クライエントがバイリンガルである度合いは、その人の文化的適応のために重要であり、ソーシャルワーカーがアセスメントを実施する際にも重要である。複数言語でのサービスが利用できない設定の場では、英語を話せないクライエントは自分の抱える問題を明確に説明することに大きな困難を感じることだろう。たとえクライエントが英語を流暢に話す場合であっても、ケア提供者は「クライエントが世界を取り扱うために用いる基本的な思考の枠組みは、彼らの第一言語で作られている場合が多く、それがおよそ同じ意味を持つ英語に翻訳されているに過ぎないということを認識しておくべきだ。わずかな意味のずれが混乱や不満、さらには恐怖までをクライエントやクライエントの家族の心に生み出す可能性があるのだ」(Ratliff, 1996, pp. 170.171)。言葉のギャップを埋めるために通訳者が依頼されることがある。しかし、たとえ通訳者を利用した場合でも、ソーシャルワーカーは、通訳はクライエントが伝えようとするおおよその内容を伝えることしかできないということを認識しておくべきである。通訳者を利用できない場合、やさしい言葉を使い、普段よりゆっくりしたペースで話をすることが重要である。クライエントにはメッセージを英語に直すのに十分な時間が必要であり、実践者は自分が伝えようとしたメッセージの意味を、クライエントが理解できたか、そして、クライエントが表現しようとした内容を自分が正しく理解できているかをチェックするよう注意を払わなければならない。

　耳が不自由なクライエントとのワークに際しても、通訳の利用は検討すべき大切な課題である（Santos, 1995）。耳が不自由な人々にとっての第一言語は、アメリカ手話（American Sign Language：ASL）である。これは単に英語を視覚的に翻訳したものではなく、英語とは別の独特な言語である。耳の不自由なクライエントと有効なコミュニケーションをとるためには、手話通訳者が必須な場合が多いが、同時に、ソーシャルワーカーは、伝えたい概念をASLから英語に変換することはそう容易ではないことを心に留めておくべきである。こうした理由から、双方が概念を正確に理解していることを確認するために、十分な時間を割きたいところである。ASLを使う耳の不自由なクライエントとワークするソーシャルワーカーもまた、話される言語が異なる場合の対応方法として先述した内容を応用して、言語の相違が効果的な治療を妨げる障壁とな

らないようにしなければならない。

　アセスメントでもう1つ考えておかねばならないことは、クライエントの英語力が、どの程度現在の問題に寄与している可能性があるかを検討することである（例：両親が、教師との面談に出席する必要があることを理解できていないのに、彼らが欠席したことで学校側が腹を立てているような場合）。言語の違いによって、重要なコミュニティ資源へのアクセスが阻害され（特に文化的準拠集団から孤立しているようなクライエントの場合）、新聞やコンピュータ、ラジオやテレビを通じての情報へのアクセスも制限されてしまう。そのため、このような障壁が、社会的孤立を生み、重要な資源を探し、これを活用するために不可欠な情報を奪ってしまう可能性がある。

　阻害・抑圧・偏見の歴史に耐えてきた文化的グループ出身のクライエントは、疑いの気持ちを抱き、憎しみさえ抱いて、援助機関（あるいはその代表）にやってくることもある。このような構えの根底にありそうな事情は、アセスメントのプロセスとそこで見いだされたことから析出しなければならないことになる。ソーシャルワーカーは、真摯で信頼に値する存在であること、そしてクライエントの利益の最大化のために努力することで、彼らの怒りや不安に対処できる（Harper & Lantz, 1996；Rooney, 1992）。クライエントと実践者の文化的背景が、ある程度類似している場合には、こうした関わりを展開しやすいだろう。もちろん、ソーシャルワーカーとクライエントが文化的背景を共有していたとしても、価値観や教育、社会経済的地位、それに文化適応のレベルなどの重要な部分において異なっている場合もある。

　異文化間の関わりに関しては、実践者の方がマイノリティで、クライエントが文化的多数派に属するという場合も起こる。多数派の実践者によるマイノリティの文化に対する理解度と比べると、マイノリティの実践者による多数派の文化に対する理解の方が、より深い場合が多いのだが、多数派に属するクライエントは、少数派に属する実践者の信頼性に疑問を投げかけることがしばしば生じる（Hardy, 1993；Proctor & Davis, 1994）。クライエントがソーシャルワーカーを信頼する理由としては、教育、地位、役割、年齢、性別、そしてクライエントの文化において重視されるその他の要因がある。すなわち、実践者自身にはおよそコントロールできない要因が理由となっているのである。それでも、クライエントが尊重、信頼、信用、希望が養われるようなよい経験をソーシャルワーカーともち（Harper & Lantz, 1996）、ソーシャルワーカーが率直なやり方でそういった違いが生じている領域を取り扱い、クライエントに尋ねつつその文化について学ぼうとするならば、信頼を獲得することも可能である。

■アセスメントにおけるストレングスの強調

　クライエントは通常、問題や困難に関して支援を受けるためにソーシャルワーク・サービスを求める。自ずとアセスメントの焦点は通常、その問題に当てられる。時には、クライエントの病理や機能不全が過剰に強調されて、その分、ストレングス、能力、業績など、それを知ることによってクライエントの全体像により近い理解を得られるはずの情報に対する認識がおろそかにされてしまう。付け加えるならば、調査結果も、ソーシャルワーカーの多くがクライエントのストレングスを過小評価していることを示している。

　おそらく、このネガティブなものに着目するあり方には、クライエントの欠陥を強調してきたという歴史的な経緯がある（Saleeby, 1997）。つまり、クライエントを脆弱で、あるいは機能不全に陥っている者と見なし、その問題や人格を「修理する」ことが専門家の仕事であると見なして

きたのである。また、クライエントを軽視するようなソーシャルワーカー側の態度や価値観、あるいは疲労などの問題が反映されて、アセスメントがネガティブになっている場合もある。サービスの受給資格を得る（あるいは受給を継続する）ためには、クライエントが問題により打ちのめされた状態でなければならないとする資格要件に、ストレングスが無視される理由があることも考えられる（Frager, 2000）。すなわち、保険の償還を通じて行われる場合であれ、政府の契約による場合であれ、サービスに対する支払いの根拠となるのは、クライエントの困難であり、障害の程度なのである。ケース報告の中で、クライエントのストレングスを強調してしまうと、利用状況の審査官から、そもそもサービスが必要なのかという指摘を受ける可能性があるのだ。

この病理に焦点づける傾向によって派生するいくつかの重要な問題がある。まず1つ目は、実践者は本来、クライエントのストレングスを有効に活用するために、ストレングスに対して敏感でなければならず、ケースの目標達成のためにこれを利用する高度な技術が求められるという点である。2つ目は、ソーシャルワーカーがクライエントのストレングスを説明できずに、病理ばかりに選択的に注目してしまうならば、クライエントの成長の可能性と、成長に至るために必要なステップを判断する準備ができないという点である。3つ目は、クライエントはかなりの割合で、自己評価を高めるための支援を求めているという点である。クライエントは自己不信や不適応感、無価値感に悩まされており、自信と自尊心の欠如が、認知・情緒・行動の各側面における有害なパターンの基礎をなしている。ほんのいくつか例を挙げると、失敗への恐れ、抑うつ、社会的引きこもり、アルコール依存、批判への過剰反応などがある。クライエントが自分自身をポジティブに見られることを支援するためには、まず最初にソーシャルワーカーやその所属機関がもっとポジティブにクライエントを見なければならない。

アセスメントのプロセスにおいて、ストレングスとエンパワメントを強調するために、カウガーはソーシャルワーカーに3つの提案をしている。

1. 事実に対して「クライエントの」理解していることをなにより重視すること
2. クライエントが求めているものを見つけ出すこと
3. 複数のレベルについて、個人や周囲の環境にあるストレングスを評価すること（1994, p. 265）

カウガー（Cowger, 1994）は2次元のマトリックスによるアセスメントの枠組みを開発した。これはソーシャルワーカーがクライエントのニーズとストレングスの両方に対して注意を向ける助けになるものである。縦軸は、潜在的なストレングスと資源が上端に、潜在的な欠陥、課題、障壁が下端に描かれる。横軸は、環境的要因（家族とコミュニティ）から個人的要因へと延びている。この枠組みを用いることで、私たちはしばしば気を取られやすい個人的な欠陥（第4象限）からさらにすすめて、個人的なストレングスならびに、環境的なストレングスと障壁を考慮するようになる（Cowger, 1992）。図8-2はこの枠組みを示したものであり、ここには2つのことが浮き彫りにされている。使い勝手の良いアセスメントというものは、欠陥またはストレングスのどちらか一方のみに限定されていないことと、環境と個人の両者の次元が重要であるということである。4つの象限をすべて用いることにより、障壁と課題に十分配慮しつつ、クライエントの目標達成の追求に役立つ情報を得ることができる。

以下に掲げるのは、アセスメントにおいて見落とされたり、当たり前と思われたりする可能性

のあるストレングスを強調したものである。これらのストレングスに対する鋭敏さを養うことによって、他のストレングスが現れた際にも、これに注意を向けやすくなる。

1. 問題の存在を否認したり、対峙することを回避しているのではなく、これに向き合い、支援を求めていること
2. 思い切ってソーシャルワーカーという見ず知らずの他人と問題を共有していること
3. 困難な状況下でもちこたえていること

事例を通して考えてみよう

◇次は、カウガーのマトリックスを、事例『帰省』に登場するジャッキーとアンナのケースに適用したものである。

ストレングスまたは資源
第1象限：環境的要因
- アンナとジャッキーはともに、自分の家族や相手の家族と付き合い、彼らを尊重している。ジャッキーとの関係に由来する葛藤を抱えているにもかかわらず、それについて議論することをアンナがためらっているのは、生まれ育った家族とのつながりを保ちたいという願いを表すものである。
- アンナとジャッキーはともに雇用されており、アンナは仕事を経営している。

第2象限：個人的要因
- アンナとジャッキーの親密な関係と友情は、両者にとって、ストレングスと喜びの源泉である。二人が自発的に合同セッションに参加し、初回面接の最後に誓約書を作るのは、二人のパートナーシップに感謝している証拠である。
- アンナは大胆な性格で、自力で生活することを恐れてはいない。自らに相応しい尊敬を得ることを求めている。
- ジャッキーは思慮深く慎重な性格である。自らの行為の結果をすべて考慮に入れる。

欠陥、障壁、課題
第3象限：環境的要因
- アンナの両親は、娘が女性と親密な関係にあることについて話すことを不愉快に思っている。
- アンナの仕事のスケジュールは忙しく、毎日予定で一杯である。帰宅時には疲れ果てていて、ジャッキーと交流するエネルギーがないことが多い。

第4象限：個人的要因
- アンナは社会的に引きこもりがちである。両親やジャッキーとの対立を避けている。
- ジャッキーはアンナに対していらだっているように見える。彼女のコミュニケーション・スタイルは「押し付けがましい」印象を与えている。

4．限られた資源を最大限活用するために機知に富み、創造的であること
5．さらに知識、教育、技術を得ようとしていること
6．家族や友人を思いやる気持ちをあらわしていること
7．不公正に対し屈服しているのではなく、自らの権利を主張していること
8．仕事上の義務や経済的義務に対して責任をもっていること
9．他者のニーズや感情を理解しようと努めていること
10．自己反省する力、あるいは異なるものの見方を考慮して状況を検討する力を持っていること
11．自己統制力を示していること
12．ストレス状況でも有効に機能できていること
13．問題解決にあたって、行為の選択肢や他者のニーズについて考慮する能力を示していること

■アセスメントにおける知識と理論の役割

「あなたが何を見るかは、あなたが何を求めるかにより決まる」この言葉は、アセスメントの中での質問と仮説を形成するうえで、知識と理論が果たす役割をうまくとらえている。手堅いエビデンスベースド実践のためには、アセスメントは問題固有な知識に支えられて行われることが必要になる（O'Hare, 2005, p. 7）。そのため、あなたは、インテーク面接においてクライエントが提示する問題の性質について熟考し（例：怒りの爆発、悲しみ、親子の葛藤、不登校）、さらに、これらの問題の発生・持続・改善に関わる要因を見いだすために利用できる調査研究を参照することになるだろう。この知識は、アセスメントの中で収集すべき関連データを知り、そこから導かれる定式化を知るために役立つ。例えば、文献には、不登校は生徒のニーズと教室の環境や教師の態度・方法とが合致しないことに起因することが示唆されているかもしれない。あるいは、家

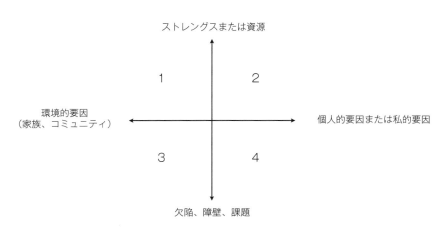

図8-2　アセスメントの枠組み

出典：Adapted from Charles D. Cowger, Assessment of Client Strengths. In D. Saleeby, The Strengths Perspective in Social Work Practice (2nd ed.) (Figure 5.2, p. 69). Boston: Allyn & Bacon.
Reprinted by permission of Allyn & Bacon.

庭内が混乱していて、朝登校するために起こしてもらえなかったり、日課の準備ができなかったり、そもそも学校に行くこと自体が期待されていない場合もあるかもしれない。登校の困難は、視力や聴力の問題や、注意欠陥や学習障害に起因する成績の低迷が原因である可能性もある。衛生や服装、価値感、いじめといったクラスメイトとのネガティブな経験などに関する子どもの側の恥の意識に起因する場合もあるかもしれない。関連する要因が何であるかにかかわらず、不登校に対する厳密な意味で直接に結びつく因果関係的な説明はほとんどなされていない。むしろ、いくつかの要因（視力や聴力の問題）のもたらす影響が、子どもを仲間から遠ざけ、教師をいらだたせるような行動（行動化や不登校）を導き、それにより生徒が引きこもってしまうと、さらに周囲から取り残されてしまう。そして、さらなる行動化や引きこもりをもたらすことになりやすい。人間の行動に対する調査研究や理論を理解することにより、アセスメントの焦点を、クライエントの特定の問題の中に含まれる要素に集中させることができる。

　エビデンスに基づいたアセスメントが必要であるという考え方に従うならば、すべてのクライエントについて研究論文や文献レビューを調べなければならないことに気づくかもしれない。これはあまりに煩雑すぎるかもしれないが、徹底的に調べることの大切さを過小評価してはならない。方向を見誤ったアセスメントと介入がもたらす代償は広範囲に及んでしまう。その代償は、クライエントのやる気を失わせ、専門家や機関といった資源の無駄づかいになることだろうし、結果的にサービスがいい加減なものになってしまえば、それはおよそ害悪をもたらすとさえ言えるだろう。あなたと所属組織が特定の問題や特定のクライエントの母集団に精通している度合いによって、1つのケースのために調べたことから得られる知見が他の類似ケースに応用できる可能性が定まる。そして、インターネット上などの電子的な資源や、さまざまな分野における利用可能な最良のエビデンスを要約したレファレンスガイドを参照する方法が増えるにつれて、既存の知識を見つけ、これを評価することは、はるかに容易になってきた（注1）(Bloom, Fischer, & Orme, 2006；O'Hare, 2005；Thyer & Wodarski, 1998; Wodarski & Thyer; 1998)。

　入手可能な知識と同様に、理論もまたアセスメントのために活用されうる。理論の中には、その理論と結びついた概念が一般化されて、選択的な影響力を持つに至る場合もある。例えば、多次元アセスメントでは、現実検討、判断、対処メカニズムといった、自我心理学の領域から導き出された概念が用いられているし、愛着や対人関係といった対象関係論で重要な概念も援用されている。対人関係療法（IPT: interpersonal therapy）の提供を目標としていなくても、ほぼすべてのアセスメントが、思考、態度および行為、対人関係、情緒、役割の変化などにおけるパターンを取り扱っている。さらに、アセスメントでは通常、リスクとリジリエンス、エンパワメントやストレングスなどの概念を利用している。たとえ、アセスメントが理論的な枠組みを中心にして全面的に構成されたものでなくても、こうした概念を活用しているのである。

　理論の中には、アセスメントの構造とそこから導かれる結論に、より大きな影響を及ぼす方向付けを持つものがある。例えば、「解決志向短期療法（brief, solution-focused therapy）」は、さまざまな設定で活用されているモデルの1つである。このモデルはいくつもの仮説を基礎としている。例えば、「小さな変化からより大きな変化を導くことができる」「現在に焦点づけることは、クライエントがそれまで活用してこなかった能力を引き出し、創造的な選択肢を生み出すことの支援になる」「解決に注目するほうが、問題に集中するよりも重要である」などの仮説である。解決を構築するための質問は他の理論的枠組みとともに用いられる場合もあるが、この実践モデルに従うアセスメントでは次のような形で利用する。

「例外探し」：
　　問題がない、起こっていないときを見いだすための質問。回答は、さまざまな場所、時間、文脈でなされる。その後、クライエントに問題が起きていない場合は何が違っているのか、その違いを生じさせている他の要因はないかについて、丁寧に尋ねていく。

「問題のスケーリング」：
　　これは、1から10の尺度を用いて、例えばその問題の深刻度を評価するようにクライエントに求めるものである。クライエントから得られた回答は時間的な変化を追うのに役立つし、現在のレベルにまで深刻さが増したあるいは緩和された要因は何かについて尋ねる機会をもたらし、さらには、今後同じ尺度上で現在のレベルからより改善されたレベルに移行するために何が必要かについて明確にすることになりうる。

「動機のスケーリング」：
　　これは問題や心配のスケーリングに似ている。解決への期待感の程度、あるいは望みを失っている程度をクライエントに評価することを求めるものである。クライエントは問題に向かうことに自ら取り組む気持ちをどのように評定するだろうか？

「ミラクル・クエスチョン」：
　　これは、実践者がクライエントの優先順位を見極め、変化の対象とする領域を策定するのに役立つ。基本的に、ソーシャルワーカーは以下のような質問をする。「もし、あなたが眠っている間に奇跡が起きて、あなたの問題が解決していたとするなら、あなたが目覚めたとき、物事はどのように変わっていますか？」この技法はクライエントに変化へのプロセスのポジティブな結果をイメージさせ、行動上の介入を特定した形で構築するための重要な情報を引き出すのに役立つ（Jordan & Franklin, 2003）。

　他のアセスメント・ツールと同様、これらの技法をうまく用いる上で鍵になるのは、これを使う際の感性とタイミングである。例えば、時期尚早にミラクル・クエスチョンを用いると、クライエントはあなたが自分の話を聴いていないか、自分の苦痛をたいしたことと思っていないととらえるだろう。通常、このような質問をする際には、前もってクライエントの関心をふまえた発言をしておくとよい。例えば「息子さんの自分勝手なふるまいに困らされてきたことは存じ上げています。でも、もし彼があなたの指示に従うことがあるとしたらどうだろうと思うのです？」のようにである。クライエントに対する繊細な感性は、声の抑揚や調子、アイ・コンタクトなどの、クライエントに対する関心と敬意を示す非言語的方法による関わりを通してもまた示されるのである。

　効果があると実証できる理論はアセスメントを仕上げるのに役立つだろう。例えば認知理論は、思考が感情と行為を媒介することを示唆している（Beck 1995；Ellis, 1963；Lantz, 1996）。したがって、認知理論から導かれるアセスメントでは、クライエントの思考とスキーマ（認知パターン）、原因帰属、クライエントの基本的な信念、問題状況に先行する思考等の性質に焦点を置くだろう（Walsh, 2006）。一方、行動理論では、行動と感情の発生、維持、「そして消滅は学習原理に従ってなされる」ことを示唆している（Walsh, 2006, p. 107）。そこでアセスメントは、問題行動を取り巻く条件、行動を強化する条件、行動の結果とそれによる二次利得に焦点を当てる。こういった一連の過程に関する質問には以下のようなものがある。

- 「いつ、あなたはその行動をしますか？」
- 「どこで、あなたはその行動をしますか？」
- 「その行動は普段どのくらい続きますか？」
- 「その行動の直後に何が起こりますか？」
- 「その行動と合わせて、身体はどんなふうに反応にしますか？」
- 「その行動が起こると、周りの人は通常どうしますか？」
- 「その後、何かよいことが起こりましたか？」

(Bertolino & O'Hanlon, 2002；Cormier, Nurius, & Osborn, 2009；Walsh, 2006)

　これらの質問のねらいは、新たな強化のパターンに関わる計画と、変化を測定するためのシステムを構築することを目的として、その行動の引き金と強化となるものに関して１つの仮説を作ることにある。

　もちろん、既存の知識や理論がアセスメントに与える影響について留意すべき点がある。既存の知識や理論は、クライエントの行動に対する予測や説明およびアセスメントや介入の構築には有用であるが、柔軟性を欠いた適用がなされると、問題を単純化しすぎ、固有のクライエントという存在を物のように扱ってしまうことになりかねない（Walsh, 2006）。十分な検証がなされていない理論や信念が本来の価値以上に重視され評価を得ている場合もある。理論的枠組みが、その検証の対象とされた集団と著しく異なる人々に対して誤って適用される場合もある。唯一の理論的枠組みに固執することは、そのケースに存在する他の重要な要因を見えにくくし、実践者を既存の理論や知識の中に閉じ込め、有望な新しい知識や介入を追求することを妨げてしまう可能性がある。クライエントへのサービス改善に向けて専門家が適切な形で理論的枠組みを評価し適用することができるようになるためには、批判的な思考と適切な訓練が必要とされる（O'Hare, 2005）。

■情報源

　ソーシャルワーカーは、アセスメントの基礎となる情報をどこから入手するのか？　数多くの情報源を、単独で、あるいは複数組み合わせて活用することが可能である。以下は最も一般的に利用されるものである。

1．クライエントが記入した、背景に関する問診票やその他の記入票
2．クライエントとの面接（問題、歴史、見方、考え方、出来事、その他に関する説明）
3．非言語的行動についての直接観察
4．両親や家族、グループメンバーとの間での相互作用についての直接観察
5．親戚、友人、医師、教師、雇用主、その他専門家による付随的情報
6．テストまたはアセスメントの道具
7．クライエントとの直接の相互作用に基づく、実践者の個人的経験

クライエントとの面接から得た情報：クライエントとの面接から得た情報は、通常、アセスメントの主たる情報源である。第５章と第６章で解説した、効果的な面接を構築し実行するための技

術は、信頼関係の確立とアセスメントに必要な情報の獲得に役立つことだろう。重要なのは、クライエントが感じていることと報告することを尊重すること、理解を伝えるために共感を用いること、深く掘り下げること、クライエントに自分の理解が正確かどうか確認してもらうことである。クライエントが子どもである場合、道具を利用したり（McConaughy & Achenbach, 1994；Schaffer, 1992）、遊びや描画などの方法を取り入れることで面接のやりとりが促進される場合がある。他の情報源と同様、言語報告にも補足が必要となることが多い。なぜなら、クライエントの側に記憶違いや先入観、不信感、自己認識の不足等があって、正確な全体像を描けない場合があるからである。

非言語的行動についての直接観察：非言語的行動についての直接観察により、怒り、苦痛、当惑、恐れといった情緒状態や情緒反応に関する情報を入手することができる。これらの情報源を利用するために、ソーシャルワーカーは非言語的な手がかりに注意を払わなければならない。例えば、声の調子、涙、握り締められた拳、声の震え、手の震え、噛み締められた顎、すぼめられた唇、表情のバリエーション、身振り手振りなどである。ソーシャルワーカーはこれらの行動と、それが観察された際に話されていた話題やテーマを結び付けてみるのである。ソーシャルワーカーはこのような観察内容をその場でクライエントに伝えてもよい（「彼女が言っていたことを私に話してくれたとき、身体から力が抜けてしまったようでしたね」）。あるいは、他のデータと共に記録しておいてもよい（「妻の病気について語ったとき、クライエントの声は穏やかになり、目には涙が浮かんだ」）。

相互作用の観察：配偶者やパートナーの間、家族やグループメンバーの間での相互作用の観察からも、得るところが多い。ソーシャルワーカーは、クライエントから聴かされていた関係についての説明と、実際の関係の中で示されるふるまいがあまりに異なっていて驚く場合が多い。以前の面接の中で娘を「励ましている」と述べていた父親が、「お前はもっとできるだろう」と娘を励ます関わり合いをしていることを、ソーシャルワーカーは観察することになるかもしれない。直接の観察によって、言葉そのものは確かに励ましといえるかもしれないが、声の調子や身振りがそうではない、という状況が明らかになる場合があるのだ。

　ありのままの自然な設定の中で観察を行うこともできる（例：教室の子ども、グループ内での大人、面接でワーカーの質問に答えている家族）。家庭訪問は、観察のために特に有用な方法である。家族を基礎とした在宅サービスが持つ大きな利点は、間接的な説明によらず、まさに家族によって生き生きとした経験を、そのままじかに観察できる機会だという点である（Ronnau & Marlow, 1995；Strom-Gottfried, 2009）。クライエントの生活状況を観察することは、他の方法では気づくことのできない資源や課題を明らかにするわけである。

　ソーシャルワーカーはまた、口頭での報告に頼ることなく、相互作用を直接に観察する目的で「エナクトメント」[訳注：実演化技法]を実施することができる。この技法では、クライエントは面接中に、ある出来事を再演する。参加者は実際の出来事と同じ言葉、身振り、口調で、その出来事が生じた際の状況を正確に再現するように指示される。あなたは次のように説明するだろう。「あなたたちが今記述した状況において、何がその困難を作り出しているのかを理解するために、この面接の中で、それを再現してもらいたいと思います。私は、お二人がそれぞれに何を言って、何をしたのか、どのようにそれをしたのかを見ることで、私は実際に起きたことについ

ての正確な様子を把握することができます。実際の場面であなた方が使った言葉、身振り、口調をそのまま使ってください。それでは、それが起こったとき、お二人はどこにいましたか？　それはどのようにして始まったのでしょう？」好ましい印象を与えたいという参加者の気持ちが与える影響を中和するために、ソーシャルワーカーは後にそれぞれの参加者に対して、このエナクトメントにおける行動がどの程度、実際の状況における行動と合致していたかについて尋ねてもよい。

　エナクトメントは、カップルや家族が、意思決定や計画、役割分担、子どものしつけなどに関わる状況でどのように相互作用をするかを観察する目的で、人為的な場面で用いることができる。ソーシャルワーカーは、自らが観察したいと望む種類の相互作用が発生しやすく、明らかになりやすい状況をデザインすることに創造性を発揮する必要がある。エナクトメントのもう一つの形態として、象徴的な相互作用が用いられる場合がある。例えば、人形やゲームの使用、あるいはその他の表現療法や遊戯療法がこれにあたる（Jordan & Hickerson, 2003）。

　しかしながら、直接観察は観察者に知覚的誤りを引き起こしやすいということを念頭に入れておくべきである。したがって、自らの観察から結論を導き出す際には注意が必要である。自身の結論と他の情報源から得られた情報がどの程度一致しているか精査すべきである。このような欠点にもかかわらず、さまざまな形での直接観察から得られる情報は、言語報告により得られた情報にさらに重要な情報を追加してくれる。

クライエントの自己観察：クライエントによる自己観察は重要な情報源である（Kopp, 1989）。豊かな内容を持つ定量化可能な多くのデータを生み出し、クライエントをアセスメントの過程への協働者の役割に変えることによって彼らをエンパワーする。自己観察では、クライエントは運用記録や日誌上で症状を追跡し、説明を書きいれ、特定の時間や出来事、症状や困難に結びついた感情、行動、思考を記録する。自己観察の第一歩は、いつ事象が生じるかを認識することである（例：子どもにみられる不安発作やかんしゃくの徴候、飲酒や過食の症状に先立つサイン）。アンカー式の自己評定尺度（Jordan & Franklin, 2003）あるいは、単純な計数測度により、クライエントやその周囲の人々が、行動の頻度または強度について記録を付けることができる。例えば、「ジョーはどのくらい頻繁で学校を休むのか？」「ジョアンの不安は、朝と正午と夕方でそれぞれどの程度深刻なのか？」「ラルフが眠れなかったのはどの日の夜か？」「この入眠困難はその日あった出来事、薬物、ストレス、あるいは彼が飲食したものと関係があるのか？」などである。

　自己観察の大きな利点は、その観察するという過程自体が生活様式に注意を向けるという焦点づけを要求するという点にある。結果的には、クライエントは自らが置かれた状況と、自らの進歩や後退に関わる諸条件についての洞察を得るのである。観察を記録したものについて話し合うことで、クライエントは「自発的に目標の実現に向けて動き出し、変化のためのアイデアを提案するようになる」（Kopp, 1989, p. 278）。記録を行うプロセスは評価の助けにもなる。なぜなら、問題となる行動や感情の緩和や、望ましい特徴の増加を示すデータを精査することで、進歩をより正確にたどることができるからである。

　アセスメントに必要なデータを得るための、もう一つの情報源は「そばにいる関係者」、つまり親戚や友人、教師、医師、児童福祉提供者等の、クライエントの生活に関する状況について重要な見識を持つ人々である。そばにいる人からの情報が特に重要な意味を持つのは、発達的能力や機能の制約で、クライエントの情報提供する能力が限定されているか、あるいは歪んでいるよ

うな場合である。例えば、両親、後見人などの養育者は多くの場合、子どもの生育史、機能、資源、課題についての主要な情報源である。同様に、記憶に関する欠損や認知的な制約を持つクライエントのアセスメントは、そばにいる人々（家族、養育者、友人）が提供しうるデータによって、より正確なものへと高めることができるだろう。

　ソーシャルワーカーは、その情報が必要か、その情報を入手するかを判断する際に、判断力を発揮しなければならない。このようなソーシャルワーカーの裁量に応じて、クライエントは有益な情報を提供可能なそばにいる関係者を紹介するという形で協力することになるのである。ソーシャルワーカーがこれらの情報源となる人々と接触するためには、事前にクライエントとの間で書面（機関の「情報開示用」文書）による合意が必要である。

　そばにいる人たちから得た情報の妥当性を検討するにあたっては、彼らとクライエントの関係の性質と、彼らの視点に影響を及ぼしうる関係のあり方について考慮することが重要である。例えば直系親族は、クライエントの問題に情緒的に巻き込まれたり、消耗しており、そのために、無意識のうちに事実を歪めて報告する可能性がある。例えば、研究結果によれば、高齢者のクライエントは自らの機能に関する力を過大評価しがちで、逆に家族はそれを過小評価しやすい。そして、看護師の評価は中庸を得ているという（Gallo, 2005）。保留となっている案件（例：子どもの養育権、施設への入居）の決定内容次第で、何かを得たり失ったりする関係者は、利害の対立や当該状況から隔絶されている関係者に比べて、信頼できるとは言いがたい。逆に、クライエントとの接触が限定されている者（他のサービス提供者など）はクライエントの状況について、狭い視野や歪んだ見方をするかもしれない。他の情報源と同様に、そばにいる関係者からの情報も、他の情報と照らして合わせて、批判的に検討し重み付けをしなければならない。

　アセスメント用具：その他に、情報源として利用可能なものとして、さまざまなアセスメント用具がある。すなわち、心理検査、スクリーニング用具、アセスメント・ツール等である。これらのテストの中には、施行方法と採点方法に関する特別な訓練を受けた心理学者や教師などの専門家によって実施されるものもある。このような場合、ソーシャルワーカーはテスト結果の報告を受け、その知見を心理社会的アセスメントや処遇計画に組み込む場合もある。こうした検査用具の例としては、Wechsler Adult Intelligence Scale, 3rd edition（WAIS-III）や Wechsler Intelligence Scale for Children, 3rd edition（WISC-III）（Lukas, 1993）のような知能検査や、人格障害その他の精神医学的問題のアセスメントのためのテストである Million Multiaxial Clinical Inventory-III（MCMI-III）（Millon & Davis, 1997）、Minnesota Multiphasic Personality Inventory（MMPI-II）（Hathaway & McKinley,1989）、Primary Care Evaluation of Mental Health Disorders（PRIME-MD）（Spitzer et al., 1994）などがある。

　これらの検査用具の中には、ソーシャルワーカーや同様の専門職が使用するために作成されたものもある。WALMYR Assessment Scales がその例であり、抑うつ、自尊心、臨床的ストレス、不安、アルコール依存、仲間関係、性的態度、同性愛恐怖、結婚生活に対する満足度、性的満足度、パートナーに対する非身体的虐待、その他のさまざまな臨床的現象の測定に用いることができる。（注2）The Multi-Problem Screening Inventory（MPSI）は、コンピュータを用いた多次元の自己報告式測定尺度である。27の異なる領域にわたるクライエントの個人的社会的機能に関する問題の深刻度と範囲について、実践者がよりよくアセスメントを行い、理解をするために役立つものである。これは完成された検査用具であり、クライエントとソーシャルワーカーの双方

が、困難が生じている領域を評価し、さまざまな生活領域における困難に関する深刻度を判断するのに役立つ。このようなコンピュータ化された検査用具は正確さと効果を高めるためのみならず長期にわたる結果の追跡を容易にし、ケースの進展を判断するためのデータ収集に役立つ。

　Burns Depression Checklist（Burns, 1995）、Beck Depression Inventory（Beck, Rush, Shaw, & Emery, 1979）、Zung Self-Rating Depression Scale（Zung, 1965）、Beck Scale for Suicidal Ideation（Range & Knott, 1997）などの検査用具は、妥当性と信頼性が十分に確立されており、さまざまな専門をもつ臨床家により、テストを効果的に施行および採点することができ、さらに、実践者がクライエントの状態の深刻度を評価する際の助けになる。

　アルコールまたは薬物による障害を測定するための検査用具は、ソーシャルワーカーにより実施されるものもあれば、クライエント自身により実施できるもの、コンピュータへの入力で実施されるものもある（Abbott & Wood, 2000）。よく使われるツールにはMichigan Alcoholism Screening Test（MAST）（Pokorny, Miller, & Kaplan, 1972；Selzer, 1971）やDrug Abuse Screening Test（DAST）（Gavin, Ross, & Skinner, 1989）がある。検査用具には、アセスメントの質問を構成する頭文字を並べて命名されているものもある。例えば、CAGE（Project Cork, n.d.）は4つの質問で構成され、それぞれの質問に肯定する回答をするほど、アルコール依存との高い相関を持つ。

1．「酒量を『減らそう』（Cut down）と思ったことがありますか？」
2．「周囲の人が『心配する』（Annoyed）あまり、あなたの飲酒を非難したことはありますか？」
3．「飲酒を後悔したり『罪悪感』（Guilty）を抱いたことはありますか？」
4．「朝起きてまず最初に『目覚めの一杯』（Eye Opener）を飲んで、心を落ち着かせたり、二日酔いを解消したりしたことがありますか？」

（www.projectcork.org/clinical_tools/html/CAGE.html）

　同様に、『CRAFFT』は、若者の問題あるアルコールの摂取を評価するための6つの質問を用いる（Knight, Sherritt, Shrier, Harris, & Chang, 2002）。このテストでは、2つ以上の項目に対して肯定する回答がなされたら、その若者はアルコールまたは他の薬物への依存に関してさらなる精査の必要性があるとされる。

1．「誰か（自分自身を含む）ハイになっている人や、アルコールや薬物を使っている人が運転する『車（Car）』に乗ったことがありますか？」
2．「『リラックス（Relax）』したり自分に自信を持ったり、落ち着くために、アルコールや薬物を使用したことがありますか？」
3．「『一人で（Alone）』いるときに、アルコールまたは薬物を使ったことがありますか？」
4．「アルコールや薬物をやっている最中に自分がやったことを『忘れて（Forget）いた』ということがありますか？」
5．「『家族や友人（Family and Friends）』から、酒や薬物をやめるべきだと言われたことがありますか？」
6．「アルコールやドラッグを使っていて「トラブル（Trouble）」に巻き込まれたことがあり

ますか？」
(CRAFFT, n.d.)

　この他にも、アセスメント面接の中で使用すると、クライエントのストレングスとニーズの同定に役立つと思われるツールがある（Burns, Lawlor & Craig, 2004;VanHook, Berkman, & Dunkle, 1996）。この例としては、the Older Americans Resources and Services Questionnaire（OARS）がある。この質問紙は、日常生活での経済的および社会的な資源や活動などのさまざまな領域におけるクライエントの機能に関する情報を提供するものである（George & Fillenbaum, 1990）。他にも社会的機能や、養育者の負担、ウェルビーイング、メンタルヘルス、社会的ネットワークなどの変数を測定するために、ある範囲にあるクライエント集団に対し適用できるツールもある。さらには、例えば心的外傷後ストレス障害や行為障害、あるいは不安といった特定の症候群の評価に用いられるツールもある（O'Hare, 2005；Parks & Novelli, 2000；Sauter & Franklin, 1998；Thompson, 1989；Wodarski & Thyer, 1998）。

　テストやスクリーニング用具は、データや行動を定量化するには便利で有用な手段である。これらは「アセスメントの妥当性と信頼性を高め、経過観察と評価のためのベースラインを提供する」（O'Hare, 2005, p. 7）点で、エビデンスに基づく実践を行う際に必須の構成要素となっている。そのため、尺度と測度はケースの計画を立て、介入の選択を行うときに重要な役割を果たすことになる。とはいえ、これらのツールを効果的に利用しようとするならば、実践者はテストの背景となる理論と各テストの特徴について十分な基礎知識を持っていなければならない。例えば、検査用具の中にはバイアスがあり、その信頼性は低く、妥当性が乏しいものも多い。中には特定のクライエントとの相性が悪く、その使用時には特段の注意が必要になるものもある。これらのツールの誤った使用を避けるために、ソーシャルワーカーは、自らが使用し推奨するツールについて十分に理解しておき、他の専門家によって実施されたテストの解釈についてはコンサルテーションを求めるべきである。ブルーム、フィッシャー＆オルメ（Bloom, Fischer, and Orme, 2006）やフィッシャー＆コルコラン（Fischer and Corcoran, 2006, 2007）、あるいはタイヤー＆ワダルスキ（Thyer and Wodarski, 1998）、ワダルスキ＆タイヤー（Wodarski and Thyer, 1998）などは、ソーシャルワーカーに数多くの利用可能な検査用具と、その適切な使用方法を教えてくれる情報源となっている。

　アセスメントについて最後に紹介する情報源は、クライエントとの直接の相互作用に基づく「個人的な体験」である。クライエントによってあなたの反応の仕方も違う。このことを洞察していることは、彼らに対して他の人がどのような反応をするかを理解する上で有益であるだろう。例えば、あなたはクライエントたちに対して、「引きこもっている」「愛想が良い」「依存的な」「思いやりがある」「人を巧みに操る」「魅惑的な」「自己主張が強い」「横柄な」「決断力がある」などと見なすかもしれない。例えば、「他人が自分を軽くみて、不合理な要求をしてくる」と訴えるクライエントは、あなたの目には、自己を卑下していて、相手を喜ばせるためなら何でもしそうな人に見えるかもしれない。このような体験は「他人が自分を利用しようとする」という彼の不満の本質をつかむ手がかりを与えてくれるかもしれない。

　この方法を用いる際にも、当然、いくつかの注意が必要である。クライエントのソーシャルワーカーの前での態度は、他の人の前での態度と違うかもしれない。心配や自発性の乏しさ、良い印象を与えたいという気持ちなどはすべて、クライエントが自身を歪めた形で示す可能性もも

つ。同様に、第一印象は誤解をもたらしやすいものであるから、クライエント自身とさらに接触することや他の情報源を追加することで確認する必要がある。人の印象はすべて主観的である。したがって、私たち自身の対人関係のパターンととらえ方によって印象は影響を受ける可能性がある。あなたのクライエントに対するとらえ方と反応は、あなた自身の人生経験により影響を受けるだろう。たとえ仮の結論を導き出す場合であっても、事前にバイアスの可能性、歪んだとらえ方、クライエントの態度に影響を与えた可能性のあるあなたの側の行動を同定するために、自らの反応を精査すべきである。例えば、あなたに直面化を促すようなふるまいが、クライエントの防衛的な反応を誘発したのかもしれない。そうであるならば、その反応は、クライエントの典型的な人との関わり方を示すものというよりも、あなたの行為の意味を明らかにするものといえるだろう。社会構造や個人的体験の影響を受けて、私たちはクライエントの同じ行為や発言に対し、「強情な」vs「決然とした」、「傲慢な」vs「自信に満ちた」、「服従的な」vs「協力的な」というように異なるとらえ方をする可能性もある。あなたがクライエントとの相互作用から妥当性をもった結論を導き出すためには、自己への気づきが必要不可欠である。

　複数の情報源から導かれるアセスメントは、クライエントの生育歴、ストレングス、課題などについて、包括的で正確で役立つイメージを提供してくれる。しかしながら、ソーシャルワーカーは、クライエント・システムの全体的な姿を作り上げるために、さまざまな種類の情報がそれぞれ固有に持っている長所と短所に注意を払い、これらを慎重に比較検討しなければならない。

■問題のアセスメントの際に問われる質問

　よい実践では、ソーシャルワーカーがさまざまな種類のコミュニケーション方法を駆使して、クライエントが自分について語れるようにすることが示されている。したがって、以下に示す質問はアセスメントの中で「尋ねる」ものではなく、むしろ、その問題のアセスメントの中で重要な要素を見逃してこなかったかを確認するための「ガイド」「チェックリスト」として利用してもらうことを意図したものである。クライエントや他の関係者は、クライエントの心配事や問題について、どのように把握しているのだろうか？

1. この状況に現在関連する、あるいは近く関連する法的権限はあるか？
2. 注意が必要な重大な健康上あるいは安全上の問題があるか？
3. その問題に関する特定の兆候は何か？　どのような形で現れるか？
4. どの人やシステムが問題に関わっているか？
5. 関係者やシステムがどのような形で相互作用し、その問題を発生・維持させているか？
6. どのような満たされないニーズや欲求が問題に関わっているか？
7. どのような発達段階や人生の移行が問題に関わっているか？
8. 問題の深刻度はどの程度か、関係者にどのような影響を与えているか？
9. クライエントがその問題のせいにしている背景にどのようなわけがありそうか？
10. どこで問題行動は発生するか？
11. いつ問題行動は発生するか？
12. どのくらいの頻度で問題行動が発生するか？
13. その問題はどの程度継続しているのか？　なぜ今、クライエントは援助を求めたのか？

14. その問題がもたらす結果はどんなものか？
15. その他の問題（例：アルコールまたは薬物の乱用、身体的あるいは性的虐待）がクライエントやその家族の機能に影響を与えているか？
16. その問題に対するクライエントの情緒反応はどのようなものか？
17. クライエントはその問題をどのように対処しようとしてきたか？　そしてその問題を解決するために必要な技術は何か？
18. クライエントの技術、ストレングス、資源として、どのようなものがあるか？
19. 民族文化的要因、社会的要因、社会階級的要因がその問題にどのような影響を与えているか？
20. どのようなサポート・システムがクライエントのために現在存在しているか？　あるいは創り出される必要があるか？
21. クライエントが必要としている外部資源は何か？

質問の1～3は準備段階で尋ねられるべきで、これにより、ソーシャルワーカーは、なんらかのより重要な問題が面接を方向付けるかどうかを知ることができる。質問の4～17は、問題をさらに具体化することに関連している。これらの質問は、1つの問題に注目することが、（問18から問22でカバーされる）ストレングスと資源を探ることよりも優先されることを示すものではない。図8-2のストレングスのマトリックスで示したとおり、アセスメントを完全なものにするためには、能力や資源だけでなく、限界や課題に対するアセスメントも必要である。

開始時には

面接は、社交的な言葉を交わし、目標と時間について説明した後に、クライエントの心配事について尋ねることから始めることになる。時に、この質問は単純なオープンエンドの発問になる。「スミスさん、今日はどういった件でいらしたのでしょうか？」あるいは「よくいらっしゃいました。どうなさいましたか？」このような質問はクライエントに自らの相談事を表現する機会を与え、これに続く質問の方向づけに役立つ。

この時点、少なくとも面接の開始段階では、ワーカーは面接の方向性を変える可能性のある他の問題に注意していなければならない。もし、クライエントが自発的にサービスを求めてきたわけでなく、とりわけ、法による指示の結果である場合（例：保護観察の一環である場合、児童虐待で告訴された結果である場合）には、その義務の性質、紹介情報、クライエントの紹介に対する受け止め方が、初回面接開始当初のあり方を決めるだろう。

初回面接でさらに考慮しておきたいことは、クライエントが自傷他害の危険性をもつかどうか、という点である。例えば、緊急支援機関のような、紹介による面接では、危害のリスクが明確に関与するので、まず最初の段階でこの点について議論され評価されるべきである。その他の場合、そのリスクはもっとはっきりしない形であらわれる。例えば、クライエントが「私はロープの端っこにいて、これ以上耐えられない」と言って面接を始めるとしよう。ソーシャルワーカーはこのような話の切り出し方に対して、さらに詳しく掘り下げるための応答をすべきである。例えば「もう少しお話しいただけますか？」あるいは「もう耐えられないとおっしゃいましたが、それはどのような意味でしょう？」のように。そこでさらに情報が得られて、ソーシャルワーカーが自殺や攻撃的行動に対する懸念を抱いた場合、その状況がどれほど危機的かを調べるために、

さらに具体的な質問を続けるべきである。

クライエントの主訴が何であれ、共有された情報が安全に対する懸念を生じさせるものであれば、ソーシャルワーカーは危険の程度に焦点づけて面接を方向付けなければならない。そして、安全を脅かす程度はわずかで、コントロール可能であるならば、実践者は面接の焦点を、クライエントがサービスを受けるきっかけになった問題へと戻すことになるかもしれない。しかしながら、この短いアセスメントで、深刻なまたは差し迫ったリスクが明らかになった場合には、その回の面接の焦点は、一般的なアセスメントを続けることではなく、安全を確保することに向けられなければならない。

第9章では、自殺の危険性に関するアセスメントの実施プロセスについて説明する。モリソン（Morrison, 1995）、ヒューストン－ベガ、ヌリング＆ダギオ（Houston-Vega, Nuehring, & Daguio, 1997）、ルーカス（Lukas, 1993）は、さまざまな状況における自殺の危険の問題に関わる聴取の仕方と、リスクの程度の評価についてのさらなるガイドラインを提示している。こうしたテキストはこの話題についてさらに学ぶための有用な資源となる。

何が問題でそれがどう表れているのかなどを同定すること

クライエントとの最初の出会いでは、あなたはクライエントの問題の源泉を明らかにし、クライエントを適切な改善に向けた計画に関与させることを主眼にするだろう。人が援助を求めるのは、通常、問題への対処の努力による疲弊や、満足のいく生活に必要な資源の不足がその理由である。クライエントが問題に対処するために精一杯努力したが、結局それが無駄に終わったり、むしろ問題を悪化させてしまうというのは、よくあることだ。

クライエントが紹介または法的な義務によってサービスを受けることになった場合には、問題の同定はいくらか異なる道筋を経ることになる。紹介によるクライエントは、そのサービスが専門家や友人、家族の提案に促されたものであったとしても、積極的にサービスに取り組む場合もある。しかしながら、「援助が必要」と考えたのは本人以外の者であるために、不本意ながらも消極的に従うことになるクライエントも多い。したがって、こうしたクライエントと接触を始める際には、彼らはサービスを受け入れている積極的な気持ちを必ずしも示すものではない。時には、クライエントが他所から紹介された場合、紹介先（多くは医師、雇用主、家族、学校職員）がその問題について紹介者なりの見方を持って、紹介者なりの治療計画を推奨してくることもある。しかし、紹介先が特定している心配事に取り組む必要はなく、クライエント自身が気がかりに感じている問題に取り組むことを選択できるのだと明確にしておくことが重要である。

一方で、法の強制によるクライエントは、任意性という点で後塵を拝しており、家族や公権力からの強制によって、不本意ながら援助を求めている。法の強制によるクライエントは、自らが問題を抱えていると受け止めていない者も少なくなく、紹介先からの強制こそが問題だと見なしている。彼らは次のようなメッセージを伝えてくることもある。「どうして私がここに来なければならないのかわからない。問題なのは妻（上司、親）の方で、ここに来るべきなのは彼女だ」。来談の動機のもとがクライエントの外部にある場合、問題の要因を見つけるのはもっと困難になる。クライエントを生活状況の探求に向かわせる前に、圧力を受けて援助を求めなければならないクライエントの反感を理解し、これを和らげようとするべきである。ここでの目標は、クライエント側の不満や関心の対象を特定し、これを利用してクライエントを動機づけすることが可能かを判断することである。クライエントが問題を認めるに至れば、そのとき問題の境界は明確に

なり、通常のやり方で探求を進めることができるようになる。

　自発性に欠ける場合に関わる別の問題としては、援助を求めることに関する文化に根ざした態度がある。例えば、アジア系アメリカ人にみられる精神保健サービスの利用率の低さ（あるいは、利用に対する「抵抗」）は、いくつかの文化的主題にその原因があるかもしれない。「運命」を受け入れる考え方が「不愉快な生活状況に直面しても積極的に活動しないこと」を促す可能性をあげる者もいる（Yamashiro & Matsuoka, 1997, p. 178）。見合い結婚という文化的伝統は、将来の見合い相手探しに不利に働くからという理由で、表立った支援を求めることをためらわせる原因となることもあるだろう。宗教と文化が問題の受け止め方と、問題に対処するための選択手段を方向付けるのだということを踏まえれば、多くの人々が宗教的指導者や、地域や一族の長、心霊治療家など「非公式な」援助者に最初に援助を求めることも決して不思議ではない。ソーシャルワーカーは初回面接において、クライエントは家族や文化の外に対して援助を求めにくい気持ちを持っていることを考慮して、クライエントの羞恥心と不安に向き合うとよいだろう。重要なのは、それがクライエント独自の自己表現ではない可能性を理解することであり、ラポールと信頼関係を築くには時間がかかり、それには繊細さと共感が要求されるということを理解することである。たとえクライエントがサービス機関に不本意な形でやってきた場合であっても、こうして来所するステップに踏み出すにあたってのストレングスについてねぎらわれるべきである。

　自分の問題や心配事について話すように求められると、クライエントはしばしば、自分の問題について一般的な説明をすることで応答する。その説明には、通常、必要なものの不足（例：健康管理、十分な収入や住居、友人関係、家族との良好な関係、自尊心）あるいは、望まないものの過多（例：恐怖、罪悪感、感情の爆発、夫婦あるいは親子の対立、依存症）が含まれる。どちらの場合でも、問題は不均衡、緊張、懸念の感情を生む。感情そのものが、問題を構成する重要な要素である場合も多く、これが共感的コミュニケーションが面接過程においてきわめて重要な技術とされる理由の1つである。

　この「提示された問題」に対する理解が重要なのは、これが問題に対するクライエントの目下の認識を反映しており、援助を求める際の原動力になっているからである。とはいえ、「提示された問題」は「ワークが対象とする問題」とは異なる。実のところ、最初にクライエントとソーシャルワーカーを引き合わせるきっかけとなった問題が、その後も、両者の関係において、目標や介入の焦点となる問題であるとは限らないのである。ワークが対象とする問題が、当初の問題あるいは提示された問題とは異なるのにはいくつもの理由がある。援助プロセスの進展に伴い、より多くの情報が得られ、洞察が深まり、信頼が増すことにより、ワークの焦点とサービスの目標を修正させる要素が明らかになる場合もある。しかし、これは、最初にクライエントが持ち込んできた問題を軽視すべきということではない。ワークにとっての問題が、クライエントがサービス機関に持ち込んできた問題と異なるかどうかは、アセスメントのプロセスによって、あなたとクライエントに対して明らかにされることだろう。

　提示された問題は、アセスメントで調査すべき領域を示すものであるため、重要である。両親が述べた困難に、例えば、思春期の子どもの不登校と反抗的な態度が含まれていた場合、その調査においては家族、学校、友人といったシステムが対象となるだろう。調査が進むにつれ、夫婦関係の困難が親子関係にネガティブな影響を及ぼしていることが明らかになれば、親というシステムを探求することが有効だと判明する場合もある。学習上の困難が不登校の要因になっているようであれば、その子どもの認知や知覚に関するサブシステムを問題の一部としてさらに探求す

る必要が生じるかもしれない。このように、提示された問題は、困難な状況を構成する要素となるシステムを同定し、これを改善するために必要になる資源を示してくれるのである。

周囲の人々とのやりとりやシステムとの関係

提示された問題とその後の探求を通して、クライエントの抱える困難についての関係者、つまり鍵となる人物や集団、あるいは組織が明らかになるのが通常である。アセスメントを正確に行うには、これらの要素をすべて考慮し、これらの要素がどのように相互作用しているかを見定めなければならない。さらに、たとえ問題状況に関わるすべての関係者を含めることが可能とは限らないとしても、効果的な介入を計画するためには、これらすべての要素を考慮しなければならない。

クライエントとその他の関連システムの相互関係が、いかにして問題を生み出しこれを維持するかを十分に理解するためには、これらさまざまなシステムの機能のあり方と相互関係についての具体的な情報を引き出すことが必要である。クライエントは通常、以下のようなシステムと相互交流している。

1．家族、親戚・親族のネットワーク
2．社会的ネットワーク（友人、隣人、同僚、宗教的指導者や信仰を共にする仲間、クラブのメンバー、文化的集団）
3．公的機関（教育、レクリエーション、法の執行と保護、精神保健、ソーシャルサービス、医療、雇用、経済的安全、法務、司法、その他さまざまな行政機関）
4．私的サービス提供者（医師、歯科医、理髪師、美容師、バーテンダー、自動車整備士、家主、銀行家）
5．宗教的／霊的信仰システム

クライエントが置かれている特定の状況の中で、これらの要素の相互作用がどのように展開しているかを理解するためには、問題が起きた出来事の最中およびその前後における言動も含めて、すべての関係者の行動に関する詳細な情報が必要になる。この具体的な情報は、クライエントの問題に関連する状況や、個々のシステムが相互に影響を与えるあり方、そして問題行動を永続化させる傾向のある事象の成り行きを、あなたとクライエントで解明するのに役立つ。

問題行動が起こる前には、ある特定の状況や行動が生起するのが普通である。家族の誰かによる何らかの言動が、別のメンバーの怒り、防衛、苦痛などの反応を引き起こすことがある。家賃滞納に関する家主からの圧力が、家族に緊張と焦りを引き起こすかもしれない。子どもが教室でキレるのは、そのきっかけとなる特定の刺激があるのかもしれない。問題行動に先行する事象は「先行条件」と呼ばれる。関係者の一人が、他の関係者を挑発したり怒らせたりしてネガティブな反応を引き起こし、これに対抗する形でのネガティブな反応が発生し、このようにして問題状況が進行するのである。

その人を悩ませるエピソードを取り巻く状況を見いだすことに加えて、問題行動に関連する成り行きや結果について知ることも重要である。これらの探求結果により、クライエントの困難を永続化し強化する要因が明らかになるかもしれない。

問題行動の先行条件を分析し、具体的な言葉でこの行動を表現し、問題行動の結果や効果を評

価することは、機能不全になっている行動を動機づける要因、つまりは介入の適切な目標を特定するための強力な手段となる。このような、行動の持つ機能的重要性を分析するための直接的なアプローチは ABC モデルと名づけられている（A＝先行条件（antecedent），B＝行動（behavior），C＝結果（consequence））(Ellis, 2001)。ABC モデルは、見ためよりはるかに複雑なのだが、問題を把握し、関与しているシステムとその役割を理解する上で、一貫性をもった実践的なアプローチを提供してくれる。

発達上生じてくる要求と欲求のアセスメント

　先に述べたように、クライエントの問題には通常、満たされない要求・欲求が関わっている。これらは求めるものと利用できる資源がうまくかみ合っていないことに由来する。従って、満たされていないニーズを特定することは、どんな資源を開発しなければならないかを同定するための第一歩となる。資源は利用可能でも、クライエントがこの資源を利用できないでいる場合には、活用の障壁となるものを特定することが重要である。孤独に悩まされている人々の理由を例にして考えてみよう。それはサポートシステムが存在しないことが原因ではなく、その者が他者を避けるような関わり方をしており、これが孤立を招いているのかもしれない。あるいは、彼らの孤独が、羞恥心などの感情のせいで家族や友人の助けを求めることができないことに由来する場合もあるだろう。さらには、クライエントは家族や他の人たちからの情緒的なサポートを得ているように「見える」かもしれないが、より綿密に調査することで、実はこの有望な資源であるはずの人々がクライエントのニーズに応答していないことが明らかになる場合もある。このような応答不足の理由としては、関係者同士が十分満足いく形で相互交流できていないことが典型的なものとして挙げられる。このような場合にやるべきことは、否定的な相互交流の性質を評価し、これを関係者にとって利益あるものに修正していくことである。

　人間の「要求」には普遍的なもの（十分な栄養、安全、衣服、住居、医療）も含まれる。これらは必要不可欠で、少なくとも部分的には満たされていなければ人は生きていくことができないし、健全な身体と心のウェルビーイングを維持することができない。私たちが使う用語において、「欲求」とは行動を動機づける強い欲望からなり、ゆえにこれが満たされれば、満足感とウェルビーイングが高められるものである。欲求の充足は生存にとって不可欠なものではないが、欲求の中には人を突き動かす性質を発展させ、強さにおいて要求に匹敵するものもある。説明のために、提示された問題に含まれる典型的な欲求の例の一覧表を提示する。

示された問題に含まれる典型的な欲求

- 家族の葛藤を減らしたい
- 配偶者やパートナーから大切にされたい
- 自立したい
- 結婚や対人関係においてよりよい交流・交遊を持ちたい
- もっと自信を持ちたい
- もっと自由になりたい
- 癇癪を抑えられるようになりたい
- 抑うつを克服したい
- もっと友人がほしい

- 意思決定に参加したい
- 養護施設から出たい
- 難しい決断を下したい
- 恐怖や不安をうまく扱えるようになりたい
- もっと効果的に子どもとつきあいたい

　クライエントの満たされていない要求・欲求を見定めるにあたっては、クライエント、カップル、家族それぞれの発達段階を考慮することが不可欠である。例えば、青年期にある者の心理的ニーズとしては、仲間からの受容、独立心を養うために十分な自由、（性的アイデンティティを含む）安定したアイデンティティの発達などがある。これらは高齢者に典型的なニーズ、すなわち、医療、十分な収入、社会的関係、有意義な活動などとは明らかに異なるものである。家族が、各自の成長とウェルビーイングを促す場となるためには、個人と同様、達成すべき課題と満足すべきニーズから構成される複数の発達段階を経る必要がある（注3）。

　クライエントから提示される問題は、明白な要求・欲求を示していることも多い（例：「失業手当ての支給が終わってしまい、現在、我が家は無収入だ」）。しかしソーシャルワーカーは、何かが欠けていることがあるのでは、と考えてみなければならないときもある。提示された問題には、クライエントの表面的な悩みしか明らかにされていない場合もある。その際は、満たされていない要求・欲求を特定するために入念な調査と共感的な「波長合わせ」が必要である。例えば、あるカップルは、両者がおよそあらゆることに関して反目し合い、いつも喧嘩ばかりしていると不平不満を語り始める。この情報からこの二人がより調和的な関係を望んでいると結論づけても差し支えないだろう。だが、二人の気持ちをより深いレベルまで掘り下げてみると、彼らの争いには、実は愛情、おもいやり、感謝、あるいはよりよい関係の表現に関する両者の満たされないニーズが込められていることが明らかになるかもしれない。

　不満や問題を要求・欲求へと解釈し直すプロセスは、クライエントにとって有益な場合が多い。クライエントは自分に降り掛かる困難や他者への非難ばかりにこだわってきたために、自分自身の具体的な要求・欲求についてこれまで考えたことがないかもしれないのである。あるクライエントから提示された問題は、夫が仕事と結婚していて、自分と過ごす時間がほとんど与えられないというものだった。ソーシャルワーカーは次のように応答した。「つまり、私の推測によると、あなたは今、自分がご主人の生活から置き去りにされていると感じていて、ご主人にとって自分が大切な存在であり、彼から大事にされていると感じたいのですね」。クライエントは次のような返事をした。「あの、そんなふうに考えたことはありませんでした。でも、それはまさに私が感じていることです」。実践者はクライエントにこのニーズを直接、夫に伝えるように促し、彼女はそうした。夫は注意深く耳を傾け、思いやりある形で応答した。彼女が自分の要求を直接伝えたのは、それが初めてだった。それまで彼女のメッセージは、ため息や沈黙、あるいは愚痴であり、防衛的な引きこもりで応答することが、夫の普段の反応だった。

　要求・欲求を同定することは、目標について話し合うプロセスへの導入にもなる。要求・欲求を扱うために目標を言葉で表現することは、目標達成に向けてワークしようとするクライエントの動機づけを高める。それは、目標に向けて努力することによって、どんな見返りが得られるかが容易にわかるためである。

　もちろん、クライエントの願望の中には、クライエント自身の能力や社会的環境における機会

を鑑みると、非現実であるものもある。さらに、クライエントが目標を達成したいと望むからといって、目標達成のために自ら進んで時間と労力を費やし必要なつらさに耐えようと思うわけではない。この論点については、より詳細な検討が必要であり、第12章で中心的話題として取り上げる。

人生の移行に伴うストレス

年齢層に対応する発達段階に加えて、個人や家族は通常、年齢との関係が薄い、別の大きな移行に適応しなければならない。アセスメントで考慮すべきは、クライエントの抱える困難がこのような移行と関連しているかどうかということであり、もし関連するならば、その移行のどのような側面が懸念のもととなっているのかを検討しなければならない。移行の中には、どんな発達段階でも発生しうるものがある（例：引っ越しや移住、離婚、期せずして未亡人になること）。これらの移行の多くは大きな心的外傷をもたらす可能性があり、ここで求められる適応は、個人や家族の対処能力を一時的にはるかに越えてしまう場合もある。移行が自発的なものではない場合、突然起こった場合（火事によって家が全焼する）、（人、故郷、慣れた役割からの）別離の場合では、それはほとんどの人にとって非常に強いストレスであり、一時的にしても社会的機能が損なわれてしまうことも少なくない。

その人のそれまでの生活史、共に作用するストレングスと資源、過去の対処の成功体験は、どれもこのような移行への適応に影響を及ぼす可能性をもつ。周囲の環境も重要な役割を担う。強力な支援ネットワーク（例：家族、親戚、友人、隣人との親密な関係）を持つ人は、強力な支援システムを持たない人々よりも、トラウマ的な変化に適応する際に経験する困難は一般的に少ないといえる。ゆえに、移行期に関連するアセスメントと介入においては、基盤となるサポートシステムの利用可能性または欠如について検討しなければならない。

以下は成人に降り掛かる可能性を持つ主要な移行の一覧である。

さらにこれらの移行の他にも、一部の集団にとって大きな節目となる出来事がある。例えば、ゲイとレズビアンの人々にとっては、誰に対してどのような条件で自らの性的アイデンティティを打ち明けるかという難しい判断がある（Cain, 1991a, 1991b）。さらに、その性的指向ゆえに法の適用から除外されているいくつかのイベント（例：結婚、離婚、終末期の判断）について、彼らは手続きと儀式を工夫することが必要になる。両親が離婚することになると、子どもは家庭構造の崩壊に伴い、友人の喪失や転校を経験する可能性が生まれる。原家族において離婚や再婚があった場合、卒業や結婚、休暇といった人生のイベントは、より感情を揺るがすものとなり、より複

役割の変化

仕事、キャリアの選択	定年退職
健康障害	離別や離婚
親になること	施設への収容
親役割を終えた後の時間	一人親家庭の親になること
引っ越しと移住	配偶者またはパートナーの死
結婚またはパートナーとなる約束	軍隊の配置

雑さを帯びることになる。深刻な病気や障害を抱える親やきょうだいをもつ者は、お泊まり会や、卒業、デート、ダンスパーティー、結婚、親になることといった楽しい出来事のたびに、大切な人（子どもまたはきょうだい）が同じ経験を味わえないことに、繰り返し「喪失感」を経験するかもしれない。定年退職は、それが貧困や健康問題、病気の家族の世話や孫の子育てなどの新しい責任等を伴うのであれば、解放と安堵を意味するとは限らない（Gibson, 1999）。

人生の移行が、明らかに、個人の環境や文化、社会経済的地位、その他の要因によってその影響の受け方は異なる。ソーシャルワーカーはこのような差異に敏感でなければならず、移行のイベントや発達の節目の重要性について、勝手な憶測を持たないように注意しなければならない。

問題の深刻度

問題の深刻度のアセスメントは、クライエントがコミュニティの中で機能し続ける力を持っているのかどうか、あるいは入院をはじめとした強い支援や保護の手段が必要になるかどうかを判断するために必要である。急性のPTSD（post-traumatic stress disorder：心的外傷後ストレス障害）を経験したときのように、極度の不安や感情統制の欠如により、一時的に機能が損なわれる場合には、短期間の入院が必要になることもあるだろう。その状況の深刻度により、クライエントのストレスに対する評価、面接の頻度、サポートシステムを発動するスピードが必然的に決まる。

クライエントが問題に付与する意味

アセスメントの次なる要素は、その問題に対するクライエントの受け止め方と定義を理解し描写することに関わるものである。人が出来事に付与する意味（「意味づけ」）は、出来事そのものと同じくらい重要である。なぜなら、意味付けは困難に対するその人の反応の仕方に影響を与えるからである。例えば、父親は息子の自殺企図について、週の初めに自分が外出禁止にしたせいだと考えるかもしれない。失業という事実に含まれる意味を個人の恥や失敗と感じることもできるし、このレイオフは経済の低迷と組織の縮小化の一環だ、と見ることもできる。このどちらの意味づけにおいても、クライエントに個人的な罪悪感がある場合は、本来ならば問題解決を支援してくれるはずのサポートシステムに援助を求めにくくしてしまうだろう。このようにして、あなたとあなたのクライエント、それに問題に関わる関係者、さらには外部の観察者はそれぞれに問題状況に対して、大きく異なるとらえ方をしている可能性がある。

このような個々のとらえ方を把握することは、アセスメントの重要な側面である。次のような探索的な質問は、クライエントの意味づけを引き出す際に役立つかもしれない。

- 「彼の行動をどう思いますか？」
- 「（お父さんがあなたを外出禁止にした）理由は何だと思いますか？」
- 「（家主さんがあなたを立ち退かせた理由について）どのような結論に至りましたか？」
- 「（あなたが昇進できない理由について）あなたの見解を聞かせてください」

原因と結果に関する思い込みが強力で、変化の妨げになる場合があることから、意味づけを見つけ出すことは重要である。以下は歪んだ意味づけの例である（Hurvitz, 1975）：

1. 疑似科学的説明：「私の家族は肺がんの遺伝子を持っている。私も当然持っているのだから

どうしようもないんだ」
2．心理学的レッテル貼り：「母は高齢でもうろくしているのです。だからこの件について母に選ばせることはできません」
3．他者に関する頑なな信念：「彼女は絶対に変わらない。これまでも変わらないのだから。カウンセリングなんて時間とお金の無駄です」
4．変更不能な要因：「優しい人間になんてなれやしない。私はそんな柄じゃない」
5．「頑なな」宗教的または哲学的原理、自然法則、社会的勢力についての言及：「確かに私はこれ以上子どもがほしいわけではありません。でも私には選択する権利などないのです。教会で産児制限は神の意思に反すると教えられていますから」
6．人間の本性に関する思い込みに基づく断定：「すべての子どもがその年頃になるとうそをつくのです。それは自然なことです。私も子どもの頃はそうでした」

　幸運にも、多くの意味づけは変更可能である。人には認知の柔軟性という能力があり、問題状況において自らが果たしている役割を検討することに、率直あるいは熱心であり、自らの行動を改めたいと願うものだからである。一方、先の一覧のような障壁に出くわした場合には、これらをまず掘り下げて解決してから、変化に向けた目標について話し合おうと試みたり、介入を実施することが重要である。

行動の発生場所

　問題となる行動が「どこで」発生するのかを特定することにより、その引き金となるのはどんな要因であるかについて知る手がかりを得ることができる。例えば、子どもが特定の場面でかんしゃくを起こすが、他の場面では起こさないかもしれない。反復される経験によって、子どもはどこでは特定の行動を我慢し、どこでは我慢しないかを弁別するように徐々に学んでいく。大人が決まった環境的文脈においては不安や落ち込みを感じるが、それ以外においては感じないという場合もある。例えば、一方の両親の住む実家でばかりコミュニケーションの断絶を味わってきたという夫婦がいるかもしれない。学校では指示に従わないのに、家では指示に従うという子どももいれば、またその逆の子どももいる。問題行動がどこで発生するかを突き止めることは、さらに詳細な調査が必要な領域を見つけ出し、問題となっている行動に結びついている要因を特定するのに役立つ。

　問題行動がどこで「発生しない」のかを同定することもまた重要である。これにより、問題を軽減するのに役立つ可能性のある要素を特定する手がかりを得ることができ、クライエントが問題から解放される状況を特定することができるからである。例えば、ある子どもは授業中にかんしゃくを起こすが、それはすべての授業ではなくいくつかの決まった授業においてのみである。症状や困難が発生しない授業では、一体何が起きているのだろうか？　どんな点を他のクラスで真似することができるだろうか？　あるクライエントは入院治療を受けているが、週末に大好きな叔母が見舞いに来ると、重篤な不安神経症が一時的に良くなるかもしれない。他の例では、クライエントは、職場や学校、特定の人間関係などの特定の状況でのみ緊張などの不快な感情を経験していた場合、転職、中退等によりこれらから離れることで、耐えがたかったストレスからすっかり解放されてしまう場合もある。

問題行動の発生時期や時間

　問題となる行動が「いつ」発生するのかを特定することで、クライエントの問題に影響を与えている要因に関する重要な手がかりが得られることが多い。例えば、1年の中で愛する人の死や離婚を経験した時期と重なって、抑うつエピソードが始まっているのかもしれない。家族の問題が発生するのが、片方の親が仕事や旅行から戻ったときであることもあれば、子どもの就寝時や食事の時間、ヴィジテーション［訳注：両親の離婚後、親権のない方の親が子どもと過ごすことを認められた期間］の開始時または終了時、子どもが登校の準備をしている（あるいはしなければならない）ときなどであるかもしれない。同様に、カップルが深刻な対立を経験するのが、パートナーの一人が深夜シフトで仕事をした後や、単独で何らかの活動に参加した後であったり、片方あるいは両方がパーティーで飲んできたときかもしれない。これらの手がかりは、クライエントの困難のパターンを明らかにし、詳細な探求を行うべき領域を示唆し、有用な介入へと導いてくれる可能性をもつ。

問題行動の発生頻度

　問題となる行動が発生する頻度は、その問題の広がりとその関係者への影響を示す指標となる。症状の発生する場所やタイミングと同様に、頻度に関する情報は、問題が発生する文脈と、クライエントの生活の中でそれが発生するパターンを評価するのに役立つ。症状の発生が断続的であったり、発生頻度が低いクライエントと比べて、およそ継続的に問題を経験しているクライエントに対しては、より集中的なサービスが必要になるかもしれない。このように、問題となる行動の頻度を見定めることは、困難の度合いと、クライエントとその家族の日常の機能が損なわれている程度を明らかにするのに役立つ。

　問題となる行動の頻度を評価することは、変化の指標となる行動を測定するためのベースラインを得ることにもなる。指標とする行動の頻度を継続的に比較することで、介入の効果を評価することができる。これについては第13章で論じる。

問題の継続の歴史

　問題を評価するために必要不可欠なもう一つの重要な側面は、問題の歴史に関することである。すなわち「どのくらいの期間」それは継続しているのか、ということである。いつ、どのような状況下でその問題が発展してきたかを知ることは、問題の程度をさらに詳しく評価し、問題に伴う心理社会的要因を明らかにし、さらに支援を求めた動機の源泉を判断し、適切な介入を計画するのに役立つ。しばしば個人の人生の状況での重大な変化は、たとえそれが一見ポジティブなものに見えても、クライエントの平衡状態を乱してしまい、変化に対応できないほどになってしまうことがある。予定外の妊娠、失業、昇進、深刻な病気、第一子の誕生、新しい街への引っ越し、愛する人の死、離婚、定年退職、深刻な落胆など、多くの人生のイベントは深刻なストレスを引き起こす可能性がある。問題の継続期間を注意深く探求することで、現在の困難の先行条件が明らかになることが多い。

　援助を求めることを決定する直前にどんな出来事があったかを尋ねることから、特に多くの情報を得ることができる。これらの先行条件は「誘発イベント」と呼ばれることもあり、重大なストレスに関して他の方法では見過ごされがちな貴重な手がかりを導き出す場合が多い。クライエ

ントは自らの問題が一年以上継続していると報告することも少なくない。それなのになぜ今このタイミングで援助を求めることを決めたのかはすぐにはわからない。しかし、この情報を明らかにすることは、いくぶん違う角度から彼らの抱える問題を見てみる機会になる。例えば、10代の娘の長期にわたる反抗に悩まされてきたという父親が支援を求めることを決めたのは、(機関に連絡する1週間前に) 娘が6歳年上の男性と親密に交際していることに気づいたのがきっかけだった。この「誘発イベント」は、援助の要請において重要な意味を持つ。そして、なぜまさに今この時期に援助を求めることにしたのかという重要な質問を実践者がしなければ、明らかになることはなかっただろう。

　時には、クライエントは来談を開始することにした理由について、自分でもはっきりと理解していないという場合もある。そこで、援助を求めることを決意した直前に、どのような出来事や感情的経験があったのかを探求することが必要だろう。問題の継続期間を特定することは、クライエントの機能レベルを評価し、適切な介入を計画する上でも重要である。この点を探求することで、クライエント自身の対応が長年の間ほとんど効果がなかったこと、そして、現在の問題は複数の問題が長い時間をかけて悪化したものだということが明らかになる場合もある。他の例としては、問題が急に発現していることから、クライエントはそれまで長期にわたって十分にあるいは高いレベルで機能してきたのかもしれない。最初の例については、控えめな目標と長期的かつ断続的なサービスが提示されるかもしれない。二番目の例については、クライエントを元の機能レベルに回復させるためには、短期的な危機介入を行うことで十分かもしれない。

クライエントの問題対処能力に影響を与えるその他の問題

　クライエントが提示している問題と、彼らの対処能力に影響を及ぼす可能性をもつ状況や条件は、他にも数多くある。そのため、クライエントのアルコールやその他の物質使用状況、虐待や暴力による被害、健康上の問題や抑うつなどの精神保健上の問題の有無、処方薬の使用状況などを詳細に探索することが賢明である。

　これらの領域を探る質問は通常初回面接で用いられる。それゆえに、これらの質問は率直で中立的な態度でなされるものである。最初の質問としては以下のようなものが考えられる。

- 「それでは、あなたの習慣についていくつか教えてください。まず、お酒を飲む日は月に何日ぐらいありますか?」
- 「街角で薬物を購入し、使ったことがありますか?」
- 「これまでに大きな病気にかかったことがありますか?」
- 「現在、何らかの健康上の問題がありますか?」
- 「どんな薬物の処方を受けていますか?」
- 「これらの処方薬はどんなふうに効いているとあなたは思いますか?」
- 「最近あるいは過去に、自分が誰かに傷つけられたことはありますか? また、誰かが傷つけられているのを目撃したことはありますか?」

　これらの質問に対する回答により、どのようなフォローアップの質問をするかが決まる。状況によっては、もっと具体的な情報を求める場合もあるだろう。例えば、薬物やアルコールの使用による障害の程度や、クライエントに薬を買う余裕があるか、処方とおりに服用しているか、な

どを見定めるための質問が考えられる。少なくとも、提示された問題を踏まえたうえで、クライエントがこれらの問題についてどのように考えているのかを把握するべきである。例えば、以下のようなフォローアップの質問が考えられる。

- 「子どもの世話に睡眠困難がどんな影響を与えてきましたか？」
- 「夫婦間に生じたこの葛藤について、あなたの飲酒がどんな役割を果たしていると思いますか？」
- 「処方薬の変更は、これらの困難のはじまりと同時期だったのですか？」
- 「いじめっ子たちとのいざこざは、あなたが最近学校をサボるようになったことと関係があるのでしょうか？」

面接の設定と目的に応じて、また収集された情報に応じて、ソーシャルワーカーは面接をクライエントの病歴や虐待、薬物の使用、精神的な健康などに特定した形で焦点づけることができる。これらのアセスメントについては、第9章で詳述する。ルーカス（Lukas, 1993）およびモリソン（Morrison, 1995）からも、この種の専門的なアセスメントを行うために役立つアドバイスが得られる。

問題に対するクライエントの感情的反応

人は日常生活で問題に出くわしたとき、問題に対する感情的な反応を経験するのが一般的である。この反応を探求し、評価することは、3つの理由で重要である。

第1の理由は、問題に関連する困った感情を表現するだけでも安堵が得られる場合が多いということである。問題状況に直面した際によくある反応は、心配、動揺、憤怒、傷つき、恐れ、打ちのめされた感じ、無力感、絶望感などである。自分を理解し思いやってくれる人の前でこのような感情をガス抜きすることができれば、大きな安心を得ることができるだろう。抑えつけていた感情を吐き出すことは、重荷から自分自身を解放する効果がある。事実、感情を表現することは、自らの感情に触れようとしない傾向をもち、自分自身に対しても他人に対しても、自分が苦しい気持ちを抱いていることすら認めてこなかった人にとっては、心を解放する効果があるだろう。

第2の理由は、感情は行動に強い影響を及ぼすので、感情的反応によって、自分の困難を悪化させたり、問題に起因するやり方での行動に駆り立てられる場合があるということである。実際に、場合によっては、感情的反応により駆り立てられたふるまいで、新たな問題を作り出してしまう人もいる。子どもの養育権を持たない親が、怒りのあまり、子どもや元配偶者を激しく非難してしまうような場合もある。財政的な心配の苦しみを背負うことで、いらだち、口汚く罵り、雇用主や顧客あるいは家族を脅かし、攻撃し、無視するようなふるまいをしてしまうこともある。絶え間ない悲しみを感じている大人が、愛する人々から、泣いている姿を見るのが「耐えられない」と言われ、彼らとの関係を絶ってしまうこともある。このように、強烈な感情的反応は、問題の全体的な構造から切り離すことのできない一部なのである。

第3の理由は、強烈な反応はしばしば、それ自体が最優先の問題となり、それに先立つ問題となる状況を覆い隠してしまうということである。例えば、人生の問題に関連して深刻な抑うつ反応を示す人がいる。ある母親は未婚の娘が妊娠したことを知って、抑うつになるかもしれない。

ある男性は失業や定年退職に対して不安で反応するかもしれない。そして、所属していた文化集団から地理的に離れて暮らす人は、たとえ故郷での耐えがたい状態から逃げてきたのだとしても、移住後に抑うつ状態になるかもしれない。その他にも問題をはらむ出来事に対して無力感や、実質的な麻痺状態を引き起こすようなパニック発作という形で反応する者もいる。これらの事例においては、介入は強烈な感情的反応と、それを引き起こした状況の両方に対処するものでなければならない。

これまでの対処の試みと今後必要な技術

意外かもしれないが、ソーシャルワーカーは、クライエントが自らの問題にどのように対処してきたかを知ることで、クライエントの困難についてより多くを知ることができる。クライエントが用いた対処方法は、クライエントのストレスのレベルと機能のレベルを知るための重要な手がかりを与えてくれる。探求の結果、クライエントは対処の技術をほとんど持たず、むしろ役に立たないかさらなる問題を引き起こすような堅苦しいパターンに頼ってきたことが明らかになるかもしれない。クライエントの中には回避のパターンにはまっている者もいる。例えば、仕事や作業に没頭したり、引きこもったり、薬物やアルコールの力で自らを無感覚にしたり、元気付けたりする。別のクライエントの中には、対人的な問題に対処しようとして、攻撃的で傲慢な態度を示したり、他の関係者をなだめたり、服従的になったりする者もいる。さらには、柔軟で効果的な対処パターンを示すが、ストレスのレベルのあまりの高さに、挫折してしまうクライエントもいる。これに対して、自らの困難を取り扱おうとして、他者に大きく依存するクライエントもいる。

同様に、問題解決へのアプローチは文化により異なる。米国の中産階級でよく用いられる方法は、個人に焦点を当てた、分析的で認知的なアプローチである（De Anda, 1984）。一方、問題への対処として、集団の持つ価値に基礎を置くアプローチを採用する文化もある。どの文化においても、個人に対し、特定の問題に対する既存の解決方法に従うよう圧力がかけられ、新しいあるいは創造的な解決方法はよしとされず、冷ややかな目で見られる。問題への対処や問題解決に関しても文化的な期待からの逸脱は、クライエントの苦悩を増大させる可能性がある。

クライエントがどのようにして問題に対処してきたかを探求する中で、同様の問題に対してこれまでは何とか効果的に対処してきたが、現在ではもはやそうできなくなったということがわかることが時々ある。このような場合、何が変わったのかを慎重に調べることが重要である。例えば、あるクライエントは、前の上司の要求には対処することができたけれど、新しい上司がより批判的で高飛車であったり、クライエントと世代、人種、性別が異なっていたりするために対処できなくなるような場合が挙げられる。特定のクライエントに典型的にみられる対処能力も、機能の変化によって影響を受ける可能性がある。例えば、深刻なうつ状態にあるクライエントは、問題の難しさを過大評価し、自らの対処能力を過小評価しているのが常である。クライエントの中には、ある現場では効果的に対処できるのに、別の場所ではうまく対処できない者もいる。ゆえに、クライエントによって異なる状況、意味づけ、情緒的反応を探求することにより、さまざまな文脈によってクライエントの対処パターンの効果が異なることを説明する、微妙な差異を見いだすことができなければならない。

アセスメントのもう一つの側面は、クライエントが自らの困難を改善するために必要な技術を特定するという課題である。この情報を得ることによって、あなたは技術開発に向けて、適切か

つ実現可能な目標についてクライエントと話し合うことができるようになる。例えば、親子関係の改善のためには、クライエントは傾聴と交渉の技術を向上させることが必要であるかもしれない。引っ込み思案のクライエントは、他者に接近し、自己紹介し、会話の技術を身に付けることが必要かもしれない。カップルの関係を強化するためには、各パートナーがコミュニケーションと葛藤処理の技術を身に付けなければならない場合が多い。さらには、自分たちを食いものにしようとする人々に効果的に対処するために、自己主張の技術を獲得することが必要なクライエントもいる。

文化の要因、社会の要因、社会階級の要因

先述のとおり、民族文化的要因は、人々が経験する問題の種類や、援助を求めることに対する感じ方、コミュニケーションの取り方、専門家の役割についての受け止め方、さまざまな問題解決方法に対する考え方などに影響を与える。それゆえ、あなたにとっては、これらの要因をよく知り、それらに応じる能力を持つことが大事である。クライエントの生活状況、ニーズ、ストレングスに対するあなたのアセスメントは文化を考慮する力というレンズを通じて理解されなければならないのである（Rooney & Bibus, 1995）。実践においてこれはどういう意味を持つだろうか？　以下にいくつかの例を挙げる。

- メキシコ、アフリカ、アジア、東欧からの移民であるクライエントは、移民や難民としての経験に直接結びついた心理的苦悩を訴える場合がある。ソーシャルワーカーが移民の問題を理解するためには、これを考慮するのみでなく、強制されたあるいは切迫した状況下で移住してきた難民等の人々が経験する固有の問題に対して敏感であることが必要になることもある（Mayadas et al., 1998-1999）。
- 孤立を体験している高齢者との面接では、難聴、友人の死や病気、居住環境、経済的状況をはじめとしたさまざまな要因が、クライエントが社会的活動への参加の邪魔をする可能性があるということを考慮すべきである。
- 人種や民族に対するステレオタイプのために、若者が少年犯罪で告発された場合、彼らがマイノリティであるか否かにより、その理解のされ方に違いが生じる可能性がある。同様に、権威者に不利益を被らされた経験や施設での人種差別の経験は、このようなクライエントがソーシャルワーカーと接する際の態度に影響を与えるだろう（Bridges & Steen, 1998）。
- 約束の時間にいつも遅れてばかりいる若い女性について、ソーシャルワーカーは、これを彼女の反抗的態度または自己管理の技術の不足のあらわれと解釈していた。実際には、その若い女性は子どもの世話を頼まなければならず、この精神科クリニックに来るために3つのバスに乗り継いで来る必要があった。彼女が約束の時間に現れることは（たとえ遅刻しようとも）、彼女の根気強さと行き届いた計画性の現れだったのだ。
- 人里離れた農場で暮らす高齢の夫婦は、無理やり故郷を離れさせられて施設に入所させられることを恐れて、人を遠ざけ、来訪者を家に入れず、機能に関する問題の存在をすべて否定するかもしれない。

ソーシャルワーカーには文化に対する感受性と、クライエントの状況をさまざまな視点から眺め、結論を導き出す能力が求められる。第9章では、個人的および環境的要因に適用しながら、

これらの技術を取り扱う。

外部の資源の必要性

　クライエントがサービスを求めてきたら、(1)クライエントの求めるサービスが所属機関の機能に合致するかどうか、(2)スタッフが高品質のサービスを提供するために十分な能力を持っているか、の2点について判断しなければならない。この2点のどちらかの答えがノーであれば、クライエントのニーズを満たす高品質のサービスを実現するために、紹介が必要になる。紹介は所属機関内でのサービスを補充するため、あるいは、所属機関のサービスの中で重要とみなされた要因に対する専門的なアセスメントを実施するために依頼される場合もある（例：「ジョーンズ夫人が複数の薬物治療を受けていることが、最近の認知的問題の原因となっているのではないか？」「ジョンの感情爆発について、神経学的な原因があるのではないか？」）。このような場合、実践者は仲介者やケースマネジャーの役割を果たすことになる。このためにはコミュニティの資源に関する知識（あるいは少なくとも、重要な情報をいかにして入手するかについての知識）が必要となる。幸いなことに、大きなコミュニティには、コミュニティ資源に関する情報センターがあるところが多く、クライエントにとっても専門家にとっても、必要な資源の所在を知るために有効に活用することができる。提示された問題にかかわらず、クライエントは、財政的援助、輸送機関、子どもの健康管理、高齢者介護、娯楽、職業訓練などのさまざまな領域から利益を受けられるということを覚えておかねばならない。

　場合によっては、コミュニティ内で利用可能な公的資源や民間資源だけでなく、援助の形態としてあまり知られていない2つの重要な資源を考慮すべきである。第1の資源は自助グループである。ここでは、メンバーが相互に助け合う社会サポートとしてメンバーを頼りにしている。特に、インターネットの普及により、このようなグループに対し、地理的距離を越えて24時間いつでも連絡を取ることが可能になった（Fingeld, 2000）。第2の資源は、自然発生的なサポートシステムであり、これには親戚、友人、隣人や、学校や社会集団、あるいは宗教団体などの関係者などが含まれる。セラピストの中には、「ネットワーク・セラピー」と呼ばれる介入を通じて、これらのサポートシステムを集合的に利用するための革新的な方法を開発した者もいる。これらの臨床家は、精神疾患というレッテルを貼られた行動上の機能不全のほとんどが、実際には、自然発生的な社会的ネットワークから疎外されていると感じることによるものだと強く主張する。この社会的ネットワークは、自然発生的なサポートシステムも含んでおり、人生において重要なあらゆる人間関係により構成される。ネットワーク・セラピーにおいて、この実践者たちは、ネットワークに所属する一人または複数のメンバーが危機的な時期にある際に協力したいという気持ちを持つ40人から50人の影響力を持つ人々を動員する。その目標は、彼らの努力を一つに合わせて、社会的な人間関係のネットワークを緊密にし、苦しんでいるメンバーとソーシャルネットワークの他のメンバーに対し、サポート、安心、連帯感を提供することである。ソーシャルネットワークの活用はソーシャルワークにおける最善の伝統に合致するものである。

　文化的集団から地理的に離れてしまっている人にとっては、ナチュラル・サポートシステムが家族のみに限定されてしまう可能性がある。そのため実践者には、コミュニティ内の他の潜在的資源を動員する必要性が生じるかもしれない（Hulewat, 1996）。難民の援助は特に難題である。なぜなら、コミュニティによっては文化的準拠集団が利用できない場合もあり得るからである。言葉の壁も障害の一つになり得る。そのため実践者には通訳を探す必要が生じるかもしれないし、

他にも、このような家族が住居を探し、職を得、言葉を学び、異文化に適応し、ソーシャル・サポートシステムを構築するのを手助けしてくれる関係者を探すことが必要になるだろう。

さらには、事実上自然発生的なサポートシステムを欠いた環境に置かれている人々もいる。結果的に、ニーズと資源をよりよく調和させるためには、環境を変化させることが必要な場合もある。この話題については第9章において詳細に検討する。

■子どもと高齢者に対するアセスメント

ソーシャルワーカーは、子どもや高齢者にサービスを提供する職場に雇用されることも少なくない。このような人々に対するアセスメントでは、本章の別の箇所や既出の節で論じてきた多くの技術と概念が活用される。しかしながら、高齢のクライエントや子どものクライエントもまた、それぞれの置かれている人生の段階や状況によって、独特の要求を提示してくるものである。本節では、これらの人々に対するアセスメントを構築する際に考慮すべき事柄のいくつかを紹介する。

子どもと高齢者はすでに属しているシステム（例えば、病院、学校、家族、介護付き住宅）に関連したサービスを求める場合が多いため、あなたはこれらのシステムの制約を受けながらアセスメントをすることになるかもしれない。これが統合的なアセスメントを作り上げる上での難題となる可能性がある。というのは、介助者や機関施設、専門家の中にパズルのピースを持っている者がいるにもかかわらず、ピースをすべて集める義務や能力を持つ人が誰もいないという場合があるからである。

同様に、子どもや高齢者は通常、他者が心配事をみつけたために、サービスを求めてくる。紹介先には親や後見人、介助者、教師、隣人、医療提供者などが含まれる。このような要因があるからといって、クライエントが常に抵抗を示すというわけではないが、クライエントは問題の存在やその本質について同意しなかったり、これを取り扱う動機を持たないかもしれない。

マルトリートメント

クライエントが高齢者または子どもである場合、どちらも介護者によるマルトリートメントを受けるリスクが特に高い。それゆえ、専門家は虐待やネグレクトを発見するための原則を理解し、それを報告する義務を理解することが重要である。未成年者の場合も高齢者の場合も、虐待は4つのカテゴリーに分類できる。ネグレクト、身体的虐待、性的虐待、情緒的あるいは言葉による虐待である。高齢者を対象にした虐待としては、5つ目として、金銭的搾取を挙げることができる（Bergeron & Gray, 2003）。虐待のさまざまな形に対する具体的な定義は、その法的管轄により異なる（Rathbone-McCuan, 2008；Wells, 2008）。虐待を行っている者やその被害者が、ソーシャルワーカーに対して率直に虐待について報告する場合もあるが、通常は恐怖や混乱、恥の意識のために隠されてしまう場合の方が多いため、専門家が虐待の徴候に注意しておかなければならない。虐待の徴候には以下のようなものがある。

- **身体のケガ**：やけど、あざ、切り傷、骨折などがあり、これらの理由に対する説明が不十分あるいは信用できない場合。あるいは、頭や顔にある負傷。
- **身体的ケアの欠如**：栄養不良状態、劣悪な衛生状態、必要な医学的歯科的治療がされていな

い場合。
- **異常な行動**：急な変化、引きこもり、攻撃性、性的ふるまい、自傷行為、介護者・養育者の話をする時や、介護者・養育者の同席時にみられる警戒した態度や怯えた態度。
- **金銭的不正**：高齢のクライエントに対するもの。金銭や貴重品の紛失、未払いの請求書、強制的な出費。

（Lukas, 1993；Mayo Clinic, 2007）

ソーシャルワーカー（学生ソーシャルワーカーも含む）は、児童虐待の疑いがある場合には、指定された児童保護機関に対して報告する義務がある。また、一部の地域において、高齢者の虐待についてはワーカーの自発性に任している場合もあるが、ほとんどの法的管轄において、高齢者の虐待についてもワーカーに報告を義務付けている。どの専門家も自らが働いている現場ならびに州において要求されている、虐待に関する報告のための手順を知っておくべきである。適切な法的および生物心理社会的な介入がこのケースに確実に適用されるように、マルトリートメントを調査する義務を負いそれを専門としている機関に対して、ケースを紹介することが最善の方法である。

情報源と面接技法

子どもと高齢者とのワーク、なかでも特に虚弱な高齢者とのワークにおいては、特定の情報源（例：付随的関係者や観察記録）に頼ることが必要になる場合が通常よりも多く、それ以外の情報源（例：クライエント自身の言葉による報告）に頼ることは通常より少ないかもしれない。クライエントの主要な介護者との信頼関係は、あなたがクライエントに接触するために必要不可欠であり、クライエントとのラポール構築に劇的なほどの影響を与える。子どもの発達段階、あるいは高齢者の能力によっては、クライエントの力を借りて問題を分析すること、そしてストレングスや対処方法を発見することが困難である場合もある。この他に、付随的関係者（教師、家族、サービス提供者、施設の介護者）に対する面接のような情報源は、先述のとおり、さまざまな歪みをはらんでいる可能性があるが、十分なアセスメントを完了するためにはその利用が必要不可欠な場合もある。

子どもに対するアセスメントにおいては、情報源として絵画やボードゲーム、人形などを用いる新しい技術が必要になるだろう。これらを用いた活動に対する子どもの取り組み方を観察することで、彼ら自身が明らかにする情報と同じくらい豊かな情報が明らかになる場合がある（Webb, 1996）。例えば、子どもの興味とスキルは年齢相応か？　どのような気分が子どもの遊びに反映しているのか？　またそれは頻繁に見られるものか？　子どもの苦悩の原因の可能性をもつ領域と遊びのテーマには関連があるか？　テーマはどの程度頻繁に繰り返されるか？　子どもはあなたと、また自らの逆境（遊びが終了してしまった場合や、ゲームで「間違った動き」をしてしまった場合）とどのように関わるか？　子どもはどの程度課題に集中できるか？　この文脈においては明らかに、遊びは子どもの気晴らしや楽しみのための気ままな活動ではない。むしろ、あなたは十分な目的意識を持って遊びを利用し、そこでの経験のさまざまな側面が暗示する意味に注意しなければならない。遊びの重要性と意義についてあなたが受けた印象は、他の情報源に基づいて評価されるべきである。

「発達のアセスメント」は、子どもの過去と現在の状況に対する理解と特に深い関連を持つ。

この種のアセスメントを用いることで、親や他の養育者は、子どもの分娩時、誕生時、乳児期における状況、発達過程において節目となる目標の達成、家庭の雰囲気、興味関心、重要な人生の移行などについての情報を提供してくれる（Jordan & Hickerson, 2003；Lukas, 1993；Webb, 1996）。こうした情報は子どもの経験と人生のイベントについての印象を形成する手助けとなる。特に、その人生のイベントが子どもの現在の機能に関係がある場合には役立つようである。他のアセスメントの形式と同様に、あなたは、子どもの成長過程やストレングス、そしてニーズに関する意義深い全体像を描くために、すべての情報源から見いだした情報を整理し解釈しなければならない。このアセスメントは、あなたの目標および介入の基礎となる。

特に子どものクライエントや、児童期に関連の深い問題に特化したスクリーニング用具もまた有用であろう。子ども自身を参加者—回答者に含めるものもあれば、親や保護者に子どもについて尋ねることで完了するものもある。デンバー式発達スクリーニング検査（Denver Developmental Screening for Children（DDSTII））（Frankenburg, Dodds, Archer, Shapiro & Bresnick, 1992）は、6歳までの子どもに対して、発達状態が正常範囲にあるかを判定し、神経学的な問題およびその他の問題を早期に特定するために用いられる。このツールは個人的および社会的機能（自分のことを自力でやれること、他の人とうまくやること）、微細運動能力（目と手の協応、小さな物の操作）、言語（聞き取りと理解）、粗大運動能力（座ること、歩くこと、ジャンプすること）などをテストするために、テニスボールや人形、ファスナー付きのバッグ、絵を描くための鉛筆などの小道具を利用する。

高齢者のための、包括的で質の高いアセスメントには、通常の多次元アセスメントにはない項目が含まれる。例えば、機能のアセスメントは、クライエントがさまざまな課題を実行する能力に注目する。典型的なものとしては、自立した生活のために必要とされる、身支度、衛生、食事、移動などの能力である「日常生活動作」（Activities of Daily Living: ADLs）がある。技能を必要する日常生活動作（IADLs）は、金銭の管理や、間違えずに薬を飲むこと、家事、買い物、食事の準備など、より複雑な作業をするためのクライエントの能力の測定を含む（Gallo, 2005）。IADLsの技術の中には、伝統的に男性または女性のどちらかの仕事とされてきたものが含まれているかもしれないので、IADLsにおける不足や減退があると結論づける前に、この領域でのベースラインとなる機能を確定しておくべきである。車の運転は、複雑な技術であり、大きなリスクをはらむ領域であり、自立の力強い象徴であり、思い入れも強いことから、この領域における能力に対するアセスメントは、クライエントの機能における、専門化されるべき重要な側面である（Gallo, 2005）。

「健康診断」や既往歴を利用することは、高齢のクライエントに対するアセスメントにおいて特に重要である。このようなアセスメントにおいては、視力や聴力の制約、動作の制限と反応時間、疼痛管理、薬物と疾患の相互作用等による影響を考慮に入れなければならない。ガロ＆ホグナー（Gallo and Bogner, 2005）によれば、「現症状は、予想される器官システムではなく、最も脆弱な器官システムを含む場合がある。例えば、うっ血性心不全は幻覚症状として発現する場合がある」（p. 9）のだという。性的機能は、高齢者のクライエントに対するアセスメントにおいて一般に見過ごされやすい要素のもう一つの例である。専門的かつ包括的な評価のためには、高齢者ケアの専門家を含む学際的チームが必要になる。

他の問題や母集団に関しては、標準化されたツールの使用が高齢者のニーズと機能を評価する上で効果的である。このようなツールの例としては、Determination of Need Assessment

(DONA)（Paveza, Prohaska, Hagopian, & Cohen, 1989）、The Instrumental Activities of Daily Living Screen（Gallo, 2005）、および The Katz Index of Activities of Daily Living（Katz, 1963）が挙げられる。The Direct Assessment of Functioning Scale（DAFS）（Lowenstein et al., 1989）や The Physical Performance Test（Reuben & Siu, 1990；Rozzini, Frisoni, Bianchetti, Zanetti, & Trabucchi, 1993）のようなテストは、クライエントに、階段を昇る、本を持ち上げて本棚に置く、字を書く、電話をかける、歯を磨く、現在の時刻を言う、食事をする、などの基本的な課題を実際にやってみせてもらうか、その真似をしてもらうものである。認知症の有無と重症度に焦点を当てたテストもある。介護者にクライエントが以下の行動をする頻度を尋ねる。すなわち、叫ぶ、笑う、不適切な形で人を非難する、目的なく徘徊する、不注意な喫煙をする、コンロを点けっぱなしにする、だらしなく見える、慣れ親しんだ環境で道に迷う等である（Gallo, 2005）。

幼いクライエントや高齢のクライエントにとっても、機能を直接観察することにより、自己報告や付随的情報源から得られる情報より信頼できる成果を得ることができる。こうしたとりわけ脆弱さをもつ人々に対して適切にアセスメントが実施され解釈されるためには、これに特化した専門知識が必要である。

■まとめ

第8章では、多次元アセスメントに必要な知識と技術を紹介した。精神医学的診断は、ソーシャルワークのアセスメントの一部をなすが、これと同じではない。本章の議論では、アセスメントにおけるストレングスと資源を強調した。アセスメントにおいて必ず実施すべき事項を優先付けするための枠組みと、問題の探求と特定の下位集団への適用に必要な要素が提示された。第9章では、個人内および環境システムに対するアセスメントと、その機能を説明する際に用いられる用語と概念について検討する。

■ストレングスと問題を探る技術の向上のための演習問題

2007年4月16日、23歳のチョ・スンヒがバージニア工科大学のキャンパスで32人を殺害した後、銃で自殺した。殺人を行う前の数カ月間、チョは精神保健の専門家と何度も接触していた。バージニア地方裁判所はチョに対し「精神疾患による自己または他者に対する切迫した危険あり」と宣告し、一時的拘束命令を出していた。二人の生徒は、チョからの気味の悪い電話やメールについて苦情を申し立てていた。チョの元ルームメイトだった別の生徒は、チョが自殺をする可能性があるとして、学内警察に連絡をしていた。大学で詩を教えていた教授は、チョがクラスで「脅威を与える存在」になっており、彼が他の生徒たちの写真を撮り始めてから、他の生徒は授業に出席しなくなったと回想した。この教授は後にチョをクラスから外し、一対一で授業をするようになった。彼女は、チョが作った詩や他の文章は、内容が不穏なもので、危険な兆候が内在していたとも報告している。

韓国籍を持つチョは、8歳のときに家族と米国に移住してきた。少年時代、彼はうつ病かつ選択性緘黙と診断された。社会不安に伴う症状とされ、その結果、治療と特別な教育サービスを受けることになった。小学生時代は順調だったが、中学において、彼は発話の異常と言葉の訛り、そして孤立していたことから、同級生からの明らかな冷笑の対象となった。

チョ・スンヒが10歳、15歳、22歳の各時期に訪れた現場のソーシャルワーカーだったならと想像し、以下の問題に取り組んでほしい。

1．「このクライエントに対する理解と、彼の抱える問題およびストレングスに対する理解を深めるためには、どの情報源を用いればよいだろうか？」
2．このケースにおいて、どのような異文化の問題に気づくべきだろうか？
3．問題分析の一環として、どのような質問をするべきだろうか？
4．移行あるいは発達の問題として特に興味深い事項は何か？
5．クライエントに対する診断は、あなたのアセスメントの中でどのような役割を果たすか？
6．本事例において重要な環境あるいは対人間の相互作用はどのようなものか？
7．あなたがアセスメントを完成させるために、どのようなコンサルテーションが有用か？

注
1．米国保健社会福祉省の薬物乱用・精神衛生管理庁のウェブサイト（www.samhsa.gov）ならびに、ノースカロライナ証拠ベース実践・センター（www.ncebpcenter.org）を参照してほしい。ツールキット、ワークブック、その他の、多数の問題領域におけるエビデンスベースド実践のための資源が用意されている（2015. 2.）。
2．より詳細な情報が必要であれば、ウォルマイヤー出版（Walmyr Publishing Company）に相談するとよい（2015. 2.）。

　　住所：P.O. Box 12217, Tallahassee, FL 32317.
　　電話番号：（850）383-0970
　　E-mail: scales@walmyr.com
　　ウェブサイト：www.walmyr.com

3．家族の発達および各種の文化的規範に関する資源については、コングレス（Congress, 2002）、コルコラン（Corcoran, 2000）, ラム（Lum, 1996）、ならびに マクゴールドリック（McGoldrick et al., 1996）の参照をお勧めする。

第9章

アセスメント
―― 個人的要因、対人的要因、環境的要因

本章の概要

　第9章では、包括的なアセスメントの3つの重要な面について改めて考えていく。すなわち、クライエントの個人内で発生している事項（身体的、情緒的、認知的）、クライエントの環境内で発生している事項（物理的、社会的）、そして、この両者の相互作用である。本章ではこれらの領域について精査し、これらのシステムにおいて考慮すべき難点と利点について読者が理解できるように支援する。同時に、本章では、これらの要因に文化がどのような影響力を持つかについて論じ、ソーシャルワーカーとクライエントが異なる文化的背景を持つ場合の影響を理解するためのアドバイスを提供する。本章の目標は次のとおりである。

- アセスメントにおいて、クライエントシステムの相補的性質をどのようにとらえるかを理解する。
- 身体的、情緒的、認知的、精神的、環境的要因を含む個人内の機能に関する要素について学ぶ。
- 薬物使用と薬物乱用についてアセスメントするための質問を知る。
- 一般的な思考障害および感情障害の診断基準を学ぶ。
- 精神状態の検査項目と、その書面上の記載の仕方を正しく理解する。
- 自殺の危険性を評価する方法を理解する。
- アセスメントの記述においてすべきこととすべきではないことを知り、その例を見る。

■人が抱える問題に存在する複数のシステムの相互作用

　ダイレクトソーシャルワーク実践を行う中で出会う問題、ストレングスおよび資源は、個人内、対人的、環境的システムの相互作用の結果である。しかしながら、問題がこの中の1システムのみに限定されることはまずない。なぜなら、通常、1つのシステムにおける機能の不均衡は、他のシステムにおける不均衡を引き起こすからである。例えば、個人の問題（例：自分に対する無価値感とうつ状態）があれば、これが他者との関わり方に影響することは避けられない。また、

対人的な問題（例：職務上のストレス）は同様に個人の機能に影響する。同じく、環境的な問題（例：不十分な居住環境、敵対的な職場環境、社会的孤立）は、個人や対人間の機能に影響を及ぼす。

3つの主要システムの互いへの影響は、当然ながら、機能の不均衡やシステムの欠陥といった否定的影響に限られない。利点、ストレングス、資源は相互に「ポジティブな」影響も与える。サポーティブな環境は対人的な難しさをある程度和らげることができ、同様に、協力的な対人関係は、環境的な欠陥を埋め合わせてあまりあるだけのポジティブな経験を提供する。図9-1は個人と環境の機能を評価する際に考慮すべき要素を一覧にしたものである。

■個人内システム

個人に対する包括的なアセスメントを行う場合、さまざまな要素、すなわち、生物物理学的、認知／知覚的、情緒的、行動的、文化的、動機づけといった要素および、これらが個人の環境において人や機関とどのように関係しているかが考慮される。このことに留意しつつ、ソーシャルワーカーのアセスメントとその報告書は、クライエントの問題の性質、アセスメントの理由、アセスメントが実施される場により、上記の領域のうちの一部に対して他より明確に焦点を当てたものになるだろう。ただし、アセスメントはクライエントシステムの機能の、ある特定時点における単なる一面をとらえた「スナップショット」に過ぎないということを忘れないことが大切である。第8章で述べたように、ソーシャルワーカーの信念と行動、ならびにクライエントの支援

個人内システム

生物物理学的な機能
　身体的特徴と外見
　身体的健康

薬物、アルコール、ドラッグの使用と乱用に対するアセスメント
　アルコールの摂取と乱用
　その他の薬物の使用と乱用
　重複診断：依存症と精神疾患
　薬物使用を調べるための面接
　技術の活用

認知的／知覚的機能のアセスメント
　知的機能
　判断力
　現実検討
　一貫性
　認知の柔軟性
　価値観
　誤解
　自己概念

感情の機能に対するアセスメント
　感情のコントロール
　感情の幅
　感情の妥当性
　情緒障害
　　双極性障害
　　大うつ病性障害
　　自殺の危険性
　　子どもと青年のうつ病と自殺の危険
　　高齢者におけるうつ病と自殺の危険

行動の機能に対するアセスメント

動機づけに対するアセスメント

環境というシステムに対するアセスメント
　物理的環境
　ソーシャルサポートシステム
　スピリチュアリティと宗教団体への所属

図9-1　概要：個人内機能のアセスメントにおいて注意すべき領域

を求める感情はいずれも、アセスメントに歪みを生じさせる可能性がある。これらすべての理由から、アセスメントの情報を収集し、これを統合して介入のための実用的な仮説を構築するためには、配慮や注意が必要となる。

■生物物理学的な機能

生物物理学的な機能には、身体的特徴、健康上の要因、遺伝的要因、そして薬物やアルコールの使用や乱用が含まれる。

身体的特徴と外見

人の身体的特徴と外見は、得か損のどちらかである可能性がある。多くの文化において、身体的魅力には高い価値が置かれ、見た目が美しくないあるいは奇妙な人は、社会的好感度、雇用の機会、結婚の可能性において、不利となる。このように、社会的機能に影響する可能性のある際立った身体的特徴に目を配ることは重要である。注目すべき具体的な属性としては、体の造作、歯、姿勢、顔の特徴、歩き方、その他クライエントについて肯定的あるいは否定的な印象を与え、彼らの自己イメージに影響し、社会的な負債を負わせるすべての身体的異形が含まれる。

人々がどのような外見を示すかは注目に値する。歩くのが遅い、姿勢が前かがみである、話すのが遅い、生気がない、のびのびした雰囲気がない、表情の変化がほとんどないという人は、うつ病であったり、苦悩を抱えていたり、薬を過剰に摂取している可能性がある。服装や身づくろいは、その人の気力や価値観、生活水準を表している場合が多い。外見について評価する基準は一般的に、服装がその場に適したものか否かである。クライエントが凍えそうな天候の中で裸足でいたりヘルメットとコートを夏の日差しの下で着たりしていないか？　クライエントの服装が誘惑的ではないか？　パジャマではないか？　ソーシャルワーカーとの面接にしては着飾りすぎていないか？　これらの点に注意を払いつつ、ソーシャルワーカーは自らが到達した結論に注意すべきである。ウエスターメイヤー（Westermeyer, 1993）は、「適切さ」の判断は面接者の文化的背景や価値観により大きな影響を受けると述べている。「だらしない」身なりは貧困や無頓着さを示している可能性もあるが、実は「ロックスター」的ファッションなのかもしれない。派手な色の服を着ているのは躁病の兆候かもしれないし、あるいは単に、その種類の服装を好む文化的集団に属しているだけなのかもしれない（Morrison, 1995；Othmer & Othmer, 1989）。アセスメントの他の要素と同じく、あなたが見たものに対するあなたの記述（「襟のついたシャツ、正装用のズボン、清潔にそられた髭」）は、それに対するアセスメント（「身だしなみがよく、適切な服装をしている」）とは区別されるべきである。

外見に関わるその他の重要な要因には、手の震え、顔面のチック、硬直した姿勢あるいは常にじっとしていない姿勢、顔面、手、腕の筋肉の緊張などがある。これらの特徴は、病気や身体的問題の存在を反映している場合もある。このような身体的兆候は強い緊張や不安の表現である可能性もあり、ソーシャルワーカーはしっかりと様子を探ることが必要である。アセスメントの間、有能なソーシャルワーカーは、クライエントが示す不安がその状況において正常なものか過剰であってさらなる議論を要する領域を明らかにするものであるかを判断するだろう。

身体的健康

　身体的健康に問題があると、うつ状態や、性的機能不全、神経過敏、活力低下、不安、集中力低下、その他多数の問題を引き起こす可能性がある。ゆえに、ソーシャルワーカーにとって、これらの個人的状態を探る際に、定期的にクライエントの健康状態を検討することが重要である。アセスメントにおいて最初に実施すべきことは、クライエントが現在、医師による治療を受けているか、および最後に健康診断を受けたのはいつかを明らかにすることである。ソーシャルワーカーは、それが適切な場合には、クライエントに健康診断を勧めることで、クライエントの問題の原因が医療的なものである可能性を排除したうえで、問題の原因を心理的要因に絞るべきなのである。ソーシャルワーカーはまた、たとえ医療的な要因が含まれている可能性はほとんどないと考えられる場合であっても、問題の原因について時期尚早に結論を出すことがないように注意すべきである。

　さまざまな生物物理学的要因が、個人の認知的、行動的、情緒的機能に影響を与える可能性がある。例えば、子どもが過去に栄養不良状態を経験していると、その後に十分な栄養が得られるようになっても、注意力の欠如、ソーシャルスキルの低さ、情緒障害などが続く可能性がある（Johnson, 1989）。栄養不良は高齢者の認知症の原因にもなる。しかしながら、この認知機能低下の中には十分早期に治療を受ければ回復する可能性があるものもある（Naleppa, 1999）。脳炎は、脳の損傷を引き起こす原因とされてきたが、注意欠陥障害の症状につながる可能性もある（Johnson, 1989）。ホルモン・レベルも行動的感情的機能に影響を及ぼす。例えば、高レベルのテストステロンは、高い攻撃性と相関がある（Rowe, Maughan, Worthman, Costello, & Angold, 2004）。

　クライエントの健康状態を評価することは、医療を十分に利用していないグループにおいて特に重要である。特異な症状のために、平均を上回る治療の必要性があるという人がいるかもしれないし、一方で、単純に基礎医療を受けることさえ困難だという人もいる可能性がある。このようなグループに属する人々は、栄養不足や、危険な環境状態、予防サービスの欠如などのために、病気に対してより脆弱な状態にある可能性もある（Buss & Gillanders, 1997；Ensign, 1998；Jang, Lee, & Woo, 1998；Suarez & Siefert, 1998；Zechetmayr, 1997）。アセスメントにおいては、個人の医療へのアクセスが、金銭的条件、利用可能性、または受容可能性によって制限されていないかを判断すべきである（Julia, 1996）。

　医療を受けることが「金銭的に」可能か否かは、クライエントの健康保険が適用される範囲および保険対象外のサービスに対して支払いが可能かどうかによる。米国ではおよそ4,400万人が基本的な健康保険に加入していない。保険に加入している人の中にも、薬代、控除免責金額、患者負担金額などの保険適用対象外分の費用を考慮すると治療を受けることが不可能または気が進まないという人がいるかもしれない。費用に関する懸念のために、症状が悪化して、危険なレベルに至るまで、あるいは、さらに費用のかかる介入が必要になるまで、基本的治療の受診を遅らせてしまうことになる可能性がある。例えばエイズのような、重大なあるいは慢性的な健康問題を抱える個人にとって、入院と投薬にかかる費用は保険適用分と収入を合わせた金額をも超過してしまう場合がある。そのため、かなりの財産を保有する人や高収入の仕事に就いている人にさえも影響を及ぼす。

　「利用可能性」は、医療サービスを受けられる場所についてのみ述べているのではない。サービスを受けられる時間帯や、施設までの交通機関、施設と人員がクライエントのニーズを満たす

のに十分な程度に整っていることも含まれる（Mokuau & Fong, 1994）。勤務時間後も開いている最寄りの医療資源が病院の救急救命室であるなら、切羽詰まった母親にとっては、たとえ健康に関する懸念（例：子どもの耳の感染症）には他の施設の方が適しているとしても、この施設を選択することになるかもしれない。

「受容可能性」とは、医療サービスがクライエントの文化的価値観や伝統に適合する程度について述べた言葉である。第8章では、クライエントが自らの問題を解釈する際の文化の影響力について理解することの重要性について論じた。個人をアセスメントする場合に重要な作業として、クライエントの病気、身体的異常、障害の状態、精神的症状の原因に対するクライエント自身の見解を確認することがある。なぜなら、診断と治療に関するクライエントの期待は、西洋の医療専門家が示すものとは異なる可能性があり（Yamamoto, Silva, Justice, Chang, & Leong, 1993）、このような推論形式をクライエントが拒否することは違反や抵抗と誤解される可能性があるからである（Al-Krenawi, 1998）。そのため、すべての実践者は、さまざまな文化集団出身のクライエントにとっての介護者、民族的指導者、シャーマンの存在について精通しておくべきである（Canda, 1983）。

信仰における違い以上に、ケアを受け入れる際の人々の安心感には違いがある。移住してきて間もない人々は、西洋医学の治療と米国の複雑な医療提供システムについてわずかな知識しか持たない可能性もある。さらには、自らの移民の合法性に対する懸念と強制送還への恐怖から、医療を求めるのにおよび腰である場合もある（Congress, 1994）。土着の治療家や、複数の言語や複数の文化に属しているスタッフの力を借りることで、このような個人が医療を利用するように促すことができる。

健康に関するアセスメントにおいては、クライエントの家族の病気の情報を集めることも必要になる。この情報を収集するためにはジェノグラムが有用かもしれない。このツールは、家系図に似ているが、家族内の関係、誕生日と命日、病気、その他の重要な人生のイベントを、図を用いて描くものである。これにより、クライエント自身さえ気づいていなかった、世代をまたいだパターンが明らかになる可能性がある（Andrews, 2001；McGoldrick, 1985）。家族の歴史については、単純にクライエントに尋ねることで見いだすことができるかもしれない。例えば「あなた以外に家族の誰かが摂食障害になったことがありますか？」「家族に薬物中毒になった人がいますか？」「他にも亡くなった親戚の方がいらっしゃいますか？」のように尋ねることもできるだろう。この情報はクライエントの、問題に対する理解と経験を調べるために役立つ。さらにこれにより、遺伝と関連のある障害に関する専門的な情報とカウンセリングへの紹介の必要性を特定することもできる（Waltman, 1996）（注1）。

■薬物、アルコール、ドラッグの使用と乱用に対するアセスメント

クライエントの生物物理学的機能について正確に理解するためには、合法非合法を問わず薬物の使用に関する情報を得ることが不可欠である。まず、服用している処方薬あるいは市販薬は何か、処方箋のとおりに服用しているか、意図された効果を得られているか、について確かめる必要がある。薬物使用について調査するもう一つの理由は、たとえ有益な薬であっても、副作用によってさまざまな生物心理社会的システムの機能に影響を与える可能性があるからである。眠気、性的機能における変化、筋肉の硬直、方向感覚の喪失、無気力、胃痛などが、複数の処方薬の不

適切な組み合わせ、あるいは単独の薬による副作用によって生じる可能性がある。最後に、この領域に関する質問が重要なのは、クライエントが、精神錯乱から不眠まで、さまざまな状態を報告する可能性があり、評価や治療のための紹介が必要になる場合もあるからである。

アルコールは合法ドラッグの一形態であるが、この乱用は健康に深刻なダメージを与え、家庭生活を混乱あるいは崩壊させ、コミュニティにおける深刻な問題を作り出す可能性がある。少なめに見積もっても、900万人から1,000万人の米国人がアルコール依存症に苦しんでいる。文化によってその蔓延の程度に差があるかもしれないが、すべての文化において発生しうるものである。アルコール依存症は自殺、殺人、児童虐待、パートナーへの暴力などの高い発生率にも関わりを持つ。

アルコールの乱用と同様に、非合法薬物の乱用も、本人とその家族に有害な結果をもたらし得る。さらにこれが使用が禁止された、あるいは、非合法の薬物であることにより、問題はより大きくなる。例えば、非合法薬物の使用者は、常用を続けるための購入資金を得るために、危険な、あるいは、非合法な活動（売春や窃盗など）に手を染める可能性がある。さらに、使用する薬物の純度のバラつきや、管理方法（すなわち、注射器の共用）により、使用者は、薬物そのものが持つ以上の危険にさらされることになる可能性がある。以下の節では、アルコールと薬物の乱用に関する問題の領域と、薬物の使用と依存について効果的にアセスメントするための方法を紹介する。

アルコールの摂取と乱用

第8章には、ミシガン・アルコール依存症判別テスト（Michigan Alcoholism Screening Test (MAST)）およびその他のアルコール飲用に関する調査のツールに関する情報が含まれている。薬物乱用の調査のためのその他のツールは表9-1に載せてある。クライエントのアルコール摂取を理解することが必要不可欠であるのには多くの理由がある。問題ある摂取が行われれば、仕事、学校、家庭における他の問題に結びつく可能性があるのは明らかである。適度な摂取であっても、逃避や自己治療の兆候であったり、正常でない意思決定や酩酊状態での車の運転のような危険な行為につながる可能性がある。

アルコール依存症は、患者自身の人生と、患者の所属する社会的システムおよびサポートシステムのメンバーの人生に、苦悩と混乱をもたらすという点において、過度の飲酒と区別することができる（Goodwin & Gabrielli, 1997）。アルコール依存症の特徴は、患者にとって、酩酊するのに十分な量のアルコールを確実に常に手元に置いておくことが最大の関心事になる、という点にある。その結果、患者は他の大量飲酒者と協力して監視の目を逃れようとする可能性がある。アルコール依存症が進行すると、患者は酒瓶やその他の「証拠」を隠し、一人で飲むようになり、どんちゃん騒ぎをしなくなるため、その兆候はよりわかりにくくなる。行為に対する罪悪感と不安が生じるようになると、通常、ネガティブな感情から逃避するためにさらに飲酒をするようになり、これがさらにネガティブな感情を強めることになる。

アルコールを乱用する女性は、いくらか異なる特徴を有する。彼女たちは、同時に処方薬を乱用している場合が多いこと、これら薬物を、一人で摂取する場合が多いこと、乱用を開始したのが、近親相姦や人種を理由とする暴力、DVなど、トラウマとなった出来事の後である場合が多いことなどである。女性は男性と比べて、治療プログラムを開始して完了することが少ない。なぜなら、アルコール依存症に伴う社会的スティグマ、交通手段の不足、治療中に子どもを預け

表9-1 薬物乱用の可能性を探る面接

> 最初の6つの質問は、面接の方向性、質問、さらなるアセスメントの決定に役立つ

1. たばこを吸いますか？ 吸ったことがありますか？ 喫煙の継続期間は？1日の本数は？
2. 飲酒をしますか？
3. 何を飲みますか？（ビール、ワイン、リカー？）
4. 定期的に服用している処方薬がありますか？ それを飲むとどのように感じますか？
5. その他の市販薬を定期的に服用していますか？ それを飲むとどのように感じますか？
6. 非合法な薬物を使ったことがありますか？
7. 最後に飲酒（薬物使用）をしたのはいつですか？
8. そのときはどれくらいの量、飲酒（薬物使用）しなければならなかったのですか？
9. その前に飲酒（薬物使用）をしたのはいつですか？
10. そのときはどれくらいの量、飲酒（薬物の使用）をしましたか？
11. 飲む（使う）のはいつもおよそ同じ量ですか？ そうでないなら、量は増えていますか？減っていますか？
12. （増えているなら）、それについて不安はありますか？
13. お友達のほとんどが酒を飲み（薬物を使い）ますか？
14. ご両親は飲酒をし（薬物を使い）ますか？ あるいは飲酒をして（薬物を使って）いましたか？
15. 自分の飲酒（薬物使用）には問題があると考えたことがありますか？
16. あなたの飲酒（薬物使用）には問題があると指摘されたことがありますか？
17. 飲酒（薬物使用）は、あなたにどのように役立っていますか？
18. 他の人から、飲酒（薬物使用）をしているとき、あなたは注意を欠いているとか怒りっぽいとか、抑制が効いていないと指摘されたことがありますか？
19. 「問題から逃げるために」飲酒（薬物使用）をすることがありますか？
20. 逃げなければならない、どのような問題を抱えていらっしゃるのですか？
21. 飲酒（薬物使用）があなたの仕事を妨げているという自覚がありますか？
22. 飲酒（薬物使用）が原因で、配偶者の方やパートナーとの間に困難や対立がありますか？
23. 金銭的な問題はありますか？ それは飲酒（薬物使用）と関係がありますか？
24. 飲酒（薬物使用）を止めようとしたことがありますか？ その方法は？

出典：From Where to Start and What to Ask: An Assessment Handbook by Susan Lukas. Copyright © 1993 by Susan Lukas. Used by permission of W. W. Norton & Company, Inc.

る先がないことが治療に対する障害になっている場合が多いからである（Yaffe, Jenson, & Howard, 1995）。

　アルコールの乱用に伴う、もう一つの深刻な問題が、妊娠中の母親の飲酒による子どもへの悪影響である（注2）。その影響の可能性としては、本格的な胎児性アルコール症候群（FAS：fatal alcohol syndrom）から胎児性アルコール効果（FAE：fetal alcohol effects）まで広がりがある。このような危険性があるため、ソーシャルワーカーは、女性に対しては、ビール、ワイン、リカー等の飲酒歴について尋ねながら、妊娠中のアルコールの摂取について定期的に尋ねるべきである。

その他の薬物の使用と乱用

　人が乱用する薬物には多くの種類がある。急性の薬物中毒には、緊急の治療が必要不可欠な場合があり、また、乱用者は薬物の使用を隠そうとするから、実践者にとっては、一般的に使用される薬物の乱用の兆候に気づくことが重要である。表9-2は最も一般的に乱用される薬物とその兆候を分類したものである。これらの特定の薬物毎の乱用の兆候に加えて、共通の一般的兆候としては、以下のようなものがある。

- 職場や学校への出社・出席率の変化
- 通常の能力の減退（例：仕事の能率、効率、習慣）
- 外見がみすぼらしくなり、服装や衛生状態にかまわなくなること
- 瞳孔の散大や収縮を隠し、日光に対する調整不能を補うためのサングラスの使用
- 注射痕を隠すために、不自然に腕を隠そうとすること
- 薬物使用者として知られた人間との付き合い
- 薬物を確保するために違法あるいは危険な活動に手を染めること

　薬物乱用の可能性を探索するためには、乱用者として疑われる人のみでなく（多くの理由から、その報告は信頼性が低い可能性がある）、その人の習慣やライフスタイルをよく知る人からも情報を聞き出すことが重要である。同様に、ソーシャルワーカーは薬物乱用の問題にシステムの観点から調査すべきである。例えば、家族関係を調査することで、薬物乱用者が家族からの阻害感を抱いていることが判明することが多い。さらに、家族のメンバーは無意識のうちにアルコール依存者や薬物中毒者の問題の原因となっている場合が多いのである。その結果、多くの専門家が薬物乱用の問題を、家族システムの機能不全の現れと見なしている。薬物中毒者は家族に影響を与えると同時に家族システムからの影響を受けているということを頭に置いておくべきである。

重複診断——依存症と精神疾患

　アルコールとその他の薬物の乱用の問題は、さまざまな身体的精神的問題（「並存疾患」として知られる）を併発する可能性があるため、適切な治療計画を作成するためには正確なアセスメントが重要である。リーマン（Lehman, 1996）が示唆したとおり、いくつかの要因の組み合わせが考慮されなければならない。

- 薬物使用障害の種類と範囲
- 精神疾患の種類と関連する深刻度と継続期間

表9-2

薬物の種類	典型的兆候	商品名／俗称
1．中枢神経抑制剤（アルコール、催眠鎮静薬、ベンゾジアゼピン、バルビツレート、フルニトラゼパム、メタカロン）	中毒行動、臭気を伴う／伴わない、足元のふらつきやよろめき、仕事中に「うとうとすること」、ろれつが回らないこと、瞳孔散大、集中困難。	**バルビツレート**：アミタール、ネンブタール、セコナール、フェノバルビタール／バーブス、レッズ、レッドバード、フェニーズ、トゥーイーズ、イエローズ、イエロージャケット。**ベンゾジアゼピン**：アチバン、ハルシオン、リブリウム、バリウム、ザナックス／キャンディ、ダウナー、スリーピング・ピル、トランクス。**フルニトラゼパム**：ロビプノール／フォーゲットミー・ピル、メキシカン・バリウム、R2、ロッシュ。**メタカロン**：クエイルード、ソウパー、バレスト／ルーズ、マンドレックス、クオード、キー。
2．中枢神経興奮剤（アンフェタミン、メタンフェトミン、MDMA、メチルフェニデート、ニコチン）	過度の活動性、警戒心の高まり、陶酔状態、短気、論争好き、神経質、長時間食事と睡眠を取らないこと、体重の減少。	**アンフェタミン**：バイフェタミン、デキセドリン／ベニーズ、ブラックビューティーズ、クロッシーズ、ハーツ、LAターンアラウンド、スピード、トラックドライバーズ、アッパーズ。**MDMA**：アダム、クラリティ、エクスタシー、イブ、ラバーズ・スピード、ピース、STP、X、XTC。**メタンフェトミン**：デゾキシン／チョーク、クランク、クリスタル、ファイア、グラス、ゴーファスト、アイス、メス、スピード。**メチルフェニデート**：リタリン／JIF、PH、R-ボール、スキッピー、スマートドラッグ、ビタミンR。**ニコチン**：シガレット、シガー、スモークレス・タバコ、スナフ、スピット・タバコ、ビディス、チュー
3．コカインとクラック（およびCNS）	精力的、陶酔状態、散大し固定した瞳孔、比較的速いまたは遅い心拍、多幸感と突然訪れる不安、怒りっぽさや抑うつ状態、幻覚および偏執的妄想を伴う場合もある。	**コカイン塩酸塩**／ブロウ、バンプ、C、キャンディ、チャーリー、クラック、フレーク、ロック、スノー、トゥート
4．アヘン剤（コデイン、フェンタニル、アヘン、ヘロイン、モルヒネ、オキシコドン塩酸、ヒドロコドン酸性酒石酸塩、アセトアミトフィン）	陶酔状態、薬物注射による傷、固定して収縮した瞳孔、頻繁に身体を掻くこと、欲求の喪失（反面、頻繁に甘いものを食べる）、薬を「打つ」まで、鼻をすすること、目の充血、流涙、嘔吐、便秘、咳等が続くこと、無気力、眠気、まどろみと覚醒が交互に発生すること（「朦朧」）。	**コデイン**：エムビリン・ウィズ・コデイン、フィオリナル・ウィズ・コデイン、ロビツシン・A.C.、ティレノル・ウィズ・コデイン／キャプテン・コーディー、コーディー、スクールボーイ。**ウィズ・グルテチミド**：ドアーズ・アンド・フォーズ、ローズ、パンケーキ・アンド・シロップ。**フェンタニル**：アクティック、デュラジェシック、サブリマイズ／アパッチ、チャイナガール、チャイナホワイト、ダンスフィーバー、フレンド、グッドフェラ、ジャックポット、マーダー8、TNT、タンゴ・アンド・キャッシュ。**ヘロイン**：ダイアセチルモルフィネ／ブラウンシュガー、ドープ、H、ホース、ジャンク、スカッグ、スカンク、スマック、ホワイトホース。**モルヒネ**：ロクサニョール、デュラモルフ／M、ミス・エマ、モンキー、ホワイトスタッフ、ブロック、ガム、ホップ。**オキシコドン塩酸**：オキシコンティン／オキシ、O.C.、キラー。**ヒドロコドン酸性酒石酸塩、アセトアミトフィン**：ヴァイコディン／ヴァイク、ワトソン-387
5．カンナビノイド（マリファナ、ハシシ）	初期段階：興奮または不安、早口かつ大声でのしゃべりと突然の爆笑、味覚や嗅覚が増進等の知覚の歪み、短期的記憶の喪失、コーディネーションの低下と反応時間の伸張、欲求の増進。 後期段階：眠気。	**マリファナ**／ブラント、ドープ、ガンジャ、グラス、ハーブ、ジョイント、メリージェーン、ポット、リーファー、シンセミラ、スカンク、ウィード（ハシシ）ブーム、クロニック、ギャングスター、ハッシュ、ハッシュオイル、ヘンプ
6．幻覚剤（LSD、STP、DOM、メスカリン、サイロシビン、DTM、DET）	行動と気分が大幅に変化する。 静かに座り、または寄り掛かりながら、トランス状態で一点を凝視する。 不安や恐怖感が見られる場合もある。 瞳孔散大が見られるケースもある。 吐き気、悪寒、ほてり、目まい、呼吸の乱れ、極度の情緒不安定、発汗、手の振るえ等が見られる。 視覚、聴覚、触覚、嗅覚、時間感覚の変化を経験する。	**LSD**：リセルグ酸ジエチルアミド／アシッド、ブロッター、ブーマー、キューブ、マイクロドット、イエローサンシャイン。**メスカリン**／ボタン、カクタス、メスク、ペヨーテ。**サイロシビン**／マジックマッシュルーム、パープルパッション、シュルーム
7．吸入抗原、揮発性炭化水素（クロロフォルム、マニキュア除光液、金属塗料、四塩化炭素、硝酸アミル、ブチル、亜酸化窒素、ライターオイル、フッ化物ベース・スプレー）	抑制力の減退、多幸感、無気力、ろれつが回らない状態、おぼつかない足取り、目まい、眠気、眼振（持続的な不随意の眼球運動）、体重減退、抑うつ状態、記憶障害	ソルベント（塗料用シンナー、ガソリン、接着剤）、ガス（ブタン、プロパン、エアゾール噴射剤、亜酸化窒素）、亜硝酸化合物（イソアミル、イソブチル、シクロヘキシル基）：笑気ガス、ポッパー、スナッパー、ホイペッツ（ホイップクリームチャージャー用亜酸化窒素ガス）
8．アナボリック・ステロイド、アンドロゲン性ステロイド	筋力の増強と体重の減少、にきび、攻撃性、性欲と気分、競争心と闘争心における変化	アナドロール、オクサンドリン、デュラボリン、デポ-テストステロン、エクイポイズ、ロイズ、ジュース

出典：Lowinson, J. H. Ruiz, P., Millman, R. B., & Langrod, J. G. (Eds.). (2004). Substance Abuse: A Comprehensive Textbook (4th ed.). Philadelphia, PA: Lippincott, Williams & Wilkins.

National Institute on Drug Abuse. (2008, January 2). Commonly Abused Drugs. Retrieved June 30, 2008, from http://www.drugabuse.gov/DrugPages/DrugsofAbuse.htm

- 関連する医学的問題の存在
- 薬物使用の結果として生じる併発障害と、矯正施設への収容、貧困、ホームレス化等、その他の社会的問題

　影響する要因の組み合わせ次第では、クライエントは治療プログラムを求め、これに忠実に従うことに特別な困難を覚える可能性がある。さらに、これらの要因間の相互作用に対する理解の有無が、アセスメントおよびその結果の介入に影響を与える可能性もある。例えば、精神科的問題が薬物の使用の結果として発生する可能性もある（例：妄想症やうつ病）。失業や投獄などの社会的問題も、クライエントに必要な薬物乱用の治療へのアクセスを制限する場合がある。人格障害のような問題は、信頼に基づく有効な治療関係を妨げる可能性がある。

薬物使用を調べるための面接技術の活用

　ソーシャルワーカーは、薬物使用者がいまだ自らの問題を認めておらず援助も求めていない時期から、彼らと関わることになる場合が多い（Barber, 1995）。薬物使用者が、合法または非合法の薬物の使用が彼らの問題の１つであることを否定し、その乱用を隠すために、他者を非難し、嘘をつき、異議を唱え、事実を歪め、ソーシャルワーカーを脅そうとし、面接の焦点をそらそうとし、言葉で攻撃してくるような場合に、それでもなお中立的であろうとすることは、ソーシャルワーカーにとって困難な場合もある。ソーシャルワーカーは、このような嫌悪行動に惑わされてはならない。これらの行動が一種の見繕いであり、背後に当惑、無力感、羞恥心、言い訳、ためらい、怒りなどを隠そうとしている場合が多いことを認識し、クライエントに対し共感と思いやりを示さなければならない。

　アルコールの使用について尋ねる際には、率直な態度で、一連の質問をすることにこだわる理由を説明することが重要である。曖昧な質問はクライエントの言い逃れに拍車をかけ、非生産的回答を導き出すことになりがちである。表9-1に列挙された質問をするときは、率直に、かつ思いやりある態度を示さなければならない。これらの質問は、クライエントの薬物使用の範囲と影響、ならびにそれがクライエントの周囲に及ぼす影響について扱うものである。

■認知的／知覚的機能のアセスメント

　クライエントが自らの世界をどのように把握しているかをアセスメントすることは、きわめて重要である。なぜなら、他者、自分自身、出来事に対する把握の仕方次第で、彼らが人生の経験一般に対し、そして特に問題をはらむ状況に対し、どのように感じ、反応するかが大きく左右されるからである。第８章において、出来事の意味や解釈が、出来事そのものよりも、人間の行動を動機づけていると述べたことを思い出してほしい。すべての人の経験の世界は唯一無二のものである。ゆえに、同一の出来事や状況であっても、これに対する把握の仕方には個人のビリーフシステム（信念の装置）や価値観、態度、精神状態、自己概念など、同じく個人ごとに独特な要素によって大きな差異が生じる。つまり、人の行動を理解し、これに影響を及ぼすためには、まず、人が物事をどう考えるかを理解しなければならないということになる。私たちの思考パターンは、知的機能、判断力、現実検討、一貫性、認知の柔軟性、価値観、信念、自己概念、文化的ビリーフシステム、そして、社会的機能を左右する認知・感情、行動の動的な相互作用などのさ

まざまな要因の影響を受けている。以下の節では、これらの要因を簡単に一つずつ検討していく。

知的機能

　クライエントの知的能力を理解することは、さまざまな理由から必要不可欠である。クライエントの知的機能に対するアセスメントにより、あなたが言葉で何かを伝えようとする際に、クライエントが容易に理解できるレベルの表現を用いるよう調整できるようになる。さらに、ストレングスと困難に対する評価、最終目標設定についての話し合い、クライエントの能力に応じた作業計画において役立てることができる。多くの場合、知的機能レベルに対する印象評価は大まかなものでよい。このアセスメントのためには、クライエントの抽象的概念を理解する能力、自分の考えを表現する能力、論理的分析・思考能力について検討するとよい。さらなる基準としてはクライエントの学業成績と、使用する語彙のレベルを用いることができる。ただし、これらの要因は、過去における教育を受ける機会、第一言語が何か、学習障害の有無等との関係において考慮しなければならない。なぜなら、クライエントの実際の知的能力が平均的かそれ以上だったとしても、これらの要因により、覆い隠されてしまう可能性があるからである。

　クライエントの知的能力が不十分であることが判明した場合、あなたはクライエントと話をする際に、容易に理解できる言葉を用い、抽象的説明を避けるべきである。恥ずかしい思いをしたくないため、実は理解できていなくても理解したふりをする人が多い。ゆえに、クライエントを注意深く観察し、積極的にフィードバックを求めることで、あなたの意図したとおりにクライエントが理解できているか否かを判断すべきである。また、複雑な概念を伝える際に複数の具体例を用いることで、クライエントの理解を助けることができる。

　クライエントの印象が、その既知の知的レベルと一致しない場合、さらなる調査が必要になる場合もある。例えば、クライエントの能力が病気、投薬、頭部の負傷、薬物の使用等により影響を受けていないか、などである。

判断力

　十分なあるいはむしろ鋭敏な知的能力を持ちながら、判断力の欠如ゆえに人生において深刻な問題に直面する人がいる。判断力の乏しいクライエントは次から次へと窮地に陥ることになる。判断力の問題の例としては以下のようなものがある。収入不相応の生活に固執すること、リスクを慎重に検討することなく「一攫千金」というような儲け話に巻き込まれること、衝動的に仕事を辞めてしまうこと、小さな子どもを一人で置き去りにしてしまうこと、よく知らない人と同居を始めてしまうこと、自己の財産を守り維持し損ねること、資産を浪費すること。

　判断力の欠如が明らかになるのは、一般に、クライエントの問題とそれを取り巻くパターンについて詳細に調べる過程においてである。あなたは、クライエントが先のことを考えずに行動したり、行動の結果として生じうる事態について考慮を欠いていたり、物事は不思議とうまくいくものだという甘い考えにとらわれていたりすることに気づくことがあるかもしれない。機能していない対処パターンを用いることで、当然のごとく、好ましくない結果に陥るクライエントもいるかもしれない。彼らは過去の失敗から学ぶことがないため、あたかも、自らの行動の結果に対する考慮などどうでもよいと感じるほどの強い欲求に駆り立てられているかのように見える。本能に駆り立てられたクライエントは、権威者にも食ってかかったり、不渡り小切手を振り出したり、クレジットカードを乱用したり、その他の目の前の満足は得られるが究極的には仕事を失っ

たり逮捕されたり、その他の不都合な事態を招くようなことをしてしまう。

現実検討

　現実検討は人の精神的健康状態を知るための重要な指標となる。現実検討ができているというためには、以下の基準を満たすことが必要である。

1．時間、場所、人、状況に対する適切な見当識があること
2．因果関係に基づき適切な結論を導けること
3．外界の出来事を理解し、適度な正確さで他者の意図を理解できること
4．他者の思考および感情を、自己のものと区別できること

　クライエントが著しく見当識を欠いている場合、深刻な精神障害、薬物の影響、病的な脳症候群などの疑いがある。見当識障害は通常、容易に特定可能だが、疑いがある場合は、日付、曜日、誰もが知っているイベント、クライエントの生活における最近の出来事について尋ねることで、明らかにすることができる。見当識を失ったクライエントは、通常、応答が不適切で、突飛な回答をすることもある。ある引きこもりのクライエントに普段何をしているのかと尋ねたところ、ホワイトハウスと外交政策について議論していると答えたという例もある。

　思考障害がなくても、現実検討において劣っているクライエントもいる。彼らは自らの行動の責任を取ろうとせず、周囲を非難しようとする（Rooney, 1992）。例えばある男性は、車を盗んだのは自分の責任ではなく、鍵を付けたままにしていた持ち主が悪いのだと言った。クライエントの中には、常習的にまともな理由もなく欠勤していたにもかかわらず、自分を失業させたとして雇用主を非難する者もいる。さらには、自らの問題を運命のせいにするクライエントもいて、自分は敗者になる運命なのだと主張したりする。現実検討における問題は、その原因が何であれ、動機づけと有意義な変化に対する阻害要因となる。逆に、クライエントが自らの行為に対して適切に責任を引き受けるのであれば、これはストレングスの一つと考えるべきである。

　外界の出来事に対する歪みを含んだ認知パターンは、かなり一般的に見られるが、特に対人関係においては問題を引き起こす可能性がある。「軽い歪み」は、紋切り型の認知に伴う（例：「ソーシャルワーカーは全員、リベラルだ」「男が女に対して抱く関心はすべて性的なものだ」）。「中程度の歪み」には、他者の真意に対する極端な誤解が含まれ、これが対人関係に深刻なダメージを与える場合がある（例：「上司は私がよい仕事をしているから他部署の仕事に昇格させる機会があるなんて言ったが、本当は厄介払いしたいだけなんだ」「妻は夕方の講座に出たいなんて言っているが、真意はわかってる。他の男と会うつもりなんだ」）。「極端な歪み」の場合、「妄想」や誤った信念が見られる。例えば、他人が自分に危害を加えようと計画しているなどの妄想である。まれにだが、妄想に取り付かれた人が、危害を加えてくると思い込んだ相手から身を守るつもりで、暴力的な行動に出る場合もある。

　現実検討の機能不全が病的レベルに達すると、クライエントは、他人の声や音などが「聞こえ」たり（幻聴）、存在しないものを見たりする（幻視）。このようなクライエントは自らの頭の中で生じる思考や信念と、外界に由来するものとの区別ができなくなっている。その結果、聞こえてくる命令に従って行動することで、自分自身あるいは他者への危険が生じ得るのである。ソーシャルワーカーは、このような深刻な認知的機能不全に気づき、薬物治療や保護、入院など

への紹介により対応できなければならない。

一貫性

　ソーシャルワーカーは、時折、深刻な思考障害を示すクライエントに出会う場合がある。彼らの特徴は、散漫で一貫性のないおしゃべりである。例えば、次々と語られる思考がひどく断片化していて、相互につながりがない。これは思考プロセスにおける「連合弛緩」あるいは「脱線」と呼ばれる現象である。モリソン（Morrison）の言葉を借りると、実践者は「言葉のつながりを理解できるが、その方向性を支配しているのは論理ではなく、リズムや、語呂合わせ、その他の規則など、患者にとっては明白であっても、聞き手にとって意味不明なものである」(1995, p. 113)。脱線のもう一つの形は「観念奔逸」である。クライエントの応答は、ある特定の言葉や思考をきっかけとして「飛び立つ」ように見え、論理の流れやコミュニケーションの当初の出発点とは無関係なものになる。

　一貫性に関するこれらの問題は、躁病や統合失調症などの思考障害の兆候である可能性がある。もちろん、一貫性の欠如は、急性薬物中毒によっても生じうるため、実践者は慎重にこの可能性を排除すべきである。

認知の柔軟性

　新しい観念に対する受容性や、問題状況の多くの側面を分析する能力は、効果的な問題解決に資するのみならず、一般的な適応にも役立つ。認知に柔軟性がある人は一般に、自らの成長を求め、問題の中で自らが果たしている役割および他者を理解しようとする。このような人は、支援を要求することが、弱さや失敗を認めることと同義であるとは考えず、わだかまりなく支援を求めることができる。しかしながら、多くの人々は、融通が利かず自らの信念に固執する態度を示し、この柔軟性のなさが援助プロセスにおける大きな障害となるのである。

　認知の柔軟性の欠如として、よく見られるパターンは、絶対的な言葉を用いて思考することである（例：ある人が善人か悪人か、成功か失敗か、責任感があるかないか等で、中間がない）。このような思考をする人は、自らの厳格基準を満たさなかった他者を批判しがちである。彼らは他人とうまくやっていくことが難しくなりがちで、人間関係の問題や職場での対立、親子間の争いなどを理由に社会福祉機関を尋ねる人は多い。改善のためには、彼らに自らの厳格さがはらむ破壊的な影響力について考慮を促し、自分自身と他人に対する視野を広げさせ、全般に関して「肩の力を抜く」ことができるようになるための手助けをすることが必要になる。

　「ネガティブな認知的構え」には、特定のグループ（例：権威者、民族集団、異性）のメンバーとの個人的な人間関係の構築や協働を阻害するバイアスやステレオタイプが含まれる。深刻なうつ状態にあるクライエントは、別の形の「視野狭窄」に陥っていて、自らは無力あるいは無価値であり、将来は暗く絶望的だと考える。このようなクライエントが病気のどん底状態で途方にくれているときは、彼らは自らのネガティブな属性にばかり関心を向け、自分に自信を持つことが難しく、他の選択肢を受け入れられるようになろうともがき苦しむことになるかもしれない。

価値観

　価値観は認知─知覚のサブシステムに不可欠な部分である。なぜなら、価値観は人の行動に強い影響を与え、ワークで提示された問題において重要な役割を果たすことが多いからである。し

たがって、あなたはクライエントの価値観を同定しようと努め、そのような価値観が彼らの問題において果たしている役割を調べ、クライエントの価値観を用いて変化へのインセンティブを作る方法を検討すべきである。あなたは、クライエントが自らの価値観を維持する権利と価値観に従って選択をする権利を尊重するという倫理的責任を負っており、そのためにはクライエントの価値観を認識していなければならない。価値観は文化的状況から生み出されるものなので、クライエントが文化的に準拠している集団を理解することは、特にそれがあなた自身のものと異なる場合に重要である。例えば、伝統的な先住アメリカ人の価値観———（1）「自然との調和」対「自然の支配」、（2）「現在指向」対「現在と未来指向」、（3）「『ある』こと指向」対「『する』こと指向」との調和、（4）「家族と集団の目標の優先」対「個人の目標の優先」（DuBray, 1985）———は、先住アメリカ人のクライエントに対してアセスメントを行う際も、問題に対する適切な介入を計画する際にも重要である。

　個人を彼らの文化の範囲に限って理解することは、しかしながら、きわめて危険である。なぜなら、人々は、あらゆる人種、信仰、文化、コミュニティに属する人々の間に発生する相当な多様性が伴う一つの連続体上で価値観を取り入れるからである（Gross, 1995）。

　価値観の対立はクライエントの問題の中心に位置している場合が多い。例えば、ある個人が、独立したいという希望と家族に対する忠誠心との狭間で悩んでいる場合がそうである。価値観の対立は対人間の問題の中心になる場合もある。両親と子どもの間で服装や態度、責任感などについて反目する場合がある。パートナー同士も、家事の分担や家計の管理の方法、それぞれの実家との付き合い方について、異なる信念を抱いている場合がある。クライエントの価値観の認識はあなたにとって役に立つ。あなたはこの価値観を用いて、クライエントが非機能的な行動を是正するためのインセンティブを作り上げるのである。例えば、クライエントが強い価値観を示しつつ、直接にはこれらの価値観と反対の行動を取る場合がある。「認知的不協和」は、クライエントが自らの価値観と行動との間に不一致を発見するときに発生する可能性がある。このような矛盾を精査することにより、この緊張が問題に満ちた自己破滅的なものか否かを明らかにすることができる。例として、同性愛を否定する教義を持つ宗教を信仰しながら、自らのホモセクシュアルという性的指向を受け入れていく男性について考察してみよう。このクライエントが他者と本質的に異なる信念をすり合わせようと努力すれば、緊張・混乱・落胆などが結果として生じる可能性がある。ソーシャルワーカーは、クライエントの認知的不協和を特定してこれにラベルを付け、相違点を調整し、これ以上相互に排他的にならずにすむ選択肢を作り上げるためにクライエントと協働する。

　クライエントの価値観を明らかにするための質問の例を以下に示す。

- 「あなたはご両親のセックスに関する考え方が古いとおっしゃいましたが、ご自身はセックスについてどのような考えをお持ちなのですか？」
- 「理想の奥さんと結婚できるとしたら、それはどんな女性でしょう？」
- 〔カップルに〕：「カップルが何かを決めるとき、どんなふうにすべきとお考えですか？」
- 「つまり、あなたは自分の人生がうまくいっていないと感じるのですね。あなたにとって、うまくいくとはどういうことなのでしょう？」

誤解

認知理論では、信念は感情と行動の重要な仲介役とされる（Ellis, 1962；Lantz, 1996）。とすると、誤った信念が機能の問題につながるということも納得できる。信念が、誤解というよりはむしろ、正確に言うと、役に立たない観念である場合もある。よくある有害な信念の例と、これと対照的な機能的な信念の例は以下のようなものである：「この世は食うか食われるかだ。自分以外の他人を本当に気にかけている人などいない」という有害な信念に対して「世界にはあらゆる種類の人間がいる。冷酷な人もいれば、思いやり深い人もいる。後者の人を探す必要があり、自分自身も思いやりのある人間になるために努力しなければならない」という機能的な信念がある。また、「権力者は全員、他人を搾取し支配するために、その権力を使うものだ」という有害な信念に対し、「権力者にもいろいろな人がいる。他人を搾取し支配する人もいれば、親切な人だっている。判断は差し控えたいと思う。でないと、すべての権力者に対して見境なく憤ることになってしまう」という機能的な信念が対置される。

包括的なアセスメントを作り上げるためには、誤解とその原因を特定することが重要である。誤った信念がクライエントの問題に占める重要性次第では、後に設定するワークの最終目標の中に、キーとなる誤解の訂正が含まれることになる。それは行動の変化に向けた地ならしの意味を持つのだ。他の領域におけると同様に、クライエントのストレングスを引き出すことは、誤解が「ない」状態を作り、クライエントが出来事と他者の真意を、正確に建設的に肯定的に理解し解釈できるようになってはじめて可能になるのだ。

自己概念

自己に対する確信、信念、概念が、人の行動の最大の決定要因の一つだということが、一般に認識されるようになってきた。ゆえに、適度な自尊心を持ち、自分の限界や欠点だけでなく長所、才能、潜在能力を現実に即して自覚することは、ストレングスだといえる。健康な人間は、自らの限界に直面した際、完璧な人間などいないのであり、これもその一つの表れに過ぎないと考え、悲しんだり落ち込んだりすることなく、受け入れることができる。自尊心が高い人は、自らの限界や欠点を笑い飛ばすことができるのだ。

その一方で、多くの人々が、自分が無価値で無能で無力だという感情に苦しんでいる。このような自己批判的感情はさまざまな形で彼らの機能にネガティブな影響を及ぼす。以下にその例を示す。

- 思い込みに基づく劣等感のために、能力を十分に発揮できないこと
- 失敗を恐れて機会を逃すこと
- 拒絶されることを恐れて他者との社会的関係を避けること
- 軽く見られ食い物にされることを甘んじて受け入れること
- 不全感に苛まれる自己を支えるための過度の飲酒または薬物使用に走ること
- 自らの価値ある業績を低く評価し、信用できないものとすること
- 自らの権利を守ろうとしないこと

クライエントはしばしば自発的に、自分についてどう思うかを語る。あるいはクライエントが

問題のパターンについて説明する際に、傷ついた自己概念が垣間見える場合もある。「ご自分のことをどんなふうに思われますか？」などのオープン・エンドな質問を用いることで、豊かな情報が引き出せる場合が多い。実際にその種の事柄について熟慮したことがある人は多くないから、クライエントは返事をためらい、当惑した様子を見せるかもしれない。これに続けて「単純に、あなたのようなタイプの人について考えると、どんなことがあなたの頭に浮かびますか？」と尋ねれば、通常、クライエントに返事を促すには十分である。

■感情の機能に対するアセスメント

感情は認知の影響を受け、行動に強い影響を与える。援助を求める人の多くがそうである。なぜなら強烈な感情を味わい、この感情をコントロールできないという感覚を経験したことを理由に、援助を求める人は多い。例えば、クライエントの中には、感情的に激しやすく、怒りに駆られて攻撃的な行動に出る人もいる。また、感情的に不安定で、荒れ狂う海で何とか浮かんでいられるようにと、もがいている人もいる。愛する人の死や離婚、深刻な落胆、その他自尊心がダメージを受けたことに伴うストレスのために、感情がかき乱されてしまう人もいる。さらには、正反対の感情により異なる方向へ引き寄せられ、この感情的矛盾状態を解消したいと援助を求める場合もある。感情的機能を評価する際に役立つよう、以下の節では、この分野におけるきわめて重要な側面と、関連する用語や概念について検討する。

感情のコントロール

自らの感情に対するコントロールの度合いは、「感情の抑圧」から「感情の過剰」まで人によって大きく異なる。感情を抑圧している人は人間関係において、何を考えているかわからない人とか内にこもっている人と思われる場合がある。彼らは自らの感情に対し距離を置いていて、人生に趣きや意味を与えるはずの、喜び、苦痛、情熱、弱さなどを感じることを自分に禁じているように見える。このような人々は、物事を理性で処理することに心地よさを感じるが、感情を表現したりこれについて議論したりすることを避ける場合がある。彼らはその知的なスタイルにより、周囲から感心されることも多いが、親密さや感情的な刺激を求める他者の期待に応えられないため、緊密な人間関係を維持することが難しい場合もある。

感情が過剰な人は「短気」であり、軽く挑発されただけで感情をコントロールできなくなり、強烈な反応を示してしまう。このような行動には激しい怒りが込められており、他人への暴力へとエスカレートする危険性がある。過剰さには他にも、興奮、号泣、パニック、落胆、無力感、めまいなどが含まれる場合がある。感情的反応が過剰か否かを調べる際に鍵となるのは、反応が適度で、刺激に対して釣り合いがとれているか否かの判断である。

アセスメントの基礎となるのは、クライエントに対するあなたの個人的観察結果、たまたま会った人からのフィードバック、状況にどう反応したかについてのクライエント自身による報告である。例によって、クライエントの反応が適度なものかを評価するにあたっては、クライエントの文化的背景、ならびにクライエントとあなたとの関係を考慮しなければならない。どちらも、あなたがクライエントの正常な感情的反応と、何をもって「適度な」感情の抑制と見なすかについての、判断を誤らせる可能性があるからだ。

感情表現においてどのようなパターンが是認されるかは、文化によって大きく異なる（注3）。

> ### Box●9-1　認知障害あるいは思考障害
>
> 　認知的機能に対する評価をする中で、思考障害や発達遅滞の症状の兆候に気づく場合があるかもしれない。特に注意すべき3つの障害は、精神遅滞、統合失調症、および認知症である。
>
> 　精神遅滞は通常、幼児や児童において診断される。知力が平均より劣っており、所定の技術領域群(コミュニケーション、セルフケア、家庭生活、社会的／対人スキル、コミュニティ資源の活用、自己決定、実用的な学力、仕事、娯楽、健康、安全)の中の2つ以上において「適応機能における著しい限界」が見られることと定義されている(American Psychiatric Association, 2000, p.41)。一般的な知的機能は標準的なテストによって測定される。さらに、クライエントの適応機能や、共通の生活上の必要性を満たす能力を評価するためには、他の測定方法が用いられる。精神遅滞は4つのレベル(「軽度」「中度」「重度」「最重度」)に分類されている。
>
> 　統合失調症は、社会的・教育的・職業的機能に著しい損傷をもたらす精神障害である。思春期から青年期に発症することが多く、障害の進行は急激な場合もあれば緩やかな場合もある。その特徴は陽性症状と陰性症状の組み合わせである。これらの言葉は、ここでは良いとか悪いという意味で用いられるのではなく、むしろ通常の機能の存在あるいは欠如について述べたものである。例えば、統合失調症の陽性症状としては「さまざまな領域における歪み、すなわち、思考内容(妄想)、知覚(幻覚)、言葉、思考プロセス(とりとめのないしゃべり)、行動の自己観察(きわめて混乱した行動あるいは緊張病性行動)における歪みが挙げられる」(American Psychiatric Association, 2000, p. 299)。陰性症状としては、起伏のない感情、発話の制限、「意欲消失」、あるいは目標志向型の行動の減少、等がある。
>
> 　認知症は「複数の認知的欠陥であり、記憶障害に加えて以下の1つ以上の症状を含むもの:「失語」(言語機能の低下)、「失行」(運動活動の困難)、「失認」(よく知る物を認識できないこと)、「実行機能の混乱」(抽象的思考、および、複雑な活動を計画し、順序付け、中止すること)(American Psychiatric Association, 2000, p.148)。認知症との診断を下すためには、これらの問題が、日常的な機能に影響を与える程度に深刻であることが必要とされる。
>
> 　これらの診断を受けた個人に対する治療は専門化され多様であるが、投薬治療と合わせて、職業教育や住居、ケースマネジメント等のサービスが含まれる場合がある。上記のような認知的思考障害の特徴を理解することは、クライエントを理解し、適切な治療計画を立て、あなたと他のサービス提供者の役割の調整について理解するために有用である。

にもかかわらず、感情に関して健康であるか否かの判定基準の1つは、すべての文化において共有されている:すなわち、感情に呑みこまれない程度に感情をコントロールできるか否か、という基準である。感情面で健康な人は同時に、感情を味わいこれを適度に表現する自由を楽しんでいる。同様に、苦痛に満ちた感情に耐え、これを否定したり打ちのめされたりしない能力は、ストレングスの1つということができる。感情面で健康な人は他者の感情的状態を正しく認識し、共感し、苦痛を伴う感情について、極端な不快感を味わうことなく話し合うことができる。ある程度の不快感は自然なことだと、当然の如く認識しているのだ。最後に、親密な人間関係において、個人的感情の深い部分を相互に共有できることも、資産と見なされる。

感情の幅

　感情に関する機能のもう１つの側面は、人が遭遇するありとあらゆる状況に適した幅広い感情を、味わい表現する能力である。感情的経験の幅が狭い範囲に閉じ込められているために、それが対人関係における問題の原因になっているという人もいる。例えば、もし、パートナーの一方が優しい感情を表現することに困難があるならば、相手は拒絶されたと感じたり、不安になったり、本来受けられるはずの愛情を奪われていると感じるかもしれない。

　喜びを感じたり、さまざまな楽しい気持ちを表現したりすることができない人もいる。「無快感症」と呼ばれる障害である。さらに、対人関係において衝突が発生した場合に、怒りの感情を遮断し、自分を責め、相手をなだめるように条件付けられてしまっている人もいる。通常なら怒りや悲しみを引き起こすような状況に直面したときに、自然な感情を遮断してしまうため、激しいストレスを感じたり、ぜんそくや大腸炎、頭痛などの身体的症状を経験したりする人もいる。さらに、耐え切れない感情から身を守るために、人生の早い時期に、拒絶や孤独、苦痛を味わわなくて済むように身を守るための精神のメカニズムを身につけてしまうのだ。このように感情を遮断する人は、これを補償するためにタフさや無関心を装う場合が多く、これに伴い「私は誰も必要としていない」「私を傷つけることは誰にもできない」などの言葉を用いる。原因が何であれ、感情の幅が限定されたり遮断されたりしていることが、クライエントの困難に結びついている場合があり、それゆえに、これがワークの目標となる場合があるのだ。感情的に健康な人々は、人間の持つ感情の全領域を、正常な範囲の強度と継続期間において経験する。それゆえ、喜び、悲しみ、高揚感、落胆、その他全方位的感情を味わうことができる能力というのは、ストレングスの領域に含まれるのである。

感情の妥当性

　クライエントの感情（情動性）を直接観察することにより、通常、クライエントの情緒的機能に関する重要な情報が明らかになる。ある程度の不安や軽い心細さを感じる方が、（とりわけ、法の強制によるクライエントや他所から紹介されてきたクライエントにとっては）、極端に強い不安や緊張を感じたり、逆に完全にリラックスしたりしているよりも自然な状態である。健康な機能には、状況や話題に適した感情を、自然に味わい表現することが含まれる。笑うこと、泣くこと、苦痛、落胆、怒り、喜びを表現することは、これらの感情がセッションの雰囲気に適している場合には、ストレングスの領域を構成する。このような自然さは、クライエントが自らの感情とのつながりを保っており、これを適切に表現できることを示している。

　過度の不安（筋肉の緊張、常に落ち着かない態度、姿勢を変えること、手をもむこと、唇を噛むこと、その他同様の態度によって示されることが多い）は、通常、クライエントが不慣れな対人関係状況の下で、不安や疑念、極端な居心地の悪さを感じていることを示すものである。このような極端な緊張は法によって強制されたような状況においては予測できることかもしれない。あるいは、クライエントにとっては、他の状況においても典型的な態度なのかもしれない。

　普通なら不安や心細さを感じそうな状況で、クライエントが完全にリラックスして自由に自分を表現する場合、それは問題の否定、あるいは問題解決プロセスに取り組む動機の欠如が現れているのかもしれない。さらには、クライエントの態度が魅力的な場合、そうすることが自分にとって有利な場合に望ましいイメージを投影するクライエントの技術を反映していることがあ

る。営業や宣伝の仕事のような場面では、この種の魅力は財産となる。あるいは、その人の不安感、自己中心性、または他者を巧みに操り搾取しようとする意図を隠すために身につけてきた対処法かもしれない。「感情の鈍化」の意味は言葉が示すとおりである。すなわち、通常はより強い反応（例：幸福、失望、怒り）を引き起こす材料に対する、弱められた冷淡な反応である。例えば、感情が鈍化したクライエントは、親がもう一人の親を殺したとか、貧困、身体的・性的虐待といった、人生における衝撃的な出来事や状況について、他人事のような味気ない様子で、話をする。感情の鈍化は深刻な精神障害、薬物の乱用、薬の副作用の兆候である可能性もある。それゆえ、常に特別な注意が必要とされる。

不適切な感情は別の形でも現れる。苦痛に満ちた出来事について話し合っているときに笑っていたり（絞首台での笑い）、話し合っている内容にかかわらず常に微笑んでいたりする。人生の状況に合致しない高揚感や多幸感が、次から次へ絶え間なく続くと突然の話題の転換（観念奔逸）、いらだち、誇大な観念、常に止まらない動作などと同時に発生する場合、これは躁病の兆候でもある。

複数の文化にまたがった仕事においては、文化の相違を踏まえたうえで、感情の適切さについて考慮しなければならない。ラム（Lum, 1996）によれば、マイノリティのクライエントは、マイノリティでないソーシャルワーカーに居心地の悪さを感じるが、防衛手段として感情を隠したり、文化として定着した規範に従って、苦痛に満ちた感情をコントロールしたりする場合がある。クライエントの感情を適切に解釈するための方法の中には、クライエントの文化の特徴を理解すること、その文化やクライエント自身をよく知った人に相談すること、クライエントの現在の様子を過去と比べて評価することなどがある。

情緒障害

DSM-IV-TR（American Psychiatric Association, 2000）には、情緒障害（例：気分障害）を診断するための基準に関する多くの情報が記述されている。初心者のソーシャルワーカーにとって特に重要なのが、双極性障害（かつては躁うつ病と呼ばれていた）と、単極性／大感情障害（例えば、重篤なうつ病）。このような診断を受けたクライエントに対しては一般に、投薬による治療が行われる（認知療法や対人関係療法が併用される場合が多い）。これらの診断は治療計画に方向性を与える。さらに、自殺念慮等の深刻な危険因子と結びつく可能性が高い。

双極性障害

双極性障害の主要な特徴は、躁症状（躁病）の合間に、うつ病の時期が挟まっていることである。躁病の症状が出ている時期には「異常で持続的な、高揚した、開放的な、激しやすい心的状態が続き」（American Psychiatric Association, 2000, p. 362）、そして少なくとも下に列挙した症状のうち3つが見られる：

- 肥大化した自尊心、あるいは尊大さ
- 睡眠欲求の減退
- 通常より口数が多い、あるいはしゃべり続けなければというプレッシャーを感じること
- 観念奔逸あるいは自分の中で思考が競争し合っているような主観的経験
- 注意力散漫

- 目標志向的活動（社会的な、職場や学校での、あるいは性的な）の増加、あるいは精神運動性激越
- 不都合な結果をもたらす可能性が高い享楽的活動への過剰な熱中。例えば、抑制のきかない購買活動、軽率な性的行動、無思慮な設備投資など

完全な躁病の症状というためには、症状の程度が、職務遂行能力や対人関係に顕著な障害をもたらしたり、患者自身や周囲の人間に危害が及ぶのを防ぐために入院が必要になったりする程度に深刻であることを要する。

調査の結果、クライエントにこの障害の兆候が見られた場合、ただちに精神科の診察を受けさせることが必要である。それは、(1) 入院の必要性、(2) 投薬治療の必要性の2点を判断する必要があるからである。双極性障害は生物発生的であり、さまざまな炭酸リチウム化合物が患者の症状を安定させ、進行を止めるために顕著な効果を生む可能性がある。しかしながら、詳細な医学的観察が必要である。なぜなら、この障害に通常用いられる薬剤は比較的安全域が狭いからである。

大うつ病性障害

大うつ病性障害とは、患者が抑うつ的な気分を症状として繰り返し経験するものだが、これは、双極性障害と比べてはるかに一般的なものである。大うつ病性障害が単なる「憂うつ」と異なるのは、「抑うつ」（苦痛に満ちた感情）と、以前は楽しめた活動が楽しめなくなること（快感消失）が発現するところにある。苦痛に満ちた感情は、一般に不安、精神的苦悩、極度の罪悪感（その多くは比較的軽微な違反行為に対するもの）、落ち着きのなさ（動揺）と結びついている。

大うつ病性障害と診断を下すためには、抑うつ的気分と、興味や喜びの喪失、さらに下の9つの症状のうち2つ以上が見られることが必要である（American Psychiatric Association, 2000, pp. 375, 376）：

- ほぼ毎日、一日のほとんどを抑うつ的気分で過ごすこと
- すべての、あるいはおよそすべての活動において、興味や喜びが、顕著に失われること
- ダイエットをしていたり、食欲の減退または増進があったりするわけではないのに、顕著な体重の減少や増加があること
- 不眠症または過眠症
- 精神運動性激越または精神運動遅延
- 疲労またはエネルギーの喪失
- 無価値観、過剰な、あるいは不適切な罪悪感
- 思考力や集中力の減退、または決断力の喪失
- 死について繰り返し考えること、または自殺念慮あるいは自殺未遂

第8章で述べたように、うつ状態の有無と程度を評価するためには多数の尺度が利用できる。アセスメントにより、中程度あるいは重度のうつ状態にあることがわかれば、投薬治療や入院の必要性を判断するために、精神科での診察を受ける必要がある。抗うつ剤は抑うつ状態からの回復を促進する効果があることが証明されており、認知療法や対人精神療法と併用することにより

相乗効果がある（注4）。

　うつ病のアセスメントにおいては、どの要因がうつ病の症状を誘発しているかを判断することが重要である。一つまたは複数の重要な死別に直面したような場合、うつ病と死別による悲嘆との区別はつきにくい。うつ病と死別による悲嘆には、強い悲しみや睡眠障害、食欲の喪失などの共通の特徴があるが、悲嘆反応には通常、うつ病で多く見られる自尊心の喪失や罪悪感などは含まれない。「すなわち、誰かを失った人は、そのような喪失により自分自身の価値が下がったとは見なさないか、そう見なした場合でも、短期間のみである。人に死なれて罪悪感を味わう人がいても、それは死別のある特定の側面に対するものであり、包括的な全体についての罪責感ではない」(Worden, 1991, p. 30)。

自殺の危険性

　うつ症状が見られるすべての人に自殺傾向があるわけではなく、自殺傾向のある人がすべてうつ病というわけでもない。にもかかわらず、クライエントがうつ症状や絶望感を見せたなら、必ず自殺の危険性を評価しなければならない。自殺の兆候が示された場合に防止策をとる必要があるためである。成人では、以下のような要因があれば自殺の危険性が高くなる。

- 落胆と絶望の感情
- 過去の自殺未遂
- 具体的で実行可能な死の危険がある自殺の計画（日時・場所・方法）
- 家族の自殺歴
- 自殺への固執
- サポートシステムの欠如、その他の形での孤立
- 無価値感
- 自分が死んだ方が他の人のためになるという信念
- 高齢（特に白人男性）
- 薬物中毒

　クライエントが直接間接を問わず、自らの自殺念慮についてほのめかす場合、慎重かつ率直な質問をすることで、そのような問題に対処しなければならない。「今、ひどく絶望しておられるようですね。ご自分を傷つけるようなことでも考えておられるのではないかと心配しています」「あなたが死んだら『奴らは後悔する』とおっしゃいましたが、それは自殺を考えているということではないでしょうか？」このような質問に対して肯定する答えが返されたら、クライエントの自殺に対する考えについて、率直かつ冷静に話し合うべきである。クライエントは自殺の方法についてまですでに検討しているのか？　いつ？　どのような手段を用いて？　その手段は入手可能なものか？　これらの質問をしながら、クライエントの計画が致死的なものかということだけでなく、その具体性についても判断することになる。クライエントの計画がよく練られたものであれば、自殺の危険性はより高いと言えるだろう。クライエントの過去、特に語られたリスク要因や過去の自殺未遂に関する事柄に対する理解は、危険性の程度と必要とされる介入のレベルについての判断においても役立つだろう。加えて、自殺の危険性を評価するための標準化された尺度も利用することができる（注5）。

> ### 事例を通して考えてみよう
>
> 　ソーシャルワーカーのキャシーは、ジョセフィンとの面接の録画ビデオの中で、最近の夫の死について尋ねている。ジョセフィンの悲嘆と落胆を見て取ると、キャシーは、それまでの対処方法や、睡眠パターン、食事に関する変化、体重の減少の有無、薬物の使用、エネルギーのレベル、趣味や興味、社会との接触、そして気分について、より詳細に確認した。さらに、クライエントに、典型的な一日がどのようなものか振り返ってもらった。最後に、キャシーは、うつ状態に関する簡易な検査である「高齢者向けうつ尺度（the Geriatric Depression Scale（GDS）(Yesavage et al., 1983))」を用いて、ジョセフィンに説明したうえで検査を実施し、悲しみについて書かれた小冊子を渡した。フォローアップ・セッションで、キャシーはジョセフィンに、悲しみの段階について教え、うつ状態の評定結果について説明した。通常レベルが5点であるところ、ジョセフィンの得点は12点だった（「きわめて高い」）。この結果、キャシーは投薬治療、不眠症について専門医を受診すること、未亡人同士で悲しみに対処するためのプログラム、あるいは専門家によるカウンセリングを受けることを検討するように勧めた。

　クライエントの応答が潜在的な死の危険を示唆する場合、必要に応じて、クライエントのサポートシステムを動員し、精神科的評価と入院の手配をするのが適切である。このようなステップは、自らの衝動をコントロールできないと感じたり、絶望に押しつぶされそうになったりしているクライエントの安全を守ろうとするものである。

子どもと青年のうつ病と自殺の危険

　子どもと青年も、成人と同様にうつ病になり、これらのグループにも自殺の危険性があり得る。15歳から24歳の若者が、毎年50万人も自殺を図り、毎年、5,000人近くの子どもと青年（5歳から24歳）が自殺を遂げている。事実、自殺は15-24歳の年齢層における死亡原因として第3位である（CDC, 2005；McIntosh, 2003）。WHO（World Health Organization）の世界の統計に関する報告によれば、過去45年間で自殺率は世界で65%も上昇し、15歳から44歳の死亡原因として第3位である（WHO, 2008）。

　仲間や兄弟姉妹、両親、教師などにより報告される、青年のうつ病の兆候、ならびに行動への表出に気づくことは、明らかに重要である。青年期におけるうつ病の一般的な症状は以下のとおりである。

- 青年が以前は楽しみとしていた活動への興味を失うこと（無快楽症）
- 絶望的な気分
- 著しい体重の増加または減少
- 不眠あるいは過眠
- 精神運動興奮、精神運動遅滞

- 疲労あるいはエネルギーの喪失
- 絶望感、無価値感、罪悪感、自己非難
- 決断力のなさ、あるいは集中力の低下
- 自殺念慮、自殺の危険な兆候、自殺未遂
- 死について繰り返し考えること

　子どものうつ病は大人のうつ病と顕著に異なるわけではない。発達的相違の考慮は必要だが、表に現れる行動と感情の強さは同じである（Wenar, 1994；Birmaher et al., 2004）。子どもと青年のうつ病における大きな違いは、男女の有病率を比較したときに現れる。児童においては、男女でおよそ有病率の差はない。しかし、青年期の初期においては、女性の有病率は男性の2倍である（Kauffman, 1997；Hankin et al., 1998）。同じく、うつ病と診断された青年期の女性は、小児期の中期に不安や不全感を訴える場合が多いのに対し、青年期の女性は攻撃性や反社会的感情を訴える場合が多い（Wenar, 1994；Leadbeater, Kupermic, Blatt, & Hertzog, 1999）。

　両親、指導者、友人は、子どもや青年がうつ状態にあることに気づかない場合が多いから、彼らに以下のような、問題に発展する可能性を示す兆候について注意を促すことは重要である（American Association of Suicidology, 2004；Gold, 1986）：

- 個人的な習慣の乱れ
- 学校の成績の低下
- 悲嘆の顕著な増加、不機嫌、突然の涙ながらの反応
- 食欲の減退
- 薬物やアルコールの使用
- 死や臨終について話すこと（冗談めかしている場合も含む）
- 友人や家族との連絡を絶つこと
- 財産の寄贈など、死の準備をすること
- 過去の態度を突然捨て去ること（臆病な態度からスリルを求める行動まで、あるいは社交的な態度から陰うつで内にこもった態度まで含む）

　その性別や人種、民族、性的指向、そして周囲の環境との相互作用の仕方との関係で、特定の下位集団が、さらに独特のリスク要因を経験することになる場合もある（Macgowan, 2004）。青年期には大きな変化がつきものであることを考えると、規範的な行動や態度の中に兆候を見いだすことは難しいかもしれない。注意深く実践を行えば、このような変化を「ティーンに典型的な行動」としてまともに評価しなかったり、考慮の対象から外したりすべきではなく、真剣に受け止めるべきだということがわかるだろう。うつ症状を示唆するか否かにかかわらず、このような行動やパターンの変化は、大人が注目するに値する何かが進行しつつあり、専門家による評価や診察を受けさせる必要性を示唆するものである。

　青年の自殺の危険性が最も高まるのは、前述の重篤なうつ病の兆候を示すことに加えて、絶望感を示したり、愛する人と死別したばかりであったり、両親との深刻な対立を経験したり、大切な仲間や恋人との親密な関係を失ったり、サポートシステムが不十分だったりする場合である。ブレント（Brent）らは、「対人間の対立、特に両親との対立は、既遂未遂を問わず、最も一

般的な自殺の原因の一つである」(1993, p. 185) と述べている。また別の研究では、青年の自殺の原因の約50％が、中度から重度のアルコール依存症あるいは薬物中毒だとされている（Fowler, Rich, & Young, 1986；Rowan, 2001）。

　既遂未遂にかかわらず、青年期における自殺は、よりありふれたものになっている（青年男性は既遂が多く、青年女性は未遂が多い）。一方で幼い子どもの自殺は、既遂未遂ともに増加傾向にある（Kauffman, 1997）。それゆえ、子どもに対しても、青年と同様に抑うつ的行動を認識し、自殺念慮の兆候を見極めることが重要である。幼い子どもの自殺念慮の兆候についても、発達段階に合わせて適切に解釈し直すことが必要ではあるが、先に青年について論じたものとほぼ同じである。自殺念慮のある幼い子どもと面接をする際、ソーシャルワーカーは、上述した成人向けの質問と同様の、致死性を評価する質問を行うべきである。加えて、子どもと青年の自殺のリスクを評価することを目標とした『児童用抑うつ性尺度（Children's Depression Scale（Kovacs, 1992））』や、『ジョンズ・ホプキンスうつ尺度（the Johns Hopkins Depression Scale（Joshi, Capozzoli, & Coyle, 1990））』のようなアセスメント用ツールを利用することができる。

高齢者におけるうつ病と自殺のリスク

　高齢者のうつ病と自殺念慮については、上述した内容に加えて、これらの状態を検査するにあたって特別な注意が必要になる。米国においては、全人口における高齢者の割合が10％であるにもかかわらず、自殺者のおよそ20％が高齢者である。そして、65歳を超える白人男性は、他の年齢層と比較して自殺の可能性が最も高い（Brown, Bruce, Pearson, & the PROSPECT Study Group, 2001；Hester, 2004；Yin, 2006）。高齢者に特有の危険要因としては、孤独、病気、絶望感、機能的あるいは社会的喪失感などがある。さらに、高齢のクライエントは精神医療サービスの利用を嫌がる場合があり、最初のケア提供者や恋人は精神医学的症状を見過ごしてしまうか、あるいは高齢に伴う典型的な特徴として過小評価してしまう場合が多い。『高齢者用うつ症状尺度（the Geriatric Depression Scale）』のようなうつ状態を評価するために一般に用いられるツールは、自殺念慮に対する検査としては不十分な場合もある（Heisel, Flett, Duberstein, & Lyness, 2005）。高齢者における自殺の可能性を評価するためには、自殺の意図と、この発達段階における顕著な特徴と言える、自らの死すべき運命に対する自覚あるいは死への心構えとを、見分けることが必要とされる（Heisel & Flett, 2006）。

　ジビン&ケールス（Zivin and Kales, 2008）は、うつ病と抗うつ剤に関する臨床家の説明の仕方が、患者の投薬計画の遵守に大きな影響を与える可能性があると指摘する。彼らはもう一方で、医師には効果的な説明をするための時間や教育が不足しているとも述べている。ジビン&ケールス（Ziven and Kales）は、さらに、高齢者の治療においては抗うつ剤が有効である可能性があるにもかかわらず、その40％から70％は、抗うつ剤を処方されたとおりに服用しないか、あるいは一切服用しないとも述べている。治療に抵抗しているように見える高齢者も、実は単に抗うつ剤に関してのみ指示に従わないだけである可能性がある。高齢者が敢えて抗うつ剤の服用を拒むのは、依存症になることや、薬によって自然な悲しみを感じなくなってしまうことに対する不安のため、あるいは、自らの抑うつ状態が病気の症状だということを自覚していないからという可能性もある。あるいは、抗うつ剤を飲むのを忘れたり、投薬量の指示を誤解したりしている高齢者もいるかもしれない。特に認知症を患っていて服薬の世話をしてくれる介護者がいない高齢者に起きやすい事態である。他の薬と併用することによる悪影響を心配して、抗うつ剤を服用した

がらない高齢者もいる。高齢者が薬物療法に従わなくなる危険因子としては、以下のようなものがある。三種類以上の他の薬を服用していること、うつ病と不安神経症を併発していると診断されていること、薬物依存症であること、うつ病が医学的症状だと信じない介護者に世話をされていること、社会的サポートが不足していること、薬を購入する経済力がないこと、などである。高齢者が精神医学的問題に対処する際に、スピリチュアリティが助けになる場合は多いが、時に信仰は、うつ病に対しネガティブな効果を及ぼす場合がある。高齢者の中には、神が自分たちを癒してくれるから治療は不要だと思う人や、うつ病を神が与えた罰だと解釈する人もいる（Zivin & Kales, 2008）（注6）。

■行動の機能に対するアセスメント

　ダイレクトソーシャルワーク実践では、クライエントの社会的機能を阻害する行動パターンをターゲットとして、変化に向けた努力を行う場合が多い。行動を評価する際には、一人の行動がもう一人の行動に単純かつ直線的に影響を与えるわけではないということを、心に留めておくことが重要である。むしろ、循環的なプロセスが発生し、すべての参加者の行動が相互に影響し合い、他の参加者の行動を形づくるのである。

　行動の変化は通常、ソーシャルワークの面接の焦点であるから、あなたは非機能的および機能的行動パターンの両方を識別し評価する技術を持たなければならない。個人セッションでは、クライエントの社会的パターンとコミュニケーションパターン、ならびに個人的癖や特質を直接観察することができる。合同面接とグループセッションでは、このような行動パターンを、これらの行動が他者に及ぼす効果とともに、観察することができる。

　行動を評価するにあたっては、問題が過剰と不足により構成されると考えることが有用である。過剰性に関する問題としては、介入は、以下のような行動の「削減」あるいは「除去」を目指す。すなわち、感情の爆発、過剰なしゃべり、論争、争い、そして過剰な消費（例：食事、アルコール、セックス、ギャンブル、買い物）などである。行動の不足に対しては、アセスメントにより必要な技術の不足が明らかになった場合、介入は、クライエントがより効果的に機能するための技術と行動の「獲得」を支援することを目標としたものになる。例えば、あるクライエントの行動のレパートリーには、感情を率直に表現する技術、社交的会話をする技術、他者の話を聴く技術、問題解決の技術、金銭を管理する技術、栄養ある食事を計画する技術、性的に敏感なパートナーに対応する技術、紛争を処理する技術等が含まれない場合がある。

　非機能的な行動パターンを見つけることに加えて、効果的な、ストレングスを表す行動に気づくことも重要である。あなたが非機能的な行動パターンと機能的な行動パターンの両方を評価する際に役立つよう、表9-3では、多数の個人の行動パターンを一覧にしている。カップルや家族、グループといった状況で複数の人の間に生じる非機能的な相互作用のパターンについては、本書の後の章で扱うため、表9-3の行動のカテゴリには含まれていない。その代わり、この表では、対人的な問題を生み出すことが最も多いパターンに焦点を置く。

　表9-3をざっと見ると、いくつかのパターンについて、機能的なものか非機能的なものかわからないと感じるかもしれない。もちろん、それを決めるのは、行動が発生する背景となる状況である。攻撃的な行動は敵対的な環境においては、自己防衛的な機能を果たすかもしれないが、家族同士の関係や職場においては非機能的であるかもしれない。ゆえに、あなたが評価をするにあ

たっては、背景を考慮に入れなければならず、行動がクライエントの環境と機能的成功に与える影響を配慮しなければならない。

表9-3には多くのごく一般的な意味を持つ形容詞や動詞が含まれることに注目してほしい。これらはさまざまに異なる解釈をされやすい。行動を調査するにあたっては、実際の問題行動を特定することの方が重要である。例えば、ソーシャルワーカーは、クライエントの行動を「不快な」と評価するよりも、そのように結論づける前に、行動を次のように描写することができる：「クライエントは常に同僚の言葉をたびたび遮り、情報が間違っていると言って彼らを侮辱し、自らの知識や業績を自慢する」。有害な行動が特定され、対処可能なとき、変化を目指す試みに集中することは、あなたにとってもクライエントにとっても容易になる。

行動に対する適切な評価は、もちろん、単に非機能的な行動を特定するだけでは足りない。行動の先行条件や、行動がいつ、どこで、どれだけ頻繁に発生するかを判断し、行動の結果も特定しなければならない。さらには、行動前、行動中、行動後の思考についても調査すべきであり、同じく、行動に伴う感情の性質と強さについても調べる必要がある。

■動機づけに対するアセスメント

第8章で紹介したように、クライエントの動機づけを評価し強化することは、アセスメントプロセスの統合的役割である。家族やグループとのワークにおいては、ソーシャルワーカーは、一つのクライエントシステム内で、動機づけのレベルに大きな差があることに気づく場合が多い。自分たちが環境に対して影響を与えられると信じていないクライエントは、一種の「学習性無力感」を示す場合がある。すなわち、自分たちの人生は自分たちの力ではどうにもできないという受動的なあきらめの姿勢である。変化に対する準備において異なる段階にあるクライエントもいるかもしれない。プロチャスカ＆ディクレメンテ（Prochaska and Di Clemente, 1986）は、変化に関する5段階のモデルを提示した。「熟考前」「熟考」「決断」「行動」「維持」の5つである。第一段階の特徴は、変化の必要性に対する自覚の欠如を特徴とする。熟考の段階では、クライエントは自らの問題を自覚し、それがもたらす結果を認識している。決断の段階では、クライエントは臨床家と共に変化への計画を立てるための活動や作業に従事している。行動および維持の段階においては、特定された変化を実践し、問題の再発を避けるための措置を講じる。

動機づけを調べるためには、ソーシャルワーカーはクライエントの人となりを理解し、彼らがどのように状況を把握しているかを理解し、そして、援助を求めることになった経緯を知っておく必要がある。当然ながら、動機づけは、環境との持続的な相互作用により影響を受けるダイナミックな力であり、ここでいう環境にはソーシャルワーカーも含まれる。「動機づけのための面接」とは、アンビバレンスに対処し、動機づけを強化することに特化した、人間中心療法における手法である（Moyers & Rollnick, 2002）。この枠組みにおいては、クライエントとソーシャルワーカーのやりとりはOARS（"open-ended questions, affirmations, reflective listening, and summarizing"：オープン・エンドな質問、確認、リフレクティブ・リスニング、要約）が中心となる。動機づけのための面接においては、抵抗を弱め、取り除くための独特な態度や技法も使用される。動機づけは、例えば、クライエントの複数の発言間の矛盾や、クライエントの現在の状況と希望する状況との不一致を、展開したり強調したりすることによって強化される（Wagner & Conners, 2008）。

表9-3　行動のパターン

行動の次元	非機能的パターン	機能的パターン（ストレングス）
能力／コントロール	横暴な、尊大な、攻撃的な、非情な、要求が厳しい、傲慢な、支配的な、受動的、服従的、他者を意思決定から排除する	民主的、協力的、積極的、意思決定に他者を参加させる、自己の権利を主張する
心遣い／支援	自己中心的な、批判的な、拒絶的な、抑制的な、屈辱的な、よそよそしい、あらさがしをする、利己的な、他人に対し無神経あるいは無関心な	愛情深い、肯定的な、寛大な、共感的な、勇気付ける、忍耐強い、度量が広い、利他的な、友好的な、受容的な、支援的な、他者に関心がある
責任感	頼りにならない、不安定な、責任を回避する、責任より楽しみを優先する、問題に対する責任を外部に求める、自身の資産管理をおろそかにする	頼りがいのある、確固とした、一貫性のある、信頼できる、最後までやり通す、責任を引き受ける、問題において自らが果たしている役割を認める、自分の資産を管理する
ソーシャルスキル	無礼な、辛辣な、短気な、無神経な、高飛車な、閉鎖的な、嫌味な、不平ばかり言う、引きこもった、自意識過剰な、こびへつらった、社会的デリカシーの欠如	社交的な、落ち着いた、愛想がよい、しゃべりが滑らかな、なごやかな、ウィットに富んだ、親切な、愛嬌のある、協力的な、積極的な、おおらかな、他人に敬意を示す、他人の気持ちに敏感な、礼儀を心得た
対処パターン	意固地な、衝動的な、反抗的な、問題を直視しない、ストレス下でアルコールや薬物を使用する、パニック状態になる、他人を厳しく非難する、不機嫌になる	柔軟な、問題を直視する、他の選択肢を考慮し比較検討する、結果を予見する、均衡を維持する、成長を求める、他者に相談して忠告を求める、交渉し妥協する
個人的習慣	混乱した、遅刻しがちな、率直でない、不正直な、強迫的な、過剰に潔癖な、衝動的な、個人的に不衛生な状態を示す、過剰な消費、人をいらだたせる癖を持つ	計画的な、考えが整理された、柔軟な、清潔な、能率的な、忍耐強い、自制心の強い、身だしなみがきちんとした、正直な、率直な、誠実な、穏やかな、思いやりのある、陽気な、時間に正確な
コミュニケーション	ぼそぼそ話す、過剰に不平を言う、口うるさい、しゃべり過ぎる、人の話に割って入る、人の話に耳を貸さない、口ごもる、怒りにまかせて怒鳴り散らす、腹の内を見せない、防衛的な、単調な、議論をふっかける、無口な、	注意深く耳を傾ける、よくしゃべる、考えを表現する、気持ちを伝える、フィードバックする、自発的に自己を表現する、他者の視点を考慮する、よく聞こえるようにしかも受容できる音量で話す
達成	やる気がない、目的がない、非生産的な、すぐにくじける、すぐに気が散る、成績が悪い、率先力のない、最後までやり通すことがほとんどない、仕事中毒の、仕事の奴隷である	野心的な、勤勉な、率先的な、自立した、豊富な資源を持つ、辛抱強い、努力を成就させる、状況の進展と改善を求める
愛情／性	愛情のない、打ち解けない、よそよそしい、性的におくてな、性的に乱れた、性的欲望の欠如、逸脱した性行動に走る	心が温かな、愛情あふれる、優しい、感情を表現する、（適度に）性的な対応

■環境システムに対するアセスメント

　提示された問題の経緯とパターン、ならびに個人の機能のさまざまな側面を評価した後で、ソーシャルワーカーはクライエントを彼らの環境を背景において評価しなければならない。ここでは、アセスメントは両者の「相互作用」あるいはその人と環境の「適合度」に注目する。問題解決のための努力は、人が環境に適応するのを助ける方向へと向けられる場合もあれば（例：対人スキルの教育）、環境の側を、クライエントのニーズをより適切に満たすように変える方向に向けられる可能性もあり（例：老人ホームとそこでの活動をより魅力的なものにすること）、両者の組み合わせという場合もある（例：引きこもった臨床的病気を持つ人の対人スキルを強化し、その人をより刺激の多い環境に移転させること）。アセスメントのこの部分は、第8章で説明した資源の評価を超えて、クライエントの環境を全体的視野から見て、環境のさまざまな側面について、クライエントのニーズを満たすために十分であるかを精査する。支払い可能性・利用可能性・受容可能性という概念（本章の最初の部分で医療との関係で紹介したもの）は、環境の他の側面との相互作用を調べ、ストレングスと障壁の本質をターゲットにするための有用な枠組みとなる。

　環境をアセスメントする際には、クライエントの個人的状況において最も際立った側面を最優先すべきである。環境が適切か否かはクライエントのライフステージや、身体的精神的健康、興味、願望、その他の視点によって決まる。例えば、ある家族は、子どもの一人が喘息にかかり、それが自然環境により悪化させられていることを知ってはじめて、自分たちがひどく汚染された地域に住んでいることを問題視することになるかもしれない。別の家族は、危機的状況（例：片方の親の死や職場復帰の必要性）に陥ることで、家族以外の、アクセス可能で、かつ金銭的にも支払いが可能なサービスを探すようになってはじめて、精神遅滞を持つ成人した我が子のためのデイケア・プログラムの利用可能性について不安を覚えるかもしれない。

　あなたは、クライエントの個人としての独自のニーズと、環境内での必要な資源や機会の利用可能性を比較考量しつつ、クライエントのさまざまな人生の状況に合わせて、環境に対するアセスメントを作り上げなければならない。不適切な物理的あるいは社会的環境により提示される限界や問題に気づくだけでなく、クライエントの人生において作用しているストレングスについても認識すべきである。例えば、堅牢でアクセスしやすく手頃な価格の住居の重要性や、困ったときに利用できるサポートシステムの価値などである。

　以下の一覧は、基本的な環境的ニーズを示したものである。この一覧を用いて、クライエントの環境が適切か否かを評価することができる。

1. 適切で、堅牢で、クライエントの健康と安全を促進する物理的環境（住居や有害物質等の健康を脅かす要素がない環境を含む）
2. 十分なソーシャル・サポートシステム（例：家族、親戚、友人、隣人、組織されたグループ）
3. 有意義で感受性が豊かな宗教団体への加入
4. 必要なときに適切で料金が手頃な医療を受けられること（予防接種、内科医、歯科医、薬物治療、養護施設を含む）
5. 安全で信頼でき料金も手頃な保育サービスおよび高齢者ケアサービス
6. 娯楽施設へのアクセス

7．通勤、社交、資源利用、市民としての権利行使のために必要な交通機関
8．十分に広く、衛生的で、プライバシーを保つことができ、危険や公害（大気汚染と騒音）から身を守ってくれる、適切な住居
9．警察と消防による保護が十分に受けられることと、妥当なレベルの安全性
10．安全で健康的な職場環境
11．必要な資源を購入するために十分な財政的資源
12．十分な栄養の摂取
13．人（特に子ども）の世話をすることが想像できる住居形態
14．教育と自己実現の機会
15．法的支援へのアクセス
16．就業の機会

　ここからは、上に一覧した領域から最初の3つ、すなわち、物理的環境、ソーシャル・サポートシステム、宗教団体について、クライエントの機能にとって特に重要な部分に注目しながら、詳細に説明する。この議論によって、環境に対する複雑なアセスメントの一部を一般化して他の13の領域に適用する際にも役立てることができる。

物理的環境

　「物理的環境」とは、人の物理的な環境が堅牢かつ十分であるか、環境がクライエントの健康と安全に資するか、あるいは危険にさらすか、ということを述べた言葉である。安全な環境とは、身体あるいは財産に対する犯罪などの脅威が存在しないことをいう。健康と安全の要因に関する調査には、清潔さ、広さ、気温などを考慮することが含まれる。拡大家族が小さな家やアパートに押し込められていて、その室内には満足なベッドや寝具がないという場合もある。家の設計上水道が通せなかったり、屋内にトイレがなかったりする場合もある。水道が故障していたり止められていたりする場合もある。冷暖房が適切でない場合、従来よりも健康状態が悪化し、天候によっては危険な状態に陥る場合もある。さらに、家族は室内を暖めるために、さらに健康を脅かしうる手段に訴える場合もある（コンロを用いたり、急ごしらえの暖炉を使ったりなど）。衛生状態が危うくなるのは、虫やネズミが大量発生した場合や、住居の持ち主や大家が、建築基準法の遵守や配管系統のメンテナンスを怠ったような場合である。有毒物質や大気汚染にさらされた地域に住居がある場合もある。

　クライエントが高齢者である場合、物理的環境に対するアセスメントにおいては、クライエントの生活状況が健康と安全に関するニーズに合致しているかについても考慮すべきである（Gallo et al., 2005；Rauch, 1993）。高齢者が一人暮らしをしているのであれば、その住居にはクライエントの機能的ニーズを満たすために十分なリソースが備わっているか？　クライエントは日々の生活のために浴室やキッチンの器具を使いこなせているか？　散らかった物がクライエントの混乱や危険を生んでいないか？（例：山積みになった新聞のせいで請求書を見つけられなかったり、これにつまずいたり）　家の環境は安全といえるか、あるいは、建物のいくつかの特徴（階段やカーペットのたわみ）が動作に制限のあるクライエントに危険をもたらしていないか？　クライエントが施設に住んでいる場合、家庭の思い出の品や身の回り品など、心に平安をもたらすようなものを持っているか？　第8章で説明したツール、例えば、『手段的日常生活動作検

査（Instrumental Activities of Daily Living Screen)』(Gallo, 2005）や『直接機能アセスメント尺度（Direct Assessment of Functioning Scale（DAFS))』(Lowenstein et al., 1989) を用いることで、機能的能力の評価、危険因子の検査やそれへの対処、機能の変化に対する評価などを行うことが可能になる（Lowenstein et al., 1989)。

　環境がクライエントに危険をもたらしたり、他の問題を悪化させたりする場合、生活環境を改善するための対策を講じなければならない。地域的なつながりのため、あるいは安価で適切な住居を見つけることの困難さから、より周辺環境のよい安全な住居に引っ越すことは実現が困難な場合もある。政府による助成金付の住宅施設は、十分な住宅設備と社交の機会を提供し、高齢者等、一部のグループが居住資格を得ることができる。家屋の修繕プログラムや暖房支援プログラム等を、居住環境の改善のために利用することもできる。有害な環境に対する責任が第三者にある場合、ソーシャルワーカーはクライエントが、問題に対処するためのアドボカシー・アクションを始められるよう支援したり、隣人とともに変革を求めるロビー活動をしたり「ブロック・ウォッチ」［訳注：地域防犯プログラム］のような相互扶助サービスの開発に取り組むことができるように支援すべきである。

ソーシャルサポートシステム

　先の資源一覧には、必要な物資やサービスを提供するソーシャルシステムが含まれている。多様なソーシャルサポートシステムは、問題の構造の一部であるか、あるいは、クライエントの生活の質を向上させるために必要な資源を示すものである。関連するソーシャルシステムを特定できるように、図9-2では、個人と家族、その他のシステムの相互関係を図示している (Hartman, 1994)。

　人の生活の中心に位置するシステムは図9-2でも中心に置かれる。これらのシステムは通常、問題の原因としても、問題解決のために活用したり修正したりする資源としても、重要な役割を果たす。同心円に囲まれた領域を、中心から周縁に向かって移動するにつれ、そこに記載されたシステムと個人やその家族との距離は次第に遠くなる。もちろん、例外もある。個人が親友や牧師を、家族以上に近しく感じている場合もある。さらに、クライエントの状況によっては、機関や組織（例：児童保護サービス、所得維持プログラム、司法当局）と頻繁に連絡を取る必要があり、その場合、これらの機関は個人や家族に大きな影響を与えるため、もはや周縁的な存在とは言えないだろう。拡大家族や親類のネットワークとの関係の強さは、文化的集団ごとに違いが生じる可能性があり、移民や文化的離脱の影響を受ける場合もある（Jilek, 1982；Kumabe et al., 1985；Mwanza, 1990；Ponce, 1980；Sotomayor, 1991；Sue, 1981)。相互的交流はこのように、時間とともに変化するものであり、ゆえにこれらの交流を描いた図も、限られた時間枠の中でのみ正確さが維持されるスナップショットと考えるべきである。

　クライエントの社会的ネットワークを図示する際に課題となるのは、クライエントの状況において顕著な境界を図に含めること、ならびに、システム同士がいかに相互作用しているか、あるいはいかに相互作用できていないかを特定し、クライエントのニーズに応えるためにはいかなる相互作用が必要かを特定することである。便利なツールの一つが「エコマップ」である。これは個人または家族的背景の外部にある、関連性のある環境的要因を特定し整理するためのツールである。エコマップはクライエントの環境におけるサポートとストレスを明らかにし、社会的孤立や対立、反応の鈍いソーシャルシステムを明らかにするために有用である（例えば、クライエン

トがサポートを与えているのに、サポートを受けてはいないような場合である)。

エコマップは、クライエントと話し合った後でワーカーが完成させてもよいし、あるいはクライエントと協力し合って完成させてもよい (Strom-Gottfried, 1999b)。そこでは、クライエント・システム (個人、カップル、家族) は、円の中央に位置し、これを取り囲む円内に彼らの生活に関連するシステムが位置づけられる。ポジティブな相互作用や、ネガティブな相互作用、または必要な資源の本質は、色つきの線を用いて、個人やほかの家族のメンバーと、関連するシステムをつなぐことで描くことができる。これらのシステムとのさまざまなつながりと相互作用 (ポジティブな、ネガティブな、あるいは必要な) を、それぞれ異なる色を用いて表現するのだ。もし線の色で区別するのがピンとこなければ、線の種類を変えてもよい。すなわち、単線、二重線、破線、波線、点線、斜交平行線等を用いて、システム間の関係と資源の流れを明確にするのである。

ソーシャルサポートシステム (Social support systems (SSSs)) は社会的機能を決定づけるきわ

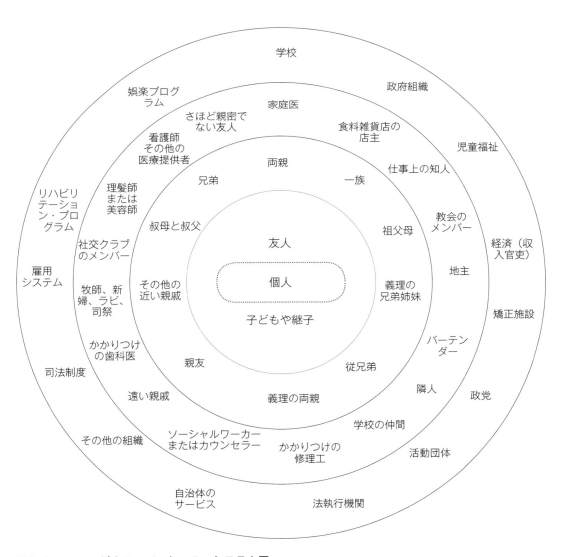

図9-2　エコロジカル・ソーシャル・システム図

めて重要な役割を担うものとして、認識が広がりつつある。理論家たちは、幼児や児童の健全な成長を促す環境を育成することの重要性にずっと以前から気づいていたが、現在では、成人にも、サポートシステムの協力なしには満たされることのない重要なニーズがあることが明らかになっている。SSSsに関わることにより、どのような利益が得られるだろうか？

1. 親密な関係によりもたらされる愛情。そこから安心感と所属意識が生まれる。
2. 社会との一体感。興味や価値観を等しくする人々のネットワークに所属することからもたらされる。
3. 人を育てる機会。これは逆境に耐える動機を与えてくれる。
4. 身体的ケア。病気や無能力、深刻な障害により自らをケアすることができない場合に。
5. 個人的価値観の妥当性の確認（これは自尊心を養う）。家族や仲間から与えられる。
6. 信頼できる連帯意識。主に親族から与えられる。
7. 困難や危機的状況に対処するための助言、子育て、財政的援助、その他の支援。

結果として、十分なSSSsがないことは弱点と見なされ、苦悩の原因となる可能性がある。これに対し、十分なSSSsは、ストレス状況からの影響を弱め、これにうまく適応できるように促してくれる。SSSsとは何か、クライエントのためにどのような役割を果たすのかを知ることは、アセスメントにとって重要で、休眠状態のSSSsを活用したり、新しいSSSsを動員するなどの介入の焦点にもなり得る。

以下のように、特定のグループのメンバーが、強化された特別なSSSsを必要としている場合もある。また、彼らはSSSsが制限あるいは遮断されているために、特に脆弱になっている場合もあるかもしれない：

- 高齢者（Berkman et al., 1999）
- 虐待あるいはネグレクトを受けている子ども（Brissette-Chapman, 1997）
- 10代の親（Barth & Schinke, 1984；Brindis, Barth, & Loomis, 1987；De Anda & Becerra, 1984）
- AIDSを発症している人（Indyk, Belville, Lachapelle, Gordon, & Dewart, 1993）
- 寡婦ならびに寡夫（Lieberman & Videka-Sherman, 1986）
- 深刻な精神疾患を持つ人とその家族（Zipple & Spaniol, 1987；Rapp, 1998）
- 末期の病気を抱えた人（Arnowitz, Brunswick, & Kaplan, 1983）
- 障害を持つ人（Hill, Rotegard, & Bruininks, 1984；Mackelprang & Hepworth, 1987）
- 難民や移民など、地理的・文化的離脱をした人

社会的サポートが不足している理由はグループごとに異なる場合があり、それぞれが、自然発生的なサポートネットワークを育て、個人の独自のニーズに応えるサービス提供システムを計画するためにソーシャルワーカーが協力する際に、困難な課題として立ちはだかることになるかもしれない。社会的弱者のグループにおいて、より経験豊富で洗練されたメンバーが、「新入り」に対して、迷路のような官僚機構に途方に暮れないで済む方法を伝授してくれる場合もある。専門家以外の地域の人々も、スタッフとして雇われ、クライエントの擁護者として働き、直接の支援活動をし、公民権を奪われた人々を組織してソーシャルアクションに訴えたり、擁護者や通訳

者（言葉だけでなくポリシーについても）としての役割を果たしてきた。

　文化や地域によっては、拡大家族が、危機的状況におけるサポートと援助の広範なネットワークを提供する例もある。人生の問題に直面したときに援助を求める相手も、文化によってさまざまである。例えば、先住アメリカ人の部族では、メンバーは長老の助言を盛んに求める（Hull, 1982）。一方で、東南アジアからの移民は、問題の性質に応じて、一族の長やシャーマン、漢方医などに援助を求める。同様の特殊なサポートの例は、他の文化やコミュニティにも豊富にある。

　ここまでは、SSSs のポジティブな側面に光を当ててきた。だが、SSSs の中には機能的問題を助長し維持する方向に働くものもあることに注意することも重要である。例えば、過保護の親は、子どもの能力や自主性、責任感の発達を阻害する可能性がある。不良グループ等の反社会的集団は、確かに一体感や所属意識を与えるが、暴力や犯罪を助長する。大志を抱いても、それを友人や家族に嘲笑され、妨害されることで、成功への自信や潜在的な可能性が蝕まれてしまう場合もある。クライエントの人生に作用しているさまざまな社会的ネットワークを認識し、これらの SSSs が、クライエントの問題において演じている役割、あるいは問題を克服する力として果たしている役割を調査すべきである。ネガティブなサポートシステムが、向社会的なあるいはポジティブなネットワークの発展により是正される場合もあり得る。システムそのものが介入の焦点となり、あなたがメンバーたちに、クライエントの問題と進歩に対して自分たちが果たしている役割を認識させようと奮闘することになる場合もある。

　SSSs の調査のために数多くのツールが開発されてきた。ソーシャルワーカーにとって特に実用的なのが、ソーシャル・ネットワーク・グリッド（Social Network Grid（Tracy & Whittaker, 1990））である。このツールは以下のような情報を引き出す

1．クライエントの社会的ネットワークにおけるキーパーソン
2．サポートが行われる生活領域
3．各人によって提供される特定のサポート
4．サポートする人の重要度
5．サポートが相互的か一方向的か
6．個人的親密さの程度
7．連絡の頻度
8．関係の継続期間

　トレーシー&ウィッテイカー（Tracy and Whittaker）の明確な指示に従い、グリッドへの記入を完了することで、実践者にとってもクライエントにとっても豊かな情報が得られ、介入に方向性を与えるのに役立つ。

スピリチュアリティと宗教団体への所属

　スピリチュアリティの問題とその表現は、実際に個人の機能や環境システムのカテゴリを越えている。スピリチュアリティは信仰を形成し、苦難の時にストレングスを与えてくれる。そして宗教団体との結びつきは、援助とソーシャルサポートの明らかな源泉となる。本書では、この問題についての議論を、環境システムに対するアセスメントという文脈の中に置いているが、信仰に対するアセスメントについてはより広範に論じる。

キャンダ（Canda, 1997）は、スピリチュアリティと宗教を以下のように区別した。すなわち「スピリチュアリティ」は個々の部分に分けることのできない、人の経験の全体をいうのであり、宗教とは、精神的実践と信仰を基礎とした、社会的に認知された団体である。シャーウッド（Sherwood, 1998）も、スピリチュアリティと宗教を峻別する。そこでは、スピリチュアリティは「自己の超越、意味、つながりに対する人間の探求」を表す言葉であり、「宗教とは、スピリチュアリティに正式な形を与え、より具体的な信仰体系、組織、構造を持たせたものである」（p. 80）とする。シャーウッドはレスラの類型学を引用し、人は4つのカテゴリの中の一つに当てはまるという。すなわち、精神的かつ非宗教的、宗教的かつ非精神的、非精神的かつ非宗教的、精神的かつ宗教的の4カテゴリである。このように、「精神的アセスメント」は、ソーシャルワーカーがクライエントのビリーフシステムと資源を理解するのに役立つ可能性がある。

「あなたに力と希望をもたらす源泉は何ですか？」「あなたのスピリチュアリティについて、お話ししていただけますか？」「特定の宗教や信仰との一体感を感じていますか？」などの質問は、クライエントの信仰をより深く理解しようとする際に、基礎となる情報を引き出す端緒となる。ホッジ（Hodge, 2005）、シャーウッド（Sherwood, 1998）、オルティス&ランガー（Ortiz and Langer, 2002）、ならびに エロー、ネッティング&チボー（Ellor, Netting, and Thibault, 1999）といった著者は、クライエントの精神的信仰と宗教的所属に関する情報を集めるためのさまざまな指針を示している。

クライエントの人生における宗教およびスピリチュアリティの役割を理解することはなぜ重要なのだろうか？ ラトリフ（Ratliff, 1996）は医療現場についての議論で以下のように述べている。

「宗教的信念は以下のような要素に影響を与える。すなわち、食べ物の選択、衣服、誕生と死にまつわる慣習、病室におけるエチケット、現代的な文明の利器の使用、侵襲性外科手術、臓器提供、受けとめ方、血液製剤の使用、特定の診断的検査、婦人科における手続き、病気と治療に対する精神的影響またはコントロール、保護具の装着や刺青をすること、さまざまな宗教的専門職により行われる祈祷や儀式などである」（p. 171）

時に、クライエントによりサービスに持ち込まれた「提起された問題」において、宗教的問題が中心的位置を占める場合がある。例えば、両親が宗教上のしつけに関して反目する場合がある。カップルが男女の役割分担をめぐって衝突する場合がある。家族は特定の宗教により規定された行為、例えば、結婚前の性行為や避妊具の使用、飲酒、離婚、同性愛などに関して対立するかもしれない（Meystedt, 1984）。

チボー、エロー&ネッティング（Thibault, Ellor, and Netting, 1991）が概念化したところによると、スピリチュアリティには3つの関連領域が含まれる。すなわち、認知の領域（過去、現在、ならびに個人的出来事に対して与えられた意味）、感情の領域（人の内面的生活、ならびにより大きな現実とつながっているという感覚）、行動の領域（信仰が確認される方法、例えば、集団での礼拝や個人での祈り）の3つである。このように、精神的信仰は、クライエントの逆境に対する反応や対処方法、利用可能なサポート源（例：宗教団体は有用なソーシャルネットワークを形成する場合がある）、ならびに、利用可能な多くの適切な介入に影響を及ぼす。とりわけ、クライエントが災害や想像を絶するようなトラウマを経験した際には、苦痛、善悪、羞恥心と罪悪感、許しなどについて掘り下げることが、変化の過程において中心的役割を占めることもある。エローら（Ellor et al., 1999) が示すところによれば、自らの魂の遍歴を自覚し、個々の現場、焦点、クライエントの人々に従い、その精神の内面に対する適切な扱い方を理解しなければならない。ソーシャルワーカーは、クライエントが直面している個人的あるいは精神的危機に対処するにあたっては、他の宗教における聖職者や指導者と協働するとよいだろう（Grame et al., 1999）。

■アセスメントの記録

　アセスメントの段階は、援助プロセスの重要な部分である。これにより、最終目標と介入を検討するための基礎が築かれる。アセスメントは同時に、援助プロセスにおける継続的な部分でもあり、新たな情報や理解を基礎としてアセスメントは再考され修正されていく。文書化された成果物としてのアセスメントは、インテーク面接において、面接と評価の時間の後で作られる場合もあり、さらに移管や終結の際に作られる場合もある（要約アセスメント）。アセスメントの記録は、簡潔で的を絞ったもの（例えば、紹介用のアセスメント）もあれば、裁判所等への提出用の詳細な報告書となる場合や、包括的な生物心理社会的アセスメントになる場合もある。どのような形式をとるにせよ、正確な情報とクライエントに対する信頼できる説明を明確に伝えることのできる、適切なドキュメントを作るためには、いくつかの基準に従わなければならない（Kagle, 2002）。

1．「何のために、誰に向けて書くのかを忘れないこと」
　何を記載すべきかを判断し、その焦点をブレさせないために有効である。あなたの職場において適用される基準と要求を知り、文書を参照する人のニーズを理解しなければならない。

2．「明確かつ正確で、読みやすいものにすること」
　文書内のすべての情報が明確であることが重要である。誤った情報を記載してしまうと、それが事実として一人歩きすることになる可能性がある。確信できない点があれば、あるいは収集した情報が議論を呼んでいる場合には、文書中にその旨を記載しなければならない。
　情報源を記載し、結論の根拠と結論の基礎となる条件を明記しなければならない（例えば、クライエントを別の機関に紹介する場合、保護措置を推奨する場合、自殺の危険がわずかだと結論づける場合など）。
　重要な情報を理路整然と提示しなければならない。アセスメントは、観察、文書、付随的関係者、クライエントに対する面接など、さまざまな情報源から得た情報を統合することを目的とした文書である。素材を整理して、その時点におけるクライエントの状況、ストレングス、課題を示す全体像を描くことは、容易ではない。文書の趣旨から外れた内容になったり、文書の明確性を失わせるほどに詳細な情報を詰め込みすぎたりすることは、避けなければならない。詳細に踏み込むのは、要点を説明するとき、自らの活動について記載するとき、または結論を実証するときだけに留めるべきである。

3．「レッテル貼り、ならびに主観的な言葉や専門用語の使用を避けること」
　個人の社会的機能に対するアセスメントにおいて、ソーシャルワーカーはしばしば包括的な判断を下す。例えば、「この人物の社会的機能は、よく見積もっても最低限だ」。このような包括的

すぎる発言は、クライエントのどの領域における機能が最低限なのかを特定することなく欠点を強調するものであり、あまり有用なものとは言いがたい。レッテル貼り（「アリスは盗癖者だ」）をするのではなく、クライエント自身の報告を用いたり、結論を裏付けたりする事実を記載すべきだ（「アリスは週1のペースで3年にわたり万引きをしてきたと言っている」あるいは「アリスは窃盗で5回逮捕されており、定期的に小さな物を盗む衝動に抗することができないように見受けられる」）。事実に基づき、記述的であるべきで、レッテルや主観的な言葉に頼るべきではない。

文書の中でクライエントに対する敬意を示すことを忘れないように注意しなければならない。クライエント自身が読んだときに、自身の自己提示、生活状況、資産、ニーズを正しく描写していると考えるものになっているだろうか？ あなたの技術を磨き、アセスメントでの語彙を増やすために、ノリス（Norris, 1999）、ザッカーマン（Zuckerman, 1997）、ケーグル（Kagle, 1991）のような資源を調べることが有効である。

アセスメント作成日　2008年11月15日

背景

ジョセフィンは白人女性であり、70代後半と見受けられる。夫を6カ月前に心臓発作で亡くしている。発作は予期されたものではなく、夫の死は突然だった。ジョセフィンはファミリーサービス社のソーシャルワーカーであるキャシーと、2度にわたって面接をし（2008年9月2日、2008年9月9日）、背景とアセスメントのための情報を共有し、クライエントが一人での生活に適応できるよう導くための、最終目標と中間目標を定めた。

精神状況に対する検査

面接は2回ともジョセフィンの家で実施された。ジョセフィンは初回面接では部屋着をまとっていた。2回目のミーティングでは、ブラウスとスラックスを着ていた。髪はきちんとセットされていた。彼女の見た目は年齢相応で、意識ははっきりしており、状況を理解している様子だった。しかしその動作はどこか上の空で無関心な様子だった。この特徴は特に初回面接において顕著だった。彼女はソーシャルワーカーと一緒にいる際、身体を動かすことはほとんどなく、二人が座っているテーブルに目を落としていた。時折、ジョセフィンはテーブルの上で手を前後に動かし、椅子の上で姿勢を変えることもあった。

ジョセフィンに記憶力や集中力に関する問題は見られなかった。ワーカーがうつ病の検査の一環として実施した、記憶機能に関する自己報告でも、問題は見られなかった。ジョセフィンは、新しい活動に従事したり健康によい食習慣を実践したりすることが、気分や健康の改善につながるというアドバイスに同意しており、これは正常な判断力を有する証拠といえるものだった。加えて、キッチンで火事が発生したらどうするかとの質問には、「911に電話します」と応えた。時間、場所、人、状況に対する見当識もあり、現実検討についても問題なかった。

ジョセフィンのしゃべり方は静かで、時折、陰うつになる。ワーカーの質問には簡潔かつ

率直に回答する。このようなしゃべり方の特徴はジョセフィンの気分に合致している。彼女はエネルギーが尽きたように感じると言い、何かをやろうという興味が沸かず、眠れなくて困っているのだと言う。医師から食事に関してアドバイスを受けていたが、それを実行するだけのエネルギーがないとのことだった。ジョセフィンは、抑うつ的な感情を抱えていたが、それは会話の内容に応じて変化し、時折明るさも見られた。ジョセフィンはうつ評価尺度において高い得点を示した。

　ジョセフィンはワーカーの質問を理解できた。彼女は気分と食習慣を改善したいと願い、今の家に住み続けながらサービスを受けたいと考えていた。ジョセフィンはワーカーの言葉に理解を示したが、時折、打ちのめされているように見えた。

　ジョセフィンに認知の歪みや幻覚を示す証拠は見られなかった。面接に対しては協力的で、提案した介入に合意するなどして、思考の柔軟性も示した。ジョセフィンは、将来に希望があると言い、かつて困難に耐えていた時期には、そこに贖罪という意味を見いだしていたこと、そして、子どもたちが生きがいだということを話した。

生物物理学的考慮

健康

　ジョセフィンは高血圧症と診断され、この症状のために２種類の薬を処方されていた。さらに、コレステロールを下げるための薬も服用していた。医師は２年ほど前に、彼女を境界型糖尿病と診断した。ジョセフィンは、より健康的な食事をすることで、この症状を治療できることを認識していた。ジョセフィンは、もう車の運転ができないと言う。スーパーに行くにも娘に頼っているらしい。加えて「料理をする気がしない。あるものを食べているだけ」だと言う。この６カ月で彼女は約５キロも痩せていた。ジョセフィンはこの２０年間毎月通っている医者を訪ねる際にも、人に頼っていた。ジョセフィンはいくらか耳が遠くなったと言う。読むことはでき、少しだけ、眼鏡を使って読んでいると言う。

　ジョセフィンは夜、眠りに就くのが難しいと言う。ただ、彼女は毎日、午後に数時間睡眠をとっている。市販の睡眠補助薬を飲むことはあるが、睡眠薬は処方されていない。

　ジョセフィンはかつて、運動のために定期的に歩いていたのだと言う。しかし最近はやる気がおきず、「力がわかない」とのことで、一切運動をしていないらしい。最近、転倒したり事故に遭ったりはしていない。

　ジョセフィンは飲酒はしていないと言う。タバコは５年前から止めている。

　彼女は自身の健康全般について「正常」だと言う。数年前の彼女の自己診断は「良好」であったので、それと比べると悪化している。

社会的要因

　ジョセフィンは原家族における唯一の生存者である。二人の兄は第二次世界大戦の直後に亡くなり、姉は数年前に亡くなった。ジョセフィンはこの事実が、夫の死と相まって、孤独感を増幅させているのだと言う。

　ジョセフィンが夫と結婚したのは数十年前だ。二人は第二次大戦後に見合いで知り合った。彼女は３人の母となり、近所に住む娘のほかに、娘と息子が他州に住んでいる。生前は夫が

車を運転していたため、今では娘の運転に頼っている。ジョセフィンが言うには、これは娘に無理強いをしているような気がして、気が進まないのだが、人と会う約束があるときやスーパーに買い物に行くときには、他に選択肢がないのだと言う。

　ジョセフィンと夫は共に65歳で定年退職した。ジョセフィンは小売店で働いており、夫は保険会社に勤務していた。定年後は、夫婦は孫を訪ねて旅行をした。ジョセフィンによれば、夫の死後は、エネルギーとやる気を感じられないため、普通の社会的活動にも参加していないのだと言う。一度隣人が訪れて、教会に車で送って行こうと申し出てくれたことがある。ジョセフィンはそれを断ったが、今後、考え直すことになるだろう。

法的／財政的

　ジョセフィンは家を所有しており、夫の葬儀代も自分で支払ったのだと言う。彼女は社会保障の給付を受けているが、夫の死により金額が見直され、従来より減額されるだろう。彼女は自分の収入について、ただ「十分」と述べている。

　ジョセフィンは家の手入れを自分一人ではできない。庭仕事は夫がやっていたので、彼女は自分一人でそれができるほどの力はないと言う。洗濯や家事をする気力もなく、家庭の雑用については援助を受けられないかと考えている。

　ジョセフィンは一人で生きられなくなるまでは今の家に住みたいと言う。将来的には家を出ることも受け入れる気持ちがあるのだ。

気分

　ジョセフィンは繰り返し、夫を亡くした悲しみのために、興味、やる気、エネルギーを失ったのだと言っている。かつては、親しい人々と交流することで、これに対処していたと言う。夫を亡くしたことにより、彼女は自信を喪失している。ジョセフィンは、過去にカウンセリングやセラピーを受けた経験はない。

　ジョセフィンは、あまり出かけなくなり、外見に以前ほど気をつかわなくなり、家事を済ませることがなくなったと言う。そして、このように活動をしていないことが気分と相互に影響し合っていると考えていた。

　ジョセフィンはうつ評価尺度で高い得点を示した。ワーカーはこの結果を医師に伝え、抗うつ剤について相談することを勧めた。

　ジョセフィンは希望や目的を失ったとは言っていない。彼女は「希望は本当にあると思う」と言い、「私には人生の目的がある。私には素晴らしい子どもたちがいる」と言う。自殺念慮や自らを傷つけるような考えについては一切語っていない。2度目の面接で、ジョセフィンは、スピリチュアリティについて尋ねる一連の質問への回答を求められた。彼女の回答は純粋にポジティブなもので、人生を肯定するものだった。何より、彼女は、今の彼女の人生にとって最も大切なことは「気分がよくなること」だと述べた。

結論

　最近経験した夫の突然の死の結果、彼女の身には、経済的な変化、役割の増加、社会的引きこもり状態が生じ、栄養面や睡眠のパターンおよび感情的機能における変化が起こった。悲嘆とうつの症状が共に、これらの問題の要因となり、ジョセフィンの援助を求める能力や、

礼拝その他のかつて価値を置いてきた活動への参加に影響を与えてきた。彼女には清潔で安全で堅牢な住環境があり、家族や友人、医師等多くの人々との間に、長年にわたる関係を維持している。彼女は自分の状況をより深く理解すること、医師に相談すること、交通手段、心痛、在宅ケア、食事、その他の問題について援助を受けることに興味を示している。

事例のノート

　包括的なアセスメントに加えて、実践者は個々のミーティングやクライエントとのコンタクトに基づいて、さらに、事例に関する重要なコンタクト、例えばテスト結果や周辺の関係者からの情報を受け取った際に、クライエントのカルテに情報を記録する。情報の記録に関する方針は、各現場に独自のものである場合が多い。例えば、学校では、ソーシャルワーク用のノートは子どもの教育に関する記録とは分けて作られるだろう。ノートが口述される現場もあれば、手書きされる現場もある。よくできた事例のノートは、「説明責任を果たし、適切なサービスの提供を裏づけ、臨床的判断の支えとなる」（Cameron & Turtle-Song, 2002, p. 1）。記録保持の実践例はさまざまであるが、広く使用されている方法の一つSOAP記録が注目に値する。SOAP記録とは主観的観察（Subjective observations）、客観的データ（Objective data）、アセスメント（assessment）、計画（plan）を意味する（Kettenbach, 2003）。このバリエーションであるDAPは、主観的情報（S）と客観的情報（O）を、まとめてデータ（D=data）としたものである。このような「進捗状況の記録ノート」は、直近のアセスメント、問題一覧、治療計画について言及する。「主観的情報」（Subjective）の節には、クライエントや重要な第三者より提供された情報、例えば、最近のイベントや感情、健康やウェルビーイングにおける変化、態度や機能、精神状態における変化などを記入する。この章の情報は、通常、「クライエントからの報告によれば……だ。」「患者の母親によれば……だ。」「彼女は……のように述べている。」「患者の夫は……について不満を漏らす。」のように言い換えられたうえで示される。クライエントの言葉をそのまま引用することは最小限にすべきである（Cameron & Turtle-Song, 2002）。

　SOAP記録における「客観的（Objective）情報」の章は、事実に基づき、正確で、記述的でなければならない。あなたの観察や文書化された素材をベースとし、定量化できる言葉、すなわち「見、聞き、匂いをかぎ、数え、測ることが可能な」因子が提示されなければならない（Cameron & Turtle-Song, 2002, p. 2）。進捗状況の記録ノートには、適切なアセスメントを作成するためのアドバイスをそのまま適用できる。すなわち、結論や判断、および専門用語を避け、代わりに、そのような結論を導く、より客観的な記録を記載すべきである。「クライエントは反抗的だ」と言う代わりに「クライエントは20分遅れで現れ、コートを腕にかけたまま、腕組みをして椅子に腰掛け、著者と目を合わせようとしなかった」という客観的な記述にすることが可能である。

　SOAP記録の「アセスメント」（assessment）部分は、診断、判断、臨床的印象等が記載される箇所であり、アセスメントの前提となる主観的情報と客観的情報の両方を基礎とするものである。最終章の「計画」（plan）は、今後の予定、次のステップ、紹介に関する計画、クライエントとワーカーの双方に期待される行動が記載される。SOAPの各項目の最初には日付を記載し、最後にはワーカーの氏名と、資格名、サインを記載すべきである。各項目への記載は、実際にコ

ンタクトが行われた後、可能な限り早く記入を完了すべきである。そうすることで、内容の正確さと常に最新の状態であることを確保するためである。

■まとめ

本章では、物理的、認知／知覚的、感情的、行動的機能に対するアセスメント、ならびに動機づけや文化的・環境的要因について論じてきた。ここでは、これらの各要因をそれぞれ独立した項目として提示してきたが、これらは互いに独立しているわけでも静的なものでもない。むしろ、さまざまな機能と要因は時間とともに、動的に影響し合っており、初回のコンタクト以降、実践者はその動的相互作用の一部をなしているのである。ゆえに、各要因は変化を免れず、ソーシャルワーカーの仕事には、複数の要因の動的相互作用を調査することだけではなく、実現可能で、クライエントの最終目標に調和する変化を後押しすることも含まれるのである。

アセスメントには、関連する要因を総合し、問題とそれに寄与する原因の本質についての作業仮説を策定することも含まれる。どの事例においても、これまでに特定されたすべての側面に対するアセスメントが必要なわけではない。アセスメントは、最も重要な要因のみをまとめた簡潔な記述であるべきだ。

本章の扱う範囲は個人内のあるいは環境的な側面に限定されていた。ここでは、合同システム、家族システム、グループシステムは除外されていた。それは人の社会的環境の構成要素として重要性が低いからというわけではない。むしろ、これらのシステムが通常、社会的環境同士の間をつなぐハブとなっているからである。一方、対人間のシステムで有効にワークを行うためには、これらのシステムに関する知識体系が広く要求される。ゆえに、この後の2章を割いて、カップルと家族システムと、セラピー・グループに対するアセスメントについて扱う。

■アセスメント技術向上のための演習問題

アービン・コーニングとアンジェラ・コーニングの初回セッションを読んで、以下の質問について検討しなさい。

1. 以下の要素について、彼らの様子を説明するとすれば、どのような言葉が適当か？
   a. 外見（姿勢、服装、精神運動機能）
   b. 認知の機能（記憶力、集中力、判断力、現実検討、一貫性、認知的柔軟性、誤解、知覚）
   c. 感情の機能（支配的な気分、可変性、感情の幅と強さ）
   d. 価値観と自己概念
   e. 面接者に対する態度
2. 情報が不足している領域はないか？ 次回セッションでの情報取得のためにどのように取り組むか？
3. 面接の性質と、ワーカーのスタイルおよび特徴が、セッション中のクライエントの自分に関する発言や行動にどの程度、影響を及ぼしている可能性があるか？
4. では、あなたが見つけたことを、級友と比較してみよう。あなたと級友のアセスメントにはどの程度の一致が見られるか？ 不一致の領域が存在する原因として何が考えられるか？

5．効果的で正確なアセスメントを作るための技術、価値観、知識について、あなたはどのような結論を見いだすことができるか？

注
1．バーンハルト＆ローク（Bernhardt and Rauch, 1993）は、病気の遺伝的基礎や遺伝的家族歴について関心を持つソーシャルワーカーにとっての有益な手引となる。
2．FASに関する記事については、シュタインメッツ（Steinmetz, 1992）を参照するとよい。正常な胎児と母親の過度の飲酒によりダメージを受けた胎児を比較する写真が掲載されている。FASとFAEに関する詳細な情報はジウンタ＆ストライスグート（Giunta and Streissguth, 1988）ならびにアンダーソン＆グラント（Anderson and Grant, 1984）の論文に記載されている。
3．例えば、ユダヤ、ギリシャ、レバノン、イタリアの文化を背景に持つ個人は、スカンジナビア、英国、東インドの文化を背景に持つ個人と比べて、家族の中では、はるかに率直に感情を表現する場合がある（McGoldrick, Giordano, & Pearce, 1996）。ラテンアメリカ系アメリカ人は快活である傾向があり、スペイン語から英語に言葉を変えることによる感情表現力の変化には個人差がある（Queralt, 1984）。
4．向精神薬を用いた療法については、ウォルシュ＆ベントレー（Walsh and Bentley, 2002）を参照するとよい。より詳細な情報と作用および副作用について記載されている。
5．絶望感尺度（Beck, Resnik, & Lettieri, 1974）、自殺念慮尺度（Beck, Kovacs, & Weissman, 1979）、自殺可能性尺度（Cull & Gill, 1991）、自殺の発生に関する経時的アセスメント（Shea, 1998）、自殺に関するアセスメントと臨床面接の教育機関（http://www.suicideassessment.com/home.html）。ランゲ＆ノット（Range and Knott, 1997）は、これらに対する包括的評価と、自殺アセスメントのためのツールを、この他に17種類、提示している。
6．ケイト・ブロケット（Kate Brockett）による記事の要約。

第10章

多様な家庭的・文化的背景を持つ家族の機能のアセスメント

本章の概要

　第10章は支援の途中経過のアセスメント段階でみえてくる家族の様相に焦点を当てる。本章において議論される家族との実践は、「文化の多様性」と「家庭の多様性」の両方の視座を重視する。これにより、家族がそれぞれ固有の背景のもとで評価されることになる。この枠組みの中では、「家族」は動的に交流する社会システムとみなされ、その構成部分とサブシステムは、予測可能から系統的に、相互に影響を与え合う。社会システムとしての家族は、社会的環境の中で、他のシステムと相互作用し、影響を与え合うので、これらの要素についても議論する。

■家族に対するソーシャルワーク実践

　ソーシャルワークは、その歴史における当初から、介入の単位および焦点として、家族に関心を寄せてきた。ニカルズ&シューウォーツ（Nichols and Schwartz, 2004）は、家族に対するソーシャルワークの貢献を、20世紀初頭の、メアリー・リッチモンド（Mary Richmond）によって推進された慈善組織協会（COS：Charity Organization Societies）における友愛訪問員にまでさかのぼって追跡している。これらのファミリーケースワーカーは、家庭に赴いて家族と会い、彼らのワークが事実上、アウトリーチ、ならびに家庭を拠点とする家族サービスの端緒となった。リッチモンドが家族を社会システムとして概念化したことは、「システム理論が紹介されるはるか以前における、ファミリーセラピーのエコロジカルなアプローチ」の先駆けと見なされている(Nichols & Schwartz, 2004, p. 17)。1917年に出版されたリッチモンドの古典的テキストである『社会的診断（Social Diagnosis)』は、家族を援助の単位として紹介し、社会システムとして明示した。

　システムの一つとして家族に焦点を当てることは、今も変わらないのに対し、家族に対するソーシャルワーク実践は進化を続け、ポストモダンの家族中心の方法、例えば、ナラティブ、社会構成主義、フェミニズム、解決志向などは、どれも、家族に対する実践に対して重要な貢献をしてきた。

　社会システムとして、家族は他のシステムと関わり、それらのシステムから影響を受ける。ゆえに、家族に対する実践も、状況、対人関係、環境のそれぞれにおけるストレッサーと、家族

が相互作用を行う複数のシステムに注目することを含む視座やモデルからの影響を受けてきた（Boyd-Franklin & Bry, 2000；Constable & Lee, 2004；Kilpatrick & Holland, 2006）。社会正義と関係性の正義の枠組みにおいては、家族システムの焦点は、より幅広い文脈と社会構造を背景として、とくに、経済、政治、不公平、抑圧、トラウマが家族機能に与える影響のもとで家族を評価することに置かれる（Boyd-Franklin & Bry, 2000；Constable & Lee, 2004；Dietz, 2000；Finn & Jacobson, 2003a；McGoldrick, 1998；Vera & Speight, 2003；Walsh, 1996）。

■家族の定義

この数十年間、家族を定義する際には、法的、経済的、宗教的、政治的関心あるいはこれらのうちのいくつかを組み合わせる方法が強調されてきた。1950年代の家族について懐古的に記述した参考文献の中には今日の家族構成の多様性を考えればもはや一般的でも現実的でもない家族形態を描いた例もあった（Fredriksen-Goldsen & Scharlach, 2001；Walsh, 1996）。伝統的なものとは異なる家族形態を認め、尊重することは、物議を醸すことが多いが、これは意図的に伝統的な家族形態から目をそむけ、その価値をおとしめようとするものではない。むしろ、家族形態の多様性は、個人が所属意識や忠誠心、相互的ケアや相互的関係性の感覚を味わう豊かな機会を増やすものである。さらに、あなたがソーシャルワーカーとして、人が情緒的成長、心の安定、そして社会とのつながりを得るための方法に気づくことで、最終的には家族との実践が促進されるのである（McGoldrick, 1998）。

多様な家族形態が存在することを考えると、家族は自分たち自身で家族員であるかどうかを決め、明らかにする。以下は家族のメンバーの変更と選択が行われる方法の一部である。

- 結婚、本人の意思に基づかない結婚の場合もある。
- 再婚、離婚後に再び結婚すること、あるいは混合家族
- 出生、養子縁組、里親、法的監護
- 誓約［訳注：特に同性愛者などのカップルが互いの愛と貞節を誓うこと］あるいはクリエイテッド（創出）、後者には支えとなる友人の関係網が含まれる
- 非公式な関係、生物学的および非生物学的親類、友人、コミュニティや文化的集団内の社会的ネットワーク
- 乳母あるいはその他の代理母

家庭の親は1人の場合も2人の場合もあり、2人が同性の場合もある。三世代以上が同居する家族もある（Fredriksen-Goldsen & Scharlach, 2001;Okun, 1996；Sue, 2006；Crosson-Tower, 2004；Carter & McGoldrick, 1999a;Weston, 1991）。加えて、祖父母と孫で構成される家族が相当数存在する。祖父母が法的監護権を持つ場合と、子どもの両親と非公式な合意を結んだ場合とがある（Gibson, 1999；Burnette, 1999；Jimenez, 2002）。全米退職者協会（American Association of Retired Persons（AARP））が2000年の国勢調査を基礎としてまとめた報告書によれば、240万世帯の家族が、祖父母と子どもで構成されている（American Assoication of Retired Persons, 2007；Goyer, 2006）。明らかに、家族構成は家族のメンバーと同じだけ多様であり得る。より重要な関心事となるのは、家族がメンバーの成長のために重要な機能をどれだけ果たせるかということであり、

実践の焦点になる。

■家族の機能

　家族はその形態にかかわらず、過去と未来を共有し、ライフサイクルを共に経験する。家族は他のソーシャルシステムとは異なり、そのメンバーのために一定の機能と責任を果たす。家族は、そのメンバーの社会的教育的ニーズ、健康とウェルビーイング、相互的ケアなどに注意を払う（Hartman, 1981；Meyer, 1990；Okun, 1996；Sue, 2006）。家族は他のシステムでは代替できない機能を果たすので、未成年にとっては望ましい環境と考えられているのである。例えば、子どもを実の家族から引き離すことが必要な場合に、施設に預けるよりも親類か里親のもとに預けるのが望ましいとされる。子どもが人格を形成し、愛情を養い、重要な役割を学び、メンバーが下位文化やより大きな社会に参加するために社会化されるのは、主に家族を通じてである。コンスタブル＆リー（Constable and Lee）は、家族を「すべての社会に存在する、基本的な非公式の福祉システム」と特徴付けている（2004, p. 9）。

　すべての家族は、対人関係、意思決定、規則、人生脚本、役割と仕事の分担において、特徴的なパターンを持っている。これらの機能がどのように、また誰によって実行されるかは、文化的または民族的嗜好、社会経済的状況、利用可能な資源によって影響を受ける可能性がある。資源の利用可否により役割や責任が決まる場合もある。一人親の家庭や、共働きの家庭では、役割と責任がさらに細かくわかれている場合もある。例えば、子ども、拡大家族の親類、家族ネットワークの友人等が、家族システムを維持するのに不可欠な責任を担う場合がある。文化的伝統も影響を与える。スペイン系あるいはラテンアメリカ系アメリカ人の家族においては、名誉と尊敬を集める際立った役割が存在する。これらは法的ならびに法律外の家族の状況とは無関係である（Sue, 2006）。

　マイヤー（Meyer, 1990）が、家族の多様性を称賛して、人々が家族システムを作り上げるために「かくも多様な方法を見いだしたのは、現代の驚くべき現象だ」と述べた。この多様性のため、家族のメンバーのウェルビーイングと成長を育むために、さまざまなメンバーが異なる機能を果たす場合がある。もちろん、家族が多様であるということは、あなたがソーシャルワーカーとして、多様な形態の家族や文化と接する可能性がより高まるということだ。家族をより広く定義するなら、家族の形態よりも、家族の機能の仕方や、家族が示す対人関係のパターン、社会環境との関係の方がより重要になる。

　現代における家族の性質と、家族のニーズや環境の多様性を考えたとき、あなたはソーシャルワーカーとして、家族とのワークという困難な課題にいかに取り組むべきだろうか。家族の形態の多様性を正しく認識することはきわめて重要である。しかし、その形態とは無関係に、家族の力学が個人に悪影響を及ぼしているような家族に遭遇することもあるだろう。すべての家庭環境が成長を促進するものではなく、家族の全メンバーの成長とウェルビーイングを促進するための技術や資源、能力を欠いたメンバーがいる場合もある。キルパトリック＆ホランド（Kilpatrick and Holland, 2006）は、レベル1の家族の説明において、これらの家族に欠けている因子の多重性、例えば、資源や心理環境的ニーズなどへの注意を促している。家族の1人が危篤状態であるといった、家族の状況における難題に直面したり、子どもやパートナー、配偶者、高齢者への虐待に遭遇したりすることがある。このような状況では、家族の機能は損なわれ、家族は大きな身

体的心理的苦痛を味わうことになる（McKenry & Price, 2000）。家族が相互関係を行うすべての環境が「イネーブリング（できるような条件を持つ）」なわけではなく、メンバーの成長のために必要なサポートと機会が制限されている場合もある。家族のすべてまたは一部の機能を果たす能力が悪影響を受けるため、努力してもうまくいかないような環境もある（Kilpatrick & Holland, 2006；Saleebey, 1996, 2004）。

あなたは、あなた自身とも大きく違うし、あなた自身の価値とも一致しないだけでなく、支配的な社会を反映するような規範をもつ家族に出会ったとき、不快感が生じるかもしれない。例えば、未婚の10代の親が父方の家庭に住んでいる例について考えてみよう。自身の経験から、あなたが最初に考えるのは「この2人は、子どもを持ち、世話をし、養うには若すぎる」ということかもしれない。民族や文化を異にする家族の習慣を扱うには、自分には荷が重いと感じるかもしれない。親密や愛情に関する基準は文化により異なるもので、西洋的な考え方は他の文化においては特別なものではないのである。例えば、オーカン、フリード＆オーカン（Okun, Fried, and Okun, 1999）は、結婚において本人の意思が問われない文化においては、義母に対する愛情や気持ちは必ずしも重要とされていないという事実を指摘した。その一方で、この義母を栄誉ある地位に置くという規範が、ある種の絶対的な義務とされているという。この家族にあなたが不安や困難を感じたり、自身の世界観に基づいた、ある種の偏見を持つのは当然である。相違に直面し、個人的あるいは専門家としての偏見を明確に自覚することは、内なる葛藤を解決するために欠くことのできない重要な第一歩である。さらに、あなたがよく知らないからといって、それが逸脱の証拠だと結論づけるのを避けることはきわめて重要である（Hartman, 1981；Meyer, 1990；Walsh, 1996）。

十分に理解できていない家族のテリトリー内に入って活動するソーシャルワーカーにとって重要なのが、特定のレベルの機能、ニーズ、ストレングス、回復力、移民としての地位、ライフサイクルといった観点から、家族に対するアセスメントを行うことである（Hernandez & McGoldrick, 1999l；Kilpatrick & Holland, 2006；Silberberg, 2001）。そうすることで、自分とは異なった文化と家族の物語に対する敬意を示すことができ、それを基に、より協働的な実践が可能になるのである。ハートマン（Hartman, 1981）は、ソーシャルワーカーは自らの実践が家族に対して「繊細かつ敏感」であるべきだという決心を断言することで、協力的な実践の重要性を明言した。

ハートマン（Hartman, 1981）の視点について説明するために、もう一度、10代で親になったカップルが父方の家族と暮らしているという状況について考えてみよう。

事例

スクールソーシャルワーカーがその家族と関わることになったのは、10代の母親がいて、彼女が10代の妊婦のためのオルタナティブ・スクールへの参加を要求されたためである。娘と相手の少年は16歳で、共に法で結婚を許された年齢には至っていない。それぞれの両親は共に妊娠を歓迎していない。初めての親子間および家族間の対話では衝突する場面が目立った。どちらの家族も低所得者層だったが、若い二人と生まれてくる子どもに「公的支援」を受ける資格があるにもかかわらず、これに頼ることを頑なに拒もうとしていた。さらに、どちらの家族も、生まれてくる孫のウェルビーイングと、親になる二人の高校卒業だけは、確保したいと考えていた。

ソーシャルワーカーは、家族とのワークにおいて、彼ら自身の選択を信頼し、最も重視しなが

ら、問題解決の促進を支援した。結局、若いカップルは、父方の家族と生活を共にするが、資源やサポートは双方の親が提供することとなった。この取り決めにより、安心できる生活環境、子どもの世話、経済的な援助、そして父親としてのロールモデルも得られることになった。また、ここでは、二人の若者の発達段階と、両家族がライフサイクルの上で予期しなかった局面にあることを考慮しつつ、その一方で若い二人を個人としておよび両親として成長させるという、家族の二重の役割を支援している。本ケースでのソーシャルワーカーの行動により示された協力的実践は、この家族システムだけに特別に当てはまる。これに関してハートマン（Hartman, 1981）は、ソーシャルワーカーは以下のように自問すべきと提案した。「私たちは実践において、可能な限り家族を巻き込んで問題の定義や解決策の作成を行ったか？ あるいは、援助さえあれば家族が自力でメンバーのニーズを満たすことが可能な状況であるのに、その機能を肩代わりするようなことがなかったか？」この視点は本事例にどう適用されるだろうか。このソーシャルワーカーは自らの役割を、家族に働きかけ、若い二人と生まれてくる孫に対する親たちの懸念に対処するための解決策を構築させることと考えた。同様に、ハートマン はソーシャルワーカーに対し、家族に対する自らの実践が、どの程度、「人が現在および世代を超えた家族システムの一員であること、人間的つながりが個人の幸福に対して強い影響力を持ち、持続的で必要不可欠なものだということを基本にしているか」を自問するよう促している。

どちらの問いも、メンバーの判断とストレングスを尊重した、家族との協力的実践の本質を表したものである。枠組みとしての協力的実践は、通常、家族に大きな影響を及ぼす。その一方で、ソーシャルワーカーに対しては、多様な集団の援助を求める行動に影響を及ぼす。ソーシャルワーカーの固有のパターンや感じ方に対して考え直させられるからである（Constable & Lee, 2004；Green, 1999；Hartman, 1981；Hirayama, Hirayma & Cetingok, 1993；Laird, 1993；Poulin, 2000）（注1）。

・・・

■家族のストレッサー

家族のストレッサーとなる出来事は、マッキンリー＆プライス（McKenry and Price, 2000, p. 6）の説明によれば「変化あるいは変化の何らかの側面を引き起こすすべての物事、例えば、境界、構造、目標、役割、価値などであり、それぞれがストレスの原因となり得る」とされる。ストレッサーは、規範的なもの（例：結婚）あるいは非規範的なもの（例：事故）のどちらかに分類される傾向がある。上記の著者によれば、さらなる二分法として、家族システムに変化させるものと変化させないものとがあるという。

規範的なストレッサーとライフサイクルの移行は、家族の人生の一部である。ストレッサーには、不十分なコミュニケーション・スキルのような、家族の内部力学が含まれる場合がある一方、例えば家族を社会から阻害する人種差別や経済的差別などの外的要因が含まれる場合もある。どちらの力学も、家族の機能を奪う可能性がある。家族がこれらに対していかに対処し適応するかは、家族ネットワークにより強化された彼らの資源、ストレングス、あるいは回復力、さらに、社会的サポートやスピリチュアリティ、相互的介護などにより決まる。

これとは別のタイプの規範的ストレッサーが生じている家族もある。特に、周囲との相違のた

めに、日常生活において頻繁に敵意や冷淡な態度を向けられる家族である。例えば、ゲイとレズビアンの家族は、結婚に代わる誓約との関係で、医療や保育、委任状、福利厚生、公民権などに関わるとき、迷路のように複雑な法制度に直面することになる。社会政策の中に門前払い扱いが織り込まれている場合もある。例えば、国民健康保険制度がないために、手頃な料金で医療を受けることができない家族が相当数存在する。実際に、専門家がその家族の規範を容認できないと判断した場合にも、門前払い扱いが生じ得る。その結果、これらの家族は、レッテルを貼られたり、汚名を着せられたりする場合が多いのである。

社会システムとして、家族は孤立しているわけではない。次節ではこの事実に注目し、社会政策、貧困、仕事、さらには、家族に影響を及ぼし、家族が直面し得る規範的および非規範的ストレッサーを生み出す要因となる、社会政策、貧困、仕事、そして家族の問題について論じる。

社会政策

すべての家族は社会政策の影響を免れることができない。例えば、特定の年齢未満の未成年には、就学や伝染病の予防接種が義務付けられている。社会政策がストレッサーとなっている家庭もある。特に貧困家庭がそうである。社会政策がこれらの家族のニーズにどの程度対応できるか（あるいは対応できないか）、彼らをどの程度、励まし、支援し、力づけられるかは、問題である。クリントン政権とブッシュ政権が共に「家族の価値」と「個人の責任」を強調したことは、米国で不利な立場に置かれた家族との間で長年続いてきた社会契約を変化させるのに有効だった。新たな不公平とその結果としての困難はわずかな注目しか集めなかった。むしろ、新世紀の家族に対する支援は、実質的というより象徴的なものであるように思われた。例えば、ブッシュ政権が推し進めた結婚奨励策は、貧しいシングルマザーの結婚を促すこととなった。この政策は家庭生活における政府の役割を減らそうとする立場とは対照的な政策だったが、例外があった。明らかに家庭が貧困である場合である（Locke, 2001）。

家族の価値と個人の責任という概念は、基本的に、厳しい非難を浴びた1960年代の「偉大な社会」プログラムからの方向転換だった。「偉大な社会」プログラムは、構造的不平等の是正を目指したもので、大きな議論を巻き起こした。残念ながら、社会政策を方向転換させることのメリットに関する議論は、メディアの報道では二分される傾向があった。改革主義者は基本的に、家族に対する持続的な支援の擁護者として描かれ、彼らが政府の役割と認識するものについて悪びれることがない。対照的に、財政や社会制度について保守的な考えを持つ層は、これらのプログラムを非生産的だと考え、その発展を阻み、コストを制限しようとしたと報じられている。これらの議論は、どちらの側も絶対というわけではなく、その中心には、市民に対する政府の役割および責任と、州、個人、家族、コミュニティの役割および責任との間の調整をしようとする努力があったのだ。

おそらく、福祉改革と個人の責任というイニシアティブの背後に最も広く蔓延している感情は、「私が大変な思いをして稼いだお金」を使って他人を養うのはいやだという人々の思いである。家族サポート反対派の動機となっているもう一つの要因は、ここで個人の責任というテーマを盛り上げることができるのだが、不正受給をする家族のイメージである。人々は、政治やメディアを通じて、複数世代にわたる多数のマイノリティ（主にアフリカ系アメリカ人）が、国に頼って生計を立てているというイメージを受け取っている。ところが実際には、全体的に見れば、マイノリティの家庭だけが生活保護を受けているわけではないのである。例えば、シーガル（Segal,

2007）の報告によれば、生活保護を需給している人の中に白人の占める割合は31%であり、アフリカ系アメリカ人は38%、ヒスパニックが24%なのだという。

　生活保護を受けている家族について信じられていることは、そのほとんどが、彼らには個人の責任という感覚が欠如しており、その生活は社会が許容できる基準を逸脱しているというものである。さらには、彼らには秩序がなく、麻薬に汚染されており、無責任かつ危険な行動をすると思われている（Jenkins, 2007；Rank & Hirschl, 2002）。当然ながら、このようなイメージは、底辺でギリギリの生活を維持するための支えとして生活保護を需給している人々に強い感情を呼び起こす。生活保護受給者にはこのような家族もあるかもしれないが、実際には、短期間のサポートを利用する家族の方が圧倒的多数なのだ。事実、このどちらのシナリオよりも多いのが、政府の支援プログラムの受益者である。ランク＆ハーシュル（Rank and Hirschl, 2002）は、20歳から65歳の米国人の3分の2が、何らかの形で資産調査に基づく福祉プログラムから受給を受けて生活していると結論づけている。

貧困

　貧困は、米国や世界規模のコミュニティにおいて、多数の家族の長期的ストレッサーとなっている。2004年の米議会予算局（CBO：Congressional Budget Office）報告では所得格差が明らかにされ、これによると、全人口の底辺の5分の1の収入が停滞しているのに対し、上位5分の1の収入は63%以上も上昇している。中流家庭の収入はいくらかましで、23%の上昇が見られた（Leonhardt, 2007）。全体としては、平均所得は上昇しているが、低所得の米国人に目立った増加はない。ほぼすべての政権が米国の長期的貧困に対する解決策を打ち出してきた。当然、そのすべてが、1960年代のジョンソン政権下の反貧困イニシアチブと同程度のものだった。この他、例えば、ニクソン政権時代に開始された勤労所得税額控除（EITC：Earned Income Tax Credit）のような解決策もあった。

　資産開発という、希望が持てるイニシアチブが、救済策として推進された。例えば、家族を貧困から救い出すための、自宅の所有や小規模ビジネスを始めるための融資などである（Oliver & Shapiro, 2007；Yunus, 2007）。一方、ユヌス（Yunus, 2007）は、米国では資産の蓄積を制限し、生活保護受給者が働くことが罰せられることになっており、この排他的な政策こそが最大の障害であるとする。ユヌスは、追加の収入があった場合には、生活保護を減額するのではなく、受給者に保護を受けている間にも収入を得、貯蓄をすることを認めるべきで、そうすることで、最終的に彼らの経済的状況を改善するべきだと主張する。

　貧困層の擁護者および政策立案者が主張したもう一つの解決策が、最低賃金の引き上げである。最低賃金引き上げの主張は2007年に起こり、それ以来継続的に、貧困解消の手段としての政策変更が提案されてきた。この10年間で最初の改正は、時給5.15ドルから5.85ドルへの引き上げだった。次の引き上げは、数年以内に実施される予定である（Cummings, 2007）。しかしながら、すべての職種がカバーされているわけではない。例えば、季節労働者や保育に携わる者（例：ベビーシッターやナニー）などである。また、生活保護と同様、地域によって賃金もさまざまである。すべての州で最低賃金の引き上げが必要なわけではなかった。国が定める最低賃金をすでに超える金額を最低賃金と定めていた州もあったからである。それ以外の州では、国の基準を州の最低賃金が下回っていたため、最低賃金の修正が行われた。最低賃金増額の否定的側面として、人員削減に踏み切った雇用主が多かったという事実が挙げられる。

残念ながら、最低賃金を得ていた人の多くは、賃金が上昇しても、医療その他の補助を受けることができなかった。2007年に連邦政府が発表したデータによると、貧困層の数は減ったが、医療保険未加入の米国人の数にはわずかな変化しか見られなかった（Peterson, 2007）。健康保険料の増額は、たとえ雇用主によって支払われたとしても、すべての家庭に影響を及ぼす。2006年、アメリカ合衆国国勢調査局（U.S. Census Bureau）の報告によると、200万の米国人が、職を失ったり、雇用主が費用を支払えなくなったり、個人の健康保険による補償を失ったという。多くの家庭にとって、職を失うということは、同時に保険も失うということを意味する。失業者は公的保険プログラムの被保険者となる資格を失うからである。それ以外の家庭も、その多くが、平均1万2,500ドルに及ぶ民間保険会社の保険料を支払うことができないだろう。家族を支援するソーシャル・プログラムの拡大を制限しようとする力が、小児用医療保険制度（SCHIP：State Children's Insurance Program）に関する議論における主要論点となった。穏健派、保守派、革新派の擁護者と超党派の議員より提唱された基準が適用されていれば、適用を受けていた600万人に加えて、380万人の子どもに保険が適用されるはずだった。プログラムは1997年に議会で可決されたが、子どもへの保険の適用範囲としては、家庭の収入がメディケイド［訳注：州と連邦政府が共同で行う医療扶助］の適用を受けるには高すぎるが、民間の保険会社の保険料を支払うには不十分だという層が対象とされた。保険適用範囲の拡大により、親を亡くした家庭や親が失業した家庭において、あるいは親の雇用主が医療保険の適用を停止した場合などに、子どもが保険金の支払いを受けることが可能になるはずだった。

超党派の支持にもかかわらず、ブッシュ大統領が下した結論は、この基準は拡張であり、「医療を政府がコントロールする方向に大きく踏み出すこととなる」というものだった。大統領はさらに、プログラム拡大は、「政府による解決策で民間部門という選択を代替するという政府のプログラム」の拡大を意味することになると主張したのである（Healey, 2007）。これは子どもや家族にどのような影響を及ぼしたか？　メディケイドの資格基準を満たす家庭には影響はなかったと思われる。しかし、資格基準を満たさない家庭にとっては、子どもたちが予防的医療（例えば、予防摂取や定期的歯科検診）を受けられないことになる可能性がある。その代わりに、これらの家庭ではおそらく、救急の場合にしか病院に行かないということになるだろう。雇用主も、両親が仕事を休むことで生産性が下がり、影響を受ける。家庭政策のアドボケイトは、プログラムの拡大に大きな期待を寄せていた。しかしながら、その基準はブッシュ大統領により否認された。この拒否権発動は、中間所得層にまで利益が拡大することに懸念を示した評論家により支持された。

誰が、なぜ、貧しいのか

貧困の原因を巡る議論は多岐にわたる。貧困の測定基準に欠陥がある（特に、法定貧困レベルが高すぎる）とする意見や、貧困文化というものが存在する（特に貧困は人の意思の問題だ）という意見、さらには構造的な社会的不平等を強調する意見もある（Greenberg, 2007；Miller & Oyen, 1996；Segal, 2007；Wilson, 1997）。シーガル（Segal, 2007）は、生活保護受給者と政治家との間の人生経験の違いと、低所得者と高額所得者との人生経験の差異が「社会的共感」を得られない原因となっていると指摘する。社会的共感のためには、自己を他者の立場に置いてイメージすること、中立的態度で、自己と異なる人々の現実と状況を理解しようとすることが必要である。これは、あなたがソーシャルワーカーとして、それまで個人的な交流がほとんどなかったような人々の生活を理解するために不可欠な要素の一つなのである。

「誰が貧しいのか」を調べるにあたっては、貧しい人々のさまざまなカテゴリを見ることが有用である。貧困家庭のカテゴリには、貧困家庭一時扶助（TANF：Temporary Assistance to Needy Families）あるい傷病手当金の受給者、「勤勉な」ワーキングプアや、「ミッシングクラス」と呼ばれる、気づかれないことも多いグループも含まれる。

貧困家庭一時扶助（TANF）を受給する家族にとっては、福祉制度改革により、給付金額が変更され、減額されたかまたはゼロになり、これらの基準は州ごとに異なっていた。受給資格が失われなかった家族においては、給付金のレベルが貧困の解消のために十分なものではなかった。変更の倫理と価値に関する疑問と、同様に、生活していくために十分な最低水準の賃金をどの程度維持できたかについての疑問がわき起こった（Albert, 2000；Collins, Stevens & Lane, 2000；Withorn, 1998）。

また、貧困の範囲には、「勤勉でありながらなお貧しい」（Spriggs, 2007, p A6）と表現される家族も含まれる。このような家族の中には、教育水準の高い人もいて、家族内の一人以上が正社員として雇用されているが、これらの収入にもかかわらず、なお法定貧困レベル以下の生活をしている家族もある（Reisch, 2002；Segal, 2007；Spriggs, 2007）。

もう一つのグループは、ニューマン＆チェン（Newman and Chen, 2007）が「ミッシングクラス」と名づけた人々で、貧しさゆえに給付金や政府の援助を受ける家族とは違う種類の家族である。このような家族の収入は、4万ドルのレンジにあり、これは、国が貧困家庭と見なす4人家族を基礎とした所得水準を100〜200％、上回っている。それゆえに、彼らは勤労所得税額控除（EITC）あるいはその他の政府の補助金の受給資格を満さない。3,400万世帯の家族が貧困層と見なされているのに対し、5,300万世帯の家族がこの「ミッシングクラス」のグループに該当すると推定されている。にもかかわらず、貧困層と同様に、これらの家族も周辺に資源がほとんどなく、子どもたちが適切な学校に通うことのできない環境に住んでいる。

子どもへの影響

貧者とは誰か、貧困の原因は何か、誰に責任があるのか、などについて賛否を問う議論は、私たちの一生を通じて続くことになるだろう。私たちが知っているのは、貧困の中での生活は、常にストレッサーとして、家族の安定性や流動性に影響を与え、家族が自らの基本的ニーズを満たすための能力を制限する。家族の住む場所（居住環境や、子どもが受ける教育、近隣の安全性を含む）にも影響を与える。貧困は都会に住む子どもたちの家庭外保育とも強い関わりを持つ（Barth, Wildfire, & Green, 2006；Rodenburg, 2004: Roberts, 2002）。子どもの発達に対し貧困が与える影響については、論文で取り上げられている。しかし、ブルクス‐ガン＆ダンカン（Brooks-Gunn and Duncan, 1997）、コステーロ、コンプトン、キーラー＆アンゴールド（Costello, Compton, Keeler, and Angold, 2003）が見いだしたように、家族の構造とは無関係に、家庭の収入は子どもの教育に大きな影響を及ぼす。子どもが最も影響を受けやすいという報告がなされていることから、セングップタ（Sengupta, 2001）は2つの疑問を提起した。

- この国では、そこまで多くの子どもたちが、貧しさの中で成長しなければならないのか？
- これが米国にできる最善のことなのか？

この疑問、特に米国にこれ以上のことができないかという疑問に対する答えとして、セングツ

プタ（Sengupta, 2001）は事態を悪化させている3つの要因を挙げた。

- 「労働市場と政府の関係」
- 「家庭に関する事柄への政府の不干渉の姿勢」
- 「個人主義と所得の再分配という考えにしがみつこうとする、政治家と大衆の執拗な態度」

最近まで、貧困問題とその家族への影響は、政治家のレーダー画面から基本的に姿を消していた。大統領選においてもそうだった。中流層の経済的苦闘に対しても、大きく注目がされることはなかった。希望的兆候もある。公共部門も民間（私立財団や組織的な募金運動も含む）も、共にその行動計画において貧困の撲滅に高い優先順位を設定していることだ。

人生の移行と別離

通常、子どもたちは、家族と生活を共にしながら、時間の経過と共に自立心を養い、最終的に大人になって家を出ていく。家族は人生の移行に対処しなければならない。移行とは例えば、誰かの死や、離婚や別居、その他の重要な出来事である。ライフサイクルの中で通常発生する出来事のレベルを超えた、つらい移行を味わう家族も多い。例えば、リタやカトリーナのようなハリケーン、国内外のさまざまな場所で発生している洪水や地震といった、人の心にトラウマを残すほどの衝撃的な災害は、コミュニティ全体を壊滅させる。これらの並外れた混乱においては、その規模の大きさゆえに、家族の機能が、民間の団体や州や国のレベルを含む公共の組織により担われることもやむをえない。

思いもよらない家族の状況変化

家族が度を越した移行を経験し、家族システムに甚大な影響を与える例は他にもある。例えば、兵役や法的措置により家族が別離を余儀なくさせられる場合である。ブラック（Black, 1993）によれば、湾岸戦争で徴兵された家族が直面したストレッサーは、イラク戦争においても当てはまる。この二つの武力衝突が似ているのは、多くの兵士が『国家衛兵予備兵部隊（"National Guard or Reserve Units"）』のメンバーであったという点である。このように、これらのユニットに所属する個人は、家族と地理的に離れ離れになり、基地内よりも、国内の離れた場所に住むことになる可能性がある。ゆえに、彼らの家族は、さらに地理的に離れ離れになり、軍人の家族同士の支援ネットワークもなくなる可能性があり、専門家による支援は軍ではなく民間から提供される。軍人家庭が地理的に離散していることが、子どもたちにとっての困難となる場合もある。なぜなら、仲間内で親が兵役に就いている家庭の子どもが他にいないということもあり得るからだ。このような状況下の子どもたちは、不安と怒りを味わい、もう一人の軍人でない方の親の感情や気分に特に敏感になる可能性がある。

家族の一人が部隊に配置、あるいは再配置されることが、家に残された大人にとってはストレッサーとなる。厳しい環境にいる配偶者の安全を危惧しながら、新たに担うことになる役割と責任、収入の変化、毎日の家事の管理等に適応しなければならない（Williams, 2007）。アメリカ医師会（EMA: American Medical Association）の報告によれば、軍人の家族においては、このような部隊への配置に伴うストレスが、児童虐待やネグレクトの原因となっているという（Williams, 2007）。テクノロジーの進歩のおかげで家族は連絡を取り合うことができるが、個々の

メンバーを一つの家族システムへと再統合する際にも、ストレスに満ちた力学が生まれる可能性がある。家族システムがやらなければならない重要な仕事は、特に家を空けていたメンバーが家庭での地位を取り戻そうとする際に、その力学あるいは再参加をコントロールすることである。

911後の米国では、国境を守る努力の中で、移民法の運用が強化され、それが多くの家族にストレッサーを作り出し、家族を離散させる場合もあった。例えば、米国国土安全保障省（U.S. Department of Homeland Security）は、リベリア難民の保護状態を停止したが、その多くは、それまで米国に20年以上も住んでいた人々だった（Brown, 2007）。多くの家族、とりわけ米国生まれの子どものいる家族が、一家の離散を恐れた。家族はリベリア難民出入国管理法（Liberian Refugee Immigration Act, 2007）に関する議論の行方を固唾をのんで見守った。結局、彼らの居留の延長は認められたが、永住権を与えるものとはならなかった。

1996年の移民法の強化により、監視と国外退去処分が増加し、その結果、多くの家族が離散することとなった。特別に興味深いのは、米国に不法に入国したために、外国人としての地位にある移民である。国民の関心は、中西部の6州で実施された食肉加工工場の家宅捜索に集まった。そこでは、捜査官が「質問する前に、まず逮捕した」と伝えられている（Hopfensperger, 2007）。子どもたちはしばしば、デイケア施設か家に残され、両親の状況を知らない場合が多かった。片方の親だけが国外退去となった例もある。アドボケイトたちは、これらの対応が子どもたちに大きなトラウマと不安を与えたと公然と非難し、移民捜査官はテロリストに集中すべきだと主張した。さらに、アドボケイトたちは、主にメキシコや南米から移民してきた外国生まれの労働者とその家族は、安全保障上の問題を扱った「国民的ドラマの主役」とされてきたと主張した（Tienda, 2007）。国家安全保障上の問題とされただけでなく、不法移民は賃金レベルを引き下げ、米国人の労働者に取って代わり、税金も払っていないと主張する声もあった（Tienda, 2007）。賃金レベルを引き下げたとか、米国人の労働者の仕事を奪ったという主張にはまともな証拠がない。一方で、このような人々は、実際には、割り当てられたID番号に基づき税金を支払い、多くは住宅を所有している。事実、貸主側は、国内での住宅ローンの債務不履行率の増加にもかかわらず、移民の家族が住宅ローンで債務不履行を起こすことは稀だと報告している（Jordan, 2007）。それでも、国民感情はさまざまである。賃金と職にからむ問題が代表的だが、親子の別離を懸念する声もあり、法を遵守せよという主張もあった。このような主張をする人々は、国外退去は両親の無責任な行動が原因だとする。ある移民局職員は、家庭への影響を問われ、「法が家族を引き裂くのではない。軽率な判断をする親が悪いのだ」（Hopfensberger, 2007）と答えた。このような家族と移民政策に対する考え方はさまざまだが、移民法が突然執行されることで家族がこうむるストレスと衝撃の大きさを無視することはできない。

仕事と家族

いかなる階層の家庭にもストレッサーはある。調査研究所（Search Institute, 2002）が実施した世論調査によれば、すべての社会経済的レベルを通じて、一般的な親たちは、コミュニティによるサポートと、仕事と家庭のバランスを必要としていることを示している。仕事と経済状態は家族にとって特に大きなストレッサーであり続けている（Ostroff and Atwater, 2003；Ehrenreich, 2001）。バーバラ・エーレンライヒは"Nickled and Dimed"（2001）の中で、賃金が少なすぎて家に住めずホームレス生活をしている人々もいるとして、低所得者の窮状に目を向けるよう求めた。

すべての米国国民は、このような状況の影響を受けており、その改善により恩恵を受ける。中でも、経済状態の変化の影響を誰よりも強く受けるグループがある。前回の不況時に、米国における失業率はヒスパニックとアフリカ系アメリカ人において最も高かった。例えば、ヒスパニック系アメリカ人女性は、低賃金で技術が不要な仕事に集中するために、経済の変化により失業率が高くなると、この影響を強く受ける（Solis & Corchado, 2002）。オストロフ＆アトウォータ（Ostroff and Atwater, 2003）によると、労働市場の状況が改善されても、収入を得る力は性別により大きく左右される。女性は、たとえマネジャーレベルであっても、同等の地位にある男性のみならず、部下の男性よりも収入が低いのである。多くの女性にとって高い収入を得ることが難しいという事実は、彼女たちにとって定年退職がより大きな障害となることを意味する（Hawthorne, 2007）。

　平均的な米国人は、遅くまで残業したり、家に仕事を持ち帰っている分も考慮すると、家族と過ごす時間や娯楽に費やす時間よりも、仕事をしている時間の方が長い。しかしながら、ジョージ・ブッシュ政権は、財界の支持を受け、数百万人の労働者に残業手当の拡大をもたらしたはずの法案を否認した。2008年には、議会が民主党の主導のもと、連邦政府の職員のための育児介護休業法（Family and Medical Leave Act）に基づく給付の削減を議決し、オブザーバーを当惑させた。法の趣旨は、仕事と家庭の責務の間で矛盾するニーズに、家族が対応できるようにすることであった。反対論者は、米国は、家庭と仕事の両立に対する支援体制という面においては、すでに他のほとんどの国と比べて遅れを取っていると述べた。

　雇用主たちは、何度も、より家庭に優しい労働方針を採用してきた。多くの組織で、ワーキングマザーの60パーセントが、パートとして雇用されている。このやり方は仕事と家庭生活のバランスを取るうえで理想的と考えられている。技術の発展により、専門職の男女が自宅で仕事ができるようになり、フレックスタイム制度を活用し、職場での週間勤務時間を減らしている。73パーセントの組織において、家庭の事情によるキャリアの中断をサポートするための方針が備わっている（Palmer, 2007）。

　「労働へ向けた福祉（Welfare-to-work）」プログラムは、多くの貧しい女性を職場に送り込んだ。これらの女性たちも、職場に適応したり再適応するだけでなく、他の働く女性と同じく、仕事と家庭の要請をうまく調整しなければならなかった。一般にこの母親たちは「よい仕事をすることと、仕事と家庭を両立させること」に悩んでいた（DeBord, Canu, & Kerpelman, 2000）。この女性達の大半は、仕事に満足していると述べた。事実、その多くは家族の経済的必要を満たすために、長時間働いていた。例えば子育て等に関して、家族やコミュニティの支援が得られることは、雇用を維持し仕事と家庭の両立を可能にする要因となっていた。

　米国において、子育ての問題は今でも論争の種である。これは、女性の役割が主に家庭内に留まっていた時代から変わっていない。雇用主や政治家は、女性が働きに出ても、家庭で必要な仕事ができたら、結局は仕事を辞めてしまうだろうと考えていた。今では、子育ての補助を受給しているのは、「労働へ向けた福祉（welfare-to-work）」プログラムに参加している家庭のみである。コリンズ（Collins, 2007）によれば、このような人々も、このプログラム以外で仕事を得た場合、受給資格を失ってしまう場合があるという。中流家庭における子育ての費用は年間1万2,000ドルにも及ぶ。一方、保育士は、その大半が女性であるが、平均収入は時給8.78ドルであり、これは自分の家計を支えるのにぎりぎりの金額である。中間所得の家庭では、所得の健全性によらず、プレッシャーに直面する。大抵の場合、重大な緊急事態が起きれば、彼らの収入は不十分だとい

うことがわかり、通常、定年時に十分な貯蓄はできていない。さらに、年収2万ドルから8万ドルの世帯における純資産の上昇は、そのほとんどが、賃金の上昇ではなく、住宅の評価価値の上昇の結果なのである。2003年10月、ワシントンポスト紙は、高い技術を持った労働者は、医療のような成長分野において仕事を見つけることができると報じた。逆に、工場での仕事の多くは、ブルーカラー労働者が取り組みやすい仕事である場合が多いのだが、これらは撤廃されたり、海外に外注されたりしている。

家族に対するこれらの標準的および非標準的ストレッサーについての議論は、「目に余るほどの不備が見られた」ときにのみ家族介入が行われた昔の家族に比べると、今日の家族は自らの機能をコントロールできていないのではないかとするコンスタブル&リー（Constable and Lee's, 2004）の主張を説明するものである（p. 58）。社会政策、貧困、移行や別離、仕事と家庭の衝突などによって引き起こされた家庭内の緊張は、家族外のストレス要因であり、家族の機能や役割や責任を全うする能力に悪影響を与える。家族とのワークにおいては、職業（あるいは失業）、社会政策、その他の環境要因が、どの程度、家族のウェルビーイングをサポートあるいは圧迫し、資源へのアクセスを妨げているかについて、認識しておく必要がある（Zimmerman, 1995；Vosler, 1990）。さらに、マイノリティや異なる文化を持つ家族においては、極端なストレスが発生する可能性があり、その構造、価値、信念が支配的な労働文化と衝突する可能性があることを認識しておくべきである。

家族の回復力

すべての家族が、ストレッサーや緊張、トラウマに直面しながらも、ストレングスを持ち、大きな回復力を示し、メンバーが生き残るための資源を持っている（McCubbin, 1988；McCubbin & McCubbin, 1988；Silberberg, 2001；Simon, Murphy & Smith, 2005；Walsh, 1996）。家族が、貧困や抑圧、異常事態に対処して生き残っているという事実は、彼らの回復力を証明するものである。

日常的に、成年も未成年も家を出たり入ったりして、家族システムを維持するためのさまざまな役割を果たす。AP通信とMTVが実施した全国青少年調査の報告書によれば、家庭の状況にかかわらず、回答者の大部分が家族と過ごすことは彼らに「喜びをもたらす」と答えている。このような調査結果は、現在のような急激に変化を遂げつつある世界においても、家族が特別に重要であることをあらためて示すものである。家族はその継続性を強調するために通過儀礼を実施し続ける。例えば、クインセアネロ（Quinceanero）は、スペインの家庭で少女が大人になることを祝うものである。他にも、移民やアフリカ系アメリカ人、先住アメリカ人、東南アジア人のコミュニティにおいては、未来の世代の可能性を祝福する儀式が、数多く見られる。例えば、宗教的儀式、一定の年齢への到達を祝う儀式、霊的儀式、あるいは命名の儀式などである。事実、文化や民族、階級を問わず、ほぼすべての家庭において、個人や家族のための何らかの通過儀礼が行われている。家族システムは、たとえ伝統的な構造と異なる場合であっても、広範囲にわたる環境的課題に適応してきた。家族の回復力を証明する希望の兆候は、積極的行動だけでなく、家族の祝福や儀式の中に明らかに見て取れるのである。

家族が時間と人間関係に対するコントロールを取り戻そうとしている兆候の一つは、「家庭第一主義」のような運動の発生に現れている。この草の根運動は、ミネソタ大学の家族社会学者であったウィウィリアム・ドハーティ（William Doherty）により始められたものだが、すぐに国中に広がった。さらに、政治家に働きかけ、より家族に優しい政策（「家族に厳しい」ではなく）を

作らせようと熱心に努力しているアドボケイトたちの存在も、希望的兆候である。

■家族の機能を評価するために用いるシステムの枠組み

　いかなるシステムにおいても、その最大の特徴は、すべての部分が相互に影響し合っているという点である。システムとその構成要素との間には、相互依存の関係がある。その結果、何かがそのシステムに影響を及ぼした場合、それが内部的なものであれ外部からのものであれ、規範的であれ非規範的なものであれ、システム全体に何らかの影響を及ぼすのである。一般的なシステムの考え方においては、総体としてのシステム（すなわち、家族）は、その構成要素の各部（すなわち、サブシステム）を単純に合計したものよりも大きいとされる。システムは常に他のシステムと情報交換をしている。家族も、他のシステムと同様に、完全な境界維持により、外部からの情報をコントロールする。情報に直面すると、システムは安定や均衡を求め、堅牢な状態を維持しようとし、場合によっては分派されることになる（Martin & O'Connor, 1989）。
　システムの枠組みは、対人関係と相互作用のパターンに焦点が当てられた家族、つまり力学が家族システムに内在する家族のアセスメントに有用である。同じく、この枠組みは、上位システムが家族に及ぼす影響に対する評価を考慮する。例えば、家族を完全に評価するためには、メゾおよびマクロ・レベルの要因を考慮すべきである。例えば、コミュニケーション・スタイルや、文化、家族の交流と力学等である。アセスメントにおいて次のような質問をしてもよい。マクロ・レベルの要因により、家族内部の力学が発生あるいは維持されるか。マクロ・レベルの要因とは、例えば、社会経済的状況、制度に組み込まれた差別や偏見、難民や移民の経験や、移民としての地位、そして、経済全体の状況などである。
　以下の事例を用いて、ミクロ・メゾ・マクロの各レベルにおける家族の力学について考えてみよう。

事例・・・・・・・・・・・・・・・・・・・・・・・・・・・・・・・・・・・

　父親は最近、失業し、今では、便利屋のアルバイトと、スポーツイベントでのドリンク販売のアルバイトをしている。家族の中で、母親は正社員としてハウス・クリーニングの仕事をしている。父親の収入が減ったため、母親は夜のパートを始め、家に残した年長の子どもに家事を任せることにした。家族との最初のコンタクトにおいて、彼らは家族同士の衝突が一番の悩みだと言った。母親によれば、父親は仕事をしていないとき、ソファに座ってビールを飲みながらテレビを見ており、家の仕事は年長の子どもに任せきりにしているのだという。そのため、母親と父親は子育てや家事、家計のことでいつも口論をしているのだという。年長の子どもは、かつてはよい生徒だったのだが、今では学校で問題児となっており、授業に出ないため、不登校担当官に報告されているのだという。表10-1のアセスメント用ツールの説明を読んで、これらのうち、この家族に対して、どのツールを使うことができるか、検討してほしい。

・・・・・・・・・・・・・・・・・・・・・・・・・・・・・・・・・・・・・

家族に対するアセスメント用ツール

　アセスメントのプロセスのために有用なツールがいくつか存在する。これらのツールとその作

者を表10-1にまとめてある。

　第8章で概観した多次元のアセスメントのプロセスに加え、表中のツールを概観することで、家族の力学、内的外的人間関係、ストレッサーについて、より理解を深めることができるだろう。より完全な家族のイメージを構築するために、複数のアセスメント・ツールを組み合わせることが有用な場合もあるだろう。アセスメントの方向付けのためにこれらのツールを用いることで、家族のプロセスへの参加を促すことができる。

- 「リスクとストレングスの評価のための臨床的アセスメント・パッケージ」はギルガン（Gilgun, 1994, 2001）により開発された。このツールは、精神医療や児童福祉サービスを受けている家族向けであり、これらに関連する懸念に応えるものである。特に、CASPARSは家族内の人間関係、仲間との関係、ならびに性に関するリスクと保護因子の両方を測定することができる。
- 「カルチュラルグラム（Congress, 1994）」は、「システム的視座には文化に対する重要な考慮が欠けている」ため、文化的背景のもとで、家族の特徴を評価するものである（Green, 1999, p. 8）。
- 「エコマップ」は、家族の社会的背景、ならびに家族とより大きな社会との相互作用に注目することを可能にするツールである（Hartman & Laird, 1983）。
- 「家族アセスメント・ホイール」は、家族の経験における社会政治的ならびに文化的背景を調査することを可能にする（Mailick & Vigilante, 1997）。
- 「ジェノグラム」は、家族の内部的機能を評価し、その中で家族の構造、家族の歴史をマッピングし、相互関係を見せてくれる。
- 「ニーズレベルによる統合モデル」は、キルパトリック＆クリーブランド（Kilpatrick and Cleveland, 1993）により開発された。家族のニーズと機能を5段階で認識するものである。このモデルはキルパトリック＆ホーランド（Kilpatrick and Holland, 2006）により論じられ、

表10-1　家族に対するアセスメント用ツール

ツール	開発者
リスクとストレングスの評価のための臨床的アセスメント・パッケージ（Clinical Assessment Package for Assessing Risks and Strengths：CASPARS）	Gilgun（1994, 2001）
カルチュグラム（Culturalgram）	Congress（1994）
エコマップ（Ecomap）	Hartman & Laird（1983）
家族アセスメントホイール（Family Assessment Wheel）	Mailick & Vigilante（1997）
ジェノグラム（Genogram）	McGoldrick & Gerson（1985）
ニーズレベルによる統合レベル（Integrative Model）	Kilpatrick & Cleveland（1993）
多次元システムアプローチ（Multisystems）	Boyd-Franklin & Bry（2000）
ソーシャルサポート・ネットワークマップ（Social Support Network Map）	Tracy & Whittaker（1990）

説明されている。家族のニーズのレベル1は、例えば、食事、安全、医療といった、基本的な生命維持に関する事柄である。ゆえに、家族をレベル1と評価したならば、ニーズの強さと必要となる基本的資源に焦点を置くことになる。これに対して、レベル3の家族は基本的ニーズの充足には成功しているので、アセスメントも人間関係や境界、協調、コミュニケーション・スキルに焦点を置くことになる。

- 「多次元システムズアプローチ」はボイド-フランクリン&ブリー（Boyd-Franklin & Bry, 2000）により開発された。これは構造化された行動学的家族セラピーに由来するものだが、家族とのソーシャルワーク実践にも応用できる。この方法は、アセスメントと介入の目標は、家族と、家族に影響を及ぼし資源として働く外部システムを含むと考える。
- 「ソーシャルサポート・ネットワークマップ」は、家族の相互的連携関係と社会的サポートの構造と質を調査するものである（Tracy & Whittaker, 1990）。

ヒラヤマ、ヒラヤマ&シティンゴック（Hirayama, Hirayama, and Cetingok, 1993）の示唆するところによれば、「エコマップ」と「ジェノグラム」は共に、移民と難民の強制収容による緊張に伴う社会的関係のパターンとコミュニケーションの変化を、難民が理解することを支援するために有用なツールだという。

ストレングスを基盤としたリスクのアセスメント

ギルガン（Gilgun）のアセスメントパッケージ（1994：2001）以外に、家族のためのストレングスを基盤とした方法としては「The Family Functioning Style Scale（FSSS）」や「The Family Resources Scale（FRS）」がある。どちらも家族のアセスメントの対象としてストレングスを含み、家族の機能（すなわち、能力）の幅を考慮の対象とすることを可能にする。「ROPES」も同様のツールであり、ジョーダン&フランクリン（Jordan and Franklin, 2003）に引用されている。このツールは、家族の「資源（Resources）」「選択肢（Options）」「可能性（Possibilities）」「例外（Exceptions）」「問題解決（Solutions）」（ツール名はこれらの頭文字）について考慮する。児童福祉における新しいイニシアチブ（例えば、新手法によるあるいは個別の対応チーム）は、家族のリスクとストレングスの間のバランスを取るように構想され、施設への収容ではなく、家庭へのサービスにより構成される介入を伴う（注2）。

ソーシャルワーカーはしばしば、家庭内のリスクを評価することを求められる。例えば、児童虐待やネグレクト、保護観察、ドメスティック・バイオレンスなどである。「リスク・アセスメント」は、将来の行動や虐待の可能性を予測しようとする指標とスコアを特定するために用いられる、標準化され構造化された保険数理に基づくツールである。リスクには永続的なものも一時的なものもある。しかしながら、評価ツールは、永続性のリスクを強調する傾向があり、それに基づいて介入は正当化される。永続的なリスクを含むケースであっても、ミクロ・メゾ・マクロ・レベルのストレングス、保護因子、回復力を考慮した、バランスの取れたアセスメントを行うよう努力すべきである。このように、ストレングスや環境要因に対する考慮が重要であり、これをなおざりにしてリスクを強調すべきではない。家族や家族が抱えた問題に向けた適切なツールを見つけるのが難しい場合もあるため、家族のストレングスとストレッサーを評価するためには、多面スクリーニング検査ツールを用いることががより適切な場合もある。

■システムの概念

　他のシステムと同様に、家族もまた複数のサブシステムに分けることができる。両親、きょうだい、祖父母、そしてさまざまな家族の機能を果たすために力を貸してくれる親類などである。家族システムのメンバーは、他のメンバーと相互に影響を与え合う。家族は独自の特性を持つシステムを作り上げ、それは役割、力関係、コミュニケーション・スタイルを決める明示的暗黙的ルールにより統制される。家族システムの内部には、問題解決や意思決定、協議をする際に、よく使われる方法がある。役割、力関係、コミュニケーション・パターンは、システムの動的プロセスであると同時に、相互に影響し依存し合う構成要素でもある（注3）。

　家族は独自のシステムであるから、ソーシャルワーカーは、システムの枠組みを用いて、家族の内容とプロセスを、外的影響とともに分析し評価することができる。機関は正式な家族セラピーを要求も提供もされないような家族アセスメントの重要性を調べるために、家族に対するアセスメントのシステムの概念と、ディアス一家やバークリー夫妻への適用それらの概念の適用について説明する。前者は医療の現場において実施される（注4）。

事例………………………………………………………………………………………………

　66歳のカルロス・ディアスは、三階建ての補助金付アパートの二階に、16歳の息子ジョンと暮らしている。ディアスは糖尿病を患っており、目が不自由だが、法律上の失明ではない。かつては大量に飲酒していた時期があったが、この7年間は断酒している。ディアスが18年間連れ添ったアン・マーシーは、最近、脳卒中で亡くなった。彼女はディアスの精神的支えであり、彼にインシュリン注射をし、家計を支えてくれていた。ディアスは歩行が困難で、この1年間に数回転倒し、現在ではアパートを出るのが億劫だという。ディアスにはジョン以外にも、前妻との間に8人の子どもがおり、近隣の住宅地に住んでいるが、定期的に連絡してくるのはマリアだけである。担当医は、現在の居住環境は、階段を昇る必要があるため、ディアスが住むには危険だと考えている。また、担当医は自分でインシュリン注射を管理できるのか心配している。医療ソーシャルワーカーは、ディアス、息子のジョン、娘のマリア、継娘のアニータを集めて家族会議を行った。

………………………………………………………………………………………………

システム概念の適用

　問題は、個人あるいは家族と状況という文脈において発生する。この事例においては、問題の一因は、ディアスの生活状況、代替となる生活環境へのアクセス、家庭内サポートを含むことになるであろう一連のケアの利用可能性などである。ディアスの健康保険の適用範囲は家族の選択肢にも影響する。このようなシステム要因は、家族システムに内在する要因によって問題が生じるのだとする思い込みを回避するためにも常に卓越したものでなければならない。この事例では、内的外的要因が共に、家族の機能を阻害し混乱させ、家族の力学に影響を及ぼしている。ディアス一家のように、家族が混乱しているときには、家族の力学はしばしば均衡を取り戻す方向へと

向けられる。表10-2には本事例およびバークリー夫妻の事例で考慮されるシステム概念がまとめられている。

表10-2　システム概念の家族への適用

家庭のホメオスタシス
家庭のルール
家族の相互作用における、内容とプロセスのレベル

家族のホメオスタシス

　ホメオスタシスは、均衡とバランスを維持または保護するためのシステムの機能を表すシステム概念である。混乱に直面すると、システムはシステムの安定性を取り戻し、維持しようとする傾向がある。例えば、ライフサイクルにおける家族の移行、文化的対応や周囲の出来事に伴うストレッサーに対し反応して、現在の状態を維持しようとする。システムとして、家族は構造と機能におけるバランスを維持するためのメカニズム（すなわち、ホメオスタシス）を発展させる。家族はメンバーの相互作用的能力の範囲を、限られた範囲の家族の行動に制限し、均衡が脅かされた場合には、常に、これを取り戻すためのメカニズムを発展させる（まさに暖房機器のサーモスタット機能が、室内の温度を一定に保つのと同じである）。

　家族のメンバーの死（本事例では、アン・マーシー）は、ディアス一家の均衡を乱した要因の一つである。実際に、過去に確立されたパターンと期待（例えば、ディアスの家族の長としての役割、および自分自身とジョンの世話をする能力）は、身体的状況の変化により疑わしくなっている。

　本事例では、いくつかの要因が作用している。ディアスは、自身に対する医師のアセスメントおよび、彼の能力に関する家族へのアセスメントを拒否している。アチー（Atchey）は、「高齢者にとって、身体的状況の変化がもたらす制限そのものと同じくらい、他者から身体的状況についての見解を押し付けられることにより、力の衰えを感じる場合が多い」(1991, p. 79) と述べている。ディアス家の事例では、世代間の対立も要因の一つである。世代間の対立は、介護、依存、健康状態の悪化、そして特に配偶者の死などの問題に伴い発生する可能性がある。最終的に、ディアスの行動は、自らの独立を確保し役割を守ることにより、家族の均衡を修復するための試みと考えることができる。ミニューチン（Minuchin, 1974）は、可能な限り自らが好むパターンを維持し、特定の行動における一定の範囲を超えた変化に抵抗を示す家族の傾向について以下のように述べている。

　　システム内では、従来と異なるパターンで行動することができる。しかし、システムが耐えられる限界値を超える逸脱は、それが何であれ、慣れ親しんだ領域を回復しようとするメカニズムを引き起こす。システムの不均衡が発生すると、家族のメンバーにとって、他のメンバーがその義務を果たしていないと感じるのはよくあることである。そこに、家族の忠誠心に対する要求と、罪悪感を生み出す仕掛けが現れる (p. 52)。

　ディアス一家に集まってもらった際、医療ソーシャルワーカーは、アン・マーシーの死により、かつては存在したディアスの生活と健康管理における均衡状態が崩壊していることに気づいた。マリアはディアスが自分自身の身の回りのことや息子のジョンの世話をすることができるのかと心配した。アン・マーシーの娘であるアニータ（全夫との間の子ども）は、ディアスの知ら

ぬ間に許可を得ることなく、アン・マーシーの持ち物を、洗濯機に至るまですべて持ち出してしまっていた。これはさらなる混乱を招く動きだった。ディアスは、子どもたちが自分を老人ホームに入れ、ジョンの世話をできなくするのではないかと不安に思っていた。ディアスは、自分でインシュリン注射も料理も選択も掃除もできると強く主張したが、それまで彼はこれらの仕事をやっていなかった。ディアスの願いは、自らの独立を守り、家族の均衡を可能な限り取り戻そうとする努力であるように思われた。一方、家族の他のメンバー（ジョンを除く）および担当医は、ディアスにこれらの義務を果たす能力があるのかと疑問を抱いていた。これらの力学は、家族の行動ルールに根ざすものも含めて、家族の相互作用に決定的な役割を果たす。

■家族のルール

　家族のホメオスタシスは、家族の全メンバーが、家族内の権利、義務、適切な行動の範囲について定めた少数のルールや暗黙の合意を、忠実に守る限りにおいて維持される。ルールは人間関係における決められたやり方であり、家族の脚本、行為、相互作用に方向性を与える。ルールは人間関係を定義する一連の規範的行動を表し、家族のメンバーが相互作用する方法を体系付ける。暗黙のルール（すなわち、行動を支配する、文書化されていない隠された法）は、関係者の認識のレベルを超えている場合が多い。ゆえに、家族の相互作用とコミュニケーションを観察することにより推察しなければならない。家族の問題に関してメンバーの行動を支配するの暗黙のルールの例としては、以下のようなものがある。

- 「最終決定権は父親にある」（ディアス家で見られるルール）
- 「両親が休日に何をすることを期待しているかはわかっているはずだ」
- 「子どもは親に口答えしないこと」
- 「子どもは大人の話に首を突っ込まないこと」
- 「本当に思ったとおりのこと言ってはならない」
- 「高齢者の世話は子どもたちがするものだ」
- 「この家では、家族のプライバシーが尊重される」
- 「人を不快にさせるような出来事や感情についての話をしないこと」
- 「家族の私的な事柄を、外で話さないこと」

家族はもちろん、公然と認知され、明示されたルールを持つ場合もある。

- 「あのようなギャングスタ・ラップ［訳注：セックスや暴力などをうたったラップ］はうちでは聴いてはならない」
- 「うちでは、子どもが暴力的なビデオ・ゲームをすることは許さない」
- 「誰がタトゥーをしていようが関係ない。お前はしてはだめだ」
- 「子どもがテレビを見てよいのは、1日に2時間までだ」
- 「家の中で罵り合うことは許されない」
- 「誰がショッピングモールに行ってよいと言った？」

家族システムを評価する際には、家族の行動を方向付ける暗黙のルールの存在と、それがどの程度、家族を混乱させる作用を持つかに関心を向けることになるだろう。これらのルールは明示されないため、家族の生活に及ぼす影響は認識されない場合が多く、たとえ認識された場合でも、語られない場合が多い。その結果、メンバーは自らの行動が、見えない力に支配されているという状況に陥る。このような「ルール」に従うことで、家族のメンバーはしばしば、彼らが不満に思っている大きな問題をはらむ行動を永続化させ強化することになる。例えば、10代の若者は両親のプレッシャーについて不平を言うが、そのような両親の反応を促すような行動を続けることが多い。

ルールは家族のプロセスを支配するが、個々の文化により異なり、個々の家族ごとに異なる。家族プロセスを支配する、文化あるいは民族をベースとしたルールには、以下のようなものが含まれる。

- 「人の注目を集めようとするな」
- 「年長者を敬え」
- 「何があっても家族に恥をかかせるな」
- 「家族の名誉となれ」
- 「子どもの義務は、話を聴き、それに従うことだ」
- 「家族に対する忠誠心が求められる」
- 「家庭内の年長者には知恵がある」
- 「財産を親類と分け与えよ」
- 「妻の義務は夫と家族に対するものだ」
- 「権威者を敬え」

これらのルールは典型的な西洋社会における家族のルールとは大きく異なっているかもしれない。西洋では、競争、自己主張、個人主義が重視され、核家族を超える義務は限定的である。しかし一方で、文化や民族のみをベースとしないルールもあるかもしれない。米国の社会は、年齢層の異なる者同士の関係において、より平等主義的な立場をとる傾向があるために、時代遅れと思われるものもあるかもしれない。これらのルールのうち、以下の2つは、ヒスパニックであるディアス家に影響を及ぼしているように思われる。

- 「年長者を敬え」
- 「子どもの義務は、話を聴き、それに従うことだ」

ディアスは、これらのルールに違反することを、家族の意思決定者としての自律性と、一家の主という役割を脅かす行為ととらえている。さまざまな家族のメンバー側による、これらのルールに対する反応は、家族力学に影響を与え、ソーシャルワーカーが家族を同意と問題解決に向かわせようとする際の阻害要因となる。

機能的なルールと硬直化したルール

家族システムに見られる暗黙的ルールあるいは「規範」は、それが生じる際の状況的背景次第

で機能的なものにも硬直的なものになりうる。家族に影響を及ぼす可能性のあるルールには、以下のようなものがある。

- 「父親は自分のニーズと欲求を表現してよいが、家族のほかのメンバー（母親、祖母、きょうだい）は、父親の承諾を得ない限り、自らのニーズや欲求を語ってはならない」
- 「自己をコントロールすることは強さの証拠だから、人に弱みを見せてはならない」
- 「家族の問題について深刻に議論することは避けなければならない」
- 「自らの行動に対する責任を負ってはならない。誰かに責任を押し付けろ」
- 「家族の他のメンバーといつも同じでいろ」
- 「すべての論争に勝つことが重要である」
- 「声を荒らげるな」

　ルールが機能的であれば、家族は、環境的ストレスや、個人的ストレス、家族全体のニーズに対して柔軟に反応することが可能になる。機能的ルールは家族に解決方法を探究する機会を提供し、それにより、家族システム内における、有能で適応力があり健康な家族のメンバーの成長に貢献するための助けとなっている。システムが柔軟に対応する余地のあるルールが理想的である。率直で柔軟な雰囲気を促進する機能的ルールの例は、以下のようなものである。

- 「全員のアイデアとフィードバックが重要である」
- 「家族のメンバーは常に同じ意見を持つ必要はなく、同じものを好む必要はない」
- 「落胆、不安、怒り、達成感など、どのような感情についても話をしてよい」
- 「家族のメンバーは他のメンバーとの不和を解決すべきだ」
- 「間違いを認めるのはよいことだ。家族の皆はあなたを理解し支えてくれる」

　家族のプロセスを観察する際、すべての家族が、硬直化したルールだけでなく、機能的、促進的ルールを持っていることを心に留めておくべきだ。一方で、硬直化したルールは、肯定的な家族の力学を弱体化させる。これに対し、促進的なルールは「家族の不和を解決する」ことを可能にし、あるいは、「全員のアイデアが重要なのだ」ということに気づかせることができる。当然、この二種類のルールも、家庭内の未成年の子どもの年齢や認知能力に従って、バリエーションを持つことになる。

　家族の機能に対してバランスの取れた評価をするためには、この二種類のルールを特定することが必要不可欠になる。一般に、人間関係や行動を支配する比較的少数のルールに従って、家族システムは機能している。家族のルールを理解すれば、状況に対する評価を深めることができる。家族はルールにより支配されているので、あなたが観察する行動やコミュニケーションは、定型化されたあるいはワンパターンなものである場合が多い。家族の生活におけるすべての領域において、何度も繰り返される一連の行動に注意すべきである。家族が機能するために必要不可欠な行動は、何度も繰り返されるものだからである。そうすることで、家族の機能の不可欠な要素である定型化された行動に気づく機会を多く得ることができるだろう。文化は家族のルールにおいて決定的な役割を果たすため、米国人家庭向けに作られた指針に基づいて家族のルールを評価することは避けるべきである。さらに、人種や民族によっては、米国内に住んでいても、先に述べ

たものとは正反対のルールに従うことで最適に機能するという家庭もあるのだ（Okun, Fried, & Okun, 1999）。

ソーシャルワーカーは、ディアス家において「父親が最終決定権を持つ」「年長者を敬え」という二つのルールが、問題解決を困難にしていることに気づいた。機会を与えられれば、家族の他のメンバーが、独立を保ちたいというディアスの願いを支援する現実的な解決方法を提示してくれるかもしれなかった。この事例におけるソーシャルワーカーの役割は、家族のメンバーが他のメンバーを非難したり、防御的姿勢や極端な立場を示すことなく、自らの思うところを表現できるような雰囲気を作り出すことにあった。このような改善を実現するためには、ソーシャルワーカーが中立であることが重要である。

ルールを評価する際の注意点

ルールが持つ硬直性や非機能性を認識するためには、さらに注意すべき事項がある。本事例では、ディアスからうかがわれたルールは、子どもたちは両親に従い、敬わなければならないとする規範の基礎をなしていた。ディアスが、自分自身とジョンの世話をする能力が限られているにもかかわらず、娘の意見と対立しながらも、親としての地位を主張したのは、文化的背景から導き出された願いなのである。同様に、アニータが家族のルールを尊重したがらないことについて、アニータの行動の原因が世代間の葛藤（現在または過去の、大人、親子の）にあるのか否か、葛藤が伝統的規範同士の間にあるのか否か、そして、文化的対応の程度（米国で育った子どもと、他国で生まれた両親）を調べたいと思うだろう（McAdoo, 1993, p. 11）。米国における基準に照らして、他の民族的文化的背景を持つ家族のルールに対し、硬直的だというレッテル貼りをするならば、これはバイアスがかかった判断だと言える。そのため、家族のルールに対する調査は、同性の親による家族の文化や、家族の起源などを含む、文化とアイデンティティの背景の中において行われるべきである。一般化することなく人種や民族間の微妙な相違のすべてに気を配ることは、およそ不可能であるため、クライエントに対して、文化や人種が果たしている役割について尋ねることが、「文化的現実についての最も直接的で正確な情報を与えてくれる」（Caple, Salcido, & di Cecco, 1995, p.162；McAdoo, 1993）。オーカン、フリード＆オーカン（Okun, Fried & Okun, 1999）とスピタルニック＆マクネア（Spitalnick and McNair, 2005）も、アイデンティティを文化的要素であると指摘し、それゆえ同性同士のカップルとワークをする際にもアイデンティティへの考慮が重要であると述べた。ルールは、その種類を問わず、家族の期待に沿って、メンバーの行動を統制し社会化するという意味で、家族システムの目的に資することになる。ルールは、家族が危機に瀕した際、悪循環に陥り制御不能になることから家族を守ることを可能にする仕組みを提供する。

ルール違反

ルールが破られると、新しい行動がシステム内に取り入れられる。これに対する反応として、家族はかつての均衡状態においていつも用いていた方法に訴え、それにより、システムを「正しい軌道に戻す」ことを試みるかもしれない。これらの方法は、しばしば、メンバーに対するフィードバックや忠告といった形を取り、「しなさい」「すべきだ」「するな」といった言葉であふれ、規範から逸脱した行動の是正や除去を目指すものである。例えば、「ショッピングモールに行くのなら、その前に私に尋ねるべきだった」という発言。これは、ルールが破られたことを

示唆している。具体的に言えば、親の許可を得ずにショッピングモールに出かけたということだ。家族のメンバーは、脅しや怒り、罪悪感、その他の同様の行動を用いて、システムにおける異常を是正しようとするかもしれない。例えば、「私がどう思うかなど、気にならないようだな」という言葉は、罪悪感を引き起こすか怒りを表現することを意図したものかもしれない。ルール違反に対する反応は、非言語的行動の中にも見られる。例えば、手や目によるゼスチャー、表情、沈黙、大げさなため息などである。禁止された行動の制限または除去におけるシステムの有効性について、あなたが理解しやすくなるように、「父親が最終決定権を持つ」というルールに従わせるためにディアスが継娘に及ぼしたプレッシャーに注目してみよう。

アニータ：「私はママのものを持っていったわ。洗濯機もね。だってママのだから。ママが買ったものだから。何かママを思い出せるものがほしいし、ママも何か持っていっていいって言ったから」

ディアス：「お前にはこの家に来て、お母さんと私のものを持ち出す権利などない。継父を尊敬する気持ちがお前にはない」

アニータ：「あんたはママにとって負担だったのよ。酒飲みだし、インシュリン注射もそう。あんたにジョンの世話なんてできっこないし、何とかしないといけないのは明らかでしょ。あと、あんたは私の父親じゃない」

ディアス：「お前はこの家に入ってきてはならん。口出しも許さん」（アニータから顔を背け、話しかけるのをやめる）

アニータ：「あんたがいやだと言っても、ジョンの養育権は裁判で勝ち取るから」

この場面で、アニータとディアスは「父親が最終決定権を持つ」というルールについて意見が一致していない。その理由の一つは、アニータがディアスを父親と見なしていないことにある。家族内に、怒りを公然と表すこと（例えば、身体的あるいは言葉による攻撃的な方法で）を禁じるルールがあるなら、家族のメンバーは話すのをやめ、自分を怒らせたメンバーが謝罪するまでこれを無視するかもしれない。怒りに関する家庭のルールは明確でないが、アニータは暗黙的ルールを破ったと推測でき、ディアスはそれを尊敬を欠いている印と見なしたのである。

この例を読んで、あなたは自分自身の核家族または拡大家族において、自分の行動が他のメンバーの反応により、規制され、強化され、止めさせられた経験を思い出したかもしれない。

あなた自身の経験について熟考することで、あなたはおそらく、たとえ物理的には何年も離れて暮らしているとしても、クライエントの人生と行動の形成に、家族が強い影響力を及ぼしていることを理解できるようになるだろう。

ルールの柔軟性

ルールに影響を与えたり新しいルールを作ったりする機会は、個々の家族によって大きく異なる。家族にとって理想的なルールとは、システムが変化に柔軟に対応することを可能にし、ニーズの変化や家族のメンバーの発達段階の変化に適応して新しいルールを生み出すことを可能にするようなものである。逆に、硬直的なルールは、状況の変化や圧力に応じて、メンバーが自らの行動を繰り返し修正することを妨げ、これにより対人関係における柔軟性を奪い、役割を固定化してしまう。

ルールの柔軟性に関して、ベックヴァー&ベックヴァー（Becvar and Becvar, 2000a）が、モルフォスタシスとモルフォジェネシスの概念について論じている。「モルフォスタシス」は、システムの安定へ向かう傾向、すなわち動的平衡について述べたものである。「モルフォジェネシス」は、成長、創造性、革新、変化などを可能にする、システムを強化する行動について述べた言葉である（p. 68）。システムがバランスを見いだし、これを維持するためには、変化する状況の中にあって安定を維持することができ、安定した状況の中で変化できることが必要である（Becvar & Becvar, 2000a）。システムのルールは、個人や家族のニーズを満たすために必要であれば、変化を許すものであることが望ましい。ゆえに、家族システムに対するアセスメントにおいては、家族のルールや働きを見つけるだけでなく、ルールとシステム自体の柔軟性（あるいは硬直性）を測定しなければならない。これについては、家族が、ライフサイクルにおいて発生する潜在的発達、例えば、個人の成熟、若者の独立、結婚、誕生、定年退職、老化、死などに対応して、動的平衡を維持する際に経験する困難の程度を評価することによって、ある程度は気づくことが可能である。

　ルールが家族に与えるプレッシャーは、一生を通じて変化する。現在進行中の未成年の発達的変化は、家族のルールに対する見直しを強く求めたり、家族から受け入れられているものとはまったく異なる関心や価値感を追い求めたりする原因となる場合もある。未成年者の行動を統制するルールは彼らが大人になれば修正される。しかしながら、年配者は、彼らの地位に応じた一連のルールに慣れているため、その変更を受け入れようとしないかもしれない。さらに、高齢者は、成人した子どもたちや専門家、機関等により押し付けられたルールにより、自分たちの行動が縛られるような状況への対応に困難を覚える場合が多い。このような力学は「新しい交流パターンが家族のバランスを修復するまでの間は、家族システムの不均衡、喪失感、そしておそらくは奇妙な感覚」を引き起こす（Goldenberg & Goldenberg, 1991, p. 40）。

　ソーシャルワーカーは、発達的変化と家族内の出来事（内的力）により発生したルールに関するストレスに対するアセスメントに加えて、例えば失業、近隣の安全性、家族の転居、自然災害、移民や難民による家族の離散などの動的な社会的ストレス（外的力）に際して、家族のルールがシステムにどの程度まで柔軟な対応を許すかについても、アセスメントを行う必要がある。例えば、近隣の安全性に不安を持つ家族や、マイノリティの家族は、リスクを最小化する保護因子として機能する堅牢なルールを採用するかもしれない。移民や難民の家族にとっては、彼らのルールと西洋の文化との間の大きな隔たりが、さらに複雑な力学となる。移民や文化的移行のプロセスにおいては、短期間で人生の変化が数多く必要とされる。例えば、物質的、経済的、教育的変化、役割の変化、そして、拡大家族や支援システム、なじみの環境を失うことなどの変化である（Green, 1999）。これらの家族が採用することになるであろうルールは、新旧文化を取り混ぜたものとなる場合もある。

　内外のストレスにうまく対応するには、ルールと家族のメンバーの行動を常に変容させ、家族の継続性を維持しながら、進行中の変化に適応しなければならない。家族全体あるいは個々のメンバーの対処能力をすり減らすような出来事が積み重なったことをきっかけに、家族は援助を求める場合が多い。たとえこれらがよい方向へ向かう変化であっても、個々のメンバーや家族全体の対処機構や回復力を凌駕してしまう場合もあるのだ。

　動的な内的および外的力に対してシステムが容易に対応することを可能にするルールを、ほとんどの家族が備えている。確かに「正常な」家族、あるいは理想的に機能している家族というの

は、実際には特殊な現象なのかもしれない。ディアス家は硬直化したルールと機能的なルールの両方を持つため、この座標軸においては中ほどに位置する。「父親が最終決定権を持つ」というルールは、ディアスの実の子どもたちが考える限りにおいては、ディアス家における絶対的なルールだが、アニータにとってはそうではない。一方で「家族の世話をすることが最も大切な義務だ」というルールは、ディアスの実子であるマリアとジョンが、ディアスが自立的かつ安全な生活を続けられるように援助したいと願っているという意味では、機能的なルールだと言える。例えば、マリアは、父親が彼女の家の近くのアパートの１階の部屋を見つけられるよう助けたいと言い、ジョンと共に、インシュリン注射の管理方法について学びたいと申し出た。

ルールをマッピングする

ルールに対するアセスメントにおいて、あなたは家族と協力して、家族のルールの状態と機能を示す地図を作ることができる。これにより、家族が、機能的で促進的なルール、硬直化したルール、文化に根ざしたルール等を分類することができる。さらにこの方法により、家族をアセスメントに参加させ、その固有の背景のもとでより深く理解することが可能になる。

■家族の交流における内容とプロセスのレベル

家族のルールを見いだすことに加えて、ソーシャルワーカーにとって重要なのは、交流における「内容」と「プロセス」のレベルという概念を理解することである。これは表10-2に示したシステム概念の３つ目である。家族支援機関において、あなたのオフィスでバークリー夫妻の初回面接を行っている最中に、以下のシナリオが発生したと仮定してみてほしい。

事例・・・・・・・・・・・・・・・・・・・・・・・・・・・・・・・・

問題は何かと尋ねると、バークリー氏は妻に目をやり、彼女がうつ状態で、時に「病的」なのだと答えた。彼によれば、「妻の」問題に対する援助を求めて、夫妻はあなたの機関を訪ねてきたのだと言う。バークリー夫人に目を向けると、彼女はうなずいて同意を示した。

この時、あなたは、夫婦が言っていること（話の内容）が気になっただけでなく、同時に、メッセージに隠された意図あるいは意味に、強く興味を惹かれる。さらに、あなたは夫婦が問題について語りながら相互に関わり合い、行動する様子を観察する。言葉を変えると、あなたはそこで発生するプロセスと内容の観察者なのである。妻の暗黙の了解を得て、夫が妻の代弁をし、妻こそが特定された問題だと語るその事実を心に留めておく。夫婦は共に、問題の夫への影響、妻のうつ状態や問題行動を強化し悪化させているかもしれない夫の役割について無関心であるように思われる。役割としては、妻は「問題ある人間」であり、夫はソーシャルワーカーにとっての「相談者」ということになっている。このように、いくつかの重要な相互作用によって生じる行動は、このように初回セッションのプロセス・レベルで起こっている。夫婦が自分たちの問題や、二人の関わり合い方についての情報を明らかにし、また、二人の問題の評価を進めるための、有力な道すじを示してくれる。

家族の役割やルールはしばしば、プロセス・レベルにおいて明らかにされるが、あなたがクライエントの「言葉」に選択的に注意を向けていると、無視してしまう可能性がある。このため、観察技術を用いて、問題について議論しているときの行動に注目することが、家族システムに対

する効果的なアセスメントと介入を実施するためには、必要不可欠である。さもないと、本件では、内容レベルにおいて、容易に、バークリー氏の言う「うつ状態」の原因の探求に没頭してしまう可能性がある。夫は情報提供者としての役割を維持し、妻は受動的な特定されたクライエントとされる一方で、問題において重要な役割を果たしている夫婦の定型的な行動を、関係者全員が無視することになる。家族内の人間関係は、相互的に繰り返されるパターンを形成し、「直線的」というよりは、「循環的」な動きを見せる。カーター＆マクゴールドリック（Carter and McGoldrick, 1999b）はソーシャルワーカーに対し、因果関係的な思考をしないよう警告を発する。この思考方法は、原因を探求し、責められるべき人物を探すことにつながるからである。そうではなく、「パターンを見つけ、その流れを追うこと」が有効だと述べる。なぜなら、家族のパターンは「一度確立されると、家族を構成する全員（その力や影響力は各々異なるが）によって永続化される」からである（p. 437）。

　この事例を離れる前に検討してほしい。バークリー氏が夫婦のスポークスマンとして行動したことや、夫人の症状についての話し合い方は、文化的規範の影響を受けたのだろうか。この２つ目のシナリオにおいては、バークリー氏は、バークリー夫人について、落ち着きがなく、頭痛があり、悪夢を見るためによく眠れないのだと説明した。彼らの相互作用の内容とプロセスは、前述の夫婦と似ているが、この状況では、「内容」レベルは、彼らの文化においてうつがどのように評価されているかに関わる。「プロセス」レベルも文化的構成要素を持ち、そこではバークリー氏はスポークスマンとして働くのである。バークリー夫人をいかにして会話に引き込むかについて検討してほしい。文化に由来する夫婦間の地位と役割関係に対する敬意を忘れないようにしなければならない。バークリー氏には、夫人から話を聴くことで問題に対する理解が深まることを説明したうえで、夫人に直接、調査のための質問をしてよいか尋ねてもよい。こうすることで、あなたはこの夫婦に対し、家族の構造と文化的規範に対する敬意とを示すことができる。同時に、バークリー氏が描写したような状況を、彼ら自身の文化においては、どのように対処するのか、あるいは何に促されて援助を求めることを決めたのかについて尋ねてもよいだろう。

・・

一連のやりとり

　家族に対するアセスメントを適切に実施するためには、家族のメンバー間に発生する一連のやりとりに注意を払うことが重要である。すべての家族は、行動やコミュニケーションにおける冗長性を示すようなシナリオや一連のやりとりを展開する。その中には文化に由来するものもある可能性がある（例：二つ目のバークリー家の例に描かれているように）。一連のやりとりを分析することにより、個人や家族全体としての対処パターンが明らかになる可能性がある。一連のやりとりを観察することで、コミュニケーション・スタイルや個人の行動、そして、すべての家族のメンバーが逆効果をもたらすようなやりとりを強化するような幼態についての豊富な情報が導き出される可能性がある。

　これがどのように働くかを説明するために、ディアス家とのセッションの最初の数分を引用した以下のやりとりについて検討してほしい。ディアスと、娘のマリア、息子のジョン、継娘のアニタは、家族システムに強力なインパクトを及ぼす一連の行動を示す。この家族に関わっている医療ソーシャルワーカーは家族会議を招集し、ディアスの健康と安全に資する選択肢について

検討を行っている。

アニータ（ソーシャルワーカーに向かって）：「カルロス［訳注：ディアスのファーストネーム］には自分の世話もジョンの世話もできないわ。大人がちゃんと見てやらないと、ジョンは不良になってしまう。母が死んでしまった今では、カルロスにジョンの面倒を見ることはできない」（アニータはソーシャルワーカーを真剣に見つめるが、ディアスをファーストネームで呼ぶことで、二人の間の溝を示していた。ディアスは腕を組み、真っ直ぐ前を向き、無反応に座っていた）

マリア（ソーシャルワーカーに向かって）：「パパはジョンとうまくいってなくて、ここ何年もの間、ジョンの面倒を見ていませんでした。その間、アン・マーシーが料理と洗濯とインシュリン注射をしていました。（ディアスに向かって）パパ、私はパパを尊敬しているし、どうにか力になりたいと思っているの。でも、今のままの状態を続けることはもう無理なの」（父親を説得しようとして）

ディアス（ソーシャルワーカーに向かって）：「この子どもらは "no tienen respeto" だ。つまり家族の父親に対して払うべき敬意を持ち合わせていない。こいつらは私を老人ホームに放り込み、ジョンを私から引き離そうとしている」（ソーシャルワーカーに対し、自分が受けている不公正な礼儀を欠いたやり方に気付いてほしいと訴えるように）

アニータ：「多分、それが一番ね。だって、自分の世話もジョンの世話もできないんだから」（勝ち誇ったような、微笑むような表情で）

マリア：（不満を表し、ソーシャルワーカーに対して説明する）：「パパは自分のやり方を貫いてきて、私たちもパパを尊敬していました。少なくとも私は。でも、変えるべきことがあるということに、耳を貸そうとしないんです」

ディアス：「マリア、お前はいい娘だった。私はお前のふるまいに驚いているよ。お前だけは最後まで父親に忠実でいてくれると思っていたのに」

ジョン：「パパ、僕もパパに忠実だよ。僕もパパを手伝える。僕はパパと一緒がいい。今までもうまくやってきた。いい息子になるし、パパの世話もする」（父親を援護することで均衡を作り出そうとして）

アニータ：「ジョン、あんたは街でブラブラしながら法に触れるようなことをして、お父さんのお金を持ち出してたでしょ。お父さんの役に立つことなんてできないし、この人もあんたのいい父親になんてなれないわ」（自分の主張を繰り返す）

マリア：「ジョン、あなたがパパを助けたいと思っているのはわかってる。あなたがパパと仲がいいことも。でも、あなたはパパにずいぶん迷惑をかけてきたわ。私もあなたがパパの世話をできるか、パパがあなたの世話をできるのか、心配に思ってる」

この引用部分の中で家族は、主題に関する、食い違いつつも反復されるやりとりを行っている。このやりとりは、家族の交流の中で、わずかなバリエーションを持ちつつ、何度も繰り返して現れる。家族は果てしなく多岐にわたる話題と、内容に関する問題を議論するが、そのプロセスには、わずかな数の見慣れた行動しか含まれない場合が多い。それは、あたかも家族が舞台で芝居を演じているようであり、ひとたび幕が上がれば、すべてのメンバーは家族のシナリオに従い、状況の中に参加することになる。この家族のシナリオには始まりも終わりもないことを理解することは重要である。すなわち、自らの「セリフ」を語ることにより、誰もがシナリオを始めるこ

とができるのである。家族の残りのメンバーは、家族が演じる場面のわずかな違いに合わせて個人の脚本を編集しながら、ほぼ常に、自らの習慣的な人間関係のスタイルに従う。このような場面では、議論される主題はさまざまであるが、家族の個々のメンバーが果たす役割と、シナリオを永続化させるコミュニケーションと行動のスタイルは、ほとんど変化することがない。

先述のシナリオにおけるやりとりの優先順位付けに注目してほしい。

1．アニータは、ディアスの健康状態を理由に、ジョンに対する懸念と、ディアスの親としての能力に関する不安を、率直に述べた。無言の反応（腕組みをし睨み付ける）を示しながら、ディアスは話し合いに加わることを明白に拒否した（意見の不一致がある場合のお決まりの行動）。
2．マリアはアニータの懸念のいくつかを認めながら、ディアスに向かって直接、父親として、そして一家の長として尊敬していることを、あらためて伝えた。
3．ディアスは子どもたちが"no tienen respeto"であると断言し、彼らは自分を追い出そうとしていると主張した。
4．アニータは老人ホームが最善の解決策であるという考えを否定しなかった。
5．マリアは父に自らの敬意を念押ししたうえで、何かを変えなければならないと言った。
6．ディアスはマリアを名指しして、父親に対し本当に適切な敬意を払っているかと尋ねた。
7．ジョンは口論に参加し、自分は"respeto（尊敬）"を持ったよい息子であると主張した。これはやりとりに新しい切り口を追加した。
8．アニータは、これまでジョンがよい息子だったかに疑問があるとし、ディアズ氏がジョンにとってよい父親でいられるか疑わしいとして、ジョンをたしなめた。
9．マリアはよい息子になりたいというジョンの願いを応援しているが、ディアスとジョンの間には根深い問題があるという点には同意している。

ディアス家における、このシナリオや他の同様のシナリオを観察することで、パターン化された行動と「ルール」が、家族の一連のやりとりを支配していることに気付くことができる。これは、一つのやりとりだけを観察したのでは気付くことのできないものである。以下に例を挙げる。

- アニータは、おそらく自分が継娘であることから、"respeto（尊敬）"という家族のルールを認めず、ディアスの希望と能力に異議を申し立てた。事実、彼女は当初、ディアスをファースト・ネームで呼んでいた。
- マリアはディアスの家庭内での地位を認め、問題の存在を認めながらも、適切な敬意を示そうとした。
- ジョンは、現状を維持したいというディアスの願いを見いだすことにより、ディアスとの間に強い連携を築こうとした。
- ディアスはソーシャルワーカーとマリアには言葉をかけるが、アニータは無視した。家族のルールを無視しているからだ。
- アニータとディアスは常に反目し合っている。
- マリアは、問題を認めつつも、ディアスの立場と家庭のルールを認めることで、仲裁しようと努力した。

この場面において、ソーシャルワーカーであるあなたが最初に感じる衝動は「やめて！」と叫ぶことかもしれない。実際には、家族のメンバー間の相互の受け答えを観察することで、限られた数のプロセスにおいても、戦略的に集中して介入できるようになるのだ。ソーシャルワーカーは、ルール、プロセス、内容、交流パターンを分析することにより、介入への複数の入り口を獲得し、家族が結論を見いだすための援助をすることができる。例えば、ディアスの実娘（マリア）と継娘（アニータ）の間には、ディアスがこれまで同様の暮らしを続けるのは不可能で、変化が必要だという点においては、合意ができている。ディアスの役割は、この時点では完全には明らかでないが、彼は自身の独立を維持し、自身とジョンの世話をするためには、支援が必要だということを理解し、最終的には、気が進まないながらもこれに同意することになるだろう。家族の問題の焦点は、ディアスの健康状態ではなく、むしろディアスそのもの（特に硬直化したルールに固執する点）なのだ。ディアスとジョンからなる親子サブシステムに協力関係が形成され、家族内で男が二人きりだという点と、互いを二人の異父姉妹から守るという点で連携を示している。家族とのワークにおいては、ソーシャルワーカーは二つの重要な任務を負う。

- メンバーの注意を、ディアスの身体的状況に関するニーズに向けること
- この問題の解決を促進する話し合いに、家族のメンバーを参加させること

それでもなお、家族のルールとパターンは、問題とその解決の可能性に一定の役割を果たしており、それゆえに対処する必要があるのだ。

行動に対する「循環的」説明の使用

これまでの議論においては、システムの枠組みの観点から、ディアス家の相互作用と力学に焦点が置かれた。家族のすべての演者によって繰り返される相互作用のパターンと相互に及ぼし合う影響が強調されてきた。この議論においては、「循環的因果関係」の概念が適用され、個々のメンバーの行動が、システムに関わる他のすべてのメンバーに対する刺激になることが示された。

循環的行動の概念は、行動の原因の「直線的説明」と対照をなすものである。直線的説明においては、イベントAは、イベントBを発生させ、イベントBはイベントCを引き起こす、等々ということになる。行動の原因について考察するための、これら二つの概念の枠組みの違いを説明するために、ディアス家について、もう一度検討してみよう。

- 行動の直線的説明においては「アニータがディアスを攻撃すると、ディアスは自己を防御する」とされる。
- 行動の循環的説明は、以下のような形を取る。「アニータがディアスを攻撃すると、ディアスは自己を防御し、マリアはディアスとアニータの双方の言い分を支持しながら、仲裁しようとする」
- 仲裁は受け入れられず、アニータとディアスとの間に非難と反論が続く。ジョンは父親と連携しようとする。

ニカルズ＆シューウォーツ（Nichols and Schwartz, 1998）は、因果関係における「循環的と直線

的」という概念が家族のプロセスに対するアセスメントと介入のための対照的な方法を示すという点を強調する。循環的説明は体系的で、システム指向である。それは、循環的説明が行動に対するより適切な説明を提供するからというだけでなく、介入のためのより多くの選択肢を提供するからでもある。先の例において、もしソーシャルワーカーが直線的姿勢で活動していたなら、ワーカーはアニータに対し、ディアスへの攻撃をやめさせるような介入を行っただろう。実際には、ソーシャルワーカーは、循環的解釈に従い、一連の行動に注目し、循環的パターンの全体を介入の標的として定めた。

例えば保険の適用範囲のような外的要因が果たす役割を調べることも、独立した生活を続けたいというディアスの目標に影響し得る環境的制約と解決策を探るにあたって、ソーシャルワーカーが家族を支援することを促す。メゾ・レベルやマクロ・レベルの要因に対処することによって、この目標を達成するために必要な、資源に関する援助と家族に対するサポートが明らかになった。

アセスメントのプロセスにおけるの面接のスタイルにおいて、循環的影響を強調することで、調査に役立つ3種類の相違点を見いだすことができるかもしれない。

- 個人間の相違（例：「アニータはほぼ常に怒っている」）
- 人間関係における相違（例：「ディアスのアニータに対する扱いと、マリアに対する扱いを比較したときの違いは何か？」）
- 時期による相違（例：「現在と比較して、昨年は、彼女はディアスとどのように付き合っていたか？」）

相違に関する情報を求めてアセスメントを方向付けることによって、直線的な説明を得ようとした場合よりも、関連するデータをより効率的に引き出すことができるはずである。直線的な説明は作用反作用のサイクルに焦点を置く。すなわち、責任や非難を、問題行動が目立つ一人か数名のメンバーに負わせることになる。もしもあなたが直線的な相互作用の反復的な性質にのみ注意を向けていた場合、家族のメンバーが自らの行動を見直し、非生産的なパターンの相互作用を除去しようとする努力を支援するための能力を大幅に失ってしまう可能性がある。

家族のメンバーは、直線的な方向づけにより行動を説明する傾向があり、しばしば、自分たちを犠牲者と位置づけ、他のメンバーを悪人と決め付けるやり方で、一連の相互作用の始まりと終わりを勝手に決めてしまうことが多い。例えば、ディアスは、アニータの無礼なふるまいに対して、自身を罪のない犠牲者と見なしている。さらにディアスは、アニータを家族システムの秩序を乱した者と見なしている。この種の状況においては、一方の人間がイニシエイターであり、もう一方がリアクターであるとする直接的な見方を是正することが課題になる。機能的な相互作用と問題解決を維持・発展させるための、家族全員の役割、責任、相互関係を強調することで、システム概念を説明することができる。問題解決のために、個々のメンバーがその状況における自らの役割について検討できるように、あなたが観察した内容を共有することもできる。あなたの最終目標は、家族のメンバーの（活発な応答よりも）思慮深い応答が当たり前になるような雰囲気を作り出すことである。

ディアス家とバークリー夫妻の事例において、ホメオスタシス、ルール、連続体、直線的なまたは循環的なコミュニケーションを含む相互作用のパターンといったシステム概念が適用された。

ディアス家における家族のルールは、家族内の他の交流に対しても巨大な影響力を及ぼしていたという点が目を引いた。家族に対するアセスメントを深める中で、家族のストレングスに対するアセスメント・ツールや、家族のソーシャルサポート・ネットワークを活用することができ、その両方に、独立した生活を維持しジョンの世話をしたいというディアスの希望を支援する、実行可能な選択肢が含まれる可能性がある。

■システムの枠組みを用いた問題のアセスメント

　家族の問題に対してシステム的視座を活用することは、アセスメントのプロセスにおける関連データの収集に影響する。クライエントの多くが、(そのクライエントが問題だと家族の他のメンバーが考えている場合でも)、自らが他者の行動あるいは制御不能な外的な力の犠牲者である。家族が最初に援助を求める際には、問題の「原因となっている」人間に対し「不平を言う」か、その告発者となる準備ができている場合が多い。彼らは出来事の「原因」について偏った認識を持っているために、家族システムの中において、特定されたクライエントとそれ以外のメンバーがいかに問題を強化し悪化させているかについての明確なイメージを得られるだけの情報を、ソーシャルワーカーが彼らから得られないことが多い。彼らが経験している問題に影響を及ぼしている他のシステムや出来事に関する詳細情報を説明の対象から外している場合もある。そのため、あなたが概念の枠組みとそれに伴う技術を身につけ、これを用いて家族プロセス内の主題を特定し、家族システムに関する関連情報を引き出すことが重要である。そうしなければ、あなたは無意識に、「誰が問題を抱えているのか」について、家族のメンバーによる定義をそのまま採用し、ここで名指しされた個人の行動を変えることに介入の焦点を置き、家族の他のメンバーやイベントによる影響を無視してしまうことになりかねないのである。

　クライエントの行動を制限し型にはめる、相互作用のシステム的パターンは、家族が抱える多くの問題の中に織り込まれているが、これらの相互作用を直接観察する機会がない場合が多い。例えば、家族のメンバーがサービスを拒否する場合もあれば、不在だったり連絡がつかない可能性もある。ディアス家の例では、アニータは他の街に住んでいて、ほんの短い間しか連絡を取れなかった。家族会議という場ではなくても、問題解決の参加者として、アニータが家族に関わろうとしていたかは明らかではない。家族のメンバーは、家族のメンバーやそこにはいない重要な他者との関係において、自らが抱えている問題を説明する場合もあるだろうし、関わりたがらない場合もあるだろう。

　相互作用や問題解決のプロセスを直接に観察できない場合には、家族のメンバーから高度に具体的な情報を引き出すという重要な課題に直面することになる。最もよい成果を得るためには、問題を裏付ける多くの重要な出来事をその発生前後や発生中に注意深く調べ、また問題発生の背景、継続期間、頻度についても調べることが必要である。さらに、家族がどのような方法で問題に対処してきたか、他のシステムがどの程度関与しているか、状況を改善するためにどのような努力がなされてきたかを調査し、資源とストレングスについても調べる必要がある。家族内の人間関係が問題として認識される場合には、潜在的な家族のパターンを調べることや、個々の交流の順序を明らかにすること、すべての関係者の行動とコミュニケーションに関する記述的な情報を引き出さなければならない。クライエントには、重要な出来事を要約して語る傾向があるため(「教師が電話してきて、ションドラが学校でひどく荒れている言った」)、重要な詳細部分が語られ

ない可能性もある（彼女の父親は最近懲役5年の刑を宣告された）。家族に説明して、調査の対象となっている重要な事象の中で発生した個々の出来事や交流について知りたいのだと、家族に説明することも有用である。

家族に依頼して、あなたがあたかも現場にいたかのごとく、何が起きたのかを明確に理解できるように、イベントの記述的な説明をしてもらうことから始めてもよいだろう。家族がこの記述的情報を説明するのを聴きながら、家族の人間関係を観察することもできる。家族のメンバー同士のやりとりを観察しながら、重要な相互作用のパターンと、さまざまなサブシステム（例：両親、兄弟姉妹、祖父母、親類）間の協力関係の本質を見極めることができる。このような調査においては、他の人々（例：年長の兄弟姉妹、継父母、祖父母）や、他のシステムが、問題の発生や解決に重要な役割を果たしている場合が珍しくない。家族の協力関係やルールに対する探求を通じて得られた情報を基礎として、当初は見つけられていなかった登場人物を含めることで、問題システムを再定義し拡大することが必要になる場合もしばしば起こるだろう。

家族全体に対するアセスメントの必要性に対する家族の理解を助けるためには、家族が一つの「システム」だということ、すなわち、家族全体が家族の一人が抱えている問題に影響を受けており、そして家族全体が一人の問題を悪化させている可能性すらある、ということを強調することが有効である。家族の一人ひとりとともに、彼らが問題からどのような影響を受けているのかを調査することで、家族をシステムとしてとらえることの意味を理解してもらいやすくなる。例えば、少年審判に関わっている若者の両親は、途方に暮れて、とにかく当分の間、子どもを厄介払いしたいと思うかもしれない。彼らはしばしば、「その子を連れていって。もう私にはどうすることもできない。私の言うことなど聴きはしない。しばらく家を離れることで、その子も態度を改めるかもしれない」などと言う。子どもと家族に対して起こりつつあることに対する悲しみ、罪悪感、恐怖のために、彼らは怒りながらも、その非難の言葉は途絶えがちになる。問題を家族の問題として最定義することは、安心と不安の両方を呼び起こす。一方で、この方法は、あなたが非難めいた態度を取らず、中立的である限りにおいてのみ、有効だということに注意しなければならない。なぜなら、両親と家族の他のメンバーは、未成年者の問題を自分たちの側の過ちと解釈する場合が多いからである。

■家族に対するアセスメントの切り口

これまで、ディアス家とバークリー家に対するシステム概念の適用について論じてきたが、本節では、家族に対するアセスメントについて説明する。表10-3は、アセスメントの切り口を強調したもので、家族との協働において収集された大量のデータを調査し整理するためのガイドラインとして使用できるシステム概念を含んでいる。相互作用を評価し、家族の働きという側面を評価することは、家族の問題解決に向けた介入計画の準備として必要不可欠であるが、これらの切り口はその際に役立つものである。表10-1に示したアセスメント・ツールを適切に用いることで、アセスメントを拡大することができるということを覚えておいてほしい。

家族に対するアセスメントを構成し、介入を計画するための切り口については、以下のガイドラインを利用するとよい。

1. 「あなたのクライエントに最も関係の深い切り口を見つけること」

　切り口はカップルや家族のプロセスに適用されるが、現在の不満と家族が求めている援助を前提にすると、妥当でないものもある。例えば、家族は家庭内に住む年長の親戚の世話をすることによるストレスのために援助を求めている場合もある。初回の調査により、その親戚の機能（例：意思決定）に、家族の問題の要因となるような大きな問題は見つからなかった。そこで、あなたはアセスメントの対象を家族によって特定された具体的な問題、本事例では介護人に関連するストレスの調査に絞るだろう。

2. 「切り口を家族の行動の調査に利用すること」

　初回セッションで、切り口を再考し、次回以降のセッションにおいて調査を深めるために用いる適切な質問を作成しなければならない。例えば、家族は問題をどう扱い、これに対処してきたのか？　家族は互いに、あるいは他の相互作用パターンと、どのようなコミュニケーションをとっているのか？

3. 「新しい情報を整理して、主題とパターンを見いだすためのガイドラインとして、切り口を利用すること」

　「個々の」関連する切り口との関係において、家族やカップルにおけるルールや習慣的な人間関係の持ち方を判断しなければならない。例えば、意思決定、役割と権力構造、家族の目標といった切り口に関わる家族のルールについてそれぞれ尋ねるとよい。

4. 「関連する切り口をベースとして、システムのメンバーである個人の行動について書面によるプロファイルを作成すること」

　例えば、コミュニケーションという切り口に関しては、家族のメンバーは他者のメッセージを言い換えて、自分なりの発言にする傾向を持つ場合がある。いつも同じ人が他者の話をさえぎり、過剰に話す傾向があり、それによりセッションを独占する傾向が生じる場合もある。家族の個々のメンバーの行動のプロファイルを作ることで、行動に対するアセスメント用のみならず、介入計画用の枠組みが手に入ることになる。

5. 「この切り口を家族全体に関連する行動に対するアセスメントにおいて使用しながら、システム自体が示す際立った機能的行動あるいは問題行動に関するプロファイルを作ること」

　コミュニケーションの切り口については、家族の機能的な行動は、傾聴を示す応答や、他者の貢献を認める応答である（例：「よくやった」）。これに対して、同じ家族内でも、メンバーに対するレッテル貼り（例：「お前はバカだ」）や、家族の他のメンバーに向けた怒りの反応を含む非生産的な応答

表10-3　家族に対するアセスメントの切り口

家族の背景
家族のストレングス
境界と境界の維持
家族の権力構造
家族の意思決定プロセス
家族の目標
家族の神話と認知パターン
家族の役割
家族のメンバーのコミュニケーション・スタイル
家族のライフサイクル

も見られる。

家族の背景

　家族の背景の調査に関連する因子としては、文化、民族、社会経済的階級、家族形態、性的指向、抑圧や差別を受けた経験などが含まれる。標準的あるいは非標準的な家族のストレッサー（例：社会政策、貧困）に関する先述の議論を思い出してほしい。外的ストレッサーが家族の機能や家族システムにどの程度影響を及ぼしているかを調べることは、アセスメントのプロセスの重要な要素の一つである。家族は、途中何度も家族システムを混乱させたり家族のウェルビーイングを損なう可能性のある状況に対処しながら、ある背景のもとで生きていく方法を学ぶのである。

　家族の背景という切り口においては、家族の生活と、人間関係における正義や社会正義などの外的圧力に対する家族の機能を簡単にマッピングすることが必要となる。エコマップはソーシャルワーカーと家族が外的ストレッサーを特定するのに役立つツールである。例えば、新しく移住してきた家族に対しては、カルチュラルグラムまたは家族アセスメント・ホイールを用いることにより、その状況の中での家族の人間関係的機能を評価し、文化的準拠集団を失ったことに伴うストレッサーを特定することができる（Congress, 1994；Mailick & Vigilante, 1997）。

　家族の背景という切り口には、家族の社会的地位、ならびに家族に対する抑圧的な力に対するアセスメントも含まれる場合がある。抑圧は正義に関わる問題であり、ゆえに、単純な外的力に対するアセスメントを超えたものとなる。それには家族の機能に影響する「抑圧的力を明るみに出すこと」が必要である（Carniol, 1992）。社会正義を強調したアセスメントを方向付ける問いの例は以下のようなものである。

- 家族が直面している問題は、彼らの社会的環境における周縁化された地位に関わるものか？（Carniol, 1992）
- 家族の問題と抑圧的な力、例えば構造的不平等との間に関連はあるか？（Guadalupe & Lum, 2005；Rooney, 2009；Van Voorhis, 1998）
- 社会的環境の内部での、家族の疎外感はどの程度のものか？（Van Voorhis, 1998）
- 家族のナラティブは、彼らの抑圧された経験をどのように伝えたか？（Saleebey, 1996）
- 家族の逸脱に関する仮説は、抑圧による影響を最小化し、家族についての支配的なナラティブを永続化するものであるか？（Weinberg, 2006）

　家族の背景に対するアセスメントの切り口は、家族が基本的資源にアクセスできる程度と、これを確保する能力に焦点を置いたものにもなるだろう。基本的資源には、食事、医療、住居、経済的援助、職業訓練などがある（Kilpatrick & Holland, 2006；Vosler, 1990）。事実、家族の生存のためのニーズを満たすことは、家族の力学を変革したりコミュニケーションや子育ての技術を教えることよりも優先される（Kilpatrick & Holland, 2006）。基本的資源を欠く家族は、危機に瀕している場合が多い。例えばホームレスの家族がそうである。それゆえ、例えば、コミュニケーション技術に関するアセスメントと介入方略などは、現時点での彼らの生活にとっては、まったくどうでもよいことなのである。一方、家族の急を要する基本的な生命維持のニーズが満たされれば、このような切り口も妥当なものになる。

家族の形態

家族の背景には家族の形態も含まれる。ここでは、情報を収集し家族に対するアセスメントを行うことが、さまざまな文化的差異や家族ごとの微妙な違いというところまで家族を正確に理解することよりも優先される。先に論じたように、家族の構成と様式に関する思い込みは伝統的な家族の定義に立脚している場合が多い。家族は、第二次大戦後に理想とされた、両親が揃っていて稼ぎ手が一人という単位から進化を遂げてきた（Walsh, 1996）。一部の家族にとっては、この理想像はまったく現実味を持たない。例えば、貧困家庭やマイノリティの家庭では、女性はほぼ必ず外に働きに出ているのである。

家族の形態は劇的に違うかもしれないが、支配的文化を背景とした外部システムは通常、家族の機能に相当の影響力を及ぼしている。カーター＆マクゴールドリック（Carter and McGoldrick, 1999a）は、例えば、ゲイとレズビアンのカップルが、ハラスメントや暴力を受け、さらに「重要な法的保護と資格付与」を否認されていることを指摘している（p. 352）。この保護の欠如、ならびにゲイとレズビアンの家族のための役割と言葉がないことは、当然ながら、単にストレッサーであるというだけにとどまらず、「侵害や無効化に対して脆弱」であることに注意しなければならない。ゲイまたはレズビアンである人が、マイノリティでもある場合、人種差別というさらなる困難に直面し、コミュニティ内における性的指向に対するスティグマのために、アクセスできる資源がほとんどないという場合もある。さらに、ゲイとレズビアンの若者が利用できるソーシャル・サポートは限られており、多くの場合、これらの若者は家族でも社会でも孤立感を味わうことになる。

そこで、ソーシャルワーカーは、家族のアセスメントにあたり、より大きな背景的問題（例：人種、文化、階級、性別、性的指向）とその影響も対象に含めることが必要である。背景的情報を集めながら、家族に固有の現実に関する暫定的な知識を構築することが可能である。この知識には文化、二文化の並存、民族的地位、言語、社会的階級、慣習、歴史、性的指向など、家族と彼らが抱える問題に影響を及ぼし得るすべての要因を含むことになるだろう。これらの要因がどの程度重要であるかということに家族の関心を引くにあたっては、ノートン（Norton, 1978）とマクファター（McPhatter, 1991）の言う「二重の視点」を強調することが可能である。この視点には「より大きな社会システムの価値観および態度と、クライエントの肉親やコミュニティシステムの価値観および態度を同時に理解し、比較するための意識的かつ体系的な知覚プロセス」が含まれ、さらにこの視点は、家族が提起している問題の社会的背景を評価する際に必要不可欠な構成概念である（McPhatter, 1991, pp. 14.15）。キルパトリック＆ホーランド（Kilpatrick and Holland, 2003）は、多様な家族的背景について詳細な記述をしているが、「二重の（複眼的）視点は、独特の価値観とコミュニティの慣習の両方に調和した問題解決を促進する」（pp. 40, 41）と主張した。この視点は、家族を二つのシステムのメンバーであると認識する。一方は「支配的あるいは持続的なシステムで、もう一方は養育的システムである。両方のシステムへの影響に注意することが重要である」（pp. 40, 41）。

二重の視点を活用することで、例えば、同性のカップルに対するアセスメントなどにおいて、家族と上位システムとの間の衝突の核心を突き止めることができる。これらのカップルは、上位システムの「ホモフォビア」的状況の中で生きている。この言葉は運用上、同性同士の親密な行為と恋愛に対する恐怖と嫌悪と定義されている。結果として、これらのカップルは、法的にカップルと認識されると、失業、自由、補助金の給付や子どもの養育権、住居を共同購入する権

利などをリスクにさらすことになる可能性がある。二重の視点が多種多様な家族の文化を評価するために不可欠なのは、家族の行動を、それが組み込まれた、より大きな文化的背景の中で理解することが可能になるからである。また、このような視点を持つことにより、その行動パターンやライフスタイルを、機能障害を判断するための指標と考えて、特定のグループを広く一般化してしまうことも避けられるだろう（Green, 1999；McAdoo, 1993）。ソーシャルワーカーは、二重の視点を活用することにより、その家族が属する文化において何が「正常」かを理解した上で、家族の行動の機能性を見ることができる。

多くの著者が、ソーシャルワーカーに対し、自分自身の属する文化におけるものの見方を、サービスの対象となる家族に押し付けないようにと注意を促してきた。このような誤謬があると、それが原因となり、ソーシャルワーカーが、実際に家族システムの混乱を招くような介入を実施することになりかねない。例えば、「エンメッシュメント（巻き込み）」「フュージョン（融合）」「未分化な自我の集団（undifferentiated ego mass）」等の用語は、一部の家族において見られる相互依存的関係を描写する際には適切でない場合がある（Berg & Jaya, 1993；Bernal & Flores-Ortiz, 1982；Boyd-Franklin, 1989a；Flores & Carey, 2000；Okun, Fried, & Okun, 1999）。同様に、女性は差別されてきた歴史を共有しているが、人種または民族と合わせて考えるときには、有色人種の女性にとって、性別は最も重要な要因とは言えない。なぜなら、彼女たちの人生は、性別以外の要因による抑圧という現実により形成されたものでもあるからである（Brown & Root, 1990）。

家族の背景的な要因は、家族の狭い定義、個人的な先入観、抑圧の影響を受け得る。家族の形態に対する狭い見方は、例えば、ゲイやレズビアンの家族に困難をもたらす。なぜなら彼らのいう「家族」とは互いに思いやり、約束し合った、親密な長期にわたる関係である。先住民の家族も誤解を受ける可能性がある。例えば、貧困や差別、文化、集合的な歴史の記憶などの影響が、児童福祉やソーシャルワーカーその他の専門家に対する先住アメリカ人の態度を形作ってきたのだ。文化の中で重視される家族の背景を正しく理解し損ねると、自分で気づかぬまま、家族の状況とさほど関係のないやり方で、アセスメントの切り口のガイドラインを用いてしまう可能性がある。

グループ内の多様性

家族の背景は、単に援助を求める行動に影響を与えるのみでなく、問題の定義自体を決定づけ得る文化的構成要素を持つ。例えば、精神疾患と、このような病気が自己および家族に対して持つ否定的意味のために、さまざまな文化的集団は家族の問題の感情的側面よりもむしろ認知的側面に対して焦点を当てる援助に応じるかもしれない（Sue, 2006；Hirayama, Hirayama, & Cetingok, 1993）。多くの先住アメリカ人の家族にとっては、拡大家族的構造が、経済的・社会的・精神的に生き延びるために重要だった。そのため、先住アメリカ人が重要な決断をする際には家族に相談し、行動の方向性を決める際に家族の意見に頼る。この慣習を理解していないと、あなたは先住アメリカ人の家族から疎外される可能性がある。さらに、自己決定の原則はいくつかの文化や民族集団において異なる意味を持つ場合がある。例えば、エヴァルト＆マキュアウ（Ewalt and Mokuau, 1996）によれば、この言葉は、個人主義や自律といった観念における意味よりも、集団全体の利益と義務のために、より大きな意味を持つ場合があると述べている。

グリーン（Green, 1999）によれば、民族的あるいは人種的に多様な家族とのワークにおいては、文化を考慮する力の基礎となる切り口は、クライエントの文化において特徴的な要素が何かを特

定し、この要素に対して誠実に取り組むことだという (p. 37)。グリーンは例として、ルーニー＆ビブス (Rooney and Bibus, 1996) が描写した先住アメリカ人家族に関するケースを提示する (p. 43)。このケースにおいて、ルーニー＆ビブスは親の薬物中毒という問題に取り組むという危機的な状況に対処するにあたって、文化的視点を取り込んでいる。クライエントが背景とする文化における家族の定義を活用し、他の親戚や部族のメンバーを、両親が治療を受けている間に子どもたちの世話をしてくれる資源と見なしているのだ。このケースの状況では、子どもたちが構造的に家族および部族とのつながりを絶たれている場合には、先住アメリカ人の歴史的経験も考慮に入れなければならない。

多様な家族の背景に対するアセスメントを促進するために、ラム (Lum, 2004) と チャウ (Chau, 1990) は、例えば、抑圧と無力感などのような、心理社会的ならびに社会環境的因子がクライエントに影響を及ぼす、実践的なアセスメントの切り口を開発した。ラム (Lum, 2004) は、スピリチュアルの切り口も重要と考えた。これらの切り口は、ソーシャルワーカーが援助プロセスを通じて民族に対してセンシティブでいられるように、統合することが可能である。

多様な家族のすべてについて、その微妙な文化的相違とそこに含まれる意味を理解することは不可能である。残念ながら、さまざまな集団についての知識を得れば、ステレオタイプ化の危険が高まることになる。人種と文化の相違を理解することの重要性について学ぶと、ソーシャルワーカーとして、センシティブで文化的に反応できるという思いと、そこで味わう憤りとの間で板ばさみになるかもしれない。この緊張関係を強化することになる危険性を覚悟しつつも、私たちにとっては、家族の背景に対する全体的アセスメントにおける重要な留意事項である、文化的民族的側面について議論することが重要である。

- 多様なグループのメンバーは、典型的な行動を紹介したり描写したものとは、相当に異なるということを認識すること。マイノリティ集団のメンバーについて特に重要である。
- 人種的民族的マイノリティとされている集団の内部においても、人種、言語、文化の幅広い相違があることを理解すること (Green, 1999)。例えば、スペイン語を話す人々は、同じ言葉を話すといった、ヒスパニック系あるいはラテンアメリカ系の遺産の特徴の一部を共有している一方で、出身国の違いにより、他の面においては大きく異なっている。
- 多様な文化を構成する人々は、社会的地位や国籍においてさまざまだということに気づくべきである。ケイプル、サルシド＆ディー・チェッコ (Caple, Salicido, and di Cecco, 1995)、ヒラヤマ、ヒラヤマ＆シティコック (Hirayama, Hirayama, and Centigok, 1993)、 マカドゥー (McAdoo, 1993)、スー (Sue, 2006) 等の著者たちは、集団のメンバーのすべてが必ずしも特定の集団の規範的価値を奉じているわけではないということを教えてくれている。それゆえに、世代間の境界に沿って、(ディアス家の例のように)、そして、文化的対応の進み具合に応じて、相違が見られる場合がある。
- 文化的適応について言えば、子どもたちは両親と比べて、圧倒的に速いペースで新しい文化に適応することができる。学校生活を通じて支配的文化と触れ続けるからというだけでなく、恐らくは、元の文化と接触していた期間が非常に短いことも理由であると考えられる (Caple, Salcido, & di Cecco, 1995；Hirayama, Hirayama, & Cetingok, 1993)。
- 文化的集団の価値観は固定的なものではなく、常に変化の途上にある。そのため、家族の内部においても相違が生じ、文化的適応の進行度を反映したものになる場合もある。

文化によるバラつきと微妙な差異を整理するための手段として、マカドゥー（McAdoo, 1993）は獲得した知識を用いて仮説を作り、この情報が特定の家族の状況にどの程度関係があるかについて調査することを提案している。これらの観察が持つ意味は、個々の家族システムにとって重要かつ唯一のものである。それゆえに、個々の家族をその文化的背景の中で他と区別できるようにならなければならないのだ。

移民および難民としての地位

さまざまな文化集団出身の家族の背景に対するアセスメントにおいては、家族が米国社会のさまざまな側面に対し選択的に適応しながら、その一方で、出身国の価値と規範を維持しようとして、どれだけ苦労しているかに気づかなければならない。このような家族とのワークに際しては、家族の移民歴に関する情報を入手し、家族が二つの（あるいはそれ以上の数の）文化に適応しようと努力する中で、継続的に悩まされているストレスを探し出すことが推奨される。移民や難民の中にも、その出身国によっては、高い教育を受け、経済状態も悪くない者もいる。しかしながら、移民や難民として米国に入国してきたすべての民族的マイノリティ集団は、文化的対応に関する問題に直面する。マクゴールドリック、ジョルダーノ＆ピアース（McGoldrick, Giordano, and Pearce, 1996）が気づいたように、移民を経験した後も、家族の価値観とアイデンティティは数世代にわたって保持され、家族の考え方、ライフサイクル、発達に影響を及ぼす。移民の経験によって、家族は発達的課題の完成を阻止されがちで、家族の文化的準拠集団を離れた結果失われた、社会的ネットワークの再構築を必要とするかもしれない。

ルーニー（Rooney, 1997）は、社会が歓迎しようが敵意を示そうが、移民と難民の家族が直面するジレンマを強調した。例えば雇用主は、移民や難民を労働の供給源と見なす。しかし、労働力が多様化したにもかかわらず、職場の方針は家族の問題に対応できず、これにより、労働者としての伝統的な役割を果たす能力が制限される可能性がある。適応しなければならないというプレッシャーは、新しい労働者が新しい職場の文化で居場所を見つける能力を阻害したり遅延させたりする。言語はさらにもう一つの葛藤の原因となる。これは米国社会におけるバイリンガリズムに対する無関心と、多元性を否定する社会政策を反映したものだ。例えば、1990年代の後半に、複数の州で、英語を公用語とする法案が通過した。加えて、社会的期待として、移民や難民が多数派側の人々と同じような行動や話し方をし、同じような衣服を身に着けるのが当然だと考えられている。現地で生まれた市民と移民集団の間には緊張関係が存在する（Rooney, 1997, p. 316）。このような緊張関係は、ほとんどの場合、仕事や資源、言葉に関係するもので、学校や近隣において見られる。近年は、米国以外の国においても対立と緊張関係が発生するようになってきた。

家族の背景に関するシステム的思考の本質は、物の見方のパターンである。そこでは、人種差別や階級差別、貧困、職場での圧力、同性愛恐怖症（ホモフォビア）などの外的力を「家族外の障害」と呼ぶことができる（Nichols & Schwartz, 1998, p. 135）。すべての家族が他の社会システムとの相互作用において障害に直面するが、これらの障害は、より多様性に富んだ家族に偏って影響を及ぼし、彼らの機能と利用可能な資源に影響を及ぼすストレッサーを増大させる。家族の背景について議論することで、アセスメントのプロセスにおけるこの切り口の妥当性に対するあなたの理解が深まることを期待する。

家族のストレングス

　すべての家族には、アセスメントの過程において特定すべき、個々のメンバーならびに集団としての、さまざまなストレングスが備わっている（Cowger, 1997；Early & GlenMaye, 2000）。さまざまな家族と文化的変容の中で、家族は支援ネットワークを作り、彼らに無理解あるいは無関心な社会と相互作用をし、ストレスに満ちた移行や彼らを不適切あるいは価値がないと見なす政策に対処する能力におけるストレングスを発揮する。それでも、彼らはなお前進し続けるのだ。

　家族のストレングスを認めるのは容易な仕事ではない。病的状態に注目するという態度が深く根付いているために、多くの機関、専門家、政治家、資金源が、いまだに家族のストレングスを受け入れられないでいる。クライエント自身も、ストレングスへの注目を常に快く思うわけではない。彼らは援助を求める過程で、サービスを受ける見返りとして自らのニーズや問題について明確に語れるよう社会に順応させられる。サービスを受ける資格を証明するには、そうしなければならないことも多いのだ。このような状況で、家族の中でうまくいっていること、機能していることを強調することは困難である。そして、家族が自らのストレングスに注目するように教育することが必要になる場合もある。家族システムに内在するストレングスを評価し認めるためには、関係者全員の慎重かつ訓練された努力が必要となる。

　ストレングスを見いだし、利用することは、ソーシャルワークという職業の価値観および原則と調和するのだが、ジョーダン＆フランクリン（Jordan and Franklin, 2003）は、ストレングスという視点について、むしろ「一連のアセスメントや実践技術の定義というよりは、哲学的姿勢というべきもの」（p. 29）だと言う。ストレングスという視点は進化を続けており、ソーシャルワーカーは、クライエントとの問題解決における枠組みとして、また彼らが用いる言葉の中で、この視点を取り入れることが推奨される（McMillen, Morris & Sherraden, 2004）。専門家の側では、それはクライエントとの相互作用を特徴づける態度でもある。しばしば、自身を援助者と見なすことと、協力者と見なすことの間には、二分法が存在する。協力者と見なす場合とは、すなわち、クライエントのストレングスが認められ、活用され、クライエントが自分自身で意思決定できると思われるような状況である。もう一つの側面は、自己を監視者（ホールモニター）あるいは執行者と見なす場合であり、問題を抱えたクライエントは単に言われたことをやるだけという状況である。

　ストレングスに対する注目は、問題やリスクに注目する前の準備として行われるわけではない。むしろ、ストレングスは、問題解決のために重要と認識されているのだ。家族のストレングスを評価することは、未来指向につながり得る。すなわち、目標、強さ、希望、夢を、現在家族が経験している困難よりも強調することである。ディアス家で見られたストレングスは、彼らの行動がパターン化されていたにもかかわらず、家族が父親がサポートを受けながら自力で生活できるように支援できるよう真摯に取り組んでいることである。さらに、アセスメントの対象としては、家族の現在の機能、スピリチュアリティまたは宗教といった家族の雰囲気を示す側面、逆境への対処、変化への適応、回復力が含まれる（Early & GlenMaye, 2000；Walsh, 1996）。ストレングスは家族の外にある保護因子の形を取る場合もある。例えば、より大きな社会的ネットワークとのつながりなどである。ストレングスという視点はエンパワメントと、人は変化し成長することができるという人間主義的発想を基礎としている（Jordan & Franklin, 2003）。要するに、ストレングスは援助プロセスにおいて欠くことのできない資源なのである。

アセスメントを実施するにあたって、特に注意が必要なのは、さまざまな文化的民族的集団出身の家族のストレングスについてである。彼らの多くは、歴史的な差別により、あるいは、政治難民の場合には、極度の喪失により、不利益を被ってきた人たちである。難民や移民に希望があるか否かは、彼らの状況に左右される。彼らは混乱し無気力を感じているかもしれないのに、驚くほどの生命力を示してきた。これらの家族に、彼らの物語を語る機会を与えることが、最も困難な状況においても、家族のストレングスという考えを強化することになるだろう。

家族のストレングスと資源について調査するためのアセスメントの質問は、以下の話題に焦点を当てるものである。

- 家族の伝統、儀式、祭事
- コミュニケーション
- 共有された目標
- 忠実さ
- 援助を求める行動パターン
- 逆境での忍耐力、対応力、回復力
- 特定の家族や、家族が所属するコミュニティにおいて、問題がどのように扱われるかについての情報
- 困難に際して家族が頼りにする個人または機関
- 家族の適応力、順応性、希望、夢、願望

これらの質問はすべての家族に対して有用だが、特にマイノリティの集団について、ストレングスを特定しこれを観察するための手段として特に有用である。また、家族とのワークにおいて、所属する機関にこのようなツールが用意されていなければ、ストレングスを評価するための独自の質問を作り、実践の中に組み込むことも可能である。

家族システムの境界と境界の維持

家族システム理論における中心概念である境界は、（1）他システムとの間、および（2）家族と環境の間で機能する概念上の仕切り板にたとえられる。

境界は、家族とそのメンバーがさまざまな発達段階を経験するにつれ長い時間をかけて変化する。例えば、子どもが就学すると、家族システムの境界は教育システムとのやりとりを可能にするために積極的に広がりを見せる。逆に、少年保護監察官が家庭に立ち入れば、さまざまな反応が起こるが、家族システムは、不本意ながらもこの進入を認めざるを得ないだろう。

ベルタランフィ（Bertalanffy）の一般システム理論を適用するにあたって、マーティン＆オコナー（Martin and O'Connor, 1989）はすべてのシステムは環境に対して開かれており、かつ独立していると結論づけた。この枠組みにおいては、真に閉じたシステムというものは存在し得ない。一方で、システムは、情報、人、イベントといった形で入ってこようとするものに対し、境界維持機能を通じて、選択的に応答・許容・検閲・拒否を行う。家族を開かれたシステムとして概念化することにより、家族システムの境界と境界維持について調査することが可能になる。家族がどの程度「組み込まれた」システムであるか、具体的に言えば、他の親類、コミュニティ、他グループのメンバーとのつながりについて、判断することができる。その際、『ソーシャルサポー

ト・ネットワーク・マップ』というアセスメント・ツールが役立つかもしれない。

外的な家族の境界の維持

　システムは、上位システムの一部であるから、家族は必然的に環境との多様なやりとりを行うことになる。同時に、他システムの影響を受け入れる程度は、境界の柔軟性に依存する場合があり、個々の家族間で大きく異なる。「柔軟性」という言葉は、外部者が家族システムに入ることがどの程度許容され、促進されるのか、そして、家族のメンバーが家族外の人間関係に感情移入し、携わることがどの程度許されるか、を表している。柔軟性という言葉には、環境との間で情報や物資の交換がどの程度行われるか、という意味も含まれる。個人には、家族の他のメンバーに不利な影響を及ぼしたり家族の規範を破らない限りにおいて、家族外との相互作用を自分でコントロールする自由が与えられる。家族内で権威を持つ人々（例：親サブシステム）は、近隣やコミュニティといったより大きなスペースとは別に、独立した家族のスペースを作り上げるというやり方で、境界を定める機能を果たす。境界設定機能は、「一族」のようなより大きな家族システムにおいても見られる。そこでは家族がより広い背景のもとに定義される。

　分厚い境界を持つ家族システムは、外部環境とのやりとりが厳しく制限され、人、物、情報、観念の出入りが厳しく規制される点に特徴がある。分厚い境界は、家族の縄張り意識を維持し、望ましくない侵入から家族を守り、プライバシーを保護し、場合によっては、秘密を持つことを助長する。このような家族や一族における権威者は、システムの周囲との交流を厳しく抑制し続け、境界を設定する機能を放棄したり、外部者あるいは家族のメンバーであっても境界を維持する機能を役割として与えられていない者と、この機能を共有されることはまずない。このような境界維持のあり方は、家族のメンバーに害を与えることが明白でない場合には、必ずしも問題の原因とはならない。家族の境界設定のパターンに対するアセスメントを行う際には、個々の家族に固有のスタイル、ストレングス、ニーズに対する考慮が必要不可欠である。家族は、拡大家族のメンバーとの間には、より柔軟な境界を設定するかもしれない。そこにはおそらく、相互に対する明確な義務と責任が含まれるだろう。逆に、外部からの影響が家族の伝統や価値観に介入するもので、家族システムに紛争や混乱をもたらすと考えられる場合には、このような境界は柔軟性の乏しいものになるかもしれない。さらに、時に家族は、ライフサイクルの中で、あるいは移行期において、新しいインプットを受け入れるように変化する場合もある。例えば、移民の家族は、新しい社会への移行期においては、一般に新しい情報を広く受け入れる。彼らは同時に、新しい文化の中で生きる自分たちにとって望ましくないと考えられる側面を排除するために境界を構築する場合もある。『The New York Times Sunday Magazine』2003年9月4日号の記事では、この点について述べている。「学校教育を求めて、アフリカへの逆移民」と題されたこの記事は、移民してきたガーナ人の両親が、米国社会のネガティブな要素に子どもたちが影響を受けないようにと、子どもたちをガーナに送り返したという話を伝えている。

　もう一つの例では、一連のフォーカスグループに参加した移民の両親における最大の関心事は、公的機関はどの程度、家族の境界を踏み越えて立ち入ることが許されるのか、という点に関連していた。両親は児童保護サービスの介入に困惑し、また、学校が親の許可を求めることもなく、特定の内容を教えることができることに驚きを示した。彼らはメディアや大衆文化が子どもたちに与える影響が、彼らの価値観や信仰と矛盾することについても懸念していた。何よりも、彼らは子どもからの尊敬を失い、親としての役割に関して無力感を味わっているのだ。一人の親は、

「何かを指図すると、息子はそれが気に入らず、『警察に通報してやる』なんて言うのです」（注5）

家族の境界と境界維持機能について知ることにより、実践の中で遭遇することになる、家族による境界設定のパターンを見つけるのに役立つ。ここでの議論は、家族の境界設定のパターンをアセスメントする際の指針となるプロトタイプを強調するものであったことを心に留めておいてほしい。現実の実践においては、個々の家族が環境とやりとりする独自のスタイルについて考慮し、彼らから信頼できる実体験を引き出せるようなアセスメントを実施すべきである。

内部における境界と家族のサブシステム

混合家族あるいは両親が養育権を分け合っているような家庭に関して、境界設定のパターンに対するアセスメントを実施する際には、特別な困難の存在が明らかになる場合がある。このような状況に陥った子どもたちは、しばしば、二つの家庭の期待やルール、規範に適応しなければならなくなる。このような子どもたちにとって、両親の家庭を行き来したり、それぞれの両親と相互作用をする際に、境界の曖昧さが浮き彫りにされる。異なる世代間の、あるいは継親の境界は、問題をはらむ可能性があり、衝突の原因となる場合がある。例えば、ディアズ家においては、弟のジョンと継父のディアスについて家族が意思決定をする際に、アニータ（継娘）の役割は明確にされていない。あなたと家族が、数世代にわたる家族の歴史とメンバーの位置づけについて図示したジェノグラムを完成させることで、あらゆるタイプの家族との協働においても、境界設定のパターンに関する重要なデータを得ることができる（Kilpatrick & Holland, 2006）。ディアス家においては、ジェノグラムを用いれば、家族のメンバー間の関係、過去の結婚、離婚、死別に関する情報、家族のライフサイクルに関する詳細、ならびに子どもの生活環境の変化について、描き出すことができるだろう。要するに、ジェノグラムは、家族のメンバーがどこにいて、誰が関係していて、関連するどの相互作用を解決しなければならないのかに関するイメージを与えてくれるのである。

家族のサブシステムと連携

すべての家族は、性別、関心、世代、家族の存続のために必要な機能などを基礎として形成された、相互に共存するサブシステムのネットワークを発展させる（Minuchin, 1974）。家族のメンバーは、同時に、数多くのサブシステムに所属している。核家族における他のメンバーとの間に、共通に持つサブシステム（例：両親、母／娘、兄／妹、父／息子）に依存しつつ、独立した相互的関係を結び、あるいは拡大家族（例：祖母／祖父、叔父／叔母、母／義理の息子）との間に相互的関係を結ぶ。個々のサブシステムは、それに参加しているメンバー間の自然な連携と見なされる。当然ながら、家族が形成する連携や提携の多くは、状況に依存したもので、事実上、一時的な関係である場合が多い。例えば、10代の少年少女は、父親から特別な許可を得るために、母親の助けを借りる場合がある。一緒に住んでいる祖母は、娘婿の孫に対するしつけに関して、娘夫婦に異議を唱え、これにより孫との間に一時的な連携関係を結ぶ場合がある。このようなつかの間の連携は、一時的なサブシステムに特徴的なものである。状況に依存した提携関係は、ディアス家の継姉妹間や、ジョンとディアスの間にも発生していた。

他のサブシステム（特にパートナーまたは配偶者、親、きょうだいのサブシステム）は、本来、より永続的なものである。ミニューチン（Minuchin, 1974）によれば、これらの重要なサブシステ

ムのメンバー間の、堅牢で明確な連携は、家族のウェルビーイングと健康にとって決定的に重要である。例えば、両親の間に強固で永続的な連携がなければ、対立は家族全体に影響を及ぼし、両親が権力と支配を求めて争う中で、子どもたちはあれこれと衝突に巻き込まれる。これら3つのサブシステムの境界は、メンバーが不当な干渉を受けることなく機能を果たせる程度に、明確に線引きされていなければならない (Minuchin, 1974)。同時に、この境界は、サブシステムのメンバー間で連絡や、資源のやりとりができる程度に透過性を持つものでなければならない。ミニューチンの指摘によれば、サブシステムの境界の透明性は、家族の機能を測定する際に、家族のサブシステムの構成よりもはるかに重要である。例えば、祖母と成人した親子からなるサブシステムは、完全に適切に機能する可能性がある。配偶者、親、兄弟姉妹からなるサブシステムの境界の相対的な整合性は、関連する家族のルールにより決まる。例えば、母親は、年下の子どもが指示した手伝いをしなかった件について話をする際に、年長の子どもに対し口出しを禁じることにより、親というサブシステムを明確に定義する。つまり、ここでのメッセージ、あるいは「ルール」は、子どもは弟や妹に対して親の役割を果たすものではない、というものである。一方で母親は、自分が家を空けるときには、年長の子どもに親としての責任を委譲する。この例では、誰がどのような状況で親の役割を果たすかについての「ルール」が、親というサブシステムと兄弟姉妹というサブシステムの境界を明確に線引きしているのである。

文化と家族の変容

文化と人種は、多くの家族内サブシステムにおいて大きな役割を果たしている。例えば、多くの先住アメリカ人部族においては、伝統的に、50代半ばになるか祖父母になるまで、本当の大人とは見なされなかった。このため、祖父母には子育ての責任が割り当てられた。こうして、子育てのサブシステムには、親子よりも、むしろ祖父母と孫が含まれていた。他のマイノリティ集団においても、同様の取り決めを見いだすことができる。こうすることで、さまざまな成人が親の機能を果たすことができ、さらにそこでは、家族の役割と仕事の分担が行われる (Boyd-Franklin, 1989a；Carter & McGoldrick, 1999a；McAdoo,1993；Okun, Fried & Okun, 1999)。

家族内における境界の明白性は家族の機能を評価するうえでの有用なパラメータとなる。ミニューチン (Minuchin, 1974) はすべての家族が、境界の機能の両極を結んだ座標上のどこかに位置づけられると考えた。そこで対極に位置するのは、解放 (拡大した境界) と束縛 (厳密過ぎる境界) である。

束縛された家族システムにおける家族の閉鎖性とは、すべてのメンバーの考え方と感じ方が似通っていることと定義される。このような家族のメンバーでいることは、自立性を極端に犠牲にすることが要求され、これによりメンバーは探求や独立した行動、問題解決のための気力を失うことになる。これに対し、解放的な家族のメンバーは、広範囲の個人差を認められるが、家族の団結や忠誠心、所属意識等を欠いている傾向がある。このような家族においては、家族内の他のメンバーとの間で互いに支援し合うことが困難である。

このようなシステムにおける家族の組織は、堅牢でなく、混沌としており、派閥にわかれている場合もある。その時々のバイアスに従って、リーダーの地位も推移する。メンバーは、個人的な境界設定のパターンを身につけるか、より大きな家族からは切り離される場合が多い。しかしながら、この種の家族のメンバーが強いストレスを経験し、他のメンバーに著しい影響を及ぼすような場合であれば、この緊張が、家族の支援システムを活性化させやすい。あるいは、これら

のシステムは、反応することが適切な場合であっても、反応しないという傾向がある。例えば、思春期の子どもが一晩中帰宅しなくても、親はそれを気にしないという場合がある。座標における最も「束縛された」側では、メンバーの行動はすぐさま他のメンバーに影響を及ぼし、この影響が家族全体に広がる。思春期の子どもは自宅で夜を過ごすのが当然と思っている両親は、どのような形であれ例外が起きた場合には、過剰にすばやく激しい反応を見せるだろう。例えば、思春期の子どもが外出して警察とトラブルになった場合には、両親は激怒するだろう。

　束縛されていることと、解放的であることが、必ずしも、非機能的なプロセスというわけではない。実際に、いくつかの文化、人種、社会経済的集団にとっては、これらはほとんど何の影響も及ぼさない。ミニューチン（Minuchin, 1974）によれば、すべての家族は、さまざまな発達段階を経る過程で、そのサブシステムの間で、ある程度の束縛と解放を経験する。例えば、家族が初期の発達段階にある時期には、一人の保護者と幼い子どもが束縛されたサブシステムに相当する。しかしながら、文化的変容というのは、子どもが二人以上の保護者になついてる場合があるという点にある。思春期の子どもは、徐々に親子のサブシステムから離脱し、独立を目指し、恐らくは家を出る準備をするだろう。もちろん、このような考え方は文化によって異なるもので、文化によっては、このような期待が妥当でない場合もある。例えば、文化によっては、結婚後も親たちと一緒に暮らすという文化もあれば、結婚したら生まれ育った家族とは離れて暮らすという文化もある。ゆえに、流動的な役割や、境界設定のパターン、西洋社会に準じたルールなどが、束縛あるいは解放というスタイルを示すものとは言えない場合もある。米国においては、一定の年齢になるまで親と同じベッドで眠る、あるいは親と同じ部屋で眠るということの是非が、法的あるいは子どもの発達に関する議論の中心であった。しかしながら、他の文化においてはよく見られる慣習である（Fontes, 2005）。米国においても、多くの中産階級の母親がこれを望んでいた。しかしながら、医療の専門家からは、子どもが親と一緒に眠ることのリスクに関して、懸念の声が挙がっていた。

　ソーシャルワーカーは、文化に由来するサブシステムや家族のメンバー間の連携、ならびに人間関係のパターンに特に注意を払いながら、現在の状況における人間関係に対するアセスメントを実施すべきである（Okun, Fried & Okun, 1999）。ジェンダーに基づく世代を超えた連携が、実際には文化的問題解決に影響を与えている可能性がある（McGoldrick, 1998）。

　以下は最後の注意事項である。ソーシャルワーカーは「親の仕事をさせられている子ども」については詳細に調査するのが賢明だ。包括的で、かつ通常はネガティブな意味で使われるこの言葉は、支配的な規範的期待を超えた責任と役割を担う子どもを表している。両親がその必要性ゆえに、責任を子どもに委譲している家庭がある。さらに、年齢や発達段階における児童期という観念を持たない文化も多く、そこでは、子どもたちは家族システムを維持するために不可欠なさまざまな機能を果たしている。地方で農業を営んでいる家族や、世界的に見て社会的経済的に最下層に位置する家庭では、子どもたちは生きるために、家計を支える労働の一部を担っている場合がある。西洋の文化において望まれる子ども時代に対する理解に照らして考えると、明らかに、これは理想的な状況ではないかもしれない。このようなケースでは、子どもの役割が安全な範囲を超えていないか、親やそれ以外の子どもを監督をしている大人が長期にわたって手が離せないのか、子どもたちがその成長やウェルビーイングに影響を及ぼす義務を課せられていないか、などに注意することが必要である。そして、たとえそうであったとして、あなたがやるべきことは、親を非難することではなく教育することである。足元の問題は子どもたちの健康と安全であって、

家族システムの構造のあり方ではないことについて、親の理解を確認すべきである。

つながっていない家族における人間関係

　つながっていないと表現される家庭が存在する。すなわち、メンバーが、個人主義という概念のレベルを超えて、家族システムから離れて単独で機能しているような家庭である。このような家庭においては、メンバーの一部が連携するかもしれないが、その連携は個人のニーズを取り急ぎ満足させるためのもので、脆弱であり、長く続くものではない。連携が一過性のものであるため、家族のメンバーは、自らのニーズが満たされるか、連携がもはや自分たちの目的に役立たなくなると、関係を放棄しがちである。そのような家族においては、堅牢な連携を維持する機会が比較的乏しいことが、通常、個人の成長というニーズにとって有害である。このような家族関係のあり方の結果として生じる「断絶」状態の中で、メンバーは相互に孤立し、疎外感を味わう。断絶された家族のメンバーは、自らのニーズを満たそうとし、家族の外に人間関係や絆を構築する場合が多い。

　家族のさまざまな構造的成り立ちに対するアセスメントを実施するにあたっては、家族のメンバーの絆に訴えかけ、家族に激しいストレスを引き起こす外部者との間の連携に注目すべきである。例えば、離れて暮らしている祖父母が家族内のもめごとに際して子どもの肩を持ち、これをかばう場合がある。この行為は、子どもを慰めることにはなるかもしれないが、親子が協働して困難を克服する力を疎外する場合もある。もちろん、家族のメンバーと祖父母や他の親戚との関係が常に混乱を招く力だというわけではない。祖父母や他の親戚は家族にとってきわめて重要なサポート的機能と役割を果たす場合がある。さらに、彼らの関与は、子どもにとって意義深いつながりとなり、家族の歴史、価値観、信仰の伝承のための最も重要な資源ともなり得る。専門家による介入が家族全体ではなく、一人のメンバーに結びついている場合には、意図せず家族の解放性を強化することになってしまう場合がある。この問題は、特にトラブルを抱えた家族においてはさらに深刻になる可能性がある。そこでは、非機能的な家族の力学から、メンバー（子どもである場合が多い）を救い出そうとする傾向が生じる。例えば、あるケースでは、薬物中毒だったことのある母親が、ソーシャルワーカーは定期的に家に来て娘を連れて行くが、娘と何をして何を話し合っているのかが自分にはまったくわからないと不満をもらしていた（もっともな不満である）。このソーシャルワーカーは、娘に焦点を当てる理由として、母親が変化することには期待を持てないことと、娘は人生において肯定的な影響を受ける必要があることを挙げた。このソーシャルワーカーは、母親からのメッセージにしっかり耳を傾け、この不平をうまく利用して、母親との関係を深める手段とすることもできたはずである。事実、母親の不満は、自分も関わりたいというものだったのである。児童保護や薬物中毒、家庭内暴力プログラムなどのしばしば強いストレスを伴う状況で働くソーシャルワーカーは「救済」の力学にしばしば関わることになる。強いストレスを感じている親も、子どもに「学校に行かないのなら、ソーシャルワーカーを呼ぶよ」などと言いながら、親としての役割をソーシャルワーカーに委譲して、自らは撤退してしまう場合もある。どちらのケースでも、このような力学に対するアセスメントを実施し、家族のメンバーを家族システムに再び結びつけ直すことが望ましい。

外部の家族の解放

　家族の境界と抑圧に関する先述の議論に光を当てる際に、家族システム全体が社会的環境から

切り離されていないかについても考慮すべきである。例えば、境界設定のパターンの中には、自分たちのものと異なるすべての価値観や信仰を排除しようとする決意を表すものもある。事実、よそ者扱いされ、抑圧により社会から切り捨てられ、疎外された家族もある。このような家族が長い時間をかけて、疎外に対処する手段として、行動や行為規範、態度を変容させる場合もある。このような家族とこれを取り巻く環境との間に相互関係がほとんどないに等しい場合、彼らの疎外状態は強化される。

家族の権力構造

　権力的側面は、心理学的、経済学的、社会学的に定義することができる。ここでの議論の焦点は、権力を主に家族システム内部の動的なプロセスの一つとして扱う。システムの枠組みにおいて、システムとしての家族は他のシステムと相互作用し他のシステムから影響を受けるということを思い出してほしい。このように権力は、家族内部の一つの特質としての権力に影響を与える、外的要因として働く場合もある。例えば、ジンマーマン（Zimmerman, 1995）は、「男性と女性における権力の相違と、女性に不利な政策やプログラムが生み出した結果」について指摘する（p. 207）。ミラー（Miller, 1994）は、家族の構造に影響を与える歴史的な出来事、性別による役割、そして求婚や結婚に対しても注目するように促す。さらに、ミラーは「家族の権力構造は、近隣住民とコミュニティを背景に形成される」と主張する（p. 224）。力関係は、政治的なプロセスや就業機会、社会的地位、人種や民族、「家族の運命に特異的な影響を及ぼす」政策において明らかになる（Miller, 1994, p. 224）。政策と政治的構造が家族の機能に及ぼす影響力の分析において、ルイス、スカイルズ＆クロスビー－バーネット（Lewis, Skyles, and Crosbie-Burnett, 2000）は、とりわけ有色人種と低所得者層の家庭にとって「物とサービスの配分は教育、健康、欲求、家族の構造と機能、ならびに人生への期待について特異に影響を及ぼしてきた」と指摘する。

　社会の中に公式または非公式に織り込まれてきた階級主義、偏見、先入観、差別、歴史的抑圧の結果として、家族が力の不足を経験している可能性もある。社会政策の中には「家族」の定義を核家族的構造に限定し、原則として拡大家族や血縁のない重要な親戚を排除するものがあるが、このような社会政策も、その例に含まれる。力の欠如は疎外された地位という形をとる場合もあり、さらには、基本的資源へのアクセス、例えば、経済、健康、住居に関する機会へのアクセスが拒否されるような場合もある。オーカン、フリード＆オーカン（Okun, Fried, and Okun, 1999）によれば、多くの文化において、女性は抑圧的な役割期待の脚本により、その力を制限されてきたという。彼らは、いくつかの人種グループにおける男性も、抑圧と不平等の結果として無力感を経験し、それが家族の混乱を招く可能性があることを指摘する。

　力はソーシャルワーカー、政治家、社会福祉機関の側にも存在する。家族のニーズまたは機能を定義する彼らの能力は、家族が受けることのできるサービスのレベルを決定づける場合があり、これにより、そもそもいかなるサービスも受けられなくなるという場合さえある。家族との関係において力を評価する際、私たちは家族外のシステムが重要な側面をなしていると考える。このような家族の外に残された力の痕跡は、家族構造の内部における力の差とは無関係に、家族の機能とウェルビーイングに影響を及ぼす。

家族システムの内部における力の要素

　これまで力にまつわるいくつかの外的問題について注意を促してきたが、ここからは、家族シ

ステム内部の力に対するアセスメントのプロセスに目を向ける。すべての家族は力の構造を作りあげる。この構造ゆえに、家族システムは、許容できる制限を示して個人の行動を管理しこれを維持するのである。家族システムには、家族が存続することを保証するためのリーダーシップの役割も含まれる。例えば、親というサブシステムは、未成年を社会化し、ルールを構築し、日頃の行いを身に付けさせるという役割に伴い、与えられた力を行使する。

　力の要素の一つは、家族の支配的なメンバーが、自分たちが望む解釈や見解を他のメンバーに押し付け、事実上、それ以外の意義や現実性を否定する力に関わるものである（Kilpatrick & Holland, 1999, p. 29）。このような力の行使は、破壊的な結果を家族にもたらす。家族のメンバーは、支配的なメンバーにより定められたやり方で出来事や状況を経験し、語り、反応しなければならないというプレッシャーを受けるからである。支配的なメンバーは、家庭内暴力や児童虐待を含む状況において、家族システムの境界を定める力を持つ。メンバーの中にその価値に疑問を呈する者があっても、文化や慣習、伝統が強制される家庭もある。その一方で、彼らは衝突を避けようと協力しており、それによって家族がバランス感覚を維持することができている場合もある。例えば、オーカン、フリード＆オーカン（Okun, Fried, and Okun, 1999）は、移民の家族において、平等主義的人間関係の洗礼を受けてきた若いメンバーが、権威者に対して異議を申し立てたときに生じ得る緊張関係について論じている。家族のメンバーがその隠れた行動により力を弱めることもあるかもしれない。すべてのメンバーがこの力関係の構造を受け入れていない場合、衝突が起こる。力はスケープゴートを作ること（家族の注意とエネルギーを特定のメンバーに集中させる力学）により強化される場合もある。

　権力は、社会的に構築される力学であり、家族システム内の文化や優先傾向に従い多様なものとなる。権力に対するアセスメントを実施する際には、その家族におけるこの力の本質をよりよく理解するためにメンバーの話によく耳を傾けるべきである。家族システムにおいて、権力は明示的に握られている場合もあれば、黙示的な場合もある。例えば、一人の個人が正式に家族の中心人物と認められている場合もあり、それにより家族内での意思決定においてより大きな力を持つ場合がある。伝統的な西洋文化においては、いつでも、この状況は一般的に男性の経済的資源に伴うものとされてきた。それでもなお、家族においては、その他の目立たないメンバーやサブシステムも、重要な力を握っているのだ。

権力の分配とバランス

　家族は一枚岩的な権力構造を持つように思われがちである。しかし、これは必ずしも正しくない。現代の家族の中には、状況に応じて主要な意思決定者が決まるという家族もあれば、すべてのメンバーが平等に意思決定に参加するという家庭もある。表面的なレベルにおいては、男性が家族の中心的な位置にあるかもしれないが、早計な評価を避けるために、家族の意思決定において、その人がどの程度意思決定に支配的な力を及ぼしているかを調査する必要がある。権力は状況や家族の構造に応じて変化し得るということを心に留めておくべきである。現代の家族は、形態においても構造においても、より多様なものとなっており、伝統的な役割の中には陳腐化しているものもあり、他の役割に進化したものもある。例えば、同性のカップルにおいては、権力的役割は分配されている場合が多い。その他の力の源泉は、家族内の連帯の結果として家族の中から、あるいはサブシステムの中から生じる可能性がある。例えば、子どもと祖父母間や、親子間に強い連帯がある場合がある。さらに、広い意味での親戚、一族、部族、あるいは家族と友人の

ネットワークが力を握っていて、それが家族の意思決定の過程で明らかになるという場合もある。

子どもたちが、親というサブシステムが行う意思決定に影響を及ぼす程度、あるいは決定的役割を担う程度は、家族の権力構造における子どもの役割を示すものである。親というサブシステムは権力を握り、彼らは子どもたちに適切に影響力を行使する。さらに状況によっては、親は子どもたちに権限を委譲し、家族の意思決定に参加させる。権力的な状況の変化は、内的外的力（例えば、失業、メンバーの健康状態の悪化、ライフサイクルにおける変化、家族のルールに対する抵抗）の結果として生じる。英語を母国語としない移民や難民の家族では、未成年の子どもが親のために通訳をしている場合がある。この種の力は一時的なものであるから、子どもが特殊な状況以外でも力を握っていると解釈してはならない。

権力は離婚や再婚により著しく変化する。大人がより大きな力を持つ要因の中には、子どもに対する親権の有無、教育のレベル、収入などが含まれる。協議により子どもの養育権が平等に分け持たれる場合もある。かつては、養育権の決定にあたって、法は一般に女性に大きな力を与えてきたが、レズビアン同士のペアについては例外的に、社会的差別が優先された。このようなペアに関しても、裁判所は生物学的母親が当然に親権を持つものとし、パートナーのもう一人が法的に養子縁組をしない限り、親権を分け持つことはできないとした。再婚や別居、離婚があると、個人間の連携関係は変化しやすく、祖父母や同性のパートナーが、力を得たり失ったりする場合がある。ひとり親の家族システムでは、異性の思春期の子どもに対して、親が権力を行使しようとするときに、権力の移行によって衝突が引き起こされる場合がある。結果的に、離婚や再婚という状況下にある子どもは、かつて両親が一緒に暮らしていた頃よりも大きな力を持つことになる場合もある。

多文化的視点

およそすべての文化において、男性が権力の中枢にある場合が多いが、さまざまな文化における権力の微妙な違いについての限られた知識に基づいて権力を一般化しているのかもしれない。多くの文化は男性中心主義で、女性は伝統的な意味での力を持っていないようにみえる。前節では、誰がどのような状況で権力を持つのかという問題について探求を行った。このようなアセスメントにおいて、特に多様な集団を扱う場合には、仮説を立てる際に十分注意すべきである。

例えば、集団はその性役割に対する定義、期待、責任を異にするが、これらの役割が一様に権力を欠いているというわけではない。女性も、祖父母も、叔母あるいは叔父、さらに家族システムに含まれる重要な他者も、家庭で相当な力を持つ場合がある。例えば、高齢者は、ラテンアメリカ系アメリカ人やヒスパニック、アジア系、アフリカ系アメリカ人および移民の家族とコミュニティにおいては、強力な役割を持つ。ラテンアメリカ系アメリカ人の家庭の中には、男性の支配と女性の服従という文化的理想が、母親の地位を強調する概念である「ヘムリスモ」や「マリアリスモ」といった規範を無視している家庭もある（Hines, Garcia-Preto, McGoldrick, Almeida, & Weltman, 1992）。女性が従属的地位にあるように見えて、実は隠れた力を持っているという文化もあり、ロトゥンノ&マクゴールドリック（Rotunno and McGoldrick, 1982）はこれをパラドックスだと述べた。文化の中で女性に与えられていると見られる脚本は、家族システムの中で女性が演じる強力な役割を弱めるものではない。それゆえ、力を評価するにあたって、力配分というのは、家族の文化的状況的準拠枠の理解であるべきで、そこには個人の力と共に、明示的要因と暗示的要因の両方が含まれている。

力に対するアセスメント

多くの複雑な要因、例えば産業化、女性の教育レベルの向上、女性の就業率の上昇、フェミニスト的視点の影響、男女同権運動などにより、西洋の家族は男女の役割がより平等主義的に定義される方向へ向かっているように思われる。同時に、多くの家族が今も、男女の役割の伝統的定義と平等主義的定義の間の矛盾を解決しようとする際の困難に伴うストレスを味わっている。移民の家族が米国に入国する際にも同じ問題に直面する場合がある。

家族がストレスに満ちた状況に遭遇すると、力のバランスまたは配分が乱れ（例：失業、心身の健康状態の変化、衝撃的な出来事）、その結果、家族の力の基盤が再編成される可能性がある。事実、ストレッサーがもたらす感情的な衝撃や騒然とした大混乱により、家族のメンバーの間に力と統制力を求める争いが起こる可能性がある。移行期的な状況においては、この緊張は家族に問題を引き起こす大きな原因となり得る。家族システムにおける力の分配に対するアセスメントにおいては、以下のような点が重要である。

- 過去における家庭内の権力の分配がどのような状態だったか、そして、確立された権力基盤が、家族の状況の変化によって脅かされていないかを判断すること（McGoldrick, 1998；Okun, Fried & Okun, 1999）
- 厳しい状況の中で家族が生き抜くために、権力の分配が一方の性に偏ったものになっていないかを判断すること（Okun, Fried & Okun, 1999）
- 状況の変化がもたらす必要性に応じて、権力を柔軟に割り当て、役割を調整することが家族システムにおいてどの程度認められるかを評価すること
- 家族内の権力分配についてメンバーがどのように考えているかを判断すること。分配が平等でなくても、家族のメンバーがそれに満足しているという場合もある。

ソーシャルワーカーと家族が、権力の基盤ならびに権力の分配方法を評価する際、以下のような多くの要因に対処することになる。「力のバランス」を握っているのは誰か？　正式に指名されたリーダーがいる場合、それは誰か？　権力を行使するために連携したメンバーにより秘密裏に握られている権力はどの程度のものか？　家族の中で異質な存在のメンバーが、隠れた権力をどの程度掌握しているのか？　権力の分配を決定するに際して家族の文化が果たす役割も考慮される。権力の力学と分配が家族の問題において重要な役割を演じていないのであれば、この領域を修正することは妥当ではない。

家族内の権力は状況に従って変化する可能性があり、さまざまなタイミングで、程度の差こそあれ、権力は多くのメンバーに対し分配されるということを心に留めておくべきである。権力をめぐる家族の争いは、そのような家族のプロセスの中で明らかに有害な連携を生み出す場合がある。同時に、すべての家族が権力の問題に取り組まねばならず、何らかの方法で権力を分配しなければならなということも覚えておかねばならない。家族の機能的側面に対するアセスメントを実施する際に見極めなければならないのが、個人の精神的ニーズに応えシステムの健康を増進させる権力構造の機能である。権力構造の機能に取り組むアセスメントでの論点には以下のようなものがある。

- 家族の権力構造は（たとえあなたに馴染みがないものだとしても）、システムがその維持機能を

秩序ある方法で発揮することを可能にするものであるか？
- メンバーは権力をめぐって争っているか？　権力をめぐる争いの中で権力基盤の移動はあったか？
- 権力基盤は、決定権を持つサブシステムにあるのか、あるいは家族内の隠れた連携にあるのか？
- 家族のメンバーは権力の分配の妥当性に満足しているか？
- 権力構造は、家族が文化的遺産を尊重し維持することを許すものであるか？
- 家族の権力構造に文化はどのような影響を及ぼしているか？
- 外的条件はどの程度、家族における権力の調整を余儀なくさせてきたか？

家族の意思決定プロセス

　家族の意思決定のスタイルは、権力の側面に緊密に結びついている。家族の中には、一方では、リーダー不在の家族（行動を決定し方向付ける、あるいは意思決定をまとめるための十分な権力を持つメンバーがいない家族）があるかと思えば、もう一方では、一人のメンバーが意思決定の絶対的権力をゆるぎなく掌握している家族があり、すべての家族がこの両極端の間に位置する。効果的な協議や意思決定はシステムのウェルビーイングを維持するために重要と考えられるが、意思決定の方法を意識的に選択している家族はほとんどない。むしろ、家族の意思決定のスタイルは通常、発達段階の初期において進化し、親あるいは起源となる文化により形作られた意思決定方法に基づいて形成される場合が多い。場合によっては、家族が長期にわたって繰り広げてきた争いが、家族内の権力分配と意思決定の方法に関する互換性のない期待（彼らの知るロールモデルに由来する）を、目に見えないレベルでは解決できなかったという点にまでさかのぼる、という場合もある。子どもたちがシステムに加わると、両親が相互に完全な権力を奪い取ろうと試みて失敗するという状況に巻き込まれる。

　もちろん、意思決定の方法は家族のライフサイクルを通じて変化する可能性がある。例えば、子どもたちはまだ小さい間は、意思決定者の役割を果たす機会を得ることはほとんどない。思春期から青年期になると、家族の意思決定に多く口を出せるようになる。だがそれでも、最終決定権は親というサブシステムに握られている。意思決定権を近親者以外が持つ場合もある。家族の伝統と人種、文化に由来する慣習を反映したものである。例えば、伝統的なモン族のコミュニティにおいては、健康に関する問題について、および西洋の薬を使用することについては、一族の尊敬されている人に相談し、その許可を得なければならない。文化的規範は意思決定において重要な役割を果たす。アッパースーのラコタ族に属する先住アメリカ人の同僚は、意思決定は将来への影響に基づいて行われると教えてくれた。家族内に存在するかもしれない多くの文化的変容と権力分配の選択肢を考えると、意思決定は状況的バイアスに基づき変化し、他の要因により影響を受ける可能性がある。

　家族の意思決定に対するアセスメントにおける最終目標は、意思決定がどの程度、家族のウェルビーイングを促進し、家族システムを混乱させ、衝突を招くのかを明らかにすることである。長期化した、あるいは未解決の紛争は世帯内に派閥ができたり、一部のメンバーが家族から離脱する原因となる。家庭内で見られる意思決定プロセスを評価するためには、家族における効果的な問題解決に固有の要素を理解することが重要である。以下に効果的な意思決定のためのガイドラインを載せるが、これは、サティア（Satir, 1967）のガイドラインに、いくつかの一般的な文

化の変数に関する注釈を追加したものである。なぜなら、それらの変数がこのプロセスに影響するからである。

1.「意思決定には家族のメンバーによる率直なフィードバックと意思表示が必要である」
　ここには妥協すること、意見の相違を認め合うこと、交互に協議しながら意見の相違を解消していくことが含まれる。文化に派生した役割とセリフが、フィードバックを促すのではない。メンバーがフィードバックをするのは、質問されたとき、あるいは未成年者が家族の意思決定に参加していない場合だけである。

2.「メンバーは、家族内でメンバー同士あるいは他者との衝突を恐れることなく、自分が思い感じたことを発言できなければならない」
　米国の基準で衝突と呼ばれるものは、実際に、他の文化においては個人の習慣的な交流の仕方である場合がある。事実、衝突が期待され、受け入れられる文化もあり、そこでは「怒鳴り声や侮蔑」も許容される。非言語的手がかりが衝突の兆候を示すとされる文化もあり、さらには「人は感情的になることが期待され、全員の合意は必要とされない」という文化もある（McGoldrick, 1998；Okun, Fried & Okun, 1999, pp. 40-44）。

3.「率直なフィードバックと意見の表明がなければ、意思決定は家族の個々のメンバーのニーズに応えるものにはならない」
　このニーズは、家族が外的内的ストレスと危機への適応を要求される発達段階の移行を経験する際に生じるものである。

4.「意思決定においては、家族の一人ひとりの側に、システムのすべてのメンバーが『重要である』という哲学あるいは態度が必要とされる」
　すなわち、家族は、他のメンバーに影響を与える意思決定に際しては、個々のメンバーのニーズが考慮されることに合意しなければならないということである。

5.「メンバーは、解決策よりもむしろニーズという観点から考える。これは、システム理論の考え方と一致している」
　これはまた、いくつかの文化においては、集団のニーズと利益が個人のそれよりも優先されるということとも一致している。基本的には、意思決定は、競合するニーズをめぐる争いというよりもむしろ交渉と妥協によるものかもしれない。

6.「家族のメンバーは選択肢を作り出すことができなければならない」
　この行動はグループのブレインストーミングと密接に対応している。そこでは、メンバーは、たとえどれだけ突飛なものであっても、批判や検閲を受けることなく、選択肢を作りだすのだ。個々のメンバーがこの技術を見せるのは、当該問題に対するさまざまな種類の解決方法を引き出すときである。個々のメンバーがこの技術を示すのは、単なる一つの主題のバリエーションとしてのアイデアにとどまらず、当該問題に対するさまざまなカテゴリーの解決方法を引き出すときである。つまり、アセスメントのプロセスにおいては、家族が、解決策の競合に異議を唱える代

わりに、どれだけの選択肢を見いだせるかを特定することがあなたの仕事の一つだと言えるかもしれない。

7.「家族のメンバーは選択肢を処理し、比較検討できなければならない」
　意思決定は家族の中で、情報を集め、メンバーの意見を求め、選択肢に関して熟考したうえで、行われなければならない。さもなくば、関連情報の収集や比較検討することも、家族のメンバーのニーズを実現可能な解決方法との関係において考慮することもなしに、衝動的に意思決定がなされてしまう可能性がある。

8. 効果的な意思決定のためには、「個々のメンバーに作業を割り当てて決定事項を実施するために、家族が整然と行動することが必要である」
　文化的変容には、年齢と性役割、責任と権力が含まれる場合がある。決定事項を実施することは、最初に意思決定をすることと同じくらい重要である。家族システムが無秩序なあまり、意思決定も決定事項の実施も困難なのではないか、という点も考慮しなければならない。自分の意見が求められなかったり考慮されなかったりしたことで、メンバーが決定事項を実施する際の動機づけが低く、それが原因で実施段階でプロセスが頓挫する場合もある。

9.「新しく情報が得られたり、個人や家族のニーズが明らかになった場合に、これに基づいて、初期の決定内容について協議または調整する余地を設けることが、効果的な意思決定のためには必要である」
　もちろん、システムの中には、他と比べてはるかに変化に対し敏感で柔軟なシステムもある。

家族の意思決定に対するアセスメント

　家族の意思決定のスタイルに対するアセスメントを実施するためには、情報を引き出し、意思決定プロセスを観察し、先のガイドラインに照らして気づいた潜在的な文化的変容について考えることが必要である。個々のアセスメントにおいて、機能的なパターンと有害なパターンの両方を探すのだということを忘れてはいけない。さらに、ここで述べた意思決定の技術は西洋文化において受け入れられ奨励されている理想的な家族の機能を表したものだという点に注意が必要だ。このような技術が見られない、あるいは奨励されない家族もあるだろうし、西洋文化に根ざした家族においても、このような技術が十分に開発されていない場合もある。例えば、人種や文化によっては、役割や権力に関して家族内で階層が決められており、その場合、意思決定の有効性を示す指標は異なるものになる可能性がある。同性のカップルの家庭においても、関係性が異性同士の家庭とまったく同じではないので、衝突が生じることはより少ないかもしれない。
　意思決定を、家族という単位が自律して機能するための鍵と考えることは、すべての家族にとって望ましいわけではない。このような技術は、民族的背景を異にする家族においては重要と見なされない場合もある。「合議による共同意思決定」という考え方を持たず、実際に、ここで論じた意思決定の方法とは完全に矛盾する文化的価値観を持つ文化的集団も多い。意思決定に家族のメンバーを参加させ、全員のニーズが満足されることを確保しようとするのは、援助の専門職や社会科学者により支持されている西洋的理想である。本書では家族が意思決定の技術を学ぶことが必要だと述べているが、この技術を家族のメンバーに紹介することが、家族の機能を促進

するのか混乱させるのかについては事前の評価が必要である。後者の場合、一つの混乱が深く染み付いた、文化的に認知された行動パターンを阻害することもある。ゆえに、アセスメントのこの段階で家族と協働することは、必要不可欠なのである。

　現在は両親と暮らしている若いソマリ族の女性の例を検討してみよう。彼女は通学している大学の近くに住みたいのでアパートに引っ越したいと考えている。この引っ越しのために利用できる資源についてアセスメントを実施した際に、彼女は家族が置かれた状況について説明した。すなわち、彼女と家族の他のメンバーは、収入の一部を今もソマリアに住む家族のために仕送りすることが期待されているのだと言う。ケース・コンサルテーションにおいて、この状況について語ったソーシャルワーカーは、この期待がクライエントのウェルビーイングに影響し、「彼女が人生で選ぼうとしている方向性を不当に歪める」ものだと考えていた。さらに、家族のウェルビーイングに寄与するという決定は、その若い女性が家を出て独立して生活することを妨げるものだった。

　この状況に関して、ソーシャルワーカーは、西洋的価値観（すなわち自立と独立の尊重）から見ることで、この若い女性が自分の財産を管理する権利を主張した。ソーシャルワーカーが、この状況に対し、その背景として家族の文化的価値観と規範を考慮することなく、介入を実施したならば、家族システムに混乱を招く可能性がある。この状況は二つの文化の価値観の衝突を示している。このようなケースにおいては、ソーシャルワーカーはクライエントとのワークを行ううえで、クライエントが家族システムやコミュニティから孤立することがないように十分配慮しなければならない。ソーシャルワーカーは、コミュニティとそのリーダーたちをよく知っていたので、ソマリのコミュニティの鍵となる人物たちにアドバイスと支援を求めたが、彼らはその若い女性が卒業まで通学を続けるべきだが、家族の決定を尊重せず一人暮らしをすることは認められないと言った。彼らはさらに、この状況に対する解決方法は家族が決定すべきことだ、とアドバイスした。

　家族のプロセスとしての意思決定は、均一でも万能でもない。権力の場合と同様、この側面には相当のバリエーションがある。それでも、いくつかのスタイルには共通の要素があるかもしれない。マカドゥー（McAdoo, 1993）の研究では、社会的経済的地位が同じアフリカ系アメリカ人と白人を比較すると、意思決定の反応においては、ほとんど違いが見られなかったという。この研究によれば、資源をほとんど持たない社会経済的地位の低いアフリカ系アメリカ人のグループは、他のグループと比べて、人間関係と意思決定のパターンにおいて、より協力的だったという。それゆえマカドゥーは、意思決定とより広範な人間関係のパターンを理解する際に、家族の背景を認識することの重要性を強調する。特に、協力関係が重要なのは、それにより、所得の低いアフリカ系アメリカ人が「アメリカのコミュニティにおいて生き残り繁栄するために」互いに助け合うことにつながるからである（p. 119）。この価値観あるいは義務感は、明らかにアフリカ系アメリカ人に特有のものではなく、他の民族や人種のグループにおいても明白なのである。

家族の目標

　家族は社会的な集団であり、そこではメンバーが通常、特定の目標を達成するために協力し合い、努力を共にする。家族のメンバーは互いに目標について話をするかもしれないし、子どもたちは自身の好みを表明するかもしれない。意思決定や権力と同様、家族の目標は一般に親サブシステムにより設定される。家族が目標設定する方法は2種類のうちのどちらかである。一つ目は、

より大きな社会の目標に調和する共通の目標を選び、これを家族の目標とするという方法である。例えば、子どもの社会化、主要な文化的パターンへの移行、そして家族のメンバーが持つ特定の個人的ニーズや、子育てや安全に関するニーズに応えることがこれにあたる。二つ目は、パートナーが、生まれ育った家庭や文化的起源に由来する個人の目標を、新しい家族に持ち込む場合である。

家族が選び、保持する目標には、家族内で公然と認められ受け入れられている目標と、家族が気づいていない隠れた目標とがある。「子どもを全員、大学に行かせたい」「若者にとって昔のやり方を知るのは重要だ」などは明確な目標の例である。隠れた、あるいは認識されていない目標も、家族システムに深い影響を与える。競争の激しい社会においては、隠れた目標が、家族を社会的地位の向上に向けた努力に駆り立て、その結果、個々のメンバーの行動に影響する。一方、西洋社会に移住してきたばかりの家族は、子どもたちが最大限に機会を享受できるように望みつつ、同時に、自らの伝統的基盤との結びつきを維持し、これを尊重したいと思うかもしれない。一つ目の機会に関する目標は明確に表明される。もう一つの目標は言葉にはされないが、家族のメンバーには理解されている。

家族が危機的状況にある時期には、システムの目標とその秩序化がより明白になる場合が多い。というのは、家族はこのような時期に、競合する複数の目標や価値観からの選択を迫られる場合があるからである。例えば、収入が急に激減するという事態に多くの家族が見舞われているという事実を学ぶと、人はさまざまな反応を見せる。例えば、限られた財政的資源を使い果たしてしまったら、家族は、子どもへの十分な食事の提供が最重要だと判断するかもしれない。児童虐待の定義について調査した研究において、参加者は、蓄えが乏しくなると、例えば枠付きのベッドよりも、子どもたちの食事と衣類を確保することを選択すると報告された。その結果、子どもたちの寝具は床に敷いたマットレスだけになるかもしれない。このような選択をする理由は、彼らが児童保護サービスによる介入を避けようとすることと関係している。子どもが腹を空かして、人目を惹くほどみすぼらしい服装で通学しているような場合は特にそうである（Rooney, Neathery, & Suzek, 1997）。

家族の目標とその実践力の方法が、社会的および職業上の期待と衝突することがある。家族でより安全で良好な環境に引っ越すことを最優先の目標としているシングルマザーについて考えてみよう。この目標を達成するために、彼女は二つの仕事に就いており、うち一つは家族が住むアパートの近所にあるコンビニでの夜間の仕事である。この母親は12歳の子どもに、6歳と8歳の兄弟の世話をする責任を委譲している。このやり方は基本的にうまくいっており、母親は休憩時間に子どもたちをチェックしている。ある夜、近隣住民が当局に、子どもたちが家に放置されていると通報し、これがきっかけで児童保護サービスの介入が行われることになる。母親はひどく落胆し、怒り、困惑する。母親にとって年長の子どもに下の子の面倒を見させることは、家族でより良好な環境に移住するために妥当なやり方だった。しかしながら、母親が目標達成のために採用した手段は責任感を欠いた、問題あるものと見なされた。子どもたちを監督する大人がいなかったためである。母親の行動は、家族のためを思う強い気持ちを考えれば理解できる。特に、彼女たちが育った環境を考えればなおさらである。本ケースの担当ソーシャルワーカーにとって、アセスメントにおいて母親の行動の背景を理解することは重要である。さらに、母親の強い願い（ストレングスの一つ）に注目することで、母親が必要な資源（例えば子育てのための他の手段）を獲得できるよう援助し、彼女の目標達成を支援することができる。

ほとんどの家族において、個々のメンバーごとに重要と考える目標は異なり、共通の目標の中に見いだす価値は異なる。他のシステムと同様に、家族の目標の大部分に対して共通認識がある場合に家族は最もよく機能する。先の例では、一番年上の子どもは、意思決定には参加していなかったかもしれないが、母親の目標を理解していた。母親は親というサブシステムとして、目標達成の方法を決定する際に、幼い子どもたちの意見を求める必要を感じていなかったのか、自分一人で家族のニーズを決定した。しかしながら、一般論としては、家族のメンバーには、その能力に応じて、独自のニーズや目的、個人的希望に関して意見を述べ、目標について協議する機会が与えられるべきである。家族の目標は多様で、危機的状況においては崩壊してしまうかもしれないが、家族の目標は問題解決のための資源として利用できるストレングスを象徴するものである。家族における相互作用の多様なパターンが、目標達成のために発展していくという側面がある。システムの目標を考慮することなく家族の相互作用を調査するならば、見つけ出したパターンの意味を見誤る危険性があるのだ。

まとめとして、以下に示した問いは、家族の目標を評価して、ストレングスと問題の両方を見いだすために役立ててもらおうとして用意したものである。

- 家族集団に方向性を与える目標が、すべてのメンバーに対して明確にされているか？
- 家族の最優先の目標について、メンバーはどの程度知っているか？
- 主要な目標と、その優先順位について、メンバー間に共通認識ができているか。
- 家族は、主要な目標に対する個々のメンバーの共通認識の不足を原因とする衝突を経験したことがあるか。
- 家族が共有する目標は個々のメンバーのニーズを満たし、家族全体のウェルビーイングを促進するものであるか？
- 相互作用のパターンは家族の隠れた目標にどの程度関係があるか？
- 外的プレッシャーは家族の目標に影響を与えるか？
- 家族の目標はどの程度、将来のストレングスと希望への兆候となっているか？

目標が明確である、主要な目標に対する共通認識がある、目標が個々のメンバーと家族全体のニーズと利益に資する限り、家族はこのアセスメントの切り口において、重要なストレングスを見せる。本章を通じて何度も述べてきたテーマをさらに繰り返すが、ソーシャルワーカーは、西洋文化において望ましいとされる特徴に照らして家族を評価する危険を避けるために、家族をその独自の文化および家族の変異の中において考えなければならない。同時に、バイアスのかかった評価を避けるためには、事例のように、単に目標達成のための手段が主流の文化における理想や資源と一致しないからといって、家族に何かが欠けていると見なさないことが重要である。むしろ、家族の具体的な目標を見極め、彼らを適切な背景の中において評価し支援することが重要なのである。

家族の神話と認知パターン

本章ではすでに、家族のルールについて、特にそれが家族の生活のあらゆる側面に広がっているさまについて強調した。ルールは行動的要素と認知的要素の両方を持つ。すなわち、家族のメンバーが示す行動は、メンバー相互あるいは家族という単位、そして世界全体に関する共有され

た視点あるいは神話から生じ、そしてこれと密接不可分である。このような共有された視点は、中立的な外部の観察者の視点と一致する場合もあれば、歪んだ現実認識を表している場合もある。現実認識の歪みとは、言い換えれば、メンバーが抱く、正当な理由のない、自己欺瞞的な、よく体系化された信念である。このような歪みが、家族が同意している信念や神話の一部をなしている場合が多く、これは目標や意思決定における相互作用のパターンと人間関係を形成・維持し、正当化するために使われている。以下の事例はこの点を描写するものである。

事例・・・
　10歳のジェフリーは、校則に対するあからさまな反抗と、問題行動、他の生徒との喧嘩のため、この4年以上の間、教師との関係において常に衝突を起こしてきた。両親は、このようなジェフリーの問題に対して、彼に優れた教育を受けさせるという目標から外れない決断をしようと試みてきた。彼らはこの目標に向けて相互に助け合い、この5年間に3回も転校を繰り返してきた。「教師はジェフリーを理解しようとしていない」というのが、両親に共通の見方だった。このような見方のために、両親は個々の学校との話し合いにおいて、あたかも自分たちが戦場にいるかのように、言い争い、抗議し、自らの権利を擁護して、息子を守らなければならないのだと考えていた。両親は常に尊大な態度を示し、その対立的な姿勢は学校職員を遠ざけていった。本来は相互に折り合いを付けられた問題だったかもしれないのに、このような態度のせいで、学校職員は極端な立場をとるようになった。家庭で両親が教師と学校に対する否定的で怒りに満ちた言葉を絶えず聞かせたことが、ジェフリーの学校での破壊的な行動を強化することになった。
・・・

　上記の事例において、家族の行動と認知のプロセスは、相互に強化し合うものであった。「ジェフリーに問題はない。学校が理不尽なのだ」という神話が、本質的に、学校職員の否定的反応を招くということは予測できる。一方で、家族が学校関係者と否定的な接触をすることで、世界は危険に満ちており、学校職員はジェフリーのニーズに対し注意不足で、信用できないという家族の認知は強化され、確固たるものになる。システムが実際のところ、クライエントのニーズに応えない場合もある。あるいは、これが作られた神話（例：「貧しい人々やマイノリティの両親は信用できない」）である場合もあり、このような神話が、家族との相互作用の性質を決めてしまう。どちらのケースにおいても、これらの交流の全体像を獲得するために、家族とシステムとの関係の背景に対するアセスメントを実施すべきである。

　社会的認知は、個人と家族が情報を、どう解釈し記憶するか、そして、内的外的イベントの分類の仕方に影響を及ぼす。このような主題について体系付けられた分類は「認知的スキーマ」と呼ばれる（Berlin & Marsh, 1993, p. 5）。一般的な意味において、スキーマとは、属性に関する情報を処理する際に利用されることのある一般化であり、物の見方を方向付け（例：ジェフリーの両親）、認知に影響を与える可能性を持つものである。人がある種の特性を持つ人々、例えば、政府から経済的援助を受けている人々やグループを、どのように認知するかを想像してみてほしい。「あるグループの人は、他よりも有能だ」というような見解の基礎になっている神話もある。さらに、ある種の身体的特徴を持ち、ある特定のスタイルの服装をしている若者のグループを見ることが、彼らを暴力的な不良集団の一員だと認知するためのきっかけとなる。スキーマから引き出される蓄積された記憶は、特定の均一な集団と家族が共有した経験の不可欠な一部となり得

る。例えば、人種差別や抑圧を受けてきた歴史を共有するアフリカ系アメリカ人にとっては、異人種間の交流や警察との接触において、人種が影響していない場合に気づくことが難しいかもしれない。先住アメリカ人のコミュニティでは、多くの歴史的トラウマを経験してきたため、援助の専門家に対して敏感で疑い深くなっている場合がある（Hand, 2006）。さらに、正式な支援機関について十分な知識を持たない一部の他のグループにおいては、数え切れないほどの不慣れな官僚的組織と関わり合うことに嫌気がさしている。

バーリン＆マーシュ（Berlin and Marsh, 1993）は、スキーマと結びついた認知は、特定の事象または症状の発生の後も、長く残存する可能性があると主張した。もちろん、すべてのスキーマが問題をはらむというわけではない。重要なのは、スキーマが情報の素早い処理を可能にする発見的手段として機能することを忘れないことである。スキーマを基礎とする認知が脅かされると、結果として認知的不協和が生じることになり、それゆえ、これを簡単に他に置き換えることはできないのである。スキーマは家族内および外部との境界設定のパターンとして機能する可能性もある。

潜在的に発達の障害となるのは、集団からメンバーの一人を変わり者あるいは逸脱者として選び出す家庭内の強固な信念あるいは神話である。認知の仕方の中における信念や神話は、例えば「病人」「悪人」「変わり者」「怠け者」のような剥がすことのできないレッテルを貼ることもあれば、家族の一人がスケープゴートとされ、問題の責任をすべて背負わされることになる場合もある。この相互作用パターンは、問題ある交流やコミュニケーションは他のメンバーにも責任があるという事実を曖昧にするものである。肯定的と考えられている属性も、神話や信念を増幅させる場合がある。例えば「ハンサムな」「頭がいい」「意欲的な」は否定的なレッテルと同じ程度に耐えがたい負担となる場合があり、メンバー同士の関係を壊し、仲違いさせる可能性がある。例えば、このようなレッテルは、一人のメンバーが過度に注目され、称賛や評価を集めることに対する反感を他のメンバーの間に生み出す。レッテルは、肯定的なものか否定的なものかを問わず、家族のメンバーの役割をステレオタイプ化し、それにより、他のメンバーは一つの想定された特徴を前提として接するようになり、個人の特性や態度、ストレングスの幅広さを見過ごしてしまうことになる。その結果、神話と信念、それに伴うレッテルは、個々のメンバーの行動における選択肢を制限し、周囲の他のメンバーの選択肢も制限することになる。

家族の役割

家族の役割は相補的かつ相互的なものであり、家族のメンバーは家族システム内での社会的役割を割り当てられる。役割理論は家族システムに適用されるとき、家族の個々人が多くの役割を果たし、それが統合されて家族の構造となり、期待された行動、許された行動、あるいは禁止された行動を示すことになる。ニカルズ＆シューウォーツ（Nichols and Schwartz, 1998）は、家族の役割は相互に独立しているものではなく、むしろ、役割行動には二人以上の相互的交流が含まれるのだと述べる。家族システム内の役割は法的あるいは事実上の地位、あるいは文化的社会的脚本を基礎として割り当てられる。多くの家族において、性別を基礎とした役割分担が行われる。同時に、権力や意思決定の場合と同様に、役割も柔軟性を持ち、家族システム全体に浸透している場合もある。

役割および役割期待は社会的相互作用を通じて獲得され、社会的地位や性別がその根拠とされる場合がある。役割的地位は、人を特定の社会的ポジションに位置づける。これに対し、個人が

家族システムで果たす役割は、特定の態度、すなわち、その特定の状況に置かれた人々に期待されるふるまいを伴う。

　家族システムにおける役割を整理すると、個人の役割行動は「制定された」「指示された」「理解された」の3つに分類される（Longres, 1995）。「制定された」役割では、例えば母親は、家族内でのポジションに期待される実際の行動に従事する。「指示された」役割は、その人に対する他者の期待に影響される場合がある。例えば、愛着理論の主要な根拠は母子間の心の触れ合いが重要であるということである。しかし、他の文化から学んだところによれば、子どもは生活する中で広範囲の大人たちと触れ合い、親しくなる。「理解された」役割行動は、その役割を担う人に対する他者からの期待に焦点を置く。例えば、家族が銀行員と相互作用をする場合、家族における主要な意思決定権者であり家長であるのは、常に男性であると思われているかもしれない。

　役割は学ぶことも獲得することもできる。例えば両親としての役割は、他者から学び、経験を通じて身に付けるものである。同様に、カップル間の関係において存在するさまざまな役割は、長期にわたる相互作用を基礎として学ばれるものである。個人同士のそれぞれの役割期待に対する満足は、人間関係の調和の程度を示すものである。ジャンツェン＆ハリス（Janzen and Harris, 1997）は「調和した」対人関係における役割を、独立的—依存的関係と呼んでいる。加えて、役割は「相補的」あるいは「対称的」なものになる場合もある。相補的な独立的—依存的役割の例は、双方のニーズが満たされている親子間に存在する関係である。これに対して、対称的関係とは、パートナー同士が家事、意思決定、子育ての義務を分担しているカップルにおいて見られるように、平等な関係である。役割は多くの部分で静的なものではなく、むしろ相互作用と話し合いを通じて発展していくものである。その結果、役割は伝統的なステレオタイプ的役割行動には反するものになる。実際には、ほとんどの家族において、役割関係は一つの座標軸に沿って機能し、相補的、代償的、あるいは対照的と位置づけられる。

　人生の移行や葛藤に直面すると、役割行動の変化、柔軟性、および修正が必要になる場合が多い。家族は、例えば高齢の親戚が一緒に暮らすようになり、それに必要な適応をする際に、「役割移行」の困難を経験する場合がある。高齢の親は、成人した子どもへの依存状態に適応することに困難を覚えるかもしれない。子どもの独立に伴う空虚感への適応が、親にとってもう一つの重要な変化になる場合もある。家族の衝突は、役割に対する意見の不一致があったり、特定の役割を担う個人が過重な負担を強いられるなどして、個人が自らの役割に不満を感じる場合に発生する可能性がある。例えば、しつけに関して両親の意見が食い違う場合がある。一方の親は子どもに厳しすぎ、もう一方はもっと寛容に育てたいと考えるような場合である。

　「役割間の葛藤」は、個人が競合する複数の役割を果たす義務に直面した場合に発生する。とりわけ、2つ以上の役割が両立し得ない場合に発生しやすい。仕事を持つ女性の懸念事項に関する調査において、ルーニー（Rooney, 1997）は、女性たちが、既婚未婚を問わず、複数の役割の調整に困難を味わっていることを見いだした。この研究における女性たちの説明によると、役割に伴う過重な要求のために、複数の役割をうまく調整しようとして、結局は行き詰まりを感じることになるのだという。複数の役割とは、例えば、妻あるいはパートナー、母親、娘、従業員、そして多くの場合、年老いた親の介護者などである。複数の役割を引き受けること、性別を基礎とした役割に従うこと、そして時間的プレッシャーが複雑な様相を呈するのは、仕事と家庭の分離、鈍感な職場のポリシー、自分のための時間の不足などの要素がある場合である。この研究における女性たちは対人関係に関する葛藤、体力の減退、身体的健康に関する不安についても報告

しており、これは彼女たちの仕事におけるパフォーマンスと私生活の両方に悪影響を与える。

マイノリティの女性たちは、同様のジェンダー分業に基づくストレッサーを経験した。さらに、ジェンダーに基づく役割分担は、その役割への期待と明白に結びついた、強力な文化的規範からのプレッシャーを伴うものであった。シングルマザーにとっては、もう一人の親が不在であることにより、彼女たちが家族システムにおける男性と女性の役割の両方を担わなければならないことを意味した。さらに、未婚の、結婚経験のない女性たちは、自分が他のメンバーたちから、家庭内の高齢者の主な介護者としての役割を期待されていると報告している。マイノリティの家族について検討するときにポイントになるのは、役割間の葛藤が、より大きなコミュニティとの交流において発生する場合があるという事実である。例えば、高齢者の世話をすることや、より広い意味において家族に対する責任を負うことに対する文化的期待である。

複数の役割を遂行することで矛盾が発生する場合には、その家族での役割間で緊張関係が発生する場合がある。広範な責任を負いながら、同時に従順さも求められている子どもについて想像してほしい。同じく、共に家族の経済的利益に貢献しながら、家族の財産の使い道についての決定権は平等に与えられていない二人のメンバー間に葛藤が発生する可能性について、考えてみてほしい。当然、後者の二人は補完しあう関係か、見返りを求める関係かもしれない。それでもなお、双方ともがその決定に満足していなければ、緊張関係が発生し得るのだ。

家族内の役割分担、役割の定義のされ方、および役割葛藤について理解することは、役割という切り口におけるアセスメントの重要な要素である。個々の文化あるいは家族の構造ごとに、役割に関する独自の定義があり、ソーシャルワーカーはこの定義と家族のメンバーのニーズとの適合度を判断し調査することも必要である。ゆえに、アセスメントにおいては、メンバーが各々の役割にどの程度満足しているかを検討する必要があり、メンバーが不満を抱えているようであれば、決められた役割の修正または変更に、家族が快く従うか否かを考慮しなければならない。

家族のメンバーのコミュニケーション・スタイル

多くの文化的集団に共通のテーマの一つが、率直な感情表現を妨げるパターンに関するものである。西洋の文化においては「率直で正直なのが一番」という価値観が強調されるが、現実には、ほとんどの人々が、自己の権利主張や他者との対決を、特に前向きな方法で行うことには相当な困難を感じている。文化を超えた共通の論点のもう一つは、世代的な問題かもしれないが、人々が相互にコミュニケーションを取る手段を、複数持っているということである。例えば、若者は、どの世代の若者もそうであったように、独特の言葉や言い回し、略語などをコミュニケーションのレパートリーとして用いる。この世代は、Eメール、ショートメールや、個人のウェブサイトを、他者とやりとりをする際の主要な方法として用いることが多い。これらのコミュニケーション手段に問題があるわけではないが、これらは伝統的なコミュニケーションのルールに従っていない場合もある。例えば、「私（"I"）」を用いた発言、不完全な文章の使用、劇的な演出、形式を無視することは、一般的にコミュニケーションを阻害すると考えられているコミュニケーション手段である。

ゆえに、多様な集団出身の家族が経験する問題は、寛容さに関する文化的規範によって部分的に発生している可能性がある。変化を起こそうと試みる前に、まず最初に、家族のコミュニケーションにおけるパターンとスタイルが、メンバーの人間関係に否定的な影響を及ぼしていないか、さらには変化が望ましいか否かについて判断する必要がある。メンバーの一人が変化の必要性に

ついて合意すれば、この人と共に前進することができるが、このような変化を起こすことに伴う文化的意味について検討することになるだろう。家族のコミュニケーション・パターンは、文化的影響を受けているか、別途確定されたものであるかにかかわらず、家族に重大な問題をもたらすような不完全なものであるかもしれない。家族のコミュニケーション・スタイルの影響に対するアセスメントに際しては、コミュニケーションの複雑さを認識し、メンバーのコミュニケーション・スタイルとその他の関連要素が果たす役割を評価できるよう、準備しておくことが必要である。

事例を通して考えてみよう

◇帰省

　ジャッキーとアナは、ジャッキーの希望によりセッションを予約した。この二人の女性は共に白人で、年齢も近いように見えた（25〜35歳）。ジャッキーはレストランのオーナー・シェフである。

　二人は交際を始めて5年になり、この1年間は一緒に暮らしている。二人がカップル・セラピーに参加することになったのは、休暇の計画についての意見の不一致が理由だった。二人とも、休暇を一緒に過ごしたいという気持ちは同じなのだが、ジャッキーは休暇中に実家を訪ねたいと思っていた。実家は他の州にあり、長く家族に会っていなかったからだ。アナはジャッキーの両親が住む実家では、あまり快適に過ごすことができないと言った。アナはジャッキーの両親が二人の関係を快く思っておらず、そのためアナに対する態度がよそよそしく、有意義な関係を避けていることに気づいていた。事実、二人が家族の結婚式に出席した際、アナは家族と一緒に写真におさまるように誘われなかった。

　ジャッキーは最近、自分がレズビアンであることを両親に告白した。ジャッキーが、アナは自分にとって大切な人であり、一緒に暮らし始めるつもりだと打ち明けると、両親は何も言わず、他の事をしていた。この離脱行動は、ジャッキーの家族の中で常態化した。ジャッキーの説明によると、家族は「あからさまに感情を表現することはまずなく、何があっても大騒ぎはしない」のだと言う。にもかかわらず、ジャッキーは両親が娘の性的指向について快く思っていないことは認識していた。アナは二人の家族のスタイルに違いがあることは認めており、自分の家族では「互いに秘密を持たず、全員の状況について率直に議論される」のだと言う。アナはジャッキーに、自身の性的指向に関する話題を持ち出して、もう一度両親と話し合うことで「ジャッキーが両親との絆を強め、ジャッキーの両親が、早く二人の関係を受け入れるようにしてほしい」と願っていた。

　自分にとってのこの会話の意味を見つけるようにと言われて、プレッシャーを感じ、最後通告を受けたようだったとジャッキーは話した。ジャッキーにとって、両親と「もう一度その話をするというリスクを冒すことは、あまりにも大きな犠牲を強いる」ものだった。ジャッキーにとっての最悪の状況は、両親に締め出されてしまうことだった。アナは、ジャッキーが自分の要求を最後通告ととらえ、プレッシャーを感じていたのを知って、自らの考えを明らかにし、態度を軟化させた。アナにとって、その会話は「ジャッキーの心を開くため」のものだった。アナは自分の実家に行った際にも同様のことがあり、「ジャッキー

は打ち解けてはいなかった」と言った。
　休暇を過ごす計画について、アナはジャッキーの家に行くことに同意した。二人は一緒に家族のために料理を作り、二人からのプレゼントをすることで、二人が一体であることを示すことにした。夕食時に二人が手をつないでいることを計画し、さらに、次回のセッションでそれについて話し合う時間を持ちたいと言った。二人の最終目標は、互いのコミュニケーションを改善することである。

コミュニケーションの一貫性と明確性

　家族のメンバーは、言語的手段と非言語的手段の両方を用いてメッセージを伝え、それらのメッセージを、その他の言語的非言語的メッセージを用いて修飾する。一貫性はこららのコミュニケーションの二つの側面が一致していることを言う。一貫性と明確性は、家族全員の合意が得られていない目標にも関わる場合がある。例えば、アナはジャッキーに対して、自らの性的指向について両親と話をしてほしいと望む。アナのメッセージの内容は明白だが、ジャッキーとアナの目標は異なる。あなたは、アナとソーシャルワーカーの面接を見て、アナのメッセージの一貫性についてどのように表現するだろうか？

　コミュニケーション・スタイルを観察する際に、ソーシャルワーカーの仕事は、コミュニケーションの「一貫性」を評価することである。サティア（Satir, 1967）やその他のコミュニケーション理論の研究者によれば、メッセージは、以下の3つのコミュニケーション・レベルのいずれかによって修飾されるという。

言語レベル

　人々が意図やメッセージを説明する際、彼らはメタ・コミュニケーションのレベルで話をしている。例えば、アナがジャッキーに対し、両親に話をしてほしいと主張する際、そこに込められたメッセージは「本当に私の気持ちを大切に思っているのなら、二人の関係について、両親を説得してくれるはずだ」というものだ。コミュニケーションにおける矛盾は、2つ以上の相反するメッセージが、同じ言語的手段を用いて、続けて送られた場合に発生する。例えば、ジャッキーが両親に性的指向について話すことを快く思わないことについてアナはジャッキーに、「私のアドバイスに従ってほしい。あなたは自分自身で決断するべきなのよ」

非言語レベル

　人々は自らのコミュニケーションを多くの非言語的方法を用いて装飾する。例えば、身振り手振り、顔の表情、声の調子、姿勢、アイコンタクトの強さなどである。非言語的メッセージは、言語的メッセージ（アナは家にゲストとして歓待された）と矛盾し、これを修正する言語的メッセージ（「家に来てもいいけれど、ジャッキーの人生にとって大切な人としてあなたを歓待する義理はない」）を強化する場合もある。ジャッキーとアナが一緒に出席した結婚式で、アナが家族写真に一緒におさめられなかった場面についても考えてみてほしい。

背景のレベル

　コミュニケーションが発生する状況の違いにより、話者の言語的・非言語的表現が強化されたり、不適切とされたりする場合がある。例えば、ジャッキーはアナの言葉を「今すぐ」という最後通告ととらえ、非難されたように感じる。しかしアナに目を向けると、アナの表情と口

調が和らいでいくのに気づく。アナがジャッキーにメッセージを送った背景あるいは状況によって、彼女の言語的表現が適格なものになるのだ。他の場合には、非言語的表現は逆効果になり、言語的メッセージと非言語的メッセージの内容に不整合が起こることになる。

機能的にコミュニケートすることができる人は、コミュニケーションのレベル間の矛盾を見いだし、人の言葉や表現に不一致があった場合には、それを明確にしようとする。そこで、アセスメントのために重要になるのが、家族システム内の個人の側の言語的・非言語的・背景的レベルにおけるメッセージにどの程度「一貫性」があるかという点だ。コミュニケーションの一貫性について検討することに加えて、メッセージの「明確性」を評価することも重要である。「神秘化」(Laing, 1965) という言葉は、家族がコミュニケーションを混乱させ、覆い隠し、人間関係における意見の不一致や衝突を曖昧にするさまを表現した言葉である。コミュニケーションの「神秘化」は、無数の多様な方略により可能になる。この方略の中には、相手の経験を不適切と見なすことも含まれる（アナはジャッキーに「ご両親に話すべき」と言った）。この発言は、両親との話し合いは気が進まないというジャッキーの気持ちに対する尊重を感じさせるものではなく、ジャッキーの気持ちを不適切だと断じるものである。他にも、特定の人に向けられたものようには思われない応答をしながら、実は特定の人に届くことを意図してメッセージを送る、という方略もある。そこでは、発言者に関する情報を巧みに曖昧にした責任逃れの応答を用いたり、複数の意味を持つ皮肉を込めた応答が行われる。子どもやペットに向かって話すことで、相互にメッセージを伝え合うカップルもいる。

　カップルは自分が育った家族のルール、相互作用、コミュニケーションのパターンを二人の関係に持ち込み、行動に表す場合が多く見られる。例えば、アナは「私の家族は互いに秘密を持たず、全員の状況について率直に議論する」と言う。これに対し、ジャッキーは、「何があっても大騒ぎはしない」という家族のルールに従うことで、家族のホメオスタシスを維持したいと考える。ジャッキーとアナが、二人の関係とジャッキーの両親の反応について、過去に話し合ったことがあるのは明らかだった。カミングアウトに関して、二人は異なる段階にある。アナは、二人の一連の相互作用を通じて、ジャッキーとその家族は、二人の関係における問題と考えているようだ。例えば、アナはジャッキーに両親ともう一度話をするように説得しており、アナの考えでは、それは二人の関係にとって特別な意味を持つ。ジャッキーは当然ながらそれに前向きではなく、相互作用が繰り返される悪循環が成立している。

コミュニケーションの阻害要因

　第7章において、私たちはコミュニケーションの障壁を数多く特定した。ソーシャルワーカーがこれらを用いると、クライエントのコミュニケーションを阻害し、セラピーの進行を妨げる。同様に、家族のメンバーはしばしば、他者とのコミュニケーションにおいて、このような応答を繰り返し用い、それによって意味のあるやりとりが妨げられ、人間関係に緊張が生じる。率直なコミュニケーションの妨げとなる応答の分類は、表10-4で強調されている。

　コミュニケーションの障壁に対するアセスメントは非言語的行動も対象に含む。例えば、相手をにらむこと、家族のメンバーから顔を背けること、そわそわすること、姿勢を変えること、指差すこと、嫌悪や軽蔑の表情を見せること、などである。非言語的行動は、言語的レベルと非言語的レベルのコミュニケーション間に不一致がある場合にも、コミュニケーションの障壁となる。

表10-4 コミュニケーションの障壁

時期尚早に話題を変えたり、話題を避けたりすること
いきすぎた質問をしたり、相互作用を支配したりすること
同情、弁解、気休めや忠告をすること
心を読むこと、診断、解釈、過度の一般化をすること
過去のネガティブな出来事を現在の人間関係に持ち込むこと
ネガティブな評価、非難、中傷、批判
命令、脅迫、叱責
辛辣なユーモア、度を越した冗談、からかい
会話で自分のことばかりに焦点をおくこと

すべての家族が、会話のレパートリーの中にコミュニケーションの障壁を抱えている。しかしながら、家族のメンバーの中には、自らのコミュニケーションを観察し、自らの応答が相手に悪影響を及ぼす場合には、これを調整するという人もいる。家族のコミュニケーション・スタイルを観察する際には、次の3つの点について評価することが重要である。

- パターン化されたネガティブなコミュニケーションの存在
- このようなネガティブなパターンが広がること
- システムの個々のメンバーが持つ、コミュニケーション・スタイルの修正能力

上記の要因を評価することに加えて、家族システムの個々のメンバーが相互に関係を持ち、反応する際に、繰り返し発生するコミュニケーション・スタイルのさまざまな組み合わせを見いだすことが重要である。例えば、家族の一人が、他の人を支配し、批判し、攻撃し、非難し、その一方で、もう一人が、防御し、謝り、なだめ、同意する、ということが頻繁に発生するような場合である。

一人のメンバーがもう一人を攻撃したり非難し続けるようなやりとりにおいては、そのもう一人は、自らの立場を守り続けるという傾向があり、これによって「過失─防御」のコミュニケーション・パターンが生じる。攻撃や非難は一般に「あなたは絶対に……しない」という形をとり、言われた相手は、その非難と矛盾するような例を持ち出して反論し続けるという。このような状況においては、衝突のトピックや議論の内容が変化しても、夫婦や家族が相互に関係し、シナリオを作り上げるやり方は変わらない。さらに、カップルが相互作用を行う多数の領域を通じて、パートナー間の似通ったやりとりが繰り返し現れる。家族やカップルのコミュニケーションにおいて発生するテーマの構造は限られているものだが、これらは人間関係の緊張感を高める。ソーシャルワーカーとしてのあなたの仕事は、彼らが、自分たちのコミュニケーション方法が、テーマに関する一定のパターンを持つということに気づくための手助けをすることである。例えば、「誤った防御」のパターンに従うのを許すのではなく、彼らに、自らの相互作用の反復について理解させ、感情や不平不満を表現する際の相補的あるいは対称的パターンについて学ばせることにより、問題が解決される可能性がある。

受け手側の技術

カップルや家族がコミュニケーションのさまざまな方法を学ぶのを支援する中で、彼らがメッセージを受け渡す方法に注目することは有用である。これにより、コミュニケーションの促進を可能にするメッセージ授受の技術を彼らが身に付けられるよう、支援することができる。

家族のコミュニケーションにおいて決定的に重要な側面は、システム内の他者の内面的思考

や感情に対する、感受性または率直さの程度である。感受性は特定の受容技術を用いることにより表現することができる。この技術については後に簡単に論じる。あらためて注意を促しておきたいのは、これらの技術は西洋の伝統に沿ったものであるため、他の人種や民族集団においては、これがなじまない場合もあり得るということだ。

これらの技術について検討する前に、強調しておかねばならないのが、家族の大多数が、その言語的非言語的応答技術に関してつながりに沿って機能しているという点である。家族によっては、送り手のメッセージに対する理解を伝え敬意を示す応答パターンを観察することができる場合もある。別の家族においては、メンバーの示す反応が嘲笑や否定的評価、人格に対する軽視といった形を取りながらもなお、問題の兆候ではないという場合もあり得る。さらに別の家族においては、メンバーが「二重の独白」を行っている場合もある。これは、コミュニケーションが同時に行われ、事情を知らない人が見ると、自由参加型の討論のように見える可能性があるというものである。家族のメンバーが、家族や準拠集団に特有の言葉や言い回し、身振り手振りを用いる場合もある。一般に、促進的な受け手の技術は、他者の見解や認識の表明を促し、歓迎し、認めるものである。例えば、自由参加型の会話においては、応答を誘い、促しさえするが、あなたに最もなじみのある方法で行われるわけではない。このような状況においては、家族のメンバーは、たとえ、衝突を引き起こす可能性があったとしても、同意するかしないのか。理解や受容を伝える促進的な応答の例を以下に示す。

- 身体的な集中(すなわち、まっすぐ合わせた視線、受容的な身体の姿勢、手振り、関心を示す表情)
- 「傾聴」または家族の応答を言い換え、語り手のメッセージのエッセンスを新鮮な言葉を用いて繰り返すこと(例:「あなたがおっしゃったのは……ということですね」あるいは若者であれば「うん、わかる」と言うかもしれない)
- メッセージを明確にするよう促す、受け手の応答(例:「もう一度お願いします。おっしゃる意味がわかりません」「あなたは……という意味でおっしゃったのだと思っていますが、合っていますか?」)
- 語り手のさらなる詳述を促す、短い応答(例:「おお」「なるほど」「もっと聞かせてください」)

送り手側の技術

コミュニケーションのもう一つの側面は、家族のメンバーが内面の思考や感情を、システム内の他者とわかち合うことができる程度に関するものである。ベクバル&ベクバル(Becvar and Becvar, 2000b, p. 274)はこの性質を、家族の個々のメンバーが自らを、感情や思考を持って行動する価値ある独立した個人であると表現して、自らの思考・感情・行動に責任を持つための能力だとしている。正しく機能すれば、「私("I")」メッセージは、一人称で語られるメッセージで、語り手が経験した快い感情や不快感情、思考、反応などを、率直にかつ一貫性をもって明らかにするものである(「私は……と感じる」「私は……と思う」「私は……を望む」)。ソーシャルワーカーにとって重要な仕事は、家族のメンバーが包み隠さず、率直に、一貫性を持ってコミュニケーションできる雰囲気を作るために力を貸すことである。

このような雰囲気は、家族のコミュニケーションが、特に回りくどく、曖昧で、用心深く、個人が感情、思考、イベントへの参加について責任を持てないでいるような状況とは、正反対のも

のである。このような家族においては、「私（"I"）」メッセージよりも、「あなた（"you"）」メッセージが用いられやすく、これにより、責任を曖昧にしたり回避したりし、あるいは自分の感情を他人のせいにしたりする（例：「あなたが私を混乱させるから、忘れてしまった」）。このようなメッセージはコミュニケーションの障壁となり、他者の行動に対する多くの命令（「すべきだ」「しなさい」）を含む場合や、メッセージの受け手を否定的に評価する場合が多い（例：「あなたはそんなふうに感じるべきではない」）。

家族のコミュニケーション・スタイルを評価するにあたっては、個々のメンバー（および集団全体）が促進的なコミュニケーション・スキルを利用できる程度を把握できるように支援することが可能だ。関連する指標を用いてシンプルなグリッドを作り、家族の他のメンバーにより、応答をプラスまたはマイナスで評価してもらうことが可能である。

ストレングスと成果、成長を認める受け答え

個々の家族のメンバーが自信を深めるために必要不可欠なのが、その人の価値と可能性を一貫して認める他者からのメッセージである。絶え間ないネガティブなメッセージ（例：嫌がらせ、攻撃、批判）等により他者の経験を貶め、否定するようなコミュニケーションのレパートリーが用いられるパターンに気づいたら、あなたは、このようなパターンを修正するために介入すべきである。好循環に入った家族のメンバーは、機会を与えられれば、他のメンバーの欠点よりも、肯定的な側面に注目できるようになる。あなたの仕事の主眼は、家族が自分たちのストレングスと成果を認める能力を高めることと、家族のコミュニケーション・スキルを高め、相互作用を促進する雰囲気を作り出すことにある。実際に、家族の移行や、内的外的ストレッサーは、それまで有効だったコミュニケーション・スキルさえ危うくする場合があるのだ。

家族のライフサイクル

家族のライフサイクルは、家族アセスメントにおける最後の切り口である。そこには総体としての家族が通過しなければならない発達段階も含まれる。デュバル（Duvall, 1977）等の研究者による独創的な研究を基礎として、カーター＆マゴールドリック（Carter and McGoldrick, 1988）は米国の中流家庭のライフサイクルの概念的枠組みを開発した。このモデルは、3～4世代にわたるシステムの全体に注目し、時間軸に沿って、予測できる発達的イベント（例：誕生、結婚、定年退職）と、ライフサイクルのプロセスを混乱させる予測不能なイベント（突然の死、発達遅滞を抱える子どもの誕生、離婚、慢性疾患、戦争）の両方を含むものである。

カーター＆マゴールドリック（Carter and McGoldrick, 1988）は、家族の発達における6段階を特定した。この6段階はすべて、メンバーの入れ替わりに関わる節目のイベントに長期的に注目したものだ。すなわち、以下のとおりである。

1．独身青年
2．新たなカップル
3．幼い子どものいる家族
4．青年のいる家族
5．子どもを社会に送り出そうとしている家族
6．家族のその後の人生

これらの段階をやり遂げるためには、家族は一定の課題を成功裏に完了しなければならない。例えば、独身の青年は、他の人と一緒に新しい家族システムを形成する前に、まず、生まれ育った家族から自らを切り離して「自己」とならなければならない。新たなカップルと生まれ育った家族は、両者の関係について改めて話し合わなければならない。幼い子どもがいる家族は、過保護と放任の間の微妙なバランスを見いださなければならない。これらすべての段階において、問題が最も現れやすいのは、家族のライフサイクルが展開する中で、妨害や転移が発生し、家族が「行き詰まり」、次の段階への移行が困難になっていることを示す場合である。

もちろん、現在の世界では、ライフサイクルのバリエーションは発生しやすい。家族は変化し、最適応することによって、ライフサイクルの中で発生する、ストレスに満ちた規範的・非規範的移行に対処することができる（McKenry & Price, 2000）。現代の家族のライフサイクルにおいては、マイヤー（Meyer, 1990）が述べたように、イベントのタイミングと順序に関する限り、基本的なルールが変化している。現在、私たちの社会の大半において、教育、仕事、恋愛、結婚、誕生、定年退職のタイミングと順序は一定ではない。高齢者が学校に入りなおす場合もあれば、成人した子どもが両親と一緒に暮らしている場合もあり、出産も今では伝統的な家族形態に独占された領域ではない。ライフサイクルにおける一段階は、さまざまな変化のために、必ずしも直線的に進むわけではない。この世界では、人生のイベントは、あらかじめ定められているものではない。むしろ、自己認識や機会に対する、個々の独立したさまざまな要素が混ざった反応である場合が多いのである（Meyer, 1990, p. 12）。

家族のライフサイクルに関しても、文化の違いによるバリエーションが発生する。すべての文化において、人生はいくつかの段階に区分され、各段階においてふさわしいとされる期待が伴う。それにより、男性あるいは女性であること、若いということ、成長して家を出ること、結婚して子どもを持つこと、年老いて死ぬことの、それぞれの意味を定義する。多様な家族にとってのライフサイクルの意味を探ることは、彼らの視点に立って、重要な人生の節目を見定めるために、特に重要である。西洋社会では否定的な意味を持つ文化的変異には、法に定められた結婚可能年齢と各文化で伝統的に定められた年齢とが異なること、子どもに対する家族の責任と役割などの相違がある。そのため、他国から移住してきた家族は、母国では当たり前だった行為に対して否定的な反応を受ける場合もある。先述のソマリ族の若い女性の事例を思い出してほしい。ソーシャルワーカーはこの事例において、この女性が家庭での義務のために独立を妨げられており、これにより混乱の原因となる家族の力学が発生する可能性があると感じていた。カーター＆マクゴールドリック（Carter and McGoldrick, 1999b）は、家族の発展とライフサイクルにおける期待に関して、文化が重要な役割を果たすことを強調している。そのため、文化は、ライフサイクルにおける特定の発達段階における家族の機能に対するアセスメントにおいて、重要な切り口の一つとなる。

■まとめ

本章では、家族に対するアセスメントにおいて役立つシステムの概念と切り口について紹介した。家族は対等な人だけで構成されるものではなく、総体として望ましい模範的な機能を示すのでもない。システム的視点は、家族の背景、プロセス、相互作用、構造を理解し、家族の機能を促進または阻害する内的外的要因を評価するのに役立つ。社会システムとして、家族はすべての

メンバーと相互に影響を与え合う。家族は独自に、暗黙のルール、権力構造、コミュニケーション形態、協議と問題解決のパターンを作り出す。家族はより大きな社会的環境の中で交流することにより、相互に影響を与え合う。

その形態、構成、階級、人種、民族を問わず、家族はメンバーのニーズを満たすために重要な役割を果たす。家族の機能を評価する仕事がこれほど困難だった時代はかつてなかった。この困難は、家族の定義の変化と、米国における人種や民族のグループの多様化に起因している。ソーシャルワーカーとして、リーダーシップや序列、意思決定のプロセス、相互作用のパターン、コミュニケーション・スタイルとの関連において、家族や文化の多様性を尊重することはきわめて重要である。

最後に、本章で論じたアセスメントの切り口の大部分が、家族システムとその機能に関する西洋的視点から発展したものだということを強調しておきたい。これらの切り口のすべての側面が多様なグループにおいてどの程度見られるのかについては、論文においても十分に論じられていない。そのような中、家族の背景（すなわち、文化）は、多様な家族とのアセスメントのプロセスの中できわめて重要な要素になる場合がある。それは家族のルール、役割、境界、コミュニケーション・パターン、そして家族と他の社会システムとの経験を決定づける場合がある。

■技術向上のための演習問題

1. あなたの家庭では、どのような会話のスタイルが好まれているか？
2. あなたの家族における、各権力形態について説明し、誰がその権力を握っているかを特定せよ。家族内でその権力が、いかなる形であれ、文化に基づき構築されているのか否かを明らかにせよ。
3. 過去にワークをしたことのある社会的に抑圧された家族について熟考し、本章で主張されている、一部の家族にとって抑圧は規範的経験であるという主張に対するあなたの意見を簡潔に書き留めよ。
4. 効果的な意思決定のためのガイドラインを再読して、自分の家族がこのガイドラインに沿っているか、評価せよ。適切な場合、文化的変異についても特定せよ。
5. 自分が10代の母親であり、ソーシャルワーカーとの初めて会うことを想像したとき、初回コンタクトにおいて、どこから話を始めたいと思うか？
6. 家族のストレングスを評価するために使える質問または指針のセットを構築せよ
7. 問題とストレングスのどちらに注目するかという論点は、ソーシャルワークという職業において、現在も議論されている。この論点に関するあなたの意見を述べよ。
8. あなたが機関や資金源、政策立案者と関わるにあたって、クライエントのストレングスが、大小どのような役割を果たすかについて検討せよ。これらの組織のいずれかまたはすべてに対して、ストレングスという考え方を明確に伝えるために、あなたならどのように述べるか？
9. あなたが現在関わっているケースについて想起し、そのケースに適用できる、関連するシステム概念について検討せよ。
10. あなたの家族において、内的および外的境界の維持がどのように機能しているか説明せよ。
11. ジャッキーとアナの相互作用を観察し、表10-4を用いてコミュニケーションの障壁を特定

12. 少数派の家庭や貧困家庭とのソーシャルワーク実践に対して、社会政策が及ぼしうる影響について議論せよ。
13. 社会的共感という概念について熟考せよ。あなたなら、家族とワークを行う際に、この概念をどのように適用するか？
14. あなたの家族において意思決定はどのようになされるか？　意思決定プロセスに関わるのは誰か？

注

1. 家族のダイバーシティについては、Demo, D. D., Allen, K. R., & Fine, M. A.（Eds.）.（1996）.『*The Handbook of Family Diversity*』（New York: Oxford University Press）をお勧めする。さらに、『*Child Welfare Journal* 』（2005）（Volume LXXXIV, Number 5）は、児童福祉における移民と難民とのワークをテーマとした特別号である。フォンテス（Fontes, 2005）は、児童虐待と文化に関する優れた資源である。
2. ジョーダン&フランクリン（Jordan and Franklin, 2003）は、家族に対するアセスメント・ツールについてより深く学ぶための資源である。さらに、フォンテス（Fontes, 2005）と、ドゥボウィッツ&ディパンフィリス（Eds.）.（Dubowitz and DePanfilis, 2000）．の『*Handbook for ChildProtection Practice*』（邦訳『子ども虐待対応ハンドブック』明石書店、2005年）も参照するとよい。
3. 私たちの議論は大部分、家族に焦点を置いているが、提示された概念は、カップルに対しても適用できる。
4. このソーシャルワーカーは、マリリン・ルプテク博士（Marilyn Luptak Ph.D.）であり、彼女が博士課程の学生だったときのケースである。
5. フォーカスグループを創始したのはペイシャンス・トウゴウ博士（Patience Togo, Ph. D.）であり、彼女は当時、ミネソタ大学の博士課程の学生だった。フォーカスグループは、多様なグループにより必要とされる、鋭敏なサービスを発展させようという、政府機関によるイニシアチブの一環であった。

第11章

ソーシャルワークにおけるグループの形成と評価

本章の概要

　グループは、メンバーに希望と勇気を与え、彼らの経験を普遍化し、孤独感を打破し、利他的行為を経験させ、他者を支援する喜びを味わわせる（Pack-Brown, Whittington-Clark, and Parker, 1998）。クライエントはグループの中で、実存的な課題に取り組み、人生の経験に対処する技術を学び、団結と成熟がもたらす癒しを経験する。このようにパワフルなグループの特徴は、計画と実行がともにうまくいっている援助グループにおいて共通に見られるものである（Reid, K.E., 2002）。グループは、それのみで介入として利用される場合でも、個人のカウンセリング、家族とのワーク、その他の援助と併せて用いられる場合でも、強力な変化のメカニズムを提供することができる。

　ソーシャルワーカーは、さまざまな現場においてグループ活動を計画し、リードする。本章では、ソーシャルワーカーがグループの目標を設定し、グループの組織と構造を作り、さまざまなタイプのグループへのアセスメントを適切にリードするにあたっての重要なプロセスについて説明する。特に、以下のような知識を発展させることができる。

- 課題グループと援助グループ、その他さまざまなグループのサブタイプを区別すること
- グループ計画の手順
- グループのメンバーを募集し、選別するための手順
- 個人とグループの目標を設定すること
- 個人とグループの行動パターンとコミュニケーション・パターンを見いだすこと
- グループワークにおける倫理的配慮事項について考えること
- グループの概念を事例に適用すること

　ソーシャルワーカーは頻繁にグループと実践を行う。バーカー（Barker, 2003）は、グループワークを「同様の関心事と共通の問題を有する少数の人々が定期的に集まり、特定の目標を達成するためにデザインされた活動に従事する」際に生じるものと定義する（p. 404）。このように、グループとのソーシャルワーク実践は目標志向的である。グループワークは、個人を支援して変化を起こすことに焦点を置く場合もある。例えば、メンバーの社会情緒的ウェルビーイングを強

化するために努力する「援助グループ」を通じて、社会的技術、教育、治療を提供することにより、援助を行う。あるいは、グループの目標には、一つの変化の単位とみなされる総体としてのグループに焦点づけられるかもしれないし、他のメンバーに影響を与えるメカニズムとしてのグループに焦点づけられるかもしれない。例としては、委員会や援助チーム、あるいは、プロジェクトの完了や製品の開発を目指して作られる特別チームなどがある。

ソーシャルワーカーがリードするグループが、どのタイプであっても、彼らにとって必須なのは、(1)それが計画された目的に資する効果的なグループを作ること、(2)個人とグループの力関係を正確に評価すること、(3)グループの目標達成に影響を与えるプロセスを修正するために効果的に介入することである。

グループの成否は、グループが召集される以前に行われる準備作業に左右される場合が多い。ソーシャルワーカーは、慎重にかつ高い技術を用いて、グループのイメージを持ち、その目的、構造、構成を決定しなければならない。グループの構造を作るための慎重な計画がなければ、すべてのアセスメントと介入に向けた努力は、堅固な土台を持たない危ういものとなる。本章では、効果的なグループ形成と、グループの進捗状況に対する正確な評価を可能にする枠組みを提供する。これは、第16章のテーマである、グループに対する効果的な介入の基礎を築くものである。グループワークを扱うこれら2つの章において、肥満が見られる10代の少女のための、ハート（HEART: Healthy Eating, Attitudes, Relationships and Thoughts 健康的な食事、態度、人間関係、考え方）・グループ に言及している。本章と第16章で、そのメンバーたちを知り、グループが発達段階を経ながら成長する様子と、彼女たちが経験した喜びと苦闘を記録した文章を読むことになる。しかし、これらの対象に焦点を当てる前に、実践の中でソーシャルワーカーが作り上げ、リードするグループの種別について簡単に述べる。

■グループの分類

ソーシャルワーカーは通常、二種類のグループと関わる。「援助グループ」と「課題グループ」である。また、この二つのカテゴリーは、それぞれが複数のサブタイプに分けられる。大まかに言えば、援助グループの目的は、メンバーの社会情緒的ニーズを満たすことである。対照的に、課題グループは、「課題を完遂し、義務を履行し、製品を作る」ために組織される（Toseland & Rivas, 2009, p. 14）。援助グループと課題グループは、いくつかの基本的な方法で区別することができる。援助グループにおいては、コミュニケーションは自由で、メンバーは活発に交流することが奨励される。一方、課題グループでは、コミュニケーションはより計画的であり、特定の問題や議題についての議論に集中する。援助グループにおけるメンバーの役割は相互作用の結果、進化する。課題グループにおけるメンバーの役割は、指名により決められる（例：進行役、記録係）。援助グループにおける手続きは、グループによって、柔軟な場合も定型的な場合もある。これに対し、課題グループは、正式な行動計画とルールに従う。

さらに、援助グループと課題グループは、自己開示、秘密保持、評価に関しても異なる。援助グループにおいては、自己開示が強く期待され、議事録はグループ内にのみ公開され、グループの成功は、個々のメンバーの治療的目標達成の有無により評価される。課題グループにおいては、自己開示の度合いは低く、議事録は内部のみならず一般にも公開される場合があり、グループの成功は、メンバーの作業の完遂、特定の義務の履行、成果物の完成の有無に基づいて評価され

る。トセランド&リーバス（Toseland and Rivas, 2009）は、固有の目的を持つサブタイプを示すことで、援助グループをより正確に分類している。

1．「支援グループ」は、メンバーの対処技術を活性化し、より効果的に人生のイベントに適応できるようにすることで、人生のストレスへの対処を支援する（例：離婚の影響について議論するための学童たちの会議、病気の影響および対処方法について議論するためのがん患者の会）（Magen & Glajchen, 1999）。
2．「教育グループ」は、メンバーが自身と社会について知ることを主要な目的とする（例：青年期の性を学ぶグループ、糖尿病管理グループ、心臓発作からの回復グループ）。
3．「成長グループ」は、自己改善を強調し、メンバーがその能力と自己認識を拡大し、自己変革を遂げるための機会を提供する（例：個人の成長を目指すグループ、カップルのコミュニケーションを強化するグループ）。成長グループは、社会的情緒の欠点の緩和よりも、社会的情緒的健康の増進に焦点を当てる。
4．「治療グループ」は、メンバーが自らの行動を変革すること、個人的問題に取り組み改善すること、あるいは社会・身体的トラウマからのリハビリを行うことを支援するためのグループである（例：薬物中毒者のグループ、怒りのコントロールを目指すグループ、人格障害と診断された人のための弁証法的治療グループ）。支援と成長は他と同様に強調されるが、治療グループにおいては、主な焦点は回復とリハビリに置かれる。
5．「社会化グループ」は、対人関係または社会的技術の向上を通じて、一つの役割または環境から次へと次の発達段階への移行を促す。このようなグループは、しばしば、プログラム活動、構造的エクササイズ、ロールプレイ、その他の方法を用いる（例：施設に収容されていた人のためのソーシャルクラブ、友達を作れない子どもたちのためのソーシャルスキル養成グループ）。

　これらのグループは、自発的な、あるいは治療に消極的なクライエントのために設けられたさまざまな公的な場、ならびにプライベートな場において会合を行う。最近では、ソーシャルワーカーは、例えば電話やインターネットを通じてグループを組織することで、物理的に同じ場所に集まることのできないクライエントとの連携を模索している（Carr, 2004；Fingeld, 2000；Meier, 1997；Rounds, Galinsky, & Stevens, 1991；Schopler, Galinsky, & Abell, 1997）。ソーシャルワーカーは、同様に、グループを用いることが、伝統的に社会から疎外されてきた可能性のある人々を支援するのにも有益だと考える。例えば、有色人種、ゲイ／レズビアン／バイセクシュアル／トランスジェンダー（GLBT）に属する人、高齢者、社会からスティグマ化された病気を持つ人などである（Miller, 1997；Pack-Brown, Whittington-Clark, & Parker, 1998；Peters, 1997；Salmon & Graziano, 2004；Saulnier, 1997；Schopler, Galinsky, Davis, & Despard, 1996；Subramian, Hernandez, & Martinez, 1995）。治療に消極的なクライエント、例えばドメスティック・バイオレンスの加害者や、矯正施設に収容された若者に対しては、グループ内の相互性も有利に働く（Rooney & Chovanec, 2004；Goodman, 1997；Thomas & Caplan, 1997）。グループは、例えば、対立している人種間あるいは民族間の理解の向上と対立の除去のためにも用いられる（Bargal, 2004）。
　グループの中には、複数の目的を満たすことを目指して設計されているために、その分類において重複するものもある。例えば、ブラッドショー（Bradshaw, 1996）は統合失調症の患者のた

めの複数のグループが、治療を提供すると同時に、大規模な教育部門を持ち、支援を提供していることを述べている。エイズ患者の介護をしているゲイの男性を支援するグループは、支援と教育の提供と、資源の交換を行っている（Getzel, 1991）。あるコミュニティセンターに設けられた男性の料理グループは、メンバーの全員が妻に先立たれたか、離婚したばかりである。ここではメンバーを教育し、彼らに技術を身につけさせ、メンバーの社会化を行うことが意図されている（Northen & Kurland, 2001）。コロンバイン高校での銃撃事件の後で招集された10代のグループは、世代を超えたコミュニケーションの促進を支援し、若者に自らの不安やニーズを言葉にする機会を与えたが、これは当局が若者たちの話を聴くことなく、安全対策を行ったのとは対照的である（Malekoff, 2006）。このようなグループは、個人の変革を通じて、同時に社会改革のための機会を提供する。

「自助」グループにおいては、メンバーは、中毒への対処、がん、病的肥満など、中心となる共通の問題を抱えている。自助グループにおいても、グループの発展や資金提供に関して、ソーシャルワーカーまたは他の専門家の支援を受ける可能性があるが、これが医療グループや課題グループと異なるのは、自らも同じ問題を抱えた、専門家でないメンバーによりリードされるという点である。自助グループは、対人関係上のサポートと、個人が自らの人生に対するコントロールを取り戻すための環境づくりを重視する。このようなグループは、中でも、中毒、攻撃的行動、精神疾患、障害、子どもの死、ギャンブル、体重管理、DV、性的指向、エイズなどの、メンバーが共有する問題に対する資源とサポートを提供する。このようなグループに対して、役割そのものを引き受けることなく、サポートし、相談に乗るのが、ソーシャルワークの仕事である。例えば、「貧困家庭のための一時的支援（TANF: Temporary Aid for Needy Families）」受給者の自助グループにおいて、ソーシャルサービス提供者の役割は、グループを立ち上げ、メンバーの一人が進行役になれるよう支援し、グループの有効性を評価することである。他のメンバーは、宣伝や勧誘、会合がない時期の支援的連絡、機関にグループの情報を提供するアウトリーチ活動などの積極的な役割を果たす（Anderson-Butcher, Khairallah, & Race-Bigelow, 2004）。

課題グループは大きく分けて3つの異なるタイプに整理される（Toseland & Rivas, 2009）。

- クライエントのニーズを満たすために作られた課題グループ（支援チーム、症例検討会、スタッフ教育委員会）
- 組織のニーズを満たすことを意図された課題グループ（委員会、閣議、取締役会）
- コミュニティのニーズを満たすことに取り組む課題グループ（ソーシャルアクション・グループ、連合、代表者会議）

課題グループと援助グループでは伝統的に、グループのメンバーが直接顔を合わせてミーティングを行ってきており、今日においても、大多数のグループがこのモデルに適合する。その一方で、科学技術の進歩により、グループはコンピュータを用いて、同時、あるいは別々の時間に召集することができる（Meier, 2006）。例えば、グループは、インターネットの掲示板やディスカッション・フォーラムへの書き込みを通じて集まることができる。また、電話会議やテレビ会議の機能により、電話やPCに接続したカメラを通じてメンバーが一堂に会することができる。テクノロジーにより結ばれたグループにおいては、サービスの提供に関して、独自の利点と困難が伴う。これについては、本章と第16章を通じて説明してある。グループの形式はさまざまだが、

根底にあるいくつかの原則は、形式を問わず、すべてのグループワーク実践に共通である。その援助グループの形成と評価に共通の特徴から話を始め、その後で課題グループへと話を進めよう。

■援助グループの形成

援助グループの成否の大部分は、よく考えられたチーム作りと、グループ経験のためのメンバーの慎重な選択と準備により決まる。本節では、グループを利用してポジティブな成果を得るために必要なステップについて学ぶ。

グループのニーズの特定

グループを通じてサービスを提供するという決定がなされる背景にはさまざまな理由があり得る。サービス提供の主要な手段としてグループワークを採用する機関の中には、理論的あるいは実践的な検討を根拠とする場合や、効率性やコスト削減の必要性に基づく場合もある。実践者や機関が、クライエントの一群が訴える問題と、その問題に対処するためにはグループという形を採ることが最も効果的な方法だという証拠を根拠に、グループ形成の必要性を結論付ける場合もある。また、既存のグループがソーシャルワークの介入を必要としている場合に、グループワークが提示される場合もある。例えば、学校またはコミュニティといった現場で、暴力や人種間の対立が、学習環境を脅かしているような場合である。ソーシャルワーカーは、ある一人または複数のクライエントの持つニーズには、同じ困難に直面している他者との相互扶助により対処可能であるという所見を基礎として、ニーズに対するアセスメントを開始する場合もある（Toseland & Rivas, 2009）。その結果、ワーカーは自分が所属する機関の同僚あるいは他の機関に所属するワーカーと連絡を取り、ニーズの具体化やメンバーの募集、グループの宣伝などを行う。

グループの目的の確立

グループの最終目的を確立することはきわめて重要である。なぜなら、グループの目的は、その後の全過程に影響を及ぼすからである。例えば、メンバーの募集と選考、グループの継続期間の決定、規模と内容の特定、ミーティングの場所と日時の決定等が影響を受ける。クルランド＆サルモン（Kurland and Salmon, 1998）は、グループの目的を確立するために、避けなければならないいくつかの共通の問題を提示した。

1. グループの目的が、クライエントのニーズに対する適切な考慮なしに促進される場合。すなわち目的が、リーダーになる人や機関にとっては意味のあるものだが、クライエントになる可能性のある人にとっては意味がないという場合である。例えば、クライエントが、深刻で持続的な病気を持つことや、一人暮らしであるといった、同じ境遇にあることを理由に集められる場合がある。このようなクライエントになる可能性のある人にとっては、レクリエーションや社会化といった、共通に認識されたニーズと結びついた目的の方が、境遇によるグループ化よりも魅力的かもしれない。
2. グループの目的と活動内容が混同されている場合。例えば、グループの目的として掲げられていることが、メンバーがグループで何をするか、すなわち彼らの活動内容であり、その活動が目指す成果ではない、という場合である。

3．グループの目的があまりに概要的な言葉で述べられており、メンバーとなる人にとっては曖昧すぎて意味がなく、リーダーとなる人に指針を与えるものにもなっていないという場合。
4．リーダーたちが、目的をメンバーに伝えようとせず、メンバーは自分たちが何のために集まっているのか理解できていなかったり、一人きりで問題に取り組んでいるような状態に陥っている場合。
5．グループが作られた「表向きの」目的が存在し、それが隠された真の目的と矛盾する場合。例えば、メンバーとなる人が、グループに参加するように促された真の理由を知らないという場合がある。潜在的クライエントは皆、実際には処方薬の過剰摂取という事実のためにグループに招かれているのだが、この参加者たちに共通の事情が、本人たちには知らされていない、という場合である。
6．グループの目的は（メンバーの希望とニーズの発展とともに）動的に変化するのだが、これが静的なものと誤解されている場合。

一般的なグループの目的としては、例えば、以下のような包括的な目標が挙げられる。

- 農村地帯に住む、離婚して幼い子どもを抱えた女性が、疎外感、資源の欠乏、交際相手と出会う機会がないこと等の共通の問題を探求し、解決方法を求めることを可能にする、議論と教育の場を提供すること
- アルコール依存症の問題を抱えるレズビアンの女性に、アルコール依存に対する対処的反応を形成するための手段として、自らの疎外化と環境的背景について探求する機会を提供すること（Saulnier, 1997）
- 老人ホームの居住者が自治会を設立することで、ホームでの生活の質に影響を与える意思決定に参加すること
- 保護観察下に置かれている若い犯罪者に、向社会的思考と行動を身に付けさせることにより、自らの身体的安全を守り、再逮捕を避けるための方法を教えること
- アフリカ系アメリカ人の女性に、職業的な進歩と共に、個人的および人種的アイデンティティを強化すること（Pack-Brown, Whittington-Clark, & Parker, 1998, p. xi）

計画段階のグループにおいて、その最終目的は、グループの形成に先立ち、ソーシャルワーカーが、機関の管理者およびクライエントになる可能性のある人と相談しながら確立すべきものである。その後にグループによって協議される目標は、これら3種のステークホルダーの見解を反映したものとすべきである。

機関とソーシャルワーカーの視点

機関はグループの目的の決定において、そしてことによるとその目的に与える影響において重要な役割を担っているので、ソーシャルワーカーは、グループの最終目的に、機関の目標が必ず反映されるようにしなければならない。そして機関は必ず、グループの目的ならびにグループがターゲットとする人々にとって適切な人物をリーダーに任命しなければならない（Northen & Kurland, 2001）。しかしながら、機関とソーシャルワーカーは、新しいグループにとって望ましい目標とは何かについて、常に意見が一致しているわけではない。例えば、ソーシャルワーカー

の個人的あるいは職業的志向のため、あるいは機関またはソーシャルワーカーの一方が好む理論やイデオロギー、技術を、もう一方が支持しないために、機関とソーシャルワーカーの間に見解の相違が生じる場合がある。例えば、本書の共著者のうちの一人が、精神医療の現場において、精神安定剤を過剰服用しているとみなされている女性患者たちのグループを作るように依頼されたとしよう。その著者は「薬物中毒者」のネガティブなアイデンティティに注目するのではなく、女性の成長グループを形成した。ここでの成長の意味には、不適切な薬物使用の除去が含まれる。

そして、設立前の段階で、ソーシャルワーカーは、提案されたグループに対する自らの目的を明らかにしなければならず、管理者、スタッフ、クライエントになる可能性のある人と対話して、構築予定のグループについての、彼らの見解を聞くという作業をしなければならない。もし、機関の目標がソーシャルワーカーの目標と異なるのであれば、関係者は両者の合意が得られる全体的な目標を見いだせるように、協議しなければならない。これに失敗すると、グループを曖昧な方向へと導いたり、矛盾するメッセージを送ったり、メンバーをバラバラにしてしまう可能性がある。

クライエントの視点

グループに参加するかどうか迷っている人たちは、いくつかの疑問に対する答えを見いだしたいと考えている。「なぜ自分はこのグループに参加するのか？ ここにある何が私のためになるのか？ これが私に何をもたらしてくれるのか？ これは私を助けてくれるのか？」(Kurland & Salmon, 1998, pp. 7.8)。自発的な人たちは、まずこれらの疑問を解消してから、グループへの参加の是非を決定したいと考え、さらに、参加後であれば、参加を続けるか否かを決定したいと考える。参加を強制された、あるいは参加するようにとの強いプレッシャーを受けた人たちも、これらの問いへの答えが知りたいと願う。参加しなかったことによる結果が、自発的なクライエントより厳しいものであるとしてもだ。グループに参加する時点では、クライエントの目標は、機関やソーシャルワーカーの目標とは相当に異なっている可能性がある。ショプラー&ガリンスキー（Schopler and Galinsky, 1974）は、クライエントの目標は、他者の期待やクライエントにとっての個人的快適さ、動機づけ、ならびにグループという場における過去の経験など、多くの内的・外的力により影響を受ける可能性があると述べている。グループ作りにおいて、ソーシャルワーカーは、グループに対するクライエントの期待を慎重に探り、クライエントが現実的に達成可能な個人的および全体的目標を設定できるように援助し、個人・グループ・機関の目的の調整を行わなければならない。例えば、肥満の問題を抱える10代女性のグループである HEART グループの参加者の中には、家族から強く言われたから、という理由で参加しているメンバーもいる。このような場合、リーダーは、衝突を避けたい、あるいは家族からの圧力を避けたいというメンバーの目標を、グループに参加するための条件と認識すべきである。このような目標とは別に、メンバーは個人的な目標を持っている場合もある。例えば、不健康な摂食行動をコントロールすること、同様の状況にある他者のアドバイスとサポートを求めること、自己評価を高めること、両親や仲間との対人関係上の問題に対処すること、うつや不安の症状を取り除くこと、そして、毎日の食事と運動によって体重を減らすテクニックを知ること、などである。完全に自発的なグループでも、それが最もよく機能するのは、リーダーの目標とメンバーの目標が両立する場合、あるいは、両者の目標は相容れないが、ソーシャルワーカーがグループの目標に沿って行動する場合である。逆に、ソーシャルワーカーが、メンバーのニーズや希望と合致しない目標

に固執する場合、グループは時期尚早に崩壊してしまうか、目標はそっちのけで紛争に明け暮れることになってしまうかもしれない。

リーダーシップのあり方の決定

　グループの目的が定まれば、グループの計画者は、目的達成のためには、リーダーシップを個人でとるか、複数人が協働でとるかを検討しなければならない。さまざまなグループが協働でのリーダーシップの利益を享受している。二人のリーダーがそれぞれの目と耳を使うことで、一人は内容に注意を集中し、もう一人がプロセスとメンバーからのメタ・メッセージに注意を払う、ということも可能になる。協働リーダーは、異なる視点、背景、人格をグループ・プロセスに持ち込むため、リーダーが一人の場合よりも広い層のメンバーの心に訴えることが可能になる。協働リーダー同士が相互作用することにより、効果的なコミュニケーションと問題解決のモデルを示すことができる（Jacobs, Masson, & Harvill, 1998）。加えて、個々のリーダーのニーズや動機が、効果的なグループのマネジメントを妨げる可能性があるような場合にも、リーダーが二人いれば、相互にフィードバックを与え、パターンに注意を払うことで、相互に監視の目を持ち続けることができる（Corey, Corey, Callanan, & Russell, 2004）。

　協働でのリーダーシップが実践的理由から必要になる場合もある。二人のリーダーがいることで、部屋を出て行ったメンバーや休憩を取るように言われたメンバーの様子を一人のリーダーが見ながら、もう一人がグループとのワークを継続するということも可能になる。協働でのリーダーシップにより、病気その他の緊急事態が一人のリーダーに起こり、リーダーが一人しかいなければセッションをキャンセルせざるを得ないような場合にも、セッションを継続することができる。対象となるグループによっては、破壊的行動に走ることを防ぐために権威的メッセージを送ることが必要だが、リーダーが二人いることでこれが容易になる。同じく、二人のリーダーが存在すること自体が、身体的安全と重荷からの保護の感覚を与える場合もある（Carrell, 2000）。パートナーへの暴力で告発された男性のグループのような場合には、男女の協働リーダーを置くことで、「男女関係のあり方に関する周到で戦略的なモデル」を提供することができる（Nosko & Wallace, 1997, p. 5）。

　もちろん、協働でのリーダーシップは、役割分担やグループセッションの計画、相互報告の時間、あるいはコストが不十分なため、現実的でない場合もある。コストの問題を解決するために、ボランティアまたは「プログラム卒業生」、すなわちグループ・トレーニングを受け、自らの経験をグループ・プロセスに活かすことができる元クライエントを活用している機関もある。恒常的に協力してワークを行う協働リーダーは、グループのための共通の「カリキュラム」を作り、相互に安心感とラポールを築けるので、効率性を高めることができる。このような調整は、協働リーダーに有害な競争意識が生じることを避け、グループのメンバーが協働リーダー同士を競わせるような事態を防ぐためにも重要である（Northen & Kurland, 2001）。リバイン＆ダン（Levine and Dang, 1979）が述べたように「協働するセラピストは、グループの発展を促しながら、その内側にもう一つのグループを構成し、独自のプロセスを持って機能することが必要である」（p. 175）。パールソン、バローズ＆ゲルブ（Paulson, Burroughs, and Gelb）を参考にしつつ、ノスコ＆ウォーレス（Nosko and Wallace, 1997）は、効果的な協働でのリーダーシップのための3つの基本ルールを提唱している。「共通の理論的方向性を確立すること」「問題の特定と対処について合意すること」「参加の量と質に関する、各リーダー間の適切な配分について合意すること」の3

つである (p. 7)。性別や人種といった特徴が個人的な相互作用に影響を与え、力関係や立場に関する期待にも影響するため、協働するリーダーはグループにおけるすべての機能と役割（直面化やサポート等）を、慎重に分配しなければならない。それにより、協働するリーダーたちは公平性に基づく行動を取り、メンバーが持ち得る有害な期待を打ち消す。そして、個々のメンバーのステレオタイプ化された考えを超えて、グループが公平性に関する同一の規範と柔軟性を取り入れるように支援する。

個人とグループの具体的な目標の確立

　最終目的を確立し、グループを招集したら、次に、ソーシャルワーカーはメンバーたちを参加させ、個人レベルおよびグループレベルにおける具体的な目標を作らせる。個人レベルの目標とは、メンバーがグループに入るにあたっての希望と目的を具体化したものである。これに対し、グループレベルの目標とは「すべての参加者、オーガナイザー、ならびにメンバーが、グループの存在理由と、成果に対する期待についての考えや気持ちを表現し、相互作用したことによる産物である」(Hartford, 1971, p. 139)。

　以下の一覧は、個人レベルとグループレベルの両方で設定し得る、具体的な目標の例である。

1. 自己のストレングスを見いだし、自己および他者の課題ならびに成長を要する領域について、ポジティブなフィードバックを交換すること
2. 自らの自己防衛的行動を見つけ出し、より建設的な行動に置き換えること
3. 私生活における意思決定を強化する問題解決技術を身につけ、これを具体的問題に適用すること
4. 他者とより誠実な関係を築き、衝突に楽に対処できるようになること
5. 外からの命令、すなわち「すべきだ」「しなければならない」「しなさい」から自由になること
6. よりよい仕事に就くために役立つ技術を身につけること
7. 友人を作るための技術を身につけ、実践すること
8. 摂食パターンを理解し、これをコントロールすることで体重を減らすこと
9. 効果的なサービス提供を阻害する障壁を理解し、このような利用者にとっての障壁を取り除くためにプログラムに変化をもたらすこと
10. 高齢者へのサービス向上について、参加者を奨励し刺激し教育するための会議を計画すること

事前面接の実施

　グループ招集の前に、ソーシャルワーカーは、メンバー候補者との個別面接を頻繁に行い、メンバーの選別、ラポールの構築、関連する問題関心の調査、グループへの参加に意欲を見せる者との初期契約の締結、支援に消極的なクライエントに対する限界と他の選択肢の説明を行う。個別面接は、効果的なグループ形成のために必要不可欠である。これにより、メンバーが全員、あらかじめ決められた条件に従って選別されることが保証され、グループ体験を有効利用するために必要な、行動特性や性格特性を持ち合わせているかについて判断できるからである。

　支援に消極的なクライエント（例：裁判所より紹介された若者や、児童保護サービスから課せられ

た義務を果たすために紹介されてきた親）のグループを形成する際には、このような面接は、選択肢を明らかにし、メンバー候補者が、認識された問題とその原因となっている問題を特定することを支援するための、重要な第一歩である。農村地帯では、事前面接は、メンバー候補者に対し、彼らの知人がグループに参加する可能性について知らせる機会にもなり、こうすることで、グループリーダーは、そのグループの編成が引き起こすあらゆる問題に対処することができる。多様な民族的または人種的グループ出身者のグループでは、グループ招集前のオリエンテーションにおいて、文化的信念に合致する理由付けを用い、メンバーに何が期待できるのかを理解させ、不安を除去し、どのように参加するのが最善かを教えることができる（Pack-Brown, Whittington-Clark, & Parker, 1998；Subramian, Hernandez, & Martinez, 1995）。

グループ招集前にメンバー候補者との面接を行うことの利点はいくつかある。

- リーダーが、初期のセッションで実施する介入を選択しそれを実施するために有益な情報を獲得するために役立つ。このような初期の面接がなければ、このような情報はグループセッションの開始後、数週間後経たないと浮かび上がってこないかもしれない。
- ソーシャルワーカーは、事前インタビューにより、初回のグループセッションの前に、個々のメンバーと人間関係を確立しておくことができる。リーダーが個人レベルとグループレベルの両方において複数のコミュニケーションのプロセスに注意を払わなければならないことを考えれば、これは大きなストレングスになる。
- 事前知識があることで、メンバーの行動に対するリーダーの理解が促進され、リーダーはグループプロセスと、メンバーが相互の人間関係を発展させるのを助けるという仕事に完全に集中することができる。例えば、ある死別者の支援グループのリーダーは、初回面接において二人のメンバーが、愛する人を自殺という衝撃的な形で亡くしたことを知っていた。この情報は、リーダーたちに、この二人のメンバーの特別な問題とニーズに注意を払うことを促し、同じ経験を持つ二人の参加者間のきずなを深めるものとなった。
- リーダーとラポールを築いておくことはメンバーにとっても有益である。それにより彼らは初回のセッションで、比較的容易に、安心して心を開くことができるからである。

ソーシャルワーカーは事前面接において、以下の点に焦点を置くべきである。

1. メンバー候補者に対し、提案されたグループの目標と目的、グループの内容と構造、リーダーの理念とグループプロセス管理の態様、そしてリーダーとメンバーの役割を示すことができる。出席、秘密、グループ外でメンバーと関係を持つことの適否等に関する、基本的ルールを確認するためのよいタイミングでもある（Yalom, 1995）。支援に消極的なグループでは、期待される出席回数や議論される主要なテーマなどの、交渉の余地のないルールやポリシーと、休憩や食事の取り方や、具体的な話題の選択やその順序などの、交渉の余地のある規範や手続きとを明確に区別しなければならない。

    事前面接において、あなたは各クライエントの反応と、彼らの独自のニーズをグループはどのようにすれば満たせるのかという提案も引き出さなければならない。オリエンテーションでは、ミーティングの時間と場所、セッションの長さ等の情報も伝えなければならない。さらに、ソーシャルワーカーは、クライエントがグループの他の参加者と共有している可能

性のある問題、関心事、懸念事項、目標など、グループへの参加資格に関わる共通点を強調するとよい。

2．過去のグループでのクライエントの経験について情報を引き出すこと。例えば、クライエントとリーダーや他のメンバーとの人間関係の性質や、クライエントの、過去のグループにおける人との付き合い方、そこで達成した目標、個人的成長などに関する情報である。ソーシャルワーカーは、治療に消極的なグループのメンバーからはネガティブな反応があることを予想しておき、実際にネガティブな反応が起きても、これを想定の範囲内ととらえ、このようなクライエントに対しても、義務付けられた目標と自分自身の目標を達成するためにグループに参加しようという決断を活用できる方法を、強調すべきである。

3．クライエントの問題を引き出し、探求し、明確にし、提案されたグループに適したクライエントを見いだすこと。場合によっては、クライエントがグループへの参加を渋る場合、あるいは、彼らの問題が、他の支援手段やコミュニティ機関により適切に対処されると考えられる場合には、他の資源にクライエントを紹介する必要があるかもしれない。例えば、家族に対する支援が、グループワークよりも有効か否かを判断するために、ガービン（Garvin, 1981）は3つの基準を提案している。

    a．システムとしての家族の中で作用するプロセスにより、問題が維持されているか。

    b．家族の一人が変化しようと決意した際、家族がいかなる反応を示すか。この反応は変化を促進するものか、あるいは妨げるものか。

    c．メンバーが家族を巻き込もうとするか。そして、家族は巻き込まれることを快く受け入れるか。

4．提案されたグループに対するクライエントの希望、願望、期待について調査すること（例：「このグループに参加することで、ご自身の人生にどのような変化をもたらしたいとお考えですか？」）

5．クライエントが達成したいと考えている具体的目標を特定すること。そして、この目標が、提案されたグループを通じて達成可能なのかを議論し、グループがその個人的問題の解決手段として適切かについてのクライエントの見解を確認すること。治療に消極的なグループにおいては、過去のメンバーが、義務付けられた目標以外の自ら選択した目標について伝えることで、乗り気でなかったメンバーがグループに魅力を感じるようになる可能性もある。

6．クライエントのストレングスと属性に関するプロフィールを協働して作成すること。そして、グループワークの中でクライエントが強化したいと考えるストレングスと属性を見つけ出すこと

7．グループに参加し、そこから利益を得ることを妨げる可能性のある要因を見つけ出し、調査すること。ここには、クライエントにグループへの参加をためらわせる可能性のある事情が含まれる。障害には、グループという状況で感じる恥ずかしさや不安、グループに参加することに対する重要な他者からの反対、グループ・ミーティングのすべての回に出席することを困難にする厳しいスケジュール、交通手段、子育ての問題などが含まれる。このようなグループへの参加に伴う障壁を調べたうえで、ソーシャルワーカーとクライエントは、他の可能な選択肢を作り出したり、障害を克服するのが困難で現段階での参加は避けることが賢明かどうかを判断したりする場合もある。

8．メンバーの選別が双方向的プロセスとなるように注意すること。メンバー候補者の側にも、

グループリーダーとの面接により、グループが自らの問題や関心事に適しているか、ならびにリーダーとの関係が結果を成功に導くことになりそうかを判断する機会を与えるべきである。

グループの構成の決定

「構成」とは、グループにおけるメンバーの選択のことを言う。構成があらかじめ決まっている場合もある。例えば、グループを構成する全員が、あるグループ・ホームの住人である場合や、退院の準備をしている患者である場合、あるいは、飲酒運転により告発され、アルコール依存の治療のために紹介されてきたドライバーであるような場合である。農村地帯の現場などでは、リーダーは自然発生的グループとワークを行う場合もある。それは共通の問題を巡ってすでにグループが作られていて、新たに人を集めてグループを作るのではない場合である（Gumpert & Saltman, 1998）。

リーダーがグループの構成の決定に責任を負う場合、メンバー候補者の選択において最も重要な要因は、彼らが変化したいという意欲を持っているか、生産的なメンバーになるために必要な努力をする気持ちがあるかという点である。もう一つの重要な要因は、その人と他のメンバーとの相性である。他にもソーシャルワーカーは通常、グループの構成を決める際に、次のような点を考慮する。すなわち、性別、年齢、配偶者の有無、知的能力、教育、社会経済的地位、自我の強さ、問題の種類などである（Flapan & Fenchal, 1987）。

これらの特徴において均質性と多様性のいずれを求めるべきかという問いは、グループ作りにあたり重要な論点である。グループ内のコミュニケーションと団結を促進するためには、個々人の性格やグループに参加した目的における強い均質性が必要である。このような共通点がなければ、メンバー同士には相互作用をするための基盤となるものがほとんどない。例えば、トセランド＆リーバス（Toseland and Rivas, 2009）は、グループの均質性を作るために重要な特徴として、教育レベル、文化的背景、グループの作業に関する習熟度、コミュニケーション能力を挙げている。時に、グループの目的は、ある種の特徴における類似性の決定に影響を及ぼす。例えば、薬物依存の女性のために、女性限定のグループを形成することは有益である。女性は、男性と異なる問題を抱えている場合が多いからである（Nelson-Zlupko, Kauffman, & Dore, 1995）。同様に、ドメスティック・バイオレンスで告発された人のグループは、問題の性質上、そのメンバーの性別は単一になるかもしれない。問題を抱えた若者のための認知行動療法のグループにおいては、年齢は高いが未成熟なメンバーによるグループの支配を避けるために、年齢と社会情緒的発達度の類似性が重要である（Rose, 1998）。

逆に、メンバー間に、対処技術、人生経験、専門知識のレベルにおける多様性があることにより、メンバーの学習を促進し、多様な物の見方、ライフスタイル、コミュニケーション方法、問題解決技術に触れる機会を与えることになる。支援、学習、相互扶助において望ましい結果を得るために、例えば、援助グループを文化、社会的地位、職業、出身地において多様なメンバーで構成することを考えてもよい。課題グループにおいても、複雑な作業を扱う際に、グループがその責任を全うし、効率よく作業を分担するのに必要な資源を得るためには、メンバーが不均質であることが重要である（Toseland & Rivas, 2009）。あらゆるタイプのグループにおいて課題となるのは、グループの目的に応じた、均質性と多様性のバランスである。

コーリー（Corey, 1990）は、自発的なグループに、行動や病歴において極端なメンバーを入れ

ることに対して注意を促す。それにより、生産的な活動に用いることのできるグループのエネルギーが減退し、グループの連帯意識の育成が著しく阻害されることになるからである（注1）。これが特に当てはまるのは、独占欲や支配欲の強い人、敵意や攻撃性に満ちており、これを態度で表そうとする人、極端に自己中心的で、他のメンバーに自分の観客でいることを求める人などである。一般にどのようなグループからも利益を得るのが難しいのは、極端な危機的状況にいる人、自暴自棄な人、極端に猜疑心の強い人、あるいは、自我の強さを欠き、断片的で突飛なふるまいをする傾向のある人である（Milgram & Rubin, 1992, p. 89）。

　クライエントをグループに入れるか否かの判断は、グループの目的によっても大きく左右される。例えば、アルコール中毒の人は、個人的成長を目指すグループからは除外されるかもしれないが、さまざまな中毒症状を抱える人々の均質的なグループには適切なメンバーとして採用されるだろう。ドメスティック・バイオレンスや薬物中毒のために作られたようなグループにおいては、反抗的態度がメンバー間の共通項になるだろう（Milgram & Rubin, 1992）。このようなケースでは、これらの行動がグループからの排除条件になることはなく、むしろワークの対象としての中心的問題となる。孫を育てている高齢の女性は、初めて親になる人のための教育に焦点を置いた子育てグループに入っても、得られるものは、ほとんどないかもしれない。これは、祖父母にはグループによる支援が不要だということではなく、むしろ、個人のニーズがグループの目的および構成と合致することが重要だということを意味している。

　ガービン（Garvin, 1987）は、援助グループに他と極端に異なるメンバーを入れることに対して警告を発している。そのような人は「他のメンバーから、望ましくない人物、あるいは社会学の用語で言えば、逸脱者と見なされる」恐れがあるからである（p. 65）。社会経済的地位、年齢、人種、問題の履歴、認知的能力における相違は、グループと協力関係を築く際に、個人が不快や困難を感じる原因となる可能性がある。メンバーの中にその人を孤立させスケープゴート化しようとする態度が生まれる可能性もある。「はみ出し者」は、当人の満足のためにも、グループの健康のためにも、避けるべきである。グループの構成が潜在的に、一人のメンバーの孤立を招く恐れがある場合、ガービン（Garvin, 1987）は、もう一人、「問題になっている人物と似ている、もしくは、その人物と他のメンバーとの連続性を保てるような『中間的な』位置づけの人物」（p. 65）をグループに加入させ、メンバーの協力関係と居心地のよさを確立できるよう支援することを勧めている。

開かれたグループか、閉じたグループか

　グループは、開かれた形態、すなわち活動を開始した後も新規メンバーの加入を認めるという形をとる場合もあれば、閉じた形態、すなわち一旦グループとして活動を開始したら新規メンバーを参加させないという形をとる場合もある。通常、新規メンバーの受け入れに関して開放的なグループは、継続期間に関しても開放的であり、逆もまた真である。米国アルコール中毒者更生会（Alcoholics Anonymous）や、減量管理プログラムのウェイト・ウォッチャーズ（Weight Watchers）は、継続期間に制限がなく、いつでも加入が認められるグループの例である。10週間薬物療法管理グループや、5週間ソーシャルスキル向上グループなどは、メンバーの中途加入を認めず、継続期間も定められたグループの例である。

　継続期間に定めのないグループが活用されるのは、一般に、サポートを提供し、アセスメントの手段として活動し、アウトリーチ活動を促進することで、クライエントが移行や危機に対

処できるよう支援するためである（Schopler & Galinsky, 1981）。継続期間に定めのないグループとすることで、危機的状況が発生した際にただちに確実にグループを利用することが可能になる。
開かれた形式にも、それ自体、さまざまなモデルが存在する（Henry, 1988；Reid, 1991）。例えば、「ドロップイン（あるいはドロップアウト）モデル」においては、メンバーは自らの選択が尊重され、入会条件は幅広く、メンバーはいつでも好きなときに参加でき、期限も設けられていない。「交代モデル」では、グループに空きができた場合に、リーダーがただちに代わりのメンバーを決める。「再構成モデル」では、メンバーが一定期間、グループに参加する契約を結び、その間は新メンバーを加入させることはないが、現メンバーが抜けることはある。契約期間満了時には、旧メンバーの一部と新メンバーにより、新たなグループが構成される。

どの形式を選択するかは、グループの目的、現場の目的、サービスを受ける人々の目的によって決まる。開かれた形式においては、新しいメンバーが新鮮な視点をグループに持ち込み、ニーズを持つ人にすぐにサポートを提供することができ、彼らは必要なときに参加し、好きなだけ参加し続けることができる。同時に、閉じられたグループに見られる、メンバーが安心と信頼をもって率直に問題を共有し探求できるという特徴が、開かれたグループにおいては、その不安定な性質により難しくなる。メンバーの頻繁な変更が、開かれたグループの活動を阻害する場合もある。このようなグループの発展パターンは、新メンバーの数や、入れ替わりの頻度によっても異なる（Galinsky & Schopler, 1989）。開かれたグループのリーダーは、グループのプロセスのさまざまな段階にあるクライエントに波長を合わせる必要があり、特定のグループの伝統を保持し続けるために、核となるメンバーと協働することができなければならない（Schopler & Galinsky, 1981）。

閉じられたグループの利点としては、グループの士気が向上し、役割行動の予測可能性が高まり、メンバー間の協力意識が強くなる点が挙げられる。閉じられたグループの短所は、潜在的参加者がグループを利用したいときに、これに門戸を開くことができず、そのため、想定外に多数のメンバーが中途で離脱した場合に、グループ・プロセスが、これにより大きな影響を受けるという点である。

グループのサイズと場所の決定

グループのサイズは、主に、その目的、クライエントの年齢、調査される問題の種類、メンバーのニーズにより決まる。緊密な関係が重視されるグループにおいては、通常、7人から10人というのが、理想的なメンバーの人数である（Reid, 2002）。バートチャー＆メイプル（Bertcher and Maple, 1985）は、グループががその目的を達成できるためには、あまり大き過ぎてはならないが、同時に、メンバーが十分な経験を得ることを可能にするためには十分な大きさも必要であると述べた。これに従えば、メンバーの連帯感がグループのプロセスにおいて中心的位置を占める治療グループや支援グループと比べ、教育グループや課題グループにおいては、より大人数のメンバーに対応することができる。

グループが会合を行う場所は、利便性とその場所のイメージに基づいて選択されるべきである。「イメージ」は、その場所がメンバーに与える印象を決めるものである。それはメンバーにグループの魅力を伝えるメッセージになる場合もあれば、参加に不安を感じさせるメッセージになる場合もある。例えば、親のグループの会合を学校の校舎内で行うことは、教育や特定の学校システムに対する好ましくない経験を持つメンバー候補者にとっては、魅力的でない場合がある。

地域のYMCAまたはYWCAや、コミュニティ・センターで開催される親のグループの会合は、普段子どものスポーツその他の地域のイベントでそこに行き慣れたメンバーにとっては居心地よく感じられるかもしれない。

「利便性」とは、グループが注意を引きたいと考える人々にとっての、その場所への行きやすさについて述べた言葉である。例えば、車を持たない人が、公共交通機関を利用して通うことができるか。夜間に外をうろつく危険を冒したくない人のために、安全で、十分な駐車場があり、見つけやすい場所であるか。コミュニティをよく知るソーシャルワーカーは、住民の「参加パターン」に注目することで、会合を開くのに適切な場所を見つけることができるかもしれない（Gumpert & Saltman, 1998）。

スポンサーとなる機関を会合の場所として利用しなければならないために、リーダーに選択の余地がほとんどない場合もある。そのような場合でも、計画中のグループは、メンバーとなることが期待される人を勧誘したり、グループ・メンバーの問題を診断する際には、開催場所のイメージとアクセスのしやすさを考慮しなければならない。

頻度と継続期間の設定

閉じたグループは、最初に解散日を決めておくことが有効である。これが作業の生産性を向上させるからである。グループの寿命の可能性に関して、コーリー（Corey, 1990）は、次のように述べている。「継続期間は、個々のグループごとにさまざまであり、グループの種類やメンバー数にも依存する。グループの継続期間は、連帯感が生まれ、生産的なワークが可能になる程度に長くあるべきだが、終わりがないかと思えるほどダラダラと長く続くのはよくない」（p. 92）。時間制限のある治療グループの基準として、レイド（Reid, 1991）はおよそ20回のセッションを推奨し、この長さが連帯感と信頼感を醸成するのに十分な時間だと述べる。20回のセッションに限定するのは現実的でないと主張する者もいる。すなわち、人数制限やその他の義務は参加を困難にする場合や、レイドが示唆するように、期間を短くすることで不当な挫折感が生じる場合もある。期間が短ければ、その間の確実な参加が期待でき、クライエントは達成感を得られ、グループとしても目標達成という結論を出すことができる。一般に、短期のグループは1セッションから12セッションまでさまざまであり、さらに短期のグループは危機的状況、不安の軽減、教育プログラムをターゲットとしている（Northen & Kurland, 2001）。

グループのガイドラインの設定

メンバー間に、行動のガイドラインに関する合意を形成すること（例：作業を続けること、守秘義務に忠実であること）は、グループの初期段階における契約の重要な側面である。グループのガイドラインの中には、特にクライエントが支援に消極的な場合に、合意によっては決めることができないものもある。しかしながら、どのグループにおいても、可能な限り多くのガイドラインについて、積極的な合意の形成が求められるべきである。グループのガイドラインを策定するにあたり、ソーシャルワーカーは、具体的な目標を達成する力を持つ「ワーキング・グループ」を作り上げるため、グループの進化プロセス形成に向けて動き始める。残念ながら、ガイドラインを策定する試みは、主に3つの理由から、この意図した成果を得られない場合が多い。

まず1つ目として、ソーシャルワーカーが、単にメンバーに対し従うべき行動期待を示すことで、グループの「ための」限界を設定するという場合がある。出席数のような交渉の余地のない

要求が、支援に消極的なグループの要素になっているのは確かだが、このような管理を強調しすぎると、「これは私のグループだ。これは私が期待するグループ内での行動のあり方だ」というメッセージを伝えることになりかねない。このようなメッセージは、後にソーシャルワーカーがメンバーに対し、グループに対する責任を担うことを促しても、これを打ち消すことになるかもしれない。グループのガイドラインとして何が望ましいかについて、メンバー間の合意がなければ、結果として権力闘争や論争が発生する可能性がある。さらに、メンバーは、自分たちが「リーダーのルール」だと考えるものに束縛されず、故意にこれを試して非生産的なシナリオを作り出す場合がある。

2つ目として、ソーシャルワーカーは、グループのガイドラインについて表面的に議論するのみで、ガイドラインに対するグループのコミットメントを確認したり獲得したりすることを、おろそかにするという場合がある。制限の意味をメンバーがどれだけ理解しているかにより、彼らがその制限に従う度合いが左右されることを考えれば、これは残念な状況である。

3つ目として、グループが実行可能な行動のガイドラインを採用したとしても、その後、メンバーがこれに従うとは限らないということが挙げられる。グループの基本ルールを確立することは、単にメンバーが自分たちの現在の行動を測定するための物差しを設定するということではない。協議された行動が規範となるためには、リーダーは、メンバーがガイドラインに従うことができるように、また、約束された行動と実際の行動の間の不一致を検討することができるように、継続的に介入しなければならない。

ガイドラインの構築は、グループの成否を大きく左右するきわめて重要なプロセスであるため、グループのプロセスにおけるこの面での助けとなるよう、以下のことを提案する。

1．交渉の余地なく期待されること（例：禁煙というポリシー、あるいは、メンバー間のセッション外での連絡を禁止するルール）がある場合、あなたはそれらのルールを提示し、その根拠を説明し、それらに関する議論を促進すべきである（Behroozi, 1992）。守秘義務は、多くの場合、交渉の余地のないルールである。グループで議論される問題を外部に漏らさないことを保証することの根拠が、説明されるべきである。
2．交渉の余地のあるすべての事項に対する「合意に基づく決定」という概念を、グループに紹介すべきである。そして、グループのガイドラインを作成する「前に」、この方法の採用に関して合意を求めるべきである。
3．メンバーがどのようなグループを求めているのかについて、そのビジョンを「私はこのグループを、私が……できる場所にしたい」という形で回答するように依頼すべきである。この依頼はすべてのメンバーを対象とすべきである。回答が得られたら、グループ全体としての意見を集約し、さらに、メンバーが個人的問題に取り組んだり、グループの目的を達成するめに役立つ支援グループの構造について、あなた自身の考えを提示すべきである。
4．メンバーに対し、彼らが望むグループの構造と雰囲気を実現できるような、グループでの行動のガイドラインを見いだすように依頼すべきである。その時点で考えられるガイドラインを、思いつくまま挙げるように依頼し、それにあなた自身の提案を加えるという方法を採ってもよい。そのうえで、グループ全体の合意に基づき、もっとも適切と思われるものを選択するとよい。

グループのフォーマット

　グループの目的、目標、構成、継続期間等の要素を決定することに加えて、リーダーはグループの「構造」、あるいは、グループにおいて、参加者のニーズを満たすために最も有効な時間の使い方について注意を払わなければならない。農村地帯のグループでの介入に関する調査において、サルトマン（Saltman, 1998）は、ワーカーの介入を決定する要素について尋ねたところ、その回答は、グループの目的（回答者の98%が挙げた）、最近グループ内で起きた事件または出来事（61%）、機関の要請（46%）、グループのカリキュラム（28%）であった。

　以下の活動は、あなたとメンバーたちが自らのエネルギーをセラピーの目的に効果的かつ効率的に注ぎ込むために役立つだろう。

1．グループと個人の目標を、行動を表す言葉で定義し、それらを優先順位に従ってランク付けすること。
2．全体計画を立て、目標達成のためにグループが割り当てたセッション数を超えることなく完了するように活動を編成すること。
3．個々のメンバーが自ら望む変化を遂げられるように、毎週、グループ外で達成すべき行動課題（宿題）を指示すること。
4．週ごとのフォーマットと議題（すなわち、グループの目標を達成するために週ごとにどのように時間を割り当てるべきか）に関して、メンバー間の合意を得ること。例えば、あるグループにおいては、毎週1.5時間を表11-1で示すように割り当てている。

　グループリーダーは、フォーマットを作成しグループに提示し、その根拠を説明する責任を負う。情報の獲得と相互性が重要である一方で、グループメンバーは通常、自ら苦悩を抱えグループでの経験も乏しいため、グループ構造を作るための有意義な情報を提供する準備はできていない。しかしながら、彼らは、提供されたフォーマットに対する自らの懸念や希望について話し、グループが進化するにつれてよりよい情報を提供できるようになる場合がある。

　最終的に、メンバーが経験している進行経過を評価する方法を提供してくれる、明確に概念化されたフォーマットとすべきである。使用される支援の方法が何であれ、クライエントは、その進捗に関する継続的かつ具体的なフィードバックという形で説明を受ける権利を有する。グループが採用する構造は、さまざまに異なるグループのプロセスと、メンバーの独自のニーズに適合できるだけの柔軟性も持つべきである。その機能の持続性を確保するために、グループが解散するまでの間、時々、フォーマットを見直すべきである。

グループの意思決定

　効果的な協議と意思決定は、グループの生産性と成否を決定付ける重要な意味を持つ。特に課題グループにおいて、これが当てはまる。目標を達成するために、最終的にはすべてのグループが、意思決定の方法を確立する。しかしながら、グループの意思に委ねてしまうと、意思決定プロセスが非生産的なものになってしまう可能性もある。例えば、意思決定の権限を数人のメンバーにのみ付与し、意思決定に「参加させる」メンバーと「除外する」メンバーに分けているような場合がある。このパターンが用いられると、グループ内では、対立や陰謀が永続化し、不安と怒りのために、生産的作業に向けられるべきエネルギーが奪われ、発展的プロセスが阻害され

表11-1 グループのフォーマットの例

15分間	1時間	15分間
・経過報告 ・課題のレビューとモニター	・関連コンテンツへの注目（プレゼンテーションとディスカッション） ・相互的問題解決 ・課題の割り当て ・その週の計画を立てる	・その週の計画をまとめる ・グループセッションを評価する

る。多くの試行錯誤を繰り返しながら、問題解決について学ぶというグループもある。しばしば、挫折や不満を発生させながらも、失敗から少しずつ学んでいくというものである。

　グループの教育において効果的にリーダーシップが発揮されれば、ほとんどのグループが、短期間のうちに、合意に基づく意思決定モデルを採用できるようになる。さらに、グループが発達段階の早期に、効果的な意思決定モデルを備えることで、グループプロセスの進行が促進され、メンバーがより上級レベルのグループの機能を、容易に身に付けられるようになる。合意に基づく意思決定の方法は、初回のグループセッションの早期に、以下の順序に従って指導することができる。

1．グループは各メンバーに平等な投票権を与える「全員参加による」意思決定方法を採用する必要があることを説明する。
2．この意思決定方法に対するグループの承諾を得る。
3．効果的な意思決定のステップについて説明する（このステップについては第13章で論じる）
4．グループが全メンバーのニーズを満たす意思決定をするために、リーダーが果たす補助的機能について明らかにする。
5．初回契約の締結の際には、合意に基づく意思決定の方法を用い、プロセスに焦点を当てて、この方法を用いることをグループがより意識できるようにする。

グループによくある問題への対処

　本項では、援助グループにつきものの11の問題についてのガイドラインを提供する。個々のガイドラインの適用可能性は、グループ固有の焦点に依存する。

支援を提供する、あるいは支援を求める役割

　個人的問題を抱える個々のメンバーを援助するために形成されたグループにとっては、「支援を提供する」「支援を求める」という言葉で呼ばれる役割を明確にすることが有効である。この2つの用語の意味は一目瞭然ではあるが、これらの役割に含まれる行動について検討することにより、これらの役割を実効化できるようにグループを援助するとよい。例えば、支援を求める役

割には、直接アドバイスを求めること、気持ちを正直に伝えること、フィードバックを受け入れること、問題に対処するための新しい方法をテストしようという意欲を示すことなどの行動が包含される。支援を提供する役割には、注意深く傾聴すること、批判を控えること、理解を明確にすること、要約すること、問題への集中を維持すること、ストレングスと漸進的成長を正確に指摘することなどの行動が含まれる。

　リーダーは、支援を提供する役割を持つ者が行うアドバイスについて、特別な注意を払うべきである。仲間の個人的な問題を解決しようとする前に、それらを注意深く調べることの必要性をリーダーは強調しなければならない。そうしないと、グループはアドバイスや、メンバーがあれを「すべき」とかこれを「すべきでない」といったことに対する価値的提案を、早急に示そうとする傾向がある。あなたはさらに、メンバーがこの2つの役割をうまく果たした例を強調することで、グループがこれらの役割を適切に採用することができるように援助することもできる。

部外者

　支援目的で招集されたグループは、グループの会合に部外者が参加することの可否、そしてこれを可能とする場合、その条件を定めた、明確なガイドラインを策定すべきである。グループの目的と構造（開かれた、あるいは閉じた）によっては、部外者はグループのプロセスに有害な影響を及ぼす可能性がある。すなわち、メンバーが感情や問題を率直に話すことを差し控えるようになる、会合の内容に関する秘密保持が脅かされる、あるいは、部外者を招きいれることでグループの一体性を乱したメンバーに対する怒りが生まれるといった可能性が生じるのである。メンバーとともに、部外者がグループに及ぼし得る影響について予測し、部外者のセッションへの参加を認める場合の手続きと条件を確立することで、グループの混乱と、個々のメンバーの困惑を避けることができる。

新メンバー

　新メンバーを追加し適応させるための手続きを確立しておくことが必要な場合もある。メンバーの選択がグループリーダーの専権とされている場合もあれば、リーダーがグループに新メンバーの選択を認める場合もある。後者の場合、新メンバーの選択が一定の条件に基づいて行われるため、新メンバーとなるべき人については、グループの合意が得られているはずだという認識のもとに、選択をグループに委ねるのである。どちらの場合も、新メンバー追加のための手続きと、新規加入者を適応させる役割の重要性については明確にされているべきである。先述のとおり、開かれたグループにおける新メンバーの追加は、グループの発達段階を考慮したうえで、計画された方法に従って行われる。

個々のメンバーのソーシャルワーカーとのコンタクト

　あなたがグループ外において、個々のメンバーとコンタクトをとるか否かは、グループの目的と、このようなコンタクトにより期待される結果または利益により決まる。個人的コンタクトがグループの目標達成を促進する場合もある。例えば、矯正施設において、セッション外の日時に若者との個別面接の予定を組むことで、グループ内での問題行動に焦点を当てる機会を得たり、ストレングスを後押ししたり、その若者との間に、行動を改めるという個人的な目標設定をすることもできる。カップルで構成されるグループの場合、パートナーの片方の提案により個人的に

コンタクトを取ることは、ソーシャルワーカーと連携して、もう一方のパートナーに対抗しようとする企てである可能性もある（あるいは、個人的コンタクトを持ちかけなかった方のパートナーからは、そのように理解される可能性がある）。グループ外で個人的にコンタクトを取ることが得策か否かに疑問がある場合には、上司と納得がいくまで話し合ったうえで、グループメンバーとのコンタクトに関するガイドライン作りに取り組むとよい。

グループ外におけるメンバー同士のコンタクト

実践に関する文献には、この話題についてのさまざまな見解が論じられている。シャルマン（Shulman, 2009）は、グループセッションはクライエントの人生における一つの活動に過ぎず、ゆえにグループという一時的かつ特別な境界の外においてまで、メンバーがルールに従うことを期待するのは不合理だと述べる。シューラン（Shulan, 2009）はさらに、メンバーがセッション外でのコンタクトを禁じられれば、協働的サポートには限界が生まれると述べる。

トセランド＆リーバス（Toseland and Rivas, 2009）は、グループ外でのメンバー同士のコンタクトにより発生することが考えられる障害の一覧を作成した。そこには、グループの目標から注意が逸れてしまうこと、一部のメンバー間の連携が、グループ内の他のメンバーとの交流に及ぼす影響、グループ外で生じた連携や友人関係が崩壊した際のもめごとの発生などが含まれる。

ヤロム（Yalom, 1995）は、治療にとって、グループ外のコンタクトが持つ利点と危険性の両方を認める。彼の分析によれば、グループ外でのコンタクトは、秘密裏に行われるとグループの一体感を阻害する危険があることから、グループ全体に対して、これを公にすべきことが示されている。メンバー間の性的関係は推奨されない。このパートナー間の関係が、グループの他のメンバーとの関係よりも深いものになると考えられるからである（Yalom, 1995）。

活動場所の手入れと清掃

部屋の手入れ（例：食事、家具、ゴミ）と清掃（散らかってしまう前に）に関して、グループで決めるようにすることにより、グループの活動の場に対するメンバーの責任感が養われる。こうしなければ、清掃に責任を感じるメンバーと感じないメンバーがいる場合に、前者が怒りを募らせたり、グループの結束に有害なサブグループが作られたりする可能性がある。

記録機器の使用

ソーシャルワーカーは、セッションを録音または録画する際には、必ず事前にグループの許可を求めなければならない（NASW, 1999）。このような許可を求める前に、記録内容のセッション外での使用方法に関する情報を提示すべきである。セッションを記録することに関わる情報を完全に明らかにした上で、グループの希望が尊重されるべきである。

グループのスポンサーとなる組織は、どの文書記録を保存するか、その書式、記載すべき内容について決定することができる。どのようなイベントを記録する際にも、個々のメンバーの記録の中に、他のグループメンバーの身元がわかる情報を記録しないよう注意を払う必要がある。

飲食と喫煙

グループ内でのこれらの行為については、リーダーによって意見がわかれる。グループやリーダーが、これらの行為がグループプロセスへの集中を妨げると考える場合もあれば、メンバーを

リラックスさせ、実際にグループの運営に利益をもたらすと見なす場合もある。グループへの出席を促すために、あえて食事を提供するグループもある (Wood, 2007)。このような行為に関するメンバーの考えを引き出すことで、メンバーのニーズを満たし、組織や建物の規則に違反せず、グループの進歩を促進するようなガイドラインを、グループと共に作るとよい。

これに関連して、グループ内で汚い言葉を用いることの可否という問題がある。グループメンバーは自分を表現するために、どのような言葉でも用いることが許されるべきと考えるソーシャルワーカーもいる。しかしながら、汚い言葉がメンバーを攻撃するのに使われる場合もあることから、グループはこれに関してガイドラインを作るとよい。攻撃されるのがリーダーだけである場合には、リーダーが自らの希望をガイドラインとして押し付けることはグループの発展を阻害する可能性があるということを認識しておく必要がある。

出席率

出席率の悪さがグループに及ぼし得る問題について事前に議論しておくこと、ならびに、メンバーに対し規則正しく出席するという約束を得ることは、後のセッションにおけるグループの出席率向上に大いに役立つ。治療に消極的なグループは、出席に関する規則を設け、一定数の欠席と遅刻を許容している場合が多い。メンバーの遅刻と早退は、通常、グループがこれらの行為に関する規範をあらかじめ作成しておき、リーダーが会合の開始と終了を遅滞なく実施することで、最小限に抑えられる。当然ながら、例外を設けることが必要になる場合もある。例えば、メンバーのスケジュールに影響を及ぼす危機的状況に対応したり、グループの合意の下に、緊急の案件を終結させるためにセッションを延長するような場合がこれにあたる。それでも、時間に関して個人およびグループに例外が認められるのは、ごくまれであるべきである。

プログラム作成

グループの形態にアクティビティやエクササイズが含まれる場合もある。「議論するだけでなく、ゲーム、遊戯、運動療法、ロールプレイング、絵画、劇、誘導イメージ療法、料理、趣味、その他の形式のクリエイティブな自己表現を行うことはグループの絆を育み、課題を達成し、個人と社会の変革を実現するためのグループの潜在力を強化する」(Garvin & Galisky, 2008, Programming section, para. 1)。ドメスティック・バイオレンスや薬物中毒のグループは心理教育的プログラミングを用いる場合があり、児童グループは、アクティビティや遠足を用いることがある (Rose, 1998；Ross, 1997)。認知行動療法のグループは、ロールプレイや、メンバーに問題解決の選択肢を思い出させるための記憶補助手段を用いる場合がある (Goodman, Getzel, & Ford, 1996)。選択されたアクティビティが、グループの目的に直接関わるということが重要である。このようなアクティビティを実施する際には、常にその最初と最後に、アクティビティをグループの目標と結びつけ、その経験の効果を評価するために議論をし、またはフィードバックを受けるべきである。

エビデンス・ベースド実践を行う専門職への注目が高まる中、さまざまなタイプのグループのための手順や内容、アクティビティなどを詳細に定めた、マニュアル化されたカリキュラムが開発されてきた。このようなプログラム化された方法には、いくつかの利点がある。すなわち、このような方法の採用は、支援に焦点を置くことを容易にし、システム化された実践を進歩させ、介入に関する調査を支援する。しかしながら、マニュアル・ベースの実践に異議を唱える

者は、メンバーとワーカーのダイナミックな相互作用から生まれる、本質的で、エンパワメントに基づく変化ではなく、パターナリスティックで、万能な方法を推進することへの懸念を表明する（Wood, 2007）。さらに心配されるのは、このようなカリキュラムが、スーパービジョンやグループの力学に対する十分な理解を持たず、さらにグループの活動を円滑に進める技術を持たないソーシャルワーカーによって、誤った使い方をされることである。明らかに「直感的な実践と、その対極にある標準化された実践」との間にはバランスが存在する（Galinsky, Terzian and Fraser, 2006, p. 13）。十分な知識を持つソーシャルワーカーは、吟味されたプログラム作りのアイデアに、実践を通じて得た知恵と生起するグループのニーズを統合することで、グループと個人の目的を達成することができる。

身体接触

グループの話題の中には慎重に扱うべき性質のものがあり、これが号泣や怒りの爆発といった感情表現を導く可能性がある。メンバーの身体的安全を保障するためのグループのガイドラインは重要である（例：「人を殴ってはいけない」）。適度な感情表現を認めることで、感情面での安全の雰囲気を作ることも重要である。グループのガイドラインの中には、抱擁などの身体的な安心を示す仕草により相互に触れ合うことを禁じているものもある。不本意かつ不快なセクハラ的行為からメンバーを守るために、このようなルールが設けられている場合もある。他にも、人が泣いているときに身体的接触をすることを「感情の表出を阻害するもの」だとするグループもあり、メンバーは、例えば言葉やアイコンタクトや配慮等の他のやり方で共感を示すべきだと主張する。グループの方針がどうであれ、一方的にガイドラインを押し付けるのではなく、期待と根拠を説明し、メンバーの抱える不安に対処することが重要である。

ガイドラインが役立つのは、グループの発展を促進し、グループの目的達成を推進する限りにおいてである。ガイドラインの内容は、グループの発達段階に結びついた機能を評価するために、定期的に見直されるべきである。古くなったガイドラインは一度破棄して再編成すべきである。グループの行動が、グループのガイドラインと矛盾している場合には、リーダーは、グループ内で何が起きているのかを説明し（あるいはメンバーに説明を求め）、そして、状況を完全に再検討したうえで、グループに対し、問題になっているガイドラインが現在も適用可能か否かを尋ねるのが賢明である。この方法は、慎重に実施すれば、単にグループがガイドラインを再評価するために有用なだけではなく、グループのガイドラインに対する遵守状況を監視する責任をグループ自体が負うという、本来あるべき姿に戻ることを可能にする。無意識のうちに「執行者」の役割を果たしてしまうリーダーは、支持されない立場に自らを追い込むことになる。なぜなら、グループのメンバーは、リーダーによる権威主義的支配を感じると、これに必死で抵抗しようとする傾向があるからである。

■グループの進捗状況に対するアセスメント

グループのアセスメントにおいて、ソーシャルワーカーは、個人レベルとグループレベルの両方の経過に注意を払わなければならない。個人とグループの機能の全体を強化しようとする努力の中で、新たに生起するテーマあるいはパターンもその対象に含まれる。本節では、個人とグループの両方の経緯を正確に評価するための手順を説明する。システムの枠組みはこのようなパ

ターンによる影響力の特定のために役立つ。アセスメント・ツールも、グループのプロセスとその効果の特定と定量化のために役立つ。例えば、マガウアン（Macgowan, 1997）は、出席率や満足度、グループの有効性への意識、グループの結束性、相互作用を評価するための尺度を組み合わせた、グループワークの進行度評価尺度（GEM:group work engagement measure）を開発した。

グループに対するアセスメントのためのシステムの枠組み

家族と同様に、グループは、繰り返されるパターンを特徴とする社会システムである。すべての社会システムは重要な原則を共有する。すなわち、あるシステムを構成する人々は、システム内の他者と交流するにつれ、徐々に自らの行動を、比較的狭い範囲のパターン化された応答に限定してしまうという原則である。このようにして、グループは、行動を統制する暗黙のルールや規範を進化させ、パターンを形成し、内部の活動を規制する。

システムの枠組みは、リーダーがグループのプロセスを評価するために役立つ。メンバー間で繰り返されるやりとりに注目したり、やりとりを統制するルールを推測したり、それらのルールやパターンが持つ機能を比較検討してもよい。例えば、グループの中に、ある人の不平不満は大きな注目を集めるが、別の人の懸念は無視されてしまうといった傾向が生じる場合がある。このようなパターン化へとつながる「ルール」は、「グループがジョーに注目しなければ、彼はグループを辞めてしまうか、怒り出す可能性がある」「ジョーは誰よりも苦しんでいる」「ジョーの抱える問題は皆の共感を呼んでいるので、彼は特別な注目を浴びるに値する。これに対して、もう一人の懸念については皆が共感しているわけではなく、グループの時間を割くに値しない」といったものだろう。このパターンは、グループ内で無視されたと感じるメンバーの権利が奪われることにつながり、あるいは、一部のメンバーは、ジョーにスポットライトが当たっている間、自分は目立たないでいられるという安心感を抱くかもしれない。さらには、これをより建設的に考え、ジョーが提起する問題は、グループ全体の問題の兆候を示すものであり、それゆえに、彼がこれを表面化し議論の俎上に載せてくれることは喜ぶべきことだと考えるメンバーもいるだろう。

グループのプロセスを概念化し、受け答えパターンへと体系化することで、グループリーダーは、リアルタイムに、体系的かつ妥当なアセスメントを実施することができる。この知識は、とりとめもなく混乱しているように見えるやりとりの中に「意味を見いだす」ために役立ち、これなしではセッションでひどく苦労することになったかもしれないグループリーダーに安心をもたらす。パターン化された行動を見いだすことに加えて、リーダーは、個人とグループの行動に同時に注意を払わなければならない。しかしながら、この２つのレベルのプロセスを同時に観察することは困難であり、ワーカーは時に、自分がグループの力学よりも個人の力学に注目（あるいはその逆）していることに気づいて落胆し、その結果、曖昧な、あるいは不完全なアセスメントが構築される場合がある。このジレンマを認識しながら、私たちは、個人とグループのパターンの両方を正確に評価する方法について、本章の残りの部分で論じる。

個人のパターン化された行動の評価

グループメンバーが示すパターン化された行動の中には、「機能的な」（すなわち、個人メンバーのウェルビーイングと、グループの人間関係の質を向上させる）ものもあれば、「機能的でない」（すなわち、メンバーの能力を減退させ、人間関係とグループの結束を破壊する）ものもある。メン

バーの中には、自らのパターン化された行動が対人関係において苦痛を生み出していることを明確な理由として、グループに参加する人もいる。これに対し、メンバーの中には時に、自らの行動におけるパターン化した性質や、それが自らの目標達成能力に対して及ぼす影響について、自覚していない人もいる。それゆえ、グループリーダーの主要な役割は、メンバーが、自らのパターン化した行動的反応に気づき、このような反応が自身や他者に及ぼす影響を見いだし、このような反応を変えるか否かを選択できるように、支援することである。この役割を果たすために、リーダーは、本書で先述した「コンテンツ」と「プロセス」という概念を活用しながら、個々のメンバーが繰り返す反応の特徴をまとめなければならない。コンテンツとは口頭での発言とメンバーの議論に関連する話題について述べたものである。これに対し、プロセスとは、メンバーがグループ内で相互作用し、コンテンツについて議論する際に、相互に関わり合い行動するやり方を意味する。以下の、二つの初期グループセッションにおけるメンバーの行動の説明について検討してほしい。

　初回のグループ・ミーティングで、ジューンは自分の椅子をリーダーの椅子の近くへと移動させた。グループに自己紹介をした際に、ジューンはリーダーに対する賛辞の言葉を述べ、わざわざリーダーの発言のいくつかに対する賛同を言葉にした。次のミーティングで、ジューンは再びリーダーの隣に座り、自分の意見はリーダーと一致していると思うと言いながら、他のグループメンバーに対しアドバイスをした。後に、ジューンは、彼女が消極的だと考える一人のメンバーの態度について、そのメンバー本人と残りのメンバーの前で、リーダーと会話を始めようとした。

　リーダーが個人のパターン化された行動的反応の多くを見つけ出すのは、プロセス・レベルにおいてである。先の事例は、ジューンのパターン化された行動、あるいは「テーマを持つ」と考えられる行動を明らかにするものだった。例えば、私たちは、ジューンがリーダーとの間に独占的な関係を築こうと画策しており、グループ内で非公式の協働リーダーとしての地位を得ようとしていると推測することができるだろう。単独で見たなら、ジューンの個々の行動は、隠れた反応パターンについて何らかの結論を引き出すことができるほど、十分な情報を持つものではない。しかしながら、複数の行動をまとめて見ると、同じ反応が繰り返されていることがわかり、パターンが実際に存在し、これがグループ内ならびに人生の他の側面において、ジューンの問題を作り出している可能性を推測することができる。

グループのメンバーの役割の特定

　個人のパターン化された反応を特定する際には、リーダーは、グループ内でメンバーが担うさまざまな役割に注意を払う必要がある。例えば、メンバーは「公式」の（グループにより明確に承認される）あるいは「非公式」の（グループのニーズの結果として発生する）「リーダー役」を演じる場合がある。さらに、一つのグループ内に数名の異なる機能を果たすメンバーがいる場合や、敵対するサブグループを率いるメンバーがいる場合もある。

　「作業と結びついた役割」あるいは「手段としての役割」を担うメンバーもいる。これらは問題を定義し、問題解決方法を実行し、作業を遂行するためのグループの努力を後押しする役割である。この役割を担うメンバーは目標や行動の提案、手順の提示、関連する事実の要求、問題の明確化、グループが検討するための選択肢や結論の提供などを行う。「メンテナンス」役として、グループの機能の変革、維持、強化を目指す役割を果たすメンバーがいる場合もある。このような役割を引き受けるメンバーは、妥協案を提示し、他者の貢献を促進・支援し、グループの基準

を示す。グループの懸念事項についてスポークスマンとなるメンバーや、他の「表現する」役割を担うメンバーもいる。このような人物をネガティブな影響力を持つ者と見なして対決するのではなく、実際にその人が、グループの外で議論されてきた問題や、グループセッションでは水面下に隠れていた問題を、グループ内で表面化させようとしている可能性について検討するのが有効な場合が多い。すなわち、その人物は、非公式なグループリーダーとして、グループの成功を求めて協力してくれる可能性もあるのだ（Breton, 1985）。それでも、中には、グループを利用して自身のニーズの満足を追求する、利己的な役割を演じるメンバーがいる場合もある。このようなメンバーは、グループやその価値観を攻撃する、グループからの要望を断固として退ける、絶えず他者に異議を唱え、その邪魔をする、自らの権威や優越性を主張する、やる気のなさを誇示する、無関係なテーマを追求する、他者の関心を引くためにさまざまな方法を見いだす、といった行動をとる場合がある。

メンバーは他のメンバーからレッテルを貼られる場合もある。例えば「ひょうきん者」「批評家」「やる気のない奴」「中立派」「怠け者」「間抜け」「静かな人」「反逆者」「過剰反応する人」「よき母親」などである。このようなレッテル貼りは、メンバーをステレオタイプ化するため、彼らが、周囲から期待される行動を止めることや、グループとの関わり方を変えることが困難になる。ハートフォード（Hartford, 1971）はこれを、次のように詳細に説明している。

> 「例えば、ひょうきん者になってしまった人は、グループに対して多くの真剣な貢献をすることが難しくなる。なぜなら、彼が何を言っても皆が笑うからである。誰かが創始者として高い地位を築いていると、他の人は彼の地位を脅かすことを恐れて何かを始めることができない場合がある。ペアやサブグループにおいて、従属的な地位に落ち着いてしまった人は、サブグループのパートナーから指示を受けるまで自由に機能することができないかもしれない」（p. 218）

一人または複数のメンバーがスケープゴート役にされ、グループの問題に対する責任を負わされ、他のメンバーからのネガティブな反応を一貫して受け続ける場合がある。このような人は、社会に対して臆病で、他人からポジティブな反応を引き出そうと無駄な努力をするために、自ら周縁化された役割を呼び込んでしまう場合がある（Balgopal & Vassil, 1983；Klein, 1970）。あるいは、彼らが、グループ内の相互関係を促進する非言語的きっかけに気づかず、他のメンバーを支配している微妙なニュアンスを読まないで行動するために、このような役回りを担うことになる場合もある（Balgopal & Vassil, 1983；Beck, 1974）。自らが育った核家族や、学校、職場、社会システムにおけるスケープゴート的役回りを無意識のうちに永続化させてしまっている人もいる。スケープゴートはグループの敵意を刺激する、秩序を乱す行動を繰り返すかもしれないが、この役割の存在自体が、その維持のために全メンバーの暗黙の協力が必要とされるようなグループの事象（そしてパターン）の存在を示唆している。

孤立者という役回りを演じる人もいる。グループから無視されていることが特徴で、他者と接触しようとしないか、接触しようとするが拒絶されているかである。このように他者との関係を欠いていることの原因が、その人のソーシャルスキルの乏しさや、他のメンバーを遠ざけてしまうような価値観、関心や信念にある可能性もある（Hartford, 1971）。孤立者がスケープゴートと異なるのは、スケープゴートは、それがネガティブなものであれ、関心の的になるのに対し、孤

立者は単純に無視されるという点である。なかにはもちろん、人間関係を強化し、グループの機能を高めるという役割を担うメンバーもいる。このようなポジティブな行動を強調することにより、リーダーはメンバーの自尊心を高め、他のメンバーが効果的に見習うことのできる行動にスポットライトを当てることができる。

　メンバーが担うすべての役割を見いだすことは重要である。なぜなら、これらの役割は、個々のメンバーのニーズに応える、あるいは支援の目標を達成するためのグループの能力に深い影響を与えるからである。役割を見いだすことが重要なもう一つの理由は、メンバーが援助グループで演じる役割は、他の社会的背景において彼らが果たす役割と同じだという傾向があるからである。メンバーは、自己と他者が担っている機能的あるいは非機能的な役割を理解することが必要である。

個人の行動プロファイルの作成

　アセスメントにおいて、グループリーダーは、個々のメンバーに関する正確な行動プロファイルを作る必要がある。この役割を果たすために、リーダーはメンバーが初回セッションで示した機能的および非機能的反応を記録しなければならない。ストレングスの観点から、機能的行動について以下のような形で記録し、それによりこうした行動を認識することが重要である。

機能的な行動

1. グループのメンバー、ならびに重要な他者に対する思いやりを表現すること
2. 組織に関する能力、あるいはリーダーシップを示すこと
3. 自分自身を明確に表現すること
4. 他者と協力し、これを支援すること
5. 集中の維持を助け、グループの目的達成に役立つこと
6. 率直かつ正直に感情を表現すること
7. 他者の言葉を（表面的な意味を超えて）正確に理解し、どのように理解したかを相手に伝えること
8. 建設的なフィードバックに対して、率直かつポジティブに応答すること
9. グループ内で確立されたガイドラインに従ってワークを行うこと
10. 行動に対する責任を「引き受ける」こと
11. 自己を変革するために、リスクを負って活動すること
12. 他者の意見を聴き、意思決定に参加させること、あるいは個々人の違いを重視することで、他者を尊重すること
13. 議論に参加し、かつ他者が参加できるよう手助けすること
14. 他者のストレングスと成長に関するポジティブなフィードバックをすること
15. 自らのストレングスと成長を認めること
16. ユーモアを建設的に用いること
17. 言葉以外の方法で他者を支援すること

機能的でない行動

1. 他者の発言中に口を挟むこと、他者に代わって自分が話すこと、他者の考えを否定するこ

と
2. 他者をなだめたり、上から接したりすること
3. けなすこと、批判すること、皮肉を言うこと
4. 言い争うこと、非難すること、攻撃すること、中傷すること
5. グループの「考える時間」を言葉で支配すること
6. 時期尚早にアドバイスをすること
7. 嫌悪感や不同意を言葉や態度で示すこと
8. しゃべり過ぎること、声が大きすぎたり、小さすぎたりすること
9. 自分の殻に閉じこもること、傍観者としてふるまうこと、他者を無視すること、無関心を示すこと
10. 無関係な話題について話すなどして、グループを脱線させること
11. 人の気を散らすような動きをすること
12. 肉体的攻撃性を示したり、「ばか騒ぎ」をすること
13. おどけること、物真似をすること、その他、人をからかうこと
14. 他のメンバーと連携して、有害なサブグループを作ること
15. 理性で片付けようとすること、診断すること（例：「君の何が問題なのか、僕にはわかる」）
16. 自己に集中することを避け、私的な問題に関する感情や不安を表現しないこと

　これらの行動は、クライエントの自己報告あるいはグループ内の他のメンバーによる観察によっても見いだすことができる。どちらの場合も、データは診療記録、運用記録、日誌、議事録、自己評価式評定尺度、観察などを通じて見つけることができ、これらは自然主義的方法と言える。さらに、ロールプレイや、シミュレーションを通じて、あるいはグループ・プロセスを録画した映像の分析を通じて、見つけることができる（Toseland & Rivas, 2009）。
　表11-2は若い女性の支援グループであるHEARTが作成したものである。この表には、リーダーが個々のメンバーの機能的および非機能的行動を追跡することによって、いかにして正確な行動プロファイルを作成することができるかを示している。表11-2の行動プロファイルはグループ内の個人による具体的反応を特定するものだが、必ずしもパターン化された、あるいは定型化された行動を見つけ出すものではない。しかしながら、個々のセッションにおける具体的反応を記録することは、何度も繰り返される行動と、メンバーが担っている役割の特定のために役立つ。
　直接観察することに加えて、メンバーの行動スタイルに関する情報は他の多くの情報源から得ることができる。例えば、グループ形成段階において、ソーシャルワーカーは関連情報を、メンバー候補者に対する事前面接で聞き出すことができ、家族、機関の記録、メンバーをグループに紹介してきた他の専門家から入手することもできる。グループ内で、リーダーは、メンバー自身による問題に関する説明と、他者との相互作用を慎重に注視し調査することにより、メンバーのパターン化された行動に関する相当な量のデータを集めることができる。

個人の成長を見いだすこと
　成長は少しずつ、さまざまな形で生じるため、個々のメンバーの中で徐々に起こる成長を記録すること（およびグループがこれを記録する際に助力すること）は、リーダーの主要な役割である。個人の成長に気づく能力を研ぎ澄ますためには、記録用の書式を作り、メンバーが2つあるいは

それ以上のセッションの間に示した成長を記録するための欄を設けることである。このような記録システムがなければ、重要な変化は容易に見過ごされてしまい、その結果、メンバーの変化へ向けた努力とメンバーが獲得したポジティブな成果との直接の関係を立証する重要な機会を失ってしまうことになる。

文化の影響力

　当然ながら、個人の機能に対するアセスメントは、グループのメンバーの文化的背景を考慮に入れて実施されなければならない。ツーイ＆シュルツ（Tsui and Schultz, 1988）は以下のように強調する。「事実、いわゆる支援的環境を含むグループの規範は、それ自体がマイノリティ文化の侵入とそれがもたらす混乱に抵抗を示す白人グループの規範なのである」（p. 137）。自分たちの

表11-2　HEARTグループのメンバーにおける行動プロファイルの例

名前	属性	社会的に機能している行動	機能的でない行動
アメリア	・15歳 ・両親と一人の妹と同居 ・芸術家肌であり、テニスをする	・グループに頻繁に参加している。 ・他のメンバーに関する質問をした。 ・グループの維持に関わる仕事を申し出た。 ・ウォーミングアップ用の練習問題において、グループのためにアイデアを提供した。	・リーダーのグループを支援する意欲と能力に異議を申し立てた。 ・自己に焦点を置くことを好まない。
リズ	・16歳 ・両親と暮らしている。 ・一人っ子 ・強いうつ状態と不安を訴える。	・感情を明確に表現する。 ・注意深い。 ・変化への希望を表現した。	・自分の殻に閉じこもり、グループとは滅多に話をしない。
マギー	・16歳 ・両親と暮らしている。 ・一人っ子 ・生徒会長	・グループに参加することに対するアンビバレントな感情を表現した。 ・グループに頻繁に参加し、ポジティブな貢献をした。 ・リスクを負い、仲間との関係についての懸念をチーム内で共有した。	・時に話題からはずれ、複数の無関係な質問に答えを求める。 ・露骨な対決姿勢を示す。 ・自己について話すのに困難を覚える。
アンバー	・17歳 ・両親および祖母と暮らしている。 ・学校代表のソフトボール・チームでファーストを守っている。	・議論に参加し、他の参加者を適切にサポートした。 ・自尊心に関する問題とストレングスに気づいた。	・他のメンバーをひやかした。 ・他のメンバーを動揺させる発言をした。
ジューン	・16歳 ・母親と暮らしている。 ・弟は糖尿病と診断された。 ・図書館クラブ、バンド、動物保護施設と回復期の療養センターでのボランティアなどの活動に参加している。	・複数のグループディスカッションを始めた。 ・社交的でのびのびしている。グループにエネルギーを与える。	・ときどきグループの他のメンバーのじゃまをする。 ・「時間」を支配する。 ・自分とファシリテーターを結びつけようとする。
ジェン	・15歳 ・両親と暮らしている。 ・最近引っ越し、転校した。 ・バレーボールをしていたが、今はファストフード店でアルバイトをしている。	・グループ内でよく気配りをしている。 ・両親から受けたつらいメッセージについて話し合った。 ・グループに参加したことで生じた変化を認めた。	・ほとんどしゃべらない。 ・変化に対する絶望感を口にした。

文化と異なる多数派の文化圏の中で生活している、他の文化圏出身の個人は、多数派の文化により独自の影響を受け、文化適応の度合いはさまざまにわかれる。マイノリティグループのメンバーの行動は、個人的情報を見知らぬ他者と共有すること、人前で遠慮なく話をすること、解決策を提案すること、他のメンバーにアドバイスすることなどに関して、文化的規範により顕著な影響を受ける。グループの相互作用に対するアセスメントは、個々のメンバーの文化と、この文化の内側における彼らの個人的特徴を考慮したうえで実施されなければならない。個人との実践の場合と同様に、グループワーカーも、自分が理解できない行動や、メンバーが受けてきた教育に由来する行動、そして現在の環境に対応する努力、ならびに環境に適応する際に味わうストレスと緊張に対処するための努力を、貶めないように注意を払わなければならない（Chau, 1993；Mason, Benjamin, & Lewis, 1996；Pack-Brown, Whittington-Clark, & Parker, 1998）。

個人の認知パターンに対するアセスメント

　グループメンバーは、パターン化された行動を身につけるのと同様に、パターン化された認知、すなわち、自己や他者、および外界に対する典型的な、あるいは習慣化した見方や考え方も身につける。このようなパターン化された認知は、人が人生のイベントの意味を定義する際に用いる自問自答や内面的対話という形で明らかになる。たとえていうなら、人生のさまざまな出来事がきっかけとなって、心の中に、レコーダーで録音されたかのように、同じメッセージが自動的に何度も繰り返されるようになり、これがその人の物事に対する理解に影響を与え、その人にとっての現実を決定づけるようなものである。グループメンバーの問題を形成するネガティブな内的対話の例としては、「私はダメ人間だ」「誰も私の言うことなど聴きたくない」「グループの他のメンバーは皆バカだ」「他人は皆、自分よりマシな人間だ」などがある。

　パターン化された認知と行動は、表裏一体で、相互に強化し合うものである。以下のグループメンバーの問題に関する事例には、認知と行動の結びつきと、ネガティブな認知がクライエントの人生に、知らぬ間に影響を及ぼす可能性がかくれている。

事例・・・

　アンバーという17歳の高校生が、10代の肥満女性のための治療グループに加入した。彼女は特に自らの身体に関する自尊心の低さを報告した。男子と話をする時や、体育やソフトボールの練習で着替えをするときに自信が持てないのだと言う。アンバーは、友達と買い物に行くのもつらいと言う。「店にある服は、私には全部小さすぎるのだけど、すごくかわいくて、着たくてたまらないの。それで、自分だけ取り残されてる感じになってしまって」

　このように自信を喪失しているときもあるが、自分に自信を持てるときもあるのだと、アンバーはグループで語った。ソフトボールが得意なので、チームでプレイしているときは、自信が高まるのだと言う。さらに、ダンスパーティーで、アンバーは仲間たち、特に男子からポジティブな視線を集めるのだと言う。「ほら、パーティーなんかで、太った女の子や大きなお尻のことを歌ったラップが流れたりすると、皆がこっちを向くから、私は皆の前で踊るの……。皆の注目を浴びるのは気持ちいいよ」

・・・

　アンバーの認知は仲間から受け入れられたいという願望と結びついている。彼女は自らのポジ

ティブな面を認識しており、自分の特技もうまく活かしているにもかかわらず、なお、他者からの承認を（それが自ら望む形でなくても）求め続けている。彼女の考えは「私は自分自身のままでいられるほど立派じゃない」「人に好かれようと思ったら、皆が望むようにふるまわないといけない」のように要約することが可能だろう。グループにおいて、アンバーはこのような考え方が自尊心の低さにつながっていることに気づき、違う考え方を探し求めた。「皆がたまに私のことエロバディなんて呼んで、私は目立ってる感じがして喜んでたけど、やっぱり、身体と関係ない新しいあだ名をつけてもらいたいな」とアンバーは言った。パターン化された行動的反応と認知的反応は、ほどくことができないほどに相互に織り合わさり、支えあっているため、リーダーは、グループに対する介入により非機能的認知を修正できなければならない。一方で、リーダーは介入に先立って、メンバーの発言の裏にあるテーマに沿った認知を見つけるために、自らの認知を微調整しなければならない。例えば、以下の発言は、メンバーが自己と他者に関して導き出した結論を明らかにするものである。

- **家族の離婚に対応するためのグループに所属する10代の男性**：「自分の気持ちなんて言えません（正直に話してしまうと、僕は両親から拒絶されるか、二人の気持ちを傷つけてしまうだろう）」
- **職業訓練グループのメンバー**：「経済状況が悪すぎて、どこも雇ってくれない（状況は絶望的で、自分の手には負えない）」
- **死別を経験したというグループのメンバー**：「母が汚物にまみれているのを見ると、我慢ができなくなることがあった。怒鳴りつけたりするべきではなかった（私は駄目な娘で、ひどい介護者だった）」
- **HEARTグループに所属する10代の少女**：「自分を受け入れるのなら、『オーケー。私はもう一生太っていていい』って言えばいいだけ（私は自分が好きじゃない。でも、自分が変われるという自信が持てない）」

あなたは、機能的反応あるいは問題ある行動的反応を観察し記録したときと同じ方法で、メンバーの認知的テーマあるいはパターンを記録することができる。表11-2に示した、女性のための支援グループの例に戻り、表11-3に示した、リーダーが記録した数人のメンバーの認知的反応に注目してほしい。

ソーシャルワーカーは、グループメンバーが、問題を探求するに際しての認知パターンを見つけ出せるように、「それはいつ起こったのですか？　内心、どう思いましたか？」「そのような状況で、他の人についてどのような結論を出しましたか？」「どのような自問自答をした後で、不安レベルが高まったのですか？」といった質問をすることにより、支援することができる。リーダーはグループがパターン化した認知の兆候に気づくことができるように指導することもできる。グループが内的対話の重要性を理解し、メンバーが示す認知パターンに注目するようになるにつれ、リーダーはメンバーに対し、彼らが達成できたことについて言葉にしてフィードバックすることで、グループの成長を強化すべきである。

グループのパターン化された行動に対するアセスメント

グループワーカーは、個々のメンバーの儀式化された行動に注目するだけでなく、グループ全体のパターンにも注意を払わなければならない。機能的・非機能的なパターン化されたグループ

表11-3 HEARTグループのメンバーの認知的反応の例

名前	機能的認知	問題ある認知
アメリア	・私は、自分の気持ちについて話すリスクを受け入れている。 ・私は、他人は通常、自分の気持ちを尊重してくれて、理解してくれると考えている。 ・私は、自分に助けが必要であることがわかっているから、自ら進んでグループに参加している。	・私は過去に傷付けられてきた。 ・私はこの心の傷を克服できないと思う。 ・私は何かあると、いつも自分を責める。
ジューン	・私は、周りの人を大切に思っている。 ・私は、皆の助けになりたいと思う。 ・私は、自分が気分よくなれるように、物事を進めることができる。 ・私は、このグループから力を得ることができる。	・私は、おしゃべりを止められない。 ・不安になると、しゃべり過ぎてしまう。 ・グループの中で私は嫌われているかもしれない。
マギー	・私には独自のストレングスがある。 ・私には長所がある。私はリーダーだ。 ・私は自分のことを自分でできる。	・私の考え、信念、立場は正しく、他人のそれは間違っている。私は正しくなければならない（でなければ、人から尊敬されない）。 ・他人を信じてはいけない。彼らは可能な限り、人を傷付けようとする。できる限り、他人に心を開かない方がよい。

の行動に対する認識を高めるために、表11-4に対照的な例を示す。

　表中の機能的行動は十分に成熟したグループに顕著な特徴である。このようなグループを後押しする行動が発達段階の「初期」において、グループが信頼関係の構築や共通の利益と目標の定義といった、初期の発達課題に取り組んでいる時期に、ほんの一瞬かもしれないが、現れることがある。グループの初期において現れる、簡潔で短時間のポジティブな行動には以下のようなものが含まれる。

・グループが問題に「取り組み」、必要な修正と調整を行う。
・メンバーの一人が初めて、リスクを負って個人的な問題を打ち明けたときに、グループがポジティブな反応を示す。
・メンバーが他のメンバーに対し協力的であり、グループのために尽力する。
・一定期間、グループが協調的にワークを行う。
・メンバーが協働で効果的な意思決定をする。
・メンバーが「達成すべき作業に集中する」といった具体的なグループのガイドラインに従う。
・メンバーが他のメンバーにポジティブなフィードバックを行ったり、グループが協働してきた方法に関するポジティブな面に気づく。
・グループが課題を達成しようと努力する中で、あるメンバーが他のメンバーに支配的態度を取ったり、作業を妨害したりした際に、責任を持って抵抗を示す。
・メンバーが各グループセッション終了後に、協力して掃除をする

　ポジティブな行動の一覧は、すべてを網羅したものでは決してない。ソーシャルワーカーが観察技術を微調整しながら、グループのポジティブな行動を記録してみれば、それまで見られなかった、グループの機能を強化する数多くの行動がかすかに姿を現すのを、見いだすことができ

表11-4　グループの行動の例

機能的なグループの行動	問題をはらむグループの行動
• メンバーが個人的な感情や考え方について率直に話し合い、他のメンバーが自分の助けになることを期待している。 • メンバーが互いの話を注意深く聴き、どのような意見にも公平に耳を傾ける。 • 意思決定は、全員の意見と気持ちを考慮した上で、グループの合意に基づいて行われる。メンバーは反対意見も取り入れようと努力し、これを踏みにじったり排除したりしない。 • メンバーが他のメンバーのストレングスや成長に気づき、フィードバックを与える。 • メンバーが一人ひとりの個性を認識し、さまざまな相補的な方法で関与を促す。 • メンバーが順番に発言する。自分の考えを話すときは、物事に対する自分自身の感情や意見を持ち、これを「私」を主語とするメッセージを用いて表現する。 • メンバーが他者に自分自身の考えを話すように促す。 • メンバーが初回セッションで確立された行動指針に従う。 • グループが自らの運用状況に関心を持ち、個々のメンバーの十分な参加や、グループの目標達成を妨げる障害に対処する。 • メンバーがグループの機能と成功に対する責任を引き受けている。メンバーは他のメンバーに対する配慮も示す。 • グループがその目的を保ち、役割を引き受け、グループの機能を損なう問題に対処することで、コミットメントを示す。 • メンバーが現在および自己変革のために自分ができることに集中する。 • メンバーが他のメンバーのニーズと感情に対して敏感であり、自ら進んで情緒面でのサポートを提供する。	• メンバーが表面的レベルで話をし、自己の感情や意見を打ち明けることにはおよび腰である。 • メンバーがすぐに互いを批判し評価する。他のメンバーの提案を認めたり、これに耳を傾けることは滅多にない。 • 意思決定においては、支配的なメンバーが他のメンバーを考慮しない。他の可能性がある選択肢を見つけたり検討することなく、時期尚早に決定を下す。 • メンバーがネガティブな側面を重視し、他者のポジティブな行動を認めることは滅多にない。 • メンバーが他者の特異な面に対して批判的であり、それを脅威と見なす。 • メンバーが自分が話す機会を求めて争い、他者の話を遮ることも多い。 • メンバーがメッセージを自分のこととして語らず、間接的な形のコミュニケーションを用いて感情や見解を表明する。 • メンバーが話すのは、自分の考えではなく、他者の考えたことである。 • メンバーがグループの指針と相容れない有害な行動を示す。メンバーが「今ここ」について話すことや、個人的あるいはグループの問題に取り組むことを拒否する。有害な行動の例には、他人がしゃべっているときに、そわそわしたり、小声で話したり、何かを読んだりすることが含まれる。 • メンバーが自己やグループの成功に対する責任を受け入れることを嫌がり、物事がうまくいかなくなると、リーダーを非難する。 • メンバーが過去の功績や経験にこだわり、グループの目的とは無関係な問題について話をする。 • メンバーが自分自身よりも他人に注目する。 • メンバーが他人のニーズや感情にほとんど注意を払わない。他者に対して気持ちを注ぐことは稀である。

るだろう。それゆえ、ソーシャルワーカーは、タイミングよく介入を実施することにより、このようなポジティブな特性を指摘し、これらが継続的に行われるように強化することが可能である（Larsen, 1980）。

　グループは初期のセッションにおいて、短時間、ネガティブな行動を見せることもある。そのような行動は、グループの発達段階の初期に見られる場合が多い。これらの行動は、グループの相互作用のレパートリーとして「確立」してはいないが、グループのパターンが形成されつつあることの兆候といえる。パターンへと発展する可能性のある非生産的な行動には表11-4に示された非機能的行動の例のいずれかが含まれる。

　個々のメンバーの機能的・非機能的反応を書面として記録するシステムの採用を先に提案したが、グループ自体の機能的・非機能的反応を追跡するための同様の記録システムを利用することも推奨できる。グループ自体の行動を観察して気づいた成長や変化を記載する欄を追加するとよい。例えば、追跡したいカテゴリを追加して利用することで、表11-2で示したような、個人につ

いて描写したカルテを作ることもできる。

グループの連携に対するアセスメント

　新しく形成されたグループにおいて、メンバーが、自分と相性のよい態度や関心、反応を示す他のメンバーを見つけると、両者は連携と人間関係のパターンを発展させる。ハートフォード（Hartford, 1971）が指摘したように、サブグループの形には、二人組、三人組、四人組などがある。四人組は通常、二つのペアにわかれるが、三人と一人のサブグループにわかれる場合もある。メンバーの数が5人にもなると、それが全体として一つの単位として機能するかもしれないが、通常、このようなグループは細分化され「誰が誰に声を掛けるか、一緒に座るのは誰か、行き帰りを共にするのは誰か、さらには、誰がグループ外で会ったり話したりしているか」等に影響を及ぼす（Hartford, 1971, p. 204）。

　サブグループの形成は常に起こるものであり、これは必ずしもグループの機能を損なうものではない。事実、グループのメンバーは、ストレングスとサポートをサブグループから獲得し、これはグループ全体に対する彼らの関与と尽力を促すことになる。事実、グループのメンバーが真に親密な気持ちを味わうのは、サブグループや自然発生的な連携が形成されるプロセスを通じてなのである。しかしながら、メンバーが排他的なサブグループを形成し、それが他のグループメンバーとの親密な関係の構築を許さず、メンバーがグループ全体の目標達成を支援することを禁じるような場合には、グループ内に問題が発生する可能性がある。サブグループがグループセッション外で、インターネットを通じて、あるいは直接に集まる場合、グループ全体の機能に特に有害な影響を与える可能性がある。派閥間の争いはグループを阻害し、破壊する場合が多い。

　グループで効果的にワークを行うためには、リーダーはサブグループの存在に気づき、そのグループに対する影響力を評価する技術を持つ必要がある。このようなサブグループの存在に気づくために、リーダーはグループ内の連携関係についてソシオグラムを作るとよい。ソシオグラムはモレノ＆ジェニングス（Moreno and Jennings, Jennings, 1950）により考案され、グループメンバー間のパターン化された連携と人間関係を、人と相互関係を表す記号を用いて図示するものである。図11-1は、HEARTグループの第5回セッションにおけるメンバー間の支配的な結びつき、および引き合う力と反発する力を記録したソシオグラムである。このセッションで10代の少女たちは、今の流行や仲間になじむことの難しさについて話し合っている。

　連携関係というものは、とりわけグループの発達段階の初期においては、常に方向転換し、変化することが避けられないものであるから、ソシオグラムは「ある時点における」グループ内の連携を表現したものとなる。グループの初期において発生するメンバー同士の一時的な結合関係を図示することは、リーダーが、メンバー間の関係を修正、強化、安定化するために、いつどこで介入を行うべきかを判断するのに役立つ可能性がある。

　グループ内の人間関係が、その目標達成を支援する方向で落ち着いたことを確信できるまでは、各セッション終了のつど、メンバーの相互関係についてのソシオグラムを作成することをお勧めする。ソシオグラムの作成にあたっては想像力を発揮しなければならない。コミュニケーションや人間関係を示すにあたってはさまざまな色を用いることができるし、ソシオグラム上に図示された複数のメンバー同士の距離により、そのまま情緒的距離感を表現してもよいだろう。一つのソシオグラム上に、個々のメンバーと他のすべてのメンバーとの間の、すべての人間関係について、その正確な特性を表現しようとすることは、図があまりに複雑なものになるので避けたほう

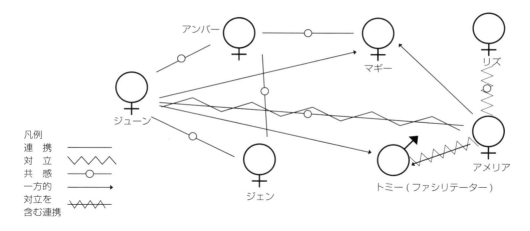

図11-1 ソシオグラム

がよい。むしろ、主要なサブグループの生起のみを表現し、大きな引き合う力や反発する力が発生している部分の人間関係を把握することが重要である。

権力と意思決定スタイルに対するアセスメント

家族と同様に、グループも、メンバーに権力を分配する方法を発展させる。メンバーの中には、自らの要求が無視されないように、権力を求め、他のメンバーをおとしめる者もいる。また、中には自分をおとしめ、より積極的なメンバーがグループを牛耳るのを許してしまうメンバーもいる。さらには、権力を重視し、それ自体が目的であるかのように、積極的に権力を追い求める者もいる。メンバーたちが権力抗争に巻き込まれると、グループは当初、公正な意思決定を行うことができなくなる可能性がある。

サブグループが自らの権力を強化するために、対立する派閥の排除や、他のメンバーやサブグループとの連携を企てる場合もある。事実、未解決の権力問題のためにメンバーのニーズに応えることができなくなり、そのために分裂したり崩壊したりするグループもある（Smokowski, Rose, & Bacallao, 2001）。

ソーシャルワーカーがグループを評価する場合、メンバーが現在、どの程度、権力と資源をメンバー間で公平に分配できるか、そして「ウィン＝ウィン」的結論を確実に導くことを可能にする問題解決のステップを実践できるかを見極める必要がある。リーダーは、グループが成熟に至るまで発達段階を前進させるためには、グループが個々のメンバーを大切にするように力添えをしなければならない。効果的な意思決定について指導し、あるいはその模範となることで、促進的役割を果たすこと、さらには初期のセッションにおいて、意思決定の明確な指針をグループが採用できるように支援することによって、グループの発達段階における前進を加速させることができる。

グループの規範、価値観、結束に関するアセスメント

ソーシャルワーカーは、グループを理解するために、その規範、価値観、および結束力を評価しなければならない。規範あるいは運用方法の中に組み込まれているのは、自分たちや他者が一

定の状況下でどのように行動すべきかに関するメンバーの暗黙の期待と信念である。これらの価値観と建設的なグループの規範との相互作用は、グループの結束と相互扶助を発展させる力に影響を与える。

規範

規範とは、メンバーに対し、グループあるいは他のメンバーに何を期待してよいのかを知らせることで、グループに安定と予測可能性をもたらす規制のメカニズムである。規範は、個人にとっての適切な行動、または許された行動を「具体的に」定義する。あるいは、グループ内で認められる行動の「範囲」を明確にする。グループの規範とは、本章で先述したガイドラインを内面化したものである。

グループは、逸脱と考えられる行動を除去し、システムをそれ以前の安定した状態に戻すための、公式および非公式な制裁方法を発展させる。例えば、グループの暗黙の規範の例としては、影のリーダーの意見に他のグループメンバーは逆らってはならない、といったものがある。新しいメンバーがこの規範を踏み越え、影のリーダーの意見に異議を唱えた場合、他のメンバーは影のリーダーの味方をし、この「生意気な新参者」に圧力をかけ、撤退させるだろう。

人は特定のグループの規範を、それが破られた状況を見ることを通じて学ぶことがよくある。トセランド＆リーバス（Toseland and Rivas, 2009）は、グループメンバーは、他のメンバーの行動を見て、褒賞を与えたり罰を与えたりすることに注目した。メンバーがひとたび、ある行動には制裁が加えられることに気づけば、通常、非難や罰を避けるために、自らの行動を適応させようとする。

メンバーの規範に対する忠実度はまちまちである。規範の中には、柔軟なあるいは拘束力の弱いもの、そしてこれを破ることに伴う心理的「負担」が少ない、あるいはゼロというものがある。HEARTグループにおいては、順序を守らないで発言することや、他のメンバーが話している最中に話をすることは、望ましくない行為と見なされるが、これらはセッションを進める中で、他のメンバーからチェックされずに済まされる場合が多い。一方で、規範の中には、グループの思い入れが強く、メンバーがこれに違反した場合にグループが深刻な反応を見せるものもある。HEARTグループのメンバーは、共有された合意がグループ内で尊重されるように、これを注意深く維持している。他のメンバーを追い詰めたりぞんざいな態度で非難したりするメンバーは、即座に叱責される。メンバーの相対的な地位、すなわち、他のメンバーとの関係における、グループ内での地位に関する評価や順位も、メンバーの規範に対する忠実度を決める要素となる。トセランド、ジョーンズ＆ゲレス（Toseland, Jones, and Gelles, 2006）は、地位の低いメンバーは、グループから落ちこぼれたとしても失うものがほとんどないため、グループの規範に最も従わない傾向がある。メンバーが高い地位を得たいという希望を持つ場合には、このような行動が見られることは少ない。グループで中程度の地位にあるメンバーは、現在の地位を維持し、あわよくば、より高い地位を得たいと考え、グループの規範に従う傾向がある。高い地位にあるメンバーは一般に、自らの地位を確立しつつある場合には、重視されているグループの規範に従うものである。同時に、高い地位にあるメンバーは、その地位ゆえに、グループで受け入れられた規範から逸脱する自由を持っている。

規範はグループの支援上の目標に役立つ場合もあれば、役に立たない場合もある。よって、規範がメンバーのウェルビーイングとグループの支援上の最終目標にとって有益なのか有害なのか

という視点での評価が必要である。表11-5では、機能的な規範および問題をはらむ規範の例を示している。

規範はすべてのグループにおいて作られ、ある規範が採用されると、それは状況に対するグループの反応や、グループがメンバーに支援の経験を提供する程度にも影響を及ぼす。ゆえに、リーダーの重要な役割は、形成途上にあるグループの規範を見つけ出し、それがメンバーの結束と変化のために前向きな雰囲気を作り出せるような規範になるように影響を及ぼすことである。しかしながら、規範を見つけることは難しい場合が多い。なぜなら、規範はグループプロセス内に、目立たないように組み込まれており、グループ内で発生する行動から推測することしかできないからである。リーダーは、以下のような質問を自らに問うことで、規範を見つけ出すことができる場合がある。

1．グループ内で話すことが許されている話題、および、許されていない話題は何か？
2．グループ内では、どのような種類の感情表現が許されているか？
3．問題に取り組んだり、作業を続けたりすることに関するグループのパターンはどのようなものか？
4．メンバーは、グループでの体験を成功させる責任はリーダーが担うものと考えているか、あるいは、自分たち自身の問題と考えているか？
5．リーダーに対するグループのスタンスはどのようなものか？
6．フィードバックに対するグループの態度はどのようなものか？
7．個々のメンバーの貢献に対するグループの見方はどのようなものか？　グループは個々のメンバーに対しどのようなレッテルを貼り、役割を与えているか？

これらの問いについて検討することで、リーダーは、メンバーが示す冗長な行動やパターン化された行動に対する観察力を向上させる。これは重要なポイントである。なぜなら、「パターン化された行動は、常にこれを支持する規範により補強される」からである。

規範を見つけ出すもう一つの方法は、グループのメンバーに規範という概念について説明し、

表11-5　グループの規範の例

機能的な規範	問題をはらむ規範
・個人的な事柄を、自ら打ち明けるリスクを負うこと ・リーダーに対し敬意を表し、その言葉を真剣に受け止めること ・個人的問題の解決に集中すること ・すべてのメンバーに対し、グループの議論に参加したり、グループの話題の中心となる機会を平等に与えること ・自身の問題に関連する、あらゆる話題について話をすること ・他のメンバーと直接、コミュニケーションを取ること ・グループの目標達成に至る過程で出くわす障害について話をすること	・議論の焦点を表面的な話題に留め、自己開示のリスクを負うのを避けること ・「リーダーの座を奪おう」とでもいうべきゲームに興じること。機会あるごとに、リーダーに対する嫌がらせ、批判、不平を言うこと ・問題に対する不平を言うのに時間を費やし、それを解決することにエネルギーを注がないこと ・攻撃的なメンバーにグループを支配されるがままになること ・感情をかきたてる話題やデリケートな話題を避けること ・リーダーを直接批評すること ・障壁を無視し、グループの問題について話すのを避けること

グループ内で彼らに影響を与えている、指針となる「ルール」を見つけ出すように依頼することである。この方法は、メンバーに対し、形成されつつある規範を意識レベルにまで引き上げ、グループの目標の実現に資するような選択をするように強いる。これは、既存のグループに加わろうとしているリーダーにとっても、検討すべき重要な論点である。

価値観

規範に加えて、すべての援助グループはすべての、あるいはほとんどのグループメンバーにより保持される一連の価値観を形成する。そこには、真実、是非、善悪、美醜、適否に関する、考え方、信念、イデオロギー、理論などが含まれる（Hartford, 1971）。このような価値観の例は、以下のようなものである。

- 「これは『良い』グループであるから、関与し時間を注ぐ価値がある（あるいは、これは『駄目な』グループだから、ここから得られるものは何もないだろう）」
- 「部外者に秘密を漏らすのは『悪い』ことだ」
- 「他のグループに所属している人間は（例：権威者、あるいは人種や宗教、社会的地位を異にする人々）は、『悪人』か馬鹿のどちらかだ」
- 「グループ内で感情を表に出すことは望ましくない」
- 「権威者の裏をかくのは面白い（特に若者や犯罪者に当てはまる）」

グループによる規範の「選択」と同様、価値観の「選択」も、支援環境を提供するグループの能力に顕著な影響を及ぼす。規範と同様、価値観も、グループの支援目標に注目するなら、機能的・非機能的という分類が可能である。例えば、個人の問題や自己開示、他者の受容、グループに対するポジティブな態度等を促進する価値観は、グループを発展させる方向に機能する。対照的に、自己開示を思いとどまらせたり、人間関係における障壁やグループに対するネガティブな態度を形成したり、メンバーが問題に対処するのを妨げたりするような価値観は、明らかに有益ではない。

結束

グループの初期段階において、リーダーはグループ内の結束の発達を評価し、これを育てなければならない。凝集性は、メンバーが相互に惹かれる度合いと定義され、一定条件下で、生産性や、グループ内外での関与、自己開示、リスクを承知で行うこと、出席率、およびその他の重要な事柄と相互に関係し合っている（Rose, 1989；Stokes, 1983）。グループの凝集性は、メンバーの満足と個人的適応にポジティブな影響を及ぼす。凝集性の強化は、自尊心を高め、他者の話をより積極的に聴く姿勢、より自由な感情表現、より高い現実検討能力、より強い自信をもたらし、メンバーが自身の成長のために他のメンバーの評価をより効果的に活用することを可能にする（Toseland & Rivas, 2009；Yalom, 1985）。

グループの初期段階において、メンバー間の凝集性は、規範の形成と表裏一体の関係にある。グループの形成と凝集性を共に阻害する可能性のある規範としては、出席率の悪さ、たび重なる遅刻、ペアの形成、メンバーの変更、メンバー間の過度の敵意、リーダーへの過度の依存、数人のメンバーによる相互関係の支配、相互作用における全体的消極性などがある（Rose, 1989）。グ

ループでのネガティブな経験に関する研究報告によれば、グループにより傷つけられる人は、まさに、気が小さいあまりにグループのルール作成に関与することができず、そのために、リーダーと発言力のあるメンバーとの間で規範が協議された際に、自分の意見を反映できなかった人である可能性があることを示している（Smokowski, Rose, & Bacallao, 2001）。このような有害な規範に対しては、リーダーとグループメンバーの双方が注意を払う必要がある。なぜなら、その取り扱いを誤ると、グループの成長が阻害され、グループそのものが脅かされることになるからである。

■課題グループの形成

ここで、考察の対象を、援助グループから課題グループへと移そう。援助グループについて検討してきた論点の多くは、課題グループにおいても同様に当てはまるのだが、本節では、課題グループの計画と着手に焦点を当てる。課題グループは、クライエント、組織、コミュニティのニーズを満たすために組織される（Toseland & Rivas, 2009）。多様な課題グループの中には、チーム、援助会議、スタッフ育成グループなどがある。課題グループは、委員会、閣議、取締役会のように、組織のニーズを満たすために作られるものもある。コミュニティのニーズを満たすための課題グループには、ソーシャルアクション・グループや、連合、代表者会議などがある（Toseland & Rivas, 2009）。これらのグループはすべて、製品の生産、政策立案、意思決定などに焦点を置くものであり、メンバーの個人的成長に焦点を置くものではない（Ephross & Vassil, 1988）。

課題グループを形成し、評価するための初期の重要な作業は、グループのプランニングをすることと、グループの目的に取り組むために、初期のセッションを組み立てることである。

課題グループのための計画づくり

援助グループのメンバーが、グループの形成のきっかけとなった特定の目的のために集められるのに対して、課題グループのメンバーは組織の規則に束縛されたり、組織の構造の影響を受けたりする場合がある（Toseland & Rivas, 2009）。例えば、代表者会議のメンバーは有権者により選挙で選ばれる場合があり、組織が必要とする専門的役割ごとに、誰を援助会議に参加させるべきかを決定する場合もある（例：言語療法士、教師、ソーシャルワーカー、行動療法家）。課題グループの構成は、自由参加としたり、任命や選挙によることも可能であり、グループの目的や目標に応じたものとするべきである。機関の資金集めのためのイベントを準備するために特別委員会が招集される場合もある。取締役会は、組織に対する指導的役割や説明責任を果たすために、任命あるいは選出される。コミュニティの犯罪予防委員会は、この問題に特に強い関心を持つ近隣のボランティアにより構成される。

課題グループの創設や目的の決定はさまざまなきっかけで行われる。例えば、社会復帰訓練所で、スタッフが代表者会議の招集を提案する場合もあれば、機関の取締役が、よりよいコミュニケーションの実現のために委員会の設立を提唱したり、団地の住人が、劣悪な居住環境に対処するために、ソーシャルアクション・グループの形成を提案することもある。課題グループのメンバーは、グループの目的を実現するために必要な、関心、情報、技術、権力等を持っているべきである。グループの具体的な目的により、会員資格の基礎となる条件が示唆される。例え

ば、マネージド・ケアがサービス提供に及ぼす影響についての研究を目的とするグループであれば、サービス利用者、サービス提供者、保険グループと監督官庁の代表者を含むことになるかもしれない。10代の妊娠への対応プログラムには、10代の子どもの両親、医療提供者、教師、公衆衛生研究者、児童福祉ワーカーなどを含むことになるかもしれない。

グループのメンバー構成は、ターゲットとなる問題により影響を受ける主な母集団を代表するものとして十分な人数と多様性を持つべきである。そして、参加者はグループの目的に取り組むために十分な技術と知識を持つべきである。支援グループにおいては、主催者はメンバーが誰も孤立することがないようにしなければならない。例えば、特別支援教育諮問委員会が、専門家集団の中に、体裁を整えるために親を一人だけ参加させるようなことがあってはならない。グループに、サービス利用者が含まれる場合、またはその個人的経験が課題グループの目的に資するようなメンバーが含まれる場合には、グループに複数の代表者を参加させるべきであり、さらに可能であれば、彼らは他のサービス利用者の代表としての役割も果たすべきである。例えば、精神医療改革に関する委員会には、複数のサービス利用者と両親が含まれる可能性があり、そのうちの数名は全米精神病者連盟のようなグループを代表しているべきである。このようなステップを経ることで、グループメンバーの安心感と能力、正当性は強化される。

この段階における品質計画は、グループの目的ならびに参加が見込まれる人々の期待を正確かつ明確に伝えることに反映される。どの程度の明確さが達成されたかは、参加を見込まれたメンバーが実際に参加を決意するか否か、そしてその後の、彼らのグループ内での機能に、重要な影響を与える。

援助グループと同様に、課題グループにおいても、継続期間とメンバーの出入りに関する開放性と閉鎖性はさまざまである。正式な役員会や委員会は一般に永続的なグループであるが、グループの内外とのメンバーの交代権があり、グループの持続性を保つために、メンバーが「交互に」入れ替わることが可能になっている。継続期間が限定され、メンバーの出入りに関しても比較的閉鎖的なグループも存在する（例：住人が怪我をした事件を調査するための調査特別委員会、機関の記念式典のための計画立案委員会）。さらには、永続的でありながら、メンバーについては閉鎖的なグループもある（例：毎月異なるケースが病院スタッフにより持ち込まれるたびにこれを聴取するための倫理委員会）。

課題グループの開始

課題グループの初回セッションの議題は、援助グループのものと同様である。すなわち、促進的な導入、グループの目的の明確化、基本ルールについての議論、メンバーのグループに対する所属意識の醸成、目標の設定、障害の予測などである（Toseland & Rivas, 2009）。そして開始の挨拶は、グループの目的に沿った機関の機能と使命を伝えつつ、メンバーが自分たちが招集された理由を理解できるものとしなければならない。そうすることで、メンバーが自分たちの抱える問題や経験の共通点を見つけ、グループの参加者間の共通の目的を見いだすことを支援することができる。メンバーの中には、すでに互いに知っている者同士もいて、相互にポジティブあるいはネガティブな先入観を持っている場合もある。「アイスブレイク」［訳注：緊張をほぐすための活動］やその他の導入的活動を行うことで、コミュニケーションを促進し、メンバーが持つ経験や資源を明らかにすることもできる（Dossick & Shea, 1995；Gibbs, 1995）。

次に行うべきことは、グループのルールおよび意思決定方法（例：多数決、全員一致）の確立で

ある。共通ルールには、守秘義務の遵守も含まれる。歪んだ情報あるいはまだ固まっていない情報を外部に出されることは、活動の妨げとなり、グループの凝集性を破壊する。課題グループにおけるルールには、この他、出席率や事前準備、さらには、ミーティングの開催タイミング、議題の提出、効果的なコミュニケーションなどの、構造的問題が含まれる（Levi, 2007）。

次に課題グループが行うのが、目標設定である。このような目標には常に、グループの外的な目的により義務付けられたものが含まれる。例えば、機関におけるマネージド・ケアの準備に関するレビューや、会議のプランニング、秘密保持に関する新しい規則の施行、あるいは、治療における連携などである。さらに、グループは、それ自体の独自の目標を作成する場合もある。例えば、目的達成のためのベストプラクティスの一覧を作成したり、グループ内で利用できる具体的なメンバーの資質や資源を基礎としつつ、グループの目的に合わせて、その応答を調整したりすることである。

援助グループにおける場合と同様に、課題グループのメンバーも、自発的に、あるいは任命されて、公式の（例：書記、議長、会計係）あるいは非公式の（例：タイムキーパー、あえて多数意見に反対する係、教育リーダー、表現リーダー）役割を担う。これらの役割が建設的といえるか否かは、その具現化のされ方や、グループの目的達成に資する程度による。他のタイプのグループの場合と同様に、個々のメンバーおよびグループ全体が示す行動を評価することは、機能的および非機能的パターンを明らかにするために役立つ。表11-4と表11-5には、援助グループと課題グループの両方にあてはまる多くの属性が載せてある。

援助グループとの類似点には、これ以外にも、サブグループの発生、規範、凝集性、グループの力学においてメンバーの地位が果たす役割などが含まれる。援助グループの場合と同様、これらの現象はグループの成長にとって破壊的にもポジティブにも働く。例えば、課題グループ内の派閥は、投票者集団を形成して全メンバーの参加を妨げたり、グループの民主的な意思決定機能を奪ってしまう。メンバーのグループ外での役割と地位が、グループ内の行動と人間関係に影響を与える場合もある。機関の重役は、特別な処遇に慣れていて、グループメンバーからもそれを期待されている。専門家は委員会における利用者代表からの意見に対し、真面目に取り合わない（あるいは気にしすぎる）場合がある。非生産的な規範としては「出席は任意だ」「私の意見などどうでもよい」「何一つ達成できやしない」「誰も準備をしてこない」などがある。出席に関する生産的な規範、敬意、全員参加、誠実さなどは、グループが効果的かつ効率的に目的を達成するための力になる。課題グループにおいては、連帯感の醸成は重要ではないが、メンバー同士の社会情緒的な結びつきは、意味づけ、関与を後押しし、グループ形成を進める。

■グループとの実践における倫理

第4章で紹介した価値と倫理的基準は、あらゆる規模のシステムとのソーシャルワーク実践に適用される。しかしながら、対面の、あるいはインターネットを介したグループの本質は、倫理的基準の解釈・適用にあたっての特別な課題を提起する。本章では、5つの際立った領域に焦点を当てる。すなわち、インフォームドコンセント、秘密保持、自己決定、コンピテンス、差別を行わないこと、の5領域である。

インフォームドコンセントには、明確で理解しやすい言葉を用いて、サービスがもたらし得る潜在的リスクと期待される利益、守秘義務の限界、サービスを断ることによりもたらされる結果、

支援の方向性に影響を与えるその他の方針や留意事項について、説明することが含まれる。これは、サービスの開始前にクライエントが合意（あるいは却下）できるように、援助プロセス中に、できるだけ早く実施されるべきである。インフォームドコンセントは、口頭での合意を事例記録に書き込む場合もあるが、一般的には、ソーシャルワーカーとクライエントの双方が承認した書面の形を取る。インフォームドコンセントに関して専門家が抱きがちな葛藤は、リスクや利益、そして限界について詳細に説明すると、クライエントはこれらの条項に同意するのをためらうか、同意は得られても、ソーシャルワーカーに対する情報開示において、ガードが固くなり過ぎてしまうのではないか、というものである。しかしながら、サービス利用者の視点からは、不意打ちを避け、自己決定に役立てるために、最初から「ゲームのルール」を理解しておくことがきわめて重要である。それゆえ、クライエントに守秘義務の限界について警告しておくことは重要である。例えば、ワーカーは、児童に対する加害や、クライエント自身や他者に危害が及ぶ可能性のある場合には、これに対処しなければならないということを、クライエントがそれと知らずに打ち明けてしまう前に警告することが重要である。インフォームドコンセントの他の要素は、クライエント、現場、サービスに依存する。例えば、クライエントが未成年である場合、その両親が支援記録を参照したり、サービスに関する最新の情報を入手する権利を持つ場合があるため、そのような限界については最初にクライエントに説明しておくべきである。消極的にサービスを受けている人は、サービスへの参加や協力を怠ると、それに応じた結果を招く場合があるため、予期しない影響については説明しておく必要がある。サービスやプログラムに時限があり、特定の問題に焦点を置くものである場合、最初に、そのプログラムが特定の問題のみに対処するもので、特定の種類の介入しか実施しないということを注意しておくべきである。例えば、HEARTグループは肥満に悩む10代の少女を対象にしているが、ソーシャルワーカーは以下のような言葉で、グループがメンバーの期待にどのように合致（あるいは相反）するかを示した。「私たちは一緒にエクササイズをしたり、良い食習慣に焦点を当てることはありません。時には、そのような話題について意見を交換することがあるかもしれませんが、私たちは主に、あなたたちにとって減量に伴う苦労とはどのようなものか、互いにどのように助け合えば、この障壁を乗り越えられるか、について話し合います」

　グループにおいては、インフォームドコンセントの重要な役割の一つとして、秘密保持に関して期待できることと、その限界について明確にすることが含まれる。ソーシャルワーカーはメンバーのプライバシーに対する自身の誓約と、その誓約の法的倫理的な限界について説明しなければならない。ソーシャルワーカーは守秘義務とその意味、互いのプライバシーに関する誓約がどのように強制されるかについて、グループと一緒に議論しなければならない。例として、以下にHEARTグループにおける対話の内容を掲載する。

初回セッション

トミー（ファシリテーター）：「皆さん、こんばんは。今日は集まっていただき、有難うございます。またお会いできてうれしいです。このセッションの最初に、少し事務的な話をします。グループをどんなふうに運営したいか、グループを出て行くときに皆さんがどのように変化していてほしいと考えているかについてお話しさせてください。そして、この現場における守秘義務の要請についてもお話をします。

　最初に、私は、皆さんが、うつや不安の症状、肥満に関する悩み、そして肥満の原因になっ

第 11 章　ソーシャルワークにおけるグループの形成と評価

ている行動に関する、あらゆる悩みについて安心して話すことのできる場を、皆で作って行きたいと思っています。私たちはグループとして、これをどうやって実現していくかについて、決めたいと思っています。合意に基づく意思決定と呼んでいるプロセスです。そして、今後の 12 週間は、課題への取り組み方や個々のメンバーの時間の使い方、グループを機能させるための相互扶助や相互作用の仕方を決定するための期間になりますが、私たちは一緒に、グループをどのように運営していくかに関するルールを考えていくことになります。皆さん全員に対する配慮でもあり、同時に法の要請でもあるのですが、グループ内で起きたことは、グループ外に漏らすことは許されません。自分自身がグループ内で発言したことを、グループの外で話すのは構いませんが、他のメンバーのことについて、グループ外で話すことは許されません。皆さんがこれを理解し、合意していただけるなら、ただうなずくことでそれを示してください。ただし、このルールには一つ例外があります。誰かに傷つけられる危険や、自分自身を傷つける危険があるように思われた場合、私にはそれを報告してください。全員の安全を守る義務があります。皆さんには、このことを理解し、納得していただきたいと思います。はい、結構です。すばらしいです。

　それでは、まず最初に、グループに対して自己紹介をしていただきたいと思います。誰か、自分が最初にやってやろうという方がいれば、その方にお願いできればと思います。いなければ、私が誰かを選びます。誰か、自分が口火を切って、皆に自己紹介しようという人はいませんか？」

アメリア：「私がやります」
トミー：「すばらしい。アメリア、どうぞ」
アメリア：「はい。ちょっと質問をしてもいいですか？」
トミー：「もちろん」
アメリア：「自分が自分を傷つけそうな場合、報告しないといけないとおっしゃいましたが、もしすでに傷つけた後だったらどうなりますか？　それも報告しなければならない問題ということになりますか？」
トミー：「あなたは今、自分が身体的に安全でないと感じているということでしょうか？　もしあなたが危険な状況にあるなら、どのような形の危険であれ、私はあなたを守るために行動を起こさなければなりません。たとえ、私たちの秘密保持契約に反することになってもです」
ジューン：「じゃあ、例えばマギーが私に『ここに行けばラップ・サンドイッチが食べられるよ。あなたは気に入ると思うよ』って言ったら、私はそれを誰にも言っちゃ駄目ってこと？」
トミー：「マギーがそう言ったってことは、誰にも言っちゃ駄目です」
ジューン：「わかった。ラップ・サンドイッチは美味しいって言うのはいいのね」
トミー：「それは大丈夫。私が特に注意を払うのは、グループ内のメンバーの個人に関する情報です。だから、食事や運動やダイエットに関する情報を交換するのはいいけれど、誰がそう言ったのかは話してはいけません」
アメリア：「なら、つまり、グループ内で言ったことは、グループ内にとどめろってことね？」
トミー：「そうです。そのとおり」

　グループワーカーがプライバシーに関する合意を引き出し、強化しようと努力するのに対し、ファシリテーターがインフォームドコンセントを得る際には、グループ内のほかのメンバーの行

動を統制することはできなくなる。NASW の倫理綱領（1999）は以下のように述べている：

> ソーシャルワーカーは、家族やカップル、グループに対してカウンセリング・サービスを提供する際に、個々のメンバーの秘密保持に関する権利や、他のメンバーから得た情報に対する守秘義務について、関係者からの合意を求めなければならない。家族やカップル、グループとのカウンセリングにおける参加者に対し、ソーシャルワーカーは、すべての参加者がこのような合意を尊重することを保障することはできない旨を伝えなければならない（1.07f）。
>
> ソーシャルワーカーは、家族、カップル、夫婦、グループなどとのカウンセリングに関与したクライエントに対し、カウンセリングに関わった関係者に対するソーシャルワーカーの機密情報開示に関する、ソーシャルワーカー、雇用主、および機関の方針について、伝えなければならない（1.07g）。

これにより、グループのファシリテーターは、自己決定、秘密保持、安全、インフォームドコンセントの各基準間のバランスを取ろうとする際に、倫理的ジレンマに陥る可能性がある。トミーが HEART グループのファシリテーターを務める中においても、グループが仲間に対する受容の難しさについて話をした際に、アンバーがその後、彼女を拒絶することになる複数の男子と「付き合っている」ことを話したときに、このようなジレンマが発生した。グループのメンバーは皆、15歳以上だが、まだ法的には未成年であり、守秘義務の限界、あるいは両親や保護者が持つ子どもの情報を知る権利については話し合っていなかった。その結果、トミーに生じたジレンマは、アンバーと他のメンバーに、そのような危険な行動については秘密を漏らすことが必要になる場合があることを警告すべきか否か、というものだった。結局その時、トミーは、グループをアンバーが提起した問題に集中させることに決め、セッション後に、スーパーバイザーに対し、自らのジレンマについて相談した。スーパーバイザーに相談した結果、トミーは、メンバーの両親の期待について、また、両親からグループに関する質問があった場合に、それがどのように扱われるかについて、グループで話し合う必要があるという結論に至った。トミーは、参加者たちに、グループのメンバーが危険な状況にあると感じた場合には、保護者である大人に注意を促すつもりだということを改めて伝えた。そして、少女たちを参加させ、どのような場合に、両親には知る権利があるのかについて議論した。例えば、過食嘔吐、危険な性行動、薬物やアルコールの摂取などについてである。少女たちは明らかに、自分たちの過去の行為（自傷行為、行きずりのセックス、盗み食い）について話すとき、そして、「10代の子なら普通にやってるけど、親は嫌がるかもしれない」こと、例えば飲酒について話すときには、秘密が守られることを期待していた。それでも、彼女たちは、自分たちの責務は、自分たちの考えや行動に関して正直に話すことであり、トミーの責務は、彼女たちが直接の危害をもたらす可能性のある行為をしている、あるいはそのような行為を企図していると感じたときに、彼女たちの安全を守ることだということに同意した。

少女たちの親や保護者と個人的に連絡を取る中で、トミーは、守秘義務の限界について再確認し、彼らの合意を求めた。次の言葉はその例である。「ジューンの母親として、あなたには娘さんの記録を閲覧し、支援内容について知る権利があります。ですが、私たちは、過去の経験から、グループのメンバーが、自分たちが心の深いところで経験し、感じていることについて話しをするためには、自分たちのプライバシーが守られるという信頼感を得ることが必要だということを

知っています。ジューンが彼女自身あるいは他の誰かを危険にさらそうとしている場合、私は必ずあなた方に注意を促すか、ジューンがあなた方に話すように求めます。ただ、ジューンが私に、秘密にしてほしいと願う多くの個人的情報を話してくれるという承諾を得たうえで、その判断については私に任せていただきたいのです。了承していただけますか？」

　このような、ただでさえ複雑な問題は、インターネット等のコンピュータを利用したグループでは深刻化する可能性がある。ファシリテーターは、参加者の身元を確認し、深刻に悩んでいるメンバー、未成年者、自分自身や問題について偽って伝えている参加者が示すリスクを軽減するための努力をしなければならない。これに対処するための手順には、機関の方針とインフォームドコンセントの手続きをウェブサイト上に掲示し、グループのメンバー候補者が、グループへの参加申し込み前に閲覧できるようにすることが含まれる。メンバー募集の段階において、ファシリテーターはメンバー候補者と直接連絡を取り、彼らのグループに対する適性を評価し、彼らがどこからどのような方法でグループにアクセスしようとしているのかを特定しておくことを奨める (Meier, 2006)。この会話により、文書によるコミュニケーションの信頼性を維持しながら、他者のプライバシーを保護するという、もう一つの倫理的課題に対処する機会をも得ることができる。グループメンバーとの事前の話し合いにより、彼らのコンピュータを他者が使用する危険性がないか、グループと電話で話す際にプライバシーを維持することが可能か、そして秘密保持に関してどのような期待を持っているか、等の問題に対処することができる。テクノロジーを媒介にしたグループのメンバーは全員、守秘義務に期待できることとその限界について理解したことを示すインフォームドコンセントの声明に署名し、これについて話し合うべきである。

　倫理的実践を行うためには、すべてのグループリーダーは、グループで議論の対象となっている問題およびグループプロセス自体に関して、高い能力を持っていなければならない。一方で、通信機器を利用したグループのファシリテーターとなるソーシャルワーカーは、特定の伝達手段の問題について熟知していなければならない (Northen, 2006)。例えば、これは、電話のみのコミュニケーションを解釈する技術や、インスタントメッセージやインターネットに特有の表現方法に習熟し (Meier, 2006)、この進化の途上にある新しいサービス形態において生じうる複雑さを理解する技術を持つことを意味する。テクノロジーを活用したグループのための特別なコンピテンスに加えて、グループワークにおける職業的コンピテンスの一般的基準では、ソーシャルワーカーに対し、以下のようなコンピテンスが求められる。

- 自らが習熟していない技能の使用を避けること
- マニュアル化されたカリキュラムを用いる場合でも、グループの過程、力学、技術を理解すること (Galinsky, Terzian, & Fraser, 2006)
- メンバーを尊重し、彼らがいじめを受けたり、何かを強要されたり、誰かに操られたりするような状況を作らないようにすること
- 必要な場合には、支援的で敬意のある対立状況を提供すること
- 自己のニーズよりも、グループメンバーのニーズを優先すること (Corey, Corey, & Callanan, 2007)
- メンバーが自らの個人的ニーズを、集団やコミュニティのニーズと区別できるように支援すること
- 課題グループのプロセスにおいて、民主主義と自己決定という価値観を機能させること

(Congress & Lynn, 1997, p. 72)

　グループリーダーにとって最後の倫理的ジレンマは、差別がないことを強調する価値観や倫理と矛盾しないグループの構成を検討する際に生じる（Fluhr, 2004）。例えば、HEART グループを作る際、会員資格を15歳から17歳の少女に限定するということが決定されたが、これは、年齢層を広げるとメンバー間の発達的差異が大きくなり過ぎるということ、そして男女混合のグループでは、身体的イメージや、仲間との人間関係、デートなどの重要な論点についての意見交換をする際にメンバーが安心して心の深い部分をさらすことができなくなるということを根拠とするものである。これらはグループの目的と性質から導かれた妥当な決定である。しかしながら、グループの構成に関する決定を行うにあたって、当然ながら、性別や年齢、問題の性質、その他の特徴に基づき、特定の人々を排除することになる。これは倫理に反する行為だろうか？　グループのニーズ、目的および目標を考慮した上で、適切な治療的理由に基づいて下された決定であれば、これは正当である。このような排除にまつわる当惑は、満たされなかったニーズや排除された層のために、同様のグループ（例えば、肥満に悩む10代少年のグループ）を作ることで対処できる。もちろん、優秀な専門家は常に自らの偏見に注意を払い、弁解の余地のない理由に基づくバイアスをごまかすことが決してないようにしなければならない。

■まとめ

　本章では援助グループと課題グループに対するアセスメントを行い、これらのグループを立ち上げるための指針を示した。私たちはグループを構成する際に考慮しなければならない、形式（開かれた、あるいは閉じられた）、グループの規模、会合の頻度、継続期間、メンバーの構成などの検討を行った。私たちはシステムの枠組みを用いて、個人のニーズと行動の交差について精査し、同じことをグループ全体に対しても調査した。私たちは、グループの初期において共通して見られるメンバーの悩みについて論じ、さらに、グループのガイドライン、規範、価値観を取り入れ、評価するための方法について議論した。第12章では、アセスメントで得た知識に基づいて、個人と実行可能な契約を締結するための方法についての考察へと話を進める。グループについては第16章で再び考察を行う。

■グループの計画づくりの技術向上のための演習問題

　自分が以下のような人や問題に対処するために、グループの計画づくりをしていると想像してみよう。

1．ドメスティック・バイオレンスで告発された人々
2．糖尿病患者である中学生
3．10代の父親
4．統合失調症患者の家族
5．ドメスティック・バイオレンスやコミュニティの暴力にさらされてきた小学生の子どもたち

6. 停学処分に関する学校の方針を変えたいと願う両親ならびにコミュニティのメンバー
7. 老人ホームに入居したばかりの高齢者
8. 友達がおらず「のけ者」とされている中学1〜2年生
9. 高校においてGSA（Gay-Straight Alliance 同性・異性愛会）を立ち上げたいと考える10代の生徒たち
10. 結婚前のカップル
11. 未亡人
12. 学校でのいじめに悩む人

本章のガイドラインを用いることで、以下の事項について決めてみよう。

a. グループの名前
b. グループの種類
c. 目的を端的に表現した一文
d. グループの規模
e. 存続期間、構造、形式
f. 会合を開く場所
g. グループの構成における重要な要素
h. メンバーの募集と選考方法

注
1. マーゲン＆グラッチェン（Magen and Glajchen, 1999）は、12の異なるがん患者支援グループのメンバーが、団結と希望、利他主義を、グループ・プロセスにおける自分たちの満足のために重要な要素として位置づけていると報告している。

第12章

目標の設定と契約の締結

> **本章の概要**
>
> 第12章では、目標の設定とクライエントとの合意に必要な知識と技術に焦点を当てながら、第Ⅰ段階について詳しく検討する。目標と契約は、第8〜10章および第11章で学んだように、アセスメントのプロセスから生まれる成果である。本章ではまず、目標の意味と設定について検討し、同時に、自発的なクライエントと法の強制によるクライエントや未成年者を対象とした目標の設定に焦点を当てる。本章の後半では、契約または援助に関する合意の仕方および進捗状況の測定について検討する（注1）。

■目標

　目標は、成果を達成するための方略として、本書で扱う援助プロセスのような体系的なプロセスを重視するアプローチにおいて、中心的な役割を果たす。また、第13章で解決志向アプローチとともに、変化を重視する方略として取り上げる課題中心モデル、危機介入モデル、認知再構成法においても重要な役割を持つ。しかし、解決志向アプローチにおいて、成果とは目標の達成というよりもむしろ、問題の解決を意味する。こうした方略が、目標を活用するにせよ、問題の解決を推進するにせよ、いずれの場合も最終的な目的は、個人または家族が重要とみなす優先課題を変化、あるいは解消に向けること、また法の強制によるクライエントの場合は、法による指示の要件を順守させることである。

目標の意味と役割

　目標とは、何を達成すべきかを明確にしたものである。目標をロードマップにたとえるとわかりやすいだろう。A地点、すなわち優先課題を出発点とし、B地点、すなわち望ましい成果を到着点あるいは最終目的地と考える。目標を設定したら、小目標や達成までの段階的なステップが到達目安となる。各到達目安のもとには、本日の目標といったような短期目標を設定する。

　目標は、クライエント自身が示す、あるいは法的に義務づけられ、優先的にターゲットとされる懸案事項から生まれる。クライエントと共に仕事をしていく中で、目標の設定は、クライエントまたは法による指示によって提示される特定の状況、ニーズ、立場、行為、また機能が、変化

したという到達点に達することを容易にする。実際には、自発的なクライエントの欲求やニーズに耳を傾けることから、目標選択の準備段階が始まっている。非自発的なクライエントあるいは法の強制によるクライエントのニーズは、紹介状や裁判所の命令により決定されている。こうしたクライエントにとって、目標は、必要な行動の修正を示したものである。とはいえ、法の強制によるクライエントあるいは非自発的なクライエントは、紹介状や裁判所の命令が指示する目標とは異なるニーズや、重複するニーズを示す場合がある。したがって実際には、クライエントとのアセスメント面接の中で、クライエント自身が援助を望むニーズを特定することになる。

目標とターゲットとされる懸案事項の関連づけ

目標が最もその役割を果たすのは、特定のターゲットとされる懸案事項と関連づけられ、明確な達成基準が設けられている場合である（Corwin, 2002；Huxtable, 2004；Ribner&Knei・Paz, 2002；Varlas, 2005）。目標とターゲットとされる懸案事項の関連づけは、次の事例と表12−1のマーガレットに対するアセスメントの概要が示すとおりである。目標設定および動機づけ理論や動機づけのための面接において、大まかで不明瞭な不特定の目標や、不明確な達成基準が提示されると、クライエントに自分の自信や能力が試されるような経験を強いることになる（Miller&Rollnick, 2002；Oettingen, Bulgarella, Henderson & Gollwitzer, 2004）。例として、体重を減らすことを目標に設定した場合を考えてみよう。減量という大まかな目標は明確であるが、具体的に何キロ減量するかははっきりしない。一方、4.5キロ減量するとすれば、その目標は明確であり、段階的に成果を評価するのに役立つ。

事例・・・

マーガレット（87歳）は、地域の高齢者支援センターに通う自発的なクライエントである。夫を亡くし、成人した4人の子どもは他州に住んでいるため、現在は自宅で一人暮らしをしている。マーガレットはアセスメントの段階で、安全に関して心配していると言った。特に、生活能力が減退したため、日常生活に支障をきたすのではないかとか、また家の中を清潔な状態に保つためには、資源や支援が必要であるといった心配である。同時に、車の運転がおっくうになってきたため、交通手段も必要である。マーガレットは、現在の限定的ではあるが自立している状況を失うことになるので、自宅での生活を続けたいと望んでいる。在宅介護サービスも検討したが、友人たちからあまりいい話を聞かないため、まだ決めかねている。実際、友人たちから聞く話は、訪問のスケジュールによって自由が制限されるといったものだった。「人を家にあげたく

表12−1　アセスメント、ターゲットとされる懸案事項、および目標間の関連性

アセスメントの概要	ターゲットとされる懸案事項	目標
マーガレット（87歳）は、安全に対する懸念から、自宅での生活を続けることが不可能であると感じている。だが一方で自立を維持することを望み、自宅を離れることをためらっている。援助が必要であることを認識しており、介護付き施設への入居も選択肢として検討中。	マーガレットは、一人で安全に自宅での生活を続けることができるかどうか心配している。	安全な環境で生活すること。自立を維持すること。

ない時だってあるのに、毎日起きてベッドから出ていなければならないのよ」と一人の友人が不満をもらしていたことをマーガレットは説明する。さまざまな選択肢について長い間話し合った後、マーガレットは、介護付き施設を訪ねてみることに合意した。ソーシャルワーカーとともに、各施設を順位づけするための質問や所見の一覧表を作成した。マーガレットが望む最終的な目標は、必要なサービスや支援が手に入る安全な環境で生活することである。

・・・

　マーガレットやその友人たちのような高齢者は、複雑な社会的、心理的、生物学的ニーズをもつ。しかし多くの場合、自分たちの生活を変えることにはためらいがあるため、援助を受け入れることと自立生活を続けることとの間の妥協となる。例えばマーガレットの場合は、安全に対する要求とある程度の自立を維持したいという希望を両立させることを望んでいる。

　目標とターゲットとされる懸案事項を関連づけることにより、目標はAという課題からBという課題への移動を促進することに加え、さらに以下のような役割を果たす。

- 達成すべき成果について、援助者とクライエントの合意を確実にする。
- 援助プロセスに方向性、焦点、継続性を与え、迷いを回避する。
- 適切な方略や介入の設定および選択を促進する。
- ソーシャルワーカーとクライエントが進捗状況をとらえるための手助けとなる。
- 特定の介入や援助プロセスの有効性を評価する上で、成果の基準となる。

　測定可能な目標をうまく設定することができれば、成功する割合が高まる。マーガレットの事例では、本人とソーシャルワーカーの間で、ターゲットとされる懸案事項を「安全」とすることで合意した。介護付き施設の訪問計画を立て、今後、協働して取り組む際の焦点と方向性を明確にした。同時に、支援サービスを受けながら自宅での生活を続けるという選択肢についても話し合った。マーガレットの第二の目標は、自立を維持することである。こうした二つの目標は具体的であり、測定可能である。目標の達成は、その達成に必要な課題や目的とともに追跡が可能であるため、マーガレットが望む住居を見つけることができるかどうか、という最終的な問いの答えを見つけることができたのある。

　援助者とクライエントの間で決めた目標に向けて、他の機関の資源を利用する場合もある。例えば、マーガレットの目標の達成には、高齢者入居施設から提供される資源が必要である。一方、自宅で生活を続けることを選択した場合、清掃サービスやおそらく宅配の食事といった他の機関が提供する在宅介護サービスが、マーガレットにとって必要不可欠な支援となるだろう。また、近隣住民や家族との特に公式ではない調整を行うことやコミュニティを組織化することが、正規のサービスを補うことになる可能性が高い。

プログラムの目的と目標

　目標は、施設や機関のミッションステートメントに掲げられている。事実、そうしたミッションに惹かれ、ある機関で働きたいと考える専門職者もいるだろう。プログラムの目的は、ミッションステートメントから導き出され、資源がどう活用されるかという情報を伝える。また目的は、特定のニーズあるいは問題とその対応方法をさらに細かく限定するだろう。目的を記した書

類は、ミクロ（個人）、メゾ（家族、グループ）、あるいはマクロ（システム、環境）の問題に焦点を当てたものである。一般的に、プログラムの目的の果たす役割は、組織のサービスの指針となり、期待されるプログラムの成果を明確にすることである。例えば、公立学校は、未成年者が生産的な市民に成長するように教育をし、社会に適合させることを主たる責務とする。刑務所に収監されている個人が「社会復帰」するためのカウンセリングや支援サービスを提供することは、ミクロレベルのプログラムの目的の一例である。プログラムの目的により、機関の資源がメゾレベルの問題に振り向けられる場合もある。例えば、子どものいるホームレスの家族に対し、低価格の住居を見つけるための支援を行うことにより、そうしたホームレスの家族の数を減らすことなどである。機関が掲げるマクロレベルのプログラムの目的の例としては、「ある特定の階層の勤労所得を増やすような法律の制定を求め、貧困を断ち切ること」などが挙げられる。

　組織は、ミッションやプログラムの目的を明確にし、さらに他のサービス提供者との差別化を図ろうとする。機関のプログラムが掲げるミッションの目的には、「コミュニティとのつながりを強化する文化に基づくサービスの提供」などがある。あるいは、「安全で協力的な環境の中で、ゲイ、レズビアン、バイセクシャル、トランスジェンダーの若者たちのニーズに対応すること」をプログラムの目的に掲げている機関もある。こうした例では、機関のミッションやプログラムの目的は、特定の集団を対象としている。したがって、クライエントはこうしたサービスを自発的に求める場合もあれば、サービスの必要性が特定または合意された上で、紹介される場合もある。例えばクライエントが特定の機関を探す場合は、自主的な選択が重要となる。とはいえ、クライエントのニーズと機関の提供するサービスはニーズと適合していなければならない（Gardner, 2000）。さらに、クライエントは、機関が自分の抱えている問題に確実に対応してくれるように、目標の設定や目標達成手段の決定に携わりたいと考えるだろう。

　機関のサービスを自ら選択できるかどうかは、クライエントの立場、特にクライエントが法の強制によるクライエントか、非自発的なクライエントかにより決まってくる。家族からの強い要請や機能の衰えが原因で介護施設への入所が決まった人は、後者の非自発的なクライエントである。こうした施設では、コンピテンシーの評価や治療計画の作成に、エビデンスに基づいた標準の仕様を用意している。全体目標は、入所者の機能や生活の質を最善化することである。入所者の認知や身体機能のレベルに基づき、個別の目標計画が作成され、ケア会議で見直しが行われる（入所者自身が参加する場合としない場合がある）。入所者が参加しない場合は、職員が家族との相談の上でケア計画を作成する。未成年者が親の承諾のもと、グループあるいは治療のための補習学級に紹介された場合も、非自発的なクライエントという立場となる。未成年者は通常、目標設定には関わらない。治療のための補習学級の場合、専門家チームが、州や連邦指針に基づき未成年者に代わって、個別教育計画（Individual Education Plan：IEP）のための目標を定める。

　国民の保護をミッションとしている施設があるが、そのような施設に関わるクライエントは、主に法の強制によるクライエントである。こうした施設の目的や役割は、連邦政策や州法に明記されており、個人が法律に違反した場合に、このような施設と関わることになる。その一例が、未成年の犯罪者を対象とした更生、矯正、ディバージョン［訳注：司法前処理］、あるいはプログラムである（Ellis & Sowers, 2001；Storm-Gottfried, 2008）。このような場合のプログラムの目的は、変化を要する行動、責任、不履行がもたらす潜在的な影響を明記した個別の行動契約に盛り込まれる（Ellis & Sowers, 2001）。連邦法や州法および政策もまた、児童福祉、児童保護サービス、特に未成年者の健康とウェルビーイングに影響を与える。こうしたプログラムの目的は、適宜、未

成年者の両親または法的保護者の事例の計画づくりの目標に反映される。また、裁判所の命令により参加が義務づけられているドメスティック・バイオレンスのためのプログラムの目的には、クライエントの成功やプログラムの成果を示す指標として、「怒りを引き起こす個々のきっかけに対する認識を高めること」などがある。

ここで注意しなければならないのは、施設や機関のプログラムの目的は、それぞれのミッションや義務に加え、連邦、州、民間組織などの資金提供者の影響を受けるという点である。例えば、機関がサービス購入契約（POS）を締結している場合や、郡、州、あるいは連邦政府による提案依頼（RFP）に対応している場合もある。または、州や連邦政府からの補助金を受け、特定の集団に対してサービスを提供している場合もある。さらに、機関が、ユナイテッド・ウェイのような資金提供団体が指定したその年の優先案件に対し、独自のプログラムを提供する場合もある。また、民間基金からの依頼により、入国したばかりの移民が新しい環境に適応、移行する支援を行うなど、特定の集団を対象にプログラムやサービスを提供したり、具体的な問題に対応したりすることもある。こうした資金提供者は、プログラム目的や期待すべき成果の概要を示すことになる。

目標とプログラムの目的は、ほとんど同じ意味で使われることが多く、期待される成果を表す。機関のプログラムの目的と個人の目標を区別するためには、プログラムの目的は、期待されるプログラムの成果を示すものであると考えればよい。一方、目標は、本書でも説明したように、クライエントが求める成果を意味する。プログラムの目的と目標の違いをさらに理解するには、プログラムの目的は、すべてのクライエントに期待される成果であると考えればよい。しかしながら、画一的なアプローチを避けるためには、各クライエントの異なる状況にふさわしいプログラムの目的を選択し、事例の計画づくりや治療計画に盛り込まなければならない。

目標の設定に影響を及ぼす要因

クライエントの参加

目標の追求は、クライエントがニーズや欲求を示したときに始まる。あるいは非自発的なクライエントや法の強制によるクライエントの場合は、第三者が指定した目標に合致した時から始まる。目標の設定は、整然と直線的に進む過程であると考えてはいけない。クライエントの話に耳を傾けることは時間のかかる作業であり、特定の目標を決定するまでに、複数の選択肢を検討しなければならない場合もある。しかし、これは費やす価値のある時間である。目標設定の過程には、二種類の専門家が関与する。クライエントとソーシャルワーカーである。

- ソーシャルワーカー：ソーシャルワーカーの専門性、知識、技術は、クライエントが測定可能な目標を定義したり、明確化したり、実現可能性を評価したり、あるいは潜在的な阻害要因を特定したりする際の援助に活用される。
- クライエント：クライエントが変えたい点を明確に表現できる一番の専門家は、クライエント自身である。クライエントの話には、文脈、特に「いつ、誰と、どのような状況下で、ターゲット行動が起きるのか」についての情報が盛り込まれている（Murphy & Dillion, 1998, p.183）。

文脈に関わるものが、対人関係であれ、個人内関係であれ、または家族関係であれ、あるいは外部の社会システムであれ、クライエントの状況を理解することが非常に重要である。マーシュ

(Marsh, 2002)が指摘しているように、自分がどのような問題を抱え、またどのような変化を望んでいるかをクライエント自身に特定させることが、「クライエントの置かれた現状からスタートする」（p.341）という原則をふまえることになる。自発的なクライエントであっても、法の強制によるクライエントであっても、自分がある過程に関与することで動機づけが高まり、さらに、手順が公正であると認識できる過程において士気が高まる（Greenberg & Tyler, 1987）。一方、関与が不足すれば、自己認識、自己効力感、および動機づけに影響が及ぶ（Bandura, 1997；Boehm & Staples, 2004；Gondolla, 2004；Meyer, 2001；Wright, Greenberg & Brehm, 2004）。困難な状況に対処する上で、クライエントが目標の設定に参加することは、エンパワメントや自己効力感を持つために非常に重要である（Smith & Marsh, 2002；Meyer, 2001）。参加は、基本的な社会正義の原理であり（Finn & Jacobson, 2003b）、この原理では、「クライエントが自らの現実を受け入れる権利を持つとともに、その現実を提供されるサービスに反映させる権利を持つ」ことが明確にされる（pp.128-129）。

　クライエントの視点に対する配慮は、異文化間や、社会正義におけるソーシャルワーク実践、および反抑圧的なソーシャルワーク実践において特に重要である（Al-Krenawi & Graham, 2000；Dietz, 2000；Finn & Jacobson, 2003, Guadalupe & Lum, 2005；Jordan & Franklin, 2003；Lee, 2003；Lum, 2004；Paz, 2002；Sue, 2006；Vera & Speight, 2003；Weaver, 2004）。第10章で紹介したディアスの事例の中で、家長としての父親の役割に対する尊敬が、文化的な影響によるものであったことを思い出してみよう。このように、家族内の相互作用は、ルールや役割を伴う家族のメンバーの行動に対する文化的期待に基づいていた。ソーシャルワーカーがこうした情報を入手するには、家族の参加が唯一の手段となる。

　ディアスの事例のように、多様性を持つ個人や家族は、事実上、対人間の緊張を経験することになるが、こうした多様性を持つ個人の問題に、複合的な外部システムや環境とのマイナスの相互作用が関わっていることはめずらしくない。したがって、クライエントの参加がなければ、クライエントの利益にならない非生産的な目標や、クライエントの限界的状況や抑圧経験を悪化させるような目標が設定されるおそれがある（Dietz, 2000；Finn & Jacobson, 2003a；Sue, 2006；Vera & Speight, 2003）。多様を持つクライエントの話に耳を傾けることにより、こうしたクライエントの参加を促進し、彼らが直面する現実、文化、および経験と一致した目標を確実に設定することができる。このようにすれば、専門家の役割が持つ優位性を行使したり、不平等や抑圧経験を悪化させたりすることはない（Clifford & Burke, 2005；Guadalupe & Lum, 2005；Pollack, 2004；G.D. Rooney, 2009；Weinberg, 2006）。

価値観と信念

　本来、目標とは、変化を促進させるものである。クライエントの価値観や信念の明確化は、「参加の倫理」と一致しており、クライエントと援助者がクライエントの現実を理解するスタート地点となる（Finn & Jacobson, 2003b；Marsh, 2002）。研究によると、貧困にあえぐコミュニティでは、慣習的な行動、生活様式、および価値観が他と異なるという結果が示されている（Dunlap, Golub & Johnson, 2006）。こうしたコミュニティに見られる異なる信念や価値観は、その背後にある文脈が考慮されることなく、異例または反抗的であると見なされる傾向がある。したがって、価値観や信念の違いは問題視され、異なる価値観、信念の持ち主はよそ者扱いされる。ここで留意しなければならない点は、目標に対する援助者の価値観とクライエントの価値観に違

いがある場合に、倫理問題が発生するおそれがあるという事実である。ソーシャルワーカーがクライエントのために掲げる目標に、クライエント自身の目標よりも重きが置かれる場合には、倫理的葛藤が内在し、特に自律とパターナリズムの間の緊張が存在する。実際には、クライエントは、入手可能な資源だけでなく自分の置かれた状況や世界観と一致する価値観を選んで持っているのである（Orme, 2002；Pollack, 2004；Weinberg, 2006）。

目標設定に内在する価値

スー（Sue, 2006, p.135）は、目標に関して、目標設定の過程は価値観に左右される点に注意しなければならないと指摘している。「目標設定の過程に反映されるある特定の価値観」は、クライエントの経験や信念に反する場合があるという主張である。例えば、こうした過程では、未成年者を含むクライエントは、目標設定の意義を理解し、信じ、尊重していることを前提としている。しかし、日常生活の苦悩やストレスに直面しているクライエントは、目標を持つことがいかに現状を変えることにつながるのかを理解できない場合がある。さらに、スー（Sue, 2006）は、クライエントの参加に対する期待や目標設定の過程は、自発的な YAVIS（若くてはきはきした、言語能力の高い、知的な成功者）としてのクライエントを想定していると指摘する。こうしたイメージは、文化的に多様なグループ、第二言語や方言を話す者、社会経済的地位が低い者、認知能力の低い高齢者や未成年者（James & Gilliland, 2005；Sue, 2006）といった社会的なつながりが薄い者に対する差別を生みだすおそれがある。さらに、個人や核家族を強調することにより、自己決定や自律性に焦点を当てた目標が設定される可能性がある。ジェームス＆ギリランド（James & Gilliland , 2005）は、ホール（Hall, 1976）の研究を引用し、低コンテクスト文化と高コンテクスト文化を区別している［訳注：高コンテクスト文化では、人間関係や社会習慣など言語メッセージ以外に依存する傾向が強いタイプのコミュニケーション。低コンテクスト文化とは、言語以外のものに依存しない傾向が強いタイプのコミュニケーション］。低コンテクスト文化では、西洋の規範に基づく個人としての願望が見られる一方、高コンテクスト文化では、その逆の現象が見られる。特に高コンテクスト文化では、個人としての願望や尊敬は、所属する文化的集団から生じ、そうした集団と相互依存関係にある。

家族の関与

グループの価値観、信念、および文化的選好に対する情報は、目標設定の過程や目標達成において重要な留意事項である。とはいえ、そうした顕著な特徴が、すべてのクライエントに当てはまる絶対的な決まりであると考えてはならず、またクライエントの家族やソーシャルネットワークの関与を無視してはならない。

家族や他の支援ネットワークが関与すべきかどうかは、クライエントが下すべき決断である。それが文化、家族形態、あるいは立場に基づく決断であれ、クライエント自身の選好を尊重することになる。未成年者の目標達成には、ほとんどの場合、家族の支援が必要となるだろうが、未成年者と関わりのあるその他の個人やシステムが必要な場合もある。例えば、学校の成績に関する目標には、未成年者の教師が関わる必要があるだろう。親が未成年の子どもの行動に手をつけられなくなった場合は、専門家に自分の子どもの「治療」を依頼することになるだろう。こうした場合には、親の参加を促すために、特別な努力が必要となる。

家族や重要な他者による前向きな支援が、目標達成を促進するという証拠がある。リットナー

＆ドジャー（Rittner & Dozier, 2000）は、薬物使用の再発防止のための裁判所からの命令である薬物乱用防止サービスの有効性を検討した。調査の結果、裁判所の命令の効力は認められたが、同時に、家族による協力的な関与の重要性が認められた。別の研究によると、ある特定のグループの価値観や信念と一致した目標を設定するために不可欠な文化的視点が家族の関与によってもたらされることがわかった（Gardner, 2000；Hodge & Nadir, 2008；James & Gilliland, 2005；Lum, 2004, 2007；Sarkisian & Gerstel, 2004；Sue, 2006）。ホッジ（Hodge, 2004）、ポトキー・トリポディ（Potocky Tripody, 2002）、ウォン（Wong, 2007）、スー（Sue, 2006）をはじめとする研究者は、エスニックグループ、移民、難民の健康およびメンタルヘルス治療計画に対する意思決定に、家族が参加することの重要性を強調している。また、レズビアン女性がメンタルヘルスやヘルスケア提供者を選択する際の決定要因は、自身のパートナーが関与できるかどうかである（Saulnier, 2002）。児童福祉の方略として、家族会議による意思決定は、未成年者のウェルビーイングに対する支援を確保する効果的な手段であることがわかっている。家族と文化的選好の統合は、こうした方略の成否を決めるカギとなる（MacGowan, Pennell, Carlton-LaNey, & Weil, 2004）。

　目標達成に対する家族の支援は、決定的なものではなく、いくつかの要因を検討する必要があるだろう。支援が得られるかどうかは、以前や現在の関係がどのようなものであるかに左右され、個人間の緊張や、家族内の緊張や未解決の問題により、家族の支援が得られる可能性が低くなるおそれがある。個人の行動の変化は、既存の家族ダイナミクスを揺さぶり、家族同士の関係に変化を迫ることになる。また、家族はそれぞれのニーズやストレッサー、あるいは資源の制約を抱え、誠意が尽きてしまっている場合もある。または、家族が交換条件、すなわち支援を提供する代わりの条件を提示することもある。さらに、個人が望む成果が、彼らの文化や、部外者に援助を求めるといった行動に対する考え方と一致しない場合がある（Fredriksen, 1999；Williams, 2006；Wong, 2007）。最善の状況においても、クライエントの目標が家族の価値観と矛盾し、支援が得られない場合がある。

事例 •
　高校を首席で卒業したばかりのクリスタは、地元のコミュニティカレッジで写真を勉強する予定であったが、最近になって妊娠していることがわかった。両親は、クリスタが未婚のまま妊娠したことに憤慨し、家を出るように言い渡した。数週間、クリスタは友人の家を泊まり歩き、現在は、家族の中で唯一安心できる叔母のところで暮らしている。クリスタの優先目標は、妊娠中に安心して過ごせる住居を見つけ、出産前検診を受けられるようにすることである。家を出てから、どうすべきか本人にもまだわからず、一人で子どもを育てることができるか疑問に感じている。さらに、クリスタによると、両親が中絶を認めることは考えられず、クリスタ自身も中絶に対しては態度を決めかねている。子どもの父親は大学へ通い始めており、自分は関わりたくないと明言しているため、結婚という選択肢はありえない。
　叔母による住居支援以外のサポートシステムは限られているが、妊娠する前、クリスタは、自分の両親ともボーイフレンドの両親とも親密な関係にあった。ボーイフレンドからは、彼の両親には妊娠について話してはいけないと言われているが、危害を加えられる可能性はない。クリスタ自身も、ボーイフレンドの家族を巻き込むことにはためらいを感じており、このまま別れることが最善であると信じている。叔母との暮らしは、安全で協力的な環境であるが、今月末に叔母が仕事でカリフォルニアへ移転するため、それまでに新しい住居を探さなければならない。叔母

が近くにいなくなるため、クリスタは、自分がホームレスになるのではないかと心配している。両親は細い糸である。しかし、無視することができないほど大きな価値観をめぐる緊張が存在している。したがって、できれば両親の下で安全で安定した暮らしを送りたいというクリスタの目標を両親が快く支援してくれるかどうかは不明である。

　ソーシャルワーカーのウォルトは、前述の目標に焦点を当て、クリスタの許可を得た上で、彼女が家に戻れる可能性について母親と話をすることになった。

・・

母親との電話での会話：

ソーシャルワーカー：「もしもし、クリスタさんのお母様はいらっしゃいますか」

母親：「私が母親ですが、どちら様ですか」

ソーシャルワーカー：「娘さんを担当しているソーシャルワーカーのウォルトと申します」

母親：「ソーシャルワーカーというのは、外で泊まり歩いているような女の子を支援するものなのですか」

ソーシャルワーカー：「そうではありません。私は、娘さんが妊娠中に安全に暮らせる場所を見つける手助けをしているのです」

母親：「娘が妹の家にいることはわかっています。元気にやっているはずですから、ソーシャルワーカーのお世話になる必要はありませんし、望んでもおりません。それに、娘が私たちに何の用があるのでしょう。家族の価値観に背いて、未婚のまま妊娠するような娘に育てた覚えはありません。全部娘が自分でやったことですから」

ソーシャルワーカー：「ご立腹なさるのはごもっともです。娘さんが家族に背いたと思われるお気持ちもよくわかります。娘さん自身も自分の過ちを認めていますが、ご家族の助けや指導が必要であり、彼女はそれを望んでいます。娘さんと一緒に立てた目標の１つが、妊娠中に安全で安定した生活を送れる住居を見つけることです。本人はご両親に会って、家へ戻ることについて話し合いたいと言っていますので、どうか娘さんに会っていただけないでしょうか」

　ウォルトはクリスタと母親の調停者となり、最終的に母親は、「父親の代弁」はできないが、クリスタと会うことには同意した。

　上記の状況における、ソーシャルワーカーの価値観や信念について考えてみよう。ウォルトと母親の会話は、非常にわかりやすいように見えるが、このケースのコンサルテーションを行うにあたり、ウォルトは、自分自身の価値観や親との経験が、ソーシャルワークを実践する状況に入り込む可能性を認識した。ウォルトは、クリスタの置かれた状況や母親の反応に対し、非常に強い感情を抱いたことを認め、「考え方が古い、と母親に対して言いそうになる自分を抑えるのに必死だった」と述べている。ゲイである自分に対して協力的な両親を持つウォルトは、親が子どもへの支援をしない状況など考えられない。しかし、ここで注目したい点は、ウォルトは、母親との会話の中で、家族の決断に対する家族の価値観の影響力を否定しないように注意したことである。しかし、ウォルトから見て、クリスタは両親の支援が必要な人生のターニングポイントに直面していた。もちろん、ウォルトは、クリスタの両親が失望し、クリスタの立場が結婚や妊娠に関する家族の価値観に反していたことは理解していた。それでもなお、ウォルトは、家族の価

値観が「クリスタを家から追い出す」正当な理由にはなりえないと考えていたのだ。

　社会的近接や社会的距離が、クライエントに対する姿勢に影響を与える場合もある（Clifford & Burke, 2005 Weinberg, 2006）。上記の事例では、社会的近接が要因となっていた。ウォルトは、ソーシャルワーク修士課程を修了したばかりで、比較的クリスタの年齢に近いためにケースに深入りしすぎる可能性を高めた。倫理的実践において必要なことは、自己評価である。ウォルトのように、自分の価値観や文化的、政治的、宗教的信念、および先入観を批判的に見直し、自分の経験が、目標設定過程において影響を及ぼしていないかどうか注意しなければならない。

環境条件

　目標設定の過程において、環境資源や支援の有無を評価する必要がある。年齢、人種、ジェンダー、階層、性的指向、構造的な不平等といった属性は、クライエントの動機にかかわらず、目的達成の能力に影響を及ぼす可能性のある要因である。例えば、低所得の夫婦に対し、補助金が支給される住宅の購入の支援をする場合、地理的条件や該当する住宅に対する連邦資金の不足といった制約を受けることがある。住宅、雇用、制度上の融資パターンにおける差別は違法であるが、低所得やマイノリティのクライエントの障壁となる巧妙な差別は存在する（Fernandez, 2007）。マイノリティの人々が経験する問題の多くは、人の力を削ぐような心理的影響を及ぼす（Dietz, 2000；Guadalupe &Lum, 2005；Pollack, 2004；Sue, 2006）ため、クライエントは、目標設定に関わるのに十分な意欲を奮い立たせることはできないだろう。例えば、貧困、人種、あるいはエスニックマイノリティの立場により不利な条件に置かれた低所得の女性は、一般の人と比べて、高い水準でうつを経験することがわかっている（Grote, Zuckhoff, Swartz, Bledsoe, & Giebel, 2008）。さらに、機関の使命や資源、および公共政策が個人や家族の目標に制約を与えることがある。結婚防衛法のような取り組みは、ゲイやレズビアンである親に対して、子どもに会う権利、養子縁組、または育ての親になるといった基本的公民権に制約を与える（Fredriksen, 1999）。高齢者や低所得家庭の資産は、州や連邦政府が支給する福祉手当の受給資格を決める上で決定要因となる。多くの場合、構造的な不平等が資源を制限してしまうため、多様なグループがうまく生き延びていくことが難しくなっている。

法の強制によるクライエントの立場

　法の強制によるクライエントの立場は、クライエントが援助プロセスにおいて、自分には限られた力とコントロールしか与えられていないと感じ、そうした過程への参加を躊躇してしまうような立場である。問題やその解決を外部の人に決められてしまうという経験により、クライエントは、社会からの疎外感を必要以上に感じてしまう（Lum, 2004；G.D. Rooney, 2009；Sue, 2006）。法の強制によるクライエントの立場のもう１つの例は、出生の段階から、他とは異なる立場に置かれた場合である。社会の主流からはずれ、リスクはあるが恩恵をほとんど受けられないような状況を好んで選択する者などいないだろう（G.D. Rooney, 2009）。どちらのグループについても、外部の権威者によって目標が設定されると、ためらい、不信、疑念が増すと考えられる。その目標設定が目に見える欠点に基づいている場合は特にそうである。マイノリティグループの個人や家族は、強制や命令のもとに援助者に紹介されていることが多いので、クライエントとの援助関係において緊張が高まりがちである（R.H. Rooney, 2009）。

　法の強制によるクライエントへのソーシャルワークにおいて、クライエントの置かれた現状か

らスタートすることは、たとえ個人や家族が外部の権威による制約を受けている場合でも同じく重要となる。当然のことながら、自ら選択したわけではない目標設定への参加を促すことは、困難な作業である。問題の特定にクライエントがほとんど、あるいはまったく関与せずに目標が規定された場合には、その目標に対するクライエントの懸念や感情にまず対応する必要があるだろう。こうしたダイナミクスにかかわらず、法の強制によるクライエントは、話を聞いてもらい、自分の置かれた状況に対する考えを述べ、目標や解決策の達成方法に関する意思決定に参加する権利を有する（Dejong & Berg, 2001）。

目標の種類

　目標には、明白な行動と明白でない行動の両方における変化が含まれる。例えば、クリスタにとっての明白な目標とは、できれば妊娠中に家族と暮らせる安定した住居を見つけることであった。一方、明白でない目標は、ストレスを減らす手段として、ホームレスになるという心配を減らすことであった。関連するシステムやサブシステムもまた、設定すべき目標の実現可能性や種類に影響を与える。例えば、クリスタの両親は、クリスタが妊娠中に家へ戻るという目標を達成できるかどうかに深く関わっている。自分自身と胎児のために出産前検診を受ける病院もまた、関連するシステムの一例である。変化を求める上で焦点となるシステムやサブシステムは、設定すべき目標の種類や関与すべき人を決定する。例えば、近所の遊び場の状態を改善するという目標には、両親や市または郡の役人が関わってくるだろう。また、個人の目標では、個人内システムや、社会物理的環境との相互作用に焦点が当てられる。

　目標は、初期の段階では、認知機能や行動の変化、情緒的機能や行動の変化といった幅広い言葉で表現される。家賃を期日までに支払わなかったために、立ち退きを迫られている個人について考えてみよう。行動の変化の例としては、期日までに家賃を支払う頻度を増やすことである。支払いが遅れる原因が「家賃の期日を忘れてしまうこと」であれば、前述の行動目標に加え、認知機能の変化を求める目標が合わせて必要となるだろう。

　種類や役割によって、目標をさらに分類することができる。ターゲット・システムがカップル、家族、グループの場合、通常、目標とはシステム内部のすべての関係者の変化を含む。こうしたより大きなシステムでは、システムのメンバーが合意の上で、共通して掲げる共有目標を持つ。例えば、グループのメンバーが、お互いを支援する方法についてブレーンストーミングした後、お互いに肯定的で協力的なメッセージを送り合うことに合意することなどである。共有目標の顕著な特徴は、すべての参加者が同じ行動を取ることで合意している点である。

　相互目標は、当事者が設定に関わるという点で、共有目標の要素を含んでいる。相互目標のもと、すべての当事者は、異なる行動のやりとりに合意し、お互いに違ったやり方で行動または対応する。相互目標は、別の目標設定の先駆けとなる場合もある。例えば、娘のアニータとディアス氏は、最終的に、お互いの話を中断しないで聞くことに合意した。相互目標には、本質的に交換条件が伴う傾向がある。すなわち、別の関係者が行動変化を実行することを条件に、自分の個人的な行動を修正することに合意するのである。「あなたが私の話を聞いてくれるのなら、私もあなたの話を中断せずに聞きましょう」ということである。第10章に登場したアニータとディアス氏とその他の家族は、この相互目標を忠実に守ることにより、ディアス氏のヘルスケアニーズや自立していたいという希望に関する目標設定に、自分たちのエネルギーを注ぎ込むことができた。

目標の選択と定義に関するガイドライン

　目標の選択と定義の過程は、クライエントが自発的なクライエントであるか法の強制によるクライエントであるかによって異なる。ソーシャルワーカーとクライエント間のダイナミクスは、それぞれのケースで異なるため、以下の説明で、自発的なクライエントと法の強制によるクライエントとの相違点を明確にした。自発的なクライエントの場合、ソーシャルワーカーとクライエントは、目標を選択し、定義する過程に協働で関与する。一方、法の強制によるクライエントの目標は、第三者が定義する。また、ソーシャルワーカーの役割に与えられた権威は、それぞれのクライエントグループによって異なるため、法の強制によるクライエントとソーシャルワーカーとの関係には緊張がつきもので、自発的なクライエントとの協働とは大きく異なる。表12-2は、目標の選択と定義に関わる意思決定の基準をまとめたものである。

目標は自発的なクライエントが求める望ましい結果とつながっていること

　自発的なクライエントの場合、ソーシャルワーカーに与えられた心理的な権威という役割は通常、肯定的な意味を持つ。しかし、専門家に援助を求めることにためらいを感じるクライエントも存在する。そうしたためらいは、文化的規範や、自分たちが置かれた状況は困難をきわめているとの思い込み、あるいは単に気おくれしていることによる。とはいえ、このようなクライエントは、他の選択肢が尽きた状態にある。目標を設定する段階に到達する頃には（すでに前の段階で、クライエントの感情を整理し、ラポールが形成されている）、ソーシャルワーカーに対するクライエントの見方は、信頼に基づいたものとなっている。したがって、クライエントがソーシャルワーカーの善意を認め、協働関係にプラスの影響がもたらされる。しかし、自発的なクライエントがやる気になり、情緒的に関与するようになるには、ソーシャルワーカーと共に取り組めば、ソーシャルワーカーが自分たちの懸案事項に対応してくれ、その結果、変化をもたらすことができるのだと、クライエントが納得しなければならない（Lum, 2004；Marsh, 2002；Meyer, 2001；Smith & Marsh, 2002）。目標の設定や選択において、クライエントと協働するということは、ソーシャルワーカーが受け身の役割を担うことを意味するわけではない。むしろ、クライエントの多くは、ソーシャルワーカーの助言を求めている場合が多い。プロとしての専門性や責任への理解を共有しつつも、クライエントが示す最大の懸念に焦点を当てるという、バランスのとれた行動をとる必要がある。

表12-2　目標の選択と定義に関するガイドライン

目標は、自発的なクライエントが求める結果と関連性があること
法の強制によるクライエントに対する目標策定の方略
目標は、明確で測定可能な言葉で定義すること
目標は、実現可能なものであること
目標は、ソーシャルワーク実践者の知識や技術に相応したものであること
目標は、成長に重きを置いた肯定的な言葉で表現すること
目標に保留事項がたくさんあるままで合意しないこと
目標は、機関の機能と一貫していること

法の強制によるクライエントに対する目標の選択および設定の方略

　法の強制によるクライエントとの関わりでは、多くの場合、課題を抱えきれず自ら援助を求める自発的なクライエントとは異なるダイナミクスが生じる。疑念、不信感、反発心を持つクライエントがおそらくもっとも怒りを感じるのは、自分たちに与えられた目標が、外部の者が見た自分たちの欠点を中心に設定されたものであるという点であろう（Lum, 2004；R.H. Rooney, 2009；Sue, 2006）。初期の段階における法の強制によるクライエントの反応はきわめて情緒的で、法的な命を受けたソーシャルワーカーたちが持つ、権威と呼ばれるものに向けられる。特に法の強制によるクライエントがマイノリティグループに属する場合、別のダイナミクスが生まれやすい。こうしたクライエントが抱える不安は、ソーシャルワーカーの権威を知るとなおさらに高まり、また命令を守らなくてはならないこと、規範上の目標を与えられることで、無力感やさらなる疎外感が高まるのである（Dejong & Berg, 2001；G.D. Rooney, 2009；R.H. Rooney, 2009）。

　こうしたクライエントたちとともに目標を定めていく際には、彼らの情動に波長を合わせるといったことも含めて、彼らのダイナミクスを理解し、共感することが、彼らの反発心を減らし、関与を促進するために重要となる。ソーシャルワーカーと法の強制によるクライエントの間に生じるダイナミクスに加え、さらに留意しなければならない点は、マイノリティグループに属するクライエントが、法の強制によるクライエントの中のかなり多くの数を占めているということである。クライエント全体の数からみればその割合は少ないとはいえ、それは確かに多いのである。マイノリティグループと法の強制によるクライエントは共通の特徴を備えている。例えば、外部からのコントロールと自分自身のコントロールの間で綱引きする緊張感、社会から取り残された立場、自己決定の制約、力の欠如といったものである。二つの立場が重複するために、上記のような特徴が、法により与えられた権限を持つソーシャルワーカーの権威と結びついてしまうときに、強力な関係性のダイナミクスとなって生じる可能性がある（G.D. Rooney, 2009）。

　法の強制によるクライエントに対するソーシャルワークの方略は、ルーニー（Rooney, 1992）が最初に構築した。それは、法の強制による未成年者と両親に対して彼が実践した、児童保護に関わるソーシャルワークに基づいたものである。表12-3に示した方略は、こうしたクライエントたちとともに目標を定めたり、クライエントの参加を促したりするために活用できるだろう。

　方略について読み進める前に、講師によって学生が、最高水準の成績をおさめることが目標として設定された新規の必修コースに学生が参加する場面を想像してほしい。この時点では、コース内容や成績基準についてまだよくわからないため、学生は、講師がすでに目標を設定していることに対し、その権限を疑問視するにちがいない。個人に対する配慮もなく、学生が関わることもないまま、目標が設定されたため、おそらく学生は心配し、不安になり、やる気を失うだろう。必修コースであるため、別の講師が担当するクラスに登録しようと考えるかもしれない。しかし、このクラスに残ると仮定した場合、講師は学生に対し、設定された目標を達成するモチベーションを与えるために、どのような手段を取ることができるだろうか。

　ジェンドラ（Gendolla, 2004）は、「動機づけ理論の確実さ」を探求する中で、あなたや、非自主的な

表12-3　法の強制によるクライエントに対するソーシャルワーク方略

動機と目標の一致
法による指示をクライエントが合意できるものにする方略
交換条件の提示
法による指示からの解放

学生、ならびに法の強制によるクライエントに関して疑問を呈した。それはつまり人間は「目標達成が、自尊心、自主性、個人的利益に直接的な影響を及ぼす場合、目標を追求する過程で自動的に最大限の努力をするかどうか」(2005) という疑問である。法の強制によるクライエントが、課された目標に対する動機を持てるのであれば、変化への努力を行う際に、本人の自己決定や自律性が意味を持ってくるはずである。この方略の利点は、法によって義務的に求められる、役に立つ行動の変化を起こすという課題にクライエントが取り組む一方で、クライエントが特定の変化に対し自ら焦点を当てることができることである。

動機と目標の一致

クライエントの置かれた現状からスタートするという原則は、法の強制によるクライエントの場合でも同様に重要となる。裁判所が指摘する問題に対して、クライエントがどう考えているかを検討しなければならない。ディジョン&バーグ (Dejong & Berg, 2001) によると、法による指示の状況をクライエントが自ら説明することによって、彼らは問題をコントロールできるようになり、そこで初めて動機と目標の一致が可能になる (p.364)。機会が与えられたとき、法の強制によるクライエントは、問題や法により指示を受けるに至った状況に対して意見を述べるだろう。このように、自分たちの考え方が求められ、耳を傾けてもらっているという事実のおかげで、自己認識や過程への関与が動機づけの要因となりうるのである。

クライエントは、怒り、フラストレーション、激しい憤りの表現などを通して、自分が置かれた環境や状況を詳細に語る。子ども家庭福祉において、危険とされる指標や好ましい子育ての規準に照らして行われるリスクのアセスメントとして目標が設定されると知れば、親は神経質になるだろう。無責任な親とはどういう親かと定義づけることは難しく、親の自分自身に対する見方や、問題に対する認識と一致しない場合がある。法による指示やリスクのアセスメントは、行動や行為を取り巻く状況を理解するために役立つものではない。むしろ、行動や行為がもたらす結果に注目し、修正措置に焦点を当てた目標を設定すべきである。例えば、子どもだけを家に残して、親がある一定時間パーティーへ行くことは、児童保護サービスの観点から見れば、当然、懸念すべき行為である。裁判所は、親の行動により危険にさらされた子どものウェルビーイングのみに焦点を当て、その背後にある状況には無関心なのである。

動機と目標の一致を達成することに関して、以下の二つの重要な問題が考えられる。

- 上記の状況において、親が心配する問題は何か。

図12-1　動機と目標の一致

- 大人の監視なしに、子どもだけを家に残しておくことに対し、親自身も心配してはいないか。

図12-1に示した動機と目標の一致は、裁判所とクライエントのターゲットとする目標が一致した場合に可能となる。すなわち、親が家を空ける際の子どもの監視について、親、裁判所、ソーシャルワーカーが合意している場合である。親のニーズや欲求に合った目標は、達成される可能性が高く、親の関与により変化が長続きする。一方、クライエントの動機が、主に罰を逃れることや報酬を得ることであるか、あるいは親の能力に著しい障害があるようなケースでは、逆の作用が起こりうる。

法による指示をクライエントが合意できるものにする方略

問題行動、すなわち大人の監視なしに子どもを放置するという行動が発生した場合、その状況には、クライエントがその問題をどうとらえているかという視点が示されていると思われる。しかし、当然のことながら、裁判所はこうした情報には関与せず、興味も示さない。このように、クライエントの考え方は、契約を義務づけた法当局の見方と異なる場合が多い。子どもを放置したとされる親は、法廷で弁解をする機会も与えられず、ネグレクトとみなされたことに憤慨し、さらには、裁判所は自分たちの置かれた状況を理解せず、気にも留めていないと思い込んでしまう。したがって、こうした親にとって問題なのは、過程と結果の両面での公平性である（Greenberg & Tyler, 1987）。

法による指示を合意できるものにする方略では、クライエントと裁判所の考え方の相違を埋める共通点を見つける必要がある（Dejong & Berg, 2001；R.H. Rooney, 2009）。法による指示を合意できるものにする方略を遂行するには、法による指示や紹介先で特定された懸念に的確に対処すると同時に、クライエントの懸念にも対応できるように、問題の定義をリフレーミングすることが必要である。リフレーミングは、反発心を減らし、実行可能な合意を促進し、また、クライエントの動機を高めるために有効な技法であり、動機づけするための面接や動機と目標の一致と組み合わせることができる。暴力を振るう男性を対象とした援助グループの参加者を例にとってみよう。この参加者は、グループリーダーである専門家が使う記述言語（例えば「加害者」など）や、行動変化のスタート地点として、自分が虐待的であることを認めさせようとする圧力を拒絶するだろう。しかし、妻との関係を改善するという目標には合意するかもしれない。その場合、どうすれば目標を達成できるのかに焦点が当てられる。動機づけするための面接もまた、クライエントに対して、内省の機会を与える。例えば、参加者の一人（あるいは数人）が、怒りを抑制できない問題を抱えていることを認めない場合、彼らに対し、自分たちの怒りの表現が周囲の人たちにどのような影響を与えているかを考えさせるとよいだろう。

交換条件の提示

法の強制によるクライエントと目標を立てる交渉には、取り引きの方略、すなわち「交換条件を提示する」方略が含まれる。基本的に、法の強制によるクライエントの個人的な心配は、法の指示や紹介が引き起こす問題と結びついている。この点について説明するために、子どもたちだけを残して近所のパーティーへ出かけて行った母親の例に戻ろう。母親が外出中、アパートでボヤが発生し、年長の子どもが消防署へ通報した。駆けつけた消防署員が、家にいるのが子どもたちだけであることを発見し、児童保護サービスへ報告したため、子どもたちは一時保護施設へ移

送された。これに対して母親は憤慨し、「誰も子どもたちを連れ去る権利などないわ。常に家事に追われ、自分の時間も持てないなんて耐えられない」と主張した。児童保護サービスの観点から見て問題となるのは、「大人の監視なしに子どもだけが家に残され、さらに火事が発生したことは危険な状況を意味する」点である。このケースの交換条件としては、母親が子どもの監視問題の解決に努めることに合意した場合、自分の時間を持ちたいという母親のニーズに対応することなどが考えられる。こうした方略がうまくいくかどうかは、クライエントにとって有意義な見返り、すなわち母親にとって問題解決に向けた目標設定に関与するインセンティブとなる見返りを快く提供できるかどうかにかかっている。

法による指示からの解放

　法の強制によるクライエントの中には、これまで述べた方略のいずれも有効でない場合がある。こうしたケースに残された唯一の手段は、法による指示や紹介先が義務づけた制約から逃れたいというクライエントの願望に訴えることである。これは、法による指示や外部の圧力から逃れたいというクライエントの動機に働きかける方略である（R.H. Rooney, 2009；Jordan & Franklin, 2003）。この点を説明するために、子どもを家に残して外出した母親の例を再び見てみよう。母親は誤解されたと感じ、憤慨している。親としての責任を放棄したという考えを認めず、「私は子どもたちを愛しています。子どもたちには私しか頼る者がいないのですから」と主張した。母親によると、自分の行動は「一日中子どもたちと家に閉じ込められ、気が狂いそうだった」ため余儀なく起こした一度きりの出来事であるという。母親は明らかに、「ほっといてほしい」と考え、自分の生活に敵対する侵略的な存在から逃れたい、と何より望んでいる。子どもの安全と子どもを家に戻すことを全体目標に掲げた場合、児童保護サービスの監視から逃れたいという母親の願望と法による指示の両方を満たす段階的な措置を、母親とともに講じていくことになる。つまり関わっている当事者が目標を共有することである。具体的には、子どもを家に戻すこと。それは特定の要件が満たされたらなのだが。

　変化につながる話し合いや目標の選択が可能となるのは、ソーシャルワーカーと法の強制によるクライエントの関係が、強制的なものではなく、協力的な場合である（Miller & Rollnick, 2002）。動機づけのための面接では、非難ではなく共感を用いる。法による指示を承諾させたり、順守させたりするためにクライエントを非難したり、彼らと言い争いをしたりすること、あるいは自分の権限を利用してクライエントに強制させることは通常、非生産的なやり方であり、反発を生む可能性が高い。共感を持った接し方とは、前述の母親のケースでは、「シングルマザーとして、一日中働き、家に戻ってからも大変でしょう」といった話し方をすることである。こうした発言により、母親に対し、状況を理解していること、人間としての善し悪しを判断するつもりはないことが伝わるだろう。

　以上はいずれも、クライエント自身の利益や変化のプロセスへの関与にアピールする方略である。動機と目標の一致や交換条件を提示する方略は、特定のクライエントが変化を拒む、という考え方を否定する。むしろ、クライエントもソーシャルワーカーたいも、義務づけられた目標の定義や達成に向けた共通の土台を探索するという利点を持つことになる。例えば、法による指示を合意できるものにする方略により、法の強制によるクライエントは、変化の段階を経る中で、法の強制によるクライエントから自発的なクライエントの立場へと移行する可能性がある。変化の段階において、クライエントが短絡的な段階（「一度きりなら、子どもたちを家に残して外出する

ことは問題ではない」）から熟考する段階（「子どもたちだけを家に残して外出することによりもたらされる害に、進んで目を向ける」）へ移行していくうちに、自己評価の結果として、目標が見えてくる。短絡的な段階にある虐待者は、自分の行為が虐待的であることを否定するために、「彼女が目の前にいたから、仕方がなかったのだ」といったような言い訳をするかもしれないが、熟考する段階では、「自分の行為に目を向ける意思がある」ことを認め、この時点で、内省や自己評価が「自分の行為が自身や大切な人に与える影響」を検討するという目標になる。

　クライエントは、現状維持を強く訴えたり、自分の行為を大目に見たり最小限に評価したり、あるいはその行為の言い訳をする（Miller & Rollnick, 2002）。そのため、変化や変化に向けた方略について話すことは、焦点をクライエントの行為から逸らすと考える読者もいるだろう。しかし研究によると、具体的な認知や行為に焦点を当てた場合、それが行動と変化の橋渡し役となり、最終的には、望ましい行為が現れる頻度が増加するという結果が出ている（Nichols, 2006）。加えて、クライエントへの対応の仕方により、認知的協和または不協和が生まれ、変化の可能性を示す予測要因となる。例えば、前述の母親が「子どもだけを家に残して外出したのは、これが初めてです」と主張している場合、「子どもだけを家に残して外出したことについて、他の人は何と言うでしょうか」あるいは「子どもだけを家に残して外出した一度きりの間に、何が起こりましたか」といった誘導的で非制限的な受け答えを活用できる。

目標は、明確で測定可能な言葉で定義すること

　援助プロセスに方向性を与えるために、クライエントの目標は、明確で測定可能な言葉で定義しなければならない。明確に定義された測定可能な目標文からは、誰が、何を、どのような状況下で行うことにより、望ましい成果が達成されるかが明らかになる（Bloom, Fischer, & Orme, 2003）。以下に、明確で測定可能な目標の例を挙げる。

「母親が夜外出する際には、子どもの見守りを依頼する」
「クリスタは、自分自身とお腹の子どものために産前検診を受ける」
「ディアス氏は、在宅医療援助者の監視の下でインシュリンの投与を行う」
「ソーシャルスキルグループの参加者は、教室内におけるリスニングの技術の習得と実践を行う」

　上記の例ではいずれも、目標の進捗状況や達成度を容易に記録、測定することができる。クリスタの場合、産前検診を受けたかどうかは明確に測定できる。また、ソーシャルスキルグループ参加者のリスニングの技術が向上したかどうかを測定することも可能である。さらに、ソーシャルスキルグループ参加者の技術向上レベルを測定するには、参加前のベースライン（基準値）と教室内における参加後の成果を比較し、各自の向上レベルを評価する。

　適切に明記された具体的かつ測定可能な目標は、明白な変化、および明白でない変化の両方を明確にしてくれる。この点を説明するために、常に学校に遅刻してくるテレンスの例を取り上げてみよう。テレンスが学校に到着するのは、たいていホームルームで出席を取り終わった後である。出席記録を見ると、先月の欠席日数は15日に上る。本人によると、朝起きるのが大変であり、学校へ行きたくないために寝坊することが多いという。この場合の明白な目標は、「テレンスが、目覚ましの音を聞いたらベッドから出ること」である。この目標は、第三者が確認することがで

きるため、正確な測定が可能である。一方、明白でない変化の一例は、「テレンスが、学校に対する肯定的なイメージを高めること」である。この目標もまた、記録、測定が可能であるが、テレンス本人が確認することになる。テレンスが学校に対して抱いている気持ちを考慮すると、現時点でこの目標を達成することはより困難であろう。いずれにしても、セルフモニタリングは一貫性を欠くことや、セルフモニタリングがターゲットとする行動に与える影響により、明白でない行動の測定には誤りが生じやすい。例えばテレンスの場合、学校に対する自分の気持ちについて記録し忘れ、後になって記録が面倒になり、自分の学校に対する気持ちは、出席とは無関係であると主張する可能性もある。

　いずれの場合も、ケース記録あるいはSOAP記録（Subjective=主観的、Objective=客観的、

クライエント／家族：		担当職員：		
主訴：				
目標：			目標番号：	
課題：				
ストレングス／資源：		潜在的な阻害要因／障害：		
対応策　手順－参加者：		対応策　手順－担当職員：		

日付	進行記録	担当職員

目標のプロセス：完了__　一部完了__　未完了__（要概要説明）

図12-2　ケース進行記録
出典：©Glenda Dewberry Rooney/Freeport, Inc. All Rights Reserved.

Assessment＝アセスメント、Plan＝計画の頭文字からなる）を活用することにより、焦点となるべき項目の記録や維持が可能となり、進捗状況のモニタリングや測定に役立つ。例えば、テレンスのベースラインを設定するために、遅刻をしなかった日数や出席日数などがケース記録に記録される。こうした情報は、終結の段階で成果の評価を行う際にも活用できる。通常、機関では、進捗状況を記録する独自のフォームを利用しているが、本書では図12-2に、記録用紙の例を挙げた。ストレングスと障害の両方が記録され、クライエントと担当職員双方にとっての手順や課題を記入する点に注目してほしい。また、目標の進捗状況も記録され、完全に達成されたか、あるいは部分的に達成されたかが記される。

ソーシャルワーカーが記入した目標、あるいは法の強制によるクライエントを含むクライエント自身に記録させた目標のコピーをクライエントに提供することにより、力の格差を縮小させ、より協力的な関係を構築することができる。経験豊富なソーシャルワーカーの多くは、クライエントが目標の進捗状況や進捗の確認ができるように、目標文、課題、ケース記録を入れたフォルダーをクライエントに渡している。

目標の細分化

非常に具体的に設定した目標であっても、多くの場合は複雑化するので、複数の行動を論理的な順序で解決していかなければならない。こうした複雑性により、クライエントは、目標の実行に立ち向かわなければならない可能性に直面したとき、圧倒されおよび腰になることがある。こうした理由から、クライエントの最終目標を構成要素に細分化することが重要である。細分化は、ソーシャルワーク実践においては新しい技法ではなく、実際には、長い間ソーシャルワーク実践理論の基本的理念となっている（Perlman, 1957, p.147-149）。これは、特にクライエントの意思決定能力や望ましい成果を達成する能力を高めるため、エンパワメントに対するソーシャルワークの関わりと一致している。目標を細分化すると、それぞれが対処しやすい大きさに分割されるため、クライエントは、個々の修正措置、または問題解決に向けた行動（課題と対応策）を決めやすくなる。したがって、クライエントに対し、最終的に目標達成につながる効力感を与える。

目標と課題

目標とは望ましい成果を示すものであるが、クライエントや方による指示が示す目標が、程度の差こそあれ抽象的な言葉、あるいは一般的な用語で表現されている場合がある。個人の目標達成に向けた取り組みにおいて、ゼロから60の地点まで一気に進むことはまれである。こうした理由から、課題を役立つ方略として設定し、さらに目標を細分化する（Reid, 1992）。課題は、小目標あるいは対応策の基盤となる。対応策であれ、小目標であれ、両者の基本的な役割は、目標達成に行動の手順を示すことである。例えば、ソーシャルワークの学位取得は、特定の目標であるが、望ましい成果を示すこの目標と課題を区別することが重要である。ソーシャルワークの学位取得に関連した課題、すなわち役立つ方略には、資金援助の確保、定期的に授業に出席すること、必修課題の提出、および保育園や交通手段の手配といった追加課題が挙げられる。

表12-4は、目標と課題の違いを示しており、全体目標と具体的な目標を区別するために役立つ。また、目標と課題との関係を概念化する際の一助となるように作成した。同表では、明白な行動と明白でない行動の両方に関わる目標を示した。具体的な目標が、特定の行動、あるいは対応すべき介入の特徴を示した環境変化について言及している点に注目してほしい。

また、課題は広義には、個別的あるいは進行性（継続的）のいずれかに分類される。個別的な課題は、問題を解決または改善する一時的なアクションあるいは変化からなる。例えば、必要な資源（住宅や医療など）、主要な意思決定（養子を迎えるなど）、環境の変化（介護施設への入所など）がその例である。進行性の課題は、継続的かつ反復的な行動を要し、最終目標あるいは全体目標に向けて、段階的な進展を目指す。例えば、クラスに登録することは個別的課題であり、定期的に授業に出席することは継続的課題である。すなわち後者は、学位取得（最終目標）に向けた段階的な課題である。

　具体的な目標や継続的な課題を定義する過程においては、どの程度の変化を望んでいるのかを特定することが必要となる。継続的な行動が関わる目標の場合、その改善の可能性は無限であるため、クライエントや法による指示が目指す変化の程度や解決の範囲を定めることが望ましい。例えば、「親が夜外出する際には、子どもの監視を依頼する」などである。どの程度の変化を望むのかを特定する利点は、クライエントが求める結果について、ソーシャルワーカーとクライエントが互いに合意できる点である。もう1つの例として、教室内でのリスニング技術の向上を目標に掲げるソーシャルスキルグループについて考えてみよう。このようなグループの全体目標の中では、各生徒が目指す目標達成レベルはさまざまであり、各自異なる行動のベースラインが掲げられている。そこで、ソーシャルワーカーは、各自がそれぞれ期待する目標達成レベルに合った目標を設定する手助けをする役割を担う。各グループ参加者のベースラインを利用することに

表12-4　目標と課題

目　標	課　題
情緒のコントロールを改善する。	1．怒りを引き起こすきっかけを自覚し、怒りの爆発頻度を減らす。内面的な対話を増やし、怒りを抑える。
社会的関係を改善する。	2．他人に話しかけ、リスニングの技術や最小限の働きかけで会話を開始、維持する。
社会的環境との相互作用を深める。	3．外部活動を提供する高齢者向け施設の生活環境について調べる。
自信を高める。	4．ストレングスや性格の長所、資質に焦点を当て、自己承認の気持ちを表現する。
子育ての技術を向上する。	5．栄養価の高い食事の計画や準備、および衛生的な状態を維持できる能力を示す。
グループへの社会的参加を増やす。	6．グループ・ディスカッションにおいて、話し合いを開始したり、個人的な見解を述べたり、また質問をしたりする。
コミュニケーションスキルを向上させる。	7．他者とのやりとりの間は、相手を遮ることなく話を聞く。
仲間との葛藤を最小限に抑える。	8．葛藤解決の技術を身につける。
怒りを建設的に表現する。	9．怒りを表す代わりの方法を身につける。
事例計画に記載された責任項目の1つに携わる。	10．定期的に学校に出席する。

より、ソーシャルワーカーとクライエントは、それぞれ個別の進捗状況を特定、モニター、測定することができる。

目標は、実現可能なものであること

人は、目標達成に対して自分の能力を照らし合わせ、実行可能かつ望ましい目標を選択または採用したいと考える（Bandura, 1997 ; Oettingen, Bandura, Henderson, & Gollwitzer, 2004）。達成不可能な目標を選択することは失敗につながり、その結果、クライエントに落胆（「なぜこんなことしなければならないのか」）、失望（「望みのない状況だ」）、あるいは、敗北感（「何も変わるはずがない」）が生じる危険性がある。

自主性に動機づけられたクライエントの大半は、自分で設定した目標を達成する能力を有する。よって目標の正当性を高めて、彼らの自意識を認めることが重要となる。しかし同時に、クライエントは、当初想像していた以上に達成が困難な目標を選択する場合がある。壮大で非現実的な願望を抱くか、あるいは個人的または環境的な制約にほとんど目を向けないクライエントもいるだろう。こうしたジレンマに直面した場合、ソーシャルワーカーにとって第一の倫理的義務は、実現可能性についてクライエントと話し合いを持つことである。倫理的な説得は、インフォームドコンセントと似ているが、まったく同じではない。倫理的な説得では、他の選択肢を検討し、その目標に決定した場合の利点と欠点の見直しを行う（Miller & Rollnick, 2002 ; R.H. Rooney, 2009）。しかし、ここで注意が必要である。ソーシャルワーカーは、温情主義的または慈悲深い専門家の役割を果たしてはならず、また法の強制によるクライエントの場合は、法による指示によってソーシャルワーカーに与えられた権限を行使してはならない。目標の実現可能性に関わる中心的な問題は、以下のとおりである。

- クライエントの目標を支持し、クライエントを落胆させるような状況に陥らせることなく、彼らの動機づけを強化、支援するためにはどうしたらよいか。
- クライエントの目標を現実的に達成させるために、クライエントが目標を細分化し、段階的な課題や小目標を設定する上で、どのような支援をすることができるか。
- 所定の期間内に達成可能な、現実的かつ測定可能な期待すべき成果とはどのようなものか。

目標は、最善の状況下にあっても、意志の力だけでは達成できない。例えば、看護師のプログラムを所定の期間より早く終了できると考えているアーダの例を見てみよう。ここで考慮しなければならない点は、アーダは母親、妻としての役割を果たすと同時に、移民である高齢の親の介護に携わり、さらにフルタイムの仕事を持っているということである。アーダは、同プログラムを終了することにより、家計の安定に貢献できると考えている。アーダの目標を認め、支援する一方、その実現可能性を評価することは、非常に難しい作業である。したがって、目標の修正を提案する際、その提案によって目標達成能力が高まることをアーダが認識しなければならない。提案の意図が目標を変えることではなく、アーダへの支援を強化するためであることを説明する必要がある。実現可能性について話し合うことにより、ソーシャルワーカーもクライエントも、現状において何を達成することができるのかを現実的に評価することが可能になる。

法の強制によるクライエントに指示されたケースプラン

　法の強制によるクライエントの目標の実現可能性は、とりわけ扱いが難しい。実現可能性には、自分の目標達成能力に対するクライエントの自信が影響を与えるため、目標が明確に定義されていなければ、目標達成は不可能となりかねない。法による指示により課された目標は不明瞭なことがあり、また所定の期間内にクライエントに対して期待する成果が非現実的な場合もある。法による指示により義務づけられたケースプランに記載された目標は、「台所の流し台」のたとえのようである（すなわち、ケースプランには「（持ち運べない）台所の流し台以外は何でもかんでも入っている」というたとえのように、必要以上のものが含まれているということ）。基本的に、ケースプランは、優先順位をつけずに作成され、クライエントに要求される数々の変化をまとめたものである。目標達成のためにクライエントは、同時に複数のサービス提供者と関わることになり、各サービス提供者がそれぞれ独自のプログラム目標やそれに関連する成果を設定する。複数のサービス提供者が関与する状況では、各サービス間の調整が欠けている場合、意図せずにクライエントにとって困難が生じる危険性がある。あるクライエントは、薬物中毒の治療、週ごとの尿検査、子育て教室の受講、仕事探しを義務づけられており、「すべてのサービス提供者と会うためにこれだけの時間を割かなければならない状況の中で、どうやって仕事を探せというのか」と不平をもらしている。さらに、そのクライエントは、「仕事を見つけても、誰も仕事を休んでよいとは言わないでしょう。課題をこなすために仕事場を離れなければならないなんて、どうして上司に言えますか」と疑問を投げかける。

　「紋切り型」のアプローチでは、クライエントのケースプランに対し、一律のプログラムの目的が適用される。つまり、クライエント集団のニーズは、同一または類似しているため、各クライエント独自の状況に合わせてプログラムの目的を選択する必要はないと仮定しているのである。例えば、クライエントが裁判所の命令により子育て教室への参加を強制されている場合、ある期間内に親が身につけるべき特定の技術に焦点を当てることが、おそらくクライエントにとってはより好ましいだろう。また、子どものために栄養価の高い食事を用意する知識に欠けた親にとっては、以下のような具体的な目標が考えられる。

1．子育て教室終了後、主要な食品群についての知識が身についている。
2．教室終了後の翌週、5つの食品群のうちの3つの食品群の中から選んだ食材を使って食事を作る。

　「詰め込み型」の目標や「紋切り型」の目標が実現可能であるかどうかを評価することは、特に重要である。そうした目標は、クライエントがすでに経験している緊張をさらに高めるおそれがあるからだ。クライエントが必要としている資源には限りがあったり、あるいは入手不可能であったりする可能性があるにもかかわらず、「時計」は時を刻み続け、期限は迫ってくるのである。こうした状況を考えると、クライエントは、しかたなく失敗に甘んじたり、断念したりするだろう。あるいは、やる気を失う者もいれば、現状を不公平であると感じる者もいるだろう。並はずれた努力を要するにもかかわらず、目標達成の実現可能性が不確かである場合、クライエントにとって不当な困難が生じる（Wright, Greenberg, & Brehm, 2004）。

　前項では、実現可能性に関していくつか問題を提起した。法の強制によるクライエントに義務

づけられた目標について、さらに解決すべき問題として、以下のような問いが挙げられる。

- 義務づけられた目標は、時間制限内に達成可能であるか。
- クライエントが不満を表明した場合、動機の欠如、あるいは抵抗と見なされないか。
- 裁判所は、どの程度の改善を望んでいるのか。
- クライエントは、目標達成に必要な資源を有しているか。
- 目標達成に対して、対人関係的、個人的、あるいは環境的な障害はないか。
- クライエントの人間関係における機会と課題にはどのようなものがあるか。クライエントにとって大切な人物の、変化に対する受容力や能力など。

　法の強制によるクライエントを担当していると、クライエントと裁判所当局の双方に対する倫理的義務の間で板挟みになる場合がある。さらに、法による指示やその他の圧力に対しては、ソーシャルワーカーとクライエントの双方が順守しなければならない。クライエントが、義務づけられた目標を達成できる可能性を高めることが、ソーシャルワーカーに課された倫理的責任なのである。したがって、ソーシャルワーカーは、クライエントがさまざまな目標要件の優先順位づけや管理をするための援助を行う責任を担う。

　目標の優先順位づけを行う際には、最も重要性の高い法による指示（子どもの安全など）に焦点を当て、明確なケースプラン期間を特定する。その際、ソーシャルワーカーは、クライエントの監督責任や裁判所への報告責任を担う郡または州の職員との間の調停役を務める。ソーシャルワーカーが果たす役割の1つは、クライエントのためにアドボカシーを行うことであり、裁判所に対して目標達成に対する制約や障壁を考慮するように要請したり、これまでの成果を報告したり、また未解決の目標があれば、それを優先順位づけする許可を裁判所から得るといったことを行う。例えば、「クライエントは、薬物治療プログラムを終了し、尿検査は6カ月間陰性反応を示している」といった報告をする。このようにして、成果が現れていることを裁判所に報告するのだが、クライエントが仕事を探している場合などには、さらに追加の時間が必要となる。ソーシャルワーカーが担うアドボカシーの役割のおかげで、クライエントが法による指示に関わるその他の懸念の解決に必要な技術や能力を身につけ、また、それを示すための正当な機会が与えられる。

目標は、ソーシャルワーク実践者の知識や技術に相応したものであること

　児童への性的虐待といった問題やそれに関わる目標には、高度な専門性が必要となる。したがって、ソーシャルワーカーの知識、能力、および技術の範囲内でソーシャルワーク実践を行うことが、職業上、クライエントに対する法的および倫理的責任となる（Reamer, 2001）。こうした範囲を超えて実践を行うことは、クライエントに害をもたらすことになり、ソーシャルワーカー自身、さらには所属する機関に法的な責任が課される。自分の担当業務や能力を超えた実践を行うことについては、全米ソーシャルワーカー協会（National Association of Social Workers：NASW）の倫理綱領で明確な方向性が規定されている。

セカンド・スーパービジョン

　1つの方法として、セカンド・スーパービジョンを活用することにより、資格のある専門家と

連携し、専門家の指導やコンサルテーションを受けながら、自分の範囲を超えた目標を扱うことができる（Strom-Gottfried, 2007；Caspi & Reid, 2002；Reamer, 1998）。セカンド・スーパービジョンは、ある特定のケースに限定されるため、記録に関するスーパーバイザーとは異なる。セカンド・スーパーバイザーやコンサルタントが、特定分野の実践に関わる専門知識を提供するのに対し、記録に関するスーパーバイザーは、雇用する組織が定める役割を担う。代替案としてセカンド・スーパービジョンを活用する場合は、通常、専門家と機関の間で契約を結ぶが、ソーシャルワーカーが個人的にスーパービジョンの契約を結ぶ場合もある。後者の場合、専門家がソーシャルワーカーの最終的な業務監督者となるため、所属する機関のスーパーバイザーからの許可が必要である（Storm-Gottfried, 2007）。

　当然のことながら、セカンド・スーパービジョンを活用するためには、依頼したい専門家が身近に存在していることが前提となる。技術の進歩により、遠隔地からセカンド・スーパービジョンやコンサルテーションを活用できるようになったが、この場合、当事者全員でクライエントの秘密を守るように注意しなければならない（Loewenberg, Dolgoff, & Harrington, 2005；Panos, Panos, Cox, Roby, & Matheson, 2002；Reamer, 1998）。セカンド・スーパービジョンを活用することが不可能な場合は、以下の具体的な制約条件の下で、クライエントに対応することを考える。

- 第一に、ソーシャルワーカーはクライエントの目標に関わる自らの能力に制約があることをクライエントに説明しなければならない。そうした制約を伝えることにより、クライエントは、そのソーシャルワーカーとの面接を続けるべきかどうかについて、必要な情報を得た上で判断することができる。
- 第二に、ソーシャルワーカーは十分な専門的知識を持たない分野で目標設定を行うことにより、クライエントやその他の関係者をリスクにさらすことにならないかどうか、判断しなければならない。

　これまで述べた各選択肢は、それを利用することによって、クライエントや所属する機関にリスクを与えるおそれがないか、注意深く判断しなければならない要素を含んでいる。また、代替案を採用し、自分の範囲を超えた実践に関わった場合、自らをリスクにさらすことになる（Reamer, 1998；Storm-Gottfried, 2007）。一般的には、自分の範囲（各州や地区の法規制に対して）や能力に見合った実践に従事すること、また自分自身や所属する機関の能力を超えたサービスを必要とするクライエントは、資格のある専門家に紹介することが倫理的かつ合法的である（Reamer, 1998）。

目標は、成長に重きを置いた肯定的な言葉で表現すること

　目標は、それを達成した結果、クライエントにもたらされる利益や恩恵に焦点を当て、成長に重きを置いたものでなければならない。目標文の中に、排除しなければならない否定的な行動について明記した場合、クライエントが放棄しなければならない点に注意が向いてしまいがちとなり、クライエントの行動に見られる欠点が強調されてしまう。例えば、「春祭りに参加できるように、ヴェロニカの友達との関わり方を改善しなければならない」という目標は、どの点に問題があるのだろうか。まず、ヴェロニカの友達との関わり方といった表現は、明確さに欠ける。さらに、改善しなければ罰につながるような、ヴェロニカの行動の否定的な側面に焦点が当てられ

ている。初めの目標を肯定的で明確な文に書き換えると、「友達との関わり方を改善できるように、ヴェロニカは葛藤解決の技術を身につける」となる。

最近、刑務所から釈放され、子どもの親権を取り戻したある父親のケースプランを検討してみよう。釈放された直後、父親は、年長の子どもに対する過度のしつけについて当局へ報告された。ケースプランには、「父親は、ストレスや怒りをコントロールできず、体罰を行ってしまう傾向にあり、それが子どもに対する身体的虐待につながっていることを認めている」と記載されている。父親は援助を希望し、10年間刑務所で暮らしてきた結果、子育ての技術が欠如していると認識していた。ケースプランに示された父親のイメージは、怒りっぽく、虐待的で、思いやりのない親というものであるが、これを「正しいことをしようと努めている」という父親が示す自己イメージと一致させる必要があった。なお、こうした父親の反応は、めずらしいものではない。事実、人は、自分の行動や状況に関する否定的な評価には反応を起こす傾向がある。また、目標が曖昧であると、クライエントは自分に期待されていることが理解できずに、心理的ストレスや不安が増大する。したがって、ケースプランを達成する上で、クライエントの行動の肯定的な面を強化することが重要となる。心理的学的に見ると、目標を肯定的に定義し、明確な成果基準を示すと、クライエントの動機づけが高まり、変化に対する意識的または無意識な反発が軽減される傾向にある（Bloom, Fischer, & Orme, 2003；Miller & Rollnick, 2002）。表12-5は、否定的な目標文と肯定的な目標文の比較例を示している。

大きな留保事項のある目標に対する合意を回避すること

倫理綱領において、クライエントの権利、自律、自己決定の重要性が強調されているにもかかわらず、宗教的または道徳的信念を理由に、専門家がクライエントを担当する権利あるいは担当しない権利を主張することがますます増えている。同様に、倫理的責任と法的責任の間の緊張に直面する場合もある。例えば、ソーシャルワーカーが倫理的な受託義務を負っている移民のクライエントから秘密情報を入手するが、その情報が州法や連邦法に違反している場合があるかもし

表12-5　否定的および肯定的な目標文

否定的	肯定的
家族間で批判をする頻度を減らす	家族間でお互いのストレングスに対する意識を高め、肯定的なメッセージを発する頻度を増やす
家族間の葛藤を排除する	即座に、具体的な意見の相違について話し合い、建設的な方法で対処する
グループ内のメンバー間の結託や不参加行動を回避する	協働的な取り組みの中で、グループが一致団結し、各メンバーの参加を促す
頻繁に飲んで騒ぐのをやめる	一日ずつ、禁酒期間を延長していく
家出をやめる	家出をする代わりの方法として、両親と心配事について話し合う
体罰を減らす	自分自身と子どものために、「タイムアウト（反省時間）」など、子どものしつけに関する新しい方法を取り入れる
虐待的な行動の頻度を減らす	怒りを生じさせる状況から離れる

れない。

ソーシャルワーカーの価値観と目標の間の緊張

クライエントの目標が、ソーシャルワーカーの価値観と矛盾することがある。当然のことながら、価値観とは非常に個人的なものであるが、共通の基盤を持たないクライエントへのサービス提供にためらいを感じることもありうる。また、自分自身の人生経験や価値観のレンズを通して、クライエントの状況を評価した経験があるかもしれない。例えば、貧しいマイノリティのクライエントを担当するあるソーシャルワーカーは、クライエントの家を訪ねる際、その家庭環境を自分自身の子ども時代の経験をもとに評価しないように注意しなければならないことを認めている。このソーシャルワーカーは、担当するクライエントの家庭では、子育てが「計画的に行われていない」と感じ、また自分の基準から見て、家は清潔とは言えず、不快に感じることが多い。

クライエントに対する受託業務に、自分の信念が入り込んでしまうおそれがある場合、どのような対処をしたらよいのだろうか。当然、場合によっては、クライエントへの対応能力に悪影響が及ぶこともあるだろう。そのような場合は、クライエントの権利の重要性や、クライエントとソーシャルワーカーの関係が仕事上の関係であることを認識する必要がある。具体的には、ソーシャルワーカーの個人的な価値観で、クライエントへの対応の仕方を決めてはいけない。

一方策としての紹介

倫理的実践では、クライエントに対して率直かつ中立的な説明をした上で、他の専門家や機関に紹介する必要がある。行うべき業務や関与する当事者について、強いためらいを感じるケースの場合、倫理的ジレンマが生じるため、スーパービジョンやコンサルテーションが必要となる（Storm-Gottfried, 2007）。ソーシャルワーカーが、クライエントの目標に合意できない状況で対応を続けることは、効果的な援助に対するクライエントの権利や自己決定に対する権利に関わる問題となる。ソーシャルワーカーがためらいを感じている場合、まず「このケースを紹介先に回そう」と考えるだろう。これは場合によっては、有効な選択肢である。しかし、紹介先がない場合、まず提供できる援助の種類を前もって説明し、その後、他の目標の交渉を行う。例えば、「息子さんに対する親権を維持したいという目標については、私が家庭裁判所へ報告書を提出することによってお手伝いすることが可能です。ただし、あなたからいただいた情報に基づいて、息子さんの父親に責任能力がないことを証明する点については、私ではお手伝いしかねます」といった説明をする。

倫理と法律にまつわる緊張

法律上および倫理上の理由から、ある特定の目標を持ったクライエントへの援助を断らなければならない場合がある。例えば、クライエントや第三者に対する危害へのおそれが伴う目標は、言うまでもなく、倫理的でも合法的でもない。また、倫理的な選択と法律に基づく選択が、一致しないような状況に直面することもある。つまり、法律に基づく選択が不当であると感じられ、クライエントに対する倫理的義務が損なわれるような場合である（Kutchins, 1991；Reamer, 2005）。また、目標の実現可能性も、法律上および倫理上の懸念の双方の影響を受けるおそれがある。以下の事例に登場するソーシャルワーカーは、まさにそうした状況に直面している。さらに、クライエントに対する第一義的責任という倫理原則に固執することが法律に反しているため、ソー

シャルワーカーとクライエントが法的なリスクにさらされている。この事例では、文化的規範がさらに緊張を高める要因となっている。

事例••

　リベリアで政治的拷問の被害に遭った女性は、自分の子どもたちと母親とともに隣国へ逃げてきた。難民キャンプで2年間暮らした後、その女性は、リベリア移民法に基づき、米国行きが許可された。子どもたちと母親も米国へ移住できるように、書類の手続きを進めていたが、このプロセスには、子どもたちのDNA鑑定報告書と出生証明書が必要であった。子どもたちのうち二人分の必要書類は準備できたが、三人目の末っ子が自分の子どもであるかどうかを法律扶助担当弁護士に尋ねられると、彼女はそうだと答えた。しかし実際は、孤児であったその子どもを家族の一員として引き取っていたのだ。この女性は生みの親ではないが、実際に育てているということで、リベリアでは子どもの母親として認められていた。この母親を担当していたソーシャルワーカーは、三人目の子どもの事情を知り、母親が弁護士に提出した情報について戸惑いを感じていた。弁護士が席をはずすと、ソーシャルワーカーは、母親に対して自分の懸念を伝えたが、母親は憤慨し、「協力してくれないのであれば、担当からはずれてもらう」とソーシャルワーカーに言った。

　この母親の最終目標は、家族で米国へ移り住み、家族全員が米国市民となることである。この目標自体、およびそれが実現可能かどうかには、ソーシャルワーカーにとって、法律上および倫理上の問題があった。ソーシャルワーカーは、クライエントに対する自分の責任、クライエントの自律に対する権利や守秘の権利、法律の順守といったさまざまな難しい選択に直面していた。しかし、倫理的義務を果たすには、法律上の問題が存在する。母親の反応に多少おじけづいてはいたが、ソーシャルワーカーは、弁護士や米国移民帰化局（INS）（現在は、移民税関執行局に名称変更）へ虚偽の情報を提出することに対する家族の法的責任について説明した。さらに、ソーシャルワーカー自身も、三人目の子どもについての真実を知らされているため、虚偽に加担したとして法的責任を負うことを説明した。また、リベリア文化の視点から見た「家族」の定義は理解するが、母親が三人目の子どもについて真実を話すことに合意しない限り、援助は続けられないと話した。その代わりに、問題の解決に向けて、子どもの事情について弁護士に説明する上で、また入国審査用紙に記入する上での援助は行うことを提案した。

••

　この事例について、仲間同士の相談の場で検討した際、三番目の子どもは、血のつながった家族でなければならないという法的要件を満たしていないため、この事例は主に法律上の問題であると主張する者もいれば、この事例を発表したソーシャルワーカーを含め、異なる見方を持つ者もいた。後者は、三番目の子どもを家族として認める文化的背景について、法律扶助担当の弁護士が理解できるように説明することは、ソーシャルワーカーの倫理的役割の範囲内であると考えていた。サービスを提供する上で、クライエントの文化について知ることも倫理原則の1つであり、ソーシャルワーカーは、そうした知識を活用して、文化的背景の中での行動の役割について説明できることが期待される（NSAW倫理綱領、倫理基準1.05）。この事例が、例外的なものであると考えることは当然であるが、ソーシャルワーカーは多様なクライエントを担当する機会が増

えていることから、文化的な意味での通訳やアドボケイトとしての役割を果たすことが求められる状況にめぐり合う可能性は高い。

目標は、機関の機能と一貫していること

　クライエントの問題や要求、またどのような変化を望んでいるのかは、機関の使命、役割、プログラムの目的と一致しない場合がある。例えば、家族サービス機関では、職業カウンセリングは行われていない。同様に、病院におけるクライエントのニーズアセスメントの結果、病院の主な役割や入院期間の範囲を超えたサービスを必要とする問題が特定される場合もある。例えば、病院では通常、特別な状況（悲嘆、喪失といった問題など）以外には、家族カウンセリングを行わない。また、特別な場合でも、当事者が入院中の短期間に行われるのみである。クライエントのニーズが、機関の機能と一致しない場合、または機関の担当範囲を超えている場合は、適切な機関への紹介を通して、クライエントが必要なサービスを受けられるように支援を行うことが望ましい。紹介をスムーズに行うためには、クライエントが同席している間に、紹介先に連絡を取るのがよい場合が多い。その後、クライエントにフォローアップの電話を入れることによって、クライエントとの関係を保ち、クライエントが紹介先に満足していることを確認する。

■目標を立てるためのガイドラインの未成年者への適用

　未成年者が専門家の手助けを必要とする状況には、親子間の葛藤、家族システムの障害、学校からの紹介、未成年者管理当局または裁判所、親の行動、危機、あるいは問題行動に対する親からの援助要請などが関わっている。さらに、両親または法的保護者は、子どものために、学業あるいは課外活動の成果目標を設定する場合もある。未成年者を幅広く担当してきたソーシャルワーカーは、「クライエントの置かれた現状からスタートすること」は、まさに未成年者に当てはまると述べている。未成年者が、援助を提供する専門家と自発的に面会することはまれである。前述のソーシャルワーカーによると、「未成年者との面会は、通常、ある種の公式または非公式の命令によるものであり、その場合、大人が未成年者のために目標を設定している。したがって、大人が設定した目標が、未成年者の目標と大きく異なる場合があるため、未成年者自身と話し合うことが重要となる」。この点を詳しく説明するために、血のつながった家族から、保護するために引き離された子どもの例を見てみよう。法律の要件に基づき、ソーシャルワーカーが設定した目標は、子どもの安全とウェルビーイングであった。未成年者というものは、弱い立場にある場合でも、なぜ大人が援助してくれるのかを理解したり、援助する大人を信頼したりするとは限らない。この場合も、家族から引き離された子どもは、「家族のところへ戻りたい」と訴えた。このような状況、あるいは子どもが従わされていると感じるその他の状況では、未成年者の目標と問題に関わる複数のシステムの目標を一致させることが課題となる。

　本章の前半で検討してきた、目標に影響を与える要因は、未成年者の場合にも当てはまる。以下に、未成年者の目標を設定する上で、特に考慮すべき項目を挙げた。

　目標に対する未成年者の理解、および未成年者の視点から見た問題点を引き出すこと。また、そうした情報を活用しながら、未成年者が目標を設定するための援助を行うこと。未成年者は、親との葛藤（この場合の目標は、親子の協力体制を築くための状況を作ること）であれ、未成年者に関わる権限者（例えば、教師など）からの紹介であれ、自分自身のストーリー（問題）解決に協力

するようになる。未成年者が、親やその他の権限者から紹介または命令されてきた場合、彼らの経歴について、「危険な状態にある、反抗的である、学校生活において注意散漫である」といった特徴や、あるいは母子（父子）家庭である、コミュニティが機能を果たしていないなど、家族や地域社会生活の現状を大人が指摘し、説明する場合がほとんどである。

未成年者のナラティブに耳を傾けることが、目標や解決策を設定できる環境を築く上でのスタート地点となる（Davis, 2005；Fontes, 2005；McKenzie, 2005；Morgan, 2000；White & Morgan, 2006；Smith & Nylund, 1997）。文字どおり、ナラティブ・アプローチでは、自由回答の質問が奨励され、あらゆる年齢の未成年者に対して、自分の経験や自分が関わる世界に対する認識に基づき、自らのストーリーを話す機会を与える。例えば、以下の例に登場する少年たちの行動の背後にあるさまざまな理由について注目してみよう。この例では、前述の経験豊富なソーシャルワーカーが、ソーシャルスキルグループの目標設定を進めている。学校側が設定した全体目標は、適切な教室での行動である。

学校ベースのグループの事例

このグループは、小学生の男子生徒を対象とした、1年間の学校ベースのソーシャルスキルグループである。少年たちに話すことや参加を促すことは、時間のかかる難題であり、通常、この過程には数回のグループセッションが必要である。少年たちは、教室での秩序を乱す行動が原因で、教師によりグループへの参加を命じられた法の強制によるクライエントである。安定期を過ぎた後、ソーシャルワーカーは、少年たちに対し、自分たちがなぜグループへの参加を命じられたと思うか、説明するように求めた。さらに、もう1つ重要な質問として、ソーシャルワーカーは、少年たちに時間を与え、グループへの参加に対する気持ちを表現させた。未成年者は、年齢、認知能力、感情的知性によっては、尋ねられない限り、自分の感情を容易に表現できない場合がある。グループの中で質問を受けた数名は、グループのことを「ばからしい」と表現した。あるいは、「問題児」のためのものであると見られているグループに参加させられたことについて、憤慨したり、困惑したり、または心配する者もいた。中には、「教室で座っていなければならないよりはましである」と話す少年もいた。なぜグループへの参加を命じられたと思うか、説明するように求めると、各少年は同様に感情的になった。

「先生は、ぼくのことがきらいなんだ」
「先生は、いつも怒ってばかりいるんだ」
「ぼくが時々、教室でふざけているから」
「先生は、〜な子どもはきらいなんだ」（グループの中で忍び笑いがもれる）
その後、「みんな、うるさいよ」と本題からそれた発言が続く。
「昨日の夜、ぼくの家の近くで、ピストルの音が聞こえたことを友達に話していたんだ」

各少年たちのそれぞれの意見に対応して、ソーシャルワーカーは、少年たちがなぜ自分たちがグループに参加することになったと考えているか、把握することができた。例えば、「先生は、ぼくのことがきらいなんだ」という発言に対し、ソーシャルワーカーは、善し悪しを判断せずに、少年の見方を尊重した。しかしその後、「どうすれば先生はきみのことを好きになると思うかしら」と尋ね、それに対して少年は、「もしぼくが、教室で話をきちんと聞けば」と答えた。各少

年にひととおり同様の質問をした後、ソーシャルワーカーは、グループに対し、どうしたらグループが楽しくなるかと聞いてみた。「出席したら、何かもらえること」、つまり参加することに対するインセンティブがあれば楽しくなる、というのが全員一致の回答であった。グループを成功させるために、各少年は、グループを通して何を得たいか、文章または絵で表現するように指示された。

ソーシャルワーカーは、「学校ベースのグループは、多くの場合、参加者の家族や地域社会生活を知る手がかりとなるが、この点が特に難しい。ソーシャルワーカーは、グループの目的とはほとんど関係のない、クライエントの生活の一部について話を聞くことが多いが、実は、こうした話こそ重要なのだ。このような情報から、学校以外の生活で起こった出来事を知ることができ、それが教室での行動の原因であることも多い」と語った。前述の例の中で、「昨日の夜、ぼくの家の近くで、ピストルの音が聞こえたことを友達に話していたんだ」という少年の発言が、その一例である。後に、その少年は自分の目標について尋ねられると、「ぼくの家族が安全であってほしい」としぶしぶ答えた。少年が経験した出来事は、この年齢の未成年者にとって、おそらく友達に教えたいほどわくわくした情報であったにちがいない。しかし同時に、この経験に対する不安やおそれも観察できる。秩序を乱すと考えられる行動は、未成年者が生活の中で受けた心的外傷を表現、対処する方法である場合がある。

学校は、教育目標を達成するという必要性に迫られ、仕組みや規則を設けている。しかし、ハフィン（Huffine, 2006）は、「青少年の行動を非難することは、（行動に影響を与えている）社会悪に対処するよりも容易なのであろう」と指摘する（p.15）。「先生は、～な子どもはきらいなんだ」と話したグループ参加者の発言について、以下の3つの質問を検討してみる価値がある。第一に、この発言は、教室での自分の行動を正当化しようとする試みなのであろうか。年少の未成年者の認知、知覚、感情は、外部の世界に対する自己認識や自己評価に影響を与える。第二に、教師と少年との間の関係ダイナミクスは、どのようなものか。第三に、教師（おそらく他人一般を含む）が、ある身体的特徴を備えた子どもをきらっていると少年が考えるようになった、その背後にある少年自身の人生経験とはどのようなものか。

目標やその目的、役割、種類に関連する表現は、大半の小学生には理解できないものである。しかし、ソーシャルワーカーの「自分がどう変われば、クラスに戻れると思うか」という問いかけに対しては、ほとんどの少年が自分の取るべき目標行動を特定できた。行動の変化は、学校が設定した不可欠な目標であり、グループ参加を継続するためにも必須であるため、上記のソーシャルワーカーの質問とそれに対する少年の回答は、目標の設定に向けて重要であった。クラスに残りたいという少年の願望を動機づけとして活用し、具体的な行動変化の目標を明確化した。さらに、自由回答の質問をすることにより、ソーシャルワーカーと少年たちは、相互関係を構築することができ、そうした関係の中で、グループや各自の目標が達成可能となった。また、グループ参加者は、グループ内の行動指針に沿って相互目標を設定した。例えば、「他のメンバーが話しているときは、自分が発言する順番が来るまで待つ。互いに衝突したり、からかったり、身振りをしたり、あるいは騒いだりしない」というのが、参加者たちが提案した規則である。ソーシャルワーカーによると、少年たちがグループに紹介されてきた理由の一部は、まさにこうした教室での行動であった。このようなルールがなければ、グループの時間は、非生産的なものになっていたであろう。

未成年者は、自発的なクライエントであるのか、それとも法の強制によるクライエントである

のか。成人のクライエント同様、自発的あるいは法の強制によるという立場の違いによって、面接でのダイナミクスに違いが生じる。当然のことながら、その自発性の程度は連続的に増していくものである。家族システムとの取り組みには、未成年者も参加するが、その背後にある影響力は、親の権威である。未成年者が自発的なクライエントである場合でさえ、援助を求めれば自分が不十分であると示すことになる、と彼らは感じるかもしれない（Lindsey, Korr, Broitman, Bone, Green & Leaf, 2006；Teyber, 2006）。

未成年者が法の強制によるクライエントである場合は、それが紹介によるものであれ、義務によるものであれ（未成年者は、どちらも1つの同じものであると考えている）、参加することや目標を設定することにためらいを示すことがある（Erford, 2003）。こうした未成年者の感情は、特にピアグループ内での自己認識を考慮すれば、当然なものであると考えるべきである。しかし、自分の考え、感情、行動が、自分自身や他人にどのような影響を与えるかを未成年者に理解させ、目標に対して当事者意識を持たせる手助けは必要である。例えば、ソーシャルワーカーは、「自分がどのように変われば、先生はきみたちをクラスに戻ってもよいと認めてくれるだろうか」といった質問をしている。このような質問により、ソーシャルワーカーは、各自の行動や行動変化のための目標に、参加者の関心を向けることができる。

法の強制によるクライエントを対象とした方略はすべて、法の強制による未成年者にも適用可能である。動機と目標の一致、動機づけのための面接は、特に法の強制による未成年者と関連性があるが、未成年者の発達段階に応じた適切性を考慮しなければならない。前述のグループの場合、クラスに戻りたいという少年たちの動機は、教師と学校の動機と一致している点に注目してほしい。こうした一致が、設定した目標に対する推進力となったのである。

変化すべき行動の定義と具体性。一般的に、未成年者は、明確に定義された測定可能な目標や小目標、あるいは自分が関わる課題に対し、反応を示すものである。以下は、コーウィン（Corwin, 2002）およびハクスタブル（Huxtable, 2004）による未成年者と明確な目標を設定するための基準である。

1. 生じるべき行動を重視する
2. 変化が起こる状況を定義する
3. 特定の期間内で、どの程度の目標達成を望んでいるか

この過程のしくみについては、以下の例で説明しよう。

目標1：ヴェロニカは、前学期の終わりまでに、仲間との厄介な状況に陥った場合、習得した葛藤解決の技術を活用できるようにする。

目標2：葛藤解決の技術が役に立たなかった場合には、ヴェロニカは、その状況から離れる

目標は、常に個々のニーズに合わせなければならないため、未成年者の参加は重要である。例えば、目標2は、目標1をすぐに達成できるかどうかというヴェロニカの心配に基づき、本人が設定した。さらに、ヴェロニカは、その状況から離れた場合、自分自身についてどう思うかについても心配していた。そこで、セルフトークの目標を設定し、その目標に基づき、ヴェロニカは自分を肯定し、自分の行動を認めることにした。

未成年者の場合、目標設定と結果との関係が、常に直線的に結ばれた過程であるとは限らない。

目標を細分化し、課題や小目標を明確化することにより、最終目標に向かう進捗状況の中で、そうした目標、課題、小目標をより管理しやすくできる。明確に定義された具体的、実行可能、かつ測定可能な目標に加え、その他多くの要因が、特に未成年者には関わってくる。

- 自ら方向決定をしているという意識（特に、やるべきことやどのように行動をすべきかを指図されることに反発しがちな思春期の青少年）
- 目標と未成年者が自分のために望むこととを関連づける
- 自分の目標達成能力に対する未成年者の意識
- 評価尺度の設定に参加させる
- 成果について定期的にフィードバックし、進捗を称える。目標達成とともに、努力を評価する
- 成果に対する満足感（未成年者に対し、どのように目標を達成したかを話す機会を与えるなど）
- 未成年者に対し、進捗状況の測定や自分自身を称える機会を提供する
- ストレングスや保護要因を特定する（未成年者の生活における家族や大切な人からの支えなど）

　ハクスタブル（Huxtable, 2004）およびモーガン（Morgan, 2000）は、ストーリー、ゲームなどの視覚教材を活用して、目標設定を進めることを提案している。例えば、ハクスタブルは、目標を「ゴールまでのレース」になぞらえるといった創造的なたとえを用いることによって、車好きの未成年者の心をとらえ、動機を喚起している（p.3）。目標設定過程では、専門家や施設で使われる専門用語ではなく、未成年者が使う語彙、語句、言葉遣いを用いるのが最善である。

　学校、居住施設、あるいは少年拘置所などで行動契約を用いるケースの場合、未成年者は、目標設定には参加しない。こうした契約には、目標、期待される成果、随伴的報酬、結果が明記されている（Ellis & Sowers, 2001）。とはいえ、ソーシャルワーカーは、未成年者に目標を達成する方法を考え出させることにより、未成年者が期待を果たすための援助を行うことが可能である。

　『年齢と発達段階、および認知能力』（Davis, 2005）は、「未成年者がコミュニケーションする上で、ストーリーを話すことは自然な方法であり」、さらに、ストーリーテリングによって未成年者は、「自分自身の見方に対する自信」を持つようになると指摘する。こうしたストーリーから、目標が立てられる場合がある。しかし、目標についての意思決定は、未成年者の発達段階、認知および道徳的能力、同意を与える能力に左右される（注：インフォームドコンセントと未成年者については、第13章で取り上げる）。

　未成年者との目標設定において、未成年者の反応は、状況によって決まる傾向がある。例えば、虐待的な状況、教師による紹介、あるいは家庭内の葛藤などに置かれた年少の未成年者の場合、自分が無防備であると感じ、自己非難、不安、おそれを感じやすい（Fontes, 2005；McKenzie, 2005）。

　未成年者は、自分自身について、文化、家庭のルール、問題解決スタイルに根差したスクリプト（台本）を作り上げるが、こうした要因のいずれもが、目標設定に影響を与える。未成年者の発達段階がどこにあるにせよ、ほとんどの場合、ソーシャルワーカーと未成年者との間の力の格差を考慮に入れなければならない。年少の未成年者は、法の強制によるクライエントであっても、権力や自分に対する他人の評価に敏感であり、人を喜ばせたいと考える傾向にある。

　年長の未成年者、特に思春期の青少年は、意思決定を行うことが可能かもしれないが、自分のアイデンティティや独立心、また自立したローカス・オブ・コントロール（統制の所在）を激し

く守ろうとする傾向にある。この段階では、特に未成年者が法の強制によるクライエントの場合、彼らの選択に関して、未来に焦点を当てた見方に働きかけることが重要である。以下の事例が示すように、未成年者が経験するストレスや複数の気分的な行動に目を配り、重視することが、特に役立つ場合が多い。

事例 ・・

　ケース記録によると、ベティーナ（17歳）は、6歳のときに兄弟とともに家族から引き離された。その後、あちこちに預けられ、15歳のときに逃走し、妊娠した。

　ケース記録には、ベティーナについて、敵対的である、無愛想である、非協力的である、あるいは協力的である、反省している、やる気があるといった内容が中心に記載されている。ベティーナがグループホームに移ってから一年が経つが、彼女の行動が原因で、ホームの職員から、日常的に規則違反に対する罰則を与えられている。

ベティーナのストーリー

「私は、人からこうしなさいと指図されるのがきらいなの（独立心、大人からの分離）。自分自身のことは、自分でわかっているんだから（アイデンティティ、外的統制型のローカス・オブ・コントロール）。みんなは常に、私のことや私の間違いを監視していて（コントロールへの感受性）、まるで私が、みんなが何を考えているのか気にしているかのようにね。私の言っていることがわかるかしら。時々、混乱して怖くなるときがあるけど（ストレス）、でも担当のソーシャルワーカーが『ベティーナ、あなたならできるわよ』と言うの。それで、私は何をしたいかとか、いろいろなことを話すの（将来的な可能性の範囲を探索）。私は自由になって、自分で生活がしたい。

　この前、ソーシャルワーカーとの約束があったけど、私はイライラして悪態をついている状態で、子どもをその父親に預けに行ったの。ソーシャルワーカーは、わざわざ遠くから私に会いに来たのに、私が施設にいなかったから不満だったみたい。だから、ソーシャルワーカーがドアを開けた途端、私は悪態をつき始めたわ（罰をおそれての反応）。ソーシャルワーカーは、しばらくそのまま聞いていて、それから私に、『今、あなたは頭の中で何を考えているの』と聞いたの。私はただ泣き出してしまったわ（感情・共感に対する感受性、自己提示や感情の表出に耳を傾ける）」

・・・

　ベティーナが置かれた状況の中で生じた数々の問題点を、カッコ内に示した。ベティーナの願望、すなわち目標は、独立することである。この目標の前に立ちはだかるものすべてが、ベティーナの反発を引き起こしている。このソーシャルワーカーに話を聞いたところ、こうした状況を改善し、目標の達成を可能にするためには、直面化ではなく、共感こそが重要な要因となることを強調した。他の職員は、ベティーナの行動にうんざりし、罰則を与える以外は、ベティーナとの関わりを拒否する傾向にある。この時点で、ベティーナは反抗を示し、制裁措置に従うかもしれないし、従わないかもしれない。以上の例は、未成年者と目標を設定するにあたり、未成年者の発達段階を理解することの重要性を示している。

目標を取り決める過程

　表12-6は、法の強制によるクライエントを含む、クライエントとの目標の取り決めに関わる手順をまとめたものである。下記の手順は、上から順に実行していく場合もあれば、各ケース独自の状況に合わせる場合もある。例えば、クライエントは、目標の役割や目的を十分に理解していないため、目標を取り決めるための心構えができていない場合がある。そのような場合、心構えができていることを確認する前に、事前の説明を優先させる。クライエント自身で心構えができていると確認できたら、目標の目的や役割を説明する次の手順に進む。

目標を取り決める交渉に向けたクライエントの心構えの確認

　自発的なクライエントは、一般的にこの段階では、懸念を解決するための取り組みを開始する準備ができている。クライエントが、具体的な目標を特定する心構えができているかどうかを判断するには、優先課題の要約から始める。例えば、「私たちはこれまで、一時的な住居での生活に対する問題について話してきました」といった内容である。こうした要約によって、ソーシャルワーカーとクライエントが目標を取り決める交渉の次の手順に進めるように、両者の合意を明確にすることができる。クライエントの心構えができていることを確認するために、ソーシャルワーカーは、「今の時点で、一時的な住居を出るということで、心の準備はできていますか。それとも、もっとお話ししたいことがありますか」といった質問をしてみる。これに対して、クライエントが、一時的な住居を出ることが目標であると答えた場合、次の手順へ進むことができる。一方、クライエントが、「できていると思いますが」「おそらく大丈夫でしょう」といったような反応をした場合、それはクライエントが、目標に対して迷いを感じているか、ためらっていることの表れである。クライエントは、それぞれスタート地点が異なり、自信の程度もさまざまであるため、心構えができているかを確認することは非常に重要である（Miller & Rollnick, 2002）。クライエントの迷いには、自分自身または周りの状況を変える自分の能力に対する自信の欠如が関係している。自分自身、あるいは周りの状況については、詳しく検討することが可能である。

法の義務によるクライエントの心構え

　法の強制によるクライエントが、目標の交渉に対する心構えができているかどうかを判断することは、重要な第一歩となる。さらに、未成年者であれ、成人であれ、法の強制によるクライエントに対し、目標の目的や役割について情報を与えることによって、交渉を開始できる環境を作り出すことが可能となる。こうした話し合いを通して、面接の様子や義務づけられた目標に対するクライエントの反応が、大幅に変化する。法の強制によるクライエント（成人または未成年者）が、自分たちに

表12-6　目標を取り決める過程

- 目標の交渉に向け、クライエントの心構えができていることを確認する—自発的なクライエントおよび法の強制によるクライエント
- 目標の目的と役割を説明する
- クライエントとともに、適切な目標を選択する
- 目標を具体的に定義し、変化の程度を特定する
- 目標達成に対する潜在的な阻害要因を確認し、メリットとリスクについて話し合う
- クライエントが、具体的な目標を約束するという選択を、明確に行う援助をする
- クライエントの優先順位に基づき、目標の順位づけをする

何が期待されているかを理解するために、目標は、変えるべき具体的な行動や状況に焦点を当てたものでなければならない。以下は、目標を取り決めるための交渉において検討すべき項目である。

- **義務づけられた任務の再確認**：「裁判所は、解決すべき問題を特定しています」。義務づけられた任務の再確認を行い、指示内容を明確化する：「裁判所は、あなたに対して、親教育グループへ参加すること、およびグループプログラム終了後、あなたの子育ての技術を評価することを求めています」
- **具体性**：「裁判所は、親教育プログラムを通して、あなたが子どもたちとの関係に節度を保つことや、別のしつけ方を学ぶことができると期待しています」。クライエントに対し、目標の意図を説明することにより、目標に具体性が生まれ、クライエント自身が自分の人生に対する多少のコントロールを維持できることを示す。
- **自由の度合い**：「プログラムへの参加が義務づけられているとはいえ、あなたにも選択肢が与えられています。承認リストに記載されたさまざまな子育てプログラムの中から、自由に選んでください」
- **クライエントの視点**：「この問題とその他の懸念に対するあなたの見方は、同様に重要です」クライエント自身やクライエントの置かれた状況に目標を合わせるためには、背景の意味が重要となる。「あなたがなぜ裁判所から命令を受けることになったのか、そのいきさつを教えてもらうと助かります」
- **クライエントを目標の設定に関わらせる**：「裁判所からの要件を満たすことができる方法を、提案してください」
- **進捗状況の測定**：「子育て教室で学ぶ学習技術の向上について記録をつけ、その情報を、裁判所へ提出する報告書に記載します」。こうした発言により、クライエントに対し、義務づけられた任務の焦点や、裁判所による追加的な措置を避けるために進捗を示すことの重要性をはっきりさせる。

　義務づけられた任務の見直し、および指示内容に記載されたその他の提案から何がわかるだろうか。基本的には、義務づけられた内容を再確認することによって、裁判所がどのような変化を求めているのかを特定できる。クライエントの視点を聞き出す中で、クライエントに自分の置かれた状況をどう理解しているのかを述べさせ、状況を詳しく説明する機会を与えることができる。このようにして、クライエントの視点に対応し、義務づけられた任務により規定された目標に加え、クライエントにとって重要な目標を検討することが可能となる。例えば、「裁判所は、あなたが夜外出する際には、子どもの監視を依頼するように求めていますが、そのためには、あなたが子どもの面倒を見てくれる人を見つけなければならない点についても、私は理解しています」といった対応が可能となる。また、さまざまな子育てプログラムの中から、好きなプログラムを選ばせることによって、クライエントに選択肢を与え、それがクライエントの動機づけやエンパワメントを高めることにつながり、最終的には、クライエントの参加を確実なものにできる。さらに、クライエントの進捗状況をどのように測定し、その測定結果をどのように活用するかを明確に示すことによって、クライエントの不安を和らげることが可能となる。また、クライエントに対し、子育てグループの要件について伝えなければならない。例えば、参加者には「所定の回

数に出席すること」や「積極的な参加が求められること」が規定されている点などである。こうした要件を、クライエントの目標文や裁判所に義務づけられたスケジュールの中に盛り込む必要があるだろう。

　法の強制によるクライエントの場合、目標交渉の過程において、クライエントにとって重要な目標を取り込む必要がある。例えば、「ご存じのように、裁判所は、あなたの子育てに変化が見られることを期待しています。裁判所が命じた変化に加えて、あなたが自分自身で変えたいと思う点はありますか」といった問いかけが可能である。

目標の目的と機能の説明

　援助プロセスには、教育的な要素が多く含まれている。「目標や小目標」といった用語は、一般的に、専門家の間で使われるものである。目標について話し合う場合、クライエントは、自分がどう変わりたいのか、あるいは何をしたいのかについて、単純に述べる傾向にあり、また目標についての疑問を抱いている場合がある。例えば、未成年者の場合、「何のために目標が必要なのか」と尋ねるかもしれない。法の強制によるクライエントが最もよくする質問は、「何をすればいいのでしょうか」である。クライエントが、目標の目的や役割を理解している場合、その重要性を認識する可能性がより高くなる。一般的には、第5章でふれた社会化のプロセスを補足する簡潔な説明をすれば十分である。この社会化のプロセスは、特に未成年者を対象とした事例に当てはまる。

　目標の目的や役割を説明することは、欧米の体制や公式な援助システムになじみのないクライエントにとって、特に重要な手順となる（Potocky-Tripody, 2002）。目標の目的について、すべてのクライエントに説明する際、選択した目標は、クライエントにとって最も重要な変化を示している点を強調すべきである。説明をする上では、以下の点を強調しながら、目標の役割を明確にする必要がある。すなわち具体的には、「目標は、私たちの協働による取り組みに方向性や焦点を与え、順調に物事を進めてくれるのです」といった説明である。年少の未成年者に説明する場合は、「クラスに戻ることができるんですよ」といった具体的な結果を示す必要がある。

　当然のことながら、クライエントが参加することの重要性や、ソーシャルワーカーから提案されることもあるにせよ、自発的な目標を選択する最終的な権限はクライエントにあることを強調しなければならない。例えば、「私にもいくつか考えはありますが、あなた自身が自分にとって重要だと思う目標を話してくれることが大切なのです」といった説明をする。こうした情報を引き出すことにより、ソーシャルワーカーとクライエントの双方が同じ結果を達成するために取り組むことができる。法の強制によるクライエントに対しても、同様の説明をするが、法による指示により義務づけられた目標を順守しなければならない点を強調する。自発的なクライエントの場合でも、法の強制によるクライエントの場合でも、目標を説明する上で、どのような言葉を用いるのかが重要となる。目標とは、クライエントの懸念や、法による指示に記された懸念を解決するための行動計画を示したものであることを、クライエントに対して明確にすることが何より必要である。

協働で行う適切な目標の選択

　一般的に、自発的なクライエントは、問題を解決するのに役立つと考えられる目標や課題の大半あるいはすべてを特定することができる。ソーシャルワーカーの外部からの視点によって、ク

ライエントが見過ごしているか、あるいは省略している目標が見えてくる場合もあるだろう。その結果、ソーシャルワーカーは、根拠を説明し、クライエントの優先的な懸案事項に言及しながら、目標についての提案を行う。

　クライエントが目標を言葉で表現した場合、ソーシャルワーカーは、その意味や具体性を明確にするために、説明や言い換えを求めたり、言葉の置き換えを提案したりする必要がある。言い換えをする際には、クライエントの表現を勝手に変えることには注意が必要であり、自分が書き換えたものをクライエントに読んで聞かせ、承認を得なければならない。例えば、うつのために紹介を受けてきた、高齢のアフリカ系アメリカ人であるレノーラ・ジョンソン夫人が、「憂うつな気持ちから解放されたいんです」と述べたとする。ソーシャルワーカーはまず、ジョンソン夫人が話した言葉を書き取り、言葉の意味を説明してくれるように求める。すなわち、ジョンソン夫人のいう「憂うつな気持ち」とはどのようなものかを理解し、うつの症状と一致しているかどうかの判断をするためである。また、クライエントからの希望がない限り、レノーラと名前で呼ぶのではなく、ジョンソン夫人と呼ぶべきである。米国社会では、形式張らず平等主義的になるにつれ、他人の名前を呼ぶ際に、従来のように名字を用いた形式的な呼び方が減りつつある。しかし、高齢者の中には、こうした非形式的な呼び方に不快感を覚える人もいれば、あるコミュニティや文化においては、ファーストネームの使用は失礼にあたると考えられてもいる。

　この時点で、クライエントに対し、目標の達成時期についての希望を尋ねることも有益である。以下のソーシャルワーカーによる質問は、クライエントの期待を明確化するための例である。

ソーシャルワーカー：「一時的な住居を出て、定住所となる住居へ引っ越した場合、あなた自身とお子さんたちにとって、何が変わるでしょうか」

親：「今のアパートは人が多すぎて、うるさいし、就寝時間も決まっています。新しい場所では、子どもたちもアパートに閉じ込められた状態ではなく、外でも遊ぶことができます。とにかく、ストレスが減るでしょう」

ソーシャルワーカー：「あなたが望むような家族になるためには、各自の行動をどのように変えるべきだと思いますか」

親：「それぞれお互いをもっと尊重し合い、思いやりを持って、協力的になるべきだと思います」

子ども：「お父さんとお母さんが、お互いにどなり合っていても、怖がらないようにする。お兄ちゃんに、ぼくのことをあまりいじめないでほしい」

ソーシャルワーカー：「親教育プログラムを終了したら、あなた自身とお子さんとの関係は、どのように変わると思いますか」

親：「ちょっとわかりませんが、おそらくストレスをためない方法を身につけられるでしょう。時々、私は子どもたちが何をしていても無視しているのですが、そのうちイライラしてきて、子どもたちに激怒することがあるのです。たぶん、子どもたちとの時間の過ごし方や、もっとリラックスする方法も身につけようと思います。子どもたちもそう望んでいるはずですから」

ソーシャルワーカー：「あなたは、憂うつな気持ちから解放されたいと言いましたが、そういう気持ちから解放されたら、どのような状態になるのか説明してください」

親：「もっと精力的になって、孫たちの家へ遊びに行くと思います。そして孫たちに、『おばあちゃん、調子はどう』と聞かれたら、心の底から『元気よ』と答えるでしょう」

　ソーシャルワーカーが、上記の各質問を駆使しながら、クライエントに対し、自分が抱いてい

る期待やどの程度の変化を望んでいるかを明確に答えさせている点に注目してほしい。この点は、目標を具体的に定義するという次の手順への下準備となっている。

クライエントが、目標の特定に手間取っている場合、探索およびアセスメントのプロセスで特定した欲求やニーズを参照させながら、クライエントの後押しをし、それと関連した変化を検討するように提案してみる。こうした後押しについて説明するために、ディアス家のケースを再び検討してみよう（第10章）。ディアス氏は、自分の生活環境や服薬内容において、ある程度の自立を維持したいと考えていたことを思い出してみよう。

ソーシャルワーカー：「ご家族が、あなたの自由を制限したがっているとあなた自身が感じていることについて、先日お話しした際、あなたはインシュリンの投与を、援助を受けながら自分で行いたいとおっしゃっていましたね。現時点で、それを可能にするために必要な支援を受けるための取り組みについてお話しましょう」

ソーシャルワーカーが要約している点について、第10章で紹介したディアス氏の発言は、大半のクライエントの場合と同様に、目標選択の過程から外れるおそれのある感情的な内容が含まれていた。これに対し、ソーシャルワーカーは、重要な問題点を効果的に要約しており、ディアス氏が特定の目標に焦点を当てるために役立っている。

目標の具体的定義と変化の程度の特定

ソーシャルワーカーとクライエントが協働のもと、具体的な目標を決定し、期待すべき成果を明確化した後、次の手順として、目標や期待を定義および改善し、クライエントがどの程度の変化を望んでいるのか、あるいは強制された課題により義務づけられた変化の程度を決定する。どの程度の変化を望んでいるかを決定する際、以下のようなソーシャルワーカーの発言が参考になるだろう。

ソーシャルワーカー：「あなたは、奥さんとの関係を改善したい、警察に連行されるのはもうごりごりだとおっしゃっていましたね。では、奥さんとの関係を改善し、警察との関わりを持たないで済むようになるためには、具体的に、どのようなことを変えればいいと思いますか」
クライエント：「妻が面と向かってきたら、その場を離れて、妻に手を上げないようにする。そして、二人とも落ち着いた状態の時に、話し合いをします」

どの程度の変化を望んでいるのかを特定することは、目標を具体的に定義する上での1つの要素となる。目標と変化の程度は、クライエントの置かれた状況と合致していなければならない。継続的な行動が関わる目標の場合、改善の可能性は無限である。

目標達成に対する潜在的な阻害要因の確認と、メリットとリスクについての話し合い

実現可能性が重要であることは、目標設定のガイドラインの項（p.509）で詳細に説明したとおりである。潜在的な阻害要因について検討するということは、実現可能性を含みつつも、それを超えるものであり、目標達成を妨げるおそれのある具体的な例、出来事、あるいは状況を特定することを要する。この点を詳しく説明するために、クライエントが期待する成果について示した

前述の例に戻ろう。

ソーシャルワーカー：「奥さんが面と向かってきたら、その場を離れ、奥さんに手を上げないようにするとおっしゃいましたね。この目標を約束するのは、奥さんとの関係を改善することを望んでいるからですね。では、その場を離れることに対して、それを妨げるおそれのある要因として、何か思い当たりますか」

クライエント：「そうですね。特に、妻が私に対してやかましく言い続けたり、立ち去った私の後をついてきて、大声で叫び、公衆の面前で恥ずかしい思いをさせられたりした場合など、最初は大変かもしれません。もしそのような状況になっても、ただその場を離れます。警察の厄介にはなりたくありませんから、とにかく妻に手をあげないようにするつもりです」

　目標を達成するメリットについて話し合うことによって、クライエントのコミットメントが高まり、彼らの努力を維持しやすくなる。あるソーシャルワーカーによると、クライエントは、自分が想像した変化のメリットに対して、「安心したり、元気づけられたり、あるいは舞い上がったり」する場合が多い。前述のクライエントは、妻に手をあげないという目標にやる気を与えたもう1つのメリットとして、「子どもたちをこれ以上、怖がらせたくない」ことを挙げた。しかし、目標を達成するメリットに対する熱意や安心感は、リスクや否定的な結果を目立たなくさせるか、あるいはそうしたマイナス面に対して、表面的な注意しか払わなくさせることがある。

ソーシャルワーカー：「では、その場を離れることのメリットは、あなたが奥さんに手をあげたために、警察が呼ばれることがない点ですね。他に、あなたがその場を立ち去ることに対するリスクはありますか」

クライエント：「もしこのような状況が夜起こったとしたら、子どもたちは寝ているわけですから、子どもたちだけが家に取り残されることになります。泣き出しでもしたら、近所の人が警察に電話するでしょう」

　良識的なソーシャルワーク実践のためには、メリットや潜在的なリスクについて、クライエントと話し合わなければならない。潜在的な阻害要因やリスクを検討することは、クライエントの目標達成能力に影響を与えるおそれのある出来事や状況について、クライエントが事前に考える手助けとなる。さらに、ソーシャルワーカーとクライエントは、阻害要因に対する代替的な対応を計画するための話し合いを進めていくことが可能である。潜在的な阻害要因について話し合うことにより、目標が実現可能ではないことが発覚するかもしれないが、そのような場合は、より実現可能性の高い目標を設定する必要がある。

　また、ソーシャルワーカーは、目標の達成によって起きるリスクを評価する上で、クライエントを支援する義務がある。特に、行動の変化は、相反する感情や肯定的および否定的な結果の両方をもたらすおそれがある。例えば、前述の例に登場した夫は、虐待的な行動を放棄した場合、自分の力が喪失することをめぐって入り混じった感情を抱くかもしれない。子どもたちを怖がらせないというメリットが生まれる一方、異なる対応をしようとする中で、従来の行動をやめるという情緒面から見て否定的な結果を経験する。

クライエントが具体的な目標への関与を選択するための支援

　具体的な目標を追求する上で想定される阻害要因、メリット、およびリスクを検討した後、次に、その目標を達成する努力を約束するという決断を下す。多くの場合は、メリットがリスクを上回る可能性が高く、クライエントは、目標に向けた取り組みを約束する心構えを示すだろう。変化に対するクライエントの意欲を簡単に、効果的に測定する方法は、クライエント自身に自分の心構えを1～10の間で採点させることである（1は「きわめて確信が持てない、まったく心構えができていない」状態、一方10は「楽観的である、ぜひ始めたい、全力で取り組みたい」状態を示す）。例えば、前述の夫に対しては、妻との関係を改善するという目標に対する意気込みを、1～10の間で採点させる。心構えの状態が、6～8の場合は通常、契約過程へ進む十分な意欲があることを示す。一方、自己採点が5以下の場合、まだ先の段階へ進む準備ができていないことを示している。こうした場合には、ソーシャルワーカーは、クライエントに対して、どの目標であればすぐに安堵感や変化が得られそうか思い浮かべてもらう。

　時折、クライエントは態度を決めかねている場合があるが、そうした場合には、さらにその躊躇の原因を探ってみる必要がある。このようなケースでは、クライエントの懸念を尊重し、特定した目標に対してすぐに合意するように説得することは控えたほうがよい。同時に、彼らが抱く懸念の根拠（例えば、思春期のいじめっ子は、仲間の前で臆病だと思われる可能性があるため、対立を避けるという目標の追求をためらう可能性がある。あるいは、移民の家族は、コミュニティから出ることで、文化的なつながりを失われるのではと不安を感じるかもしれない）を特定することが重要である。このような場合、ソーシャルワーカーは、クライエントの懸念がどの程度問題に影響を及ぼす重要なダイナミクスとなっているのかを検討しなければならない。例えば、思春期のいじめっ子の場合、仲間との対立が、度重なる停学処分やアンガー・マネージメント（怒りのコントロール）授業への出席義務を課された原因だったのかどうかをクライエントとともに検討することである。次の手順として、ソーシャルワーカーは、クライエントに対し、臆病に見られることに対する不安は、停学処分を減らすという目標を達成しない正当な理由となるのか尋ねてみる。

　クライエントが態度を決めかねている場合、中間目標を設定することも可能である。前述の思春期のクライエントの場合は、次の手順へ進む前に、中間目標の交渉、あるいは臆病ではなく大胆になることの重要性（クライエントが直面する現実の中で）を探ることにより、クライエントの懸念の解決に合意することができるだろう。このように中間目標を交渉することによって、停学処分の数を減らすという第一目標を維持できる可能性が高まり、契約に向けたクライエントの心の準備を進めることができる。このケースで交渉した中間目標には、葛藤解決の技術を身につけるための葛藤解決グループに参加することへの合意などが含まれる。

　法の強制によるクライエントの場合、法による指示により義務づけられた目標に対する強いコミットメントは望めない。ソーシャルワーカーは、課された義務に対するクライエントの反発を予測し、尊重し、そして理解しなければならない。多くの場合、法の強制によるクライエントは、支援を必要としているが、それが与えられたやり方で望んでいるわけではなく、また与えられた理由で望んでいるわけでもない。義務づけられた目標が、自分の欠点や行動適合性に焦点を当てているような場合は、特にそうである。例えば、前述の思春期のクライエントの場合、葛藤解決クラスへの参加を義務づけた目標と、対立において生き残るためには引き下がってはならないというクライエントの信念の間に、緊張が生じる。

　クライエントの感情や命令がもたらす圧力に焦点を当てながらも、クライエントには、目標

達成に向けたアプローチを選択する自由があることを強調することが可能である。前述の例では、近所に住む他の同年代の若者と一緒に、葛藤解決のためのクラスに参加するという選択肢を与えることができるだろう。さらに、クライエントは、義務づけられた目標への取り組みを拒否し、その結果がもたらすリスクを負うという選択肢があることも知る必要がある（R.H. Rooney, 2009）。ソーシャルワーカーは、クライエントに対し、自分の行動がもたらす可能性のある結果について助言し、実際にクライエントは、インフォームド・チョイス（十分説明を受けた上で選択）をしているのだということを確認する義務がある。法の強制によるクライエントの立場は、自己決定権が制限されるものではないが、自分で選択した行動がもたらすリスクについてクライエントに助言し、法による指示に関するクライエントの懸念を解決する支援を行うことは、ソーシャルワーカーの倫理的責任である。

　法の強制によるクライエントが自分の置かれた状況に対して示す反発は、ソーシャルワーカーにとって、非常にストレスがたまる反応である。特に、クライエントが、ソーシャルワーカーの権限と裁判所の権限を同一視している場合、ソーシャルワーカーは、クライエントの怒りの矛先となる。そうしたクライエントからの敵意、怒り、そして時には乱暴な言葉づかいに直面すると、単にクライエントを見放し、「準備が整ってはじめて、あるいは十分痛い目に合ってはじめて、人は変わるものだ」という古いことわざに頼りたくなる。こうしたダイナミクスがどんなに不快なものであっても、そのような経験を個人的なものとして受け取らないことが大切である。そうすることにより、クライエントの反応の根底にある感情やフラストレーションを探ることに集中できる。さらに、義務づけられた目標に取り組んだ結果としてもたらされるメリットや成長の機会を強調することによって、クライエントの敵対的な反発は弱まるだろう。以下の例は、裁判所により親教育クラスへの参加を命じられた親の信念、感情、迷いを探りながら、目標に取り組むことがクライエントに潜在的なメリットをもたらすことを強調する、ソーシャルワーカーの様子を示している。

ソーシャルワーカー：「私は、子育てに技術など必要ないというあなたの主張を尊重しています。また、自分の子どもたちの扱い方について指示を出す裁判所に対するあなたの気持ちも理解しています。あなたは、母親を一人の親、祖母をもう一人の親として育ち、二人からいろいろなことを学んだとおっしゃっていましたが、あなたの子どものしつけ方には、問題があるようです。例えば、子どもの体に痕が残るほど、ベルトでむち打つことは問題です。あなたの母親も祖母も、こうしたやり方をしたのかもしれませんが、これは解決すべき懸念事項です」

クライエント：「ええ、でも私自身も兄弟も姉妹も誰も傷ついた者はいませんし、みんな普通に大人になっていますよ。ドラッグに手を出したり、刑務所に入れられたりした者などいませんから」

ソーシャルワーカー：「あなたがこのやり方をよいと思っていることや、あなた自身もあなたの兄弟姉妹もうまくやっていると思っていることも理解しています。あなたの置かれた状況やシングルマザーであることの大変さについてお話ししたとき、あなたは、一日のうちの大半においてストレスを感じているとおっしゃっていましたね」

クライエント：「ええ、そのとおりです。子どもたちに対してイライラすることが多く、子どもに手をあげた後には後悔するのです。親教育クラスに参加すると、どんな役に立つのでしょうか。教えてください」

ソーシャルワーカー：「親教育クラスに参加することによって、子どもたちに手をあげるのではなく、子どもたちとの関係に節度を保つ技術を身につけ、また、子どもたちと接するときに感じるストレスの一部を軽減することができるのです。参加することを考えてみますか」

クライエントによる優先順位に基づく目標の順位づけ

　具体的な目標を特定し、その目標に対してクライエントが関与すると続いてそれぞれの目標を、クライエントの優先順位に基づいて順位づけすることが有益となる。優先順位の高い目標を特定する目的は、変化への取り組みの初期段階において、クライエントにとって最も重要な目標に注力するためである。目標の特質、発達段階、クライエントが入手可能な資源、必要な時間などによって、3つ以内の目標を設定することが望ましい。法による指示により義務づけられた目標が含まれる場合でも、同時にすべての目標を達成することは不可能であるため、これらを優先順位づけするとよい。さらに、目標の中には、他の目標に比べ必然的に、より大きな結果をもたらすものがある。例えば、薬物治療プログラムへの参加は、学校へ戻るという目標よりも優先される。目標の優先順位づけは、さらに、クライエントの関与や参加を助け、目標達成に向けて取り組む動機を高める。より大きなシステムが関わる場合、当事者個人と関係するシステムの両方に対する目標リストを作成し、各個人およびシステムに対し、目標の優先づけを行う。それぞれの優先づけの結果に違いがある場合は、ソーシャルワーカーの支援のもと、すべての当事者で最終的な順位づけの交渉を行う。

　自発的なクライエントの場合、順位づけの過程への導入として、以下のようにまとめた言葉を利用することができる。

ソーシャルワーカー：「私たちはこれまで、いくつかの問題について話し合いをしてきました。一時的な住居からの引っ越しを望んでいることや、今の住宅事情の中で、子どもたちが勉強できる静かな場所を確保したいことをお話しされました。こうした目標が設定された今、あなたは、それぞれの目標をどのように優先順位づけされますか。複数の目標の中から、あなたにとって最も重要な目標、すなわち今の時点でエネルギーを集中させる1つの目標から始める必要があります。それから残りの目標を、あなたが適当と思う順番に順位づけしていきます。ゆくゆくはすべての目標に取り組んでいきますが、まずは最も重要性の高いものから始めたいと思います」

　法の強制によるクライエントの場合は、以下のような発言が参考となるだろう。

ソーシャルワーカー：「あなたにとって最も重要な目標について合意に達しましたが、同時に、裁判所が設定した目標を優先させる必要があります。あなたは、裁判所との関わりを早く絶ちたいとおっしゃっていましたね。裁判所からの命令では、あなたは今すぐに親教育クラスを終了する必要があるため、これが最優先目標となります。またあなたは、4人の子どもの世話をしなければならないために、孤立感を感じ、疲れきっている、そして自分自身の時間が欲しいともおっしゃっていました。同時に、地元のコミュニティカレッジで学位を取得したいという希望についても考えなければなりません。こうした目標のうち、どれに最初に取り組みたいと思っていますか」

上記の例と同様に、以下の事例は、法による指示により義務づけられた目標とクライエント自身の目標を、同時に達成するための取り組みが可能であることを示したものである。

事例・・・

　無断欠席を繰り返すウィリアム（16歳）は、最近、地元のコンビニエンスストアでの窃盗で通報された他の不登校児グループと付き合うようになった。今回の違法行為は、ウィリアムにとっては初めてであったため、裁判官は彼に対し、毎日学校に出席すること、および無断欠席をしないことを命じた。保護観察官が、ウィリアムの出席状況を監視することになっており、裁判官の命令に従わなかった場合は、90日間少年拘置所へ送られることになった。ソーシャルワーカーとの初回面接の間、ウィリアムは、学校は「役に立たない」上、人生においてやりたいことに役立つことは何も学べないため、学校には行かないだろうと述べた。もっと詳しく話すように求められると、ウィリアムは、ギターの弾き方を習いたいが、学校では教えてくれないと答えた。また、ウィリアムは、地元の青少年音楽隊に入ることに興味を持っており、ギターの弾き方を身につけることは、自分にとって重要であると述べた。当然のことながら、ギターの弾き方を身につけるというウィリアムの目標は、法による指示と一致したものではなく、ギターの弾き方を身につけることが、学校への出席率を高めるかどうかも明らかではない。

・・

　16歳のウィリアムは、法の強制によるクライエントである上、この年齢の少年にはめずらしいことではないが、権威に対して強い反感を抱いていた。この発達段階においては、独立心やアイデンティティの探索はともに、発達上の課題である。しかし、自分の独立心を主張する場合、権威との葛藤関係が存在する場合が多い。

　未成年者の場合、創造性に富んだ解決策、特に彼らのメンツを保ち、自分に権限が与えられている、あるいは自分が関与していると彼らが感じられるような解決策が役に立つ。ソーシャルワーカーは、放課後、ウィリアムにギターのレッスンをしてくれる音楽教師を見つけたが、その教師は、ウィリアムに対し、優良な学生であることを条件とした。ソーシャルワーカーとウィリアムは、目標とする計画について話し合い、ウィリアムが毎日学校へ出席すれば、ギターのレッスンを受けられることで合意した。ギターのレッスンを受けるという中間目標あるいは暫定目標は、ウィリアムにとって重要なものであり、これによって、ウィリアムの学校への出席率は改善した。

　こうしたギブアンドテイクの目標設定に対して疑問を感じ、ウィリアムは裁判所の命令どおりに学校へ出席するべきだという行動変化を強く求める声もあるだろう。実際、このソーシャルワーカーに対しても、学校の職員から同様の意見が出された。また、ウィリアムを強制的に出席させようと試みたり、裁判所の命令に従うことが一番自分のためになると、ウィリアムを納得させようとしたりするかもしれない。しかし、たとえそうしたアプローチを取ったとしても、ウィリアムの発達段階、学校に対する見方を構成する文脈、何に価値を置いているかを考慮すると、ウィリアムが従う可能性は低い。

　未成年者に関する決定には、全体的な結果を考慮する功利主義的倫理を適用することができる。例えば、ウィリアムが学校へ出席せずに不登校児のままである場合の彼の人生の軌跡について考えてみよう。ウィリアムは、地元の青少年音楽隊との関わりによって支えられる向社会的行動

を達成しようとする代わりに、不登校仲間との関係を続けるだろう。大人の権威と比較検討すると、情報交換できる仲間のグループの方が、この発達段階にある青少年にとって重要であるため、ウィリアムの仲間との関係を維持するニーズが、裁判所の命令に従わなかった場合に受ける結果よりも優先される。つまり、ソーシャルワーカーの取ったアクションが、問題解決目標の設定を促したのである。

　ターゲットシステムに、複数の当事者が関わっている場合、当然、各メンバーの目標に対する優先順位は異なるだろう。裁判所は、毎日学校へ出席することを優先的目標と位置づけた。しかし、法による指示では、目標をどのような手段で達成するかは明記されていない。おそらく、ウィリアムが学校へ出席することは、裁判所、両親、教師、ソーシャルワーカーが掲げる共通の目標だろう。ウィリアムの両親はともに高校を卒業しておらず、できればウィリアムには大学へ進学してほしいと望んでいた。両親にとって、長い目で見れば、ウィリアムがギターの弾き方を身につけるよりは、学校へ行く方が価値のあることである。こうしたことから、ソーシャルワーカーは両親と会い、ウィリアムと音楽教師と話し合った取り決めについての根拠を理解してもらった。

　上記の例では、ウィリアムが学校へ出席するという目標を達成する上で、両親も相互作用の役割を担っていた。同様に、ターゲット・システムがカップル、グループ、組織、あるいは家族の場合、当事者個人とそれより大きなシステムの両方に関する目標を設定することが望ましい。

■測定と評価

　クライエントへの介入の成果を測定することは、ダイレクトソーシャルワーク実践において不可欠な要素である。目標の設定、合意、明確な定義がなされたら、次の手順として、クライエントとともに進捗状況の測定および記録方法を決定する。測定は、何を変えるべきかという正確な定義を必要とし、特定の目標への進捗状況を示す所見を明確にする（Bloom, Fischer & Orme, 2003）。例えば、ウィリアムが毎日学校へ出席するという目標は、出席記録や親あるいは自己報告によって測定可能である。

　これに対し、評価とは、目標と関連づけながら介入の有効性を査定することである。ウィリアムのケースの場合、ギターのレッスンを受けられるようにすることが介入である。この介入の有効性を評価するためには、ソーシャルワーカーとウィリアムは、ギターのレッスンを受ける前の出席を記録し、介入後の出席状況を監視するAB単一被験者実験法［訳注：単一被験者に対して、介入しない場合のベースライン測定Aと介入した場合の測定Bを行い、その変化をみる実験方法］を活用することができる。多くの場合、変化は徐々に起こるものであるため、クライエントに対して、望ましい変化の指標や程度を見極めるよう奨励する必要がある。例えば、ウィリアムはこれまで、定期的に学校へ通っていなかったため、毎週5日のうち4日は出席するという段階的な変化を設定してもよい。

　評価は継続的な過程であり、ターゲットとされる懸案事項を是正するための介入やアクションのさまざまな段階において実施される。さらに、評価の過程により、ソーシャルワーカーとクライエントは、進捗状況（あるいは進捗の欠如）を把握し、介入が意図した結果をもたらしているかどうかを見ることができる（Berlin & Marsh, 1993）。当然のことながら、評価は、第19章で説明するように、終結の段階における重要な要素である。ポウリン（Poulin, 2004）は、評価の過

程について、「クライエントの動機、さらには前進する決意を高めるために役立つ」(2000, p.142)と指摘する。ポウリンは、ソーシャルワーカーに対し、介入をモニタリングする際に「実績を評価する」上で役立つ、以下の質問を提示している。

- 進展は見られるか。
- 介入はうまく機能しているか。
- 別のアプローチを試す必要があるか。

　社会福祉団体における測定と評価は、その団体自体と団体がサービスを提供するクライエント双方の環境が複雑であるため、非常に難しい課題となっている。とはいえ、資金提供者、第三者支払人、マネージド・ケア、および当局担当者からの説明責任に対する要望はますます高まっており、こうした関係者は社会福祉団体に対し、クライエントへのサービスの有効性を証明するエビデンス（証拠）を集めるように求めている。社会福祉団体もソーシャルワーカーも、望ましい成果につながるようなサービス効果の追跡能力を高める情報システムを用いることで、クライエントのためにプログラムの成果を出すという要望に対応してきた（Gardner, 2000；Lewis, Lewis, Packard & Souflee, 2001）。社会福祉団体の測定結果は、総合的に統計データの形で報告される傾向にあるため、事例ごとのモニタリングや各ソーシャルワーカーに義務づけられた効果に関する質問の回答とは異なる。プログラム目的の結果を評価する上で、社会福祉団体が検討する項目は、「低価格の住宅を見つけた子どものいるホームレス家庭」の数などである。

　評価方法は進化しており、介入が中間結果と最終結果の両方に与える影響の程度まで網羅するようになった（Depoy & Gilson, 2003）。最終分析では、評価は、介入の方略の有効性に関する重要な質問に答えたり、クライエントの状態の変化を記録したりするために役立つ（Bloom, Fischer & Orme, 2003；Corcoran & Gingerich, 1994）。こうした情報は、ソーシャルワーカーやプログラムの有効性を改善し、倫理的実践を確実にするために、フィードバックのループにとっては不可欠なものである。

評価方法と進捗状況の測定

　本項では、進捗状況の測定と結果の評価に用いられる定量的手法と定性的手法の概要を示す。どちらの手法を用いるにせよ、以下の項目は、この過程において必要不可欠な要素である。

- 変えるべき具体的な問題や行動の特定
- 明確で測定可能かつ実現可能な目標
- 目標と測定手順の一致
- 関連情報の体系的な記録の維持
- 中間および最終結果の評価

　最初の3つの要素については、本章の前半で説明した。先に述べたように、こうした情報と目標に対する進捗状況は、ケース記録に体系的に記録しなければならない。ケース記録やSOAP記録に記載された情報、およびその他本項で取り上げた情報を活用することにより、ソーシャルワーカーとクライエントは、契約期間を通してクライエントの進捗状況を追跡することができる。

進捗状況がよくない場合には、必要に応じ、目標の見直しや再交渉が必要となる。

進捗状況のモニタリングへのクライエントの参加

　進捗状況やサービスに対する満足度に関するクライエントからのフィードバックは、進捗状況の測定やモニタリングをする上で重要となる。例えば、多様なクライエントに対し、ソーシャルワーカーや機関の対応に、文化的な配慮があったかどうか、改善すべきことは何かといった質問をすることができる。進捗状況の測定やモニタリングにおいて、クライエントを協力者として参加させることの重要性について、以下の点にまとめた。

1．クライエントの進捗状況に対する考えを引き出したり、あるいはターゲット行動が現れる直近の割合をベースラインと比較したりすることによって、目標への焦点を維持し、変化への取り組みの継続性を高める。
2．クライエントは、現状を最終目標に照らして、さらに、治療開始前の機能レベルと比較して見極めることができる。目標までの段階的な進捗状況を観察することによって、動機づけを維持し、援助プロセスやソーシャルワーカーに対する信頼が高まる。
3．進捗状況に対するクライエントの感情や考えを引き出すことによって、ソーシャルワーカーは、将来的な進捗を妨げ、時期尚早の終結につながりかねない失意や失望感を見抜き、それに対応することができる。
4．クライエントは、変化をもたらすための介入方略の有効性やアプローチが妥当な期間内に、プラスの結果を生み出しているかどうかについて、フィードバックを提供することができる。
5．目標達成に向けて著しい進捗が見られた場合、ソーシャルワーカーは、クライエントが次の目標に焦点を移す準備ができたこと、あるいはすべての目標が達成されている場合は、終結に向けた計画を検討すべき段階にきたことを判断できる。

　概して、進捗状況のモニタリング、アセスメント、評価の方法は、契約あるいは治療計画で交渉した合意と一致していなければならない。目標に向けた進捗状況は、最低でも2～3セッションに一回はモニタリングすべきである。

評価に必要な資源

　情報の収集や評価には、さまざまなコンピューターの情報システムを活用することが可能である。標準的なツールも数多く、中にはコンピューターを活用し、時間を追って進捗状況を追跡できるものもある（Hudson, 1990, 1996；Springer & Franklin, 2003）。標準的なツールには、コンピューターの支援技術を用いたツールも含め、さまざまな利点がある。ブルーム、フィッシャー＆オーメ（Bloom, Fischer & Orme, 2003）やストリーター＆フランクリン（Streeter & Franklin, 2003）がまとめたところによると、標準ツールはすべて、管理・採点手順や結果が統一されている。さらに、こうしたツールは、大規模な代表サンプルを用いてテストされ、厳しい調査を受けている（p.98）。数多くの資源により、尺度、質問票、情報システムについての幅広い情報や例が、定性および定量的なデータとして提供されている。これは、うつ、ソーシャルスキル、子どものウェルビーイング、精神および健康状態、または家族、子ども、成人の機能を測定したデータである。

注意点と長所

　進捗状況の評価やモニタリングに標準的なツールを活用することを躊躇してはならないが、その長所と限界については検討する必要がある。ある特定の問題に用いることができる、エビデンスに基づくツールがある。エビデンスに基づく資源とは、有効性や進捗状況のモニタリングの測定手段とは異なるが、例えば行動の変化、健康状態、子どものウェルビーイングのアセスメント、評価、モニタリングをする際に役立つものである。注目すべき標準的なツールの限界とは、こうしたツールはストレングス、資源、あるいは状況的要因ではなく、むしろ問題に焦点を当てるため、収集できる情報の種類が限られる点である（Berlin & Marsh, 1993；Jordan & Franklin, 2003；Vosler, 1990）。例えば、体系的なリスクアセスメントを完了すると、存在するリスクが確認できるが、狭い範囲の質問は、単にリスク要因のアセスメントに焦点を当てるだけで、根本的な状況に影響を与える生態学的・環境的相互作用およびその他の相互作用を無視する傾向にある。ケーグルの主張によると、標準的なツールでは、「科学の信頼性や専門家としての実践者」が重視される傾向にあるという（1994, p.96）。さらに、標準的なツールが示す結果は、社会経済的、文化的、および性的マイノリティグループのメンバーをこれまで以上に「変わっている、あるいは問題を抱えている」ように見せる危険性がある、とケーグルは指摘する。

　幸いにも、標準的なツールの限界についての認識が高まっており、その結果、クライエントのストレングスを評価するツールが生まれた。ギルガン（Gilgun, 1999, 2001）が開発した、クライエントのリスクとストレングスを評価するための臨床アセスメントパッケージ（CASPARS）は、そうしたツールの1つである。このアセスメントツールは、リスクとストレングスの両方を把握し、評価することによって、クライエントの状況をより完全な形で示すことができる。この点において、CASPARS は、ソーシャルワーク実践や多次元アセスメント過程と一致している。

　標準的なツールには、開発段階において、代表サンプルが用いられているにもかかわらず、評価・モニタリングツールの中に文化、人種、民族性、あるいは言語に関する違いが考慮に入れられたものはほとんどない。例えば、うつを説明する言葉、症状、表現、および病気に対する考え方は、それぞれの集団で異なる。前述のジョンソン夫人（高齢のアフリカ系アメリカ人であるクライエント）が、「憂うつな気持ちから解放されたいんです」と発言したことを思い出してみよう。移民や難民グループの文化的規範、信念、言語では、感情を説明することができない場合があり、うつの症状を身体的状態として説明する（Kagle, 1994；Potocky Tripody, 2002）。最後に、標準的なツールは、信頼性や有効性が確立されたものであっても、ある特定の集団に利用するには不適切である場合や、特定のクライエントの懸念に対する目標とは、直接関連づけられない場合がある。

　以上のような要因が存在するとはいえ、ソーシャルワーク実践において、標準的なツールの使用をまったく除外する必要はない。しかし、標準的なツールを効果的に活用する上では、変化の測定や評価を行うアセスメント過程において、これまでに標準的なツールを使った経験が必要となるだろう。進捗状況の測定や結果の評価に必要な資源を選ぶ際には、選択した手法がクライエントの状況やニーズと一致していることを確認しなければならない。また、標準的なツールを利用することにより、これまで以上に体系的かつ完全な形で、クライエントが置かれた状況のアセスメントや結果の評価ができることに気づくだろう。ツールを使用することが適切であるかどうかを判断する上で、ジョーダン＆フランクリン（Jordan & Franklin）は、そのツールが「クライ

エントに対し、これまで以上のアセスメントやサービスを提供できる」手段となっているかどうか、という倫理的質問を検討することを提案している（2003, p.128）。

利用可能な評価ツールが不適切であるか、あるいは利用できるツールがまったく存在しない場合は、ソーシャルワーカーとクライエントは、具体的な状況に合わせた独自の尺度や測定基準を設けることで合意することが可能である（Collins, Kayser, & Platt, 1994；Jordan & Franklin , 1995, 2003）。図12-3にその一例を示した。この目標・課題フォームは、ソーシャルワーカーとクライエントが共同で作成し、両者がそれぞれ目標に対する中間地点での進捗状況や全体的な進捗状況を追跡することができる。また、道具的方略としての課題や目標達成の方略を評価することも可能である。例えば、課題やアクション手順が完了したかどうか、またそれらが目標の進捗にどの程度の影響を与えたかを評価することができる。

ソーシャルワーカーとクライエントで考え出した評価方法は、クライエントの状況に合わせた方法であるとはいえ、基本的な評価に関する問題点を検討する必要がある。概して、どのようなツールであっても、ソーシャルワーク実践の有効性を示すものでなければならない。ツールから得られた情報は、その他のクライエント情報と合わせて、ソーシャルワーク実践全体、そして機関のプログラム目的に必要なデータとなる。

定量的測定

定量的評価では、ターゲットとする問題の頻度や深刻度を測定する方法が利用される。変化重視の介入を実施する前に行われた測定は、ベースライン測定と呼ばれ、進捗状況の測定値、終結やフォローアップ時の測定値を比較する際のベースラインとなる。こうした比較によって、定量

```
氏名：_____
変えるべき問題点・状況の説明：_____

目標：_____
課題：_____

潜在的な阻害要因：_____  _____  _____  _____
潜在的なメリット：_____  _____  _____  _____
対応策（目標達成のために取るべき手順）

              完了日         見直し日         結果コード
1._____   _____       _____        _____
2._____   _____       _____        _____
3._____   _____       _____        _____
結果コード
課題と目標の達成状況：[ ] 完了  [ ] 一部完了  [ ] 未完了
```

図12-3　目標・課題フォームのサンプル例

的データが収集され、クライエントに対するソーシャルワークの効果を評価することが可能となる。単一被験者実験法は、メンタルヘルス、家族、個人開業のソーシャルワークなど、さまざまな状況で使われる1つの手法である。この手法を適用することにより、ソーシャルワーク実践における重要な要素として、評価を統一することができる。前述の例で、介入前と介入後のウィリアムの出席率を追跡するために、AB実験法が利用可能であった点を思い出してみよう（注2）。

明白な行動の測定

　ベースライン測定では、明白な行動と明白でない行動のどちらの分析も可能である。明白な行動は観察が可能なため、その頻度をカウントすることができる。例えば、お互いに肯定的なメッセージを発する頻度を増やすことを共通の目標に掲げたグループメンバーなどが、その例である。ソーシャルワーカーはメンバーに対し、グループセッション中に交わされた肯定的なメッセージの数を記録するように指示する。セッション中の平均的な数が、進捗状況を測定するためのベースラインとなる。授業で発言する前に手をあげる、社会生活の場で発言する、あるいは感情を表現する回数を増やすといったターゲットとする行動に対しても、同様のベースラインを設定することができる。こうした測定により、行動を定量化し、週ごとの進捗状況や変化への取り組みの最終結果を突き止めることが可能となる。さらに、クライエントは、たとえ小さな変化にも気づくことができ、それが希望や動機づけを維持する要因となる。

　頻度をカウントするのは、クライエント、オブザーバー、あるいはソーシャルワーカーでもよい。ターゲット行動が家族やグループセッション中に起こった場合でも、カウントすることは可能である。ただし、セルフモニタリングによって得られたベースラインは、セルフモニタリング自体が治療効果をもたらす場合が多いため、厳密には「治療から離れた」状態での行動を測定したことにはならない。例えば、望ましい行動（発言する前に手をあげるなど）の割合をセルフモニタリングする場合には、事実、セルフモニタリングによって、その行動の頻度が増える。同様に、否定的な行動の割合を測定する場合には、クライエントは、そうした行動を取る頻度を減らすことになる。

　セルフモニタリングがターゲット行動に与える影響を、反応性効果と呼ぶ。研究者の視点から見ると、この反応性効果は、調査中の介入がもたらす効果を見誤らせる悪影響要因の代表である。しかし、ソーシャルワーカーの視点から見ると、セルフモニタリングは、まさに反応性効果によって、特定のターゲット行動が現れる頻度を増やしたり減らしたりできることから、介入の1つとして活用できる。セルフモニタリングによって望ましい変化が生じる行動は肯定的なものでも否定的なものでも構わないが、肯定的な行動を重視する方が、目標に関連したストレングスに焦点を当てることになるため好ましい。複数の手法や観察法を取り入れ、セルフモニタリングをそのうちの1つの手法として考えるのがよいだろう。例えば、ある生徒が授業で発言する前に手をあげる頻度をカウントしたい場合、教室にいる教師がその情報源となりうるが、別の方法として、その生徒が授業を妨害したため「反省」室へ送られた回数なども参考にできる。

　ベースライン測定において、現在の明白な行動に焦点を当てている場合、所定の間隔で繰り返し頻度をカウントするのが典型的なやり方である。カウントを実施する間隔は、行き過ぎた行為が最も高い頻度で発生する時間中、または積極的行動が予期される時間中とすべきである。また、比較的一定した状態で測定することが重要である。そうでなければ、測定結果は、真実を正確に示したもの、あるいは反映したものとはならない（Bloom, Fischer, & Orme, 2003）。

ベースラインとなる行動の遡及的な評価

　ベースライン測定の値を得るには、変化を重視する介入が行われる前に、クライエントに変化の対象となる行動が現れる割合を過去にさかのぼって推定してもらうか、あるいは次のセッションの前にデータを入手する。前者の手法は、正確さの面で劣るが、ベースラインデータが集まるまで、変化に向けた取り組みを保留にする必要がないため、望ましい場合が多い。これは重要な利点である。なぜなら、重大な問題や危機には、速やかな対応が必要とされ、たとえ一週間でも介入を遅らせることは賢明ではないからだ。しかし一般的には、ベースラインデータの収集を待つ間の一週間、介入を遅らせたとしても、必要以上の問題が発生するわけではなく、結果として得られるデータは、クライエント自身が行った推定よりも、はるかに信頼性が高いことが多い。

　過去にさかのぼった遡及的評価によって、ターゲット行動のベースラインを決定する場合、クライエントに対し、通常ターゲット行動が現れる頻度によって、数分から一日といった所定の間隔でその行動が現れる割合を推定してもらうのが一般的なやり方である。神経質なくせ（エンピツで机をコツコツたたくなど）といった頻繁に発生する行動を測定する間隔は、比較的短くすべきである（15分間隔など）。一方、社会生活の場で発言するといった比較的頻度の低い行動の場合は、測定の間隔は、数時間あるいは数日となるだろう。

明白でない行動の測定

　「憂うつになる」といった情動状態、思考、感情などの明白でない行動に対しても、ベースラインデータを得ることは可能である。クライエントは、ターゲットとなる思考に陥る頻度をカウントしたり、情動状態の程度を測定したりすることができる。この点を詳しく説明するために、ジョンソン夫人の例に戻ってみよう。ソーシャルワーカーとジョンソン夫人は、感情や思考が皆無の状態である点から、そうした感情や思考が最大限の程度を示す点まで、さまざまな心の状態を測る5〜7点満点の尺度を設けた。怒り、うつ、孤独感、あるいは不安といった感情を変えることを目標としている場合、さまざまな心の状態を示す自定式尺度を設けることが望ましい。そうした尺度を「しっかりと定着させる」ために、クライエントに対し、ある特定の心の状態が最大限に達した場合を想像させ、その状態を説明してもらう。この説明をもとに、少なくとも、尺度の両極点と中間点を定めることが可能となる。このように尺度を設けることにより、それぞれのクライエントに合わせて心の状態を定量化することができる。自定式尺度を設けるにあたっては、異なる心の状態を混同することがないように注意することが重要である。「うれしい」、「悲しい」といった情動は、同じ直線上に存在するように思われるが、両者は定性的には異なり、混同してしまうと混乱を招く結果となる。図12-4は、7点満点の自定式尺度の例である。

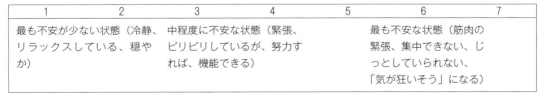

図12-4　自定式尺度の例

自定式尺度

　クライエントは、明白な行動が現れる頻度をカウントするのとほぼ同様に、所定の間隔で（1日3回計7日など）、自定式尺度を活用し、問題となっている心の状態の程度を記録することが可能である。どちらの場合も、クライエントは、ターゲット行動の記録をつけることになる。データの中からあるパターンを見つけるためには、通常、最低でも10回の測定が必要であるが、介入が早急に必要な場合は、それ以下の測定で処理することが求められる。例えば、ジョンソン夫人の場合、「憂うつになる」さまざまな程度や状況、およびこうした感情が現れないときを記録し、自定式尺度を完成させることが可能である。

　また、自定式尺度は、段階的な変化をモニタリングするためにも役立つ。最も不安な状態から、最も不安が少ない状態までの範囲の中で、ソーシャルワーカーとクライエントは、不安反応の引き金になると考えられる出来事や状況を検討し、そこからさらに記述的な情報が提供される。年少の未成年者の場合、絵や図解を使ったり、あるいは子どもに対し、自分自身の指標を描かせたり、表現させたりしてもよい。

ベースラインを入手するためのガイドライン

　ベースライン測定を活用する場合、測定の信頼性や有効性を最大限にすることが重要である（Bloom, Fischer, & Orme, 2003；Berlin & Marsh, 1993）。そうでなければ、ベースライン測定値やその後のベースラインとの比較は不完全なものとなり、不適切な結論を導くことになる。以下のガイドラインに従うことにより、収集したデータの信頼性や有効性を最大限に高めることができる。

1．測定するターゲット行動を、明確で実用的な言葉で定義すること。変化の対象となる行動（明白な行動、または明白でない行動）が、具体的に定義されている場合に信頼性が高まる。例えば、パートナーに対する褒め言葉の測定は、一般的な肯定的コミュニケーションの測定に比べ、より信頼性が高くなる。なぜなら、クライエントにとって、肯定的なコミュニケーションが発生する頻度をカウントする場合よりも、褒め言葉の数を測定する場合の方が、推測の余地が少ないからである。
2．変化を目指した目標と、直接、具体的に関連する測定を行うこと。そうでなければ、ベースラインおよびその後の地点における測定の有効性は、かなり疑わしいものとなる。例えば、クライエントの目標がソーシャルスキルを向上させることである場合、測定の対象として、ソーシャルスキルを示す指標を用いなければならない。同様に、ある親が子育ての技術を習得するために、親教育クラスに参加しなければならない場合、観察可能な行動変化を直接特定できるような測定を考えなければならない。また同じように、暴力行為やアルコール乱用に対しては、怒りの爆発する頻度（または、挑発的な状況において怒りをコントロールした頻度）や、アルコール消費量（または、禁酒期間）をそれぞれ測定する必要がある。
3．必要に応じ、複数の測定やツールを活用すること。クライエントは通常、1つ以上の問題を提示し、個々の問題には、複数の要素がからんでいる。例えば、平坦な情動、疲労、興奮性、不安はすべて、頻繁に現れるうつの兆候である。また、クライエントが、自信を高めることやソーシャルスキルの向上に関わる目標を掲げている場合、変化を追跡するためには、複数の測定やツールの活用が必要となる。
4．比較的一定の状況下で、測定を行うこと。そうでなければ、測定された変化は、目標に関

連する行動の変化ではなく、状況や環境刺激の違いを反映したものとなってしまう。例えば、幼稚園では話をしないという問題を抱えた子どもの場合、子どもが自宅、教会、その他の場所にいる間の行動変化を測定したとしても、参考にはなるが、問題となっている行動が主に現れる幼稚園の行動変化の兆候ほど、役には立たないだろう。

5．クライエントが継続性のない個別目標を掲げている場合、ベースライン測定は適切ではない。このような場合、援助の取り組み効果の評価は明確である。クライエントは目標を達成したか、またはしていないかのどちらかであるからだ。例えば、仕事を見つけるという目標を掲げた求職者は、仕事をすでに見つけたか、見つけていないかのどちらかである。一方、就職応募書類を完成させるといった継続的な目標への進捗状況は、段階的なものであり、定められた期限はない。したがって、ベースライン測定と定期的な測定を利用することにより、ソーシャルワーカーとクライエントは、段階的な変化を効果的にモニタリングすることができる。継続的な目標に対する、次のベースライン測定の例を見てみよう。目標は、「ジャスティンは、英語の授業中、席に座り、手を机の上にのせておく」ことである。ジャスティンのベースラインが、週に25回席を離れている（課題違反）という場合、席を離れた回数が週に15回になれば、大幅な改善となる。

自記式尺度を用いた測定

ベースラインデータの取得には、自記式尺度も有用である。心理学的な尺度は数多く存在するが、ソーシャルワーカーにとっては、特にWALMYRアセスメント尺度（Hudson, 1992）が役立つ。ハドソンをはじめとするソーシャルワーカーが考案したこの尺度は、22の独立した尺度（第8章参照）からなり、ソーシャルワーク実践に関連する分野の多くに利用できる。これらの尺度は、管理、採点、解釈が容易であり、信頼性や有効性も基準に合っているという利点を持つ。

また、自記式尺度は、ターゲット問題の定量化に利用することが可能である。実際に現れた行動をカウントするのに比べ、多少主観的であり、正確さの面では劣るが、明白でない行動状態（不安、うつ、自尊心、臨床的ストレスなど）や、クライエントの対人関係に対する認識を測定する上で、特に有用である。明白な行動を測定するためのツールと同様に、選択した尺度による測定を、治療開始前と、その後は定期的な間隔をおいて実施し、進捗状況のモニタリングや終結およびフォローアップ段階における成果の評価を行う。興味深い点は、行動に対するセルフモニタリング（行動や思考をカウントするなど）とは異なり、自記式尺度を用いた主観的な自己報告では、反応性効果が生じる可能性が低いことである（Applegate, 1992）。

変化の対象となる行動のベースライン測定値を入手したら、次にそのデータをもとに、横軸に時間の間隔（日数または週数）、縦軸にターゲット行動の頻度または深刻度をとったグラフを作成する。簡単に作成できるこうしたグラフによって、クライエントの進捗状況や介入の効果を観察することが可能となる。図12-5は、変化への取り組み前と取り組み中の不安発症率を、グラフで示したものである。

図12-5では、ベースライン期間が7日間、セルフモニタリングの間隔が1日となっている。不安を緩和するための介入は、4週間実施された。グラフが示すとおり、クライエントの状態は、（いつもと変わらず）多少の上下を示しているが、それでもなお、目覚ましい改善が見られた。

繰り返し測定を行い、進捗状況をモニタリングする上で非常に重要な点は、ベースライン測定に利用したものと同じ手順とツールを用いることである。そうでなければ、有意義な比較は不可

第2部 探索、アセスメント、計画

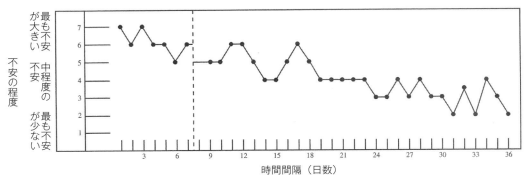

図12-5 ベースラインと介入期間中における不安の程度を記録したグラフ例

能となる。また、前項で説明した測定のためのガイドラインに従うことも重要である。同じ行動を同じ間隔で繰り返し測定することによって、ソーシャルワーク実践者は、進捗状況のアセスメントを行うだけでなく、クライエントの行動のバラツキを判断したり、クライエントの生活状況における変化の効果を評価したりすることが可能となる。例えば、うつの測定値と週ごとのソーシャルスキルの改善度をグラフ化することにより、ストレスとなる生活の出来事、あるいは肯定的な生活の出来事にそれぞれ対応する、肯定的あるいは否定的な変化を見極めることが可能となる。このように、測定した変化をグラフ化することによって、クライエントは、自分が改善している証拠を目の当たりにし、特定の生活や環境における出来事がいかに自分の情動状態や行動に影響を及ぼしているのかを認識することができる。

定量的測定を用いた進捗状況のモニタリング

　進捗状況のモニタリングには、他にいくつか利点がある。測定により指標が確立され、またモニタリングによって、クライエントとソーシャルワーカーは、目標が達成された時点、両者の関係が終結可能となった時点、あるいは裁判所命令による任務が完了した時点を確認できる。例えば、子育ての技術に関わる観察可能な行動が明確な指標を満たす程度まで改善した場合、ソーシャルワークの終結が正当化される。また、学校への出席率が当初のベースライン測定を上回った場合も終結の目安となる。同様に、うつの測定が、臨床を必要としない範囲のうつに変化した場合もまた、終結の目安となる。さらに、モニタリングの結果は、進捗の裏づけとして、第三者による資金提供を引き続き受ける正当な証拠となり、また法による指示を受けたクライエントの場合は、裁判所への報告に利用される。クライエントにとっては、モニタリングの結果は、変化の証拠となり、自分は永遠にソーシャルワーカーや機関と関わり続ける運命にあるのではない、との確信になる。最後に、モニタリングを行うもう1つの重要な利点は、介入を始めてある妥当な期間を経た後、測定可能な成果が達成されない場合に、進捗しない理由を追及し、別の介入を用いることを交渉できるようになる点である。

測定に対するクライエントの受容力

　ソーシャルワーカーは、クライエントにセルフモニタリングを行うことや、自己報告型ツールへの記入を求めることに対し、否定的な抵抗や反応を受けることをおそれ、ためらいを感じる

場合があるかもしれない。アップルゲート（Applegate, 1992）およびキャンベル（Campbell, 1988, 1990）の研究では、そうした懸念には根拠がないことが示されている。これらの研究者は、一般的にクライエントは、公式の評価手続きに対して受容力があることを発見した。事実、キャンベルによると、クライエントは、自分の進捗状況の評価に関与することを望んでいることがわかった。さらに、クライエントは、「ソーシャルワーク実践の効果を評価する唯一の手段として、ソーシャルワーカーの意見に頼るよりも、ある種の体系的なデータ収集を利用すること」を好む（Campbell, 1988, p.22）。最後に、ソーシャルワーク実践者は、さまざまな種類の評価手続きに対するクライエントの感情を正確に評価することができた（Campbell, 1990）。

定性的測定

定性的測定法は、進捗状況のモニタリングや評価を行うための有望な選択肢として登場した。ナラティブおよび社会構成主義アプローチと一致しており、定性的測定は、主観的な経験や個人的なストーリーに焦点を当てるため、特に未成年者に対して有用である（Andrews & Ben-Arieh, 1999；Morgan, 2000）。定性的評価測定には、求める情報によって、進捗状況のモニタリングを行う上で大きな利点がある。定性的測定を併用した場合、介入や変化に対する文脈的条件が、より完全な形で示される（Holbrook, 1995；Shamai, 2003）。定性的測定の利用に関する文献は限られているが、入手可能な情報を紹介することは重要であろう。

定性的手法と定量的手法では、哲学的、理論的、様式的志向が異なっている（Jordan & Franklin, 1995, 2003；Shamai, 2003）。定性的手法はデータ収集の過程で、より制約が少なく、クライエントに対し、自分の現実や経験を述べることを認めている。アセスメントおよび評価プロセスでは、個人（または家族）の経験、視点、信念、価値観、文化的現実を探ることを目標としている。要するに、クライエントは、問題や望ましい変化に関わる重要な情報提供者、あるいは専門家であるとみなされる（Crabtree & Miller, 1992；Jordan & Franklin, 1995, 2003）。ギルガン（Gilgun, 1994）は、定性的測定がクライエントの認識に焦点を当てていることから、自己決定を重視するソーシャルワークの価値とうまく合致していると主張する。また、文化的要因も考慮されており、例えば、アフリカ系アメリカ人によるホスピスケアの利用について調査した研究によると、ホスピスの利用に対する阻害要因となる価値観の違いが明らかになった（Reese, Ahern, Nair, O'Faire, & Warren, 1999）。

定性的測定を用いて進捗状況や結果を評価する中で、ソーシャルワーカーは、クライエントの視点に立って変化を理解しようと試みる。クライエントから得た情報により、彼らが抱く懸念の背景にある文脈や範囲を知ることができる。この点において、定性的測定は、変化に影響を及ぼす要因の相互作用や組み合わせに対する洞察を与えてくれる。こうした記述的情報は、言葉、グラフ、絵、図表、あるいはナラティブ（物語）で示される。例えば、家族療法に対する構造的アプローチでは、記号を用いて家族関係や相互関係のパターンのビジュアルマップがつくられる。相互関係のパターンに変化（段階的な変化も含む）があったときには、家族や個々のメンバーが提供したナラティブにより、変化と関連性のあるダイナミクスや出来事が浮き彫りとなる。例えば、ある未成年者が授業で発言する前に手をあげる回数が増えた原因は、教師がその子どもに対し、肯定的に対応したからであった。また、情報をグラフ化し、時間の経過に伴う変化を示すことも可能である。

定性的測定法の信頼性や有効性に対し、疑問があると批判する者もいるが、定性的な情報と

いうのは、信憑性、信頼性、確認可能性を保証することを目的とするものである（Crabtree & Miller, 1992；Jordan & Franklin, 1995, 2003）。定量的手法と同様に、定性的測定には、体系的な観察が必要であり、三角測量的な観察による複数の視点が関わってくる。例えば、こうした三角測量には、クライエントによる自己報告、ソーシャルワーカーによる観察、およびその他関連システムからのデータという3つの要素がある。3地点からのデータ複製により、情報の信憑性が確立され、バイアスを防ぐのである。

変化の測定やモニタリングに利用される手法には、論理的分析効果およびインフォーマティブ・イベント、あるいはクリティカル・インシデンスがある。これらについては、以下の二項で説明する。

論理的分析効果

論理的分析効果を用いる手法について詳しく説明するために、本章の前半で登場した、不登校児のウィリアムのケースを考えてみよう。ウィリアムは、少年拘置所に送られる代わりに、学校に出席するように裁判所から命令を受けたが、本人は学校など「役に立たない」と考えていた。その結果、ウィリアムは、このままほとんどの日数を欠席し続けるか、学校へ行くのをやめてしまうかのどちらかであった。ソーシャルワーカーと音楽教師との取り決めは、裁判所が命じた目標と、ギターの弾き方を習うというウィリアムの目標に、同時に対応するものであった。数週間後、ウィリアムは、欠席日数が減り、欠席した日の大半には正当な理由があったと報告されている。

デイビス＆リード（Davis & Reid, 1988）は、論理的分析効果について、文脈、介入、変化を結びつける効果があると説明している。ウィリアムのケースでは、ウィリアムがギターのレッスンを受けられるようにすることが介入であった。この変化を追跡するためには、ソーシャルワーカーは、ウィリアムの出席日数が増えたことは介入の結果である点を証明しなければならない。自己報告や両親による報告、および出席記録と合わせて、ウィリアムの介入前と介入後の出席率に関するデータを集め、それらを表にすることにより、記述的情報が得られる。ここで重要な問題となるのが、ギターのレッスンはウィリアムの出席率に対し、具体的にどのような効果があったのか、という点である。

インフォーマティブ・イベントあるいはクリティカル・インシデンス

インフォーマティブ・イベント、あるいはクリティカル・インシデンスとは、ある特定の出来事や行動の結果として、意図的または非意図的に得られた利益を指す。こうした出来事やアクションは、目標に大きく貢献し、ターゲット問題の状況に変化を与えるという点から、「治療効果」あるいは「ターニングポイント」とも呼ばれる（Davis & Reid, 1988；Shamai, 2003）。ソーシャルワーカーとクライエントは、目標の達成において、ある課題を成し遂げることが有益であることに合意する。例えば、期日どおりに家賃を払い続けるという課題をきちんと成し遂げれば、立ち退きに直面することはないだろう。また、ソーシャルワーカーとクライエントは、目標達成に貢献した出来事や一連の環境を特定することが可能である。ウィリアムとソーシャルワーカーは、ギターのレッスンを受けられるようにすることが、ウィリアムの出席率を上げる上でのターニングポイントであると特定した。また、クライエントに最も役に立った介入方略と最も役に立たなかった介入方略を特定させることによって、ソーシャルワーカーとクライエントが合意する

方略に、さらに焦点を当てることができる。

　治療的効果、あるいはクリティカル・インシデンスにより、クライエントは、感情や情動的思考を言葉で表現することが可能となる。例えば、子どもたちを家から引き離された母親は、それに対する苦悩や悲しみについて、じっくり考え、話し合う機会を与えられるグループセッションに参加することにより、子どもを取り戻すために必要な自分の能力に変化がもたらされているのだと認識する。以前は、多くの母親が、子どもたちを取り戻すことについて、積み重なる不安感、おそれ、ためらいさえ感じていた。グループを指導するソーシャルワーカーに「違いをもたらしたものは何ですか」と聞かれたとき、大半の母親は、自分の感情を言葉にするために、グループでの話し合いが役に立ったと答えた。参加者の中には、自分の感情を吐き出すことによって、子どもを取り戻すことに集中できたと語る者もいた。モルガン（2000, p.91）は、重要なターニングポイントは、特別に称賛すべきであると提案する。証明書のようなものがあれば、そこに問題とそれを解決した別のストーリーを明示し、ターニングポイントを強調することができる。例えば、前述のグループに参加した母親に対する証明書には、自信喪失の状態から自信を取り戻したこと、あるいは罪や恥の意識から、そうした感情を排除するまでに起こった変化について言及するとよいだろう。

プログラムの目的の測定と評価手段の組み合わせ

　プログラム目的については、本章の前半で、クライエントの成果との関連から説明した。そこでは、変化に対するクライエントのナラティブを把握するために定性的手法を検討したが、そのような手法を定量的手法と組み合わせて、プログラム目的の評価を行うことが可能である（Padgett, 2004；Rubin & Babbie, 2005；Weiss, 1998）。例えば、特定の介入方略の成果の原因追及や追跡をする際には、子育てクラスの参加者が新たな技術を習得したかどうか（介入の前後を比較するタイプの測定）や、また子どもとの関わり方が改善した（論理的分析、またはターニングポイント）ときなど、どの時点で新たな技術が変化を与えたか、といった観点から評価を行うことができる。それぞれの手法を用いることにより、異なる情報を得ることができるが、具体的には、定量的手法からは統計的データが得られ、定性的な情報は、その手法から得られるクライエントの評価的なストーリーにより、データの質を高めてくれる。

　通常、変化の測定は、課題グループには適用されないが、特定の出来事やアクションを取り出す作業は、グループにも適用可能である。例えば、課題グループのメンバーに対し、グループ内の作業達成を促進した出来事や話し合いを指摘させることにより、ミーティングの評価を行うことが可能となる。

定性的測定を用いた進捗状況のモニタリング

　進捗状況のモニタリングは、ソーシャルワーカーにとって負担となるべき作業ではなく、ターゲット問題の進捗状況や変化の測定には、既存のアセスメントツールを活用することができる。家族やその他の社会システム内の関係を検討するアセスメントツールの一例として、エコマップについて考えてみよう。エコマップは、クライエントとソーシャルワーカーが、緊張の領域や潜在的な資源を特定するために役立つ。評価を目的に、介入前・介入後を比較する方法でエコマップを活用し、緊張線を目安として変化を図上で追跡することも可能である。例えば、図12-6aでは、クレジットカード債務がストロング家の主要なストレッサーとして特定されている。スト

第2部　探索、アセスメント、計画

ロング家は、債務を完済することが優先事項であると見極め、ソーシャルワーカーにより、コンシューマー・クレジット・カウンセラーに紹介された。ストロング家は、カウンセラーとの相談を終えると、カウンセラーやソーシャルワーカーとともに、変化を図式化した。図12-6bでは、当初、資源の面において弱い関係であると家族が指摘していたクレジット債務問題は、コンシューマー・クレジット・カウンセリングの介入後、強い関係に変化した。当然のことながら、この変化は段階的なものである。進捗状況や変化を示すためには、家族とクレジットカード債務をつなぐ線を、時間をかけて、一本か数本つなげていくやり方が有用だろう。

　進捗状況のモニタリングや成果のアセスメントにおける定性的手法の目的は、個人あるいは家族の経験やそうした経験が個人や家族にもたらす意味を理解することである（Witkin, 1993）。図12-6に示されたストロング家の場合、クレジットカード債務が減ることは、家を購入するための貯蓄を開始できることを意味していた。ソーシャルワーカーは、家族とエコマップを作成するに

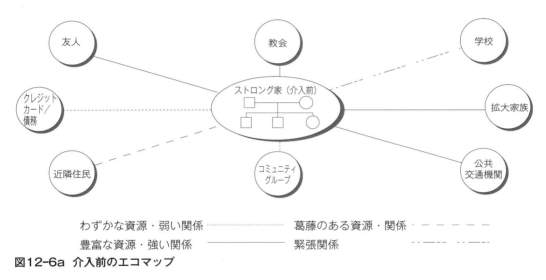

図12-6a　介入前のエコマップ

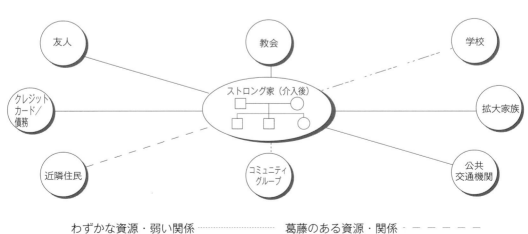

図12-6b　介入後のエコマップ

あたり、一家が債務を管理できるようになったら、家の購入を希望していることを聞いた。このケースでは、定性的手法を用いたことで、家族のナラティブによって、望ましい変化に貢献する要因の相互作用や組み合わせについての見解が得られた。数値（すなわち、定量的データ）は、変化あるいは症状の緩和についての詳しい記述的情報を示してくれる。そのため、統計的データは、重要な役割を持つ。しかし統計的データは、定性的データに関連する文脈的ナラティブを示すことはできない。定性的評価手法の最も顕著な特徴は、そのデータが「統計的データに人間味」を加え、それにより、進捗状況に対する私たちの理解が高まるという点にある（Shamai, 2003）。

測定すべきか、すべきでないか

クライエントの進捗状況のモニタリングや変化の測定は、ソーシャルワーカーにとって倫理的実践の中心となる。この過程を通し、ソーシャルワーカーとクライエントは、介入戦略の有効性を確認することができ、またソーシャルワーカーの実践に対する評価を示す情報が得られる。さらに、進捗状況のモニタリングや測定により、最終的な終結への移行を確認することができる。

先に説明したように、進捗状況の測定やモニタリングを行うには、定性的手法または定量的手法のいずれか、あるいは両方を組み合わせて用いることが可能である。進捗状況のモニタリング内容は、ケース記録、セッション見直し表、評価表に書き留める。測定には、介入前または介入後の図式、採点または行動尺度、グラフまたはグリッド図、あるいは内省的手法（インフォーマティブ・イベント、またはインシデンスなど）を活用することができる。年少の未成年者を対象とした進捗状況のモニタリングや測定をスムーズに行うためには、絵、ストーリー、対話と関連づけた感情を利用することが可能である（Morgan, 2000）。

行動の契約と目標達成の尺度

ソーシャルワーク実践に関わる機関の状況によっては、独自の手法を用いて成果を評価する場合がある。学校、居住施設、あるいは少年向け施設の場合、進捗状況の測定方法を規定した行動の契約、あるいは目標達成の尺度を用いることが多い。一般的に、目標達成の尺度は、ターゲットとなる出来事や介入前・介入後の測定を確認する指標からなる。観察結果は、最も好ましい成果から最も好ましくない成果までを示す尺度や期待値、そして期待以上の成果を示した度合いに従って重みがつけられる。

基本的に、進捗状況のモニタリングに用いる手順は体系的に実施され、介入戦略の有効性を示すものでなければならない。さらに、選択した手法に対する基準は、測定が目標と矛盾せず、一致していることである。例えば、立ち退きを回避するという目標と、「憂うつな気持から解放される」という目標は、それぞれ異なる方法で測定される。

クライエントの参加

クライエントの参加は、目標の交渉および設定の過程において重要な要素の1つであったが、測定段階においても同様に、続けられるべきである。クライエントの参加は、測定やモニタリングの手順が文化的に適切であり、クライエントの価値観や信念と一致しているときに実現する（Potocky Tripody, 2002）。クライエントは参加するだけでなく、測定やモニタリングを理解し、受け入れなければならない。

ラム（Lum, 2004）およびジャヤラトネ（Jayaratne, 1994）は、クライエントに自分たちの視点

に対する「発言権を与え」、エンパワメントの手段とするために、クライエントを体系的な評価手続きの設定に参加させることの重要性を指摘している。ケーグル（Kagle, 1994）は、ソーシャルワーカーとクライエントの力関係のバランスを保つために、クライエントの視点を取り入れることを支持している。ケーグル（Kagle, 1994）はさらに、クライエントの参加や視点によって、「クライエントの見方は、科学的根拠に欠ける」（p.98）とする体系的な手法の影響が弱められると主張する。こうした視点は、本書を通して強調しているソーシャルワーカーとクライエントの関係において、そのエンパワメントおよび協働的な性質と矛盾しないものである。

適切な手法を決定する上で、ジョーダン＆フランクリン（Jordan & Franklin, 2003）は、ソーシャルワーカーに対し、いかに「クライエントに対するアセスメントやサービスを向上」（p.128）できるか、という倫理的な問いを検討するように提案している。定性的手法か定量的手法を用いるにせよ、あるいはその両方を組み合わせるにせよ、ソーシャルワーカーが常に意識しなければならない中心的な問題は、「いかに変化を体系的に測定し、記録することができるか」という点である。

■契約

目標は、ソーシャルワーカーとクライエントの間で完了すべき取り組みに焦点を当てるもので、契約は、両者の合意の概要を説明するツールである。契約は、ソーシャルワーク実践の状況により、サービス合意、行動契約、あるいはケースプラン、治療計画と呼ばれることもある。法の強制によるクライエントの場合、契約、すなわちクライエントとの取り組みは、裁判所命令や紹介元からの影響を受ける。契約は、法による指示やケースプランと混同してはならないが、ソーシャルワーカーが協働するための契約を締結する上で、両方の要素が関わってくる。法による指示やケースプランは、該当する懸念の概要について説明したもので、契約では、それに基づき、期待される成果を特定する。しかし契約には、クライエントにとって重要な懸念や目標を盛り込むことが可能である。契約や合意には、プログラム目的を加えてもよい。例えば、本章の終わりで紹介する行動療法の契約には、プログラム目的に向けた個人の変化や要件が含まれている。

契約に加え、行動計画や治療計画を含むケースプランが作成される場合があるが、これらは当然、より短期的なものとなる。例えば、親がいつものように子どもに手をあげてしまうほどイライラした場合、その時点で親が身内に連絡することを規定した児童安全計画などがその一例である。こうした合意は、潜在的な行動を特定し、同時に、具体的な状況下において親が頼れる資源を明確にする。例えば、「フラストレーションを感じたら、母親に電話をして話を聞いてもらう」といった方法である。情緒危機にあるクライエントに対しては、短期的に安全に関する合意を結ぶことが可能である。こうした合意の中で、クライエントは、「自分自身に危害を与えるおそれがあると自覚できるような、心理的な合図に目を向ける」といったように、危険な行動を避けることに同意する。さらに、合意には、クライエントが専門家との面接を予約するといった内容を盛り込むことも可能であり、安全計画にはソーシャルワーカーとクライエントが署名をする。

短期的な合意としては、この他に、随伴性（ギブアンドテイク）契約や善意契約などがある。随伴性契約は、家族を対象とした認知行動療法で用いられ、関係者全員の望ましい行動変化を特定する。別のメンバーの行動変化に対応し、自分の行動を変化させることを条件として、契約が達成される（Nichols & Schwartz, 2004）。善意に基づく契約では、当事者はお互いの行動とは無関

係に、自分の行動を変えることに合意する。この種の契約は、ソーシャルスキルのためのグループや親の行動教育グループなどで用いられる。

契約の倫理的根拠

　契約の締結は、アセスメントの段階における当然の結果であり、変化重視（目的達成）の段階への導入となる。契約には、重要項目として、ソーシャルワークの目的や焦点、および相互の説明責任についての概要が示され、さらに、達成すべき目標やその達成手段が盛り込まれる。ソーシャルワーク実践の状況によっては、クライエントとソーシャルワーカーの役割を明確にし、援助を提供するための条件が設定される場合がある。また、契約は、記録保持やインフォームドコンセントの要件と一致している（Reamer, 1998；Storm-Gottfried, 2007）。

　クライエントとの契約やサービスの合意を定めるためには、契約の目的や理論的根拠を説明しなければならない。目的を十分に理解できないうちに契約の締結を行うことを躊躇するクライエントにとっては、特にこうした説明は重要である。法の強制によるクライエントの場合、自分が納得できない行動を約束させられることにより、契約は自由を侵害するものであると認識し、疑念を感じたり、不信感を抱いたりする場合がある。未成年者の場合は、年齢や発達段階にかかわらず、契約の概念自体がまったく未知のものである。クライエントにとって、ソーシャルワーカーの援助を受けるかどうかの選択肢が限られている場合、彼らに求められている変化、目標達成のために未成年者を支援するソーシャルワーカーの役割、および報酬や利益を明確にすることは、とりわけ重要となる。

公式・非公式の契約

　契約や合意は、公式のものから非公式のものまで、さまざまな形で定めることが可能である。公共の機関は、多くの場合、クライエントにケースプランや行動契約といった形式の書面に署名させることでサービス合意を求める。書面による契約には、クライエントが置かれた状況における具体的な懸念や問題点を記入したり、予想される介入の成果を列挙したりする欄が設けられている。安全計画は、ほとんどの場合に書面化され、クライエントが危機に陥った場合、即座に頼れる資源となる。通常の状況下では、ソーシャルワーカーとクライエントは契約書に署名をし、法的な書類と同等の扱いをする。民間の機関の中には、契約は、クライエントと専門家との関係に役立つというよりは、行政上の目的に適していると考え、むしろサービスの合意を優先するところもある。

　書面による契約と口頭による契約ではどちらが望ましいか、といった質問をよく学生から受ける。一部のソーシャルワーカーにとって書面による契約を用いる根拠は、クライエントの関与が目に見える形で参照できる点である。書面に書き表すことにより、誤解が生じる可能性が減るのである。一方、書面による契約とまったく同じ規定を設けるが、形式的な手続き、無益性、決定性の面で劣る口頭による契約を好むソーシャルワーカーもいる。三つめの選択肢として、部分的に口頭および書面による契約を使い分け、書面による契約に、特定された問題や目標についての基本情報、期待される役割、期限、見直し規定などを盛り込む方法である。未成年者の場合は、口頭あるいは書面による契約のいずれか、または両者の組み合わせを用いることが望ましい。契約が口頭によるものであれ、書面によるものであれ、クライエントは少なくとも、ソーシャルワーカーの援助のもとで、何が達成できるのかを理解しておく必要がある。口頭による契約や

合意の場合、後になって、インフォームドコンセントに関する問題が発生するおそれがあるため、クライエントに対し、契約内容の書面による写しを提供する必要がある。

書面による契約や口頭による合意の記述は、その他の関連書類と同様に、ケース記録に保管する。契約は変更可能であり、法的拘束力を持たないと見なされる場合がある（この点は事実として、クライエントに強調しておかなければならない）が、ソーシャルワーカーは、実施すべき取り組みの概要を説明し、その結果、クライエントは情報を受けたこと、ソーシャルワーカーはクライエントの同意を得たことを確認しなければならない。そうでなければ、クライエントは、万が一目標を達成できなかった場合、治療ミスとして訴訟を起こすことができると思い込んでしまうおそれがある（Reamer, 1998；Houston-Vega, Nuehring, & Daguio, 1997）。

契約の締結

契約の締結は、援助プロセスの第Ⅰ段階における最後の活動項目となる。一般的に、契約には、本章の最後で紹介するサービスの合意の基礎となる項目を盛り込まなければならない。以下は、そうした各項目について簡潔に説明したものである。

達成すべき目標

何よりもまず、ターゲットとされる懸案事項に関して達成すべき目標は、セッションが継続している間、ソーシャルワークの焦点となるため、重要性の高いものから優先順位をつける。同時に、目標は流動的であり、状況が変化したり、当初の目標に影響する新たな情報がもたらされたりした場合には、その目標を拡大したり、修正したりすることが可能となる。当然のことながら、目標を変更する場合には、正当な理由が必要である。この段階で、ターゲットとされる懸案事項や目標が絶えず変わる場合は、クライエントが次の段階へ進む準備ができていないことを示している。

参加者の役割

第5章では、クライエントとソーシャルワーク実践者の役割に関する、社会化の過程について検討したが、こうした役割は、契約のプロセスにおいて再び検討する必要がある。役割の明確化は、法的に指示されたケースプランや治療計画を順守しなければならない法の強制によるクライエントにとって特に重要となり、ソーシャルワーカーの役割とクライエントの役割は、書面によって明確化される。クライエントが自発的なクライエントであろうと、法の強制によるクライエントであろうと、役割を特定することにより、機関を含むすべての当事者の相互の説明責任や関与を確認することができる。

ある特定のクライエントの場合、契約上の役割が持つ目的について、さらに社会化の過程が必要となる。クライエントの中には、ソーシャルワーカーとの関係において、今まで肯定的なダイナミクスを示していたにもかかわらず、信用問題が浮上する場合がある。法の強制によるクライエントは、契約にサインをするように求められると、とりわけ無力感や迷いを感じ、サインをしなければならないのは、いつもどおりに圧力をかけられていること、あるいは支配されていることの表れであり、自由に対する侵害であると認識する。ポトッキー－トリポディ（Potocky-Tripody, 2002）は、移民や難民の中には、自分たちの認識や過去の経験により、契約に対しておそれや不安を感じる者がいると指摘する。したがって、契約は、「権威主義的な強制の道具であ

ると見なされる」(p.167)。未成年者もまた、無力感を感じているため、ソーシャルワーカーは、彼らがしなければならないことは何か、自分がどのように彼らを援助するのかといったことを確認する必要がある。例えば、「私は、きみがクラスへ戻れるように手助けをすると記録した」、あるいは「きみの役割は、グループセッションに出席して、これまでとは違う教室での行動の仕方を身につけることだ」といった説明をする。どのような場合でも、契約の役割や目的、およびクライエントの役割を説明することにより、契約のプロセスにおけるクライエントの積極的な参加を促すことにつながる。

活用すべき介入または技法

契約の中のこの項目では、定められた目標を達成するために実行する介入や技法を特定する。最初の契約では多少、全体的なレベルでの介入を特定することが多い。例えば、クループや家族を対象としたセッションでは、複数の方略を組み合わせることがある。特定された目標によっては、ソーシャルワーカーとクライエントは、さらに具体的に介入方略を検討することが可能な場合がある。例えば、不合理な思考、信念、おそれの低減（認知再構成法）、技術開発（コミュニケーション、自己主張、問題解決、葛藤解決の技術など）といった目標がこれに当てはまる。ケースマネジャーを務める場合には、紹介元がクライエントに対し、ある特定の目標（住宅を見つけるなど）を達成する支援を行う第一のエージェントであるかどうかを見極める。介入を実行する際には常に、クライエントと介入について話し合い、介入の概要を簡潔に説明して、クライエントの反応を引き出し、彼らの承認を得ることが重要である。しかし、留意しなければならないことは、契約とは継続的な過程であり、変更される場合があるという点である。

セッションの期限、頻度、および期間

セッションの期限、頻度、および期間を明確にすることは、契約のプロセスにおいて重要である。期限が定められている場合、大半の人は、目標や課題の達成に向けて全力を傾けるものである。学生が試験の前に一夜漬けをすることを考えてみればわかるだろう。契約に期限を明記することによって、先延ばしにしがちな人間の習性に対処することができる。明確な期限を設定することの裏づけとなるもう1つの根拠は、達成される進歩の大半が変化の過程の初期段階において生じる点である。ニコルズ＆シュワルツ（Nichols & Schwartz, 2004）は、家族を対象としたソーシャルワークでは、変化が起こるとしたら、それは迅速に起こるという根拠に基づき、治療は従来から、限られた期間内で簡潔に行われてきたと指摘する。さらに、当初定められた期間にかかわらず、クライエントとの面接期間は、ほとんどの場合、比較的短期間であり、平均5～6セッションであることがわかっている（Corwin, 2002 ; Reid & Shyne, 1969）。

全体的に見ると、クライエントは、サービスを最も必要としているときに、また自分が抱える問題が軽減されたと感じたときに、サービスに対して好意的に反応する。とはいえ、クライエントが具体的な懸念や日常生活における懸念に対する援助を求めないというわけではない。むしろ、期限付き契約では、ただの話と実際の変化が区別されて、特定の期限内である具体的な懸念に焦点が当てられるため、クライエントはこうした期限付き契約を重視することがある。期間の短さについては、いくつか疑問の声も上がっている。第一に、期限付き契約は、人種およびエスニックグループに対しても効果があるのだろうか、といった疑問である。ある理論家によると、期限という概念は、一部のマイノリティグループの時間に対する見方とは一致しないという（Devore

& Schlesinger, 1999；Green, 1999；Logan, Freeman, & MacRoy, 1990)。また、別の理論家は、期限付き契約は、直近の具体的な懸念に焦点を当てるため、人種およびエスニックマイノリティのクライエントにとって望ましい、と強調する結果研究を引用している。例えば、デボア&シュレジンジャー（Devore & Schlesinger, 1999）、ラモス&ガービン（Ramos & Garvin, 2003）、ジェームス（James, 2008）などの研究がこれにあたる。こうした研究者によると、ストレスの多い状況において、有色人種のクライエントは、現在志向・行動志向的アプローチに対し、最も優れた反応を示す。コーウィン（Corwin, 2002）は、コス&シャン（Koss & Shiang, 1994）、スー&スー（Sue & Sue, 1990）の研究を引用し、期限付きの短期療法の利点を指摘している。つまり、こうしたアプローチは、「メンタルヘルスおよびソーシャルサービスを理解し、利用するマイノリティのクライエントの数がどれくらいいるかという点を考えれば、適した手法である」（p.10）という。しかし、期限とマイノリティの立場との間のこうした関係が、絶対的に定まったものであると主張するのが行き過ぎであることは言うまでもない。前述の説明で強調したように、明確に焦点を定めた短期間の面接というパターンは、クライエントの立場にかかわらず、大半の場合に当てはまるようである。

　第二の疑問は、期限を定めることは、すべてのクライエント集団や状況にとって適切であるのかという点であるが、当然のことながら、期限付き契約が不適切な場合もある。例えば、外来患者を対象としたメンタルヘルス担当マネジャーの場合、その職責は継続的なものであり、期限を定めることは実際的ではない。とはいえ、期限付き契約は、生活上の限定された問題に使われたり、あるいは具体的なニーズを目標として定義されたりする。こうした例では、期限付き契約は、具体的な問題や病状の出現に関連する複数の短期契約に分割した場合に効果を発揮する。例えば、短期契約には、安全合意や住居を見つけるといった内容が含まれる。

　ソーシャルワーカーとクライエントとの間で完了すべき取り組みに対し、指定の期限が課される場合がある。マネージド・ケアによる要請（特に短期間で成果を期待すること）は、社会福祉サービスを提供する民間および公共セクターにおけるソーシャルワーク実践に対して、大きな影響を与えてきた。さらに、機関の資源、サービス購入（POS）契約、資金提供者、公共政策、あるいは裁判所によって、期限や契約期間が規定される。例えば、児童福祉の場合、1997年の養子縁組および安全家族法に基づき、親は限定的な期間内で、ケースプラン目標を達成することが義務づけられている。その結果、多くの親が、時間的なプレッシャーによる緊張を強いられている。場合によっては、こうした時間的制約が、最終的な親子再統合の可否を左右する決定要因となってしまう。例えば、サービスが提供されているのかどうか、あるいは期限内にサービスを受けることができるのかどうか、といった点については、ほとんど、あるいはまったく考慮されない場合が多い。したがって、ソーシャルワーカーとクライエントが締結する契約の中で、こうした期限について言及する必要がある。ソーシャルワーカーは、限られた時間の中でも、契約の範囲内で、クライエントに対し、最も緊急の懸念に焦点を当てて取り組むことができるように援助を行うことが可能である。

　本書で扱う援助プロセスは、短期間であることを前提としている。ここで用いる期間は、具体的なターゲットとする懸案事項や目標を特定する課題中心のソーシャルワークモデルで一般に使われるものである。このモデルでは、アクション志向が重視されているが、これにより、変化を導く考え方が促進され、ターゲットとなる懸案事項に対する変化への期待が自主性や動機づけにプラスの効果を与える。

さまざまな状況下で、未成年者を含む幅広いグループを対象に行った研究によると、2～4カ月の間に6～12セッションを行うことが効果的であることがわかった。この期間には幅があるため、実施すべき具体的なセッション数に関して、ソーシャルワーカーは、クライエントと交渉するとよい（Nichols & Swartz, 2004）。

セッションの頻度と継続時間

大半の機関では、週1回のセッションが標準となっているが、集中的な支援やモニタリングを要するケースの場合、それ以上の頻度でセッションが行われることもある。例えば、児童福祉・児童保護サービス、職業訓練プログラム、外来患者向け薬物中毒治療、病弱な高齢者を対象としたサービス、不登校、あるいはホームレスの若者向けプログラムなどには、1日1回の面接が必要である。援助プロセスの終結の段階では、各セッションの間隔をもっとあける旨を契約の規定に盛り込むことも可能である。

セッションに必要な時間数を示す確かな指針はほとんど存在しないが、一般的に機関では、時間単位で請求する際のガイドラインを示しており、それはたいてい50分である。一方、児童・家族向けサービスや保護サービスなどを提供する公共機関の場合、セッションに費やす時間は、ソーシャルワーカーの活動時間のほんの一部でしかない。親と子の面会の手配やモニタリング、家庭訪問、問題解決、および子育ての技術を教えることなどに、かなりの時間が費やされる。また、セッションの継続時間は、クライエントにも左右される。子ども、思春期の青少年、高齢者のクライエントの中には、長時間のセッションに耐えられない者もいるため、1回のセッションの時間を短くし、頻度を増やすことが現実的である。また、セッションの頻度や継続時間は、設定要件（学校、病院、矯正施設など）にも影響される。例えば、病院の場合、患者の体調や達成すべき目標によって、面会時間は15分または20分とし、面会はクライエントが入院中に限られる。学校ベースのグループの場合、セッションの継続時間や期間は、計画に沿ったものでなければならず、授業外の時間を使うことに対する教師の心配も考慮される。

進捗状況のモニタリングの手段

ソーシャルワーカーとクライエントは、すでに進捗状況をモニタリングするための具体的な手段に焦点を当てた話し合いをしているので、契約過程のこの段階で必要となるのは簡単な見直しのみである。ソーシャルワーカーは、契約に記載された、進捗状況のモニタリングに使用する具体的な手段について言及する。例えば、ターゲット問題に対するベースラインを測定した後、同じ測定ツールを所定の間隔で用い、ターゲット問題の変化を記録することを説明する。ベースラインデータが入手できなかった場合は、進捗状況を定量化する大雑把な方法として、クライエントに自分の進捗状況を1～10の間で採点させる（1は、まったく進捗が見られない状態、10は、目標を完全に達成した状態を示す）。あるセッションの結果と次のセッションの結果を比較することにより、クライエントの進捗状況を大まかに把握することができる。

さらに、セッションにおいて、ナラティブ・プログレス・レビュー（ナラティブによる進捗評価）を行う場合、それを進捗状況のモニタリングに活用できる。例えば、目標・課題フォーム（図12-3）を利用した場合、ソーシャルワーカーとクライエントは、そのフォームをもとに、課題や目標の進捗の見直しを行う。あるいは各種尺度や、1～10までの目盛付きの温度計をかたどった図を用いた場合、尺度の目盛や、図上に色をつけた目印によって進捗を測ることができる。

視覚的に進捗状況をモニタリングする方法は、特に年少の子どもに効果がある。

　モニタリングの頻度は、クライエントとの交渉によるが、どの手法を選択する場合でも、最低2セッションに1回は、進捗状況を確認することが望ましい。言うまでもなく、頻度を自由に変えることは可能であるが、最初のモニタリングをしてから、次のモニタリングまでの間隔が3セッションを超えてはならない。モニタリングの頻度が低い場合、得られる成長やメリットが減り、望ましい変化に対する焦点が弱まってしまう。

契約の再交渉に関する規定

　短期間の契約において目標を達成することは、変化を意味し、またターゲット問題が大幅に縮小したことを意味する。契約は、援助プロセスを通して続くため、状況の変化や、新たな事実によって援助プロセスが進展した場合、クライエントとの間で契約の再交渉が行われる。このことから、クライエントに対し、契約の中の条件は、随時再交渉の対象となる点を明確にしておくことが重要である。何よりも、契約の見直しや更新を常に行い、適切な状態にしておかなければならない。また、ソーシャルワーカーとクライエントが、契約の修正を求めることができる点を説明しておく必要がある。こうした説明をすることにより、援助プロセスにおける相互関係を重視し、強化することができる。法の強制によるクライエントと契約する場合、契約の一方的な変更につながる状況（新たな法律違反を示す証拠など）は、いずれも明記しておく必要がある。

日常的な管理項目

　予定されていたセッションのキャンセルや変更に関する規定、あるいは支払い手続きといった問題についてクライエントと話し合うことは、厄介な問題ではあるが、日常的に発生する必要な作業である。機関の中には、料金体系、料金の迅速な支払い要請、予約の変更に関して記載した印刷物を準備しているところも多い。家庭訪問をした際、予約時間に訪問したにもかかわらず、クライエントや家族が留守である、他に用事がある、あるいは準備ができていないと言われることほどいらだつことはない。同様のことは、ソーシャルワーカーの側にも当てはまる。クライエントとの面接場所がソーシャルワーカーの事務所であれ、クライエントの自宅であれ、クライエントは、ソーシャルワーカーが自分のために時間をあけ、懸念に対応してくれるものと期待している。とはいえ、ソーシャルワーカーあるいはクライエントが、予約の変更やキャンセルをせざるを得ない正当な理由が存在する場合もある。こうした「仮の事態」について、事前に話し合っておくことにより、ソーシャルワーカーとクライエントがセッションに出席することや時間をあけておくという予定が明確になり、誤解を防ぐことができる。

　おそらく、料金に関する話し合いは、ソーシャルワーカーにとっては最も扱いにくく、クライエントにとっては最も気まずいものであろう。ソーシャルワーカーとしての基本的な姿勢が人を助けることであることを考えると、ソーシャルワーカーが感じる不快感は理解できる。それでも大半の民間機関は、サービスに対する支払いを要求する方針を掲げており、大半のクライエントは、スライド制料金体系に基づき、支払いをするつもりでいる。さらに、保険会社は、多くの場合、サービスに対して自己負担金の支払いを義務づけている。

　金銭に関する取り決めが必要な場合、それについての合意は、ソーシャルワーカーとクライエントとの間の職業上の取り決めにおける基本となるものである。ソーシャルワーカーのコンピテンシーを示す1つの要素は、サービスに対する支払いを請求する際、支払い手続きについて、率

直に、謝罪の言葉を使わずに、効果的に説明することができる能力である。クライエントが、契約に基づく料金の支払を怠った場合、早急にクライエントとその件について検討しなければならない。そうした対応を回避したり、先延ばしにしたりすると、事態はさらに悪化し、その結果、クライエントに対する否定的な感情が生まれるおそれがある。さらに、料金の支払い不履行は、ソーシャルワーカーに対するクライエントの受け身で否定的な感情や、経済的負担、あるいは義務を果たすことに対する無関心といった、いずれも早急の対応を必要とする問題が原因となっている可能性がある。

料金について話し合う必要のない、例外的な場合がある。例えば、機関とサービス購入契約が締結されている場合や、サービスに対して補助金が充てられる場合である。未成年者に対して学校で提供されるサービスも、これに含まれる。機関が関わるケースで、クライエントが未成年者の場合、料金についての話し合いはすべて、ソーシャルワーカーと未成年者の親または法的保護者の間で行われる。

契約のサンプル

契約書を作成する際の参考資料として、本章の最後（p.564〜568）に、契約サンプル例を示した。各サンプル例には、先に説明した項目の大半が盛り込まれているが、各項目に対する重点の置き方はそれぞれ異なる。最初の契約サンプル例「専門サービス合意書」の各項目は、ヒューストン−ベガ、ヌリング＆ダギオ（Houston-Vega, Nuehring, & Daguio, 1997）から抜粋した。同書には、個人、家族、グループを対象とした契約サンプルや、ソーシャルワーカーのための倫理指針、および治療ミスに対するリスク管理指針といった参考となる資料が盛り込まれている。こうした契約書や合意書を利用する場合には、所属する機関のスーパーバイザーの承認を得なければならない。

「専門サービス合意書」の例を概要の形で示す。特定の項目に関しては、契約の一般的な項目について説明した際に詳しく述べたため、ここでは概要のみを示した。ソーシャルワーカーの合意を示す項には、さらに詳細が記載され、ソーシャルワーク実践の倫理基準を順守する旨の誓約が明記されている。

二つめのサンプルは、「バック・ドア」という機関の参加者向けに作成された契約書である（DeLine, 2000）。この機関は、ホームレスや家出をした青少年を街頭から救い出すことに取り組んでいる。契約書には、プログラムの目的や機関が提供するサービスの概要が示されている。さらに、青少年たちがいかに機関のサービスを利用して現状を変えていくか、という点に唯一の焦点を当てているため、クライエントである青少年の役割が詳述されている。契約の目標は、優先事項や最も扱いやすい課題を特定することである。バック・ドア、および契約書の利用実例に関する詳しい情報は、機関のウェブサイト（www.infor@buildingdoorways.org）を参照のこと。

残り三つのサンプル例は、1つが支援計画、および二つが行動契約の例である。最初の行動契約は、郡立メンタルヘルス・センターにおいて、ドメスティック・バイオレンスプログラムに参加している男性を対象に使用されているものである。プログラムの要件とプログラムの目的が、各クライエントの支援計画の項目となっている点に注目してほしい。もう1つの行動契約の例は、少年司法施設や学校で使用される種類の行動契約に盛り込まれる項目を列挙したもので、変えるべき具体的な行動が詳しく説明されている（Ellis & Sowers（2001））。

専門サービス合意書

クライエント氏名＿＿＿＿＿＿＿＿＿＿＿＿　氏名＿＿＿＿＿＿＿＿＿＿＿＿
住所＿＿＿＿＿＿＿　市＿＿＿＿＿＿＿　州＿＿＿＿＿＿＿　郵便番号＿＿＿＿＿＿

目標達成に向けた協働取り組み、および目標達成のための活動実施に向けた共同計画に対する合意の概要

I. 問題または懸念事項：具体的に定義すること
II. 優先目標と課題
　　　目標＿＿＿＿＿＿＿＿　課題＿＿＿＿＿＿＿＿＿＿＿＿＿＿＿＿＿
　　　＿＿＿＿＿＿＿＿＿＿　　　　＿＿＿＿＿＿＿＿＿＿＿＿＿＿＿＿＿
III. 追加事項による目標の変更または修正条件
IV. 本ケースに該当する期限：目標達成に要するスピードや、目標に対する大きな進捗を記録するタイミングに影響を及ぼす期限
V. セッション：面接の時間、頻度および継続期間、場所、開始日および最終日、全セッション回数
VI. 参加者：個人、カップルまたは家族、グループまたは合同グループ
VII. 料金：サービス、手法、および支払い手続きにかかる料金
VIII. 評価：経過のモニタリングおよび測定方法。クライエントを巻き込んだ、目標計画の見直しによる各セッションの進捗評価、および目標達成に向けて実施した手順の評価や終結時の最終評価
IX. 報告および記録：記録の守秘義務および情報公開に対する同意。経過報告書の提出先を明記（裁判所、第三者支払人、紹介元など）
X. 法による指示で義務づけられた報告要件：
XI. 合意事項：契約条件の見直しについての確認、および本契約は随時再交渉が可能である点に対する理解の確認

署名（クライエント・家族・グループメンバー）
氏名＿＿＿＿＿＿＿＿　氏名＿＿＿＿＿＿＿＿　日付＿＿＿＿＿＿＿＿

XII. ソーシャルワーカーは、以下の項目に合意する。
　　a) 本サービス合意書に記載された目標、および今後合意する可能性のある目標の達成に向け、協働して取り組むことに合意する。
　　b) 機関が職員に対して期待する行為を実行し、職業上の行為を定める規制法令および倫理綱領を順守することに合意する。
　　c) クライエントの権利、機関が提供できるサービスに関する情報、および機関に関する情報の写しを提出済みである。
　　d) 本サービス合意書の上記条件を熟読した上で、クライエントに対し、上記および今後合意する可能性のある目標達成に向けた、最大限の援助を行うことを誓う。

ソーシャルワーカー署名：＿＿＿＿＿＿＿＿＿＿＿＿＿＿＿＿＿＿
日付：＿＿＿＿＿＿＿＿＿＿＿＿＿＿

第12章　目標の設定と契約の締結

バック・ドア
変化をもたらす

氏名：_____　　日付：_____
　　　　　　　　　　　　　　ファイル番号：_____

☐住宅　　　　　　☐計画　　　　　　☐薬物・アルコール
☐雇用　　　　　　☐ボランティア　　☐問題解決
☐教育　　　　　　☐ファイナンス　　☐アイデンティティの問題
☐個人的問題　　　☐リーダーシップ　☐法的問題
　　　　　　　　　　　　　　　　　☐その他

契約手順：_____　手順番号：_____

本日取り組みたい課題（今日、自分は人生においてどの地点にいるのか）：
_____
_____

期待する成果（人生においてどの地点へ行きたいのか）：
_____
_____

そのために必要なこと
_____
_____

自分の手順：
1. _____
2. _____
3. _____
4. _____

契約者：_____　　支払者：_____

　以下の信条および問いは、バック・ドアの取り組み姿勢を示したものである。本契約手順において、以下の項目がどのように役に立ったのか振り返ってみよう。

1．信条：誠実・尊厳
　本契約手順により、自尊心に対して、どのような肯定的な変化が見られたか？
2．信条：人生において、すべてがうまくいくわけではない
　本契約手順を実行する中で、「人生において、すべてがうまくいくわけではない」ということをどのようにして理解できたか？
3．信条：判断や偏見を持たずに、受け入れること
　本契約手順により、どのように他人から前向きなアドバイスを受け入れることができたか？
4．信条：寛容：毎日が新しい一日である
　本契約手順により、過去から学び、再度チャレンジする自由をどのように手に入れたか？
5．信条：お互いの話に耳を傾ける者は、お互いに学び合える
　本手順の計画・取り組みを通して、どのように他人の視点を理解することができたか？
6．信条：すべての行動や選択が、他人に影響を与える
　本手順に取り組むことにより、自分と関わりのある第三者に何か影響を与えたか？

出典：Used by permission of the back door © 2000.

治療計画サンプル例

問題の領域	短期目標・小目標	長期目標	治療計画

出典：Adpated from Springer, D.W. (2002). Treatment planning with adolescents. In A.R. Roberts & J.J. Green (Eds.). Social Worker's Desk Reference. New York: Oxford University Press.

■まとめ

　本章では、目標、目標の意味と役割、目標の測定、契約またはサービスの合意といった、援助プロセスにおける重要な要素に焦点を当てた。また、目標とプログラムの目的を区別したが、後者は、クライエントの状況と関連するため、援助プロセスに取り入れられる場合もある。一般的な小目標や対応策については、目標達成のための道具的方略として説明した。本章の内容をじっくり検討する上で、目標を全体的なものとしてとらえ、課題や対応策は、学生である読者が現場における契約の中で設定する小目標に近いものと考えるのがよい。課題および対応策は測定可能なため、成果が達成されるまでの方法を示す。例えば、現場における契約の一環として、実践の技術を向上させることを決意した場合を考えてみよう。この場合の課題には、スーパーバイザーや他のソーシャルワーカーとクライエントとの面接を観察し、その後、自分自身でクライエントとの面接を実施することが含まれる。そうした課題に基づき、同じく測定可能な対応策を設定し、ダイレクトソーシャルワーク実践の技術を向上させるという最終目的を達成するために、その対応策を完了させる。

　学生だけでなく、ベテランのソーシャルワーカーでさえ、具体的で測定可能な目標の設定に手間取ることが多く、そうした能力を身につけるためには実践が必要となる。目標設定に関する研修セッションにおいて技術を磨く手段として、自分自身の目標を設定する参加者の例を検討した。本章を通して、あらゆる年齢層のクライエントとの目標交渉や設定に必要な技術についての知識を、読者が自信を持って身につけられたことを期待する。

　クライエントが自発的なクライエントと、法の強制によるクライエントの、いずれの場合でも、クライエント参加、およびクライエントの価値観や信念に関する考察が、目標設定に影響を及ぼす可能性のある要因として確認された。クライエントは、ある文脈の中に存在しており、その文脈の中で、クライエントの価値および信念体系や世界観に関するナラティブがクライエントの視点を形作っている。そのため、クライエントの参加がなければ、そうした彼らの視点を理解する

行動支援合意書

氏名＿＿＿＿＿＿＿　クライエント番号＿＿＿＿＿　日付＿＿＿＿＿　セラピスト＿＿＿＿＿＿

1. 経過
概要＿＿
＿＿＿

2. 新規治療目標
   1. 怒りの引き金となる個々の手がかりに対する認識を高める
   2. 暴力に頼らない怒りの表現方法に対する認識を高める
   3. 支援ネットワークの利用を増やす
   4. 過去の暴力的行動に対する責任を認める

3. 計画
   18の教育テーマに参加し、9つの課題を完了すること

4. 成果
   1. 支援の副作用について話し合ったか　□はい　□いいえ
   2. 支援の成果について話し合ったか　□はい　□いいえ
   3. 支援の選択肢について話し合ったか　□はい　□いいえ
   4. 支援費についてクライエントに説明したか　□はい　□いいえ
   5. クライエントおよび職員の権利について記載した用紙をクライエントに提供したか
      □はい　□いいえ
   6. クライエントは以下の処置を検討しているか
      化学療法　□はい　□いいえ
      入院　□はい　□いいえ
      その他の医療処置　□はい　□いいえ

　上記質問のいずれかに「はい」と答えた場合、医師または顧問精神科医は、クライエントに対し、治療の選択肢、医療処置の効果、および副作用の可能性について説明を行う。
　すべての臨床サービスは、個別の治療計画に基づき提供される。

5. 予定治療期間
　18週間（課題完了の状況による）。プログラム開始後、最初の4週間以内に、必須課題の完了に向けてとりかからなければならない。

6. 治療頻度
　週に1回

7. 追加資源および紹介
＿＿＿
本治療合意書の条件、ならびに、その実行において自分が負う責任を理解した上で、本治療計画の写しを受領した。

クライエント＿＿＿＿＿＿　日付＿＿＿＿＿＿
セラピスト＿＿＿＿＿＿＿　日付＿＿＿＿＿＿
臨床部長＿＿＿＿＿＿＿　日付＿＿＿＿＿

出典：Used by permission. © MHC.

行動契約サンプル例

氏名＿＿＿＿＿＿＿＿＿＿＿＿＿＿＿＿＿＿＿＿＿＿＿＿＿＿＿＿＿＿＿

日付＿＿＿＿＿＿＿＿＿＿＿＿＿＿＿＿＿＿＿＿＿＿＿＿＿＿＿＿＿＿＿

責任範囲（活動、カウンセリングセッション、回避すべき行動）：

特典（責任を果たした場合に受ける特典についての概要）：

特別手当（ある特定期間、要件を満たした場合）：

処罰（特典を受ける資格のはく奪、要件が満たされない場合の措置）：

モニタリング（要件が満たされたかどうかをモニタリングする責任者を特定）：

クライエントの署名＿＿＿＿＿＿＿＿＿＿＿＿＿＿＿＿＿＿＿＿＿＿
ソーシャルワーカーの署名＿＿＿＿＿＿＿＿＿＿＿＿＿＿＿＿＿＿＿

出典：Ellis & Sowers (2001). Juvenile Justice Practice

ことはできない。目標の設定においては、クライエントの社会経済的な立場、人種、文化、あるいはマイノリティの立場がもたらす問題から生じる課題を考慮に入れなければならない。クライエントとの面接において、クライエントが表明するニーズや欲求、あるいは法の強制によるクライエントの場合は、外部で特定されたニーズを中心に焦点が当てられるが、クライエントはうまく方向づけされれば、目標に到達するために役立つストレングスを持ち合わせている。最後に、ソーシャルワーカーと自発的なクライエントとの関係に見られるダイナミクスについては、法の強制によるクライエントとともに目標を設定する際には、クライエントが成人であれ、未成年者であれ、そうしたダイナミクスは期待できない可能性が高い。とはいえ、法の強制による未成年者や成人との取り組みを促進する考察や方略も存在する。

　本章ではまた、使用した手法が定量的であれ、定性的であれ、進捗状況のモニタリング、測定、評価が重要であることを強調した。手法にかかわらず、測定にあたっては、体系的な観察、また多くの場合には、複数の視点からの観察が必要となる。目標は、ターゲットとされる懸案事項や懸念から直接導き出されるものであり、同時に、目標はそうした問題や懸念と明確な関連性があったことを思い出してみよう。つまり、進捗状況のモニタリングや評価のために選んだ手法は、目標と関連性のある行動や状況と一致したものでなければならない。一般的に、評価をする上で重要なことは、「変化は起こったのか、もし起こったのであれば、どのように変わったのか」という点である。この問いに対する答えを探すことは、ソーシャルワーカーにとって重要な問題であるが、さらに、資金提供者、機関、第三者支払人にとっても最も重要性の高い、普遍的な問題である。また、倫理的な実践を行うために、ソーシャルワーカーは、クライエントとの取り組みが有効であることを示す必要がある。

本章で示した契約サンプルは、特定の状況や設定に適用するための指針として提示した。未成年者の発達年齢や発達段階、およびクライエントの状況によって、最も適したものを参考にしてほしい。また、設定およびクライエントの状況や立場によって、どの項目を優先して取り入れるかが決まる。どの契約書式を使用するかにかかわらず、ソーシャルワーカーとクライエントの間で完了すべき取り組みを明確にしなければならない。したがって契約書には、目標、役割、期待される成果について明記し、協働の取り組みを完了させ、評価を実施するための計画的な期限を盛り込む必要がある。

■技術向上のための演習問題

1．自分自身のための目標を設定し、その目標の実現可能性、潜在的な阻害要因、およびリスクとメリットを評価する。また、本章で説明した測定および評価手続きのうち、どれを使用して目標達成の観察を実施するかを決定する。
2．上で自分自身のために設定した目標を用いて、準備の度合いを評価する。次に、その目標を達成するために役立つ課題および対応策または小目標を設定する。
3．グループホームで生活をする、10代の親であるベティーナの事例を読み直し、そこに書かれているベティーナの自己認識、自主性、および動機に関する内容に基づいて、職員の罰を与えるパターンに対する自分の考えを述べる。
4．法の強制によるクライエントを対象とした、方略としての動機と目標の一致について見直し、この方略の活用方法を考える。
5．ソーシャルワーカーとしての自分の信念とクライエントが追求したい目標との間に緊張を生み出す可能性のある、自分の価値観を特定する。クライエントを紹介する紹介先が選択肢として存在するか否かにかかわらず、そうした資源を用いずに、自分とクライエントとの間の相違点にどのように対処するかを検討する。

注
1．本書で説明した測定およびモニタリングの手続きに加え、ソーシャルワーク実践を評価するための標準的なツールや手法に関するより詳しい情報については、ジョーダン＆フランクリン（Jordan & Franklin, 2003）、ブルーム、フィッシャー＆オーメ（Bloom, Fischer & Orme, 2003）、コーコラン＆フィッシャー（Corcoran & Fischer, 1999）を参照のこと。
2．単一被験者実験法に関するより詳しい研究については、ブルーム、フィッシャー＆オーメ（Bloom, Fischer & Orme, 1999, 2003）、コーコラン＆フィッシャー（Corcoran & Fischer, 1999）、サイヤー（Thyer, 2001）を参照のこと。これらのテキストには、豊富な情報が盛り込まれ、ソーシャルワーク実践の評価に利用できるさまざまな手法が紹介されている。

第3部

変化をめざす段階

契約を結び、サービスに対する合意を形成し、援助計画を策定した後、ソーシャルワーカーとクライエントは、援助プロセスの第Ⅱ段階、すなわち目標の達成あるいは変化を志向する段階に入る。第Ⅱ段階において、ソーシャルワーカーとクライエントは、解決をめざす問題や懸案事項に関する目標を達成するために、方略を計画し実行する。こうした方略の実行にあたっては、契約時点で規定した介入や技法を用いるが、状況が変化した場合には、契約を改めてその他の方法を用いる。これらの要因について、さらに検討を進める前に、まずここでは第3部の概要について説明しよう。

第13章では、目標の達成方略の計画に関する議論から始め、変化をめざす実践アプローチについて扱っていく。危機介入は、課題中心システムに依拠するモデルであるが、ときにより具体的な状況において適用される。認知再構成法は、認知行動療法で使われる技法であり、多様な問題の認知的要素を扱う上で役立ち、他の介入と併せて用いる場合がある。本書ではしかし、短時間制限の実践に焦点づけし、解決志向アプローチの説明も加えた。解決志向アプローチの理念や技法は、ソーシャルワーク実践に対する課題中心、危機介入、および認知再構成法の各アプローチと矛盾することはない。経験に基づいたこれらの4つのアプローチは、個人や家族を対象としたソーシャルワーク実践において幅広く活用されている。援助専門職には、膨大な数の援助モデルが存在し、具体的な介入方法の数はさらにそれに上回るため、それらすべてを一冊の本で検討することは不可能である。

第14章では、マクロ実践に焦点を当てる。この章ではマクロレベルの介入が示唆されるような、環境的あるいは施設内の阻害要因に対処するソーシャルワーカーの事例を豊富に取り上げる。

第15章では、第10章で紹介した家族のアセスメントの内容に基づき、家族介入について検討する。同様に、第16章では、第11章で検討したグループ形成およびアセスメントに基づき、グループへの介入について考える。続いて第17章では、自意識を高め、変化への道を開くことを目的に用いられる技法（専門家による深い共感、解釈、および直面化）について検討する。第3部の最後となる第18章では、変化への障壁を扱う技術を紹介する。

第13章

変化をめざす方略の計画と実行

本章の概要

　これまで、多次元にわたるアセスメントを完成させ、目標を立て、契約あるいは援助計画、進捗状況のモニタリングと測定の方法を策定するために必要とされる知識や技術について学んできた。第13章では、ターゲットとなる問題や懸案事項に変化を与え、解決を促進するために用いられる変化志向の方略に焦点を当てることによって、引き続き援助の過程を検討していく。

■変化志向アプローチ

　第12章では、目標策定に向けたガイドラインと基準について検討した。次は、実際に介入のアプローチを計画し、選択することが求められる。そこで、本章では、4つのアプローチを紹介する。これらのアプローチは、クライエントとの協働の中で、クライエントが目標達成、あるいは義務づけられた任務に取り組む上で役立つ。さらに、こうしたアプローチの活用は、実証研究および実証に基づく技法や評価尺度に基づいている。調査研究では、未成年者を含む多様な集団や状況に対するこれらのアプローチの有効性が明らかとなっている。

　4つのアプローチとは、以下のとおりである。
- 課題中心システム
- 危機介入
- 認知再構成法
- 解決志向

　課題中心モデル、危機介入モデル、認知再構成法は、問題解決のためのアプローチである。したがって、問題、関心、あるいは行動が特定され、文脈、頻度、継続期間、前例、および関係する単一あるいは複数のシステムと関連づけたアセスメントが行われる。解決志向アプローチは、その名が示すとおり、問題に焦点を当てるのではなく、問題に対する解決策に意図的に焦点を当てる。症状や例外的な状態がクライエントの生活の中でどのように現れるかといった点に、主に

注目する。したがって、クライエントが示す問題の例外性に強調がおかれ、問題が発生した具体的な文脈や先例、問題の頻度や継続期間の検討に費やす時間は、最小限にとどめられる。

　4つのアプローチはすべて、約束、アセスメント、介入、および終結・評価といった明確な段階に分かれた援助プロセスの中の系統だった対人的、構造的な要素を中心に構成されている。これらのアプローチは、介入や変化をめざす段階において、個人、家族、グループを対象としたソーシャルワークで活用される。また、変化を起こすことが可能であると示す肯定的な行動に向け、個人や家族を動かすことに重点を置くソーシャルワーク実践の原則に、忠実に従っている。各アプローチの中で、クライエントのストレングスが強調され、それにより、エンパワメントの重要な要素であるクライエントの自己効力感が高まる。したがって、これらの4つのアプローチは、これまで本書で検討してきた援助プロセスに適合していると言える（注1）。

　これらの4つのアプローチはまた、コーディ＆リーマン（Coady & Lehmann, 2008, p.5）が主張する体系的な折衷的ジェネラリストの実践にも適合している。以下は、その構成要素である。

- エコロジカル理論に基づく、人と環境への焦点づけ
- 肯定的な援助関係、エンパワメント、および多様性と抑圧とストレングスへの焦点づけを含む包括的なマルチレベルのアセスメントの構築の強調
- クライエントと共に取り組むための仕組みやガイドラインを提供する問題解決モデル
- さまざまな理論や技法から、クライエントの状況に合ったものが選択できるような、問題解決手法の柔軟な活用

■目標の達成方略の計画

　介入の方略を計画する際には、ソーシャルワーカーとクライエントの双方にとって意味があり、かつ状況に適した介入を選択しなければならない。この過程を促進する重要な意味を持つ言葉が、マッチングである。すなわち、選択した介入は、クルノワイエ（Cournoyer, 1991）から引用した以下の問いに対し、理想的な答えが出るものでなければならない。

- 問題と目標は何か。
- アプローチは、対象となる個人、家族、またはグループと関連性があり、適したものであるか。
- アプローチは、ソーシャルワークの基本的価値や倫理と一致しているか。
- どのような実証的あるいは概念的なエビデンスが、アプローチの有効性を裏づけているか。
- アプローチを他人に対して用いるために十分な知識と技術を持ち合わせているか。

問題と目標は何か

　アセスメントの段階では、クライエントの人となり、クライエントの状況、および問題について概要を把握した。介入は、期待される成果を達成するために、クライエント、または法による指示、および問題に関わるシステムにより特定された問題を対象にする必要がある。未成年者の場合、クライエントの問題には、家族、教育システム、そしておそらく少年司法制度が関わることが多い。問題や目標に対するこうしたさまざまなシステム間の調整は、簡単なことではない。目標が合意された後、あるいは、法の強制によるクライエントの場合は目標が特定された後に、

選択された介入アプローチは、問題に合ったものでなければならない。また、そうしたアプローチは、変化を促進し、目的を達成するために、実現可能なものでなければならない。本書で取り上げた4つの変化をめざすアプローチは、未成年者を含む自発的なクライエントまたは法の強制によるクライエント、家族、あるいはグループに適用することが可能である。しかし、手法を選択する上では、状況、問題の性質、目標、およびタイミングを理解することが必要である。

課題中心モデルは、対人関係の懸念、家族問題、情緒的苦痛、薬物使用、メンタルヘルスと健康に関する懸念、変遷期、および不十分な資源に対して有効であることがわかっている（Reid, 1992）。このアプローチは、洞察志向型の介入を必要としているクライエントには適していない。ラモス＆トルソン（Ramos & Tolson, 2008）によると、このアプローチの基本的な目的は、援助を拒否するか、あるいはどのような変化を望むかを特定できないような、法の義務によるクライエントには適していないという。当然のことながら、どのようなアプローチでも修正しなければ、こうしたダイナミクスには効果的に対応することができないと考えるかもしれない。課題中心アプローチと同様に、解決志向アプローチもまた、行動志向であり、一連の戦略的な質問を用いて、クライエントが示すさまざまな問題に対する解決策を特定している（Trepper, Dolan, McCollum, & Nelson, 2006）。しかし、解決志向の「ミラクル・クエスチョン」自体を介入として利用するのは望ましくない。例えば、初期の危機段階においては、ミラクル・クエスチョンを用いるのではなく、クライエントの情動状態に注意を傾けるといった危機介入方略を優先させるべきである。

危機および認知行動アプローチ、特に認知再構成法は、ある一連の状態や状況が存在する場合に適している。危機介入は、クライエントが自分の機能や対応能力を上回る出来事や状況を経験しているような状態に対処するためのアプローチである（James, 2008）。認知行動療法の手順である認知再構成法は、クライエントの問題のある思考パターン、つぶやき、および行動変化に焦点を当てる。認知行動療法は、うつ、特定の行動上の問題、対人関係の問題、心的外傷状態の治療、および未成年者や青少年のさまざまな技術向上の支援において有効であることがわかっている（Cormier & Nurius, 2003；James, 2008；Smagner & Sullivan, 2005）。とはいえ、問題のある認知（認知障害）の一因となり、そうした認知を持続させるミクロおよびマクロの要因に関心を向ける、さらに統合的な認知アプローチが、より有効な場合がある（Berlin, 2001）。例えば、うつの症状を示しているクライエントには、認知再構成法の手順が望ましいと思われる。しかし、そのうつの症状が、クライエントが生活する物理的にも社会的にも疲弊した環境によるものであると評価した場合、上記の手順を単独の介入として用いることは適切ではない。生活の状況が人間の対応の仕方に影響を与える可能性があるため、クライエントの思考過程を置き換えたり、変化させたりする取り組みの中で、同時に、関連する物理的および社会的要因にも対処しなければならない。

クライエントの問題や関連する目標に対し、ミクロ、メゾ、およびマクロ方略を組み合わせることが必要となる場合もある。あるいは、自分の知識や技術のレベルに合わせて、各アプローチからの技法や方略を用いる場合もある。

アプローチは、対象となる個人、家族、またはグループに適したものであるか

クライエントは、認知レベル、社会レベル、心理発達レベル、ジェンダー、年齢、および人生における段階がそれぞれ異なるため、介入方略を選択する上で、こうした要因を考慮しなければならない。その内容については、すでに人間行動に関する授業などで学んでいると思われるため、

ここではあらゆる発達段階やライフサイクルの段階に適した介入について、長々と説明することは不必要であろう。しかし、介入方略の計画と選択において、こうした知識を活用する必要がある。ここで考えるべき包括的な問いは、アプローチが、発達およびライフサイクルの段階、移行期あるいはある状況におけるダイナミクス、またマイノリティの立場にそれぞれ適しているかどうか、といった点である。

子どもの発達と家族ライフサイクル

未成年者が関わる場合、発達年齢と発達段階は、介入方略の選択や計画を行う上で必要な重要な要因である。スポス、グウィル、チャオ＆モルガード（Spoth, Guyll, Chao & Molgaard, 2003）によると、発達に関する視点は、マイノリティおよび非マイノリティである思春期の青少年の問題や危険な行動を回避したり、介入したりする上で重要である。こうした視点はまた、アプローチの適応あるいは修正が必要であるかどうかを示してくれる。例えば、幼い子どもは通常、抽象的に考える認知能力が欠如している。したがって、遊び、イメージ、相互に構造化されたグループ活動、心理教育的グループ、あるいは相互のストーリーテリングなどを取り入れることが必要である（Nader & Mello, 2008；Morgan, 2000）。例えば、年少の未成年者に対し、どのように変わりたいかといった質問をする場合、一般的には、現在の気持ちを表した変化前の顔と、状況が変化した後の気持ちを表した変化後の顔を描かせてみることが可能である。学童期、特に小児期中期の子どもの場合、自己評価、他人の評価、および自分自身の達成感による影響を受ける（Hutchison, 2003）。したがって、自意識を支え、強化する課題中心および解決志向アプローチと一致した課題を活用することが望ましい。

思春期の青少年にとっての大きな発達上の問題は、人種、文化、および性的なアイデンティティの確立、そして自立の主張である。こうした問題が、両親との関係における葛藤、および他の権威ある人物や関わりのあるシステムに対する反発の中心となる。しかし、移民や難民の家族の子どもたちにとってこうした発達上の課題は、別々のアイデンティティを持つことや自立することを規範的な価値としない移民の家族内では、さらに大きな問題となるおそれがある。特に、子どもが家族の文化的な期待とは異なる習慣を受け入れる場合、子どもと家族との間に緊張が生じることがある。

サブグループの間でも大きな違いが存在するかもしれないが、気づいておく必要があるのは文化に由来する発達上の期待である。すべての文化あるいは人種グループが、西洋の規範に従って、発達の段階を決めているわけではない（Garcia Coll, Akerman, & Cicchetti, 2000；Garcia Coll, Lamberty, Jenkins, McAdoo, Crinic, Wasik, & Valesquez Garcia, 1996；Ogbu, 1997, 1994）。ファーマー（Farmer, 1999）は、移民や難民の未成年者について文化が変容する段階や関係上および発達上のニーズをふまえて、理解しておく必要性を指摘している。移民の若者が非行集団の仲間入りをするという説得力のある例を取り上げ、ファーマー（Farmer, 1999）は、社会環境における人間行動（Human Behavior in the Social Environment：HBSE）の枠組みを用いて、移民が置かれている環境、および非行集団によって満たされる発達上および社会的ニーズを背景とした、移民の若者の行動について考察している。

あなたと未成年者とのコンタクトが法の強制に基づくものである場合、特別な配慮がなされなければならない。例えば、停学、親の収監、施設への入所、あるいは家庭外の場所への預け入れなどは、未成年者の発達年齢や発達段階との関係において、彼らの反応に特に影響を与える状況

である。施設に入れられた年少の未成年者の場合、親だけでなく、他の家族やコミュニティへの愛着や喪失に関して不安が残る。義務づけられたコンタクトは、年少の子どもに、おそれ、挫折感、自分の立場や自己評価に関する不安を生み出す可能性がある。年長の未成年者は、態度を武器として使って怒りの反応を示したり、少なくとも協力を拒否したりするかもしれない。さらに、親が収監されている未成年者の場合、そのニーズは特に深刻である（Enos, 2008）。このような状況は危機に向かう傾向があるため、まず未成年者の情動状態に対処しなければならない。

　家族ライフサイクル理論は、家族の発達段階を示し、その都度達成されるべき課題について詳しく説明している（Carter & McGoldrick, 1999）。ライフサイクルの時々において、家族のニーズや状況は変化するため、介入にあたっては、家族の機能レベル、ストレングスおよび移行する立場を考慮しなければならない（Kilpatrick & Holland, 1999；Hernandez & McGoldrick, 1999）。家族ライフサイクルおよび子どもの発達理論は、西洋の規範に基づき、発達は規則に従って進行すると仮定している。例えば、2つの理論においては、若者はやがて両親から離れ、家族システムを超えたピア関係や親密関係を構築するという特定の立場に立った仮定をしている。

ストレスフルな移行

　個人や家族にとっての困難は、人生における移行や時々のライフイベントによって引き起こされる抗しがたいストレスと連動して生じる場合が多い。ストレスの多い移行には、出産、死、結婚、離婚、成人年齢への到達、慣れない国への移住、武力闘争中の激しい軍務、あるいは役割の変化などが含まれる。暴力への直面といった極端な状況や自然災害のような劇的な出来事は、対処能力を低減させ、身体的および情緒的健康の両方に影響を与えるおそれがある（James & Gilliland, 2001）。例えば、継続的な夫婦間葛藤の影響が、未成年者のストレスレベルに作用し、彼らの行動に影響を及ぼすおそれがある（McHale & Cowan, 1996）。

　ライフサイクルの中で、中年層以上の成人は、家族、職業生活、あるいはコミュニティにおける役割が縮小したとき、状況によるストレスを経験する場合がある。身体的な制約が問題となる場合、こうした移行は、その個人にとっても家族にとってもストレスとなるおそれがある。例えば、病気の未成年者や高齢の身内を継続的に介護する責任を担っている場合などには、特に問題となる。高齢化は、ライフサイクル上の移行においては標準的な出来事である。高齢化に対する一般的なメディアのイメージは、悠々自適な引退生活、行動的な個人や夫婦、あるいは常時介護が必要な高齢者を心配するその子どもや配偶者といったものである。しかし実際には、このようなどのイメージも、高齢化の全体像を示してはいない。したがって、介入にあたっては、一連の発達プロセスに沿った個人の認知および身体機能のレベルを考慮しなければならない。その他には、介入が、高齢化するクライエントの人生の段階、家族システムやライフサイクルにおける役割、人生の経験、および人生に対する現在の考え方と一致しているかどうかといった点が重要となる。

　当然のことながら、人は、家族ライフサイクルのさまざまな段階で発生する標準的、過渡的、あるいは不運な出来事を含む多様なレベルのストレスに対処し、機能を果たす。例えば、大学を卒業した20代の子どもが、他の州へ引っ越すにあたって、その両親は、誇りを感じると同時にストレスを感じるだろう。これとはまったく反対の領域で感じるストレス（有色人種の低所得家庭で頻繁に見られる例）は、10代あるいは20代の子どもが長期の実刑判決を受けるといった不幸に直面した家族が感じる後悔や悲しみによるものである（Shane, 2007）。

移行や不幸な出来事に対応する能力は、認知、順応性、レジリエンス、ストレングス、情緒および身体的状態、社会および制度的資源が十分かどうかといった要因に左右される（Berlin, 1996；McMillen, 1999）。さらに、個人や家族のエゴ、ストレングス、凝集性、コミュニケーションパターン、および家族内のコミットメントは、ソーシャルサポートネットワークのような家族を超えた相互関係と同じように、家族の対応の仕方を決定する（Berlin, 1996；Janzen & Harris, 1997；McMillen, 1999）。同時に、異なる文化は、危機や移行に対して異なる反応を示し、またそうした危機や移行をどの程度重要であるかと考えるレベルも異なる。例えば、死は、ある集団にとっては祝いのときを意味するが、また別の集団にとっては、心からの哀悼、神聖な儀式のときを意味する（Hines, Preto, McGoldrick, Almeida, & Weltman, 1999）。

レビンソン（Levinson, 1996）の「人生の四季」によると、移行はライフサイクルで生じる標準的な出来事である。移行は、ライフサイクルの発達を修正するかもしれないが、一方、同時に、個人や家族の生活における「ターニング・ポイント」となる場合もある。例えば、67歳の夫婦が、娘の死に直面し、孫の親権を獲得することを考えてみよう。再び親になるという負担やストレスはさておき、娘の死を嘆きながらも、この状況は一つの機会を意味するのである。

マイノリティグループ

有色人種、および障害者、性的指向や経済状態が異なる者を含むその他のマイノリティグループの問題や懸念には、ミクロ、メゾ、マクロレベルそれぞれの介入方略が必要である。この点について、マイノリティのクライエントに対する介入のアプローチを選択する上で指針となる、重要な問いを以下のようにまとめた。

- 多様なグループの文化的信念、価値観、世界観に適合し、そうした要素を尊重するため、アプローチに十分な柔軟性があるか。

グリーン（Green, 1999）によると、「援助を求める行動」は、文化的背景の影響を受けると同時に、マイノリティが経験した援助専門家や社会との関わりにも影響を受ける（p.50〜51）。クライエントの文化的背景を探るためには、ジェンダー関係、家族やコミュニティにおける立場などを検討する。あるグループにとっては、実際の援助において、西洋と伝統的な二つの援助システムを融合させる必要がある（Al-Krenawi & Graham, 2000；Sue, 2006）。カン（Kung, 2003）は、中国系アメリカ人の援助を求める行動を研究し、援助を求める行為は公式あるいは非公式にかかわらず、文化変容の程度に左右されるものの、異なる文化では異なる意味を持つという結論に達した。カン（Kung, 2003）によると、アジア人にとって、個人的あるいは情緒的な問題は、重要であるとは見なされず、むしろ個人的な思考、意志力の欠如、セルフコントロールの欠如であると見なされる（p.111）。自分の問題は自分で解決するという姿勢は、脆弱または文化的に異常であると見なされないように、感情や情動を抑えようとする意欲と同様に、多くのマイノリティおよび文化的コミュニティで共通して見られる現象である（Sue, 2006；Potocky-Tripodi, 2002；Green, 1999；Nadler, 1996；Mau & Jepson, 1990）。

援助を求める行動は、必然的に、文化、文化変容、歴史的経験、主観的認知、および他人に援助を求めることの費用とメリットのつり合いについてどう考えるかによって左右される（Nadler, 1996）。例えば、介入のアプローチを提示されたとき、クライエントが検討する費用・メリット

は、このアプローチのもとで、自分の間隔を持ち続けることが許されるかどうかといった点である。正式なシステムと関わったことがないか、あるいはそうした経験が限られているクライエントや、経験があったとしても、それが強制的な方法であった場合、変化という考え方は、クライエントにとって脅威となり得る。ポトキー・トリポディ（Potocky-Tripodi, 2002）は、多くの移民や難民は、現在のソーシャルワーカーと関わる以前に、公式の援助システムに関わったことはほとんどなく、さらに、そうした関わり方は抑圧的なものと受けとめられているかもしれないと説明している（注2）。

　例えば、ある特定の集団には習慣となっている子育て方法や信念など、なじみのあるやり方からなじみのないやり方への変化を求める介入のアプローチは、特別な問題をもたらす場合がある。児童保護サービスに関わったある西アフリカ諸国出身の夫婦は、子どものしつけ方、見合い結婚の習慣、あるいはコミュニティにおける自分の立場の喪失に関する、従来の考え方を捨て去ることの難しさについて語っていた。夫婦の幼い娘にとって、援助システムとの関わりは、それほど精神的な痛手とはならなかったが、「おじいちゃんとおばあちゃんに会いたい」と発言するなど、人生における大切な人たちとの関わりを失ったことへの不安を口にしていた。

　マイノリティのクライエントに対する介入を計画する際、介入のアプローチが、家族の参加をどの程度受け入れるかといった点も考慮する必要がある。家族の絆や関係は、多様なグループにとって、情緒的支援や具体的な支援の源となる傾向があるため、目標達成には、家族を巻き込むことが重要である（Asai & Kameoka, 2005；Chan, Chan, & Lou, 2002；Congress, 2002；Green, 1999；Rothman, Gant, & Hnat, 1985；Fuentes, 2002；Hodge, 2005；、Potocky-Tripodi, 2002）。当然のことながら、家族や資源ネットワークが関わる場合には、クライエントの合意が必要である。特定の民族のグループでは、祖父母やその他精神的あるいは宗教的慣習に基づく伝統的な治癒診療を行う威厳のある年長者などが、関与する場合がある。このようなケースでは、彼らの伝統を尊重し、敬意を払うため、アプローチに大幅な柔軟性を持たせることが必要となる（Gelman, 2004；Hand, 2006；Waites, MacGowan, Pennell, Carlton LaNey, & Weil, 2004；Voss, Douville, Little Soldier, & Twiss, 1999；Voss, Douville, Little Soldier, & White Hat, 1999）。

　ここで、「ソーシャルワーカーとして、関わりのある多様な人々に対しどのような援助を行うべきであるのか」といった疑問を抱くかもしれない。グリーン（Green, 1999）は、人種的なマイノリティあるいはエスニックマイノリティに対する介入の計画における「発見手順」について紹介している。発見とは、目の前にある問題に対する見方、関心への象徴的、文化的、および社会的な意味合い、困難を克服するために何をすべきかについての考え方を、クライエントから引き出すことである。クライエントが示す内容は、彼らの信念、価値観、宗教あるいはスピリチュアリティと一致するだろう（Farmer, 1999）。発見を通してクライエントの世界観を見極めることにより、クライエントが適切であると認識する介入を実行し、クライエントにとって意味のある介入を選択する上での根拠を組み立てることができる。

- アプローチは、クライエントの問題を生み出し維持している要因である社会政治的環境に対応しているか。

　マイノリティおよび貧困層のクライエントの多くは、法の強制によるクライエントであるが、彼らは資源の制約を受け、支配的な社会規範の圧力にさらされ、社会から取り残され、さらには

自己決定権が制約されていることから、毎日の生活において、しばしば克服できない状況に直面する。それでもなお、そうしたクライエントは、ストレングスを持ち、時間をかけて困難に対処している（Sausa, Ribeiro, & Rodriques, 2006）。例えば、レズビアンのカップルの場合、抑圧は非常に大きなストレッサーであるが、それでもなお、かなりのレジリエンスを示すことが多い（Connolly, 2006）。

　介入のアプローチの効果を発揮させるためには、エスニックおよび人種的マイノリティが直面する問題に対処し、人間とそれを取り巻く環境との相互作用という概念に目を向ける必要がある。つまり、アプローチは、マイノリティの経験に基づく、問題の心理社会的および社会環境的な側面を考慮に入れなければならない（Sue, 2006；Lum, 2004；Hurdle, 2002；Potocky-Tripodi, 2002）。さらに、人種、階層、ジェンダー、性的指向、およびそれに伴う抑圧の問題、有害環境、無力感といった要因が、どの程度問題に影響を与えているかを検討する必要がある（Dietz, 2000；Green, 1999；Guadalupe & Lum, 2005；Lum, 2004；Pollack, 2004；Rooney, G.D, 2009；Sue, 2006；Spitalnick & McNair, 2005；Van Voorhis, 1998）。

　人々やその能力あるいは生活様式に関して社会的になされる推測という行為は、個人、家族、グループが日常的に戦っている抑圧的な力である。行動や、差別や偏見を示す顕著な行動は、ゲイやレズビアンの場合を除き、法律のおかげで大幅に減少している。しかし、法律と言えども、肯定的な対人行動や社会的行動を義務とすることはできないし、特に隠れた相互作用まで命じて変えることはできない。隠れた相互作用とは、人種、性的指向、民族性、能力、あるいは立場に基づいて、差別的な扱いを受けるようなマイクロアグレッション（微妙な攻撃）の形で示されるとらえにくい行為である（Sue, Capodilupo, Torino, Bucceri, Holder, Nadal, & Esquilin, 2007）。こうした行為は、認知的、身体的、および心理的機能に対する攻撃である。

　マイクロアグレッションのニュアンスによって、人は自分の立場を再認識するが、ほとんどの場合、マイノリティ以外の人には見分けがつかないものである。また、非マイノリティは、マイノリティが経験したことに対する正当性を疑うような説明をして、その事実を認めない傾向がある。マイクロアグレッションの行為については、アフリカ系アメリカ人である著名な俳優、ダニー・グローバーの経験が代表的な例である。彼の功績にもかかわらず、生涯にわたるストレッサーである人種に関して、グローバーは、「どんなに成功を収めても自分は黒人なのだ、という考えが、毎日頭から離れることはない」（2004）と語っている。多くの場合、マイノリティグループのメンバーの経験を、グローバーの発言に重ね合わせることができるだろう。

　マイノリティが異なる扱いを受ける領域は、社会的な関わりにおいてだけではない。スー（Sue et al., 2007）、スー（Sue, 2006）、ホッジ（Hodge, 2005）、パルマー＆カフマン（Palmer & Kaufman, 2003）は、能力や病状についての先入観や思い込み、資源や利益の配分、クライエントの世界観の無視などが、専門家とクライエント間の関わりにおいて、しばしば明らかとなる点を指摘している。サブナー（Savner, 2000）は、生活保護の受給をやめるアフリカ系アメリカ人やヒスパニック系女性に対する専門家の偏見や差別的扱いを示す証拠を提示している。そうした女性たちは、雇用機会、子育て支援、自分たちに対する教育支援についての情報は、常に公表してもらえないと報告している。ソーシャルワーカーは、白人女性が高校教育を修了することに対しては、支援し、奨励する傾向にある一方、アフリカ系アメリカ人女性に対しては、一般教育修了検定（GED：General Educational Development）は「プログラムの目的ではない」ため、これらの女性たちは「何でもよいからやりなさいと言われ、また仕事を見つけなさいと言われた」と報

告している（p.4）。こうした状況を見ると、介入アプローチは、所定の目標を達成するためのクライエントの能力に貢献しているのか、それとも妨げているのか、さらにはクライエントの目標がどのようなものであるべきかについての規範的あるいは規定の概念が方略の中に、盛り込まれているのか、といった疑問が生じてくるだろう。こうした問題は、倫理的実践、特に慈善、強制、パターナリズムといった関心とともに、尊厳と価値の原則、および自己決定の倫理に影響を与える。

どのような実証的あるいは概念的なエビデンスが、アプローチの有効性を裏づけているか

計画段階において、あるアプローチが特定の問題や集団に対して有効であることが実証的なエビデンスによって示された場合、介入方法を問題にマッチングさせるという課題は円滑に進められる。ソーシャルワーカーは、特別な状況に置かれた特定の集団、多様な集団に対するアプローチの有効性が、どのような実証的あるいは概念的なエビデンスにより裏づけされているかという問いに答えられなければならない。また、有効性を示す証拠は、ソーシャルワーカー自身が自分の行っている実践を慎重に評価することによって見つけることもできる。これには、クライエントから情報を集めることも含まれる。クライエントは、どのアプローチがうまく機能したか、またはしなかったのかについての重要な情報提供者であるため、理想的には、経過や有効性の測定をする際には、クライエントと協働して行うのがよい。こうした情報は、ソーシャルワーク実践に必要な情報として使われるフィードバックループとなる。

また、ある特定のアプローチを支持する実証的なエビデンスは、クライエントの立場、発達段階、認知能力、および文化、価値、信念との一貫性に対する有効性を示すものでなければならない。4つのアプローチにはそれぞれ、未成年者を含むさまざまなクライエントの問題や、多様なグループに対する実証的な裏づけがある。この点については、各アプローチの説明の中で概要を示す。ただし、特定のグループに対する適応や修正が必要であることを示す証拠がある点についても指摘する。

4つのアプローチに対する実証的な裏づけに加え、近年ますます多くの調査や評価研究によって、ソーシャルワーカーが特定の介入アプローチの有効性を決定する際に活用できる包括的な経験的知識が提供されている。エビデンスに基づく実践の登場は、この点における大きな進歩を示している（Corcoran, 2000a ; Corcoran & Fisher, 1999 ; Jordan & Franklin, 2003）。ジャーナル・オブ・ソーシャルワークプラクティス・リサーチは、エビデンスに基づくソーシャルワーク実践に多大な貢献をし、ジャーナル・オブ・エビデンスベースド・ソーシャルワークおよびエバリュエーション・イン・クリニカルプラクティスは、同様の貢献を果たすことを約束している。

アプローチの方法はソーシャルワークの基本的価値や倫理と一致しているか

効果的な介入アプローチとは、クライエントあるいは法的な委任によって特定された目標を達成する上で、最も有望なアプローチのことである。同時に、誰に対して、どのような状況下で、そのアプローチが有効であるか、またその結果はどのようなものかを裏づけた実証的なエビデンスが必要となる。さらに、特定のアプローチを選択する際、そのアプローチを活用して特定のクライエントの問題を解決するために十分な知識や技術を身につけていることは、ソーシャルワーカーにとって倫理的な責任である。

知識や技術とともに、ソーシャルワークの倫理や価値は、実行すべきアプローチに関する判断の指針となる。ソーシャルワークの価値や倫理については、第4章で幅広く論じているので、変化志向をめざす方略への適用を考える際に、ぜひ見直してみてほしい。例えば、学校におけるソーシャルワークの場合、未成年者が関わる複数のシステムと連携することになる（Berman-Rossi & Rossi, 1990）。倫理的な問題が発生するのは、学校側が生徒に対するソーシャルワークの意図について質問をしてきた場合である。クッチンズ（Kutchins, 1991）によると、「専門家がケースについての情報を提供することに対し、法的に認められた重要な理由がない限り」、クライエントは「自分の状況について話し合う内容」を決める権限を有する（p.110）。介入に関する話し合いが、家庭や病院または居住施設のような公の施設で行われる場合、守秘義務の問題が発生する。家庭訪問をする際に機関の名前が入ったバッジを外すことは、守秘義務を果たすために実行できる追加的な手順の一つである。

　介入アプローチの選択において、明確な二つの倫理基準を適用することができる。ここで重要となる問いは、以下のとおりである。

- アプローチは、クライエントの自己決定の権利を保護しているか。

　介入アプローチに適用される自己決定とは、介入に関する意思決定に最大限参加することによって、クライエントがどの程度の自立性を持てるかを示す。自己決定を促進するためには、クライエントに対し、状況を解決するための意思決定に本格的に参加する権限を与えることである。ここで、「クライエントに、自主的な意思決定をする能力を妨げるおそれのある言語、認知、あるいは知的または身体的な制約がある場合、どうしたらよいのだろうか」といった疑問を抱くかもしれない。多次元からのアセスメントを実施する際、クライエントの能力についての情報を入手し、それに従ってアプローチを調整する必要がある。しかし、異なる能力を持った人々に、ストレングスがないわけではない。生活におけるある側面についての意思決定はできないかもしれないが、そうした制約は、その人物の全体像を表すものではなく、また課題固有の情報を処理できないことを意味するわけでもない。そのようなケースでは、可能な決定内容をあらかじめ特定し、彼らにその選択肢を与える。例えば、「あなたの心配を解決するために、このアプローチを選んだ場合、あなたが状況を変えるために一番良いと思う課題を2人で考えていくことになります」といった説明をする。

　自己決定を促進することが特に困難となるのは、対象が未成年者や法の強制によるクライエントである場合あるいは、代理人を務める親、機関、あるいは専門家が、クライエントやクライエント集団について、自己決定や意思決定を行う能力が欠如していると思い込んでいる場合である。多くの場合、クライエントのためという考えが自己決定を犠牲にする手段となってしまい、むしろ専門家は、温情主義的にふるまってしまう。この点についての決定的な疑問は、クライエントの権利を無視した意思決定を正当化する理由は何か、といった点である。例えば、法の強制によるクライエントの場合、彼らの権利は法的な命令により制約されているため、自己決定は完全な権利とは言えない。とはいえ、法の強制によるクライエントは、強制や寛大な当局の影響を受けることなく、自己決定を行使する権利を有する。法的な命令は、法の強制によるクライエントの私生活への侵害であるため、自由を奪われた気持ちが邪魔し、反発に基づく判断につながるおそれがある。そこで、彼らは自分の権利に目を向けるのではなく、人生におけるコントロールを取

り戻すために、ソーシャルワーカーが指示することに従う。

　クライエントの中には、自己決定の考え方を受け入れず、自分は社会から取り残された立場にあるため、選択肢に制約のある生活を送る運命にあると信じる者もいる。こうして、法の義務によってクライエントになったという立場が、彼らの認識を強化するのである。とはいえ、クライエントに対し、ケアの計画や援助計画に参加するように促すことから始め、自主性を持てるように変えていくといった自己決定を促進する努力は、この段階において特に重要となる（R.H Rooney, 1992；2009）。リーマー（Reamer, 2005）およびルーニー（Rooney, 1992；2009）が開発した倫理法的類型論は、アプローチがクライエントの状況に適しているかどうかを判断するために有益なスクリーニング手段である。例えば、法の強制によるクライエントに対するアプローチは、法律で指示されているが、ある特定の時期に、特定のクライエントに対し、そのアプローチを使用することが倫理的ではない場合がある。

　危機的状況における自己決定では、専門家は、自己認識、および文化的嗜好または習慣、情動表現を備える必要がある。ソマーズ・フラナガン（Sommers-Flannagan, 2007）、フラートン＆アーサノ（Fullerton & Ursano, 2005）は、危機的状況では、助けたいという強い欲求が存在する点を強調している。しかし、こうした欲求は、倫理原則を妨げるおそれがあるため、危機的状況にあるクライエントを援助する専門家は、自らの動機や反応について考えなければならない。また、クライエントが求める成果を回避することがないように、転移のダイナミクスに警戒する必要がある。

未成年者

　未成年者の自己決定の権利の問題は複雑である。ほとんどの州では、未成年者の意思決定能力には限界があると考えられているため、未成年者の代理人を務めることは、親や法的保護者の責任となる（Strom-Gottfried, 2008）。発達段階、論理的思考、認知能力といった要素もまた、意思決定や自律性に対する未成年者の能力に大きな影響を与える。移民である未成年者は、自己決定や自己承諾といった理念にはなじみがなく、選択をするように指示されることに対し、不安やおそれを感じる場合がある（Congress & Lynn, 1994）。さらに、未成年者が意思決定を行うこと自体が、文化的な期待の範疇を超えているかもしれない。とはいえ、一般的に、未成年者は自分の気持ちや自分の最善のために何を望んでいるかを表現することができるのだから、未成年者には選択能力がないと決めつけてはならない。ソーシャルワーカーにとっての課題は、未成年者に対し、介入の計画に参加する機会を与えることであり、その中で、未成年者が理解できる言葉を用いて、潜在的なリスクについての説明を行う（Green, Duncan, Barnes & Oberklaid, 2003；Strom-Gottfried, 2008）。第12章で、ソーシャルワーカーが、行動への介入を行う学校ベースのグループに参加を命じられた少年たちに、なぜグループに参加しなければならなかったと思うかと質問し、積極的に自分の意見を述べるように促した事例を思い出してみよう。その後ソーシャルワーカーは、グループに対し、少年たちの教師が指摘した具体的な行動上の問題を引き合いに出しながら、なぜ彼らがグループへの参加を命じられたかについて自分の意見を述べた。それから少年たちは、グループに残るかどうかを決断し、自分が行う選択のリスクとメリットを検討することができた。

非西洋的な視点

　自己決定という倫理原則は、西洋社会では当然のこととされているが、コミュニティや社会文

化的背景の影響を受ける。自律性、主体性、独立心といった理念は、特定の文化が持つ信念とは際立って対照的な価値である。例えば、イスラム教徒の間では、個人の自由や成功は、グループあるいはコミュニティの成功と解釈される（Hodge & Nadir, 2008）。実際に、ある文化グループにとって、精神的指導者、血縁者、あるいはコミュニティ全体を含んだ家族が介入の決定に大きな役割を果たす（Palmer & Kaufman, 2003；Hodge, 2005）。このような場合、クライエントの自己決定を尊重するということは、クライエントの下した決断が、特にクライエント自身やコミュニティの価値観と一致する場合にのみ、その決断を尊重することを意味する。

- アプローチとそれを活用する根拠について、クライエントに対し説明する際、クライエントは情報を得た上で決定を下すことができ、またそのアプローチを承諾すること、あるいは拒否することができるか。

　クライエントがアプローチを理解し、同意している点を確かめることは、倫理的な協働実践にとって不可欠となる。クライエントに対し、十分な情報を与えるために、ソーシャルワーカーは、クライエントが理解できる言語でアプローチの説明を行い、アプローチの有効性を示す証拠を含む、利益あるいはリスクについて説明しなければならない。法の強制によるクライエントの場合、サービスを拒否する自由はないが、こうしたクライエントに対しても、同様の情報を提供する必要がある。しかし、彼らに与えられた選択肢とその結果、または選択の範囲についての情報を提供することも可能である。

　自己決定と同様に、承諾を与える能力もまた、発達段階、認知能力、および論理的思考に基づいている。特に、インフォームドコンセントでは、成人のクライエントは、提案されたアプローチを理解するだけでなく、その潜在的な成果を評価する能力を備えていると仮定する。シュトローム-ゴットフリート（Strom- Gottfried, 2008, p.55〜62）は、未成年者に対するインフォームドコンセントを促進する上で、考慮すべき5つの発達上の要因を挙げている。

- 未成年者がアプローチについて理解できるように、年齢に適した口語体の言語で情報を提供する。
- 未成年者が理解できるようにするためには、未成年者の年齢や理解に対する「発達能力」を考慮した上で、情報を提供することが必要である。
- アプローチについて情報を得た上で決断を下すことのできるコンピテンス（能力）には、自分の希望を明確に説明できる理解および判断能力が必要である。したがって、社会的要因、情緒的要因、文化的要因、および環境的要因と同様に、未成年者の年齢や認知能力が重要となる。
- 自発的な立場とは、意思決定において強制や操作を受けない状態を意味する。未成年者の場合、その決断は、親やソーシャルワーカー、あるいは法の強制によるクライエントの場合は、裁判所や施設との間の力の不均衡がもたらす影響を受けるおそれがある。こうした要因のいずれもが、意思決定に影響を及ぼす可能性があるのだ。例えば、親の行動が原因で家庭から離れた生活をさせられている未成年者は、法の強制に従う立場にあり、自分の家庭生活や現在の境遇に対し、情緒的な葛藤を感じているだろう。
- 未成年者の判断には、提供された情報に対する理解と選択能力が関係しているが、それは年齢や認知能力により異なる。とはいえ、自律性や自主性は支持されるべきであり、ソーシャル

ワーカーは必要に応じて、未成年者に対し、彼らに影響を及ぼす問題についての考え方を発言させる上で、一歩進んだ援助を提供する必要がある。

承諾を与える能力は、未成年者の年齢により異なり、また援助計画やケアの計画の手順に基づき介入に関する決定が行われる福祉施設や居住施設では、簡略化される場合がある。さらに、親あるいは法的保護者は、未成年者にとって最善策を講じる立場にあると見なされているため、そうした保護者が承諾を与える権利を有する（Berman-Rossi & Rossi, 1990）。とはいえ、ソーシャルワーカーは、未成年者に対し、彼らが理解できる言葉で説明をしなければならない。未成年者は、承諾を与えることはできないが、同意するかどうかの意思表示をすることは可能である。親がアプローチに対して承諾を与えた場合、このような未成年者の同意は、「肯定的同意」となる（Strom- Gottfried, 2008, p.62）。

アプローチに対して、十分な知識や技術を持ち合わせているか

クライエントが抱える問題は複雑であるため、さまざまなアプローチや技法についての知識を持ち、それらをうまく使いこなす力が必要となる場合が多い。折衷的な実践とは、さまざまな介入方法の一部を少しずつかいつまんだものではない。倫理上ソーシャルワーカーは、あるアプローチがその時のクライエントにとって適切なものであるか、さらには、自分はそのアプローチを実行するために必要な知識や技術を持ち合わせているかどうかを考慮しなければならない。

■実践モデルと技法

本項では、各アプローチの主な原則と理論的枠組み、法の強制によるクライエントや未成年者を含む多様な集団に対する実践への影響、およびそうしたアプローチの長所と制約について検討する。

課題中心システム

課題中心システムは、ウィリアム・リードおよびローラ・エプスタインというソーシャルワーカーによって開発されたソーシャルワークモデルである。このモデルがソーシャルワーク実践に寄与した点は、クライエントにとって懸念となっている問題に焦点を当て、課題やクライエントとソーシャルワーカー間の協働責任を重視している点である。

課題中心アプローチの原則

課題中心アプローチは、ソーシャルワークの実践モデルとして、ウィリアム・リードおよびローラ・エプスタインによって開発された。目標達成に向けたアプローチの方向性は、体系的かつ効率的である。終結は、コンタクトの時点から意識され、その過程は具体的な目標や課題の達成によって進んでいく。課題中心モデルが登場したのは、ソーシャルワークおよび関連分野において、抵抗するクライエント、終結を定めないモデルといった考え方が一般的な規範となっていた頃である。このモデルは、短期間で、対人葛藤、社会関係や役割遂行における問題、反応性の精神的苦痛、不十分な資源、あるいは組織との問題などを含む「現実の問題を軽減させる」ことを試みるものである（Ramos & Tolson, 2008；Reid & Epstein, 1972；Reid, 1992；Epstein, 1992）。

課題中心アプローチは、人は自分自身の問題を解決できる能力を持ち、クライエントが特定した問題に取り組むことが重要である点を中心テーマとしている。クライエントによるより優先的解決が求められる懸案事項の特定および協働関係が、このモデルの大きな特徴である。

理論的な枠組み

リード＆シャイン（Reid & Shyne, 1969）の研究によれば、制限された時間枠の中で問題解決への取り組みがなされるという行動志向のモデルとしてこのアプローチは発展したという。この研究の結果、短く焦点づけられたコンタクトや意識的な活用は、より時間をかけて行う方略と同様の効果をあげることがわかった。また、課題中心モデルの発展においては、スタッド（Studt, 1968）が提唱する課題の有効性という概念や、パールマン（Perlman, 1957）の問題解決モデルの構造的特徴の影響も受けている。課題を活用する点は、自己効力感に関するバンデューラ（Bandura, 1997）の研究と一致している。課題は、努力を通して「最終的に成功することは可能なのだ」というクライエントの気持ちを高めることを意図している（Reid, 1992, p.59）。

課題中心システムは、さまざまな理論に基づく折衷的なシステムとなっているが、リード（Reid, 1992）は、研究に基づく理論や介入を選択するように強調している。この点を念頭に置き、クライエントの状況に関連性のあるさまざまな理論を活用することが可能である（Ramos & Tolson, 2008；Reid, 1992）。例えば、課題に向けた方略の中で、認知再構成法を活用することにより、感情、不安、おそれが、信念や不合理な思考パターンの影響を受けているときを知ることができる（Reid, 1992）。とはいえ、リードは、クライエントの情動状態が、環境的な出来事や状況、あるいは危機状況がもたらしたストレッサーではなく、認知理論に当てはまっていることをまず確認しなければならないと警告している。さらに、課題中心モデルでは、危機介入アプローチの技法が用いられるような危機の到来も考慮に入れている。

課題中心モデルの実証的なエビデンスとその活用

課題中心システムは、ソーシャルワーカーが実践にあたるさまざまな状況に適応され、家族、組織、およびコミュニティを含むさまざまなクライエント集団を対象に、実証的な有効性が確立されている（Parihar, 1994；Ramarkrishman, Balgopal & Petts, 1994, 2008；Reid & Fortune, 2002；Pomeroy, Rubin & Walker, 1995；Reid, 1987, 1997a；Tolson, Reid & Garvin, 1994）。課題中心アプローチの適応は、メンタルヘルス、ヘルスケア、および家族を対象とした実践（Alley & Brown, 2002；Fortune, 1985；Reid, 1987, 1992, 1997a, 2000）、また高齢者のクライエントを対象としたケースマネジメント（Neleppa & Reid, 2000）を含むソーシャルワーカーが実践にあたる大半の状況で検証されている。

未成年者に対する課題中心モデルの適応例には、学校や居住施設が含まれる（Bailey-Dempsey & Reid, 1996；Pazaratz & Pazaratz, 2000；Reid & Bailey-Dempsey, 1995；Reid, Epstein, Brown, Tolson & Rooney, 1980）。課題中心ソーシャルワーク実践の有効性は、グループを対象に証明されており（Lo, 2005；Pomeroy, Rubin, & Walker, 1995；Garvin, 1987；Larsen & Mitchell, 1980）、またスーパービジョンやスタッフ教育においても実証されている（Caspi & Reid, 2002）。指針となる枠組みとして、課題中心モデルを活用することにより（R.H Rooney, 1992, 1981）、児童福祉における法の強制によるクライエントや学校における未成年者を対象としたソーシャルワーク実践まで、モデルの適用が拡大されている。

多様なグループへの適用

ラモス&トルソン（Ramos & Tolson, 2008, p.286）は、クライエント層が「貧しいマイノリティおよび民族文化的グループ」出身者からなる機関において、課題中心モデルが活用されている事実を挙げている。課題中心モデルは、クライエントが問題を特定する権利や、社会から取り残され、力を持たない抑圧された立場にあるクライエントに権限を与える課題の活用を重視しているため、マイノリティのクライエントの経験に対し、細やかな配慮があると考えられている（Ramos & Garvin, 2003；Boyd-Franklin, 1989a）。また、同モデルは、問題に対するクライエントの見方を明確に受け入れ、洞察による説得ではなく、アクション志向であることから、スー（Sue, 2006）が「多文化的な臨床実践への障壁」と指摘する問題にも対応している。生き残りに関わる日々の懸念に直面したとき、貧しいあるいはマイノリティのクライエントは、目の前のニーズに対する具体的なアクションに、より大きな価値を置く。デボア&シュレシンジャー（Devore & Schlesinger, 1999）は、さまざまな実践モデルを評価し、課題中心システムの基本原則は、民族性の影響を受けやすい実践における「主要な推進力」であると結論づけた（p.121）。課題中心モデルは、さまざまな世界観に適応しているため、数カ国語に翻訳され、米国国外でもさまざまな状況で活用されている（Ramos & Toseland, 2008）。

■課題中心モデルの手順

図13-1に、課題中心モデルの概要を示した。第一段階では、ターゲットとなる懸案事項の特定や優先づけを行う上で、クライエントが主要な役割を担う。特定の期限内で扱う優先課題や目標は、最大でも3つに限定することが望ましい。次に、目標に合意し、目標達成に向けた課題と対応策を策定する。モデルのアクション志向および短期間の期限に従い、第1回目のセッションから終結のプロセスは開始される。クライエントは、ソーシャルワーカーと特定回数のセッション（6〜8週間）を行うことに合意するが、セッションの延長、または異なる問題に対して新たな契約を交渉する可能性もある。クライエントが終結に向かう上で、各セッションの経過がモニタリングされる。

課題の策定

図13-1が示すとおり、ソーシャルワーカーとクライエントは、ターゲットとなる懸案事項と関連する目標を特定したら、続いて課題を策定する。第12章で、課題を用いた目標の細分化について検討したことを思い出してみよう。課題は、クライエント、あるいはときとしてソーシャルワーカーが実施する個々のアクションで構成されている。それぞれの課題は、目標達成に向けた段階的な手順を示す対応策からなる。以下の事例は、ターゲットとなる懸案事項、目標、およびそれらと関連した課題を示す。

ターゲットとなる懸案事項1：アグネス（6歳）、コーディー（8歳）、ジェニファー（10歳）は、家庭環境の不衛生な状態や栄養的問題のため、親元から引き離された。裁判官の命令により、家庭環境が改善され、子どもたちの健康に害を及ぼさない状態となり、子どもたちに定期的に食事を与えるという証拠を両親が提示した時点で、子どもたちは家に戻ることができる。

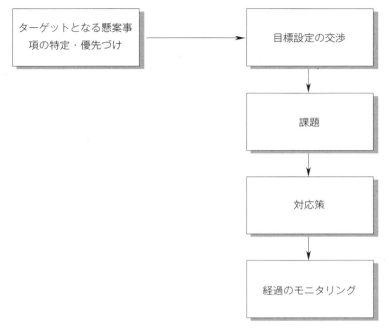

図13-1　課題中心システムの概要

目標：家庭から引き離された子どもたちの親権を取り戻す。
　この事例において、ソーシャルワーカーと両親は、子どもたちの親権を取り戻すために必要な条件について話し合い、そうした条件を次の課題の策定に反映させる。

課題
　1．家庭環境の衛生状態を改善する。
　2．ソーシャルワーカーと協働して、所定の家事スケジュールを策定し、それに従う。
　3．子どもたちの年齢に適した5つの食品群に基づき、好ましい栄養基準を設定し、それを実行する。

ターゲットとなる懸案事項2：ジャスティン（17歳）は、家族に対して自分の性的指向を公表した後、義父によりただちに家を出るように命じられ、ホームレスとなった。過去6カ月間、ジャスティンは、橋の下で夜を明かしたり、仕方なく身の安全も感じない成人向けの一時保護施設を利用したり、「安宿」となっている廃墟ビルで他のホームレスの若者たちと過ごすといった生活を続けている。若者たちは、グループで人通りの激しい街角に集まり、金銭や食べ物を乞う生活をしている。

目標2：安全性と手ごろな住居を確保する手段を得るため、仕事を見つける。
　青少年向け住居プログラムのソーシャルワーカーとジャスティンは、この目標を以下の課題に細分化した。

課題
　1．雇用機会についての情報を入手する。
　2．プログラムの住居コーディネーターと協力し、住居の選択肢を見つける資源を特定する。

3．青少年向けプログラムが提供する自立生活のための技術を身につけるクラスに参加する。

グループと家族の目標の細分化

　目標の細分化の過程は、家族またはグループの場合でも同様であり、家族やグループのメンバーは、特定した目標を達成するために、適切な課題の策定に関わる。以下の例では、グループおよび家族が目標と課題を策定する。最初の例では、居住者が、自分たちの住むアパートの状態に対するターゲットとなる懸案事項に対応するための課題を策定する。二つめの例では、一時居住施設で暮らす家族が、永住場所へ移る計画を立てる。

ターゲットとなる懸案事項3：ローガン・スクウェア・アパートの住人は、大家がないがしろにしている衛生法違反について懸念している。また、この大家は、状況の改善を求める住人らの要請を無視しているため、小規模な住人グループは、対応策を講じる構えである。
目標3：大家に対し、アパート内で市の住宅法衛生基準を守るように働きかける。
　この目標に関連した課題は、以下のとおりである。
課題
１．他の住人と話し合い、対策グループを動員する。
２．リーダーの選出や方略の策定に向け、住人会議を計画する。
３．法定代理人を獲得するための資源を検討する。
４．大家に対して正式に抗議を行い、必要であれば、グループとして強制的な改善を求めるための法的手段に訴える意思があることを表明する。
５．保険局に苦情を申し立て、必要であれば、訴訟を起こす。

　住人グループとの会合で、メンバーは上記の課題を提案した。非常に広範囲にわたる課題であるため、一連の行動に同時に関わらなければならないことがないように、グループに課題の優先づけをさせることが重要となる。

ターゲットとなる懸案事項4：異人種間結婚をしたコーニング夫妻と、テシダ（12歳）、ヘンリ（10歳）、カトリーナ（18カ月）の3人の子どもたちはホームレスである。現在、一家は、家族向けの一時居住施設で暮らしている。コーニング氏は、修繕の専門家として働いていた郡の機関が、8カ月前、人件費削減のために民間業者を雇った結果、職を失うことになった。コーニング夫人は、夜間、ホテルのメイドとして働いている。ホームレスになる前、一家は、自宅を所有し、快適な暮らしをしており、近隣住民や子どもたちの学校にも満足していた。コーニング氏が職を失って以来、夫妻は月々の支払いが不可能となり、住宅ローンの支払いを続けることができなくなった。当初、一家は、コーニング夫人の姉の家族と暮らしていた。
　コーニング夫妻は、こうしたストレスの多い状況が、子どもたちに与える影響を懸念している。さらに悪いことに、学校側から、テシダとヘンリが学校生活で問題を抱えているとの報告があった。しかし夫妻ともに、一家が安定した生活を取り戻せば、学校での問題は解決するだろうと感じている。一家としては新たに住宅を購入したいのだが、現時点で、家計の状況が改善するまでは、アパートへ移る必要があると認識している。

目標
 1．一時居住施設から、アパートへ移る。
 2．コーニング氏の職を見つける。
　コーニング一家は、二つの矛盾するニーズに直面している。まず一家は、コーニング氏が職を見つけ、新たに住宅を購入する資金を得ることを望んでいた。しかし、現時点において、一家は一時居住施設を出たい気持ちが強く、アパートで暮らすことを望んでいる。そこで一家は、居住施設から出ることを優先目標と定めた。
　コーニング一家は、引っ越しによりストレスが軽減され、子どもたちにより安定した環境を提供できると考えている。コーニング氏は、その間も職探しを続ける。

課題
 1．一時居住施設のケースマネジャーと面会し、手頃な寝室が3つあるアパートについての情報を入手する。
 2．一家が住みたいと思う一般的なエリアにあるアパートを見学する計画を立てる。
 3．子どもたちのために、そのエリアにある学校を特定する。
 4．予算を策定する。

ソーシャルワーカーにとっての課題

　上記の例から、課題には、クライエントの行動が必要であることは明らかである。しかし、課題には、クライエントの代理として、ソーシャルワーカーの行動も必要となる。子どもたちに栄養のある食事を与えなかった両親に対しては、ソーシャルワーカーは、公衆衛生局と連絡を取り、両親に代わって栄養表を入手することができる。ジャスティンの例では、住居コーディネーターとして、住居の選択肢を見つける資源を特定する課題を引き受けることができるだろう。三つめの例では、法的扶助による弁護士との話し合いに、できればローガン・スクウェア・アパートの住人グループの代表者を交え、法律関係の情報を検討することができる。

　初期の段階では、課題同士の関連性がなく、クライエントは論理的な流れをつかめないかもしれない。したがって、ソーシャルワーカーとクライエントは、課題の優先づけを行う必要がある。両親の目標が、子どもたちの親権を取り戻すことである例について考えてみよう。この目標に向かう上で、どの課題が最も重要であるかを決めることが大切であり、そうすることによって、変化に向けた取り組みの導入部分を、この課題に集中させることができる。親権を取り戻すタイミングが重要である場合には、優先的な課題は、両親が家庭環境の改善に専念することだろう。当然のことながら、両親は、家事のスケジュールを決めるという課題には、すぐに着手できないだろうが、ソーシャルワーカーによる次の家庭訪問で見直しができるように、スケジュールの草案を策定することは可能だろう。住人グループの例では、他の住人を動員することが第一歩となり、他の課題を順次優先づけしていくことになる。メリットが明確で、クライエントにとって成功する可能性の高い課題を決めることが重要である。一つの課題が成功すれば、クライエントは、別の課題に立ち向かう能力に対する自信を高める。

対応策の策定

　課題にさえ、圧倒されてしまうクライエントもいるが、目標の細分化のプロセスは、次に対応策の策定へと続く。課題中心システムの要は、クライエントとソーシャルワーカーが課題を細分

化し、次のセッションまでに試みる行動に関する具体的な合意を得ることである。前項で挙げた課題と関連する対応策を以下の例に示す。

目標1：生活環境の状態やネグレクトのため、親元から引き離された子どもたちの親権を取り戻す。
課題
　家庭環境の衛生状態を改善する。
対応策
　１．古新聞、古雑誌、使わなくなった家庭用品を処分する。
　２．家の掃除に必要な清掃用品・用具を入手する。
　３．毎日・一週間ごとの清掃スケジュールを策定し、それに従う。

　各々の対応策は、さらにサブ対応へ細分化しなければならない場合もある。例えば、両親が清掃用品を使い慣れていない場合、使い方を理解するために商品の表示を読むことが対応策に含まれる。では両親が、清掃用品を購入する余裕がない場合はどうすればよいだろうか。これは対処すべき問題であるが、おそらくソーシャルワーカーにとって、必要な物資を入手することが完了すべき課題の一つとなるだろう。

目標2：大家に対し、アパート内で市の住宅法衛生基準を守るように働きかける。
課題
　リーダーの選出、および方略の策定に向け、住人会議を計画する。
対応策
　１．会議の目的について、住民全員に通知を送る。
　２．具体的な懸念について、住民と話し合う。
　３．住民の大半が参加できる時間帯に会議を計画する。
　４．アパートの共有エリアに、会議の日程、時間、場所を掲示する。

目標3：コーニング一家は、一時居住施設からアパートへ移る。
課題
　一時居住施設のケースマネジャーと面会し、手頃な寝室が3つあるアパートについての情報を入手する。
対応策
　１．翌週中に、住宅コーディネーターとの面会を予定する。
　２．住宅情報リストを活用し、コーディネーターとともに可能性のある住居の選択肢を検討する。

　対応策は、クライエント側の努力を要し、おそらくクライエントを不安にさせるような行動上あるいは認知に関するアクションからなる。以下の例は、具体的な行動課題と認知的課題である。

行動課題
ジャスティン
- 雇用センターに電話をし、首都圏エリアの求人情報を入手する。
- 職歴と資格についての概要をまとめる。
- 毎日所定の時間、自立技術マニュアルを勉強する。

アグネス、コーディー、ジェニファーの両親
- 家庭内の課題を完了させるためのスケジュールに従う。

ローガン・スクウェア・アパートの住民グループ
- アパート内で、大家が住宅法違反に対して改善した点を、随時、他の住民に伝える。

認知的課題
ジャスティン
- 雇用カウンセラーと面接の練習を行う。
- 独学で生活技術マニュアルから学んだことをノートにまとめる。

アグネス、コーディー、ジェニファーの両親
- 食品ピラミッド（米国農務省が策定した栄養摂取に関する指針）を見直し、その情報を踏まえて毎日の食事を計画する。

　課題と対応策は、クライエントが完了すべき肯定的な行動で示されている点に留意してほしい。肯定的に構成された課題は、成長や進歩を重視する。クライエントは、発展や達成に重きを置く課題に対し、より熱心に取り組む傾向があり、そうした課題を達成させることによって、さらなる変化に取り組もうという動機づけが高まる場合が多い。一方、否定的な行動の排除を特定する課題は、クライエントが放棄しなければならないことだけに焦点を当ててしまう。

　目標を課題に細分化し、最終的には対応策に落とし込む作業には、膨大な時間がかかる。また、一つあるいはそれ以上の対応策を達成するための準備にも時間を要する。さらに、複数の課題を策定した場合、セッションを終了する前に、少なくとも一つの課題に集中し、実行計画を立てることが重要である。実際、多くのクライエントは、早く課題への取り組みを開始したいと考え、「宿題」も喜んで受け入れる。例えば、コーニング夫人は、次のセッションまでに夫婦でできることは何かと尋ねている。お互いに課題を特定し、各セッションで実行計画を立てることにより、次のセッションまでの時間を、アクションを起こす手順に集中的に費やし、進捗を図ることが可能だ。

課題の代替案についてのブレインストーミング

　必要不可欠な課題は、容易に明らかになる場合が多い。さらに、クライエントは、自分が置かれた状況について熟知しているため、課題を決める上で、彼らの意思決定は非常に貴重である。クライエントは通常、自分自身で特定した課題に対し、全力で取り組むものである。目標と同様に、そうした課題が実現可能であり、現実的な場合には、支援をする必要がある。例えば、コーニング夫妻は、一時居住施設から出ること、および職を見つけることに同時に取り組みたいと望んでいた。ブレインストーミングのセッションの間に、コーニング氏は、職を得る手段として、実習プログラムを検討することを提案した。しかし、クライエントによっては課題が容易に見つ

からない場合がある。そういうときには、あなたがクライエントと共に、ブレインストーミングを行い、さまざまな代替案を見つけることが可能である。

ブレインストーミングは、個人、家族、あるいはグループが選ぶことのできる幅広い選択肢を生み出すために、相互に集中して取り組む創造的なプロセスである。ブレインストーミングは、未成年者に対し、実行可能な行動を自分のものとして考えさせる上で、特に有益である。しかしソーシャルワーカーは、ブレインストーミングの過程を手ほどきする必要があるだろう。大半のクライエントは、一般的に、ソーシャルワーカーによる課題の提案を受け入れるものである。さらに、リード（Reid, 2000；1978）は、クライエントによる課題達成率は、ソーシャルワーカーが提案した課題の場合でも、自分自身で提案した課題の場合でも、両者にほとんど違いは見られないことを実証した。

しかし、ブレインストーミングの過程において、ソーシャルワーカーが課題を提案する場合、クライエントが課題に合意し、全力で取り組むことをクライエントとともに確認することが非常に重要である。ソーシャルワーカーは、自分の提案に対する非言語的な反応に注意を払わなければならない。課題への取り組みに対する約束とやる気は、クライエントが最後までやり遂げるかどうかの指標となる（Reid, 1978）。場合によっては、特に未成年者や法の強制によるクライエントに対し、ソーシャルワーカーは、課題を割り当てたいと思うこともあるだろう。ほとんどの場合、あらゆる年齢や立場のクライエントは、割り当てられた課題に対してやる気を起こしたり、受け入れたりする可能性は低い。課題を割り当てる場合、それがアドバイスであれ、命令であれ、クライエントがその課題を実行する確率は低くなる（Reid, 1997a）。また、ソーシャルワーカーは、法の強制によるクライエントによる反発的な行動に遭遇する可能性が高い。反発についての理論によると、人は、選択肢が限られているか、あるいは選択を義務づけられていると感じる場合、貴重な自由を守ろうとする傾向にある（Brehm & Brehm, 1981；Miller & Rollnick, 2002）。ただし、個性の健全な主張と変化への抵抗を混同してはならない。

グループや家族の中で課題をブレインストーミングする際のダイナミクスには、ソーシャルワーカーによる積極的なファシリテーターとしての役割が必要となる。グループや家族のメンバーは、他のメンバーを支援する上で、一部選択範囲を制約するような、その他の選択肢を提案する場合がある。例えば、家族やグループのメンバーは、他のメンバーに対し、完了すべきであると考える課題を即座に提案する。このような場合、ソーシャルワーカーは、プレッシャーを与えることなく、個々のメンバーが、実際に、課題を完了するのであれば、どの課題に着手すべきかを選択する権利を守る必要がある。

課題実行の手順（TIS）

一つあるいはそれ以上の課題に合意した後、次の手順は、クライエントに対し、各課題を実行するための計画や準備を支援することである。この過程がうまく実行できれば、課題の取り組みに向けたクライエントの動機を高め、良好な成果が期待できる可能性が大幅に高まる。リード（Reid, 1975；2000）が提唱する課題実行の手順（タスク・インプリメンテーション・セクエンス　Task Implementation Sequence：TIS）は、一連の独立した手順からなる。表13–1にまとめたこれらの手順には、一般的に、変化に向けた取り組みの成功につながる主な構成要素が含まれる。研究結果によると、TISを実行した場合には、そうではない場合と比べ、クライエントが課題を達成する割合が高いことがわかっている（Reid, 1975；2000）。リード（Reid）は、課題実行の手順

を体系的に適用することを勧めているが、各事例の状況に適した手順に適応できるように、ソーシャルワーカーは、十分に柔軟な対応をしなければならないと警告している。課題実行の手

表13-1　課題実行の手順（TIS）

1. 課題の実行に対するクライエントの関与を高める。
2. 課題の実行の詳細について計画する。
3. 障害を分析し、解決する。
4. 課題で規定された行動の実践あるいはリハーサルをする。
5. 課題計画をまとめる。

順は、さまざまな状況やグループに合わせて修正し、適応されている。例えば、ケースマネージメントに適用されたり（Neleppa & Reid, 2000）、組織（Tolson, Reid, & Garvin, 1994）や教育的スーパービジョン（Caspi & Reid, 2002）に導入されたりしている。

　クライエントが、課題の実行に対して単に合意をしただけで、課題をうまく実行するために必要な知識、資源、勇気、対人技術を備え、精神的な心構えができていると考えるのは早計である。課題実行の手順では、クライエントの動機や課題完了に対する潜在的な障害を検討し、課題の完了に対して、報酬やインセンティブが提供される点に留意してほしい。課題実行の手順における各手順では、一歩ずつ成果を積み上げることを目的としている。このような原理を念頭に置き、課題実行の手順における各手順を以下のようにまとめた。

課題を実行するためのクライエントの関わりの拡大

　課題実行の手順における最初の手順は、まさに課題の実行に対するクライエントの動機を高めることを目的としている。この手順では、クライエントの目標に対する課題の関連性を明確化し、潜在的なメリットを特定する。課題を最後までやり通すためには、クライエントは、潜在的な利益が、思い切って新しい行動を取り入れたり、状況の変化に対応したりすることに伴う潜在的な代償（不安やおそれなど）を上回るものであると感じていなければならない。変化には困難が伴うため、ある特定の課題の実行に対するクライエントの動機に問題がある場合は、不安、不決感、不確実性を探ることが、特に重要となる。

　課題実行の手順の最初の手順として、クライエントに対し、課題を達成することによってもたらされるメリットを特定してもらうことから始めるのが望ましい。多くの場合、課題を実行することによってもたらされる利益は明確であるため、この手順についての詳細は不要かもしれない。例えば、ジャスティンやコーニング氏の場合、雇用機会の情報を入手することがもたらす利益は、明らかである。しかし、ローガン・スクエア・アパートの住民のようなグループの場合、課題の達成により、法律違反が改善され、大家の行動変化につながるという成果が、すべてのメンバーに対して明確にされなければならない。アグネス、コーディー、ジェニファーの両親のような法の強制によるクライエントの場合、動機を持たせるためには、メリットについての話し合いが不可欠である。具体的には、課題を完了させることが、子どもたちの親権を取り戻すことにつながる点である。

　メリットを強調することに加え、ソーシャルワーカーは、クライエントに課題完了に対する潜在的なリスクや障壁を評価させることが必要である。グループの場合、他のグループメンバーからの提案を引き出すことにより、個々の目標のメリットやリスクについての話し合いを促進することができる。例えば、ジャスティンの目標は、自立した生活を実現することであったが、一人で生活をすることや仕事を見つけることに不安を感じていた。ジャスティンが参加する自立した

生活のための技術グループのメンバーは、彼が抱くいくつかの懸念に対し、意見を述べた。ジャスティンと同じような気持ちを経験したことのあるグループメンバーは、ピアコンサルタントとして、自分自身の経験に基づく提案をした。例えば、グループメンバーの何人かは、就職面接で落とされないための「服装」についてのアドバイスをした。できれば、変化の可能性を検討している個人が、自分で課題をこなす上でのメリットとリスクを比較検討した後に、他のメンバーからの意見を聞き出すべきである。

成人のクライエントに対する報酬とインセンティブ

　身につけた行動の変化に対するクライエントの動機を高めるためには、計画したアクションの実行に対して目に見える報酬を準備し、即座にインセンティブを与えなければならない場合がある。アグネス、コーディー、ジェニファーの両親は、子どもたちに食事を準備するのではなく、好きなものを食べさせるというやり方を長年にわたり続けてきた。母親は減量したいと思っていたが、そうするための「意志力が欠けている」と語った。

　母親が自己コントロールを用いて、成功体験をするために、ソーシャルワーカーは母親に対し、自分自身の減量と、減量に向けた一歩として、子どもたちにバランスの取れた栄養食を準備することを考えるように指示した。さらなる報酬として、ソーシャルワーカーは母親に対し、自分のために買いたいものを決めるように提案した。しかし、実際にそれを買うためには、毎日、5つの食品群から4つを使った食事を準備しなければならない。この条件を守らなかった場合は、地元の店で洋服を買う権利を失うことになる。母親は、この条件にやる気を出し、夫にも伝えることに合意した。夫に自分の取り決めを公表することは、さらなる動機づけの要因となる。母親は、課題を達成することによって、もう一つのインセンティブ、つまり自分には意識的に意志力を発揮できる能力があるのだという事実を認識することになる。

　上記の例が示すように、自分に報酬を与えること（自己強化）によって、課題完了に向けた動機を高めることができる。報酬やインセンティブは、行動変化や認知変化が、自由時間をあきらめ、興味深くないと思われている活動（勉強、家事など）を行うといった、楽しみよりも苦痛を伴う選択に関わる場合に、特に適している。報酬は、各クライエントの独自の状況を評価した上で決定し、現実的に実現可能なものでなければならない。

未成年者に対する報酬とインセンティブ

　報酬は、子どもに対して、宿題を終わらせる、兄弟姉妹間のライバル意識を最小限に抑える、教師に敬意を払う、教室では手を挙げて名前を呼ばれるまで待つ、家の手伝いをするといった課題を完了するための動機づけを与え、インセンティブを生み出すものである。子どもと課題について話し合うことに加え、ソーシャルワーカーは、両親やその他子どもの生活において重要な人物と、補足的な課題を設定することが可能である。報酬の意図は、子どもに対し、問題ある行動パターンを修正するための課題を完了させる手助けをすることである。

　子どもに対してインセンティブを与える場合、変化が現れた初期の段階においては、迅速に、できれば子どもが望ましい行動を取った直後に報酬を与えることが重要である。また、小さな変化にも報酬を与えること。そうでなければ、子どもは、自分は期待された基準に到達することはできないと考え、やる気をなくし、あきらめてしまう傾向にある。大人は、入念に計画した長期的な報酬（6月に自転車を買う、遠足に出かけるなど）は、十分なインセンティブであると単純に

思い込んでいる場合が多いが、現実には、大人とは違い、幼い子どもにとって長い時間に同じような効果は続かないものである。今がもし9月であれば、6月に自転車を買うというインセンティブでは、おそらく子どもの動機づけを維持することはできないだろう。年長の子どもでさえ、行動が現れた直後に小さな報酬を与える方がさらに効果的なインセンティブとなる。

　未成年者を対象に、インセンティブや報酬を伴う課題を設定する場合、以下の指針に従うこと。

- 子どもが、何をすべきか、いつすべきかを明確に定義し、理解しやすいように課題を組み立てる。また、課題を実行するためのスケジュールや条件を明確にする（2時間ごと、1日2回、毎週水曜日、翌日から4日間1時間に1回など）。
- 具体的なターゲット行動を取った場合に得られる報酬を指定し、そうした行動を追跡する方法を確立する（授業で発言する前に手を挙げる、部屋の掃除を頼まれたらそれに従うといった、適切な対応を行った回数など）。こうした行動の追跡方法や報酬についての手順を子どもと一緒に構築することが有効である。
- 子どもは、インセンティブとして最大限の価値を持つ報酬を選ぶため、子どもにほしいと思う報酬の種類を選択させる。
- 所定の期間に与える報酬を設定する（一週間の授業で、5日のうち4日手を挙げたら、本を読むことができ、子どもが価値を置く何かを得るためのポイントをもらえるなど）。できる限り、金銭あるいは物質的なものではなく、関係上の報酬を与えることが重要である。関係上の報酬には、ショッピングセンターへ行く、友達やその他大切な人と過ごすといったことが含まれる。
- 長期間にわたって課題を継続的に達成できた場合には、特別報酬を与える。
- 一貫して肯定的なフィードバックを与えるか、あるいは動機づけ要因として、課題に対する子どもの進捗状況を示す目に見える指標を作成し、課題の完了を促す。

課題の実行に関する詳細な計画

　課題実行の手順の2つめにあたるこの手順は、クライエントに対し、課題に関わるすべての行動に備えるための支援をする上で、非常に重要となる。大半の課題は、順次実行すべき一連のアクションからなり、認知的および行動上のサブ課題が設定される場合もある。例えば、大家に修理を依頼したり、健康診断を受けたりといった明白な行動を実行する前に、クライエントにとって、心の準備をすることは有益である。心の準備には、状況を現実的に評価することにより、おそれに対処し、それを解決しながら、潜在的なメリットを見直すことなどが含まれる。個々のクライエントに対しては、過去の成功を振り返ったり、自分のスピリチュアリティや信念に集中したりするための援助を行うことが可能である。この手順に認知方略を取り入れることにより、クライエントに対し、新たな行動を実行することに対する迷いや不安に対処するための支援を施すことができる。

　実際的なアクションを計画するには、実生活における詳細について検討する必要がある。例えば、コーニング夫妻は、アパートを探しに行く際、子どもを一緒に連れて行くべきかどうかについて話し合った。午前中に行く場合は、年長の二人の子どもたちは学校に行っている。夕方に行く場合は、三人の子どもを全員連れて行かなければならず、公共交通機関を利用することを考えると、それはかなり難しい状況である。さらに、自分たちだけではなく、年長の子どもたちのバス代も必要となる。課題の完了に関わるこうした詳細に対処することにより、成功の確率が高

まる。さらに、クライエントとともに、個々の行動を計画し、話し合うことにより、ソーシャルワーカーは、対処すべきクライエントの疑念、おそれ、あるいは技術の欠如に関する手がかりを観察することが可能となる。

課題の計画づくりにおけるソーシャルワーカーの役割

　課題の計画づくりには、ソーシャルワーカーが実行すべき課題が含まれる場合もあるが、こうした課題は、クライエントの行動と連動する。また、クライエントは、課題の計画づくりにおけるソーシャルワーカーの役割について疑問を感じている場合もある。例えば、コーニング夫人は、ソーシャルワーカーに対し、「あなたはどのようなことをするのですか。どのように私たちを援助してくださるのか、よくわかりません」と質問した。課題の詳細を計画する上で、ソーシャルワーカーが、クライエントの作業を推進する資源や情報を容易に入手することができる場合、ソーシャルワーカーの課題を策定することが可能となる。コーニング一家の事例では、ソーシャルワーカーは、一家が一時居住施設から出るために必要な財政支援についての情報を入手することに合意した。クライエントが、最終的に、自分で課題を実行することが可能になることによって恩恵を受けるのであれば、クライエントとソーシャルワーカーにとり、ともに手順を進めていくことは有益である。ソーシャルワーカーは、課題を実行する上で、クライエントに付き添うか、あるいは他に付き添う人を手配する場合がある。グループや家族の場合、ソーシャルワーカーは、グループあるいは家族のメンバーを行動の実行の計画づくりに関与させることが可能である。

課題の条件

　課題を実行するための詳細な計画には、各課題が実行される条件を明確にすることも含まれる。例えば、常に友達のじゃまをし、手も挙げずに話し出し、騒々しいからかい行動で教師をいらだたせている6年生の生徒は、1時間の算数の授業中、教師が話しているときは、注意深く聞き、その間、3回手を挙げてから質問をするといった課題を受け入れるとする。この生徒は、この課題を翌日から5日間、実行することに合意した。算数以外の授業で問題行動を起こしたとしても、規定した算数の授業と時間が行動課題の対象となるという条件である。目標は、最終的にすべての授業で行動を改めることであるが、新たな行動を即座に望むことは非現実的であろう。

　課題を達成するための条件や時間を、なぜこれほどまで詳細に特定するのだろうか。これらの項目を曖昧にしておくと、クライエント（およびソーシャルワーカー）は、課題を先延ばしにする傾向があり、その結果、必要な行動を効果的に実行する時間が足りなくなってしまう。また、算数の授業における行動に焦点を絞ることにより、6年生のレベルに合わせて、変化への取り組みをさらに細分化することができる。時間を設定する上では、特定の課題を達成するために必要だと感じる時間に関して、生徒の意見を引き出す必要がある。

　継続的な目標に関わる課題を選択し、計画するためには、ソーシャルワーカーは、さらに注意が必要である。そのような目標の進捗は、段階的なものであるため、クライエントの能力の範囲内で、達成可能な課題から始めることが重要である。例えば、先の授業中の例では、生徒に対し、5日間連続で手を挙げさせるという目標では、達成が困難となるだろう。しかし、算数の授業で、5日のうち3日手を挙げさせるという目標は、教師からの肯定的なフィードバックが伴えば、さらに達成可能となるだろう。最初の課題の実行に成功した場合、後の課題（5日のうち5日すべて手を挙げる）を完了する確率は高くなる。反対に、最初の課題で失敗を経験すると、自信や勇

気が低下し、次の課題に取り組むやる気を削ぐことになる。この生徒の騒々しい行動を減らすことは、より困難な課題となり得る。そのような行動によって、友達の注目を集めることができるとなると、そうした注目を望んでいる生徒にとってはなおさら難しい。したがって、授業で発言する前には手を挙げるといったように、最初の課題を簡単にすることが望ましい。

障害の分析と解決

　変化に対する障壁は避けられないとの認識に基づき、この3つめの手順は、そうした要因を受け入れ、対処することを目的としている。この手順を実行する際、ソーシャルワーカーとクライエントは、課題の達成に影響を及ぼすおそれのある障害を慎重に予測し、分析する。例えば、先の授業中の例では、社会的、物理的、あるいは心理的な障壁として、教師の話を注意深く聞くことに対する潜在的な障害を検討するのが役立つだろう。

　ジャスティンの事例では、求人募集について問い合わせの電話をすることは、比較的単純な課題のように見える。しかしジャスティンが、この課題を完了するために必要な資源を持ち合わせているかどうかといった障害は、困難をもたらすおそれがあり、対処すべき問題である。イーモン&ジャング（Eamon & Zhang, 2006）は、ソーシャルワーク専攻の学生が、経済的資源を、クライエントの課題完了を妨げる障壁として評価できていないことを突き止めた。しかし、ここで注意が必要である。つまり、電話をかけるなど、ある人にとっては単純な行動でも、自信、認知能力、あるいは社会生活能力のレベルにより、別の人にとっては、それが難しいことがある点である。さらに、おそれや認知は、課題達成に対する大きな障壁となる場合があり、そうしたおそれや認知が進捗を妨げないように注意深い検討が必要である。例えば、コーニング氏は、職を見つけることに意欲はあるが、「解雇された」経験や、「男は家族を養うべきである」という信念に基づく失格者であるという認識により、自信を失っていた。

　課題が複雑な場合、障害も同様に複雑で、特定や解決が困難となる傾向にある。対人関係のパターンに変化をもたらそうとする課題には、補助的ではあるが必要条件である対人関係の課題や、ある特定の対人スキルの習得などが含まれ、多面的になりがちである。例えば、前述の6年生の生徒が授業中に騒々しい行動を起こしたい衝動をうまく抑えるためには、自分にとって重要な社会的グループであるクラスに拒否される、また「役立たず」であると思われるといった強力なおそれが伴わなければならないだろう。この生徒にとっての変化とは、新しい行動を身につけることだけではなく、パターン化してしまった教室での関わり行動を変えることを意味している。

潜在的な阻害要因や障害の特定

　クライエントが障害を予測する能力は、さまざまである。阻害要因の影響を見過ごしたり、過小評価すると、課題達成が遅れたり、あるいは不必要な困難が生じ、完全な失敗を招くおそれがある。しかし、継続的な取り組みや協働により、計画した一連の行動の完了を妨げるおそれのある障害を特定することができる。ソーシャルワーカーは、障害はよくあることを説明し、障害の可能性についての見解を伝えることによって、クライエントの自己効力感を守ることができる。先の6年生の生徒の場合、ソーシャルワーカーは、生徒とともに、授業で発言する前に手を挙げる行為を妨げるおそれのある状況について、ブレインストーミングをしてみる。例えば、生徒が手を挙げたにもかかわらず、教師が彼を指さなかったらどうなるのだろうか。また、生徒が教師の質問にどうしても答えたいと思っているとき、他の生徒が先に答えてしまったら、生徒はどう

するのだろうか。このように、さまざまな状況についてクライエントと検討することにより、潜在的な障害が特定され、前もって可能な対応策を明確にしておくことができる。実際には、こうした話し合いが、クライエントがターゲット行動をとるチャンスを最大限に引き出すのである。

課題達成に対する心理的な阻害要因は、ターゲットとなる懸案事項の性質にかかわらず、頻繁に現れる。仕事に応募する、教室内での行動を変える、裁判官と話す、親しい気持ちを表現することなどは、すべて強い情動に満ちた課題であり、一部の人にとっては脅威に感じるものである。したがって、課題をうまく達成させるための要件は、情動を抑えるという補助的な課題となる。こうした課題を達成する（多くの場合、短期間で達成する）ためには、クライエントの不安を引き出して、明確化し、それを合理的に分析して、課題をうまく実行するために必要なモデリングや行動リハーサルを行うことである。障害を検討するために費やした時間や努力は、その見返りとして、クライエントが課題を達成できる確率を高めることになるだろう。課題の完了が失敗に終わると、問題解決のために、さらなる時間を要することから、こうした障害を検討するプロセスにより、時間を節約することができるのである。

阻害要因や障害への対応

課題の達成に対する障害を特定した後、次にソーシャルワーカーは、クライエントがそれらの障害を克服するための援助を行わなければならない。最も頻繁に遭遇する阻害要因には、社会的な技術の欠如や課題の実行に関する誤解や不合理なおそれなどがある。クライエントは、課題の実行方法を知るための技術や経験が欠如している可能性があるため、社会的な技術の欠如は、克服しなければならない大きな阻害要因である。クライエントの中には（特に未成年者）、課題に失敗することによって自分がばかげて見えることをおそれる者がいる。したがって、課題に取り組むことは、クライエントの自己効力感を危険にさらすことになると考えられている。セッションの中で、モデリングや行動のリハーサルを行うことにより、対人関係の課題を実行するために必要な技術を促し、教えることが可能だ。

認知、特に自分自身に関する誤解や不合理な信念、他人に対する型にはまった見方や行動の結果を歪曲した見方に基づく強い不安は、課題完了に対する大きな障害となる。認知理論家が示す有力なケースによると、ある状況で経験した情動の質や強度は、おおかた、その状況に関する認識、特性、あるいは意味合いによって決まるという。例えば、過度のおそれや不安は、クライエントの思考パターンに何か欠陥があることを示している。コーニング氏は、夫婦の状況を説明する際、失業したことに関わる個人的な葛藤で頭がいっぱいであることを示し、あるときには、「この状況に関して、心休まるときはない」と主張した。さらに、コーニング氏は、「郡の清掃業務を請け負った企業は、不法滞在者を雇い」、自分や他の人々から仕事を奪っていると信じている。

ソーシャルワーカーの課題は、問題のある情動を引き出し、クライエントの認知の源を特定して、思考や感情を現実に合わせるための支援を行うことである。こうした阻害要因を取り除くことにより、通常、クライエントの課題への取り組みに向けた準備状況が格段に向上する。

課題への取り組みに向けたクライエントの準備状況の評価

ソーシャルワーカーは、クライエントの非言語的な行動を、潜在的な障害、あるいは課題を実行することに対するクライエントの不安の現れとして、注意しなければならない。そうした反応

を察知したら、この非言語的にあらわれる障害の存在について、さらに検討する必要がある。例えば、コーニング氏は、ある時点で腹を立て、ソーシャルワーカーあるいはコーニング夫人が話しかけなければ、ほとんど黙っていることがあった。課題を決める意思について尋ねられると、コーニング氏は、「ここに座って話をする以外なら、何でもする準備はできている。外に出て職探しだってできるし、家族が住む場所を探しに行くこともできる。とにかく、ぐずぐずせずにやるべきことはやろう」と答えた。

　相互に話し合った課題への取り組みに対するクライエントの心構えを評価することは、課題の実行を成功させる上で非常に重要となる。しかし、心構えができていることと満足していることを混同してはならない。課題に対して、クライエントが完全に満足していると期待することは、現実的ではなく、望ましいことでもない。ある程度の緊張や不安は伴うものである。とはいえ、緊張や不安は、クライエントに対し、課題の中で具体的に示された新たな行動をあえて試してみようという、前向きの動機づけを与える可能性がある。一方、過度の不安は、課題に取り組むクライエントの能力を阻害するため、課題達成に対する大きな抑止力となるおそれがある。言うまでもなく、クライエントが課題を達成できないと報告した場合、ソーシャルワーカーは、課題を時期尚早に策定してしまった可能性や、課題完了に対する不測の障害が生じたのかどうかを検討する必要がある。課題を完了できないもう一つの理由は、クライエントの心構えが不十分であったか、あるいは課題に対して全力で取り組んでいなかったことが考えられる。こうした理由を含む、その他の要因については、本章の後半で検討する。

　課題達成に対するクライエントの準備状況は、クライエントに対し、自分の心構えを1～10の間で採点させることによって測定できる（1は心構えができていない状態、10は心構えができている状態を示す）。クライエントの採点が低い場合は、気が進まない理由を検討する必要がある。根強い懸念を緩和するためには、クライエントに対し、ある程度の不安を抱くことは自然であり、課題をうまく実行できれば、その副産物として、安心感が生まれることを確信させる。ソーシャルワーカーは、課題を成功させるためのクライエントの能力を信頼していること、計画した行動は実行されると期待していることを伝え、クライエントの後押しをする。

　クライエントが、アクションの開始を延期したいと考えるほどためらっている場合、説明や後押しをすることは、特に重要となる。当然、課題の策定や計画の段階になって、クライエントがためらいを示すと、フラストレーションを感じるだろう。しかし、心構えの採点が低い理由を検討することによって、課題完了に対するためらいを含む、対処すべき潜在的な障害に関する重要な情報が明らかになる場合が多い。

課題に含まれる行動のリハーサルあるいは実践

　特定の課題には、クライエントに欠如した技術や、クライエントに経験がほとんどあるいはまったくないような行動が関わってくる。課題を実行する際の手順の4つめは、クライエントが課題達成に不可欠な行動を経験あるいは習得する上での援助を行うことを目的としている。バンデューラ（Bandura, 1977）は、行動の習得に関し、研究によって実証された揺るぎない主張を打ち立てた。バンデューラの主張によると、自分の実行能力に対する前向きな期待の度合いにより、実際に、どの程度の労力を費やし、また障害や嫌悪状況に直面する中、どのくらいやり通すことができるのかが決まる。さらに、援助プロセスの主な目標は、クライエントの自己効力感を高めることであり、それは、課題をうまく完了することによって実現されるという。成功体験は、た

とえ模擬環境であっても、自分は課題を効果的に実行できる能力があるのだ、という信念を育む。バンデューラ（Bandura, 1977）が、「自己効力に対する確信の強さは、与えられた状況に対処しようと試みるかどうかに影響を与える可能性が高い」（p.193）と指摘するように、成功への期待感は非常に重要である。

　バンデューラ（1977, p.195）が引用する研究の証拠によると、一度自己効力感や技術が確立されると、それらは本人によって、以前は回避していた状況を含む、他の状況にも転用される傾向にあるという。バンデューラによると、人は、以下4つの要因から、自己効力感に関する手がかりを得ている。

- パフォーマンスの達成：パフォーマンスの達成によって自己効力感を高める主な手法には、モデリング、行動のリハーサル、および誘導型実践を通して、クライエントが必要不可欠な行動を習得するための援助が含まれる。これらの点については、本章の後半で詳しく述べる。パフォーマンス達成の例としては、先の6年生の生徒に対し、実際のセッションで、具体的なコミュニケーションスキルを習得するための援助を行うことなどが挙げられる。
- 代理体験：他人がターゲット行動を実演したり、脅迫的な行動を実行したりするのを観察することによって、悪影響を受けることなく、洞察を得ることが可能となり、同時に、クライエントに自信や期待が生まれる。ソーシャルワーカーや他の人が示す望ましい行動の模範を観察したり、新たな自信を感じたりすることによってもたらされる効力感への期待は、有益である。しかし明らかに、他人を観察することは、クライエント自身がうまく課題を達成した結果として得られる自己効力感ほど説得力はない。
- 言葉での説得：自己効力感自体を高めるのではなく、成果への期待を高める。しかし、自分もうまく実行できるという認識や思い込みに基づく自分の能力についての情報には、かなり説得力があり、自己効力感を示す具体的な証拠となる。
- 情緒的喚起：認識された情緒的喚起のレベルは、人の行動の仕方に影響を及ぼすという事実に基づき、自己効力感について知る手がかりとなる。新たな行動を実行することに対し、極度に不安あるいはおそれを感じているクライエントが、うまく行動を実行することができるという十分な自信を抱いている可能性は低い。不安やおそれを軽減するための介入や、クライエントに対し、おそれや不安を抱いているのではないと説得するための介入は、一般に効果的ではない。バンデューラ（Bandura, 1977）が示す証拠によると、介入に効果を持たせるためには、情緒的喚起の軽減が事実でなければならず、クライエントが実際に不安を感じているときに、そうではないと確信させるための見せかけのフィードバックに基づくものであってはならない。情緒的喚起は、能力を示す実際の証拠とは関連性がないため、明らかに、自己効力をもたらす要因としては信頼性が低い。実際には、自己能力の認識は、情緒的喚起を増大させるのではなく、軽減させる傾向にある。

　以上4つの要因のうち、パフォーマンスの達成は、個人的な習得経験に基づいているため、その影響力は特に大きい。

行動のリハーサル、モデリング、ロールプレイを通した自己効力感のアップ

　自己効力感に関する手がかりを特定した後、必要であれば、行動のリハーサルが、次の重要な

手順となる。実際のセッションで行う場合、行動のリハーサルは、ソーシャルワーカーの指導のもとで、クライエントが新たな対処パターンを実践する手助けとなる。この手法を活用するための目安は、クライエントが、状況に直面する十分な心構えができていないと感じている場合や、与えられた課題を実行することに対し、不安を感じているか、あるいは圧倒されているような場合などである。この手法は、クライエントが必要な技術を身につけたり、行動によってもたらされた脅威を軽減したりする上で、効果的な援助手段となる。こうした課題には、通常、すでに精神的緊張が存在しているか、あるいは計画されたアクションの結果、精神的緊張が生じると予想される、自分にとって大切な人との相互関係が関わっている。

　ロールプレイは、最も一般的な行動のリハーサルの方法である。ただし、クライエントに望ましい行動のリハーサルをさせる前に、クライエントの事前の技術レベルを確認する目的で、ロールプレイを用いることも可能である。そうすることにより、ソーシャルワーカーは、クライエントの現時点の技術に基づく模範を示すことができる。実際に、クライエントに行動をリハーサルさせる前に、クライエントが実行すべき行動をモデリングすることは、その行動がクライエントにとってなじみのないものである場合や、その行動を他人がどう感じるかを心配したり、懸念したりしている場合に、効果を発揮する。ロールプレイを通したモデリングは、クライエントが他人の身になって新たな行動方法を身につけたり、不安や他の懸念を軽減したりする効果的な手段であることが十分に実証されている。

　特定の行動をモデリングする際には、クライエントに対し、実生活で困難に直面しているもう一人の役を演じるように指示する。そうすることにより、実際の状況で遭遇すると予想される行動をできる限り正確に模擬体験することができる。以下は、クライエントが認識した障害を克服するために、ソーシャルワーカーがロールプレイを用いて巧みな援助を行っている事例である。

事例

　クライエントは、自分が住む小さな町の鶏肉処理工場が別の州へ移転したため、職を失った。新しい就職先となりそうなあてはあるのだが、求人について問い合わせをすることには不安を抱いている。クライエントの父親も祖父も、同じ鶏肉処理工場で働いていたため、高校卒業後に仕事に応募した際、ほとんど質問らしい質問はされずに就職が決まった。しかし現在、クライエントは、過去の問題を抱えており、新しい雇用主が自分を採用することを躊躇するのではないか、と危惧していた。

　クライエントの懸念に対処するために、ソーシャルワーカーは、クライエントの役割を演じてみせ、クライエントには、雇用主となる可能性のある人物の役割をさせた。この役割を演じる中で、クライエントは、自分に向けられるのではないかとおそれていた質問を投げかけたり、その仕事に対する自分の資質を検討したりすることができた。一方、ソーシャルワーカーは、ロールプレイによって、クライエントを圧倒させてしまうおそれのある質問に対し、適切な行動反応の模範を示すことができた。ロールプレイの後、ソーシャルワーカーとクライエントは、クライエントの行動と認知した反応に焦点を当てながら、自分たちが演じた内容について話し合った。また、ソーシャルワーカーは、ある特定の反応を示した根拠を説明したり、ある質問を受けて難しいと感じた点をクライエントに伝えたりすることが有益であると理解した。クライエントの役割を演じながら、雇用主となる可能性のある人物役とのやりとりを通し、ソーシャルワーカーは、新たな洞察を得た上、クライエントが遭遇すると思われる問題を正しく評

価することができた。
　モデリングの演習を終了した後、クライエントとソーシャルワーカーは、次の手順へと進み、クライエントが実際のターゲットとする行動のリハーサルができるように役割を交代した。ソーシャルワーカーは、雇用主となる可能性のある人物の役をする上で、声のトーン、表情、ジェスチャー、言葉の選び方、挑戦的な態度など、先程クライエントが演じたように、雇用主がすると予想される行動を演じてみせた。この模擬行動に対するクライエントの反応により、ソーシャルワーカーは、行動を修正するための提案をしたり、応援や励ましをしたりする機会を得た。

・・

　ロールプレイや行動のリハーサルは、実生活における状況に立ち向かうクライエントの能力を高めることを可能とする技法である。実際に、行動のリハーサルやロールプレイにおけるクライエントの行動を観察することにより、潜在的な阻害要因や障害を最も適切に評価し、解決することが可能となる。最も重要な点は、課題の実行に対するクライエントの自信が、こうした技法によって高まることである。
　行動のリハーサルは、セッション内に限定する必要はない。クライエントに対し、現実に起こっていることと想定させ、自分自身でターゲットとする行動のリハーサルを続けるように奨励することも、有効である場合が多い。また、モデリングや行動のリハーサルは、ソーシャルワーカーとクライエント個人との間に限定する必要もない。グループや家族セッションのメンバーは、お互いに、効果的で現実的な対処の模範を示すことができる。実際、グループでロールプレイのセッションの実施上の経験則として言えることは、支援する役割を演じるためにメンバーの資源を活用するとよいということである。
　もしモデリングが効果を発揮しない場合は、類似の方略として、習得を目指すのではなく、対処しようとしていることに焦点を当てることである。対処の方略は、行動や活動を実行する中で経験する葛藤を重視する。対処することに焦点を当てることにより、不安が減り、さらに、間違いを犯さずに実行しなければならないという脅威が軽減される。
　モデリングは、明白な行動に限定する必要はない。多くのクライエントにとって、モデリングは、課題の達成に対する認知的な障壁を克服する一助となるため、明白でない行動のモデリングも有効である。明白でない行動のモデリングでは、明白な困難に対する自分の思いや気持ちを大きな声で表現したり、問題に対処、対応する上で、より生産的なやり方で思考を再構築したりする。明白な行動のモデリングと同様、明白でない行動のモデリングは、習得ではなく、対処を重視する。クライエントは、行動のリハーサルを通して獲得した効力感、エネルギー、勇気を動員しながら、より現実的な視点に基づき、問題状況に直面する心構えをつくる。

ガイド付きの実践

　行動のリハーサルと密接に関連したガイド付きの実践は、課題の達成を支援するもう一つの技法である。模擬行動ではなく、現実の場面で構成されている点で、行動のリハーサルとは異なる。介入方法としてガイド付きの実践を用いることにより、ソーシャルワーカーは、実際にターゲットとする行動に関わるクライエントを観察、指導し、クライエントがターゲットとする行動を習得するための援助を行う。例えば、家族とのセッションにおいて、相互の関わり方を観察し、続

いて、家族のメンバーが問題解決の技術、あるいは葛藤解決の技術を習得するための支援を行うことが可能である。問題行動を直接に観察したら、すぐにフィードバックを提供する。こうしたその場の介入によって、ソーシャルワーカーは実際に起こっていることを明確にし、クライエントに対し、より生産的な行動を指導することができる。

課題の計画のまとめ直し

　課題を実行する際の最終手順では、課題の達成に向けてクライエントが取り組まなければならないさまざまな行動の見直しを行う。個人、家族、またはグループセッションの最終段階で実行するこの手順により、クライエントは、どのような順序で、どのような条件のもと、何をすべきかについて明確に理解した上で、セッションを終了することができる。クライエントが、この手順から最大限のメリットを得られるように、ソーシャルワーカーは、クライエントに対し、潜在的な障害に対処するための方略を含む、課題を達成するための計画の詳細を見直すように指示する。クライエントから計画の詳細を引き出すことにより、計画の中で明確にしなければならない箇所を特定することが可能となる。ソーシャルワーカーは、「次の面接までに、保健師と連絡を取ります」というように、所定の期間内における課題完了に向けた自分自身の計画の説明から始めることが有益である場合が多い。続いて、「次の面接までに家を掃除するため、どのような計画をしていますか」と、クライエントに対し、計画の見直しやまとめを要請する。

　多くのクライエントは、ソーシャルワーカーが作成した合意課題のリストは役に立つと考えているが、中には、自分自身でリストを作成する方が良いと考える者もいる。どちらにしても、ソーシャルワーカーとクライエントの両者にとって、合意した課題の写しを手元に置いておくことは有益である。また、そうした写しは、ケース記録やSOAP記録でも保管される。この情報は、進捗状況のモニタリングや見直し、および終結の段階の評価において活用することができる。

　課題達成への計画をまとめた後に、セッションを終了することが望ましい。セッションを終了するにあたっては、クライエントの計画を支援し、割り当てられた課題を実行できると期待している点を伝えるのが効果的である。次のセッションの導入部分では、課題の見直しと進捗状況について重点を置くことが望ましい。

焦点と継続性の維持

　課題中心システムの長所は、課題の達成を通した変化に注目している点や、変化への取り組みの継続性を促進する体系的な形式にある。個々のセッションでは、はっきりと焦点を定め、一つのセッションから次のセッションまでの継続性が維持されている。各セッションは、前回のセッションで合意した課題の実行におけるクライエントの経験を見直すことから始まる。第12章で紹介した課題フォーム（p.545の図12-3）により、ソーシャルワーカーとクライエントは、経過をモニタリングすることができる。本項の事例に登場したソーシャルワーカーは、課題フォームについて、課題策定に向けた単なる有益な指針であるだけでなく、各セッションの冒頭で課題の状況を見直すために役立つツールであると報告している。また、課題フォームの写しは、次のセッションまでに実行すべき活動にクライエントを集中させることに役立つため、ソーシャルワーカーは、クライエントにそうした写しを提供することの利点を認めている。さらに、課題フォームの写しにより、クライエントは、目で見て進捗を確認することができた。特に未成年者は、完了した課題に印をつけていくやり方を好んだ。

課題の実行におけるクライエントの経験を話し合う主な目的（およびメリット）は、焦点と継続性の維持に加え、他に二つある。第一に、クライエントとソーシャルワーカーは、クライエントが新たに身につけた行動を実行する上での有効性を、さらに向上させる方法を見極めることができる点である。こうした話し合いによって、問題状況に対処する上でのクライエントの安心感が高まり、セッションにおいて技術を磨くための追加的な活動が示唆される。第二に、課題が他人に与える影響をクライエントがどのように認識しているか、また課題を実行する上でのクライエントの感情を検討することが可能となる。このような話し合いによって、さらに行うべき作業を特定する機会が生まれ、将来の課題を相互に計画するための地固めができる。

　課題の達成を見直す上で、クライエントが課題を達成する手助けとなった状況、行動、あるいは行動についての詳細を引き出すことが重要である。課題の一部のみを達成した場合でも、達成された成果とクライエントの努力を結びつけることが大切である。以前認識していた以上に、クライエントがコントロールできる点を強調することは、自己効力感を高めるための強力な推進力となる。

　課題達成の見直しを終了した後、ソーシャルワーカーとクライエントは、最終目標に向け、クライエントがさらに前進するための追加的な課題を相互に計画する必要がある。課題の定義について、先に詳しく説明した手順に従うことに加え、継続的な目標の達成に向けて取り組む上で、段階的な変化を目指す課題を計画し、一つ一つの変化を積み上げていくことが重要となる。難易度を格づけした課題を計画することにより、クライエントの成功する確率が高まり、変化の過程において、さらに努力しようとする動機が高まる傾向にある。課題を策定する上で、徐々に難易度を上げていく点について説明するために、工場の閉鎖後、仕事を探していたクライエントの例を思い出してみよう。このクライエントにとっての最初の課題は、就職先候補の会社に連絡を取り、求人について尋ねることであった。電話で会社の担当者と話した後、次の手順は、求人募集をしている会社に仕事の申し込みをすることであった。さらに次の手順は、結果について、会社に問い合わせをすることである。

課題完了の失敗

　実際のソーシャルワーク実践では、前述の例が示唆するほど、経過が順調に進まない場合もあるだろう。課題が完了されない場合、焦点と継続性の維持ができなくなるおそれがある。クライエントが課題をうまく実行できない理由はさまざまであるが、その一部を図13-2にまとめた。図の中で、課題の実行がうまくいかない理由を二つに分類した。すなわち、対応策に関わる理由とターゲットとなる懸案事項に関わる理由である。

課題に関わる実行上の問題

　時には、課題の達成に必要な人が不在であったり、危機が生じたりするなど、予期せぬ状況や不測の障害によって、次のセッションまでの課題の達成が妨げられる場合がある。このような場合、課題は次週に持ち越されることになる。あるいはコミットメントの欠如、さらに緊急の問題が発生する、ソーシャルワーカーやグループに対する否定的な反応、課題が不明瞭あるいは明確でない、心構えが不十分であるといったことが原因となり、課題の完了がうまくいかない場合もある。どのような状況であれ、課題を完了することができなかった理由について、検討する必要がある。また、実行を妨げる要因を突き止め、解決しなければならない。当然のことながら、こ

こで注意しなければならないのは、ソーシャルワーカーとクライエントは、所定の課題がまだ有効である点で合意していることである。課題が有効性を失ってしまった場合は、さらに適切な課題に焦点を移すことが重要となる。

危機の発生

柔軟に焦点をシフトすることは、望ましいことではあるが、変化への取り組みに対する危機の影響を回避することも、同様に重要である。常に危機的な状況の中で暮らすクライエントにとっては、多くの場合、より長期的な見地に立ち、完了まで課題への集中を維持することが有益である。特に、重要な状況において、課題の完了がうまくいかない原因が、クライエントがまだ明らかにしていない最優先の問題に関わっている場合、短期間、一連の手順を迂回しなければならない場合がある。クライエントの中には、最初の面接では、比較的小さな問題点だけを公表し、さらに困難な問題についての話し合いは、ソーシャルワーカーに打ち解けるまで先送りにする者もいる。したがって、最初の課題は、クライエントにとって最優先の問題を考慮していないという点で、有効でない場合がある。そのようなケースでは、さらに緊急を要する問題に焦点を移し、それに応じて、新たな目標や課題を策定することが望ましい。しかし、焦点のシフトが、回避パターンを促進しているかどうかを明確にすることが重要となる。

関与の欠如

クライエントは、コミットメント（関与）の欠如が原因で、課題を完了することができない場合がある。リード（Reid, 1977, 1997a, 2000）は、コミットメントの欠如が一貫して課題の進捗を予測する、統計的に優位な予測因子であることを実証した。しかし、コミットメントの欠如と、心構えの欠如とを混同してはならない。前者は、変化に対する意欲がないことを意味する。一方、後者は、クライエントに変化への意欲はあるが、他の障壁により、行動が妨げられている状態で

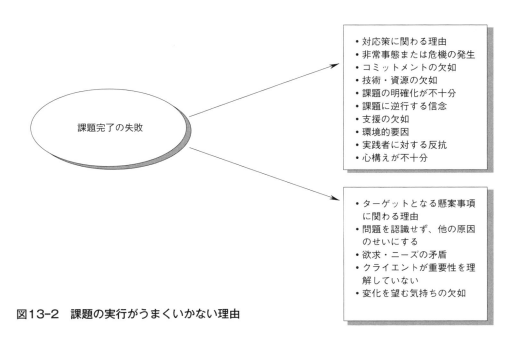

図13-2　課題の実行がうまくいかない理由

ある。

　対人関係の課題に対するコミットメントが欠如している原因の一つとして、よく見られるのが、問題に対して自分の責任を負うことを暗に避けようとする姿勢である。「もし先生がぼくを指してくれるなら、授業中に手を挙げるけど」といった発言は、対応策を実行することに対する口先だけの同意であり、後になって、そうしなかったことに対して言い訳をする一例である。内心やる気のないクライエントは、自分の行動を他人のせいにし、他人が修正行動を取るのを受け身の姿勢で待つ。家族において、コミットメントが弱いか、あるいは誰かのせいにする状況が関わる場合、問題のどの部分が誰の責任であるのかを明確にするために、当事者すべての相互作用をさらに検討することが重要となる。また、直面化の技法は、クライエントが、他者が変化するのをただ待っている場合、そうした好ましくない現状を続けている責任をクライエントに認識させるために活用することができる。クライエントが課題への取り組みを依然として躊躇している場合、第17章で取り上げる倫理的な直面化を用いて、変化への意欲を探ることが望ましい。

　対応策の実行に対するコミットメントの欠如は、法の強制によるクライエントを対象としたソーシャルワーク実践において、しばしば見られるダイナミクスである。そうしたクライエントの反応は、クライエントが問題を認識せず、他の原因のせいにしていることの表れとなっている場合もある（「裁判官が、私に飲酒癖があると思い込んでいるだけだ」といった反応）。あるいは、クライエントが、裁判所に指示された問題に対する要件に従わなかった場合の結果について、十分に理解していない場合もある。このような場合、クライエントの反応を認め、尊重した上で、変化に対するインセンティブを与えることによってクライエントを引き込むことが、ソーシャルワーカーの責任となる。しかし、課題の実行が繰り返しうまくいかない場合は、意志の表明とは矛盾することになる。当然、何もしないということは言葉よりも明確な意志の表れであるため、そうしたクライエントとの作業を続けることの意義については、注意深く評価する必要があるだろう。

　当然のことながら、はじめはクライエントのコミットメントの欠如であると思われたことが、実は、クライエントが、より差し迫った別の問題に集中していることの表れである場合もある。複数の問題を抱え、対処の技術を限界まで使い果たしてしまったクライエントは、ターゲットとなる懸案事項よりも優先する問題に直面しているのかもしれない。そうした状況では、ソーシャルワーカーとクライエントはともに、困難な決断に直面しているため、慎重な対応が必要となる。新たに生じた問題が迅速な対応を要する場合、柔軟に焦点をシフトさせることが重要である。クライエントが常に、一つの問題から他の問題へと焦点を移す場合、その結果、ターゲットとなる懸案事項の進捗が最小限にとどまってしまうことをクライエントに認識させなければならない。

課題の未確定あるいは不十分な明確化

　しばしばクライエントは、課題が曖昧であるか、あるいは十分に明確化されていないために、課題を完了できないことがある。つまり、クライエントは、何をすべきか理解していなかったことになる。また、クライエントが課題に逆行する信念を抱いているために、課題が完了できない場合もある。例えば、親の中には、子どもと物々交換すべきではないと考え、報酬システムを用いることをためらう者がいる（Rooney, 1992, p.241）。家族やカップルを対象としたソーシャルワーク実践において、個々のメンバーは、他のメンバーがそれぞれの課題を実行すると信用していないために、自分の課題達成に対する約束を守らない場合がある。さらに、自分が課題を完

了していないことを正当化しようと、他のメンバーが、合意した課題に全力で取り組んでいない「証拠」を集めることもある。夫婦や家族を対象とした最初の課題に対して、十分な準備を整えるためには、信頼を探り、他のメンバーがどうであれ、自分自身の課題の実行を厳しくモニタリングすることを定めた契約を定める必要がある。

支援の欠如

　クライエントの問題に、別のシステムが関わる場合、特に他人の行動が特定された問題に影響を与えている場合には、その人物を、課題達成を支援する取り組みに関与させるべきである。例えば、先に登場した６年生の教師は、その生徒が手を挙げたら、できるだけ指してあげること、あるいはそのうち指名する意思を伝えることが必要であろう。家族の場合、個々のメンバーの変化を受け入れることもあれば、家族のダイナミクスによって、行動の変化や修正に向けた努力を台無しにしてしまうおそれもある。家族は、変化よりも、基本的に慣れた安らぎを好み、心の平静を保つことを選ぶ。また、家族は、日常的な相互作用のパターンを示し、そのパターンにより、システム全体で調整が行われない限り、多くの犠牲を払うことなく、メンバーが変化を遂げることは非常に難しい。このような状況で、家族のメンバー全員を参加させることは困難であるが、個々のニーズを評価し、それぞれの目標や課題の計画に対する支援を集めるために、全員がセッションに参加することは非常に重要である。

　ソーシャルワーカーが、グループの課題達成を支援する上で重要となるのが、グループの発展段階である。グループのメンバーにとって、クループ発展の最初の２段階において、重要な変化をめざす課題を達成することは困難である。これらの段階では、通常メンバーは、ソーシャルワーカー、他のグループメンバー、およびグループ自体を試す一方、同時に、自分自身の位置を探そうとする。したがって、個人あるいはグループの課題の達成には、心的エネルギーやコミットメントがほとんど向けられない場合がある。そのため、課題は単純なものとし、メンバーが過度の努力をしなくても達成できる課題にしなければならない。例えば、矯正施設において、新しくできた非行少年少女向けのグループに対し、グループの目的に「心から全力で取り組む」前に、職員や仲間に対する敵対行動を変えるように求めることは、到底無理な話である。一方、メンバーが興味深い活動に参加するように、一週間で小さな課題を完了することを指示する方が、よりメンバーの心を動かすことになるだろう。

ソーシャルワーカーに対する否定的な反応

　ソーシャルワーカーに対する否定的な反応は、課題の達成を妨げることもある。例えば、課題が独断的に割り当てられた場合に、反発が生じるおそれがある。課題を割り当てることにより、クライエントの中に、親や他の権威者に向けられる感情と似た、否定的な感情が生まれる傾向がある。

　クライエントのために課題を完了できなかったソーシャルワーカーに対する否定的な反応は、課題達成を妨げるもう一つの要因となる。例えば、あるクライエントは、「ソーシャルワーカーは、何週間も、雇用支援センターへ電話をすると言っておきながら、とても忙しかったからできなかったと言うのです」とソーシャルワーカーに対する不満を述べるクライエントがいる。他に進捗が妨げられる理由としては、ソーシャルワーカーが、課題達成におけるクライエントの経験を見直す作業を怠る、計画的に物事を進めない、あるいはセッションに対する準備ができていな

い、以前の取り組みが実際に完了する前に、別の話題に焦点を移してしまうといった点が挙げられる。こうした話題のシフトは、変化への取り組みの継続性を阻害し、「漂流」（本来のコースから外れること）を助長し、援助プロセスを希薄化して、長引かせてしまう。また、クライエントは、特にソーシャルワーカーによる共感、注意力、あるいは積極的な関心が欠如していると感じる場合や、相互関係が非常に対立的である場合、ソーシャルワーカーによる言語的および非言語的手がかりに対して、強力な反発を示す。

不十分な心構え

　課題への試み、あるいは課題の実行がうまくいかない最後の原因は、クライエントの心構えが十分にできていないことである。課題完了に必要な技術が過大評価されているか、あるいは必要な時間が過小評価されていることが考えられる。実際、クライエントの心構えができていない状態で、課題に取り組んで失敗するよりは、むしろ最初から取り組まない方がよい。あえて課題に取り組まない場合は、クライエントの自信に対する影響は、通常、最小限で済み、さらに努力を続けるうちに十分な心構えができてくる。一方、失敗することによって、援助プロセスにおけるクライエントの自信が損なわれるおそれがある。

　心構えが十分な場合であっても、課題への取り組みがうまく成功するという保証はない。他人の予期せぬ反応、課題達成の効果がでない、パニック反応、不正確な評価に基づく不適切な課題の選択、および逆境などが、目標の達成を妨げるおそれがある。マイナスの結果が出た場合、クライエントにとって必要以上の落胆を回避または最小限に抑えるため、そうした結果を失敗としてではなく、追加的な情報やさらなる課題の計画の必要性を示す指標として解釈しなければならない。実際には、否定的な結果は、時として建設的な目的を果たすことがある。問題の根底にあるダイナミクスについての情報がさらに提供されることにより、ソーシャルワーカーとクライエントは、ターゲットとなる懸案事項や関連目標および課題の評価を見直すことが可能となる。

ターゲットとなる懸案事項に関わる実行上の問題

　ターゲットとなる懸案事項に関して課題達成がうまくいかない問題は、クライエントが問題を認識せず、他の原因のせいにしている場合に生じる。こうした状況は、クライエントが援助の要請を義務づけられているか（不本意）、強制されている（非自発的）場合が多い。さらに、目標や課題がすでに外部の当局により決められている場合、法の義務によるクライエントあるいは非自発的なクライエントは、自分が認識していない問題に対する援助の要請をためらい、次のように言うだろう。「私は、薬物問題など抱えていない。ときどき、仲間と多少メタンフェタミン（覚せい剤）をやるが、だからといって、私は薬物常習者ではない」

　義務づけられた課題を実行できないもう一つの例は、失敗がもたらす影響に対するクライエントの理解が欠如しているために起こる。例えば、薬物依存治療プログラムの履修と尿検査での陰性結果の提出が、職場復帰の条件である場合を考えてみよう。クライエントは、長い間この問題に取り組む中で、自分の努力が問題の解決につながらないのを何度も目の当たりにし、希望を失っている場合がある。そして、クライエントは、自分の状況を変える能力に対して自信を失った状態で、ある特定の課題に取り組む合意をしてしまう（「非行集団から抜け出そうと努力したが、やつらからこっちへやってくるのだ」）。こうしたあらゆる状況では、クライエントが前へ進む勢いを得るための援助を施すソーシャルワーカーの協力が必要となる。このような状況では、ロール

プレイや行動リハーサルを活用することができる。

進捗状況のモニタリング

　焦点や継続性を維持する一つの方法は、目標達成までの進捗を定期的にモニタリングすることである。経過の測定やモニタリングについては、第12章で説明したが、以下の項目は、課題中心アプローチに特有なもので、経過に関して体系的な見直しを行う点に関わる項目である。

1．課題が特定、合意されたら、各セッションでは、経過の見直しに集中する。この過程では、クライエントとソーシャルワーカーは、どの課題が完了したか、ターゲットとなる懸案事項にどの程度の変化が見られたかについて記録することが可能となる。
2．見直しプロセスにおいて、課題が完了されなかったか、あるいはターゲットとなる懸案事項に意図した影響があった場合、課題の実行がうまくいかなかった理由を検討する。必要に応じ、課題について再度交渉をするか、新たな課題を策定する。
3．課題と目標により、クライエントが、最終的な目標に向けた段階的な進捗を観察することが可能となる。
4．クライエントの進捗に対する見解、およびそうした見解の変化や欠如は、評価尺度を用いて記録することが可能である。採点は、目標に対する焦点を維持し、変化に向けた取り組みの継続性を高めるために、一週間ごとに実施する。課題の進捗については、完了、進行中、未完了のいずれかをケース記録に記入し、それに沿って見直しを行う。
5．課題の完了は、目標達成に向けた進捗、および終結へ向けた移動を示す指標である。

　全体を通して、変化の焦点をターゲットとなる懸案事項や目標に維持するためには、絶えず課題を発展させることが必要である。こうした過程の中で、成果に対する迅速なフィードバックが提供され、また必要な調整について、クライエントやソーシャルワーカーに対し注意が喚起される。最終的には、経過の測定やモニタリングによって、特定したターゲットとなる懸案事項や関連する目標の状況が明確にならなければならない。

課題中心アプローチの長所と限界

　課題中心アプローチは、ソーシャルワーク分野で開発された、計画的な短期問題解決アプローチの実証に基づくモデルである。30年以上かけて開発されたこのモデルの有効性は、実証的なエビデンスにより裏づけされ、多様かつ国際的な状況において、さまざまなクライエントを対象とした応用の効果が実証されている（Ramos & Garvin, 2003；Ramos & Tolson, 2008；Reid, 2000, 1996, 1997）。クライエントが認識した問題への対応を重視しているため、人種およびエスニックマイノリティにとって魅力のあるモデルである（Boyd-Franklin, 1989a；Devore & Schlesinger, 1999；Lum, 2004）。

　このモデルは、クライエントに問題を定義することを認め、目標や課題についてのクライエントの判断を受け入れ、またクライエントによる進捗状況の測定への参加を認めることにより、ストレングスとエンパワメントをともに尊重している。課題は、ターゲットとなる懸案事項の解決に向け、ソーシャルワーカーとクライエントによる行動を起こしていく上で役立つ。クライエントの自己効力感や習得機会を高めるために、課題を策定した後、その障害を特定する。セッショ

ンにおいて、課題の見直しを行うことにより、進捗を体系的にモニタリングすることが可能となる。課題が完了されない場合は、課題達成がうまくいかなかった理由を検討し、新たな課題を策定することができる。課題達成の主な構成要素である準備、実行、およびフォローアップは、具体的な変化をめざす介入すべての基礎をなす（Hoyt, 2000）。

批判的な立場を取る人々は、このアプローチは、構造化されすぎており、これほど短期間にクライエントとの援助関係を築くことは難しいと主張している。したがって、このモデルは、ある特定の種類のクライエントや問題状況には、実行不可能である。例えば、このモデルの中心的な原則である、期限を設定する点は、洞察重視のアプローチや継続的な支援を求めるクライエントには適していない（Ramos & Tolson, 2008）。とはいえ、このシステムの方策の多くは、他の介入の有効性を高めるために用いることが可能である。期限のない介入において、進捗が促進される場合が多い。例えば、このシステムの重要な側面である特定された課題と継続性に対し、明確な焦点を維持することによって進捗が図られる。

ラモス＆トルソン（Ramos & Tolson, 2008）は、法の強制によるクライエント、特に変化を特定することを拒否するか、特定の課題を提示することを拒否するクライエントは、このアプローチを用いる対象としては適さないと主張する。当然のことながら、このようなクライエントに役立つアプローチなどそもそもあるのか、といった疑問はある。このモデルの基本的な目的、すなわち義務づけられた任務や課題達成方略に対するクライエントの考え方に基づき、ルーニー（R.H Rooney, 1992）は、法の強制によるクライエントに対するモデルの適用性を実証した。ルーニーは研究の中で、これらの方略には、反発心を軽減し、クライエントを引き込むことができる可能性があることを見いだした。

■危機介入

本書で説明する危機介入モデルは、基本的危機理論に基づく心の均衡をめざすモデルである。この実践アプローチに関する知識は、「有効なソーシャルワーク実践にとって不可欠である」と考えられている（Knox & Roberts, 2008）。問題となっている危機やシステムの性質により、危機状況に対し、ミクロ、メゾ、およびマクロレベルで対応することが必要となる（Gelman & Mirabito, 2005）。危機理論の発展には、さまざまな分野の関係者が重要な役割を担ってきたが、ソーシャルワーカーは、実践手法、理論、技術の向上、および危機対応方略の策定に関与してきた（Bell, 1995；Fast, 2003；Komar, 1994；Lukton, Lukton, 1982；Parad & Parad, 1990）。

危機介入モデルは、課題中心アプローチや解決志向アプローチと同様の課題を用い、同じように将来に重点を置いている。課題中心および解決志向の実践では、機能を問題のない状態へ回復することを目的としているが、危機介入では、心の均衡（状態）の回復を特に重視している。具体的に、危機介入が他の短期問題解決アプローチと異なる点は、「トラウマ的な出来事の結果生じた一時的な情動、行動、および認知の歪みを認識し、矯正すること」を目的としている点である（James, 2008, p.11）。

危機介入における均衡モデルの原則

危機均衡モデルは、危機介入に対する基本的な介入アプローチである。ストレスの軽減、症状の緩和、機能の回復、および悪化の防止を目的とし、対応の迅速性と即時介入の重視を主眼とし

たモデルである。機能の悪化を防ぐためには、時宜を得た介入が不可欠であると考えられている。人が、最も介入を受け入れる可能性が高いのが、急性期である。このモデルの重要な要素は、危機の性質を評価すること、優先する問題を特定すること、および限定的な目標を定めることである。

危機介入均衡モデルは、アセスメントを迅速に行い、今ここに焦点を当てるという点において、第8章で概要を示したアセスメントの過程とは異なる。とはいえ、同様の特徴を備えている点に気づくだろう。ジェームスが示した危機状況におけるアセスメントでは、以下の項目を特定する。

- 危機の深刻度
- クライエントの現在の情動状態、および可動性・不可動性のレベル
- 代替案、対処のメカニズム、支援システム、その他利用可能な資源
- クライエントの致死性のレベル：とりわけクライエントが自分あるいは他人に危害を与えるかどうか。

ジェームス（James, 2008）は、マイヤー、ウィリアムズ、オットン&シュミット（Meyer, Williams, Otten, & Schmidt, 1991）により開発されたトリアージ評価システム［訳注：優先順位をつけてする危機対応］は、評価および「クライエントに何が起きているのかをリアルタイムで推定する」ための「迅速」で効率的な方法であると紹介している（p.43〜48）。この三次元アセスメントの枠組みは、クライエントの感情機能、行動機能、および情動機能や、危機の深刻度を評価し、適切な介入方略を計画するための枠組みを提供する。可能な場合は、トリアージ評価システムの結果を比較し、危機が発生する前に、こうした領域におけるクライエントの機能レベルを特定する（James, 2008）。

危機の定義と段階

危機とは、挑戦であり、損失であり、また脅威あるいはトラウマ的出来事でもある。ジェームス（James, 2008, p.3）の定義によると、危機とは、「人の資源や対処のメカニズムを上回る耐えがたい困難として認識された出来事または状況」である。長期間の危機に関わるストレスは、認知機能、行動機能、および身体的機能に深刻な影響を及ぼすおそれがある。

ソーシャルワーカーは、クライエントに対する実践の中で、彼らが危機状況に対応するための援助を行っている。こうした危機状況は、失業、死、立ち退き、離婚、DV、児童虐待およびネグレクト、犯罪、移転といった日常的な出来事から、自然災害のような極限状況までさまざまである。認識や対処能力は、人によって大きく異なるため、危機状況は必然的に主観的な要素を持つ。あるクライエントにとっては、非常にストレスを感じ、手に負えないような脅威、損失、あるいは移行といった危機も、別の人にとっては対処可能であるかもしれない。

コーニング一家が置かれた状況を考えると、失業により、家族の安定にとって重大な脅威と見なされる出来事が次々と起こったことが思い出される。しかしコーニング夫妻は、ソーシャルワーカーと協力し、目標を策定することができた。一方、ジャスティンの場合、家族に自分の性的指向を公表することは、おそろしく強い不安を感じる出来事であったに違いなく、公表の結果、ジャスティンは家を失い、危機状況およびさらなるストレッサーが生じることとなった。離民、移民、および出稼ぎ労働者は、自分の国、ネットワーク、文化を離れることにより、移行に

伴う喪失感、危険、および脅威を同時に経験する。彼らにとってさらに問題となるのが、望ましいと認められる程度まで、他国の文化的規範、価値観、言語に適応しなければならないことである。同時に、貴重なステータスや家族の絆を失ったとしても、移転はチャンスとなる可能性もある。

　基本的危機介入理論の定義の中核にあるのが、即時の支援を不可欠とする大きな出来事を想定している点である。しかし、脅威が継続的な危機状態につながるような特定の層が存在する。例えば、正規の書類を持たずに、米国その他の国に入国した人々の非常警戒態勢、あるいは憎悪犯罪、容赦のない殴打、または殺人に至るまでのゲイやレズビアンの人々が経験した生々しい脅威を考えてほしい。きわめて強い不安や脅威、危害を受けるおそれは、一部の貧しいマイノリティコミュニティにおいても蔓延している。こうしたコミュニティの住民は、暴力、警察による取り締まり、貧困に関わるストレッサー、および不十分なサービスや資源といった問題に直面している場合が多い。こうした層の人々にとって、危機のダイナミクスは、「大きな出来事」と密接に関連しているのではなく、危機が日常生活の一部となっているのである。最終的に、こうした要因は、個人の自意識やコミュニティの組織としての意識を阻害し、常に不安定な状態を作り出す。

　戦場へ赴いた兵士のトラウマ的な経験による情動的および心理社会的危機、すなわち心的外傷後ストレス障害（PTSD）は、当事者にとって生涯のリスクとなるおそれがある（Halpern & Tramontin, 2007；James, 2008）。外傷性ストレスに関わる症状は、特にストレスの多い、感情的に緊張した状況で働く専門職に従事する人々にも見られる場合がある（Bell, 2003；Curry, 2007；Knight, 2006；O'Halloran & Linton, 2000）。

　オクラホマ連邦政府ビル爆破事件や2001年9月11日の同時多発テロといった米国におけるトラウマ的な出来事は、現場となったコミュニティに深刻な影響を与えた。これほどの規模の事件は、米国市民にとって比較的新しい出来事である。すべての国民は、絶え間ないメディアの放映によるトラウマにさらされていた（Belkin, 1999）。世界では、政治あるいは武力紛争や不安定な状態が日常化している地域もある。こうした状況に、壊滅的な自然災害が伴い、継続的な危機状況が続いている。このような状況下では、コミュニティ全体がとりわけ脆弱性を感じ、長引く不安や身体的、情動的、および認知的苦痛、さらには全体に広がる悲哀感や対処能力の衰えを経験していることが想像できるだろう。

危機反応

　危機反応とは、心の平静が深刻に阻害される程度まで、「正常な精神バランス」（Lum, 2004, p.272）を乱す出来事や状況であると言われる。例えば、多くの個人や家族は、9月11日同時多発テロにより、非常に深刻な心的外傷を受けたため、戦場で遭遇するのと同様の否定感や無感覚によって、いかなる介入のメリットも低減してしまった。このように、危機介入の基本的な目的、すなわち苦痛を軽減し、心の平静を取り戻すための迅速な対応は、多くのケースで効果がないことがわかった。

　危機介入理論では、人の反応は、通常、複数の段階を経るものと仮定しているが、それが3段階であるか、あるいは4段階であるかについては、理論家によって異なる。以下の説明は、さまざまな研究者が特定した各段階を統合したものである（Caplan, 1964；James & Gilliland, 2001；Okun, 2002）。

第1段階：最初の緊張は、ショックやさらには危機を引き起こした出来事に対する否定を伴う。
第2段階：緊張を緩和するために、通常の緊急問題解決のための技術の活用を試みる。こうした技術によっても緊張が軽減されない場合、ストレスレベルが高まる。
第3段階：重度の緊張、混乱、困惑、無力感、怒り、あるいは非常に激しい落ち込みを経験する。こうした段階が続く期間は、危険な出来事の性質、当事者のストレングスや対処能力、およびソーシャルサポートシステムの対応の程度によりさまざまである。

こうした段階に関わるパターンは、解体、回復、および再構成として特徴づけられる（Lum, 2004；Parad & Parad, 1990, 2006；Roberts, 1990, 2005）。危機に対する人の反応はさまざまであり、各段階を直線的に通過して進むとは限らない。面会の時点で、各クライエントは、それぞれ異なる段階にあることから、ソーシャルワーカーにとって、彼らの機能、対処、および適応能力を評価することが重要である。クライエントの対応の仕方には、適応性がある場合と、そうではない場合とがある。しかし、長期にわたるストレスが、クライエントの対処能力や通常の問題解決の範囲を上回り、ストレッサーを効果的に対処できないことがある点に注意しなければならない。一部のクライエントにとって、心の平静を達成できるかどうかは、ストレングス、レジリエンス、およびソーシャルサポートが動員される程度に左右される。おそらく当事者は、こうした状況において、より高いレベルの機能を達成することが可能となるだろう。ジェームス（James, 2008）によると、危機は、肯定的な変化の機会を生み出す可能性があるという。つまり、危機に対する反応は、援助を要請し、成功に向けてやる気を出すことであり、これは、自分の利益のために機会を活用していることになる（James, 2008）。一方、緊張のレベルや圧倒されている感覚が高まり、対処パターンが危険なレベルに到達してしまうクライエントもいる。危険が明白になるのは、クライエントが機能できなくなり、迅速に心の平静を取り戻すことが不可能になった場合であり、このような事例では、追加的な支援が必要となる（James, 2008）。

面接の期間

通常、危機に関わるソーシャルワークは、期間が限定されており、4〜8週間以内とされるが、一部のクライエントや状況に対しては、さらに長い時間が必要な場合もある。短期間における積極的かつ集中的な取り組みは、クライエントが危機前の機能レベルを達成する上で役立つことが予想される。面接期間は、支援機関が提供するサービスの種類や危機状況による。最終的に、危機解決に要する時間は、ストレスレベル、クライエントの自我の強さ、ソーシャルサポートや資源、危機が急性であるか、慢性であるかに左右される。

ソーシャルワーカーは、特に緊急な危機の期間は、事務所、保護施設、あるいはクライエントの自宅において、毎日面会を行う。介入方法は、一回のセッションや電話による介入から、グループ、家族、コミュニティ全体を対象とした総合サービスにまでわたる（Fast, 2003；Gibar, 1992；James & Gilliland, 2001；West, Mercer, & Altheimer, 1993）。

以下に、期限付き面接期間の指針となるいくつかの要因を挙げる。

- 今、ここに焦点を当てる。したがって、危機前の性格障害あるいは精神内部の葛藤のいずれにも対処することはないが、こうした症状に対して注意する必要はある。
- 目標は、苦痛の軽減、およびクライエントが心の平静を取り戻すための援助に限られる。

• 課題を特定し、課題達成によってクライエントが新たな心の均衡状態に達するための援助を行うことを目的とする。

ソーシャルワーカーは、積極的に指示を出し、課題を定義することもあるが、クライエントに対し、できる範囲で参加を促すべきである。当然、深刻な精神的苦痛を伴う期間は、クライエントが積極的に参加し、課題を実行する能力は限られるが、そうした能力は、苦痛が軽減するにつれ高まる。

未成年者に対する配慮

未成年者は、高齢者、障害者、あるいは重症な精神疾患患者などと同じく、より脆弱で、危機やトラウマ的な出来事にさらされている個人である（Halpern & Tramontin, 2007；James, 2008）。シュワルツ＆ペリー（Schwartz & Perry, 1994）は、心的外傷後ストレス障害（PTSD）に関する未成年者についての知識基盤を固めることに貢献した初期の研究者である。二人の研究は、心的外傷の神経発達上および心理社会的な側面を統合し、成人の適応と子どもの適応とを区別している。

『精神疾患の診断と統計マニュアル新訂版』（DSM-IV-TR）は、「自覚的な気分の状態を口頭で説明すること」を必要としているが、これは、年少の子どものコミュニケーションスキルを超えているため、年少の子ども向けの診断ツールとしては、限定的な資源であると考えられている（James, 2008, p.163）。ジェームス（James, 2008, p.163）が紹介するテア（Terr, 1995）の研究では、子どもの心的外傷に関するタイプⅠおよびタイプⅡの分類を構築した。

タイプⅠには、「症状や兆候」が現れる単独で明確な心的外傷体験が含まれる。例えば、タイプⅠの心的外傷を患う未成年者は、「完全な詳細にわたる強烈な記憶、誤解、認知的再評価、および出来事の根拠」を提示することができる。一方、タイプⅡは、長期にわたり繰り返された心的外傷の結果である。ジェームス（James, 2008）によると、未成年者の精神は、防衛の方略と対処の方略を構築する。行動面では、未成年者は攻撃性に共鳴し、それを模倣する、あるいは否定、自己の無力化、自傷などを対処の手段として用いるおそれがある。対処に伴う顕著な情動は、感情の不在、怒り、あるいはうつによって表現される。

リンジー、コー、ブロイトマン、ボーン、グリーン＆リーフ（Lindsey, Korr, Broitman, Bone, Green, & Leaf, 2006）の研究では、子どものうつは、高度に都市化されたコミュニティに住む未成年者における発症率が高いことが明らかとなった。この研究結果は、対象となった未成年者グループが、タイプⅡの分類に該当することを示唆している。同様に、ボイジン（Voisin, 2007）によると、未成年者が、犠牲者、目撃者として暴力を体験するか、あるいは暴力的な状況についての話を聞くといった暴力に頻繁にさらされる点は、タイプⅡの行動や情動と一致している。

未成年者の心的外傷体験の結果は、累積的あるいは特異的な影響を及ぼす。マスキ（Maschi, 2006）は、身体的虐待、身体的あるいは性的暴行、暴力の目撃に焦点を当て、非行と暴力にさらされた体験との関係を分析した。その結果、暴力を体験した思春期の青少年は、非行のリスクにさらされていることがわかった。マスキ（Maschi, 2006）およびボイジン（Voisin, 2007）も、同様の結論に至っている。こうしたデータに基づき、未成年者を扱う学校や機関は、アセスメントの一部に、包括的な心的外傷やストレス要因の検討を取り入れることが賢明のようである。

未成年者にとって、トラウマ的な出来事は、生物学的、社会的、および認知の発達を阻害する

おそれがある。未成年者の対応の仕方は、年齢によって大きく異なる。例えば、ゼイラ、アストー＆ベンベニシュティ（Zeira, Astor, & Benbenishty, 2003）によると、幼い子どもの場合、学校の出席率に影響を及ぼす校内暴力に対するおそれや脅威の認識は、年齢の低い子どもほど顕著であることがわかった。タイプⅠの危機は、置かれた状況の中で未成年者を安定させることに焦点を当てた、ハルパーン＆トラモンティン（Halpern & Tramontin, 2007）が指摘する初期反応に最も該当するようである。したがって、実際に、初期反応により、ケアの提供者（およびコミュニティ）は危機前の状態を取り戻し、トラウマ的な出来事を受けた後の未成年者に援助を施すことが可能となる。

心的外傷後のアセスメントや潜在的な影響に注意を向けていくために、コロール、グリーン＆グレース（Korol, Green, & Grace, 1999）は、発達上のエコロジカルな枠組みを重視している。この枠組みは、発達段階と未成年者が機能する環境が相互に関係していることを前提とする（James, 2008）。この枠組みの中で、未成年者に対する介入の指針として、コロールら（Koral et al., 1999）は、以下４つの特性を特定した。研究結果に基づくこの４つの特性は、ハルパーン＆トラモンティン（Halpern & Tramontin, 2007, p.149-150）によって要約されている。

- 出来事に関わる脅威の認識、出来事に対する物理的近接、期間、および強度を含むストレッサーの特徴
- 未成年者の特徴。発達段階、ジェンダー、および脆弱性は、脅威が発生する以前に存在していた心理的あるいは行動上の問題と同様に、未成年者がどのように脅威を経験するのかに対し、重要な役割を果たす。
- 未成年者の対処努力。研究が限定的であるため、未成年者にとって、否定的な結果を「減らす」可能性のある資源について一般化することはできない。しかし通常は、未成年者にとって、優れたコミュニケーションスキル、自意識、内的統制型のローカス・オブ・コントロール、および平均的な知性は、肯定的な結果をもたらす指標となる。
- 災難後の環境の特徴。事後の環境に対する未成年者の反応は、大切な人や資源からのソーシャルサポートの存在により強化される。こうした要因は、ストレスを軽減し、前向きな要因として作用し、被害の影響を調節する。

対話型トラウマ／グリーフ中心治療（IT/G-FT）モデルは、心的外傷を受けた後の未成年者に対する事後の影響に対処するための、もう一つのアプローチである（Nader & Mello, 2008）。本質的にさまざまな要素を含んだこのモデルは、精神力動および認知行動アプローチを含む状況と関連性のある理論を用いている。未成年者のナラティブ、情動、認知、および記憶を利用し、クライエントが危機前の健全な機能の特徴を回復し、取り戻すための支援をすることを目標としている。このモデルは、過去の心的外傷を含むタイプⅠあるいはタイプⅡの状況で活用することが可能である。

未成年者の場合、危機を体験する段階と反応が異なる。例えば、未成年者は、自分の危機に対する反応を理解したり、問題解決技術を開発したりする上で、プラスアルファの援助を必要とする。トリアージ評価システムは、危機の結果生じた未成年者の認知や行動を見極める上で、特に重要となる。危機が起きると、認知的に、未成年者の無防備な意識や力の欠如に対する認識を高めるおそれがある。ある出来事に対する行動や反応として、未成年者は全能のアクションヒー

ローの役割を演じてみせることがある（Knox & Roberts, 2008）。

　ジェネラリスト実践と合致した均衡モデルは、未成年者に適しており、心理教育グループと組み合わされる場合がある。このモデルにおける共通のテーマは、資源としての家族、また可能な場合は、学校やコミュニティの重要性を強調している。また、ソーシャルワーカーが、子どもの成長および心的外傷の影響を理解する必要性を重視している。均衡モデルの要素は、タイプⅡの心的外傷に対する初期反応を特徴づけることができる。しかし、担当する集団が、この分類に当てはまる未成年者からなる場合は、本書の範囲を超えた追加的な資源を求める必要がある。

危機がもたらすメリット

　大半の文献は、危機が人間に及ぼす悪影響に焦点を当てる傾向がある。当然のことながら、介入や方略は、ストレングス、コーピング、およびソーシャルサポートを取り入れながら、機能を危機前のレベルに回復させることを目指している。理論家や研究者の中には、否定的な出来事が、危機の後、実際に成長を促進する可能性があることを指摘する者もいる（Caplan, 1964；Halpern & Tramontin, 2007；James, 2008；McMillien & Fischer, 1998；McMillen, Zuravin, & Rideout, 1995；McMillen, Smith, & Fischer, 1997；Joseph, Williams & Yule, 1993）。しかしこの結果は、成人集団に特定されたものであることに注意しなければならない。

　過去の研究およびキャプラン（Caplan, 1964）が展開したメリットの概念に基づき、マクミリエン＆フィッシャー（McMillien & Fischer, 1998）は、否定的な出来事を経験した個人に対する悪影響とメリットの認識を検討した。実際に、人々は、肯定的な人生における変化という形で、否定的な出来事がもたらしたいくつかのメリットを報告している。研究の対象者が認識したメリットの中には、スピリテュアリティ、人に対する信頼、同情、およびコミュニティの親密さの向上などがある。マクミリエン＆フィッシャー（McMillien & Fischer, 1998）によると、出来事や状況によってもたらされた悪影響の認識、症状、および支援や援助の種類と関連して、認識されるメリットはさまざまである。

　マクミリエン＆フィッシャーによる研究結果は、以下の2つの理由から、重要であると言える。

- 心理社会的な結果に対する欠陥アプローチは、福祉サービス提供者のクライエントに対する見方やクライエントによる自分の経験に対する見方に影響を与えるように思われる。具体的には、専門家は、心的外傷のみに焦点を当てる傾向がある一方、クライエントは、複数の視点から状況や出来事を見る。
- 危機から生じた肯定的なメリットを理解する上で、専門家は、こうした肯定的な要因を強化する介入を構築し、成果を高めることが可能である。

　また、以上のような研究結果は、危機介入における重要な要素として、危機体験の主観的な性質を強調する。同様に、悪影響やメリットに対するクライエントの認識を含む、クライエントの情動、行動、および認知能力を十分に評価する必要性を指摘している。このような情報は、クライエントの危機後の機能レベルに対するアセスメントに盛り込まれる。

理論的枠組み

　パラッド（Parad, 1965）、キャプラン（Caplan, 1964）、およびゴーラン（Golan, 1981）は、基本

的な危機介入理論に対する初期の重要な貢献者であり、危機の性質、段階、および危機解決に向けた介入方略について詳しく説明している。ラクトン（Lukton, 1982）は、ソーシャルワーカーのための実践理論と技術をさらに発展させた。初期の危機介入理論は、さまざまな発達段階における、悲しみや喪失に対する反応や、成熟および生物心理社会的危機に焦点を当てていた。役割の変遷、あるいは人生におけるトラウマ的または予想外の出来事もまた、発生する可能性のある危機状況の例である（Lindemann, 1944, 1956；Rapoport, 1967）。方略には、このような理論的枠組みが反映される傾向にあるため、初期の理論の原則は、一般的に、精神分析的な性質を帯びていた。したがって、危機や危機反応をもたらす一因して、環境および状況要因は、現在ほど注目されていなかった。

やがて、他の理論が展開され、基本的な危機理論だけでは、心的外傷に対する人の反応を説明することは不可能となった（Knox & Roberts, 2008；James, 2008）。危機理論および関連モデルは、自我心理学、および発達上、認知行動上のカオス理論、エコロジカルシステム理論などの影響を受けている。危機介入理論の原則を拡大する上で、オークン（Okun, 2002）およびジェームス（James, 2008）は、危機が発生する状況をより広義に定義し、その中で、危機に対するソーシャルワークの基礎にある理論的枠組みを拡大させた。表13-2に、ジェームスの拡大危機理論およびその焦点をまとめた。

危機の種類

さまざまな種類の危機を区別するために、オークン（Okun, 2002）は、理論的枠組みの複合的要素を統合し、ラム（Lum, 2004, p.272）によって、「事件や出来事をより正確に区別するために役立つ」と称された。以下に、オークン（Okun, 2002, p.245）による危機の6つの分類をまとめた。

1. 属性危機：意思決定を行うために必要な情報が欠如している場合に発生する
2. 人生において予想される移行：結婚、離婚、転職、人生における次の段階への移行（中年期、加齢など）といった標準的な人生における出来事や発達上の出来事
3. 心的外傷性ストレス：自分がコントロールできる範囲を超えて発生した事情や出来事によって強いられた情緒的に圧倒されるような状況。例えば、予期せぬ死、突然の喪失、レイプ、健康状態についての情報の入手、および病気など
4. 成熟・発達上の危機：中年の危機、青年期に両親の家を出る、思春期のアイデンティティ、および独立など、大きな発達上の変化となる重要な移行や人生のプロセスにおける段階
5. 精神病理学的危機：既存の精神病理によって引き起こされる情緒危機で、移行、心的外傷、あるいは発育年齢と関連した状況や環境要因により、苦痛に直面している時に発生する
6. 精神医学的緊急事態：日常生活に支障がある、自分自身や他人に危害を与える、あるいはその両方に該当するなど、個人の機能が著しく損なわれた場合に発生する

危機の種類、脅威の認識、関係者への危害や関係者の脆弱性、およびクライエントの情動、情緒、行動機能を理解することは、対応や適切な介入を計画する上で役立つ。そうした理解がなければ、介入方略は、クライエントに対し、ほとんどあるいはまったく価値を持たなくなる。

表13-2　拡大危機理論

理　論	前　提
精神分析	危機状態にある個人の不均衡（心の平静がない状態）の経験は、無意識下の思考パターンおよび以前の情緒的経験を検討することや、クライエントに対し、「問題のダイナミクスや原因に対する洞察を得る」ための支援をすることによって、理解することが可能となる。
エコシステム	システム理論の基本的な概念（例えば、個人と環境の間、および「人間と出来事の間」の相互作用や相互依存）を用いて、対人関係（例えば、家族システムにおける）、および危機状況や出来事を引き起こす社会的、環境的要因を検討する。
適応	危機は、ストレスや混乱をもたらす。また、生物学的、心理的、および社会的機能に悪影響を及ぼし、情緒障害、機能障害、不適応行動を引き起こすおそれがある。この理論は、「不適応な対処行動が適応行動へと変化し、その結果、より肯定的な機能状態へと移ることによって人の危機は緩和される、という前提」に基づいている。
対人	個人の有効性が、他人による評価を受け、またその評価に依存している場合、危機が発生し、持続する。いわゆる「行動を統制する意識の所在を外因に与えている」ため、個人がアクションを講じることによって、自分の人生に対する自己効力感を得るまで、危機は継続する。
カオス	状況は予想しがたく、常に変化しては新たに生じる、複雑なものである。解決は、人々が対処する中での試行錯誤に基づく。「出だしのつまずき、一時的な失敗、行き詰まり、創造性および革新性」が関わる。

出典：From JAMES, "Crisis Intervention Strategies", 6E. © 2008Wadsworth, a part of Cengage Learning, Inc. Reproduced by permission. www.cengage.com/permissions.

多様なグループへの適用

　危機介入の方略の利点は、異なる集団に対して活用できることである（Knox & Roberts, 2008）。ラム（Lum, 2004）は、危機介入は、ジェネラリスト実践のアプローチとして、「有色人種に対し、一般的に応用できる」と主張している（p.272）。この主張は、有色人種は、「しばしば個人的および環境的危機を経験し」、多くの場合、専門家の援助を求める以前に、「コミュニティや家族の資源を使い果たしている」という事実に基づいている（p.273）。中には、援助を求める行動のパターンや、歴史的背景に基づく正式な援助に対する不安により、専門家との面会が遅れる可能性、つまり危機が慢性状態に陥るおそれがある。さらに、文化や異なるコミュニティの影響により、トラウマ的な出来事に対し、異なる方法で反応したり、対処したりする場合がある（Halpern & Tramontin, 2007）。

　ジェームス（James, 2008）は、危機介入は、他の有力な実践方略と並んで、西洋の前提に基づくものであることを認め、世界の大多数の人々は、こうした理念にはなじみがないと指摘する。したがって、医療部門がそうした西洋的な要因や正常であることに焦点を当て、信念や不公平といった文化的要因を除外しているという社会構成主義的な見方には、利点があると言える（Freud, 1999；Silvo, 2000）。ハリケーン・カトリーナの直後、ニューオリンズの第9区に住む市民に対する危機対応に関して、不公平や正義についての避けがたい疑問がわき起こった。しかし、この特定の層に対する対応は、危機モデルの欠点によるのではなく、体系的な構造上の障壁の結果ではなかったのかという疑問を抱くかもしれない。このトラウマ的な出来事の性質は、確かに当事者の対処能力を圧倒し、深刻な影響を与えた。

　文化、ジェンダー、および人種グループに関する危機介入の方略についての調査や文献は限られているが、知識ベースの拡大につながったいくつかの研究がある。例えば、文化的に多様

な移民家族を対象としたコングレス（Congress, 2000）、およびポトキー・トリポディ（Potocky-Tripodi, 2002）や、アフリカ系アメリカ人を対象としたコーネリアス、シンプソン、ティング、ウィギンス＆リップフォード（Cornelius, Simpson, Ting, Wiggins, & Lipford, 2003）、またリーゴン（Ligon, 1997）の研究がその例である。ハルパーン＆トラモンティ（Halpern & Tramontin, 2007）は、特定のアジア人コミュニティにおいて、文化によりもたらされた認識が、危機反応の予測にどのような影響を与える可能性があるかを詳しく説明している。また、こうしたコミュニティにおける反応が、西洋社会の反応とは異なる傾向にある点を指摘している。移民や難民を研究対象としたポトキー・トリポディ（Potocky-Tripodi, 2002）は、危機介入の方略は妥当ではあるが、理想的には、再定住段階の前に、予防策として実行すべきであると主張している。コングレス（Congress, 2002, 2000）は、移民や難民の間で共通する危機要因を特定した。すなわち、世代間葛藤、役割の変化、失業、および危機の方略を妥当とする正式な制度との相互関係といった要因である。リーゴン（Ligon, 1997）は、均衡モデルから多少離れた立場で、エンパワメントと一体化した文化的およびエコロジカルシステムの視点に立つ。アフリカ系アメリカ人の若い女性の危機を解決するために、この枠組みを活用しながら、リーゴンは、自分の視点が他の有色人種や重度の身体的および精神的な健康上の問題を持つクライエントに対しても、潜在的な利点があることを示した（Potocky-Tripodi, 2002；Lum, 2004；Poindexter, 1997）。ポインデクスター（Poindexter, 1997）は、HIV感染者は、一連の危機を経験すると主張する。まず、感染の事実について知ることは、危機を招く出来事となる。しかし、病状が悪化するにつれ、社会的、状況的、および発達上の複数の危機が同時に発生するおそれがある。エル（Ell, 1995）およびポトキー・トリポディ（Potocky-Tripodi, 2002）と並んで、ポインデクスターの研究は、危機は一時的なものであるという前提を超え、危機状況が発展していく段階を理解する上で、非常に役に立つ。

　危機介入は、他の実践モデルと同様に、自己認識、偏見、多様なグループの立場や文化についての知識、クライエントの文化や状況に適した代替方略の活用に対する意欲など、多文化的な援助を必要とする（James, 2008；Sue, 2006）。認識しなければならない、おそらく最も重要な要因は、他の問題解決方略と同様に、危機に対するソーシャルワークでは、クライエントの世界観、クライエントが状況に対して抱く意味、対処のパターン、およびクライエントの解決を望む姿勢を考慮しなければならない点であろう。この点において、社会構成主義アプローチの特徴を組み合わせることにより、クライエントの文化的視点の理解を深めることが可能となる。

危機介入の過程と方法

　ギリランド（Gilliland, 1982）によって最初に構築された6つの手順からなる危機介入モデルの過程と方法は、図13-3に示したとおりである。各手順は、危機状況に対する体系的な介入に用いることができる（注3）。また、各手順は、折衷的な問題解決アプローチと適合している（James, 2008）。図13-3は、基本的な技術や、危機状況の中で援助者が取るべきさまざまな行動の概要を示している。図中に示されたモデルの実行方法は、10代の妊婦リアの事例に適用したものである。さらに、リアの妊娠に関わる文化的緊張についても検討する。

手順1——問題を定義する

　危機状況に対応するソーシャルワーカーは、危機の独自性、およびクライエントに対する状況の深刻度を見極めなければならない。クライエントに危機の意味や重要性について話させること

は、対症的なカタルシス（感情の浄化）過程となり、非常に治療効果がある。こうした情報を収集することにより、ソーシャルワーカーは、クライエントがどのように問題を定義しているかについて、不可欠な情報を得ることができる。

　文化的要因やステータスは、クライエントの問題定義や危機状況に対する反応を評価する上で、同じくらい重要となる。危機と見なされる状況は、危機に対する反応と同じように、文化によっ

評 価

危機を通して包括的、継続的、および動的に進行する；クライエントの対処能力、個人的な脅威、可動性または不動性の点から、クライエントの現在および過去の状況的危機を評価する。また、危機ワーカーに必要な行動の種類について判断を下す（下記の危機に対応するワーカーの行動の連続体を参照のこと）。

傾 聴 ↓	アクション ↓
傾聴：関心、観察、理解、共感を伴う対応、誠実さ、尊重、受容、中立的、思いやり	行動：評価に基づくクライエントのニーズや環境的支援の利用可能性に従い、非指示的、協力的、または指示的レベルで介入に関わる。
1. 問題の定義：クライエントの視点から問題を検討・定義する。自由回答の質問をするなど、アクティブリスニングを活用する。クライエントの言語および非言語メッセージに注意する。	4. 選択肢の検討：クライエントが、現在、利用可能な選択肢を検討する手助けをする。迅速な状況支援、対処メカニズム、および肯定的な考え方を獲得するための後押しをする。
2. クライエントの安全確保：致死性、到命度、不動性、またはクライエントの身体的および心理的安全に対する脅威の程度を評価する。クライエントの内部事象、およびクライエントを取り巻く状況の双方を評価し、必要に応じて、衝動的、自己破壊的な行為に代わる選択肢について認識していることを確認する。	5. 計画立案：クライエントが、追加的な資源を特定し、対処メカニズム（クライエントが認め、理解することができる明確なアクション手順）を示す現実的な短期計画を策定するための支援をする。
3. 支援の提供：危機に対応するワーカーは、有効な支援者であることをクライエントに伝える。クライエントに対し、思いやりを持ち、前向きに、干渉せず、中立的に、受け入れ姿勢で、個人的に関わることを（言葉、声、ボディランゲージで）示す。	6. コミットメントの獲得：クライエントが認め、現実的に達成または受け入れ可能な明確で肯定的なアクション手順に対し、クライエントが全力を傾けることができるように支援する。

危機に対応するワーカーの行動連続体

危機に対応するワーカーは		
非指示的である	協力的である	指示的である

（閾値はクライエントにより異なる）		（閾値はクライエントにより異なる）	
クライエントは可動性あり	一部可動性あり		可動性なし

クライエントの可動性・不動性レベルに対する有効かつ現実的なアセスメントに基づき、危機に対応するワーカーのアクション・関与レベルは、上記の連続体上に示すことができる。

出典：From JAMES, "Crisis Intervention Strategies", 6E. © 2008 Wadsworth, a part of Cengage Learning, Inc. Reproduced by permission. www.cengage.com/permissions.

図13-3　6つの手順からなる危機介入モデル

て大きく異なる。文化的価値観、信念、および儀式（スピリチュアルヒーリング、ケアサークルなど）を重要な基準点として考慮した場合に初めて、介入は最も効果を発揮する。

事例

リア（17歳）が抱える問題は、未婚のまま妊娠したことであった。学校へ通っていた間は、学校ベースの10代女子生徒向けグループに参加していた。紹介を受け初めてグループに参加した日、リアが感情的に取り乱したため、グループリーダーは、二人だけで話をするためにリアを脇へ呼んだ。リアは、自分が妊娠していること、またそのことが原因で家族と仲たがいしていることを告げ、グループリーダーは、リアをコミュニティヘルス・メンタルセンターへ紹介した。

リアとの初めてのセッションにおいて、ソーシャルワーカーの当初の課題は、以下の2点であった。

- リアの精神的苦痛を評価し、軽減する。
- 問題に対し、リアがどのような定義をしているかを引き出す。

リアの精神的苦痛を評価し、軽減する：初回面接の間、リアは泣きじゃくり、呼吸もままならぬ状態で、ソーシャルワーカーに自分の状況が理解できるのかという不安を表明した。さらに、リアの情動状態を評価することにより、ソーシャルワーカーは、問題に対するリアの苦痛の大きさを理解することができた。リアの精神的苦痛は、自殺を考えたことがあると示唆した時点で、さらに深刻度が増した。また、リアは12歳の弟との会話の中で、自分の気持ちを伝えたことを話した。

リアの情動に焦点を当て、ソーシャルワーカーは、共感的に対応しながら、自分の気持ちについて話すリアに耳を傾けていた。また、ソーシャルワーカーは、リアが自殺について考えたことがあるのを知り、すぐに、センターのメンタルヘルスサービスへ紹介した。さらに、リアは自分自身と生まれてくる子どもの安全と幸せについて不安を感じていた。学校はすでに数日休んでいたが、グループへの参加は続けていたため、これは有望な兆候である。

問題に対し、クライエントがどのように定義しているかを引き出す：リアが定義する問題は、未婚のまま妊娠したことであり、これは文化的規範によって、さらに複雑な問題となっている。こうした極度の状況は、リアが家族の反応について話した時、さらに悪い方向へと向かった。リアの家族の考え方では、未婚のまま妊娠することは、家族にとっての恥である。リアの妊娠を知るや否や、父親はリアを勘当し、このことを他人に話すことを拒否した上、家族にも他言しないようにと忠告した。社会的追放、面目喪失、家族や親戚との断絶に直面したリアの苦痛はさらに高まった。

明らかに、未婚での妊娠は、リアにとって心配なことではあるが、この状況に対処できると思い、どうすべきかについての考えもあった。しかし、この問題に対する家族の定義は、文化的規範や期待といった背景に基づいていた。未婚者の妊娠は、大半の文化において、多大な適応努力を必要とするが、第一世代の移民家族にとっては、極端な問題となる。リアの状況には、自分自身だけでなく、家族やコミュニティの視点から定義された複数のレベルからなる問題が関わっている。ソーシャルワーカーは、情報を収集する中で、危機やリアの苦痛の一因となっ

ているさまざまな要因について理解した。

・・・

手順2――クライエントの安全を確保する

　クライエントの安全確保は、危機介入において、真っ先に考えなければならない点であり、常に留意すべき問題である（James & Gilliland, 2001；James, 2008）。安全には、クライエントや他人に対する「身体的および心理的」危害を最小化するための計画的な手順が必要となる（James, 2008）。ソーシャルワーカーは、うつ尺度の実施を要求し、これに対してリサは同意を示した。テストの結果、評価を行うために、メンタルサービスへの紹介が必要であることが確認された。

　リアが自殺を考えたことがあると話したため、ソーシャルワーカーは、緊急安全計画契約を策定し、リアの感情が自傷行為を企図するレベルに達した場合の連絡先となる危機ホットラインなどの資源を各関係者とともに特定した。

　リアの情動、認知、および行動領域のアセスメントを行ったところ、結果は中程度であった。さらに、アルバイト先では、自主的に最終シフトを引き受けることも多く、その場合は、自宅へ戻ることを避けるために姉の家で一晩過ごすなど、多少の対処行動を示していた。また、学校を休んでいる間も、グループへの参加は続けており、これも対処可能性の兆候であった。さらに、生まれてくる子どもの幸せについて心配していることも、リアの将来志向の考え方を表したものである。ソーシャルワーカーは、自傷のおそれを最小化するために、生まれてくる子どもの問題に焦点を当てた。安全に関するもう一つの懸念は、リアが深夜に仕事を終えた後、姉の家まで歩いて帰らなければならないことであったため、リアとソーシャルワーカーは、他の交通手段について検討した。3つの領域の評価を行ったことで、ソーシャルワーカーは、リアの適応能力や対処能力を観察することが可能となり、同時に、リアの苦痛を軽減し、安全を確保するために活用できる家族資源があることがわかった。

手順3――支援を提供する

　この手順におけるソーシャルワーカーの目的は、支援ネットワークを動員することが危機介入の一環として非常に役立つため、リサのソーシャルサポートシステムを特定することであった。ソーシャルサポートには、友人、親戚、また場合によっては、クライエントに気をかけ、安らぎや思いやりを与えてくれる施設プログラムなどが含まれる（James & Gilliland, 2001）。

　リアとソーシャルワーカーが潜在的なサポート資源を検討する中で、いくつかの資源が特定された。リアの姉、叔母、およびリアの置かれた状況に同情を示す親戚たちであり、こうした資源もまた、安全計画に取り入れた。10代妊婦向けの学校ベースのグループも、新たな資源として特定した。ソーシャルワーカーは支援者として、精神科医との予約の際にリアに同行したり、センターの赤ちゃん健康プログラム担当のソーシャルワーカーに紹介したりした。また、リアの毎日のスケジュール調整を行った。

手順4――選択肢を検討する

　この手順では、ソーシャルワーカーとリアは、彼女の状況に適した一連の行動を検討した。当然のことながら、考えついた選択肢には、それぞれ優劣があるため、利用可能な選択肢を優先づけする上で、眼識を持つことが重要である。理想的には、選択肢は以下の要素を満たしているこ

とが望ましい。

- クライエントの身に起こったことについて心配してくれる人々を含む、状況的サポート
- クライエントが危機状況を克服するために用いる行動、行為、あるいは環境的資源に代表される、対処のメカニズム
- クライエントの問題に対する見方を効果的に変え、ストレスや不安のレベルを低下させる、肯定的かつ建設的な思考パターン

　リアは、実際に選択肢について考えたが、情緒的に身動きが取れず、そうした選択肢を実行に移すことができなかった。例えば、玄関の鍵を変えてしまい、リアが自宅に戻れないようにした父親からの脅威に対し、リアは子どもが生まれた後まで、姉や叔母（状況的サポート）の所へ身を寄せようと考えた。その後、18歳になったら、独立して生活ができるだろうと思ったのだ。しかし、この選択肢を実行する代わりに、リアは、両親が寝てしまうか、仕事へ行くまで待ち、兄弟に頼んで（対処のメカニズム）自宅に入れてもらうことを計画した。以前、ボーイフレンドと遊んで帰宅が遅くなってしまったとき、兄弟に頼んで家の鍵を開けてもらったことがある。こうした選択肢に頼ることは、せいぜい短期的な解決策でしかなく、リアと兄弟の双方に、より大きなリスクをもたらす。

　ソーシャルワーカーが提案した、より実行可能な選択肢は、高校とアルバイト先の近くにある10代妊婦向けの一時居住施設へ移ることであった（肯定的かつ建設的な思考や行動）。その居住施設では、妊婦健診へ行くための交通手段、グループカウンセリング、自立生活のための技術を身につけるクラス、および住居探しの支援といったプログラムサービスが提供された。リアは、最初はためらっていたが、この選択肢を検討することに同意した。ソーシャルワーカーは、クライエントとともに考えることによって、よりよい選択肢を計画することができる場合があり、クライエントがその考え方を理解したときに、彼らの思考を変えることが可能となる。例えば、10代妊婦向けの居住プログラムに対するリアの不安は、家族やコミュニティと一緒にいたい、あるいは少なくとも近くにいたいという願望を反映していた。

　当然のことながら、状況の安定化に向け、追加的な選択肢が考えられた。しかし、危機にあるクライエントに対し、複数の選択肢を与えることは、クライエントを圧倒させるおそれがあることを認識しておかなければならない。したがって、ソーシャルワーカーとクライエントが検討する選択肢は、状況に対して「現実的」なものでなければならない（James, 2008）。リアの事例では、短期間だけ叔母の所へ身を寄せる、10代妊婦向けの居住プログラムに参加する、という2つの選択肢があった。リアは、さまざまなサービスが受けられることから、居住プログラムを選択した。しかし同時に、リアとソーシャルワーカーは、リアが家族と連絡が取れる方法についても話し合った。

手順5──計画を立てる

　計画および契約は、前の手順からの流れをくみ、第12章で説明したものと同じ要素が関わってくる。手順5では、リアとソーシャルワーカーは、具体的な行動手順あるいは課題、および期限について合意した。当然のことながら、課題と対応策は、危機状況の性質や各自あるいは各家族独自の特徴によって異なる。

課題の策定および交渉において、ソーシャルワーカーはリアに対し、どのようにしたら危機前の均衡レベルで機能することができると思うか、という点についての考えを引き出した。同時に、リアの安全を確保することが計画における優先事項であると特定した。さらに、リアが最終的に10代妊婦向けの居住プログラムに移行するために達成しなければならない課題を特定した。

　また、リアが懸念する両親との対立も、一つの中心的な問題であった。ソーシャルワーカーはリアに対し、両親に謝罪の手紙を書いてみたらどうかと勧め、そうした行為が文化的に適切であるかどうかを尋ねた。リアは、手紙を書くことについてはためらったが、叔母に話をすることには合意した。また、家族や親戚との関係を何らかの形で取り戻せる方法について考えてみるように勧められた。こうした計画には、サポート資源として、叔母と姉が関わることになる。

　この手順では、時としてソーシャルワーカーは、クライエントと関わる上で指示的にならなければいけない場合がある。例えば、家族へ手紙を書くという案は、ソーシャルワーカーの考えであった。しかし、ジェームス＆ギリランド（James & Gilliland, 2001）は、クライエントに対して計画を「情けを持って押しつける」ことをしないように警告している。むしろ、ソーシャルワーカーは、指示的になることと、できる限り、自立したアクションを奨励し、強化しながら、クライエントに自主性を与えることとのバランスを見極めるように努めなければならない。結局リアは、手紙を書くことはいい案であると考えたが、手紙がもたらす効果には確信が持てなかった。とはいえ、手紙を書くことによって、リアは多少の安心感を抱くことができるかもしれない。

手順6──コミットメントを獲得する

　前の手順からの流れとして、課題を完了することは、クライエントが危機状況を克服する上で不可欠であると考えられる。この6つめの最終手順では、リアとソーシャルワーカーは、危機前の機能レベルを取り戻すために策定した具体的、計画的、および肯定的な課題手順に、協働体制のもと、全力で取り組むことに合意した。

　一週間後、リアは、10代妊婦向け居住プログラム施設へ入所する計画に従うことに合意した。それまでの間、リアは、姉と叔母の家に一定期間ずつ身を寄せることを検討する。同時に、リアの安全を確保するための課題も策定した。合意に達した課題は、以下のとおりである。

リア
- 感情が抑えられなくなった場合、24時間対応の危機ホットライン、あるいは他のサポート資源に連絡する。
- 姉と叔母に対し、一緒に暮らすことについて相談する。
- 10代妊婦向け居住プログラム施設を見学する。
- 家族と連絡を取る方法を検討する。
- 学校ベースの10代向けグループへの参加を続ける。

ソーシャルワーカー
- 10代妊婦向け居住プログラム施設を見学する前に、リアに対し、プログラムについての情報を提供する。
- リアが施設を見学する際に同行する。
- リサと生まれてくる子どものための金銭的援助に関する情報を入手する。

将来を見越した指導

　危機介入モデルの以上６つの手順を完了することに加え、将来を見越した指導が、クライエントに対して有益な活動となるだろう。この活動は、予防的な意味合いを持つ。つまり、クライエントが将来的な危機状況を予測し、将来のストレスに直面する心構えをするための対処方略を計画する上で役立つのである。潜在的な将来のストレッサーに焦点を当てることとは、基本的に、「起こり得る」事態を検討することである。この点について、ソーシャルワーカーとリアは、リアの最大限の努力にもかかわらず、家族がリアの妊娠が原因で彼女との断絶を続けた場合、それに対するリアの対処方法について話し合った。また、自立生活を送りながら、出産することから生じる一般的なストレスや利用可能な資源についても検討した。こうした話し合いの中で、ソーシャルワーカーは、リアが現状において、自分の問題解決、対処、および適応のための技術に目を向けるように支援した。例えば、自宅へ帰ることを避けるため、アルバイト先で夜間シフトを希望することなどである。当然、これにより、夜遅く一人で歩いて帰らなければならないという別の問題が発生したが、同時にこれは、リアの問題解決および適応能力を示している。

　将来を見越した指導を行う上で重要なことは、クライエントに対し、常に将来の危機状況を一人で管理できるという期待を与えないことである。ソーシャルワーカーは、クライエントに対し、自分の技術に対する自信を与え、将来的な状況を予測する手助けをするが、クライエントが将来的に援助を必要とする場合には、自分あるいは他の専門家に支援を求めることができる点を明確に伝えなければならない。

危機介入モデルの長所と限界

　基本的危機介入モデルは、基本的危機理論に基づく技法を用いた、体系的かつ期限のある一連の手順で構成される。初期の介入の段階では、以下３つの方略の目的を掲げる。(1)クライエントの精神的苦痛を軽減する。(2)クライエントの認知、行動、および情動機能のアセスメントを実施する。(3)クライエントが実行すべき関連性のある課題に焦点を当て、介入の方略を計画する。

　均衡モデルの基礎となる大半の理論では、人は通常の生活パターンを変える出来事や状況を経験するものと仮定している。したがって、介入の目標は、危機前の機能を回復することである。認知再構成法やリフレーミングなど、他の技法では、特に未成年者に対し、危機状況に陥ったのは、ある意味自分の責任であるといった感情を緩和するために、危機対応の方略を強化することが可能である。

　やがて、一つの理論だけでは、危機の定義や説明はできないと認識されるようになり、複数の拡大理論やモデルが、異なる種類の危機、心的外傷、および危機反応の分類に影響を与えた。また、モデル自体も進化し、クライエントの危機ニーズに対し、発達段階を考慮した上で、異なる方法で対応することが必要であると強調するようになった。有望な研究では、他の危機理論の前提を統合することにより、多様な集団に対する危機方略の有効性を示している。同様に、コミュニティやグループ全体のニーズに対応する方略の実行を必要とする危機の定義として、危機理論には、心的外傷や災害が含まれる。こうした理論やモデルは、危機に対するソーシャルワークの理解、およびそうしたソーシャルワークを区別する能力を高めるという点で、大きな貢献をしている。

　危機の定義については、総意が得られているが、実際に危機を構成する要素については、個人的、文化的に定義されるものと理解されている。危機に対する認識は、付随する脅威、個人の認

知、状況の重大性、自我の強さ、対処能力、および問題解決の技術によってさまざまである。場合によっては、人は否定的な経験がもたらした肯定的なメリットを認識し、それについて明確に説明することがある。当然のことながら、メリットの認識は、危機の性質や深刻度、未成年者の発達段階、および適宜利用可能な資源やサポートによって制約を受ける。

危機介入モデルでは、依然として、危機を一時的な期限付きの出来事と仮定している。したがって、個人、コミュニティ、あるいはグループのストレスや苦痛への対応も、このレベルで行われる。具体的には、危機に対応する専門家は、精神的苦痛を軽減させ、個人に危機前の機能レベルを回復させるための行動計画を策定することを目標とする。さらに、ある特定の行動や認知課題を習得すべきであると仮定されている。

エル（Ell, 1995）は、危機は必ず一時的なものであるという仮定や、ホメオスタシスの概念、つまり均衡を達成する能力に疑問を投げかけている。エルによると、こうした仮定は、慢性的な不変のストレスを経験する個人や、おそらくコミュニティ全体にとって、有効なものではない。例えば、危機介入は、ストレスの多い環境での継続的な生活、構造的および社会環境的な脅威、あるいは長い間の差別や不平等による歴史的な心的外傷には対処していない。実際に、個人やコミュニティ全体が、日常的にトラウマ的な状況に直面し、その結果、常に不均衡あるいは脆弱な状況で生活することは、十分あり得ることである。多くの場合、貧しいマイノリティのコミュニティでは、危機介入が最初に用いられる場所は、病院の緊急治療室あるいは警察署であり、その結果、『精神障害の診断と統計マニュアル』（DSM）に基づいた分類が行われる。あらゆる段階の危機反応が、こうしたコミュニティで起こるわけではない。実際に、こうした状況にある人々は、問題を解決する力や資源が欠如している。例えば、非行集団、警察、あるいは政治的な要素がからむ暴力に対する最初の反応は、ショックを受ける、あるいは否定することだろう。こうした点から、危機反応段階に基づき、人は怒りを表したり、圧倒されたり、あるいは絶望的、うつ状態になるのである。通常の問題解決技術が不十分である上、対処の技術を使い果たしてしまった危機状態が長引くと、人は無感覚になり、重度のうつ病を経験し、その状態にとどまるおそれがある。したがって、エル（Ell, 1995）が主張するように、危機は一時的なものであるという考え方は、常に当てはまるわけではなく、均衡を回復することが実行可能ではないばかりか、現実的でもない場合がある。

多様な集団や多様な状況における危機介入の方略の有効性は、こうした見解によって弱まるわけではないが、社会環境的要因や、そうした要因が認知、情動、および行動機能に与える影響に関するアセスメントが必要であることを示している。さらに、個人の自己効力感を取り戻すことは可能かもしれないが、危機は一時的なものであるという考え方は、すべての危機状況に対し、例外なく適用できるわけではない。

基本的危機理論を理解することにより、成人および未成年者に対するソーシャルワークの枠組みを把握することができる。均衡・不均衡モデルの手順は、基本的危機理論から派生したものである。また、認知、情動、および行動領域のアセスメントにより、クライエントが経験している苦痛のレベルを判断することが可能となる。さらに、こうした領域を評価することによって、機能レベルやクライエントの不可動性がそうした苦痛によるものであるのかどうかについての情報を得ることができる。このモデルは、ジェネラリスト実践と適合しており、すでにおなじみのソーシャルワーク実践の価値、知識、技術を活用している。

■認知再構成法

　認知再構成法は、認知行動療法（Cognitive-behavioral therapy：CBT）から派生した援助プロセスである。また、認知置き換えとも呼ばれ、「認知行動アプローチの基礎と考えられている」（Cormier & Nurius, 2003, p.435）。認知行動療法における介入技法は、個人が、信念、誤った思考パターンあるいは認知、および破壊的な言語表現を修正し、その結果、行動変化をもたらすための手助けとなることを目的としている。認知再構成法は、人はしばしば、認知の歪み、すなわち人、出来事、あるいは状況に対する非現実的な解釈につながる否定的なスキーマから生じた不合理な思考を示すと仮定している。多くの場合、クライエントは、自分の誤った思考に気づいてはいるものの、そうしたスキーマのパターンを変える精神的強さが欠如しているのである。

理論的枠組み

　認知再構成法の根拠を十分に認識するためには、この技法の基礎となる理論を理解することが重要である。認知理論家によると、大半の社会および行動問題、あるいは機能障害は、自分自身、他人、およびさまざまな生活状況についての誤解と直接関係している（J. Beck, 1995；Dobson & Dozioss, 2001）。この分野におけるエリス（Ellis, 1962）、ベック（Beck, 1976）、その他の研究者による歴史的に重要な初期の研究は、認知機能障害の問題に直接、体系的に適用可能な認知理論や技法につながっている。エリス（Ellis, 1962）による画期的な研究、「サイコセラピーにおける理性と情動（Reason and Emotion in Psychotherapy）」は、論理療法（Rational-emotive therapy：RET）の基礎となる理論を展開した。おそらく最も重要な研究である「うつ病の認知療法（The Cognitive Therapy of Depression）」（Beck, Rush, Shaw & Emery, 1979）は、うつ病の治療に関する最も信頼のおける研究として広く認められている。

　スキナー（Skinner, 1974）の条件づけおよびオペラント条件づけ研究に関連したパブロフ（Pavlov, 1927）の古典的な研究は、認知行動療法の理論的枠組みにおいて傑出している（Cobb, 2008）。学習に対して主な焦点を当てた点は、バンデューラ（Bandura, 1986）の社会学習理論に影響を与えている。社会学習理論によると、認知あるいは認知プロセスに関連した行動、そして人がどの程度異なる刺激に適応および反応し、自己判断するのかという点を検討することによって、思考や情動を最もよく理解することができる。認知行動学者は、異なるクライエントが直面する特定の現実や、クライエントの文化、信念、および世界観に関連した独自の行動に対し、近年ますます、社会構成主義的な視点を取り入れている（Cobb, 2008；Cormier & Nurius, 2003）。

　1960年代、ミシガン大学のエドウィン・トーマス（Edwin Thomas）により、行動理論と手法が紹介された（Gambrill, 1995）。バーリン（Berlin, 2001）による「臨床ソーシャルワーク実践：認知—統合アプローチ（Clinical Social Work Practice: A Cognitive-Integrative Approach）」は、認知行動療法をソーシャルワークに適応させる上で重要な貢献を果たした。

認知行動療法の原理――認知再構成法

　一般的に、認知行動療法における介入方略の目標とは、クライエントの認知および行動の技術を高め、クライエントの機能を強化することである。再構成は、問題行動の原因となり、そうした問題を維持するクライエントの思考、感情、あるいは明白な行動を変えることを目的とした認

知的な手法である。認知再構成法や認知行動アプローチのその他の手法を効果的に活用するためには、認知機能の評価や適切な介入の適用に長けていなければならない（第9章と第11章の認知機能およびパターンの評価を参照のこと）（注4）。

認知行動理論は、人は自分自身の現実を作り上げるという仮定に基づいている。人は、情報処理の領域内で評価を行い、自分の認知スキーマに適合する判断を下す。

認知行動理論の基本的原理は以下のとおりである。

思考は、行動を決定する主な要因であり、人が心の中で考える意見に関わる。無意識の影響力ではなく、こうした自分との対話が、行動を理解する上で鍵となる。この第一の原理を十分に把握するために、思考と感情を明確に区別することが必要である。この両者を混同すると、コミュニケーションに混乱が生じる傾向にある。このような混乱は、「私たちの結婚は行き詰まってしまったように思う」あるいは「誰も私のことなど心配してくれないと思う」といった発話の中に見ることができる。ここで使われている「思う」という言葉は、実際には、感情を表しているのではなく、むしろ、考え、思考、あるいは信念を具体化したものである。思考それ自体は感情を持たないが、感情や情動を生み出したり、それらを伴ったりする場合が多い。感情は、悲しみ、喜び、失望、高揚感といった情動からなる（第5章の情動語句リストに挙げた感情の例を思い出してみよう）。

認知は行動に影響を与え、行動反応として現れる。行動反応とは、注意、保持、再生、動機づけといった認知の過程、および結果に対する報酬または罰を与える認知の過程の機能である（Bandura, 1986）。認知の歪みや誤った思考をもたらす認知をモニターし、変えることが可能である。

行動変化は、クライエントの誤解に焦点を当てたり、どの程度クライエントが問題を生み出しているのか、あるいは問題の一因となっているのかを重視したりすることにより、クライエントが建設的な変化を遂げる手助けとなるものである。この原理の要点は、行動の変化には、考え方の変化が伴う場合があることである。認知の歪み、誤った思考や行動を特定する中で、新たな思考パターンを習得することが可能となる。

概して、行動が誤解や誤った論理に根差したクライエントに対し、これらの原理は有効である。当然のことながら、不十分な資源や有害な環境といった他の要因が、考え方や情報処理の仕方に影響を与えるという事実を認識した上で、こうした原理に基づく仮定の条件を緩めて考えてみる必要がある。また、階層、人種、ジェンダー、あるいは性的指向が主要な問題となっている文化、社会政治的構造、社会相互作用の現実から判断し、認知は必ず誤っていると思い込んではならない。バーリン（Berlin, 2001）およびポーラック（Pollack, 2004）は、人が生活している文脈は、思考や認知に大きな影響をもたらすため、認知と文脈との関係を最小限に評価したり、見過ごしたりしてはならないと述べている。

認知の歪みとは何か

ベック（Beck, 1967）は、思考と認知を区別する上で、認知再構成法が用いられる要因として、自動思考と認知の歪みを特定した。大半の人にとって、頭の中で相互作用や環境を誘導したり、それらについて順序立てて述べたりする時に、情報は自動的に処理される。問題が発生するのは、心にしみついた信念や誤った論理によって、自動思考が常に歪められる場合である。認知の歪みは、非論理的であるが、当事者にとっては論理的な意味をなす。さらに、認知の歪みは、否定

的な思考を持続させ、否定的な情動を強化する。ベック（Beck, 1975）により概念化され、リーヒー＆ホーランド（Leahy & Holland, 2000）、およびウォルシュ（Walsh, 2006）がまとめた認知の歪みと否定的な思考パターンの最も一般的な分類は、以下のとおりである。

- 二分割思考（All or Nothing Thinking）では、物事を1か0かという二分法で考えてしまい、大半の場合、コップの水は常に半分しか入っていないと考える。「テストでいい点を取りたかったが、だめだった。だから、大学院へは行けない」、「友達と一緒にマリファナを吸わなかったら、もう二度と一緒に遊んではくれないだろう」、「クライエントの経歴がわからなければ、援助をすることはできない」といった発言の中に見られる思考が、破局思考（catastrophizing）および過度の一般化（overgeneralizing）と類似しているのがわかるだろう。
- 他者非難（Blaming）は、他人を否定的な感情や情動の原因であると認識することから生まれ、それにより当事者は責任を回避する。「こんなにストレスがたまったのは、家へ帰る途中、前に割り込んできた車がいたからだ」、「一緒に買い物に行くことに対する彼女のぶっきらぼうな態度で、気分が悪くなった」といった例である。
- 破局思考（Catastrophizing）は、ある特定の出来事や状況が発生したら、その結果は耐えがたいものになると確信していることであり、事実上、自尊心に影響を及ぼす。「テストで最高点を取らなければ、奨学金がもらえなくなり、落後者として家に戻らなければならない。だから四六時中、勉強する必要があるのだ」といった例である。
- マイナス思考（Discounting Positives）は、自分または他人がした良いことの価値を下げ、あるいは最小限の評価をし、肯定的な出来事を否定的にとらえる。「友達は、古着屋で買った洋服を似合うと言ってくれたが、実際には、私にお金がないことを気の毒に思って、ただ親切にしてくれただけだ」、「私のプレゼンテーションを聞いた40名のうち、2名が退屈だと言った」などがその例である。
- 情緒的理由づけ（Emotional Reasoning）は、現実ではなく、感情に基づく解釈を導く。解釈や信念は、現実を反映していると見なされる否定的な感情によって強化された事実である。「社会状況の中で、自分が愚かであると感じるとすれば、それは実際に、自分が愚かであるからだ」といった例である。
- 反証不能（Inability to disconfirm）は、自分が抱く信念や否定的な思考と矛盾する情報を受け入れることを阻止するバリケードのような機能を果たす。例えば、自分と頻繁に言い争いをする姉が、いつでも喜んで子どもたちを預かるが、今夜は別の用事があるので無理だと言った場合、「用事があるなんて、本当の理由ではない。姉は私のことも子どもたちのことも好きではないのだ」と心の中で反応することである。この例では、姉がこれまで何度も子どもたちの世話をしてくれた事実を考慮に入れていない。
- 判断重視（Judgment Focus）は、自分自身や他人あるいは出来事を善か悪か、すばらしいかひどいかで認識することである。今起こっていることを説明したり、受け入れたり、あるいはそれを理解しようと試みたり、または他の選択肢を検討したりするのではなく、状況や人に対し、即座に善悪を決めてしまうことである。「私がパーティーに顔を出しても、誰も声をかけてくれないのはわかっている」といった例である。場合によっては、恣意的な基準を設け、それをもとに自分を評価し、このレベルでは実行不可能であると結論づけてしまうこともある。「どんなに一生懸命がんばっても、成績はよくならないだろう」といった発言は、「自分以外は、

みんなできる生徒だ」と同じように、自己破壊的な判断に基づく発言である。自己破壊的な判断とは対照的な判断とは、「たくさんの人が来た」から、プレゼンテーションは良かったのだという思い込みである。

- 結論の飛躍（Jumping to Conclusions）では、裏づけとなる証拠が限られている場合に、否定的な結果が前提となる。また、思い込みは、否定的な結果の予測に基づく心の深読み（mind reading）や先読みの誤り（fortune telling）といった形で現れる。「彼女の子どもたちを預かることに同意しなければ、彼女は怒るだろう。彼女を怒らせるようなリスクは取りたくない」などがその例である。
- 心の深読み（Mind Reading）は、人が何を考えているのか、あるいは自分に対してどのような反応をするのか、自分はわかっていると思い込んでいることである。「娘にもっと会いに来てほしいと頼んでも無駄だ。ただ私が注意を引こうとしているか、困らせようとしていると思うだけだろう。この話を持ち出せば、言い争いになってしまうだけだ。それに娘は、自分の家族のことで忙しいのだ」といった例である。
- 否定的な（心の）フィルター（Negative (Mental) Filtering）は、心の中で悪い出来事を選び出し、肯定的な出来事を無視することにつながる。「職場の廊下に立っていたら、子どもがぶつかってきた。子どもはみんなあんな感じだ。私は非常に腹がたった。その子どもは振り返って謝ったが、私は聞こえないふりをした。もっと早く謝るべきだ」といった例である。時には、否定的なフィルターは、人や出来事に関する過度の一般化につながる場合がある。
- 過度の一般化（Overgeneralizations）あるいは全体化（globalization）は、「今日、授業中に手をあげたのに、先生は別の生徒を指した。絶対にぼくを当ててくれない」というように、別々の出来事を認識し、それを用いて広範な結論に達することである。ラベリングもまた、過度の一般化の例であり、唯一の事象に基づき、自分や他人に否定的なレッテルを貼ることである。「私は優秀な生徒ではないから、彼は私の意見を評価してくれない」、「彼はだめな教師だ。そうでなければ、みんな（私）を助けてくれるはずだ」などがその例である。
- 自己関連づけ（Personalizing）は、否定的な状況に対し、自分は関与している、あるいは責任があると思い込み、自分は結果をコントロールできたと思うことである。「私たちは親しい友人だった。彼女が現役軍務に召集されてから、連絡が取れなくなってしまった」などがその例である。これが他者に適用された場合、「彼女は、現地から私に手紙を書くことができたはずだ」、「私が計画した公園でのパーティーは、雨が降り、みんなが早めに帰ってしまったら失敗したのだ」などのように、（他者）非難とよく似ている。
- 後悔志向（Regret Orientation）は、一般的に、過去に焦点を当てる。「もっと一生懸命勉強していたら、今より良い成績が取れたはずだ」、「別の都市へ転勤する気があれば、もっと良い仕事のチャンスがあった」といった例である。
- すべき思考（Should Statements）は、物事はこうあるべきであるという考えに対する自分の失敗、あるいは他人に対する判断が関わる。「仕事で帰りが遅くなる時は、自分でバスを利用することが可能であるべきだ」、「私が仕事で帰りが遅くなる時は、姉が子どもの世話をしてくれるべきだ」といった例である。他人に対する判断としてのすべき思考には、「姉には夫がいるから、シングルマザーの大変さが、本当の意味で理解できない」というように、通常、恨みや怒りが生じる。
- 不公平な比較（Unfair Comparisons）は、望ましい特徴を備えていると信じる他人と自分自身

を比較することである。「彼女は私よりきれいだ」、「クラスの誰もが私より賢い」といった比較である。また、不公平な比較は、自分自身を他人と比較する場合、すべき、あるいはすべきでない発言につながるおそれがある。例えば、「彼女は私よりきれいだとしても、あの色の口紅をつけるべきではない」などがその例である。

- 否定的な仮定（What ifs）は、出来事や破滅的な状況が発生する可能性について、常に自問する傾向である。「病院へ行って、背中のほくろを診察してもらいたいが、悪い病気が見つかったらどうしよう」、「今夜は子どもを見てあげることができないと妹に伝えた時、妹が腹を立て、二度と口をきいてくれなくなったらどうしよう」といった例である。

以上の各分類において、歪曲された否定的な思考が、いかに個人の認知スキーマの中に適合していくのかが理解できる。スキーマとは、肯定的なものであれ、否定的なものであれ、人が情報を整理するために用いる記憶パターンである（Berlin, 2001；Cormier & Nurius, 2003；McQuaide & Ehrenreich, 1997）。とはいえ、ストレングスから生じたものであろうと、弱点志向から生じたものであろうと、スキーマは思考における近道となる。人は、情報を処理するのではなく、自分の頭の中にある繰り返し可能な内容に迅速にアクセスし、出来事や相互作用を改めて評価することはしない。スキーマは、心にしみついた信念であるため、相違する情報を聞いたり、処理したりすることがしばしば困難となり、そのような場合、認知的不協和が生じる。

否定的な思考やスキーマは、適応的あるいは非適応的な外部または内部の出来事の結果、引き起こされる。クライエントに対するソーシャルワークにおいて焦点となるのが、非適応的な出来事である。廊下で子どもが女性にぶつかってきた出来事を思い出してみよう。女性の自動思考は、「子どもはみんなあんな感じだ」であった。子どもが謝ったにもかかわらず、彼女の記憶パターン、つまり「子ども」に対する全体的思考が、すでに全力で稼働していたのだ。その結果、女性は、子どもの謝罪を新しい情報として処理することができず、その出来事に対する認知を変えることができなかった。こうした出来事は、否定的な過去の経験が引き金となったり、あるいは単に、根深い偏見思考の結果であったりする可能性がある。この同じ状況を、内部思考の視点から検討した場合、出来事が起こった時点での気分や、それがどの程度認知や行動に影響を与えたのかに対する評価が関わってくる。どちらにしても、問題行動を引き起こし、持続させている文脈や状況の種類を、まず判断することが重要である（Cormier & Nurius, 2003；Berlin, 2001）。さらに、自分や他人に対する否定的なフィルターは、情緒的な問題であるが、他者を非難する発言は、ある特定の時点における気分と関連している。同様に、否定的な思考は不合理に見えるかもしれないが、個人の現実に根差したものである。よって、認知の誤りをもたらす外的および内的刺激が、いかに実際の歪みあるいは自分の経験に対する誤解になっているのかという点に注目しなければならない。また、否定的な思考やスキーマが、全人格を表しているのではないことに留意してほしい。人は一般的に、外部および内部の出来事によって、自分の現実を形作る基礎となっている特定の思考パターンが呼び起されるまでは、普通に日常生活を送ることができる。

情報が処理される状況やその結果として生じる関連行動は、適応的あるいは非適応的な形でスキーマとして有効となる。ここで考慮すべき点は、文化的に派生した解釈、発達段階、およびステータスである。ある文化では、「素敵なセーターですね」というように、高く評価する個人に対して称賛を表すことは、肯定的な意味を持つ。それに対して相手は、自分の文化の習わしに従い、「ではこのセーターを受け取ってください。感謝の気持ちです」と答える。しかし、これが

ある文化における規範であることを知らず、このやりとりを西洋社会の規範に基づく自分の心のフィルターを通して処理することになる。つまり、こうしたやりとりは、男女の間では不適切であると感じ、相手の反応に困惑し、気まずい思いをすると、相手の対応を否定的に解釈することになるだろう。しかし、セーターをあげる側としては、自分のステータス、特にセーターをあげることができる能力を強調するためにも、立場上、先程の対応をせざるを得なかったのである。

また、社会から取り残され、抑圧を受ける人々や法の強制によるクライエントは、現実を歪曲してとらえ、否定的な考え方を持っていると認識される場合が多い、という事実に注意しなければならない。しかしそうした人たちが、絶えず自分たちが経験している現実に基づいて出来事や状況をとらえているとするならば彼らが実際に現実を正確にとらえていないなどと、詳しく調べもせずに言うことができるのだろうか。自分たちとは異なる真実を認めることは、困難であるかもしれないが、どのような思考および行動パターンを許容範囲と見なすのかという点ではなく、変化に焦点を当てることが、最終的にはクライエントにとって意味を持つ。

認知再構成法の実証的なエビデンスとその活用

認知再構成法は、低い自尊心、対人関係における認知の歪み、自分、他人、および人生全般に対する非現実的な期待、不合理なおそれ、パニック、不安、およびうつ、怒りやその他の衝動のコントロール、自己主張の欠如などに関わる問題を扱う上で、特に適している（Cormier & Nurius, 2003；Walsh, 2006）。主要な研究は、怒りの治療（Dahlen & Deffenbacher, 2000）、児童虐待およびギャンブルと関連した衝動のコントロール（Sharpe & Tarrier, 1992）、および薬物乱用やその再発（Bakker, Ward, Cryer, & Hudson, 1997；Steigerwold & Stone, 1999）における認知再構成法の要素領域を示している。認知再構成法は、社会恐怖や不安の治療（Feeny, 2004）、配偶者介護者支援グループ（Gendron, Poitras, Dastoor, & Perodeau, 1996）、および自己効力感の増大や思春期の青少年が抱く社会不安の軽減（Rheingold, Herbert, & Franklin, 2003；Guadiano & Herbert, 2006）、また危機やトラウマ状況（Glancy & Saini, 2005；Jaycox, Zoellner, & Foa, 2002）において、効果的であることが明らかとなっている。また、複数の介入を組み合わせることは、変化をもたらす上で、単独の介入よりも効力があると考えられているため、認知再構成法は、他の介入（モデリング、行動リハーサル、想像、心理教育など）と融合される場合が多い（Corcoran, 2002）。

未成年者に対する活用

成人集団と比較し、未成年者に対する認知再構成法の利用や有効性の証拠を示す研究は数少ない。例えば、ナラティブや演技のパフォーマンスに基づく手法と組み合わせた場合、認知再構成法は、年少の子どもに効果的である場合がある。グラハム（Graham, 1998）は、子どもにとって、思考の歪みは、ソーシャルスキルや対人スキルに影響を及ぼすおそれがあると指摘する。ガイアンコーラ、メジック、クラーク＆ターター（Giacola, Mezzich, Clark, & Tarter, 1999）、リアウ、バリガ＆ギブ（Liau, Barriga, & Gibbs, 1998）、ルドルフ＆クラーク（Rudolph & Clark, 2001）による研究は、子どもの行動が発生する文脈を考慮に入れることを強調している。

いくつかの研究では、認知の歪みに関して、未成年者には、文脈によって変化する要因があるとわかった。例えば、うつや攻撃的な症状を示す年少の子どもは、真相を否定的に誇張するため、それが認知の歪みを示しているのか、あるいは子どもの現実を表現しているのか、といった疑問を提起している（Rudolph & Clark, 2001）。特に、反社会的な行動をとる年長の未成年者の場合、

自分の行動に対する都合の良い説明として、認知の歪みを利用する場合がある（Liau, Barriga, & Gibbs, 1998）。ガイアコーラ、メジック、クラーク＆ターター（Giacola, Mezzich, Clark, & Tarter, 1999）によると、残念なことに、未成年者が示す歪みや否定的な独り言は、専門家によって十分に検討されていない。むしろ、未成年者の行動は、反抗的行動、注意欠陥、あるいは行為障害と解釈される場合が多い。しかし、思春期の青少年についてのさらなる研究では、対象者の思考パターンや否定的な独り言は、家庭生活における厳しい罰や過度の非難と結びついていることがわかった。こうした研究を総合すると、未成年者の状況や症状を考慮し、感情と認知を区別するための援助が必要であることが強調されている。

未成年者の怒りのコントロールについては、シー、フィー、ホロウェイ＆ジーセン（Seay, Fee, Holloway, & Giesen, 2003）、シュクオドルスキー、キャシノール＆ゴーマン（Sukhodolsky, Kassinore, & Gorman, 2004）、テイト（Tate, 2001）などの研究がある。テイトは、コントロール、更生、および大人が義務づけた命令の維持を目的とした方略の代わりに、学校における仲間の影響や肯定的な認知再構成法を重視している。シュクオドルスキーら（Sukhodolsky et al., 2001）は、特に年長の思春期の青少年に暴力行動の前歴がない場合、認知再構成法は、年少の子どもに対してよりも、年長の思春期の青少年に対し、より効果的であることを発見した。シー、フィー、ホロウェイ＆ジーセン（Seay, Fee, Holloway & Giesen, 2003）は、具体的なターゲット行動を特定すると同時に、さまざまな対応を練習した場合に、怒りの統制に改善が見られると報告している。ベイリー（Bailey, 2001）は、家族や学校が関与することの重要性に触れ、年齢に適した方略が用いられた場合に、認知再構成法は効果を発揮することを論じた。

多様なグループに対する認知再構成法の適用

マイノリティの認知を形作る世界観や社会心理学的プロセスおよびその結果としての思考や経験は、多数派の文化のそれとは異なっている。経歴や文脈は、認知の過程や発達に影響を与える可能性があるため、それぞれ異なるグループに目を向ける必要性がある。シー＆サンチェス（Shih & Sanchez, 2005）が行った研究では、複数のアイデンティティを持つ青少年たちにおけるアイデンティティの役割を認知との関連で検討した。彼らによれば、複数のアイデンティティは、自分の世界に対する見方や現実世界の拒絶や差別への適応の方法なのである。したがって、認知の歪みや否定的な思考パターンを考察する上で、個人の認知や思考パターンが必ずしも不合理であると仮定してはいけない。

認知再構成法は、実践レベルでは、被収容者の大半が未成年者グループのメンバーである矯正施設において、幅広く活用されている。犯罪者の考え方には変化が必要であるという信念に基づき、認知的手法は、常習的な犯行を減少させることを目的としている。ここでは、パターン化された思考は、本質的に、論理的に考えたり、決断を下す上で理性を働かせたりする能力を省いてしまうと仮定している。治療的介入としての目標は、犯罪者の思考プロセスを再構成したり、あるいはより好ましいパターンと置き換えたりすることにより、そうした思考プロセスを変えることである。ポーラック（Pollack, 2004）は、認知療法を批判する立場で、そうした療法が環境的および構造的不平等の影響を見過ごしていること、あるいはあまり重視しない傾向にあることを説明している。しかし、ポトキー－トリポディ（Potocky-Tripodi, 2002）は、特定の状況下では、認知再構成法は、「対症療法的な」カウンセリングとして、不適応な思考を持つ移民や難民を支援し、異文化状況における対処技術を向上させると主張する。

コーミエ&ニューリアス（Cormier & Nurius, 2003）による引用の中で、ヘイズ（Hays, 1995）は、多文化グループを対象とした認知再構成法を批判する立場で、この「アプローチは、社会の主流の現状を支持するものである」と述べている（p.437）。認知モデルは、自分自身や世界に対する否定的な見方は、環境に対する認知の歪みを示すものであると仮定する傾向がある。しかし、認知再構成法に固有の標準化された信念は、人はいかに認知し、またいかに自分を取り巻く世界に反応すべきか、という点に結びついており、それが単一の多数派社会を求め、示唆しているのである。行動や行為の規則および基準は、制度や社会構造に組み込まれているため、大方の場合、これは真実である。この点を念頭に置き、異なるグループが示した認知や思考が、多数派の文化に基づいて評価された場合、きわめて異例の行動であると見なされる可能性がある点に注意しなければならない。認知再構成法を活用する上では、適応という概念が存在するため、この技法には対応性があり、相違点が抑圧されたり、罰せられたりすることはない。

認知的な手法を、文化に矛盾しない形で適用したり修正したりする試みは、中国系アメリカ人を対象とした研究（Chen & Davenport, 2005）、ラテン系クライエント（Organista, Dwyer, & Azocar, 1993）、アメリカ先住民（Renfrey, 1992）、およびイスラム教徒（Hodge & Nadir, 2008）をそれぞれ対象とした研究において説明されている。それでもなお、思考や感情に目標や方向性を与える好み、スピリチュアリティ、信念、および自己認識は、文化により、自分の環境の文脈内で構築される点に注意しなければならない（Bandura, 1988；Berlin, 2001；Bronfenbrenner, 1989）。例えば、レンフリー（Renfrey, 1992）は、アメリカ先住民の宗教的儀式と認知的な手法を組み合わせたし、ホッジ&ナディール（Hodge & Nadir, 2008）は、イスラム教徒の信念と個人的なつぶやきの間で、一致が達成されるように適用することを主張している。

それぞれの文脈における異なるグループについて、また文脈が認知プロセスや発達に与える影響についての研究が必要である一方、さまざまな人種および文化的グループを対象とした認知再構成法の有効性に関する調査研究が行われている。よく知られた例には、アフリカ系アメリカ人女性の喫煙者に対する介入（Ahijevych & Wewers, 1993）、グループ治療に参加する低所得のアフリカ系アメリカ人女性（Kohn, Oden, Munoz, Leavitt, & Robinson, 2002）、および軍所属のアジア・太平洋諸島系アメリカ人に見られる人種に関わるストレッサーへの対処（Loo, Ueda, & Morton, 2007）に関する研究が挙げられる。クールワイン（Kuehlwein, 1992）、アシャー（Ussher, 1990）、およびウルフ（Wolfe, 1992）による研究は、ゲイやレズビアンのクライエントに対する肯定的な結果を報告している。女性を対象とした援助の一要素として利用された認知的な手法は、女性が理想的な身体特徴を示す文化的メッセージに直面化する力の意識を獲得する上で、効果を発揮した（Srebnik & Saltzberg, 1994；Brown, 1994）。

未成年者を対象に認知的な手法を活用した例には、アフリカ系アメリカ人の思春期の青少年に対し、HIV感染リスクを低減するための介入として認知再構成法を利用した研究がある（St Lawrence, Brasfield, Jefferson, O'Bannon, & Shirley, 1995）。また、別の研究は、虐待を受けたアフリカ系アメリカ人の思春期の青少年に対する認知再構成法の有効性を示す証拠を提示している（Leasure-Lester, 2002）。多様なグループを対象とした認知再構成法の有効性に関する研究は、限定的である。ここで説明した研究は、言語、文化、および特定のグループ状況における適応により、認知再構成法が多様なグループに対する効果的な介入の方略となる可能性があることを示した。

認知再構成法の手続き

　認知再構成法の主な目標は、思考のプロセス、およびそれに伴うつぶやきまたは行動と関連した思考や感情を変化させることである。認知再構成法は、クライエントが個人の機能を損なう自己破壊的な思考や誤解を認識し、それらを現実に見合った信念や行動と置き換えるための援助において、特に有益である。

　認知再構成法は、複数の独立した手続きからなる。こうした手続きについての定義は、研究者により多少異なるが、それぞれのモデルは、そうした差異をはるかに上回る類似点を備えている。表13-3にまとめた手続きは、ゴールドフリード（Goldfried, 1977）、コーミエ&ニューリアス（Cormier & Nurius, 2003）が特定した手続きから引用したものである。

事例・・・・・・・・・・・・・・・・・・・・・・・・・・・・・・・・・

　この事例は、学校での仲間との交流において、安心して自分の考えを述べることを目標とする思春期のクライエントを対象とした認知再構成法の手続きを示す。この生徒は、学校の仲間が自分をばかだと思っていると信じているため、昼食時間に、仲間のグループに参加することをおそれていると報告している。こうしたおそれのため、この生徒は、時々グループに参加するが話はしない。グループの他の生徒が自分に話しかけてこないのは、自分をのけ者にしている証拠であると感じている。

・・・・・・・・・・・・・・・・・・・・・・・・・・・・・・・・・・・・

1．自分自身に対するつぶやき、思い込み、信念が、人生における出来事に対する情動反応の大部分に関わっているということを、クライエントが納得するように支援する。この第1の手続きでは、クライエントに対し、介入手段としての認知再構成法についての説明や根拠を伝えることが重要となる。ソーシャルワーカーとクライエント間の力の格差は、ソーシャルワーカーが、クライエントに自分自身に対する認識を変えることが目標であると伝える際に、増大する可能性が高い。不信や疑念は、未成年者、人種あるいはエスニックグループのメンバー、法の強制によるクライエントの場合に、特に深刻な問題となる。

認知再構成法の説明

ソーシャルワーカー：「これまで話を聞いたところでは、あなたは昼食時間にグループに参加したいが、みんなが自分をどう思うかについて心配しています。また、グループに入って、話をしたいとも言いましたね。この目標を達成するためには、まず、あなたの内部で何が起こっているために常におそれを抱いているのかを見極めなければなりません。これには、あなたがこうした状況において経験する思考を意識することが必要となります。つまり、グループに参加する前、参加している間、そして参加した後に、心の中でどのようなことを思っているかを意識することです。一般的に、思考は自動的に起こるものであり、その多くを十分意識していない場合が多いのですが、自己破壊的な思考、思い込み、信念を意識できるようになることが、それらを自分にとってより良いものと置き換えるための重要な第一歩となるのです」

表13-3　認知再構成法の手続き

1. 自分自身のつぶやきが、出来事に対する情動反応を決定するということを、クライエントが納得するように支援する。（手段：説明および治療の根拠）
2. クライエントが、正常ではない信念や思考パターンを特定するための支援をする。（手段：セルフモニタリング）
3. クライエントが、認知の機能不全に関わる状況を特定するための支援をする。
4. クライエントが、機能不全の認知を機能的なつぶやきと置き換えるための支援をする。
5. クライエントが、対処が成功した場合の報酬やインセンティブを特定するための支援をする。

認知再構成法の説明におけるソーシャルワーカー自身の例の活用

　クライエントが認知再構成法を理解するための援助をする上で参考となるように、以下の例は、ソーシャルワーカーがどのように自分を引き合いに出しながら、思春期のクライエントに対して技法を説明することができるかを示している。以下の対話が示すとおり、ソーシャルワーカーは、自分の経験を用いて、ある状況に対する思考や対応の仕方を説明している。その中で、ソーシャルワーカーは、思春期のクライエントに対し、いかに認知が情動や思考に関わっているのかを示している。

ソーシャルワーカー：「自分の感情や行動の大部分を決定するのは、何だと思いますか。例えば、私は最近、中古車を買いました。私は新車ではなく、中古車を買ったことに対して、友達にばかにされました。あなたたちの言葉で言えば、『いかれてる』と言われたのです。友達から言われたことについて、私はさまざまな解釈をしたり、つぶやきをしたりすることができたはずです。どんな反応をするかによって、その後の自分の感情や行動が変わってくるのです。では、私が友達に言われたことに対して、どんな反応をすることができたのか、考えてみましょう」

　反応1：友達が言っていたことは、おそらく正しいのかもしれない。彼は頭が良いし、自分は彼の判断を尊重している。中古車を買うなんて考えなければよかった。彼はぼくをばかだと思っている。

　私がもし、友達が正しいと思えば、自分自身に対する感情やつぶやきは、否定的なものとなり、自分の買った車をそれほど好きになれないかもしれません。

　反応2：私をばか呼ばわりするなんて、何様だと思っているんだ。ばかなのは、あいつの方だ。まったくいやなやつだ。

　もしこのように考えれば、私は怒りを感じ、防御的になり、どちらが正しいのかをめぐって言い争いが始まるかもしれません。

　反応3：車に関して、友達と私が異なる考えを持っていることは明らかだ。彼は自分の意見を

持つ権利があるが、私はそれには同意しないし、あの車を買うことをいいと思っている。でも、私の選択がばかげていると言ったことは気にくわない。それを怒っても仕方ないが、彼に言われたことに対して、私がどう感じているかは伝えようと思う。

このように考えた場合、私は、自分自身についての否定的な感情を経験する可能性が低くなります。他人と意見の違いはあっても、自分の行動について満足するでしょう。そして、友達の配慮に欠けた言葉によって、必要以上に影響を受けることもありません。

その後、ソーシャルワーカーは、他の反応も考えられるが、ポイントをはっきりさせるためには、以上３つの例で十分であることを付け加えた。次に、ソーシャルワーカーは、クライエントがおそれを克服することができ、つぶやきや、それらがクライエントの感情や行動にどのような影響を与えるかについて、一緒に検討していくことが目下の課題であると指摘した。自分を例に挙げることにより、ソーシャルワーカーは、いかに思考や信念が困難をもたらす可能性があるのか、またソーシャルワーカーとクライエントが、現実的でクライエントの目標と一致した思考を作り上げる取り組みを開始する上で、いかに認知再構成法が役立つかを正確に示すことができる。

認知再構成法の根拠が、簡潔にわかりやすく伝えられた場合、大半のクライエントは、次の段階へ進むことに合意する。とはいえ、ソーシャルワーカーの説明に対するクライエントの反応を引き出し、話し合いや質問の時間を設けることが重要である。ソーシャルワーカーが認知再構成法を実行することをクライエントが受け入れ、全力を傾ける姿勢を示すまでは、ソーシャルワーカーは、認知再構成法の手順を進めてはならない。クライエントがソーシャルワーカーや他人の信念を取り入れることを強制されていると感じた場合、自分の信念を変えることに抵抗することがあるため、コミットメントが必要なのである。

２．クライエントが、問題の根底にあるつぶやき、信念、思考パターンを特定するための支援をする。クライエントが、思考や信念が情動反応に関わっているという命題を受け入れたら、ソーシャルワーカーにとっての次の課題は、クライエントが、自分の問題に関連する個人的な思考や信念を検討する援助をすることである。この手続きでは、特に悲痛な情動に伴う認知に焦点を当て、問題状況やそれに先立つ事情に関する出来事を詳細に検討することが必要となる。例えば、クライエントの中には、自分の問題を運命、内在する個人的な性格、その他自分のコントロールを超えた力のせいにする者もいる。主な誤解を特定する上で、ソーシャルワーカーとクライエントは、変化の焦点となる信念に合意することが必要である。

こうした探索のプロセスは、前週に発生した問題のある出来事、あるいはクライエントが変化の対象としている問題を取り巻く出来事に焦点を当てることによって、開始することが可能である。ソーシャルワーカーは、クライエントとともにこうした出来事を検討する上で、クライエントの明白な行動、認知（すなわち、つぶやきやイメージ）、情動反応に関する具体的な詳細を引き出さなければならない。これら３つすべての側面に焦点を当てることは、ソーシャルワーカーとクライエントがお互いのつながりを見つけ、感情や行動に介在する認知の役割を理解する上で役立つ。クライエントは、つぶやきや信念を特定すると、批判的な分析の対象とはしてこなかった自動思考や信念が、自分の行動を決定する強力な要因として作用していることをますます意識するようになる。これにより、非生産的な思考、誤解、信念からの解放を模索する課題に取り組む

受容性や動機づけが高まる。

　ソーシャルワーカーとクライエントは、状況についてさらに探っていく中で、出来事の前、その間、および後に発生した思考や感情を特定することができるようになる。つぶやきを引き出すために、クライエントに対し、自分が何を考え、何を感じ、何をしたかを正確に思い出しながら、ある状況が展開していく様子を再現するように指示する。例えば、前述の思春期のクライエントの場合、ソーシャルワーカーは、グループに参加する時の思考や感情を説明するように求めた。内省が難しいことがわかった場合には、ソーシャルワーカーは、クライエントに目を閉じさせ、問題のある出来事の前、その間、後の思考や感情を映画のように思いめぐらさせることもできる。

　クライエントが自分の思考について説明するのを聞くことにより、ソーシャルワーカーは、クライエントがある特定の感情を経験したり、予測可能な方法で行動したりする原因となっていた認知状態を正確に特定することができた。この点を詳しく説明するために、前述の事例の中で、ソーシャルワーカーが、学校の昼食時間に仲間に加わることについて、クライエントから引き出したつぶやきを検討してみよう。

- 「もう行こう（ここから離れよう、姿を消そう）。正直（本当は）、自分が仲間に入りたいのかどうかわからない。仲間に入ったら、ただそこにクールに（座って）いるだけで、みんなからきらわれている（仲間はずれにされている）と感じるだけだ」
- 「自分が現れたら、みんなは何かしら自分のことを見下すだろう」
- 「顔を出した方が（仲間に入った方が）いい。でないと、みんなから後で別なことでわめかれるに違いない。もう本当に、帰るぞ」
- 「自分はクール（大丈夫）だ」

　上記のつぶやきから、クライエントは明らかに、仲間に入ることについて不安やおそれを感じている。こうした思考により、クライエントは、プログラム化された自己破壊的な状況へと陥りやすくなっていた。自己破壊的な思考に加え、クライエントは、そのような状況に達すると、非言語的な合図、すなわち体の姿勢が感情を表現するようになる。ソーシャルワーカーは、クライエントの自己破壊的なつぶやきは、思考を支配するだけでなく、グループ内での自己提示にまで影響を与えていることに気づいた。

　出来事が起こっている間のつぶやきを検討することにより、思考が自己破壊的な感情や行動を維持し、個人の有効性を劇的に低下させていることが明らかになる場合が多い。例えば、前述の思春期のクライエントは、おそれについてあれこれ悩む傾向があり、他人から否定的な反応を受ける可能性を警戒していた。その結果、仲間との会話に十分に波長を合わせることができず、好意的な印象を与える方法で自己表現することができなかった。つまり、自分が想像する個人的な欠点をさらけ出すことに対する自意識やおそれのために、心から参加し、関わることが難しいと感じていたのである。

　このような思考が及ぼす破滅的な影響について詳しく説明するために、仲間との昼食時間におけるクライエントのつぶやきをもう一度見てみよう。

- 「まあ、ここに来たけど、いつもどおり、無視されている（会話に入れてもらえない）」

- 「何かおもしろい話でもあればいいけど、自分の生活には特別なことなんてないし（おもしろくない）。どうしたらいいんだ。自分が何を言ったって、みんなは興味なんか示さないさ」
- 「自分で考えろ。なんで自分が顔を出した（仲間に加わった）のか、みんなは不思議がっている。自分がいたって、グループのみんなには何の得にもならない。よし、ここにいても仕方がない（自分がいたって、グループのみんなには何の得にもならない）」

　上記を含むつぶやきなどから、このクライエントが、自己破壊的な思考を引きずっていることは明白である。クライエントは、自分が与えられるものはほとんど、あるいはまったくないと思っているため、それに応じた行動を取り、グループに積極的に参加するように求められてもいなければ、そのような価値もないと感じている。自分自身に関するこうした思考や思い込みを伴った先入観は、事実上、クライエントが仲間と関わることを阻止しているのである。

　出来事に続くクライエントのつぶやきや感情により、以前の思考や行動が後の感情に与える影響が明らかとなり、認知の仲介機能がさらに強調される。また、出来事の結果についてクライエントが出す結論は、クライエントが自分の行動の肯定的な側面に焦点を当て、今後の成長に向けた課題を特定することができるかどうか、あるいはある出来事を、単に自分の欠点がもたらした長く続く一連の失敗の一つとして考えているのかどうかを示す。当然のことながら、クライエントが出来事から得る意味は、将来の出来事に対する姿勢や感情の形成に大きな影響を与える。思春期のクライエントが、グループとの接触について語る時の思考や感情を検討してみよう。

- 「だめだ（またしくじった）。もうこりごりだ（もう終わりだ。努力をするのもやめた方がよさそうだ）。こんなの絶対に現実的じゃない（自分を偽ってもしょうがない。自分は、他人と話ができないだけだ）」
- 「そんなんじゃない（みんなは、自分を仲間に入れようとはしていなかった）。みんなは自分をきらっているのだ（自分のことなんか、まったく気にしていないのは明らかだ）。明日、自分が仲間に入らなければ、きっとみんなは喜ぶに違いない」
- 「これはひどい（居心地が悪い。もう二度とやつらとは昼食を食べないぞ）。楽しくないし、みんなだってそう思っているに違いない。明日は、絶対に行かないぞ（一人で食べるぞ）」

　上記のクライエントの感情や思考は、明らかに、挫折感につながっている。この自己破壊的な思考パターンの堂々めぐりに介入をしなければ、クライエントはさらに引きこもりがちになり、おそらくうつの状態になるだろう。
　以下は、クライエントの信念やつぶやきの合理性を評価する上で、クライエントに対して投げかけるべき疑問点である。

- クライエントに対し、どのようにある特定の結論に達したのかを尋ねる。
- 正常ではない見方や信念の裏づけとなる証拠の提示を求める。
- ある特定の行動が及ぼしうるおそるべき影響を誇張する信念の論理を疑う。

　クライエントが自分の結論の合理性を評価することを援助するために、ソーシャルワーカーは、一例として、以下のように対応した。

ソーシャルワーカー:「ではあなたがグループに入ろうとした時、誰かが「無視」したんですね。みんながあなたのことを『きらっている』と思ったのは、どんなことを言われたからですか」

ガイド付きの実践を通して、ソーシャルワーカーはクライエントに対し、本人の思考の正当性を批判的に検討するよう後押しする。以下の例が示すように、クライエントは、ある特定の信念、特に信念体系に深く組み込まれた信念の不合理を即座に認めないかもしれない。

思春期のクライエント:「いいかい、この女の子、自分を見る目つきからして、わかるんだ。正直、これはひどい（よくない）」

クライエントは、執拗に重要な誤解に固執し、自分の正当性を説得力のあるやり方で主張する。したがって、ソーシャルワーカーは、そうした不合理な信念に立ち向かい、「意義を唱え」、クライエントがそうした信念を放棄しなかった場合の代償や不利益を認識できるように努める準備を整えておかなければならない。この時点で、ソーシャルワーカーは、思春期のクライエントに対し、自分の思考と目標の関係について考えさせた。

ソーシャルワーカー:「では、あなたがグループに入ることはひどいことだと考え続け、これからもずっと『仲間はずれ』のままであったら、昼食時間にグループの仲間に入るというあなたの目標はどうなるのでしょうか」

以下のクライエントによるつぶやきとソーシャルワーカーの対応は、クライエントに自分の陳述の正当性を分析させる方法をさらに詳しく示している。

試験準備中の学生
つぶやき：
- 「時間のある限り勉強しなければならない。テストで最高点を取らなければ、ひどいことになってしまう」

ソーシャルワーカーの対応：
- 「少しの間、あなたがテストで失敗したと仮定してみましょう。それはあなたにとって、実際にどんな意味がありますか」

子どもの面倒を見る親戚
つぶやき：
- 「彼女の子どもを預かりたくはないけれど、もし預からなければ、彼女は激怒するでしょう。あえて彼女の機嫌を損ねたくはないし、怒らせたくないのです」

ソーシャルワーカーの対応：
- 「彼女が激怒するという結論に、どうして達したのですか」

自分の家への訪問を望む高齢クライエント
つぶやき：

表13-4 信念と自分に対する期待

信念	自己期待
自分についての信念	私はたいてい、やることなすことすべてがうまくできない。 私が成し遂げたことは、たいしたことではなく、誰でもできるはずのことだ。
自分に対する他人の認識や期待についての信念	私はそれほど頭がよくないから、パートナーは私の意見を却下する。 自分と他人を比較すると、私はまったく及ばない。
自分に対する期待	職場において、同じ部署の人たちよりも良い業績をあげなければならないと感じている。 さまざまなことができ、高いレベルで実行しなければならない。
他人に対する期待	私が言わなくても、私がどう感じているかを彼女は理解すべきだ。子どもたちは、私に会いに来たいと思うべきだ。

- 「娘にもっと会いに来てほしいと頼んでも無駄なんです。ただ私が注意を引こうとしているか、困らせようとしていると思うだけでしょう。この話を持ち出せば、言い争いになってしまうだけです。それに娘は、自分の仕事や家族のことで忙しいのですから」

ソーシャルワーカーの対応：

- 「あなたが娘さんにもっと頻繁に会いたいと思っていることを娘さんが理解してくれないと、自分で自分を納得させているようですね。このことについて、娘さんに説明したことがありますか」

　一連の誤解は、通常、問題行動と関係している。ソーシャルワーカーは、感情を綿密に観察し、それに伴う思考を引き出すことにより、一回のセッション内でそうした思考パターンを識別できる場合が多い。表13-4は、一般的に、自分に対する不合理な期待に関連する信念群の概念を示している。

　誤解のかたまり、あるいはパターンを特定することによって、それぞれの誤解を別個のものとして扱うのではなく、すべての誤解に共通したテーマに集中して取り組むことが可能となる。例えば、自分の娘にもっと会いに来てほしいと思っている高齢者のクライエントの一連の発言は、結論の飛躍や非現実的な期待の特徴を示している。関連する誤解は、中心テーマからわずかにずれている場合が多いことから、つぶやきに示された中心テーマに焦点を当てることにより、手間を省くことが可能となる。

3．クライエントが、認知の機能不全を生み出す状況を特定するための支援をする。ストレスをもたらす出来事が発生する場所、重要な関係者、および自分に対する期待に対する屈辱的な状況を特定することにより、ソーシャルワーカーとクライエントは、そうした具体的な状況に合わせた課題や対処の方略を定めることができる。

　次のセッションまでの間に行うセルフモニタリングは、クライエントが困難や問題のある出来事に関連した認知を測定し、認識するための具体的な一つの方法である。また、クライエントは、自分の思考が広く浸透していることや、そうした思考に対して積極的に対処する必要があることをますます意識するようになる。したがって、セルフモニタリングは、自意識を高め、後の対処への取り組みの下準備となる。

前述の思春期のクライエントに対し、セルフモニタリングを促進するために、ソーシャルワーカーは、図13-4が示すように毎日情報を日誌に記録するように指示した。日誌には、状況、感情、信念、およびつぶやきを記録した。

　毎日のセルフモニタリングは、日誌をつけることにより、次のセッションまでの間、クライエントの努力を集中させ、認知と感情のつながりを明確にし、思考、イメージ、感情の浸透や強度についての情報を明らかにするため、貴重なツールとなる。このケースの場合、日誌をつけることにより、クライエントは、自分の思考を論理的に検討するようになった。

ソーシャルワーカー：「一週間、日誌をつけてみて、自分自身や自分の考え方、またグループといる時の行動の仕方について、何か気づいた点はありますか」
思春期のクライエント：「うん、自分はとんでもなかった（境界線を越えていた）ことに気づいたし、心配になると、にっちもさっちもいかなくなった。それで、みんなが自分を見下す前に、その場を離れたくなった」

　日誌をつけるという課題に対し、クライエントが圧倒されてしまうのを防ぐために、最初は、セッション中に特定された点に関する出来事のみを記録するように限定し、また毎日そうした出来事を3つのみ記録するように提案してもよい。そうでなければ、クライエントは、この課題を負担に感じてしまうおそれがある。セッション中に、別の非生産的な思考パターンが現れた場合、セルフモニタリングの焦点を必要に応じて、シフトさせてもよい。

　状況や出来事に加え、認知およびセルフモニタリングの探索には、情動に関わる重要な役割を果たすイメージが含まれる。ソーシャルワーカーとクライエントは、書き上げた日誌を見直し、問題のある感情やストレスをもたらす出来事に関連した認知の特定を続ける上で、繰り返し発生する状況、またはテーマに留意することが重要である。例えば、思春期のクライエントの場合、繰り返し発生するテーマは、仲間はずれにされることに対するおそれであった。

4．クライエントが、自己破壊的な認知を機能的なつぶやきと置き換えるための支援をする。クライエントが、機能不全の思考、信念、およびイメージに対する意識を高める上で、ソーシャルワーカーは、クライエントに対し、いかに彼らの思考パターンが、否定的な情動反応を生み出しているかを認識させる手助けをすることを目標とする。もう一つの目標は、クライエントが、新しいパターンを習得し始める上で、対処能力を身につけるための支援を行うことである。対処の方略は、通常、否定的な情動反応や自己破滅的な行動を除外するための現実的で効果的なつぶやきからなる。機能的なつぶやきは、勇気を育み、積極的な対処への取り組みを促進するが、完全に理想的とはいえない。つまり、習慣的で深く浸透した思考パターン、感情、および行動から、新しいパターンへシフトする際に特有の葛藤を考慮していないのである。一方、好ましい対処を言語化するつぶやきは、新しい行動をあえて取り入れる際に伴う困難や不安に対する認識を具体的に示す。思春期のクライエントに対し、対処の方略を紹介するために、ソーシャルワーカーは、前向きなつぶやきについて説明し、見本を示した。

ソーシャルワーカー：「重要な自己破壊的な信念や思考を特定したので、今度は、いかにそれらを新しいつぶやきに置き換えるかという点に焦点を当てていきましょう。あなたにとって、大

日付：2008年9月6日（火）		
状況または出来事	感情（合理性を1～10で採点）	信念またはつぶやき（強度を1～10で採点）
1. 昼食時にグループに参加した	心配（7） 行き詰まり感（7）	みんなは自分を見下すだろう これはひどい（6）
2. 誰も自分に話しかけてこなかった自分も何も言わなかった	自分は仲間はずれだ（4） 仲間に入るのが心配（8） 自分自身にうんざり（7）	自分から話すべきだ（9） みんなに無視をされ、恥をかくだろう（2） 悩む価値などない（3）

図13-4　思春期のクライエントの日誌

変な努力を必要としますが、新しいつぶやきを実践するうちに、徐々に自然に身につき、今までの考え方に頼ることが少なくなるはずです」

　思春期のクライエントに対し、こうした説明をした後、ソーシャルワーカーは、自己破壊的な思考や信念と置き換える好ましい対処を言語化するつぶやきの見本を示した。この演習の中で、ソーシャルワーカーは、クライエントの役割を演じ、ターゲットとなっている状況に対処する上で想定されるクライエントの思考を表現した。

思春期のクライエントの役を演じるソーシャルワーカー：「自分の中に、いやな思いをすること（仲間と交流する不安）を避けたいと思っている自分がいることはわかっている。いやな感じ（不安）を抱いているが、仲間はずれの（引きこもった）ままでいても、どうにもならない。グループの仲間でいるために、たくさん話す必要などない。みんなの話に合わせて（耳を傾けて）いれば、自分のことなど考えないで済むし、クールでいられる（もっとグループに参加できる）」

　ソーシャルワーカーは、「熟練した」つぶやきをモデリングしたのではなく、思春期のクライエントの中で生じると思われる葛藤の見本を示した点に注目してほしい。この点は、好ましい対処を言語化するつぶやきは、熟練したつぶやきとは異なり、クライエントの実体験を厳密に反映しなければならないことから、重要なポイントとなる。さらに、好ましい対処を言語化するつぶやきは、クライエントの葛藤に対する共感や理解を示すため、こうした過程やソーシャルワーカーに対する信頼を深めることにつながる。ソーシャルワーカーは、もう一つ別のつぶやきとして、以下の例を示した。

ソーシャルワーカー：「そう、あなたはこう思うかもしれませんね。『みんなが自分を会話に入れてくれることは期待できない。もしそうしてくれれば、いいけれど、その場合は、自分もきちんと参加しなければならない。引きこもって、疎外感を感じるより、その方がいい』」

　好ましい対処を言語化するつぶやきのモデリングの後は、クライエントに対し、同じような行動を練習する心構えができているかどうかを尋ねるのが適切である。誘導型実践の効果を高める

ために、ソーシャルワーカーは、クライエントに目を閉じさせ、実際にターゲット行動をさせる前に、まさにその状況にいる自分を思い浮かべるように指示を出す。クライエントがその状況をとらえることができたと報告した時点で、クライエントがターゲットとする行動を考えるときに、いつも経験する思考を声に出して考えるように指示する。次に、それを好ましい対処を言語化する思考と置き換えるように指示し、その際、必要であれば指導を行う。クライエントが自分の力で補強的なつぶやきを示した場合は、たとえ、その後も矛盾した思考との葛藤が続くとしても、肯定的なフィードバックや励ましを与える。また、クライエントが新しい思考パターンを習得する能力に疑問を感じたり、ためらいを示したりすると予想できる。もしそのようなことがあれば、新しい考え方を試みる上で、ほとんどの人が不安を経験することを説明する。クライエントが新しいつぶやきをする能力に対し、比較的抵抗がなくなるまで、そうした思考の練習を続けることが重要である。

クライエントがターゲットとする状況へ入る前に、好ましい対処を言語化するつぶやきをする自信を高めた場合は、クライエントが実際にその状況に置かれた想定でのつぶやきの方略に進んでも構わない。以下は、この段階で、クライエントに示された対処に基づくつぶやきの模範例である。

思春期のクライエントの役割を演じるソーシャルワーカー：「よし、ぼくは不安を感じている。それは予想できることだ。それでも注意して、グループに興味を示すことはできる。うなずいたり、誰かがおもしろいことを言ったら笑ったり、これはひどいなんて感じないようにしながら、合わせる（コミュニケーションをする）ことができるのだ。もっとリラックスできるようになったら、知りたいことをもっと詳しく話してもらうように頼んだりして、会話に加わることもできる。これも、自分の興味を示す一つの方法だ。みんなが話している内容について、自分の意見があったら、それもみんなの意見と同じように価値があると思う。がんばって、自分の意見を言ってみよう。でも話す時は、みんなの目を見て話すんだ」

モデリング演習に続いて、ソーシャルワーカーはクライエントに対し、これまでやってきたことに対する気持ちを説明するように指示した。感情について尋ねることは重要である。例えば、モデリングによって、クライエントが不安、不快感、または疑念を抱いたのであれば、ソーシャルワーカーは、さらに次の段階へ進む前に、こうした感情に対応する必要がある。クライエントが問題状況の中で、肯定的につぶやく能力を示したら、次にソーシャルワーカーは、グループに参加した後の状態におけるつぶやきを練習してみるように指示する。

ここでもまた、ソーシャルワーカーが見本を示し、クライエントに補強的なつぶやきを練習させることが重要である。

思春期のクライエントの役割を演じるソーシャルワーカー：「よし、やったぞ。最後までがんばって、少しは話もしたぞ。これは、正しい方向への第一歩だ」

思春期のクライエントのつぶやき：「自分がグループの間に座っても、誰も何もしなかった（無視しなかった）。よし、好調だ（いいぞ）。結局、自分はそんなに行き詰まってなんかいない（ばかじゃない）のかもしれない。不安は感じたけど、100%現実（よかった）。とてもうまくいったので、びっくりした（期待以上によかった）。やったぞ（やり遂げたぞ）」

クライエントが肯定的なつぶやきを活用できるようにさらなる支援をするためには、そうしたつぶやきを次のセッションまでの課題として話し合うことが有益である。一つのセッションから次のセッションまでの課題は、自律性やクライエントの自主的なアクションを促進する。しかし、不当なプレッシャーは、脅威あるいは意欲をそぐものと見なされるため、クライエントを急かしてはいけない。判断基準として、準備状況の尺度（本章前半を参照）を利用してもよい。
　クライエントが認知再構成法の過程における思考の置き換えを実行する上で、セルフモニタリングを継続することは必要不可欠となる。図13-4で示した書式のような日誌をつけることも重要である。思春期のクライエントの進捗に合わせて、「合理的または肯定的な好ましい対処を言語化するつぶやき」といった4つめの項目を付け足すことも可能である。そうすることにより、自己破壊的なつぶやきに置き換わる積極的で補強的なつぶやきが促進されるはずである。
　自動的に生じる機能不全のつぶやきに対し、クライエントが対処する上で役立つもう一つの方法は、そうした思考を最初に意識した時点で、早いうちから取り除くように促すことである。そうした思考に初めて気づいた時、それは点滅する黄色信号と同じで、注意が必要であることを示しているため、思考をすぐに置き換えなければならないことを説明する。一つの選択肢は、自分自身と話をすることである。そうした自己対話を通して、肯定的な思考に置き換えることが可能となる。
　自己破壊的な思考や誤解を好ましい対処を言語化するつぶやきに置き換えることが、認知再構成法の中心課題である。しかし、思考の機能不全は、自動的に起こり、深く浸透している傾向があるため、長く持続しがちである。その結果、クライエントは、思考の置き換えを迅速に達成できない場合に、時として、やる気を失うことがある。したがって、第4の手続きには、何週間もかかる場合があることを説明するのが重要である。万が一、クライエントの進捗がうまくいかなくなった場合には、変化は徐々に起こるものであり、思考の置き換えが満足できる状態になるまでには、一般的に時間がかかることを説明し、クライエントを安心させることが必要である。

5．対処への取り組みが成功した場合に、クライエントが自分自身をほめるための支援をする。自分の失敗や欠点ばかりに注目し、自分自身に対し、肯定的なフィードバックをすることがほとんどないクライエントの場合、認知再構成法における第5手順は、特に重要な意味を持つ。こうしたクライエントの新たなつぶやきや行動を強化するため、ソーシャルワーカーは、進捗に対して自分を褒め称えることの根拠を説明しなければならない。

ソーシャルワーカー：「では、あなたはグループに参加したのですね。最初の状態から考えると、すごいことですよ。自分が達成したことに対して、自分自身を褒めることは重要なことです。あなたは、これをどのような方法でお祝いしたいと思いますか」
思春期のクライエント：「まあ、自分からすると、これは解決したことだ。グループの女の子にメールを送ったら、『元気？　またね』って返事が来たよ」
ソーシャルワーカー：「それはいいことですね。もう一つ、自分自身に対する褒め言葉を考えてほしいのです。まず、私があなたになったつもりで言ってみましょう。自分を褒めるために考えられるつぶやきを声に出して言ってみます」

- 「自分にはできるかどうかわからなかったけど、でも成功したのだ」

- 「自分は弱気だった。でも自分の否定的な思考を排除して、生き残ることができた」

ソーシャルワーカー：「では、あなたなら、自分に対してどう言いますか」
思春期のクライエント：「前にも言ったけど、やったぜ。すべて順調。映画でも行こうかな」

一部のクライエントにとって、肯定的なつぶやきを考えたり、自分をほめたりすることが難しく、気まずさや照れくささを感じる場合がある。成人は未成年者に比べ、容易にほめ言葉を思いつくだろう。クライエントが躊躇している場合は、通常、ソーシャルワーカーの共感的な理解や励ましによって、クライエントはこの演習を試してみようと後押しされる。思春期のクライエントのように、全体の成果のみを重視するクライエントもいる。例えば、このクライエントは、昼食時にグループに参加するという目標を達成した上、さらに、グループ内の女の子とメール交換をした。しかし、ソーシャルワーカーは、クライエントの進捗をクライエントとともに見直し、小さな、しかも多くの場合は時間をかけて達成された、些細な進歩も見逃さずに、肯定的なフィードバックを与えることが重要である。また、見直し作業によって、ソーシャルワーカーは、クライエントに対し、セルフモニタリング日誌を見直して、そこに記録された日々の進捗を評価するように促すことができる。クライエントのそうした行為は、強力な励みとなる。

長所と限界、および注意点

認知再構成法は、さまざまな問題に対処するために実施されてきた有効な手法である。否定的または自己破壊的な行動につながる認知、信念の歪み、および思考パターンを変える上で、特に有用である。一つのプロセスとして、危機介入、課題中心システム、および解決志向アプローチと適合している。解決志向の技法の一つである「ミラクル・クエスチョン」は、実際にクライエントに対し、問題行動に対処するための動機を与え、具体的な行動変化の目標設定を促す。例えば、前述の事例における思春期のクライエントの場合、ミラクル・クエスチョンは、ピアグループに受け入れられる自分をイメージする上で役立つはずである。

しかし、クライエントが変化するための援助を行う上で、ソーシャルワーカーは、クライエントの認知または信念が変化するだけで、新しい行動を実行できるようになると思い込むのは間違いである。現実には、クライエントの認知やソーシャルスキルが欠如しており、新しい行動を効果的に実行できるようになる前に、指導や練習が必要な場合がある。認知再構成法によって、変化に対する認知的な障壁が取り除かれ、思い切って新しい行動を取る意欲が促進されるが、だからといって、認知再構成法により、クライエントがこうした新しい行動を実行するために必要な技術を常に身につけられるわけではない。さらに、ホッデ＆ガラント（Vodde & Gallant, 2002）の指摘によると、抑圧、社会的に不利な影響、および力の欠如といった非常に現実的な制約があることを考慮すると、単に誰かのストーリーを変えることは、ある特定の結果を保証するものではない。こうした要因を認識しないと、例えば、未成年者のクライエントは、認知再構成法に対し、社会統制やイデオロギーの支配が姿を変えたものでしかないと考えるおそれがある。認知再構成法に対するクライエントの反対や反発は、ソーシャルワーカーがこうした外面的要因を理解できなかった結果である場合がある。

未成年者の認知やその結果生じる思考あるいは経験を形作る世界観、および社会心理学的プロセスは、多数派文化の場合とは異なる。コーミエ＆ニューリアス（Cormier & Nurius, 2003）によ

る引用の中で、ヘイズ（Hays, 1995）は、多文化グループを対象とした認知再構成法を批判する立場で、このアプローチは、社会の主流の現状を支持するものであると主張し、人はいかに認知し、またいかに自分を取り巻く世界に反応すべきかについての標準化された信念が存在すると示唆している。したがって、ヘイズによると、実際には、クライエントの認知、信念、行動は、そのクライエントが経験した不公平を正確に反映しているにものであるにもかかわらず、認知再構成法は、非難の矛先をその人物に向けるおそれがあるのだ。認知再構成法を未成年者グループや法の強制によるクライエントを対象に用いる場合、ここに中心的な課題が存在する。実際の経験とは逆の異なるパターンの構築を示すために、思考パターンや認知を作り直そうとする試みは、おそらく脅威として受け止められるだろう。

学校ベースの実践で出会う思春期の未成年者で、法の強制によるクライエントは、反抗的であるというレッテルを貼られる場合が多い。服装、行動、言葉遣い、音楽の趣味などにかかわらず、こうしたクライエントは、代理能力やモデリングといった認知および社会学習理論に基づく介入に反応を示す場合がある。実際に、認知再構成法のモデリングや観察学習の手順における対象を、特に一人の人間の認知や経験ではなく、特定の行動に向けた場合、これらの方略はそれほど脅威としては受け取られないため、上記のようなクライエントに対しては期待できる方略となりうる。

当然のことながら、未成年者グループのメンバーの中には、選択的に支配的な見方や信念と調和させた二つの視点を身につけている者もいる。こうしたクライエントにとって、認知再構成法は有用な介入手順である。同様に、このアプローチは、思考や信念がグループ内の対人関係に由来している場合（例えば、前述のピアグループにおける思春期のクライエントの状況など）に有益である。どちらにしても、未成年者を対象に認知再構成法の方略を利用する場合は、クライエントの経験、信念、および価値観の現実に目を向けることが必要である。

最後に、認知理論家は、情動および行動パターンの機能不全の大半は、誤った信念に起因すると主張しているが、決してそれだけが唯一の原因ではない。機能不全は、脳損傷、神経障害、甲状腺異常、血糖値異常、高齢化による循環器障害、毒性物質の摂取、栄養不良、およびその他の化学的不均衡を含む、数々の生物物理学的な問題により生じるものと考えられる。したがって、認知再構成法を実施する前には、こうした可能性を考慮に入れなければならない。

■解決志向短期療法

解決志向は、クライエントの抱える懸案事項に独自の焦点を当てた、ポストモダンの構成主義的アプローチであり（Murray & Murray, 2004）、ウィスコンシン州ミルウォーキーにある短期家族療法センターのスティーブ・デ・シェイザーおよびイムスー・キム・バーグ（Steve de Shazer, Imsoo Kim Berg）および彼らの共同研究者による研究から発展したものである（Nichols & Schwartz, 2004；Trepper, Dolan, McCollum, & Nelson, 2006）。また、人間は、自分たちの問題の社会構成による制約を受けると主張した、ミルトン・エリクソン（Milton Erickson）の影響を受けている。人間は、利用していない無意識の資源を持ち、自分の視点を変えることにより、そうした資源が解放されるということを基本的な前提としている。この点において、このアプローチは、認知再構成法の特徴を統合したものと言える。主に、ソーシャルワーカーは専門家として、まず「クライエントが、自己破壊的な構成に疑問を抱くように支援する」ために積極的な役割を担う。次に、クライエントが「新しい、より生産的な視点」を構成するための援助を行

う（Nichols & Schwartz, 2004, p.101）。クライエントとの作業は、彼らに解決策を特定させ、その優先づけをさせることによって推進される。課題中心システムと同様に、解決志向アプローチは、変化は短期間で起こるという前提に基づいている（注5）。

解決志向の原理

　このアプローチは、過去20年間で、法の強制によるクライエントを含む、成人、未成年者、家族を対象とした方略として広がった。ド・シェイザーおよびバーグの視点から見ると、従来の実践は、クライエントのストレングスや能力を考慮しない場合が多く、大方、問題に焦点を当てていた（DeJong & Berg, 1998）。クライエントが初めにすることは、自分が抱える問題を説明することであるが、こうした問題や分析が、必ずしもクライエントの問題解決能力を予測するとは限らない（Corcoran, 2008）。さらに、このアプローチは、解決策と問題は、必ずしも関連性があるとは限らないという点を強調している。したがって、問題がどのように発展し、持続しているのかを評価または発見するのではなく、クライエントを解決策の構築に関与させることが望ましい（Koob, 2003；Nichols & Schwartz, 2004）。

　過去ではなく、将来に重点を置いた解決志向の援助では、クライエントに自分が望む結果を決定する権利があるとしている。さらに、特にクライエントに権限が与えられ、解決策を構築するために自分の知識を活用する意欲がある場合、変化は、比較的短期間に生じるものであると考えられている。ソーシャルワーカーの役割は、クライエントの話を聞き、クライエントが提供する情報を吸収し、続いて「変化の言葉」を用いてクライエントを解決に導くことである（DeJong & Berg, 2002, p.49）。リー（Lee, 2003）は、こうした原理が動機づけの要因となり、異文化間の実践における解決志向アプローチの実行可能性を高めると主張している。

理論的枠組み

　解決志向アプローチは、社会構成主義者から、人間は言葉を使って現実を作り上げるという信念を借用した（de Shazer & Berg, 1993）。現実は、文化や文脈、および認知や人生経験によって構成されるため、絶対的な真理など存在しない（Murray & Murray, 2004）。例えば、標準的な機能や発達についての真実とは、クライエントが置かれた状況の現実とはほとんど関係のない専門家によって決められた現象である（Freud, 1999；Nichols & Schwartz, 2004）。したがって、ソーシャルワーカーにとっては、クライエントがどのように自分の経験や関係の意味を構成しているかを理解することが、より重要となる。また、このアプローチは、認知行動理論の認知は言語や行動を導くという仮定に基づいている。

解決志向方略の実証的なエビデンスとその活用

　解決志向短期療法は、さまざまな状況において、法の強制によるクライエントを含む多様な集団を対象に活用されている（Berg & Kelly, 2000；Corcoran, 2008；DeJong & Berg, 2001；Tohn & Oshlag, 1996；Trepper et al., 2006）。インガーソル・デイトン、シュロープファー＆プライス（Ingersoll-Dayton, Schroepfer, & Pryce, 1999）は、認知症を患う介護施設入所者に対し、彼らの行動上の問題ではなく、性格のプラス面に焦点を当てることによって、入所者と職員の関係に変化が見られることを観察した。モーリー＆モーリー（Murray & Murray, 2004）は、結婚前カウンセリングにおいて、解決志向アプローチを活用し、カップルが結婚への展望を構築するための支援

を行った。解決志向アプローチは、マクコラム&トレッパー（McCollum and Trepper, 2001）、ネルソン&ケリー（Nelson & Kelly, 2001）により、夫婦療法においても有効であることが示されている。

　例外に基づく解決は、男性参加者の虐待行動をやめさせたり、変えさせたりする試みに比べ、さらに有効であることがわかった（Corcoran & Franklin, 1998）。男性の家庭内暴力者の援助グループにおいても、同様の結果が出ている。こうした男性を対象とした実践において、リー、グリーン&ラインシェルド（Lee, Greene, & Rheinscheld, 1999）は、自分の行動に対する解決策を特定する権限を与える方が、暴力的行動に焦点を当てるよりも効果的であるという結果を示した。また、虐待関係に置かれた女性を対象とした研究では、参加者が「問題ばかりに」焦点を当てることから離れ、解決志向の方略とその他のアプローチを組み合わせて、解決策に関与させる支援の手段とした（McQuaide, 1996）。女性被害者のナラティブは、精神力動的および認知行動アプローチから派生した技法を用いて分析されたが、クライエントの情動状態を変化させるためには、解決志向ナラティブを基礎とした（McQuaide, 1996）。

未成年者への利用

　児童や思春期の学生を対象とした学校における実践では、感情を探り、行動目標を策定し、肯定的な行動を奨励するために、スケーリング・クエスチョンおよびミラクル・クエスチョンが利用される（Corcoran & Stephenson, 2000；Franklin & Streeter, 2004；Springer Lynch & Rubin, 2000）。ティール（Teal, 2000）は、エコロジカルな枠組みを用い、教師、両親、学校カウンセラーを資源として、また教室内の行動上の問題に対する解決策の共同策定者として説明している。同様に、ソーシャルスキルの教育グループへの参加を指示された子どもたちのために、両親は、行動上の問題に対処する手段として、解決策の策定に関与している（Watkins & Kurtz, 2001）。解決志向アプローチが、未成年者のソーシャルスキルの向上や、学級運営および学校に関わる行動上の問題に対応する上で効果的であることは、研究でも明らかとなっている（Cook & Kaffenberger, 2003；Gingerich & Eisengard, 2000；Gingerich & Wabeke, 2001）。この他に、思春期の青少年を対象とした研究には、解決志向アプローチの少年犯罪者への活用、扱いにくい思春期のクライエントに対する治療（Corcoran, 1997；Selekman, 2005）、妊娠中、子育て中の若者を対象とした課題および認知行動グループへの介入を含むいくつかの方略の組み合わせ（Harris & Franklin, 2003）などの研究がある。エクセプション・クエスチョン（例外探し）およびスケーリング・クエスチョンは、リスクの高い青少年、少年犯罪者、および学業または行動上の問題を指摘されたリスクの高い中学生、高校生の行動変化を促進する上で、効果的であることがわかった（Corcoran, 1998, 1997）。

多様なグループへの適用

　解決志向アプローチに批判的な立場を示す人々は、クライエントの多様性に対する配慮が足りない点を指摘する（Corcoran, 2008）。ダーマー、ヘメサス&ラッセル（Dermer, Hemesath & Russell, 1998）は、このアプローチが、コンピテンスやストレングスに明確に焦点を当てている点を評価しつつも、ジェンダーに関わる力の格差に対応していないことを指摘する。例えば、虐待関係にある男性と女性のナラティブに変化が見られたとしても、その変化には、ナラティブにおける力の格差が十分に考慮されていない。

とはいえ、解決志向アプローチは、基本的な目的として、状況を一番理解している当事者のナラティブとクライエントの言葉を重視しているため、多様なグループに対応すると考えられている。解決志向アプローチの支持者は、ソーシャルワーカーは、クライエントの異なる文化的背景を尊重し、敬意を示しているため、このアプローチは、社会福祉機関におけるクライエントを対象とした多文化実践に対する需要と一致していると主張する（DeJong & Berg, 2002；Pichot & Dolan, 2003；Trepper et al., 2006）。先に紹介した学校、児童保護機関における研究、およびその大半が多様なグループのメンバーである少年犯罪者や法の強制によるクライエントを対象とした研究は、いずれも解決志向アプローチの有効性を前向きにとらえた結果を示している。

解決志向の手順と技法

解決志向アプローチでは、援助プロセスの各段階（契約、アセスメント、目標設定、介入、および終結）に続いて、一連の質問が行われる。よく練られた目標は、クライエントにとって重要かつ実行可能であり、通常、何かの始まりとなる行動に向けた計画を推進する（Corcoran, 2008；DeJong & Miller, 1995；Tohn & Oshlag, 1996）。目標設定は、クライエントと面接した直後から開始される（Berg, 1994）。目標を策定する段階では、クライエントが求める解決策を例外に基づき策定する。例えば、クライエントに対し、問題がない状態とはどのようなものかを尋ね、この状態を基本に解決に向けた目標が策定される。

クライエントに将来について考えさせ、解決策を特定させるための典型的な質問例には、リプチック（Lipchik, 2002）、およびデ・シェイザー＆バーグ（de Shazer & Berg, 1993）から引用した以下のような質問がある。

1. 問題が解決したと判断する基準は何ですか。
2. 問題が解決されたら、何が変わりますか。
3. どのような兆候が現れたら、ソーシャルワーカーとの面接はもう必要ないと考えますか。
4. 行動、思考、あるいは感情の点で、どのような変化が現れるのか説明してください。
5. どのような兆候が現れたら、この状況に関係する人々の行動、思考、あるいは感情が変化したと考えますか。

アセスメント、目標策定、および介入の過程において、通常、この4つの質問が指針となる。クライエントを特定の目標へと導き、解決策を考えさせるために用いるさまざまな種類の面接質問を、表13-5に要約した。各種類の質問がどのように使われるかについては、一時居住施設からアパートへ移ることを目標としているコーニング一家を例に挙げて見てみよう

スケーリング・クエスチョンは、クライエントの進捗に対する評価、あるいはよく練られた目標を完結させる心構えを引き出すために使われる。ソーシャルワーカーとコーニング一家にとっては、一時居住施設を出るというよく練られた目標に向けた準備状況を測定する上で役立つ。例えば、コーニング夫妻に対して、「一時居住施設を出ることについての話し合いに対し、

表13-5　解決志向の質問

スケーリング・クエスチョン
コーピング・クエスチョン
エクセプション・クエスチョン
ミラクル・クエスチョン

どの程度心構えができているか、1〜10の間で採点してください」と指示することができる。スケーリング・クエスチョンは、準備状況の評価に加え、目標を達成するために必要な行動や資源の特定にも役立つ（Corcoran, 2008；Trepper et al., 2006）。コーニング一家の場合、コーニング氏の雇用状況を考慮すると、一家にとっての資源ニーズは、家族が家賃を支払う資金を得るために、コーニング夫人が働く時間を増やさなければならないことを意味していた。

また、スケーリング・クエスチョンは、クライエントが、問題行動へと逆戻りするのを防いだり、連続したスケール（尺度）に沿って、具体的な行動指標を策定したりするためにも使われる。例えば、クライエントに対し、アルコール中毒が再発する可能性について、「1〜10の間で（1は「再発する可能性はない」状態、10は「施設を出たらすぐに、アルコールを飲みたい気分である」状態を示す）、自己評価をしてください」と指示することができる。このようにスケーリング・クエスチョンを活用することは、リスクをより低く安全な水準へと移行させるために、どのような目標が有用であるかを判断する上で役立つ。同時に、アルコール中毒の再発について、クライエントの採点がスケールの低い位置にある場合、ソーシャルワーカーは、クライエントがすでに達成した進捗を指摘することができる。

コーピング・クエスチョンは、クライエントが以前、問題に対処する際に利用したことのある資源やストレングスを把握するために使われる。例えば、コーニング一家に対し、「過去に、住居を探す際、試してみてうまくいった方法はありますか」といった質問をする。コーピング・クエスチョンは、クライエントの以前の努力を認め、クライエントのストレングスや能力を明確化し、活性化することを目的とする。また、ストレングスに焦点を当てることにより、クライエントの対処におけるプラス面を強化することができる。例えば、「一時居住施設は混乱状態にあったと説明してくれましたが、その点を考慮した上で、子どもたちと積極的に関わる時間をどのように確保することができたのか教えてください」といった例である。

もう一つの手順であるエクセプション・クエスチョンは、解決志向の介入における中核と考えられている（Corcoran, 2008）。エクセプション・クエスチョンは、問題への焦点を弱めることを目的とし、クライエントが、現在の状況が存在しなかった場合の状態を特定する上で役立つ（Bertolino & O'Hanlon, 2002；DeJong & Berg, 2002；Trepper et al., 2006；Shoham, Rorhbaugh, & Patterson, 1995）。例えば、コーニング夫妻に対し、「自宅を所有し、自分たちで選んだ地域に住んでいた頃は、どのような感じでしたか」と尋ねることができる。現在、学校において、年長の子どもたちが経験している困難な状況に対する懸念については、「一時居住施設へ移る前は、子どもたちの学校での様子はどうでしたか」といった質問で対応する。

また、エクセプション・クエスチョンは、クライエントがストレングスや資源を積み重ねることにより、自分自身を問題から外面化する、あるいは分離させる能力を高める（Corcoran, 2008）。例えば、コーニング氏は、「男は家族を養わなければならない」という強い信念を表明していた。そこでソーシャルワーカーの対応は、コーニング氏に対し、失業するまでは家族を養っていたことを強調する。要するに、クライエントの自己破壊的な発言に対し、リフレーミングによって対処するのである。

エクセプション・クエスチョンはまた、過去あるいは現在の行動の探索を促し、クライエントが自分の経験の中で、解決への手がかりを見つける上で効果的な助けとなる。例えば、思春期の青少年とその親との葛藤がある状況において、両者に対し、現在あるいは過去に、葛藤がなくお互い仲良く交流していた時のことを思い出すように指示する。

最後のミラクル・クエスチョンは、どのように状況を変えることができるのか、また望ましい状況に到達するためには、何を変える必要があるのかといった点に注目させる（Corcoran, 2008；Koob, 2003；Lipchik, 2002）。コーブ（Koob, 2003）は、将来に対する肯定的な見通しを持つことが、動機づけ要因となると結論づけた研究を引用している。ミラクル・クエスチョンに答える中で、クライエントは、奇跡が起こり、一夜にして問題が解決したら、どのような状況になるかを想像しながら、明日自分がこうありたいと願う目標を特定する。コーニング氏にとっての奇跡は、「フルタイムの仕事に就くこと」「子どもたちが快適に暮らせる、人種が入り混じった地域に家族で住むこと」であった。コーニング夫人が、「白い杭垣と庭のある3ベッドルームの家もね」と冗談めいて付け加えると、二人は笑った。基本的には、ミラクル・クエスチョンに対するコーニング夫妻の回答により、夫妻とソーシャルワーカーとの間で完了すべき作業が具体化され、さらに、変化志向の解決策の構築が協働体制の下で進められた。

課題

　フォーミュラ・タスク（慣例的課題）は、宿題として事前に出されたミラクル・クエスチョンによって特定された目標を達成するために用いる。例えば、ソーシャルワーカーは、葛藤関係にある夫婦に対し、二人が対立していない時に、お互いにいつも以上に話し合いをするなど、例外的なことに従事するように指示する。また、別のフォーミュラ・タスクでは、10代の子とその親に対し、例えば、「次のセッションの前までに、お互いのやりとりを観察し、これからも続けたいと思うやりとりに集中してください」と観察を指示することもある。コーニング夫妻の場合は、プレディクション・タスク（予測課題）を与えることも可能であり、その中で夫妻は、良くも悪くも、明日の問題の状況を予測するように指示される（de Shazer, 1988）。

　解決志向アプローチでは、クライエントを、カスタマー、コンプレイナント、ビジターの3つのタイプに区分している（Corcoran, 2008；Jordan & Franklin, 2003）。変化に対して全力を傾ける意思のある個人または家族をカスタマーと呼び、一連の質問や完了すべき課題は、こうしたカスタマーを対象とする。一方、問題があることを認識しているが、自分はその問題や解決には関わりがないと考えている者をコンプレイナントと呼ぶ。また、最小限にあるいは第三者的に関わる意思はあるが、変化への取り組みに全面的に関わらない者は、ビジターと呼ばれる。このように区別することにより、クライエントになる可能性のある人が、変化へのコミットメントや懸念の主体者としての意識という点で、どのような立場にあるのかを特定することができる。さまざまなタイプのクライエントを区別することで、ソーシャルワーカーは、カスタマーが特定する懸念に対し、変化への取り組みを集中させることが可能となる。しかし、コンプレイナントやビジターが、カスタマーの妨げとならないようにするためにも、こうした関係者を参加させることが望ましい場合もある。

長所と限界

　解決志向アプローチは、さまざまな状況に適用でき、容易に身につけることができる実践的な技法や手順からなる。例えば、ミラクル・クエスチョンは、クライエントに対し、将来の見通しについて考えさせ、将来に対して努力をつぎ込むように後押しする。また、特にクライエントのストレングスや長所を重視している点も、クライエントやその能力のイメージに対し、大きな貢献をしている。解決志向アプローチは、たとえ小さな進歩であっても、短期間で変化が起こるこ

とを前提としている。変化が迅速に実現する可能性により、クライエントは、自分のストレングスや資源、また将来に対する楽観的な見方に焦点を当て、それらを活用するように促される。

　将来的に、解決志向アプローチがどのように利用されるかは、いつどのようにこのアプローチを適用するのが最も良いかを分析する研究の結果に、一部左右されることになるだろう。解決志向アプローチを支持する証拠は増えつつあるが、方法論的および策定上の懸念の結果、いまだ確固たるものとはなっていない（Corcoran, 2008）。解決志向アプローチが十分に検討されるにつれ、期待できる実証的なエビデンスが、多様な集団やクライエントが示すさまざまな問題に対するアプローチの有効性を示すようになった（Trepper et al., 2006）。先に紹介した研究でも、未成年者を含む特定の集団に対し、ある特定の質問を利用することの有効性が示されている。例えば、教室内での問題行動を解決する上で、ミラクル・エクセプション・クエスチョンの活用が有効であることがわかっている（Corcoran & Stephenson, 2000；Franklin & Streeter, 2004；Springer, Lynch, & Rubin, 2000）。

　解決志向アプローチのプロセスと手順において、ある特定の側面が批判の的となっている。解決志向アプローチを批判、あるいは擁護する双方の立場の人々は、実際にこのアプローチが、特に課題の割り当てや解決策を重視する点において、本質的に指示的ではなく、協働的であるのかどうかという点について疑問を呈している（Wylie, 1990；Lipchik, 1997；O'Hanlon, 1996）。さらに、ファミリーセラピストによる解決志向アプローチを利用した研究では、結果に関するクライエントの経験と担当療法士が行った観察結果との間に食い違いがあることが明らかとなっている（Metcalf, Thomas, Duncan, Miller, & Hubble, 1996）。シュトローム（Storm, 1991）およびリプチック（Lipchik, 1997）は、自らの研究の結果、解決策の順守を第一の焦点とすることに、一部のクライエントは当惑していたと主張する。具体的には、解決志向アプローチは前向きな視点に立っているため、クライエントが現実の懸念について話し合うことを妨げたり、クライエントに解決策を探索させて問題に関する話題を回避させたりするような影響を与えるという。ただし、このような影響の効果は限定的であると考えられている（Efran & Schenker, 1993）。同様に、行動に対してわずかな関心しか払わず、また感情にも注目しない点は、認知間のつながりを考慮していない（Lipchik, 2002）。しかし、多くの点において、こうした批判は援助を求めるクライエントがサービスと引き換えに社会に適合するようになり、やがて自分の問題について話し、詳細を説明するようになるという事実を無視したものである。

　批判的な立場を取る人々の中には、いくつかの解決志向技法が持つわかりやすさや実用性により、セラピストとクライエント間の関係のダイナミクスが無視され、こうした技法が「ありきたりの方法」で導入される場合があると主張する者がいる。リプチック（Lipchik, 1997）の指摘によると、「車軸の回転」を維持する協働と、「解決策を構築するスピードおよびその実現は、治療期間を通して、クライエントの現実を把握し続けることができるかどうかといったセラピストの能力に左右される」(p.329)という。実際に、メトカーフら（Metcalf et al., 1996）は、療法士が技法を重視する傾向にある一方、クライエントは、セラピストとの関係により関心を示すことを突き止めた。

　問題に焦点を合わせた環境で働くことが多い専門家は、病理に焦点を当てる。その結果、解決志向アプローチには課題があることがわかった（Trotter, 1999）。例えば、法律制度の管理下にあるクライエントは、通常、問題が解決されたこと、あるいは危険が低減したことを示す義務がある。当然のことながら、法律制度に基づく問題解決アプローチの場合も、ストレングスやエンパ

ワメントが考慮されないことが多いため、同様のことが言える。

しかし、解決志向アプローチは、ソーシャルワーカーが公共機関の職員である場合には、あまり言及されることがない。例えば、解決志向アプローチでは、面接することを選択しなかったため、治療への参加が期待されていない「ビジター」としての立場が認められている。公共機関の職員は、こうしたクライエントに対して参加を義務づけているため、この「ビジター」が面接を望むかどうかにかかわらず、裁判所命令の要件を満たす責任を負う。法による指示に従わなければならない圧力下にある場合でも、例えば、子どもが家庭の外へ保護された状況などでも、子どもを家庭から引き取る原因となった出来事のみに焦点を当てるのではなく、ミラクルまたはスケーリング・クエスチョンを利用することによって、親は、家族再統合に必要な行動、アクション、資源を明確にすることができる。また、ソーシャルワーカーの中には、問題のある出来事に焦点を当てなければ、状況を十分に理解しないまま改善しようとしていることになると主張する者もいる。

法の強制によるクライエントに関する研究や文献は限られているが、社会からなおざりにされ、取り残されることが多い、こうしたクライエント集団に対して、解決志向アプローチの活用が成功した例が示されている（Berg & Kelly, 2000；Corcoran, 1997；Corcoran, 1999；DeJong & Berg, 2001；Tohn & Oshlag, 1999）。法の強制によるクライエントの参加を高めるためには、解決志向アプローチと「動機と目標の一致の概念」や動機づけのための面接を組み合わせることが有効である（DeJong & Berg, 2001；Lewis & Osborn, 2004；Miller & Rollnick, 2002；Tohn & Oshlag, 1999）。こうした技法を用いて、法の強制によるクライエントは、面接を義務づけられるに至った事情や状況を自分なりに説明するように促される。

解決志向アプローチは、クライエントが自分の現実を構築する上での手助けとなるが、クライエントが自分の現実を把握できるようになることは、ソーシャルワーカーにとって多様なグループと関わる上で重要な要素となる。この点から、専門知識の必要性は最小限に抑えられ、基本的な固定観念や一般論に依存する機会も減る。これにより、十分に情報を得た上で策定された目標は、クライエントにとって、より意味のあるものとなる可能性が高い。同時に、専門家により割り当てられた課題は、クライエントの目には協働的というよりは、むしろ指示的にうつる。例えば、宿題を含む一般的なフォーミュラ・タスクを割り当てる場合、その課題計画が個人のニーズに合ったものなのか、またクライエントの状況に合ったものであるか、という懸念が生じる。もう一つの懸念は、スケーリング・クエスチョンおよび課題に関わるもので、解決志向アプローチでは、望ましい行動や課題の完了を妨げる個人的および環境的な障害が発生する可能性を見直す機会がないという点である。

解決志向アプローチは、クライエントとの協働作業において、肯定的なアプローチを提供する。コーピング、スケーリング、エクセプション、およびミラクル・クエスチョンなどの解決志向の手法は、習得が容易であり、実践的であるため、ソーシャルワーク実践の多くの分野における魅力的な補助的手法である。クライエントに対し、問題だけではなく、解決策についての話し合いに関与させることを強調する点は、ソーシャルワーク実践において拡大していかなければならないエンパワメントを実現する一つの方法である。さまざまな種類の質問は、他のアプローチとも適合する。例えば、スケーリング・クエスチョンは、変化への関与を強化し、ミラクル・クエスチョンは、目標設定を促進する。同時に、危機的状況においては、さまざまな質問を慎重に活用することが求められる。例えば、ミラクル・クエスチョンは、自分の状況をリフレーミングしよ

うとしているクライエントの援助には活用できるが、クライエントが急迫症状や危険を示しているときには活用できない（James, 2008）。

クライエントのエンパワメントを強化すること、すなわち、ストレングスや、状況の改善、解決の実現に向けたクライエントの能力に焦点を当てることは、大きな貢献となる。クライエントのコンピテンスを前提とする点は、ソーシャルワークが掲げる自己決定への関与と一致する価値観である。とはいえ、クライエントの能力を信頼し、それを支援する上で、実際に、クライエントがすべての問題に対する解決策を自分自身で持ち合わせていると思い込んではならない。実際には、クライエントの中には、十分な認知の技術や資源が欠如し、あるいは奇跡を実現するための能力に影響を及ぼす社会政治的障壁に直面している者もいる。第8章と第9章でも証明されているとおり、実践において、問題や欠点、あるいはストレングスや資源のどちらかのみに焦点を当てる必要はないのである。むしろ、クライエントを援助するにあたり、クライエントの状況や関与するシステムについての現実的な状況を把握するためにも、リスクや保護要因を含む両方からの評価が重要となる（McMillen, Morris, & Sherraden, 2004）。

■まとめ

解決志向短期療法を除いて、本章で扱った解決志向アプローチは、問題解決モデルであり、主に現在に焦点を当て、時間制限があり、自主的な行動を通して変化、成長するクライエントの能力を重視している点で、類似している。

調査研究では、短期間の期限付きアプローチは、長期的なアプローチと同じように効果的であることが示されている（Reid & Shyne, 1969；Wells, 1994；Wells & Gianetti, 1990；Corwin, 2002）。短期間の期限付きアプローチの有効性は、ターゲットとなる懸案事項や行動を範囲としている点、および問題や行動に対処する具体的な目標を策定する点にある。時間を意識的に使うことは、具体的な目標によって短期間の面接が最大限に活用されるため、生産的であると考えられている（Corwin, 2002；Hoyt, 2000；Reid, 1996）。

クライエントが自分の人生に関与し、変化をもたらす力を高めることが、4つのアプローチにおける顕著な特徴である。課題中心の実践、危機介入、および認知再構成法が、体系的で協働的な問題解決を通して、クライエントへ権限を与えようとする一方、解決志向アプローチは、解決策の構築を通して、エンパワメントを与えることを目的としている。例えば、課題中心アプローチは、クライエントに自分のターゲットとなる懸案事項を特定させ、課題や目標設定にもクライエントの参加を認めていることから、エンパワメントが推進されていることは明らかである。同様に、解決志向アプローチの「スケーリング」および「ミラクル」クエスチョンも、エンパワメントを促進している。クライエントは、自分が望むことを理解し、また理解する権利を有し、自分自身の問題を解決する能力を備えていることが前提となっている（DeJong & Berg, 2002；Reid & Epstein, 1972）。

「人は、変化し、成長する能力を備えている」というソーシャルワークの重要な原則に基づき、クライエントのストレングスを意図的に重視する点もまた、各アプローチの特徴となっている。ストレングスやレジリエンスは、危機介入および課題中心アプローチにおける事前対処、適応、資源、および情緒的安定性を探索する上で、真っ先に挙げられるものである。クライエントがこれまでどのように対処し、過去に何をしたかについての認識は、彼らのスキルと資源に基づ

く。解決志向の実践では、クライエントは、問題に対する例外、および個別の文脈ではなく状況的な文脈の中で定義された問題について考えるように促される。認知再構成法では、個人が自主性を発揮できる能力といったストレングスが認められ、セルフトーク、対処を示す発言、および自立の展開を通して、クライエントの信念がうまく管理されるようになる。

各アプローチは、問題あるいは解決策のどちらを中心に構成される場合でも、クライエントの懸念を明確に説明することから始まる。目標や解決策は、クライエントが特定した問題や懸念から生まれ、法の強制によるクライエントの場合は、義務づけられた任務に従う。短期間に適用される場合の課題の焦点は、クライエントやその生活を変えることではなく、むしろ、現在クライエントが抱える苦痛やストレスを軽減させ、機能を改善させることに当てられる。我々の経験から言えることは、ソーシャルワーカーと面会に来る人々は、安心感を求めている。まさに目標を定めたり、解決策を心に描いたり、行動を起こし、その進捗を目の当たりにすることは、クライエントにとって、エンパワーされる経験である。クライエントは、結果に向けた段階的な進歩を目にすると、必ず奮起し、やる気を起こすものである。

4つのアプローチの理論的観点や方略には、大きく重なる部分がある。例えば、認知行動および社会学習理論は、課題中心システム、危機介入、解決志向アプローチに影響を与えている。また、認知再構成法は、クライエントの信念に対応するため、危機の性質により、課題中心の実践や危機介入で利用される（Reid, 1992；James & Gilliland, 2001）。各アプローチ間で重複する方略や観点のおかげで、さまざまな人間行動理論、ニーズ、環境、ライフスタイルに合わせて変化の過程を利用したり、適応したりできる柔軟性が生まれる。当然のことながら、各アプローチには限界があり、ある特定の集団にとっては、適応や修正が必要な場合もある。とはいえ、これらのアプローチは、短期間の介入であること、行動志向であること、また変化に向けた具体的な目標に焦点を当てているという長所を合わせ持つ。

各アプローチに対する実証的な裏づけは、多様な集団、年齢層、およびさまざまな状況における有効性を含め、それぞれのアプローチを説明した項にまとめた。解決志向の実践については、実証に基づくエビデンスが継続的に拡大している。したがって、最も適した介入方略を選択する際には、問題や目標、発達段階、人種的あるいは文化的信念、習慣および価値、環境的要因を考慮しなければならない。

■問題解決介入アプローチの傾向と挑戦

パールマン（Perlman, 1957）によって初めて紹介された当時、問題解決モデルは、ソーシャルワーク分野のクライエントに共通する日常生活における心理社会的課題に、ソーシャルワーク実践の焦点を当てようとする試みの一つであった。ここ数年の間で、問題に焦点を当てるべきか、あるいは個人、家族、コミュニティが持つストレングスにより焦点を当てるべきかについて、議論がなされている（Sarkisian & Gerstel, 2004；Early & GlenMaye, 2000；McMillen, Morris, & Sherraden, 2004）。

援助および問題解決アプローチは、絶えず変化を続けながら進化を遂げてきた。システム、エコロジカル理論、人間発達、行動を統合させ、問題解決アプローチは、問題分析に加え、人とその状況を評価することによって、クライエントとその問題をわけて考える方向へと進んでいった。こうした動きは、ストレングスの視点の導入、クライエントのエンパワメント、文化およびソー

シャルワーカーの文化を考慮する力の重視によって強化された。こうした要因は、アセスメントおよび目標策定の過程、介入方略、クライエントについて説明するために使われる専門家の言語に影響を与えた（Saleebey, 1996, 2002）。クライエントのニーズを決定する専門家としてのソーシャルワーカーの役割は薄れ、その結果、クライエントとの関係は、エンパワメント志向のより協働的なものとなった。クライエントのストレングスを認識し、活用する点は、ソーシャルワーク実践における重要な変化を示し、尊厳と価値というソーシャルワークの原則を支えている。

クライエントのエンパワメントは、問題解決アプローチにおけるベストプラクティスを特徴づける一つの要素として、大きな意味を持つようになった。パーソンズ（Parsons, 2002）、リー（Lee, 2001）、サルザー（Salzar, 1997）、ステープルズ（Staples, 1990）によると、エンパワメントとは、一つの過程であると同時に、結果でもある。エンパワメントの過程は、人生における決断にクライエントの参加を積極的に促す（Gutierrez, Parsons, & Cox, 1998；Saleebey, 1992, 1997, 2002）。「クライエントの置かれた現状からスタートする」という原則に基づき、問題解決の過程のあらゆる段階において、クライエントのナラティブや参加が重視される。また、この原則は、文化的選好や多様な世界観を考慮する点においても見られる。問題が発生したのは、クライエントの資源が欠如しているからか、あるいはクライエントの自意識が低下したことが原因かといった点にも注目する（Greene, Lee, & Hoffpauir, 2005）。一般的に、エンパワメントは、結果的にクライエントが参加した過程で、自分の状況に対する統制感を得るという点において、自主性や自己効力感に通じる。しかし、ダンラップ、ゴラブ＆ジョンソン（Dunlap, Golub, & Johnson, 2006）は、クライエントのエンパワメントが、貧困やその他の社会政治的要因によって、大きく制約される場合があると主張する。

エンパワメントおよびストレングスは、クライエントとソーシャルワーカーとの関係における、対人的および構造的なダイナミクスである。とはいえ、クライエントとの関係の指針となる組織の構造により、エンパワメントの重要性に対する正しい評価が反映されない場合がある。ソーシャルワーカーがクライエントにエンパワーするように行動するためには、組織の文化もまた、同様の関与を示さなければならない（Linhorst, Hamilton, Young, & Eckert, 2002）。また、ストレングスについても、機関の実践によって阻害されるおそれがあるため、同様の問題が当てはまる（Marsh, 2003）。

ある朝、目を覚まして、ソーシャルワーカーに助けを求めに行こうと決断する人はほとんどいない。多くの場合が、問題解決能力を使い果たしてしまったか、あるいは援助を受けるように圧力をかけられたか、命令されてソーシャルワーカーのもとを訪れるのである。あるいは、危機の出現によって、ソーシャルワーカーと面会することになったり、資源の欠如、継続的なストレッサー、環境条件、社会から取り残された立場によって、力を削がれたりする場合もある。言うまでもなく、ソーシャルワーカーのもとを訪れる理由は、人さまざまであるが、ソーシャルワーカーは、問題を減らすための活動、あるいはストレングスのみに焦点を当てる必要はない（MaMillen, Morris, & Sherraden, 2004；Farmer, 1999）。

人口の高齢化や多様化が進むにつれて、たとえ介入方略が、ストレングスやエンパワメントを促進し、文化について認識しているとはいえ、多様な集団に対する問題解決アプローチの有効性を明確にするためには、さらなる研究が必要となる。例えば、モレル（Morell, 2003）は、高齢化する女性に関し、フェミニストおよび障害の観点からエンパワメントについて論じている。さらに、チャピン＆コックス（Chapin & Cox, 2001）は、病弱な高齢者の問題に関する支配的なパラ

ダイムの基本的な前提を、よりストレングス・エンパワメント志向へと変えていく必要があると主張している。ダンラップ、ゴラブ＆ジョンソン（Dunlap, Golub, & Johnson, 2006）は、貧困生活を送るアフリカ系アメリカ人家庭に対するエンパワメントの制約について検討している。

問題解決モデルおよび手法には、クライエントが直面する問題の原因となり、そうした問題を持続させる環境および社会政治的要因を理解する必要性を強調する基本理念が存在する。この点において、実践に必要な知識ベースには、文化を考慮する力、抑圧についての理解、および人間行動や機能についてのエコロジカルな見方が含まれる。しかし、抑圧についての知識をどのように実践に組み込んでいくかという点について、ソーシャルワーク実践者に役立つような指針はほとんど存在しない（Dietz, 2000；Pollack, 2004；G. D. Rooney, 2009；Van Voorhis, 1998）。ここに、多くの点において、クライエントのストレングス、あるいは問題に焦点を当てることだけに限定できない課題がある。ソーシャルワーク分野における大半のクライエントが直面している社会政治的および社会環境的課題を考慮した場合、中心的な問題となるのが、クライエントの生活における強力でダイナミックな現実としての抑圧に対処する上で、問題解決アプローチはどの程度有効であるのかという点である。

■技術向上のための演習問題

1．コーニング一家の事例を用いて、変化をめざす方略としての課題中心アプローチ、および解決志向アプローチを選択し、このケースにおける各アプローチの長所を評価する。この事例では、各アプローチの特徴をどのように組み合わせることができるか。
2．社会保障（福祉から就労へ）規則に対する順守を怠り、処罰を受けた母親は、担当のケースワーカーが「自分をやっつけようとしている」と話している。こうしたクライエントの発言にどのように対応するかを決める上で、他にどのような情報や要因が必要であるか。
3．未成年者の入所者向け治療プログラムに関わるソーシャルワーカーとして、未成年者が自分の治療計画に承諾を与える能力があるかどうかについて、どのように判断するか。
4．リプチック（Lipchik, 2002）の解決志向の各質問を見直し、現在、自分が抱える懸念に基づいてそれらの質問に答えてみる。また、どのようにスケーリング、コーピング、エクセプション、ミラクル・クエスチョンを活用するかを特定する。
5．上で特定したものと同じ状況を用いて、課題中心アプローチにおける目標、課題、対応策を策定する。また、目標達成の測定方法を示す。
6．自分に当てはまる認知の歪みに基づく考え方を一つ選び、そうした考えを修正するために用いる方略について述べる。

注
1．短期療法モデルについての詳細は、コーウィン（Corwin, 2002）、ロバーツ＆グリーン（Roberts & Greene, 2002）、ウェルズ＆ジアネット（Wells & Gianette, 1990）、およびウォルシュ（Walsh, 2006）を参照のこと。
2．Potocky-Tripodi（2002）は、移民と難民を対象としたソーシャルワークの「ベストプラクティス」に関する有益なテキストを書いている。
3．モデルおよび危機介入実践についての詳細は、パラッド＆パラッド（Parad & Parad, 1990, 2006）、

ロバーツ（Roberts, 2000）、ロバーツ（Roberts, 2005）『危機介入ハンドブック：アセスメント、治療、および介入（*Crisis Intervention Handbook: Assessment, Treatment and Intervention*）（第3版）』およびオークン（Okun, 2002）を参照のこと。未成年者を対象とした危機に対応する方略についてのリソースには、「ジャーナル・オブ・トラウマティック・バイオレンス・アンド・アビュース」および「ジャーナル・オブ・アグレッション・マルトリートメント・アンド・トラウマ」が挙げられる。危機介入方略に関するより広範な情報については、アギレラ＆メシック（Aguilera & Messick, 1982）、ゴーラン（Golan, 1978）、パーイヤー（Puryear, 1979）、キャプラン（Caplan, 1964）、およびラクトン（Lukton, 1982）を参照のこと。心的外傷介入へのエビデンスに基づくアプローチについては、コーエン（Cohen, 2003）を参照のこと。

4. 変化のための方略、認知行動治療および認知再構成法における技術に関するより包括的な情報源としては、コーミエ＆ニューリアス（Cormier & Nurius, 2003）を推薦する。その他には、バーギン＆ガーフィールド（Bergin & Garfield, 2004）の『*Handbook of Psychotherapy and Behavioral Change*』がある。また、認知療法の現状を振り返るためには、ベック（Beck）著『*Handbook of Cognitive-Behavioral Therapies*』（2005）を参照のこと。特に子どもを対象とした認知療法については、ラインキー、ダティリオ＆フリーマン（Reinecke, Dattilio, & Freeman, 2003）が優れた情報源となる。ウェイレン、ディジョゼッペ＆ウェスラー（Walen, DiGuiseppe, & Wessler, 1980）は、信念の対立に関する初期の包括的な方略を提示し、説明している。

5. シャピン、ネルソン・ベッカー＆マクミラン（Chapin,R., Nelson-Becker, H. & Macmillan, K.）。『*Strength-based and solution-focused approaches to practice*』。バークマン＆アンブルソン（Berkman, B. & D'Ambruson, S.）（編）『*Handbook of Social Work in Health and Aging*』（New York: Oxford Univercity Press）。

第14章

介入の方略としての資源開発、組織化、プランニング、およびアドボカシー

本章の概要

　第14章では、ダイレクト実践の介入のアプローチから、マクロレベルの変革をめざす方略へと視点を移す。学生および現場のソーシャルワーカーによる事例を用いて、マクロ実践とは何かを示し、最後には、マクロレベルのサービスの調整と協働、成果を評価するための一般的なガイドラインについて検討する（注1）。

■ソーシャルワークのコミットメント

　ブルーグマン（Brueggemann, 2006）、シュナイダー＆レスター（Schneider & Lester, 2001）は、ソーシャルワークという専門職が、社会改革、社会正義、平等を通して人間が置かれた状態を改善するという理念に対し、どのように活動を展開してきたのかについての歴史を記している。長年にわたるこうした理念は、全米ソーシャルワーカー協会（以下、NASW）の倫理綱領や、ソーシャルワーカー養成のための全米ソーシャルワーク教育協議会（以下、CSWE）の基準に反映され、原則となっている。NASWの倫理原則に従い、ソーシャルワーカーは、資源開発、プランニング、およびソーシャルアクションへの取り組みを通して、個人の福祉を高め、社会状況を向上させることを第一の責務としている（NASW, 1996）。社会経済的な正義を推進し、危機状況にある人々がいるような社会状況を改善することが、CSWEの教育方針および認定基準（以下、EPAS）に定められた包括的な原則である。こうした原則は、「人権および社会経済的な正義の推進」また「社会の経済的なウェルビーイングを推進し、効果的なソーシャルワークサービスを提供するために方針に基づいた実践に取り組む」ソーシャルワーカー養成の推進に対して専門職のコミットメントの重要性を強調している（CSWE, 2008, p.5-6）。

　同様に、国際的なソーシャルワークの中核目的を構成する国際基準は、「疎外された人々、社会的に排除された人々、住む所を奪われた人々、脆弱で危機の状況にある人々の集団の包摂を促進するための」ソーシャルアクション、政治的アクション、およびアドボカシーの重要性を強調している（Global Standards for Social Work Education and Training, 2004, p.3）。国際的なソーシャルワークの原則は、多様な信念、伝統、文化の尊重、および人権や社会正義に対して考慮ということを基本としている。こうした原則は、ソーシャルワーク実践における文化を考慮する力

に関するNASW基準にも明記されている（NASW, 2001）。

　社会正義と平等に焦点を当て、資源開発、アドボカシーやソーシャルアクション、組織化を通して、ニーズや社会状況に対応していくことは、何もソーシャルワーク分野の独占領域ではない。その他の専門職、組織、および宗教団体も、チェンジ・エージェントとしての役割を果たし、ソーシャルワークと同様の問題の一部あるいはすべてに対応している。しかし、ソーシャルワークは、その使命を、人間とそれを取り巻く環境、社会経済的な正義、抑圧、平等に焦点を当てるものと考えている。さらに、ソーシャルワークの原則は、個人の問題を引き起こす社会状況を作り出し、それを維持するようなシステムを見過ごさないことである。社会正義を追求する上で、ソーシャルワーク分野をさらに一歩前進させるために、ホッジ（Hodge, 2007）は、世界人権宣言、特に宗教の自由や国家および世界レベルでの宗教的迫害の撲滅に向けた、ソーシャルワークによるアドボカシーの必要性を指摘する。

マクロ実践の定義

　定義上、マクロ実践は、個人のレベルではなく、システムレベルの問題や状態に焦点を当てる。基本的に、社会問題や社会状況を介入の対象とし、問題の全体像を見て、全体に介入することが、最終的に人間の生活を変え、改善することができるという前提に基づく（Parsons, Jorgensen, & Hernandez, 1988, 1994；Long, Tice, & Morrison, 2006）。

　ブルーグマン（Brueggemann, 2006, p.7）の定義によると、マクロ・ソーシャルワークとは、「コミュニティ、組織、社会、および世界レベルにおいて、個人が社会問題を解決したり、社会変革を実現したりする支援を提供すること」（p.3）である。同様に、ブレトン（Breton, 2006）、ホワイト＆エプストン（White & Epston, 1990）、サリービー（Saleebey, 2004）は、個人が直面する問題を生み出し、それを持続させる広範な環境問題や社会状況を重視している。こうした研究者によると、ソーシャルワーカーは、クライエントに対し、問題や状態を個人のレベルを超えて外在化させる手助けをする責務を担うという。「セツルメント運動」を振り返り、ブレトン（Breton, 2006）は、「社会変革と個人の変化との間には、弁証法的関係が成り立つ」（p.34）と主張する。

　第13章に登場したジャスティンとコーニング氏の事例を思い出してみよう。二人が直面していた苦境は、非常に多数のアメリカ人やその他の国の人々が抱える窮状を示した典型例である。米司法省の未成年侵犯防止局が発表した2007年度の報告によると、米国におけるホームレスおよび家出をした青少年の数は、1,682,900人に上ると試算されている（National Coalition for the Homeless, 2007）。こうした青少年たちがホームレスとなる主な原因は、不安的な経済状況、家族、および居住環境、家族との葛藤、手頃な住居の不足である（Ferguson, 2007）。全米ゲイ・レズビアン・タスクフォース政策研究所の報告によると、推定される160万人のホームレスの若者のうちの20～40％が、ジャスティンのように、レズビアン、ゲイ、バイセクシャル、あるいはトランスジェンダーである（Ray, 2007）。同じく、コーニング氏も、2008年に失業したアメリカ人のうちの一人である。米労働省が発表した2008年度の中間報告によると、米国の失業者数は、これまでで最高の850万人に達すると予想されている（Aversa, 2008）。企業が不確かな経済状況に対応するために、真っ先に取る策の一つが人件費の削減である。

　ジャスティンとコーニング氏が置かれた状況は、社会の全体像を示すものである。したがって、個人や家族の置かれた状況を変えるためには、問題が発生している広範な文脈、および問題を生

み出し、それを持続させている社会的、環境的要因を認識する必要がある。失業や不完全雇用は、米国特有の問題ではない。例えば、フィリピンのおよそ1/10の国民が経済的な機会を求め、海外で就業している（Mydans, 2004）。経済的な機会を求める人々には、移民または移住労働者が含まれ、その多くが不法滞在者であるため、不当および不平等な扱いに対する彼らの脆弱性は見過ごされている。また、自然災害や政治的対立（例えば、2001年9月11日の同時多発テロのような大惨事の後の状況）の発生時において、こうした人々の数がカウントされない場合がある。移住してきた人々の出身国は、自国に残る家族へ継続的に仕送りをすることによって出身国の経済を刺激してくれるこうした海外就業者に経済活動を依存している。同時に、このような移民や移住労働者は、搾取に対し、本国および米国いずれの法律によっても保護されていない。

　ミクロおよびマクロの方略を混合して用いる場合、二つの実践分野の違いにはあまり重きが置かれない。その代わりに、二つの方略は、クライエントのニーズや状況に対応する上で、公共的と個人的、二本立てで連動するものと考えなければならない（Long, Tice, & Morrison, 2006）。

■ミクロ実践とマクロ実践の連結

　マクロレベルの活動は、個人レベルを超え、専門性をもってなされる介入である。しかし、しばしば個人レベルにおいてこそ、社会状況や問題が顕在化してくる。ダイレクト実践の中でクライエントと関わっていると、ソーシャルワーカーは、クライエント集団のもつこのような問題状況の影響の大きさをまざまざと知る機会があるものである（Netting, Kettner, & McMurtry, 2004）。個人のクライエントによって体験される問題は、より大きな問題を提起しているかもしれない。すなわち、個人のクライエントのこの状況は、どの程度、より大きな集団の体験を反映しているのだろうか、という問題である。結局のところ、ミクロレベルで観察されることがワーカーに伝えていることは、マクロレベルの方略による軌道修正が必要とされるようなグループやコミュニティには、ごく一般的にみられる不利な状況があるということなのである。図14-1は、ミクロおよびマクロ実践の連結に関する全体像を示している。こうした連結を説明するためには、地域の健康福祉サービス機関の職員が始めたプログラムが良い例である。この職員は、ケースを毎週見直しする中で、機関が担当する家族の間に見られる共通の懸念を観察した。

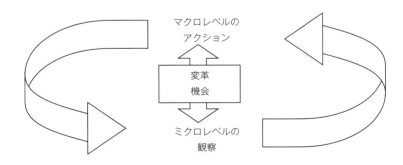

図14-1　ミクロ実践とマクロ実践の連結

第14章 介入の方略としての資源開発、組織化、プランニング、およびアドボカシー

事例・・

　地域の健康福祉サービス機関の職員は、父親による養育費の不払いが、子ども家庭福祉の事例に、よく発生する重大な問題であることに気づいた。養育費の不払い問題は、わずかな財政資源の中で苦悩する家族、中には児童保護サービスを受けなければならないリスクにさらされた家族に、負の影響を及ぼす。さらに、養育費の不払いは、親権を持つ親と持たない親との間の葛藤の原因として報告される例が多い。地域の委員会は、大半の委員がこうした問題の影響を受けている家族を地域の資源に対する財政的損失とみなしているため、父親に養育費の不払い分を支払うように断固とした態度を取る。

　養育費の不払いに関わる問題を検討するために、父親を対象としたフォーカスグループが招集された。グループの中で指摘された主な問題は、失業、不完全雇用、地域内における技術レベルの低い雇用への就業機会の不足などであった。また、グループ参加者は、さらに問題を複雑にする要因として、都市圏における公共交通機関が十分でない点を挙げた。

・・

　フォーカスグループでの話し合いの結果に基づき、職員は、養育費の不払い問題を解決するために、同時進行で実行する対応策をいろいろ考えた。父親の仕事に関する心配に対応するために、雇用可能な技術を習得できるような見習い機会を提供してくれる地元の会社を募るなど、職業技術教育が企画された。この問題には、コミュニティの協力が必要であることに気づき、職員は、雇用の検索や創出、マイカーの相乗りや自動車の寄付など、父親が首都圏のより幅広い地域で主要な個人や市民団体に協力を求めて、雇用の機会を得ることができるような交通手段を提供してくれる。

　政策レベルでは、職員は、父親のためのアドボカシーとして、地域委員会と裁判所に対してプレゼンテーションを行い、養育費を支払えない父親が直面している状況を説明した。最終的には、地域委員会と裁判所を説得し、父親に対する懲罰や処罰を軽減してもらうことになった。当然のことながら、父親の中には、親としての責任を軽減された者もいた。しかし、子どもを養いたい気持ちはあるが、その手段を持たなかった父親のエンパワメントを高めるアクションを取ることにより、職員は、問題および問題領域を再構成（リフレーミング）したのである。こうして職員は、クライエントグループの代弁をすることにより、資源を開発し、政策に影響を与えた。マクロレベルの方略を実行することにより、健康福祉機関は、父親に養育費を支払わせるという郡の目標を達成することができた。こうしたアクションは、個人の問題を持続させていた外部の社会経済状況に取り組むことによって、ミクロおよびマクロ実践の方略を効果的につないだ（Vodde & Gallant, 2002；White & Epston, 1990；Parsons, Jorgensn & Hernandez, 1994）。

■マクロ実践の活動

　ソーシャルワーカーは、マクロレベルのチェンジ・エージェントとして、さまざまなソーシャルワークの役割を活用する（教育者、イネーブラー（実現要因）、調停者、アドボケイト、資源開発者、仲介者など）。ネッティング、ケトナー＆マクマートリー（Netting, Kettner, & McMurtry, 2004）は、スーパーバイザー、マネジャー、プログラムコーディネーター、プランナー、政策アナリスト、コミュニティ・オーガナイザーといった役割に関連した専門職名を特定している。先の例

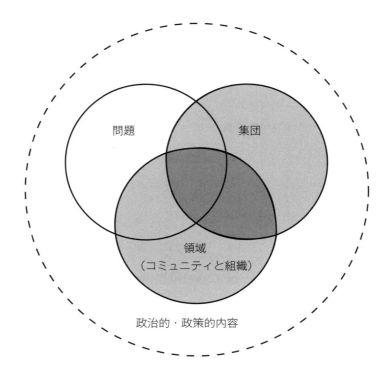

図14-2　マクロ実践の概念的枠組み：問題、集団、および変革領域の理解
出典：From Netting, Social Work Macro Practice, 3rd ed. Reproduced by permission Pearson Education, Inc.

に登場した自治体の職員は、教育者（職業技術の教育）、資源開発者（訓練生および交通サービス）、仲介者および政策アドボケイト（地域委員会に対して父親の状況を説明、より慎重な政策に対するアドボカシー）としての役割を担っていた。ジャンソン（Jansson, 2003）は、ソーシャルワーカーは、「組織の中で、特有の立場にある」ことから、「政策に敏感な」、政策に関わるアドボカシーに関与する「道徳的責任」があると主張する（p.36）。また、地域の機関の対応を見てもわかるように、組織は、個々のソーシャルワーカーと同様に、チェンジ・エージェントとして先導的な役割を担うことができる（Rothman, Erlich, & Tropman, 2001；Brueggemann, 2006；Netting et al., 2004）。

　地域の職員が変革に関与する際、組織、コミュニティ、影響を受けた集団といった大きなまとまりを含むシステムレベルの変革を対象とした。図14-2に示した体系的なアプローチは、マクロレベルの変化の出現、およびネッティング、ケトナー＆マクマートリー（Netting, Kettner, & McMurtry, 2004）が想定した問題、集団、領域という3つの重なり合う重要ポイントと合致している。

■介入の方略

　状況を変化させ、環境を改善し、組織、グループ、あるいはコミュニティ内のニーズに対応するため、数多くの異なる介入形態が用いられる。さまざまなマクロレベルの方略に関する詳細な

説明は、本書の目的である実践の基礎の範囲を超えている。そこで、以下のマクロレベルにおける介入の手法や方略に重きを置く厳選された一般的な方略に関して焦点を当てて論じていこう。

- 資源の開発と補完
- サポートシステムの活用と拡充
- アドボカシーとソーシャルアクション
- 社会計画と組織化
- 制度的な環境の改善
- サービスの調整と組織間の協働

上記の具体的な介入の説明に入る前に、次項では、マクロ実践の重要な側面であるエンパワメントとストレングス、社会問題の分析について焦点を当てる。

エンパワメントとストレングス

エンパワメントとは、問題を回避し、社会環境と関わる能力を手に入れ、または取り戻し、自分たちのニーズを満たすための資源を拡充するために、グループやコミュニティが活動できることを意味する（Gutierrez, GlenMaye, & Delois, 1995；Long, Tice, & Morrison, 2006；Weil, 1996）。したがって、エンパワメントの過程では、ウェルビーイング、潜在力、生活上の満足、自分の人生に対するコントロールをできる限り実現するという成果目標の決定にクライエントを積極的に関与させる。ロング、タイス&モリソン（Long, Tice, & Morrison, 2006）によると、エンパワメントは、コミュニティやグループが、自分たちの生活に肯定的な影響を与える資源を確保できた場合、社会経済的な正義を促進する。ソーシャルワーカーは、グループやコミュニティが特定したニーズや興味に対して、彼らの望み、夢、大志を実現し、ストレングスに基づくやり方で対応しなければならない。

なぜ、エンパワメントとストレングスに焦点を当てるのだろうか。ソーシャルワークのクライエントには、自己決定力が欠如した個人、グループ、コミュニティ全体が含まれる。実際には、自己決定力がない者は、生活において、政府機関や公共政策による多大な権威の影響を受けるおそれがある。公共政策の例には、福祉プログラム、児童保護サービス、教育制度、移民帰化サービス、住宅当局、警察による保護、および交通機関などが含まれる。交通手段に関わる決定は、高齢者や貧困者といった自己決定力のないグループの移動性に影響を与える。例えば、テキサスの大規模都市圏では、近隣のバス停が移動され、大半が貧しいマイノリティの高齢者住民にとっての利便性が損なわれる結果となった。多くが一人暮らしである高齢者住民は、買い物をしたり、コミュニティや教会の社会活動へ参加したりするために、バスや路面電車に頼っていた。バス停の移動は、コミュニティにとっては寝耳に水の話であり、この点を問い詰められると、当局者は、「このグループからはほとんど反応がなかった」と答えた。さらにその当局者によると、「近隣の住民たちには、電子メールによる通知を送信した」と言う。しかし、どのくらいの住人がその通知を受け取ったのかという問いに対し、確かな答えは返ってこなかった。さらに、コミュニケーションの主な手段として、電子メールに頼っている点は、情報が発信される伝達手段に対する不平等さを示していた。

エンパワメントの視点は、権力（および無力であること）の問題が、マイノリティな人種や民

族のグループあるいはコミュニティが最も頻繁に出くわす抑圧の体験と密接に関連していることを前提としている。大半のマイノリティグループの経験の中には、差別、偏見、抑圧の歴史が刻み込まれている。ある特定の脆弱なグループは、個人または集団としてのわずかな自己効力感と、蔓延する無力感、および自分を取り巻く環境を変えることに対する絶望感を示している。とはいえ、ストレングスの視点は、「コミュニティや個人のストーリーを奨励、尊重し」、コミュニティや個人を「資源豊富でレジリエンスがあるもの」とみなし、「さまざまな可能性を実現するために、コミュニティや個人は協働で」取り組む（Long, Tice, & Morrison, 2006, p.34）。さらに、力に対する意識を高めることは、コンピテンス、自己効力感、サポートシステム、および個人のアクションや他人と協調して取り組むアクションが、状況や状態を変えたり、改善したりできるという信念を構築することと密接に関連している（Carter, 2000；White & Epston, 1990）。

グループやコミュニティには、力がなく、自分たち自身や自分たちのニーズと社会環境やストレングスとがうまくかみあっていないものの、自然発生的な援助ネットワークやサポートシステムは、あらゆるコミュニティやグループに存在する。残念ながら、圧倒的なニーズを目の前にして、グループやコミュニティのストレングスに重い負担がかかったり抑圧的な差別要因によって、ストレングスがあいまいになったり、損なわれたりする例もある。とはいえ、コミュニティやグループが定義した問題を重視し、ストレングスを基礎として、協働的な援助関係を構築することは、エンパワメント過程において重要なことである（Gutierrez & Lewis, 1999；Long, Tice & Morrison, 2006；Saleebey, 2004；Van Voorhis & Hostetter, 2006）。

基本的に、エンパワメント過程におけるソーシャルワーカーの役割は、「個人が自分の状況を変える能力を開発するための支援をすること」である（Gutierrez & Ortega, 1991, p.25）。グティエレス（Gutierrez, 1994）によると、自己効力感を高め、新しい技術を開発することに加え、エンパワメントには、不公正の原因に対して批判的な意識を育成することが含まれる。ストレングスとエンパワメントが組み合わされて初めて、コミュニティやグループが自己効力感を抱き、それを統制する力が生まれる。こうした環境において、変化への取り組みの形や影響は、コミュニティの積極的なリーダーシップによって方向づけされる（Weil, 1996；Van Voorhis & Hostetter, 2006）。

社会問題と社会状況の分析

あらゆるレベルの実践は、社会的価値観、法律、政策といったソーシャルワーク外部の要因とつながっていて、その影響を受ける。特に、力を持たない人々の経験や彼らが直面する状況を考慮すると、すべてのソーシャルワーカーは、社会正義の観点から社会問題や社会状況を分析し、市民権や人権が侵害されていないかどうかを評価しなければならない。ソーシャルワーカーや社会福祉組織は、こうした知識を備え、グループやコミュニティに悪影響を与える政策や法律に対処するためにリーダーシップを発揮する積極的な役割を担う必要がある。

フィン＆ヤコブソン（Finn & Jacobson, 2003b）の研究から引用した以下の質問は、マクロの観点からの分析に活用することができる。

- 自分が担当しているクライエントに影響を与える社会正義に関わる問題とは何か。
- 社会において資源配分が行われる際、グループやコミュニティに示される特定の価値観とはどのようなものか。

上記の質問に加え、ソーシャルワーカーは、以下の項目を質問しなければならない。

- 誰が、どのように、政策決定の影響を受けているか。
- 政策または法律は、特定の集団に対し、異なる影響を及ぼしているか。

さらに上記の質問に加え、フレームワークス・インスティテュートによる核心にせまる質問を付け加える。

- 問題に対して責任があるのは、誰そして何か。

フレームワークス・インスティテュートは、政策立案者や一般市民とコミュニケーションを行う際に、社会問題について「戦略的に考え」、基本的な社会的価値観に訴える問題を再構成（リフレーミング）する必要のある専門家やその他のアドボケイトを対象に、研修を行う非営利団体である。

価値観と資源配分

多くの場合、社会福祉サービスは、個人の変化を主な目的とし続けている（Breton, 2006；Brueggemann, 2006；Long, Tice, & Morrison, 2006）。過去20年間で、個人の責任を強調し、社会正義を犠牲にすることによって、こうした個人を重視する考え方が強化されている（Linhorst, 2002）。ブレトン（Breton, 2006）によると、社会福祉組織が依存する資金提供元が、ソーシャルアクションに興味を持つことはまれである。さらに、ブレトンは、専門家と社会福祉組織は、「経路依存性パラダイムにとらわれている」と主張する。特に、「個人の変化を援助する過程では、社会において容認可能な目標や価値観を重視する」傾向にある。また、ブレトン（Breton, 2006）およびアブラモビッツ（Abramovitz, 2005）は、個人を重視する援助アプローチから、社会問題、不平等、社会正義についてよりグループ志向の行動派アプローチへ移行するには、実際、組織や専門家にとって費用がかかることを示す実践的な議論や例を挙げている。

資源の配分に影響を及ぼしてきた価値観に固執していることに対し、シュペヒト＆コートニー（Specht & Courtney, 1994）は、専門家に対して、その歴史的な起源から離れるように忠告した。当然のことながら、これに対し、全米ソーシャルワーカー協会（NASW）の倫理原則、およびソーシャルワーク教育協議会の教育基準で具体化されたソーシャルワークの持続したコミットメントを指摘し、異議を唱える者もある。あるいは、ソーシャルアドボカシーやソーシャルアクションは、極端すぎるため、ソーシャルワークの使命は、直面する環境的課題にかかわらず、個人が対処できるように支援することである、と主張する者もいる。ブレトン（Breton, 2006, p.33）によると、ソーシャルアクションやアドボカシーに関与することは、ソーシャルワーカーが「革命家」になることを意味しているのではない。低所得家庭が必要とする資源に対するニーズや公的医療保険制度の還付金に対応するために、NASWが実施するロビー活動やアドボカシーへの取り組みなどが、ソーシャルアクションの例となる。

誰が、どのように、政策決定の影響を受けているか

　ブレトン（Breton）の主張を受け、クライエントが受けるサービスに影響を及ぼす政策について、ソーシャルワーカーが打てる手立てを検討してみよう。公共福祉制度の改革を目的とした「1996年個人責任および就労機会調整法」（Personal Responsibility and Work Opportunity Reconciliation Act of 1996：PRWORA）、また「1997年養子縁組および安定家族法」（Adoption and Safety Family Act of 1997：ASFA）は、ソーシャルワークのクライエントの大部分に影響を及ぼした政策決定の例である。PRWORAの規定によると、生活保護を受けている世帯主は、2年以内に就職しなければならず、また生活保護の受給は、生涯で60カ月が上限となった。同時に、ASFAにより、貧困家庭の養育能力に関する調査がより厳しくなったにもかかわらず、これまでPRWORAによって規定されていた保障の一部が廃止されたことについては何ら考慮が払われなかった。

　公共福祉および児童福祉制度の再検討が必要であるということは明らかであったが、これら二つの法律の中に競合し、矛盾する点があったため、多くの家族が法律の定める規定やスケジュールを順守するうえで、システム上の問題を経験するという結果となった。最終的には、福祉改革や児童福祉改革で実施された修正措置の負担は、個人に課されることになった。児童福祉政策は、親が家族再統合やパーマネンシーを実現するために必要なスケジュールを守れなかった場合、その問題の主な原因は、ネグレクトする親の親としての責任感の欠如であることが前提となっていた。しかし、パーマネンシーや家族再統合の遅れを調査するうえで、子どもを期限までに引き取れなかった理由が、やるべきことが多すぎたり、資金不足だったり、システムが断片的だったりという可能性が考慮に入れられなかったということにある。同様に、生活保護を受けている人々は、働く意欲に欠けているという考え方が、福祉改革を推進するうえでの中心となっていた。現実には、従来の政策では、生活保護を受けている者は、職に就くことが認められていなかったのである。福祉改革と児童虐待およびネグレクトの報告数の増加との関係について調べた研究は、福祉改革の結果、そうした報告が大幅に増加した点を指摘している（Courtney, 1999；Hutson, 2001）。

差別的効果と社会正義

　政策の実施は、しばしば、ある集団、特にマイノリティのコミュニティに対して、不公平な影響を与えてきたため、正義や不平等について疑問の声が上がった。ソーシャルワーカーは、福祉改革の影響を受けたクライエントと日常的に接しているため、クライエントの生活の現実を政策立案者に伝えるために利用可能なデータをもっている。

　多くの生活保護受給者が経験してきたように、生活保護を受けないで済むようになり、かつ再び生活保護を受ける生活には戻らないようにすることは、政策立案者が想像するほどたやすいことではない。例えば、アンダーソン、ハルター＆グリズラック（Anderson, Halter, & Gryzlak, 2004）は、シカゴを例に挙げ、不安定な低賃金の仕事、大都市圏に集中した生活保護受給者、および支援サービスの不足が、生活保護受給者が経済的に自立し、その状態を維持する能力に影響を及ぼす要因であると突き止めた。さらに、やる気がない、自分なりに満足しているといった生活保護受給者に対する一般的なイメージに異議を唱え、そうした生活保護受給者は、全体的に見ると、自分たちの経済状況や生活保護の受給に伴う汚名に不満を抱いていると示した。以上の研究結果は、この問題が単に、生活保護受給者のやる気が一般社会におけるやる気とは異なると考

えられていることの問題や、個人的な責任の問題ではないことを示している。むしろ、調査対象となった女性たちは、構造的および経済的障害や環境からの遮断といった現実に直面していたのである。バネルジー（Banerjee, 2002）が実施した生活保護受給者を対象とした面接調査により、こうした障害をはじめとして、職業経験や職業訓練が限られている、あるいは、まったくないなど、その他の障害が実証された。さらに、「ニュー・フェデラリズム（新連邦主義）」のもと、各州は、保育サービスに予算を配分すべきかどうか、配分する場合は、どのくらいの期間かといった資源の配分の仕方や提供するサービスを決定することができる。ニュー・フェデラリズム下の活動は、税金や歳出決定に影響を与え、最終的には、非営利団体、郡および州のプログラムを通して提供されるクライアント向けサービスの水準にも影響が及んだ（Abramovitz, 2005；Linhorst, 2002）。

　提供されるサービスが減ってしまったという現実の中で、ケース件数の増大や今の経済状況（求人数に影響を与える）はワークを達成できない者に対する制裁か罰かのようだ。実際に、多くのソーシャルワーカーが、クライエントに対するソーシャルワークは、クライエントが資源を開発したり見つけたりするための援助といった専門的な実践とはほど遠いと報告している。連邦および州の法による指示やコンプライアンスや、機関の実行基準やクライエントのためのコンプライアンスがあるため、ソーシャルワーカーは、自分たちの役割は、監視指導官や調査員のようなものであり、専門的な援助者としての役割はほとんどないことを懸念していた（Abramovitz, 2005）。

　もう一つの例として、養子縁組および安定家族法について検討してみよう。この法律は、子どもを永続的な家庭へ係属させることを目的としていた。子どもたちが児童福祉制度の中で苦しい生活を送ることがないように、具体的なスケジュールが設定された。例えば両親に対しては、家族再統合を実現するために12ヵ月間の期限が与えられた。ミネソタ州やバーモント州など一部の州では、子どもの年齢により期限をさらに短期間とした。ソーシャルワーカーやアドボケイトは、期間を短縮する意義や同時実行計画の正当性について疑問を呈した。同時実行計画とは、永続的な成果を出すために、再統合と養子縁組を同時に計画することである（Curtis & Denby, 2004）。正義の面から見ると、将来の育ての親あるいは養父母に対しては資源が提供されているものの、生みの親に対しては一様にそうとは言えない事実が問題の中心にあった。さらに正義に関する問題として、期限が決められているため、親権の消滅が増加しているという事実が挙げられる。

　児童福祉制度に関わる子どもの大半は、有色人種の子どもたち、特にアフリカ系アメリカ人の子どもであったため、この法律は、アフリカ系アメリカ人コミュニティあるいは家族の一部に対して、偏った影響を及ぼした（Curtis & Denby, 2004；Morton, 1999）。ロバーツ（Roberts, 2002）は、児童福祉制度について、コミュニティ全体が影響を受けることから、結果的に「グループに対する危害」を及ぼすアパルトヘイトにたとえている。実際に、大規模な都市コミュニティでは、児童福祉および児童保護サービスの介入が行われるのは、主に貧しいマイノリティ家庭が住む特定の地域である。チプング＆ベント－グッドレイ（Chipungu & Bent-Goodley, 2003, p.9）によると、主に児童福祉制度は、家族システムを支援し、持続させるためのサービスや資源を提供するものとしてではなく、社会保障法タイトルIV-E（フォスターケアと養子縁組支援のための連邦給付金）によって資金供給された「貧しい子どものためのセーフティネット」となった。

　平等や正義に関する問題が、複数のレベルで発生している。おそらく第一に挙げられるのが、家庭から引き離され、施設に保護された場合の影響が、既存の健康およびウェルビーイング基準

に照らして、不明瞭な点である。州は、入所者数に基づき資金提供を受け、子どもが一度施設に入所すると、その子どものウェルビーイングを判断する追跡調査は、ほとんどあるいはまったく行われない（Munroe, 2004）。

実際に、マイノリティコミュニティにおける多くのアドボケイトは、家庭から引き離され、施設に保護されることが、未成年者の人生の崩壊への第一歩となり、少年司法制度へ進む前触れであると認識している。最終的に、そうした若者は成人向け矯正施設へ送られるか、ホームレスになるとアドボケイトは主張する。このような否定的で悲劇的な結末を社会正義と呼ぶことに疑問を抱く者もいるだろう。ある郡の福祉担当者は、次のように述べている。「（児童福祉）制度に関わるすべての人が、正しいことをしたいと望んでいるにもかかわらず、実際に行っていることが、具体的に効果を発揮しているかどうかについて批判的な見方をする人がまだいる」（Robinson, 2002）。

ホームレスを含む貧困の蔓延は、アフリカ系アメリカ人やその他有色人種の子どもたちの大半が家庭から引き離され、施設で保護されている一つの原因となっており、貧困家庭はその経済状況のために子どもを手放した方がよいのか、あるいは貧困家庭を対象とした経済支援を拡大する必要性があるのかといった疑問が生じている。さらに複雑な要因となっているのが、現在の児童福祉・児童保護制度において、ネグレクトと児童虐待との区別がほとんどされていない点である。したがって、有色人種の家庭が児童保護サービスを受ける主な理由となっている貧困が原因で生じたネグレクトが、悪質な危害と同等の処罰や非難を受けている。ウルジュ＆レリー（Wulczyn & Lery, 2007）は、「両親が子どもを保護する資源を有しているかどうか」という問題を提起し、子どもを施設で保護する決定を下す際には、親の子育ての技術、コミュニティにおいて利用可能なサービス、コミュニティ支援ネットワークの有無といった、人的資本や社会資本を考慮に入れる必要があると主張している。

問題に責任があるのは誰か、または何か

この問題は、おそらく答えを出すことが最も困難な問題であろう。先に検討した法律や政策の根本にあるのが、すべての市民に対する平等とウェルビーイングを確保することは社会の責任ではなく、個人の責任であるという概念である。結局、親個人としての責任が、多くの点において、社会の責任よりも前面に出てきているようだ。周知のとおり、貧困やそれに関連したストレッサーは、社会問題、特に児童の発達、家族の安定、健康、および精神衛生状態に影響を与え続ける。ランク＆ハーシュル（Rank & Hirschl, 1999）が行った研究では、生涯にわたって貧困を追跡し、マイノリティ、特に貧しいアフリカ系アメリカ人が、生涯を通して貧困状態のままである可能性が高いことを示した。ブルックスニガン＆ダンカン（Brooks-Gunn & Duncan, 1997）は、第三世代のマイノリティおよび移民グループにおいて蔓延する貧困について検討している。

長期にわたる貧困やストレスの多い生活上の出来事にさらされる子どもや思春期の青少年の発達に及ぶ悪影響については、文献で十分に裏づけされている（Freeman & Dyers, 1993；Icard, Longres, & Spenser, 1999；Jose, Caffassso, & D'Anna, 1994；McLoyd, 1997；Mosley & Lex, 1999；Smith & Carlson, 1997）。福祉改革や、一時的に施設に預けられることによる影響を最も受け、精神衛生上の問題を示す傾向にあるのが、子どもたちである。貧困と精神病理学（特に、精神障害の分類と診断の手引書で特定されている行動症状）との関係について扱った研究結果は、興味深い。これらの研究結果によると、家族の所得が改善されると、「子どもの精神障害に大きな影響を与

える」（Costello, Compton, Keeler, & Angold , 2003, p.2023）。同様に、家族の所得が改善され、事実上、貧困状態から抜け出した時点で、これらの家庭の子どもが以前診断を受けた反抗的行動といった行動症状が大幅に減少した。

　貧困家庭、さらにはコミュニティ全体が、基本的なニーズを満たすために必要な最低限の資源を持たないため、毎日の生活の中で慢性的なストレッサーを経験する（Tolan & Gorman-Smith, 1997）。エプスタイン（Epstein, 2003）は、「病気になるのに十分である（Enough to Make You Sick）」という記事の中で、「アメリカの荒廃した都市近郊」の生活について生き生きと描写し、通常は高齢者が患う病気が、都心に住む青少年を蝕んでいると指摘している。この記事のためにインタビューを受けたある親は、自分の生活について、「目覚めたときから寝るときまで、常にストレスを感じている」と説明している。アレックス・コトロウィッツ（Alex Kotlowitz, 1991）は、スラム街の過酷な環境下での現実を描写した「ここには、子どもはいない（There Are No Children Here）」の中で、住民の大半が十分電化製品を持たない公営住宅の保管場所で、1000もの新しい電化製品が水浸しになり、ねずみがはびこっている状態で見つかった状況を描いている。コトロウィッツおよびエプスタインの記事は、一家族について書かれたものであるが、こうした家族の話は、家族のグループ、実際には、自分たちのコントロールを超えた状況で暮らし、対処し、生き延びているコミュニティ全体が直面する不幸な真実なのである。

　ソーシャルワーカーは、マクロの視点から問題や状況を分析し、検討事項をまとめて国民が問題に目を向けるようにしむけることによって、力を持たない人々に発言権を与えることができる。例えば、国民は、費用のかかる児童福祉制度の効果が不明確であったり、良くない結果であったりする場合、それを評価するだろうか。また、障害のある親または子ども、あるいは経済状況といった、生活保護受給者を取り巻く状況を考慮せずに、60カ月という期限が守れなかった受給者に対し、制裁や罰が科されることを知ったら、国民はどのような反応を示すだろうか。ソーシャルワーカーは、革命家にならずとも、AFSA や PWORA といった法律の影響を評価、モニタリングし、またクライエントの状況を説明する上で、積極的な役割を担うことによって、クライエントグループの代理を務めることが可能である。政策やその実施の影響、結果、および有効性についての情報を求めることは、正義の作業である（Breton, 2006；Linhorst, 2002）。

　これまで検討してきたことから、ソーシャルワークが注目すべき状況や政策、およびマクロレベルでの問題解決を重視すべきことが明確となった。当然のことながら、アクションを起こすための環境が、常に整い、好ましいものであるとは限らない。実際には、社会福祉サービスが与えられる状況は、一連の規約、方針、手順（Rules, Policies, Procedures : RPPs）、および法律や裁判所命令、マネージドケアの指示書によって決められる頻度が高まっている。ソーシャルワーカーは、しばしば、自分の専門知識や決定権を発揮できずに、法律を順守しながら、クライエントを支援しなければならないプレッシャーを感じている。とはいえ、ソーシャルワーカーは、ある階層のウェルビーイングが深刻に脅かされた場合、ソーシャルワークの歴史的な理念をしっかり胸に刻み、社会経済的正義を促進して、社会変革を擁護する義務があることを感じることが重要である。

　政策や法による指示は策定される当初は、人種、階級、ジェンダー、文化、性的指向に対して中立であることを目的としているが、実際に施行された時点で、ある特定のグループに対し、異なる影響を及ぼすことになる。こうした事実を踏まえ、ソーシャルワーカーは、法律・裁判所命令、政策、および「治療的法学」が、担当するクライエントグループに与える影響について理解

し、説明できることが必要である（Alexander, 2003；Madden & Wayne, 2003；Wexler, 1992）。

■資源の開発と補完

　社会問題や状況に対処するために必要な資源のニーズが、明確な場合がある。例えば、低所得者や低所得家庭は、手頃な住宅を必要としている。あらゆる経済階層の勤労者世帯は、手頃な保育サービスを必要とし、子育て支援を必要としている者もいる。虐待関係から抜け出す段階にある女性のための保護施設やフードバンクは、明らかに資源として求められるニーズであり、徐々に永続的なサービスとなった。高齢化が進むにつれ、高齢者に必要とされる資源のニーズは、その介護者のニーズとともに増加が予想される。

　生態学的に見た場合にある領域の中でかなりの数の人々のニーズが満たされていないか、あるいは見合った資源が入手不可能なことが明らかな場合、新しい資源の開発が必要となる。ソーシャルワーカーは、個人、家族、グループと定期的に有意義な関わりを持つことにより、資源に対するニーズを特定する上で、方略を画策する立場に立つことができる。資源の開発には、政策立案者、市民グループ、社会福祉組織の管理者が関わり、資源を必要とする社会状況についての教育を行い、またそうした社会状況に対する認識を高める。

　目的が資源の開発であれ、役立つサービスの提供であれ、あるいは社会政策に影響を与えることであれ、資源に対するニーズの本質を理解し、記録することが出発点となる。以下の質問は、データを収集する必要がある資源を開発する上での指針となる。

- ある特定のグループの資源に対するニーズはどのようなものか。
- クライエントグループは、自分たちの資源に対するニーズをどのように説明するか。
- サービスにおいて、満たされていないニーズやギャップはあるか。
- 既存の資源を活用する上で、障壁となるものは何か。
- 提供されているサービスは、効果的であるか。

　以上の質問に対する回答により、関連情報をどのように入手すべきかが示される。また、ソーシャルワーカーは、クライエントグループが、自分の考えとは異なるニーズを特定する可能性があることを認識しなければならない。資源ニーズを理解するためのツールには、マッピング、特に組織あるいは政府の統計データの活用やニーズアセスメントの実施が含まれる。クライエントグループに対し、資源に対するニーズを詳しく説明してもらうためには、クリティカルあるいは参加型アクションリサーチモデルを用いたグループ面接が有効である（DePoy, Hartman & Haslett, 1999；Reese, Ahern, Nair, O'Faire, & Warren, 1999）。各手法の記述的な例や実施については、以下に示すとおりである。

- マッピングは、地理情報システムを用い、ソーシャルワーカーにとって関心のある問題を追跡する（Hillier, 2007）。例えば、ファーガソン（Ferguson, 2007）は、ロサンゼルス地域のホームレスの若者についてのデータを入手し、サービスに関わるニーズ、職業訓練、およびメンタルヘルス上の資源に焦点を当てた資源による介入の方略として、社会事業介入モデル（Social Enterprise Intervention Model：SEI）を実施するに至った。全般的な目的は、青少年

が「路上生活」から抜け出すための支援をすることである。新しい資源として、この介入モデルは、経済的安定を促進し、危険な行動を変化させ、メンタルヘルスサービスを提供する点で、青少年を対象にサービスを提供する従来のアウトリーチ型アプローチとは対照的である。

- ニーズのアセスメントは、満たされていない資源に対するニーズを特定する上で、情報を収集するための一つの手法である。ルービン＆バビー（Rubin & Babbie, 2005）によると、まず資源が、標準的なニーズに対応するためのものか、あるいは個別の要求に基づくニーズに対応するためのものかを判断しなければならない。標準的なニーズは、特定のコミュニティの経験を他のコミュニティの標準的な経験と比較したもので、公園や娯楽施設、交通機関、あるいはメンタルヘルスまたは医療サービスなどがその例である。つまり、繁栄しているコミュニティには通常存在すると想定される資産である。一方、さらなる個別のニーズは、特定のコミュニティが必要とするニーズであり、特定の問題に対処するためのものである。例えば、低所得地域に住む親は、子どもたちのための公共の遊び場を強く求めるだろう。状況によっては、個別のニーズは、標準的ニーズと重複する場合がある。例えば、他の近隣地域に、公共の遊び場がある場合、この低所得地域の親が特定した個別のニーズは、標準的ニーズとなる。ニーズアセスメントを通して情報を収集するためには、個人またはグループ面接、アンケート、主要な情報提供者とのコミュニティ討論会、およびターゲットグループが用いられる。

ホーマン（Homan, 2008）は、ニーズアセスメントに関して警告を発している。ニーズアセスメントの目的は、満たされていないニーズ、あるいは要求されないニーズを発見することであり、「弊害を並べた一覧表」を作成することではない。ホーマン（Homan, 2008）、レウィス、レウィス、パッカード＆スーフリー（Lewis, Lewis, Packard & Souflee, 2001）によると、ニーズアセスメントは、すべてのコミュニティが資源を開発する能力を有する点に留意し、コミュニティを支援して、資源に対するニーズに対処するためにアクションが必要であるかどうか判断することを全体としての目的とすべきである。

マクロ実践評価の授業をとった学生たちが行った調査は、ザストロウ（Zastrow, 2003）が提唱したニーズアセスメントの意図、特にコミュニティの満たされていないニーズの明確化やニーズ範囲の検討といった意図を反映したニーズアセスメントの利用方法に関して豊富な例を示している。あるアセスメントでは、受理面接（インテーク）時に特定された資源に対するニーズに実際との差異が存在していなかったかどうか、また同じニーズが終結時に依然、必要なものとして残っていなかったかどうかを確認するため、ケース記録の見直しとクライエント面接が行われた。別の学生は、ある州の地方に住む高齢化するゲイとレズビアンに焦点を当てたプロジェクトを実施した。その学生は、個人面接を通して、この特定の集団において満たされていない資源へのニーズを突き止めた。同様に、また別の学生が行ったプロジェクトでは、交通手段に関するニーズを特定するために、首都圏の高齢者を対象とした面接が行われた。地方のゲイやレズビアン、また高齢者を対象としたアセスメントの結果は、こうしたグループにサービスを提供する機関により、資源を開発するために活用された。職員がクライエントに対して、よりよい援助を行うことができるように、職員が有する知識や技術のニーズの特定に向け、ニーズアセスメントを行う場合がある。ある学生は、貧困を減らす手段として提案されている貯蓄に関する調査を活用

し、職員が家族に対して、生活向上のための個人口座（Individual Development Accounts：IDA）の開設に関するカウンセリングを行うことができるように、貯蓄についての教育に対するニーズの明確化を試みた。

- ホームレス状態に反対するホームレスたちは、ホームレスが集まってできたグループである。ソーシャルワーカーと協力し、他のホームレスを対象に、資源のニーズアセスメントを実施した。ソーシャルワーカーは、重要なアクションリサーチの枠組みの共通の特徴とニーズアセスメントを統合した。参加型アクションリサーチは、プロジェクトを通し、利害関係者の管理、構成、および積極的な参加を必要とする（DePoy, Hartman, & Haslett, 1999）。この場合、積極的な利害関係者とは、実際にプロジェクトを企画し、アセスメント面接を実施したホームレス個人である。彼らは、重要な情報提供者としてこの集団に関して、路上で簡単に行える面接質問を作成する上で不可欠な役割を果たした。グループの最終的な目標は、ホームレス個人や家族の資源に対するニーズを記録することであった。調査結果は、ホームレスの問題を扱う市・郡委員会へ提出された。
- リース、アハーン、ナイエ、オフェア＆ウォレン（Reese, Ahern, Nair, O'Faire, & Warren, 1999）は、人種およびエスニックマイノリティが、資源としてホスピスサービスを活用する割合が低いことに注目し、重要な情報提供者として、アフリカ系アメリカ人牧師のグループを対象とした参加型アクションリサーチの企画について書いている。企画の目標は、アフリカ系アメリカ人が、資源としてホスピスケアを利用することを妨げている文化的および制度的な阻害要因を特定することであった。

以上の例は、機関や政策立案者が、実際に役立つサービスの開発を促進する目的で、資源に対するニーズを検証、記録、統合するための方法を示している。ソーシャルワーカーやアドボカシーといったその他の手段が必要な場合もあり、予想される成果に影響を与えるためには、機関や専門家による連携が求められる。例えば、ホームレス状態に反対するホームレスのグループは、ホームレスのための共同の代弁者として、他のグループと連携したり、ホームレスに対して、効果的な自己擁護の仕方を教えたりした。

既存資源の補完

資源に対するニーズは、具体的な問題によってさまざまであり、コミュニティや集団によって大きく異なる。例えば、地方に住む高齢化するゲイやレズビアンの資源に対するニーズは、都市部に住む同様の集団のニーズと異なることが予想できるだろう。場合によっては、既存資源がニーズに対して不十分であり、資源の補完が必要となることがある。しかし、汚名、支配的な価値観や信念といった要因が、しばしば現実のニーズと衝突し、無意識のうちに必要な資源へのアクセスに対する抑圧や拒絶が高まる場合がある。ホームレスを取り巻く社会状況を概観すれば、この点がよく見えてくる。

怠け者、不道徳、あるいはその他もともと堕落した人々といった、ホームレスに対する見方は、19世紀の考え方と共通点がある（McChesney, 1995）。ホームレスになることは、偶発的な出来事ではない。貧困は大きなリスク要因であるが、現在（2008年）の住宅ローン危機は、かつてないほどの中間所得家庭のホームレスの増加をもたらしている。こうした傾向により、ホームレス

第14章　介入の方略としての資源開発、組織化、プランニング、およびアドボカシー

に対して広がっている偏った見方は和らいだとはいえ、いまだ大部分においてホームレスの窮状、特に経済および社会的要因には目を向けられていない。ホームレスである要因、あるいはホームレスになる要因として、以下のような状況が指摘されている。

- 貧困は、家族がホームレスになる第一の要因であり、手頃な住宅を見つけ、維持する能力にも影響を及ぼす。多くの家族が、非公式のネットワークを使い尽くしたか、あるいはそうしたネットワークに対し、返済能力を超える債務を負い、他の手立てがない（McChesney, 1995）。
- 自然災害、火事、あるいは大家による数々の条例違反により、住んでいたアパートが市当局によって居住に適さないと判断された場合など、自分たちのコントロールを超えた状況が原因で、家族が強制退去させられる。
- 最低賃金が引き上げられたとはいえ、調査によると、技術レベルの低い労働者、障害者、および経済的に窮乏した地域の労働者は、最低賃金規定の結果、失業するおそれがきわめて高くなっている（Kreutzer, 2008）。
- 住居の選択肢が限られている地方や郊外では、ホームレスの問題は、十分に認識あるいは検討されておらず、その結果こういった地域のグループの人口構成を見極めることは困難となっている（McChesney, 1995；Gershel, Bogard, McConnell, & Schwartz, 1996）。
- 都心では、安価な経年住宅戸数が限られているため、貧困層向けの住居の選択肢が減少している。加えて、安価な住宅不足の解消を目的とした政府資金補助プログラムの段階的な廃止が伴った場合、低所得家庭の選択肢はさらに限定される。多くの低所得家庭は、ホームレスにならないためのセーフティネットである「セクション8政府資金補助プログラム」のバウチャーに依存して、民間市場の家賃を賄っていた。2004年、長期にわたるホームレス問題に終止符を打つというブッシュ政権の矛盾とも思われる政策によって、米住宅都市開発省は、「セクション8住宅選択プログラム」に対する遡及的な予算削減を発表した。こうした動きが、セクション8バウチャーの受け入れを中止する大家の増加と、都市部の再中産階級化の復活と重なり、事実上、安価な住宅供給の低下につながった。
- 全米児童福祉連盟の報告によると、米国におけるホームレスの中に子どもが占める割合は高いが、子どもは家族と離れて存在することはできない。都市部では、ホームレスの大半が個人ではなく家族であり、そのほとんどがアフリカ系アメリカ人である。
- さまざまな理由で家出をした青少年がホームレスになる例がますます増えており、ホームレス人口のかなりの部分を占めるに至っている。ホームレスの若者は、幅広い問題やニーズを抱える非常に脆弱な集団である。こうした集団には、家出人、親から捨てられた者、両親と葛藤関係にある若者、基本的なサポートがないまま、児童福祉制度の年齢制限を超えてしまった若者などが該当する（Ferguson, 2007；Kurtz, Lindsey, Jarvis, & Nakerud, 2000；Kurtz, Kurtz & Jarvis, 1991；Nord & Ludloff, 1995；Ray, 2007）。

ホームレスの人々は、共通して保護施設や食糧を必要としている点で、同質なグループである。しかし、南東部の州（ホームレスの若者の大半が安定した協力的な家族を持たない地域）で行われた地域調査研究によると、ホームレスの人口統計学データは、その構成や地理的条件において異なる結果を示している。また、ホームレス向けの住居形態もさまざまである（McChesney, 1995；

Gerstel, Bogard, McConnell, & Schwartz, 1996)。ホームレスとは、保護施設と一時的な居住施設を頻繁に行き来する生活を送る状態を指し、路上生活をする者もいれば、保護施設で暮らしたり、複数の家族や友人の家を転々としたりする者もいる。ホームレスになるきっかけはさまざまであるが、ホームレス集団の資源は明らかに不十分であり、それが別の問題の原因となっている。例えば、ホームレスの家族は、児童保護サービスによる介入を受けるリスクに直面している。ホームレスの若者は、暴力の犠牲になることが多く、生計を立てるために法律に反した危険な行動（売春など）に関与する場合もある（Ferguson, 2007）。ホームレスの家族や若者たちが、こうした状況から抜け出すことができるかどうかは、制度および政府による多大な支援を利用できるかどうかに大きく左右される（McChesney, 1995；Piliavin, Wright, Mare, & Westerfelt, 1996）。

以下の事例が示すように、既存の資源が不十分であるため、個別の要求に基づくニーズあるいは標準的ニーズのいずれも満たされていない場合がある。増加しつつあるホームレス人口のニーズに対応するため、あるソーシャルワーカーのグループは、既存資源の補完を目標に掲げ、コミュニティやホームレスグループとともに活動を開始した。また同時に、ホームレスの撲滅に向けた法律・政策の発案に影響を与える活動など、ホームレスのためのアドボカシーを行った。このグループは、ホームレスのための資源（個別の要求に基づくニーズ）の拡大といった全体目標は達成したものの、残念ながら、変化への取り組みを計画する上での手落ちにより、ある主要なグループとの問題が発生した。

事例・・・・・・・・・・・・・・・・・・・・・・・・・・・・・・・・・・・・

ソーシャルワーカー、職員、およびホームレス保護施設の居住者は、コミュニティ、宗教団体、および企業のリーダーらと会合を開き、保護施設のベッド数拡充の可能性について検討した。市内の教会を「就寝場所としてのみ」利用するという提案がなされ、さまざまな教会の社会正義委員会に提出された。いくつかの教会がこの提案に同意を示し、ビジネス界、市当局、教会のある地域の近隣住民からの反対は、最小限にとどめられた。

しかし、すべての関係者は、ある主要なグループ、すなわち一つの教会に併設していた保育園に子どもを預ける親とその職員から意見を聞くことを怠っていた。ソーシャルワーカーたちは、重要なあらゆる利害関係者の誤解を得ていると思い込んでいたが、保育園に子どもを預ける親から出た声高な反対意見に対処する準備はできていなかった。親の懸念は、子どもたちの安全、および子どもたちの間近にホームレスの男性が存在することに対するおそれが中心となっていた。

変化をコンセプトとして活動しようというとき、それがいかに崇高で実践的であったとしても、善意だけでは不十分なことが多い。ソーシャルワーカーは、評価報告会において、ロスマン、エーリッヒ＆トロップマン（Rothman, Erlich, & Tropman, 2001）、ホーマン（Homan, 2008）が強調する点を学んだ。つまり、コミュニティのメンバーが提案されている変化に対して抱く、イデオロギーの対立、おそれ、価値観の対立といった潜在的な阻害要因を検討することが重要であるという点である。この事例の場合、保育園に子どもを預ける親やその職員は、初回の会合には出席しておらず、そのため彼らの懸念に対して十分な対処がなされていなかった。最終的には、保育園を併設している教会は、親たちの意見により、先の提案に対する支援を撤回した。しかし、引き続きその取り組みが掲げる全体目標には賛同することになった。

・・・・・・・・・・・・・・・・・・・・・・・・・・・・・・・・・・・・・・・

上記の事例は、失敗があったとはいえ、ソーシャルワーカーがコミュニティリーダー、市民団体、宗教団体、選出議員と密接に協力できる方法を明確に示している。こうしたさまざまなグループ間の調整を行う上で、ソーシャルワーカーは、仲介者、調停者、イネーブラーとしての役割を果たす必要がある。この事例が示すもう一つの成功は、ソーシャルワーカーが、コミュニティの人々と協力して作業にあたり、特定の地域のホームレス集団が必要とする資源の個別の要求に基づくニーズを記録することができた点である。

グループは、保護施設のスペースを拡充することは、拡大しつつある問題に対する一時的な解決策でしかないことを認識していた。中継ぎ的な取り組みは、アドボカシーの代わりにはならず、ある特定の問題がかなりの数の人々やコミュニティ全体に影響を及ぼした場合には、長期的な計画やアクションが必要となる。このような最終目標に向け、保護施設の職員、ソーシャルワーカー、さまざまな教会委員会は連携し、長期的な解決策につながるようにと、選出議員に対して、ホームレスの窮状に関するロビー活動や教育を行った。また、こうした連携では、安価な住宅、「生活していける仕事」、保護施設の入居者が郊外コミュニティに勤務できるような公共交通機関の改善などに対するアドボカシーといった、さらに広範な体系的問題に積極的に焦点を当てた。

コミュニティ資源の動員

既存の資源をかき集めることにより、具体的なニーズに対処することができるが、資源はコミュニティや状況によってさまざまである。例えば、地方のコミュニティは、よりわずかな公式資源しか公式には持ち合わせておらず、存在する資源も、限界を超えて利用されている場合が多い。素朴な地方のコミュニティの場合は、理想化された肯定的なイメージを作り上げる傾向がある。そこには非公式のネットワークが存在し、すべてのニーズが一体となって満たされている、すなわち「近所同士が助け合っている」というイメージがある。一方、大都市圏においては、お互いに関わったり、助け合ったりすることはめったにない、顔も名も知らない人々といったイメージが持たれ、都市部の住民は、公式の資源に依存する割合が高いと考えられている。

会話の中で誇張されることが多いが、どちらのイメージも正しいわけではないのだ。住んでいる場所にかかわらず、人々の心に感情的で利他的な反応を起こさせる特定の状況がある。例えば、ハリケーン・カトリーナが上陸した時や中西部の一部の州で洪水が発生した際、近隣住民や遠くから支援にやってきたボランティアを含む人々が、援助の手を差し伸べた。とはいえ、これほどの規模の被害に対処するためには、非公式の援助では、必要とされる公式のシステムに取って代わることはできなかった。資源の配分が不公平に行われる場合、貧しいコミュニティほど、より脆弱な立場に置かれる。こうしたコミュニティでは、非公式の援助を超えた、組織化された資源の動員が必要である。ニューオリンズの第9区の例は、経済的、人種的な不公平が根強かったために、一部のコミュニティで十分な資源を動員できなかった状況を示す事例である。選出議員が何の対応も取らなかったことは、すべての市民があてにできるはずの資源の動員に対する背信行為であったと言える。

ホーマン（Homan, 2008, p.187）は、「市民変革のためのピュー・パートナーシップ」（Pew Partnership for Civic Change）（2001）を引用し、90％のアメリカ人が「他人と協力して取り組むことが、コミュニティ問題を解決する方法であると考えている」と報告している。重要な要因となったのが、「何をするべきかわかっていること」、「コミュニティとの関わりを持つこと」、および「強力な文化あるいはエスニックアイデンティティ」である。実際に、ホーマンは、人間こそ

最も貴重な資源であり、大半の人は頼まれれば関与する、あるいは関与し続ける用意があると主張する。ホーマンによると、人が関与する可能性が高いのは、以下の4つの手順を踏んだ場合である（p.188）。

- 連絡を取る
- 参加する理由を与える
- 参加するように依頼する
- 関与を維持する

「ホームレスの人たちに、サービスを提供するためのワンストップ・モデル」である「プロジェクト・ホームレス・コネクト」は、資源を動員するための協調的パートナーシップを確立するという取り組みである。このプロジェクトは、ホームレス保護施設の職員とソーシャルワーカーによって始められた。当初は、多くが橋の下で暮らしていた住む所のない人々に対して、必要最低限の資源を提供することを目的としていた。やがて、その取り組みは拡大し、必ずしもホームレスとは限らない貧困家庭に対しても、資源を提供するようになった。とはいえ、プログラムの主な焦点は、ホームレスに対して資源を提供することに変わりはない。2日間のイベントにおいて、ホームレスの人々は、シャワーの利用、医療およびメンタルヘルスの専門家による診察、住居および福祉手当のスペシャリストとの面接、リュックサック、歯ブラシ、衣類といった物品の受け取りなどのサービスを受けることができる。ボランティア経験者あるいは希望者宛てに送られた通知に見られる、ホーマン（Homan）の手順に注目してみよう。

> プロジェクト・ホームレス・コネクト
> ようこそ！
> 皆様のお力をお貸しください！
>
> 　一人ずつ、ホームレスの状態から救い出そう。プロジェクト・ホームレス・コネクトは、ホームレスの人たちにサービスを提供するワンストップ・モデルです。ヘネピン郡とミネアポリス市は、サービスの提供者、企業、市民団体、宗教団体と協力し、さまざまな資源を一つの場所に集め、支援を必要としている人々に利用してもらおうと企画しています。提供されるサービスは、住宅提供者、雇用のスペシャリストによる相談会、医療およびメンタルヘルスの専門家による診察、眼科検診、散髪、交通支援、食料および衣類の配給などです。
>
> 12月のイベント報告
> 　500名のボランティア、100社におよぶサービス提供者、および1200名を超えるお子様から大人の方までのご協力により、前回のイベントは大成功に終わりました。
>
> - 1500食の食事の提供
> - 221名に対する緊急治療
> - 42名に対する歯科治療

- 443名に対する靴引換券の配布
- 仕事や住宅に関するメッセージ受信用に、62名に対して新たにボイスメール番号を設定
- 300名に対する無料散髪
- 473名に対する職業斡旋
- 157件の住居申込書が提出され、うち6名が当日中に住居が決定。さらに12名は翌日に住居が決定
- 36名の退役軍人の特定

ボランティア700名募集

　次回のイベントでお手伝いいただけるボランティアを募集しています。今年はこれまで以上の参加が見込まれるため、イベントを成功させるためには、少なくとも700名のボランティアが必要です。コンベンションセンターには、テーブルや部屋をはじめ、さまざまなサービスを提供するためのエリアが設けられ、ボランティアの方々には、参加者が必要とする、あるいは希望する援助が受けられるようにお手伝いをしていただきます。ボランティアの募集は18歳以上が対象です。

ボランティアの申し込み方法

　ボランティアをご希望の方は、下記のクリックボタンを押し、ボランティアボックスを開いてください。研修希望日も忘れずに選択してください。私たちの目標達成に向け、ご協力いただけるお知り合いの方がいましたら、ぜひこのメールを転送してください。ホームレス撲滅のお手伝いをしていただくためには、ウェブサイトに直接アクセスし、ボランティアのお申し込みを行っていただくことも可能です。
　ぜひボランティアとしてご参加ください。ホームレスの人々を助ける架け橋となりましょう。よろしくお願いいたします。

―――――――――――――――――――――――――――――――
―――――――――――――――――――――――――――――――

　上記のように、1日のみの参加であることを説明することによって、参加を求められている日時にボランティアの関心を向けることができる。こうしたやりとりの中で、以前参加したボランティアは、前回のイベントの成功を記録したり、独自の経験として発表したりすることを通して、プロジェクトに関わり続けようという気持ちになり、それがまた、新しいボランティアを引きつけることにつながる。さらに、ボランティア経験者は、イベントの成功は、自分たちの時間、技術、才能を提供した結果であると考えることができる。こうした情報は、新たなボランティア希望者の興味を引き、さまざまな方法で参加してみようという具体的な理由を与える。例えば、ボランティアとして、1日イベントに参加したり、現金の寄付やサービスの提供などをしたりすることができる。自分はボランティアに必要な技術を持ち合わせていないと考え、参加を躊躇して

いる人々にとって、ボランティア研修はやる気を与える要因となる。

このボランティア募集のお知らせは、電子メールで送信されたものであるが、ボランティアは、読書クラブ、運動施設、共済グループといったコミュニティグループ、企業、非公式ネットワークなどから積極的に採用された。全体的に見れば、「お力をお貸しください」という第一文から始まるメッセージは、強く訴えるものがあり、自分たちのコミュニティに存在するホームレス集団のニーズに対応する取り組みに、ボランティアを積極的な利害関係者として参加させることができる。このような直接的な働きかけは、ボランティア希望者の利他的な本能や基本的な価値観を引き出す可能性がある。こうしたボランティア希望者の多くは、公民権を奪われた人々の平等や尊厳を望んでいながらも、それを実現する方法に気づいていないのである。

多様なグループに対する資源の開発

ソーシャルワーカーは、コミュニティ内で支援システムやネットワークを構築あるいは補完する上で、さまざまなグループの文化固有のニュアンス、価値観、規範、および政治構造をよく理解することが重要である。ある特定のグループについての情報を一般化する傾向は、葛藤につながるおそれがある。なぜなら、出身国が同じであっても、グループ内でステータスや権力の違い、あるいは一族や宗教の違いが実際に存在している場合があるからである。

多くの非西洋文化は、西洋の脱工業化的な独立重視というよりも、むしろ、相互依存や集団主義に価値を置くという特徴がある（Greenfield, 1994；Ogbu, 1994）。こうした傾向は、ソーシャルサポート資源が、移民や難民コミュニティにおいて入手しやすいことを示唆している。時として、こうした考え方は、移民や難民コミュニティにおける文化的影響や圧力、および社会経済的取り決めを理解するための有益な枠組みにつながる。とはいえ、ソーシャルワーカーは、これまで滞在的に現れてこなかった期間、文化の変容の程度、グループ内の権力構造、および一族や親族の絆といったものが、最終的には、ソーシャルサポートシステムに影響を与える可能性があることを理解しておく必要がある。

例えば、ある特定のコミュニティにおいて、暗黙の掟が存在している場合、ドメスティック・バイオレンスが蔓延することがある。「アフリカ系アメリカ人コミュニティにおけるドメスティック・バイオレンス協会」の事務局長であるオリバー・ウィリアムス（Oliver Williams）は、エッセンス誌の2002年5月号でインタビューに答え、「多くの場合、虐待を受けている黒人女性は、警察が自分たちを保護してくれるとは考えていない」、また「通報することにより、パートナーが警察に苦しめられることを恐れて」躊躇する者もいると主張する。別のコミュニティでは、沈黙を守ることが、資源の利用に対する障壁となる文化的な規範とつながっている場合がある。例えば、夫から虐待を受けている移民女性を援助しようと努めるソーシャルワーカーは、女性が属するコミュニティでは、この問題に対して同情的であることを知ったが、同時に、コミュニティにおける夫の立場に対する懸念、文化的な規範、一族間の関係により、第三者がこうした女性たちに安全な避難場所を提供することが妨げられていた。さらに、コミュニティにおける虐待についての認識が、西洋社会における虐待の定義と一致しない場合がある。この点は、こうした状況に置かれた女性たちが満足していることを示唆しているのではなく、むしろ、文化的期待や役割に対する期待が、いかに資源の提供に影響を及ぼすおそれがあるかを示している。また、別の状況では、ソーシャルワーカーが女性に対し、（夫婦間葛藤の解決をコミュニティに依存する代わりに）女性保護施設に避難するように勧めた結果、その女性は孤立してしまった。介入の方略を実

施する際には、常に、そのコミュニティが状況を解決するさまざまな方法を認識し、その方法に絶えず配慮しなければならず、またできる限り、こうした方略を支援する必要がある。このような状況は、しばしば、特にはなはだしい危害を示す証拠がある場合には、ソーシャルワーカーに対して倫理的かつ法的なジレンマをもたらす。ここで取り上げた2つの事例は、有色人種コミュニティや移民コミュニティにおいて、ドメスティック・バイオレンスが他のコミュニティよりも蔓延していることを示すことが目的ではない。さまざまなコミュニティの構造、文化および政治的現実を理解することの必要性を単に強調するために用いた事例である。

上記の事例、およびヒラヤマ、ヒラヤマ&セティンゴク（Hirayama, Hirayama & Cetingok, 1992）、グリーン（Green, 1999）、スー（Sue, 2006）により示されたその他の事例は、多様なグループは、一つの問題に対して定義が異なるため、特定の問題に対処するために開発された資源に対して反応を示さない場合がある点を指摘している。ヒラヤマら（Hirayama et al., 1992）およびポトキー－トリポディ（Potocky-Tripodi, 2002）によると、移民、出稼ぎ労働者、難民は、反応性うつ病を患ったとしても、「精神障害」というレッテルを貼られることを恐れて、メンタルヘルスサービスを受けない場合がある。同様に、文化的な信念や認識が、ヒスパニック系の人々がメンタルヘルスサービスを受ける割合に影響を及ぼしている（Green, 1999；Malgady & Zayas, 2001；Sue, 2006）。また、ある個人が懸念を口にすることを躊躇するのは、汚名に対する脅威や、より大きな社会が自分のコミュニティに対して否定的な見方を強めてしまうという脅威が影響を与えているからだろう。

■サポートシステムの活用と拡充

親類、近隣住民、および信徒は、自然発生的な相互依存関係に基づくエコロジカルな性質をもった構成体であり、さまざまなグループが必要とするサポートを提供する。サポートネットワークは、産業化以前のコミュニティでは一般的であったが、産業化後の西洋社会では、特に公式の社会福祉制度の登場により、事実上、未開発の資源となっている。援助のダイナミクスを探索する中で、バーサ・レイノルズ（Bertha Reynolds, 1951）は、「人は、助けを借りたり、助けたりすることを、生活における他の活動と同じように考えているようである」（p.16）と強調した。

ソーシャルサポートや親族によるネットワークは、住民が慢性的なストレッサーや、よい出来事にしろ悪い出来事にしろ生活上の経験をする場合に、ほとんどすべてのグループやコミュニティに存在する。大半のコミュニティの住民は、多大なレジリエンス、対処の技術、および必要なときに他人を助ける能力を示す。例えば、「ネグレクト」の定義を考えるコミュニティベースの調査グループに参加していた低所得のシングルマザーは、「誰かのためにできる最善のこととは、友達になることです」と報告している（Rooney, Neathery, & Suzek, 1997, p.19）。参加者の女性たちの間の交流は、調査プロジェクトの間に限られていたが、女性たちはすぐに関係を構築し、その多くがお互いの話に耳を傾けることによって築かれた関係であった。例えば、ある母親グループは、共同保育や、過度の負担を背負ったシングルマザーとその子どもたちが必要としている一時的な休息を提供するために、「母親の夜の外出」プログラムを始めた。

親族によるケアや、教会、近隣住民のグループやネットワークといったサポートシステムもまた、コミュニティレベルの保護要因としての役目を果たす（Testa, 2002；Gibson, 1999；Haight, 1998；Tracy & Whittaker, 1990；Jackson, 1998；Brookins, Peterson, 7 & Brooks, 1997）。実際に、親

族を対象にした研究（子どもを親族に預けることに関する研究など）では、非公式の資源は長く活用され、子どもの文化的、人種的、およびエスニックアイデンティティにとってより有益であることがわかった。また、親族によるケアは、家族関係を支え、維持し、非親族によるケアに比べて比較的安定していた（Hegar, 1999；Danzy & Jackson, 1997）。コミュニティレベルのケアは、人々が資源の対応を必要とする特定の状況を意識したときに注目される。例えば、マックロイ（McRoy, 2003）は、テキサスの小さな町にある教会で、牧師が信徒の先頭に立ってアフリカ系アメリカ人の子どもを養子にする活動に従事したことについて述べている。「新世代を救う」と名づけられたこの活動により、50名の子どもが養子に迎えられた。

親類、友人、近隣住民は、サポートが必要な場合や逆境のときに活用できるサポートシステムである。専門家や組織は、さまざまな状況に対応し、サポートを提供する、または提供することが可能である。しかし、専門家であれ、組織であれ、自然発生的なサポートや資源システムの代わりになることはできず、またそうすべきでもない。

コミュニティサポートシステムとネットワーク

現代の社会福祉サービスには、長い間人々を支えてきた自然発生的な援助を排除するか、あるいはそれに取って代わる傾向がみられるが、一方で、ユダヤ教、カトリック、プロテスタント、共済、および市民グループが、個人や家族をサポートする相互援助社会として寄与してきた豊かな歴史が存在する。さらに、歴史的に抑圧を受けてきたグループにとって、固有のネットワークやコミュニティに依存することは、経済的および社会的に生き残るために非常に重要である。また、マイノリティグループのメンバーは、公式の社会福祉組織によって屈辱的で人間味のない、否定的な経験をしたことがあるか、あるいは差別的な対応によってサービスが利用できなかった経験から、従来、自分たちのコミュニティ以外からの援助を受けることには消極的である（Green, 1999；Lum, 2004；Sue, 2006）。

一連の事例から、サポートシステムやその資源としての可能性を示すさまざまなグループの伝統や価値観を垣間見ることができる（当然のことながら、こうした事例は、一般的な所見を示すものであり、特定のグループのすべてのメンバーに該当するわけではない）。ホレイシ、ヘビー・ランナー＆パブロ（Horejsi, Heavy Runner, & Pablo, 1992）によると、常に貧困に直面していたアメリカ先住民は、具体的な形のある資源を共有する習慣を身につけた。部族で行われる賭博は、こうした伝統を推進してきた。賭博で得た利益を利用して、部族のメンバーに住居、社会サービス、メンタルヘルスサービス、教育および経済的機会を与えたのである。アフリカ系アメリカ人およびヒスパニック系のコミュニティでは、家族やグループの強さや生存は、しばしば、強力な親族間の絆、家族メンバー間の柔軟性、および社会経済的資源としての教会とのつながりに依存していた。例えば、アフリカ系アメリカ人コミュニティでは、これまでの援助の遺産として、高等教育施設の設立、孤児の養育、未亡人向け年金および保険社会の構築などが行われた。他の有色人種コミュニティも同様に、仏教徒の共済組合やアジア人コミュニティにおける社会サービスなど、長い歴史のある公式および非公式の福祉サービスを有する（Canda & Phaobtong, 1992）。本書の著者の一人は、ソマリア人学生とのインタビューの中で、宗教の教えによって個人的な富の蓄積が禁止されていることを知った。その学生によると、各家族グループは、自分たちの資源をコミュニティ全体のために蓄えておく傾向があるという。例えば、ある個人が会社を始めた場合、そこから得られる利益は、多くの家族を養うため、またコミュニティの利益になると理解される。

第 14 章 介入の方略としての資源開発、組織化、プランニング、およびアドボカシー

　非公式のネットワークや自然発生的なサポートシステムは、資源および予防策としての役割を担う。セントルイスにあるワシントン大学のウェンディ・アウスランダー（Wendy Auslander）は、自然発生的なサポートシステムを用いて、文化が健康に与える影響を調査した（Mays, 2003）。このプロジェクトの目標は、糖尿病のリスクがあると考えられていたアフリカ系アメリカ人女性に対し、健康的な食習慣を教える方法を見つけることであった。プロジェクトは、栄養カウンセラーとして教育を受けた都市部の女性の協力を得て実施された。調査結果によると、糖尿病の発病リスクのある女性は、糖尿病についての情報を、仲間、隣人、あるいは友人から提供された場合に、最も受け入れやすいことがわかった。また、アウスランダーは、女性たちが住むコミュニティにおける自然発生的なサポートシステムは、よく発達しており、さまざまなレベルで相互に関連し合っていることを発見した。こうした要因は、対象となった女性グループの食習慣を変えるための非常に効率的で効果的な手段を開発する上で、役に立つものであった。

　メリーランド州モンゴメリー郡で行われた「理髪店によるがん撲滅運動」でも同様の結果が報告されている。これは、メリーランド州保健社会福祉局が、地元の理髪店と協力して実施したプロジェクトである。多くのアフリカ系アメリカ人コミュニティでは、理髪店は人の集まる場所であるため、男性客に対してがんについての教育を行い、がん検査の受診を妨げている障壁を自然に取り払える場所であった（Mallory, 2004）。

サポートシステムとしての組織

　組織は、特に移行途中にある人々にとって、サポートシステムとして機能する。米国赤十字社は、災害時にコミュニティを支援する公式組織の一例である。支援システムの例としては、一時的居住施設、虐待を受けた女性のための保護施設、家族のニーズに対応する職場環境政策、英語を第二外国語とする個人向けの英語クラスや従業員の保健および健康を促進するプログラムを提供する職場などが含まれる。サポートシステムとして機能する組織には、他にも、低所得家庭向けの低価格住宅の建設を専門とする組織であるハビタット・フォー・ヒューマニティ、出産・分娩中の女性に対して、現地の援助者や専門家を提供する全米ドゥーラ協会、アルツハイマー病患者を介護する人のためのグループ、ゲイの息子を持つ親によって設立された組織であるレズビアンとゲイの親・家族・友人の会（PFLAG）、およびメンタルヘルスサービスを受ける人々とその家族で構成された全米精神障害者連盟などがある。

事例 ・・・・・・・・・・・・・・・・・・・・・・・・・・・・・・・・・・・・・

　家族から離れ、施設で暮らす青少年のための再統合およびパーマネンシーに関する画期的なプログラムは、ある福祉サービス組織がプログラム計画の中にどのようにサポートの要素を取り入れたかを示している。この機関は、12〜17歳までのかなりの数のアフリカ系アメリカ人男子が保護施設を転々としている現状を問題とみなしていた。こうした青少年たちは、住む場所を転々とし、さまざまな里親のもとや施設を行ったり来たりする運命にあるようにさえ見えた。プログラムの目標は、こうした青少年たちを、家族との再統合、親類との同居、あるいはコミュニティにおける自立生活を通して、安定させ、パーマネンシーに向かわせることであった。

　プログラムの目標の設定段階で、保護施設の青少年グループは面接を受け、自分の置かれた状況を彼ら自身がどう見ているのかを確認し、再統合やパーマネンシーといった目標をサポートする上で必要な資源を特定した。その結果、家庭訪問とレスパイトケア（臨時ケア）の2つの項目

が追加された。

家庭訪問は、青少年たちが徐々に家族というシステムに復帰し、コミュニティにおける生活へ移行することを促進する要因となった。家庭訪問は、施設から家庭という環境への移行に伴い、家族にとって困難が生じるおそれがあるだろうと考えて実施された。さらに、こうした訪問をすれば、職員は、資源に対するニーズや潜在的な緊張関係をアセスメントすることができる。レスパイトケアは、サポートおよび予防策としての意味を持つ。機関は、入居者用のベッドに加え、青少年と家族の葛藤が危機的状況に達した場合に、青少年や家族が最大72時間利用することができる臨時ベッドを準備した。施設に滞在する代わりに、青少年たちは短期間、親類やコミュニティネットワークのメンバー宅へ滞在することも可能とした。こうしたレスパイト期間に、親類やコミュニティのメンバーは問題を解決し、青少年たちが再び施設に入所することを避けるように取り組んだ。

プログラムを実行してから丸一年経った後、青少年、両親、プログラムに参加した親類が集まり、評価のためのセッションが行われた。参加者が、プログラムの中で最も有益であったと評価したのが、家庭訪問とレスパイトケアであった。また、機関の家族に対する継続的なサポートも、肯定的に受け入れられた。ある親は、サポートの水準について、「私たちが自分たちの力で何とかできるようになるまで、職員が私たち家族に手を差し伸べ続けてくれた」というとりわけ感動的なコメントを残していた。

・・・

このプログラムは、ある特定のグループの状況を変えるための対応を考えることを主眼とした、マクロレベびル介入の一例である。機関は、郡の統計データや保護施設提供者としての経験に基づき、現在の保護施設への短期滞在が、青少年たちが保護施設を転々とする現状を持続させていると判断した。その結果、保護施設を利用する青少年は、人生の安定性やパーマネンシー［訳注：永続性］を実現することがほとんどできず、最終的には、大半の青少年が家族やコミュニティから切り離されてしまっている。このプログラムは、継続的に繰り返し保護施設を利用するという破滅的なパターンを覆すことを目的としていた。

このプログラムを開発する上で、機関は、組織としての自らの確信的な目標と協力的な役割を担わなければならないことを認識していた。こうしたサポートは、自然発生的なサポートシステム（親類、メンター、およびコミュニティネットワークなど）の取り組みと統合され、それぞれが保護施設を利用する青少年に対する安定性、再統合、パーマネンシーといった最終的なプログラム目標を達成する上で、重要な役割を果たした。機関が掲げるプログラムの焦点をシフトするためには、さまざまな保護施設に繰り返し滞在し、そうした保護施設を転々とする運命に置かれた青少年の窮状について、情報を収集する必要があった。機関がまとめた統計データには、青少年グループのプロフィール、および保護施設システムに滞在した日数などが含まれていた。こうした情報は、他の組織、資金提供元、郡当局、コミュニティ、また場合によっては、保護施設の職員に対して、プログラムの可能性を納得させるために異なるアプローチを支持するのに活用された。

移民と難民のグループ

移民と難民のグループは、組織的なソーシャルサポートや資源に対する特定のニーズを抱えている。地理的な移動自体が、衝撃的な出来事なのである。公式の組織、市民団体、社会福祉機関、

および政府機関は、支援を提供してくれるものの、それらのサービスは、文化的隔離、断絶、あるいは仕事に対する心配を埋めることはできない。さらに、一部のグループは、政府による公式のサービスや支援になじみがなく、受ける資格があっても、そうしたサービスを求めない場合がある。

不法滞在者は、政府によるプログラムを受ける資格がなく、市民グループや教会によるサービスも十分に受けていない。こうした人々は、国外退去や低賃金労働者として搾取されるおそれが、彼ら特有のニーズをもっている。合法的な移民・難民と不法滞在している人々からなるホテル従業員のグループが、地元の労働組合に加盟しようとした場合を考えてみよう。ホテルの経営陣は、移民当局に通報することによって報復措置を取った。その行為を知った多数のコミュニティや専門家グループが結集し、問題はうまく解決された。有望な労働力を必要とする組織が対応を模索する中で、ソーシャルワーカーが職場に関与する機会がますます増えるものと考えられる。職場におけるソーシャルワーク実践は、20世紀初めに見られた、いわゆる厚生資本主義と共通点がある。すなわちソーシャルワーカーが組織的なサポートや資源の開発において積極的な役割を担いながら、主に移民からなる労働者のニーズに対するアドボカシーを行った時期である（Brandes, 1976）。

子どもたちが不法滞在者として見なされる場合がしばしばあるが、なかには、米国で生まれ、サービスを受ける資格をもっている子どもたちもいる。残念なことに、多くの家族は、サービスを受ける資格のある子どもたちに対してさえも、自分たちの立場に目を向けられることをおそれ、サービスを求めたり、利用したりすることを躊躇している。相談を求められたあるソーシャルワーカーのケースが、このことをよく表している。このケースを担当したソーシャルワーカーは、スペイン語話者の集団に対し、児童福祉サービスを含む有償のサービスを提供しているヒスパニック系機関に勤務していた。

事例・・・

この事例は、夫と死別した3人の子どもの母親のケースであり、下の二人の子どもたちは米国で生まれ、その母親と一番上の子どもは不法滞在者であった。母親とその夫は、米国中西部のてんさい畑で働くため、5年前に米国へ渡ってきた。その後、一家は都市部へ移動し、そこで父親は屋根材会社での職を見つけた。機関へ紹介される2年前、父親は、工事現場での事故が原因で死亡した。

一番上の子どもの教師は、子どもが栄養不良のようであったため、虐待として、一家を機関の児童および家族サービス部門へ通報した。調査の結果、虐待の容疑を裏づける証拠は見つからず、子どもの状態は、基本的に医学的なものであることがわかった。ソーシャルワーカーが、子どもに治療が必要であることを説明すると、母親はその必要性を理解したものの、家族のことが移民当局に通報され、その結果、国外退去させられることをおそれていた。ソーシャルワーカーは、母親に対して守秘義務を保証し、承諾を得た上で、地元の民間子ども病院の発達担当責任者に状況を話した。ソーシャルワーカーは、数日のうちに、子どもに対して診断や必要な治療をすることに合意する旨、小児科担当職員から連絡を受けた。

・・

一家のための資源を追求する中で、ソーシャルワーカーは、病院の理事会が、移民コミュニ

ティへの支援活動を病院の使命の一つであると考えていることを知った。そこで、主に一つの家族のニーズに焦点を当てていた介入が、ソーシャルワーカーの取り組みによって、さらに広範なコミュニティのための資源へとつながった。このソーシャルワーカーは、病院コミュニティの課題グループのメンバーになるよう依頼を受け、以前に地元のヒスパニック系コミュニティから挙げられていたニーズ、すなわち出産前および乳児のケアプログラムや乳児を失った人々に対する支援グループといったコミュニティの医療ニーズに対応するための提案を任された。

注意点とアドバイス

コミュニティやグループの自然発生的な援助システムの基礎には、ストレングスやレジリエンスが存在し、それは慢性的なストレッサーや生活上の不利な出来事にもかかわらず、成長する可能性がある。ソーシャルサポートや関係ネットワークは、緩衝材の役割を果たし、対処能力を伸ばす保護要因である。先の事例で強調されていたように、機関もまた、提供するサービスが社会状況やクライエントの懸念に対応している場合は、特に協力的な資源システムとなり得る。

しかし、こうしたネットワークと関わる場合、注意しなければならない点がある。ソーシャルサポートシステムを利用または構築する際、ある種類のシステムを他の種類のシステムよりも優遇してはならない。例えば、グループやコミュニティは、補完的な資源としての役割を果たすかもしれないが、その範囲は限定的な場合がある。こうした資源に依存することにより、受ける資格のある公式サービスの利用を妨げるおそれもある。非公式の資源に負担をかけたり、使い尽くしたりしてはならない。さもなければ、サービス提供者にとって、困難が生じることになる。さらに、非公式の資源には、社会問題に対する長期的な解決策を維持する能力が欠けている。先の説明に出てきた複数の懸念に対処するような、より総合的なアプローチが、公式および非公式の資源を調整する手段となるだろう。

社会のある部分では、ソーシャルサポートやソーシャルネットワークは、重要な役割を果たすものの、構築することが困難な場合がある。例えば、管理された治療環境や刑務所環境に置かれた人々、あるいは施設でグループ生活をしている人々は、心理的に、また時には地理的に、より大きなコミュニティから隔離されている。最善の状況であっても、親類、隣人、あるいは友人との面会は、きわめて不十分である。こうした人々にとっての目標は、最終的に、コミュニティへ戻ることであるが、サービスの中で、コミュニティとのつながりが重要視されていることはまれである。こうした状況では、ソーシャルワーカーは、このような人々に対して、コミュニティとのつながりを通して、ソーシャルサポートやネットワークを構築したり、施設内の人々の間に協力的なネットワークを築いたりすることが可能だ。

■アドボカシーとソーシャルアクション

ソーシャルワーク専門職は、社会改革につながるアドボカシーとソーシャルアクションの長い伝統を誇る。実際に、スチュアート（Stuart, 1999）は、ソーシャルワークが人間や環境を重視する点について、「クライエントと社会政策を結びつける上でのソーシャルワーク専門職の顕著な貢献である」と述べている（p.335）。ヘインズ＆マイケルソン（Haynes & Mickelson, 2000）は、19世紀および20世紀に見られた、より賢明で人道的な社会政策の策定にソーシャルワーカーが関わっていたことを明らかにした。特に、アフリカ系アメリカ人コミュニティにおいて、ソーシャ

ルワーク実践には、「個人の私的な問題や、それに影響を及ぼすさらに大きな政策問題」に焦点を当てたアドボカシーやソーシャルアクションが含まれていた（Carlton-LaNey, 1999）。さまざまなソーシャルワーカーやそのグループは、活動家（アクティビスト）およびアドボケイトとして献身的に務め、しばしば、草の根あるいはマイノリティの市民グループと協力して活動を行ってきた。例えば、ソーシャルワーカーは、全米農業労働者組合、男女平等憲法修正条項、全米福祉権組織、公民権運動などを支援し、こうしたグループの活動に直接参加したり、専門家としての証言を行ったりした。より最近では、全米ソーシャルワーカー協会会長が、イラクにおけるアブ・グレイブ刑務所の状況に対し、上院軍事委員会宛てに「米国議会に対し、イラクの戦争捕虜に対する虐待をなくすように方策を講じる旨を要求する」書簡を送っている（Stoesen, 2004）。

こうした豊かな歴史にもかかわらず、ソーシャルワークは、専門職としての社会政治的および歴史的な使命に対し、常に深く対応してきたわけではない。フランクリン（Franklin, 1990）は、「ソーシャルワーク実践の周期」を追跡する中で、ソーシャルワーク実践は、その時代の主流の考え方やイデオロギーを反映して変化すると結論づけている。ある時代には、ソーシャルアクションや環境要因に重点を置き、また別の時代には、個人に焦点が当てられてきた。スペクト＆コートニー（Specht & Courtney, 1994）は、著書"Unfaithful Angles"（不誠実な天使）の中で、アドボケイトおよび変革の主唱者としてのソーシャルワーカーの役割に関するソーシャルワークの目標をめぐる議論に火をつけた。こうした議論は、ソーシャルワーク専門職が進化するもととなった「相互に作用する二つの異なる活動」、すなわち慈善組織協会とセツルメントハウスの登場に端を発する。一部には、ソーシャルワークは、徐々に社会的取り組みにおけるリーダー的役割を維持できなくなっていると見る向きもあるが（Haynes & Mickelson, 2000）、ソーシャルワーク教育協議会、全米ソーシャルワーカー協会、国際ソーシャルワーカー学校連盟、国際ソーシャルワーカー連盟は、ソーシャルアクションおよびソーシャルアドボカシーに対する支援を表明している。アドボカシーやソーシャルアクションに対するソーシャルワーク専門職の関与についての詳細、および歴史的な背景については、1999年発行のソーシャルワーク誌（Social Work）100周年記念号を参照のこと。

政策と法律

ソーシャルワーカーは、日常的に、アドボカシーやソーシャルアクションが適応される無数の社会政策や法律に直面している。本章の前半で、ソーシャルワーク実践に影響を与え、平等と社会正義についての懸念をもたらした政策の例として、1997年養子縁組および安定家族法、1996年個人責任および就労機会調整法について論じた。両法律は、ある特定の層、主に貧しい女性、マイノリティ、子どもに対し、深刻で不均衡な影響をもたらした。

これらの政策は、1990年代の政策論議に突如として登場したわけではなかった。財政面で保守的なレーガン政権に始まり、連邦政府は、社会計画に対する理念や資金拠出に反対する攻撃的な姿勢を取っていた。社会計画への支出の削減や縮小は、政治的イデオロギーが社会政策へと姿を変えたことが原因であり、近年さらに多くの政策を生み出した。例えば、個人責任、「福祉から就労へ」の強制、家族の大切さといった曖昧な概念へ向かう動きである。こうした状況の中、ヘインズ＆マイケルソン（Haynes & Mickelson, 2000）が指摘するように、「貧困層への非難が新たな意味を持つようになった」（p.17）。生活保護受給者が、貧困から抜け出すためには十分な動機が必要なだけであると考えられていたため、さらに大げさな社会福祉政策が、ブッシュ政権の思

いやりのある保守主義国内政策に加わった。そうした政策には、現役軍人への給与や退役軍人への手当ての削減、および失業手当や残業代を削減する試みなども含まれていた。

　20世紀後半の10年間で、家族の構造や価値観と並んで法政策の中心となったのが、犯罪であった。一般に広く認められた貧困と犯罪発生率との関係や、収監にかかるコストおよびその失敗に対する裏づけがあるにもかかわらず、犯罪に焦点を当てる姿勢は変わらなかった。とはいえ、マイノリティ男性の収監が増加するにつれ、刑務所産業は拡大していった。クリントン政権下では、1996年個人責任および就労機会調整法などの包括的法案が、保育所に関する規定、フードスタンププログラム（現在は、補助的栄養支援プログラム）、補足的保障所得（SSI）、合法的な移民に対する給付金、栄養プログラム、および州に対する健康、教育、福祉に関わる財政的支援を劇的に変化させた（Potocky-Tripodi, 2002；Haynes & Mickelson, 2000；Schneider & Netting, 1999）。

倫理的問題と個人責任および就労機会調整法

　ウィソン（Withorn, 1998）は、福祉改革の倫理を疑問視すると同時に、改正された連邦給付金制度の影響について、リベラル派と保守派の政治家たちの間で十分な議論が行われていない点に疑問を呈している。新たな法律の主な目標が、貧困の削減ではなく、取り扱い件数の削減であるという見方が新たな倫理問題を提起した。

- 人々は実際に、貧困から抜け出すことができたのか。
- 福祉の対象であった子どもたちは実際に、以前よりも健全な生活を送っているか。

　ソーシャルワーカーや機関の管理者へのインタビューを通して、法律の順守と義務に関する新たな倫理上の懸念が提起された（Abramovitz, 2005）。インタビューを受けた職員は、専門家として倫理的に求められる実践と、クライエントの順守が求められる法による指示との間で板挟みになっていると感じていた。例えば、「就労第一義務」が課されている場合、クライエントは、教育を受ける機会の追求または継続を認められていなかった（Banerjee, 2002）。

　全米ソーシャルワーカー協会（NASW）の倫理綱領は、ソーシャルワーカーにとって、クライエントが自分で決断する権利を守る上での指針となる。しかし、機関の職員は、政府によって課された義務や罰則により、「クライエントにとって最善とは言えない決断を迫る」ことをせざるを得ず、クライエントの「自律性」を危険にさらしていると考えていた（p.181）。さらに、機関契約は、成果主義であることから、ソーシャルワーカーは、契約継続の正当化に必要な数字を達成するため、しばしばクライエントによる選択を無視しなければならないと感じていた。また、報告義務により、クライエントに対する守秘義務をめぐる倫理的緊張が生じた。例えば、家族の一人が、贈り物として金銭を受け取った場合、こうした情報には報告義務が発生する。しかし、ソーシャルワーカーは、金銭の受け取りを報告することにより、その家族の現金収入や福祉手当に悪影響が及ぶおそれがあることを認識していた。

　上記で検討した倫理的課題は、ソーシャルワークの価値にとって大切な人権、市民権、そして基本的な尊厳に大きな問題を投げかけた。こうした問題により、結婚は貧困者にとって付加価値であるとする取り組みを含め、家族生活を侵害する動きが助長された。例えば、バーバラ・エーレンライク（Barbara Ehrenreich, 2004）は、ニューヨーク・タイムズ紙に寄稿した記事の中で、低所得層にとって結婚が一番の問題であることから、なぜ結婚が貧困を解決できるのかと疑

問を呈した。エーレンライクによると、人々は社会階級内で結婚する傾向にあるため、生活保護を受ける女性が貧困から抜け出すためには、2.3人の男性と結婚しなければならない。低所得者の結婚や教育を促すための政策に、2億ドルもの予算が割り当てられた一方、皮肉にも、同時期ブッシュ政権は、住宅補助の削減、生活保護受給者に対する要件の厳格化、福祉プログラムの縮小を計画していた。

コーズアドボカシーとソーシャルアクション

これまでいくつかの政策や法律、およびそれが貧困家庭に与える影響の現状について説明してきたが、「ではどうすればよいのか」と疑問に思われる読者がいるかもしれない。そうした読者は、すでにケースのアドボケイトであると言えるだろう。つまり、クライエントとともに、そしてクライエントのために、受給資格があり尊厳を守ってくれる福祉手当やサービスを確実に受け取れるように働きかけるのがケースのアドボケイトである。こうしたアドボカシーの特徴は、「他人の言い分を申し立てる人（擁護者）」と辞書で定義されているアドボケイトとほぼ一致している。コーズアドボカシー（同じ状況に置かれている集団の権利を守るためのアドボカシー）やソーシャルアクションには、こうした重要な要素が含まれるが、法律や政策の影響に対しては、一人のソーシャルワーカーの力だけではどうにもならない。しかし、シェラデン＆スローサー（Sherraden, Slosar, & Sherraden, 2002）によると、政策立案の過程を連邦から州レベルに移行することは、協働政策アドボカシーやオーガナイザーにとっては、クライエントの代理となる研究者、実践者、アドボケイト、学生に関わってもらう機会となる。

また、別の活動機会としては、「ワシントン D.C. におけるソーシャルワークデー（Social Work Day at the Capital）」を主催するNASWとソーシャルワークプログラムとの協働活動に参加する方法があり、同イベントを通して、選出議員と面会し、政策について話し合い、影響を与える機会が得られる。また、研究の結果によって、政策に情報や影響を与えることも可能である。例えば、ライス（Rice, 1998）は、福祉改革法案に関して生活保護受給者を対象に調査した結果を用いて、研究とアドボカシーを統合し、州議会に報告を行った。また、ホームレス状態に反対するホームレスのアドボカシーグループが、インタビューの結果を郡政委員へ提出した件も同様の例である。

ソーシャルワーカーは、個人として、また全米児童福祉連盟、インフルエンス、全米ソーシャルワーカー協会の高齢者保健福祉プロジェクト（PACE）委員会などの専門協会のメンバーとして、コーズアドボカシーに関与することが多い。さらに、ファミリー・サービス・オブ・アメリカのような全国的な組織が、地元のクライエント、市民、および市民グループと協力してアドボカシーを行っている。あるクライエントグループのために、特定の法律に関し、選出議員に働きかけるように依頼する電話や電子メールを受け取ったことのある人もいるだろう。

アドボカシーとソーシャルアクションの定義

シュナイダー＆レスター（Schneider & Lester, 2001）は、アドボカシーの新たな定義を提案し、ソーシャルワークにおけるアドボカシーについて、「クライエントの唯一かつ共通の代理を務めること、あるいは公開討論会のテーマとして、不公平で無反応な体制における意思決定に体系的な影響を与えようとする試み」と定義している。バーカー（Barker, 1996）は、ソーシャルアクションを「ニーズを満たし、社会問題を解決し、あらゆる不正を是正し、人間生活の質を向上さ

せるための制度変化の実現に向けた協調的努力」(p.350) と定義した。アドボカシーもソーシャルアクションも、本質的には政治的な要素を持つ。ハイド (Hyde, 1996) は、フェミニストのための組織化およびアドボカシーの主な理念を参照し、「個人的な問題は、政治的な問題である」と主張する。

　望ましい成果を実現するために、アドボカシーとソーシャルアクションを組み合わせる例が多くあることから、両者を統合することにより、それぞれの要素を適合させ、一つの統一した定義を設定した。アドボカシーとソーシャルアクションは一つとなり、以下の目的を実現するために、クライエントとともに、あるいはクライエントの代理として、変化に影響を与えるか、または変化をもたらす過程となる。

- アドボカシーやソーシャルアクションがなければ提供されないサービスや資源を獲得する。
- グループやコミュニティに悪影響を及ぼす政策や慣行を是正したり、あるいはそうした政策や実践に影響を与えたりする。
- 必要な資源やサービスの提供につながる法律や政策を推進する。

　ヘインズ&マイケルソン (Haynes & Mickelson, 2000)、フレドリーノ、モックスリー&ハイダック (Freddolino, Moxley, & Hyduk, 2004) は、アドボカシーに関するモデルの定義や説明を試みている。こうした研究者は、特定のモデルは、活用される介入や方略の指針となるため、そのようなモデルを用いることの重要性を強調している。こうした有益な情報については、指針として提示する。

アドボカシーあるいはソーシャルアクションの適用

　アドボカシーやソーシャルアクションは、以下のような、グループまたはコミュニティに影響を及ぼす状況や問題が存在する場合に適用される。

1．受給資格のあるサービスや福祉手当が、あるグループやコミュニティに対して認められていない場合
2．サービスあるいは実践が、人間性を奪うものであったり、対立的であったり、または強制的である場合
3．人種、ジェンダー、性的指向、宗教、文化、家族形態、その他の要因により、差別的な実践や政策が生じた場合
4．サービスや福祉手当における格差により、不当な苦難が生じたり、機能不全がもたらされた場合
5．意思決定における代理人がいない場合や決定に参加できないために、生活に悪影響が及ぶ場合
6．政府あるいは機関の政策や手順、またはコミュニティや職場での実践が、あるグループに悪影響を与えるか、あるいはそうしたグループを標的としている場合
7．かなりのグループの人が、利用不可能な資源に対する共通のニーズを有する場合
8．クライエントの基本的な市民権や法的権利が認められていない場合
　あるグループやコミュニティが、自分たちのために効果的に活動できないような状況において

も、アドボカシーやソーシャルアクションが適用される。こうした状況には、施設に収容された人、保護が必要な子ども、あるいは危機的状況により、サービスや福祉手当を緊急に必要としている人、また法律上の立場により、自分のためのアドボケイトとして活動することが不可能な人が含まれる。

コンピテンスと技術

ダイレクトソーシャルワーク実践で使われる技術は、アドボカシーおよびソーシャルアクションと置き換えることが可能である（Breton, 2006）。しかし、シュナイダー＆レスター（Schneider & Lester, 2001, p.71）によると、アドボカシーは、ダイレクトソーシャルワーク実践の問題解決モデルに基づく問題解決ではない。問題解決過程とは対照的に、特定の変化をもたらすために、「アドボカシーは、代理をすること、影響を与えること、公開討論会を利用することといった特定のアクションを必要とする」。

アドボカシーやソーシャルアクションに必要な具体的な技術には、政策分析、グループファシリテーションおよびコミュニケーション、交渉能力、多次元的で体系的な情報の分析などが含まれる。例えば、子どもが施設に入れられたことを不当であると考える母親グループの代理として活動してほしいと依頼されたとしよう。この場合、依頼を受けたソーシャルワーカーは、明らかにアドボケイトとしての特徴を備えている。すなわち、アクション志向であり、不当な措置に反対し、母親たちの話を聞いた後で自分が何もしないことは考えられないのだ（Schneider & Lester, 2001）。それでもなお、実際に行動を起こす前に、個々のケースの状況を分析し、州および連邦政策や関係するシステムを熟知しておくことが望ましい。不当な措置が関わる状況では、アドボケイトを含む当事者が中立的であることはまれであり、むしろ感情的になり、怒りを駆り立てるおそれがある。しかし、援助者も代理をしてもらうグループにとっても、望まないあるいは都合の悪い結果につながるような時期尚早の誤った結論を避けるためには、分析が役立つ。例えば、あなたのは、すべての母親が不当に扱われたと想定することができるだろうか。

ある状況において、アドボカシーまたはソーシャルアクションが必要であると仮定したら、グループはどのように活動を進めたいかについての決断を下す。さらに、アクションを起こす上で、グループのメンバーを増やしたり、また問題の影響を受けたり、興味のある人々との連携が必要となる場合がある。グループファシリテーション、交渉、合意形成、組織化の技術は、連携を構築する上で必要不可欠である。目的とするアクションに対する支援を集めるためには、問題、影響を受けた集団、どのように影響を受けたのかといった点を記録した情報が重要となる。前述の家族再統合およびパーマネンシープログラムの事例を思い出してみよう。機関は、統計データを活用し、青少年たちが保護施設を転々としている問題が蔓延している点を記録した。

アドボカシーと倫理原則

アドボカシーもソーシャルアクションもともに、幅広いソーシャルワークの役割や技術を担い、それぞれソーシャルワークの価値や倫理を指針としている。アドボカシーやソーシャルアクションは、尊厳および価値、自己決定、非力な者に発言権を与えるといったソーシャルワーク専門職が掲げる価値や倫理原則を具現化している（Schneider & Lester, 2001）。しかし、時として、アドボカシーやソーシャルアクションは、自己決定と供与の間で微妙なバランスを取る場合がある。エゼル（Ezell, 2001）は、こうしたジレンマに注意を促し、「クライエントが自分自身の

アドボケイトとなるように権限を与えるべきか、あるいはクライエントの代理を務めるべきか」（p.45）を決定する上で生じる可能性のある葛藤について述べている。シュナイダー&レスター（Schneider & Lester, 2001）は、アドボカシーの定義の中で、この点について指針を与えている。ソーシャルワーカーとクライエントグループは、相互関係にあるため、協働で行う意思決定や計画において、持ちつ持たれつの関係、相互依存関係に従うのである。すなわち、ソーシャルワーカーは、クライエントとともに活動し、クライエントの代理を務める。

　自己決定に関しては、クライエントの中には、強力な反対を目の前にして、自分の権利を主張することを望まない者がいるというジレンマが生じるおそれがある。アドボケイトは、「権勢を振るったり、重要課題を設定したりする」ことをしてはならない（Schneider & Lester, 2001）。クライエントグループがどのような決断を下したとしても、倫理上、その決断を尊重しなければならない。要するに、アドボカシーやソーシャルアクションの取り組みは、クライエントグループが望む以上のことをしてはならないのである。

　ダイレクトソーシャルワーク実践の場合と同様に、ソーシャルワーカーは、クライエントとともに、アドボカシーやソーシャルアクションの活動に対する潜在的な阻害要因や、敵対的あるいは否定的な結果について検討する責任がある。通常、アドボカシーやソーシャルアクションの実行には、ある程度の重圧や緊張が伴う。さらに、必ずしも肯定的な結果が保障されているわけではない。例えば、住民からなるアクショングループに解決を迫られた大家が、建築基準法違反を無視する姿勢を固めた時点で、市がその建物の違反を指摘し、住民に立ち退きを求めた場合、どうなるのであろうか。そうした事態がもたらす結果や阻害要因について話し合うことにより、代替の方略を計画できるばかりでなく、クライエントは、賛否についての理解を深めることができ、最終決断はクライエントに委ねられることになる。

　クライエントは、アドボカシーやソーシャルアクションのリスクと限界について知っておく必要がある。ロスマン（Rothman, 1999）は、コミュニティにおけるソーシャルワーク実践者に対し、「教育、住居、雇用、および法の執行に必要な改善を妨げる制度」など、ソーシャルアクションや組織化の活動に対する潜在的な反対や障害について警告している。さらに、ロスマンは、「エリート層は、自分たちの利害が危険にさらされていると感じた場合、激しく非難をするということを、変革を求めるアドボケイトは念頭に置く必要がある」と指摘する。こうした抵抗に対処するため、アドボケイトは、反撃に対して持ちこたえ、集中し続け、そして防御するという自分たちの能力、およびクライエントグループの能力を「予測する」必要がある（p.10）。青少年たちを家族と再統合させ、保護施設を転々とする状況を回避するための機関のプログラムは、多くの点において、ソーシャルアクションの例と言える。このプログラムは、通常のやり方から大きくかけ離れたものであったため、実行時には、こうした青少年にサービスを提供していた他の機関の資源を脅かすことになった。その結果、機関は、他の保護施設提供者から大きな反発を受け、事実上、プログラムの実行はかなりの期間、頓挫することになった。

アドボカシーとソーシャルアクションの技法と手順

　アドボカシーやソーシャルアクションの対象となるのは、個人（大家、役人など）、組織、あるいは政府部門（公共政策の影響を受ける家族の代理として、またはそうした家族と共同で）である。各状況に対するアプローチは、対象となるシステムによって大きく異なるが、すべての場合において、組織やコミュニティの構造や機能、法律や規則の設定過程の仕組みを十分に理解す

ることや、組織政治への深い認識が求められる（Alexander, 2003；Homan, 2008；Roberts, 2000；Rothman, 1991）。

　アドボカシーにおける主張の程度は、話し合いや教育から、抗議といった高いレベルのソーシャルアクション、組織化まで、さまざまなレベルがある。ソシン＆カラム（Sosin & Callum, 1983）は、ソーシャルワーク実践者が、適切なアドボカシーにおけるアクションを計画する上で役立つ実用的なアドボカシーの類型論を展開した。ヘインズ＆マイケルソン（Haynes & Mickelson, 2000）、フレドリーノ、モックスリー＆ハイダック（Freddolino, Moxley, & Hyduk, 2004）が論じたモデルと並んで、ソシン＆カラム（Sosin & Callum, 1983）の類型論は、存在する機会を特定し、活用すべき技法や方略、およびそれらをどのレベルで活用すべきかを決定する上で役立つ。経験則としては、所定の目的を達成するために必要な技法を用いるべきである。どの技法を用いるかについての決断は、問題の性質や分析、グループやコミュニティの希望、アクションの性質、および政治的環境に左右される。場合によっては、好戦的なアクションが必要なこともあるが、こうしたアプローチは慎重に活用されなければならない。なぜなら、短期的な成果は、長期にわたる否定的なイメージ、世間の反応、関係が断絶するおそれを上回るとは限らないからである。

　ソーシャルアクションやアドボカシーを効果的に行うためには、以下の手順を盛り込んだ合理的で計画的なアプローチが必要である。

1．問題や状況を分析する。
2．情報収集を体系的に行い、変革すべき人、構造、システム、あるいは政策についての分析を完結させる。
3．変化を促進させる可能性のある推進要因とともに、変化に抵抗し、抑制するおそれのある要因を評価する。
4．クライエントグループ内で幅広い見方を引き出し、具体的な目標を特定する。
5．望ましい成果に対する技法や方略を慎重に選ぶ。
6．アクション計画の実施に際し、実行可能なスケジュールを立てる。
7．アクションによって促進された変化を評価するためのフィードバック過程を、計画に盛り込む。

　ソーシャルアクションやクラスアドボカシーを効果的に行うためには、以上の手順、および先に説明した技術やコンピテンシーに加え、その動機に対する純粋な懸念、動機に集中する能力、および執念の3つの要素が必要となる。成功を収めるアドボケイトは、政府や制度がどのように組織され、変革されるかを十分に理解している。時には、抑えきれない情動が生じる場合もあるが、アドボカシーやアクションを成功させ続けるためには、ノウハウが必要である。多くの場合、クラスアドボカシーやソーシャルアクションは、短距離走というよりは、むしろマラソンにたとえる方が適している。数年前、「コモンコーズ」の創始者であるジョン・ガードナー（John Gardner）は、「市民活動を効果的に行うためにまず必要なものは、スタミナである」と述べている。

　最後に、問題の提起の仕方によって、大きな差が生じることを付け加えておこう。フレームワークス・インスティテュートは、社会問題に対処するために何ができるかについてのメッセー

ジを、一般人を引きつけ、政策やプログラムによる解決策に対する興味を高めるような言葉に置き換えることを提案している。フレームワークス・インスティテュートの「戦略的枠組み分析」を促進するための論点は、以下の例のとおりである。

- 子ども、家族、貧困者に影響を及ぼす課題といった特定の社会状況や問題についての世論は、どのように形成されるのだろうか。
- マスコミが果たす（ことのできる）役割とは何か。
- 政策立案者は、どのように世論を測るのか。

こうした問いに対する答えを出すことにより、アドボカシーやソーシャルアクションを推進することが可能となる。さらに、こうした問いは、具体的な問題について特定のグループに発信するメッセージを明確にする上で、また社会正義の理念によって構成された社会状況について効果的に伝える上で役立つだろう。

社会正義に対するさまざまな見方

ソーシャルワーク専門職で使われる社会正義という言葉は、具体的には、経済的および社会的平等を推進し、公民権を奪われ抑圧された人々の権利を守ることを意味するが、これは普遍的な見方ではないという事実を認識しておかなければならない。バルーシュ（Barusch, 2002）は、社会正義とは、聞き手の哲学的指向、世論、社会政策立案者によって、さまざまな定義づけがされていると指摘する。例えば、バルーシュによると、生活保護受給者に課された義務や順守要件は不当であるというとき、自由意志論者の価値観では、おそらく「生産に基づく福祉手当の配分」が強調されるだろう。しかし、逆に、進歩主義者の考え方は、功利主義的な傾向にあり（最大多数の最大幸福といった考え方）、「すべての人にとっての経済的自由や政治的平等」を重視する（p.15）。しかし、異なる見方であっても、特定の問題に関する共通点が見つかる場合があるため、イメージにより、ある個人を参加させる機会を見逃したり、連携を構築するチャンスを逃したりすることがあってはならない。こうした事実を認識することは、上記の戦略的枠組みの論点の一つが示唆するように、ある特定の状況や問題に対する意見がどのような影響を受けるのかについて検討する機会になるかもしれない。また、人間は複雑であり、その見方は目の前の問題によって、リベラル派、穏健派、あるいは保守派とさまざまに変わる点を考慮してほしい。しかし、それぞれ異なる哲学の基礎を理解することは重要である。社会問題や政策が構成されるイデオロギーや政治的な文脈についての知識は、変革を促進または抑制する要因の分析に役立てることができる。

■コミュニティの組織化

ハーディナ（Hardina, 2004）によると、コミュニティの組織化の主な目標は、社会変革である。コミュニティの組織化は、アドボカシーやソーシャルアクションと類似した、さらに大規模なアクション志向の活動であり、「コミュニティにおける社会問題に対処するために、近隣住民組織、町内会、宗教コミュニティが連携して」社会変革をもたらすことを目的としている（Brueggemann, 2006, p.204）。さらに、コミュニティの組織化は、参加者が、民間あるいは政府組

織と連携し、「自分自身の解決策を設定して、自分自身のニーズを示し、あるいは能力を構築する」舞台となる（Brueggemann, 2006；Weil & Gamble, 1995）。

■コミュニティ介入のモデルと方略

　コミュニティの組織化や介入のモデル、またそれらが影響を与える基本的な手段については、ロスマン、エーリッヒ＆トロップマン（Rothman, Erlich, & Tropman, 2001）、カーター（Carter, 2000）が論じている。表14-1は、コミュニティの組織化において、最も頻繁に取り上げられる手法や方略をまとめたものである。

　地域開発は、コミュニティの中で関係を構築し、幅広い参加を通して、コミュニティの一体化や能力を高めることを目指した方略である。地域開発は、問題の定義や目標の決定にコミュニティが積極的に関わる点において、エンパワメントを支えている（Cnaan & Rothman, 1986）。カナダのケベックでは、地域開発は、問題の分析や改善策のプランニングについては、自然発生的な援助ネットワークや一般市民に頼っていた（Gulati & Guest, 1990）。サービス利用者は、クライエント・消費者ではなく、パートナーであると考えられ、コミュニティおけるプログラムやサービスの統合および調整、予防対策を推進した。組織構造や分権的管理の柔軟性により、地元コミュニティは、独自のニーズに対応するためのプログラムを構築することが可能であった。

　ソーシャルアクションは、コミュニティの組織化の方略の一つとして、先のアドボカシーの項で説明したアプローチと類似している。すなわち、コミュニティが行うアドボカシー活動で、制度や意思決定者が、資源配分の不公平（バスのルート変更により、ある特定の集団が不利になる状況など）に対処したり、町内会や懸念を抱く市民（高齢者、親類、および高齢者のアドボケイトによる協調的な取り組みなど）を通して、権力の不均衡を是正したり、またコミュニティが特定した問題や状況を解決したりする。

　方略としての社会計画は、問題を解決する上で、専門家、コンサルタント、技術支援提供者の力を借りる（Rothman & Tropman, 1987）。通常、こうした人材は、コミュニティリーダーと協力し、社会政策や社会サービスの拡大、策定、および調整に焦点を当てた活動を行う（Carter, 2000, p.81）。地域開発とは異なり、広範なコミュニティによる参加は限られている。

　能力開発の主な焦点は、コミュニティが自分たちのために行動を起こし、意思決定を行い、また自らアクションの方向づけをする能力を高めることである（Hannah, 2006）。このアプローチは、専門家や政府の介入が、コミュニティ問題を解決する主な手段であるとする仮定とは反対の立場を取る。むしろ、コミュニティは、自分たちで検討課題を設定し、実行すべき作業は「内部から」指示されるものであるとしている（Rivera & Erlich, 1998, p.68）。シカゴにおける近隣地域再建に向けたコミュニティ連合（CURN）主導の組織化への取り組みは、住民が一丸となり、コミュニティの問題を解決しようとする取り組みの一例である。こうした取り組みでは、コミュニティ全体のストレングスやあらゆる年齢層の個人が持つ才能が変革努力の中心になるため、そうした特性の特定、活性化、開発が必要であると考え、重要視している。

　最初の2つの手法に基づく活動は、協調体制

表14-1　コミュニティ介入の方略と手法

コミュニティ開発
ソーシャルアクション
社会計画
能力開発

の構築を支援し、社会計画に影響を与えることのできる政治的アクション、ソーシャルアクション、および社会運動へと展開する。場合によっては、それぞれが重複したり、同時に導入されたりすることもある（Carter, 2000；Hyde, 1996；Rothman, 1995）。例えば、カーター（Carter, 2000）は、1996年に発生した28件のアフリカ系アメリカ人教会放火事件について、司法省が何もしなかったことに対し、協力体制の構築がいかに効果的な政治的アクションやソーシャルアクションへと展開していったのかについて論じている。当初、政府職員は反応を示さず、教会の信徒や指導部に対する扱いは、「思いやりがなく非難めいており」、軽視するような態度が見え隠れしていた。しかし、政府職員や米司法省が出火の原因について調べようともしないことに対し、コミュニティは、疑問を投げかけることによって、協力体制を取り、アクションを起こす支えとなったグループとしての効力感を認識するに至った。

計画や組織化は、手法や検討課題にかかわらず、コミュニティあるいはそのリーダーによって方向づけされる。例えば、ソーシャルプランナーは、専門家として、コミュニティの課題に対処しなければならない。ハンナ（Hannah, 2006）は、コミュニティの能力向上に向けた取り組みには、コミュニティを関与させ、それを維持していくことが必要であり、取り組みに対するコミュニティの支援がある場合に実現可能であると指摘する。地域開発の利点は、エンパワメントや幅広いコミュニティの現実や経験を強化する点にあり、それゆえに持続可能性の基準を満たす。オーメリア＆マイリー（O'Melia & Miley, 2002）によると、エンパワメントは、社会過程や問題解決に向けたアプローチの2つの領域の互恵的な相互作用を考慮に入れつつ、社会的に構成されるものである。一方で、社会計画と政策の策定は、専門家が問題に取り組んでいく技術的なプロセスに頼るものである。

■コミュニティ介入の手順と技術

理論家は、関連課題を丁寧に分析し、そのレベルによって変化する異なる段階を設けて、コミュニティの組織化をさまざまに概念化している。ロスマン、エーリッヒ＆トロップマン（Rothman, Erlich, & Tropman, 1995）、ロスマン（Rothman, 1999）は、コミュニティの課題に対処するために、6段階からなる過程を用いている。

1．コミュニティが定めるニーズ、状況、あるいは問題の特定
2．上記のニーズ、状況、あるいは問題の定義と明確化
3．体系的な情報収集過程
4．情報分析
5．アクション計画の設定と実行
6．成果または効果に対する最終アクションと評価

新しい情報が追加されると、新たに手順を開始したり、方略や方策をリフレーミングしたりといった別のアクションが必要となるため、上記の過程は、完全に直線的な過程をたどるとは限らない（Rothman, Erlich, & Tropman, 1999）。いずれにしても、焦点を定めて維持することが大切であり、その点において、こうした活動概要は有用である。ホーマン（Homan, 1999, p.160）が指摘するように、変革推進に向けた組織化は、「ある特定の問題を解決するだけでは不十分である」。

さらに、コミュニティの能力を高め、強化するため、生産的な組織化では、将来的な課題に直面した際に有意義かつ効果的に対応できる能力を高めようとする意思が必要となる。

組織化の技術

コミュニティと協力し、組織化の方略を実行するためには、ダイレクトソーシャルワーク実践に関するものと同様の技術を活用する。例えば、多様なグループとのラポールを形成する能力、誠実さや共感、コミュニケーションスキルなどである。組織化の活動にはグループやコミュニティが関わるため、グループのファシリテーション、対人関係の構築、グループダイナミクスの扱いに関する技術も必要不可欠である。ホーマン（Homan, 2008）は、こうした技術の基盤に加え、客観性と主観性のバランス、自己認識、忍耐、集中、およびタイミングの必要性を強調している。その他、政策分析、研究手法、およびデータ管理に関わる技術やコンピテンシーなどが必要とされる。

多様なグループに対する組織化と計画

リベラ＆エーリッヒ（Rivera & Erlich, 1998）は、コミュニティ開発や組織化に関するモデルを分析する中で、一般的なモデル（コミュニティ開発、社会計画、ソーシャルアクションなど）は、人種の違いを意識しないため、あらゆるコミュニティに適用できるという前提に異議を唱えている。彼らによると、有色人種のコミュニティを対象とする場合、以下の要因を新たに考慮する必要がある。

- コミュニティの人種的、民族的、および文化的特徴
- 特定のコミュニティにおいて、上記の独自性が持つ意味
- エンパワメントの過程および批判的な意識を持たせること

リベラ＆エーリッヒの研究は、プランニングや組織化における考え方に指針を与えることを目

表14-2　コミュニティへの参加レベル

参加レベル	特徴
第1レベル	参加する個人は、コミュニティと同じ人種的、文化的、言語的なバックグラウンドを求められる。コミュニティは、こうした個人に門戸を開き、個人を尊重する。
第2レベル	参加する個人は、コミュニティと同じ人種的、民族的、あるいは文化的グループのメンバーである必要はないが、コミュニティのニーズと密接に関わり、そうしたニーズに敏感でなければならない。また個人は、より広範なコミュニティとの橋渡し役を務め、コミュニティ以外の団体との交流を促進する。
第3レベル	参加する個人は、「部外者」であるが、コミュニティの問題を共有する。ソーシャルワーク実践者の民族的、人種的、あるいは文化的アイデンティティではなく、その技術や権威者へ働きかけることのできる力が高く評価される。

出典：Adapted from Rivera and Erlich (1998).

的としており、実際に、組織化の方略に対し、多大な貢献をしている。従来の手法は、コミュニティ介入には善意があればそれで十分であり、ダイレクトソーシャルワーク実践とは異なり、人種、民族性、文化については、あまり重要視しないという暗黙の前提に基づいていた。リベラ＆エーリッヒ（Rivera & Erlich, 1998）は、コミュニティへの参加に関して、3つのレベルの関係を概念化しているが、これにより、多様なグループを対象としたソーシャルワークや、ソーシャルワークにおける従来の役割を超えた役割についての理解が大きく深められる。表14-2は、こうした3つのレベルの概要を示したものである。

この概念を利用することで、コミュニティへのアプローチの仕方や、コミュニティに対する伝統的な見解について見直すことができる。たとえ最も貧しいコミュニティであっても、ストレングス、公式の援助ネットワーク、および非公式の援助ネットワークを有し、自分たちの懸念を上手に特定することは可能である。コミュニティが、解決策を実現するためのノウハウや力を持っていない場合は、ソーシャルワーカーがパートナーとして、コミュニティの取り組みに参加する。さらに、機関は、ケベックの事例のような代替的アプローチを採用する場合がある（Gulati & Guest, 1990）。機関は、こうした代替的アプローチを取り入れることにより、各コミュニティの独自の考え方を指針とすることができ、サービスの提供の仕方や提供するサービスの内容において、より柔軟な対応ができるようになった。こうしたアプローチは、コミュニティ開発と社会計画を組み合わせたようなメリットがあり、多様なコミュニティから共感を得ることができるだろう。

リベラ＆エーリッヒ（Rivera & Erlich, 1998）が提唱する理論的枠組みに加え、コミュニティへの参加を促進する手段として、文化的ガイドとしての役割を果たす重要な情報提供者や個人との関わりを持つことが望ましい。コミュニティへの参加の第3レベルでは、「部外者」として、一般的な価値や信念を前提とすることに慎重な姿勢を取り、コミュニティの願いを達成するために、文化的な伝統に敏感である必要がある。例えば、一部の移民の持ち家率は、他のグループに比べ低くなっているが、こうした格差が生まれた一因には、所得水準の格差、金融機関の融資の慣行、政府機関に対する不信などが挙げられる。当然のことながら、融資の慣行や差別的な待遇は、コミュニティの組織化に向けてソーシャルワーカーが支援することのできる分野である。しかし、ソーシャルワーカーは、コミュニティの価値観や姿勢について学び、そうした要素がコミュニティの意思決定に与える影響を理解することが望ましい。例えば、セレス（Serres, 2004）の報告によると、言語や伝統が自宅の所有を妨げる場合がある。このようなコミュニティでは、地元の銀行や住宅ローン会社における融資の慣行に対して、コミュニティの組織化を目指すことは非生産的だからである。また、モン族の言語には、「住宅ローン」や「融資」という言葉が存在しない。一部の文化では、宗教的信念により、債務にかかる金利の支払いを禁じているところがある。例えば、ソマリア社会では、不動産所有に対する抵抗要因が存在する。コーランには、金利の支払いや利息の受け取りを非難する記述があるため、宗教的な考え方が一因となっている。また、主に遊牧民であるソマリ族は、常に移動しているため、自宅を所有することは負担であると考える。さらに、米国に滞在する人の多くは、本国へ戻ることを希望しているのである。

他のコミュニティについての印象や想定も、不完全な場合がある。シャノン、クレニエウスキー＆クロス（Shannon, Kleiniewski, & Cross, 2002）は、緊密に結びついた家族中心の少数集団としての地方コミュニティの「すばらしい状況」と、まとまりがなく混沌とした人間味のない都会のコミュニティの状況を比べることに警告を発している。実際には、地方コミュニティは、生

活環境の悪さ、民族および階層間の葛藤、都会のコミュニティが直面している問題と同様の課題（交通、失業、学校に対する予算、手頃な住宅など）といった多くの問題を抱えている。シャノンら（Shannon et al.,）によると、従来の都会住民の生活パターンからは変わったかもしれないが、都会の住民たちは、地方の住民たちに比べ、仕事、公共交通機関を利用した近隣地域とのつながりや関係、別の場所に住む友人や家族などを通して、外部の世界との幅広い接触を持っている可能性が高い。同様に、郊外のコミュニティも、多様性のない地域を舞台としたおなじみのホームコメディに出てくる家族とは、実際には異なる場合が多い点に留意しなければならない。人口動向を見ると、郊外のコミュニティは、新たな移民の流入先となる傾向にあるため、ますます多様化が進んでいる。

　こうした例は、決して特別なものではなく、むしろ、人々やコミュニティの多様性の複雑さや、ニーズを定義する上での信念や価値観の影響を示すものである。コミュニティ内で受け入れられるやり方というのは、そのコミュニティの規範的なストレングスであり、コミュニティ独自のパターンや特徴を明確に示す。したがって、各コミュニティ特有の政治的および経済的関係、また対人関係や力関係、同時にコミュニティのストレングスや資源を考慮に入れなければならない。

　ストレングスは、コミュニティの見方を引き出すことによって特定されるが、そうした見方は、一つではない可能性がある。例えば、コミュニティの住民とコミュニティにある教会の信徒では、異なる考え方を持っていた例がある。両グループとも、地元コミュニティの問題に対処するための組織化には興味を示していたが、それぞれコミュニティに対して異なる見方をしていた。教会のメンバーは、その大半がそこの住民ではなかったが、教会のある都会の近隣地域を、崩壊した貧しい、犯罪が多発する危険な場所であると考えていた。一方、住民は、自分たちの住むコミュニティは結びつきが強いと思っており、公共交通機関へのアクセスが容易であること、さまざまな文化的施設がコミュニティ内にあること、および歴史的に重要な古い家屋が多く残っていることなど、肯定的な特徴を強調した。しかし、教会の信徒団と同様に、住民グループは、犯罪や警察の保護について心配していた。想像どおり、二つのグループが提携可能な問題をめぐって、方向性を定めたり、意見を一致させたりするには、かなりの時間を要した。最終的に、二つのグループは、ともにコミュニティにあるさまざまな文化的施設を大切に考えていたため、それらの施設を保存するために組織化を実施することで意見が一致した。この取り組みが成功したことにより、二つのグループは、犯罪や警察の保護についての不安に対処するため、計画を策定することになった。

■コミュニティの組織化における倫理的問題

　コミュニティのニーズや解決案を最もよく知っているのは、コミュニティ内のグループや組合である。ソーシャルワーカーは、技術、知識、および社会正義やエンパワメントの原則に基づく価値観を利用し、グループやコミュニティが目標を達成する支援を行うために、アドボケイト、チェンジ・エージェント、プランナーとして、こうした取り組みに関わることが可能である。アドボケイトやチェンジ・エージェントにとっての継続的な問題、そしておそらく倫理的なジレンマ（Ezell, 2001）とは、コミュニティのためにいつ行動を起こすべきか、またクライエントが自分たちで行動を起こすために必要な技術や資源をいつ提供すべきか、といった問題である。当然のことながら、ソーシャルワーカーが完了させる課題と、コミュニティのメンバーやリーダーが

実行する課題が分業によりわかれる場合がある。ソーシャルワーカーがある課題を完了できるのは、課題完了を促進する資源や知識の利用が容易であり、あるいは技術を備えている場合である。例えば、ソーシャルワーカーは専門家として、会議への出席、報告書の作成、既存の重要な機関との交渉、あるいはグループやコミュニティでは不可能な相手先と連絡が可能である。とはいえ、このようなシナリオにおいて、ソーシャルワーカーは、方略的に十分検討を重ねることが必要である。具体的には、計画したアクションには、共同の取り組みが必要か、ソーシャルワーカーが一人で行動することによりクライエントをディスエンパワーすることにならないか、クライエントは自分たちのために行動し、発言することができるか、もしできなければ、クライエントを支援するためにどのような技術が必要か（Ezell, 2001）といった問題の検討である。

　ハーディナ（Hardina, 2004）は、コミュニティの組織化やその手法は、ソーシャルワークの倫理綱領では直接規定されていない問題への対処が必要だと指摘する。例えば、倫理綱領には、オーガナイザーとコミュニティ住民を兼ねる場合の二重関係についての記載はない。また、倫理綱領には、オーガナイザーが利用する方略の選択についても規定されていない。最初に指摘した二重関係に関し、リベラ＆エーリッヒ（Rivera & Erlich, 1998）が示す理論的枠組みでは、コミュニティへの参加の第1レベルにおいて、参加者は、コミュニティのメンバーであると同時に、オーガナイザーでもある。ソーシャルワーカーは、コミュニティの一員であるため、他の住民と社会的および政治的に関わる機会が多くあるはずである。しかし、このような形でコミュニティのメンバーと関わることは、倫理綱領に違反すると見なされるおそれがある（Hardina, 2004）。アドボカシーやソーシャルアクションの場合と同様に、コミュニティ・オーガナイザーは、自己決定の原則を順守しなければならないため、コミュニティは、利用する方略についての情報を受け、それに同意すると同時に、そのリスクや利点を理解する必要がある。ハーディナ（Hardina, 2004）によると、倫理原則やそれに続くジレンマが明確でない場合、オーガナイザーは、ローウェンバーグ、ドルゴフ＆ハリントン（Loewenburg, Dolgoff, & Harrington, 1996, 2005）が提案する倫理規定のための評価指標を利用すべきである。例えば、人々を危険にさらすおそれのある強制的な方略を検討している場合は、「生活の保護」あるいは「プライバシーおよび守秘義務」に重きを置くべきである。さらに、ハーディナ（Hardina, 2004, p.600）の説明によると、ライシュ＆ロウ（Reisch and Lowe, 2002）は、有益なコミュニティ・オーガナイザーのための倫理的意思決定の枠組みを提案している。この一連の手順において、ライシュ＆ロウは、ソーシャルワーカー兼オーガナイザーは、以下の項目を実施すべきであると提案している。

- 目の前の状況に適用する倫理原則を特定する。
- 問題となっている倫理的ジレンマを検討するために必要な追加情報を収集する。
- 倫理問題に適用する倫理的価値観や規定を特定する。
- 潜在的な利害の衝突、および衝突によって利益を得る可能性のある人を特定する。
- 倫理規定を特定し、それらを重要性に従って順位づけする。
- さまざまな倫理規定を適用した場合の影響や、規定の順位づけによる影響を見極める。

■組織環境の改善

　社会福祉組織は、サービス、情報、福祉手当、あるいは物品を提供するために組織化される。

それらは、公式の社会システムとして、複数の構成要素からなり、クライエントのサービス受給資格が決定され、組織の存続にとって重要な資源が配分されるような変動のある分野をもつ。このような組織の文化は、ミッションステートメント、リーダーシップのあり方、そして（その組織において構築されてきた、活動の）前提としきたりの中に反映される基本的価値と目的を含んでいる。シャイン（Schein, 1985）は、組織文化について、以下のように説明している。

> 基本的な全体のパターンは、所与のグループによって、外部への適応と内部への統合という問題に対処する方法を身につけるようにと、考案され、発見され、開発されたものである。その有効性が認められるほど十分に機能しているため、こうした問題に関して、感知し、考え、感じる正しい方法として、新しいメンバーに伝えられるものである（p.9）。

組織内の変革

組織の変革とは、「組織の機能の仕方、組織のメンバーやリーダー、組織の形態、資源の配分方法、あるいは組織が目標を達成するために追求する方略のタイプの移行方法などを修正すること」（Condrey, Facer, & Hamilton, 2005, p.223）を指す。例えば、プロール（Proehl, 2001）は、組織は、経済状況など外部要因の影響を受けるものであるという。シェランデン＆スローサー（Sherraden, Slosar & Sherranden, 2002）と同様に、プロールは、財政上の決定権を州へ移行するという政治的・法律的取り組みは、影響を及ぼすことがあると考えている。例えば、福祉改革は、公共組織においても民間組織においても、それら組織の業務、職員の役割や職務への満足度、および目標や資源に、大きな影響を与えた（Abramovitz, 2005；Condrey, Facer, & Hamilton, 2005）。その一例として、特定の成果基準の実施を定める連邦の要件が課されたことにより、機関はソーシャルワークに関連した受給者の活動を監視・報告するための調整を行わなければならなかった。多くの非営利組織やソーシャルワーカーたちの中には、福祉改革（個人責任および就労機会調整法）が規定する目標義務と格闘してきた人たちがいる。多くの人々にとっての問題は、自分たちの使命やソーシャルワーク専門職の価値に反する要件が課されたことである。同時に、組織のリーダーシップや文化によって、より混乱が少なく、より多くの恩恵を受けられるような方法で、こうした圧力に対応できた組織もあった（Condrey, Facer, & Hamilton, 2005）。

組織内の変革の方略には、組織の構造、機能、文化、および資源環境の理解と分析が必要である。マーティン＆オコーナー（Martin & O'Connor, 1989）は、システム理論を用いて、社会福祉組織を分析している。その概念枠組みは、社会福祉の組織を開かれたシステムとして理解するための概念枠組みを示している。この枠組みにおいて、焦点は組織の下記の点に置かれている。

- 環境との関係
- 内部構造および過程
- 対立する（時には敵対する）社会的、文化的、政治経済的環境に関連するジレンマ

ネッティング、ケトナー＆マクマートリー（Netting, Kettner, & McMurtry, 2004）は、社会福祉組織における変革のための努力を分析するガイドラインを提供している。こうした分析過程について、さらに詳しく説明するために、この研究について紹介しよう。

変革の方略

ネッティングら（Netting et al., 2004）は、組織における2つのタイプのマクロレベルの変革を提案している。

- クライエントに提供する資源を改善する
- 職員がより効率的、効果的に業務を遂行することができ、その結果、クライエントへのサービスが改善するように、組織の職場環境を高める

ブレイガー&ホロウェイ（Brager & Holloway, 1978）は、人材を中心とした変革、技術上の変革、構造上の変革の3つの分野に焦点を当てた組織変革の概要を示した。変革は、政策、プログラム、あるいはプロジェクトの開始といった形態をとったり、学習する組織として自らを位置づけたりすることによって行われる（Kettner, Daley & Nichols, 1985；Senge, 1990, 1994）。

組織学習と学習する組織

組織学習と学習する組織は、組織変革を効果的にするアプローチを提供する。学習する組織とは、組織のメンバーが定期的に成果を見直し、改善に向けた調整を行うことを可能にするプロセスである。また、職務設計や業績優秀賞など、職員の職業生活の質を上げる関連要因であると考えられている（Lewis, Lewis, Packard, & Souflee, 2001；Morgan, 1997）。学習する組織は、クライエントや職員に対して、組織的な経験の質を保証するために、継続的に業務、目的、目標を見直し、修正することができるような体制を整えている。学習する組織について、以下のような問題が提起される。

- どのように業務が行われるのか。
- 業務による成果はどのようなものか。

こうした過程を通して、組織は、自らのストレングスと制約について考える機会を持ち、その結果、ストレングスを強化し、制約に対処する方略を設定することが可能となる。

組織学習と学習する組織は、一つの概念として議論されることが多いが、センゲ（Senge, 1990, 1994）およびモーガン（Morgan, 1997）が定義する学習する組織は、基本的に、組織のエコロジーに働きかける。つまり、特定の種類の組織、および環境変化を精査、予測し、それに対応する能力を示すものである。学習する組織は、メンバーが現状の規範や前提に疑問を持ち、意義を唱えることができるような能力を開発し、それにより方略的対応や方向性を通して、組織の安定性を確保し、発展を促進させる（Morgan, 1997）。一方、組織学習は、組織内部の業務や組織のさまざまな部門間の相互依存に関連する一連の活動を重視する。

組織学習も学習する組織もともに、協力的な環境を必要とし、その中で、組織の文化が対話、オープンなコミュニケーション、フィードバックを促進する。ある郡立の健康福祉サービス機関は、所長の指揮のもと、自らを学習する組織として位置づけるため、職員の間で一連の「コミュニティ対話」を開始し、また組織学習を促進するための共通ビジョンを掲げた。例えば、家族にサービスを提供するさまざまな部門は、どのように調整し、連携したかといった点である。本章の冒頭で紹介した父親と児童支援の事例を思い出してみよう。このプログラムのアイデアが進展

したのは、職員によるコミュニティ対話のセッション中であった。ルイスら（Lewis et al., 2001）は、福祉サービス組織における成長の機会を生み出す方法として、学習する組織の導入を奨励している。

■組織の環境

クライエントが体験する組織環境の質や組織のもつ価値観は、サービスの実施において重要な側面である。本項では、組織の環境における主な3つの要素、すなわち、職員、方針、実践、そしてプログラムを変革または強化する方法を検討する。

職員

組織の職員は、組織という環境の中核を形成する存在であり、クライエントと定期的に面接を行う専門家、サポートの担当者、および管理者から構成される。管理者、すなわちマネジャーやスーパーバイザーは、指示、監視、調整、評価を行い、組織業務全般の監督責任を負う。相互依存性の高い組織環境では、組織の使命を達成するために、それぞれの担当者が重要な役割を担う。かなりの割合で、職員の行動は、専門家としての姿勢、倫理綱領および基準、認可または規制委員会、組合契約、資金提供元、マスコミ、世間一般を含む内部および外部要因の組み合わせに影響される。

組織の職員が、熱心で、思いやりがあり、クライエントのニーズにすぐ反応し、お互いに良い関係にある場合、組織環境は、関係者すべての成長やウェルビーイングを導く傾向にある。組織の文化は、最適な効果を発揮するために、職員のエンパワメントやクライエントのための質の高いサービスの提供に対するコミットメントを促進しなければならない。健全な組織文化や環境を特徴づける要因には、オープンなコミュニケーション、葛藤に対応する意欲、柔軟性やリスク負担、相互依存と結束感、境界線の尊重などが挙げられる。組織環境の構築は、組織のリーダーシップの領域であるが、あらゆる職員レベルの責任である。

ハックマン＆オールダム（Hackman & Oldham, 1976, 1980）は、最も詳細で幅広く受け入れられている理論、すなわち生きる意味を感じられる心理的状態、職員の反応、やる気、職務満足度に貢献するような職務設計および動機づけについての理論を概念化した。ハックマン＆オールダムは、以下の5つの基本的特徴を挙げた。

- 課題完結性：課題にアイデンティティを見いだせること
- 課題重要性：課題が重要であること
- 技能多様性：多彩な技術を用いることができること
- フィードバック：仕事へのフィードバックがあること
- 自律性：自律的に仕事ができること

課題完結性、課題重要性、技能多様性は、仕事は有意義であるという気持ちを増大させる。自分の業績に関するフィードバックは、達成された成果についての情報を提供してくれるため、発展的要因および動機づけの要因として働く。自律性は、自分自身の仕事、その仕事の成果、およびチームの仕事に対する責任感を生み出す。自律性のもつエンパワメントの効果は、クライエン

トにとっての自己決定と同様の作用を及ぼす。自分の興味やニーズが無視された場合、クライエントがソーシャルワーカーとの面接を打ち切る可能性があるのと同じように、職員のエンパワメントが欠如している場合、業績に影響を与え、生産性が低下し、離職率が高まるおそれがある。

変化が必要となるのは、対立する専門家の姿勢、矛盾するイデオロギー、多様性、あるいは価値観をめぐる議論など、さまざまな原因から生じる組織内のダイナミクスが、職務への満足度、やる気、アイデンティティに影響を及ぼす緊張を生み出す場合である。こうしたダイナミクスは、クライエントとの相互関係にも飛び火するおそれがある。このような対立を未解決のままにしておくと、職員は、組織の目標や目的に逆効果となる反応を示すおそれがある。厳格な規則に縛られ、自律性が欠如し、変化に抵抗を示す組織環境は、「精神的な監獄」となる（Morgan, 1997）。学習する組織に見られる成長とは大きく異なり、精神的な監獄と見なされる組織の職員は、しばしば、現実の構成や望ましい考え方の中で身動きができないと感じる。

職員に対するエンパワメントの程度、および仕事に関する意思決定に参加できる程度によって、どのくらい職員が自分の価値を実感できるのかが大きく変わってくる。同様に、こうした特徴は、どの程度職員が向社会的あるいは役割以外の行動に関与するかに影響を与える。また、職員に関わる問題は、問題解決にも影響を及ぼす。例えば、あるソーシャルワーカーは、組織における問題に対応する職員の姿勢を見たマネジャーが「職員が意思決定に関与すれば、管理者を設ける必要などなくなるだろう」と発言するに至った経緯について詳しく語った。職員は、後になって、サービスにかかる間接費を削減する方法を尋ねられたとき、予想どおり、その問題や解決策について、ほとんど関心を示さなかった。こうした状況は、おそらく異例であろう。大半の組織は、変化を導く組織文化を構築することの重要性を認識し、職員に対して、必要な変革を認識するよう奨励している。また、多くの組織は、変化に対する提案を行ったり、実施したりすることを可能にする体制を整えている。最後に、大規模な福祉サービス組織は、さらに多くの職員を意思決定に参加させ、サービスを向上させる取り組みの中で、全体的な質のマネジメントに取り組むチームを設けることにより、組織内の階層を減らし、より分権化している（Martin, 1993；Lewis et al., 2001）。

クライエントもまた、職員と同様に、組織の環境の影響を受ける。職員がやる気を持ち、自律しつつも相互に依存し合う、知識を持った専門家として扱われている場合、クライエントも利益を得る。一方、それとは逆の状況の場合、クライエントにも悪影響が及ぶ。また、クライエントは、個々の職員の行動（すなわち、十分に機能を果たさない専門家）の影響を受けたり、尊厳を持った価値ある者として扱われる権利が尊重されない状況を経験したりする場合がある。

当然のことながら、最善の組織環境に置かれた職員でも、資源の制約、偏った予算の優先順位、「クライエントの問題の重大さや複雑さ」に絶えず直面していることなどにより、仕事が制約される場合、ストレスやフラストレーションを感じることになる（Kirk & Koeske, 1995）。複数のニーズを抱え、複数の機関と関わる家族が、管理されたケア環境の中で、公共政策や、期限、あるいは法による指示によって増大する圧力にますますさらされている状況はよくある。例えば、青少年向けプログラムに関与するソーシャルワーカーやその他の専門家は、この点に関して不満を抱いていることが多い。こうした不満は、エコロジカルシステムおよび家族システムの視点を無視し、特定の問題（無断欠席など）の解決に焦点を当てた、個別化されたプログラム目標や郡の予算に対するものである。同時に、家族全体を対象としたソーシャルワークは、検討されていないどころか、補償されてもいなかった。

予算の優先順位や組織環境（すなわち、組織の状況や文化）は、職員のやる気、業績、職務満足度に影響を及ぼす要因であるため、本書では、これらの点について検討する。また、こうした要因は、クライエントの経験やクライエントが受けるサービスの質にも影響を与える。

変革者としての職員

ソーシャルワーカーは、クライエントのためのアドボカシー、資源の開発や支援ネットワークの構築、および組織化に対し、非常に精通しているものの、自分が所属する組織における変革に影響を与えたり、提案したりすることには控え目であり、また不可能であると感じている場合が多い。あるいは、ソーシャルワーカーは、組織の問題を順番に特定していき、変化や解決に向けた取り組みは、管理者がやるべき領域であると結論づける場合がある。こうした考え方は、場合によっては、ある特定の問題に限り有効であるかもしれない。例えば、職員の業績や予算上の問題は、最終的には管理者の責任となる。

とはいえ、ソーシャルワーカーは、状況を評価し、体系的なやり方で自分が抱いている懸念やアイデアを提示し、変化への取り組みに積極的に参加することが望ましい。職員とクライエントの間には緊密な関係があるため、マネジャーや管理者は、こうした現場の関係に依存し、職場環境やクライエントのウェルビーイングに影響を与える可能性のある力関係に注意を向ける。変化に対して責任を担い、関与することは、職員エンパワメントの本質である。また、変化への取り組みに関与することは、ソーシャルワーク専門職の倫理原則と一致する。クライエントに対する介入やマクロ実践方略に関わる技術やコンピテンシーは、組織の変革と関連している。さらに、組織レベルで変革を行うためには、ソーシャルワーカーは、組織の診断役やファシリテーター・促進役を務める必要がある。

成果を上げることのできる変革者となるには、組織および提案された変革のリスクやメリットを分析するための知識や技術が必要である。そうした分析を用いて、変革の必要性を明確化すべきである。例えば、サービスの提供に問題があれば、自分の提案によって状況は改善されるだろうか（Brager & Holloway, 1978；Netting, Kettner, & McMurtry, 2004）さらに、分析結果が示していることは、政策を変えることだろうか、あるいはプロジェクトやプログラムを作成することだろうか（Kettner, Daley, & Nichols, 1985）と検討することである。

リスク、メリットと反発

組織において変革の推進は複雑な過程であり、変革に対する組織の反発は、おそらく家族、個人、グループに見られる反発と同じくらい一般的なものであろう。組織とは、均衡を保とうとするシステムであるため、変化を求める提案に対する抵抗にあう場合がある。反発は、資源の制約やイデオロギーの違いにより、提案しても疑問視されるような組織の能力、あるいはそうした能力を上回る提案に対して生じるものである。同様に、組織の目的、使命、目標を大きく変えてしまうような提案は、反発に拍車をかける。たとえば、機関の営業時間の延長は、それほど重要でない変化とみなされ、組織の目標や使命に対して、ほとんどあるいはまったく影響を及ぼさない。その一方、プログラムの目標の変化は、組織の深部により大きな影響を与える。

フレイ（Frey, 1990）は、組織の反発を評価するために有益な枠組みを構築した。潜在的なメリットを評価し、提案に対する反発を最小限に抑えるため、4つのグループから意見を聞くことが重要である。

- クライエント。提案された変化が、どの程度このグループに直接的なメリットを与え、またどの程度クライエントが受けるサービスを効果的に変え、高めるか。
- 管理者。最終的に、提案を承認し、実行に必要な資源を提供する合法的な権限を有する。
- スーパーバイザーまたは職員。実行の計画や監督責任を担う。
- 職員。最終的に、変革を実行するか、あるいは変革が実行された際、その影響を受ける。

ソーシャルワーカーは、各グループに対する潜在的な変化の影響を考慮することにより、不利な影響に対するメリットを評価することができ、また明らかにメリットが不利な影響を大幅に上回る場合には、反抗や抵抗に立ち向かう方略を計画することが可能となる。

また、フレイ（Frey, 1990）は、自分の提案が以下の特徴を備えた「高リスク」なものであるかどうかを評価することによって、リスク、メリット、および反発の大きさを測ると主張する。

- 高価な備品の購入や新部門の立ち上げなど、組織に対して多大なコストが発生する。
- アクションを段階的に実行するのではなく、一気にすべてを導入しなければならない。
- 組織、組織のメンバー、あるいは世間一般において支配的な価値観と矛盾する過激なアイデアである。

以下の事例は、あるソーシャルワーカーが発案し、成功した低リスクの提案について示したものである。特に、この提案は、組織の目標と一致し、費用のかかる変革は含まれていない。提案された変革は、ネッティングら（Netting et al., 2004）の「職員がより効率的、効果的に業務を遂行することができ、その結果、クライエントへのサービスが改善するように、組織の職場環境を高める」とする変化方略と一致していた。

事例

機関がサービスを提供する主なクライエントグループは、英語を第二外国語とする個人からなるグループ（ESL集団）であった。機関は、クライエントが経済的支援を受けるための援助を行うために、カウンセリング、教育プログラム、サービスを提供していたが、大半のクライエントは、経済的支援を受けるための申込書が数カ国語に翻訳されていたにもかかわらず、申込書の記入に手間取っていた。ソーシャルワーカーの記録によると、ここで問題となっていたのは、個人や家族が申込用紙を記入するための援助を行うのに必要な時間（所定の面接時間を大幅に超えていたこと）であった。申込書の記入に不備があったため、予定外の面接が必要となり、クライエントが受給資格を得るまでに遅れが生じた。

こうした状況を是正するために、ソーシャルワーカーは、職員が個人や家族と面接をする代わりに、一週間のうちのそれぞれの時間に、指導グループを設けることを提案した。グループ形式で、ボランティアを活用することにより、2つの課題に対応できると考えたのである。第一に、グループ形式をとることにより、スケジュール調整や面接時間の延長に関わる職員の不安が軽減される。第二に、申込用紙を記入した経験のある機関のクライエントをボランティアとして採用することにより、特に移住したばかりのクライエントが、ソーシャルネットワークとつながりを持つことができる。

この提案が成功したのは、変革が組織にとって多大な支出を必要とするものではない、という

事実によるものであった。また、変革は、組織の目標や使命を根本的に妥協するものでもなかった。実際には、変革は、組織の資源に負担をかけるのではなく、より効率的な方法で資源を再配置したのであった。ソーシャルワーカーの提案は、グループ形式を採用し、ボランティアを活用することにより、ESL集団にサービスを提供するための機関の能力を拡大させた。この提案は、職員が個人や家族に対し、申込用紙を記入するための援助にかかる時間について抱いていた不満に効果的に対応したため、職員の反応は好意的であった。

・・

一般的に、組織のイデオロギー、資源能力、および潜在力に見合った提案は、多数のメンバーの支援を獲得する可能性が高く、したがって、成功する確率も高くなる。当然のことながら、変化はその性質にかかわらず、疑念や抵抗に直面することが多い。実際に、先のソーシャルワーカーの提案も、ある程度の反発に直面した。それに対し、ソーシャルワーカーは、組織にとっての費用便益比率（管理者が満足するような数値であった）を記録し、職員にとっての利点（空いた時間を他の課題の達成に使うことができる）を明確化した。ソーシャルワーカーは、自分の提案に対する支援を確保するため、特に申込用紙の記入を支援するために面接のスケジュール調整をしなければならなかった同僚たちに話を持ちかけた。さらに、直接ESLプログラムに関わりのない他の職員にも働きかけ、彼らの支援によって提案が承認されるようになると考えた。この事例に示された最後のポイントは、個々の職員が提案について、害がないあるいは自分たちの立場や役割にプラスとなると考え、提案に対して好意的であった点である。

方針と実践

ソーシャルワーカーは、クライエントと緊密な関係にあるため、機関や施設においては、組織の方針、手順、および実践がサービスの提供に与える影響を評価する際に方略的な立場にいるといえる。ある組織の実践や方針により、サービスの提供が妨げられたり、あるいは機関が最適なやり方で使命を果たすことを阻まれたりする場合、ソーシャルワーカーは、提案された変革に対する阻害要因を特定できる立場にいるのである。こうした役割の中で、ソーシャルワーカーは、組織の診断者・ファシリテーター、調停者、促進役、およびアドボケイトとしての機能を果たす。

本項では、組織の方針や実践が、サービス提供への阻害要因となる4つの領域に焦点を当てる。

- クライエントの尊厳および価値を促進し損なう方針または実践
- 制度化された人種差別とその他の差別
- 組織レベルにおける、文化を考慮する力の欠如
- 施設内のプログラム

上記の要因について議論する前に、組織における方針や実践を批評する上で、以下の項に挙げる質問が役立つ。

組織の方針と実践の分析

組織の方針や実践がどの程度社会正義を推進し、クライエントの自己決定を支援し、またエンパワメントやストレングスの原則を守っているかといった点が、ソーシャルワーカーが機関の方針や実践を検討する、基準となる。ルーニー（G.D. Rooney, 2000）は、学生向けに、組織の方針

決定や実践に反映された価値観や倫理を分析するための演習を開発した。見直しに役立つ方針や実践には、サービス受給資格の決定基準、居住その他の施設におけるクライエント行動を管理する規則、サービス利用に関わる方針、および治療計画の策定手順などが盛り込まれている。ルーニー（Rooney, 2000）は、組織の方針や実践を評価する上で検討すべき重要事項を、以下のようにまとめている。

1. 方針に影響を与えたと思われる原因、イデオロギー、価値は、どのようなものか。
2. 方針を適用した結果のうち、意図した結果、および意図しなかった結果とはどのようなものか。
3. 方針やそれに対するクライエントの期待は、社会的イデオロギー（価値のある、また価値のない貧困者など）、社会統制、あるいは法による指示により、どの程度影響を受けるのか。
4. 方針が描くクライエントおよびソーシャルワーク実践者のイメージとは、どのようなものか。
5. 方針や実践は、クライエントとソーシャルワーク実践者に対し、何を要求しているか。
6. 実践や方針に対するクライエントの反応は、どのようなものか。
7. 方針やその手順は、ソーシャルワークの価値、倫理、および社会正義に関する懸念を、どの程度支援あるいは制約しているか。

　残念ながら、一部の組織は、機能を果たさないような方針を掲げ、あるいは十分かつ効果的なサービス提供に対する障壁を生み出すような実践や方針を実行している。そうした方針を実施することにより、実際には、クライエントに受給資格のある資源を提供せず、あるいは他のクライエントが受けているサービスよりも、質の低いサービスを受けるクライエントが存在するようになる。機関の実践は、福祉改革についての先の事例で検討したように、資源環境に対応するにあたって公共政策の影響を受ける可能性もある。
　ルーニー（Rooney）によって開発された組織の方針や実践を評価するための一連の質問は、方針がクライエントやサービス提供に与える影響を批評するためのガイドラインとしてソーシャルワーカーに提供することを目的としている。このアセスメントに取り組んだ多くの学生は、洞察力のある問いをもったと報告している。
　学生は、以下の質問を挙げた。

- 法の強制によるクライエントとのソーシャルワークでは、方針や実践により、ソーシャルワーカーが執行者の役割を担い、クライエントがそれに従うような関係が求められるのか。
- 規則の実行によってもたらされた意図しない結果を、どのように調整するのか。
- クライエントが方針や実践に対して強力な反抗を示した場合、組織がクライエントの懸念に対応できるような仕組みはあるのか。
- 方針や実践は、尊厳や価値を促進するようなクライエントのイメージを提供し、ストレングスや問題を認識しているか。
- 方針や実践は、サービスの平等な利用、およびサービスの平等性をどのように保証しているのか。特に、方針や実践は、あるグループの犠牲のもとに、別のグループに対して差別待遇をしているのか。

多くの場合、方針や実践は、組織に対し、限定的な資源を管理することを助け、そうした資源を必要とする人たちに確実に配給することを目的としている。例えば、一家族がフードバンクを利用することのできる回数を制限する規定は、資源を保存する上で非常に重要であり、そうした規定により、できるだけ多くのクライエントに支援を行きわたらせることができる。同時に、こうした制限は、クライエントが不正をしたり、プログラムを悪用したりする場合があるという考えを示している。方針が機能を果たしていないと見なされるのは、確実に順守させようとすることが、クライエントに対して不当な負担となっている場合や、サービスの提供よりも、不正行為の可能性が上回ってしまうような形で手続きが実行されている場合である。

クライエントの尊厳を高め、不変の価値を尊重すること

福祉サービスの組織は、誠心誠意、クライエントにサービスを提供するという善意にあふれている。とはいえ、いろいろな意味で、いまだ大きな課題となっているのが、クライエントの尊厳を高めるようなやり方でサービスを推進することである。こうした問題は、公共政策、マスコミ、あるいは資金提供元、組織の実践、および個々の専門家のアクションにおけるクライエントのイメージから生じてくるものである。ある場合には、組織は、具体的な援助やサービスのために受給資格を定めてしまう。例えば不当なまでの努力を求めることにより、クライエントの尊厳を奪っていることがある。「持ち金は4ペニー」と題された短い記事では、あるクライエントが経済的支援に対する受給資格要件を満たそうと努力する経験が、クライエントの視点から効果的に描かれている（Compton & Galaway, 1994）。

職員の行動と態度

ソーシャルワーカーが面接時間に常に遅刻したり、予定されていた面接をキャンセル、または頻繁に変更したりする場合にも、クライエントの尊厳が損なわれる。以前の否定的な経験（職員の行動、守秘義務違反、あるいは屈辱的な手続きによって、クライエントの体面が傷つけられたり、屈辱を与えられたりしたことなど）が、クライエントが入手可能なサービスを受けたり、求めたりすることを思いとどまらせるのは残念なことである。さらに悪いことに、職員の中には、公然とあるいは遠回しに、クライエントに批判的な態度を示し、クライエントの道徳性、誠実さ、性格、あるいは援助を受ける価値について批評する者もいる。また、ある職員は、無愛想で、感じが悪く、クライエントの個人的な事柄に不当に立ち入り、不必要にクライエントを困惑させたり、恥をかかせたりしている。また、同僚の能力に疑問を感じるような状況に出会い、彼らのクライエントに対する行為が彼らの側の問題ではないかと考えさせられる場合もあるだろう。こうした行動に対し、スーパーバイザーやマネジャーが何の対応もしなければ、個人的な悪質な行動が、組織的な問題へと進展してしまうおそれがある。さらに、このような行動は、非人道的および非倫理的な実践である（NASW Code, 2000, Standards, 2.09, 2.10 and 2.11）。

ソーシャルワーカーは、組織の対応を超え、クライエントの尊厳や価値を損なう他人の行動に気づいた場合、倫理基準に従わなければならない。まず、当事者である同僚と話し、さらに、組織の管理者を交えて話し合いを行う。必要に応じ、適切な認定委員会や専門組織に苦情を申し立てることも可能である。しかし、この段階では、そのような手段は飛躍的で極端であると考え、さらに、自分がその問題に関わる利点やリスクについて疑問を持つかもしれない。グリーン＆ラッテング（Greene & Latting, 2004）は、クライエントの権利が無視されている場合や、クライ

エントのウェルビーイングや尊厳に対して深刻な脅威をもたらす状況で実行されるアドボカシーの一つの形態として、内部告発について論じている。当然のことながら、内部告発の行為は、告発者や組織に影響を及ぼすため、それが第一の理由となり、大半の人は、不法な行為や行動を報告することをためらう。多くの人が、自分の認識や動機に疑問を抱き、あるいは自分の地位や関係、さらには仕事を失うことをおそれているのだ。グリーン＆ラッテング（Greene & Latting, 2004, p.220-221）は、内部告発に関する研究のまとめとして、ソーシャルワーカーが取るべきアクションを評価する上で用いる行動の特徴を挙げている。以下の条件を満たしている場合、内部告発には信頼性があると言える。

- その動機は利他主義に基づき、不正な扱いを受けている人々の利益のための行動である。
- 高いレベルの道徳的発達を兼ね備えた功利主義に基づき、黙秘させようとする象徴的あるいは融通の利かない圧力にさらされながらも、誠実さや社会的（職業的）責任が原動力となっている。
- 特定の状況に合わせて自分の行動を調整したり、どのような状況においても一貫した行動を取ったりすることには、興味がないように見える。
- 自分自身の姿勢と信念を持ち、それを指針として、嘘やごまかしをしない。
- 教育水準が高く、専門家あるいは管理者としての地位を有し、気づいた悪用や無駄を十分な裏づけのもとに記録している。

プライバシー、尊厳と人としての価値

　尊厳と価値に関するその他の組織の問題として、クライエントとのインタビュー（電話あるいは面接）が第三者に見えてしまうか、聞こえてしまうような場所で行われるなど、組織の物理的なスペースが限られ、プライバシーの確保が不十分であることが挙げられる。大規模な公共機関の多くは、限られたスペースとクライエント数の増加に直面し、職員とクライエントの双方にとって快適な組織環境を確保することに苦労している。病院内のソーシャルワーカーは、しばしば、二人部屋の患者のプライバシーの問題を指摘しているが、こうした問題に対処するための工夫について報告している。例えば、あるソーシャルワーカーは、一人の患者が不在のときに、もう一人の患者と室内で面接を行っている。組織はこの問題に対応するため、家庭訪問、ターゲットとするグループの近くのコミュニティ内に小規模な出張所を設ける、地域の機関と契約を結ぶといった手段を用いている。

組織の安全対策

　怒り狂っているクライエントや安全に対する懸念、暴力の脅威に対応する必要性から、公共および民間の組織は、訪問者やクライエントを監視するための金属探知機を装備するようになり、また民間のガードマンや非番の警察官を採用して、職員やクライエントに対するリスクを最小限に抑えている。こうした現実の懸念に対応するため、組織は、クライエントに対する言外のイメージと、クライエントがどのように組織を体験するものなのかという両方を認識しなければならない。本書の著者の一人は、クライエントの代理として、低所得地域にある社会保障局事務所を訪れた。権威を前にして人が自分の無力さを感じるときの屈辱的な経験を、これほどうまく示している例はない。社会保障事務所に入る前に、まず著者は、セキュリティ担当者によるバッグ

とブリーフケースの中身のチェックを受けなければならなかった。続いて著者は、金属探知機を通る必要があった。さらに、状況はひどくなり、今度は形式張った態度の三人の役人が、個人的な質問とも思えることを尋ねてきたのである。

　管理者や職員は、こうした実践について、日常的なことであり、リスク管理や安全な職場環境を提供する上で、必要不可欠であると考えているかもしれないが、組織の使命や目標と関わりのない個人に与えるメッセージや権威について認識する必要がある。著者がとっさに感じた衝動は、間違いなくクライエントも経験したことと思われるが、いろいろと自分を調べられたことに対して反論し、その理由を彼らに説明させたいということであった。また、著者は、同じ市内の別の社会保障事務所へ行った場合も、同じような経験をすることになったのだろうかと考えた。公共の場に民間のセキュリティ担当者を置くことに対する合法性や権限について、法律問題を指摘する疑問の声があちこちから上がった。実際のところ、こうしたセキュリティ担当者の存在をある種の抑圧または社会統制と見なす人もいるだろうが、このような慣行がなくなる可能性は低い。とはいえ、組織で働くソーシャルワーカーは、セキュリティ担当者に対し、対人および人間関係の技術を教えることによって、こうした状況に人間味を加えたり、セキュリティ担当者の採用や教育に向けた基準を開発する上で、重要な役割を担うことができる。こうした慣行によって、クライエントが尊厳を考慮されずに、見境のない方法で扱われる結果となった場合、ソーシャルワーカーは、方針の影響や変化へのアドボケイトに注意を促すような行動を取る必要がある。

慣行となっている人種その他の差別

　人種その他の差別は、我々が住む社会の中に幅広く浸透しているため、多くの人は、その多くの兆候に気づかずにいる。慣行化された人種差別は、サービスの提供、資源や機会の利用可能性に微妙な影響を与えることが多い。そのため、特にクライエントへの資源の配分やサービスの提供における人種差別の兆候に敏感に反応することが管理者やソーシャルワーカーにとってはきわめて重要である。慣行化された人種差別は、出産前検診から高齢者を対象としたサービス、さらには埋葬の手配に至るまで、人生全体を通して影響を与えている。人種その他の差別は、教育、法律、経済、および政治的な慣行にまで広がり、雇用機会を左右したり、クライエントの置かれた状況に対する人々の認識に影響を及ぼしたり、医療およびメンタルヘルスサービスの利用を制約したりする。

　ソーシャルワーカーは、(1)組織の方針や実践における制度的な人種差別を取り除くこと、(2)文化を考慮する力を高めること、に向けて取り組む倫理的責任を担う。当然のことながら、これらは価値ある目標であると同時に、大変な課題でもある。こうした課題を達成するための第一歩は、自分自身の中の人種差別的な態度の兆候や、それが自分の行うソーシャルワーク実践に与える影響に対する意識を高めることである。また、ソーシャルワーカーは、公共政策やその他社会福祉機関の方針を分析し、すべての人が公平に扱われるように対処しなければならない。

　全米ソーシャルワーカー協会倫理綱領（倫理基準4.02など）は、差別に関するソーシャルワーカーの責任について直接言及している。アブラモビッツ（Abramovitz, 2005）は、個人責任および就労機会調整法（PWORA）の制裁における、人種による差別について述べている。例えば、マイノリティの女性は、白人女性に比べ、より厳しい扱いを受け、制裁を受ける可能性が高い。人種その他の差別が、それほど明らかではない場合もある。例えば、ローデンボーグ（Rodenborg, 2004）は、児童福祉機関における間接的な差別の影響について言及しているが、そ

の機関では、限られた資源や資源の不足についての決定が、貧困家庭のニーズに対応していなかった。家族を維持するため、あるいは子どもを家族から引き離して施設に預けることを回避するために必要であったのは、住宅、雇用、あるいは教育などであった。どのサービスを提供されるかといった提供されるサービスの違いは、差別を意図するものではないが、結果的には同じことである。例えば、モートン（Morton , 1999）、チパング＆ベント・グッドリー（Chipungu & Bent-Goodley, 2003）は、同じ問題を抱える貧しいマイノリティ家族と貧しい非マイノリティ家族を比較した場合、有色人種の貧困家庭は、子どもを施設に預けさせられる可能性が高く、一方、貧しい非マイノリティ家族は、家族維持サービスを受ける可能性が高いという事実を強調している。

当然のことながら、こうした違いは、家族の問題を分析することによって説明することが可能である。非マイノリティの貧困家族は、親子葛藤に関する問題を示すことが多く、それに対応するサービスはすぐに利用することができる。一方、貧しいマイノリティ家族は、貧困によるネグレクトの結果、児童福祉制度に関わることが多く、それに対応する資源は比較的少ない。意思決定の統一を図ることが目的であったにせよ、間接的な差別や有色人種の子どもが施設に預けられる割合が高いことは、構造化された意思決定の手段に関係していると考えられる。こうした手段では、家族を評価する際に対象となるリスク要因の多くが、ハルパーン（Halpern, 1990）およびロバーツ（Roberts, 2002）が強調する保護要因ではなく、構造的な家族の脆弱性に関するものであるため、本質的にマイノリティ家族に対して不利になっているのだ。こうしたさまざまなシナリオから、公共政策の中で義務づけられたものを含む、いわゆる「人種に対する偏見のない」方針や手順から、確実に偏見や差別をなくすために、管理者やソーシャルワーカーによる分析が必要となる。

有色人種のクライエントは、統合失調症の診断、法制度に基づく紹介、あるいはソーシャルサービス（多くの場合が法の強制による立場で、強制的な治療アプローチを取る場合もある）を受ける可能性が高い（Allen, 2007；Barnes, 2008；Richman, Kohn-Woods, & Williams, 2007；Allen, 2007）。例えば、ウルフ（Wolf, 1991）およびバーンズ（Barnes, 2008）は、メンタルヘルスおよび緊急治療室で、アフリカ系アメリカ人が遭遇する問題について述べているが、そうした状況では、行動を分類やラベリングするために標準化された診断マニュアルが使われている。バーンズ（Barnes）の研究によると、アフリカ系アメリカ人は、人口統計学的変数が考慮されずに、統合失調症や双極性および抑うつ性気分障害と過度に診断される割合が高い。その結果、クライエントは、しばしば不適切な向精神剤で治療を受けていた。ロングレス＆トレシージャ（Longres & Torrecilha, 1992）、ウェイリー（Whaley, 1998）、ウルフ（Wolf, 1991）によると、大半の例において、クライエントの人種とそのクライエントに与えられた診断や社会的レッテルとの間に関係が見られる。つまり、マイノリティは制度の中で、エコロジカルな状況やニーズを考慮されずに、病理学的なレッテルを貼られてしまうことが多い。マルガディ＆ザヤス（Malgady & Zayas, 2001）、ウォーカー＆スタントン（Walker & Stanton, 2000）は、ヒスパニック系を対象に、この点について詳しく述べ、精神障害の分類と診断の手引き第4版（DSM-IV）には、ある文化に特有の症候群や民族的あるいは文化的配慮は盛り込まれているが、文化に敏感な診断を行うための理論的基礎を備えていないと強調している。

ソーシャルワーカー、両親、およびコミュニティの活動家は、巧妙な形で行われていると考えられる学校での慣行的な人種差別について、ますます懸念を深めている。特に、マイノリティの

子どもの停学数が圧倒的に多いこと、またそうした子どもたちが、頻繁に隔離された教育グループへ送られていることについて懸念している。こうした慣行の直接的な影響は、マイノリティの子どもたちの自己効力感や自信に脅威を与えている点である（Williams, 1990）。また、こうした慣行は、停学や隔離グループに関わる子どもたちの大半が有色人種、特にアフリカ系アメリカ人男子であることから、グループ効果を生むのである。

文化を考慮する力——マクロの視点

本書の前半で指摘したように、文化を考慮する力は、人種、言語、および文化の面で異なるクライエントとソーシャルワーカー間の相互作用における問題である。文化を考慮する力は、ソーシャルワークに関する文献では、通常、このレベルで論じられる。文化を考慮する力には、コミットメント、能力、および組織全体の取り組みが必要であるが、文化を考慮する力に対して全力を傾けるための組織の力は、外部要因（社会政策など）の影響を受ける場合がある。本書では、ソーシャルワーカーの領域を超えた、マクロレベルの組織の力と公共政策という、文化を考慮する力の2つの構成要素について論じる。

組織における文化を考慮する力

組織の文化を考慮する力は、職員の感受性や意識、あるいは特定の人種または文化的グループと関わる職員の任務に限られた問題ではなく、また印刷物や組織の慣行だけに関係するものでもない（Nybell & Gray, 2004；Fong & Gibbs, 1995）。ナイベル＆グレイ（Nybell & Gray, 2004）が概要を示しているとおり、組織内で文化適応力を実現しようとするためには、機関は、以下にまとめた手順に従わなければならない。

- 組織の方針および実践の見直し
- 有色人種コミュニティにおける組織の立場を評価する。
- 特に、プログラムやサービスに参加する貧しいクライエントや有色人種のクライエントの数が圧倒的に多い場合、資源の公平な配分に注意する。
- 採用者、担当役職、および昇進者、離職者などの人事パターンを評価する。
- 誰が利益を得て、誰が除外されているかに焦点を当て、権限の割り当てを検討する。
- 機関の実践、広報、資金調達者、および役員会メンバーに情報を与えるナラティブの構造について検討する。
- 意思決定過程、すなわち機関の場所、資源の配分、意思決定過程に関わることのできる人材といった問題に、クライエントを含む誰が関与するのかを分析する。

当然のことながら、組織変革の結果、葛藤が生じる場合が多いため、提案のリスクとメリットを検討する必要がある（Chesler, 1994b；Fry, 1990）。しかし、ナイベル＆グレイ（Nybell & Gray, 2004）が提案するレベルの文化を考慮する力には、組織のリーダーシップによる文化を考慮する力の達成に向けた関与が必要となる。

文化を考慮する力をつけるための組織の方略

文化を考慮する力およびその前提は、「従来型のソーシャルワーク実践は、エスニックマイノ

リティのクライエントに対して効果的でない場合が多く、時として抑圧的であった」という事実を認識し、文化的に敏感な介入を拡大することにより、人種差別、偏見、差別に関わる問題に対処することを目的としていた（Rodgers & Potocky, 1997, p.391）。組織が効果的であるためには、文化的な感受性やコンピテンスを受け入れ、方針や実践を通して、そうしたコミットメントを示すことが必要である（Chesler, 1994a；Chesler, 1994b）。公共のおよび民間の組織はともに、ターゲットグループに属する専門家やコミュニティの職員を採用することにより、多様な集団に対応しようと試みてきた。また、公共機関は、エスニックまたは人種特有のコミュニティベースの機関とサービス購入契約を締結してきた。その背景には、こうした人材や機関は、クライエントと一体感を持つ可能性が高く、グループの経験をより良く理解できるという前提がある。

こうした取り組みは、非マイノリティの機関において、あるレベルでは有益であるが、実際には、機関の中にもう一つの機関を作り出してしまっている。このような実践によって生じた、その他の懸案事項は、以下のとおりである。

- 本質的に、エスニックあるいは人種を代表する職員は、人口学的特性を共有するクライエントのみを担当するため、その他のクライエントと関わる機会がほとんどない。
- エスニックあるいは人種を代表する職員が、一つのクライエントグループのみにサービスを提供する場合、他の職員は、異なるクライエントに対して見向きもせず、限定的な関わりしか持たないため、さらに人種的不公平が続いてしまう。
- こうしたやり方は、すべてのクライエントを多様な専門家と関わらせるための組織の能力に制約を与えてしまう。
- 人種、文化、あるいは性的指向に基づき任命された代表職員は、コミュニティの代理人としての任務に対応することを含む、膨大な業務量に圧倒されてしまうことが多い。

ソーシャルワーク実践における文化を考慮する力のためのNASW基準は、過重負担について言及し、「バイカルチャルおよびバイリンガルの職員がソーシャルワーク専門職にもたらす特別な技術や知識」は、搾取されるものではなく、それに対する報酬を与えられるべきものであると明確に規定している（2001, p.26）。こうした問題は、仕事量、やる気、意図的でない差別に関わる影響をもたらすため、組織レベルで対処する必要がある。

組織において、同一人種あるいは同一文化の職員を採用するやり方は、人種や言語を多様化させ、白人の職員が大半を占める組織において、理解を深めるという現実のニーズから生まれたものだ。同時に、こうしたやり方は、組織の文化を考慮する力を達成するための手段としては不十分である。当然のことながら、すべての人が、この判断に同意するわけではなく、同一人種または同一文化の職員がそのコミュニティに対して、重要なサービスを提供している、と指摘する人も多いだろう。これはもっともな議論であるが、せいぜい一時的な解決策でしかない。しかし、別のレベルでは、同一人種または同一文化の職員は、共感的になれる一方、その多くは、クライエントや自分たちの状況に影響を与える政策を変えることはほとんど不可能であるという不満を表明している。クライエントやスーパーバイザーとのその他の問題は、マイノリティの職員が、非マイノリティの職員と比べ寛大すぎる話し合いでてきた。あるいは非専門的であると見られないように、より厳しく政策を適用する必要があると思っていることが多いということである。

資源とツール

　ツールや資源があると、組織は自らのもつ力を分析することができる。例えば、全米児童福祉連盟（The Child Welfare League of America, 1990）は、文化を考慮する力のセルフアセスメント・ツールを開発し、組織のあらゆるレベルにおける文化を考慮する力を評価、開発する上での指針を提供している。シュトローム-ゴットフリート＆モーリシー（Strom-Gottfried & Morrissey, 2000）は、ソーシャルワーカー向けに、機関の方針や実践、および多様性に関する組織のストレングスや有効性を評価する組織監査を開発した。

　クロス、バズロン、デニス＆アイザック（Cross, Bazron, Dennis, & Issacs, 1989）は、組織のリーダーシップおよびソーシャルワーカーの両方を評価するための別の資源を開発した。この資源は、特定の指標を用いて、組織の文化を考慮する力の程度を直線上に表示する。この直線の中間点は、「人種的偏見はない」が、マイノリティに与える影響に対する配慮が足りない方針を実施している組織を表す。指標が直線の片方の端にある場合は、文化的に有害な方針を掲げている機関を表す。一例として、クロスら（Cross et al., 1989）は、アメリカ先住民文化を排除するという明確な目的を掲げた、20世紀初頭の寄宿学校における方針と実践について述べている。クロスらが開発した直線上のもう片方の端に来るのが、さまざまなマイノリティのクライエント集団に適したサービスを積極的に提供しようと努める、文化的に敏感で能力のある組織である。一般的に、さまざまなレベルにおいて、組織がサービスを受ける集団に対する異なる影響を判断し、文化に配慮した方針を積極的に開発することを奨励する手段が提供される。

公共政策

　文化を考慮する力は、個々のソーシャルワーカーと組織の両方のレベルにおいて影響を与える一連の行動や技術からなる。いずれの場合も、文化を考慮する力は、組織の慣行の中で支持および強化される必要がある。文献では、ほとんど例外なく、クライエントとソーシャルワーク実践者との間の相互関係における文化を考慮する力が強調されている（Weaver, 2004）。残念ながら、社会政策における文化を考慮する力の分析については、標準的な政策分析のための質問（誰がどのような影響を受けているか）を超えたガイドラインはほとんど存在しない。

　文化を考慮する力を備えたソーシャルワーカーでさえも、必ずしも、クライエントが社会政策における人種差別や偏見に悩むことを避けることはできない。実際には、組織やソーシャルワーカーは、自分たちが身につけた文化を考慮する力のレベルにかかわらず、公共政策を前にして、不利な立場に置かれることが多い。これはどういうことなのだろうか。政策は、人種、階層、文化、ジェンダーに関して中立であることを目的としているにもかかわらず、大半の政策には偏見が内在している。さらに、教育および児童福祉サービスにおける人種差別や不公平について、本章で取り上げた事例の中で検討したように、政策が実施されると、集団の中の特定のグループにまったく異なる影響を与えてしまうことが多い。

　公共政策は、人間の動き方に影響を与える文化的あるいは人種的なダイナミクスに関して、狭い見方をする傾向にある。さらに、社会政策は、多様な異文化のグループの中で、家族というネットワークや関係がそれぞれどのように定義されているかについてはほとんど考慮していない。例えば、高齢者向けのサービス、メンタルヘルスサービス、児童福祉サービスは、広範な親族ネットワークではなく、西洋の核家族の概念を中心に構成されている。高齢者向けのサービスには、介護施設での援助、あるいは在宅サービスの提供が含まれるが、いずれの場合も、核家族

向けの支援を前提としている。したがって、血縁関係にある親族がケアやサポートを提供するために、資源を利用することは可能であるが、教会のメンバー、近隣住民、その他親類関係にない者は、その対象外と見なされる。また、多くのマイノリティのコミュニティに見られる非公式の親族関係は、公共政策では正当に認められていない。例えば、児童福祉に関わる状況では、親類あるいは親類でない者が子どもの責任を担うことがしばしばあるが、このような場合、正式に子どもを養子にしない限り、資源を利用することはできない。親類の子どもを正式に養子にするという概念は、特定の法的保護を受けられることを意味するが、マイノリティのコミュニティでは、異なるとらえ方がなされる。

　バン・ソエスト＆ガルシア（Van Soest & Garcia, 2003）によると、社会政策レベルにおける文化を考慮する力は、社会正義の問題である。したがって、アドボケイトとしての役割を担う管理者やソーシャルワーカーは、本質的に偏りのある政策の一面や、さまざまな集団に対し、異なる抑圧的な影響を与える政策の一面に立ち向かわなければならない。ウィーバー（Weaver, 2004）は、「文化を考慮する力が持つ社会正義の側面は、個々の相互関係に大きな焦点を当て、概念化された文化を考慮する力により、曖昧にされることが多い」と主張する。結果的に、個々の相互関係に焦点を当てることは、公共政策の文化的側面の分析を無視していることになる。ボス、ドゥビル、リトル・ソリジャー＆トウィス（Voss, Douville, Little Soldier, & Twiss, 1999）は、アメリカ先住民に関する政策について、このようなより広範な文脈において適切な結論を導き出した。特に、この４人の研究者は、「社会政策や介入が、文化的なダイナミクスを含んでいない場合、ある種の臨床的な植民地主義をかたくなに実行していることになる」（p.233）と主張している。

　以上の議論を踏まえ、組織およびソーシャルワーカーにとっての文化を考慮する力の定義に対し、もう一つの側面を付け加えよう。法律や社会政策は、サービスの提供、特に誰がサービスを受けるかに影響を与えることから、公共政策に対し、さらに大きな焦点を当てて分析することは、組織の実践やソーシャルワーカーとクライエントの相互関係と同様に、文化を考慮する力にとって非常に重要となる。こうした分析では、公共政策や法律の影響、およびそうした政策や法律が、どの程度文化的に適切であるか、あるいはさまざまなグループに対する異なる扱いや差別につながるような無力なものではないかと検討する必要がある。また、組織は、自分たちのソーシャルワーク実践において、どのように方策を立てているのかを積極的に検討し、自分たちが実際に、社会的不公正の当事者とならないようにしなければならない。最後に、手続き上の公正を期すために、組織のリーダーは、クライエントと同じ立場、またクライエントを代表する立場になければならない。そうすることにより、多様なグループのニーズが政策立案者に対して明確に伝わり、その結果、社会政策が実際に文化的に適切なものとなる。ソーシャルワーカーが属する機関やソーシャルワーカー自身が最も頻繁に関与する公正さの一面、すなわち配分に関する公正さは、多様なグループのニーズを明確に伝えなければ、損なわれるおそれがある。ソーシャルワーカー、組織のリーダーシップ、およびクライエントグループの三方面からの取り組みを通してはじめて、社会政策やサービスにおける文化を考慮する力や平等の原則が、最終的に達成されるのである。

施設内のプログラム

　プログラムは、施設あるいは組織の環境を改善する上で対処すべき最後の要素である。福祉施設のプログラムは、クライエントが効果的に機能するために非常に重要となる。社会システムと

しての組織は、クライエントや職員の行動を管理する一連の方針や規則を制定する。規則は、組織の均衡を維持するため、組織は体系的で予測可能な方法で機能することが可能となる。良い刺激を与え、建設的で成長を促進するようなプログラムは、クライエントの機能を高めるが、一方、クライエントが自分の人生についての意思決定に関与しない養護ケアは、クライエントから権利を奪い、無関心を助長し、反発心を生じさせる場合がある。さらに、最も日常的な入所者の行動さえも規則によって管理している施設環境は、非生産的な環境となり、しばしば、規則に対する疑念を引き起こし、それがクライエントに対する迅速な罰則へとつながる。

施設内のプログラムの設定における重要な要因は、クライエントや入所者が、どの程度日常生活における選択やコントロールを行うことができるか、またどの程度自分のための援助計画に参画できるかといった点である。選択やコントロールを拡大するために、入所者用の進歩的なプログラムは、施設の管理に関して民主主義的な参画を促し、実行可能な場合には、入所者の時間の過ごし方や資源の使い方における選択を認めている。こうした状況にない場合は、入所者も職員もともに、確執を残すおそれがある。例えば、「感情をあらわに出す」ことが原因で、ソーシャルワーク・ケースマネジャーに紹介されてきた、ある成人向けグループホームの入所者は、たばこやお金が職員から配給されることが気にくわないと不平をもらした。この入所者は、こうした配給によって、自分で自分のことを決めることができないと言われているように感じたという。10代の青少年を対象としたグループホームやその他の施設入所者からよく出る共通した不満は、ポイント制度に対するものである。この制度では、規則に違反した場合（「消灯」命令に対する違反、あるいは単独行動を取るなど）、ポイントや特典を差し引かれる。クライエントの多くは、こうした制度は、すでに選択の自由が制約されている上に、さらに制約を課すものであると思っている。多くの場合、こうした不満を放っておくと、状況はさらに悪化し、クライエントの行動はますます断定的あるいは攻撃的になり、それが懲戒処分へと発展する。

刑務所は、規則および規則の順守が厳格に管理されている施設である。しかし、こうした環境におけるプログラムは、ボランティアグループの努力や両親が収監されている未成年者のための特別訪問の設定などで人間味のあるものとなる（Ardittti, 2008）。こうした取り組みにより、事実上、受刑者は外部の世界との接触を持つことができる。ボランティアは、刑務所に収監された受刑者が、達成感や連帯感を獲得するための技術を教育するという点において、非常に貴重な資源である。未成年者のための特別訪問日は、受刑者が親としての子どもに対する愛着心を維持する助けとなるが、与えられた物理的なスペースや刑務所の所在地が、家族による訪問が可能かどうかを決定する要因となる（Christian, 2005；Enos, 2008；From, 2008）。刑務所に収監される女性の数の増加に伴い、アドボケイトは、より家族に優しい政策を要求し、両親の収監によって母親や父親と会えなくなる点など、未成年者に対する影響について言及している。また、1997年の養子縁組および安定家族法の影響についても関心が向けられている。同法に基づき、義務として課された期限により、収監されている両親の多くは、親権の終了を余儀なくされている（Genty, 2008）。

プログラムを通して、社会的交流の機会を提供し、連帯感を助長するために、その他多くの要因が関わっていることは明らかである。当然のことながら、行動を管理する制度的な規則は、組織がその業務の中で秩序を維持するための一つの方法である。とはいえ、ソーシャルワーカーは、クライエントのニーズに敏感でなければならず、また組織のプログラムがクライエントのウェルビーイングを抑圧したり、悪影響を及ぼしたりする場合には、アドボケイトとしての役割を果た

す必要がある。

例えば、エンパワメント、自己決定、ストレングス、および自己効力感といったソーシャルワークにとっての重要な原則は、施設の中では制約されるおそれがある。特に、社会から疎外され、力も望みもない脆弱なグループは、環境を改善するために、アドボケイトとしての役割を果たすソーシャルワーカーを必要とする。また、エンパワメントや自己効力感は、入所者が自分の生活や環境に対し、組織の制約の中で、できる限りコントロールを行使できる場合に実現される。施設環境は、クライエントの生活に影響を及ぼす意思決定や、環境と関わる能力を獲得または取り戻すための意思決定に、クライエントを参加させることによってエンパワメントを与える場合、最も効果的なものとなる。力に対する意識は、コンピテンス、自尊心、および個人のアクションや他のシステムの協力や支援を受けたアクションが自分の人生の状況を改善させることができるという信念と密接に関連している。同様に、こうした特性や要因は、環境の質によって相互に影響される。

組織文化の一面としてのエンパワメントは、本章の前半で、職員について説明したものと同様に、入居者についてもほとんど同じような形で機能する。個人のニーズとそれに対応する資源との適合度が高い豊かな環境は、肯定的な特性、行動、およびやる気を促進する。一方、主な環境上の欠陥、規則、柔軟性の欠如を原因とする、適合度が低い環境は、無力感、反発心、また場合によっては、入所者のうつややる気のなさを引き起こすことがある。

■サービスの調整と組織の協働

社会福祉の組織と組織は、常に、紹介やサービス購入（POS）の契約を通して関わり合い、時には、中心に位置するコミュニティサービスセンターにおいて、スペースを共有する場合もある。このような取り決めや関係の内容は、各組織が資源、能力、目標、使命を維持したまま、その場その場で関わりが生じることから、任意のものと言える。

ここ数年間で、サービスの断片化や重複、複雑化する社会問題、およびマネージド・ケア環境に関する問題が表面化し、より公式な組織間の関係に影響が出ている。さらに、サービスの質や利用可能性の改善に関する懸念により、社会福祉組織間の相互依存を求める声が高まっている。また、地元および連邦機関による資金調達の取り組みや公の義務により、調整または協働といった形で、機関間の公式な連携がさらに強化されている。こうした動きの背景には、共通の状況に直面したクライエントグループの置かれた環境を改善するためには組織間の効果的な関係がしばしば必要になるという考え方がある。さらに、非営利組織は、福祉改革の結果、他の非営利団体および政府機関と組織間関係を構築する必要性を感じている（Reisch & Sommerfeld, 2003）。

さまざまな機関の間で、サービスが調整されていない場合、サービスが断片化したり、重複したりするおそれがあり、またクライエントには手に負えないほどの困難が生じる場合がある。サービスの断片化や重複について理解するためには、クライエントの経験（図14-3参照）を検討することが、おそらく最もわかりやすい方法だろう。図14-3は、父親が亡くなり、発達遅延の母親と3人の娘からなる家族が受けるサービスの事例を示したものである。この一家は、父親の死後まもなくサービスの紹介を受け、その後、当初紹介された機関から、さらに別の紹介を受け、最終的には12のサービス提供者と関わることになった。

この家族と関わる各サービス機関のチームは、それぞれ独自の目標を掲げ、その多くが矛盾、

第14章　介入の方略としての資源開発、組織化、プランニング、およびアドボカシー

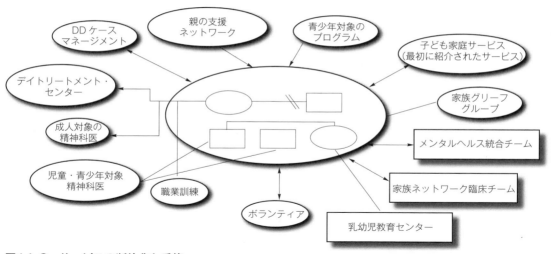

図14-3　サービスの断片化と重複

相反、あるいは競合しており、家族システムに対するストレスを増やす原因となっていた。例えば、2つの機関が、親の支援あるいは子育て支援サービスを提供しており、さらに、ボランティアや他の機関からの家族療法チームも、同じ目的でこの家族と関わっていた。家族の一人ひとりは、それぞれ個別のセラピストと関わり、複数の紹介を受けた結果、他の提供者からのサービスも受けている。さらに、こうした圧倒されるほどの数のサービス提供者に加え、サービスの調整が行われず、重複しているため、家族システムは寸断されてしまった。

　住宅事情により、引っ越しせざるを得なくなった時点で、家族にとっての危機が発生した。この特別な家族は、我々が考える以上にはるかに典型的な家族なのだが、このケースに関わるさまざまな機関との面接に、週50時間以上も費やしていたのである。母親が住居を探すために面接をキャンセルしたところ、複数のサービス機関は、この母親について、変化に抵抗している、あるいは進歩に向けた自発性に欠けるといった報告を行い、またサービスを取りやめると脅す機関もあった。こうしたサービス提供者の行為は、問題解決に向けた家族の取り組みを後押しせず、自立した考えやアクションを阻害した。この状況に関わる家族とソーシャルワーカーはともに、サービス提供者が家族にとっての住居問題を認識しなかったことに非常にいらだっていた。

　組織間の調整と協働の種類には、学際的あるいは集学的なチーム、共同プランニングあるいはプログラミング、およびケースマネジメントが含まれる。例えば、多くの学区では、学校の無断欠席に対処するために学際的なチームを活用している。こうしたチームは、この問題に関心を寄せる組織のグループに属する職員で構成される。メンタルヘルスおよび医療専門家からなる集学的チームは、協働的実践のもう一つの形態である。協働的実践の一つの形態としてのチームの活用については、本書の範囲を超えているため、このトピックの詳細については、関連文献を参照してほしい（Lim & Adleman, 1997；Rothman, 1994；Glissson, 1994など）。さらに、コングレス（Congress, 1999）およびリーマー（Reamer, 1998a）は、学際的チームのメンバーとしての役割を果たすソーシャルワーカーのための学際的協働に関する倫理基準、ジレンマ、原則について明確に述べている。

組織間の関係

　組織間の関係は、最も形式にこだわらない協力関係から、新たな組織あるいは新しい職業的役割が設けられる協働関係まで、さまざまな関係がある。協力、調整、協働は、しばしば、組織間の関係を表す上で同じ意味で使われるが、機能、構造、および永続性の観点から、その関係の性質は異なる。

　組織間の協力は、非公式なものであり、各組織に対し、個々の利害関係者にとって固有の目標を達成するための支援や援助を提供する、明確な構造やプラニングへの取り組みは存在しない。組織は、お互いに情報を共有するが、各組織はそれぞれの権限や自律性を保持する（Graham, 1999；Reilly, 2001）。

　より公式な性質を帯びた調整関係では、クライエントに対するサービスの向上、およびコミュニティやターゲット集団の懸念に対処しようと努める。調整された取り組みは、プラニングやある程度の分業を通して、さまざまなサービスを提供し、サービス間の隔たりを埋め、また一つの機関が単独で達成するには広範すぎる方針の実行にあたる（Alter & Hage, 1992；Beatrice, 1990；Alexander, 1991；Reilly, 2001）。こうした意味において、関係している組織の集団行動は、ソーシャルアクション・システムとして概念化され、そうしたシステムの中で、調整された取り組みに参加するメンバー間の課題の分担や分業を通し、互いに依存する過程、課題、および機能が生まれる。組織は、調整された取り組みに参加し、両立可能な目標を共有するが、それぞれの組織は独立したまま単独で機能する。連邦レベルでは、調整されたサービスは、システム変革やプログラム開発を実現すること、あるいはサービス革新を実行することを目的としている場合が多い（Alter & Hage, 1992）。

　組織間の調整は、サービスの調整を行うためのさまざまな選択肢を提供する。例えば、調整担当者、あるいは調整担当部門や組織は、こうした取り組みにおいてリーダーとしての役割を果たす。調整担当者、部門、あるいは機関の役割は、「所定の分野、課題、問題あるいはプログラムに関する組織内のシステムの意思決定や活動を調整する」ことである（Alexander, 1991, p.217）。こうしたサービスや資源の管理は、グループやコミュニティに対し、効果的な総合サービスを提供するものである。

　サービスの調整において重要な問題は、関与する機関が、「州における家族向け保護施設および一時居住施設の能力を強化する」といった共通の優先課題を掲げる必要がある点である（Beatrice, 1990）。こうした取り決めでは、各組織は、共通目標の達成に向けて必要な要素を提供しなければならない（Rothman, 1994）。

ケースマネジメント

　マクロレベルのケースマネジメントは、複雑な社会問題やターゲットグループに対処するためのシステムレベルの介入を行って、資源やサービスの開発および調整に関わる、一種のサービスの調整である。このようなサービスの調整としてのケースマネジメントは、エコロジカルな視点に基づく実践の本質を実現させるミクロおよびマクロシステムの融合を示している。ケースマネジメントは、単一のサービスではなく、文献にはミクロおよびマクロのケースマネジメントについてのさまざまな概念が示されている（Walsh, 2000；Solomon & Draine, 1996；Patterson & Lee, 1998；Rose, 1992；Rothman, 1994；Austin, 1990；Moore, 1990；Roberts-DeGennaro, 1987）。医療分野

では、ケースマネジメントの役割として、医療適正審査、プログラム管理、およびある特定のグループに対する明確なサービスの特定や調整などが含まれる。キャピットマン、マックアダム＆イー（Capitman, MacAdam, & Yee, 1988）は、医療分野におけるケースマネジメントのプログラムの種類とモデルを特定した。しかし、すべてのモデルは、つまり、ケースマネジメントはクライエントを必要な資源やサービスに結びつける役割を果たすものである、という前提である。

マクロの方略としてのケースマネジメントは、システムレベルでサービスの特定、体系化、調整、モニタリング、および評価を行う。一般的には、管理部門の職員がこうした課題を遂行する。大規模な州の機関やマネージド・ケア提供者は、ターゲットグループに対するサービスの管理や調整を担当する職員からなる部門を有する。このレベルのサービス調整には、指定されたケア提供者との契約や、情報および紹介のサービスが関係する。こうした管理部門が直接クライエントに関与することはほとんどなく、サービス提供機関と関わることになる。ケースマネジメントは、目標や状況においてそれぞれ異なるが、ロスマン（Rothman, 1991）、ホルト（Holt, 2002）、ナレッパ＆リード（Naleppa & Reid, 2000）、ケイン、ペンロッド、デイビットソン、モスコバイス＆リッチ（Kane, Penrod, Davidson, Moscovice, & Rich, 1991）によると、ケースマネジメントは常に、以下の特徴を備えている。

- スクリーニング
- 多次元アセスメント
- ケア計画
- 実行
- 経過のモニタリングおよびサービスの適切さ
- 定期的な再アセスメント
- 最終評価・終了

協働には、さらに複雑な過程とより公式のプランニングが関わる。二つの別々の組織が、相互目標を達成するために一つになり、さらに「永続的な関係」を構築するという状況である（Reilly, 2001, p.55）。ライリー（Reilly, 2001）およびレイタン（Reitan, 1998）の説明によると、機関間で発展する関係は、協働取り決めの過程であり、また同時に成果でもある。大学院のソーシャルワークの学習プログラムと、実習生として働くコミュニティ機関の間の協働が、あなたにとっておそらく最もなじみのある例であろう。また、実践の場では、機関間の関係を説明するために使われる「ラップアラウンド［訳注：巻き込んで元に戻る］サービス」という言葉にもなじみがあるかもしれない。しかし、こうした種類のサービスは、機関のグループが個々のクライエントのニーズに対処するために、家族、コミュニティ、その他のシステムと連携するという点において、よりクライエントや事例固有のものとなる。

組織の目標や使命をそれぞれ別々に持ち続けるサービスの調整とは異なり、協働では、共通のビジョンを掲げ、新たな目標を設定する。したがって、組織のメンバーは、新しい取り組みの使命や権限を決定する。プロジェクトのオーナーシップやコントロールを均等に割り振り、リスクやメリットをお互いに共有する。マテシッチ＆モンジー（Mattesisch & Monsey, 1992）は、組織の協働について、以下のように定義している。

表14-3　協働の段階

1. 問題設定：ある領域内の利害関係者に対し、問題についての相互認識および共通の定義づけがあることを確認する。
2. 方向性および共通の価値観に対する合意：成果に対する期待など、それぞれの追求や目的の指針となる。
3. 計画および技術の実行：話し合い、相談、協力、およびさまざまな専門性の間の相互作用に対する理解など。
4. 長期的な体制の構築：協働が長期にわたって持続し、協働のための努力を評価、促進することが可能となる。

出典：Graham & Barter（1999）

　共通の目標を達成するために、二つ以上の組織が結ぶ互恵的で明確な関係。こうした関係は、相互関係や相互目標に対する関与、およびその定義、共同で設定した体制と共同責任、成功に対する共同の権限と説明責任、資源や利益の分配に基づく（p.7）。

　組織の協働は、協働努力を通して、一つの組織が単独で達成できる以上の成果を実現するために、協働のストレングス、知識、および各組織の専門性を利用する点において、サービスの調整の特徴と共通点がある。その他に、協働の前提となるのが、効率的かつ効果的なサービスの提供、人件費の削減、クライエントグループの総合的なニーズに対処する能力である。この点において、組織の協働は、本章の前半で説明した傾向、および福祉サービスにおける、よりホリスティックな枠組みの発生と考え方が等しいのである。
　また、協働には、介入と実践に関する研究を活用した革新的アプローチの開発（Hasenfeld & Furman, 1994；Galinsky, Turnbull, Meglin, & Wilner, 1993）やクライエントが受けるサービスの流れや形の改善に向けたマクロレベルのケースマネジメント（Rothman, 1994）、社会政策の発展（Beatrice, 1990）、リサーチャーと実践家によってシェアされた実践知識の発展（Hess & Mullen, 1995）が関わってくる。グラハム＆バーター（Graham & Barter, 1999, p.9-10）は、表14-3のように協働の４つの段階をまとめた。
　複数の研究者は、組織の協働についての先例、条件、およびその成功を促進する要因を概要として示している（Graham & Barter, 1999；Sandford, 1999；Reitan, 1998；Brunner, 1991）。表14-3から明らかなように、協働関係には、資源の融合、共同目標を設定する関係システム、共同の意思決定、および相互に決定した目標を達成するための新しい体制の構築が必要となる（Alexander, 1991；Graham & Barter, 1999；Sandfort, 1999；Reilly, 2001；Reitan, 1998）。つまり、それは組織が進んで従来の事業のやり方を捨て、役割を再定義するということを意味する。「協働は、矛盾する考えや異なる力関係の必然性、および妥協の必要性、ある立場を獲得するためのアドボカシーの継続、またそれぞれ独自の知識や技術を前提としている」（Graham & Barter, 1999, p.10）のである。以下の事例では、協働関係を構築し、維持する上でのダイナミクスが示されている。

協働──事例

　コミュニティ青少年向けサービス機関の職員と郡の保護観察官グループとが協働した取り組み

第14章　介入の方略としての資源開発、組織化、プランニング、およびアドボカシー

として、組織間の協働の努力が成功した事例を紹介する。2つの組織は、青少年犯罪者の再犯率に取り組むことに関心を持っていた。新たに作られた組織を発展させるための資源は、機関および郡から配分された予算と一体化され、職員とマネジャーは、組織の使命と目標設定、共同介入と方略の構築、青少年向けケースプランの策定に対する責任を担った。

協働に関わるメンバーは、共通のビジョンを掲げていたが、実際に協力する上では多少の困難が生じた。懸念の中心となったのが、職員間の信用問題、および保護観察官に対するコミュニティの見方に基づいた、コミュニティ内の信用問題であった。特に、コミュニティ機関の職員は、仕事上、家族と直接関わっていたため、家族と保護観察官との関係よりも、家族とコミュニティを中心とする傾向にあった。例えば、機関の職員は、青少年に対するアドボケイトの役割を果たす上で、保護観察官とは敵対的な関係にあった。また、別のレベルの懸念として、自律性の喪失、意思決定能力、およびコミュニケーションに関わる問題が存在した。例えば、保護観察官は、ケースプランや青少年に対する期待についての判断をめぐる権限を放棄することに躊躇した。また、実際の給与格差および考えられていた給与格差も、複雑な要因となっていた。

この事例の中で強調されていた問題は、協働の成功に影響を与える点として、マテシッチ＆モンジー（Mattesisch & Monsey, 1992）、メイヤーズ（Meyers, 1993）、サンドフォード（Sandford, 1999）が呈示した問題と共通する。事例の取り組みに関わる懸念の多くは、二つのグループがビジョンを改良し、問題解決技術を身につけ、お互いの関係を改善しようと努める中で、時間とともに解決された。

組織の取り組みを構築し、維持するために重要となるのは、参加者が目標、目的、役割、意思決定の手順、および葛藤解決の手順を設定するために用いるコミュニケーションおよび問題解決の過程である。サンドフォード（Sandford, 1999）は、民間および公共機関間の協働に影響を及ぼした構造的な障害について説明する中で、最終的に現場の職員がいかに効果的に協力することができるかを決定する上で、それぞれの組織の文化や信念および職員の間に存在していた以前の関係が重要な役割を果たすと指摘している。資金提供者は、協働チームの中で、一方の組織を総括幹事あるいは財務代理人に任命するよう要請することが多いが、この点も緊張関係を生む原因になるおそれがある。

どのような状況においても協働を保証するようなモデルは確かに存在しないが、サービス提供に関する共通のビジョンを持つことの重要性、参加者が達成したいと望む成果、関係構築に関わるダイナミクスは、過小評価されるべきではない。資源縮小の風潮や、組織衰退の例においては、組織の提携により生じた共同資源は、協働によって可能となった複合的な能力を引き出す。ソーシャルワーカーは、協働の構築と実行過程の両方において、重要な役割を果たすことができる。第一に、クライエントグループとの関わりを通し、新たな取り組みが必要な分野を特定することができる。第二に、実行過程において、問題解決およびグループ過程を推進する上で、貴重な役割を果たすことができる。また、ソーシャルワーカーは、組織がクライエントあるいはクライエントグループについての情報をお互いに共有する上で、問題となるおそれのあるクライエントの権利や守秘義務を保証する手助けをすることができる。調整や協働の取り決めにおける緊張は、情報をどの程度共有するかをめぐるメンバー組織の争いから生じる場合が多い。第三に、ソーシャルワーカーは、集団行動を管理したり、組織がお互いに対して抱く考えに対応したりするために、自らの技術を活用することが可能である。こうした技術は、コミュニティ職員と保護観察官との連携事例のように、クライエントに対する見方や扱い方についての哲学的相違を解決しな

ければならない場合に、特に重要となる。ソーシャルワーカーはこうした役割において、調停者およびアドボケイトとしての役目を果たす。

■マクロ実践の評価

　本章で取り上げたそれぞれのマクロレベルの方略は、成果を評価するさまざまな手順の対象となる。評価においては、変革をめざして採用された取り組みや方略が、どの程度成功したのかを調査することになる。例えば、ホームレスのためのベッド数を拡充する取り組み（本章の前半で取り上げた例）の評価においては、教会の企画した募集を通して、新たなベッド数を確保できたかどうか、また利用可能な新規ベッド数はいくつかということを調べる。前述の父親グループの例では、郡職員が、獲得および維持された雇用数を調べ、また父親の就職によって養育費の支払いが継続されたかどうかを評価する。さらに、養育費を受け取った家族の状態の変化を検討する分析が行われる場合もある。この場合の評価は、全体の成果に焦点を当てたものとなる。

　また、評価は過程に対しても行われるため、評価のもう一つの側面としては、教会の募集に使われた方略などによって、どのように成果が達成されたのかを検討することが挙げられる。このような情報を得るためには、参加者に対し、実際に使用した募集チラシや発表の内容を評価してもらうなど、教会グループや参加者からフィードバックを受けることが一つの方法である。例えば、信徒は、教会の掲示板や電子メールによるニュースレターに比べ、礼拝中の発表により好意的な反応を示したか、といった点である。こうした情報収集は、どの方略が、どのような状況下で、どの集団に対して最も効果的であるかを判断するのに役立つ。

　問題の状況の変化を測定する介入前および介入後の評価尺度は、ソーシャルアクションやアドボカシーが関わるような状況に適用される（単一被験者実験計画法など）。変化の測定は、特定のアクションを用いる技法の後およびプロジェクトの後に、段階的に行うことができる。また、統計データとともに、定性的情報を収集する場合もある。例えば、コミュニティや教会のメンバーは、インタビューの形式で、警察とコミュニティの間の関係の向上について記述的な情報を提供することができた。評価は、累積あるいは形成の過程で実行され、定性データと定量データの両方を用いる（Weiss, 1998）。例えば、ニーズアセスメントを実施する上で、どの程度ニーズが満たされているかを確認したり、あるいは調査やグループ面接を活用するために、新しい資源が必要であるかどうかを検討したりする。

　コミュニティのプログラムの開発およびプラニングの有効性を高める上で、いくつか有望な革新的アプローチが存在する。まずは、開発あるいは介入研究の手法を用いたアプローチである（Comer, Meier, & Galinsky, 2004；Rothman & Thomas, 1994；Thomas, 1989）。開発研究は、他の分野や領域からとった技法や手法からなる厳密で体系的かつ独自の方法論である。この方法論は、社会研究やモデル開発を利用し、大半の実践の場において、予測不可能で制御されていない状況に適応可能なほど、十分な柔軟性を備えている（Comer, Meier, & Galinsky, 2004）。このアプローチを活用することにより、方略、モデル、あるいはプログラムをテストすることができ、その結果に基づき、修正を加えることが可能となる。

　こうした過程の仕組みを理解するために、保護施設を転々としていた青少年向けのプログラムを開発した、前述の機関の事例を思い出してみよう。プログラムの一環として、クライエントが施設に入所している間に実施するクライエントの家庭訪問は、クライエントを家族との再統合に

向けて移行させる上で、重要な要因であることがわかった。その後、家庭訪問の回数、必要な資源、訪問の妨げとなった出来事、およびクライエント、両親、その他親類との面接に関する定性および定量データを用いて、プログラムの分析が行われた。こうしたデータにより、機関は、プログラムの第二の目標、すなわち、クライエントにとってのパーマネンシーの実現に向け、資源を振り分けることができた。そうしたフィードバックの結果、レスパイトケアとコミュニティ介入がプログラムに追加された。特に、家族システムへの再統合にあたり、青少年が再び施設に戻ることを回避するために、家族に対するさらなる支援が必要であることがわかったのである。

どのような形であれ、評価には、測定可能な方法で、明確に特定された目標および目的が必要である。一般的に、評価は継続的な過程であるため、介入の開始時には、指標を設定することが重要である。評価の過程では、介入の影響に対し、継続的かつ体系的なモニタリングを行うが、そのためには、データ管理の技法の開発と実行が必要となる。データを体系的に分析することにより、プログラム活動や介入は計画どおりに実行されているか、また定められたプログラム目標を達成しつつあるかといった点について、判断を下すことができる。評価を実施する上では、適切な研究計画や測定技法の選択、およびデータ分析に関する技術が求められる。活用されたさまざまな手法の詳細については、本書の範囲を超えているが、評価過程の実施に必要な知識は、通常、研究コースで取り扱われる。

組織化、ソーシャルアクション、あるいは施設におけるプログラムの改善を通して実現させるべきエンパワメントは、本章における一貫したテーマであった。このエンパワメントのテーマに基づき、クライエントグループを評価プロセスに参加させることの重要性を強調しておきたい。成功指標の設定、およびクライエントが実際にエンパワメントを得たと認識したかどうかという点を含む、成果の評価に、クライエントを関与させるべきである（Gutierrez, Parsons & Cox, 1998；Lum, 2004；Secret, Jordan, & Ford, 1999）（注2）。

■まとめ

本章では、マクロレベルのチェンジ・エージェントとして、ソーシャルワーカーが担う役割の範囲に重点を置いた。今日の社会的、経済的、人口統計学的、および政治的な傾向のもと、マクロ実践レベルのアクションや介入の機会が無数に存在している。本章を執筆するにあたり、ソーシャルワーカーと話をする中で、彼らが活用するマクロ実践の方略の幅や深さに感銘を受けた。ソーシャルワーカーは、自分たちの実践を総体的なものと考え、さまざまな方略を快く取り入れて、クライエントの問題解決を支援し、社会状況の変革に取り組んでいる。あるソーシャルワーカーは、次のように語った。「状況の背後にある事情や状態に対処もせずに、ただクライエントに変われと言っても、それは難しい話です」。この言葉に示された人間とそれを取り巻く環境の重視は、突き詰めると、マクロ実践の基本的原則や基礎を形作っているのである。

■技術向上のための演習問題

1．ルーニー（Rooney）が特定した検討すべき重要事項（質問）を用いて、組織の方針と実践を評価する。
2．図14-1を参考にし、これまでに担当した特定のクライエントの状況に対して、マクロレベル

の変革の努力を適用する利点について検討する。
3．公共政策あるいは社会問題を一つ選択する。選択した公共政策あるいは社会問題、またはその両方に対する自分の立場を説明する。自分はリベラル派（保守派、穏健派、あるいは急進派）であるか、また（財政的、宗教的、あるいは社会的に）保守派であるか、中道派であるか、といった立場について検討し、特定した自分の立場が、政策や問題に対する自分の考え方にどのような影響を与えているかを考える。
4．所属する機関において、クライエントの尊厳や価値の保障がどのように推進されているかを説明する。
5．ソーシャルワーク実践が、公共政策によって、どのような影響を受ける可能性があるかを考える。
6．図14-3、およびそれを取り巻く状況を参考にし、自分が担当するケースの中で、関与するさまざまな専門家や機関間の調整が不十分であるケースについて検討し、その状況を改善するための方法を考える。
7．ハックマン＆オールダム（Hackman & Oldham）が提案する職務設計および動機づけのそれぞれの基本となっている特徴に照らして、自分の現状を評価する。
8．所属する機関において、変革したい点を特定する。また、そうした変革への提案に対するリスク、メリット、およびどのような反対が起こる可能性があるのかを見極める。
9．リブベラ＆エーリッヒ（Rivbera & Erlich）が提唱するコミュニティへの参加レベルを参考にし、各レベルにおいてコミュニティと協力する上でどのような手順を踏むのか、また、各レベルで生じるおそれのある倫理問題について検討する。
10．ニベル＆グレイ（Nybell & Gray, 2004）が提案する組織における文化を考慮する力に関わる要因について考え、こうした要因を用いて、所属する機関を評価する。

注
1．本章で取り上げたマクロレベルの介入方略に対する豊富な事例を提供してくれた多数のソーシャルワーカーおよび機関に対し、著者一同、感謝の意を表したい。
2．詳細については、評価を通したエンパワメントの促進の事例については、グティエレス＆パーソンズ＆コックス（Gutierrez, Parsons & Cox, 1998）を参照のこと。また、Handbook of Community Practice、Journal of Community Practice を参照されたい。

第15章

家族関係の強化

> **本章の概要**
>
> 　第15章では、家族の機能および関係を強化する技術について説明し、第10章で学んだ家族のアセスメントの技術についてさらに話を深めていく。引き続き、社会単位としての家族に焦点を当て、特に、内的および外的要因が家族の関係や関わり合いにどのように影響を与えているか検討する。その際、事例を用いて、システムおよびエコロジカルな文脈における文化的・家族的な変数（p.433-434参照）に注目することとする。

■ファミリーソーシャルワークへのアプローチ

　ソーシャルワーカーは、さまざまな状況の下で多様な目的のために家族と関わる（Reid, 1985）。こうした援助は、メゾレベルの方略からマクロレベルの方略までのさまざまな介入を含む。例えば、施設から家族を退所させるための準備の支援、自分の子どもが社会的養護から家庭復帰できるようにするための母親への援助、災害後の家族を対象とした危機対応の面接、あるいは集合住宅管理者との対立の仲介などである。

　家族関係やその関わり合いは、しばしば、さまざまな要因によって中断されたり、歪められたりする。家族生活におけるやりとり、構造のアレンジメント、コミュニケーションのパターン、および役割（役割の取り決め、過重負担、役割をめぐる攻防を含む）は、家族の関係性のダイナミクスを生み出す原因のごく一部である。家族構造に関わる概念は、家族のやりとりのパターン、対人関係の境界線、およびサブシステム間の取り決めに基礎をおくものである。プロセス志向のアプローチは、家族におけるダイナミクスの性質や、コミュニケーションスキル、また、因果関係を含む、家族のパターン化したやりとりにより焦点を当てる。介入の方略や目標は、家族構造あるいは家族プロセスのいずれに焦点が当てられているにせよ、家族全員のウェルビーイングを支えるために、関係および相互作用のパターンを変えることを主な目的としている。

　家族システムへの介入は、「家族に変化を与え、それによって家族全員の生活を変えること」を目的としている（Nichols & Schwartz, 1998, p.6）。こうした目標を達成するために、ソーシャルワーカーは、以下に示すさまざまなプロセス志向および構造的相互交流アプローチを活用して

いる。

- 認知行動家族療法は、エリス（Ellis, 1978）およびベック（Beck, 1976）の研究に基づき、行動と認知に焦点が当てられ、家族がその特有なパターンを修正したり、新しい行動を身につけたりするよう援助することを目的としている。新しい行動を身につけることにより、一連の循環的あるいは相互的な行動プロセスを変えることができると期待される（Becvar & Becvar, 2000a；Nichols, 2006）。
- 介入のためのアプローチとしてのコミュニケーションは、家族のコミュニケーションパターンを調整および修正することと、肯定的な相互作用や家族関係を促進するためにコミュニケーションスタイルを変えることを目的としている（Satir, 1967）。実験的な家族療法についてさらに詳しく述べる上で（Whitaker, 1958）、サティア（Satir, 1972）の目的は、家族のお互いに対する不満を克服し、解決策を見つけ、家族を肯定的な面に注目させることであった。サティアの研究は、家族は一つの単位として家族問題に関わり、家族全員が問題をはらんだコミュニケーションパターンを形成すると考えていたコミュニケーション療法士のジャクソン＆ウイクランド（Jackson & Weakland, 1961）の研究を拡大したものである。
- マレー・ボーウェン（Murray Bowen, 1960）によって開発された家族システムとは、情緒的機能と知的機能のバランスを取る能力、親密さと自立、および対人関係などを侵害する数世代にわたる問題を解決することにより、不安や症状を軽減させようと努めるものである（Goldenberg & Goldenberg, 2004）。主な技法には、関係を描写し、家族が「私」の立場を用いる上で役立つツール、ジェノグラムがある。また、家族のメンバーは、自分自身の役割、および家族問題の一部として、拡大家族のメンバーの役割について理解することが求められる（Nichols, 2006）。
- 家族を対象とした解決志向の実践は、ド・シェイザー（de Shazer）およびバーグ（Berg）の研究から生まれたアプローチであり、問題解決における家族の失敗を治療の焦点とする問題志向療法の代替策として開発された。解決志向アプローチは、家族やカップルのエネルギーを問題に対する例外（注：解決志向アプローチ第13章参照）や最終的にはそうした問題の解決に向ける（de Shazer & Berg, 1993；Berg, 1994）。このアプローチは、解決や例外は、新たなナラティブを生み出し、それがクライエントの変化への動機づけを高める上での影響力となる、という前提を基にしている。
- ミニューチン（Minuchin）により開発された構造的家族療法は、現在の家族関係、相互作用、および相互交流パターンを強化することを目的としている。このアプローチは、家族の「完全性」、すなわちその階層的組織やサブシステムの相互依存機能を重視する（Goldenberg & Goldenberg, 2004, p.212；Minuchin, 1974）。構造療法は、家族関係の改善に主な焦点を当てていることから、家族の資源や家族に内在している変化をもたらす力を利用して、家族システムにおける境界や配列、および力に注目する。
- 家族を対象とした課題中心ソーシャルワークは、個人を対象としたソーシャルワークの基本原理や手順に従う。家族を対象とした場合の焦点は、家族が認める特定の困りごとの解決に向けられる（Reid & Fortune, 1985）。このモデルは、コミュニケーション、構造、および行動主義的アプローチといった家族療法に関わる他の理論的枠組みの成果に基づく。家族問題は、本質的に相互作用的なものとしてとらえられる傾向にあり、潜在的な目標や課題は、家族のメン

バーにより、家族全体や個々のメンバーのために策定される（Reid, 1996）。家族が持つ協力し合う能力を高めることが、課題中心アプローチの重要な要素となる。家族セッションでは、家族のメンバーがこうした目標を達成するための援助として、ロールプレイなどが行われる。

ごく最近では、家族ソーシャルワークのアプローチによって、健全あるいは正常な家族の発達や機能を形成する要素について、従来の前提の見直しが求められている。例えば、ナラティブや社会的構成主義、あるいはフェミニストに関する文献を例とするポストモダンのアプローチは、多様性や多元主義への配慮を強調している。こうした考え方に呼応して、ポストモダンのアプローチは、家族の変化に最重要であると考えられていた絶対的客観的真理や、ファミリーセラピストの役割および権限について、従来のように重要視しない方向性を勧めている。一方、ナラティブ、解釈主義および社会的構成アプローチは、家族と専門家が協働する対話型のアプローチである。家族とセラピストの対話の目標は、家族が問題に対する新たな意味や視点を見いだす手助けをすることである（Hartman, 1981；Nichols, 2006；Nichols & Schwartz, 1998）。

本章では、家族の機能、相互作用、および関係を改善するために役立つ家族実践アプローチおよび介入技法の代表例を取り上げる。言うまでもなく、介入や技法は、多次元アセスメントに基づくものであり、第10章で論じた文化的・家族的な変数やアセスメントの特徴を重視する。読者は、本章の内容を熟知し、必要な技術を実践することによって、以下の分野における能力を高めることができる。

- カップル、家族、両親との初回面接
- 初回セッションの指揮を執り、家族（自発的なクライエント、あるいは紹介または法による指示を受けたクライエント）を援助プロセスに参加させること
- コミュニケーションスキルの向上を通して、家族の相互関係を高めるための支援
- 家族の相互関係の修正
- 家族ルールの修正
- 家族のメンバーを葛藤から解放させるための支援
- 相互関係を阻害する誤解や認知の歪みの修正
- 家族の団結の修正

本章で取り上げる介入と技法は、カップルや家族に適用されるが、その大半は、第16章で扱う援助グループを対象としたソーシャルワークにも適用可能である。復習として、家族による家族システムのメンバーの定義、家族ルール、境界、および家族の相互作用パターンを形作るコミュニケーションスタイルについて、第10章で取り上げた内容を読み返してほしい。また、家族とは、さらに大きな社会システムの中の一つのシステムであることを思い出してみよう。その結果、家族に関わる文脈、すなわち家族の機能、相互作用、関係パターンは、外部要因の影響を受ける。また、家族のプロセスや構造は、文化的価値観や規範に根づいているため、家族に対する介入に使われてきた従来の技法は、多様な家族のニーズに合わない場合がある。本章では、こうした要因の一部ならびにエコロジカルな懸念について焦点を当てる。

■イニシャルコンタクト

　カップルおよび家族システムの機能や関係を高めるためには、ソーシャルワーカーは、家族のメンバーを関与させ、家族全体に焦点を当てる技術に長けていなければならない。一般的に、家族やカップルが援助を求める際、システムの枠組みでは考えない傾向がある。むしろ、一つの懸念を特定することが多く、他のメンバーの行動を、自分にとって困難を引き起こす第一要因として指摘することになる。したがって、サービスを要請する個人が特定した一つの問題を時期尚早に解決するのではなく、家族システムの中で関わりのあるメンバーを参加させるように、初回面接を管理することが重要である。本項では、本章の後半で取り上げる介入方略の実行に向けた基礎を築くための初回面接の実施方法について説明する。

カップルや家族とのイニシャルコンタクト

　ほとんどの場合、家族のメンバーが、サービスの開始要請を行う。初回面接は、実践の状況や紹介の内容により、自宅、学校、施設、電話、あるいはソーシャルワーカーの事務所で行われる。一般的に、機関では、事務所または自宅で行われる予約面接を含む事前作業は機関内のインテークプロセスで実施されてきた。初回セッションの目的は以下に示した項目に影響を受ける要因である。

- 家族のメンバー1名との初回面接：初回面接の参加者が、家族のメンバーのうち1名のみの場合、家族問題に対するその個人の見方に巻き込まれることがないように、そうした個人とのセッションは、短時間に集中して行うべきである。家族のメンバーに対し、問題について簡潔に説明するように求め、その内容に対し、親身になって対応すること。こうした方略により、ラポールが構築しやすくなるばかりでなく、重要な情報を得ることができる。さらに、問題に関与している他の人物を特定するために役立つ情報を引き出すこと。ラポールを構築し始め、提示された不満を聞いたら、その個人の問題に対する見方や感情を要約し、ニーズや欲求を重視する。
- 紹介：教師などからの紹介による面接の場合も、紹介はほんの一つの情報源でしかないため、会話は簡潔にとどめる。紹介元からの情報を家族と共有するが、家族が問題についての信用できる情報源であることを強調する。問題に対する家族の一メンバーによる見方の場合と同様に、問題に対する紹介元の考え方の影響を受けないようにしなければならない。
- 合意：合意に達することが、初回セッションの焦点であり、初回面接の参加者が家族のメンバー1名のみの場合は、その合意に基づき、今後のセッションの参加者が決められる。ある人物が、家族に対する懸念を提示してきた場合、サービスに対する第一要請者として、その人物とラポールを構築することが重要である。ライト＆アンダーソン（Wright & Anderson, 1998）は、個人が自分の話を聞いてもらっていると感じ、自分の懸念が正当だと認められたと感じることにつながるような「つながり」をつくるアタッチメントの技術に注目することを提案している。初回面接以降のセッションでは、今後、家族全員が参加すべきであることを強調する。子どもに関わる問題の場合は例外とする、その場合は、一方のまたは両親が初回セッションに参加し、子ども（あるいは子どもたち）は同席しないこともある。当然のことながら、子ど

もを同席させないことに対し、両親が反対する場合もある（「息子も同席させるべきだ」）。また、まれな状況（危機）ではあるが、未成年者が危険にさらされ、早急のアクションが必要な場合もある。ある状況（前述の子どもの例など）または事態によって、一部の家族のメンバーが初回面接に参加できない場合には、今後のセッションには、これらの家族も参加すべきである旨を伝える。例えば、成人した娘が、高齢の親を懸念し、初回面接を受けた場合、今後のセッションにはその親も参加することになる。

- 法による指示に基づく面接：法による指示に基づく面接の場合、その命令書に記載された目的や目標を含む、命令を受けるに至った状況を説明する。要請事項のすべてに対応するのか、あるいはその一部のみでよいのかといった点を含め、クライエントが取り得る選択肢を明確化する。こうしたセッションでは、話し合いの中で取り上げるトピックを明確にすること。セッションを終了するまでに、適用する時間的制約など、クライエントの選択に影響を与える要件についてクライエントと話し合う。

- 家族のメンバーの不在：ある家族のメンバーが、他のメンバーも関わる問題を訴えているにもかかわらず、その人物が参加できないことを主張する場合、まず先に、問題を提示した個人と面接を行うことに同意しても構わない。しかし、次の手順として、もう一方の当事者の個人面接を行い、「公平な時間」を与えなければならないことを伝える。人の意見はそれぞれ異なるため、各当事者と個別に会うことにより、問題に対するバランスの取れた見方を聞くことができる。一部のクライエントはそうした要請に従うが、「うちの夫の勤務時間は不規則なんです」、「相手は、来たがりません」、「問題を抱えているのは、相手ではないのです」といった言い訳をする者もいる。こうしたメッセージは、他方の当事者を巻き込むことに対する戸惑いや、おそらく問題解決にその人物が関与し、参加することが不本意であることを反映している可能性がある。

こうしたダイナミクスは、一方の当事者によって面接への参加が難しいといわれている他方の家族のメンバーと連絡を取ることによって初めて明確となる。しかし、まずは、ソーシャルワーカーとの面会を最初に希望した個人とともに、この状況についてさらに検討する必要がある。この点に関し、ソーシャルワーカーは、次のような説明を行うことができる。

ソーシャルワーカー：「あなたが説明してくださった問題に対してお手伝いする場合、家族の他のメンバーにもセッションに参加していただくことが大切です。私の経験から、家族の中で一部の人が問題を抱えていると、他の家族も影響を受け、同じようにストレスや不安感を抱きます。それと同様に大切なことは、家族の一人が変わるということは、他の家族にとっても変化や調整が必要になるということです。家族全員が協力した場合に、最も多く変化を遂げることができます。このような理由から、家族の他のメンバーが参加することが大切になるのです」

ある家族のメンバーが、他のメンバーを初回の「セッションに参加させたくないと言い張る場合、その根拠を尊重しなければならない。こうした姿勢がその後も改まらない場合は、そのクライエントが参加させてもよいと思う家族のメンバーを関与させる手配をする。家族の他のメンバーは関わりたくない、あるいは関わることができないとクライエントが主張し続けた場合は、直接その人たちに連絡を取ってもよいという承諾を得る。そのような承諾を得たら（通常は、

承諾を得ることができる)、対象者に電話連絡をし、自己紹介および電話をした目的を述べた上で、以下のような内容を伝える。

ソーシャルワーカー:「ご存じのように、[クライエントの名前]は、あなたの家族に関わる問題について、私に相談にいらっしゃいました。お忙しいとはうかがっていますが、この問題の解決に関わっていただけるかどうかをお聞きしたくてお電話した次第です。面接に参加していただけると、非常に助かります。家族の問題に対するあなたの考えや、解決方法についてのご提案をお聞きしたいのです。例えば、来週の水曜日午後4時頃のご都合はいかがでしょうか」

最善のシナリオでは、電話を受けた家族は、この要請に応じることになる。しかし、さほど好意的な反応が返ってこない場合には、さらに相手の反応を探る必要がある。そこで、一度だけでもセッションに参加するように促してみるが、拒否した場合でも、その決断を尊重しなければならない。プレッシャーを与えると、相手を遠ざけることになり、そうした根底にあるダイナミクスにより、今後、参加してもらえる機会を損なうおそれがある。うまく対応することにより、強力な抵抗を退けることができる場合が多い。当然のことながら、家族の一部のメンバーが参加できない正当な理由が存在する場合もある。例えば、両親間の問題に焦点を当てた家族セッションには、通常、未成年者は参加しない。

その他の場面でのイニシャルコンタクト

　家族を対象としたソーシャルワーク実践は、さまざまな状況で行われるため、初回面接は、必ずしもこれまで説明したシナリオ通りに進むとは限らない。例えば、初回面接は、家族の自宅で行われる場合もある。こうした面接は、自発的な場合と、法の強制による場合があるが、後者の場合、法の強制によるクライエントとソーシャルワーカーとの問題を含んだダイナミクスに対処しなければならない。いずれにしても、家庭訪問の場合、特に小さな子どもがいる家庭では、セッションが中断されることがないように、家族と話し合っておかなければならない。家庭訪問中は、家族の他のメンバーや友人と出くわす場合もあるかもしれないが、そのような場合は、プライバシーおよび守秘義務の問題について検討し、解決する必要がある。例えば、あるソーシャルワーカーは、家族に対し、身元不明の高齢男性がいる前で、初回面接を続けるべきであるかどうか尋ねた。この男性は、明らかに、家族の中で尊敬されている存在のようであった。実際に、父親はソーシャルワーカーに答える前に、この男性に非言語の合図を求めることがしばしばあった。このケースでは、ソーシャルワーカーは、この高齢男性に自分のことを紹介してもらうことは適切であるかどうかを質問し、また家族におけるその男性の役割を尋ねるべきであると判断した。

　場合によっては、重要な家族のメンバーに参加する意思はあるが、収監されている母親のケースのように、参加が不可能なことがある。刑務所に入っているにもかかわらず、ある母親は、自分の夫と子どもたちとのつながりを維持したいと望んでいたため、初回面接およびそれ以降すべての家族セッションは、刑務所で行われるように準備された。施設のソーシャルワーカーは、家族のために、刑務所までの交通手段を手配し、また面会に課される規則を指示したり、面会の制限時間を順守したり、母親が家族セッションに参加できるように、特定の行動基準を守らせるようにする必要があった。

　このケースでは他のシステムによる要請により、児童保護ソーシャルワーカーや保護観察官

とも面会しなければならなかった。例えば、母親は、生まれたばかりの子どもと監視なしで会うことは禁じられていたため、児童保護ソーシャルワーカーは、初回およびその後の家族セッションに同席する必要があった。また、母親の保護観察中に薬物使用の再発があったため、児童保護サービスでは、新生児に対する母親の親権を取り消すための手続きが進行中であった。さらに、母親に対する判決は、同時に予定されていた家族の再統合に向けた期限を超えていた。また、年長の子どもたちの父親は、新生児の父親ではなかったが、その子どもの養育権を獲得することに前向きであったため、状況はさらに複雑化していた。このケースを担当するソーシャルワーカーは、初回面接およびその後の家族セッションを管理するため、家族が限られた時間内で具体的な目標を策定するための援助を行い、同時に、その他関係システムとの調整を図らなければならなかった。

　すべての当事者に参加する意思があると仮定した場合、初回セッションでは何が行われるのだろうか。家族またはカップルを対象とした初回面接では、セッションの目的の概要を示し、完了すべき作業を説明することが重要である。また、初回セッションでは、クライエントに対する守秘義務について見直し、どのようにソーシャルワーカーがカップルや家族と協力していくかについて話し合う。この点について詳しく説明するために、第10章で紹介した事例「帰省」の中のアンナとジャッキーの例を用いる。このケースで、初回セッションを申請したのはジャッキーであり、アンナもソーシャルワーカーと会うことに同意した。アンナとジャッキーは、長年にわたって交際を続けていたが、一緒に暮らし始めたのはごく最近であったことを思い出してほしい。二人がカップルセラピーを受け始めたのは、休暇中の計画に関する意見の相違が原因であった。二人で一緒の時間を過ごしたいという点では一致していたが、ジャッキーが自分の両親を訪問したいと考えていた一方、アンナはジャッキーの家族と過ごすことに100%満足しているわけではなかった。ジャッキーは最近、両親に対して「カミングアウト（同性愛者であることを明らかにすること）」をしたが、この話題について、両親とさらに詳しく話をすることには躊躇していた。ソーシャルワーカーは、初回セッションにおいて、自分の役割と初回セッションに対する期待について説明している。

　このセッションを観察する上で、ソーシャルワーカーが会話の冒頭において、ジャッキーが初回面接を申請したことを確認している点に注目してほしい。ソーシャルワーカーが、ジャッキーが示した面接の理由を要約することにより、アンナとジャッキー両者にとって、サービスを申請した理由が明らかとなる。具体的には、このカップルは、今度の休暇をジャッキーの両親宅で過ごすかどうかについてもめていた。その後、ソーシャルワーカーは、援助プロセスについての話に移り、アンナとジャッキーに対し、自分が望んでいた成果がこの初回セッションで達成される可能性があることなどについて述べた。初回セッションの目標や自分の役割について説明する中で、ソーシャルワーカーは、このセッションは、二人がお互いの懸念について話し合う安全な場所であること、自分も二人と協力することを明確に示した。

両親とのイニシャルコンタクト

　両親（法的後見人または里親）を対象とした初回セッションには、祖父母など、家庭において重要な親としての機能を果たす、あるいは共に担う人物を参加させる必要がある。その後のセッションには、子どもが参加する場合もある。まず、両親のみと面会することにより、家族の問題を理解するための時間をより多く取ることができ、そうして得た情報を基に、子どもを参加させ

るための方略を計画することができる。

　両親とラポールを構築する。両親を対象とした初回セッションを行うことにより、ソーシャルワーカーは、両親とのラポールを構築することができ、必要に応じ、子どもを含めた今後のセッションにおける両親の行動に影響を与えることが可能となる。両親の行動や人との関わり方が頑強で、非常に敵対的であるかもしれない場合には、初回から家族全員を集めようとする試みが悲惨な結果になる場合もあるだろう。さらに、両親のみと初回面接を行うことにより、問題の全体性、つまり問題は子どもだけに関わるものではない点を明確にすることができる。

　両親をコーチする。初回セッションにおいて、まず両親と面会することにより、ソーシャルワーカーは、どのように当事者である子どもを援助プロセスに参加させるかという点について、両親に教えることが可能となる。例えば、子どもと話をする上で、問題があるのは子どもであると示唆するのではなく、これは家族の問題であることを明確にしなければならない。さらに、両親は子どもに対し、セッションを通してどのような成果が得られるか、一般的な説明をする必要がある。そうするときに、子どもがセッションに参加することに対して抱くいかなるためらいも両親は見落としてはならない。

　家族の問題として、懸念を明確にする。問題の当事者が子どもである場合の初回セッションにおいて、両親またはその代わりを務める人物と面会する際、ソーシャルワーカーは、彼らの考え方の基盤について検討する必要がある。両親が子どもの前で問題についてどのような話し方をしたのかにより、その後の両親・子どもセッションにおいて、子どもが防御的になったり、反抗したり、あるいは参加することに対して無関心になったりすることなどが予測できる。ソーシャルワーカーは、家族（未成年者ではなく）の問題を解決するためにどういった変化が家族の中で必要か話し合う場に家族全員を参加させることによって、未成年者に対する多少のプレッシャーを取り除くことができる。また、こうした方略は、問題の原因として特定された家族のメンバーが、成人の場合でも適用可能である。

　子どもにとって安全な場所を作る。両親が初回セッションに子どもを連れてきた場合、ソーシャルワーカーは両親に対し、建設的な行動の仕方についてコーチする必要がある。例えば、両親に対し、オープンなコミュニケーションにつながる雰囲気を作るために自分に協力してほしい旨を伝える。また、必要であれば、両親に対し、非難のメッセージ（「息子は、いつも学校で悪さばかりして、悪い仲間たちとつるんでいる」）を繰り返さないように依頼し、肯定的な行動（「息子は、この夏、公園で行われた子ども向けのプログラムで手伝いをしました」）に焦点を当てるように求める。解決志向トリートメントの技法を用いることにより、ソーシャルワーカーは、両親の注意を例外（「学校で悪さ」をしなかった例）にそらすことも可能である。

　子どもに対し、自分自身のストーリーを話させる。初回セッションでは、ソーシャルワーカーは子どもに対し、自分のストーリーを話す機会を与えなければならない。そうすることにより、両親からの情報によって説得させられることなく（子どもが、そう感じられるように）、直接、未成年者から話を聞くことができる。この点と同様に重要なことは、未成年者に対し、こうした時間とスペースを与える中で、ソーシャルワーカーは、その未成年者とのラポールおよび一定の信頼関係を構築している点である。同時に、両親の重要な機能を上回ろうとしたり、ソーシャルワーカーが未成年者と協力関係を構築しているという印象を与えたりしないように注意しなければならない。例えば、ある文化では未成年者に対し、自分の困りごとを発言するように促すことは認められず、不適切な役割行動であると考えられている。とはいえ、子どもに対する不当な扱

いや性的虐待が報告されている状況など、未成年者のみと面会しなければならない例がある。文化的に認められ、未成年者を保護する必要性が示されていない場合は、両親の同席のもと、あるいは未成年者のみと面会することが可能である。年少の子どもは、両親が同席した方が安心だろうが、思春期の青少年の場合は、単独での面接が好まれるだろう。

未成年者が両親の同席のもとで初回面接を受けるにせよ、あるいは単独で受けるにせよ、セッションの後半部分には、家族全員が参加する時間が設けられている。この時点で、ソーシャルワーカーは、未成年者の問題は全体の問題であることを再び強調し、家族全員に対し、個別目標と家族目標を策定するための援助を行う。

■家族あるいはカップルを対象とした初回セッションの指揮を執る

家族全員を集めることの目標は、さまざまな家族のメンバーの視点を引き出すことによって、目の前の問題を特定することである。初回セッションは、実施場所が事務所であれ、自宅であれ、ソーシャル・ステージあるいはジョイニング・ステージと呼ばれる（Nichols & Schwartz, 1998; Boyd-Franklin, 1989a）。この段階では、家族とのラポールを構築し、協力関係を築くことが重要である。家族に関する情報を集めたり、問題に対する家族の見方を聞いたりするために、自発的に面接が行われた理由（「休暇中の計画について、二人の意見が合わないということで、ジャッキーが私に相談に来ました」）について再び話すことは有益である。紹介あるいは法による指示により、家族が面接を受けることになった場合は、ソーシャルワーカーは、「〜の理由により、ケイティの担任教師がご家族を我々の機関にご紹介くださいました」といった形でこの事実を確認する。

ソーシャル・ステージあるいはジョイニング・ステージを進める上で、ソーシャルワーカーが遂行する課題は、以下の2つである。

- 家族全員が、家族の他のメンバーによる中断を受けることなく、自分の意見を発言できるようにする。
- 家族の他のメンバーが、自分は理解されている、受け入れられていると感じることができるように、家族全員に対し、お互いの話に耳を傾けるように促す。

ソーシャルワーカーは、「みなさんから何か教えていただけること、みなさんについてのことなど、ソーシャルワークを実践する上で役に立つ情報はありませんか」といった具合に、情報を得たいという姿勢を示すことにより、このステージをさらに推進させることが可能である。

家族を対象とした初回セッションは、非常に重要である。このセッションにおけるクライエントの経験により、今後ソーシャルワーカーと協働し、具体的な目標や解決策に向けたソーシャルワークに契約するかどうかの大半が決まる。さらに、クライエントは、初回セッションとは、援助プロセスとはどのようなものかを示す原型のようなものだと考える。家族を対象とした今後のソーシャルワークに向け、確固たる基礎を築くために、ソーシャルワーカーは、多くの目的を達成することが重要である。表15-1は、こうした目的をまとめたものである。初回セッションのプランニングおよび評価において、これらの目的を指針として活用できる。

こうした目的は、本書の前半の章で扱ったものと基本的に同じである点に注目してほしい。しかし、以下の項では、家族を対象としたソーシャルワークにおいて、これらの目的をいかに実現

表15-1　家族あるいはカップルを対象とした初回セッションの指揮を執る

- 家族のメンバー一人ひとりと個人的な関係を構築し、グループとしての家族と協力関係を築く。
- 期待を明確にし、未成年者の立場や文化の持つ潜在的なダイナミクスなども考慮した上で、援助プロセスについての期待を明確にし、秘密を探る
- 援助プロセスの役割や性質について明確にする。
- 参加に対する選択肢について明確にする。
- 問題に対する家族の考えを引き出す。
- 家族のメンバーの欲求やニーズを特定する。
- 対象となる問題を、家族の問題として定義する。
- 家族のストレングスを強調する。
- 家族のパターン化した行動についての情報を引き出すための質問をする。
- 反復的なコミュニケーションに対し、家族のメンバーの関心を集め、そうしたパターンを変えたいと思うかどうかについて話し合う。
- 家族のメンバーがお互いに、より肯定的な方法で関わることができるように支援を開始する。
- 個別および家族全体の目標や解決策を策定する。
- 今後セッションを続け、契約を交渉していくために、家族のメンバーのやる気を測る。
- 一週間のうちに達成すべき課題について交渉する。
- 話し合いのポイント、達成された解決策や進捗状況についてまとめ、セッションを終了する。

していくかについて説明する。ここで取り扱う内容は、本書の前半で紹介した知識や技術をまとめる上でも役立つ。

1. 家族のメンバー一人ひとりと個人的な関係を構築し、グループとしての家族と協力関係を築く。カップルあるいは家族（またはグループ）とのソーシャルワークにおいて、ソーシャルワーカーは、家族のメンバー一人ひとりと関係を構築すると同時に、一つのまとまりとして家族全員と「連帯感」を築くという二つの課題が与えられる。家族のメンバーとの関係を深めるには、緊張を和らげるために、セッションの冒頭で行う短い社交としてのおしゃべりなどを含む技法であるソーシャライジングを活用する。家族システムへの参入を促進するためのジョイニングあるいはカップリング技法を使う場合は、文化、家族の形態、家族ルール、および現在の機能水準を尊重しなければならない。また、「息子は、いつも学校で悪さばかりしている」といった家族特有の言い回しや仲間言葉を使うことによって、家族とのつながりが促進されることに気づくだろう。また、自分に関する話をすることにより、特にソーシャルワーカーと家族との間の相似点や類似点が示される場合には、適切な自己開示も関係を促進する役割を果たす。クライエントをあるがままに受容することを伝えたり、家族のストレングスの特定する上でクライエントを参加させたりすることによって、家族とのつながりはさらに深まる。受容することを伝え、支援を提供することは、弱い立場にある家族のメンバーにとって、特に重要となる。

   初回セッションにおいて、共感的な対応は、参加することに消極的であったり、躊躇したりしている様子のメンバーとラポールを構築する上で、特に有用である。例えば、ある家族の

メンバーが自発的に参加していない場合、ソーシャルワーカーは、「タミカさん、ソーシャルワーカーに会いに行くと聞いたときのあなたの気持ちをまだ聞いていませんね。そのときの気持ちを、私たちに教えてもらえますか」と促し、セッションに引き込むことができる。その後、その家族のメンバーの発言や行動に対し、共感的な対応を取ることが可能である。例えば、タミカが「ソーシャルワーカーに会いに行くのは、時間の無駄だと思いました」と述べ、話し合いに参加しない理由は、「退屈だから」と答えた場合、ソーシャルワーカーは、「そうですね。あなたがなぜそのように感じるか理解できます。私もあなたの年齢だったら、あなたと同じように感じたと思いますよ」といった形で、共感的な反応を示すことができる。このような共感的なメッセージは、送り手が聞き手に対して心の底から興味を示していることを表し、消極的であった家族のメンバーをより積極的にさせる可能性がある。一方、タミカが参加しない理由が、彼女の気持ちではなく、家族のダイナミクスと関係している場合は、意見を述べるように促すことはリスクのおそれがあることに留意しなければならない。いずれにしても、ソーシャルワーカーは、時間と関心をすべてのメンバーにできるだけ平等に振り分け、各メンバーのストレングスを強調し、また一人のメンバーが会話を独占したり、セッション中にメンバー間で非難したり、名誉を傷つけたり、けなすような言動があった場合には、仲裁に入るように努めなければならない。

　最後に、家族と効果的に連帯感を築くためには、家族を取り巻く社会政治的および文化的文脈、また家族全体としてのストレングスやコンピテンシーを理解し、好意的に評価し、それらに共感を示すことが必要となる。しばしば、家族が直面する困難にもかかわらず、こうしたことにより家族が機能することが可能となるのである。

2．**期待を明確にし、援助プロセスに対する消極的な姿勢を探る。**家族のメンバーは、援助プロセスに対してさまざまな見方をし、しばしば、歪んだ見方をしていることもあり、セッションへの参加に対し、疑念を抱いている場合がある（「時間の無駄」、「話しても役に立たない」など）。完全な参加（実行可能な契約を確立するための必須条件）を妨げる障害を特定するために、以下のような質問に対し、家族全員の回答を引き出さなければならない。

- 「ソーシャルワーカーと面接することについて、どのような懸念を抱いていましたか」
- 「ソーシャルワーカーとの面接の中で、どのようなことが起こることを望んでいましたか」
- 「今日の面接において、どのような事態が起こることをおそれていましたか」

　以下の例が示すように、さらに具体的な質問は、家族のメンバーに対し、自分たちの懸念を表明するための支援を行う上で役立つ。

- 「あなたは、家族が非難されるかもしれないと心配していますか」
- 「あなたのコミュニティでは、こうした問題にどのように対処しますか」
- 「家族以外の他人に援助を求めることに対して、抵抗がありますか」
- 「どのような方法で、私があなたの家族の役に立てると思いますか」

　ソーシャルワーカーは、家族の各メンバーの不安、懸念、さらには希望を探る上で、「～と同

じまたは同様の懸念を抱いている人はいますか」といった質問をすることにより、家族に対する焦点を広げることができる。家族のメンバーが同様の感情を抱いていることを認める場合、そのメンバーは、自分の感情とは別に、家族という一つのまとまりとして、みんなが同じ懸念を抱いていることに気づき始めるかもしれない。例えば、家族のメンバーは、厳しい家族ルールに対してはそれぞれ異なる意見を持っているかもしれないが、失業による所得減少に対する不安は、家族全員が抱いている感情である。

躊躇しているあるいは乗り気でない家族のメンバーに関する問題を追求する上で、ソーシャルワーカーは、常に、文化的規範に敏感でなければならない。例えば、消極的であることを躊躇していると解釈する前には、注意が必要である。クライエントの中には、プロセスを観察してから、関与あるいは参加することを望む者がいる。また、文化も感情の表現に影響を与える可能性があるため、感情に関する質問に対し、当惑してしまう家族もいる。文化は別にしても、ある特定の家族のメンバーは、ソーシャルワーカーと面会することに対し、依然として強い不安を抱いている場合がある。ソーシャルワーカーがこのようなためらいの姿勢に対応するためには、以下に挙げた質問のうちの一つあるいはすべてを尋ね、それに対するクライエントの答えに対処する。

- 「あなたの家族の中で、どのような点が変わればよいと思うか、少しの間、考えてみてもらえますか」
- 「どのようにすれば、参加することに対して、もっと乗り気になれると思いますか」
- 「あなたの懸念を考えると、残りのセッションに参加して、最後に、このまま継続するかどうか決めるというのはどうですか」

クライエントが参加するための条件の交渉に前向きな姿勢を示し、クライエントの選択する権利を認めることにより、クライエントが面接を続けることに合意するまで、クライエントの躊躇を和らげることが可能である。例えば、家族セッションへの参加を依頼する場合、参加は義務ではない点を強調する。さらに、躊躇するメンバーに対し、話す必要はないこと、セッションの場に姿を見せるだけでよいことを伝える。こうした誘いは、貢献しなければならないというプレッシャーを和らげてくれる。ある個人が問題として名指しされた場合、新たなダイナミクス、ひいては躊躇する姿勢を生み出すおそれがある。特に、このような当事者が家族の他のメンバーによって集中攻撃されていると感じた場合、彼らが示す躊躇の姿勢は、変化に対する反抗ではなく、防御姿勢を示している。

予約を入れる際にマイノリティの立場や文化において起きうるダイナミクス

未成年者の立場や文化は、家族あるいは家族のメンバーが、援助を求めることに対して消極的な姿勢を示す原因となる追加的要因である。家族は、自分たちの問題を公にした場合に、「何が起こるのか」について不安に感じる（Nichols & Schwartz, 1998, p.132）。ボイド-フランクリン（Boyd-Franklin, 1989a）およびラム（Lum, 2004）によると、マイノリティ家族は、これまでの経験や「不健全である」と見られていることが原因で、自分たちが抱える問題が危機状況に達するまで、問題を隠そうとする。実際に、他の家族のメンバーやコミュニティ全体の経験が、こうした沈黙の傾向を強めている。家族の問題を他言しないという暗黙のルールは、プライバシーや家族の問題に他人を巻き込むことに対する後ろめたさのため、マイノリティ家族において、より顕

著となるおそれがある。例えば、フロアース＆セリー（Flores & Carey, 2000）によると、ヒスパニック系家族の安心感は、自分たちの文化に対して防御的になる必要がないと感じるときに高まる。ラム（Lum, 2004, p.153）は、有色人種の懸念に対処する手段として「コンフィアンサ」すなわち援助関係における相互信頼を構築する能力の重要性を強調する。

　家族セッションへの参加に対する消極的な姿勢は、家族のメンバーが米国における不法滞在者であるエスニックマイノリティ家族の間で特定される一つの問題である（Pierce & Elisme, 1997；Fong, 1997；Falicov, 1996）。さらに、移民または難民家族は、公式の援助システムになじみがない場合がある（Potocky-Tripodi, 2002）。また、貧しいマイノリティやゲイあるいはレズビアン家族が、援助を求めることに対して不安やおそれを抱くのはもっともである。ライト＆アンダーソン（Wright & Anderson, 1998）は、積極的に家族に注意を向ける上で、特に初回セッションにおいて、「このクライエント（家族）は、一体どのような家族なのだろうか」といった疑問を抱くかもしれないことを指摘している（p.202）。実際には、自分の対応がセッションの開始につながるのかどうかに注目し、評価しているのである。また、ソーシャルワーカーは、家族の視点を理解しようと積極的に努めている。こうした自己評価の見直しに向け、「この家族の一員になるとは、どのような感じなのだろうか」、「この家族にとって、専門家の援助を求めることは、どのような意味があるのだろうか」といった二つの新たな疑問を追加することを考えてみる。こうした問いに対する答えは、家族との初めての面会において気配りを示す上で、また援助を求める家族の経験を理解するために役立つ。ソーシャルワーカーとの面接に対する家族の懸念や消極的な姿勢を和らげるためには、家族のメンバーの誰であっても、あるいは家族システム全体としての反応であっても、家族にとっての安全を確保する効果がある者として、躊躇する姿勢がもつ保護的機能を認めることが役立つ。

3．援助プロセスの役割や性質について明確にする。ソーシャルワーカーは、疑念や消極的な姿勢を探るために、家族に援助プロセスの性質について理解させ、ソーシャルワーカーと家族の双方の役割を明確にしなければならない。家族に援助プロセスについて理解させる上で、ソーシャルワーカーの目的は、問題解決が実現可能な雰囲気や構造を作ることである。また、初回契約の交渉を行う初回セッションの終わりにかけて、役割の明確化を行う。

4．参加に対する選択肢について明確にする。家族が紹介されて面接を受けにきた場合、ソーシャルワーカーは家族に対し、ソーシャルワーカーとの面接を継続することが自分たちのニーズに見合っているかどうか、もし見合っている場合は、紹介先の懸念事項にかかわらず、どのような問題について取り組みたいのか、家族が自由に決めることができる点をあらためて表明することができる。家族が法による指示に基づき、面接を受けにきた場合には、ソーシャルワーカーに課せられた義務（裁判所への報告書の提出など）や義務づけられた契約上の条項について明確にする必要がある。法による指示によって指摘された懸念事項に加え、家族の希望により、家族が懸念する他の問題を扱うことができる点を伝えることも可能である。

5．問題に対する家族の考えを引き出す。ソーシャルワーカーは、問題について話し合いを始める際、「なぜ援助を求めようと決めたのですか」「どのような変化を実現させたいですか」、あるいは「どのようにしたら家族の状況を改善できると思いますか」（自発的な契約の場合）と

いった質問をする。問題に対する家族の見方を引き出すことは、法の強制によるクライエントあるいは紹介されてきた場合の面接においても、同じように重要である。そのような場合、次のように、まず法による指示や紹介状の概要が伝えられるが、家族は自分たちのストーリーを語るように促される。「ご家族が少年審判担当判事により、我々の機関と面会するように命じられたのは、ユアンが学校を欠席したことに対して、不登校担当責任者に報告があったからです。私の手元にある情報は以上ですが、みなさんがなぜここへ来ることになったと思われているか、その考えを聞いておく必要があります」当然のことながら、ユアンと両親はともに、自分の考え方を持っており、そうした考えは、似通っていることもあれば、大きく異なる場合もある。各自それぞれが問題や解決策に対し、独自の考えを持っているため、家族全員が支持できる合意の達成に向け、家族を導くことがソーシャルワーカーの課題となる。

家族またはカップルを対象としたセッションでは、ソーシャルワーカーは、ジェンダー、力、および境界に関する問題について、解釈の相違や家族内のさまざまな役割に注意しなければならない。さらに、ローゼンブラト (Rosenblatt, 1994) は、家族が自分たちの懸念を説明する際に使う言葉や比喩に注目すべきであると主張している。特に、家族のメンバーが自分の考えを表現する方法は、その人の文化、現実、および家族の経験に課された意味を反映している。家族の経験には、家族の生活におけるスピリチュアリティあるいは宗教の探求が含まれる (Anderson & Worthen, 1997)。

6．家族のメンバーの欲求やニーズを特定する。問題についての話し合いに家族を参加させる上で、事例「10代の母親と里親」の家族セッションの例（事例を通して考えてみよう）が示すように、クライエントのメッセージに内在するニーズに耳を傾けることが必要である。事例に登場するソーシャルワーカーは、面接について自分が理解している情報の概要を説明することから始め、続いて面接を申し込んだ里親と10代の母親に対し、問題に対するそれぞれの見方を話すように促している。

ジャネットとトワナが示すニーズや欲求に関する初めての話し合いの間、ソーシャルワーカーは、里親の権利を尊重しながら、同時に、10代の若い母親が自分の考えを述べることができるような安全な場を提供することに努めている。また、ソーシャルワーカーは、状況についての概要を述べ、トワナに起こりつつある潜在的な発達上の葛藤について強調した。すなわち、トワナは母親である一方、10代の若者として、友人と遊びたいという欲求を持つことは、発達上、当然のことである。事実、トワナが所定の時間に家に戻らない主な理由は、「友達と遊びたい」からであった。さらに、トワナは、「ジャネットが家にいるのがわかっているから、子どもを一人にしているわけではない」と言い訳をした。同時に、ソーシャルワーカーは、ジャネットが子どもの面倒を見ることをトワナに当たり前だと思ってもらいたくないという彼女の無言のニーズを認めた。ジャネットは、自分は「この先ずっと一緒にいられるわけではない」ので、トワナに対し、子どもと深く関わるべきであると考えている。ソーシャルワーカーは、一方の当事者のニーズが優先され、その当事者の立場のみを支援しているという認識を与えたくないと考えていたため、この状況は難しいバランスの問題であった。続いてソーシャルワーカーは、ジャネットとトワナが特定した懸念についてまとめ、二人に対し、変えたいと思う点を見つけるように指示した。問題解決の準備段階における目的は、二人の葛藤を特定し、双方のニーズに合った選択肢を検討させることであった。トワナが考えた選択肢の一つは、「家に

帰るのが遅くなる場合は電話をする」ことであった。共通のニーズを特定し、強調することにより、ソーシャルワーカーは、相違点ではなく、類似点に介入の焦点を当て、ジャネットとトワナがお互いの関係を改善するために、相互に協力し合える目標や課題を策定する援助を行うことができた。セッションの終わりには、二人の間で、いくつか重要な合意が達成された。

事例を通して考えてみよう

　ジャネットは、トワナと2歳になるトワナの子どもの里親であり、お互いの関係は、一般的に良い状況にあった。ジャネットがトワナの子どもの面倒を見てくれるため、トワナは学校へ通い、高校を卒業することができる。ジャネットがソーシャルワーカーに連絡をしたのは、最近、トワナが所定の時間を過ぎても学校から戻らず、不満を感じていたためである。ジャネットは、2歳の子どもをかわいがっているが、トワナにとって、子どもと過ごす時間を増やすことが重要であると考えている。ジャネットの報告によると、今の状況は、「二人の間の関係全体に影響を与えている」。

7．対象となる問題を、家族の問題として定義する。本章の前半で、問題の全体性を明確化する上で利用できるメッセージの種類について焦点を当てた。家族セッションを通して、こうした問題の全体性を明確化する姿勢を維持し続け、家族全員の考えが重要であること、家族のメンバーは、他のメンバーが変化する努力を支える上で貢献できること、家族のストレスを軽減するために、家族全員が調整する必要があること、また家族は、関係の質やメンバー間のお互いの支え合いを高めるために貢献できることを強調しなければならない。

　ある問題を家族全体の問題として定義しようとする試みにもかかわらず、しばしば、ある家族のメンバーが、いつまでも他のメンバーを非難する状況に出合うことがあるだろう。こうした状況におけるソーシャルワーカーの課題は、以下の通りである。

- 家族のメンバーと共謀し、あるメンバーに問題人物としてのレッテルを貼り、その人物に家族の問題の責任を負わせることがないように、ソーシャルワーカー自身の行動をモニタリングする。
- 行動の原因に対する循環的な傾向（循環的因果律）のモデルを示し、家族のメンバーは、相互作用のパターンを持続させるようなやり方で、相互に影響を与え合っている点を強調する。

　ジャネットとトワナのケースにおいて、両者の間のパターン化した相互作用は、トワナが決められた時間までに戻らないために、ジャネットが不満を募らせるというパターンから成り立っている。これに対し、トワナは、ジャネットが子どもの面倒を見てくれるため、自分はネグレクトをしているわけではないと言い訳した。どちらも、自分が本当に望んでいることについて話したことはなく、両者のやりとりはお互いに不満足のまま終わり、これがさらなる問題の原因となっていた。

　ジャネットは、トワナとの険悪な関係は、トワナの行動が原因であると考えていたが、そう決

めつけないように注意していた。実際に、ジャネットは、「トワナが友達と遊びたい気持ちは理解している」と語っている。残念なことに、行動にラベルを貼る傾向があることから、こうした寛容な気持ちは、家族の中で常に存在するとは限らない。このような場合、ソーシャルワーカーは、デラベリング［訳注：ラベルをはがす］の技法を用いて、誰かのせいにするパターンを無効にすることができる。ある行動に対するメンバーの見方に焦点を当てるのではなく、デラベリングは、問題の相互性を重視する。また、この技法を用いることによって、各メンバーが他のメンバーにしてもらいたいと思う肯定的な行動を特定するための準備を行うことが可能となる。ソーシャルワーカーが母親と息子に対し、一連の質問を投げかけている以下の事例を見てみよう。二人はこれまで、お互いのコミュニケーションを阻害する非難のメッセージを繰り返してきた。

事例・・・

　ジョンは、精神障害を持つ青年である。グループホームを退所し、数年間交際しているガールフレンドと暮らすことに決めた。ジョンの母親、G夫人は、ホームを出ることは「ばかげた」決断であるという姿勢を断固として崩さず、ジョンには自立生活を送る能力がないと主張する。ソーシャルワーカーは、息子に矛先を向けるのではなく、以下の質問を活用し、この問題状況における母親の関与に焦点を当てた。

- 「あなたがジョンの計画に対して心配していることについて、ジョンが話を聞いてくれないと言いましたね。では、あなたがこの件についてジョンと話をする時、どのように話を持ちかけるのですか」
- 「ジョンが自分の決断について話したくないと言うとき、あなたはどのように答えますか」
- 「あなたに話したくないというジョンの態度は、あなた自身に、またあなたとジョンとの関係にどのような影響を与えますか」

　ソーシャルワーカーは、母親に対して質問をした後、母親と息子に対する質問を分け、問題に対する息子の関与を探るために、以下の質問を行った。

- 「ジョン、お母さんが心配に思っていることについて、あなたと話をしようとするとき、お母さんはどのように話を持ちかけますか」
- 「お母さんが話を持ちかけたことに対して、あなたはどのように対応しますか」
- 「お母さんの態度がどのように変われば、あなたはお母さんに対して、自分の計画を話したいと思うようになりますか」

・・・

　この事例では、母親も息子も受容的であったことから、ソーシャルワーカーは、二人の関係における葛藤を最小限に抑えるために、各自がその一週間で取り組むことが可能な相互課題を策定するための援助を行った。二人の相互課題は、各自の行動やお互いに対する対応の仕方を変えることにより、相互関係のダイナミクスを変化させることを目的としていた。例えば、母親は、ジョンの計画を「ばかげている」と決めつけることを控え、一方ジョンは、母親の懸念に耳を傾けることに同意した。

8．個人と家族のストレングスを強調する。家族を対象としたソーシャルワークでは、個々のメンバーのストレングス、および家族全体のストレングスという二つのレベルにおいて、家族ストレングスと保護要因を強調することができる。個々のレベルでは、セッション中に各メンバーのストレングスや資源を観察し、家族にそうしたストレングスや資源に注目させる（「トワナは良い生徒です」など）。家族のレベルでは、メンバーをグループとして機能させる（ジャネットとトワナは、良い関係にある）とストレングスとして観察できたそれを報告することが可能である。保護要因やストレングスには、支援的なネットワークの存在、および家族に貢献し、それを維持する家族のメンバーの資源や特徴などが含まれる。以下は、ストレングスを重視した発言の例である。

- 「みなさんの家族は、たとえ問題があったとしても、お互いにとても誠実であるように見受けられます」
- 「アンナの家族は休暇中に集まることによって、家族のメンバーがお互いに絆を結んでいるようですね」
- 「ジャッキーがアンナの家族に対して問題を感じているとはいえ、二人の関係は非常に良いようですね」
- 「トワナが学校へ行っている間、彼女の子どもの面倒を見ていることから、あなた（ジャネット）は、高校を卒業したいというトワナの目標に非常に協力的であることがわかります」

家族ストレングスと保護要因は、将来を重視する点を伝える上でも役立つ。特に、個々のメンバーや家族全体の希望、夢、才能、および能力は、現在の困難を乗り越えるために家族に活力を与える手段となる。初回セッションの目標は、家族の懸念に関する合意に向けて家族を導くことであるが、最終的に家族が問題を解決できるのは、問題自身ではなく、家族のストレングスによるものである。以前の問題に対する対処のパターン、肯定的な出来事や過去の成功を伴う経験、および家族生活に対する希望や夢を探ることにより、ソーシャルワーカーは、家族ストレングスを活性化し、家族の変化に対する能力を支えるレジリエンスに注目することができる（Weick & Saleebey, 1995）。

9．家族のパターン化した行動や構造についての情報を引き出すための質問をする。以下は、そうした質問の例である。

- 「みなさんの家族は、なぜこちらへ来ることになったのですか。誰がその決断を下し、どのようなプロセスを経て、援助を求めようと決めたのですか」
- 「通常、家族で何かを決める場合、どのように決めますか」
- 「家族の中で、最も反対することが多いのは誰ですか。また、あまり反対をしないのは誰ですか。反対をする場合、誰に対して反対するのですか」
- 「別の家族のメンバーを助けてあげることが最も多いのは誰ですか。また、あまり助けことがないのは誰ですか」

家族のパターンや構造についての質問は、アセスメントのレベルに基づいたものでなければな

らない。ソーシャルワーカーの人種や文化が家族とは異なる場合、以下のような人種または文化に関する質問をすることが妥当である。

- 「みなさんの文化では、こうした問題に対して、従来、家族はどのような方法で取り組んできたのですか」
- 「家族の中で、怒りはどのように表現しますか」
- 「みなさんの家庭では、怒りを表すことは、認められた行為ですか」
- 「家族が何かを決める上で、家族以外のコミュニティの人々が関わることはありますか」

こうした質問をすることにより、家族の視点を理解しやすくなり、家族の経験において、どの程度文化や人種が重要な要素であるかについて、家族から聞き出すことが可能となる。

10. 反復的なコミュニケーションに対し、家族のメンバーの関心を集める。繰り返し起こる行動を特定したら、家族がそうしたパターンを変えたいと思うかどうかについて話し合うことが可能となる。初回セッション中に、非生産的なコミュニケーションが生じた場合（頻繁にあることだが）、ソーシャルワーカーは、非難のメッセージを中立的なメッセージに言い換えたり、メッセージの送り手の気持ちや欲求を共感的に示したりすることによって介入し、そうした発言の影響を弱めることが可能である。また、ある家族のメンバーが他のメンバーの代理で発言をした場合、ソーシャルワーカーが介入し、後者の意見を聞き出す。家族のコミュニケーションパターンを改善するためには、時間をかけて支援することになるため、初回セッションでは、まずこうしたプロセスを開始することを課題とする。初回セッションが進むにつれ、ソーシャルワーカーは、以下のような対応を通し、家族の関心を非生産的なコミュニケーションに向けさせる。

- 「家族のメンバー間で、（行動および状況の説明）が生じたのを観察しました。この状況に対して、みなさんはどう思いますか」
- 「あなたが〜について話したときの他の家族のメンバーの反応に気づきましたか」

こうした質問は、非生産的になるおそれのあるコミュニケーションパターンをクライエントに気づかせるために役立つ。

また、ソーシャルワーカーは家族のメンバーに対し、自分たちの行動をさらに分析し、そうしたコミュニケーションパターンを修正したいと思うかどうかを検討するよう促すことが可能である。その際、クライエントに対し、以下のような質問を行うことが有用である。

- 「こうした懸念に対して、どのように対処したいですか」
- 「こうした問題をどのように解決したいですか」
- 「お互いの関係をどのように変えたいと思いますか」
- 「行動を変えたら、家族の関係はどのように変わると思いますか」
- 「みなさんの行動が、家族関係の問題となっていることを考えると、みなさんにとって、そうした行動を変えることは、どの程度重要であると思いますか」

初回およびその後のセッションにおいて、こうした点を検討することにより、ソーシャルワーカーは、家族のメンバーが自分たちで行動の相対的な機能性を定義し、それを変えたいと思うかどうかを決めるための支援を行うことが可能となる。家族が自分たちの行動を修正することを選んだ場合、ソーシャルワーカーは、援助プロセスにおいて、家族（およびソーシャルワーカー）の取り組みの指針となる目標を決めるための話し合いをする。反復的なコミュニケーションパターンの例については、事例「帰省」を参考にしてほしい。

事例を通して考えてみよう

アンナとジャッキーのセッションを観察し、二人のやりとりやコミュニケーションにおける反復的なパターンに注目してみよう。例えば、アンナは、「ジャッキーは重要なことを話さない」と主張する一方、ジャッキーは、「あなたの家族は、何でも話の種にする」と自分の責任を防御する姿勢で反論している。また、特に二人のボディランゲージに注目してほしい。そこで、ソーシャルワーカーは、「この問題は、二人の関係における他の問題をどの程度象徴していますか」という重要な介入質問を投げかける。アンナは笑みを浮かべ、うなずきながら、腕を組んでいる。ジャッキーは、気まずい様子で黙っている。「ほらね、いつもこうなんだから」とアンナは言った。

11. 家族のメンバーがお互いに、より肯定的な方法で関わることができるように支援を開始する。このプロセスは、ソーシャルワーカーが、「G夫人、あなたがジョンの計画をばかげていると言った時のジョンの反応に気づきましたか。あなたが心配していることを、違う方法でジョンに表現するとしたら、どのように伝えますか」といった発言によって、非生産的なパターンに焦点を当てることから始める。こうした目的を達成するための方略については、本章の後半で詳しく述べる。同時に、ソーシャルワーカーは、家族は変わることができるという希望を伝える必要がある。そのために、個々のメンバーがどのようにプレッシャーを減らすことができるかを理解するための援助を行い、その結果、家族がお互いにより肯定的な方法で関わることが可能となる。

12. 先に行った欲求やニーズの検討に基づき、個別および家族全体の目標を策定する。欲求やニーズの検討から生まれた目標には、個別目標、家族目標、およびサブシステムに関連した目標（アンナとジャッキーは、休暇を一緒に過ごしたいなど）が含まれる。また、ソーシャルワーカーはメンバーに対し、「ミラクル・クエスチョン」（de Shazer, 1988, p.5）に対する答えを模索することにより、家族目標を特定するように促す。例えば、ジャネットとトワナに対し、「ある夜、寝ている間に奇跡が起こったとします。目を覚ましたとき、二人の間にあった緊張関係はどのように変わっていますか」と尋ねてみる。こうした質問を受けた場合、最悪の状態にあったカップルや家族でさえ、「新しい」奇跡の関係を描写することができる。彼らが特定するこうしたビジョンやその他望ましい状態が目標となり、家族とソーシャルワーカー双方の取り組みにおける指針となる。

13. 家族のメンバーが、今後セッションを続ける意思があるかどうかを測定し、契約について話し合う。家族のメンバーは、自分たちの気持ちを常に率直に表現するとは限らないため、家族全員が次のセッションに参加したいと思っていると仮定してはならない（たとえ、メンバーを参加させること、また問題に取り組む意欲を与えることがうまくいっている場合でも同じである）。また、セッション開始時と終了時における参加者の態度の違いを評価することも重要である。クライエントが依然として援助プロセスに参加することに消極的な姿勢を示している場合、その点について尋ねてみる。躊躇しているメンバーに対し、今後のセッションに参加する意欲について確認する。何度もセッションを受けた後、初めて本格的に参加し、変化に対して本気で取り組もうと決断する場合があることに留意してほしい。参加をする代わりの案として、消極的な家族のメンバーに対し、他のメンバーに協力する方法を検討するか、あるいは少なくとも彼らの変化に対する取り組みを妨げないように指示する。家族のメンバーが家族セッションを続けることに対し、十分に動機づけられたら、次に参加者を特定し、契約の交渉を行う（第12章参照）。契約に関する話し合いにおいて、その他重要となる要素には、紹介元、裁判所命令、あるいは第三者支払人などにより課される期限が挙げられる。

14. 一週間のうちに達成すべき課題について交渉する。課題については、第13章で詳しく取り上げたが、課題は、個々のメンバーや家族システムによって特定された目標と直接関連したものでなければならない点を再び強調しておく。家族が一週間のうちに取るべき手順を検討し、それを決定するための支援を行うことは、家族の関心を問題解決に向けさせる上で役立つ。例えば、ジャネットとトワナにとっての課題は、二人で話し合う時間を設けることであった。この時点で、ソーシャルワーカーは、潜在的な阻害要因についても検討する必要がある。トワナの課題は、約束した時間に帰宅すること、またそれに遅れる場合には、電話を入れることであった。そこで、ソーシャルワーカーはトワナに対し、この課題の完了を妨げるおそれのある要因について検討するよう指示した。

15. 議論した問題、達成された目標、課題、進捗についてまとめ、セッションを終了する。セッションを終了するにあたり、主なトピック、目標、課題の概要をまとめることは、セッションにおいて達成された事柄に焦点を当てると同時に、クライエントに望みを与え、変化に対する取り組みの意気込みを高めるもう一つの手段となる。

■家族に対する介入——文化的およびエコロジカルな視点

　異なる民族性を持つクライエントに対して介入を行う場合、ソーシャルワーカーは、文化に敏感なアプローチを取り、必要に応じて、家族機能に関する普遍的規範として支持されている期待を修正するよう努めなければならない。また、自分自身の先入観が、援助プロセスに入りこむ可能性があることに注意する必要がある。例えば、ラヴィー（Lavee, 1997）の研究により、健全な結婚に関する定義において、ソーシャルワーカーとクライエントとの間に「顕著な違い」があることが明らかになった。専門家であるソーシャルワーカーは、協力やコミュニケーションといったプロセス指標に焦点を当てる傾向が強いのに対し、クライエントは、愛、理解、家族の団結により重きを置く傾向にあった。家族生活の質、結婚関係、あるいは問題定義に対する焦点の当て

方が異なる点は、ソーシャルワーカーとクライエント間の文化や階層の違いによるものだろう。

文化に対する配慮や文化を考慮する力を身につけるための知識の習得は、継続的な学習プロセスである。ある特定の要因は、さまざまな文化あるいは人種グループと密接な関係があるが、その具体的な内容、およびそうした内容と家族の文化、サブカルチャー、あるいは人種との関連性を明確にすることが重要である。ゴールデンバーグ＆ゴールデンバーグ（Goldenberg & Goldenberg, 2000）によると、ソーシャルワーカーは、特定の文化について学習するために、民族的あるいは文化的な背景に対する家族の帰属意識を評価し、家族の背景が、家族の懸念を提示する上で、どの程度の役割を果たしているかを突き止める必要がある。このような目的で、「セラピストは、家族のパターンについて、普遍的（幅広い家族に共通している）、文化特有の（ある特定のグループに共通している）、あるいは特異的な（特定の家族特有の）」（p.52）パターンを区別するように努めなければならない。当然のことながら、家族の相互作用におけるパターンはさまざまであり、こうした事実を理解することにより、家族のダイナミクスについて一般化する傾向を基本的に最小限に抑えられる。ある特定の文化や人種に対する帰属意識は、一部の家族にとっては、重要な問題ではない場合もある。その他の場合は、家族に対し、文化特有の行動がどのように目の前の問題に影響を与えるかを判断するための援助を行うことが有用である（Flores & Carey, 2000）。

家族や個人に対して悪影響を及ぼす有害な家族の行動や関係を最小限に抑える、または見過ごすための言い訳として、文化を利用してはならない点に注意してほしい。こうした注意点を念頭に置き、文化的あるいは人種的に多様な家族に対する介入を開始する際に考慮すべき要因について焦点を当てる。

コミュニケーション・スタイルの違い

英語をネイティブ言語としない人々の話し方には相違点があるため、多くの例において、内容よりもプロセスに焦点を当てることが重要となる。例えば、アメリカ先住民の多くの部族では、一人が話し終え、次の人が話し始めてもよいという合図を示す間（ま）、「ポーズ・タイム」が存在する。この沈黙の間が気になる聞き手は、アメリカ先住民である話し手の話をさえぎってしまうことになるかもしれない。あるグループの中には、言語、非言語の両面において、比較的感情をあらわにする人々がいる一方、専門家である援助者との面会に対し、後ろめたさや疑念を感じているために外部に援助を求めることになじみがなく受け身に見える人々もある（Fong, 1997；Pierce & Elisme, 1997；Berg & Jaya, 1993；Boyd-Franklin, 1989a）。

葛藤解決、情緒的表現、およびストレスに対する対処の手段を調査したマッキー＆オブライエン（Mackey & O'Brien, 1998）、チョイ（Choi, 1997）による研究は、ジェンダーおよび民族性に基づくコミュニケーションスタイルの違いを明らかにした。感情とは複雑な経験であり、過去、現在、未来の出来事に対する反応を表現する。言語と同様に、人々の世界観が情緒的経験を作り上げる。感情を説明するために、我々の多くが日常的に使う言葉や言語の幅は、実際には、多様なグループにとってなじみのないものであるか、あるいは異なる意味合いを持つ場合がある。さらに、ソーシャルワーカーは、自分自身のコミュニケーションスタイルを検討し、それがいかに自分の文化的選好の特徴を示しているかを評価することが重要である。

コミュニケーションスタイルやその違いを円滑にする上で、ポストモダンの家族実践モデルに基づく技法や方略を利用することができる。例えば、ナラティブおよび社会構成主義的アプロー

チは、より対話的な協働アプローチを重視し、クライエントにとってより意味のある対話を認めると同時に、クライエントとソーシャルワーカー間のコミュニケーションの促進を可能にしている（Laird, 1993）。また、スー（Sue, 2006）は、高コンテクストおよび低コンテクスト・コミュニケーションに注目している。例えば、米国のような低コンテクスト文化では、言語による伝達がより重視され、個人主義的な志向を持つ。一方、高コンテクスト文化は、非言語表現、集団としての一体感、および伝達者間の共通理解を基礎としている。当然のことながら、例外も存在する。例えば、スーによると、アフリカ系アメリカ人は、米国に住んでいるにもかかわらず、高コンテクスト的な伝達方法を取る傾向にある。他の文化における言葉の意味の違いは、誤った解釈を引き起こすおそれがある。例えば、「ノー」が実際には「イエス」を意味する場合もあれば（アラブあるいはアジア人など）、西洋社会では、そうした言葉は文字通り受け取られる（Sue, 2006）。

ヒエラルキーへの配慮

一部の文化において年齢・性別に基づく序列が見られる場合、ソーシャルワーカーは質問をする際、例えば、父親から始め、続いて母親、その他の成人、そして最後に、年長および年少の子どもの順に行うことが望ましい。祖父母やその他家族における年長者は、実際には、両親よりもさらに尊敬される立場にあり、家族の序列体系の中で重要な位置を占める。移民家族に対するソーシャルワークにおいて、子どもに英語力があり、両親との面接で子どもが通訳となる場合、特に注意が必要である。こうした例における子どもの役割は、家族における従来からの役割を損なうものであり、両親と子どもの間に緊張をもたらすおそれがあるという事実に、十分配慮しなければならない（Ho, 1987；Pierce & Elisme, 1997）。こうした配慮に加え、共感的に対応することや両親の気持ちを探ることは、両親の役割に対する理解を深めるための手段となる。さらに、クライエントが実年齢や家族の序列が重要な意味を持つ文化の出身者である場合（アジア系インド人やアフリカ系アメリカ人家族など）、両親と子どもとの間のオープンな対話は、不遜あるいは無礼であると見なされる（Segal, 1991；Carter & McGoldrick, 1999a）。また、一見、家族の中の役割は、序列によって定義されているように見えるが、実は、補完的である点に留意してほしい。フローレス＆ケアリー（Flores & Carey, 2000）は、ヒスパニック系家族に対する男性優位主義という一般的な考え方に対抗してこの点を強調している。すなわち、父親は家族の中で権威主義者、保護者として機能する一方、母親は、父親の役割を補完するように、表出的で、人の世話や子育てをすることが期待されている。家族と協働する上で、家族の順位や序列に関して質問をしたり、家族の好みやルールを探ったりすることが最善の方法である。

ソーシャルワーカーの権威

多くのアジア系アメリカ人や太平洋諸島系アメリカ人は、ソーシャルワーカーの役割を理解せず、ソーシャルワーカーと医師を混同している場合がある。とはいえ、ホー（Ho, 1987）によると、こうしたグループのメンバーは、ソーシャルワーカーを自分たちの進むべき道に導いてくれる知識豊富な専門家と見なす。したがって、ソーシャルワーカーは、こうした家族を対象とする場合、受け身的な役割ではなく、より指示的な役割を担う必要がある。また、こうした家族は、ソーシャルワーカーとは、自分たちの病気や家族の問題を上回る力を持った存在であり、優れたノウハウで自分たちを「治してくれる」という確信を必要としている。したがって、ソーシャルワーカーは、自分の専門家としての経歴を話すことを躊躇してはならない。また、メモや記録

を取ることは、ケース記録やSOAP記録［訳注：第9章 p. 381参照］の作成に必要なことであるが、ソーシャルワーカーと家族との間の力関係が不平等であるという認識を高めるおそれがある（Flores & Carey, 2000；Boyd-Franklin, 1989a）。クライエントの懸念を和らげるためには、記録の目的、守秘義務基準、および特定の第三者に対して情報を提供する義務がある点を説明することが有用である。

アフリカ系アメリカ人のクライエントを対象とする場合、家族に対してファーストネームを使用することや社会的距離に気づくとき、ソーシャルワーカーの権威について理解するようになる。ロビンソン（Robinson, 1989）は、「両者が白人の場合にはファーストネームの使用が認められていないような時代にあっても、黒人はファーストネームで呼ばれていた。そのため、黒人クライエントにとって、ファーストネームで呼ばれることは人種差別的な意味合いをもって受けとめられる」（p.328）と述べ、ソーシャルワーカーは、クライエントからファーストネームの使用を求められるまで、ラストネームを使うべきであると勧めている。またバーグ＆ジャヤ（Berg & Jaya, 1993）は、アジア系アメリカ人の高齢者をファーストネームで呼ぶことにより、肯定的な治療的連携の構築が妨げられるおそれがある点を指摘している。アフリカ系アメリカ人やアジア系アメリカ人と同様に、メキシコ人に対しても、導入段階においては、ラストネームを使用することが望ましい（Flores & Carey, 2000）。

多くのアメリカ人にとっての習慣である、形式張らない平等主義的なアプローチは、実際には、多くの文化において不適切であると考えられている。例えば、メキシコ系アメリカ人は、通常、ソーシャルワーカーとの初めての面会は、家族の問題を解決する上でソーシャルワーカーが主となり、非常に形式的で、丁重に、控え目な形で行われると考える（Janzen & Harris, 1997；Sue, 2006）。移民の間で見られる消極的な態度は、米国における社会政治的な立場、援助者に対する不信、および真の感情を権威者に表現することに対するおそれによるものである（Potocky-Tripodi, 2003；Pierce & Elisme, 1997）。単刀直入な質問の仕方、砕けた言葉遣い、すべてを話すことを期待する姿勢は、信頼を損なう一方、デヴォア＆シュレンジンガー（Devore & Schlesinger, 1999）は、協力関係を構築するための促進手段として、共感を用いることを提案している。

アポンテ（Aponte, 1982）は、特にエスニックあるいは人種グループにとって、力と権威は、家族とソーシャルワーカーの関係の重要な要素であると述べているが、これはおそらく、こうした問題を最も的確にまとめた指摘と言えるだろう。多様な家族の大半は、ソーシャルワーカーのことを、社会的役割を果たしているというよりは、専門家としての役割の中で行動していると認識している――つまりは多数派社会の代理を務める者であると考えている。こうした文脈の中では、ソーシャルワーカーは、より大きな社会の力、価値観、基準を象徴していることになる。ソーシャルワーカーは、専門家としての権威を与えられているため、意思決定者および家族が置かれた状況について一番よく熟知しているのは家族であることを明確に認め、家族のインフォームドコンセントを得た上で、次の段階へ進むようにすることが重要である（Palmer & Kaufman, 2003）。

家族の関与

多様な家族に対するソーシャルワークでは、クライエントを関与させる、あるいはジョイニングさせるための技法が特に重要となる。文脈の中で話を聞くこと、特に家族に対し、自分自身のやり方でストーリーを話すことを認めること、またコミュニケーションプロセスに留意すること

は、十分に気をつけるべきことである。例えば、コミュニケーションスタイルの違い、家族以外に援助を求めることに対する文化的意味、およびソーシャルワーカーや機関の権威に対する家族の見方を認識する必要がある。文化についての知識を持てば家族への援助において必ず有利となる保証はないが、特定のグループにとっての文化的意味合いを検討しておけば、契約プロセスを促進することが可能となる（Janzen & Harris, 1997）。

また、家族を参加させる上で、家族セッションに参加するか否かにかかわらず、ジョイニングプロセスには、拡大家族のメンバーを含むことが大切である。ボイド－フランクリン（Boyd-Franklin, 1989a）は、アフリカ系アメリカ人家族に対するジョイニング・ステージの重要性を強調し、契約と問題解決の間のつながりの重要性を指摘する。このプロセスにより、ソーシャルワーカーは、家族と信頼や信用を築き、目標および問題解決へと移行することが可能となる。契約の段階では、ソーシャルワーカーは、家族によって特定された問題を尊重することにより、さらに深く家族システムへ入り込むことができる。最後に、初回セッションにおいて、マイノリティ家族は、対応策や解決策の実行に向けた短期介入方略に対し、比較的好意的な反応を示す傾向にあることに注意してほしい（Lum, 2004；Corwin, 2002；Berg & Jaya, 1993；Boyd-Franklin, 1989a）。ソーシャルワーカーと家族は、契約の後、援助のための期限を特定し、それに合意することが望ましい。

多様な背景を持つ家族は、機関の事務所や待合室に、自分たちの文化にまつわるものや文化を象徴するものが展示されている場合、より歓迎された気分になる。家庭訪問は、自然な環境の中での家族を観察、評価する機会を与えてくれるため、一部の家族に対する契約段階においては、非常に有益である（Berg, 1994）。また、家庭訪問により、家族のしきたりや家族ネットワークにおける重要メンバーについて理解し、観察することができる。さらに、家族に対する関心を示すために、家族写真、文化にまつわるもの、その他興味深いものについて尋ねてみることができる。ボイド－フランクリン＆ブリー（Boyd-Franklin & Bry, 2000）は、家庭訪問をする際、「ソーシャルワーカーは、クライエントのホームグラウンドにいることを忘れてはならない」と忠告する。すなわち、ソーシャルワーカーは、家族のルールや構造および家庭の習慣に対して、常に柔軟に対応し、敬意を払わなければならない（p.39）。たとえそのようにふるまったとしても、家族のメンバーの中には、不快に思ったり、初回セッションへの参加に抵抗したりする者もあり、彼らはジョイニングに対する防御として、文化を持ち出すおそれがある（Flores & Carey, 2000）。

家族が紹介を通して治療を受ける場合、家族のメンバーは、このような侵害に対し、腹を立て憤慨しているかもしれない。大半のマイノリティ家族は、援助を求めることに対して非自発的な傾向にあることに留意してほしい。家族があなたのことを力や権限を行使する機関の代理人だと思っているなら、そのことが「精神的な重荷」となって、ソーシャルワーカーに対するクライエントの反応に影響を与える。こうしたダイナミクスが大きな影響を及ぼしている状況では、このような経験を個人的なものとすることを避け、早急にクライエントの感情に同意し、受け入れ、正当性を認めることが望ましい（Berg, 1994；R.H.R.H. Rooney, 2009）。

最後に、家族のダイナミクスや構造を説明する専門用語が持つ文化的な意味合いを理解することにより、多様な家族の関与が高まる。例えば、自律性や自己差別化は、社会政治的あるいは文化的文脈の中で考えた場合、望ましい概念でも期待される概念でもない。

エコロジカルな視点による家族理解

　文化や人種は、家族を対象としたソーシャルワークのエコロジカルな体系において、単なる二つの要因にしか他ならない。その他顕著な要因には、宗教、ジェンダー、階層、家族形態または立場、仕事および家族の懸念などがある。マルチシステムに対する配慮は、マルチシステムと家族の懸念との関係に影響を及ぼし、そうした関係を明確にすることをはっきりと示すため、ソーシャルワーカーは、家族とその環境的相互作用に焦点を当てる必要がある。そうした取り組みの中で、ソーシャルワーカーは、このような要因が家族関係や相互作用のパターンにどの程度影響を及ぼすかを検討する。例えば、仕事や家族によるプレッシャーは、家族の中で役割機能を果たすための親としての能力を侵害し、役割の過重負担、葛藤、緊張感を生み出すおそれがある（Fredriksen-Golden & Scharlach, 2001；Marlow, 1993；G.D.G.D. Rooney, 1997）。米国の地方および都市部に住む家族、またその他の国々の文化的枠組みにおいても、男女平等の役割を理想とする考え方がますます顕著になりつつある。とはいえ、依然として多くの場合、女性は妻、娘、母親、親、労働者といった複数の役割を担っている。文化変容においては、ジェンダーの役割は過渡期にあるが、新しい役割に適応することが、親と思春期の子どもとの間の葛藤と同様に、緊張の源となり、それが家族システム内にストレッサーをもたらす結果となる場合がある。

　貧困家庭にとって、目先の生活や資源に対するニーズを満たすことが、より洞察志向のアプローチを追求することに優先される場合がある（Kilpatrick & Holland, 2006）。家族の文脈と環境との相互作用には、住居問題、経済的支援、学校における子どもの問題、無反応な社会的機関に対処するための介入が関わる。拡大家族、部族あるいは種族、その他重要な人々といったソーシャルサポートネットワークについては、相互作用の機能不全を軽減し、家族に対する具体的な支援を拡充するための議論において取り上げられる。ソーシャルワーカーが家族と環境との相互作用に注目しない場合、家族機能についての理解が不十分となり、ストレングスよりも病理を重視する介入を行うおそれがある。例えば、移民家族の中で生じる相互作用の機能不全は、適応に関連したストレッサーや問題に対処しようとする試みの結果である。このような可能性に焦点を当てるため、フォン（Fong, 1997）による研究では、中国人移民の間に見られる配偶者や児童に対する虐待は、ストレスに関わる適応問題が原因であると関連づけている。

　フローレス＆ケアリー（Flores & Carey, 2000）は、家族に対する多くの定着したアプローチは、マイノリティの経験に内在する社会正義、抑圧、社会的疎外の問題について、依然「取り上げていない」と指摘する。最近まで、女性にとって重要な問題に対しても、同じことが言えた。家族ソーシャルワーク実践アプローチに対するフェミニストの評価により、家族について十分な理解がなされるようになったため、ソーシャルワーカーは少なくとも、年齢、ジェンダー、家父長制度に配慮する必要性を強く認識しなければならない。ゴールデンバーグ＆ゴールデンバーグ（Goldenberg & Goldenberg, 2000）は、ジェンダーに対する配慮とは、単に性差別をしないことだけを意味するわけではない点を強調し、ジェンダーに配慮した実践とは、積極的かつ慎重に、女性が社会的および政治的な障壁によって課された制約を超えて前へ進むための支援をすることであると主張する（p.50-51）。マイノリティ女性にとって、ジェンダーの問題に加え、人種あるいは文化の問題が重なり、さらなる社会的および政治的な障壁が立ちはだかっている。こうした理由から、ソーシャルワーカーは、マイノリティ女性が、人種や民族性よりもジェンダーをさらに顕著な要因と見なしているとは推測すべきではない。

家族に関するエコロジカルな文脈を正しく認識するために、トワナとジャネット、およびアンナとジャッキーの事例をそれぞれ検討してみよう。

10代の母親──トワナの事例

否定的な社会の態度や状況もまた、家族に対して環境的な問題や脅威を与え、家族システムに影響を及ぼすおそれがある。例えば、社会は母子家庭に対し、欠点があるという見方をすることがほとんどであり、そうした家庭は、継続可能な家族形態として、そのストレングスが認められるのではなく、認識された過ちに対して責任があり、自分自身が問題状況の原因であると考えられている。シングルマザーの年齢が、さらなる緊張を生み出す。親である10代の若者は、大人として、また同時に子どもとして扱われる場合が多く、社会からは親としての義務を果たすことが要求される一方、社会制度は彼らに対し、強力な親の役割を果たす傾向にある。

思春期後半の17歳のトワナもまた、シングルマザーであり、ジャネットと暮らし始める前まで、8歳の時から3軒の里親家庭に預けられてきた。トワナは成長するにつれ、特に妊娠して以降、最後に預けられた家庭でも歓迎されなくなっていた。とりわけ思春期や10代の未婚の出産は、依然としてタブー視され、若い女性は肩身の狭い思いをする。実際に、トワナの以前の育ての親は、彼女が妊娠したことに対して腹を立て、当惑し、家から出て行くように求めた。ワインバーグ（Weinberg, 2006）によると、若いシングルマザーは、「社会から取り残された存在としての数々の分類に当てはまる」。すなわち、若いこと、女性であること、貧しいこと、人種またはエスニックマイノリティに属していること、低所得あるいは労働階級家庭の出であることに加え、何より、結婚制度の枠を超えた子どもを持つことである。社会から取り残された立場の中で、こうした若い女性は、家族、教育制度、また場合によっては、コミュニティによる支援が、次々と失敗に終わった経験をしていることが多い。トワナもまた、州の被後見人であるという周縁的な立場に置かれているために非難を受けやすい。トワナの生みの母親は、親として不適切であるとの判断を受けたため、トワナが州の被後見人となったわけだが、現在トワナの子どもも同じ立場に置かれている。ジャネットの自宅で一緒に暮らし始めるまで、トワナのサポートシステムは、次々と現れる児童福祉ワーカーで成り立っていた。

トワナは、自分の発達段階に関わる問題や子どもの発達課題に関して達成すべきものを多く抱えている。二人の発達段階に関連した欲求やニーズは、多くの点において類似点を持つ。以下の表にその類似点をまとめた。

トワナ	子ども
アイデンティティと独立心	自律性
親密さ	養育
自己効力感	自尊心
アタッチメント	アタッチメント
関係	社会的相互作用

しかし、幼い子どもは不変性を必要とする一方、思春期の少女は探求および実験のプロセスにあるため、発達上の相違がある。思春期の青少年は、家族から離れ、仲間を通して自分のアイデンティティを模索する一方、幼い子どもの自己意識は、保護者との相互関係を通して得られる。トワナの事例では、自分自身のニーズと子どものニーズを満たそうと努めてい

るが、ジャネットのサポートなしでは、役割緊張や過重負担につながるおそれがある。ソーシャルワーカーは、こうした葛藤について、トワナに対する要約報告の中で、「トワナの発言によると、子どもに対する責任があることは理解しているが、同時に、友達と一緒の時間が必要である」と述べている。

より広範な見地に立って見ると、自律性を求める思春期の青少年とその保護者との間のつながりを変えるためには、相互作用とコミュニケーションパターンを変える必要がある（Baer, 1999）。育ての親であるジャネットは、トワナとその子どものウェルビーイングを確保するという義務をはじめ、自分自身の親としての役割と一致した特定の要求をしている。ワインバーグ（Weinberg, 2006）によると、親である未成年者に対する援助は、しつけ役であると同時に解放論者の役割を果たさなければならない、難しいバランスを伴う問題である。両親が子どもの仲間や近隣住民について不安を抱いたり、厳格な監視を行ったりするなど、保護境界線を設けることはめずらしいことではない（Jarrett, 1995）。ジャネットが、「トワナの友人のことをよく知る」ために、彼らと会いたいと言ったことを思い出してみよう。しかし、この家族は、通常の家族構造とは異なる上、州の規定もある程度影響を与えている。例えば、家族としての二人の相互関係は、主に専門家が同席の上に成り立っており、親戚や友人といった協力的な家族ネットワークは、当たり前のものとして存在していない。多くの点において、ジャネットとトワナは、家族構造に関する有益な役割モデルがないまま、機能的な家族ルールを設けようとしているのである。

ゲイやレズビアンの家庭は、概して、継続可能な家族としてはなおざりにされている。したがって、多くの場合、敵対的で無関心な社会環境の中で突き進もうと試みるこうした家族の内的ストレスは、当然のものと言える。テレビの人気番組では、ゲイやレズビアン、またある程度、同性カップルも登場している。しかし、こうした番組が、人とは違った立場にいることがもたらす課題やストレッサーの現実にスポットライトを当てていることはほとんどない。例えば、レズビアンの母親は、自分の子どもに対する反応や、さらに大きなコミュニティとの関わりにおける家族の経験について懸念を口にしているが、これはその代表例である（Hare, 1994）。

レズビアンカップル──アンナとジャッキーの事例

アンナとジャッキーは、法律や恋愛上の規範に基づき、男性と女性との間の絆が強調される社会において、不適格とされる関係にある（Bepko & Johnson, 2000；Mckenry & Price, 2006）。成人して間もないアンナとジャッキーは、親密な関係を築くという年齢相応の発達課題を抱えている。関係を築くためには、役割や課題に対する新たな適応が求められる。例えば、家族との関係を見直したり、自分自身の関係を構築したりすることなどである。家族のライフサイクルにおいて、カップリングは、子どもの人生における重要な節目として、両親の歓迎と祝福を受ける。一方、社会また場合によっては家族の姿勢として、同性間の結婚は否定されている。したがって、お互いに信頼し合っていても祝福されないこうした関係は、ソーシャルサポートを持たないのである。

家族に対して「カミングアウトする」行為は、まさに家族の緊張感を生み出し、場合によっては、家族の断絶につながる。例えば、ジャッキーとアンナは、自分たちがレズビアンであること、またレズビアンカップルであることを公表する上で、異なる立場にある。アンナの家族は、娘の性の認識を快く受け入れているようであるが、ジャッキーは、家族に対してカミングアウトしたばかりであり、家族の反応をおそれ、さらにこの問題について家族と話し合うことには躊躇している。ジャッキーは、アンナとの関係において、今の段階では、両親にアンナと同居する意思を

伝えた際に、両親が「何も言わずに別のことをしていた」ことで満足している。ベプコ＆ジョンソン（Bepko & Johnson, 2000）によると、ゲイやレズビアンは、自分の家族や社会に対し、どの程度「公になること」を望むのかについて、それぞれ異なる姿勢を取る。家族による支援がなければ、同性カップルに対する外部の文化的ストレッサーは、さらに深刻なものとなるおそれがある（Connolly, 2006）。

　前述の例は、多くの文化的ダイナミクスとエコロジカルな要因のうちの一部に焦点を当てている。ソーシャルワーカーは、多様な家族に対してソーシャルワークを行い、家族機能や関係ダイナミクスに介入する上で、こうしたダイナミクスや要因に注目する必要がある。実践や介入方略を特定の家族のエコロジーに合わせることは、多次元アセスメントを必要とする複雑なプロセスである。こうしたアセスメントでは、家族生活を形作っている無数の内的および外的要因の検討などを行う必要がある。ソーシャルワーカーは、家族を観察する手段として、文化、人種、ジェンダー、性的指向、および社会政治的問題に関する知識を活用すべきである。家族には相当な多様性が見られることから、ある要因が及ぼす影響は、それぞれの家族によって異なる。ある家族にとって、文化や人種は、自分たちのアイデンティティにはあまり重要ではないかもしれないが、常に、家族の生活の指針となる必要不可欠な特性であるかもしれない。家族のナラティブを促進し、家族のストーリーに対して、積極的かつ心からの関心を示し、また家族の懸念を解決しようと彼らと協働することによって、ジェンダー、性的指向、人種および文化的選好に対する配慮のある意識が実現する。

■家族への介入――その将来への焦点づけ

　ソーシャルワーカーが家族と出会うとき、多くの場合、家族は途方に暮れ、不満を感じ、おそらく自分たちが抱える問題で頭がいっぱいの状態であろう。ソーシャルワーカーとしての責任は、家族が懸念を表明することのできる安全な仕組みや雰囲気を作り出し、家族が変化に向けて前進できるように支援することである。変化を妨げる一つの大きな障害は、カップルや家族が、将来的な希望ではなく、自分たちに欠けているものやうまくいっていないことに目を向ける傾向である。解決志向セラピーは、現在の問題に対処する短期療法のアプローチであり、初回面接のときから、将来志向を促進する。ソーシャルワーカーは、ミラクル・クエスチョンやスケーリング・クエスチョン（二つの解決志向技法）を用い、家族に対し、「将来について、どのようにしたいですか」あるいは「どのような状態になったら、家族のメンバーが、お互いのコミュニケーションを改善できたと判断しますか」といった質問をする。スケーリング・クエスチョン（「あなたが面談の予約をするために電話をしてきたとき、家族は問題を抱えていました。目標を達成した後のあなたの気持ちは、1〜10までの数字で表現するとどうなりますか」など）は、家族が自分たちの問題をリフレーミングし、人生をコントロールできるという気持ちを高める上で有用である。

　将来に焦点を当てることは、家族やソーシャルワーカーを支援する指針となる。以下の例は、前述の二つのケースに関連した仮説に基づく記述である。

- ある出来事、相互作用、緊張、あるいは口論が、将来において再発することを防ぐために、各自がしたいと思うことを即座に検討できるような話し合い。例えば、「学校が終わったら家に戻り、子どもの面倒を見ることができるようにする」といったトワナの発言や、「友達を家に

呼んでも構わない」といったジャネットの発言。
- 不満や非難は、他の人の変化が将来的にどのように家族に影響を与えることになるかという情報に置き換えることが可能である。また、不満や非難の対象となっている人も、情報を提供することができる。例えば、「あなたは、家族ともう一度話をする必要があります」といったアンナからジャッキーへ発言や、「今後、あなたがそうしてくれれば、私もあなたが提案していることをしやすくなります」といったジャッキーからアンナへの発言。
- コミュニケーションの断絶は、将来志向の観点から分析することが可能である。例えば、アンナとジャッキーのやりとりを観察した後の「たった今起こったことから、今後生かせるようなどんなことを学べますか」といったソーシャルワーカーの発言。
- 利害、ニーズ、および欲求の衝突により、家族は、「お互いに満足のいく」問題解決に関与することが可能となる。例えば、「今後、二人の関係について満足できるようにするためには、今、どのように問題を解決することができますか」といったソーシャルワーカーからトワナとジャネットへの発言。

　家族やソーシャルワーカーが、基本的な教え方や指針として、「将来に向けた選択肢」を取った場合、当事者の相互関係から非難を取り除くことができる。過去ではなく将来は、より意義のあるものとして考えられ、新鮮で、希望に満ち、緊張やストレッサーに染まっていない。当然のことながら、将来に向けた選択をするためには、家族の各メンバーは、他のメンバーの活動を監視するのではなく、今後、自分自身が何をするかという点にのみ、全力を傾ける必要がある。ソーシャルワーカーは、問題に関わる話を中断し、常にセッションの冒頭では、目標や課題を達成する上での成果に関する質問をし、また新鮮で肯定的なやりとりの仕方を生み出すことによって、さらに家族の関心を将来に向けさせることができる。こうしたアプローチを補足するために、ウァイナー－デイヴィス（Weiner-Davis, 1992）は、クライエントに対し、「例外的な時間」に注目し、うまくいっていることやその理由を特定させ、さらに、生産的な行動を習慣に変えるように促している。クライエントにとって可能なことを特定することは、不可能なことに注目するよりも、はるかに有望であり、クライエントに対して力を与えるため、例外に焦点を当てることにより、問題が軽減される。また、家族に対し、家族は変わることができること、定着しているように見える特徴も流動的であることを示してくれる。最後に、例外に注目することは、クライエントに対し、特定の状況が再び生じた場合に何をすべきかを正確に示した青写真を与えてくれる。

■コミュニケーション・パターンとコミュニケーション・スタイル

　家族に対するコミュニケーションアプローチは、家族のメンバーに対して、明確なコミュニケーションのルールを教えることから成り立つ。理論家によると、家族のメンバーがお互いのコミュニケーションに用いるパターンは、さまざまな方法で解釈される場合が多く、しばしば、誤った認知や認識によって中断される。送り手が意図するメッセージは、必ずしも、受け手がその意図通りに理解するわけではない。また、送り手と受け手との間の困難な関係は、メッセージを歪めたり、誤って伝えたりするおそれがある。

■フィードバックの与え方と受け止め方

　大切な人からの肯定的なフィードバック（すなわち、思いやり、同意、奨励、愛情、感謝、その他肯定的な配慮）は、モラル、感情の安定、自信、他人に大切にされているという気持ちを育てる。したがって、肯定的なフィードバックを増やすことにより、個人のウェルビーイングや円満な家族関係を育むことができる。家族のメンバーが肯定的なフィードバックを増やすことを可能とするために、ソーシャルワーカーは、以下の分野における技術を身につける必要がある。

- 肯定的なフィードバックの授受が、どの程度行われているかを評価するにあたり、クライエントを関与させる。
- クライエントに対し、肯定的なフィードバックの重要な役割について教育する。
- 肯定的な認知の仕方を育む。
- クライエントによる肯定的なフィードバックの授受を可能にする。

　以下の項では、上記の各技術について検討する。

肯定的フィードバックの授受の適切さに関するアセスメントにクライエントを関与させることについて

　破壊的なコミュニケーションパターンは、ぎくしゃくした関係が原因であることが多いため、最終的に、家族システムは不安定となる。コミュニケーションに関する理論家は、家族とは、否定的なフィードバックと肯定的なフィードバックの二つのコミュニケーションプロセスに依存する機能的システムであると考えている。また、あらゆる行動がコミュニケーションであると考える。したがって、こうした理論家によると、ソーシャルワーカーの役割とは、家族が自分たちの相互作用のプロセスを変えるための支援をすることである。

　ソーシャルワーカーは、家族や個々のメンバーを援助するにあたり、家族が大切な人に対して、どのような方法、頻度で、肯定的なフィードバックを与えているかを評価することにより、コミュニケーションの特徴を直接探ることができる。カップルまたは家族セッションにおいて、こうした目的を実現するために、以下のような質問が有用である。

- 「あなたが家族のメンバー（あるいはパートナー）のことを大事に思っていることを本人にわかってもらうために、どのようなメッセージを送りますか」
- 「あなたは、そのようなメッセージをどのくらいの頻度で送りますか」
- 「家族の他のメンバー（あるいはパートナー）の肯定的な行動に関して、どのくらいの頻度でフィードバックをしますか」

　カップルが深刻な状況にある場合や家族が崩壊している場合、そのメンバーは、肯定的なメッセージをまれにしか送らない、あるいはまったく送らないことを認めるだろう。場合によっては、肯定的な感情を熱っぽく表現するようなことはないかもしれないが、表現されていないだけで実際はもっと頻繁に肯定的な感情をお互いに抱いているものである。ソーシャルワーカーは、カッ

プルや家族がどのように肯定的なフィードバックを伝えるのかを検討することに加え、相手からのフィードバックをもっと増やしてほしいという願望を探ることが可能である。家族のメンバーがどのように肯定的なフィードバックを送るのか、あるいはどの程度肯定的なフィードバックを増やしたいと望んでいるのかについて話し合うことにより、肯定的なコミュニケーションに向けた道筋が開かれ、口論、批判、また非難やけなすようなメッセージが繰り返される悪循環に陥っていた関係を改善することが可能となる。

肯定的フィードバックの重要な役割に関してクライエントを教育することについて

　家族のメンバーは、肯定的なフィードバックを受ける必要性について話すうちに、対人関係におけるこうした側面の重要性を正しく認識し始める。ソーシャルワーカーは、家族の意識をさらに高めるために、肯定的なフィードバックがなぜ家族の相互作用にとって重要であるかを説明することができる。肯定的なフィードバックを増やす根拠は、単純である。クライエントに自分自身のニーズを表現することを教えるためには、クライエントが自分の感情やニーズを個人的なメッセージに込めて送る手助けをする必要があるためである。

　以下の発言は、肯定的なフィードバックに対するニーズを明確に示すメッセージの例である。

- パートナー：「私の母親のための計画について話していた時、私は、あなたの話に口を挟まなかったわ。私がいつもと違うことをしたときには、あなたに気づいてほしいの」
- 思春期の青少年：「昨日、成績表を見せたとき、私はがっかりしたよ。今学期、私は本当に一生懸命がんばったのに、たった一つのBだけに注目して、他はすべてAであることなんか、どうでもいいみたいだったね」

　上記の発言において、それぞれの話し手は、自分のメッセージを個人化するために「私」を用いている。また、各メッセージは、話し手が相手に対して何を求めているのかを明確に示している。メッセージがこれほど明確ではない場合、コミュニケーションは、さらに崩壊するおそれがある。ソーシャルワーカーは、こうした状況において、緊急介入の技法を用いた介入を行うことが可能である。この技法を用いる場合、ソーシャルワーカーはクライエントに対し、以下のやりとりが示すように、感情やニーズを示す明確なメッセージを組み立てるためのコーチを行う。以下は、夫からの肯定的なフィードバックを求める妻の発言から始まるが、妻が夫に何をしてほしいのか、明確に示されていない例である。

ルース（夫に対して）：「みんなが来る前に、家の片づけを精一杯やったのに、あなたが気づいたのは、私が何をやらなかったのかってことだけよ。例えば、お風呂場のドアに指紋がついているって言ったわよね」
カール（妻に対して）：「まあ、現実を見ろよ。実際に指紋はついていたわけだし、きみもそれを認めただろ」
ソーシャルワーカー：「カール、ルースが言おうとしていたことは、二人の関係において、何が彼女にとって重要かということです。ルースが言わんとしているポイントが、口論の中でうやむやになってしまうことはよくないですね。ルース、自分が言ったことに対して、ちょっと考

えてみてください。あなたが、カールに対してお願いしたいことは何ですか」
ルース（少し考えてから）：「つまり、カールは、私が言うことに気づいていないという意味ですか」
ソーシャルワーカー：「ある意味、そうです。ルースは、自分がしたことに対して、カールが認めてくれていることを、言葉で伝えてほしいのですよね」

　上記の例において、ルースは、重要な情報、つまり自分の価値を実感する必要性を伝えたのである。人は、自分自身について、また自分がすることに対して、肯定的なフィードバックを受けることを望んでいる。相互関係において、常に否定的な結果に焦点を当てている場合、当事者は落胆し、不安になり、その結果、関係は悪化する。
　ソーシャルワーカーは、ルースとカールに対し、肯定的なフィードバックの重要性を教える中で、これを機会に、今までとは違う方法でコミュニケーションを取る練習をさせた。

ソーシャルワーカー：「ルース、もう一度はじめからやり直して、あなたがカールから肯定的なフィードバックを望んでいることを伝えてみてください。今回は、あなたがカールに望むことが明確に伝わるように、"I"メッセージを送ってください」
ルース（ためらいながら）：「何とかやってみます。カール、私は、悪い点だけでなく、私がした良い点についても、あなたにコメントしてほしいのです」

　初めのうち、クライエントは、自分の感情を明確に表現することについてためらいを感じる場合がある。家族のメンバーに対するコミュニケーション支援の後半では、注意深く聞くための支援を行う。カールに対し、ルースのメッセージから理解した内容を繰り返させることは、内容の聞き取りを重視するための一つの方法である。すべての人が、必ずしも、自分のニーズを率直かつ明確に表現するとは限らないため、家族のメンバーには、ただ相手の話を聞くだけ以上のことが求められる場合がある。すなわち、相手の不満、疑問、態度で示されたニーズに耳を傾ける（波長を合わせる）ことが必要となる。また、波長合わせでは、非言語メッセージ、およびそうしたメッセージがどんな感情を伝えているかといった点に注目させる。
　家族のメンバーにとって、他のメンバーのメッセージに内在するニーズに波長を合わせることは難しいため、ソーシャルワーカーは、前述の例が示すように、「教えることができる瞬間」をとらえ、クライエントがこうした技術を身につけるための支援を行う必要がある。具体的には、ソーシャルワーカーはルースに対し、カールから肯定的なフィードバックが必要であることを表現するよう促した。また、ルースの支援を行う際、自分の気持ちを直接カールに伝えることを促す推進役を務めた。同様に、ソーシャルワーカーはカールに対しても、ルースにフィードバックを提供させ、夫婦間の肯定的な相互作用の促進において重要な役割を担った。これは、非常に大事な点である。ソーシャルワーカーが触媒となって、効果的な学習モードである、実際に肯定的な相互作用に関与させる場面をつくり出すことによって、二人が新しいコミュニケーションスキルを身につけるためのきっかけ役となった。

肯定的な認知を育む

　家族のメンバーは、相手のストレングス、性格のプラス面、および行動を認めることができな

ければ肯定的なフィードバックを提供できるようにはならない。こうしたポジティブな資質に気づくことのできる者もいれば、常に弱点や欠点に気づく者もいる。認知の仕方は、他との関係に基づく歪んだ思い込みや自動的な思考、すなわち、機能不全の人間関係を維持する、現実に基づかない否定的なスキーマに由来する考え方で構成されている（Collins, Kayser & Platt, 1994；Berlin & Marsh, 1993）。要するに、個人が非現実的あるいは誤った世界観を持っている場合、スキーマに問題があるのである。したがって、他人との相互作用における行動は、そうした歪みによる影響を受けることとなる。ここで重要な点は、態度、思考、および期待は、一般的に、感情と結びついているということである。

　ソーシャルワーカーは、認知行動アプローチを用い、家族のメンバーが認知の歪みを修正し、新たな行動を身につけるための援助を行うことによって、家族の相互関係の改善に努める。また、思考、感情、および行動に影響を及ぼす否定的な認知の仕方を取り上げ、家族のメンバーに示すことにより、最終的に家族が肯定的な行動に焦点を当てる姿勢を身につけるための支援を行う。次に、こうした課題を達成するための方略について説明しよう。

カップルに対し、肯定的な認知の仕方に敏感に反応させる

　家族やカップルに対し、随伴性契約を交渉することによって、肯定的な認知の仕方を構築するための支援に向けた準備を整えることが可能となる。随伴性契約は、両当事者の間の望ましい行動変化、および相互関係における明確なルールを特定し、両者がお互いに肯定的で報いのある行動を交換することに合意する旨を明記する（Becvar & Becvar, 2000a）。社会的交換理論に基づき、認知行動主義者は、行動交換は相互主義の規範に従うと主張する。すなわち、一方の否定的あるいは肯定的な行動は、他方の相互交換行動をもたらす。ソーシャルワーカーは、随伴性契約を用い、援助プロセスの初期段階で積極的に介入することで、ストレングスや成長に焦点を当てたり、クライエントが「肯定的な面への関心」を持つことを、規範的行動の一部として取り入れたりできるようにする。家族は、相互目標とともに、望ましい行動変化を測る一連の肯定的指標を設定することが可能である。通常、ソーシャルワーカーは、家族（またはカップル）とともに、毎週、この指標に基づき経過の見直しを行う。

経過の見直しと段階的な成長の評価

　ソーシャルワーカーは、各セッションの終わりに、参加者に対して達成した作業の見直しをさせ、段階的な成長を観察することにより、肯定的な面に対する家族の配慮を高めることができる。段階的な成長に焦点を当てるため、以下の例が示すように、参加者に対し、自分自身の現在の機能と以前の機能とを比較するように指示する。

ソーシャルワーカー：「今回で4回目のセッションとなりました。まず、家族のお互いのコミュニケーションの仕方において、変わった点を特定することから始めましょう。その後、こうした変化を、初回セッションでのコミュニケーションの仕方と比較することができます。とりあえず、私の所見を発表することは控えておきますが、みなさんの話し合いが終わったら、そこで特定された変化に対して、私の所見を付け加えることにします」

認知の仕方を高めるための課題の導入

　家族のメンバーが、次のセッションまでの間に実行できる課題を話し合うことにより、肯定的な認知の仕方の構築が促進される。例えば、肯定的なフィードバックを提供する頻度に対して、家族のメンバーやカップルの意識をさらに高めるために、お互いに送った肯定的なメッセージの数を毎日記録するように依頼する。また、自分の行動の結果として生じた他のメンバーによる互恵的行動にも注目しなければならない。このような実践により、家族のメンバーとソーシャルワーカーは、肯定的な見方に関するクライエントの成果を明確に理解できるばかりでなく、将来的にクライエントの経過を評価する上で活用できるベースラインを設定することが可能となる。家族のメンバーは、何をすべきかについてのはっきりとしたプランもないままモニタリング期間中に望ましい行動の頻度を増やしてしまうことがよくある。体系的な方法で、他のメンバーの肯定的な態度に注目することにより、クライエントは徐々に、より肯定的な認知の仕方を実現することができる。当然のことながら、最終的な認知の仕方の強化は、他のメンバーとの相互関係を改善することにより実現する。

クライエントによる肯定的なフィードバックの授受を可能にすることについて

　ソーシャルワーカーは、クライエントが肯定的なフィードバックを伝える方法を身につけるための支援を行う上で、メッセージを自分流にアレンジすることを教え、他のメンバーにフィードバックを提供する上での指針を与えることが可能である。教育的介入として、適宜ロールプレイを活用することは、家族のメンバーが肯定的なメッセージを組み立て、自分の経験を信頼のおける方法で共有するために必要な技術を開発する上で役立つ。ある程度深刻な否定的状況が、長期間にわたり続いている場合にも、ソーシャルワーカーは、家族のメンバーが肯定的なフィードバックを受け入れ、信用する方法を身につけるための支援を行う必要がある。

　こうした活動を完了した家族のメンバーは、肯定的なフィードバックの割合を高めるという最終目標に取り組む準備が整ったことになる。ソーシャルワーカーは、より高いレベルでの肯定的なフィードバックを提供することを定めた課題について話し合うことにより、クライエントを援助する。当然のことながら、課題に対しては、家族の同意が必要であり、また肯定的なフィードバックを達成すべき割合を決定するのも家族である。家族のメンバーは、自分のベースライン情報（モニタリングを通して収集済みの情報）を見直し、通常の割合を超えて、自分の能力よりも「背伸びした」日々の目標を設定するように促される。例えば、父親に対し、毎日平均0.8回の肯定的なフィードバックを提供している思春期の青少年は、一日2回の肯定的なフィードバックを行うことを初回の課題とする。その後、自分で選択した一日5回という最適な割合まで、肯定的なメッセージを送る回数を徐々に増やしていく。

　家族のメンバーが、肯定的なフィードバックを増やすという課題を実行する中で、誠意のない肯定的な表現を使い始めるおそれがある。こうした表現は、メッセージの送り手と受け手の双方にとって非生産的であるため、ソーシャルワーカーは、このような行動に注意しなければならない。

　家族のメンバーとともに、課題の実行を計画する上で、課題実行手順（TIS）に従うことが重要である。この演習の一部では、最も一般的な二つの障害を含め、どういったことが課題遂行の妨げになるかを予期している。第一の障害は、感情の表現がうまくできない家族のメンバーが、初期の段階で、「自然に感情の表現が出てこないのです」といった不安を報告することであ

る。第二の障害は、家族のメンバーが肯定的なフィードバックの割合が増えたことに対し、特にそれが今までにない行動の場合、好意的ではない反応を示し、「今度は、彼女は私に何をしてほしいのだろう」とメッセージの送り手の誠意を疑う場合がある点である。ソーシャルワーカーは、家族のメンバーが他のメンバーの懐疑的な態度に対処するための支援として、モデリング、適切な対処行動のリハーサルをさせる（自分の取り組みに誠意があることを主張するなど）、また障害にかかわらず、行動を変える必要性を強調することが可能である。いかなる課題の場合であっても、今後のセッションにおいて経過を見直す計画を立て、家族のメンバーが直面した好意的な反応や困難を探る必要がある。

　これまで、家族が肯定的なフィードバックを授受するための支援をする上で有益であると紹介してきた方略の多くは、カップルや両親に対しても適用可能である。したがって、カップルや両親に対して用いられる追加的な課題については、簡単に確認するにとどめておく。カップル間の肯定的な相互作用を高めるために活用できる一つの技法は、スチュアート（Stuart, 1980）、コリンズ、ケイザー＆プラット（Collins, Kayser, & Platt, 1994）が論じる方略である。つまり、両方のパートナーに対し、「パートナーが、あなたのことを大切に思っていることを示す手段として、具体的にどのようなことをしてほしいですか」と尋ね、望ましいアクションや行動を特定するように依頼する。それぞれの配偶者やパートナーに対し、望ましいアクションを特定する機会を与えたら、次に相手が特定した具体的な行動に関与するための課題を策定させる。クライエントに望ましい肯定的な行動リストを作成させ、それらに優先順位をつけてもらうやり方が役に立つ。こうした課題の効果は、相手が望ましい行動に関与したことに対し、各自がフィードバックを提供し、感謝の気持ちを表現する際に現れる。

　未成年者に対する肯定的なフィードバックを増やす目的で、両親と課題を話し合う前に、両親に対し、それぞれの子どもの行動リストを作成するように依頼する。続いて、両親が最も変えてほしいと思う行動を選択してもらい、この変化のプロセスは、できたかできないかではなく、段階的に進むものである点に注意させる。次の手順は、両親が一週間の間に機会を見て、特定された行動が起こっていないとき、例えば、子どもが兄弟げんかをしていないときなどに、肯定的なフィードバックを与えるという課題について話し合うことである。さらに、両親に対し、子どもがターゲット行動の代わりに、両親が望む行動をした場合、例えば、子どもが真実を話したときなどに、肯定的なフィードバックを与えるように教授する。当然のことながら、両親が、特に子どもに望ましい行動を取らせるために、常に口やかましくしたり、罰の脅威を与えたりすることのみを手段としていた場合、こうした方略に同意することに躊躇するかもしれない。このような場合、子どもが特定された行動を示した代わりに、ある報酬をもらえるような取り決めを両親とともに結ぶことによって、指示に従うことに対する動機づけを子どもに与える必要がある。

　両親の子どもの行動に対する関心は、行動の悪化、修正、あるいは強化に影響を与える要因であるため、両親が肯定的なフィードバックに関する技術を習得することは重要である。未成年者が期待通りの行動をしたとき、残念ながら、両親はそうした子どもの行動を当然のこととして受け取る場合が多い。しかし、子どもは、自分がすでにしていることで、両親が喜ぶこととはどんなことであるかを知る必要がある。両親が常にこうした肯定的なメッセージを使っている場合、それは望ましい行動を形作り、育む上で大きな影響を与える。両親が子どもに対し、特定の行動を取ってほしいと望んでいる場合、その行動が現れたときに、子どもに対して肯定的なフィードバックを与える必要がある。以下の親のメッセージにおける強化特性に注目してほしい。

- 「わざわざおばあちゃんを訪ねてくれて、本当にありがとう。おばあちゃんもきっと喜んでいるわ」
- 「たばこを吸ったかどうか尋ねたとき、本当のことを話してくれてありがとう」

　両親は、代理学習やモデリングの面から、自分自身の行動にも注意する必要がある。子どもは、他の人や出来事を観察することを通して、行動とその影響について学ぶのである。

　望ましい行動を強化する肯定的なメッセージや具体的な報酬を与えることに加え、段階的な変化やそれに続く強化をもたらす課題は、年少の子どもにとって特に有用である。漸次接近（法）と呼ばれる課題は、段階的な変化をもたらし、望ましい行動をスモールステップに分け、望ましい行動全体が実現するまで、随伴性と報酬を与える形成プロセスとして機能する。したがって、子どもに対するターゲット行動が、静かに椅子に座っていること、教師の言うことを注意して聞くこと、発言する前には手をあげ、名前を呼ばれるまで待つことである場合、両親は、全体の中の最初のスモールステップとして、まず「座っていること」に対し、報酬を与える（Becvar & Becvar, 2000a, p.262）。

■家族への介入──関わりの修正のための方略

　家族が一般に示す相互関係の問題には、反復的な口論、力や権限をめぐる争い、依存から独立、あるいは相互依存への移行に関わる発達上の葛藤、意思決定における意見の衝突、役割に対する認識とその実現の矛盾に関わる摩擦、その他誤ったコミュニケーションの形態などが含まれる。対人葛藤は、重複する傾向にある。すなわち、個人は、相手との関わりにおいて、予想通りに同じ否定的な結果につながるさまざまな種類の相互作用を何度も繰り返す。そこで、家族に対し、より機能的なコミュニケーションパターンや相互作用を築き上げるための援助を行うため、相互作用の機能障害を修正するように促す上で利用可能な指針や技法について、詳しく説明する。また、認知行動理論、構造理論、家族システム理論、コミュニケーション理論、および課題中心家族ソーシャルワーク実践で利用される技法を取り上げる。家族のメンバーに対し、コミュニケーションスキルを教えることは、コミュニケーション不全を改善する上で不可欠な点であることに留意しなければならない。

メタコミュニケーション

　家族のメンバーは、コミュニケーション不全を改善するために、自分たちのコミュニケーションパターンについて話し合い、行動や情動反応を分析し、相互作用が自分たちの関係に与える影響を検討しなければならない。こうした話し合いは、「コミュニケーションについてのコミュニケーション」を行うことから、メタコミュニケーションと呼ばれる。たった今生じたコミュニケーションについて家族と話し合う場合、参加者は、メタコミュニケーションに関与していることになる。実際に、カップル、家族、およびグループ療法の大半では、メタコミュニケーションに焦点を当てる。同様に、援助関係の中で生じた関係反応について話し合う場合にも、メッセージやアクションの意味を明確にしている。意図を明確にするメッセージ（「私はあなたをからかっているだけだよ」あるいは「私があなたと話がしたいのは、お互いのわだかまりについて後悔しているからだ」など）、あるいははっきりしない曖昧な相手のメッセージを「よく調べ」たり、明確化を

求めたりするメッセージ（「あなたが、それをどういう意味で言っているのかよくわかりません」、あるいは「あなたが言ったことを理解しているか、確認させてください」など）といったメッセージも、メタコミュニケーションの例である。メタコミュニケーションには、言語および非言語の両方の内容が含まれる。非言語メッセージの内容は、声のトーンやボディランゲージを通して成立し、さらに、メッセージの意図や当事者間の関係が形成、定義されていく。

メタコミュニケーションの技術は、不必要な誤解を避け（メッセージの意味をよく調べることによって）、また相手に対し、攻撃的あるいは不快なコミュニケーションスタイルを修正する機会をもたらすフィードバックを与えることから、効果的なコミュニケーションにおいて重要な役割を果たす。さらに、関係上の葛藤における対立あるいは混乱が最低限に抑えられる。したがって、ソーシャルワーカーの主な役割は、クライエントが生産的な方法で、メタコミュニケーションの仕方を身につける支援をすることである。

クライエントに対し、メタコミュニケーションの仕方を身につけさせる支援を行う技術は、あらゆるクライエントシステムに対して重要であるが、矛盾したダブルバインド的なメッセージや、メッセージの中に内在するメッセージが頻繁に使われるなど、コミュニケーション不全のパターンを示す家族にとって特に重要となる。こうした家族は、メッセージの意味を明確化したり、自分のメッセージが相手に与える影響に注意を払ったりすることはほとんどない。

以下の例では、アンナとジャッキーとの間のコミュニケーションを高めるために、メタコミュニケーションが活用されている。

アンナ：「ジャッキーは、家族に対して何も話さないんです。私の家族は、何でもざっくばらんに話します。ジャッキーも、家族と同じように、何も話さないのです」（ニーズの異なる別々の個人として、ジャッキーの不当性を主張している）

ジャッキー：「私だって、家族に話はするわ。私たちが一緒に暮らすことについても話しました。仕事から帰ってきて、疲れているときには、何も話したくない時だってあります。アンナの家族は、何でも話しすぎると思うわ」

アンナ：「ジャッキーは、ゲイであることについて、家族と何も話していません」（責任転嫁、ジャッキーのメッセージに対する反証）

ジャッキー：「私の責任ではないわ」（立場の弁護）

ソーシャルワーカー：（アンナの反証メッセージを回避するために介入）「ジャッキーは、アンナが自分の家族とあなたの家族を比較する時、どう感じていますか」（メタコミュニケーションを促し、アンナがジャッキーの代弁者を務めようとする行為に対して介入する）

その後のやりとりの中で、ソーシャルワーカーは、二人の相互作用が通常の非生産的な方向へ進むのを阻止するために、積極的に介入した。想像できるように、こうした堂々めぐりのやりとりは、解決することなく、永遠に続くおそれがある。ソーシャルワーカーは、アンナがジャッキーの行動に責任を転嫁し、ジャッキーの代弁者としてふるまうことを認めないことにより、現状に介入する措置を取った。さらに、二人の家族を比較することが、いかにジャッキーにとって納得できないことであるかを話し合わせることによって、アンナが、いかにこうした比較が自分とジャッキーとの関係に影響を与えるかを理解するきっかけとなる。ソーシャルワーカーは、アンナがメッセージの中に内在するメッセージを伝えていると認識し、アンナに対し、「ジャッ

キーと両親との会話が、あなたにとって、どのような意味を持っているのですか」と尋ねた。アンナにとって、ジャッキーと両親との会話は、二人の関係を確認する一つの方法である。今までに、直接そのような発言はしたことがないため、これはメッセージの中に内在するメッセージである。さらに、ソーシャルワーカーは、二人はどのようにコミュニケーションパターンを修正することができるかを明確にし、修正プロセスを開始した。当然のことながら、永続的な変化をもたらすことを目的とした介入の場合、時間をかけて実施しなければならない。

家族内のルールの修正

家族びルールは、家族システムにおける行動の範囲、特定の出来事に対する一連の相互作用や反応を定める。ルールとは、家族システムが均衡を維持するための手段である。しかし、機能を果たさない家族ルールは、家族のメンバーの機能を著しく損なうおそれがある。家族ルールは、明白でない場合が多いため、そうしたルールが明らかにされて初めて、変化をもたらすことが可能となる。ソーシャルワーカーは、家族のメンバーに対し、家族ルールが家族の相互作用に与える影響を認識、考慮させるための援助を行うことが可能である。この点について詳しく説明するために、家族のコミュニケーションスタイルや家族ルールに会話の焦点を当てたアンナとジャッキーの例に戻ろう。ソーシャルワーカーは、二人の家族の違いについての所見を述べ、家族ルールやコミュニケーションスタイルが関係における相互作用に影響を与える点を強調した。こうした違いについての葛藤を解決していくにあたり、ソーシャルワーカーはアンナに対し、「ジャッキーの家族は、あなたの家族のようでなければなりませんか」と尋ねた。家族のルールについての率直な話し合いを奨励することにより、二人の関係上のニーズに対し、より適したルールを検討することが可能となる。

家族を対象とした場合、家族がいかに機能しているかをソーシャルワーカーと家族が理解するために、家族に明確なルールや暗黙のルールを書き出してもらうことが有益である。ソーシャルワーカーは、以下の発言が示すように、家族に対して概念を紹介することによって、家族にルールを検討するための準備をさせることできる。

ソーシャルワーカー：「家族のみなさんが直面している問題に取り組むにあたり、家族がどのように機能しているかについて、さらに理解する必要があります。いかなる家族も、メンバーの行動の仕方について、ある程度のルールを持ち、理解をしています。場合によっては、こうしたルールは特定しやすいものです。例えば、食事をした後、各自自分のお皿を片づけることは、家族全員が従うべきルールの一例です。食事が終わったら、家族のメンバーは何をしなければならないかという点について、メンバーの誰もが容易に言える内容であるため、これは明確なルールと言えます。しかし、家族の行動は、これほど簡単に特定できない他のルールによっても管理されています。家族のメンバーは、こうしたルールに従っているにもかかわらず、そうしたルールが存在していることに気づいていない場合が多いのです。以上の二種類のルールについての理解を深め、家族の中で機能しているそうしたルールの一部を特定できるように、いくつか質問をしていきます」

例えば、家族のメンバーに対し、「学校の宿題（あるいは、テレビを見ることや家の手伝い、友人）に関して、どのようなルールがありますか」といった質問をして、いくつか明確なルールを書き出すように指示し、必要に応じて指導をすることが可能である。家族のメンバーが共通し

第 15 章　家族関係の強化

た明確なルールをいくつか特定したら、次に暗黙のルールについての話し合いを行うように促す。例えば、家族のメンバーに対し、怒りや肯定的な感情を表現することに関するルールを特定したり、意思決定や力について検討したりするように依頼することができるだろう（「子どもが何かを求めている場合、家族のうちの誰のところへ行きますか」など）。こうした質問の意図は、ルールについて長々と検討することではなく、ある特定のルールが家族の相互関係を損なうおそれがあることを強調しながら、いかに隠れたルールが家族の行動に影響を与えるかを示すことである。

　この点について、ジョンソン夫妻および三人の娘が参加する3回目のセッションから抜粋した、以下の場面におけるソーシャルワーカーの役割について検討してみよう。ソーシャルワーカーは、家族に対し、隠れたルールがいかにパターン化したやりとりに影響を与えているかを特定するための支援を行っている。

マーサ（14歳）：「私のクローゼットから、また勝手に赤いジャージを取ったでしょ。本当に頭にくるわ」

シンシア（15歳）：「あんただって、先週、ブリトニー・スピアーズのCDを持っていったきり、返してくれないじゃない。あれはどうなったのよ」

ジョンソン氏：「家族の中では、みんなで貸し借りするんだよ。おまえたちもわかっているはずだぞ」

ソーシャルワーカー：「それは家族ルールのようですね。ご家族の中では、どういう意味があるのですか」

ジョンソン氏：「我が家では、余計なものを買うお金が限られているため、娘のために買ったものは三人で共有し、独り占めしないことになっています。それに加え、三人は年も近いし、趣味も似ているのだから、共有できるはずです」

ソーシャルワーカー：「では、ある特定の物をめぐって、意見が合わない場合はどうするのですか」

マーサ：「シンシアに対して腹が立ち、彼女にもそう言ったわ」

ソーシャルワーカー（シンシアに対して）：「それで、あなたはどうしたのですか」

シンシア：「マーサだって、私に貸してくれなかったんだから、文句を言う資格はないって言ったわ」

ソーシャルワーカー：「シンシアとマーサ、あなたたち二人がやっていることは、非難のメッセージと呼ばれるものです。二人もそう思いますか。（二人はうなずく）
　（ジョンソン氏に対して）シンシアとマーサが言い争いをしていたとき、自分は何をしたか覚えていますか」

ジョンソン氏：「二人が言い争いやどなり合うのをやめさせようとし、物を共有しなければならないことを思い出させようとしました」

ソーシャルワーカー（隠れたルールを探りながら）：「家族のみなさんは、共有しなければならないことを意識していますか。家族のルールを理解しているかどうかを見るために、いくつか質問することから始めたいと思います。この点をさらに検討していっても構いませんか。
　（13歳のジェニファーに対して）あなたは、これには加わっていませんね。家族の中の誰かと言い争いをすることはありますか」

ジェニファー（笑いながら）：「お母さんとマーサ、でもだいたいお母さんとです」

ソーシャルワーカー：「お母さんと言い争いになった場合、どうなるのですか」

ジェニファー：「お父さんが家にいたら、止めようとします。お母さんには二階へ行くように言って、私に話をするのです」

ソーシャルワーカー（ジョンソン夫人に対して）：「ご主人が、娘さん同士、あるいはあなたと娘さんとの言い争いを止めた場合、あなたはどうするのですか」

ジョンソン夫人：「ジェニファーや他の娘との問題を夫に任せてしまうこともあります。でも、主人が関わると、私もすごく腹が立ち、主人と私がけんかになってしまう場合もあります」

ソーシャルワーカー：「そのような状況で、実際に何が起こるのかを理解するためには、さらに多くのことを検討していかなければなりませんが、今のところは、ジョンソンさんに、ルールについて明確にしてもらいましょう」

ジョンソン氏：「私は常に、家族のけんかや言い争いを止めようとします。娘たちには、物を共有して、お互いに仲良く、お母さんを悲しませないようにしてほしいと思っています」

ソーシャルワーカー：「お父さんが、家族の調停者であるようですね。これは、非常に大変な役割だと思います」

ジョンソン氏：「ええ、別に見返りがあるわけではないですからね」

ソーシャルワーカー：「ルールだけの問題ではありません。お父さんに、調停役をさせているのは誰ですか」

ジョンソン夫人：「私たち全員です」

ソーシャルワーカー：「その通りです。それはお父さんのルールではなく、家族のルールです。家族が言い争いをして、お父さんがそのけんかをやめさせているのですよね」

　上記のシナリオでは、検討の余地のある項目が数多くある中、ソーシャルワーカーは、主なルールのうちの一つ、例えば、物を共有することを家族が特定するための支援を行うことによって、焦点を絞っている。また、家族の言い争いにおける父親の調停者としての役割を定めるルールについても取り上げている。家族のパターン化した相互作用をさらに検討した後、ソーシャルワーカーは、家族がこれまでのルールのもとでお互いの関係を続けていくことを望んでいるかどうかを判断する手がかりとして、以下の質問をした。

父親に対する質問

- 「実際に、娘さんや奥様のけんかをどの程度うまくやめさせることができていますか」
- 「あなたが調停者の役割を果たさなかった場合、家族がどうなってしまうことを最もおそれていますか」
- 「家族の調停者としての役割から逃れたいと思いますか」

家族の他のメンバーに対する質問

- 「お父さんには、自分たちの言い争いの仲裁に入る役割を続けてほしいですか」
- 「お父さんが、調停者としての役割をやめた場合、あなたたちの関係はどのようなリスクにさらされると思いますか」
- 「自分自身の問題は、自分で解決したいと思いますか」

以上のような質問は、家族全員の関心をパターン化した相互作用に向けさせ、システムにおける行動の機能を見極めるように促す。

次に、ソーシャルワーカーの重要な課題は、意見の相違を解決するための新しい技術を教えることにより、家族がルールを修正するための援助を行うことであった。また、父親に対し、調停者としての役割を減らしていくためのコーチを行い、娘たちや母親に対しては、自分たちの問題は自分たちで解決させてもらえるように要求するためのコーチを行う必要があった。

緊急介入

緊急介入は、カップルまたは家族のメンバー間でメタコミュニケーションが生じた場合、ただちに介入することにより、相互作用のパターンを修正する効果的な手段である。例えば、ソーシャルワーカーは、アンナとジャッキーのコミュニケーションにおける反復的なパターンを阻止するために、緊急介入の技法を活用している。また、緊急介入は、以下のような場合に有効である。

- クライエントが、曖昧または不快なメッセージを送っている。
- メッセージの受け手が、その意味を歪曲している。
- メッセージの受け手が、重要なメッセージや感情に対し、適切な対応をしていない。
- メッセージの結果、破壊的な相互作用が生じている。

緊急介入の実施にあたり、以前のコミュニケーションの破壊的な影響に焦点を当て、そうしたコミュニケーションの種類をラベリングすることによって、今後、家族のメンバーが自分たちの機能障害行動を特定できるようにする。また、緊急介入を活用する上で、ソーシャルワーカーは家族のメンバーに対し、より効果的なコミュニケーション方法に関与する仕方を指導する必要がある。

以下の事例は、家族のメンバーに対する、より効果的なコミュニケーションの方法の指導について示している。ソーシャルワーカーは、当事者のいずれもが正しいのか間違っているのかわからない解決不可能な「袋小路」の言い争いに対して介入している。

夫:「きみが買い物へ行く時、脱臭剤を買ってきてほしいとはっきりと言ったはずだ」

妻:「あなたがそう思っているだけで、実際には言っていないわ。もしあなたがそう言っていれば、私は覚えているはずですから」

夫:「いや、きみが覚えていないだけだ。私は絶対に言ったはずだから、きみが責任を転嫁しているんだ」

妻(明らかにイライラしながら):「あなたは、絶対に言っていないわ。あなたの方こそ忘れているのよ。私が忘れたなんて言ってほしくないわ」

ソーシャルワーカー:「ちょっとここで話をやめて、二人の間で何が起こっているのか考えてみましょう。二人の記憶に食い違いがあり、どちらが正しくて、どちらが間違っているのかを判断することはできません。これは解決できないことですから、いわゆる袋小路の口論です。お互いに相手が間違っていると思い込んでいるのですから、どちらが正しいのかを議論したところで腹が立つだけです。それでは、問題を解決することはできません。お互いの関係に、わだ

かまりができるだけです。もう一度、はじめからやり直しましょう。こうした状況に、より効果的に対処する方法をお二人にお見せしてもいいですか」

もう一つの方法として、当事者の相互作用をラベリングした上で介入し、建設的なコミュニケーションを行うように指導した後、カップル（または、家族のメンバー）に対し、自分たちの行動を特定させ、適宜、修正するように介入してもよいだろう。例えば、「ちょっと待ってください。今やっていることは何か、このまま続けたら、どういう結果になるのか、考えてみてください」といった発言をして、当事者のやりとりを中断する。家族のメンバーにとって、パターンを修正する上での中間目標は、非生産的な行動を認識し、そうした行動を減らすこと、また有害なコミュニケーションスタイルの代わりに、新たに身につけたコミュニケーションスキルを取り入れることである。当然のことながら、家族のメンバーにとっての最終目標は、セッションとセッションの間の集中的な取り組みを通して、非生産的なプロセスを取り除くことである。

緊急介入を行うためのガイドライン

1．内容ではなく、プロセスに焦点を当てる。ソーシャルワーカーが家族のメンバーに対し、さらに大きな貢献をするためには、葛藤の内容ではなく、相互作用のプロセスに焦点を当てなければならない。葛藤とは、通常、問題の中身をめぐって明らかになるものだが、葛藤の焦点に対処する中で、家族のメンバーがどのように関わり合うのかといった点がさらに重要となる。「袋小路の口論」の例が示すように、ある口論において誰が正しいのかという問題は、通常、その口論のプロセスがもたらす破壊的な影響に比べ、些細なものである。したがって、ソーシャルワーカーは、一般的には、口論の話題にはあまり重きを置かず、その代わりに、家族のメンバーが熱心に、尊重しながら相手の話に耳を傾け、自分の感情や問題における責任を認めるための支援に焦点を当てなければならない。最終的には、妥協の仕方、競争的な相互関係から抜け出す方法、葛藤解決に関与する方法を教えていかなければならない。

2．一般的かつ評価的ではない、説明的かつ中立的なフィードバックを提供する。介入にあたり、家族のメンバーを責めたりせず、問題を引き起こした具体的な行動を指摘させるような中立的なやり方でフィードバックを提供することが重要である。当事者の行動を評価するようなフィードバックは、防御姿勢を生じさせ、あまりにも一般的なフィードバックは、変化を必要とする行動に焦点を当てることができない。

この点について詳しく説明するために、ある男性が自分の妻をにらみつけ、「きみの両親の家へ行くのは、もうこりごりだ。きみは、四六時中、母親と話し続けているから、私は会話にも入れなければ、歓迎されていない気がする。これからは、きみが一人で行けばいい」と述べている状況を考えてみよう。一般的かつ評価的なメッセージとは、以下のような例である。

ソーシャルワーカー：「ガースのメッセージは、良くないコミュニケーションの例ですね。もっと良いメッセージを送ってみてください」

一方、以下の例は、中立的で、行動について明確なメッセージとなっている。

ソーシャルワーカー:「バーバラに向かって話をした時、あなたは彼女をにらみつけ、彼女が間違ったことをしているという自分の考えに焦点を当てた"You"メッセージ(「きみ」で始まるメッセージ)を送りましたね。私は、ガースが話している間、バーバラを観察していましたが、彼女はまゆをひそめ、怒っているようでした。あなたのメッセージが、バーバラにどのような影響を与えたのかについて、彼女からフィードバックを受けてください。バーバラ、ガースが話している間、あなたは何を感じていたか、ガースに話してくれませんか」

ソーシャルワーカーは、実際に起こったことの概要を述べる中で、ガースのバーバラに対するメッセージに問題があったことを指摘したが、評価的な判断を下すことはしなかった。さらに、具体的な行動を説明し、その影響に対するフィードバックを引き出すことにより、ガースが自分の行動を検討し、修正することに対して受容的になる可能性を高めている。また、このメッセージは、以下のガイドラインに示されているように、当事者双方の相互作用に焦点を当てている点にも注目してほしい。

3. バランスの取れた介入を行い、責任を分担させる。セッションに参加する家族のメンバーが複数である場合、対人問題の唯一の原因として一人の当事者を名指しするようなことは避け、微妙なバランスを取ることが必要である。さもなければ、その当事者は、ソーシャルワーカーと家族の他のメンバーが自分と敵対し、自分を責めていると感じてしまうおそれがある。すべての関係者に焦点を当てることにより、責任や手本となる公平性を分け、一人だけを疎外することを避けることができる。さらに、他のメンバーに比べ、一人の当事者がより多くの問題の原因を作り出している場合があるが、一般的には、システムのすべてのメンバーがある程度、問題の原因となっているものである。

　以下の例では、夫婦が子どもの世話と夫が職場で過ごす時間について、お互いに対立している状況の中で、バランスを取る技法を示している。

ソーシャルワーカー:「ご夫婦ともに、もっともな感情や懸念を抱いているようですが、どういうわけか行き詰まってしまい、問題をうまく解決できないようですね。
(妻に対して) パートタイムの仕事を再開するという計画を進めるために、ご主人が担当すべき子育てをしていないということで、ご主人に対して腹を立てているのですね。
(夫に対して) 新しい職に就いたばかりなので、子育てを理由に勤務時間の短縮を申し出る時期ではないと感じていますね」
(二人に対して) お互いにとって状況を改善するために、お二人で何ができるかについて、検討したいと思います。

上記の例で、ソーシャルワーカーは、夫婦双方の感情に対し、共感的に対応することにより、それぞれの感情の正当性を認めている。ソーシャルワーカーは、そうすることによって参加者のいずれかの肩を持ったり、あるいは対立したりするのではなく、中立の立場を維持している。また、共感的応答により、ソーシャルワーカーのメッセージが与える影響を和らげている。

　以下2つの項目は、機能不全のパターンに対し、緊急介入を行うためのさらなるガイドラインである。

1. 先の例において、ソーシャルワーカーが夫婦間の相互作用に対する責任を分担させたやり方と同じように、家族のメンバー間で、公平にバランスの取れた介入を行う。家族のメンバー間では、多様な相互作用が生じるため、家族全員が自分の懸念に焦点を当てる機会を得るまで、プロセスに対する介入の選択をする必要がある。
2. カップルや家族のメンバーは、お互いに効果的なコミュニケーションを取る方法を身につける必要があるため、家族のメンバーからのメッセージをお互いに向けて発信させる。ソーシャルワーカーの役割は、仲裁者を務めることではなく、当事者間の効果的なコミュニケーションを促進することである。家族のメンバーは、ソーシャルワーカーを介して話をすることによっては、お互いにコミュニケーションを取るために必要な技術を身につけることができないため、ソーシャルワーカーは当事者に対し、メッセージを向け直さなければならない。例えば、「息子さんが少年矯正当局の厄介になっていることについて、あなたがどう感じているのか、息子さんに話してもらえませんか」といったメッセージを用いる。

人は怒りを感じているとき、敵対的なメッセージ、非難のメッセージ、あるいは批判的なメッセージを発し、すでに困難な状況をさらに悪化させてしまう。したがって、ソーシャルワーカーは、そうしたメッセージを当事者に向け直す前に、次に続くやりとりがどのような結果になる可能性があるのか、検討しなければならない。こうしたメッセージを当事者に向け直す際、ソーシャルワーカーは、肯定的な相互作用を促進するために、積極的に介入する必要がある。

- 家族のメンバーに対し、自分の感情を持つようにコーチする:「あなたのせいで、家族が警察沙汰になるようなことに巻き込まれ、非常に頭にきている」
- 不満を、変化を望む発言に置き換える:「あなたが学校をやめないで、近所の落ちこぼれ集団との付き合いをやめてくれることを望んでいる」
- 肯定的な意図を明確にすることにより、メタコミュニケーションを行う:「あなたの人生は、私の人生よりも良くなってほしいから、学校をやめないでほしい」

当然のことながら、こうしたメッセージは、話し手の非言語行動がメッセージと一致している場合により効果を発揮する。例えば、家族の中で、文化的な規範が観察されない限り、家族のメンバーが話している間は、お互いに顔を合わせ、アイコンタクトを保たなければならない。以下のメッセージが示すように、ソーシャルワーカーは、発言者の話を中断させ、指示を出さなければならない場合がある。

ソーシャルワーカー:「カサンドラ、ちょっと話をやめてください。あなたは、ジャマルではなく、私に向かって話していましたね。もう一度はじめから話してもらえますか。今度は、ジャマルの方を見ながら、直接彼に話してください」

クライエントを葛藤から解放させるための支援

家族において最も一般的で有害な相互作用の一つが、瞬時にエスカレートし、当事者間に怒りや恨みを生じさせるような口論である。こうした相互作用は、長期間持続すると、やがて家族の他のメンバーやサブシステムを巻き込むことになる。しばしば、家族システムは分断され、均衡

を取り戻そうとする個々の努力がさらなる葛藤につながるおそれがある。一般的に、問題の中身は二次的なものであり、実際に、プロセスのレベルでは、それぞれの当事者は面目を失ったり、他の当事者に対して力を放棄したりする不利な状態になることを必死で避けようとしている。

ある一人の行動（トワナ）が、家族内の葛藤の原因である場合、中心的な課題は、他の当事者に対して、自分がどういう役割を果たすことで問題が生じ、あるいは問題が持続しているのかについて尋ね、こうした直線的思考に疑問を投げかけることである。ジャネットとトワナが置かれた状況は、危機的状態には達していないものの、このまま解決しなければ、間違いなく状況は悪化し、これまで二人が築いてきた良好な関係に影響を及ぼすことになる。ジャネット、トワナ、およびソーシャルワーカーが参加するセッションは、事例「10代の母親と里親」にある。

事例を通して考えてみよう

トワナからの電話により、ソーシャルワーカーとの2回目の家族セッションが行われた。トワナは、子育ての仕方の違いに不満を感じていた。主な問題は、ジャネットは子どもに対してかなり寛大であるのに対し、トワナには、子どもの母親として、もっと子育てに関わるように期待している点である。トワナは、食事の前にはお菓子を与えないなど、子どもに対して作法を重んじる傾向にある。ジャネットはトワナに対し、もっと子育てに関わってほしいと思っているが、今のところ、親としての責任をすべてトワナに引き渡すつもりはない。また、ジャネットは、子どもは母親からあれしなさい、これしなさいと命令されることに慣れていないと主張する。例えば、トワナが子どもに対してキャンディを与えることを拒否すると、子どもは「癇癪を起こす」。ジャネットは、子どもが気分を害している様子を見るとすぐに反応し、「まだ小さい子どもなんだから」とかばう。こうしてジャネットが出てくると、トワナは自分の部屋へ駆け込み、ドアをバタンと閉め、音をかき消すためにヘッドフォンで音楽を聞き始める。ソーシャルワーカーがトワナに対し、その時の気持ちを尋ねると、トワナは、「ジャネットが子どもをあんなふうに育てたんだから、対処できるはずでしょ」と答えた。また、トワナは、子どもの癇癪に対してどう対処してよいのかわからないので、ジャネットに教えてほしいことを認めている。

葛藤からの解放のプロセスは、学習するのは容易だが、適応するのはそう簡単なことではない。家族のメンバーの多くは、ほとんどの場合、反応的に競争意識のパターンで対応している。いろいろな意味で、ジャネットは、子どもの親としてトワナと競い合っている。ジャネットは、子どもが自分に対して癇癪を起さないのは、いつも自分が世話をしているからだと主張する。また、ジャネットはトワナに対し、複雑なメッセージを送っている。すなわち、子どもの親としての役割を果たすために、ジャネットは、自分が認めないことに対して口をはさんでくるのである。ジャネットがトワナに対して、もっと積極的に子育てに関わってほしいと思っている一方、補助的な役割を担う心構えができていない点をソーシャルワーカーが指摘したことに注目してほしい。また、ソーシャルワーカーは、二人の子育ての仕方の違いから生じた葛藤を強調する手段として、ジャネットに対し、「お子さんは、あなたに対しても癇癪を起こしますか」と尋ねた。とはいえ、二人の関係のストレングスは、改善されていた。例えば、セッションの冒頭で、ジャネットはト

ワナに対し、学校から時間通りに帰宅し、子どもの世話をする約束を守っていると褒めた。

家族のメンバーが対抗意識のある争いを避けるための援助を行う上で、競争的な状況や言い争いでは、当事者すべてが敗者となり、否定的な気持ちや感情的な疎外感をもたらすおそれが高いことを強調する（トワナが部屋へ引きこもることやドアをバタンと閉めた例など）。また、相手を打ち負かすことよりも、お互いを尊重することの方がはるかに重要である点を強調することが大事である。葛藤からの解放という概念は、家族のメンバーが言い争いを続けることをやめ、口論のエスカレートを避けることを単に意味する。葛藤から適切な方法で解放されるためには、「誰が正しいなんてことは問題ではない。みんなが言い争いをすれば、お互いに腹が立つだけだ。そんな状態にはなりたくない」といったような強い気持ちを持つことである。もう一つの方略は、「二人が言い争いをしているとき、子どもたちはどのような反応を示しますか」といった質問をし、家族のメンバーに対して、自分の行動やその行動が他者に与える影響を評価することを教えることである。さらに、家族のメンバーが、次のセッションまでの間の葛藤を避けるために、相手のメッセージにこだわらないようにしたり、あるいはそのメッセージの意味を違う角度から検討したりする必要性を示す合図となる言葉を検討するように援助する。ラベリングとともに、一般に、葛藤を引き起こす強力なきっかけとなる言葉には、「あなたが〜をするときは」「どうして〜なんて考えたのか」「あなたは〜と思ったのか」「あなたは〜しないということはわかっている」「あなたは絶対に〜しない」「私に指図しないで」「なんで〜したのか」といった文や質問が含まれる。

次のセッションまでに、葛藤からの解放を適用するためにどんなことができるかを探し、あとは家族のメンバーがこうした技術を日常生活に移行させる上で役立つ。当然のことながら、身体的危害の脅威やそうした危害が現実化しているドメスティック・バイオレンスの状況などでは、家族のメンバーは、葛藤の解放に介入することが不可能な場合がある。こうした状況において、ソーシャルワーカーは、家族のメンバー、特に子どもたちに対し、助けを求める方法や安全計画を策定する方法を教えることが可能である。

葛藤解決の方略は、ジェンダーや民族性の違いに基づきさまざまである（Mackey & O'Brien, 1998；Berg & Jaya, 1993）。こうした違いを意識することは、ジェンダーや民族性がいかに家族の行動に影響を与えるかを認識する介入方略を選択する上で役立つ。バーク&ジャヤ（Berg & Jaya, 1993）は、アジア人家族の中では、懸念は「家族の問題」としてとらえられ、家族のメンバー間の相互依存性が重視されると指摘する。こうした例を考えた場合、ソーシャルワーカーは、家族の特定の文化の中で、葛藤がいかに管理されているのかに関する家族のナラティブや、それに付随する意味合いや感情を探る必要がある。そうすることにより、効果的な介入方略の策定に、家族のメンバーを関与させることができる。

実際に、葛藤に関する家族のナラティブを理解することにより、文化や民族性にかかわらず、あらゆる家族に恩恵がもたらされる。それぞれの家族は、独自のコミュニケーションスタイルを持っている（ジャッキー：「私たち家族は、物事に対して大げさに話さない」、アンナ：「私たち家族は、あらゆることについて話す」など）。ある家庭では、みんなが同時に話し、極めて侮辱的な発言をする一方、別の家族のメンバーは、こうしたやりとりの間、受け身の姿勢を維持している場合がある。叫んだり中傷したりすることや、感情をあらわにした手振り、明らかな脅し、敵対的あるいは攻撃的な声のトーンと同様に、一つの規範となっていることもある。家族のコミュニケーションスタイルにおけるこうした相互作用は、特にそれらがソーシャルワーカー自身の家族のス

タイルと異なる場合、必ずしも破壊的な関係パターンを示すものではない点に気をつけなければならない。家族を観察し、好ましい関係パターンについて尋ねることにより、家族のメンバーのコミュニケーション・スタイルを理解することができる。そして、家族の機能が正常であるかどうかについての結論を下さなくて済むようになる。

相補的な関わりの修復

コミュニケーションの理論家によると、どちらの記述子にも属性値が見られない場合、関係とは、対称的あるいは補完的のいずれかとなる（Becvar & Becvar, 2000a）。対称的関係とは、より平等主義的なやり方であると考えられている一方、補完的関係にある当事者は、葛藤の回避、相違点の解決、機能可能な関係の構築手段として交流を発展させる。

関係パターンの傾向は、文化に由来し、実践的な役割や責任の分担を反映していると考えられている。したがって、家族が指摘しない限り、こうしたパターンを問題であると結論づけることは回避することが重要である。

しかし、補完的な関係は、一方または双方のパートナーにとって懸念となることが明らかとなっている。不満は、役割の過重負担や重圧、役割の期待に対する限界、意思決定に関わる意見の相違が原因となる。一方のパートナーは、自分が支配されていると認識したことに対し、怒りを抱くようになる。このような場合、両者の関係は非対称的となり、一方の当時者は、受け身の抵抗行動を取るか、あるいは相手に対して公に異議を唱えることになる。さらに、お互いのやりとりにうんざりした当事者は、相手を低く評価し、あるいは相手から離れ、最終的には、相手の関与が足りない点に対し憤慨するおそれがある。どちらにしても、有害な相互作用が生じるおそれが高く、当事者は専門家の援助を求める結果となる。

機能不全に陥った補完的な関係を修復するためには、カップルや家族とともに、自分たちが選択した目標として、お互いの関係を均衡状態にしてくれる変化を取り入れることが重要である。こうした取り組みの一環として、ソーシャルワーカーは、メンバーが相互変化に関わる合意に達するための援助を行う。

交換条件を前提とした変化のための合意交渉

家族またはカップルを対象としたセッションでは、他方の当事者が相互変化を取り入れることに合意することを条件として、もう一方の当事者の合意をとりつけることができれば、具体的な行動における変化を促進することができる。こうしたギブアンドテイク型の契約において、一方のメンバーは、他方のメンバーが常に否定的な反応を引き起こすきっかけとなる言葉を使うことを避けることに合意した場合、葛藤から離れることに合意する。当事者は、相手が相互変化を実行することに合意した場合、自分自身も変化を実行することを受け入れるが、それは以下の二つの理由による。第一に、人は、見返りに何かを得られることがわかっている場合、人にも与える傾向がある。第二に、すべての当事者が変化に合意すれば、誰か一人が相互作用的な問題を引き起こす唯一の原因と見なされて面目を失うようなことがない。

相互変化の契約は、変化をもたらす上で強力な手段となり得る。こうした相互契約のもう一つの利点は、相手が変わることを待つ傾向がなくなることである。さらなる利点は、相互課題に取り組む中で、変化に向けてすべての当事者が相互に関わるようになることである。こうした相互関係は、関係の別の段階において、協働を促進してくれる可能性がある。特に、相互関係が協働

的というよりも機能不全に陥っている場合に、重要な変化をもたらすこととなる。

　家族のメンバーは、問題に対し、対抗意識に基づく言い争いやお互いに非難し合う状態を脱していない場合、相互契約を実行することは不可能な場合が多い。こうした理由から、ソーシャルワーカーの援助によって、家族のメンバーがお互いの話に熱心に耳を傾け、相互作用のトーンに変化が見られるまで（クライエントが自発的に交渉を始めない限り）、この技法を活用することは延期する方が望ましい。また、参加者がお互いの関係を改善することに対して全力を傾ける姿勢を示していることも重要である。ベクバー＆ベクバー（Becvar & Becvar, 2000a）が指摘しているように、家族のメンバーが自分自身あるいは他のメンバーの変化に対し、お互いの関係を改善させるための手段としてではなく、合意された規定に従っているにすぎない場合、こうした変化を低く評価してしまうおそれがある。したがって、家族のメンバーに対し、変化を実行する一番の動機要因は、お互いの関係を改善することである点を明確に説明するよう依頼する必要がある。

　以下は、本章で紹介した事例に活用できる相互合意の例である。家族が独自の合意を策定するための援助をする上で、指針として活用されたい。

- ジャッキーは、アンナが自分をせかすことなく、心構えができるまで待ってくれるのであれば、自分の家族と話をすることに合意する。
- ジャネットは、トワナの子育てに干渉することを控え、トワナが子どもとの絆を深めるための手助けをすることに合意する。
- シンシアとマーサは、相手が共有するものを長期間一人占めしなければ、言い争いをしない。
- アンナは、ジャッキーが疲れていて話ができないときがあることを認めることに合意すれば、自分の気持ちを伝えることに合意する。

　相互契約を策定する上で、家族のメンバーが自分たちで提案することを認めた方がよい。そうすることにより、提案した変化に対して熱心に取り組むようになる。さらに、家族のメンバーは、自分たちの家族についての知識をもとに、ソーシャルワーカーには思いもつかないような革新的で建設的なアイデアを生み出す場合も多い。ソーシャルワーカーは、「あなた方のそれぞれが、今の状況に不満を持っていることは明らかです。おそらく今が、状況を改善するために何ができるかといったアイデアを考え出す良い機会となるでしょう」といったメッセージを用い、家族からの提案を促すことができる。続いて、家族のメンバーに対し、互恵的アクションについて考えさせることが可能となる。

　相互に提案について検討する際、潜在的な阻害要因としてどのようなものがあるかと考え、過度に野心的なアクションを企てる傾向に対して慎重な姿勢をとることが重要である。相互に取り決める課題は、初期――特に相互作用において深刻な葛藤がある場合――には、比較的単純で、成功する可能性が高いものでなければならない。実行可能な相互提案が合意された場合、ソーシャルワーカーは家族のメンバーに対し、次のセッションまでに各メンバーが完了させる課題を特定した追加的な合意に達するための支援を行う。こうした課題の策定や実行に向けた計画をする上で、TIS（課題実行手順：概要については、第13章を参照のこと）に従う。課題実行の計画をするにあたり、以下のメッセージが示すように、各当事者が自分に関わる契約を実行する上で誠意を持って行動しなければならない点を強調する。

ソーシャルワーカー：「みなさんは、全員にとって今の状況を改善するために、これまで話し合ってきた変化を起こすことに合意しました。しかし、こうした変化を実現するためには、みなさん一人ひとりが、他の人が何をしようとも、自分の責任を果たす必要があります。他の人が変わるのを待っていたら、次のセッションまでに、誰も行動を起こすことができなくなってしまいます。いいですか、他の人が契約を守らなかったからといって、あなたもそうしてよいという言い訳にはなりません。他の人が合意を守らなかった場合でも、自分は自分の責任を果たしたという満足感を得ることができるのです」

以上のメッセージのように、家族全員がそれぞれの責務を果たすという個々の責任を強調することによって、「〜は、約束を守らなかった。こうなるとわかっていたから、私も自分の約束を果たさなかったのだ」と主張し、その後のセッションで何もしないことを正当化するというクライエントの傾向を無効にすることができる。家族のうちの一人あるいは複数のメンバーが、契約を守らなかった場合、その妨げとなった障害に焦点を当てる。好ましい結果が出た場合は、この成功体験を重視し、肯定的な相互作用のさらなる実現に向け、新しい方法を模索する準備をすることが可能である。

■家族への介入——誤解と認知の歪みの修正

認知は、しばしば、カップルや家族関係における不満を生み出す誤った考え方の根拠となる。相手に対する怒りをそのまま解決せずに放っておくと、反復的な相互作用の機能障害をもたらす大きな原因となる。この他に、相互作用の問題をもたらす誤解には、他人に対する非現実的な期待および誤った信念の二つがある。いかなるルールもそうであるように、非現実的な期待は、常に明確であるとは限らない場合が多く、家族のメンバーに対し、お互いに何を期待しているかを尋ね、期待を明確にする必要がある。誤った信念は、カップルや家族関係における相互作用に深く影響を与える信念や期待を形作ることにより、家族の機能をつかさどる。その点において、信念とルールは類似している。

誤解を減らし、誤った信念をなくすためには、それらを公にし、共感を用いて、家族のメンバーが認知の歪みを認識するための支援をすることが必要である。誤解や誤った信念は、一般的に、自分自身が現実の認知や認識と直面することから守ってくれるため、それらを変える試みは、脅威ととらえられるおそれがある。誤った信念とは異なる視点や新しい情報を取り入れようとすれば、認知的不協和が生まれる。誤解や誤った信念はそのため、簡単に放棄されることはまずない。さらに、重要な変化を起こすためには、新しい行動を身につけ、実行するという挑戦にはつきものの不安の解消にも取り組まねばならない。こうした状況では、不安や迷いに対する共感的な対応や精神的なサポートを提供することが、人が変わるための推進力となる可能性がある。

この点を詳しく説明するために、17歳の少年が親の期待によって、極度の緊張や不安を抱えている家族について考えてみよう。家族セッションを通して、両親は息子に対し、医者になるためにトップの成績を維持することを期待していることがわかった。また、両親は、「精一杯がんばれば、なりたいものには何にでもなれる」といった一般化された信念を抱いていることも明らかとなった。息子に対するプレッシャーを軽減し、息子に向けられた信念を取り払い、両親の期待を修正するために、ソーシャルワーカーは、父親と母親それぞれ別々に話し合いの場を設けた。

以下は、セッションから抜粋した会話である。

ソーシャルワーカー：「私は、ゲイリーが、化学と物理の成績を上げるために、超人的と言っていいほどの努力をしているにもかかわらず、あまり良い成果が出ていないことを非常に心配しています。私の印象では、ゲイリーは、医者にならなければならないというプレッシャーを感じており、またあれほど不安を抱いている理由の一つは、どんなに努力をしても、これ以上成績を上げることは無理だと思っていることのようです。ゲイリーにとって大切なことは、あなたによく思われたいということです。しかし、自分を追い立て続けているにもかかわらず、まだ不十分なのです」

父親：「もちろん、息子は一生懸命がんばっていますよ。そうしない理由はないですからね。息子が本当に医者になりたいと思って、勉強に専念し続ければ、きっと医者になることができます。いいですか、私も医者になれたはずですが、どうしてなれなかったと思いますか。怠けていたんですよ。ゲイリーには、私と同じ過ちをしてほしくないのです。私も妻も手に入れることができなかったチャンスを、息子は手にしていることを理解してほしいのです」

ソーシャルワーカー：「あなたがゲイリーのことを心配し、気にかけていることはわかります。彼が怠けているというのが、あなたの認識ですか。あなたもご主人も、人はやりたいことは何でもできるという信念をお持ちであると理解しています。このメッセージは、ゲイリーにもはっきりと伝わっており、彼はどんなに一生懸命がんばっても、成果を上げられないため、自分自身を責めているのです」

母親：「誰でも精一杯がんばれば、どんなことでも成功できると思いませんか」

ソーシャルワーカー：「実は、そういう考え方は、私が知る限り、人はそれぞれ違うという考え方と一致しないのです。つまり、私たちはそれぞれ、異なる適性、才能、学習スタイルを持っています。器用さが求められる種類の仕事に長けている人もいれば、空間関係を視覚化できる人もいます。誰もが、それぞれの適性、ある種の知性、限界を持っているのです。将来のキャリアを決める上で大切なことは、自分自身の適性を見つけ、それにあった選択をすることです。あなた方は、自分が持ち合わせている才能や限界を特定することができますか」

　ソーシャルワーカーは、家族の誤った信念に対処する際、そうした信念がゲイリーに与える悪影響について強調している点に注目してほしい。こうした方法により、焦点を抽象的なものから具体的なものへと移し、両親に対して、自分たちの信念を見直し、評価する機会を与えている。続いてソーシャルワーカーは、両親に対し、そうした信念を自分たちに照らし合わせてみるように依頼することにより、信念の信ぴょう性をさらに無効にしようと試みた。

　お互いに対して歪んだ見方をしているために、うまくいかない相互作用を続ける家族に、おそらく読者は頻繁に遭遇することになるだろう。第13章で学んだように、相手の行動をラベリングすることが認知や知覚の歪みの一般的な原因となっていることを思い出してみよう。ラベリングは、人を特定の枠組みにはめ込み、その人の特徴や行動を枠の中のイメージに合わせて制約することから、目隠しをしているようなものである。実際に、そうした枠組みにより、他の資質が曖昧になるため、ある人に対応する際に、考える必要もなく、単に既存の認知や知覚に依存しなければならなくなる。

　個人や家族の認知に歪みを生じさせる誤った信念は、家族内部のダイナミクスに影響を及ぼす

ばかりで、また、そのような誤った信念は、社会および制度的な認知や特定のグループに対する態度に根づいた差別、偏見、否定的なスキーマと結びついている。歪みは深く根づくおそれがあるため、個人に対し、さらなる批判を正当化することになる。それどころか、こうした歪みは、他人についての信念を伝える一般化されたナラティブとなる。例えば、標準学力検査における有色人種の子どもの知能や成績を批判すること、若者を服装や音楽の好みで判断すること、移民に対し、社会の主流にとって居心地の良い行動の仕方、服装、話し方をするように主張すること、身体的特徴、性的指向、言語、あるいは伝統が異なる人々を避けたり、拒否反応を示したりすることなどである。こうしたマクロレベルの認知や歪みは、家族が選択する居住地、自分たちの安全に対する見方、子どもがどのような人とのやりとりを許可されるかといった点に影響を与える。

　ソーシャルワーカーは、家族の中の誰かに対して誤った信念や歪みが作用していることに気づいた場合、家族のダイナミクスに対して介入する場合と同じやり方で、そうした誤った信念や歪みに対処する責任がある。なぜなら、そういった信念、歪みは家族の外で発生していたとしても結局家族に影響を及ぼすことになるからである。また、そのような信念や歪みは、相互作用を否定的な要素で満たすことで、誤った信念を持つ人がストレスや緊張を抱える原因となる。しかし、ここで注意しなければならない点がある。ラベリング、誤った信念、認知の歪みの影響に焦点を当てる上で、家族間あるいは家族外の相互作用のいずれの場合でも、クライエントをラベリングするのではなく、プロセスをしっかりと説明しなければならない。

■家族への介入──家族メンバーの位置関係の修復

　あらゆる家族は、メンバー間で固定のパターンを作ってしまい、そうしたパターンが、個人の成長の機会や家族を維持する生存機能を発揮する能力を高めたり、あるいは損なったりする。機能的構造、すなわち、家族のいつも固定された、目に見えないあるいは隠れた要求や行動基準は、家族機能を反映するとともにそれを制限し、相互交流パターンを決定づける（Minuchin, 1974）。本項では、構造的アプローチの技法を用い、家族のメンバーのアラインメント（位置関係）の機能不全によって、家族機能が損なわれた場合の介入の方略の指針を示す。

　構造的アプローチによると、正しく機能している家族は、階層的に組織化され、凝集性のある両親サブシステム、および子どもに対する年齢相応の役割、責任、特権を備えている。家族序列の修復を目的とした介入は、一般的に、以下のような状況に適用される。

- 親のサブシステムを構成する配偶者間、あるいは他の個人間、もしくは家族の他のメンバー間の結束が弱い。
- からめとられた同盟関係、すなわちメンバー間の境界線が厳格に定められているか、過度に制約されている状態により、他のメンバー（あるいは外部者）との適切なつながりが制限される。
- 家族の中の2人のメンバーが、3人目の家族のメンバーと連合を構築することにより、お互いの関係にある不満や葛藤に対処しようと努める、トライアンギュレーションと呼ばれる現象。
- 家族のメンバーがお互いにバラバラになるか、疎外し合い、お互いの精神的な支援に頼ることはほとんどなく、それぞれ別々に行動する傾向にある。
- 家族のメンバーが、直属家族以外の人（友人や親戚など）と連合を組み、適切な家族の役割を果たすことや、家族の他のメンバーに適切な精神的支援を提供することを妨げている。

家族の位置関係の修復を目的に介入する場合、構造的なマッピングを活用することにより、家族の境界線を図式化したり、相互作用や相互交流のパターンに焦点を当て、そうしたパターンを修復したりすることが可能となる。構造的マッピングにより、ある家族のメンバーが、家族システムにおける問題点として示す症状を特定することができる。家族の構造は、誰が誰に、どのような方法で話すか、つまり好意的でない立場にあるのか、あるいは好意的な立場にあるのか、また家族の相互交流は、どの程度強いものであるのかといった要素によって明らかとなる。構造的アプローチの目標は、境界線を変え、家族機能を高めるためにサブシステムを再編成することによって、家族構造を変えることである。したがって、介入は、以下の目標を達成するように策定される。

- 連合の構築、新たな連合の開拓、あるいは発展の余地のある関係を強化する。例えば、ソーシャルワーカーは、新しい義父とその義理の息子が関係を構築するための方法を探る支援をしたり、収監されている親が、その子どもたちとの精神的なつながりを強めるための援助をしたりする。
- 同盟関係の維持、あるいはその範囲やストレングスを高めるための取り組みにより、同盟関係を強化する。例えば、ソーシャルワーカーは、ひとり親が効果的なエグゼクティブ・サブシステムとして機能する能力を高める支援をする（トワナの例）。
- 個人とサブシステムを区別する。例えば、ソーシャルワーカーは、新生児の世話にかかりきりの母親に対し、年長の子どもたちの面倒もみる必要があることを理解させたり、母親の精神的エネルギーの一部を彼らに向けさせたりする支援を行う。また、ジャネットとトワナの子どもは、サブシステムとなる。
- 家族のメンバーのお互いの関わり方を変えることにより、境界線をさらに透過性の高いものとするため、バラバラになった家族の相互作用を高める。もはや有効ではなくなった厳格な構造やルールを減らすことにより、家族のメンバーが変わりつつある状況や移行に適応するための援助を行う。例えば、子どもが思春期の年齢に達した場合、ソーシャルワーカーは、子どもの発達上の変化に適応するため、両親が子どもの行動に対する期待を修正する上での援助を行う。

以上の例から推測できるように、構造的な問題は、家族構造が変化しつつある状況に対し、十分に適応できない場合に発生する。変化しつつある状況は、外部環境要因、ストレスを伴う移行、あるいは家族システム内部のダイナミクスがもたらす結果である。ソーシャルワーカーは、介入する前に、構造的変化は家族の状況に特有のものであることを理解し、構造的な機能不全の本質を明確にすることが重要である。したがって、家族は、変化を起こすべきであるかどうか、またどのような方法で変化を起こすべきかといった決断に関わらなければならない。

この点において、ソーシャルワーカーの第一の課題は、家族のメンバーが自分たち家族の位置関係の本質を観察するための援助を行うことである。この課題を達成するためには、家族のメンバーに対し、家族の位置関係列について検討するように促す一般的な質問をしてみる。

- 「困難な問題に直面し、援助が必要な場合、家族の中の誰に助けを求めますか」
- 「家族のメンバーは、他のメンバーよりも、あるメンバーに対し、より親しみを感じ、そうしたメンバーとペアを組んだり、グループを作ったりする場合があります。あなたの家族の中で、

そのようなグループを作っているメンバーはいますか」
- 「大半の家族では、メンバー同士がある程度の言い争いをするものです。あなたは、誰と言い争いをしますか。他のメンバーは、誰と言い争いをしますか」
- 「家族の中で、お気に入りだと考えられている人はいますか」
- （両親に対して）「意思決定をする時、自分の決定が配偶者に支持されていると感じますか。意思決定に、他の人が関与しますか」

　家族セッションの中で、家族の位置関係や連合を示す状況が現れた場合にも、そうした問題に家族の関心を向けさせることが可能である。

- 「マーサ、あなたが家族の中心のようですね。ほとんどの会話がマーサを通して行われ、他のメンバーは、ジョーを除いて、話し合いの見物人のようですね」
- 「ジャネット、あなたの一日の過ごし方を聞いていると、子どもに対してかなり世話をしてあげているようですね」
- （トワナに対して）「腹を立てている時、自分の気持ちについて、誰に話しますか」
- 「二人とも、マップ上で同じ人を特定しましたね。この人物について、また家族におけるその人の役割について教えてください」

　家族のメンバーがその位置関係について意識するようになったら、他のメンバーとより親しくなりたいかどうか、またその実現を妨げるおそれのある障害を特定したいかどうかを検討する上での支援を行う。実際に、家族の位置関係には、「複雑な拡大パターンや構造」が関与する (Boyd-Franklin, 1989, p.124)。さまざまな構造のメンバーには、一族や部族のメンバー、拡大親族、友人、あるいは牧師、シャーマン、ラビ、僧侶、祈祷師、神父など、家族が所属する宗教団体や霊的共同体の関係者などが含まれる。これらのうちのいずれの人も（または、任意に組み合わされたこれらの人々は）、家族の位置関係の中に含まれているため、直属家族システムを超えた関係や位置関係を探る必要がある。

　家族造形法は、家族のメンバーが自分たちの同盟関係を分析、観察し、変化の可能性についての意思決定を行うための支援に向けた、実験的家族実践モデルにおいて使われる技法である。この技法では、家族のメンバーが家族の位置関係を理解し、自分たちの関係を再配置する必要性を認識するために、言葉によらない絵を使って、空間的に家族システムの関係を示していく。この技法の応用例として、家族のメンバーに対し、ジェノグラムを用いてこれまでの家族関係と現在の家族関係を表現させる方法がある。

　家族造形法では、家族のメンバーは、長方形を用いて家族の各メンバーを表すように指示される (Nichols, 2006)。一枚の紙に、さまざまな大きさの長方形を好きな場所に配置していく。ソーシャルワーカーは、家族のメンバーに対し、家族の中でのお互いの親密さや距離、また力関係を表現するように長方形を配置するようコーチする。家族のメンバーが図を完成させたら、同じ紙の反対側に、自分が望む家族関係を描くように指示する。それに続く話し合いでは、既存の家族関係について自分が描いた図を各自順番に説明させる。

　こうした表現演習を行うことの利点は、家族のメンバーが自分たちの家族の位置関係の本質やお互いの関係における精神的な親密さや距離を観察できる点である。本章の前半で紹介した事例

の仮定に基づく発言をもとに、家族のメンバーに対し、自分たちが観察した内容についての意見を述べるように促す。

- 「マーサと私は、かなり親しい関係にあると思うけど、ジェニファーは、私ほどマーサに対して親密感は抱いていないと思う」
- 「ジェニファーと私は、お互いにけんかをすることが一番少ないと思う」
- 「おばあちゃんのマギーとは、私たち全員が密接な関係にあると思う」

　家族のメンバーがそれぞれ、自分の意見を述べる機会を得たら、次に自分たちが望む家族関係を描いた二番目の図について説明するように依頼する。この話し合いの間は、望ましい変化に焦点を当て、家族のメンバーが望む変化を反映させた目標を策定するための支援や、ジェニファーとマーサがお互いにけんかをしていないときのように、「例外的な」時間を特定するための支援を行う。

　家族造形法や構造的マッピング演習は、両親を対象に、両親連合の強化や世代間の境界線を特定することを目的に用いることも可能である。例えば、一方の親は、子どもあるいは子どもたちとの関係を三角形で示しているか、すなわち子どもたちが両親サブシステムに関与することを許可しているか、また父親が家族の葛藤において調停者の役割を果たしているか、さらに、一方の親が最終決定権を持っているか、といった点を探ることができる。こうした位置関係がもたらす危険性は、子どもたちが一方の親を差し置いて、もう一方の親に取り入ることがうまくなるおそれがある点である。このような場合、両親の不和が助長され、その結果、子どもたちと「除外された」親との関係がぎくしゃくする。新生児に対して大半の精神的エネルギーを費やしている母親の場合、他の子どもたちや家族のメンバーとの精神的な絆や忠誠心が欠如していることがある。

　凝集性、結束、より効果的な家族の位置関係を作ることは、新しい義父と義息との関係を構築する場合のように、二つの家族が一つになる例において、しばしば直面する課題である。こうした要因は、里親家族や養子縁組家族によく見られることから、特にその家庭に実子がいる場合には、こうしたケースにおいても、同盟関係や凝集性に注目することが同様に重要となる。

　二つの家族が一つになる場合、両親に対し、子育ての仕方に関する相違点や合意の欠如が親と子との連帯関係に影響を及ぼす要因となっていないかどうかを分析するための支援を行う。ヘア (Hare, 1994) は、レズビアンの家庭において、二つの家族が一緒になる場合の子育ての仕方に関する問題は、異性間家族が直面する問題と変わらない点に留意するよう促している。両親連合を強化するための方略には、意思決定やしつけを必要とする親子関係における「統一戦線」をはることについての話し合いが含まれる（当然のことながら、一方のパートナーが子どもに対して危険性があるか、虐待的である場合は除く）。最後に、家族の再配置を支援し、新たな同盟関係を構築するための手助けをすることは、家族システムが崩壊していた場合には、特に重要となる。例えば、家庭外の場所に預けられていた子どもが家族と再統合する場合や、一方の親または他の重要なメンバーが、長期間、家族から離れていた場合などがその例である。

■まとめ

　本章では、家族やカップルの関係を強化するために用いる介入の技法と方略に焦点を当てた。ここで取り上げたこれらの方略は、解決志向アプローチ、課題中心アプローチ、および家族システムに対するアプローチなど、さまざまなアプローチに基づく技法を利用したものである。それぞれのアプローチは共通して、家族を社会システムとしてとらえているため、介入の方略は、社会単位としての家族における変化に焦点を当てている。駆け出しのソーシャルワーカーにとっては、さまざまな技法を使いこなすことは、手ごわい挑戦のように思えるかもしれない。こうした技法を適用する際には、スーパービジョンやコンサルテーションを求めることを勧める。知識や技術をさらに高めるためには、本章で取り上げた参考文献を参照してほしい。

　本章で取り上げた介入の方略を実行するにあたり、何が「標準的な」家族機能を作り上げているのかについて憶測することには自戒的でなければならない。ソーシャルワーカーはそれぞれの家族特有の文化、人種、構造、および社会階級を考慮した上で、家族機能、コミュニケーションパターン、家族位置関係について検討しなければならない。解決志向の家族ソーシャルワークは、家族が機能的であるか、機能不全であるかを特定する試みが、本質的に誤っていることを示唆している。そのような特定をするのではなく、解決志向アプローチを活用することにより、家族が解決策を心に描き、問題を重視する姿勢を軽減するための支援を行う。また、社会構成主義あるいはナラティブ療法の枠組みの中で活動しているソーシャルワーカーは、家族が機能的であるか、機能不全であるかといった特徴づけをしたり、ラベリングしたりすることは、非生産的であると考え、むしろ、それぞれの家族独自のストーリーを尊重することを優先する。さらに、家族の民族性、人種、構成、および性的指向に対する評価を、あらゆるアセスメントや介入の方略に組み入れる必要がある点を強調したい。

　家族に対する介入において利用するアプローチはいずれも、技法や方略の体系的な適用、継続的なモニタリング、および結果の評価を必要とする。ニコルス＆スワァーツ（Nichols & Swartz, 1998）がまとめた研究は、具体的な問題を体系的な方法で対処した場合、肯定的な結果が生じる点を指摘している。

　第13章では、介入の方略をクライエントの目標やクライエントシステムと一致させることの重要性について詳述した。本章では、この点についてさらに詳しく説明するとともに、家族の内部機能や家族システムに影響を与えるおそれのある外部要因を考慮に入れ、介入を具体的な問題、発達段階、民族文化的要因に合致させる必要性を指摘した。

■技術向上のための演習問題

1．これまでに利用したことのある言語的あるいは非言語的メタコミュニケーションの例をいくつか特定する。
2．自分の家族における暗黙のルールが、いかに家族メンバーの行動に影響を与えているかを説明する。
3．アンナとジャッキーのセッション（「休暇中の帰省」）に対する自分の所見に基づき、どのようにソーシャルワーカーが緊急介入の技法を用いているかを説明する。

4．社会通念を三つ挙げ、そうした通念が、自分が担当している家族にどのような影響を与えているかを検討する。
5．数名のクラスメートを選び、ある家族の状況をロールプレイしてみる。ソーシャルワーカーとして、初回セッションにおけるジョイニング・ステージを推進する。
6．上と同じ家族の状況を用い、それぞれの家族のメンバーが表明しているニーズや欲求を特定する。家族のメンバーに対し、懸念を特定させるために、どのような質問をするか。
7．家族セッションにおいて、ある一人のメンバーが問題として特定された場合、その後、どのように家族と話を進めていくか。

第16章

ソーシャルワーク・グループへの介入

本章の概要

　第16章では、課題グループ、援助グループ、支援グループの構築および構成について、第11章で紹介した技術に基づき話を進めていく。本章では、グループの発展段階とグループ・プロセスを通して効果的に介入するために必要な技術について検討する。本章を学習することにより、以下の目標を達成することができる。

- グループが発展していく上での段階と各段階の特徴を理解する。
- 各段階で、効果的に介入するために必要な技術や知識を理解する。
- HEARTグループの対話において、こうした概念が明らかになる道筋を観察する。
- グループ・プロセスのさまざまな段階における一般的なソーシャルワーカーの誤りを理解する。
- グループワークにおいて生じる問題を理解する。
- グループ介入の概念をいかに課題グループに適用するかを理解する。

　ソーシャルワークの目標を掲げいかなるグループにおいても、リーダーはグループが目標を達成するために介入する。援助グループにおけるリーダーの役割は、特に複雑であり、個人とグループ全体の両方の成長を支援するために綿密なバランスの取れた介入が必要である。この役割は、複雑であることに加え、リーダーはグループの経験に意味を持たせ、グループの援助の特徴を形成し、重要な局面におけるグループ・プロセスに方向性を与え、またそうしたグループ・プロセスに焦点を当てるために、複数のレベルからなるコミュニケーションの迷路をかき分けて調べる洞察力がなければならない。最後に、リーダーは、発展段階の文脈の中で、すべての介入の計画を立てなければならず、そうした文脈を通して、グループは完全に成熟するまで進展していく。同様に、課題グループにおいても、リーダーはグループが目的を達成するための支援を行う上で、さまざまな促進的な役割を担う。本章では、主に援助グループに焦点を当てるが、最後の項では、課題グループについて追加的な情報を提供する。

　リーダーの介入は、グループの発展段階と密接に関連しているため、その段階についての検討から始めよう。

■グループの発展段階

　あらゆるグループは、各段階の速度や複雑性に違いはあるものの、自然の発展段階を経る。グループの目的を最終的に達成するために、各段階を特徴づける行動を予期し、そうした行動に対処する上で、グループの発展段階を理解することは必要不可欠である。また、ソーシャルワーカーは、グループの発展を阻害するおそれがあり、個々のメンバーの成功を妨げる障害を取り除く責任を担う。その中でソーシャルワーカーは、グループの存続期間において自分が提供する情報やアクションに関し、方略的な選択やインフォームド・チョイスをしなければならない。

　グループの発展段階に関する知識がない場合、初回セッションにおいて、グループメンバーに対し、詳細な検討を始めることを期待したり、また初期の発展段階においては一般的である、グループの不和が発生したことに対し、自分の試みは失敗したと結論づけたりするなど、誤りを犯しやすくなる。また、リーダーは、グループがより成熟した発展段階に近づいていることを示す肯定的な行動を見過ごしたり、グループの進化を支援するための重要な期間に介入しそこなったりするおそれがある（例えば、グループに対し、「課題への取り組みを続ける」こと、意思決定にすべてのメンバーを「含める」こと、感情の自由な表現を促進すること、あるいは経験豊かなグループの特徴であるその他多くの行動を取り入れることなどを奨励する）。

　グループ発展に関するさまざまなモデルは、グループ、その特徴、テーマ、行動についての観察を体系化するための枠組みを提供してくれる。こうしたすべてのモデルは、グループ発展における漸進的な手順を特定した上で、4段階、5段階、あるいは6段階にわけられている。一部の理論家は、グループメンバーのジェンダーに基づき、グループ段階が変動することを指摘している。例えば、シラー（Schiller, 1997）によると、女性で構成されたグループは、長期間にわたる親密性の段階を経て、グループ・プロセスの後半に、力とコントロールの段階へ移る。ベルマン-ロッシー&ケリー（Berman-Rossi & Kelly, 2000）は、グループ発展の段階は、出席パターン、ソーシャルワーカーの技術、グループ内容、ジェンダー、その他メンバーの特徴といった要因に影響を受けると指摘する。オープンエンド型グループやメンバーの出入りの激しいグループは、こうした段階を直線的にたどらず、凝集性を発達させるために、形成段階により時間を要する可能性がある（Galinsky & Schopler, 1989）。本章では、ガーランド、ジョーンズ&コロニー（Garland, Jones, & Kolodny, 1965）によって提唱された、以下5つの段階からなる古典的モデルを活用する（注1）。

1．参加への準備
2．力とコントロール
3．親密性
4．差別化
5．分離

第1段階　参加への準備——接近・回避行動

　新しいクラスに初めて参加した経験のある人なら誰もが知っているように、グループ発展の初

期段階の特徴として、メンバーによる接近・回避行動を挙げることができる。グループに関わることに対する不安は、メンバーが質問に対して自主的に答えたがらないこと、他のメンバーとのやりとりを躊躇すること、またプログラム活動やイベントの支援に対する消極的な姿勢に反映される。また、参加をためらう姿勢は、メンバーが自分自身の問題や、初めてグループに対面したことから生じる不安や心配で頭がいっぱいである時など、沈黙やためらいがちな話し方にも現れる。メンバーは、おそれや疑念を抱いている場合が多く、他人の反応に敏感になり、独占、攻撃、孤立、拒絶、対立などが生じることをおそれている。

こうした形成期（Tuckman, 1963）には、グループのメンバーは、潜在的な社会的脅威を見極め、グループが望み、期待する行動の種類を見定めようとするため、参加者の行動は慎重になり、時には挑発的な場合もある。また、メンバーは、各自の立場や役割の面からお互いを特定し、掘り下げた会話や多くの情報を提供するような会話ではなく、社会的儀式、型にはまった紹介、詳細にわたる知的な議論に関与する傾向にある（Berman-Rossi & Kelly, 2000）。メンバーは、グループの目的や自分たちにもたらされるだろうメリットについてはよくわかっていない。

メンバーは、他のメンバーの「品定め」をし、グループの限界を試し、リーダーの能力を見極め、またリーダーがどの程度までメンバーの権利を保護し、おそれている苦痛や屈辱から守ってくれるのかを判断するための実験行動を取る場合がある。また、メンバーは、他のメンバーとの共通点を探り、意味のある役割を模索し、承認、受容、尊重を求め、一時的にグループに向かう場合もある。グループにおける初期のコミュニケーションの大半は、リーダーに向けられ、メンバーの中には、ソーシャルワーカーに対し、「リーダーシップを発揮した」アプローチを心がけ、グループの問題や構造に関する意思決定を行い、メンバーの行動を管理するために迅速な指示を出すように率直に要求する者もいる。

HEARTグループにおける参加準備

第11章で紹介したHEARTグループは、10代の肥満女性を支援することを目的としたグループである。本章では、このグループにおけるやりとりの記録を活用し、グループ・プロセスのさまざまな段階を示すクライエントの発言やソーシャルワーカーの対応について説明する。

トミー：「先週以降の経過についての発表をありがとうございました。このような話し合いをすることによって、参加者が一体となり、みんなが安心感を抱いてお互いに助け合う気持ちになれるような場ができるため、毎回セッションの冒頭で、こうした経過の報告をしてもらいたいと思います。今日のセッションのこれまでの状況から見て、セッション冒頭の活動をさらに改善するためにアイデアがある人はいますか。どうしたら私たちの取り組みを改善することができるか、意見のある人はいませんか。では、みなさんにとって、今日のセッションはどうでしたか」

アメリア：「最初の経過報告は、その日の気分によると思います。例えば、私は、今日はまあまあ良い気分だったから、経過報告は前向きな感じでできたけど、リズはちょっとむかついた感じだったでしょ。たぶん、本当にいやなことか何かがあったんじゃないのかな。だから、ただ経過報告をするのではなく、何か別なこと、よくわからないけど、その日の気分によって、みんなが違うことをすればいいと思います」

トミー：「グループのみんなとどのように関わるかは、その日の気分によるわけですね」

アメリア:「ええ」
トミー:「アメリア、きみはリズが「むかついた」感じだったと表現しましたね。そこで、リズがその表現をどう受け取ったか、あるいはリズにはどのように聞こえたのか、彼女に聞いてみたいと思います。リズは、アメリアの言葉を聞いた時、どう思いましたか」
リズ:「傷つきました。私は、周りの人がみんな、いつも自分のことをうわさしていると思い込んで、ここへ来たの。ここは全員が幸せであるべき場所なのに、私なんて、アメリアにむかついている感じなんて言われてしまった。そっちこそをむかつくわ」
アメリア:「ごめん」
トミー:「アメリア、きみが言おうとしたことは、リズの最初の報告を聞いて、いやなことでもあったんだろうなと感じたということですね。そういうことですか」
アメリア:「そうです」
ジューン:「アメリアは、リズのことをむかつくって言ったんじゃないと思います。リズがむかついてる感じだって言ったんです。別にいじわるな意味で言ったんじゃないと思います」
リズ:「でも、私にはそう聞こえたの。だから、相手がどう思ったのかっていうことの方が、自分がこう思ったってことより重要だと思います」
トミー:「ジューン、その点については、私もリズに賛成です。自分が言ったことを相手がどう受け取るかということは、自分がこう言おうとしたということと同じくらい、あるいはそれ以上に重要なのです。グループに参加することの利点の一つは、こうした経験を通して、他の人が自分をどのように見ているのかを知ることができる点です」

第2段階　力とコントロール——移行の時期

　メンバーがグループでの経験は安全で、何かを得られる可能性があり、気持ちを注ぎ込む心構えをする価値があると判断していくにつれ、自分たちの関心を自律性、力、およびコントロールに関する問題へと移していく。そして、グループ発展の第1段階は、気がつかないうちに第2段階へと移行する。こうしたストーミング（混乱）（Tuckman, 1963）期は、移行の時期という枠組みで理解することができる。それば、メンバーは、理解しやすさや予測可能性を高めようとする一方で、親密ではない関係から親密な関係システムへの変化に伴う曖昧さや混乱に耐えなければならないことを意味している。

　グループに「属する」かどうかの葛藤に対処したら、次にメンバーは、他のメンバーとの関係の「順位づけ」に没頭する。他人の支援や保護に頼りながら、メンバーは、サブグループ、地位の序列、あるいは社会的「上下関係」を構築する（Yalom, 1995）。しだいに、さまざまな派閥ができ、関係が強固になるにつれ、グループの過程は定型化されてくる。この段階では、対立するサブグループ間の葛藤が頻繁に発生し、メンバーはチームを組み、リーダー、その他の権威者、あるいは外部者に対し、怒りを表明するようになる。望んでいた立場をめぐるソーシャルワーカーとの交渉に破れた場合も、グループリーダーに対する反発が生じるおそれがある（Yalom, 1995）。

　グループに対する幻滅感は、対立、脱退、あるいはグループの目的に関する混乱を通して表面化する。立場の低いメンバーによる暴言、攻撃、拒否などが生じるおそれもあり、サブグループによる保護のないグループから孤立したメンバーは、出席することをやめてしまうかもしれない。メンバーが、葛藤の多いグループでの経験よりも、興味をひかれる気晴らしを他に見つけた場合、

メンバー数が減少するおそれもある。実際に、このようなメンバーの減少により、グループの存続自体が危険にさらされる場合がある。

HEART グループにおける力とコントロール
ジューン：「トミーさん、失礼なことを言うつもりはないし、これはすばらしい話し合いだと思うけど、私たちが、トミーさんが担当した初めてのグループですか」
トミー：「これまでいくつか担当してきました」
マギー：「女の子のグループですか」
トミー：「女の子のグループもいくつかありました」
マギー：「私たちと同じくらいの年ですか」
トミー：「何人かはそうです」
ジューン：「太っている女の子たちですか」
トミー：「肥満に悩む大人や10代の若者グループを担当してきました。ジューンは、何でそんな質問をするのですか」
ジューン：「この中でやせているのは、トミーさんだけだから。男子もトミーさんだけです」
アメリア：「そうね」
ジューン：「ほら、こんなこと言ったら、誰も何もしゃべろうとしなくなっちゃった」
リズ：「トミーさんがやせているなら、もしかしたら、私たちに何か教えてくれることがあるんじゃないかしら」
マギー：「そうね、でも、私たちが経験していることで、トミーさんにわかることって何かしら」
ジューン：「男の子のことはわかるんじゃないの」
アメリア：「トミーさんは、たぶん太ったことがないから、私たちが経験してきたことなんて、きっとわからないわよ」
トミー：「私がみんなと同じ心境になることはできないと思っているのですね」
アメリア：「トミーさんは男だし、やせているし。私は女だし、太っている」
ジューン：「トミーさんは年上だしね」
アメリア：「そうね」
アンバー：「それに、たぶんトミーさんには、いつもガールフレンドがいたでしょ。私には一度もボーイフレンドがいたことはないわ」
アメリア：「トミーさんには、今ガールフレンドがいるんですか」
トミー：「その質問には答えないでおきましょう」
マギー：「なぜですか。私たちは、ボーイフレンドや友達のことを話しているし、トミーさんにいろんなことを話しているのに」
トミー：「実はね、みんなはお互いに対して、いろいろなことを話しているのです。このグループは、みんなのためのグループなのです」
アメリア：「トミーさんも含めてね」
トミー：「私のここでの役割は、グループがうまくいくように手助けをすることです。私の交際についての話に時間を取ってしまうと……」
アメリア：「ということは、ガールフレンドがいるんですね」
トミー：「さっきも言ったように、そのことは話しません。私のことで時間を取ってしまったら、

グループのための時間がなくなってしまいます」
ジューン（アメリアに対して）:「トミーさんは、あなたのソーシャルワーカーなんだから、あなたのボーイフレンドにはなれないのよ」（からかいながら）
トミー:「もちろん、私はグループ参加者とはデートなんてできませんよ」
アメリア:「トミーさんとなんか、デートしたくないわよ」
マギー:「そうよね……」
アメリア:「冗談でも言わないで、自分のことばかり考えているのね。でも、みんなのことは好きよ」
トミー:「私がひとこと言いたいのは、みんなが今直面しているいくつかの問題に対処するために、私もみんなから学び、みんなの懸念、解決策、方略を理解することができるということです。私はやせているし、女の子ではないけれど、みんなが困難を切り抜けるために、私はファシリテーターとして、全員の手助けができることを望んでいるし、それが私の役割です」

第3段階　親密性──家族的な準拠枠の構築

　個人の自律性、自発性、および力に関する問題の多くを明確にし、解決したら、グループは、「親密前の」力とコントロール段階から、親密性の段階へと移行する。グループがこうした規範形成（統一）（Tuckman, 1963）期に入ると、葛藤が減り、メンバー間の個人的な関わりが増し、メンバーはグループにおける経験の重要性をますます認識するようになる。また、メンバーはやる気や「仲間意識」の高まり、グループの目的に対する真剣な取り組み、およびグループの目標を支える計画や課題を実行するための動機づけの高まりを経験する。メンバーがお互いの独自性を認め、自発的に気持ちや問題を打ち明け、グループの意見を求めるようになると、お互いの信頼が高まってくる。しかし、こうした望ましい親密性を達成するためには、グループの参加者は、グループ内外の人との葛藤を生むおそれのある否定的な感情を抑えることになる。以前のセッションとは対照的に、グループのメンバーは、休んでいるメンバーを心から心配し、グループに戻るように手を差し伸べる場合もある。

　こうした発展段階において、グループは、独自の文化、スタイル、価値観を築き上げ、グループの「個性」が生まれてくる。個人的な興味、愛情、その他肯定的な要因に基づき、明確な規範が構築される。また、メンバーがグループに対して貢献するための方法を見つけ、リーダーシップのパターンが確実に定着するにつれ、それぞれの役割ができてくる。時には、メンバーは、他のメンバーを兄弟姉妹、あるいはリーダーをグループの「母親」や「父親」と呼び、グループでの経験を自分たち自身の核家族の経験にたとえることから、メンバーの視点は家族的なものとなる。

　グループがこの段階においてどのような経験をするかは、メンバーがどの程度定期的にグループセッションに参加しているか、グループはオープン型かクローズ型か、どのくらいのメンバーがグループを離脱したか、といった要因に左右される（Berman-Rossi & Kelly, 2000；Galinsky & Schopler, 1989）。なかなかこの段階に入らないグループでは、メンバーが第3段階以降にうまく前進していくための結束感を得やすくするような、決まったやり方（儀式）を定めることが重要となる。

HEARTグループにおける親密性

アンバー：「この前、ちょっと落ち込んだ日があったの。友達とフェアモント・ショッピングセンターへ行って、アバクロンビー＆フィッチやホリスター、私のお気に入りのお店のアメリカンイーグルとか、いいお店へ行ったんだけど……」

ジューン：「それからべべもね」

アンバー：「そう、それで、友達はみんな試着していたわ。私のサイズに合う服はないけど、みんな本当にかわいい服ばかりだから、本当は着てみたいのよ。なんだか、友達の輪から自分だけ外れている気がしたの。みんなも、こんな経験したことある？」

アメリア：「もちろんよ」

アンバー：「私は、友達が買い物へ行くお店では買えないの」

ジューン：「そうね、私は、だいたいスウェットとTシャツを着ることになるわ。だって、わかるでしょ。でも、どこへでもその格好じゃ行かれないしね」

アンバー：「そうそう」

リズ：「時々、友達を失くしたような気分になるわ。だって、みんなかわいい服を着て、服を交換し合っているでしょ。でも、私はあれ以上仲良くできなかったから、一緒に遊ぶのをやめたのよ」

ジューン：「ゆったりとしたペザントふうの服なんか着たら、下まで下がってきて、妊婦みたいに見えちゃうわ」

トミー：「アンバー、一つ聞きたいことがありますが、今、どのようなフィードバックがほしいですか。あるいは、どんな支援をしてほしいですか」

アンバー：「このグループの中に、私と同じ経験をしたことがある人がいるかどうか、つまり私みたいに、友達にうまく溶け込めないことがあったかどうかを知りたいだけです」

トミー：「誰か、アンバーと同じような経験をしたことがある人はいますか」

アメリア：「あります。例えば、お母さんと買い物に行く時は、自分にぴったり合う服を試着できるけど、友達と一緒の時は、みんなが試着しているサイズの場所にいなきゃならないって感じるわ。私は、ほとんどの友達より背が高いし、太っているけど、みんなは本当にやせているのよ。だから、みんなが試着している時、私もみんなと同じサイズの棚から選ばなきゃって思っちゃうの。だから、よくわからないけど、何でこんなこと話しているんだろう。でも、そのサイズの服を着られるふりをして、買っちゃうの。それで、後でお母さんに返しに行ってもらう。だから、アンバーの言いたいことはわかるわ」

ジューン：「去年の夏、2キロちょっとやせたから、『あのジーンズがはける』と思ったんだけど、それを見た友達は、私のお腹の肉がはみだしているのを見て、型からはみ出たマフィンみたいって言ったわ」

マギー：「友達からそんなこと言われたの？」

ジューン：「バンドの仲間たちよ。でも、いじわるしようとしたわけじゃなくて、ただ、私が思ったほど、ジーンズが合ってなかったんだと思う」

トミー：「これは、多くのみなさんにとって、困難な問題ですね。みんなが学校にいるときや友達と一緒のときは、最高の自分を見せたい、みんなに溶け込みたいと思っているのですね」

アンバー：「ソフトボールの練習や試合の前、ロッカールームで着替えをしなければならないときに、疎外感を感じるわ。時々、トイレでユニフォームに着替えるときもあるの。他の女の子

たちはみんな、ロッカールームで堂々と着替えているけど、私はそんなに堂々とできないわ」
ジューン：「みんながあなたのことをからかうの？ ぜい肉をつかんだりするとか？」
アンバー：「そんなことないわ。みんないい人よ。でも、いつもみんなが私を見ている気がするだけ」
アメリア：「自分はみんなと違うから」
アンバー：「そう」
ジューン：「あなたがチームで一番大きいの？」
アンバー：「うん」
アメリア：「でも、かなり筋肉質じゃない」
アンバー：「ありがとう」
アメリア：「どういたしまして」

第4段階　差別化──グループのアイデンティティと内的な準拠枠の構築

　グループ発展の第4段階は、メンバーが親密性を受け入れ、グループ内の他のメンバーに近づくための選択をするようになり、凝集性や調和が特徴となる。こうしたパフォーミング（機能）(Tuckman, 1963) 期には、グループが中心となって機能するようになり、個人のニーズとグループのニーズとの間のダイナミックなバランスが確立される。各々グループを補完するように参加し、メンバーは前よりも個人的な表現を自由にできるようになる。また自分たちの気持ちやアイデアが他のグループメンバーに認められていることから、自分が心から受け入れられ、大切にされていると感じるようになる。やがてグループは、メンバーが各メンバーのニーズに比例し、精神的な支援を自発的に提供するような相互援助システムとなっていく。

　このように新たに獲得した自由や親密性を経験する中で、メンバーは、グループでの経験を独自なものとして認識し始める。実際に、グループは独自の規範や構造を築き、ある意味、それが独自の照合枠となっていく。慣習や伝統的な作業の仕方が生まれ、グループは、「クラブ」名やその目的を反映するマークを導入することもある。グループのエネルギーは、目的を実現するための作業に注がれ、また明確に理解され、受け入れられた課題の実行に向けられる。グループ活動を支えるために、当初考えられていたものよりも柔軟で機能的な新しい役割が設けられ、組織構造（役員、期限、出席に対する期待、ルールなど）が作られる。また、立場の序列は、それほど厳格ではない傾向にあり、メンバーは、特定の専門知識や能力が必要な場合、自発的にリーダーの役割を務める。

　グループが差別化段階に到達する頃になると、メンバーは、「問題を克服する」という経験を蓄積し、自分自身の感情や他人の感情を分析する技術、自分のニーズや立場を効果的に伝える技術、他のメンバーに対して支援を提供する技術、グループの中で発達した複雑な相互関係を理解する技術を獲得する。メンバーは、グループの作業に対して好奇心を抱くようになり、葛藤を公にし、自分たちの進歩を妨げる障害を特定する。すべての意思決定は、最終的にはグループ全員一致の決定となり、厳密に尊重される。意見の相違は、抑圧されたり、時期尚早のグループの行動によって覆されたりすることはなく、グループは、反対者の立場を注意深く検討し、違いを解決し、メンバー間の合意を実現するように努める。新しいグループメンバーは、刺激を与える存在となり、ベテランのメンバーが皆、洞察力を持っていることに対し、驚きの念を表現することもある。一方、ベテランのメンバーは、グループでの経験の価値をますます確信するようになる。

以前は、グループに参加していることは、隠したい恥ずかしい気持ちに結びついていたが、この段階では、仲間に対し、グループミーティングを公にするようになる。メンバーは、グループにおける役割や関係に不安を感じることがなくなり、他のグループと交流したり、外部の文化を取り入れたりすることに関心を抱くようになる。

HEART グループにおける差別化

アンバー：「じゃあ、彼に聞くの？」
マギー：「聞くって、何を？」
ジューン：「彼が、ただマギーを利用しているのかどうかって」
マギー：「彼はただ興味本位で、私と付き合っているんじゃないかって、時々思うの。だから、たぶん、彼は私を利用しているのかも」
ジューン：「じゃあ、今度彼に誘われたら、あなたはどうするの」
マギー：「平手打ちしてやるわ。なんて、冗談よ。でも、いやだって言うわ。たぶん断る……でもわからない、もしかしたら付き合うかも。だって、そんなに悪いことばかりじゃないし。困っちゃうよ！　トミーさん、すみません。でも、誘われても、そんなに悪いことばかりじゃないのよ」
ジューン：「私もわからないわ」
リズ：「そうね、私も」
マギー：「たぶん、私はそんなふうにしか付き合ってもらえないのよ。わからないわ」
トミー：「そんなふうにしか付き合ってもらえないとは、その彼との付き合いのことですか、それとも……」
マギー：「彼との付き合い、もしかしたら、他の人ともそうかもしれないわ。すべての男の子が、みんな同じような考え方だったら、私は、そんな関係に甘んじなければならないのかもしれません」
アンバー：「私のこれまでの経験もそうよ」
ジューン：「つまり、男の子は、二人だけならいいけど、人前では会わないってこと？」
マギー：「彼はそういう男なの」
ジューン：「それはひどい」
マギー：「そうなの」
トミー：「それは、みなさんの人生において、望んでいることですか」
ジューン：「そうではないと思います。私はそういう状況にはないけど、もし男の子が誰もいない時だけに私と会いたがるなら、私のことを本当に大切にしているとは思えないし、ただ私を利用しているだけだと思う」

第5段階　分離──解散

　グループ発展の最後の解散段階になると、メンバーは、多くの場合に他のメンバーやリーダーとの間で構築した非常に強い絆を緩め、自分のニーズを満たすための新たな資源やつながりを求めて独立し始める。グループメンバーは、グループから離れるにあたり、幅広い感情を経験する可能性が高い。実際に、グループの終結が近づくと、数々の反応が引き起こされるが、そうした反応の多様性は、第1段階で示された接近・回避方略によく似ている。メンバーは、再び不安を

感じる場合があるが、今回は、離れ離れになること、築き上げた絆を断つことに関わる不安である。グループが解散してしまうという思いに対し、リーダーや他のメンバーに対する怒りが爆発したり、前に解決したもめごとが再発したり、またリーダーに対する依存が高まるおそれがある。グループの経験がもたらした肯定的な意義を否定することも、めずらしくない。メンバーが、グループに対する肯定的な感情を、グループが終結することに関する投げやりな気持ち、拒否、あるいは不安な感情と両立させようとする上で、こうした分離に対する反応は、瞬間的にあるいは集中的に現れる。

第19章で詳しく取り上げるが、終結もまた、評価、達成した課題についての熟考、および学んだことに対する整理を行う期間である。それは、未完了の作業を終わらせ、焦点を絞ったフィードバックを授受し、グループで経験した素晴らしい時間や密接な関係を十分に味わう期間である（注2）。多くの場合、グループに対する思い入れを減らし、より多くのエネルギーをグループ外の関心に注ぎ始めたメンバーは、おそれ、希望、また将来やお互いについての懸念について言及する。グループで学んだことをいかに他の状況に適用するかといった話し合いや、再会あるいはフォローアップミーティングの話をすることが多い（Toseland & Rivas, 2009）。

■グループの発展の各段階におけるリーダーの役割

前にも述べたように、リーダーの役割は、グループの発展とともに変化する。ヘンリー（Henry, 1992）は、ラング（Lang, 1972）による初期の研究を参照し、リーダーについて、特定の役割を演じ、グループの存続期間を通して、さまざまな位置を占める存在として概念化している。変化していくリーダーの役割は、グループのメンバーのニーズ、能力、特徴、および発展段階により、主要な役割から可変的な役割へ、そしてファシリテーターとしての役割まで網羅された連続した直線上に存在している。同様に、グループの中でリーダーが占める位置も、グループメンバーのニーズ等に対応して、中心的な位置から極めて重要な位置へ、そして周縁的な位置まで網羅された連続した直線上に存在する。援助グループのプロセスを妨げる事態に関する研究によると、グループリーダーの行動（直面化、独占、非難など）、あるいは怠慢（支援の欠如、仕組みの欠如など）が、グループにおいて被害者や脱落者を出してしまう主な原因であることが示されている（Smokowski, Rose & Bacallao, 2001）。

グループ開始当初は、主要な役割となるリーダーの果たすべき役割は、グループの候補者を選抜することである。同様に、このグループ発展段階において、リーダーはメンバーを採用し、グループの目的、仕組み、場所、期間を決定することから、中心的な位置を占める。リーダーは、グループの仕組みを作り、内容や機能を計画し、グループ編成前の面接を実施し、各メンバー候補者と相互契約を交渉するため、グループが招集されるまでは、こうした重要で中心的な役割を続ける。このような一連の役割や位置づけは、グループ初期段階を通して有効となる。この段階では、リーダーはグループの話し合いを開始し、そうした話し合いの指揮を執り、参加を促し、個別の契約をメンバーと検討して一つの相互グループ契約を作り上げる。

グループの連帯が新たなレベルへ発展したら、リーダーは、意図的に可変的な役割へと移行し、グループに関して極めて重要な位置を占めるようになる。この点について、ヘンリー（Henry, 1992）は、次のように述べている。

ソーシャルワーカーが、中心的な位置を占める主要な役割から離れるに従い、メンバーは、これまでソーシャルワーカーが担ってきた作業の一部を引き継ぎ始める。映画撮影術の専門用語を使えば、グループシステムの登場に伴い、ソーシャルワーカーはフェードアウトする。とはいえ、グループの（内部および外部）システムは、まだ完全に機能する程度まで安定化していないため、ソーシャルワーカーは、グループ自らのペースに合わせて過程を進ませ、時折、システムが発展し続けるように、再び手を差し伸べる必要がある。ソーシャルワーカーの役割が可変的であり、その位置が極めて重要であると称されるのはこのためである。このような役割や位置は、この時点で交渉される相互契約の一部として盛り込まれる（p.34）。

　ヘンリーによると、リーダーの可変的な役割と極めて重要な位置は、葛藤・不均衡段階（ガーランド、ジョーンズ＆コロニー（Garland, Jones, & Kolodny））が提唱する第2段階「力とコントロール」において、グループ内で継続される。グループがメンテナンスあるいは機能段階（第3段階「親密性」および第4段階「差別化」）に入ると、リーダーは、ファシリテーターとしての役割を担い、周縁的な位置を占めるようになる。グループは自己管理ができる完全な能力を達成しているため、リーダーは主要な役割を担うのではなく、資源としての役割を果たすようになる。

　グループが分離あるいは終結段階（第5段階）に移行すると、リーダーは再び、中心的な位置での主要な役割に復帰し、独立した道を歩み始めたメンバーの巣立ちを支援する。リーダーはこうした役割において、発展の初期段階への後退を克服するための援助を行い、グループが確実に終結を迎えられるように努める。

　表16-1は、グループがさまざまな発展段階を進んでいく上で、リーダーが焦点を当てる内容の展開を示している。表に示された内容は、ガーランド、ジョーンズ＆コロニー（Garland, Jones, & Kolodny, 1965）、ローズ（Rose, 1989）、ヘンリー（Henry, 1992）、コリー＆コリー（Corey & Corey, 1992）をはじめ、さまざまな文献から引用したものである。

■グループの構成要素への介入

　あるレベルにおいて、メンバーがグループの治療的機能に対する責任を担う能力に依拠して、リーダーがどれだけ大きな役割を担うか、あるいは中心的な位置を占めるかが決まってくる。別のレベルでは、こうしたリーダーの立場は、グループの治療的特徴を形作るための介入の相対的な必要性に関わり、それに基づき、メンバーが変化するための手段が生み出される。その点に関し、リーダーはグループ発展のさまざまな段階を通して、以下のグループ要素を形成することに特別の注意を払う。

- 凝集性
- 規範的構造
- 役割構造
- サブグループ構造
- リーダーシップ構造

　実際に、こうした構造が時間をかけて進化していくとき、そこにグループ発展の現象が含まれ

表16-1 段階、ダイナミクス、およびリーダーの焦点

段階	ダイナミクス	リーダーの焦点
プレアフィリエーション（参加準備）	・距離を置いた探索 ・接近・回避 ・信頼、予備的コミットメントの問題 ・問題の知性化（合理的に説明すること） ・表面的な特徴や経験に基づく相互関係 ・自己防衛、低リスク行動 ・周囲を探る ・リーダーや他のメンバーの品定め ・個別およびグループの目標を策定 ・グループの責任者としてのリーダー ・グループの安全性やニーズに合っているかどうかに対するメンバーの評価 ・自己開示、拒絶に対するおそれ ・グループの目的についての不確実性 ・目標やグループに対するコミットメントが弱い	・観察と評価 ・グループ目標の明確化 ・グループ指針の制定 ・個人的な目標の制定を促す ・メンバーの願望や期待の明確化 ・おそれ、迷いについての話し合いを奨励する ・徐々に信頼を築く ・支援の提供、距離を置く ・探索を推進 ・グループ構造の提供 ・援助要請、援助提供の役割を定めた契約 ・メンバー間の連携を推進する ・注意深く話を聞くことの手本を示す ・抵抗に焦点を当てる ・参加機会を確保する
力とコントロール	・反抗、権力争い ・権力を増強させるための政治的連帯 ・立場、格づけ、影響力の問題 ・グループ構造や過程に関する不満 ・リーダーの役割に対する挑戦 ・非公式なリーダーシップ、派閥リーダーの登場 ・個人の自律性、自己意識（自己主張） ・グループにおける役割の機能不全 ・規範およびメンバーの危機、脱落者が出る危険性が高い ・リーダーや他のメンバーを試す ・リーダーに対する依存 ・グループで自分たちの問題に対処できるかどうかの実験 ・時折、プログラムの機能停止、計画性が低い ・フィードバックの重要性	・個人や所有物の安全性を保護 ・権力争いの明確化 ・問題をグループへ戻す ・違いの表明や受容を促す ・明確で、直接的な、表面を傷つけないコミュニケーションを推進 ・生産性が低いグループ・プロセスの検討 ・認知の歪みについての検討 ・反対意見を唱えるサブグループに対するメンバーの評価を促す ・グループに対し、総意による意思決定に対する責任を負わせる ・葛藤や権力争いは、通常起こり得ることを明確化する ・治療グループと一致した基準を奨励する ・常にストレングスや成果を認識する ・リーダーに対する挑戦に対し、防衛的ではない方法で対処する ・「今、ここ」に焦点を当てる

第16章 ソーシャルワーク・グループへの介入

親密性	・個人的な関わりが高まる ・自分の意見や物の共有 ・他のメンバーのニーズを満たそうと努める ・グループ経験の重要性に対する意識 ・人格成長と変化 ・相互の打ち明け話、リスクに立ち向かう ・総意による意思決定に対するコミットメント開始 ・認知再構成法に対する取り組み開始 ・目標の重要性を言葉で表現 ・グループを自分たちで管理する能力の向上 ・情緒不安の消失 ・メンバーによるトピック提供の開始 ・建設的なフィードバック	・リーダーシップの奨励 ・グループが混乱した場合、柔軟な役割を担う ・個々の目標に明確な焦点を当てるための支援 ・掘り下げた探索、フィードバックを促す ・相違点の認識や支援を促す ・グループの作業を指導する ・さまざまな役割を試してみるように促す ・グループ内外で新しい技術を活用してみるように促す ・メンバーが変化に対する責任を担うための支援を行う ・成果に関する一貫したフィードバックを提供する ・自分自身の活動を減らす
差別化	・今、ここに焦点を当てる ・高いレベルの信頼、凝集性 ・感情の自由な表現 ・相互援助 ・相違点を完全に受け入れる ・独自の存在としてのグループ ・グループ目的の明確化 ・安心感、帰属意識、「仲間」意識 ・役割の差別化 ・自己主導的なグループ ・認知に対する集中的な取り組み ・目標重視の行動 ・個人的な目標を達成するために、グループ外の活動に従事する ・メンバーが、権限を与えられていると感じる ・オープンで自発的なコミュニケーション ・自己直面	・目標の達成、技術の交換を重視 ・グループの自己管理を支援 ・凝集性を高める行動を推進 ・支援と直面化のバランスを取る ・洞察をアクションに移すことを奨励 ・共通のテーマを解釈し、探る ・テーマを一般化する ・問題に対する掘り下げた探索を促す ・目標の見直し、課題完了を確実に行う ・個人およびグループの成長を刺激する ・グループ外で新しい行動を適用するための支援
分離	・見直しと評価 ・グループ外のはけ口を見つける ・安定化と一般化 ・将来に向けた計画 ・個人的な成長、対人関係における成長を認識する ・別離という現実に対する悲しみや不安 ・おそれ、希望、他のメンバーの自身に対する不安を表明 ・多少の拒否反応、後退 ・離れる、距離を置く ・相互関係が弱まる ・グループ外で、どのように向上し続けていくかについて計画する ・再会、フォローアップについての話し合い	・グループ解散に向けた準備 ・終結についての評価や感情の表出を促す ・個人およびグループの進捗見直し ・個人のエネルギーを、グループから自己過程に向け直す ・各自がつながりを断つことができるように援助する ・未完了の作業の解決を促す ・個人が達成した変化を強化する ・評価手段の管理

ていることがわかる（Rose, 1989；Yalom, 1995）。上記の要素は、非常に重要であるため、以下の項でも引き続き検討していく。

凝集性の促進

凝集性は、グループの成功において中心的な役割を担い、リーダーはこうした前向きな力を構築する上で、重要な役割を果たす。リーダーは、グループメンバー間のつながりを築き、サブグループ以外のメンバーとの関わりを持たせるために、サブグループメンバーの対人ネットワークの拡大に努める。さらに、リーダーは、出席者および欠席者を確認することにより、また「私たちは」「私たちを」「私たちの」といった表現を用いたり、グループ全体をグループセッションにおける自分の発言の対象としたりすることにより、凝集行動を促進する（Henry, 1992, p.167）。

また、リーダーは、肯定的なグループ形成行動が現れた場合、そうした行動について言及し、強化することにより、凝集性の発達を促す。ヘンリー（Henry, 1992）は、リーダーが強調すると考えられる凝集性の兆候を特定している。例えば、参加者が欠席しているメンバーについて尋ねたり、欠席や葛藤の後にグループに復帰したり、意思決定において、他のメンバーの意見を考慮したり、またグループ活動に対するより大きな責任を求めたりする場合、それはメンバーのグループへの関心を示している。こうした凝集性の兆候は、グループが上の段階へ進んだことの目印となるが、そうした兆候は、グループの初期段階において、ほんの一瞬だけ現れる場合もあることから、明確に認識する必要がある。

さらに、リーダーは、高いレベルの相互作用を促進し、メンバーが目的をうまく達成し、期待を満足させ、ニーズを満たすための援助を行い、また一人のメンバーだけでは得ることが不可能な報酬や資源を手に入れるための特権や機会を提供することによって、グループの魅力や凝集性を高める（Toseland & Rivas, 2009）。

皮肉にも、こうした凝集性を高めるための努力は、終結段階において後退するおそれがある。

メンバーのグループに対する関心を減らし、適切な場合には、代わりの関係への関心を高める援助を行うことが必要である。したがって、ソーシャルワーカーは、グループの凝集性を実現するための原則とは逆の方法を取る。例えば、メンバーがお互いに接触する頻度を増やすのではなく、ミーティングの数を減らしたり、ミーティングの時間を短縮したりするなどして、接触の頻度を減らす。ソーシャルワーカーは、グループ内の葛藤の解決には、これまでほどの重点は置かず、終結方法に関連しない限り、メンバーの経験や姿勢の共通点には注目させない。こうした点は、この種の過程が最後まで維持される場合のグループ・サイコセラピーにおいては該当しないかもしれない（Garvin, 1987, p.222）。

グループの規範の扱い

第11章では、建設的なグループ規範の構築を促進するための方略を紹介した。しかし、非生産的な規範が生まれるおそれもある。例えば、グループは、統制権をめぐって競合する複数の利己的な派閥やサブグループに分割する場合がある。また、メンバーは正当なグループ課題に集中するのではなく、ただのおしゃべりをしにやってくるようになることもある。参加者の中には、繰り返し他メンバーを身代わりにし、彼らを苦しめ、さまざまなグループ内の悪を他のメンバーのせいにする者もいる。こうした方法をはじめ、その他さまざまなやり方で、グループは連合して

目標を達成するためにお互いに助け合う能力を損なう否定的な行動を身につけてしまうおそれがある。

第11章で説明したように、リーダーは変化するグループ行動を観察し、こうして生じたパターンがグループの目的を損なうのか、あるいは支えているのかを判断しなければならない。リーダーは、新たなパターンが及ぼす影響を特定したら、次に機能的なグループ行動を育て、参加者に対し、個人やグループに対する破壊的な行動を修正するような介入を実施する。

ファシリテーターは、初回セッションにおいて、グループのための規範を示したものを含む、メンバーとの明確な契約を結ぶことによって、治療環境や「課題グループ」の準備を整える。その過程で、リーダーは、グループが従いたいと望む規範を特定し、明確に表現するための支援を行う。そうした規範が決まったら、そのガイドラインを記録し、定期的に見直しを行わなければならない。また、リーダーはメンバーに対し、常にそうした規範を順守するための支援を行う上で、積極的な役割を担う必要がある。あるグループは、そうした規範のガイドラインをボードに書き出し、ミーティングルームに掲示したり、メンバーの作業ノートにはさんでおけるようにラミネート加工したページを作ったりしている。以下は、ガイドラインのサンプルである。

- グループの意思決定は、総意によって行う。
- "I" ステートメント（「私は（思う）（感じる）（望む）など」）を用いて、自己と関連づけしたコミュニケーションを行う。
- 常にグループの課題や使命に焦点を当てる。
- 常に話し合いの焦点は、過去ではなく、主に現在や将来に当てる。
- 「うわさ話」を避ける。
- 「対話時間」を分け合い、すべてのメンバーが参加できるようにする。
- グループの進捗状況に関する懸念を他のメンバーに伝え、そうした懸念に対する責任を持つ。

HEART グループにおける規範の設定

トミー：「前にジューンが指摘した件に戻りますが、メンバーに参加を促すためのガイドラインがあります。私はこのガイドラインを気に入っているのですが、良いグループとは、メンバー全員が貢献しているグループです。わかりやすい言い方をすれば、みんなが最善を尽くすこと、あるいは……」
ジューン：「全員が一回ずつ話をするまで、二回目は話すなということですか」
トミー：「あの、それは……」
リズ：「私は反対です」
ジューン：「ただ言ってみただけよ。よくわからないわ」
トミー：「リズ、なぜ反対なのか、理由を聞かせてください」
リズ：「時々、ただ……ただ貢献したくないとき、話したくないときがあるんです」
トミー：「それに、ジューン、リズに対して『みんな一回話したから、今度はあなたが話す番よ』と言うのは、ちょっときっちりしすぎているかもしれませんね。このようにしゃくし定規のルールでは、グループがリズにとって安心感の持てる場所ではなくなってしまうおそれがあります」
ジューン：「どういうルールにすべきか、わからないわ」

アメリア：「全員が、積極的に参加するように最善を尽くすというのはどうですか」
マギー：「でも、私の名前は呼ばないでよ」
ジューン：「積極的に参加するというのは、必ずしも話すことではなくて、ただ注意して聞くことだと思います」
トミー：「それは良いポイントですね、ジューン」
ジューン：「グループでは居眠りしないこと」
マギー：「そうね、目を覚ましていること」
アメリア：「例えば、私が自分の気持ちを話しているときに、みんながそこに座って、明らかに別のことを考えているとか、いたずら書きをしているとか、顔を見ればわかるように、何か他のことを考えていたら、どうなる？ みんな、私が言いたいことわかるでしょ」
トミー：「その点は、おそらく、すでに話し合ったルールにありましたね。「相手を尊重する」というルールです。ジューン、『居眠りしないこと』というのも、これに該当しますね」
ジューン：「わかりました」
トミー：「それからアメリア、参加を促すというアイデアはいいですね。何と言ったのでしたっけ。『できるだけがんばる……最善を尽くす』でしたか」
アメリア：「積極的に参加するように最善を尽くす」
トミー：「みなさんは、これについてどう思いますか」（賛成）

　治療規範を取り入れるための指針となる構造的なガイドラインを策定することに加え、リーダーはメンバーに対し、コリー＆コリー（Corey & Corey, 2002）から引用した以下の個人向けガイドラインを取り入れる上での援助を行う。

- 信頼を構築するための支援をする。他のメンバーが先に行動を起こすのを待つのではなく、個人的な問題についての話し合いを率先して始める。
- 常に心に潜んでいる感情を表現する。退屈、怒り、あるいは失望といった感情を隠すのではなく、グループ・プロセスについての気持ちを伝える。
- 個人的な問題をどの程度公表するかを決める。個人的な問題について、何を、どの程度、いつ公表するかを決めるのは、メンバー次第である。
- 観察者ではなく、積極的な参加者になる。他のメンバーから誤解して見られるおそれのある未知の存在であり続けるのではなく、メンバーがグループ内で発言したことに対して反応を伝える。
- よく耳を傾け、識別しながらメンバーの話を聞く。他のメンバーのフィードバックをそのまま受け取ったり、真っ向から否定したりせず、自分に該当すること、しないことを自分自身で判断する。
- 一貫したフィードバックに注意を払う。複数の発信源から、同じメッセージを受け取った場合、そのメッセージは、正当な内容である可能性がある。
- 自分自身に焦点を当てる。問題における自分の役割について話し、無関係の状況やグループ外の人を非難したり、焦点を当てたりすることを避ける。

　リーダーは、こうした個人レベルの規範を再認識させたり、そのような規範に対する侵害を指

摘したりするために介入を行うことが多い。確立したグループでは、メンバーはお互いに責任を課すために率直な会話をする。最終的には、個人やグループの規範を徹底するためのローカス・オブ・コントロール（統制の所在）は、リーダーではなく、メンバーにあるべきである（Carrell, 2000）。

メンバーの役割に対する介入

役割が規範と密接に関わっている点を、トセランド&リヴァス（Toseland & Rivas, 2009）は、次のように説明している。

> 規範は、グループのメンバー全員によって、ある程度、共有された期待であり、役割は、グループにおける個人の機能に対する共有された期待である。幅広い状況における行動を定義する規範とは異なり、役割は、特定の機能やグループメンバーに課された課題に関わる行動を定義する（p.68）。

グループにおける役割には、公式の立場（議長あるいは書記など）やグループの相互作用の中で生まれた非公式の立場（調停者、道化師役、反抗者、主唱者、あるいは身代わりなど）が含まれる。規範と同様に、役割はグループ機能を果たしたり、個人の治療目的を実現したりする上で役立つ。リーダーは、反治療的役割の発生に注意し、そうした役割が現れた時点で対処する必要がある。例えば、葛藤や親密性を避けるメンバーは、話し合いを表面的なレベルで進めるために冗談を言ったり、あるいは真剣に受け止めてもらおうと必死なメンバーは、気をそらすような馬鹿げた意見を述べたりして、こうした有害な役割を強化するおそれがある。イェーロム（Yalom）は、おそらく不安のために、必要以上に長く話をして対話時間を取り、グループを不満の空気で包んでしまうような「独占者」（1995, p.369）の影響について取り上げている。

非生産的な役割に直面した場合に重要な点は、メンバーに対し、自己観察を促し、機能不全の役割に陥らないようにさせ、そうした役割と影響についてそのメンバーに直面化をさせるよう、また他の参加者に対しエンパワメントをはかることである。この点について、ガーヴィン（Garvin）は次のように述べている。

> 「道化師役」は、より真剣に行動したいと望み、「調停者」は、どちらか一方の側につきたいと望み、消極的な人々は、積極的に機能したいと望んでいるかもしれない。グループの相互作用から生まれた役割を認識しているソーシャルワーカーは、個人的な目標の達成、あるいは有効なグループの構築を妨げる役割に対し、注意を払わなければならない（1986, p.112）。

機能不全の役割の現れは、介入を行う重要な目印となる。介入手段の一つは、グループ参加者が担う非公式の役割を特定するために、ガーヴィン（Garvin, 1986）が開発した技法を用いることである。リーダーはアンケートを実施し、メンバーに対し、グループの中で誰が、審判、ベテラン、ユーモアのある人、世話人、代弁者、「わざと反対する人」といった役割を担っているか（該当者がいる場合）を「投票」させる。このような演習に続いて行う話し合いは、メンバーの意識やグループ・プロセスに大きな影響を与える。もう一つの技法は、メンバーが果たしていると思われる具体的な役割を説明し、その説明が正しいかどうかについて、グループの見解を求める。

見解を聞くにあたり、メンバーに対し、グループからのフィードバックを希望するかどうかを尋ねる。そうすることにより、防衛姿勢を和らげ、メンバーに対し、状況に対する適切なコントロールを与えることができる。

　役割遂行におけるもう一つの側面は、メンバーによる役割達成の援助をすることである。すなわち、メンバーが学生、親、リーダー、配偶者、従業員、友人、退職者といった、本人が希望する、あるいはすでに担っている役割の要件を果たせるようにすることである。そうした取り組みの中で、リーダーは、メンバーが自分自身の相互作用を評価し、自分の役割に必要な技術を実践し、そうした役割に近づき、実行する新しいやり方を適用できるように支援を行う。グループは、ロールプレイ、フィードバックの提供、個人的な事例の共有を通し、メンバーがこうした課題に取り組む上での援助をすることが可能である。一部のグループは、特にソーシャルスキルの開発に取り組むためにデザインされている（LeCroy, 2002）。第13章では、行動リハーサルや技術開発を通した変化の事例をさらに紹介している。

サブグループの扱い

　グループにおいて、サブグループは必ず出現して存在し、さまざまな方法でグループに影響を及ぼす。サブグループは、グループ・プロセスを妨げる一方、強化する場合もある。派閥のような否定的なサブグループは、グループにおいて、忠誠心や排除の問題を引き起こし、リーダーの権限に異議を唱える。また、サブグループのメンバーが仲間内だけで話をし、自らのエネルギーをグループ全体から小集団へ向けるため、コミュニケーションを寸断させるおそれがある。リーダーは、以下の手順を踏むことにより、こうしたサブグループによる影響を是正することが可能である。

1．意見の異なるサブグループが形成された理由、およびそうしたサブグループがグループ全体に与える影響についての話し合いを始める。このような話し合いにより、目標設定、コミュニケーション、相互作用、意思決定に対して生じた問題点が明らかとなる。
2．プログラミングあるいは構造化による否定的なサブグループの影響を抑える。例えば、リーダーは反対派のサブグループに対し、共通の目標に向かって取り組むこと、席順を変えること、メンバー全員からフィードバックを受けられるように「総当たり」アプローチを活用すること、共通のグループ課題に取り組むために、異なるサブグループからメンバーを割り当てること、あるいはサブグループのメンバーを離すために、プログラム化された資料や演習を活用するといった対策を講じる（Carrell, 2000）。
3．グループから取り残されたメンバーのために、最小限の活動のみが求められる安全な立場や役割を設けると同時に、そうしたメンバーをグループ活動に参加させる（Balgopal & Vassil, 1983）。
4．強力なサブグループや個人に対し、力を放棄するか、あるいは他のメンバーのために慎重に力を活用するための支援を行う。これを実現するためには、グループの他のメンバーに対する配慮を促し、また他のメンバーを支配することは、自分自身にとって有害となるおそれがあることをメンバーに理解させる（Garvin, 1987）。
5．グループ活動の準備、グループのための資源の確保、あるいは重要な役割（観察者、議長、書記など）の遂行といった何らかの権限のある役割に、力のないメンバーを割り当てる。

6．意見の異なるサブグループと「つながり」を持ち、彼らの欲求に対する配慮を示す手段を見つける（Garvin, 1987）。
7．サブグループに対し、グループにおける有益な役割や課題を設定することにより、正当な力を持つことができる方法を提供する。

リーダーシップ役割の意図的な活用

　グループにおけるリーダーの役割は、グループおよび個人目標の達成を促進し、グループの維持管理を確実にするための一連の行動で示すことができる。リーダーは、グループが成熟するにつれ、徐々にリーダーシップ機能をメンバーに委譲しながら、引き続きグループの作業に注意を払うことにより、最終的には、「グループ活動から身を引く」(Rose, 1989, p.260)。

　メンバーに対し、リーダーシップ行動を担うための支援を提供することは、次の3つの理由から重要となる。第一に、メンバーは、通常リーダーシップが高く評価される他の社会グループにおいて適用できる重要な技術を身につけることができる。第二に、メンバーがリーダーシップを発揮すればするほど、グループに対して真剣に取り組む可能性が高くなる。第三に、リーダーシップ活動に取り組むことにより、さまざまな社会状況において無力感を経験することが多いメンバーが、自分が知覚できる力の範囲や自己効力感を高めることができる（Rose, 1989）。

　リーダーは、以下の4つの手順により、力の分配を促進することができる（Shulman, 1984）。

1．メンバーとリーダー間のコミュニケーションよりも、メンバー同士のコミュニケーションを促進する。
2．メンバーに対し、ミーティングの議題に対するアイデアや今後のミーティングにおける方向性についての意見を求める。
3．メンバーがグループに対して影響を与えようと、初めて一時的な試みをした場合、本来備わっているリーダーシップを支える。
4．第1回ミーティングにおいて、グループメンバー間の相互共有や相互援助の試みを奨励する。

　グループのリーダーシップに関わる問題は、個人や競い合うサブグループが権力を奪おうと試みる時に発生する。実際に、リーダーシップへの挑戦（または、その欠如）は、コントロール、責任の分担、意思決定をめぐるグループ内闘争においてついて回る問題である（Corey & Corey, 2002）。個々のメンバーにとって重要な問題や役割に焦点を当てることにより、グループの成功を助けることになるので、こうしたメンバーによる試みを否定的に解釈しないことが重要である（Hurley, 1984）。以下は、コントロールに関する問題を示すメッセージの例である。

- 私が話したくないのは、あなたが私に話させたいと思っているからです。私は、人の話を聞いたり観察したりすることによって、同じくらいのことを学んでいます。
- ここには、常に注目を集める人たちが何人かいます。私が何をしようとも、特にリーダーからは、認めてもらえないような気がします。
- ポールに対してもっと関心を寄せるべきです。ポールは何回か泣いているのに、あなたはまったくお構いなしです。

ファシリテーターは、こうした挑戦に対して、発言を共感的に検討し、指摘してくれたメンバーに感謝の意を示し、リーダーシップスタイルについて、他のメンバーからフィードバックをしてもらい、また身構えたりせずに意見を求めることによって対応する（「この件について、指摘をしてくれてありがとう。私のやり方をどのように変えてほしいと望んでいますか」など）。また、コリー＆コリー（Corey & Corey, 1992）は、忠実に対応することを勧め、リーダーは挑戦を受けた時に、それを自己覚知しなければならず、そして「問題のあるメンバー」や困難な状況に焦点を当てることを避け、グループ・プロセスが失敗した場合に、そうしたメンバーが、個人的にどのような影響を受けるのかを重視しなければならないと指摘する。

一般的に、リーダーは、自分のリーダーシップ役割に対する挑戦とを感じとったときの脅威、メンバーの協力や熱意の欠如に対する怒り、自分はグループを率いる資格があるかどうかと思いをめぐらすほどの力不足感、ある種の問題人物としてラベリングしたメンバーに対する憤り、グループの進捗が緩慢であることに対する不安とともに、アクションを生むためにグループに刺激を与えたいという願望など、さまざまな感情を抱えている（Corey & Corey, 1992, p.155）。

リーダーは、こうした反応を無視することにより、グループで生じている相互作用に巻き込まれないようにするが、コリー＆コリー（Corey & Corey, 1992）は、リーダーに対し、むしろ、以下を手本にするようにと促している。

葛藤や抵抗に対処するための「直接的な」方法。……防衛行動に対処する上で、自分自身の考え方、感情、および見解は、最も強力な資源となり得る。ソーシャルワーカーがメンバーの欠点を非難したり、批判したりしない方法で、グループで起こっていることについての自分の気持ちや考えを伝えた場合、メンバーは、ソーシャルワーカーとの誠実で建設的な相互作用を経験することになる（p.155）。

一貫して忠実に対応することにより、挑戦や攻撃を受けた場合でさえ、リーダーはグループに対し、こうした忠実に自分を表現するやり方を取り入れるように促す。この方法は、メンバーがお互いに直面する必然的な相違点を効果的に対処する上で、非常に重要となる。

■グループの発展の各段階を通じて行われる介入

前述の通り、リーダーの役割は、常にグループの発展段階の枠組みの中で進めなければならない。トーマス＆カプラン（Thomas & Caplan, 1999）は、リーダーシップを車輪にたとえている。すなわち、リーダーは「車輪を回転」させるために、特に積極的な役割を担い、徐々に「車輪に触れる手を弱め」、最後に、グループに弾みがついたところで、その役割を減らしていきながら、事故や脱線によって車輪が軌道をはずれないように力を貸す。トーマス＆カプランは、リーダーが、グループの存続期間にわたって活用すべき3つの重要な介入技法を特定した。

- 過程：問題に対処する上で、個人の過程およびグループ全体の過程の両方に注意を払う。
- 連結：メンバーが、取り上げられた問題における共通のテーマを見いだし、自尊心およびグ

ループ凝集性に重要な相互依存や相互関係を構築するための支援
- 包摂：消極的なメンバーをグループに関わらせるための方策

また、ソーシャルワーカーは、グループの発展や過程を妨げるような過ちを犯さないように注意しなければならない。トーマス＆カプラン（Thomas & Caplan, 1999）は、いくつか最もよく見られる過ちを特定している。以下はその例である。

- グループの状況において、一対一のソーシャルワークを実践する。これにより、グループワークの顕著な特徴である相互援助が妨げられる。
- 検討事項を厳格に定めているために、メンバーは、グループ・プロセスを管理できるはずのところを、新たに生じたテーマさえ追求することができなくなる。
- 個々のメンバーを身代わりにするか、あるいは攻撃する。こうした行動により、グループは安全な場所ではないというメッセージが送られ、他のメンバーの関与を妨げる。
- 内容を過度に重視するため、メンバー全員が利益を享受し、他のメンバーの経験に関わり合うことができるテーマの一般化ができない。
- メンバーをからかったり、耳を傾けるべきメンバーのニーズを軽視したりする。
- グループに対して説教をする。こうした行為により、メンバーをディスエンパワーし、グループの努力や勢いを妨げる。
- 攻撃的な意見に対処しなかったり、不適切な発言や、反権威主義的、人種差別的、あるいは性差別的な発言をめぐり、メンバーと共謀したりする。

上記のリストは、グループの発展を阻止したり、逸脱させたりする行動を示したものであると考えるのがよい。以下の項では、ガーランド、ジョーンズ＆コロニー（Garland, Jones, & Kolodny, 1965）のモデルが示す複数のグループ段階にわたるリーダーの役割を検討しながら、効果的なグループワークにおける重要な側面について詳しく述べる。

よくある間違い
——HEARTグループにおいて内容を過度に重視し、説教に至った例

トミー：「『デブ』という言葉について考えてみたいと思います。自分たちを表すために使う言葉として、適切であるかどうかを考えてみましょう」

リズ：「トミーさんは使ってはだめな言葉です。やせているから」

トミー：「私が、デブと呼ばれてきた人、あるいは自分のことをそう呼ぶ人たちに話しかけるときは、『体重が多すぎる人』という言葉を使います。話す時は、そういう言い方をします。誰でも、現在の体型がずっと維持されるわけではなく、自分の体型が気に入っていても、そうでなくても、私たちの体型は常に変わるものです。私が、あの人は体重が多すぎるという言い方をするわけは、ある人が永続的に持っている資質を指すのではなく、ある時点の様子を説明した表現だからです」

アメリア：「私を担当している精神科医は、食べ物との関係障害だと言っています」（グループから笑い声）

トミー：「それはどういう意味ですか」

アメリア:「つまり、私がデブだということ。わからないわ」(さらに笑い声)
トミー:「では、その言葉について一緒に考えてみましょう。障害とは何ですか」
アメリア:「デブであること。わからないわ。正しくないこと、機能不全、カッコよくないこと」
ジューン:「異常であること」
アメリア:「異常であること。そう、私は食べ物に対して異常だわ」
トミー:「それについてはどう思いますか。賛成ですか、それとも反対ですか」
アメリア:「わかりません。どっちにしても、なるほどなと思います」
トミー:「どういうことですか」
アメリア:「デブの代わりに使えるきれいな言い方だと思います」
トミー:「私はその言い方を聞くと、その精神科医はあなたに対して、食べ物を栄養のためではなく、別の理由で利用していると言っているように聞こえますね」
アメリア:「たぶん、そうかもしれません」

参加への準備段階における介入

　第11章で説明したように、グループ編成前の個人面接は、グループメンバー候補者に対するオリエンテーションの役目を果たす。初回セッションにおいて、リーダーは、グループが通る発展段階、治療的な作業環境の構築方法、効果的なグループの行動や態度の特徴、グループに構造や目的を与える指針を構築し、順守することの重要性、グループに関わる問題に対し、「お互いに満足のいく」意思決定に全力を傾けることの重要性など、グループ・プロセスの基本を説明することにより、メンバーがこれから経験することになる内容に向けて準備させることができる。実際に、研究によると、グループ・プロセスに関する直接的な指導や教育は、初期段階において、グループの発展を促進する傾向にある (Corey & Corey, 2002, Dies983)。
　また、リーダーは、メンバーが抱く当初の懸念に対処するためにも介入を行う必要がある。初期のセッションにおいて、メンバーはおそらく、グループにどのような成果を期待しているのかを表明することにためらいを感じるだろう。また、大半のメンバーはグループでの経験に関して、おそれや不安を抱いている。他のメンバーに自分はどのように見られるのか、発言するようにプレッシャーをかけられるのか、誤解されたり、ばかげているように見られたりするのではないか、口頭で非難されるおそれがあるのではないか、またそもそも自分は変化を望んでいるのかどうかといったさまざまな不安を抱いている。リーダーは、複雑な心境があることを認め、メンバー全員に対し、初回グループセッションに参加することについての気持ちを伝えるように指示することにより、こうした不安への対処・緩和を図ることができる。例えば、リーダーはメンバーに対し、グループに参加することについての今の気持ちを、1～10の間で採点させる（1は、「参加したくない」状態、一方10は、「グループに参加することに対して、まったく不安がない」状態を示す）。続いて、リーダーはメンバーに対し、それぞれの採点結果の理由について話し合いをさせる。
　メンバーのおそれの感情に焦点を当てる上で、リーダーは、メンバー全員の感情や反応を引き出し、公にしたすべての感情が重要であることを認め、グループは、そうした問題を包み隠さず提示することのできる安全な場所でなければならない点を強調する必要がある。最後に、リーダーは、メンバーのおそれに対処できるようなグループ構造に対する提案を引き出し、そうした提案から、適切なグループの指針が策定されることになる。
　リーダーは、ローズ（Rose, 1989）が開発したアンケートを実施することにより、新しいグ

ループが、当初メンバーが抱いた懸念に対処できたかどうかの進捗を測ることができる。このアンケートは、メンバーが各項目に対し、該当する点数を丸で囲む仕組みになっている。以下は、質問項目の例である。

- 今日のセッションは、あなたにとって、どの程度役に立ちましたか。
- あなたは、今日のセッションにどの程度、積極的に参加できましたか。
- あなた自身のこと、あるいはあなたが抱いている問題について、どの程度の情報を自己開示することができましたか。
- 今日のグループにおいて、あなた（あるいは他のメンバー）が話した問題や状況は、あなたにとって、どの程度重要ですか。
- 今日のセッションにおけるあなたの気持ちを最もよく表している言葉をすべて丸で囲んでください（ワクワクした、退屈だった、落ち込んだ、興味を持った、居心地が良かったなど）。
- 今日のセッションに対して、あなたはどの程度、満足していますか。

　初回セッションにおいて、ファシリテーターは、グループの目的、グループの運営方法、および基本原則についての基本的な情報を繰り返し確認する必要がある。ライド（Reid, 1991）は、これらの情報はいずれも、メンバーが驚くようなものであってはならないことを強調しているが、「初期の段階では、メンバーは頭がいっぱいであるため、グループの目的、自分自身とソーシャルワーカーの役割、自分たちに期待されていることを理解できない」（Reid, 1991, p.205）ことから、繰り返し確認することが必要なのである。メンバー全員に「共通の理解を持たせる」ことにより、グループ存続期間の後半になって、こうした問題が発生するのを妨げることができる。

　予備面接において、メンバーは、達成したいと望む総合目標についてリーダーと契約を結ぶ。続いて、リーダーは、初回グループセッションにおいて、こうした個別目標をグループの全体目標に融合させなければならない。その過程で、拘束力のある契約は、リーダーと個人との相互契約から、個人とグループとの相互契約へと拡張される。初回セッションにおいて、リーダーは、グループとして機能する方法を確立するための話し合いに出席者全員を参加させるが、各自の当初の目標について対処することも認める（Henry, 1992, p.80）。ヘンリーは、共通点を見いだすことは「徐々に展開していく過程」であると考え、相互契約の策定を促進するために、いわゆる「目標アンケート」を活用している。このアンケートでは、2つの質問に対し、メンバーが文書で回答する。

1．みなさんは、なぜここに集まっているのだと思いますか。
2．みなさんは一緒に、何を達成しようとしているのですか。

　こうした質問に対する回答について話し合うことが、グループにとって、これから続く作業の出発点となる。

　初回セッションの契約過程において、リーダーは、メンバーが総合目標を改善するための支援を行う。HEARTグループの例は、全体目標を明確化するための具体性を追求する上でのリーダーの役割を示している。

具体性の追求

トミー：「前回のセッションでは、みなさんがグループに対して、個人的にどのような成果を望んでいるのかを尋ねました。今日は、少し時間を取って、グループ目標について考えてみたいと思います。みなさんは一緒に、何を達成したいですか」

アメリア：「減量すること」

トミー：「私は、みなさんが減量を実現し、その目標を達成するために、グループが役に立つことを願っています。しかし、減量することは、どちらかというと個人的な目標ですね」

リズ：「グループのルールに従うことですか」

トミー：「もっと詳しく話してください」

リズ：「例えば、お互いを尊重するとか、積極的に参加するとか」

トミー：「グループの指針に従うことは、グループ目標の達成には役立ちますが……」

アンバー：「私は、自分が経験していることを、他の人たちがどのように対処しているか知りたいです」

ジューン：「そうね、例えば、どうやってお母さんにじゃまされないようにするかとか」

トミー：「いいですね。どうやら、グループの目標は、みんなで自分の経験を共有することのようですね。他に何かありますか」

アメリア：「時々、誰かに自分の話を聞いてもらいたい時があります。よくわからないけど、そんなに食べちゃいけないってわかっていても食べてしまって、結局いやな気持ちなるんです。周りに自分の気持ちをわかってくれる人がいたら、いいと思ったんです」

ジューン：「私もそう思ったことがあるわ」

トミー：「今のところ、グループ目標として、二つのアイデアが出ていますね。一つは、自分たちの経験を伝え合うこと。もう一つは、今アメリアが言ったことで、特に悲しい時や不安な時に、お互いの話に耳を傾け、支え合うことです」

また、リーダーは常に、目標達成をグループワークの最優先項目とする。ビブリオセラピー（読書療法）、ジャーナリング［訳注：記録を取りながら内面的気づきを高める療法］、マインドフルネスを通して、メンバーは、自分たちが取り組んでいるテーマや、グループセッション中、あるいはセッションの合間に得た洞察について、読み、書き、そして熟考することが可能となる（Corey, 1990）。こうした洞察についての話し合いに、セッション時間を割り当てることにより、次のセッションまでの間に取り組みを続けることの価値を強化することができる。

各セッションの開始および終了方法に気を配ることは、メンバーの生産性や満足度を最大限にするために重要である。コリー＆コリー（Corey & Corey, 2002）は、リーダーに対し、セッションを開始するにあたって、以下の手順に従うことを奨励している。

1．メンバーに対し、これから始まるセッションに何を期待するか、手短かに発言する機会を与える。
2．メンバーに対し、前回のセッション以降に達成した成果について、グループに伝えるように勧める。
3．前回のグループセッションに関するフィードバックを引き出し、セッションについての見解

を伝える。

セッションを終了するにあたり、コリー&コリー（Corey & Corey, 2002）は、以下の手順に従い、グループでの経験を総括し、統合する必要性を強調している。

1．メンバーに対し、今日のグループに参加した感想を聞く。
2．メンバーに対し、グループでの経験を通して、自分自身について何を学んでいるかを手短かに確認するように促す。望んでいる成果は出ているか、出ていない場合は、そうした成果を実現するために自分は何をしたいかなど。
3．メンバーに対し、次回のセッションで検討したいトピック、質問、問題があるかどうかを尋ねる。
4．メンバーに対し、新しい技術を実践するために、セッション以外の場で何をしたいかを尋ねる。

グループにおいて決まった儀式をセッションの仕組みに取り入れることにより、次のミーティングへつながる継続性を高めることができる。例えば、毎回セッションを開始するための儀式としての経過報告、計画的なおやつ休憩、終了前の瞑想あるいは朗読などが含まれる（Subramian, Hernanadez, & Martinez, 1995）。このような継続性は、洞察や新たな行動をグループセッションから日常生活へと移行させる上で有効である。

力とコントロールの段階における介入

グループ発展の第2段階において、グループは、ダイナミクス、傾向、および雰囲気において葛藤を伴いやすいことが多い期間に突入するが、グループの健全性を脅かす根本的な葛藤に対処するための後押しを必要とするグループもある（Schiller, 1997）。グループは、個人やサブグループ間の分裂、グループの目標、過程、構造に対する不満や不安、リーダーシップに対する挑戦に対処する上での問題に悩まされるおそれがある。同時に、グループは、自分たちの問題にうまく対処するための能力を試してみる。リーダーは、グループが元の状態を維持し、個々の違いに対処しながら、グループ管理をうまく成し遂げる新たな能力を示すことができるように、グループがこの激動の期間を切り抜けるためのガイドを行う。リーダーは、こうした責務を果たす上で、変化を最小限に抑えること、バランスの取れたフィードバックを促すこと、効果的なコミュニケーションを増やすこと、グループの治療規範を構築することなど、いくつかの方略を導入することが可能である。

変化を最小限に抑える

「力とコントロール」段階において、閉鎖的なグループは、リーダーの変更、新しいミーティング場所への移動、メンバーの入れ替わり、あるいはミーティング時間の変更といった内部や外部のストレッサーに対し、特に影響を受けやすい。家出、死別、施設における身体的暴力の発生、あるいはコミュニティや全国レベルにおける激しい混乱をもたらす政治的出来事や自然災害といったトラウマ的な出来事もまた、この段階において、グループに大きな影響を及ぼすおそれがある。

このような変化や出来事は、いずれの発展段階においても、グループを動揺させるおそれがあるが、第2段階においては特に対処が困難となる。この時点では、メンバーはまだ、グループに対して表面的にしか関与していないため、グループに対して容易に幻滅するおそれがある。新しいメンバーの追加やグループリーダーの変更は、特にストレスとなり、リーダーまたはメンバーが未知の存在である場合、自分自身のことを話さなければならないことによるリスクが存在することから、メンバーが防御姿勢を強める原因となる。また、リーダーを失うことも、人との関係を作ることが難しいメンバーにとって、他人を信頼することは、失望につながるだけであるという姿勢を確認する結果となり、非常に大きな痛手となることがわかっている。

さらに、グループが関与しない間にグループ構造を大きく変えた場合、リーダーや機関はそうした決定がグループに与える影響を無視している、また、グループは重要ではないのだ、とグループが結論づけてしまう結果となる。時として、変化を避けることができない場合もあるが、リーダーは変化を最小限に抑え、可能な限り事前にメンバーに心構えをさせ、また変化を避けられない場合には、メンバーが抱く感情を「克服する」ための援助を行うことが必要である。

バランスのとれたフィードバックを促す

グループ発展の第2段階において、リーダーは、フィードバックにバランスを持たせなければならない。グループメンバーがためらいがちに初めての本格的な深いレベルでの心理的交流（エンカウンター）に入るのを観察するとき、リーダーは、否定的な相互作用に介入し、バランスの取れたフィードバックを提供しなければならない点にグループの関心を向ける必要がある。こうしてリーダーは、否定的な面だけでなく、肯定的な面に焦点を当てることを定めた契約の規定をメンバーに思い出させる。成人メンバーを対象とした初期のグループセッションから抜粋した以下のやりとりは、この点を説明するのに良い例である。

ゲイリー（ウェインに対し、イライラした声で）：「どうしてそんなふうに、私を質問攻めにするのですか。なんだか、尋問されているような感じです」

ウェイン：「そんなふうに思われているなんて、知りませんでした。正直言って、私は、あなたのことをもっとよく知りたかっただけなんです」

リーダー（ウェインに対して）：「初回セッションで、あなたは、自分が他人にどのように受け入れられているかについてのフィードバックを受けるために、グループを利用したいと言っていましたね。今回が、そのためのよい機会ではないかと思うのですが」

ウェイン：「そうですね。どうなるかわかりませんが、みんなが私をどう見ているのかをもっと知る必要があると思っています。ゲイリーが言ったことに対して、本当に驚いています」

リーダー（ウェインに対して）：「それはよかったですね。躊躇する気持ちがあるのは理解できますが、同時に、グループの初期段階において、あなたが思い切ってやってみようという気になっていることをうれしく思います。

（グループに対して）これは、メンバーに対してフィードバックを提供するグループにとっての初めての経験ですから、契約にもある通り、メンバーが問題を特定するための支援をするだけでなく、みなさんが感じた肯定的な見解も伝えてください。その際、自分の考え方や感じ方をあらわした発言をするように心がけてください。その仕方については、私がお手伝いしますから」

お互いにフィードバックを提供するというグループメンバーにとっての初めての経験は、グループの今後の雰囲気を方向づける上で、非常に重要である。こうした初めての注意深い努力において、見せかけの自分を捨て、親密に関わるように、手探りで動こうとしているメンバーをガイドすることで、リーダーは、メンバーに成功体験をさせ、肯定的な面に注目することをグループの特徴の一部とさせることができる。個々のメンバーがグループに対し、否定的な面だけでなく、肯定的な面にも注目するという信頼を抱くようになるにつれ、メンバーの参加レベルが高まり、率先してグループのフィードバックを引き出すようになることが多い。

個々のメンバーに対する肯定的なフィードバックを奨励することに加え、リーダーは、セッション中に観察された、課題を達成する上でグループワークを支えた行動の例を引き出すことが可能である。こうした行動には、話し合いに積極的に参加すること、質問に答えること、思い切って自分を出すこと、他のメンバーに対する支援を表すこと、順番に発言すること、目の前にある課題に専念すること、異なる価値観、信念、意見を受け入れること、個々のメンバーやグループにとって重要な現状打破を認識することなどが含まれる。また、リーダーは、以前見られた有害な行動（ひそひそ話、そわそわした態度、ほとんど関係のない話題を持ち出すこと、独占、あるいは他のメンバーに対する言葉による嫌がらせや身体的な嫌がらせなど）がなくなったことを強調することができる。

さらに、リーダーは、以下の例が示すように、メンバーが肯定的なフィードバックに耳を傾け、認識し、受け入れるための援助をする必要がある。

キム（パットに対して）：「あなたが時々、弱気になることはわかっていますが、仕事をしながら、一人で四人の子どもを育てていることに感心しています。私には、絶対にできないことだと思います」

パット：「常にうまくいっているわけではないんです。実際に、子どもたちには十分なことはしてあげられていないです」

リーダー：「パット、あなたは母親として、自分は不十分であると感じていると言いましたね。後で、その気持ちについて話をしたいかどうか聞きますが、とりあえず今は、キムに対してたった今した反応についてじっくり考えてみてください」

パット：「キムが褒めてくれたことを無視する形になってしまいました。私なんか、褒めてもらえる立場にないと思ったので」

リーダー：「誰かが自分に肯定的なことを言ってくれたのに対して、パットと同じような反応を示したことのある人はいますか」

最後のリーダーの発言は、他のグループメンバーの経験にまで焦点を広げていることから、個々のメンバーが時折直面する、肯定的なフィードバックを受け入れ、内面化することの難しさについて話し合う機会をもたらす可能性がある。また、リーダーは、肯定的なメッセージを受け入れることに対する戸惑いの根底にある機能不全の認知パターン（「物事は完璧にしなければならない」あるいは「私のことをもっとよく知れば、私はだめな人間だってわかるはずです」など）を、個々のメンバーやグループ全体が特定するための支援を行うことができる。肯定的な発言を拒絶する認知を特定することは、より自分を受け入れるメッセージ（「私が抱えている責任の大きさを思えば、私はうまくやっているわ」あるいは「グループは、私自身が認めていない私の別の面を見てい

る」など）と置き換えるための第一歩となる。

効果的なコミュニケーションを増やす

「力とコントロール」段階において成功するためには、効果的なコミュニケーションの機会を増やすために、少しずつ時間を追って介入することが必要である。これまでの章では、クライエントの自己効力感や満足のいく関係を構築する能力を大きく高めることのできる、5つの基本的な関係形成の技術について説明してきた。

- 肯定的なフィードバック
- 共感的傾聴（聞き手側の技術）
- 本心からの反応（話し手側の技術）
- 問題解決と意思決定
- 要求（自分のニーズを表明するための技術）

順番に話すこと、解決策を提供する前に問題を検討する方法を身につけること、他のメンバーのではなく自分の考えを表明すること、メッセージを送りたい当事者本人に直接話すことといったコミュニケーションの他の方法によっても、メンバーは、グループとして効果的な関係を築くことができる。さらに、メンバーは、効果的あるいは効果的でない対応の仕方を区別する方法を身につけ、自分のコミュニケーションの幅を向上させることを、ソーシャルワークにおける個人的な目標の一つに加えることができる。

リーダーは、こうした技術を自分自身で頻繁に使ったり、手本を示したりすることにより、メンバーが効果的なコミュニケーションスキルを取り入れる確率を高める。さらに、リーダーは、以下の例が示すように、「コーチ」の役割を担い、グループにおけるコミュニケーションを見せるような介入をすることにより、技術の獲得を支援する。

- （否定的なコミュニケーションの排除）「私は、みなさんに対して、ラベリング、判断、説教、批判、皮肉、『～しなければならない』や『～すべきである』、また『常に～』や『決して～ない』といった表現の使用を避けてほしいと思います。グループ契約の際に話し合ったように、他のメンバーをけなしたり、判断したりする間接的なメッセージではなく、自己報告をするようにしてください」
- （メッセージの自己関連づけ）「それは"you"メッセージ（「あなたは」で始まる発言）の例でしたね。もう一度やってみてください。今度は、「私は」で始めてみましょう。あなたの気持ち、あるいはあなたが望むことや必要なことを特定するようにしてください」
- （順番に話す）「今は、何人かが同時に話をしています。順番に話すという指針に沿うように心がけてください。みなさんの見解は、非常に重要ですから、聞き逃すことはできません」
- （お互いに直接話す）「今は、あなたはグループに向かって話をしていますが、あなたの発言は、フレッドに向けたものだと思います。もしそうであれば、直接フレッドに向って話した方がいいでしょう」
- （探索的質問）「今、クローズドクエスチョンからオープン・クエスチョンの質問へ切り替えましたが、それはリズにとって、自分自身のやり方でストーリーを語るために役立ちます」

（リーダーは、二種類の質問の仕方の違いを説明する）
- （傾聴）「彼女が言っていることに、心から耳を傾けるようにしてみてください。彼女が自分の気持ちを外に出し、問題の原因を突き止められるように、手助けしてあげましょう。」
- （問題解決に対する問題探求）「グループが、早めにアドバイスをしてしまうと、メンバーは、自分の心の奥底にある気持ちを伝えたり、問題の全体像を示したりすることができなくなってしまいます。グループが見解を述べる前に、リチャードが自分の懸念を伝えることができるように、5～10分ほど時間をあげる必要があります。メンバーが問題を共有し、解決する手助けをしようとする上で、アドバイスを与えるタイミングは、非常に重要です」
- （偽りがないこと）「思い切って、グループに対し、今のあなたの気持ちを伝えることはできますか。あなたが非常に緊張しているのはわかりますが、グループが今のあなたの気持ちを知ることは良いことだと思います」
- （要求）「今あなたは、グループについて苦情を言いましたね。苦情の裏には、常に要求が潜んでいるものです。グループに対して、何を望んでいるのか話してください。要求をしてみてください」

　上記の例が示すように、メンバーのコミュニケーションを形作るために、少しずつ時間を追って介入することは、グループの治療可能性を高める。

　また、グループ発展の第2段階において、グループに二つ以上のリーダーシップが見られる場合、問題が生じるおそれがある。リーダーが二人存在する場合、二人のリーダーによる影響から自分を守るための境界線を立てようとするため、メンバーの防御姿勢が高まる。また、メンバーは、二人のリーダー間の意見の不一致や相違点を利用したり、あるいは一方のリーダーと連携し、もう一方のリーダーに反対したりすることによって、リーダーを分裂させようと試みるおそれがある。目標の明確化、こうした画策に対する心構え、また強力なコミュニケーションがあれば、共同するリーダーは、このような動きが生じた場合に抵抗することができる（Nosko & Wallace, 1997）。

治療規範を構築する

　前述の通り、リーダーは、グループの中で展開する規範の本質について関心を持たなければならない。グループパターンの多くは、「力とコントロール」段階で形成される。リーダーは、グループの力の構造、様式的なコミュニケーション、グループが選択する交渉および問題解決の仕方を形成するために介入することが可能である。

　グループの治療規範を形作る上で、リーダーは、例として以下のような場合に介入する必要がある。

- 仲よくしようとする行動や気を散らす行動が、グループの課題に対して、大きな妨げとなっている場合
- 一人あるいはそれ以上のメンバーが、グループの「対話時間」を独占している場合
- 一人あるいはそれ以上のメンバーが、グループ・プロセスと「足並みがずれている」、また苦痛、怒り、反感、失望、不支持といった強い感情を抱いている場合
- 複数のメンバーあるいはグループ全体が、ある一人のメンバーについて話し始めた場合

- メンバーの行動が、グループが定めた管理指針と一致しない場合
- 参加者が、感情を含んだ題材について理性で片づけてしまう場合
- 一人あるいはそれ以上のメンバーが、冗談、皮肉、あるいは批判を通して敵意を示す場合。あるいは、ある一人のメンバーに対し、尋問したり、身代わりにしたり、または集団で攻撃する場合
- グループがメンバーに対し、まず十分に問題を検討させずに、アドバイスや提案をしてしまう場合
- 一人あるいはそれ以上のメンバーが、沈黙したり、引きこもったりしてしまうか、あるいはグループ自体が「停止」していると思われる場合
- あるメンバーが「共同リーダー」の役割を果たそうとする場合

こうした問題が生じた場合、リーダーは、グループの関心を「今、ここ」で起こっている事柄に向けさせる必要がある。リーダーは、発生した具体的な行動や出来事の進展を説明することにより、単に観察した内容を記録し、グループに意見を求める。グループが問題に注目したら、リーダーは単独で断固たる行動を取るのではなく、話し合いや問題解決を促進しなければならない。最終的に、解決に対する責任は、グループが担う必要がある。

グループに問題を戻し委ねる点について、ヘンリー（Henry, 1992）は以下のように述べている。

> メンバーがグループのオーナーシップを求めて競い合っている場合、ソーシャルワーカーにとって最も賢明な介入は、メンバーの争いに加わり、問題や決断をメンバーに戻すことである。ソーシャルワーカーは、自らの力を完全に放棄するのではなく、以前のより指示的で積極的な役割から退くのである（p.148）。

しかし、ヘンリー（Henry, 1992）が認めているように、特に葛藤に満ちた出来事やセッションの終わりには、リーダーは発生した出来事を処理し、またその処理作業において指揮を執るための提案を掲げて介入する必要がある。そのような場合、リーダーはグループに対し、単に問題を戻すだけでなく、終結や解決に向けて、「メンバーが直面化からどんな情報を得るのかを明確にし、またメンバーがどの程度の不安を感じているかを知るようにする」（p.151）。

リーダーは、グループにおける白熱した問題を、時期尚早に終結させることを避ける必要があるが、グループメンバーが他のメンバーを批判したり、ラベリングしたり、あるいは「こきおろしたり」している場合、またメンバー間で言い争いをしている場合には、解決に向けた過程に再び焦点を当てるため、迅速に介入する必要がある。リーダーは、メンバーが葛藤を抱えている場合、口頭で「とことんまで戦わせておく」ことは、精神浄化作用があり、有益であると誤って思い込んでいる場合がある。実際に、多くの研究は、攻撃は攻撃を生み、葛藤に介入しなければ、メンバーが同じような方法で怒りを発散し続けるのを促進してしまうだけであることを示している。リーダーの姿勢が消極的である場合、葛藤は、有害な口論や殴り合いに発展するまでエスカレートするおそれがある。深刻な混乱状態にある場合に、リーダーが介入を怠ると、リーダーの行動を注意深く観察しているメンバーに対し、「リーダーは自分たちを守ってくれないため、グループにおいてリスクを取ることは危険である」と「証明する」ことになってしまう（Smokowski, Rose & Bacallao, 2001）。

グループ・プロセスが機能を果たさなくなってしまった場合、リーダーは、積極的に介入をすることが不可欠である。さもなければ、リーダーはグループにおいて「ワンダウン」ポジションになり、変化をもたらす能力を失うことになる。リーダーは、グループにおいて深刻な混乱が生じた場合、必要に応じ、大きく手をたたいたり、立ち上がったり、グループメンバーよりも大きな声で話したり、あるいは口論をしているメンバーの間に入るなど、身体的および口頭の手段を活用し、断固とした対応をすることが必要である。

個々のメンバーや小集団の破壊的あるいは自己破滅的な行動が、システム全体に影響を及ぼすことはまれであるため、一般的に、介入はグループに関わる問題（個々のメンバーの態度や行動ではなく）に焦点を当てなければならない。実際に、ある問題行動は、グループ全体によって助長されたり、強化されたりする。また、メンバーのうちの二人組、三人組、四人組、あるいはグループ全体を介入の対象にすることにより、一人のメンバーだけを指摘したり、不注意に、一部のメンバーの「肩を持ったりする」ことを回避することができる。

例えば、リーダーが青少年グループにおいて、「マークとジェニーは、またひそひそ話をして、グループの妨げとなりましたね。きちんと話を聞いてください」といった介入をした例を検討してみよう。このメッセージは、気を散らす行動の責任を二人のメンバーのみに課し、グループの様子は考慮に入れていない。この場合、リーダーのメッセージは、以下の理由から、肯定的な変化を促すのではなく、否定的な行動を強化するおそれがある。

- こうした行動にイライラしているメンバー（「良いメンバー」）や問題の２人（「悪いメンバー」）に敵対的なメンバーとリーダーに連帯感を形成し、グループを二極化させるおそれがある。
- リーダーによる解決策（「きちんと話を聞いてください」）の提示により、グループが問題に対処し、問題解決にあたる機会を奪ってしまう。
- リーダーのぶっきらぼうな介入は、問題行動に内在するメッセージ（「このグループは、今のところ、私たちのニーズを満たしていない」）に対処していない。他のメンバーも、同じような考えを抱いているかもしれないが、実際には示されてはいない。

機能不全行動に直面するための介入を策定する上での指針として、行動をグループ・プロセスの文脈において分析し、リーダーは、そうした行動がいかにグループメンバーに影響を与え、また行動がいかにグループメンバーによる影響を受けるかを検討する必要がある。先程と同じ状況における以下のメッセージは、こうしたアプローチを示した例である。

リーダー：「私は、今の状態に対して懸念を抱いています。みなさんのうちの何名かは参加していません。また何名かはひそひそ話をし、メモを取っているのは一人だけで、話し合いに参加しているのは数名です。みなさんは一人ひとり、グループとは別の場所にいるようですので、今、それぞれ何を考えているのか確認してみたいと思います」

このようなメッセージは、グループのメンバー全員に焦点を当て、今起こっている行動を中立的に説明し、グループ・プロセスを促進している。リーダーはグループに対し、解決策を押しつけることはせず、権威者としての役割ではなく、ファシリテーターとしての役割を果たしている。前者は、生産的なグループの話し合いにとって、「命取りとなるもの」である。

親密性の段階と差別化の段階における介入

　グループ発展の第3段階（「親密性」）と第4段階（「差別化」）は、グループの作業段階を構成する。グループ発展の初期段階における重要な問題は、信頼か不信か、権力闘争、自己に焦点を当てるか他人に焦点を当てるかといった点を重視していた。一方、作業段階では、問題点は自己開示か匿名か、誠実かゲームプレーか、自発性かコントロールか、受容か拒絶か、凝集性か分裂か、責任か非難かといった点へ移行する（Corey & Corey, 2002）。

　作業段階において、リーダーは、メンバーが正面から葛藤に対処し、解決すること、個人的な問題を包み隠さず開示すること、自分の問題に対する責任を取ること、グループ支持の選択をすることにより、問題解決に向けたよりよい選択をするのに役立つ状況を強化し続ける。リラックスした状態がこの段階の特徴として現れ、治療的にグループが機能する条件を強化するための機会が増える。リーダーはメンバーに対し、迅速にフィードバックを提供すること、一般的ではなく、具体的なフィードバックをすること、中立的な立場でフィードバックをすること、問題行動だけでなく、ストレングスに関するフィードバックを提供することを教え示していくなど、フィードバック過程の改善に焦点を当てる（Corey & Corey, 2002）。

　また、リーダーは、メンバーに共通していると思われる根底にある問題、感情、ニーズの普遍性に焦点を当てることにより、個々のメンバーやグループの成長を高めることが可能である。

　　苦痛や失望につながる状況は、人により、あるいは文化により大きく異なるが、その結果生じる感情は、普遍的な性質を持つ。我々は、皆が同じ言葉を話し、同じ社会から生まれて来たわけではないが、喜びや悲しみの感情を通してつながっている。グループの凝集性が最も高まるのは、グループメンバーが日常的な経験の細部において自分を見失わず、こうした普遍的な人間のテーマに対する深い葛藤を共有する時である（Corey & Corey, 1992, p.209）。

以下は、コリー＆コリー（Corey & Corey）が特定する共通テーマの例である（1992）。

　　拒絶に対するおそれ、孤独感や見捨てられ感、劣等感や他人の期待に応えられない失敗感、痛ましい記憶、自分がしたことやしなかったことに対する罪悪感や深い後悔、最悪の敵は自分の中に潜んでいるという発見、親密性に対するニーズやおそれ、性同一性や性的能力をめぐる感情、両親と決着のついていない問題（p.210）

　コリー＆コリーは、以上のリストは完全なものではなく、「グループが発展する中で、参加者がお互いに認識し、探求する普遍的な人間の問題の一例に過ぎない」と指摘する（p.210）。

　こうしたグループ発展の中間段階において、グループメンバーは、個別および共通の目標に取り組むための数多くの活動に参加することができる。こうした活動はストレスを軽減し、喜びや創造性を促す。また、リーダーは、メンバーの「発言」よりも、「行動」を観察する機会が増え、アセスメントがしやすくなる。さらに、コミュニケーション、問題解決、およびメンバー間のラポールが促進され、メンバーが意思決定の技術や能力を開発する上で役立つ（Northen & Kurland, 2001）。ネヴィル、ビーティ＆マクスリー（Nevil, Beatty, & Moxley, 1997）は、対人スキル、社会意識、および向社会的能力の向上を目的に活用することのできるさまざまな体系的な活

動や社会化ゲームを提案している。こうした演習の多くは、障害を持った人を対象に使われるものであるが、さまざまな集団に対して活用することが可能である。他の研究者は、ヒスパニック系（Delgado, 1983）やアメリカ先住民（Edwards, Edwards, Davies, & Eddy, 1987）といったさまざまな集団に対する活動の有効性を指摘している。

　非行の減少を目的とした体系的プログラムの一部門は、8～10家族が毎回2時間半の週一回セッションを8回実施する複数家族ミーティングで構成される。ミーティングにおいて、家族のメンバーは、指定の席に一緒に座り、食事をともにし、またコミュニケーションスキルを高め、関係を強化し、それぞれの家族間の交流を促進する「体系的で楽しい対話式」の活動（McDonald, 2002, p.719）に参加する。

　芸術療法やその他の表現技法は、一般的に、専門的なトレーニングを必要とするが、ソーシャルワーカーは、ロス（Ross, 1997）およびローズ（Rose, 1998）といった文献を見直すことにより、グループにおいてこうした技法を適用するための原則を知ることができる。そこで学んだことは攻撃的な行動、自尊心、身体イメージ、感情に対する気づきといった問題に取り組む上で役立つ。あらゆるグループに対し、リーダーは、実験的な演習や活動を選択し、実行する場合、グループの目的、発展段階、メンバーの特徴を考慮に入れなければならない（Wright, 1999）。

　また、リーダーは、作業段階において、メンバーが他とは異なる独自性や個別性を確認するのに必要な構差別化のプロセスを支援する。リーダーは、そうした違いを刺激あるいは促進するのであって、差別化のプロセスをつくり出すのではない。例えば、メンバーが以下の要素を示した場合に、それを指摘することができるだろう。

　　今まで隠れていた才能、あるいはこれまで利用不可能であると思われていた資源へのアクセス、または必要な技術や視点の保持。メンバーは、これまで言葉にされていないニーズについて明確に述べたり、他のメンバーが考えつかなかった解釈を提供したり、グループの活動を引き起こすか、統合するような質問をしたりする（Henry, 1992, p.183）。

　作業段階は、メンバーの目標を達成することに集中する段階である。この段階における大半のグループワークは、グループの初回セッションで策定した契約の実行に向けられる。メンバーは、個々の目標を見失っている場合があるため、主なリーダーの役割には、定期的に目標を確認すること、そうした目標に対する組織化された体系的な取り組みを促進することが含まれる。

　リーダーは、各メンバーに対し目標に取り組むために与えられた時間を継続的に監視する責任を担う。トセランド&リヴァス（Toseland & Rivas, 2009）は、リーダーが各メンバーに対し、順番に作業にあたる支援をすることを勧めている。グループにおいて、ある一人のメンバーの個別目標を達成するための支援に、かなりの時間が費やされた場合、リーダーは、みんなの利益になるように、他のメンバーに対し、こうした取り組みの中で構築された概念を一般化する必要がある。また、リーダーは参加者に対し、関連のある個人的な経験を、援助を受けているメンバーに伝えるように促し、相互援助の規範を築かなければならない。さらに、リーダーは、十分な注目を受けていないメンバーの進捗を確認し、次回のセッションにおいて、そうしたメンバーの参加を促す。

　最後に、リーダーは、セッションにおいて、治療目標や課題をモニタリングする体系的な手法を確立しなければならない。そうした手順がない場合、モニタリングは場当たり的になり、自己

主張が強く、積極的に参加しているメンバーのみに焦点が当てられる。あまり自己主張をせず、抵抗もしないメンバーは、同じような注目を受けられない。体系的なモニタリングが行われない場合、次のセッションまでに完了すべき課題に対し、適切なフォローアップが行われないおそれがある。トセランド＆リヴァス（Toseland & Rivas, 2009）によると、グループメンバーは、次のセッションまでの「宿題」を終えられたにもかかわらず、その結果を報告する機会を与えられない場合、不満を募らせる。週ごとの経過報告の発表は、次のセッションまでの目標に向けて取り組む動機づけを高め、メンバーに契約について確認する必要性が減り、メンバーが独立心や達成感を得るための支援に役立つ。

作業段階において、リーダーは常にメンバーに対し、機能不全行動を維持あるいは悪化させる考え方や信念の合理性を分析するように促す。トセランド＆リヴァス（Toseland & Rivas, 2009）によると、グループメンバーは、以下のような傾向を示す可能性がある。

（1）ある出来事を一般化しすぎる、（2）ある出来事の一部に対し、選択的に焦点を当てる、（3）自分のコントロールを超えた出来事に対し、過剰な責任を負う、（4）将来的な出来事に対し、最悪の結果を考える、（5）二者択一の二つにわかれた考え方をする、（6）ある出来事が、過去に特定の結果に結びついたことから、将来的に同じことが起こった場合、自動的に同じ結果になると思い込む（p.288）（注3）。

HEARTグループの例に見る役に立たない考え方──選択的な焦点づけ

ジューン：「高校時代が一番良い時期だっていう人は、信じられないわ」
アメリア：「私の姉は大学生だけど、大学が一番楽しいって言っているわ」
アンバー：「大学へ行くのが楽しみよ」
アメリア：「私も」
ジューン：「でも、大学へ行くまでには、あと3年もある。私をからかう人がいる3年間をどうやって乗り切ることができるかしら」
リズ：「でも、大学が今とは違うって、どうしてわかるの？ 学生寮に入らなければならないし、そこでは、人前でシャワーを浴びなければならないのよ。だとすると、今よりよくはならないわ」
ジューン：「私は就職すると思うわ」
マギー：「大学には行かないの？ そんなことしたら、親に殺されるわ」
ジューン：「私の親はほっとすると思うわ。授業料を払わないで済むから」
トミー：「グループに対して、質問があります。あなた方の考え方で、一つ変えるとしたら、何を変えますか。どのような考え方を変えれば、高校時代を乗り越え、買い物やジムへも行かれるようになると思いますか。そうした考え方を一つ挙げてください」
アンバー：「友達と同じようになる必要はないこと」
トミー：「それがどのように役立つのですか」
アンバー：「そう考えることによって、友達と同じ店で買い物をしなくても、同じ服を着なくても、似たようなボーイフレンドがいなくても、悪い気がしなくなるし、それでいて、他の場面では、相変わらず友達として付き合える」

終結段階における介入

　グループに大きな努力を注ぎ込み、徹底的な支援、励まし、理解を経験し、問題に対する効果的な援助を受けたメンバーにとって、終結は困難な段階となる。リーダーは、終結によってもたらされる複雑な感情に十分配慮し、グループが効果的な終結を迎えられるように注意深く介入する必要がある。第19章では、重要な終結に関する問題、および終結を促進し、変化を外部の世界に合わせて一般化する上で、クライエントに対して活用できる変化維持方略を特定する。ここでは、グループにおける計画的な終結の促進に向けたリーダーの役割の特徴について取り上げる。

　リーダーは、以下に示すような方略を適用することにより、グループメンバーが自分たちの「卒業式」の手順（Mahler, 1969）を完了するための援助を行う。

- グループの取り組む問題や懸念が、メンバーがグループ外で直面するだろう問題や懸念と類似するようにする。グループがメンバーにとって、自分の行動がグループ外でどのように受け取られる可能性が高いかについての率直なフィードバックを受けられる場となり、またそうした反応に対処する上で、支援を受けることのできる環境となるようにする（Toseland & Rivas, 2009）。
- メンバーに対し、技術の実践や獲得をする援助を行うために、グループでの経験を通したさまざまな状況や環境を参照し、メンバーに、グループ外で必然的に直面することになる多面的な状況に対する心構えをさせる（Toseland & Rivas, 2009）。
- 同情を示さない環境に直面して挫折しそうになったときの対応の仕方について、メンバーの話し合いを促進する。既存の対処の技術や問題を独力で解決する能力に対するメンバーの自信を構築する。また、自己主張をすること、効果的なコミュニケーション、あるいは問題解決に特有の原則など、介入手法の基礎にある治療原則を教える（Toseland & Rivas, 2009）。
- メンバーに対し、葛藤する気持ちや見捨てられ感、怒り、悲しみ、喪失感を特定するための支援を行う一つの方法として、終結に対する自分の反応を伝える。
- 目標を達成し、自分自身の人生に責任を持つことができると認識することから得られる潜在力、他人を助けることができるという満足感、誇り、有用性、またグループでの経験をうまく完了したことによる成長感や達成感など、自分自身やグループに対するメンバーの肯定的な感情を強化する（Lieberman & Borman, 1979；Toseland & Rivas, 2009）。
- メンバーが初回セッションから最終セッションまでの間に、メンバーとグループの間で起こった事柄や、自分自身と他のメンバーについて学んだことを言葉で表現するための支援をすることにより、習得事項の見直しやまとめをする機会を増やす。グループ内でメンバーが満足した点、不満足であった点、またセッションの影響をより高めるための方法についての情報を引き出す。メンバーに対し、葛藤や痛みを感じた時、およびグループにおいて親密さ、思いやり、ユーモア、喜びを感じた時を自発的に思い出すように指示する（Corey & Corey, 1992）。
- 終結前の数セッションにおいて、メンバーに対し、残りの時間を使い、自分自身の検討事項を完了させるように促す。例えば、「もしこれが最後のセッションであるとしたら、あなたがこれまでしてきたことについて、どう思いますか。また、こうすればよかったと思うことは何ですか」といった質問をする（Corey & Corey, 2002, p.261）。
- メンバー間で決着のついていない問題を完了させるように促す。一つの技法として、各メン

バーは、順番に「私が本当に良いと思っていたことは、あなたが〜(『私が言いにくいことをやっと言えた時に、いつも褒めてくれる』など、当事者間で交わされた具体的な行動)をしてくれることです」といった短い言葉を述べ、次に「しかし、私たちは〜(『お互いにもっと直接話をする機会を持てばよかった』など、当事者間で実際には起こらなかったお互いの行動に関する具体的な願望)をできればよかったと思います」(Henry, 1992, p.124)と続けさせる演習がある。こうした演習をはじめ、その他終結に関する演習は、新たな問題を生じさせるのではなく、現状に対する解決策をもたらすために活用すべきである。

- メンバーに対し、グループが終結した今後の取り組み分野を特定するように奨励する。また、グループ終結後に参照するための個人の変化に向けた契約を策定するように指示し、各メンバーに、それぞれの契約をグループとともに見直すように促す (Corey & Corey, 2002)。
- 個々のメンバーに対し、グループにおいて、自分自身をどのように認識したか、グループは自分にとってどのような意味があったか、いかに自分は成長したかについて述べさせる。他のメンバーに対し、各メンバーをどのように見ていたか、また感じていたかについてのフィードバック(グループの過程において、メンバーが得た認識を強化するために役立つ慎重なフィードバックを含む)を提供するように指示する(「あなたについて、私が最も気に入っていることの一つは〜です」、「あなたが自分自身のストレングスを妨げている一つのやり方は〜だと思います」、あるいは「あなたに覚えておいてほしいことは〜だけです」など)(Corey , 1990, p.512)。
- グループの有効性やリーダーの介入を測定するために、評価的尺度を活用する。こうした測定には、以下のような利点がある。(1)介入の具体的な効果に関するリーダーの専門的な懸念に対処できる、(2)ソーシャルワーカーがリーダシップの技術を向上させる上で役立つ、(3)機関や資金提供者に対し、グループの有効性を示す、(4)リーダーが、合意された目標の実現に対する個々のメンバーやグループの進捗を評価する上で役立つ、(5)メンバーが、グループに対して満足していることや不満足なことを表明することができる、(6)リーダーが、今後のグループや他のリーダーのために一般化できる知識を開発する上で役立つ (Reid, 1991 ; Toseland & Rivas, 2009)。

■グループを対象としたソーシャルワークの新たな展開

グループワークにおける近年の発展には、グループの有効性の評価に対する関心の高まり、新たな集団や問題領域に対するグループ技法の適用、およびグループワークサービスの提供におけるテクノロジーの活用などが見られる。本項では、こうした項目について、それぞれ順番に検討する。

ソーシャルワーク実践における他の分野と同様に、ある特定の過程で得られた効果やどういった成果があったかを判断するために、グループ介入に対する評価はますます厳密さが求められるようになっている。グループを対象とするソーシャルワークに関する研究を概観したトルマン&モリドー (Tolman & Molidor, 1994) によると、グループワーク評価は、かつてないほど精密に行われるようになり、グループの有効性を判断する上で、複数の評価基準が採用されている。例えば、終結段階で行われる評価に加え、トルマン&モリドー (Tolman & Molidor, 1994) が調査したグループのうちの3分の1以上が、継続測定を行っている。しかし、この二人の研究者は、成果を検討することは重要であるが、評価をする上で課題となるのは、そうした成果を実際にもたら

したグループ・プロセスの要素を区別することであると指摘する。

　より多くのグループ介入カリキュラムにおいて、ベースラインと成果測定の両方の理解を高めるための測定手段が使われるようになっている。例えば、ローズ（Rose, 1998）は、両親や教師による標準評価、チェックリスト、記録、アンケート、文章完成によるセルフモニタリングや自己報告、グループ内行動の観察、ロールプレイやシミュレーションにおける実績、ソシオメトリック評価、目標達成尺度、知識テストなど、さまざまな手法やデータ源を活用することを提案している。アンダーソン－ブッチャー、カイララ＆レイス－ビグロウ（Anderson-Butcher, Khairallah, & Race-Bigelow, 2004）は、クライエントに見られる成果を解明し、効果的な自助グループの特徴を特定するために、定性的面接を実施することを勧めている。グループ評価における測定問題を概観したメーゼン（Magen, 2004）は、成果と過程に関する測定基準の効果的な選択に向けた指針を提供している。

　終結において、メンバーとリーダーの全員が、グループに対する満足感と有効性を示す場合がある。メンバーは、自由回答の質問や体系的なチェックリストに対して自分の回答を示すが、どちらの場合も、グループが参加者の生活や関係にもたらした変化、最も影響が大きかったあるいは小さかった技法、リーダーに対する認識、その他について質問がなされる（Corey, Corey, Callanan, & Russell, 2004）。また、これらの研究者はリーダーに対し、長期的にグループの進捗を評価するために日誌をつけ、さまざまな時点における自分の反応を書きとめ、活用した技法や資料および認識した成果を記録し、グループの存続期間中に得た自己観察を共有することを提案している。

　また、グループサービスも、新たな集団や問題に対して適用されている。例えば、カミングアウト過程におけるゲイやレズビアンの青少年、および中年成人を対象としたグループの成功に基づき、ゲチェル（Getzel, 1998）は、人生の振り返りを目的とした活動や社会化グループは、GLBT（ゲイ、レズビアン、バイセクシュアル、トランスジェンダー）である高齢者にとって、有望な資源となる可能性があると指摘している。また、健康問題、治療コンプライアンスの支援、および治療脱落者の削減に対処する上で、グループが効果を発揮する可能性があると指摘する研究者もいる。こうした目標は、メンバーが自分たちの病気についての感情を共有し、相互援助を提供し、お互いの経験や副作用に共感し、孤立感や悲しみを打ち破り、セルフケアのための方略を構築することによって達成される（Miller & Mason, 2001）。

　エンパワメントに向けたソーシャルワークグループの活用に対する関心も高まっている。例えば、ルイス（Lewis, 1991）は、エンパワメント志向のソーシャルワークグループに対するフェミニスト理論や解放の神学が影響を及ぼしていることを指摘している。フェミニスト理論は、平等主義で、クライエントの参加を促すものであり、状況に依拠して決まるものだと考える。一方、解放の神学は、不公正に対して最も影響を受けやすい人々による経済的および政治的アクションへの参加に焦点を当てている（Lewis, 1991）。例えば、コックス（Cox）は、生活保護受給者である女性が、エンパワメント志向のグループへの参加を通して、ソーシャルサービスやその他の機関とともに、いかに自分自身のためのアドボケイトを始めたかを説明している（1991）。性的外傷から逃れた女性を対象としたフェミニスト志向のグループ治療は、不信感に対処し、社会参加および情動制御の技術を修復、開発する上で、女性の人間関係を持つ能力を利用している（Rittenhouse, 1997；Fallot & Harris, 2002）。

　新しい変化の理論や治療手段が登場した場合も、グループを対象としたソーシャルワークに

適用される。例えば、性的虐待からの立ち直り、子育ての技術の向上、および不安やうつ症状の解決など、数多くの援助のために、グループ場面で強化する解決志向型の介入が使われてきている（Metcalf, 1998）。共通の懸念を抱えた家族のメンバーで構成された複数家族グループは、深刻で持続する精神障害（McFarlane, 2002）、子ども虐待やネグレクトの危険性（Burford & Pennell, 2004；Meezan & O'Keefe, 1998）、その他の問題（Vakalah & Khajak, 2000）に対処する上で有用であることがわかっている。

　グンペルド＆サルトマン（Gumpert & Saltman, 1998）は、グループワークの概念を地方における実践に適用する上で、リーダーが注目すべきいくつかの課題を特定した。

- 文化的要因：守秘義務に対する不信、自立を重視する価値観、部外者に対する疑念など。
- 地理的要因：距離、天候および交通状況、便利な場所を探すことが困難など。
- 人口統計学的要因：同様の問題を抱える人の数が不十分、公共交通機関の欠如、不十分な保育サービス、グループリーダーの候補者の絶対数の不足など。

　一回しかセッションを行わないグループに対し、グループワークの概念を適用する場合にも注目する必要がある。例えば、多くの専門職が参加するケース会議では、どの専門家がグループメンバーとなるかはケースによって変わってくる。緊急事態を報告するグループでは、専門家は、職場での発砲後など、衝撃的な出来事の影響を受けた人々を支援するために介入を行う（Reynolds & Jones, 1996）。目的、契約、およびソーシャルワーカーの役割など、一回のみのセッショングループで使われた概念は、より長期にわたるグループで使われた概念の形を変えたものである。構成、メンバーの役割、規範、およびグループ段階など、その他の概念は、一回のみのセッショングループにはそれほど緊密な関連性はない。

　第11章で説明したように、ソーシャルワーカーは、グループを通してクライエントへのサービスをよりよく提供するために、以下のような技術的発展を利用している。自宅を出ることのできないクライエントや機関で行われるセッションへの参加が難しいクライエントは、電話、電子メール、あるいはインターネットといった媒体を通して、グループの支援や利点を経験することができる（Harris, 1999；Hollander, 2001）。オンライン・グループファシリテーターは、メンバーに対するインフォームドコンセントを通して、そうしたモデルのリスクとメリットを理解させる必要がある。文章を入力して行うようなコミュニケーションは、メンバーが自分の答えについて考え文章化するためにより多くのコントロールと時間を使えるという特徴を持っている。さらに、メンバーは、都合のいい時に（Fingeld, 2000）、高い匿名性で（Meier, 2002）、仮想グループに参加することができる。とはいえ、そうした参加は、インターネットプロバイダーのシステム障害や信頼問題、特に「ラーカー（潜伏者）」（電子メールは読むが、グループに対して投稿しない人）や参加者が実際に過程に関与する程度によって妨げられるおそれがある。

　こうした新しい技術を利用してソーシャルワークを実践するリーダーは、グループを導いたり、コミュニケーション媒体の特性上、とらえにくくなっている感情や語調をはっきりとさせたりする上で積極的な役割を果たさねばならない。こうした取り組みにあたり、感情を表現するしきたりや合図を開発する必要がある（Schopler, Galinswky, & Abell, 1997）。こうした媒体の利用可能性が高まる中で、ソーシャルワーカーは、従来の手段では参加できなかったグループや、直接会って行うミーティングに参加することをためらっている人々を参加させるために、技術を活用しな

ければならない。また、こうした技術を用いて編成されたグループは、昼夜を問わず、気持ちを共有するため、また支援を求めてログインする可能性のある悲しみにくれた親など、24時間体制の支援を必要としている人々に適している（Edwards, 2007）。ウェブキャスト、電話会議、その他高度な技術を用いた手段は、時間や交通費の節約のため、専門家によるコンサルテーションを利用するため、また実践環境における危機や展開しつつある状況に効率的に対応する上で、課題グループに適している。

■課題グループを対象としたワーク

先に説明した通り、専門職としてのソーシャルワーク実践の重要な側面は、課題グループやワークグループにおいて援助を行うところにある。援助グループとは対照的に、課題グループは、目的の達成、成果の創出、あるいは方針の策定を試みる。読者は、授業で行うグループプロジェクトから始まり、続いて職員としてグループに参加し、そして最終的には、サービスを提供するなかで課題グループのリーダーとして活動することになるだろう。援助グループと同様に、課題グループは、メンバーを限定する場合としない場合があり、また期限を設ける場合と設けない場合がある。メンバーは、公式および非公式の役割を担う。こうした役割の実行に伴い、グループの成功が促進されたり、妨げられたりする。課題グループは、グループの目的や、メンバーの選び方により、専門家、コミュニティメンバー、クライエント、またはこうした当事者が組み合わされる。

効果的な課題グループは、公式のグループリーダーの技術にのみに依存しているわけではない。例えば、ソーシャルワーカーはグループ・プロセスについての知識を持ち合わせているため、学際的な課題グループのメンバーとして有益な参加者である場合が多い（Abramson, 2002）。ソーシャルワーカーは、グループが満たすことのできるニーズを特定し、メンバーを参加させ、発展段階に注目する（各段階の葛藤に対する対処を含む）上で、課題グループにおいて特別な援助を提供することが可能である。

問題の特定化

リーダーはグループが問題を特定する上で、効果的な支援を提供することができる。その問題とは、グループが解決可能な問題の場合もあるし、グループの中に存在するものかもしれない。また、多くある問題の中でも最も取り組む意義のある場合もあるだろう。こうした過程において、リーダー（あるいは議長やファシリテーター）は、グループが問題を十分に定義する前に、時期尚早に解決策を持ち出さないように支援しなければならない。適切な問題や目標を特定する上で、グループは、焦点を選ぶ前に多くの可能性を検討するため、ブレインストーミングやノミナルグループ手法［訳注：ブレインストーミングをした上で、問題を絞り込んでいく技法］といった技法を活用することができる。ブレインストーミングでは、その善し悪しを判断せずに、さまざまな意見を考え、発表する。ノミナルグループ手法では、まずメンバーは、各自、潜在的な問題を挙げる。次にグループは、すべてが出そろうまで、各メンバーから一つずつ潜在的な問題を挙げてもらう。最後に、グループとして、これらの潜在的な問題を評価し、順位づけをする（Toseland & Rivas, 2009）。

また、グループは、効果的な意思決定を支えるための方略を決定する必要がある。これにはい

くつかの手順があるが、例えば、グループ定款により、状況説明をする期間を定めたり、投票できる人についての具体的なルールを活用したり、ロバート議事規則［訳注：議事進行規則の一つ］への順守を規定したりする。あるいは、総意による意思決定や多数決による意思決定といった独自の規範を定めるグループもある。

メンバーの関与の促進

　課題グループのメンバーは、自発的に参加する場合（犯罪に対する近隣住民によるタスクフォース）、任命される場合（ホームレス保護施設の代表で構成された連合会）、選出される場合（役員会）、あるいは役割によって決められる場合（あらゆる専門家で構成された、ある特定の家族のための学際的チーム）がある。メンバーはできる限り、グループの目的を達成するために必要な技術や資源を持ち合わせていなければならない。例えば、犯罪に関する委員会に警察関係者がメンバーとして参加していない場合、その役割を補完する人物を探すことになる。治療グループと同様に、こうしたメンバー召集中の課題グループは、メンバー候補者の性格にも注意を払い、孤立したり、一人で行動したりするようなメンバーを採用しないようにしなければならない。こうした配慮は、主に専門家やサービス提供者からなるグループにおいて、サービス消費者やその家族のメンバーが代表者としてグループに参加する場合に特に重要となる。委員会メンバーには、サービス消費者あるいは家族団体から複数の代表を参加させ、権限を与えて、形式的な参加に終わらせないようにする必要がある。

　グループのすべてのメンバーは、グループの機能について明確に理解し、検討事項や意思決定に対して情報を提供する必要がある。各セッションあるいはミーティングは、慎重に計画し、利用可能な時間や才能を活用するようにしなければならない（Tropman & Morningstar, 1995）。役割は、グループワークを達成させるために、メンバーがお互いに依存しなければならないような形で割り当てる（Toseland & Rivas, 2009）。メンバー全員に適切な情報が行きわたるように、事前に背景報告書を配布する必要がある場合が多い。また、多くの場合、メンバーの相互関係を促進するために、小規模なグループでブレインストーミングやアイスブレーキング演習を行うことが有用である。また、メンバーが持つ技術、経験、視点などに注意を払えば、新たなメンバーがより自信を持って情報を共有し合うことにつながるかもしれない。

発展の段階に対する意識向上

　治療状況で観察されたグループの発展段階は、課題グループにおいても見られるが、直線的な発展を遂げるわけではなく、むしろ、繰り返し発生する問題があると、グループは前の段階に戻ることがある。参加準備段階では、共通目標がまだ策定されていないため、個々のメンバーは、グループに対するさまざまな希望を抱いて参加する。

　グループにおける初期のアイデンティティの発達は、グループメンバーがお互いに知り合いであったり、他の立場においてワークをともにしたことがあったりといった既存の関係に影響される。こうした過去の経験の質により、以前の摩擦がそのまま新しいグループへ持ち越されたり、信頼や快適さがグループワークへの迅速な移行を促進したりする。いずれの場合も、既存の関係を持つ個々のメンバーが、サブグループを形成しないようにすることが重要である。こうした分裂派グループや票田は、グループのメンバー全員の快適さや凝集性を低下させるおそれがある。

　課題グループにおける「力とコントロール」段階（第2段階）は、グループが採用するプログ

ラムやアイデアをめぐる競争を特徴とする場合が多い。実際には、アイデアをめぐる葛藤が生じることは当然であり、選択肢を挙げ、徹底的に検討することは奨励されるべきである。課題グループはたいてい、難しい問題を避けることにより、葛藤を回避し、時には、意思決定を下すために十分な事実があるにもかかわらず、問題を保留する場合さえある。異なる選択肢を探り、そのメリットを評価するようなルールをつくりあげれば、グループが目標を達成するための助けとなる。リーダーは、アイデアをめぐる葛藤を促すように試みながら、個性に関わる葛藤を管理、コントロールしなければならない。このようなバランスが取れない場合、グループに貢献する可能性のあるメンバーが疎外され、成果が不十分なものとなるおそれがある。こうした健全な葛藤がないと、常に、他の見方や選択肢が示されないか、真剣に取り上げてもらえない状況である「グループシンク（集団思考）」の危険にさらされることになる。リーダー（およびメンバー）は、葛藤の中で生じた質問に答えるために必要な情報を明確化し、他のメンバーが特定の意見の背後にある論理的根拠を示すための支援を行うことができる。

グループリーダーとメンバーは、コミュニケーションを見直し、すべての当事者にとってわかりやすいコミュニケーションを行うため、また具体性について検討し、綿密に調べ、探るため、そして話したことをまとめるために、本書の前半で説明したコミュニケーションスキルを活用することが可能である。ファシリテーターは、それぞれのメンバーがグループに貢献できる何かを備えていることを伝え、メンバー自身やそのアイデアをいずれも軽く扱ってはいけないという礼儀を守ることにより、生産的な作業環境の構築に貢献することができる（Toseland & Rivas, 2009）。

課題グループにおける終結は、個々のメンバーがグループを離れる場合、あるいはグループが解散する場合に生じる。課題グループにおける「卒業式」［訳注：終結をはっきりさせること］は、メンバーが、拘束時間やグループに関わる責任が軽減されることや、おそらく目標をうまく達成したことによる満足感に安堵するため、見落とされる場合が多い。とはいえ、グループ・プロセスにおいて、何がうまくいき、何がうまくいかなかったのかを評価し、グループメンバーとして費やした時間や努力を認識し、グループの成功に貢献した役割に対する感謝の意を共有することが重要である。

■まとめ

本章では、ソーシャルワークの課題および援助グループにおいて、効果的な介入を行うために必要な知識と技術に焦点を当てた。グループの発展段階、一般的なメンバー、および各段階で現れるグループの特徴について取り上げ、効果的なグループの経験に必要なリーダーシップの役割や技術について詳しく述べた。また、グループワークの倫理的な意味合いを検討し、地方における実践、オンライングループ、およびサービス消費者と専門家がメンバーとして混在する課題グループなど、グループワークにおいて新たに注目を集める分野について概観した。グループが成功するためには、リーダーはグループ形成の概念を慎重に適用し、グループ編成時から終結まで、個々のメンバーとグループ全体のニーズに合った役割や介入を柔軟に利用していかなければならない。

■グループ介入に関する技術の向上のための演習問題

　グループワークの技術を開発する一助として、模範回答付きの演習を数多く取り上げた。読者は、自分がファシリテーターであると仮定し、所定の段階とグループの種類を前提として、メンバーおよびグループのニーズに対処するための対応を練る。二種類のグループによる発言を取り上げたが、一つは、守秘義務法、超過滞在の移民入国許可、窮乏した患者、および鳥インフルエンザの脅威に対応するための方針や実践の変更に取り組む病院における学際的課題グループである。もう一つは、肥満の10代女性を対象としたHEART治療グループである。それぞれの発言に対する対応を考えた後、自分の回答と模範回答とを比較する。ただし、ここに挙げた模範回答以外にも、適した回答が数多く考えられる点に留意すること。

■クライエントの発言

1. 課題グループメンバー（第5回ミーティングにて、ただし第3回ミーティングには欠席）：「まず、そもそもなぜ方針を変更する必要があるのかについて再検討しなければならないと思います。結局、もう何年もの間、このやり方でやってきたのですから」

2. 課題グループメンバー（第2回ミーティングにて）：「どのようにして決めますか。多数決にしますか」

3. 課題グループメンバー（第3回ミーティングにて）：「あなたがここにいるのは、給料をもらうためだけですよね」

■回答例

1. 「ジーン、グループが招集された理由については、最初の2回のミーティングで話し合いました。なぜ、今になってそのようなことを言うのですか」

2. （グループに対して）「いろいろな決定方法の良い点と悪い点は、何だと思いますか」

3. 「もちろん、私はこの仕事に対して給料をもらっています。しかし、私がここにいるのは、このグループのようなグループの活動を支援するためです」

注
1. ガーランド、ジョーンズ＆コロドニー（Garland, Jones, & Kolodny）のモデルを補足するために使用した情報源として、ハートフォード（Hartford, 1971）、ヘンリー（Henry, 1992）、コリー＆コリー（Corey & Corey, 2006）、タックマン＆ジェンシェン（Tuckman & Jensen, 1977）、イェーロム（Yalom, 1995）を併せて参照のこと。
2. ライド（Reid, 1997）は、グループ表彰状、オーディオテープやビデオテープの内容分析、ソシオ

メトリック分析、自己評価手段、その他の主観的測度を含む、グループにおける成果を評価する手順を概観している。こうした評価的尺度の詳細については、ライド（Reid, 1991）およびコリー（Corey, 1990）を参照のこと。
3．詳細については、本章の範囲を超えているが、前述の問題やその他自己破滅的なクライエントの態度に対処するための技法は、マイヘンバウム（Meichenbaum, 1977）、マホニー（Mahoney, 1974）、バーンズ（Burns, 1980）などの文献に豊富に紹介されている。トセランド＆リヴァス（Toseland & Rivas, 2009）、およびローズ（Rose, 1989）は、グループの文脈における認知を変える具体的な方法を提示している。

第17章

専門家によるより深い共感、解釈、および直面化

本章の概要

第17章では、クライエントが自分自身の行動、他人の行動、および変化を検討する上での選択肢についてさらに理解を深めるために、第5章と第6章で紹介した技術に基づき話を進めていく。直面化の適切なタイミング、およびその利用に関し、自己認識を高める手段として、またクライエントが潜在的な結果について十分な情報を得た上で意思決定を行うための援助の手段として紹介する。

■クライエントの自意識の意味と重要性

自意識は、一般に、健全なメンタルヘルスにとって不可欠なものとして認識されている貴重な要素である。しばしば引用される古代ギリシャの哲学者、ソクラテスの言葉「汝自身を知れ」に見られるように、人間は古くから自意識の重要性を理解している。自意識は、自発的なクライエントが求める場合が多く、特に変化重視の段階にあるとき、クライエントが援助プロセスを進めようとするのに必要不可欠である。問題解決や変化に向けた個人の取り組みは、適切な指示が与えられた場合にのみ効果を発揮するが、それは、変化を必要とする行動や状況についての的確な気づきによって決まる。実際のところ、多くの人は問題を引き起こす影響要因について意識できずに、日常生活の諸問題を絶えず経験している。

ここで用いる自意識という言葉は、主に現在作用しているさまざまな影響力に対する意識を意味する。ソーシャルワーカーは、クライエントが自分自身のニーズや欲求、動機、感情、信念、問題行動に対する意識や、そうした要因が他人に与える影響に対する意識を高めるための援助を行う。ここでは、自意識という言葉は、問題の原因についての洞察という意味では使われていない。前半の章で指摘したように、人間はこのような洞察に達しなくても、変化を成し遂げることが可能であり、変化するものである。時には、簡単に過去を振り返ること、例えば、夫婦がお互いに魅かれ合う資質を特定したり、性機能障害の原因となっている要因を特定したり、問題の慢性化を評価したり、あるいは以前の成功を強調したりするといったことは、本人たちにとって啓発的で、また意味あるものとなる場合がある。とはいえ、このように手短かに過去を振り返る場合、クライエントに対し、現在を変えることができる点を強調しながら、途中で引き出した情報

を現在の作業や現在の問題と関連づけることが重要である。すなわち、クライエントは、これまでの経歴自体を変えることはできないが、経歴が現在に与える影響を変えることは可能である。

ソーシャルワーカーは、クライエントに対し、自意識を高めるための援助をする上で、さまざまな手段を活用することができる。その中でも、専門家によるより深い共感、解釈、および直面化は、おそらく最も広範に活用されている手段であろう。本章では、こうした技法の定義、活用する際の目安の特定、効果的に活用するためのガイドライン、およびこうした手段と関連した技術開発演習を紹介する。

■専門家によるより深い共感と解釈

共感は主として、個人の性格であるのか、あるいは学習することが可能な技術であるのか、といった点が議論の的となっている（Fernandez-Olano, Montoya-Fernandez, & Salinas-Sanchez, 2008）。共感は学習可能な特徴であると考える専門家は、多くの場合、共感を実現するためには、実践家が特別に受容的な境地に身を置き、自分自身の中から雑念を取り除き、他人に対して心を開く術を身につける必要があると考えている（Lu, Dane & Gellman, 2005；Block-Lerner, et al., 2007；Dimidjian & Linehan, 2003；Segal, Williams, & Teasdale, 2002）。その他のソーシャルワーク教育者は、ソーシャルワーカーが低所得者であるクライエントの社会状況や経験に共感的になるためには、特別な訓練や経験が必要であると主張している（Segal, 2007；Smith, 2006）。

どのように考えられているにせよ、ソーシャルワーカーの共感は、援助プロセスにおいて非常に重要である。前半の章では、援助プロセスの初期段階における共感の活用について検討した。アクション重視段階では、共感の深さのレベルがクライエントの自意識を高め、直面化（本章の後半で説明する）の影響を和らげ、変化に対する理性的な反応やその他の障害を探り、解決するために役立つ（詳細については、第18章で取り上げる）。当然のことながら、共感を活用する目的は援助プロセスを通して変わらないため、目標達成段階においても、ソーシャルワーカーは共感の活用を継続する。ただし、初期段階においては、共感の付加的レベルが慎重に選択される一方、アクション重視段階では、共感が重要な役割を担っている点が異なっている。

専門家によるより深い共感は、クライエントが表現しているよりも大げさになされるものであり、そのためにソーシャルワーカーはある程度推測する必要がある。したがって、こうした対応は、どちらかと言うと解釈的である。すなわち、このような対応では、感情、認知、反応、行動パターンを生み出す要因を解釈することになる。実際に、ルボースキー＆スペンス（Luborsky and Spence, 1978）は、精神分析に関わる研究を包括的に調査した結果、精神分析医による解釈は、基本的に、共感的なコミュニケーションと同じであると結論づけた。

解釈を通した洞察は、精神分析の基礎であり、および関連する治療の基礎にある階層的な治療原則における「最上位にある手段」である点に留意すべきである。その他複数の理論（中でも注目すべきは、クライエント中心、ゲシュタルト、およびある特定の存在理論）支持者は、解釈の利用を避けてきた。また、その他の研究者（Claiborn, 1982；Levy, 1963）は、解釈はソーシャルワーカーの理論的方向性にかかわらず、カウンセリングの過程にとって不可欠であり、ソーシャルワーカーの多くの行動（意図的であるかどうかにかかわらず）は、解釈的な機能を果たすと主張している。

これまで意味的および概念的混乱により、考え方の相違が生じていたが、新たな著作により、

概念が明確化され、曖昧さや混乱が低減した。レヴィー（Levy, 1963）の概念化に基づき、クレイボーン（Claiborn, 1982）は、ソーシャルワーカーの理論的方向性にかかわらず、解釈は「クライエントに対し、クライエント自身の視点と矛盾する視点を提供し、その役割は、クライエントにその視点に従って、変化の準備をさせたり、変化を誘発させたりすることである」（p.442）と主張する。この観点から見れば、解釈は、クライエントが異なる視点から問題を考える上での助けとなり、その結果、新たな治療措置の可能性を広げる。こうした包括的な視点は、非常に広範にわたり、矛盾した見方を強調しながら、リフレーミング（Watzlawick, Weakland, & Fisch, 1974）、リラベリング（Barton & Alexander, 1981）、肯定的意味づけ（Selvini-Palazzoli, Boscolo, Cecchin, & Prata, 1974）、肯定的再解釈（Hammond et al., 1977）、専門家によるより深い共感、および伝統的な精神分析学的解釈を含むさまざまな理論の中で特定された多くの変化重視の技法を網羅している。したがって、同じ臨床状況に関する解釈の内容は、ソーシャルワーカーが重視する理論によって変わることが予測できる。しかし、クレイボーン（Claiborn, 1982）がまとめた研究によると、「内容が大きく異なる解釈も、クライエントに対し、同じような影響を与えると思われる」（p.450）。

レヴィー（Levy, 1963）は、解釈を意味的解釈と命題的解釈の二つに分類している。意味的解釈は、「『イライラした』ということは、あなたは感情を害し、幻滅を感じたということを意味していると判断する」といったソーシャルワーカーの概念的語彙によるクライエントの経験を説明するものである。したがって、意味的解釈は、より深い共感的な対応と密接に関わっている。一方、命題的解釈は、「他人を不快にさせないように一所懸命になると、あなた自身が気分を害し、自分の弱みにつけこんでいることに対し、他人に腹を立てることになる」といったソーシャルワーカーの考えや、クライエントの問題状況に関わる要因間の因果関係を説明するものである。

ソーシャルワーカーは、クライエントの意識とはかけ離れた、解釈または専門家によるより深い共感（両者は同じ意味で使われている）を示すことは避けなければならない。ある研究（Speisman, 1959）によると、適度な解釈（クライエントの経験の周縁部分にある感情を示したもの）は、自己探求や自意識を促進するが、深い解釈は対立を生む（注1）。

深い解釈は、クライエントの経験からかけ離れている。だから、クライエントにとっては不合理で無関係と思われてしまい、その深い解釈は正しいかもしれないにもかかわらず、クライエントはそのような解釈を拒否する傾向にある。以下は、そうした不適切な深い解釈の例である。

クライエント：「私の上司は、ひどい暴君です。フラン以外の人の功績は一切認めません。フランは、何をしても認められるのです。上司は、私を目の敵にしているようです。時には、殴って気絶させてやりたいと思うほどです」

ソーシャルワーカー：「あなたの上司は、あなたが父親に対して抱いているのと同じ感情を引き出しているようですね。あなたは、上司がフランをひいきしていると感じ、フランは、かわいがられているあなたの妹を象徴しています。あなたが本当の暴君であると感じているのは父親であり、父親に対する憤りを思い出しているのです。上司は、単に父親の象徴にすぎません」

当然のことながら、クライエントは、こうした解釈を拒否する可能性が高く、おそらく快く思わないだろう。ソーシャルワーカーは、正しいことを言っているのかもしれないが（それが正しいかどうかは、単なる推測でしかない）、クライエントは、上司に対する感情に苦しんでいるので

ある。父親に対するクライエントの感情へ焦点を移行することは、クライエントの視点から見ると、完全に的外れである。

同じクライエントの発言に対する以下の解釈は、クライエントの最近の経験と関連性があることから、対立を生むおそれは比較的少ない。

ソーシャルワーカー：「では、あなたは、上司を満足させることは不可能に思われ、上司はフランをえこひいきしていることから、彼に対して非常に腹を立てているわけですね（共感）。まさにそうした感情は、二週間ほど前に、あなたが示した同じような感情を思い起こさせます。ご両親が休暇中に一週間あなたとともに過ごした際、あなたの父親があなたのすることすべてに対してあら探しをしているようで、あなたの妹がいかにすばらしいかをほめちぎっていた様子について話してくれましたね。あなたは以前に、父親は常に妹をひいきしているようで、あなたがすることは何でも気に入らないようだと話してくれました。もしかしたら、そのような感情は、あなたが職場で経験している感情とつながりがあるのではないかと考えています」

以上の発言の中で、ソーシャルワーカーが解釈の根拠を注意深く示し、暫定的に解釈を行っている点に注目してほしい。これは、「解釈と専門家によるより深い共感の利用に関するガイドライン」の項で取り上げる技法である。専門家によるより深い共感についての検討、説明、関連演習については、第5章で取り上げたため、本章ではこれらのトピックは扱わない。ここでは、(1) より深い感情、(2) 感情、思考、行動の根底にある意味、(3) 欲求と目標、(4) 行動の隠れた目的、(5) 実現されていないストレングスや可能性に対するクライエントの自意識を高める上での解釈と専門家によるより深い共感の活用に焦点を当てる。

◇専門家によるより深い共感あるいは解釈は、カップルの行動パターンを特定、探求する上で、有用な役割を果たす。事例「帰省」の中で、ソーシャルワーカーであるキムは、ジャッキーとアンナの家族におけるコミュニケーションパターンの違いについての議論を耳にした。キムは、ジャッキーに対し、彼女がレズビアンとカミングアウトしたことに対する家族の対処の仕方は、家族が他の問題を処理する方法とよく似たものであるかどうかを尋ねた。キムは、今の問題が他の問題と同じように対処されていると示唆するかわりに、質問形式を取っている。同様に、キムは、結婚式の写真についての議論や、その議論にアンナが参加していないことは、二人が意思決定をしたり、問題を解決したりする場合に直面してきた課題を象徴しているかどうかを尋ねている。最後に、キムは、「新しい家族やカップルを形成する際、育った家族とこれから築き上げる新しい家族との間で板挟みになる場合が多いのです。休暇をどこで過ごすかを決める上で、こうした状況が生じています」と述べ、二人の問題を、新しい家族になるという文脈に当てはめている。

より深い感情

クライエントは、ある特定の感情に対し、たとえそれがあったとしてもわずかに感じるのみで、

ほとんど意識していない場合が多い。さらに、情緒的反応には、しばしば複数の感情が関わるが、クライエントは支配的あるいは表面的な感情だけを感じる。また、クライエントの中には、怒りといった否定的な感情のみを経験し、苦痛、失望、同情、孤独感、おそれ、思いやりといったより敏感な感情に対する自覚が乏しい者もいる。専門家によるより深い共感は、クライエントがほとんど意識していない感情に気づくことによって、こうした感情をより鮮明かつ十分に経験したり、自分の人間らしさに対する意識を高めたり（あらゆる領域の感情を含む）、新たな感情を自分の経験全体の中へ統合する上で役立つ。

ソーシャルワーカーは、クライエントの感情に対する意識を以下のように高める上で、専門家によるより深い共感を頻繁に活用する。

1. クライエントの口頭のメッセージの中に、暗示あるいはほのめかされた感情を特定する。
   クライエント（第6回セッション）：「あなたは、私たちが前進していると感じているのでしょうか」（クライエントは、感情を具体化した質問をすることが多い）
   ソーシャルワーカー：「あなたは、進捗状況に満足していないようですね。あなたは、これまでの経過について失望感を抱いているのでしょうか」

2. 表面的な感情の根底にある感情を特定する。
   クライエント：「夜には何もやることがなく、非常に退屈です。ビデオゲームをしたり、インターネット検索をしたりしますが、あまり役にたたないようです。人生なんて、ただ退屈なだけです」
   ソーシャルワーカー：「あなたはむなしさを感じ、とても落ち込んでいる印象を受けました。あなたは孤独感を感じ、むなしさを埋めるために友人がほしいと思っているのではないでしょうか」

3. クライエントが最小限に抑えていた感情を高める。
   軽度の知的障害を持ち、社会的に孤立している30歳の女性：「ジャナ（他州に住む幼なじみ）がこちらへ来ることができなくて、少しがっかりしました。ジャナは職を失い、飛行機の予約をキャンセルしなければなりませんでした」
   ソーシャルワーカー：「あなたが非常にがっかりしたことはよくわかります。今でもとても落ち込んでいるように見えますよ。ジャナが来ることを楽しみにし、計画を立てていましたからね。ジャナが来られなくなって、本当にショックだったでしょう」

4. クライエントが漠然と感じている感情の本質を明確化する。
   ゲイである男性クライエント：「ロバートから、もうこれ以上僕とは一緒にいたくないと聞いた時、ただ茫然としてしまいました。それ以来、ボーっと歩き回り、『こんなことがあるわけない』と自分自身に言い聞かせています」
   ソーシャルワーカー：「大きなショックでしたね。まったく予期していなかったことですから。あなたは非常に傷つき、現実のこととして受け取ることが難しいのですね」

5. 非言語的に現れた感情を特定する。

クライエント：「私の姉妹が、休暇中に子どもの面倒を見てほしいと頼んできました。もちろん、私は引き受けるつもりです」（まゆをひそめ、ため息をつく）
ソーシャルワーカー：「しかし、ため息をつくところを見ると、あまり気が進まないようですね。今私があなたから得たメッセージは、これはあなたにとって不公平で大きな重荷に感じられ、それに腹を立てているということです」

感情、思考、行動の根底にある意味

　専門家によるより深い共感あるいは解釈は、上記の１～５の目的に利用された場合、クライエントが感情、思考、および行動を概念化したり、その意味を理解したりする上で役立つ。したがって、ソーシャルワーカーは、クライエントになぜ現状の通りに感じ、考え、行動しているのかを理解させ、いかに自分の行動が問題や目標に影響を与えるかを把握させ、感情、思考、および行動におけるテーマやパターンを見極めさせるための援助を行う。クライエントが、自分の行動や経験における類似点、共通点、およびテーマを理解するに従い、クライエントの自意識は、パズルのピースが一つずつ組み合わされていくように徐々に拡大し、次第に個々のかたまりが形成され、やがて一つのまとまりに融合し、全体像ができあがる。前述の同僚をひいきする上司に腹を立てたクライエントに対する解釈の例は、こうした種類の専門家によるより深い共感の一例である（これは、同時に命題的解釈でもある）。

　より具体的には、ソーシャルワーカーは、ある特定のタイプの人がいる場合やある特定の状況において、クライエントがやっかいな感情を抱えていることを認識できるように、このような解釈あるいは専門家によるより深い共感を利用する。例えば、クライエントは、重要な人物の面前で憂うつになったり、自分が何かをしなければならない状況（発表したり、テストを受けたりしなければならない場合など）におかれたりしたとき、極端に不安を感じることがある。そのようなときソーシャルワーカーは、より深い共感を利用して、否定的な知覚セット（心的状態）や、認知再構成法を用いて修正可能であるようなその他の認知機能障害を特定することができるだろう。クライエントは、自分の欠点を示す些細な兆候にのみ目を向け、うまくやれていることを示す豊富な証拠を完全に見過ごしているかもしれない。

　同様に、ソーシャルワーカーは、クライエントがそれほど深刻ではない出来事を見るとき、その否定的な結果のみを予測し、それを最悪の事態と認識しているために、その出来事をおそれたり（あるいは回避したり）していないかを見定める。あるクライエントは、最近転倒して重傷を負い、半身不随となった長年の友人に会いに行くことをおそれていた。ソーシャルワーカーが、そのクライエントが友人を訪ねた場合に起こるかもしれないとおそれている否定的な出来事を探る中で、クライエントは以下の状況を挙げた。

- 「彼女に会って、泣いてしまったらどうしよう」
- 「彼女をじっと見つめてしまったらどうしよう」
- 「言ってはいけないことを言ってしまったらどうしよう」

　ソーシャルワーカーは、専門家によるより深い共感をして、「もしあなたが、それらいずれかのことをした場合、最悪の事態になりますか」と尋ね、それに対し、クライエントは即座にそうであると答えた。続いて、ソーシャルワーカーは、クライエントがより現実的な視点で現状を見

ることができるように、認知再構成法を利用した。ソーシャルワーカーは、クライエントがおそれている反応についてそれぞれ順番に話し合い、誰もがクライエントがおそれているような反応をしてしまう可能性があるが、そのような反応をしたとしても、気まずい思いをすることはあっても、最悪の事態になることはないという点を明確に示した。ソーシャルワーカーとクライエントはともに、クライエントは、完全に状況に振り回されるのではなく、どのような反応を示すかについてある程度のコントロールを有しているという結論に達した。行動リハーサルの後、クライエントの最悪の事態に対するおそれは、手に負える範囲にまで徐々に縮小した。

　また、ソーシャルワーカーは、対人関係に悪影響を及ぼす知覚の歪みをクライエントが意識できるように、この種の専門家によるより深い共感を利用する。例えば、両親は、子どもが自分たちの嫌う特徴を備えていると認識し、子どもを拒絶する場合がある。しかし、これまでの調査の中で、この両親は、自分たちも同じ資質を備えていることを確認し、自己嫌悪を子どもに投影していることが判明している。ソーシャルワーカーは、両親がいかに自己認識（これもまた歪んでいる場合がある）が子どもに対する認識を歪めるのかを理解するための手助けをすることにより、両親に区別をつけさせ、子どもたちは自分たちとは違う独自の存在であることを認識し、認めさせることができる。

　同様の知覚の歪みは、夫婦間でも生じる。こうした問題により、異性の親とのこれまでの関係において解決されていない厄介な感情が原因で、夫婦はお互いに不適切な認識や対応をしてしまうのである。

> ◇事例「10代の母親と里親」の中で、ソーシャルワーク実践者のグレンダは、10代の母親であるトワナとその里親であるジャネットの間で対立する行動パターンを観察している。トワナは、学校からの帰りが遅く、2歳になる子どもを長時間、自分の里親であるジャネットに任せてしまっている。ジャネットは、トワナが子どもと親密な絆を結ぶために十分に子どもと接していないことを心配している。一方、ジャネットは時折、子どもをなだめるためにキャンディを与えることがある。トワナがこれをやめさせようとすると、子どもが癇癪を起こす。グレンダは、このいきさつについて話を聞き、トワナが子どもの癇癪をなだめることを拒否し、自分の部屋に戻ってヘッドフォンをしてしまう時、トワナはジャネットについて「ジャネットが子どもをこんなふうに育てたのだから、ジャネットが何とかするべきだ」と思っているようだと示唆する。

欲求と目標

　クライエントがメッセージの中で暗示しているが、十分に認識していない欲求や目標に対して、クライエントに意識させようとする場合にも、専門家によるより深い共感を利用することが有効である。人は、困難に苦しんでいる場合、成長や変化ではなく、問題や問題から解放される方法を思いめぐらす傾向にある。しかし、成長や変化のプロセスは、問題から解放されるプロセスの中に暗示されている場合が多い。クライエントは、自分のメッセージの中に成長へ向けた力が暗示されているということを意識するようになると、成長の可能性を喜んで受け入れ、一所懸命になる場合さえある。この種の専門家によるより深い共感は、自意識を高めるだけでなく、動機づ

けを高める。

　以下の対話からも明らかなように、暗示された欲求や目標に焦点を当てた専門家によるより深い共感により、変化重視のアクションを導く明示的な目標が形成される場合が多い。さらに、共感は、自分が抱える問題に圧倒され、葛藤の中にある成長したいという願いがあることに気づくことができずに落胆しているクライエントに対し、希望をもたらす上で、非常に重要な役割を果たす。この種のメッセージは、援助プロセスの初期段階および変化重視段階において重要な役割を担う。

クライエント：「常に負担をかけられることに対して、うんざりしています。家族全員、私の存在を当たり前だと思っているのです。『マーシーはいい人だから、頼りになるぞ』といった感じです。私はこれまで自分ができることは、ほとんどすべて引き受けてきました」

ソーシャルワーカー：「そのことを考えるだけでも不安になるのですね。マーシー、あなたの話からすると、結局、あなたは本来の自分でありたい、つまり他人からの依頼や要求に振り回されるのではなく、自分の意思を大切にしたいと強く望んでいるように見えます」

クライエント：「そんなふうに考えたことはありませんが、確かにそうです。それは、まさに私が望んでいることです。本来の自分になりたいのです」

ソーシャルワーカー：「おそらく、それがあなた自身の望む目標のようですね。適切な目標であるようですし、それを達成できれば、あなたが説明した緊迫感から解放されることになるでしょう」

クライエント：「はい、そうです。その目標を掲げることにします。本当にその目標を達成できると思いますか」

行動の隠れた目的

　ソーシャルワーカーは、クライエントの懸念の背後にある基本的な動機をクライエントに十分意識させるために、解釈を利用する場合がある。クライエントの動機が周囲から誤解されている場合もある。クライエント自身が、自分の問題行動がもたらす影響が曖昧にしか理解できずに、基本的な動機をほとんど意識していない場合もある。

　こうしたクライエントの懸念の根底にある主な動機には、わずかな自尊心を守ること（失敗のリスクが伴う状況を避けることなど）、不安をもたらす状況を避けること、自分は無能で不十分であるという感情を相殺することなどがある。以下は、表面的な行動、およびそうした行動の背後にある隠れた目的を示す典型的な例である。

- 成績不振の生徒が、学校でほとんど努力をしない理由は、（1）成績が良くないわけを一生懸命勉強しなかったという理由で正当化できる（自分の能力が不十分であるというおそれに直面することを避ける）、あるいは（2）自分が両親の期待に達しない場合、自分を認めてくれたり、愛情を示してくれたりしない両親を懲らしめようとしている。
- クライエントは、根底にあるおそれや自分の能力は不十分であるという気持ちを自分自身や他人に隠すために、虚勢を張る場合がある。
- クライエントは、根深い罪悪感を埋め合わせるために、身体的あるいは情緒的苦痛を訴える場合がある。

- クライエントは、自分は敗者となる運命にあるという誤った信念を立証するために、あるいは自分のコントロールを超えた状況によって決められた人生の筋書きから外れて生きるために、自己破滅的な行動を取る場合がある。
- クライエントは、支配されたり、コントロールされたりするおそれから身を守るために、他人と密接に関わることを避ける場合がある。
- クライエントは、他人と距離を置くことにより、拒否されるリスクを回避するために、攻撃的あるいは不快な行動を取る場合がある。

解釈は、クライエントが前もって公表した十分な裏づけ情報に基づいたものでなければならない。裏づけ情報が伴わない場合、解釈は、クライエントによって受け入れられる可能性の低い、単なる推測に過ぎなくなる。実際に、そうした推測は、ソーシャルワーカーの予測に基づく場合が多く、正確でないことが一般的である。クライエントは、そうした解釈を攻撃的であると見なしたり、そのような対応を受けた場合には、ソーシャルワーカーの能力に疑問を呈したりする場合がある。

以下の例は、クライエントの行動の根底にある動機に対する意識を高める上で、適切な解釈の利用例である。

事例••
　クライエントであるR氏（33歳）とその妻は、主に妻の強い勧めによってカップル療法を開始した。R夫人は、二人の関係に親密さが欠けていることに不満を表し、夫が愛情を示すことがほとんどないことから、拒否されていると感じていた。彼女から愛情を示すと、夫は通常、身を引いて妻をはねつけた。R氏は、調査面接の中で、母親がこれまで（現在においても）非常に高圧的で支配的であることを明かした。R氏は、母親に対してほとんど思いやりを感じず、どうしても必要な場合以外は会っていなかった。
••

　以下に示すR氏との個人セッションにおける対話は、夫婦が映画に行った週に起こった出来事について焦点を当てている。R夫人は、自分の手を伸ばして夫の手を握ろうとしたが、R氏がぶっきらぼうに手を引いたため、後にR夫人は、心が傷つき、拒否された感じを抱いたことを表明した。その後の二人の話は非生産的なものとなり、コミュニケーションはぎくしゃくし始めた。R氏は、映画館で起こった出来事について次のように述べている。

R氏：「私が手を握らなかったことで、キャロルが傷ついたことはわかっています。なぜだかわかりませんが、私は本当にいやだったのです」

ソーシャルワーカー：「では、奥さんが愛情を示すために手を差し伸べた時、なぜあなたはそれを拒否したのか不思議に思っているわけですね。その時、あなたの心の中では、何が起こっていたのですか。あなたが考えていたこと、感じていたことは何ですか」

R氏：「参ったな、ちょっと考えさせてください。妻が手を握ろうとするだろうと予測していましたが、映画を楽しみたかったので、ほっといてほしいと思っただけです。手を握ろうとする妻に、腹を立てていたのだと思います。考えてみると、よくわからないのです。愛する女性と

手をつなぐことに対して、なぜ腹を立てる必要があるのでしょうか」

ソーシャルワーカー:「ジム、今のは非常に良い疑問ですね。二人の結婚における多くの問題点を解明する鍵となる点です。なぜあなたがあのような反応を示したのかについて、手がかりとなるかもしれない私の考えを聞いてください。あなたは、キャロルが手を握ろうとした時、腹が立ったと言いましたね。今おっしゃったその感情から判断すると、おそらくあなたは、奥さんが主導権を持って取った行動を肯定的に受け入れることは、奥さんに従うことであると感じ、自分が奥さんに支配されないようにと身を引いたのではないでしょうか(隠れた目的)。私がそのように考えたもう一つの理由は、あなたが、母親に支配されていると感じながら育ったことで、奥さんも同じような行動を取ったとして腹を立てたのではないかと思ったからです。今でも、必要な場合以外は、母親に会うことを避けていますね。そこで私は思うのですが、あなたの母親との関係が原因で、女性にコントロールされることに対して過敏になり、キャロルが主導権を握っているような彼女の行動に腹を立てるのではないでしょうか」(発言の後半部分で、解釈の根拠を示している)

実現されていないストレングスと可能性

解釈および専門家によるより深い共感のもう一つの重要な目的は、自分のストレングスや潜在的な可能性に対するクライエントの意識を高めることである。クライエントのストレングスは、さまざまな方法で示されるため、ソーシャルワーカーは、肯定的な知覚セットを意識的に養うことにより、そうしたストレングスや可能性を示すわずかな兆候にも敏感になる必要がある。クライエントは、自分の弱点のことばかりを考えている場合が多いため、このような目的を持つことは重要である。さらに、ストレングスを意識することにより、クライエントは希望を抱き、変化を開始するために必要な勇気が生まれやすくなる。

クライエントの意識をストレングスに向けることによって、自尊心が高まり、あえて新たな行動を試すという課題を遂行する勇気が生まれやすくなる。ソーシャルワーカーは、意識的な取り組みにより、クライエントのストレングスに対する意識を高めることができる。例えば、クライエントが子どもだけを家に残して外出したことで、児童福祉の調査を受けなければならない場合、そのアセスメントの一環として、発生した危険な状況やクライエントが利用可能な他の選択肢に焦点を当てる必要がある。こうした調査は、クライエントの防御的な行動を引き起こす場合が多い。クライエントは、自分のストレングスが認められている場合、他の解決策を探す調査に対し、肯定的な反応を示す可能性が高くなる(De Jong & Miller, 1995; McQuaide & Ehrenreich, 1997)。例えば、以下の発言は、ストレングスと問題の両方を特定している。

ソーシャルワーカー:「あなたは、長時間、子どもだけを家に残して外出するつもりはなかったと説明しましたね。娘さんが弟のために料理をしているときに、火事が発生しました。彼女は、119番に電話をする仕方を知っていたので、消防署に連絡をしました。こうした状況が起こらなければよかったのですが。ただ、娘さんは、緊急事態が発生した場合の対処の仕方を知っていましたし、食事の準備をすることもできました。子どもたちがいろいろなことに対処できるように、あなたが多くのことを教えてきたからです。大人の監視がないまま、子どもたちだけで家にいるような状況を作らないためにも、一緒に計画を立てていく必要があります」

上記のケースでは、ストレングスを支援することに加え、継続的な懸念を特定し、危険をなくすためにともに計画を立てていく必要性を確認している。

> ◇事例「ごねる人への支援」の中で、ソーシャルワーク実践者のロン・ルーニーは、他のソーシャルワーカーや保健制度が役に立たなかったことに対する不満を抱くクライエント、モーリーが話す多くのストーリーの中に、一つのパターンを見つける。モーリーが、「油まみれの車輪」（きしむ車輪：キーキーうるさい人）になりたくないと述べたとき、ルーニーは、実際にはモーリーが十分なサービスを受けていないと感じ、文句を言うことによってキーキーうるさいクライエントなっている可能性があることや、自己主張のパターンは、制度によって得をする場合もあれば、損をする場合もあることを示唆し、次のように述べている。「あなたは勇敢に戦っているようで、ある程度の自己主張の技術を身につけています。あなたがおっしゃるように、自己主張は、両刃の剣あるいは三刃の剣になる可能性があります。自己主張によって、望むものが手に入る場合もあれば、反対に、他人からキーキーうるさい人として見られる場合もあるのです」

解釈と専門家によるより深い共感の利用に関するガイドライン

解釈や専門家によるより深い共感を効果的に利用するためには、かなりの手腕を要する。以下のガイドラインは、必要な技術を獲得する上で役立つものである。

1．健全なクライエントとの関係が構築されるまで、専門家によるより深い共感を慎重に活用すること。専門家によるより深い共感は、現在のクライエントの自意識レベルを多少超えているため、クライエントは、ソーシャルワーカーの動機を誤解し、防御的に反応するおそれがある。したがって、退院計画についての面接など、ソーシャルワーカーとの接触期間が短い場合、専門家によるより深い共感に適した関係を構築できる可能性は低い。クライエントがソーシャルワーカーの善意に対して確信を示している場合、クライエントは寛大になり、専門家によるより深い共感や解釈的な対応の恩恵を受けることができる場合が多い。

　このガイドラインに対して、(1)欲求と目標、(2)ストレングスと可能性を特定するメッセージは例外で、援助プロセスの初期段階においても適したメッセージとなる。しかし、クライエントの中には、こうしたメッセージを誠意のないお世辞として解釈する者もいることから、ソーシャルワーカーは、初期段階において、過度にストレングスを特定することは避けなければならない。

2．クライエントが自己分析に取り組んでいるか、あるいはその心構えができていることを示している場合にのみ、解釈や専門家によるより深い共感を活用すること。自己分析を行う心構えができていないクライエントやグループは、ソーシャルワーカーが解釈しようとすることに抵抗する可能性が高く、そうした関わり方に対し、処方を押しつけるソーシャルワーカーの不当な試みであると認識するおそれがある。このガイドラインに対する例外は、上記ガイドラインと同様である。

3. 解釈や専門家によるより深い共感は、クライエントの自意識の出発点に向け、現在のクライエントの意識や経験とかけ離れた意識を助長することは避けること。クライエントは、一般的に、自分の経験と密接に関連した対応に対して受容的である一方、ソーシャルワーカーの根拠のない憶測から生じた対応に抵抗する。クライエントに対し、早急に新たな洞察を身につけさせようとする試みは、良くない実践方法である。というのも、こうした深い解釈の多くは、やがて不正確であることがわかり、ソーシャルワーカーに対するクライエントの信頼を弱めたり、理解不足を示すことになったり、あるいは抵抗を生み出すなど、否定的な影響をもたらすからである。ソーシャルワーカーは、自分の対応が正確であると、ある程度確信できる十分な情報を収集するまでは、解釈的な対応をするべきではない。そうした情報が集まった時点で、ソーシャルワーカーは、解釈の基礎となる裏づけ情報を注意深く伝える必要がある。

4. 専門家のより深い共感による対応を続けて行うことは避けること。解釈的な対応には、じっくりと考え、消化し、吸収する時間が必要なため、こうした対応を連続して行った場合、クライエントを混乱させることになりやすい。

5. 解釈的な対応は、慎重な言葉で表現すること。こうした対応には、ある程度の推測が関わるため、ソーシャルワーカーの判断が誤っている可能性が常に存在する。暫定的な表現を用いることにより、こうした可能性を率直に認め、クライエントの賛否を確認することができる。しかし、ソーシャルワーカーが権威的あるいは独断的に解釈を提供する場合、クライエントは、率直なフィードバックを提供しようとは思わず、表面的に同意しつつも、ひそかに解釈を拒否するおそれがある。暫定的な表現には、「〜ではないかと思う」、「もしかしたら、あなたの感情は〜と関連しているのではないでしょうか」、「おそらく、あなたがこのような気持ちになるのは、〜だからでしょう」がある。当然のことながら、ストレングスを探るための共感は、クライエントをこわがらせず、ためらいもせずに行うことが可能である。

6. 解釈的な対応が正確であるかどうかを判断するために、解釈を提供した後のクライエントの反応を注意深く観察する。対応が狙い通りである場合、クライエントはその正当性を認め、追加的な関連情報を持ち出すことにより、自己分析を続け、その瞬間に合ったやり方で情緒的な反応を示す（該当する感情を表すなど）。一方、解釈が不正確であるか、時期尚早である場合、クライエントはそうした解釈を拒絶し（口頭あるいは非言語的に）、話題を変え、感情的に引きこもり、異議を唱えたり防御的になったり、あるいは単にそうした解釈を無視する傾向にある。

◇事例「帰省」の中で、ファミリーセラピストを務めるキムが、何度か、カップルのいずれかの気持ちについて暫定的な解釈を行い、その後、「私は、決めつけた言い方はしたくありません」と述べ、当事者に対し、自分の解釈を訂正する機会を与えている点に注目しよう。

7. 解釈的な対応に対し、クライエントが否定的な反応を示した場合、可能性のある誤りを認め、クライエントの反応に対して共感的に対応し、検討中の話題についての議論を続けること。

解釈的および専門家のより深い共感を用いた対応を実行するための技術を高めるために、本章の終わりに、数多くの演習と模範回答を示した。

直面化

　直面化は、クライエントの自意識を高め、変化を促進する手段である点において、解釈や専門家によるより深い共感と類似している。しかし、直面化では、クライエントの問題の一因となっているか、そうした問題を維持しているクライエントの思考、感情、または行動の面から、クライエントと向かい合う。ソーシャルワーカーは、他の対人援助専門職者以上にクライエント個人の権利と社会正義の双方に対する焦点を維持しなければならない。ある研究者は、このように時として矛盾する要求をうまく調整する能力は、ソーシャルワーク職にとって不可欠なストレングスであると主張する（Regehr & Angle, 1997）。一方、「まったく尊敬されるに値しないようなことをする人がいる……クライエントと呼ばれる人々は、あまり尊重されていない」と主張する研究者もいる（Ryder & Tepley, 1993, p.146）。例えば、ドメスティック・バイオレンスや性的虐待の加害者など、他人を傷つけたり、危険にさらしたりするような行動を取る者は、こうした人権と社会正義の両方の責任や、犯した行為にかかわらず、あらゆる個人は価値があり、尊厳が保たれるべきであるというソーシャルワーカーの倫理的義務（第4章参照）に対し、挑戦となる。

　こうした意味において、直面化は、いつ、誰に対して、どのような場合に適しているのだろうか。また、直面化は技術であるのか、あるいは実践の一つのスタイルなのであろうか。

　ある状況においては、直面化は選択的な技術ではなく、実践スタイルとなっている。つまり、ソーシャルワーカーは、一部のクライエントは否認、正当化、責任を認めることを拒否することによって巧みに保身を図るため、直面化を繰り返すことだけが効果を上げると考えている。例えば、虐待者を対象とした場合、「彼ら（虐待者）が口にする言葉のほとんどが、被害者を非難するものであるか、あるいは暴力を正当化するものである。したがって、まずこうしたあらゆる事柄に対して直面化することから始める必要があり、そうした直面化は非常に激しいものとなる」（Pence & Paymar, 1993, p.21）と主張する研究者がいる。そこでは加害者が行動に対する責任を認め、加害者であることを受け入れた場合にのみ、有意義な変化が生じると考えられていた。加害者であることを認めず、自己弁護するクライエントは、否認・抵抗している状態にあると見なされる（Miller & Sovereign, 1989）。したがって、クライエントに罪、すなわち自分は問題を抱え、行動をコントロールできないということを認めさせるために、権威的かつ積極的なスタイル（Miller & Rollnick, 1991）で直面化することが必要であると考えられていた。

　要するに、クライエントには自分自身の見方を捨て、自分たちに直面化させる力を持った人物の考え方を受け入れることが期待される。自分自身の動機を持たず、意思決定をしたり、行動を統制したりすることのできない力を削がれた人間は、ソーシャルワーカーやグループによる問題の構築を受け入れ、協力すると考えられるわけである（Kear-Colwell & Pollock, 1997）。そしてクライエントが意見の相違や抵抗を示した場合、否認を貫いている、動機が欠如している、また多くの場合、病理学的な人格パターンを示していると見なされる。

　こうした見方は、クライエントが責任を回避し、自分自身の自尊心を守ろうとしてとられる否認と直面化が繰り返されるサイクルへとつながることが非常に多い（Miller & Sovereign, 1989）。DVの加害者、中毒患者、性犯罪者の治療などの分野におけるソーシャルワーカーや理論家は、このようなスタイルが効果的あるいは倫理的であるかどうかについて、いまや疑問を投げかけ

ている（Fearing, 1996；Kear-Colwell & Pollock, 1997；Miller & Sovereign, 1989；Murphy & Baxter, 1997）。こうした援助専門家は、クライエントの防衛姿勢に対する激しい直面化は有益であるかどうか、あるいは両者の関係が強制的な影響力に基づいているという考え方を無意識に強化してしまうおそれがないかどうか、といった点を疑問視している（Murphy & Baxter, 1997）。こうした研究者は、協力的で協働的な関係の方が、クライエントの動機づけを高める可能性が高いと示唆する。動機づけのための面接は、クライエントの認知的不協和をつくり出し、援助を自分のペースで進めることを促していく効果が高い。新しいアプローチは、中毒患者を対象とした場合でさえ、肯定的で敬意を払ったアプローチを構築する重要性を認めている（Fearing, 1996）。

いつどんなときでも実行される直面化に代わって、この技法を用いる際には、問題行動に関するクライエントの変化の段階を認識することがより有益となる。プロチャスカ、ディクレメンテ＆ノークロス（Prochaska, Di Clemente, and Norcross, 1992）は、変化の6段階の過程を提案した（表17-1を参照）。このモデルは、当事者が自分の行動を問題と見なしていない無関心期から始まる。

動機づけのための面接において、ソーシャルワーカーは、正確な共感的理解、相互信頼、受容、および加害者の世界観に対する理解に基づきながら、変化に向けた肯定的な雰囲気をつくり出す責任を担う（Kear-Colwell & Pollock, 1997）。この方法では、加害者本人ではなく、加害者のとった行為およびその原因と結果に焦点が置かれる（Kear-Colwell & Pollock, 1997）。本人の個人的な目標と当事者の問題行動が一致していないことに気づかせることにより、援助を進めていくことが合理的なことだと思えるようにする。ソーシャルワーカーは、リスクとメリットの分析を行うことにより、変化した方が目標への近道となるかどうかをクライエントが見極められるように支援する。そのうえでソーシャルワーカーは、クライエントが意思決定をするための援助を行う。

クライエントが行動を起こすことを決断したら、次にどのようなアクションを取るべきかについても影響を及ぼすことができる。例えば、男性クライエントがDVの問題に対処すると決断した場合、それに対してどうすべきかといった代替手段を検討するための支援を行う。代替手段が決定したら、その目標を達成するために役立つアクションの計画に取り組む。次に、変化が生じたら、問題行動を引き起こすきっかけについて詳しく検討する。こうした情報を蓄えた上で、犯罪行動の再発を避けるための代替手段を計画し、実践することが可能となる。

すでにつながりがありかつクライエントとから信頼されている社会資源から直面化がなされた場合に、最もクライエントに受け入れられる可能性が高くなる。したがって、面接が開始されて間もない頃に行われた直面化は、多くの場合、正しく聞き入れられたり、関心を向けられたりすることはない。とはいえ、ソーシャルワーカーは、援助関係が構築される以前に、法律違反を犯したクライエントや、自分自身および他人に危害を加えるおそれのあるクライエントに対し、直面化する責任を担う場合がある。こうした直面化は、初期の段階では聞き入れられないおそれがあるため、慎重に行うべきである（Rooney, 2009）。

ソーシャルワーク中期において、クライエントが成長や目標達成に向けた進捗を阻害している要因を意識し、変化に向けた取り組みを実行する動機づけを高めるための援助を行うため、直面化を利用する。直面化は、クライエントが自分の思考、信念、感情、および機能障害行動を発生、持続させる行動上の不一致や矛盾に気づいていない場合に、特に有用となる。当然のことながら、あらゆる人間は、自分が知覚できる領域から足を踏み出して、自分自身を客観的に見ることがなかなかできない。自意識におけるこうした盲点は誰にでも見られるものだと言える。

表17-1　変容モデルの段階

段階	特徴的な行動	ソーシャルワーカーの課題
無関心期	クライエントは、自分に問題があるとは考えていない。他人によってやる気が高められるとは見なされない。	他人が抱く懸念に対する意識を高める:「家庭生活であなたが飲酒することによる影響について、あなたのパートナーはどう思うでしょうか」 リスクとメリットの分析を用いて認知的不協和を引き起こす: 「薬物を売って生計を立てることは、あなたにとってどのような利益をもたらしますか。薬物を売って生計を立てることは、あなたにとってどのような代償をもたらしますか」
関心期	問題の存在を自覚するようになるが、アクションを起こす気はない。 相反する感情を持っているように見える。 自覚を示した後、そうした自覚を軽視する。	変化すべき理由を検討することによって、意思決定におけるバランスを傾けようと試みる:「結局、代償に対して利益は何だと思いますか。合法的な職に就けば、次にどうなりますか」 変化の可能性に対する自信を強化する。
準備期	問題を認識する。変化のために何ができるのかを尋ねる。 やる気があるように見える。	クライエントが適切なアクションをプランニングできるように支援する。
実行期	アクションプランを実行する。	アクションプランを作成する。 アクションプランを実現可能とするための詳細を計画する（交通手段、保育など）
維持期	方略を一貫して適用することにより、変化を維持する。	過失や再発を防ぐための方略を特定する: 「危険な状況にさらされる引き金となったものは何ですか」
再発期	問題行動に陥り、無関心期に戻るおそれがある。	行き詰まったり、やる気を失ったりすることなく、関心期へ戻るように試みる。 達成を促進する。敬意をもって接する: 「今は困難な時です。以前にもこうした時期を経験し、克服してきました。再びこの困難を克服したいと思いますか」

出典：Adapted from Kear-Colwell & Pollock (1997); and Prochaska, Di Clemente, and Norcross (1992).

専門家によるより深い共感と直面化は、多くの共通点を持つ。巧みな直面化は、クライエントの感情が変化を妨げているということを考慮したうえで行われる。こうした感情には、おそれが含まれることが多いため、直面化を効果的に利用するためには、高いレベルで共感できる技術が必要条件となる。実際に、クライエントの感情、経験、行動を深く理解することにより、不一致や矛盾に焦点を当てることから、効果的な直面化は、共感的コミュニケーションの延長である。

幅広い直面化技術を持つことに加えて、進展が見られないことに対する欲求不満感情をクライエントが発散できるようにあえて直面化をしないことをソーシャルワーカーは重視すべきである。直面化を、一方の端に自己直面化の促進、他方の端にアサーティブな直面化が置かれた連続する直線で表されるものとして考えるのが適切である（Rooney, 2009）。すなわち、クライエントに対し、自分の行動と価値観の間の関係について検討させるような質問を投げかけることにより、クライエントは、迅速に自己直面化に関与できる場合が多い。

巧みに策定されたインテーク様式は、同様の機能を果たすことが可能であり、クライエントになる可能性のある人に対し、懸念やその原因に対する認識について検討するように指示するものである。このような直面化は、巧妙かつクライエントを尊重したものであり、クライエントの強い反抗をもたらすことはほとんどない。クライエントが、自己分析を通して自分自身や問題に対する意識を高めるにつれ、不一致や矛盾を自分自身で認識し、直面化するようになる。自己直面化は一般的に、ソーシャルワーカー主導の直面化よりも望ましい。なぜなら、前者の方が、よりリスクが低く、また直面化による自己洞察に対するクライエントの抵抗が生じないからである。

自己直面化に関与する程度は、クライエントによって大きく異なる。情緒的に成熟した内省的な人は、頻繁に自己直面化に従事する。一方、自分の感情に無関心で、他人に与える自分の影響に対する意識が欠如し、困難を他人や状況のせいにする人は、自己直面化に関与する可能性が最も低い。

誘導的質問は、ソーシャルワーカーがより積極的に関わるものの、クライエントを尊重したやり方で進められる直面化の一種である。ソーシャルワーカーは、思考、価値観、信念、アクションの間の潜在的な不一致について、クライエントに考えさせるような質問をする。また、セラピストのする質問が、クライエントに自分自身をラベリングさせるものではなく、事実に関連したものである場合、そうした質問はより効果を発揮する可能性が高い。例えば、薬物依存問題を抱えたクライエントに対し、「あなたは、アルコールに対して無力ですか」と尋ねることは、クライエントに対して、基本的に自分はアルコール中毒であるとラベリングさせることになる。一方、「一時的に記憶を失うことはありますか」「お酒を飲んだ時に、誰かとの問題を持ち出しやすいと感じますか」「お酒を飲み始めると、簡単にやめることができないと感じることはありますか」といった質問は、これらをもとに総合すれば、飲酒が対処の必要性があるかもしれない問題であるという可能性を提起する（Citron, 1978）。

危険が差し迫っている場合、ソーシャルワーカーは、誘導的質問によって促進される巧みな自己直面化に頼ることができないかもしれない。この場合、ソーシャルワーカーは、問題のある思考、計画、価値観、および信念とクライエントとの間のつながりを明らかにする、よりアサーティブな直面化を行わなければならない。そうしたアサーティブな直面化は、ソーシャルワーカーの発言に対し、クライエントが批判、こき下ろし、あるいは拒絶と解釈するおそれがあるため、よりリスクの高い技法である。逆説的ではあるが、こうした反応が起こるリスクは、最も頻繁に直面化しなければならないクライエントの間で最も多く現れる。こうしたクライエントは、

自己直面化に従事することがほとんどないからである。このようなクライエントは、自己概念が弱い傾向にあるため、何でもないメッセージを批判として受け取りがちである。さらに、クライエントは、タイミングと手際の悪い直面化を言葉による非難と認識し、援助プロセスに深刻なダメージを与えかねない。

したがって、直面化を利用するためには、優れたタイミングと手腕が必要となる。ソーシャルワーカーは、この技法を用いる際には、援助の意図と善意を伝えるために特別の配慮をする必要がある。さもなければ、敵意を生み出し、クライエントの感情を損なって遠ざけることになるおそれがある。

効果的なアサーティブな直面化は、(1) 懸念の表出、(2) クライエントが意図する目標、信念、コミットメントの説明、(3) 目標、信念、コミットメントと一致しないあるいは矛盾する行動（または行動の不在）、(4) 矛盾する行動がもたらす可能性のある否定的な結果といった4つの要素からなる。直面化の対応の進め方は、以下の通りである。

　　　　　　　　　　　　　　　　　（を望んでいる）
私が懸念を抱いている理由は、あなたが　（と信じている）
　　　　　　　　　　　　　　　　　（をしようと努力している）
_____
　（望ましい結果を説明する）
からですが、あなたの_____
　　　　　　　　　　　（矛盾するアクション、行動、怠慢の説明）

は_____をもたらすおそれがあります。
　（起こり得る否定的な結果を説明する）

この進め方は、単なる一例に過ぎない。上記の4つの要素をさまざまな方法で組み合わせ、創造的に自分自身のスタイルを築いてほしい。例えば、以下の例が示すように、意図する目標や価値観と一致しない行動がもたらす影響をクライエントに分析させることができる。

ソーシャルワーカー（保護観察期間中の男性に対して）：「アル、あなたは、絶対に刑務所には戻りたくないと思っていますね。私もそれを望んでいることは、あなたも感じていると思います。しかし、あなたには本当のことを正直に言わなければなりません。あなたは、刑務所に入る前に一緒に問題を起こした仲間たちと付き合い始めていますね。以前と同じ道を進めば、どういう結果になるかはわかっています」

以上の直面化において、ソーシャルワーカーは、クライエントの意図する目標（刑務所には戻らないこと）について言及することから始め、その目標に対する同様のコミットメントを説明している。次に、ソーシャルワーカーは、目標と矛盾するクライエントの行動（以前に一緒に問題を起こした仲間と付き合うこと）についての懸念を示している。そして最後に、矛盾する行動がもたらすおそれのある否定的な結果（問題を起こし、再び刑務所に入ること）に焦点を当て、直面化を終える。

以下の直面化の対応例では、上記と同じ要素がどのように示されているのか見てみよう。

- （家族セッションで父親に対して）：「Dさん、ちょっと話すのをやめて、今のあなたの行動について考えてみてください。あなたは、子どもたちがあなたを怖がらず、もっと自由に話をしてほしいと思っているのですよね。（父親が同意を示す）では、あなたの今のスティーブに対する対応の仕方について考えてみましょう。スティーブは、学校集会の後にしたことについてあなたに話しかけたのですが、あなたはその話をさえぎり、干渉したのです。スティーブがすぐに口を閉ざしてしまったことに気づきましたか」
- （子ども福祉制度に関わる母親に対して）：「私は、あなたにお伝えしなければならない懸念を抱いています。あなたの目標は、ピートの親権を取り戻すことであるとあなたは言いましたね。その目標を達成するための計画の一環として、両親向けグループに参加することに合意しました。あなたは寝坊したという理由で、二週間続けてミーティングに欠席しています。目標を達成することに挫折し始めているのではないかと非常に心配しています」

積極的直面化を行う場合、クライエントを防御的にさせたり、遠ざけてしまったりするリスクがあるため、懸念や援助の意図を示すことは、クライエントが直面化の背後にある動機を誤解するおそれを減らす上で重要な要素となる。また、声のトーンも、援助の意図を強調する上で重要である。ソーシャルワーカーが、思いやりのある心配した口調で直面化を行う場合、クライエントが攻撃されていると感じるおそれは非常に少なくなる。一方、ソーシャルワーカーが、批判的な口調を用いる場合、批判する意図のない安心させるような言葉も、聞き流されてしまうおそれがある。人間は、言葉以上に、メッセージの非言語的な側面を重視する傾向にあることを留意しなければならない。

直面化の利用に関するガイドライン

以下は、直面化を効果的に利用するために役立つガイドラインである。

1. 法律違反やクライエント自身や他人に対する差し迫った危険がある場合には、援助関係が初期の段階にあっても、直面化を行う必要がある。そのような直面化は、関係構築を妨げるおそれがあるが、クライエント自身や他人に対して危害が及ぶリスクは、援助関係に対する直接的な影響よりも重要である。

2. 可能な限り、効果的な援助関係が構築されるまで、直面化を避ける。これは、クライエントが自分自身の目標を妨げるようなアクション（または怠慢）をもくろんでいるが、クライエント自身や他人に対する差し迫った危険がない場合に該当する。初期の段階で共感的な対応をすることにより、ソーシャルワーカー側の理解を伝え、ラポールを促進し、ソーシャルワーカーの洞察力や専門知識に対する信頼が高まる。信用および信頼の土台が築かれたら、クライエントは直面化に対してより受容的となり、直面化を歓迎する場合さえある。

3. 直面化は、慎重に利用する。直面化は、通常、クライエントの盲点が、よりリスクの低い他の介入手法によっても明らかにならない場合にのみ利用すべき強力な技法である。タイミ

ングの悪い過度の直面化は、クライエントに対して心理的なダメージを与えるおそれがある（Lieberman, Yalom, & Miles, 1973）。

　直面化を慎重に利用しなければならないもう一つの理由は、クライエントの中には、非生産的な理由により、強引な直面化に従ってしまう者がいるためである。ソーシャルワーカーを満足させようと（あるいは、ソーシャルワーカーの気を悪くすることを避けるために）、一時的に自分の行動を修正する場合がある。しかし、ソーシャルワーカーの期待に沿うためだけの変化は、受け身や依存の姿勢につながり、そうした姿勢は実際の成長のためには受け入れがたいものである。一部のクライエントは、すでに非常に受け身であるため、こうしたクライエントに対して従うようにプレッシャーを与えると、単に受け身の姿勢を強めるだけである。

4．思いやり、優しさ、気遣いのある雰囲気の中で、直面化を行う。ソーシャルワーカーが冷たくよそよそしい批判的なやり方で直面化を行う場合、クライエントは、攻撃されていると感じてしまうおそれがある。一方、ソーシャルワーカーが誠意のある共感的な気遣いを持って直面化を始めた場合、クライエントは、直面化が意図する有用性を認識する可能性が高くなる。

5．可能な限り、自己直面化を促す。自己直面化は、ソーシャルワーカー主導の直面化よりも利点があると指摘した前述の説明を思い出してみよう。自己発見による学習は自立を促し、クライエントが新たに身につけた自意識に従って行動する可能性を高める。ソーシャルワーカーは、クライエントが見過ごしていた問題、行動、あるいは矛盾に対し、クライエントの関心を向けさせることにより、また状況をさらに掘り下げて分析するように促すことにより、自己直面化を促進することができる。

　例えば、ソーシャルワーカーは、機能を果たしていない相互関係に直接介入し、個人、カップル、家族、あるいはグループに対し、自分たちが何をしているのかを確認させる。このような状況において自己直面化を促す対応には、以下の例が含まれる。

- 「ここで話をやめて、あなたが今、したことについて考えてみましょう」
- 「あなたが今、したことは何ですか」

矛盾を指摘し、自己直面化を促すその他の誘導的な質問の例は、以下の通りである。

- 「あなたが今言ったこと（したこと）が、～とどう一致するのか理解できないのですが……」
- 「あなたの気持ちは理解できますが、～（クライエントの行動）することが、あなたにとってどんな利点があったのですか」
- 「あなたは言っていることは、あなたが実現したいことと矛盾しているようです。その点について、あなたはどう思いますか」

しかし、クライエントが自分自身の発言が示す重要性を見過ごしているか、あるいは表に現れた感情が言葉で伝えた感情と一致していない場合には、また別の技法が有用となる。この技法では、クライエントに自分の発言を繰り返させ、自分自身のメッセージに注意深く耳を傾けるように指示し、そのメッセージの意味を考えさせる。以下は、こうした技法の例である。

- 「あなた自身に、あなたが今言ったことの重要性をしっかりと認識してほしいと思います。今の発言を繰り返してみてください。ただし、今回は自分自身のメッセージに注意深く耳を傾け、あなたにとってそれがどういう意味であるのか、私に教えてください」
- （合同面接で、夫に対して）「ジョアンは、あなたに今非常に重要な発言をしましたが、あなたがそれを本当に理解したかどうかわかりません。ジョアン、もう一度言ってもらえますか。ボブはよく注意して聞き、ジョアンが言ったことを理解したかどうか、彼女に確認してください」
- （グループメンバーに対して）「あなたは、グループのみんなに対し、自分自身に自信が持てるようになってきたと言いましたが、そんなふうには見えませんでした。もう一度同じことを言ってください。ただし、自分の気持ちに正直に話し、自分自身の発言によく耳を傾けてください」

6．クライエントが極度の精神的緊張を感じている場合には、直面化を避ける。直面化は、不安を高める傾向にある。クライエントが激しい緊張下にある場合は、直面化ではなく、支持的な技法が適している。不安や罪悪感に圧倒されているクライエントは、一般的に、直面化に対して受容的ではなく、直面化の恩恵を享受できない。実際に、直面化は過度の緊張を高めるだけで、害をもたらすおそれがある。

　一方、他の人がクライエントに問題行動に困っているのなら、最小限の内的葛藤や不安をもたせるのは悪いことではない。その場合、直面化は適した方法と言える。自己満足に浸っていて、（自分が不安を与えている）他人の感情やニーズに対して無関心なクライエント――一般に「性格異常」であると言われる――は、変化のために必要な動機を生み出し、維持するために必要な不安を感じていない場合が多い。直面化は、変化を促進する条件が整っていれば、クライエントが自分自身の行動について考え、建設的な変化を起こすことを検討するために必要な不安を生み出すことができる。

7．共感的な対応で直面化を進める。クライエントは、巧みな直面化にさえ感情を害するおそれがあるため、クライエントの反応にこまめに目を配ることが非常に重要である。クライエントは、自分の反応を言葉で表現しないことが多いため、ソーシャルワーカーは、苦痛、怒り、混乱、不快、困惑、あるいは恨みなどを示唆する非言語シグナルに対し、特に意識を向ける必要がある。クライエントがこれらを含むその他好ましくない反応を示した場合、そのような反応を検討し、クライエントの感情に共感的に対応することが重要である。こうした反応について話し合うことにより、(1) クライエントは、感情を表出することができ、(2) ソーシャルワーカーは、援助の意図を明確化し、クライエントが否定的な感情を克服するための支援を提供することができる。ソーシャルワーカーが否定的な感情に気づかなかったり、あるいはクライエントが感情の表出を抑えたりした場合、そうした感情は援助関係を悪化させ、悪影響を及ぼすことになる。

8．直面化に対し、クライエントはある程度の不安を示すものと考える。実際に、直面化は、突破口を見いだすために必要である一時的な不均衡感（不安定な感情）をもたらすために利用される。心配や不安定な感情は、ソーシャルワーカーが直面化をしたことで向き合わざるを得な

くなった自分の中の矛盾をなくそうとして、クライエントが建設的な変化をしていくことにつながり、それによって治療的な効果が得られるかもしれない。直面化に続く共感的な対応は、こうした不安を弱めることが目的ではなく、ソーシャルワーカーが直面化を行った動機に対して否定的な解釈がなされた場合に生じる予期せぬ反応を解決しようとするものである。

9．直面化の後、すぐに変化を期待してはならない。意識は、変化への地固めになるとはいえ、クライエントが洞察を得た直後に変化を遂げることはめったにない。クライエントが直面化を完全に受け入れた場合でさえ、それに対応する変化は、通常、一定量ずつ起こるものである。ワーキングスルーと呼ばれるこうした変化プロセスでは、同じ葛藤やそれに対するクライエントの典型的な反応を繰り返し見直し、徐々に視点を拡大しながら、変化を適用できる状況を増やしていく。残念なことに、一部の経験不足のソーシャルワーカーは、迅速な変化を強く求め、クライエントに対して心理的なダメージを与えてしまう場合がある。

アサーティブな直面化の適用

前述の通り、直面化は、以下の3つの状況において適用される。(1) 法律違反や自分自身または他人の福祉や安全に対する差し迫った脅威がある場合、(2) 矛盾、不一致、機能不全行動（明白な行動または明白でない行動）が、進捗を妨げているか、困難をもたらしている場合、(3) こうした行動に対するクライエントの意識を高め、変化を遂げる試みを促すことを目的とした、自己直面化やインダクティブ・クエスチョニング（誘導的質問）が効果を発揮しなかった場合。矛盾は、認知・知覚機能、情緒（情動）機能、あるいは行動機能に見られるか、またはこうした機能同士の相互作用に関連している。直面化が求められるような矛盾に対する包括的な分析は、他の研究で取り上げられているため（Hammond et al., 1977, pp.286-318）、ここでは最も一般的な矛盾に焦点を当てるにとどめる。

認知・知覚的矛盾

多くのクライエントは、不正確で誤ったあるいは不完全な情報の結果である行動あるいは知覚的な問題を抱えており、直面化は、こうしたクライエントの問題行動を修正する上で役立つ。例えば、クライエントには、アルコール中毒を表す指標、正常な性機能、発達段階に従った子どもに対する妥当な期待についての正確な情報が欠如している場合がある。

さらに一般的な問題として、自分自身に対する誤解が挙げられる。著者の経験から、こうした問題の中で最も一般的なものは、自己卑下的な見方である。才能があり、魅力的な人でさえ、自分自身を劣っている、価値がない、不十分である、魅力がない、あるいはおろかであると見なしている場合がある。こうした認識は、深く根づいている場合が多く、広範なワーキングスルーがなければ、変化は実現できない。とはいえ、クライエントの持つストレングスを重視しながら直面化したり、その他の分野のコンピテンスに対する意識を高めたりすることは、こうした自己卑下的な見方に挑む上で役に立つ。

その他の認知・知覚的矛盾には、対人関係における知覚の歪み、不合理なおそれ、二者択一的あるいは固定観念に基づく思考、問題の否定、自分の困難を自分以外の責任に課すこと、困難に対する利用可能な代替的解決策を見極めることができない、アクションがもたらす結果を考えることができないといった例が挙げられる。

情緒的矛盾

　感情は、クライエントが状況、出来事、記憶に与える認知的意味によって形成されるため、感情的領域における矛盾は、認知・知覚プロセスと密接に関連している。例えば、クライエントは、相手が意図的に自分を侮辱した、軽視した、あるいは裏切ったと結論づけたことから生じた激しい怒りを経験する場合がある。こうした結論は、相手の意図に対する大幅な知覚の歪みを伴う意味の特定に基づく。このような場合、ソーシャルワーカーは、クライエントが自分の感情を探り、事実に基づく詳細な関連情報を提供し、代わりにどのような考え方ができるかを考え、自分の感情を再び現実に合わせるための援助を行う。

　ソーシャルワーカーが一般的に遭遇する情動的矛盾には、実際の感情を否定または最小限に抑えること、苦痛を伴う感情を無視すること、意図する感情とは逆の感情を表出すること（配偶者や子どもに対する愛情を主張するために、批判的あるいは否定的な感情を表出するなど）、非言語的に示された感情と矛盾する感情を言葉で表現すること（「いいえ、私は失望なんてしていません」と声を震わせ、目に涙をためて発言するなど）が含まれる。情動的な矛盾に対する寛大な直面化は、問題となっている感情の表出への足がかりとなる場合が多く、多くのクライエントは、自分たちの抑圧されたまたは無言の感情を認めてくれるソーシャルワーカーの配慮を高く評価する。

　クライエントが苦痛を伴う感情に直面する心構えができていないような場合、ソーシャルワーカーは慎重に進めるべきである。実際には、そうした痛ましい感情をさらに掘り下げることを保留するのが賢明である。クライエントへの積極的な直面化により、激しい感情を引き出し、ソーシャルワーカーに対する憤りが生じるおそれがかなりある。

行動的矛盾

　クライエントは、自分自身や他人に困難をもたらす多くの行動上の問題を持っている場合がある。こうした行動パターンは、他人にとっては目につきやすいものであるとしても、クライエント自身は、このようなパターンや自分の行動が他人に与える影響に気がつかないままである。直面化は、こうしたパターンやその有害な影響に対するクライエントの意識を高めるために必要となる。

　無責任な行動は、クライエントにとり、深刻な対人関係問題やより広範な社会との問題を引き起こす傾向がある。ネグレクト、雇用を確保・維持するための努力不足、職務履行の不確実性、財産維持の怠慢をはじめとする同様の義務の放棄は、雇用喪失、他人との疎遠、財産・親権・自尊心さらには個人的自由の喪失につながる深刻な金銭的、法的、対人関係上のもつれをもたらす場合が多い。

　無責任な行動は、援助プロセスに浸透していることも多く、時として、クライエントによるセッションへの遅刻、問題を認めたがらない姿勢、予約時間を守らない、料金を支払わないといった形で現れる。こうしたクライエントに対する効果的な直面化に対し、ソーシャルワーカーは、クライエントが責任を果たさないことによる悪影響を回避するために援助をしたいという善意や気遣いを示した上で、断固たる態度で臨むことが必要である。ソーシャルワーカーが、クライエントに対し、自分の行動や怠慢に対する責任から逃れることを認めることは、クライエントのためにはならない。さらに、ソーシャルワーカーは、クライエントを悩ませるプレッシャーを低減させることができるのは、クライエント本人だけであることを認めさせることにより、クライエントが自分の問題を他人や状況のせいにする傾向に立ち向かわなければならない。

その他一般的な行動的矛盾には、意図した目標や価値観と一致しないアクションが繰り返し行われる例が挙げられる。思春期の青少年は、広範囲に及ぶ訓練や教育が必要となる野心的な目標を掲げたものの、学校ではほとんど努力をせず、頻繁に無断欠席し、あるいは自分の目標とはまったく一致しないような行動を取る場合がある。同様に、配偶者やパートナーは、結婚あるいは家族生活を改善させるという目標を掲げながら、お互いの関係をさらに悪化させるような不快な行動を続ける場合がある。

直面化は、多くの場合、クライエントに自己破滅的な行動をやめさせるために活用される。場合によっては、破壊的で著しく持続する行動パターンをクライエントが放棄できるよう、治療的なしばり（第18章で取り上げる直面化の特別な形態）を用いる。

その他、直面化を必要とする矛盾あるいは機能不全行動として一般的なものには、操作的行動、コミュニケーション機能障害、および変化への抵抗の三つが挙げられる。グループにおいて、ある特定のメンバーは、グループを支配し、グループメンバーをおとりにし、メンバー同士を争わせたり、リーダーの立場を弱体化させたり、その他有害な策略に従事するおそれがある。メンバーがこのような行動に従事することを認めた場合、グループメンバーの減少、グループの有効性の希薄化、あるいは時期尚早のグループ解散といった代償を払わなければならなくなる。このような望ましくない結果を避けるために、リーダーは、こうした行動に対する他のグループメンバーの反応を引き出し、メンバーが有害な策略を企て操作しようと試みるメンバーに直面化するための援助を行う。こうした直面化を行う際には、前述のガイドランに従い、リーダーはメンバーに対し、問題を起こしているメンバーが建設的なやり方でグループに加わり、グループが編成された目的を達成しようと努めるように促すことを奨励する必要がある。

問題のあるコミュニケーションは、個人セッション、合同セッション、およびグループセッションにおいて頻繁に発生するため、ソーシャルワーカーは、直面化が有効な場面に数多く遭遇する。コミュニケーション機能不全が起こっている間あるいはその直後の面接は、クライエントが自分の機能不全行動（割り込み、攻撃、申し立て、批判など）をとることでどういった影響が出るかを直接経験できる強力な手段である。メッセージの受け手からの否定的な反応に焦点を移すことにより、ソーシャルワーカーは、クライエントの行動がいかに他人の感情を害し、他人を遠ざけ、防御姿勢を生み出し、そのためにクライエントの意図する目標とは逆の効果を生じさせているかについて、クライエントに直接的なフィードバックをすることができる。

■まとめ

第17章では、変化および援助関係に対するクライエントの抵抗に取り組む上で重要となる三つの手段、専門家によるより深い共感、解釈、および直面化について説明した。個々のクライエントが援助プロセスやソーシャルワーカーについての否定的な感情に対して、一人で格闘しなければならないなら、クライエントの感情は、セッションの中断につながりかねないひどいものとなってしまうかもしれない。混乱させるような機能不全の行動をとって、変化に抵抗することが許されている場合、家族のメンバーやグループは、（正当な理由から）ソーシャルワーカーへの信頼を継続するための動機を失ってしまうだろう。こうした理由から、ソーシャルワーカーは、障害に直面しているか、あるいは変化に抵抗しているクライエントを支援することを最優先しなければならない。

■専門家によるより深い共感と解釈に関する技術向上のための演習問題

解釈や専門家によるより深い共感を用いて対応するための技術を高める一助として、以下の演習を設けた。各クライエントの発言を読んだ上で、必要な対応の種類を見つけ、自分がクライエントとの実際のセッションに参加していたとしたら用いるであろう対応を文書で説明する。その際、解釈や専門家によるより深い共感的な対応を利用するためのガイドラインに留意すること。その後、自分の回答と演習の最後に示した模範回答とを比較する。

■クライエントの発言

1．**白人女性のクライエント**（アフリカ系アメリカ人男性のソーシャルワーカーに対して）：「あなたは、白人のことを受け入れているようですね。少なくとも、私に対してはそうです。でもどういうわけか、私はいまだにあなたに対して不安な気持ちを抱いています。きっと私だけなのかもしれませんが、これまで多くの黒人と接してきたことがありませんから」

2．**28歳既婚女性**：「私は、自分自身の人生なんてないと感じています。私の生活は、夫の仕事、夫の時間、夫の要求にコントロールされているのです。まるで私自身のアイデンティティなどないかのようです」

3．**31歳刑務所収容者**（先週取り消された仮釈放予定日の一週間前）：「一体全体、俺はどうなっているんだ。ここで3年間おとなしくしてきて、やっと仮釈放日が決まったというのに。ここから出ることができるなんて、俺が舞い上がっていたと思うだろ。そう、俺は緊張しまくって、食堂で口論をしてしまった。それで、だめになったんだ。次の仮釈放日がいつになるかなんて、誰にもわかりはしない」

4．**18歳男性**：「商業の専門学校へ行く話をするなんて、何の意味があるのですか。高校だって卒業できなかったし、商業の専門学校だって無理です。ぼくのことはあきらめた方がいいですよ。人生の落伍者ですから」

5．**54歳未亡人**：「先週の日曜日は母の日だったのに、子どもたちは誰もカードさえよこしませんでした。私が生きているってことくらい認めてもいいとは思いませんか」

6．**21歳女性秘書**：「一人で働いている時は、うまくタイプできるんです。でも、上司や他の人が私の肩越しから見ていると、まったく不器用になり、緊張してしまうのです」

7．**真剣交際中の26歳女性、2キロ少々過多体重**：「週末にクッキーやケーキを焼くと、テリー（クライエントのパートナー）は、まるで私がまったく減量の努力をしていないかのように、非難するような表情で私を見るのです。テリーが甘いものが好きではないからといって、これは公平ではないと思います。私は甘いものは好きですが、週末だけにしか食べないし、そんなに

多くは食べません。週末くらいはデザートを食べてもいいと思っているのに」

8．**生活保護を受けている身体障害を持つ男性**（最近の労働災害により腰を負傷）：「働くことができないのは、本当に困ってしまいます。子どもたちが必要なものも買ってあげられず、よくわかりませんが、自分が役立たずのように感じてしまいます。生計を立てる手段が必要なのです」

9．**53歳うつ状態の男性**：「仕事はうまくやっていると思います。でも、それはたいしたことではありません。誰でもできることですから。今までしてきたことすべてに対して、私はこんなふうに感じています。私がやってきたことは、たいした意味がないのです」

10．**ネグレクトの罪に問われている29歳母親**：「理解できません。ただ混乱するばかりです。時々、子どもたちを見ては、もっと良い母親になりたいと思っています。でも、子どもたちがけんかをしたり、癇癪を起したり、めそめそしたりした後は、私は冷静ではいられません。どこかへ行って、どこでもいいから、もう二度と戻って来たくないと思うんです。子どもたちにはもっと良い母親が必要なのです」

■解釈と専門家によるより深い共感のための回答例

1．（漠然と感じた気持ちを明確化するために）：「はっきりとした理由を指摘することができないとしても、あなたがいまだに私に対して多少不安を感じていることは推測できます。あなたはこれまでに、それほど多くのアフリカ系アメリカ人と親しく関わったことがないため、私をどの程度信頼してよいのかまったく確信が持てないのです」

2．（言葉に込められた欲求と目標）：「あなたは、自分のことをご主人の付属品でしかないと感じ、心の一部で、自分自身を見つけたい、また独立した人格を持ちたいと望んでいるようですね」

3．（行動の隠れた目的、心の底にある感情）：「では、あなたは、今の状況についてかなり混乱しているのですね。食堂でけんかをしてしまったことは、自分でもなぜだかわからないのですね。いいですか、カール、あなたが緊張していた件ですが、刑務所から出ることに不安を感じていたのではないでしょうか。つまり、外の世界でうまくやれるかどうか心配だったのではないでしょうか。そのようなリスクを取ることを避けるために、あなたは先週、あんなけんかをしたのではないでしょうか」

4．（自分自身に対する根本的な考え）：「あなたは試してみる前から、挫折を感じているようですね。望みがないと考え、試すことさえしないようですね。ジェイ、自分自身についてそんなふうに考えていると、実際に挫折してしまうのではないかと、私は心配しています。それは、あなたに能力がないからではなく、あなた自身が自分は失敗する運命にあると思い込んでいるからです。そのような考え方自体が、あなたにとって真の敵なのです」

5．（より深い感情）：「あなたは、お子さんたちが電話すらしてくれなかったことに対し、非常に傷つき、怒りを感じたのですね。実際に、今でもそのような感情を抱いているように見えます。それほど大きく心を傷つけられたのでしょう」

6．（根本的な思考と感情）：「緊張してしまうことを考えると、まるで自分は期待に沿えないのではないかとおそれるかのように、恐怖感を抱いてしまうのではないでしょうか」

7．（実現されていないストレングス）：「あなたの今の発言に感心しました。あなたは、デザートは週末だけにとどめ、節度を保つことによって、かなりのコントロールをしているという印象を受けました。実際に、あなたのセルフコントロールは、大半の人と比べても、かなり徹底しているようです。あなたとテリーは、甘いものに関しては確かに違います。どちらの考えが良いとか悪いとかの問題ではなく、あなたはあなたの、テリーはテリーの好みがあってよいのです」

8．（実現されていないストレングスと言葉に込められた欲求）：「スティーブ、あなたが感じているフラストレーションは理解できます。でも、それはあなたの本当のストレングスの一部を示していることをわかってほしいのです。あなたは自立し、家族のためにもっといろいろとしてあげたいと望んでいます。そうした望みを考慮し、身体的な強さが要求されない新しい技術を身につける機会を探ることができます」

9．（根本的な志向パターン）：「ケント、私は、あなたがしたことなどたいしたことではないんだという感じを受けました。世界記録を出したとしても、あなたは、たいしたことではないと感じるのでしょう。あなたの問題は、自分は基準に満たないのだと自分自身について抱いている長年の感情に根差しているのではないでしょうか。あなたが自分自身のことをどのように考えているのか、もっと話してもらえませんか」

10．（心の底にある感情と言葉に込められた欲求）：「では、あなたの気持ちは二分され、それぞれ異なる方向の感情が出てしまうのですね。一方で、もっと良い母親になりたい、自制心を失うと後悔すると感じているものの、他方では、どうすればよいのかわからなくなり、子どもに対する対処が不十分になると感じる時があるのですね。子どもたちによりよい対処ができるような方法を身につけたいと望んでいる自分と、自分に課された責任から逃げ出したいと思う自分が同居しているのです」

■直面化に関する技術向上のための演習問題

　以下の演習では、三つすべての実験的領域、すなわち認知・知覚的、情動的、および行動的な矛盾や機能不全行動を取り上げる。まず、問題となっている状況の概要およびクライエントとソーシャルワーカー間の対話を読み、問題となっている矛盾の種類を特定し、自分が実際の状況におけるソーシャルワーカーであった場合に取るべき対応を練る（前述のガイドラインに従うこと）。次に、自分の回答と模範回答とを比較する。ただし、ここに挙げた模範回答以外にも、適

した回答が数多く考えられる点に留意すること。自分の回答と模範回答との類似点あるいは相違点、および自分の回答がガイドラインに沿っているかどうかを注意深く分析する。

■状況と対話

1．10代の娘に性的虐待をしたとして有罪判決を受けた後、裁判所からの紹介でやってきたリオン氏に対し、数週間のソーシャルワークを行ってきた。リオン氏は、最近2回の面接に15分間の遅刻をし、今日は20分遅れて来た。セッションの間、リオン氏は問題を探求、検討する上で、表面的な取り組みをするだけであった。

   クライエント：「今日は遅れてすみません。道が非常に込んでいたもので。渋滞だったんですよ」

2．クライエントは、これまで5回の共同セッションをともにしてきた夫婦である。二人の目標の一つは、お互いの怒りを生むような口論になることを回避することにより、夫婦間葛藤を減らすことである。

   J夫人：「今週は、本当にひどかったです。私は、夫が望んでいたように、外見にも気を配り、決まった時間に食事の準備をするように努力したのに、本当にがっかりしました。夫は火曜日にうるさいことを言い出し……」（夫が話をさえぎる）

   J氏：（憤慨しながら）「ちょっと待ってくれ。きみは話の半分しかしていないじゃないか。きみが月曜日にしたことも話さずに」（妻が話をさえぎる）

   J夫人：「そんなことどうでもいいわ。そんなことを話して、何の意味があるの？夫は、私のことなんてどうでもいいんです。私にどのように接するかなんて気にかけることができないんです」（J氏は、うんざりした様子で首を振る）

3．クライエントは、社会的および情動的な問題を抱えているため、更生機関から紹介を受けてやって来た軽度の知的障害を持つ10代後半の若者である。このクライエントは、若い女性とデートすることに強い関心を示し、地元スーパーに勤める店員（スー）に積極的に言い寄っている。スーは、クライエントに対して興味を示さず、これ以上付きまとわれないようにあからさまな態度を示している。以下の抜粋は、7回目のセッションにおける対話である。

   クライエント：「今朝、スーが担当するレジへ行き、映画に連れて行ってあげたいと言いました」

   ソーシャルワーカー：「それで、スーは何といいましたか」

   クライエント：「忙しいと言っていました。2～3週間待って、もう一度誘うつもりです」

4．トニー（16歳）は、青少年向け矯正施設における治療グループのメンバーである。前回のセッションで、トニーは他のメンバーを怒らせ、防御的にさせたことから自分の力を意識し、満足感を得た様子であるが、それによってグループプロセスが中断された。トニーは、4回目のセッションの初めに、あるグループメンバーに対し、以下の発言をする。

   トニー：「おまえは、水曜日のダンスで、メグに近づこうとしていただろう。自分はいけてるとでも思っているんだろう」

5．26歳の母親であるクライエントは、感情を内に秘め、それがコントロールできなくなると怒りを爆発させる。

　クライエント：「あの人は本当に信じられません。お昼の時間に、子どもたちをサンドラと遊ばせるために送ってきて、そのまま帰ってしまうんです。明らかに子どもたちはお昼を食べていないので、結局、私が食事をさせることになります。彼女の方が私より経済的に余裕があるのに」

　ソーシャルワーカー：「彼女がそのようなことをした時、あなたはどのように感じますか」

　クライエント：「別に、あまり何も感じません。でもひどいことだと思います」

6．両親と10歳から17歳までの四人の子どもからなる家族を対象に、数週間のソーシャルワークを行ってきた。母親は、支配的な人物で、家族の代弁者の役を務め、父親は、消極的で柔らかな物腰の人物である。10代の娘ティナは、以下の対話の中で、自分の気持ちを述べている。

　ティナ：「おじいちゃんとおばあちゃんの家へ行く時は、いつもケンカをしているみたいだわ。おばあちゃんはとてもいばっているし。私はあそこへ行くのは好きではないわ」

　母親：「ティナ、それは違うでしょう。いつもおばあちゃんの家へ行くと楽しんでいるし、あなたとおばあちゃんは、いつも仲が良いじゃないの」

7．5回目のセッションにおいて、グループメンバーは、社会との関わりにおけるメンバーの問題に関し、熱心に話をしている。メンバーの一人が、休暇中に出会ったおもしろい人の話をすることによって、グループの対話が脱線し、他のグループメンバーもこれに続き、自分たちがこれまで会ったことのある「変わり者」についてのおもしろい話をし始めた。

8．クライエントは、魅力的で感じのよい知的な女性であり、自己中心的で批判的な男性と結婚して3年になる。4回目のセッション（個人面接）において、クライエントは、涙ながらに以下の発言をした。

　クライエント：「夫から頼まれたことはすべてしてきました。4.5キロ減量し、夫の仕事に協力し、一緒にゴルフをし、夫を喜ばせるために、改宗までしたんです。それでも、夫は私に対して満足していません。私には何か問題があるのです」

9．クライエントは、30代前半の夫婦である。以下の抜粋は、初回面接での対話である。

　妻：「私たちは、非常に些細なことをめぐってけんかをしているようです。夫は非常に腹を立てると、カッとなり、私に乱暴するのです」

　夫：「本当の問題は、妻が私よりも自分の両親を優先することです。援助が必要なのは妻の方です。私ではありません。妻が問題をはっきりさせれば、私がカッとなることはありません。妻に対し、まず誰の面倒を見るべきか話してやってください。私も試みたのですが、まったく聞く耳を持たないのです」

10．クライエントは、両親と二人の子どもからなる家族である。タイラー（15歳）は、学校を無断欠席し、マリファナを吸っている。アンジー（16歳）は、模範生徒であり、明らかに両親のお気に入りの娘である。家族は、タイラーが数日間の停学処分を受けた際、学校側から紹介を

受けてやって来た。非常に成功したビジネスマンである父親は、いかにも渋々といった様子で家族療法を受け始め、そうした消極的な姿勢は、4回目のセッションでも変わらない。

母親：「今週は、ほとんど何も変化がありませんでした。みんな忙しくて、お互いに顔を合わす時間もあまりありませんでした」

父親：「来週から三週間は、セッションを中止にした方がいいと思うのですが。だいぶ状況も良くなっているし、仕事でも監査が始まっており、私も時間が自由にならなくなるのです」

■直面化のための回答例

1．（クライエントによる無責任な行動）：「テッド、今日も遅刻してきたことが気がかりです。これであなたは3回続けて遅刻したことになり、そのせいで面接の時間が短くなってしまいます。しかし、私はそれ以上のことを心配しています。あなたがここへ来たくないと思っていることや、裁判所の管轄下から逃れたいと思っていることもわかっています。しかし、あなたの今のような姿勢では、それは実現不可能です。あなたが、形だけ援助を求めにここへ来るだけでは、私はあなたに援助をすることもできなければ、裁判所に対して良い報告書を書くこともできません。あなたがここへ来ることを快く思っていないことは明らかですが、あなたがここへ来ることに対してどのように感じているのか、話してもらえますか」

2．（意図する目標と行動との矛盾、およびコミュニケーション機能不全）：「一旦ここで話をやめて、今二人が何をしているのかを考えてみましょう。私が懸念を抱いている理由は、二人がお互いをより身近に感じたいと思っているにもかかわらず、実際にやっていることは、お互いを防御的にさせているだけだからです」

（夫に対して）：「Jさん、奥さんは、あなたに大切な気持ちを伝えようとしていたのに、あなたは奥さんの話をさえぎったのです」

（妻に対して）：「奥さんも、ご主人が話をしている時に、同じことをしたのですよ」

（夫婦に対して）：「お二人は同意しないかもしれませんが、お互いの話に耳を傾け、理解しようとする姿勢が重要なのです。今お二人がしているように、お互いの話をさえぎり、相手を非難することを続けていると、何の進展もありません。私はそのような状況になってほしくはありません。もう一度もとに戻って、はじめからやり直しましょう。ただし今度は、相手の立場になって考え、理解しようと努めてください。自分が本当に理解しているかどうか、相手に確認してください。それから自分自身の考えを述べましょう」

3．（機能を果たしていない自己破滅的行動）：「ピート、あなたがどれだけスーのことを思い、彼女とデートをしたいと思っているのかはわかりますが、私が心配しているのは、あなたがどんなに誘っても、彼女は断るばかりで、あなたとお付き合いをしたいようには思えないことです。つまり、あなたは自分自身が傷つき、がっかりするような状況を作り出しているのではないかと心配しているのです。あなたにガールフレンドができればよいと思いますが、スーではなく別の人とデートをするチャンスの方が大きいのではないでしょうか」

4．（不快で挑発的な行動）：「みなさん、ちょっと待ってください。トニーが今言ったことに対し

て、私は不快感を覚え、心配しています。本気でけなしている言動のように聞こえました。以前、グループのルールとして、お互いに支え合い、助け合うことに合意しましたね。トニー、あなたの発言がグループのみんなにとってどんな印象を与えたか、他のメンバーからフィードバックをもらいたいと思いませんか」

5．（表出された感情と実際の感情との矛盾）：「あなたに同感です。ただ、あなたがあまり何も感じないと答えたことが気になります。腹が立って、その状況を変えたいと感じるだろうと思うのですが。あなたが自分の感情に触れることができるかどうか見てみましょう。正午に家にいる自分を想像してみてください。あなたが昼食を準備している時に、近所の子どもたちが玄関をノックしました。想像できますか。あなたは、体の中で何を感じ、今何を考えていますか」

6．（コミュニケーション機能不全、ティナの感情と経験に対する反証）：「ブラック夫人、あなたは今何をしましたか。話をやめて、あなたがティナの発言に対してどのように対応をしたのか、少し考えてみてください。なぜティナがあなたにもっと話をしないのかを理解するための一助となるかも知れません。（または）ティナ、お母さんが今言ったことについて、あなたの今の気持ちを伝えてください。お母さんがあなたとより良いコミュニケーションするために役立つかもしれないあなたからのフィードバックを、お母さんに聞かせたいのです」

7．（目標と行動との矛盾、話題からの逸脱）：「今グループがしていることについて、私は不安を感じています。何が起こっているのだと思いますか」

8．（自分自身についての誤解、認知・知覚的矛盾）：「ジャン、私はあなたの今の発言について心配しています。あなたは自分を卑下し、自分自身に満足する余地を残していないからです。あなたは、自分が問題を抱え、ある意味、自分が不十分であると思い込んでいます。私は、それが問題であるとはまったく思いません。あなたが、満足させることが不可能であるような男性と結婚したことが、問題であるおそれが高いのです。先程、合意したように、あなたには自分自身に満足する、自分自身のために立ち向かう、夫の問題は夫に責任を持たせるといった課題があります。自分自身についての感情が、ご主人の承認に依存している限り、自分自身で落ち込むだけでしょう」

9．（操作的行動）：「私は、お二人のことをあまり深く知りませんので、何があなた方の問題になっているのかを理解しているとは思えません」
（夫に対して）：「もしあなたが、私に対して、奥さんにきちんとふるまってほしいと言ってもらいたいと期待しているのでしたら、がっかりされると思います。私の仕事は、お二人が問題に対する自分の責任を認識し、適切な変化を遂げるお手伝いをすることです。もし私が、あなたからお願いされたことをすれば、私はお二人に大きな害を与えていることになります。そのようなやり方では、状況は改善しません」

10．（行動と意図する目標との矛盾）：「もちろん、みなさんがどうするかは、みなさん次第です。ただ、私が心配している理由は、ご家族全員が家族のメンバーとしてより親密な関係を築き、

お互いにもっと協力したいということで合意したからです。それを実現するためには、着実に取り組まなければ、事態はそれほど変わらないと思います」

（父親に対して）：「あなたは一歩引いているような印象を受けます。お仕事も重要であることはわかりますが、あなたが自分自身のために掲げた目標に対し、本気で取り組むつもりがあるかどうか、決断をする必要があると思います」

注

1．クライボーン（Claiborn, 1982）は、両方の種類の解釈について多数の事例を取り上げ、この重要なトピックに関する包括的な説明を行っている。また、他の研究者（Beck & Strong, 1982；Claiborn, Crawford, & Hackman, 1983；Dowd & Boroto, 1982；Feldman, Strong, & Danser, 1982；Milne & Dowd, 1983）により、異なる種類の解釈による影響を比較した研究結果も報告されている。

第18章

変化の阻害要因の扱い方

本章の概要

　第18章では、変化の潜在的な阻害要因が進捗を妨げたり、クライエントによる計画外の終結をもたらしたりすることがないように、阻害要因やその扱い方に焦点を当てる。とはいえ、誠意があり、動機づけの高いクライエントであっても、援助プロセスや目標達成の阻害要因に遭遇する。こうした要因は、個人の内部（対人関係上のものもあれば、心理的なものもある。あるいはその両方が組み合わされているときもみられる）で生じたり、または物理的環境の中で発生したりする。ソーシャルワーカーの行動は、クライエントの阻害要因を解決するために役立つ場合もあれば、あるいは無意識に阻害要因をさらに積み上げてしまう場合もある。そのため、変化の阻害要因を認識し、対応するためのガイドラインについてもここで検討する。第18章の終わりでは、技術向上のための演習、およびクライエントの発言に対する模範鉄器な受け答えを示した。

■変化の阻害要因

　変化の阻害要因は、ソーシャルワーカーとクライエントとの関係の中で生じるダイナミクスの中にある。例えば、ソーシャルワーカーあるいはクライエントのいずれかが、他方に対して強力な反応を示す場合がある。また、ソーシャルワーカーがクライエントに対し、過剰に関与したり、あるいは十分に関与しなかったりするが、そうした姿勢は、両者の関係に悪影響を及ぼすおそれがある。最良の環境下であっても、目標達成に向けた経過が順調であることはめったにない。むしろ、変化のプロセスは、急速な躍進、停滞期、行き詰まり、おそれ、再発、また時には、短期的に後戻りすることのあるプロセスである。友人、配偶者、身内に対する行動を変えると誓っておきながら、自身の怒りの琴線に触れる状況に巻き込まれ、従来の行動パターンに逆戻りしてしまったことが何度あったか考えてみてほしい。このような場合でも、最終的には自分自身のために掲げた目標を達成することが可能だ。逆戻りがあったとしてもその経験は、変化を実現することができない、あるいは望まないということにはならない。このことはクライエントにも当てはまる。

法の強制によるクライエントにとっては、変化を開始することでさえ、恐怖を感じるような経験として映るかもしれない。そのときに提供される援助はクライエントが求めたものではないばかりか、取り立てて有用なものであると認識されないかもしれない。例えば、子どもに対する虐待が疑われる両親との面接や、ドメスティック・バイオレンスで起訴されたクライエントを対象とした場合、ソーシャルワーカーは、敵意、怒り、嘆き、フラストレーションといったさまざまなクライエントの感情に直面することが多い。こうした感情が絡む状況において、援助に消極的なクライエントは、ソーシャルワーカーの動機やソーシャルワーカーとの面接の有効性のみならず、ワーカーがなぜ援助をしようとするのかについても疑問に感じ、「あなたは、これから何をするつもりですか」といったような質問を投げかけることもあるだろう。

変化の程度や割合は、非常にさまざまであり、多くの変数の影響を受ける。最も重要な要因としては、クライエントの動機とストレングス、問題の深刻度と持続期間、援助関係のダイナミクス、変化を支援するあるいは妨げる環境要因、および必要時に資源を提供する際の制度の応答性（または対応がなされないこと）が挙げられる。

本章で取り上げる変化に対する阻害要因は、以下の通りである。

- 援助関係における反応、およびクライエントとソーシャルワーカー間の相互作用
- 異人種および異文化関係において生じるダイナミクス
- クライエントに対して性的魅力を感じること、またそれに関連して起こる行動の倫理的および法的意味合い

本章の最後の項では、個人、家族、またはグループが示す変化に対する両面感情や反抗について取り上げる。また、その中で、こうした問題に対処し、クライエントに成長機会を提供するために活用できる方略に焦点を当てる。

■関わり合いの中で生じる反応

ソーシャルワーカーとクライエントとの関係は、特に援助を望むクライエントにとって、援助プロセスを活発にさせるための手段となる。関係反応は、人と人との間に見られる意識的または無意識のダイナミクスである。例えば、クライエントに対するソーシャルワーカーの反応、またはソーシャルワーカーに対するクライエントの反応などである。実際には、援助関係の質が、ソーシャルワーカーの影響力や介入に対するクライエントのその時々の受容の度合や、援助プロセスの最終的な成果を決定的に左右する。援助関係は非常に重要であるため、ソーシャルワーカーは、関係を育むと同時に、関係を損なわないようにすることが大切である。良くも悪くも、関係に影響を及ぼす感情は、ソーシャルワーカーとクライエントの間で常にやりとりされる。肯定的な援助関係を維持するためには、こうした関係に対する脅威を警戒し、注意深く管理しなければならない。

ソーシャルワーカーとクライエント間の援助関係が、循環的に続く肯定的な感情を特徴としている場合、個人的な成長や問題解決の成功を導く。高いレベルの思いやり、受容、無条件の優しさ、共感、誠意、違いに対する感受性といった促進条件は、肯定的な関係の構築を促進する。とはいえ、最善の努力をしても、一部のクライエントは、不信、おそれ、あるいは単に圧倒され

てしまっているなど多くの理由から、肯定的に話を聞いたり、反応したりすることができない。ソーシャルワーカーも同様に、自分自身の偏見や、クライエントがある特定の性格的特性、身体的特徴、あるいはある種の問題を抱えているという理由から、クライエントに対して肯定的な反応を示すことが難しい場合がある。例えば、ケース・コンサルテーション・セッションから抜粋した以下の対話を検討してみよう。

ケースについて話をするソーシャルワーカー：「すべてのクライエントに対して、どのように共感を覚えることができるのでしょうか。あるクライエントを担当しているのですが、彼女の家を訪問すると、ただ大きな塊のように座っているだけなのです。自分の子どもたちを失うことになるおそれがあることなど、理解していないようなのです。子どもたちを虐待した男は出て行ったと言うのですが、彼女の言うことは信じられません。嘘はつくし、自分のためになるようなことは一切しないし、雑然として汚れたアパートの部屋の真ん中に座って、テレビを見ているだけなのです。私は、彼女の嘘を見破ろうと待ちかまえているだけです。こんなクライエントに対して、感情を持つことや、子どもたちの親権を守るための援助をすることは難しいです」

コンサルタント：「まあ、あなたは本当にそのクライエントのことが嫌いなようですね。しかも、彼女はあなたのその感情に気づいていますね。おそらく、そのクライエントは、『なんであなたとわざわざ関係を構築する必要があるだろうか』と感じていることでしょう」

よく考えた上で、ソーシャルワーカーは、コンサルタントが提供した自分とクライエントとの相互作用において何が起きているのかについての見立てにしぶしぶ同意した。コンサルタントの援助を受け、ソーシャルワーカーは、本ケースにおいてしなければならないこと、つまり子どもたちの安全を確保することに焦点を当てることができた。

以上の状況を検討する上で、クライエントとの心理的なコンタクトの構築と維持の重要性について取り上げた第6章、および問題の本質についての探求に焦点を当てた第8章を復習してほしい。また、動機と目標の一致や動機づけのための面接を扱った第12章、および第17章で学んだ変化段階についての検討も役立つはずである。以上の章で取り扱った内容が、上記の状況にどのように関連しているかを検討してみよう。

上記のケースにおける関係のダイナミクスは、どのようなものだろうか。第一に、どのような理由であれ、クライエントのことが気に入らない場合、クライエントは、自分に向けられたそうした感情を察知するため、心理的なコンタクトが構築される可能性は低い。例えば、ソーシャルワーカーがクライエントのことを「大きな塊のように座っている」と説明した点に注目しよう。この発言により、クライエントに対してどのようなイメージを抱くだろうか。おそらく、そのクライエントは太りすぎで、活動的ではなく、怠け者で、自分の子どもたちのことも気にかけない人物といったイメージを抱くであろう。さらに、ソーシャルワーカーの偏見は、シングルマザーは、母性行動についての一般的基準に基づき判断されることが多いというウェインバーグ（Weinberg, 2006）の考えが当てはまるもののように思われる。しかし、この母親の行動については、他の説明ができるかもしれない。例えば、母親はうつではないかといった説明である。ソーシャルワーカーの反応により、関連性のある要因についての探求が見過ごされたおそれがある。

同様に、クライエントに対するソーシャルワーカーの認識は、クライエントが見立てされる方

法や下される決断に影響を与える可能性がある。例えば、ホーランド（Holland, 2000）は、ソーシャルワーカーが偏見をもっていたために、クライエントの援助プロセスへの関与のレベルに対するソーシャルワーカーの認識に影響が及んだとする研究結果について論じている。協力的で、変化の必要性を認めているクライエントは、肯定的に評価される。一方、上記のケースのように、クライエントが憤慨したり、消極的に行動したりする場合には、より否定的に認識され、変化に対する意欲が低いと評価される。

　このケースにおける第二の要因は、クライエントが真実を話しているかどうかについてのソーシャルワーカーがとらわれてしまっていることである。ソーシャルワーカーは、自分がクライエントよりも懸命に取り組んでいるため、クライエントの行動——例えば、真実を話しているかどうか——に翻弄されてしまっているかのように感じるときがある。言うまでもなく、真実を話すことは、援助関係において相互に期待されることである。とはいえ、母親の嘘が子どもたちの福祉を脅かさない限り、母親が嘘をついているかどうかを判断することは、本当に必要なことだろうか。

　コンサルタントの援助を受け、ソーシャルワーカーは、クライエントに対するソーシャルワークの焦点を子どもたちの安全に関する問題の評価に定め直すことができた。母親は依然として、比較的受け身の姿勢であったが、子どもたちの安全を支持する計画に従う約束をした。例えば、子どもたちに対する虐待の容疑をかけられた母親の男友達は、家族に近づいてはならないという裁判所命令を受けていたが、自分たちが居住している家の後ろの路地でその男を目撃した際、母親はすぐに警察に連絡した。アセスメントをする上で決定的に重要となる点は、母親がどのような状況下において、子どもたちの安全を確保できるだろうか、あるいは確保しようとするだろうか、またソーシャルワーカーは、クライエントを毛嫌いしなくなるのだろうか、といった疑問である。おそらく、ワーカーがクライエントを好きになることはなかっただろうが、ソーシャルワーカーは、自分自身の行動や偏見を検討することから始め、母親に対する自分の反応を理解し、管理することができるようになった。

　肯定的な関係が構築された場合でも、さまざまな出来事や少しずつ時間を追って行われるやりとりにより、有効な関係の構築や維持に、リスクがもたらされるおそれがある。ソーシャルワーカーは、クライエントとの関係において、何かが「中心を外れている」ことを示す事実に注意しなければならない。何かが間違った方向に進んでいることや、効果的に状況を管理することができない場合、こう着状態に陥る結果となり、問題解決が行き詰まってしまう。次項では、ソーシャルワーカーとクライエントのアクションや行動、またその両者のダイナミックな組み合わせによってもたらされる関係に対する脅威について、詳しく説明する。

クライエントに対するソーシャルワーカーの過少関与と過剰関与

　ソーシャルワーカーは、援助プロセスにおいて、クライエントや関係ダイナミクスに同調したいと望んでいるが、両者の関係が前向きとは言えない状況に置かれることはまれではない。クライエントが、ソーシャルワーカーとの面接の間に否定的な情動反応を感じた場合、援助関係において、一時的な不和が生じるおそれがある。ソーシャルワーカーがそうした反応を認識し、対応しなければ、大きな障害へと拡大してしまう。また別の例として、ソーシャルワーカーは、クライエントとの関係における自分の行動が援助の妨げとなるまでに、クライエントや彼らの状況に深入りしすぎてしまうことがある。レインズ（Raines, 1996）は、こうした反応を過剰関与あるい

表18-1　クライエントに対するソーシャルワーカーの過少関与と過剰関与

	クライエントに対する態度が好意的ではないソーシャルワーカー	クライエントに対する態度が好意的なソーシャルワーカー
過少関与[訳注：関わりが少なすぎる場合]	・クライエントに共感することが難しいと感じる ・クライエントに対して無愛想であるか、「波長を合わせない」 ・以前クライエントが示した重要な情報を度忘れしてしまう ・無気力または他のことに気を取られている ・セッションに対して不安を感じたり、不適切な形で遅刻したり、セッションをキャンセルしたりする ・解釈が的外れである ・フィードバックに関し、クライエントがけなされていると感じる ・クライエントの成長を認めない ・セッション以外では、クライエントについてまったく考えない	・クライエントのストレングスに対して信頼を抱き、不適切な形で共感することを控えてしまう ・洞察を促進するための解釈を控えてしまう ・答えを与えずに、過剰に考えたり、見直したりする ・一切自己開示をしようとは思わない ・クライエントが実行できないと感じてしまうような助言や課題を与えてしまう
過剰関与[訳注：関わりが多すぎる場合]	・クライエントに対して不当な嫌悪感を抱いている ・理屈っぽい ・挑発的である ・過剰な忠告を与える ・的外れな直面化や不適切なタイミングで直面化を行う ・クライエントの計画した一連のアクションを不適切な形で認めない ・クライエント（またはサブグループ）と敵対しているように見えるか、実際に敵対する ・話し合いの場を独占するか、あるいはクライエントの話を頻繁にさえぎる ・援助に消極的なクライエントに対して権力を行使し、法による指示の範囲を超えたライフスタイルの領域にまで干渉する ・知性の面で競い合う ・クライエントについて暴力的な思考や夢を抱いている	・過度に感情的または同情的になる ・不適切な形で余分な時間を与えてしまう ・すばらしい解釈を夢に描いてしまう ・批判に対して非常に敏感である ・クライエントに対して性的な考えや夢を抱いている ・クライエントに対して、専門家としてふさわしくない関係を求める

出典：Adapted from Raines (1996).

は過少関与と分類している。また、ソーシャルワーカーのクライエントに対する全般的な見方や態度が肯定的か、否定的かによってさらに分類される。ソーシャルワーカーがバランスの取れた態度を維持し、ストレングスを理解し、障害を認識しようと努めたとしても、クライエントに対して全般的に見て好意的なストーリーの一側面のみを強調してしまいたくなるような場合がある（それとは反対に、好意的でない側面だけに注目してしまう場合もある）。表18-1は、ソーシャルワーカーによる関与を分類するためのレインズによる概要を引用したものである（Raines, 1996）。

1．ソーシャルワーカーによる関与が十分ではなく、クライエントに対する態度が否定的である場合、関心や共感の欠如、無視、偏見または批判的な見方、あるいは関連情報を却下したり思い出せなかったりといった状況が見られる。すべて（あるいは大半の）ソーシャルワーカー（当然のことながら、本書の著者を含む）は、クライエントとのセッションが生産的とは言えない状況や、注意力が欠けていた日を経験してきたはずである。表18-1は、そうしたソーシャルワーカーの過少関与が、特定のクライエントに対するサービスに影響を及ぼした場合の状況を示している。このような行動は、その原因を検討する必要があることを示す警告となる。したがって、専門家としての行動の一部は、自己観察や修正の対象となる。こうしたパターンの一つに注目し、その原因をピア・スーパービジョンやピア・コンサルテーションで検討することは、行動を修正するための計画を策定する上で役立つ。

2．ソーシャルワーカーの態度が肯定的である場合の過少関与は、クライエントの能力や援助の必要性に対する過度に楽観的なアセスメントをすることにより、ソーシャルワーカーが援助を控えてしまう場合に生じる。例えば、順調な経過を示すクライエントが、ソーシャルワーカーに称賛されていたとする。クライエントは、恐怖、怒り、憂うつな気分を感じ、責任に圧倒されて目を覚ますことがよくあると報告したのだが、ソーシャルワーカーは、そうしたクライエントの不満に対し、自分のストレングスに焦点を当てるように促し（「これまでの成果を見てください」など）、このままセッションを続ければ、問題が解決されるだろうと断言した。この例では、関係上の問題が二つある。第一に、ソーシャルワーカーの共感レベルは、関係上の潜在的な阻害要因になるほど低いおそれがある。第二に、ソーシャルワーカーは、クライエントが示した懸念や感情に注意を払っていない。クライエントに対し、ストレングスに焦点を当てるように指示したことは、クライエントが訴えた事柄にワーカーが対処する機会を失うことにつながっている、ソーシャルワーカーの過少関与を示すサインである。また、セッションを継続した場合、具体的にこれは何が達成されるのかを明確にしていない。過度に楽観的にセッションへ姿を現すだけで、特にクライエントの感情やおそれが解決されるということを意味しているのだろうか。結局、このクライエントは、具体的な必要性があったときにだけ、ソーシャルワーカーとの面接に時々顔を出したと聞いたら、読者のみなさんは驚くだろうか。同様に、クライエントが実現することが不可能であると感じるような作業や課題を設定することも、肯定的な過少関与の兆候となる。クライエントがうまくいかなかった場合、ソーシャルワーカー自身の援助行動ではなく、クライエントの問題解決への関与が問題視されることも出てくる。

　ソーシャルワーカーの態度が肯定的な場合の過少関与は、以下のケースが示すように、ソーシャルワーカーの意思決定に影響を及ぼす場合もある。

ケースについて話をするソーシャルワーカー：「ドメスティック・バイオレンスで、警察は家まで来てほしいという要請を受けました。夫は、妻が電話をかけている最中に電話をプールへ投げ入れたため、警察への通話妨害で起訴されました。裁判所命令によるケースプランでは、夫婦間のコミュニケーションの改善と DV の問題の解決が指摘されました」

初回セッションにおいて、この夫婦は、自分たちが所属する宗教リーダーとの葛藤解決セッションに参加し、その結果、お互いのコミュニケーションは改善されたと報告した。また、夫婦は「ドメスティック・バイオレンスは行われていない」と強く主張した。彼らの説明によると、「妻が妊娠しているため、彼女のホルモンバランスの崩れによる気分変動が起こってしまい、それで妻が警察に電話をすることになってしまった」という。ソーシャルワーカーは、夫婦の説明を認めたものの、「妻は促されない限り、ほとんど話をしない」点を懸念していると述べた。

夫婦とのセッションに基づき、ソーシャルワーカーは、このケースを終了させることに決めた。ソーシャルワーカーによると、夫婦は「コミュニティに関わり、二人とも専門職として、生まれてくる赤ん坊を心待ちにしている」。さらに、「夫婦は、郊外の外れにあるゴルフコースのすぐそばの広々とした家に住んでいる」。

否定的な過少関与と同様に、肯定的な見方は、特定のクライエントに対し、特定の時期に、クライエントが前向きであると認識される特徴を備えている場合に生じる。しかし、肯定的な過少関与のパターンが繰り返される場合には、検討と修正が必要となる。ここでもまた、こうしたパターンをピアやスーパーバイザーと検討することにより、ソーシャルワーカーは、関与レベルを調整する方法を見つけることができる。したがって、クライエントのストレングスに焦点を当て、クライエントに対して肯定的な態度を示すことは、一般的にはソーシャルワークの価値観と一致しているといえる。その一方で、肯定的な過少関与が起こる可能性もあることから、ストレングスを重視することが誇張されてしまう点やストレングスの重視があらゆる状況において完全に役立つとは限らない点に注意しなければならない。

3．否定的な態度を示すソーシャルワーカーによる過剰関与は、クライエントが罰を受けていると感じたり、ソーシャルワーカーと戦っていると感じたりするため、否定的な注目と呼ばれる。言い争い、積極的な行動、不適切な直面化や独断的な権力の使用、およびそれに類似するパターンは、否定的な過剰関与を示す兆候となる。ソーシャルワーカーが法による指示に従い、例えば、子どもを虐待したクライエントに対してサービスを提供する場合など、適切に倫理的なやり方で力や権限を行使することが可能な点に留意してほしい。例えばこの場合、クライエントに対する共感、誠意、無条件の優しさといった促進条件は、どれも同等に適している。一方、否定的な態度を示すソーシャルワーカーによる過剰関与の場合、権力が恣意的に行使される。それは、状況や子どもの安全という観点から見て適切というよりもむしろ懲罰的なものとなる。こうした行動は、ソーシャルワークの価値観に反しているものの、実際に見られるものである。特にストレスのない状況においてよく観察される。例えば、被害を受けているクライエントをその加害者（あるいは、被害を抑えるために十分な行動をとらなかった人物）とが一緒にソーシャルワーカーの援助を受けているような場合である。また、否定的な態度を伴う過剰関与は、裁判所によって課されたケースプランにおいて顕著となる。このような過剰関与は、他の関係にも波及し、教育現場、居住施設、矯正施設における厳格な行動基準といった形をとる

ことがある。こうした状況におけるソーシャルワーカーやスーパーバイザーは、クライエントを固定観念で見たり、クライエントのストレングスや価値観を無視したりすることを避けるため、特別な予防措置を講じなければならない。以下の二つのケースには、類似したダイナミクスが見られる。最初の例は、ソーシャルワーカーが、クライエントがある特定の成果を得られるように力を注ぐ一方、他の専門家による援助行動を過少関与、否定的、または不当であると見なしている場合である。過剰関与がいかにソーシャルワーカーと他の専門家との間に否定的な相互作用をもたらすおそれがあるかが示されている。

事例について話をするソーシャルワーカー:「私は、この事例に混乱してしまっているのでしょうか。同僚の何人かからそのような指摘を受けたため、この事例を発表しています。まず、お話ししたいトピックがたくさんあります。例えば、郡のケースマネジャーが私の職業上の境界線や機関の境界線に疑問を呈していること（ここでソーシャルワーカーは、境界線についての辞書の定義を書いたコピーを配布する）、またクライエントに対する郡の決定において、適正手続きが欠如していることなどについてです。ケースマネジャーは、私が家族について最初の経過報告書を提出した後、境界線についての懸念を提起しました。私は報告書の中で、郡のケースプランで示された問題点に対処するために、家族が努力していることを報告しました。しかし、ケースマネジャーは、私の報告書には良いことばかりが書いてあるため、包括的な報告になっていないと指摘しました。さらに、私が必要以上に家族と関わっていると言ったのです。このケースマネジャーは、みなさんもご存じのように、以前我々が良い経過を報告した他の家族に対しても、同様の態度を示したことがあるのです」

報告を続けるソーシャルワーカー:「境界線について、ここで本当に問題となっている点をまず検討すべきです。ケースマネジャーが家族に対して資源を提供したり、家族の話に耳を傾けたり、家族の代理としてアドボケイトとなるつもりであるならば、それはそれでよいのです。家族の内情について（家族が魔法を使っていることや、母親が魔女のパーティーに参加していることなどについて）、私が偉そうに言うことではありません。この家族は普通と違っていますが、興味深い家族です。そのような人たちは、他にもいますよね。とはいえ、私が家族のためにアドボケイトを務めることによって、家族や機関に悪影響が及ぶことを心配しています。例えば、ケースマネジャーが、このケースを他の担当者に任せることにしたり、我々に紹介することをやめたりしたら、どうすればよいのでしょうか。そうなったら、私の行動によってみんなが影響を受けてしまいます。どうか手を貸してください」

上記のケースが発表されたチームミーティングに参加していたとしたら、「私は、このケースに巻き込まれているでしょうか」という質問に対し、どのように答えるだろうか。このような質問をしたことで、ソーシャルワーカーに対する評価が高まると結論づけるだろうか。ソーシャルワーカーがどのような支援を求めているのか明確だろうか。家族とのソーシャルワークに波及した二人の専門家の間の関係ダイナミクスを特定することができるだろうか。

前述の二つのケースは、過剰関与と過少関与のダイナミクスを示している。さらに重要な点は、これらのケースが、いかに関与のレベルが専門家の判断を曖昧にする可能性があるのかを示している点であり、そうした判断の結果は、クライエントのウェルビーイングに悪影響を及ぼすおそれがある。

過剰関与を示した二つめの例には、クライエントに対して影響を与える自分の行動や機関の目標に反する自分の行動に対し、ほとんど理解していないように見えるソーシャルワーカーが登場する。また、この事例は、肯定的および否定的なダイナミクスが組み合わさった結果、いかに過剰関与が生じるかについて焦点を当てている。

事例‧‧‧

マータは、ホームレスの若者向け保護施設で働く若いソーシャルワーカーである。仕事に対し非常に熱心で、自分が若いクライエントと関わることで、彼らが自立した生産的な大人になる手助けができると考えている。マータは自分自身について、同じような境遇から立ち直った手本であると思っている。マータのスーパーバイザーは、彼女がクライエントとの職業上の境界線を越えることがあると考え、何度かマータに話を持ちかけた。マータの主な目標は、ホームレスの若者に自立をするための準備をさせることである。実際に、若者たちの自立はプログラム目標の一つであるため、マータの行動は、プログラムが目的とする成果と一致している。しかし、プログラムが掲げるもう一つの目標は、できる限り、若者たちが両親との葛藤を解決するための支援をすることである。若者に対するマータのソーシャルワークは、こちらの目標と矛盾することが多い。

マータ自身が若い頃には、常に両親と衝突していた。17歳のときに家を出て、ある期間友達と暮らし、最終的にホームレスとなった。マータが担当するケースにおけるアプローチや若いクライエントとの関係は、通常、「ホームレス出身者」として、助けを求めるために自分を頼りにしてほしいと勧め、自分への依存を促すような形をとっている。若いクライエントが両親との復縁について考えたい意向を示すたびに、マータは決まって、クライエントの進捗にとって不健全な考えであるとして拒否し、連絡を取るための援助を拒んでいる。スーパーバイザーは、マータの若者に対する仕事ぶりは、一般的には模範的であると考えているが、両親に対する否定的な態度は例外である。マータは、自分が担当した多くの若者が実際に自立したこと、さらにそうしたクライエントがマータに対し、継続的な支援を求めているため、時々不満を感じることがある点を指摘している。

‧‧‧

4．肯定的な態度を示すソーシャルワーカーによる過剰関与は、特定のクライエントに対する過度の執着を伴う。ソーシャルワーカーの思考や夢がクライエントのことでいっぱいになり、場合によっては、性的空想を抱くような形で特定のクライエントに焦点を当てる傾向がある。最も極端な例では、クライエントに対する肯定的な過剰関与の態度は、クライエントとの性的接触を含む境界線の侵害といったさらに深刻な結果につながるおそれがある。境界線の侵害は深刻な問題であるため、この問題については後で詳しく取り上げる。

バーンアウト、共感疲労、および代理トラウマ

クライエントに対する過少関与または過剰関与は、バーンアウトとも関連する場合がある。ジェームス（James, 2008）は、バーンアウトとは、クライエントやその問題に対する密接な一体感を持ち過ぎることや、献身的かつ理想主義的であることが原因であると指摘する。例えば、前述のマータの場合、自分自身をクライエントの成功に欠かせない重要な手段と認識しているよう

であるため、バーンアウトを経験する可能性がある。バーンアウトは、長い期間にわたって起こるものであるが、最初の段階では、当事者は熱心に関わっているものの、次第に停滞期に入り、それがフラストレーションへとつながり、最終的には無気力に陥る。また、長期間にわたるこうした要因は、「不均衡（感情が不安定）な危機的状況」や慢性的な無関心につながるおそれがある（James, 2008, p. 537）。

以下は、さまざまなバーンアウトの状況である。

- 否定的な過少関与は、ある特定の問題を解決できない、また取り扱い件数が多すぎるために不満を抱いている場合や、自分の仕事の成果が不明または不確かである場合に発生する（Dane, 2000；James, 2008）。クライエントとのソーシャルワークにおいて、自分の思考能力を超えた要求に対し、何も感じなくなってしまうおそれがある。無力感とともに、「もうこの話は何度も聞いている」、「どうやって状況を変えることなどできるのか」といった考えが浮かんでくる。
- クライエントに好意を持ってもらわなければならない必要性、クライエントを助けたいという衝動、自宅でも連絡を受けなければならないこと、クライエントの過ちや後退に対する責任感、慎重に策定した計画が期待した結果を生み出さなかった場合にパニックになることなども、バーンアウトの兆候となる。あるソーシャルワーカーは、「問題を処理する」ために、仕事からの帰りが次第に遅くなるにつれ、配偶者から「そのうち、まったく家に戻らなくなるだろう」と責められた。事務的レベルにおいて、この段階のバーンアウトでは、細かいことにまで指示することをしたり、自分が関与しなければ何も解決できない、または正しく処理できないと感じたりするようになる（James, 2008）。
- 専門家が、自分とは異なるクライエントと親密な関係を結ぶことや、そうしたクライエントに協力を求めることが困難である場合（Fontes, 2005）。
- リーダーシップが効果的ではない組織では、報酬、表彰、あるいは組織的な支援が欠如している、意思決定が不公平あるいは恣意的であると認識されている、組織の考えと個人の考えが対立している非協力的な環境である（Leiter & Maslach, 2005）。

多くの研究者が、共感疲労、代理または二次的トラウマ、専門家に対するストレスの直接的および間接的影響について認識し、調査している（ベル, 2003年；カニングハム, 2003年；デイン, 2000年；フィグレイ, 2002）。こうした研究者は、オホララン&リントン（O'Hollaran and Linton, 2000）と並び、専門家のための自己評価やセルフケア方略に向けた優れた情報を提供してくれる。

共感疲労は、バーンアウトとは異なる。バーンアウトは主に、要求される仕事量やストレッサー、担当ケースの緊急性や規模、クライエントの集団トラウマの影響と関連している。一方、共感疲労は、クライエントの個人および集団トラウマに関わる緊張や執着が絶え間なく続く状態である（Figley, 1995；2002）。専門家は、クライエントの心的外傷や感情、およびクライエントの置かれた状況に深く引きずり込まれ、その結果、精神的に消耗してしまう（Figley, 2002；1995）。また、共感疲労は、代理または二次的トラウマとも呼ばれ、他人の心的外傷について知ったり、さらされたりしながら、助けたいと思うことによって、専門家自身が心的外傷を患うことにつながる状況を指す。この種の心的外傷は、ドメスティック・バイオレンス、子どもに対する性的虐待、病院の腫瘍科などにおいて、日常的にクライエントのトラウマ的な話に耳を傾ける専門家の間で顕著に現れることが最も多い。また、専門家の過去の経験や虐待を受けた子

どものようなクライエントの脆弱性によって誘発される場合もある。フィグレイ（Figley, 2002； 1995）は、共感疲労に関する自己評価のための優れた参考文献である。

研究によると、代理または二次的トラウマは、専門家に影響を与えることがわかっている。家庭内暴力を扱う専門家に与える二次的トラウマの研究において、ベル（Bell, 2003）は、継続的な「クライエントのストーリーに対する暴露」が、専門家の「認知に悪影響を与える」ことを突き止めた（2003, p.514）。同様の結果は、デイン（Dane, 2000）による子ども福祉ワーカーの研究、およびカニングハム（2003）による過去に心的外傷の経験のあるクライエントを対象としたグループワークの研究結果でも報告されている。さらに、専門家の反応レベルは、クライエントの状況が自分自身の経験と類似しているかどうかに関係し、それがクライエントからの陽性または陰性転移、あるいは専門家の逆転移反応の基礎となる。

代理または二次的トラウマの理論的根拠には、精神分析理論、発達理論、パーソナリティ理論などが含まれる（Dane, 2000；James, 2008）。デインがまとめた二次的トラウマと関連した一般的な兆候や症状は、以下の通りである。

- エネルギーの減退
- 自分の時間の不足
- 愛する人との離別
- 社会的引きこもり
- 暴力、脅威、おそれに対する感受性の増大
- 皮肉、全般的な失望、絶望

デイン（Dane, 2000）は、上記の項目は、やがて「自分自身や視点に対する信念の低下」をもたらす「終点」であることを明らかにしている。

ベル（Bell, 2003）、デイン（Dane, 2000）、ジェームス（James, 2008）は、バーンアウトや二次的トラウマの兆候が見られる場合、そうした職員の認識や支援をすることが組織の義務である点を強調している。例えば、ベル（Bell, 2003）は、職員やクライエントに対し、ストレングスの視点を適用できることを指摘している。つまり、組織は小さな成功を祝い、ストレングスや個々の職員の対処の仕方を認識し、職員を支援する文化を構築することが可能であると主張している。デイン（Dane, 2000）は、職員のニーズに対応するための方略として、小規模グループによる話し合いやリラクゼーション技法を含むモデルを提案している。

クライエントの反応——潜在的な阻害要因の評価と介入

これまでの説明では、クライエントとの関係に影響を及ぼす専門家の行動について焦点を当てた。一方、クライエントの態度や誤解によって反応が生じる場合もある。どちらの場合でも、クライエントの感情や思考をすばやく察知し、対処することが、悪化を防ぐ上で非常に重要である。クライエントは、自分の否定的な反応について、常に率先して話をするとは限らない。それができるかどうかは、クライエントの性格、年齢、権威に関する文化的な違い、立場（援助を望むか、援助に消極的か）、あるいは自分の役割における権力の意識、または居住型治療や矯正施設といった組織における権力の意識に左右される。ソーシャルワーカーとクライエント間に存在する現実のまたは認識された力の格差を考慮すると、否定的な感情や認知を共有することは、一部のクラ

イエントにとって非常に困難となるか、あるいは共有したとしても、深刻な影響を及ぼすおそれがある点に留意しなければならない。ソーシャルワーカーは、クライエントの話をよく聞き、受容的な姿勢を示したり、あるいはクライエントの解釈が的外れであるか、まったく非現実的であると思っていても、アドボケイトを務めたりすることにより、クライエントが経験する脅威を軽減することができる。ソーシャルワーカーが非言語シグナルに関心を示さない場合、こうした感情や認知は、解決されないままの状態で残ってしまう。

このような展開を避けるために、まゆをひそめる、そわそわする、ため息をつく、驚いた様子を示す、顔をしかめる、話題を変える、沈黙する、咳払いをする、赤面する、筋肉を緊張させるといった陰性反応の兆候に注意することが重要である。これらをはじめとするその他の兆候を観察した場合、セッションの焦点をクライエントの今その場の感情や認知に移すことが大切である。とりあえずこのような対処をし、自分の認識が正しいかどうかを確認する必要がある。認識が正しければ、クライエントの不快感に対する心から心配する気持ちを表明し、クライエントの今の感情を理解したいという自分の気持ちを伝え、話を進めていく。以下は、問題感情や思考についての話し合いを促進するための対応例である。

- 若者に対して：「きみが使った言葉を借りると、私が言ったことは、きみにとって『上空飛行していった』（注意を払っていない）ということでしたね。きみの今の考えや気持ちを教えてください」
- 年少の未成年者に対して：「きみは今、悲しいですか。きみの今の気持ちを絵に描いて、一緒に見てみるのはどうかな？」
- 成人のクライエントに対して：「あなたは今、私から目をそらして、黙っていますね。私が今お見せした裁判所へ提出する経過報告書の下書きについて、何か感じているのでしょうか」

上記の各状況において、ソーシャルワーカーは、クライエントが反応を示した瞬間に焦点を当てつつ、クライエントに対して自分自身の考えや感情を出すように委ねている点に注目してほしい。

クライエントの感情や考えを引き出すことにより、ソーシャルワーカーは、誤解を正し、自分の意図、治療、失敗を明確にし、意に沿わない信念や思考パターンを特定する機会を得ることもできる。実際に、クライエントの中には、恥辱感を伴うことなく自分の過ちを認め、謝罪するモデルを見ることによって、恩恵を受ける者もいる。さらに、ソーシャルワーカーがクライエントの考えや感情について心配したり、作為または不作為による過ちを是正したりすることで、クライエントは自分がワーカーから価値ある存在として認められているのだと認識できる。それによってクライエントは、自分に対する自信を得る。今この瞬間に何を感じ、考えたかについての生産的な話し合いをした後、大半のクライエントは、肯定的な感情を取り戻し、問題に対して再び取り組み始める。

場合によっては、クライエントが否定的な考えや感情をうまく隠したり、ソーシャルワーカーが非言語シグナルを見落としたりすることもある。隠された感情は、クライエントが本当のことを言わなくなったり、過度に形式的になったり、防御的な対応をしたり、または別の形の反発に関与したりして初めてわかるかもしれない。繰り返しになるが、ソーシャルワーカーは、クライエントが懸念している事柄に焦点を移し、そうした懸念事項に対応することにより、クライエン

トとの関係に重点を置かなければならない。クライエントの陰性反応を解決したら、問題のある感情や考えが発生した際に、ソーシャルワーカーとクライエントでそれらについて話し合うことを規定した「ミニ契約」を交渉するとよい。こうした契約の目的は、将来的な陰性反応の再発を防ぐことである。否定的な感情や考えを表出する方法を身につけてしまえば、自分自身や他人にとって悪影響を及ぼすような反応を習慣的に控えてしまうようになりかねない。

以下は、適切なミニ契約を交渉するためのメッセージの例である。

ソーシャルワーカー：「これで、きみが話したことを私が無視をしたと感じていた上空飛行の問題は解決しました。人からこれをしなさいと言われる時の気持ちについて、話をしてくれてありがとう。きみが自分の気持ちを話してくれたおかげで、私はよく理解できましたし、先週私がお話ししたことの意味を説明することもできました。私たちがともにうまくやっていくためには、二人で陰性反応について隠さずに話をすることが大切なのです。私たちの間で、問題のある考えや感情が発生したら、お互いにすぐに注意し合うという取り決めをすることについてはどう思いますか」

ミニ契約を結ぶ上で、ソーシャルワーカーは若いクライエントに対し、彼の反応に対して心を開き、そうした反応を尊重するつもりがあることを伝えている。

病的あるいは適性に欠けるソーシャルワーカー

いかなるソーシャルワーカーでも、時には間違いをするものであるが、一部のソーシャルワーカーは、繰り返し誤りを犯し、援助関係に取り返しのつかない損害を与えてしまう。繰り返される歯止めのきかない誤りは、クライエントに対し、精神的ダメージを与えてしまうことさえある。ゴッテスフェルド＆リーバーマン（Gottesfeld and Lieberman, 1979）は、そのようなソーシャルワーカーを病的状態にあると言い、「クライエントと同様に、多くの未解決の問題に悩むセラピストが存在する可能性がある」と指摘している（p.388）。ソーシャルワーカーの能力の欠如や非倫理的な実践は、不快で、自己中心的、支配的、極めて批判的、侮辱的、押しつけがましい、または厳格な行動を取る専門家に見られる。常に遅刻をしたり、面接に対する準備ができていなかったり、また孤立し、無関心であるように見えることもこうした行動の兆候であり、失礼な態度である。多くの場合、こうしたソーシャルワーカーは、クライエントが同じような行動を取ることを許さないものである。

ソーシャルワーカーの能力の欠如は、不安、技術や経験不足、自らの実践範囲を超えた問題に対処していること、あるいはクライエントと協働関係を構築することができないことが原因となっている場合がある。メイヤー（Meyer, 2001）によると、最も経験の浅い専門家を最も困難なケースに割り当てる機関のやり方も問題の一因となっている。このような行動や特徴は、クライエントの――特に面接を義務づけられているクライエント――がさらなる問題を抱えることにつながりかねない追加的な問題を生むおそれがある。援助を望むクライエントの場合、前述のような行動を取るソーシャルワーカーが担当になることで、早い段階で援助を中断したり、面接を欠席したりするようになる。

援助を望むクライエントの大半は、こうした問題行動を示すソーシャルワーカーとの面会をやめる形で、「退席することによって反対の意思表示をする」分別がある。一方、ソーシャルワー

カーとの面接を義務づけられたクライエントは、早期に面会をやめる決断をすれば、もっと大きな損失につながってしまう。こうしたクライエントは、面接から逃れようとするか、あるいは別のソーシャルワーカーに変えてもらえるように試みる可能性が高い。同一のソーシャルワーカーに担当を変えてほしいという依頼が複数ある場合には、スーパーバイザーは注意しなければならない。病的状態にあるソーシャルワーカーは、クライエント、機関、およびソーシャルワーク専門職全体に悪影響を及ぼす。

　他のソーシャルワーカーがこうした状況に気づいた場合、どのような措置を講じるかを決断するのはなかなか簡単なことではない。メイヤー（Meyer, 2001）の観察によると、機関も専門家もともに、こうしたダイナミクスを無視し、クライエントの行動を抵抗あるいは反抗と見なしてしまう。当然のことながら、クライエントとソーシャルワーカーとの間のやりとりは個人情報として保護されるため、同僚の行動がクライエントのウェルビーイングに害を与えている状況を観察することが難しくなっている。とはいえ、クライエントに対して有害または屈辱的なやり方で行動するワーカーは、自分の行動を公にする場合が多い。例えば、自分自身の株が上がるようなクライエントについての話をしたり、屈辱的な名称でクライエントを表現したり、守秘義務に違反したり、他のクライエントや職員の面前で、クライエントに対して見下した態度で話したりする。ソーシャルワークに従事する同僚の行動や能力（コンピテンス）を判断したり、疑問を呈したりすることは、実際には難しい問題である。同時に、ソーシャルワーカーと機関には、クライエントを保護する責任がある。

　全米ソーシャルワーカー協会（NASW）倫理綱領は、「クライエントの権利の最優先」、および同僚や所属組織に対するソーシャルワーカーの義務について直接規定している。ゴッテスフェルド＆リーバーマン（Gottesfeld and Lieberman, 1979）は、この点について、時代を超えた警告を発している。これらの研究者は、クライエントの権利を保護するために、「クライエントの援助を目的に組織された機関は、その体制の目的を無効にするような職員の病的状態を受け入れてはならない」（p.392）と主張する。とはいえ、こうした状況を是正するためのアクションは、ソーシャルワーカーとクライエント双方の権利を保護するものでなければならない。判断や偏見ではなく、事実に基づいた報告を行い、ソーシャルワーカーの動機を明確にする必要がある。スーパーバイザーやコンサルタントとともに情報を見直すことにより、さらに保護機能を高めることができる。また、第14章で紹介した内部告発に関するガイドラインを参照してほしい。

　場合によっては、最終的に、地域のNASW支部、あるいは州許可委員会や認証機関への照会が必要になる場合がある。NASW支部や規制委員会は、非倫理的および職業倫理に反する行為に対する苦情を調査する委員会を併設している。不正行為に関する情報は、NASW支部や州のソーシャルワーク委員会で共有される。また、重大な危害を伴う違反についても、ソーシャルワーク委員会連合協会（ASWB）がアクセス権を持つ全国データベースである懲戒処分の報告システム（DARS）に報告される。「このシステムは、ソーシャルワーク規制委員会が、資格や更新を求める個人の懲戒処分履歴を確認するための手段である」（ASWB会員方針手引き）。

異人種間および異文化間の阻害要因

　異人種間または異文化間関係にあるクライエントとソーシャルワーカーは、さまざまな理由から敵対的な拒否反応を経験する場合がある。社会に根差した社会関係における緊張は、援助関係におけるダイナミクスとして現れる。また、援助に消極的な人たちを見てみると、人種マイノリ

ティやエスニックマイノリティ、あるいは他の被抑圧集団に属する人々が極端に多いが、このこ
とも援助関係のダイナミクスに関わる重要な要因となっている。こうした要因は、マクロレベル
の環境的問題であるが、ミクロレベルの実践や関係にも影響を及ぼす。

　ソーシャルワーカーとクライエントとの関係を妨げる阻害要因の最も基本的な形態は、クラ
イエントの文化に対する知識不足か、あるいはある特定の人種またはマイノリティグループのメ
ンバーに対する経験不足が原因である。フォスター（Foster, 1988）、ホッジ（Hodge, 2004）、ホッ
ジ＆ナディール（Hodge & Nadir, 2008）、スー（Sue, 2006）は、特に他人からの分離や自立の実
現を目的とする治療目標は、特定の西洋文化を前提としている点を指摘する。一方、相互依存や
グループへの帰属が重視される文化の出身者は、そうした目標を望まない。したがって、異文化、
異人種が関わる状況では、クライエントの生活様式の視点、またクライエントの準拠グループに
よるウェルビーイングの基準に基づき、クライエントを理解することが重要である。

　異人種間および異文化間関係は、多くのレベルにおいて難しい問題である。エスニックある
いは人種マイノリティグループのメンバーであるソーシャルワーカーは、おそらく多数派グルー
プのクライエントの価値観に、より順応することができるだろう。一方、プロクター＆デイヴィ
ス（Proctor and Davis, 1994）が指摘するように、白人のソーシャルワーカーは、他の文化の現状
についての知識や経験が限られている。このような格差は、多様な経験的および社会的距離に
よってさらに拡大する（Clifford & Burke, 2005；Davis & Gelsomino, 1994；Green, Kiernan-Strong, &
Baskind, 2005）。

　社会的距離は、ソーシャルワーカーが人種あるいはエスニックマイノリティグループ出身で
ある場合にも影響を及ぼすおそれがある。アメリカ社会では、社会的相互作用や職業上の関係は、
依然として、社会階層を含む同一性を前提に設定されている。とはいえ、ほとんどの場合、人種
や民族とは関係なく、ソーシャルワーカーとクライエントの間には特定の社会的距離がある。ク
リフォード＆バーク（Clifford and Burke, 2005）は、違いを尊重するというソーシャルワーク専門
職の倫理原則が、社会的距離の影響を受けている点を強調する。特に、相手との社会的地位が非
常に異なる場合、その相手を尊重することがより困難となる。

　自分とは異なるクライエントを熟知せず、限られた接触しかない場合、ソーシャルワーカー
は、役に立たない固定観念、先入観、メディアのイメージで情報を埋めることになる。また、そ
の結果、特定の人種またはエスニックグループに対し、過度に肯定的あるいは否定的になる傾向
がある。肯定的になる傾向が現れた場合、ソーシャルワーカーは、こうしたクライエントに過度
の一体感を持ち、彼らの個性や人種またはエスニック文化の中のサブグループを見失うおそれが
ある。一方、否定的になった場合、先入観や固定観念によって、クライエントの問題を彼らが属
するグループ全体の問題として一般化してしまい、その結果、個々の状況に共感するためのソー
シャルワーカーの能力に影響が及ぶ。ホエーリー（Whaley, 1998）によると、人種や階層に対す
る偏見は、一般的な固定観念で情報不足を埋める社会的および認知的知覚の影響を受ける。例え
ば、白人の若者と同じ特徴を示す黒人の若者は、白人に比べ、暴力的であると見なされる割合が
４倍も高くなる。これらをはじめとする状況において、専門家のアセスメントは行動の解釈を伴
うものとなるが、そのプロセスで用いられる基準は、誤った情報や一般論によって歪められてい
る（Malgady & Zayas, 2001；Sue, 2006；Whaley, 1998）。

　異人種間および異文化間関係において現れる潜在的な障害を考慮すると、クライエントと同
じ人種またはエスニックグループのソーシャルワーカーを担当させることが、解決策になると

考えるかもしれない。当然のことながら、こうした解決策は実践的ではなく、このような対策が必ずしもクライエントのためになることを示す十分な証拠は存在しない（James, 2008；Malgady & Zayas, 2001）。さらに、一部のクライエントは、いかなるソーシャルワーカー——自分と経歴や立場が同じソーシャルワーカーであっても——に対してさえ、反応を示し、不信感を抱く場合がある。このような不信感は、システムレベル、すなわちソーシャルワーカーが属する組織のレベルで発生する場合が多いが、そのダイナミクスは、ソーシャルワーカーとクライエントとの関係においても生じる。前述のいずれの状況においても、クライエントとソーシャルワーカーとの関係におけるダイナミクスは、相互的な違和感を伴う。ソーシャルワーカーと機関は、潜在的な阻害要因を最小限抑えようと試み、相違点ではなく同一性を重視する場合がある。葛藤を回避することを目的とした「人種の違いを意識しない」実践形態において、人種や文化の違いがあまりにも頻繁に無視されている（Proctor & Davis, 1994；Davis & Gelsomino, 1994）。また、デイヴィス＆ゲルソミノ（Davis and Gelsomino）は、多数派およびマイノリティのソーシャルワーカーに対し、社会経済的要因に関連する偏見を自覚するように警告している。また、こうした要因が人種およびエスニックグループに与える影響に加え、デイヴィス＆ゲルソミノは、それらの要因が「低所得の白人クライエントの社会的現実」にも同じように関連していることを示唆している。ソーシャルワーカーは、これらのクライエントが問題を抱えているのは自己責任だと認識している場合がある。さらに、ソーシャルワーカーは、白人に与えられているチャンスを十分に生かしていないと考え、低所得の白人クライエントに対してさらに高い期待水準を当てはめアセスメントしている。

肯定的な異文化間関係の育成

　違いがもたらすダイナミクス、および援助プロセスにおける関係の阻害要因としてのそうした違いの役割を最小限に抑えるためには、どうすればよいのか。共感および共感的コミュニケーションは、契約を促進し、クライエントとソーシャルワーカーの異人種および異文化間関係に見られるギャップを埋める基本的な技術である。ダイク＆ザヤス（Dyche and Zayas, 2001）、パーソン（Parson, 1993）は、共感を喚起するためには、文化の知識だけでは不十分であると主張し、より効果的な援助手段として、文化に対して共感することを挙げている。文化に対して共感することとは、単に認知レベルだけではなく、情動レベルで表現するものである。認知レベルでは、異なる文化に関する知識について言及されるが、情動レベルでは、ソーシャルワーカーは、クライエントの目や経験を通して世界を見聞し、クライエントの視点から意味を把握しようと努める。さらに、パーソン（Parson, 1993）は、文化に対して共感することをエスノセラピー的であると特徴づけている。それは、内省や自己開示が援助プロセスを支えるなら、それらを意識する専門家の能力に依拠して、文化に対する共感は成立するということを意味している。

　フリードバーグ（Freedberg, 2007）が説明する関係性に基づく共感とは、すべての文化的または人種的差異を十分に認識することはできないものの、クライエントの文化や社会政治的状況に対する受容や理解を示すことから援助を促進する。関係性に基づく共感は、従来の境界線を越え、クライエントとソーシャルワーカーとの関係は相互共有に基づくとする関係文化理論に根差している。文化的コンテクストにおける機能、文化に由来する行動への見立てを含む文化的対応レベルを見極めるアセスメントの技術は、非常に重要である。ソーシャルワーカーが問題をいかに認識し、構成するかといった点は、抑制要因あるいは促進要因のいずれにもなり得る。クライエン

トは、ソーシャルワーカーが自分の状況を理解していると信頼できなければならない。

デイヴィス&ゲルソミノ（Davis and Gelsomino, 1994）は、異文化間ソーシャルワーク実践を対象とした研究を通して、ソーシャルワーカーは、環境要因を無視する傾向にあり、クライエントの問題の原因として、内部または個人的な問題を探る傾向が強いと指摘している。もう一つの促進的な手段は、クライエントの視点から問題や望ましい解決策を特定する作業にクライエントを積極的に関与させることである。例えば、リー（Lee, 2003）は、異文化間関係において解決志向アプローチを適用する上で、特にナラティブやクライエントの視点を含む社会構成主義の技法を用いることを強調している。さらに、リーは、クライエントのストレングスに焦点を当てるエンパワメントベースの実践は、クライエントが自分自身で解決策を設定する支援をする上で重要であると主張する。

マイノリティのクライエントは、非マイノリティのソーシャルワーカーとの間で規範を示されるような経験をするため、肯定的および否定的感情の両方を持ち合わせる。否定的な感情は、より大きな社会における関係緊張に基づく。また、ソーシャルワーカーは、クライエントが自分たちを形容するために用いられる否定的なメディアのイメージや政治的メッセージを吸収し、それらに対して反応するということを認識しなければならない。例えば、このような有害なメッセージは、移民がアメリカ人から雇用を奪っている、移民や難民の子どもたちに教育を与えると、他の子どもたちに対する教育が縮小され、教育にかかるコスト上昇の原因となる、生活保護受給者は働くのを嫌がる、特定の地域は危険で、犯罪が多発するドラッグ圏である、マイノリティの子どもは標準テストにおいて常に点数が低い、マイノリティグループの価値観は世間の価値観とは異なる、といったことを示唆している。

クライエントが否定的な感情を抱いている場合、ソーシャルワーカーは、彼らの感情に対して共感的に直面化し、対応することにより、状況を緩和することができる。予防措置として、初回面接において、ソーシャルワーカーは、クライエントがこの件について懸念を抱いているかどうか尋ねてみてもよい。さらに、クライエントの文化では、どのように問題に対処するかを尋ね、問題解決に向けた取り組みには他に誰が関与すべきかを検討する。メンタルヘルス施設に勤務するあるソーシャルワーカーは、「セッションの場に、クライエントの他に10～15名の家族が付き添うこともめずらしいことではありません」と述べている。さらに、「家族全員の交通手段を手配しなければなりません」と付け加えている。こうした発言は、異人種および異文化間の相互作用において、さらに考慮しなければならない重要な点、すなわち文化的選好や慣習に適応するために十分な柔軟性を備える必要性を示唆している。

文化に対する共感や関係性に基づく共感、および共感的コミュニケーションに加え、「援助者の魅力」は、多様なクライエントが好意的な反応を示したと報告されている対人的要因である（Harper & Lantz, 1996）。つまり、基本的には、ソーシャルワーカーはクライエントに関心を抱き、心から援助したいと望んでいるとクライエントが認識している状況である。さらに、援助者の魅力という概念とは、多様なクライエントが、ソーシャルワーカーから礼儀正しく、思いやりや誠意のある、献身的で倫理的な行動を受けていることを示唆するものである。以下は、フォーカスグループセッションからの代表的な発言例である。最初の発言は、元州の被保護者であり、現在は保護下から解放されたマイノリティの未成年者によるものであり、続く発言は、その未成年者のクライエントと良好な関係を構築したと考えられる職員によるものである。

未成年者:「支援制度に関わる中で、多くの無関心な専門家と面接をしてきました。彼らは、ちょっと立ち寄っては、これをしなさいと指示し、人間としての自分や自分の目標などに興味を持ってはくれません。従わなければならないケースプランを渡して、仕事を見つけなさいと言うのです。私は大学へ行きたいのに、だめなんです。とにかく仕事を探せと言うのです。長い目で見て、最低賃金の仕事では、どうやって自分自身と赤ん坊の生活を支えていくことができるでしょうか。前のソーシャルワーカーが要請を受けたため、私はあなたと会うことになり、彼らは次のケースを担当することになります。公正を期して言うなら、彼らがたくさんのケースを担当しているのはわかりますが、自分に関心を持ってくれているとか、自分を一人の人間として見てくれているとか、まったく感じられません。私の話をよく聞いてくれて、理解しようと努力し、一人の人間として扱ってくれるようなソーシャルワーカーがいれば、私はもっとうまくできると思います。時々、彼らは親のようにふるまいますが、私にきちんと接してくれるのなら、それは構いません」

職員:「こうした若者たちと関わる中で重要なのは、彼らは子どもなんだということを忘れないことです。彼らは長い間、場合によっては生まれてからずっと支援制度に関わっています。オフィスに座って、お説教などしてほしくないのです。時々、彼らを連れてドライブをしたり、ハンバーガーを食べに行ったりする時こそ、彼らと本当の意味で関わることができるのです。彼らが話し、我々がその話を聞きます。時折、彼らが使う短縮形の言葉や行動をからかうように指摘すると、笑いが飛び出します。彼らが失敗した時でも、一人の人間として尊重し、彼らとともに対処します。たいていの場合、「Xさん、あなたは本当に私を支えてくれているので、私はあなたをがっかりさせて後悔しています」と言うでしょう。最も困難なケースにおいてさえ、彼らを無条件で支援し、頼りになる存在となり、思いやりを持って共感的に対応すれば、本当のターニングポイントが訪れるのです。とにかく、彼らの将来についての意思決定に、彼らを参加させる必要があります。彼らが示す否定的な反応の一部は、発達上のものであり、残りは、彼らがおそれを抱いているか、ソーシャルワーカーが自分を見捨てないことを確認するために試しているか、また裁判所や里親家庭やグループホームが彼らを尊重したり、一人の人間として扱ってきたりしなかったことが原因なのです」

　当然のことながら、どのような促進手段を利用しようが、どんなに善意、思いやり、共感を伝えようが、クライエントの中には依然として用心深い姿勢を保ったり、あるいは最終的に協働するようになるまで、一定期間ソーシャルワーカーを試したりする者もいる。こうした行動の根拠は、人種的、文化的、あるいは制度に対する被害妄想であり、そうした要因はいずれも、援助に消極的なクライエントの立場と重なり合う場合が多い。

　異文化および異人種間関係に内在する困難な試練や苦難にもかかわらず、自分とは異なるクライエントとの間に、生産的な援助関係を構築できる可能性は十分にある。しかし、ディーン(Dean, 2001)は、文化を考慮する力を到着点とする考えを批判し、そうした考え方は、「知識こそが、何にもまして実現すべきコントロールと有効性をもたらすという信念」に基づいていると指摘する(p.624)。むしろ、ディーンは、ソーシャルワーカーが文化を考慮する力の欠如を自覚し、文化を考慮する力は進化し変化するプロセスであると理解することが、同じように重要であると主張する。ウィリアムズ(Williams, 2006)は、文化を考慮する力を目標に掲げる組織は、「適切な学習経験を得る機会を増やし、職員がアドボカシーができるように、また文化を考慮す

る力に基づく実践に向けた時間やスペースを増やす」必要があると提案する（p.214）。ウィリアムズは、文化を考慮する力のレベルを示すためにあるケースを用いている。ソーシャルワーカーが最初に文化を意識するのは、文化を人類学的に見るとき、特に文化について知ろうとするときであると説明されている。他方、最も高いレベルでは、批判理論に根差し、その理論の中では、社会的、政治的および経済的な取り決めが考慮され、反抑圧や社会変革といった成果が求められる。

多様なグループと意識していて文化を考慮する力を活性化させるような一般的な指標と条件について、先に取り上げた援助関係における潜在的な阻害要因の影響を軽減するために意味があるものなのである。それは、ディーン（Dean, 2001）が提唱する進化および変化する文化を考慮する力の概念、またウィリアムズ（Williams, 2006）が提案する文化を考慮する力のレベルに基づき、前述の項目に加え、以下の方策を挙げる。

- 違いを快く受け入れる。
- 個々のクライエントに対し発見の姿勢を持ち、クライエントの現実と照らして行動を評価する。
- 失敗することに対する脆弱性、不安、おそれを緩和するための措置を講じる
- 適応行動を含む文化的および人種的ストレングスに焦点を当てる。
- クライエントのかたくなな反応行動は、自分だけに向けられたものではないことを理解する。
- 常に、違いに対する自分の知識を評価し、文化を考慮する力のレベルを高める。
- クライエントの世界観は、自分自身の世界観とは異なることを理解する。
- 人種およびエスニックマイノリティのクライエントが抱える問題は、ミクロ、メゾ、マクロの三つのレベルに関わっていることが多いため、すべてのレベルで介入できる準備を整える。
- 関係におけるマクロレベルの影響、およびマクロレベルの状況と社会から取り残された立場が、どの程度、人種および文化的マイノリティグループの生活に影響を与えるかを理解する。

最後に、文献によると、人種およびエスニックマイノリティのクライエントは、すぐに変化が現れる期限付き、目標指向、アクション志向の介入手法を好むことがわかっている（Corwin, 2002；Al-Krenawi & Graham, 2000；Gelman, 2004）。

信頼関係の構築の難しさ

相手を信頼できる許容範囲は、クライエントによってさまざまである。クライエントの中には、ソーシャルワーカーをほんの一瞬確認しただけで、すぐに援助プロセスに関与できるレベルの対人機能を備えている者もいる。一方、人種およびエスニックマイノリティを含む他のクライエントは、ソーシャルワーカーが示す善意、知識、技術にもかかわらず、感情の表出、信頼の獲得、および防御姿勢を崩すまでに、さらに長い期間を要する。援助関係を求めていない援助に消極的なクライエントは、ソーシャルワーカーをすぐに信頼すると期待してはならない。実際に、そうしたクライエントに対し、ソーシャルワーカーの援助意図を納得させようとする試みは、通常、非生産的である。不信感を抱く多くのクライエントには、言葉より行動である。すなわち、こうしたクライエントは、信頼とは時間をかけた関係の中から生まれる産物であると考える。この点から、信頼とは一つのプロセスであり、ソーシャルワーカーの献身的な姿勢、忍耐、尊重、および事前に合意した課題の完了といった要因や行動によって強化される。

援助に消極的なクライエントの場合、信頼や肯定的な援助関係が構築する前に自己開示を要求することによって、クライエントを遠ざけたり、ワーカーが信頼できる人物であることを証明しなければならない期間が長引いたりする。クライエントは、ソーシャルワーカーのことを形式的に呼んだり、他の関係者を指して、「彼ら」または「制度」といった呼び方をしたりする。これはクライエントによる社会的距離の障壁や、自分の態度や言葉の中にある。知覚された無力感または現実の無力感についての表現方法である（G.D. Rooney, 2009）。こうしたクライエントは、自発的に援助関係に関わっているわけではないため、初期のセッションでは、表面的に問題を開示するだけである。このようなクライエントは、変化について考え始める前の段階において援助を開始する場合が多い。要するに、クライエントは、他人が説明するような問題をためらうことなく認めたり、あるいは問題を抱えていることに同意したりさえしない場合がある。特に、法による指示により、ある特定の期日までに所定のアクションを起こすか、行動変化を実現することが求められる期限の存在により、問題はさらに悪化するおそれがある。

信頼や実行可能な援助関係を構築する上で、ソーシャルワーカーは、援助に消極的なクライエントに手を差し伸べ、彼らを援助プロセスに参加させる必要性に気づくだろう。クライエントが面接をキャンセルしたり、面接に欠席したりした場合でも、ソーシャルワーカーは、電話連絡、家庭訪問（機関の許可がある場合）、あるいは手紙を書くことにより、クライエントとの接触を続けることができる。達成すべき作業を見直し、クライエントの状況に対して共感し、またクライエントが問題を解決するための支援を裁判所とともに提供することを繰り返し表明することが可能である。援助に消極的なクライエントの多くは、援助を早急に必要とし、それを望んでいる。クライエントが信頼することができず、面接に関与または出席しないことは、動機づけが欠如しているためではなく、おそれや回避のパターンである場合がある。クライエントに対し、おそれや回避行動を受け入れるための援助を提供することは治療的意義があるが、何もせずにケースを終結させてしまうことは、憂慮すべき結果をもたらすおそれがある。映画「きみの帰る場所／アントワン・フィッシャー」（デンゼル・ワシントンがセラピスト役で出演）や「グッド・ウィル・ハンティング／旅立ち」（ロビン・ウィリアムズがセラピスト役で出演）は、クライエントに手を差し伸べ、信頼を構築するプロセスを示す優れた例である。

転移反応

ソーシャルワーカーやグループのメンバーに対する非現実的な認識や反応は、転移反応と呼ばれる（Knight, 2006；Nichols, 2006）。こうした反応において、クライエントはソーシャルワーカーに対し、願望、おそれ、その他他者（一般的には両親、親代わりの人物、兄弟姉妹）との関わりにおける過去の経験に根差した感情を転移する。心的外傷から回復した人々は、複数の段階からなる転移を経験する。転移反応は、クライエントとソーシャルワーカーとの間の関係に影響を及ぼすだけでなく、進捗を阻害する。また、他の対人関係においても問題を生み出すおそれがある。例えば、男性は自分の母親との経験に基づき、肯定的または否定的な関係上の期待をすべての女性に転移する。母親との関係ダイナミクスが否定的で懲罰的であった場合、他の女性に対してもこうした見方をするため、女性との関係が難しくなるおそれがある。

転移は、グループやコミュニティレベルでも発生する。例えば、マイノリティのコミュニティでは、若者が警察に不公平な扱いを受けていると感じているため、ソーシャルワーカーを含む他の権威者との相互作用において転移反応が生じるおそれがある。また、コミュニティが非常に抑

圧的な警察の対応を経験している場合、メンバーは犯罪の解決に向け、警察に協力することをためらうことがある。そうしたとき、転移は人種および政治的な意味合いを持ち、不正や不公平を力強く表現した音楽によって強化されることもよくある、そうした音楽がさらに転移された認知に基づく世界観を形作っているというわけである。

　転移は援助グループにおけるクライエント同士でも発生するし、カップルセラピーによるパートナーのどちらかまたは両方が相手に転移反応を示すこともある。グループにおいては、複数の転移反応が生じる場合がある。グループの中で、心的外傷からの回復者が、敵対的なメンバー同士の関係において自分を傷つけた人物の特徴を投影し、その動機、思考、感情を他のメンバーに当てはめる場合がある（Knight, 2006）。また、権威者としてファシリテーターを務めるソーシャルワーカーとの相互作用や、個々のメンバーとの相互作用によって、転移反応が起こる場合がある。一人のメンバーが、それぞれ別のメンバーによって、母親、父親、兄弟姉妹と重ね合わせて見られることがある。同様に、その当事者は、グループの中で、友人、権威者、兄弟姉妹に対する感情を認識する場合もある。いずれの場合も、転移反応は、グループの進捗を行き詰まらせるおそれがある。グループファシリテーターとしてのソーシャルワーカーの役割は、こうしたダイナミクスがグループに与える影響を評価し、適切な介入を行うことである。その後、グループのプロセスやコミュニケーションスキルを用いて、メンバーの関心を再びグループの目的に向けさせる。また、こうした状況を教育機会としてとらえ、グループメンバーに対する認知の歪みが、いかにグループのメンバーではなく、他の対人関係に基づいているかを強調することができる。

　以下の事例は、カップルのうちの一方による転移反応と、それが二人の関係に及ぼす影響を示している。

事例・・

　コニーとキムは、20年以上の付き合いがあり、お金の使い方、家事、犬の散歩の順番をめぐる意見の相違といったいわゆるよくある関係上の緊張を抱えていた。お互いの家族は、二人の関係に協力的であり、カップルにとって家族関係はいざこざの原因ではない。二人は通常、他人を交えて自分たちの対人葛藤を解決してきたが、自分たちの葛藤を二人でうまく解決できるとはお互いに思っていない。こうした技術の欠如は、キムがお互いに意見を異にする問題についての解決策を提示する際、最も顕著に現れる。二人の通常のパターンでは、コニーが不愉快な状況などに対処することを避け、キムが自分一人で解決策を練り、それをコニーに提案するのであった。コニーの爆発的な反応は、さらに状況を悪化させ、二人はより快適な方法、つまり話題を避けることで逃げてしまう。

　コニーが別の女性と関係を持ったことで、二人の関係は危機的状況に達した。最初、コニーは友人以上の関係はないと否定したが、やがてその女性に好意を持っていることを認めた。カップルの関係における緊張、ストレス、歪みは、専門家の援助を求めることしか方法はないということまでいきついた。

　ソーシャルワーカーとのセッションの間、コニーは、自分が大切に思っている二人の関係を解消する意図はないことを告げた。しかし、自分の功績を認め、称賛し、全般的に自分が価値のある人間であると思ってくれる別の女性に魅力を感じたことを認めた。コニーは、キムが自分に対してこのようにふるまうことはめったにないと感じていた。実際に、コニーは、キムが自分のことをまったく評価していないと考えていたのだ。

ソーシャルワーカーによる徹底的な調査の後、コニーは、キムが問題を提起し、解決策を提示するとき、自分に何をどのようにすべきかを常に指示していた父親を思い出すことを認めた。10代の頃、父親はコニーを褒めることはめったになく、コニーが下す決断や彼女がするすべてのことに対し、あら探しをすることが多かった。コニーが専門家として成功を収めた今でも、父親は彼女のことを褒めることはまれである。コニーにとってキムの行動は、父親を思い出させ、父親に対するコニーの反応が、キムとの関係に波及していたのである。キムが解決策を提示するとき、コニーの頭の中では、キムから自分がすべきことを指示されていると感じていたのである。

・・

　上記のケースからわかるように、転移反応は、極度に一般化された歪んだ認知と関係している。その認知の仕方が対人関係や、時にはシステムとの関係において問題を引き起こす。システムから個人、またはシステムからグループのレベルにおける転移は、あらゆる形態の権威に対する反応と関連している。治療関係における転移反応は、クライエントが問題解決を進めることを妨げるばかりでなく、成長機会を生み出す可能性もある。実際に、治療関係は、クライエントの対人行動、および認知や感情の条件付きパターンが現れる社会的縮図である。この意味において、クライエントは、他の関係において自分を苦しめ困らせる相互作用と実質的には同じ関係性を今ここで再現することが可能である。例えば、キムの行動に対するコニーの投影は、父親との関係に基づいていた。ソーシャルワーカーにとって課題となることは、クライエントが自分の認知が歪んでいることを認識できるようにすることに加えて、投影、心象、信念、または自分の中の心の構えに依拠するのではなく、個人と状況を区別するための知覚セットを築く上での支援を行うことである。

　援助プロセスの中で、ソーシャルワーカーに関わる転移反応が生じる頻度は、かなりばらつきがある。期限付きの課題重視型の介入では、現在の懸念に焦点を当てるため、転移反応が起こる可能性はごくわずかである。治療において、過去に焦点を当て、精神内部の詳細な分析を行う場合、転移は援助プロセスにおいてさらに顕著な役割を担う。同様に、夫婦ともにセッションに参加する場合は、ソーシャルワーカーが関わる転移反応は抑制される傾向にあるが、一方の配偶者のみを対象と場合、クライエントによる転移や、ソーシャルワーカー側の過度の同一化が助長される。

転移反応の特定
　どのような機関の状況や介入であっても、ソーシャルワーカーは、時折、転移反応に遭遇することになる。転移反応を管理するためには、まずその兆候に気づかなければならない。以下は、転移の兆候となる行動の例である。

- 対人トラウマに関わる転移反応は、一般的である。不信感、おそれ、あるいは怒りなどがその例である（Knight, 2006）。
- ソーシャルワーカーやグループメンバーに対するおそれ、不信感、および敵対的な相互作用や怒り。あるいは、重要な他者の悲しみ、不満、おそれに応えて、その人を投影する（James, 2008；Knight, 2006）。
- ソーシャルワーカーと口論をしたり、からかったりして、挑発的な行動を取る。あるいは、無口になったり、敵対的になったりして、進捗を避ける（Nichols, 2006）。

- ソーシャルワーカーの関心に対し、疑問を呈する。特に、同じような経験をしていないソーシャルワーカーが、自分たちの状況を理解できるかどうか（James, 2008）。また、クライエントに対する援助がソーシャルワーカーの仕事であるため、ソーシャルワーカーが心から関心を持つはずがないと感じる。
- けなされたと感じ、ソーシャルワーカーや他者のメッセージを誤って解釈する。防衛的な反応を示す、拒否されたと感じる、あるいは現実的な理由もなく、批判や罰を受けると思い込む。
- 自分の思考や感情は極端であるという認識。および同じような経験を持つ相手でさえ、それを理解できるかどうか疑問視する（Knight, 2006）。
- 心的外傷から回復した人が、他人の行動や反応を、裏切り、放棄、拒絶の兆候と見なす。心的外傷の原因をつくった当事者の動機、思考、感情を他者に当てはめる（Knight, 2006）。
- 依存心の強い、従属的な形でソーシャルワーカーと関わり、称賛や安心を過度に求める。
- 過剰な褒め言葉や称賛を浴びせたり、ご機嫌取りをしたりすることによって、ソーシャルワーカーを喜ばせようと試みる。
- ソーシャルワーカーに対する社交辞令として、個人的な便宜を図ったり、贈り物をしたり、特別な配慮を求めたりする。また、ソーシャルワーカーについての夢や空想を抱く場合もある。
- ソーシャルワーカーやグループメンバーに対し、依存する形で関わり、称賛や安心を過度に求める。
- ソーシャルワーカーやグループメンバーの外見が、誰か他人を思い出させるため、問題を話し合うことが難しい（Nichols, 2006）。

　明らかに、こうした反応は今ここで出現しているにもかかわらず過去の出来事に由来するものである。ここから、過去に焦点を当てながら転移反応の原点を理解するために、クライエントによる転移を解決する最善の方法であろうか、という興味深い疑問が提起される。過去の経験によって引き起こされた反応が現在の兆候として現れているのなら、クライエントの現在の不正確な歪んだ認知を検討することにより、こうした反応を解決することができると考えないだろう。当然のことながら、クライエントが過去の経験や状況を持ち出す場合、手短かに過去を振り返ることにより、生産的な情動カタルシスを促進し、思考、感情、および行動パターンの原点の理解につながる場合が多い。さらに、クライエントが心的ストレス（身体的または性的虐待、性的暴力、戦争、負傷、その他危機的出来事）を経験している場合、こうした経験を詳しく調査し、探求することが、このような経験による有害な影響を理解し、そこから回復するために重要となる（James, 2008；Knight, 2006；Wartel, 1991；Rosenthal, 1988）。

転移反応の管理

　クライエントが転移反応と思われる行動を示した場合、過去について必要な調査をした後、クライエントの今、ここの感情に焦点を移すことが重要である。なぜなら、そうした反応は一般的に、クライエントを援助関係や生産的なソーシャルワークから身を引かせる原因となり、最終的に、援助プロセスの土台を壊すことになるからである。転移反応を管理するための一助として、以下にガイドラインを示す。

1. クライエントの反応が非現実的ではなく、ソーシャルワーカーの行動がもたらした結果であ

る可能性を受け入れる。話し合いや内省により、クライエントの行動が現実的であることがわかったら、自分の行動に対する責任を認めることにより、忠実に対応する。
2．クライエントが、彼らにとって重要な人物が過去にしたように、ソーシャルワーカーが反治療的な方法で対応すると思い込んでいるような場合、それとは異なる方法で対応し、そうした期待が不当であることを示す。クライエントの予想とはまったく対照的な対応をすることにより、一時的な不均衡（感情の不安定）が生じ、クライエントは、過去の人物とソーシャルワーカーを差別化するようになる。その結果、クライエントは、過去の経験に基づく架空の期待を持ち続けるのではなく、ソーシャルワーカーを独自な現実の人間として対処するようになる。
3．いつどのように転移反応の感情が現れるかを探ることにより、クライエントが認知の歪みの直接的な原因を見極めるための援助を行う。そうした感情に関連する経歴や意味づけを注意深く検討する。ソーシャルワーカーの実際の感情を早急に現すことにより、認知の歪みを修正しようとしないこと。まず、いつどのように問題感情が現れるかを探ることにより、クライエントが過去の経験に基づき、過度に一般化をしたり、誤った意味づけや不当な思い込みをしたりするパターンに対して意識を高める手助けを行う。こうした意識によって、クライエントは今後、条件づけられた知覚セットから生じた感情と現実に基づく感情や反応とを差別化できるようになる。
4．クライエントが自分の感情の非現実的な特質を認め、こうした感情を生み出した歪みに対する自覚を示した後、ソーシャルワーカーは自分の感情を伝える。こうした暴露は、気分を害し、傷つき、怒り、拒絶されたと感じていたクライエントに対して安心感をもたらす要因となる。
5．問題感情を検討した後、クライエントが他の関係においても同様の反応を経験したことがあるかどうかを判断するための支援を行う。このような検討を通し、クライエントは、他の関係において問題を生み出した歪みのパターンを認識する。

結婚相手を見つけることができないことに失望したため、援助を求めることになった30歳の女性を対象とした8回目のセッションから抜粋した対話を用いて、上記ガイドラインの適用例を紹介する。

クライエント：「まあ、本当に時が経つのは早いですね。（しばらく間をおいて）今日はあまり話すことはありません」（ためらう様子）
ソーシャルワーカー（クライエントが何かに苦しんでいることに気づく）：「今日は、面接を受ける心構えが十分にできていないようですね。（共感的対応）ここへ来ることに対して、どう感じていましたか」（自由回答を求める質問）
クライエント：「来たくはありませんでしたが、来なければならないと思いました。実は、この1週間にいろいろなことがあったのです。でも、起こったことについて、お話したいとは思わなかったのです」（転移反応の可能性のある兆候）
ソーシャルワーカー：「ある特定のことについて、私に打ち明けることに対し不安を感じていたようですね。（発言を言い換える）私に打ち明けることについて、あなたがどう考えているのか教えてもらえますか」（自由回答を求める質問・丁寧な命令形）
クライエント：「わかりました。どうなるかわかるまで、この話は内緒にしておきたいと思っていました。本当にうまくいくまで、待とうと思っていたのです。それからお話ししようと思っ

ていました」（相手の反応を試している）

ソーシャルワーカー：「では、うまくいかなかった場合、そのことを私がどう思うかを心配してあえて言いたくないと思っていたのですね」（専門家によるより深い共感、解釈）

クライエント：「いいところを見せたいと思っていたのかもしれません。先週お話しした人とデートをしたのですが、とても楽しかったのです。これまでお話ししてきたつまらない人たちとは正反対の男性です。知識があって、すばらしい人です。信じられないくらい思いやりがある人なんです」（同意・称賛を求めている）

ソーシャルワーカー：「まだ彼が本当にどんな人なのかよくわからず、私に話をする前に、彼が本当にいい相手なのかどうか確かめたかったのですね」（専門家によるより深い共感・解釈）

クライエント（困惑した笑みを浮かべて）：「その通りです。そして本当にうまくいってから、お話ししようと思っていたのです」

ソーシャルワーカー：「そうすれば、私が感心するだろうと思っていたのですね」（専門家によるより深い共感・解釈）

クライエント：「そうです。本当にすばらしい人が私を気に入ってくれることがあるんだと知ってほしかったんです」

ソーシャルワーカー：「そうですか。あなたが男性に気に入られることなどないと私が疑っていて、あなたは、そんなことはないと私に証明したかったと考えていたみたいですね」（専門家によるより深い共感・解釈）

クライエント：「ええ、その通りです。自分を望ましい人間であると思ってほしかったのです」

ソーシャルワーカー：「私があなたのことを望ましい人間であるとは思っていないという疑いやおそれがどこから生じているのか、探ってみたいと思います。私が、あなたのことを男性に気に入られることはないと考えていると、どうして思ったのですか。私があなたに対して、そのようなことを言ったり、態度で示したりしたことはありますか」（認知や感情について調べ、対処している）

クライエント（しばらく考える）：「いいえ。そんなことはないと思います」

ソーシャルワーカー：「しかし、あなたは、強くそう思い込んでいるようですが、そのように感じるようになったのは、いつ頃からですか」

クライエント（一瞬間をおいて）：「男の人が私を利用するためだけに私に興味を持っていると感じていることについて、話を始めたときからだと思います。私をだめな人間だと思っているのではないかと感じていたんだと思います。そうではない、望ましい男性でも私を気に入ってくれる可能性があるんだということを知ってほしかったんです」

ソーシャルワーカー：「2、3週間前に、あなたの母親に対する感情について話し合っていた時、あなたは基本的に同じようなことを言いました」（別々の出来事であるが、関連のある出来事につながりを持たせるために要約技法を利用）

クライエント：「それがどうしたのですか」

ソーシャルワーカー：「あなたはとても冷たいので、男性に気に入られることはないから結婚できないと、お母さんが思っているだろうという自分の気持ちについて話してくれましたね」

クライエント（悲しげに微笑み、肯定的にうなずく）：「駆け落ちなんてしたくないんです。地元で結婚して、盛大な式を挙げたいといつも思っていました。結婚指輪をして、『ほら、お母さんは間違っていたでしょ』と言いたかったんです」

ソーシャルワーカー：「では、あなたはお母さんに対して、あなたを愛してくれる人がいるということを証明する必要があると感じていたのですね。そして、同じことを私にも証明したかったのですね」（専門家によるより深い共感・内省）

クライエント：「はい」（うなずいて肯定する）

ソーシャルワーカー：「私もあなたのことを男性に気に入られるとは思っていないと、あなたが考えていた点に関心があります。どうしてそのような結論に至ったのか、話してもらえますか」（ソーシャルワーカーは、クライエントの非現実的な認知、およびそれがどのように他の関係に波及しているのかについての検討を続ける。今、ここの感情に焦点を当てる）

クライエントがセッションに参加することをためらっている点について、細かく検討することにより、ソーシャルワーカーは、生産的なソーシャルワークに対して生じつつある障害を克服するだけでなく、クライエントが自分に魅力がないと感じていることについてさらに吟味するための支援をすることができた。こうしたプロセスを通して、ソーシャルワーカーは、自分に魅力がないと思うことで、他者（この場合はソーシャルワーカー）が自分をどのように見ているかについての認識がいかに歪められるかという点に対して、クライエントの意識を高めることができた。さらに、ソーシャルワーカーは、こうした検討を通して、クライエントと他者との関係に影響を及ぼしていた基本的な誤解を特定し、ソーシャルワーカーとより楽に関わらせることができた。また、ソーシャルワーカーが用いたコミュニケーションスキルやファシリテーションの技術により、クライエントが自分の思考や感情について検討できるようになった点に留意してほしい。

逆転移反応

ソーシャルワーカーは、ワーカーからクライエントへ作用する関係反応を経験する場合もあるが、こうした反応を認識し、効果的に管理しなければ、援助関係にダメージを与えるおそれがある。クライエントの場合と同様に、ソーシャルワーカーの感情も、現実的なものと非現実的なものがある。転移と対をなすそうした反応を逆転移と呼ぶ。転移と同様に、逆転移の現象には、ソーシャルワーカーの感情、願望、無意識の防衛パターンが関わっている。こうした反応は、過去の関係から派生し、客観的な認知を阻害して、クライエントとの生産的な相互作用を妨げる。

従来の意味での逆転移は、専門家がクライエントに対して、意識的および無意識の情動反応を示すとする精神分析理論に基づいている（McWilliams, 1999）。逆転移に対するより現代的な見方によると、クライエントに対する専門家の反応は、現実的なものであれ非現実的なものであれ、原因とは関係なく発生し、自分自身の過去や現在の経験、あるいはクライエントの性格に基づいている可能性がある（James, 2008；Knight, 2006；Nichols, 2006）。ファウス（Fauth, 2006）は、さらに相互交流的なアプローチ、特に人間と環境との相互交流アプローチを提案し、相互交流的ストレス理論と逆転移について研究した。その結果によると、逆転移行動は、ストレスのある対人関係の出来事や、状況が本人にとって有害かどうか、脅迫的であるかどうか、あるいは本人の対処資源に負担をかけているかどうかについて、専門家本人がどう認識するかということと関連していることがわかった。

逆転移反応は、認知の歪み、盲点、願望、および反治療的な情動反応や行動をもたらすことにより、援助関係を損なうと考えられている（Kahn, 1997）。以下は、非生産的なダイナミクスをもたらすおそれのある反応の代表例である。

- 自分の対処可能範囲やパーソナリティにおいて、怒りや葛藤を解決できる専門家としての技術が欠如している。例えば、憤慨したクライエントに直面した場合、必要以上に落ち着きを失い、そうした感情の表出をそらそうとする傾向を示す。
- 重要な人物に拒絶されたことに対する感情が未解決のままであるため、冷静でよそよそしいクライエントと関わることが難しいと感じている。
- ソーシャルワーカーが、権威に対する怒りの感情を解決できていないため、例えば、反抗的な思春期の青少年に過度に同一化してしまう。
- 同じような問題を抱えるクライエントをコントロールしたり、過度に同一化したり、またクライエント同士の互恵的行動が目に入らない。例えば、結婚カウンセリングで夫婦と関わる場合に、どちらか一方の肩を持つ。
- ソーシャルワーカーは、愛され称賛される必要性を過剰に抱き、誘うような行動を取ったり、個人情報を不適切に開示したりすることにより、クライエントを感心させようと努める。当然のことながら、共感的反応を示す形で選択的に自己開示することは、利益をもたらす可能性がある（Goldstein, 1997）。レインズ（Raines, 1996）は、自己開示をすべきかどうかの決断は、過剰関与および過少関与の範囲で考慮すべきであるため、個人情報の共有は合理的で、現在の関係に関連していなければならないと主張する。

ナイト（Knight, 2006）およびジェームス（James, 2008）は、代理トラウマを含む逆転移は、危機に対するソーシャルワークや心的外傷からの回復者を対象とした強烈なソーシャルワークに関与する専門家の間では、一般的な反応であると主張する。また、サルストン＆フィグレイ（Salston and Figley, 2004）は、犯罪被害者を担当する専門家に対する心的外傷の影響を指摘している。また、ストレスの高い状況における逆転移は、バーンアウト状態の兆候となる場合がある。ジェームス＆ギリランド（James and Gilliland, 2001）によると、危機を扱う専門家は、自分と同じような経験を持つクライエントと関わることにより、「未解決の思考や感情が呼び起こされる」経験をする場合がある（p.419）。特に、逆転移反応が、移民や難民のトラウマ的経験や「悲惨な話」と関連している場合、職業上の距離を維持することは困難である（Potocky-Tripodi, 2002）。その結果、専門家は共感疲労や二次的トラウマを経験し、過剰関与に陥る傾向が高まる。どちらの場合も、クライエントに対して効果的なソーシャルワークを提供する能力を著しく損なうおそれがあるため、いずれの状況も生産的であるとは言えない。こうしたダイナミクスを意識的に評価することが、ソーシャルワーカーとクライエントの両者にとって重要となる。スーパービジョンやコンサルテーションが必要な場合もあり、また休みを取ることが、専門職者としての仕事に再び焦点を当て、活力を吹き込む上で役立つかどうかを考慮する必要がある。

逆転移反応の管理の仕方を説明する前に、まずそうした反応の典型的な兆候を特定することが重要である（表18-2を参照）。表に示した兆候の一部は、ナイト（Knight, 2006）およびエザーリントン（Etherington, 2000）から引用した。

表18-2に挙げたリストと表18-1に示した過剰関与と過少関与に関する反応との類似点に注目してほしい。また、こうした逆転移行動は、職業上の距離の欠如、専門家にふさわしくない言動、あるいはバーンアウトを示す証拠である場合に留意しなければならない。クライエントに対する非現実的な感情や表18-1および18-2に示された反応は、早急に適切な是正措置を必要とする兆候である。そうした措置を怠れば、クライエントの問題を悪化させ、最終的には援助関係を損なう

表18-2　典型的な職業上の逆転移反応

- 必要以上にクライエントを心配あるいは保護し、クライエントの擁護者または救助者となる。
- クライエントに対する夢や性的空想を常に抱いている。
- クライエントとのセッションをおそれている、または楽しみにしている。
- ある特定の問題についてクライエントと話し合いをする際、戸惑いを感じる。
- クライエントに対して敵意を感じる、あるいはクライエントに対して共感することができない。
- クライエントの問題に対し、他人だけのせいにする。
- 退屈し、無気力になり、クライエントの話に耳を貸さない。
- ある特定のクライエントに対し、常に遅刻をしたり、面接を忘れたりする。
- 一貫してセッションを早めに終了したり、所定の時間より延長したりする。
- クライエントを感心させようと努めたり、必要以上にクライエントを感心したりする。
- クライエントを失うことを過剰に心配する。
- クライエントの批判やアクションについて言い争いをしたり、防御的になったり、傷ついたりする。
- 過度の心配をし、クライエントが遂行可能な課題を自分でやってしまう。
- クライエントの性生活を探る。
- ある特定のタイプのクライエントを好むまたは嫌う（現実に基づいている場合もある）。
- トラウマ状況における虐待者の役割に同一化し、クライエントの痛みに対して責任を感じる。
- 心的外傷を受けたクライエントのストーリーを最小限に評価したり、クライエントにうんざりしたり、のぞき見的な行動を取ったりといったやり方で、感情に対処しようと努める。

おそれがある。

　通常、逆転移を解決するための第一歩は、内省を行うことである（これが必要なすべてである場合が多い）。内省とは、感情、反応、認知、行動の原因を発見することを目的に、自己との分析的会話を行うことである。以下は、内省を促進する質問の例である。

- 「なぜ、私はこのクライエントと一緒にいると落ち着かないのだろうか。専門家として関わることができないのは、私の中で何が起きているからなのだろうか」
- 「このクライエントの状況に関する私自身の不安、怒り、不快感に対し、どうしたらうまく対処できるだろうか」
- 「なぜ、私はこのクライエントを嫌う（または退屈に感じる、我慢できない、イライラする）のだろうか。私の感情は合理的であるのか、あるいはこのクライエントは、誰か別の人物や私自身の経験を思い出させるのだろうか」
- 「このクライエントと特定の問題に直面できないのは、私の中で何か起きているからなのだろうか。クライエントの陰性反応をおそれているのだろうか」
- 「このクライエントと言い争いをすることにどんな目的があったのだろうか。私は防御的になっている、あるいは脅威を感じていたのだろうか」
- 「なぜ、私はあれほど話したり、忠告をしてしまったりしたのだろうか。クライエントに何かをしなければならない必要性を感じたのだろうか」
- 「このクライエントのことを空想したり、夢を見たりするのは、私に何が起こっているからなのだろうか」

- 「なぜ、私は常にカップル（両親または未成年者）とのソーシャルワークにおいて、どちらかの肩を持ち、一方に目をつぶってしまうのだろうか。ある特定のクライエントに過度の同一化をしているのだろうか。もしそうであれば、なぜなのか」
- 「私自身の経験、性格、感情が、客観性を損なうおそれがあるだろうか」

　内省、自己評価、および適切な境界線や距離を保つ能力は、クライエントとの関係に対する現実的な視点を持つあるいは取り戻す上で役に立つ。同僚やスーパーバイザーとのコンサルテーションの一環として、そうしたトピックについて話し合う必要があり、その中で、自分の感情をさらけ出して検討し、同僚やスーパーバイザーの視点やアドバイスを受ける。時として、クライエントは自分の問題に近づきすぎ、問題を客観的に見られなくなる場合がある。そうした場合に、ソーシャルワーカーにとって有利な視点から問題を見ることにより恩恵を受けることがある。それと同様に、ソーシャルワーカーにとっても、第三者である同僚、コンサルタント、スーパーバイザーの先入観のない視点は有効である。しかし、繰り返し逆転移反応が生じる場合には、単なる内省や同僚の意見を超えた専門家の援助が必要となる。特に、継続的な逆転移反応は、ソーシャルワーカーの能力を制限し、クライエントに対する効果的なソーシャルワークを妨げる関係障壁を築くことになる。

現実的な実践者の反応

　特定のクライエントに対するすべての否定的な感情が、クライエントやその状況に対する逆転移反応を示すわけではなく、またすべての否定的な感情が、専門家に対するクライエントの転移反応を示すわけではない。クライエントの中には、不快、横柄、あるいは反抗的であり、相手をいらつかせるような癖を持ち、他人を利用したり非情であったりする者もいる。最も受容力のあるソーシャルワーカーでさえ、そうしたクライエントに対して肯定的な感情を抱くことは難しい。やはり、ソーシャルワーカーも人間であるため、時には、相手を嫌ったり、イライラしたり、我慢できないこともある。行動とは無関係に、クライエントにはサービスを受ける権利がある。実際に、こうしたクライエントは、他人を遠ざけ、孤立し、なぜ問題が発生したのか混乱していることがまさに原因となり、援助を必要としている場合が多いのである。

　特定のクライエントの攻撃的な行動を掘り下げてみると、横柄で強靭な外観の下に、望ましい、称賛に値するほどの資質や脆弱性を発見することが多い。あるソーシャルワーカーは、本書の著者とのインタビューの中で、「未成年者との面接において、特に人種が要因となっている場合（ソーシャルワーカーは白人）、その未成年者は、大きな態度で否定的な姿勢を示すことが多い」と指摘した。しかし、そうしたクライエントのプライベートな一面をのぞいてみると、彼らが深刻な情緒剥奪、おそらくは身体的あるいは性的虐待、その他クライエントの対処能力や相手を信頼する能力を超えたトラウマ体験に耐えてきたことが発覚する場合がある。例えば、先ほどのソーシャルワーカーは、「多くのケースにおいて、クライエントは、その行動を除けば、私たちが想像もできないような生活にさらされてきた脆弱な子どもでしかないことがわかります」と述べている。彼らの行動にかかわらず、こうしたクライエントに対し、このソーシャルワーカーは、彼らとのつながりを求め、思いやり、受容、共感を伝える努力を続けている。また、彼らの行動にうんざりするときもあり、「そういうときは、彼らにそう伝えます。不思議なことですが、大半のクライエントは、とても思いやりを持った反応を示してくれます」と語っている。

失礼な態度を示すクライエントには、受容以上のものが必要とされるが、こうしたクライエントには、彼らの行動の一面がどのように相手の感情を害しているかについて、フィードバックを与える必要がある。また、このようなクライエントに対し、新しい行動を試してみるように促し、そうした技術を身につけ練習する機会を与えることが可能である。フィードバックは、きめ細かく、善意に基づいて行う場合、非常に有効である。そうしたフィードバックを提供するに当たり、「あなたは自慢しすぎで、会話を独占している」「あなたは、他人の感情に対して無神経で、相手を傷つけることを言う」といった防衛的な姿勢をもたらす傾向にある評価的あるいは批判的なコメントを避けるように注意しなければならない。クライエントは、自分の行動を説明し、記録したメッセージや、ソーシャルワーカーの個人的な反応が示されたメッセージを受け入れる可能性が非常に高い。次に挙げる記述的なメッセージは、感情の所在がどこにあるかを具体的に示した例である。「今あなたが私をばかにした態度を取ったとき、私は防衛的になり、怒りを感じ始めました。前にも何度か同じようなことがあり、そのたびに私はあなたを敬遠してしまいます。これがあなたの他人との関わり方であると思われるため、心配しているのです」。言うまでもなく、この発言は本心であるが、健全な援助関係が構築されるまでは適切な発言とは言えない。

クライエントに対する性的関心

　クライエントに対する恋愛感情や性的感情は、特に害を及ぼすおそれがあるが、そうした感情は、決して珍しいものではない。585名のサイコセラピスト（サイコロジスト）を対象とした調査の結果、クライエントに魅力を感じたことがないと答えたのは、わずか77名（13％）のみであった（Pope, Keith-Spiegel, & Tabachnick, 1986）。しかし、大半（82％）はクライエントと性的に関わることを真剣に考えたことはないと答え、残りの18％のうちの87％が、一度または二度、クライエントとの性的関係を考えたと答えた。585名のうちのおよそ6％が、実際にクライエントと性的関係を持ったことがあると答えている。

　より最近の調査では、シュトローム-ゴットフリート（Strom-Gottfried, 1999a）が、全米ソーシャルワーカー協会に報告された倫理に関する苦情のうち、29％が境界線違反に関するものであったことを突き止めた。この全体のほぼ4分の3が、ある種の性的違反に関連した苦情であった。シュトローム-ゴットフリートによると、「ごく小さな事例であっても、このような事例を減らすための手段を十分に講じる上で、職業上、特にスーパーバイザーや教育担当者が関心を寄せるのは当然である」（1999a, p.448）。ソーシャルワーカーは、適切な職業的行動について深く理解し、良いモデリングに触れ、困難な状況を探り、そうした検討の中で批判的思考の技術を活用する必要がある。状況、場所、集団により、ソーシャルワーカーが特別なリスク（地方、密接な宗教的、文化的、および民族的コミュニティ、薬物乱用治療施設などにおける）にさらされる場合、潜在的なジレンマや二重関係について検討しなければならない。レインズ（Raines, 1996）は、性的関心が顕著である状況であっても、過剰関与でもなく過少関与でもない適切さをもって、自己開示についての決断を検討しなければならないと指摘する。同様に、個人的な情報の共有は、理性的な根拠に基づき、現在の関係に関連性がなければならないと主張する。

　先に指摘したように、大半のソーシャルワーカーは、キャリアのある時点において、クライエントに対する性的関心を抱いた経験を持つ。そうした関心に対し、適切な対処をすることが重要である。幸いにも、データによると、大部分のセラピストが、そうした自分の関心にうまく対処している。83％が、関心を寄せるクライエントと相互に好意を抱いていると考えていたが、それ

以外の回答者は、クライエントは自分たちの好意に気づいていないと思っていた。後者の場合、自分が抱いている好意は、援助プロセスに有害な影響を及ぼさないと考えていた。一方、クライエントが自分の好意に気づいていると考えていたセラピストは、援助プロセスに対する弊害について理解していた。

シュトローム-ゴットフリート（Strom-Gottfried, 1999a）は、調査対象者の6％がクライエントと性的行為に及んだことを突き止めたが、この割合は非常に憂慮すべきものである。性的に関わることは、クライエントにとって耐えがたい結果をもたらす。多くの場合、混乱や激しい罪の意識を感じ、その後、専門家を信頼することが非常に難しくなる。ソーシャルワーカーの中には、クライエントが愛されていると感じるため、あるいは性的問題を克服するための手助けをするという名目で、クライエントと性的行為に及んだことを正当化する者がいる。こうした説明は、多少真実を偽り、クライエントを利用したことに対する見え透いた正当化である場合が多い。通常、こうしたクライエントに対する関心や性的行為には、魅力的で比較的若いクライエントが関わっている。他の例では、ソーシャルワーカーに対するクライエントの行動に基づき、こうした行動を正当化しようとする場合がある。状況にかかわらず、このような行為は受け入れられない。クライエントに対して深刻な害を与え、専門職に対する世間のイメージを損ない、ソーシャルワーカーにとっては法律に関わる問題である。

クライエントと性的に関わることは、ソーシャルワーカーにとっても破滅的な結果をもたらす。こうした行為が見つかった場合、問題を起こしたソーシャルワーカーは制裁を受け、非倫理的な実践を行ったことで訴えられ、免許または資格が取り消され、基本的には専門職から追放されることになる。ライセンス委員会により策定された倫理的行動基準や全米ソーシャルワーカー協会（NASW）の倫理綱領は、この点について明確に規定している。NASW倫理綱領では「ソーシャルワーカーは、いかなる状況においても、同意の有無にかかわらず、現在のクライエントと性的行為や性的接触に及んではならない」と規定されている（セクション1.09a）。

クライエントに対する性的関心は、異常なことではないが、関心に基づいて行動することは、クライエントとソーシャルワーカーとの職業上の関係において常に非倫理的であるため、そうした関心を管理する必要がある。性的関心を効果的に管理するためには、非現実的な感情や反応に対する是正措置として先に取り上げた内省やスーパーバイザーとのコンサルティングに関与することが必要である。この点について、先のシュトローム-ゴットフリートによる調査の中で、回答者の57％がクライエントに関心を持った際、コンサルテーションやスーパービジョンを求めたと答えた点は注目に値する。自分の感情を野放しにしてはいけない点は、いくら強調しても強調しすぎることはない。さらに、クライエントもソーシャルワーカーも、お互いに性的関心を抱いたり、性的に関わったりすることがないように、服装や行動に気をつけ、いかなる問題状況をも未然に防ぎ、回避するための手段を講じなければならない。クライエントについて頻繁に性的空想を抱くソーシャルワーカーは、特に問題を起こしやすく、専門家として正常に機能していないと見なされ、治療を受けることを考慮しなければならない。

■変化に対する抵抗の取り扱い

ソーシャルワーカーやその他の援助専門家は、自分たちが望んでいる方向性とは反対の行動をクライエントがとったとき、「抵抗」としてラベリングする傾向がある。抵抗とは、意図的ある

いは意図せずに、率直な話し合いをすることなく、変化に向けた取り組みをためらったり、関与しなかったり、あるいは何らかの方法で妨害または邪魔をすること、また一連の治療ワークを妨げるアクションや態度を意味する（Meyer, 2001；Nichols & Schwartz, 2004）。フロイトが初めて概念化した抵抗とは、正常で健全な反応とされていた。より最近では、抵抗の概念は、クライエントにその反抗の責任があるという意味で使われ、それによってさらなる抵抗が生じる傾向にある（Meyer, 2001）。

抵抗とは標準的な自己防衛機能であるということを理解する上で、自分がある特定の変化を遂げる必要があると指摘された場合を考えてみよう。職場であれ（ケース記録を期限内に完成させる）、家庭であれ（家事を手伝う）、あるいは人間関係であれ（相手にもっと気を遣う）、変化が求められている状況である。

- 自分の情動反応はどのようなものだったか。
- 自分の行動反応はどのようなものだったか。

次に、自分の反応を、クライエント、特に初めて会うクライエントに置き換えてみよう。

援助に消極的なクライエントの場合、どのように抵抗が現れるのかを見るために、夕食時、自分がほとんど興味もなく、ほしいとも思わない商品の販売勧誘の電話が自宅にかかってきた場合の自分の対応や情動反応について考えてみよう。このような状況では、電話を切るという選択肢がある。援助に消極的なクライエントとの相互作用において、クライエントは、しばしばこのような感情に従って行動するが、ソーシャルワーカーとの関係を断つという選択肢が与えられていないと感じる場合がある。

抵抗のダイナミクスを理解する上で、複数の要因が関連している。例えば、ラム（Lum, 2004）によると、抵抗は有色人種との相互作用において顕著であり、「最低限の関与、控え目、あるいは表面的に感じがよい」といった形で現れることがある（p.152-153）。マイノリティのクライエント、および実際には、そのコミュニティ全体の抵抗の原因は、専門家に対する信用や信頼の欠如にある。信頼や相互関係を築くことは、「白人がコントロールし、支配する」機関から援助を求めることに対する有色人種のためらいを克服する上で、主要な推進要因である（Lum, 2004, p.152）。

変化に対する反発は普遍的な現象であると認識することも、抵抗の責任をクライエントに負わせることを回避する上で役立つ。この認識が適切であることは、長年にわたる習慣を断ち切ろうと試みたことのある人であれば嫌というほどわかっているだろう。習慣の力は絶え間なく続く上、変化を遂げるということは、満足感が減少し、おそろしいあるいは嫌悪の状況に真正面から対処することを意味する場合が多い。それに加え、変化をもたらすためには、結果がわからない中で、あえて新たな行動を試してみることになる。現状には痛みや苦労が伴っていたとしても、そうした状況は自分にとっては普通のことであり、習慣的行動の影響は予想可能である。さらに、クライエントが変化を望みながらも、それを実行することをためらい、態度を決めかねていることはめずらしいことではない。対立する感情は、一般的に共存するものである。つまり、クライエントは、一方で変化を求めながら、もう一方では、なじみのある現状を維持することに努めるのである。

変化に対するクライエントの両面感情を認識することにより、クライエントが自分の感情を探

り、変化をもたらすことの利点や不利な点を評価する手助けをすることができる。実際に、クライエントが自分の感情について考え、現状維持の影響を再評価するうちに、変化に対する意欲が増してくる場合が多い。援助プロセスにおいて、クライエントの変化に対する反発、あるいはクライエントが変化の無関心期にあるという事実（「自分に問題があるとは思いませんが」）にもかかわらず、クライエントを受け入れることによって、クライエントの自己決定権を尊重する。クライエントを変化への取り組みに関与させることは、倫理的な説得をする上で有益である（第17章を参照）。クライエントが自由に決断を下すことができる場合に、彼らが関与する可能性がさらに高まる点に留意してほしい。プレッシャーを与えることは、対立要因や反発（誘導された抵抗）を生み出す場合が多いため、この要因は非常に重要である。こうした点から、変化に対する反抗的な感情を認識し、認めることにより、こうした感情が姿を潜めて援助プロセスを知らぬ間に損なうといった事態を回避することができる。反抗的な感情について認識し、率直に話し合い、そうした感情を認めることによって、変化に対する願望ややる気を引き出すことが可能となる。

　リアクタンス理論は、変化に対する反発について検討する上で、さらに有益な視点を示している。反抗行動の責任をクライエントに課すのではなく、リアクタンス理論では、貴重な自由が脅かされた場合に予測される反応をソーシャルワーカーが客観的に予測する（Brehm, 1976）。第一に、一部のクライエントは、脅かされたものを取り戻そうとすることにより、直接自由を再び手にしようと試みる（選択）。第二に、よくある反応としては、それとなく自由を取り戻したり、あるいは要件の精神には反しながらも、表面的には順守しているように見せかけたりすることによって、「抜け穴を見つける」（机に座っているだけで、仕事はしない）。第三に、脅かされた行動や信念が、以前にも増して重要視されるようになる。最後に、脅威をもたらした当事者やその原因は、敵意や攻撃の対象になる（R.H Rooney, 1992, p.130）。

　リアクタンス理論は、この種の反抗を減らすことを目的とした積極的な方略において役立つ。例えば、自分のライフスタイルを変えることに対する広範囲のプレッシャーを感じているクライエントは、こうしたプレッシャーの範囲が狭められ、変化への取り組みにおいて、自由が許される行動が強調された場合、反発を経験する可能性は低くなる。また、クライエントが、少なくともいくつかの選択肢（それらが選択をしないと損をすると感じるようなもの：constrained choice）が与えられていると感じている場合、反発が軽減される可能性が高い（R.H Rooney, 1992）。同時に、状況に対するクライエントの視点を理解し、ラベリングを回避することにより、反発を減らすことが可能となる（p.135）。

変化に対する抵抗の回避

　変化に対する反発は、変化に対するためらい以外の原因から生じる場合がある。クライエントがサービスや特定の介入の性質を誤解することにより、十分に協力することを躊躇するのである。このような場合、サービスや介入の性質について十分に説明し（インフォームドコンセント）、何が必要であり、どこに選択の余地があるのかを検討することが重要である。また、こうした話し合いにより、参加者としての役割を明確化し、援助を望むクライエントが治療を続けるかどうかを自由に決められるようにする必要がある。変化に対する反発を回避するための最善の方法は、契約の策定、役割の明確化、具体的な目標の設定、特定の介入を行う根拠の説明、不安についての話し合い、自己決定の促進などを徹底して行うことである。

　変化に対する反発をもたらすその他の原因には、自分の通常の機能や文化的信念とはほど遠い

行動に関与すること、あるいは圧倒されるような状況に直面しなければならないことに対する不安やおそれがある。こうした感情は、一般的に非常に強いものであるため、クライエントは、必要なアクションを完了させることを躊躇する。その結果、クライエントの問題は、アクションを実行できなかったことに対する困惑により悪化し、ソーシャルワーカーとの面会や問題状況についての話し合いを続けることに対する抵抗が生じる。また、この種の反発は、おそれや価値観、および信念を予測し、探ることやモデリング、行動リハーサル、誘導型の実践を通して、クライエントに心構えをさせることにより、防ぐことが可能である。こうした方略については、変化のプロセスを妨害するその他の要因とともに、第13章で詳しく取り上げた。

転移性の抵抗

クライエントの中には、大きな転移性抵抗に陥り、その反応が進捗の妨げとなる場合がある（Nichols, 2006）。また別のクライエントは、ソーシャルワーカーを理想化し、援助関係を他の関係の代用とする場合がある。そうしたクライエントは、目標達成に焦点を当てるのではなく、こうしたダイナミクスを繰り返すだけに終始してしまう。また、あるクライエントは、ソーシャルワーカーが自分の非現実的な期待に応えてくれないことに対して、失望し、憤慨する場合がある。こうしたクライエントは、ソーシャルワーカーを思いやりがない、控え目である、拒絶的であると見なし（自分の両親に対する見方と同様）、ソーシャルワーカーに対する怒りの感情（陰性転移）に苦しみ、その結果、自分の問題に対して生産的に取り組むことができなくなる。ソーシャルワーカーがこうしたクライエントを認識し、陰性感情について話し合い、受け入れ、現実的な視点から見直すことによって、その転移感情の解決に向けた支援をしない限り、クライエントは自分の認識や感情の適切性を疑うことなく、時期尚早に契約を打ち切ってしまうおそれがある。

変化に対する抵抗の兆し

変化に対する反発はさまざまな形で現れ、クライエントが異なる兆候を示す頻度は、状況の種類、クライエントの性格、およびクライエントの民族性や社会経済レベルによってさまざまである。以下は、一般的な反発の兆候である。

- 思考の停止（頭の中が真っ白になる）
- 沈黙が長く続く
- 不注意または集中できない、話題を変える
- 取り留めもなく話し続ける、重要でない細かいことをくどくど話す
- 情緒不安、そわそわする
- 表面的なことや無関係な話をする
- 嘘をつく、意図的に事実を曲げて述べる
- 合理的に説明する（抽象的な考えに焦点を当てることにより、感情や問題を避ける）
- 苦悩に満ちた出来事や前回のセッションの内容の詳細を忘れる
- 面接に遅刻する、面接を忘れる、変更する、またはキャンセルする
- 問題を最小限に評価する、奇跡的な改善を主張する
- 重要な話をセッションの最後に持ち出す
- サービスに対する料金を支払わない

- セッションで身につけた知識や技術を日常生活に適用しない
- 無力だと思い込む

　以下は、変化のプロセスに関与しないことや必要な是正措置を取らないことを正当化するためのさまざまな言い訳の例である。

- 「私にはできませんでした。私のせいではありません」
- 「私にはどうしてもできないんです」
- 「やってみましたが、うまくいかないのです」
- 「あなたのおっしゃることはわかりますが……」
- 「私はそんなに他の人と変わりません。みんなも……ではないですか？」

　上記の例の多くは、必ずしも変化に対する反発を示すわけではない。しかし、ある特定のアクションを完結できない場合には、注意深く調べてみる必要がある。実際に、クライエントが生産的な取り組みを続けているのであれば、上記の兆候が現れたとしても、特別な対処は必要ない。しかし、クライエントが行き詰まっているようであれば、反発が生じていると考えても差し支えなく、そうした反発の根底にある要因を探ることに焦点を移すことが可能である。また、重要ではない情報について取り留めもなく話し続けたり、くどくど話す場合は、クライエントが自分の状況を説明したり、ストーリーを語ったり、あるいは不満を述べたりしようとしている可能性があることに注意する。また、そのような現象は、クライエントがフラストレーションを発散するカタルシス（精神浄化）の機会となる。以下のような場合にも、変化を考慮すべきである。

- クライエントが、変化に向けた資源（発達、社会、認知資源）を備えている。
- クライエントが、環境障壁（経済、政治、文化障壁）に直面している。
- クライエントが、クライエント・ソーシャルワーカー関係（関係障壁）に直面している。

　反発は、家族およびグループセッションにおいても現れ、個々のメンバーが前述の兆候を示すおそれがある。グループでは、メンバーがサブグループを形成し、グループ全体のプロセスを無視する場合がある。同様に、家族のメンバーがジェンダー、年齢、あるいは力に基づき、派閥を作る場合がある。また、グループや家族における抵抗は、個々のメンバーに罪をかぶせる形で現れる場合がある。家族においては、ある一人のメンバーが、家族の問題の原因であると見なされ、グループにおいては、グループプロセスがうまくいかないことを、ある特定のメンバーのせいにされることがある。グループの場合、一人のクライエントまたは複数のグループメンバーが孤立し、グループに参加せず、グループが負うべき責任をリーダーに押しつけようとしたり、ひやかし合ったり、主題から外れたり、協力的に取り組むのではなく、力をめぐって争ったりするといった反発行動が取られる。

　変化に反発しているように見える家族やグループのメンバーは、実際には、他のメンバーも同じように感じている懸念を提示している場合があることに留意しなければならない。個人の場合と同様に、行き詰まりに陥った場合、ソーシャルワーカーはグループや家族のメンバーの関心を、機能を果たしていないプロセスに向けさせ、非生産的な活動にエネルギーが向けられないように

しなければならない（注1）。

　変化に対する反発は一般的な現象であるため、すべての兆候に警戒する必要はない。さらに、ささいな反発に注目することにより、クライエントは、ソーシャルワーカーがクライエントの取るに足らない行動を細かく調べたり、分析したりしようとしていると感じ、拒否反応を引き出すおそれがある。実際に、反発の兆候に対する過剰反応は、最終的には反発をもたらすことになる。経験則からすると、反発が進捗を阻害するほど強力でなければ、無視するのが最善である。とはいえ、反発が進捗を妨げている場合には、そうした反発を改善することが最優先事項となる。

抵抗を見つけて取り扱うこと

　変化に対する潜在的な反発を管理するための第一歩は、クライエントの根底にある今ここでの感情に焦点を当てることにより、潜在的な反発を明らかにすることである。ソーシャルワーカーに対する個人的な感情は、そうした反発と関連していることが一般的であり、またクライエントは自分の感情をこのような状況の中であえて共有することが難しいと感じるため、思いやりのある巧みな対処が不可欠である（このような問題がなければ、クライエントはすでに自分の問題を伝えているはずである）。共感、思いやり、受容は、クライエントとソーシャルワーカーとの間の援助関係において、リラックスした対人環境を高めるため、クライエントの感情を引き出す上で重要な役割を果たす。

　反発の原因を探る上で、ソーシャルワーカーは、その兆候自体に焦点を当てるのではなく、反発とは、クライエントが援助プロセスにおいてソーシャルワーカーや出来事に対して問題のある考えや感情を抱いていることを示す現れであると考えなければならない。本心から対応することにより、ソーシャルワーカーが援助が進まないことを心配し、また善意をもって援助しているということがクライエントに伝わる。またソーシャルワーカーがどのような困難でも援助し、解決するつもりであり、またそのための意欲ももちあわせているということをクライエントに対し再確認することになる。以前のセッションで話し合った内容が、問題の原因を探る上での手がかりをもたらす場合がある。例えば、あるクライエントは以前、非常に心が痛む問題について話し合い、自分の羞恥心や罪悪感に関わる個人的な感情を暴露し、あるいは自分が問題状況の原因となっていることに対して直面化しいらだったことがあるとする。このような場合、ソーシャルワーカーは以下のような発言を通して、こうした感情を呼び起こし、話し合いを始めることができる。「あなたは苦悩しているにもかかわらず、今日は非常に静かですね。前回のセッションで、あなたが気分を害したことはわかっています。その点について、今のあなたの気持ちを話してもらえませんか」

　反発の原因について話し合うと、個人的な感情を探求することにつきものの不安がしばしばあらわれてくる。クライエントの中には、自分は正気を失っている、また自分の考えや感情を明らかにすることによって、ソーシャルワーカーは自分の精神的能力を判定していると誤ったおそれを抱く者がいる。また、子どもに対する否定的な感情を示したり、不倫について話をしたりした場合、責められるのではないかというおそれを抱いている者もいる。さらに、自分の考えを変えるように圧力をかけられたり、ばかげていると思われたりすることに懸念を抱くクライエントもいる。

　反発の原因を探索し始めると、一部のクライエントは、関連する感情を表すことを躊躇する場合がある。このような消極的な姿勢を克服するための一つの技法は、別の問題感情を示すことに

対する今ここでの不安に対し、共感的に焦点を当てることである。ソーシャルワーカーの気配り、共感、誠実さは、クライエントがさらに心を開くための下地を作る。以下の共感的対応は、こうした技法を示す一例である。

ソーシャルワーカー：「あなたは自分の感情について話すことに対して、非常に不安を抱いているようですね。私の思い違いかもしれませんが、あなたは私がどのような反応を示すのか心配しているような印象を受けました。私がどのような反応を示すのか、確かなことは言えませんが、あなたの気持ちを理解するように最善を尽くすつもりである点はわかってください。今のあなたの気持ちを教えてくだされば、非常に助かります」

クライエントが思い切って自分の感情を示した場合、そのようなリスクを取った能力をストレングスとして認め、励ましの言葉を表すことは、治療的な意味を持つことが多い。そうした肯定的な対応は、さらに相互の開放性につながる環境を育み、結果に対するおそれを取り除き、クライエントがリスクを伴う感情を表す可能性を高める。以下は、そうした対応を示す例である。

ソーシャルワーカー：「怒りの気持ちを示してくれてありがとう。明らかに、あなたは長い間このような感情を抱いていたのです。あなたにとっては、大変な勇気のいることでした。私はあなたの怒りを受け入れ、それが原因となり、私たちの関係に溝ができていたことを理解できました。このような感情が蓄積されてきたこと、そして私がそれに気づかず、知らなかったことを申し訳なく思います。あなたが自分の気持ちを打ち明けてくれたことで、私たち二人にとって、とことん話し合う機会ができました」

肯定的意味づけ

肯定的意味づけは、脅威のレベルを下げ、クライエントが体面を保ち、自分の感情について話すことでリスクにさらされる自尊心を守る上で有用なもう一つの技法である。肯定的意味づけでは、望ましくないあるいは否定的な行動と見なされるクライエントの行動の背後には、建設的な意図があるものと考える。この技法を用いる上で、ソーシャルワーカーは、行動の背後にある意味を、自分の有利な視点に基づき、肯定的にも否定的にも見ることができることを認識する。クライエントの反発を進捗を妨げる障害として見た場合、そうした反発は否定的な意味を持つ。一方、クライエントの視点から見た場合、同じ行動が肯定的な意図を持つようになる。この点を明確にするために、以下の例を挙げる。

- クライエントは面接をキャンセルし、次のセッションでも殻を閉ざしている。検討の結果、クライエントは、ソーシャルワーカーが「彼女に圧力をかけ」、ある一連のアクションに従わせようとしたことに腹を立てていることがわかった。ソーシャルワーカーは、自己決定の証拠として、クライエントの感情に共感を示す。
- クライエントは、ソーシャルワーカーに対する思いや空想で頭がいっぱいになり、問題への取り組みが行き詰まっている。一方、こうした感情は、クライエントが自発的な孤立から抜け出し、社会関係に適用可能な親密感を示すようになったことを示す証拠と解釈することも可能である。

- 長い沈黙とそれに関連した感情を探った後、ある親は、ソーシャルワーカーがいかに子どもの肩を持っているかについて厳しい批判を始める。こうした反応は、理解をしてもらおうとする親による合理的な試みであると考えられる。

　肯定的意味づけの目標は、クライエントの反発を大目に見たり、クライエントの認知の歪みを強化したりすることではなく、クライエントが自己弁護する必要性を減らし、すでに不安定な自意識を守り、ストレングスの観点に合ったやり方で対処することである。この技法を用いる際には、クライエントが自分の反応は認知の歪みが原因であることを認識するための援助を行い（該当する場合）、感情を直接表出するように促すことが重要である。

成長の機会としての問題の再定義

　成長の機会として問題を再定義する技法は、リラベリングやリフレーミングを伴うことから、肯定的意味づけと非常に関連している。クライエントもソーシャルワーカーも、問題を否定的に見る傾向がある。さらに、クライエントは、一連の是正措置を「必要悪」と考え、思い切って新たな行動を試す上での脅威についてあれこれ悩む場合が多い。したがって、多くの場合、問題や必要な課題を成長の機会、および息が詰まるような自己破滅的行動から解放されるための手段としてとらえ直すことが有益である。リラベリングやリフレーミングは、肯定的な面、すなわち戸惑い、おそれ、その他自分の行動を修正する上での代償ではなく、変化がもたらす利点を重視する。

　この技法を用いる上で、過度に肯定的な態度を示さないことが重要である。おそれや脅威は、思い切って変化に挑むクライエントにとっては非常に現実的なものであるため、必要以上に楽観的になることは、単にソーシャルワーカーの理解の欠如を示すことになる。リフレーミングであれ、リラベリングであれ、クライエントの問題を最小限に抑えたり、新たな行動を試す上での脅威を無視したりすることはできない。とはいえ、リフレーミングやリラベリングにより、クライエントは、肯定的および否定的要因を含めたより完全な視点で問題を見ることができる。以下に、問題状況を成長機会としてリラベリングする例を示す。

リラベリング

- 里親が、門限を守るように厳しく言いつけたために家出をした10代の里子は、里親が「理不尽である」という理由で家に戻ることを拒否している。ソーシャルワーカーは、家へ戻ることは問題に真正面から取り組み、青少年のパターンである回避をするのではなく、問題を解決するという挑戦であると説明する。
- 乳ガンの家系を持つ高齢の女性は、自分ががんであることをおそれ、医師の診察を受けることをためらっている。ソーシャルワーカーは、クライエントのおそれに共感を示しつつも、検診を受けることはガンである可能性に対するおそれを取り除く機会である、あるいは万が一、ガンであっても、病状が進行する前に治療を受ける機会であると説明する。

リフレーミング

- ある若者は、大学へ行くのではなく、一連の職業適性検査を受け、職業専門学校へ行くことについて戸惑いを感じている。ソーシャルワーカーは、クライエントの戸惑いを認めながらも、

試験を受けることにより、自分の適性をよりよく理解し、将来を計画する上での選択肢を広げる機会になると強調する。
- ある女性は、虐待する配偶者のもとから離れることについて不安を表している。ソーシャルワーカーは、クライエントのおそれに共感を示しつつも、配偶者のもとを離れることにより、クライエント自身と子どもたちのために思い描いていた機会を求めることができると指摘する。

抵抗のパターンに対する直面化

クライエントは、広汎に特定の行動パターンが持続することが原因で、目標に向かって進むことができない場合がある。例えば、クライエントの中には、孤独感や落ち込みといった痛みを伴う感情を抱くことを避けるため、何でも理性的に片づける者がいる。また別のクライエントは、距離を置いてつきあったり、他人と親しくなり、拒否されることから身を守るために、攻撃的に関わったりする。さらに、自分の問題を常に他人や状況のせいにし、そうした状況を作り出している自分の責任を検討したり、認めたりしない者もいる。こうした行動パターンは、治療における行き詰まりの原因となる場合が多いことから、ソーシャルワーカーは、こうしたパターンを認識し、対処することができなければならない。多くの場合、このような行き詰まりを打破するためには、示された目標とその目標の実現を妨げる行動との矛盾について、クライエントに直面化させる必要がある。直面化については、第17章で詳しく取り上げたため、ここでは治療的なしばりという直面化の特別なタイプについてのみ説明する。

治療的なしばり

時折、ソーシャルワーカーは、自己破滅的な行動が問題を持続させていることに気づきながらも、断固としてそうした行動を取り続けるクライエントに遭遇する。そのような場合、クライエントを治療的なしばりの状態に置くことが、問題行動を修正する上で必要な推進力となる。治療的なしばりを活用する上で、ソーシャルワーカーは、クライエントが行動を修正するか、あるいは反対の意思表示をしているにもかかわらず、問題を長引かせる選択をすることに対する責任を負うかどうかを問い、クライエントを自己破滅的な行動に直面化させる（Nichols & Schwartz, 2004；Goldenberg & Goldenberg, 2004）。治療的なしばりから抜け出すために、変化するつもりがないということを認め、かつ建設的な変化を実行することである。

以下は、治療的なしばりをうまく活用した状況の例である。

- 他人との関係において拒絶されるおそれを解決しようと取り組んでいるにもかかわらず、クライエントは、社会的な誘いを断り続け、依然として他人と接触する努力をしなかった。ソーシャルワーカーは、クライエントが明らかに社会的孤立を続けることを選択している点について、「あなたは、思い切って他人と関わることもできるし、今の状態を続けることもできますが、あなたは自分の生活を変えたいと言いましたね」と尋ねた。
- あるスーパーバイザーは、社員支援プログラム（EAP）担当のソーシャルワーカーに対し、チームメンバーとの対立について不満を漏らした。状況を探る中で、スーパーバイザーは、他のチームメンバーから繰り返し受けたフィードバックや否定的な反応にもかかわらず、常に一方的な決断を下してきたことを認めた。ソーシャルワーカーはそのスーパーバイザーに対し、「同僚との職場での関係を改善するよりも、管理者となることの方が重要であるというのがあ

なたの決断ですか」と尋ねた。
- ある思春期の若者は、自立したいという主張にもかかわらず、学校を無断欠席し、家族ルールに違反し、反社会的行動に関与し続けた。ソーシャルワーカーは、「自分の自由を賢明に活用する心構えができていないようだ」と反論し、クライエントが自分の行動に制限を設ける能力を示さない限り、トラブルに巻き込まれ続けることによって、少年審判担当裁判官がさらにクライエントの選択肢を制約することになるだろうと指摘した。
- 結婚カウンセリングにおいて、妻は、夫婦関係を強化したいという願望を表明しているにもかかわらず、夫の以前の不倫問題を常に持ち出してくる。このような状況になると、夫は引きこもり、二人の関係から離れるような反応を示した。ソーシャルワーカーは、妻の行動における矛盾を指摘し、「夫婦関係を続けたいと主張しているにもかかわらず、あなたの行動から見ると、ご主人の以前の行動についての話を続けることの方が重要のようですね」と述べた。

　治療的なしばりを活用する上で、直面化のためのガイドラインに従い、クライエントを「厳しく非難」したり、遠ざけたりすることを回避することが重要である。このように、明らかな矛盾や結論に対して質問することは、相手をより尊重した形の直面化であると考えられ、内省につながる。しかし、治療的なしばりは効果があるが、リスクの高い技法であることに注意し、慎重に活用する必要がある。最善の状況において、クライエントは「なるほど」と思う瞬間を経験し（アハ体験）、それにより前進し、非生産的な行動パターンを打ち破ることができる。この技法を用いる際には、共感や配慮を示し、自己破滅的パターンの背後にあるダイナミクスを慎重に検討しながら、厄介な影響を是正する上で注意を払わなければならない。とりわけ、この技法は、クライエントを援助するために用いるべきであり、クライエントの矛盾した行動や反抗に関するソーシャルワーカー自身の不満に対する対立的な反応として用いるべきではない。

■まとめ

　本章では、関係反応、過剰関与と過少関与、人種および文化障壁を含む個人の変化に対する阻害要因について取り上げた。関係反応は、ソーシャルワーカーのクライエントに対する現実あるいは想像した認識の結果生じ、またクライエントのソーシャルワーカーに対する認識から生まれる。その他の関係性のダイナミクスには、転移と逆転移があった。クライエントに対する性的関心に基づいて行動することは、とりわけ有害で、搾取的であり、深刻な影響を及ぼす。ソーシャルワーカーは、こうした関心を認識し、適切に（すなわち、倫理的に）対処しなければならない。
　抵抗を含む関係反応は、正常な変化に対する反発の兆候である。こうした現実を考慮し、本章では、このような反応や変化に対する反発を認識し、管理するための技法を詳しく取り上げた。こうしたダイナミクスに巧みに対処することが援助関係を生産的にし、望ましい成果に焦点を当て続けるために非常に重要である。しかし、変化に対する阻害要因は、クライエントのコントロールを超えた環境要因の結果である場合がある点に注意しなければならない。そのようなケースでは、ソーシャルワーカーは、アドボケイトの役割を果たす必要がある。

■技術向上のための演習問題

1. 以下の状況における自分の見解と反応について考え、その反応の性質について評価する。

- 自分は一人っ子である。クライエントには4人の子どもがおり、家の中は散らかっている。最年長の子ども（14歳）は、母親がほとんど関心を払ってくれないと文句を言っている。
- 自分の両親はともに大酒飲みであり、扱いが難しい時がある。自分が担当するクライエントがお酒を飲むと、妻や子どもたちを虐待するようになった。
- 自分は中産階級の家庭で育った。自分が担当するクライエントの大半は貧しく、その多くがねずみのいるような家に住んでいる。
- 自分が勤務する未成年者向け居住施設の同僚が、コミュニティ・サイトに元入居者の写真を掲載し、そのクライエントたちは自分の友人であると紹介していた。

2. 本章の中で、ソーシャルワーカーによる過剰関与または過少関与を扱った事例を見直す。同僚として、そのソーシャルワーカーに対し、どのようなアドバイスをするか、またそれらの事例におけるソーシャルワーカーの行動がもたらす倫理的および法的影響はどのようなものか。

3. 異文化間の壁についての項を読み、自分とは異なるクライエントに対する実践において役立つどのような点を学んだについて考える。

4. クライエントに対し強い反応を感じた出来事について検討し、本章を読んだ後で、その状況にどのように対処するかを考える。

5. 本章で取り上げた変化を妨げる障壁を用い、自分用のチェックリストを作成する。作成したチェックリストを自己評価ツールとして、クライエントとのソーシャルワークで活用する。

■関わり合いの中で生じる反応と抵抗の取り扱いに関する技術向上のための演習問題

関係反応および変化に対する反発に対し、適切に対応するための技術を高める一助として、以下の演習を設けた。各クライエントの発言を検討し、関係反応あるいは変化への反発が見られるかどうかを判断する。次に、ソーシャルワーカーとして、自分がどのような対応を取るか書き出し、自分の回答と演習の最後に示した模範回答とを比較する。ここに挙げた模範回答以外にも、適した回答が数多く考えられる点に留意すること。

■クライエントの発言

1. **男性クライエント**（パートナーと別れてからの拒否感や自己喪失感について話している。突然うつむき、ため息をつき、顔を上げる）：「そういえば、会社で昇進したことを話しましたっけ？」

2．23歳女性クライエント（25歳男性ソーシャルワーカーに対して）：「ここ数週間、あなたに対して非常に親しみを感じています。ほんの少しだけ、あなたの腕に抱きしめてもらえますか」

3．27歳男性クライエント（動揺して）：「面接を始めてから8週間が過ぎますが、状況はまったく変わっていません。あなたが私を援助できるのかどうか、疑問に思い始めています」

4．16歳保護観察中の非行少年：「毎週ここへ来なければならないなんて、ばかげていると思います。ぼくのことなんか気にする必要はありません。何も問題など起こしませんから」

5．社会保障（福祉から就労へ）プログラム対象者の女性：「確かに、あなたは私を助けたいと言っていますが、あなた方ソーシャルワーカーはみんな似たり寄ったりです。生活保護を受けることをやめた後に仕事を見つけなければならないプレッシャーなど理解できないでしょう。あなたが本当に私を助けたいのであれば、生活保護の受給期間を延ばしてくれるはずです」

6．27歳クライエント（男性ソーシャルワーカーに対して）：「私は男性を信用することができません。私の親はアルコールに依存していて、一番親を必要としている時でも、酔っぱらっていなかったことはないんです」

7．男性クライエント（女性のメンタルヘルス・ソーシャルワーカーに対して）：「時々、私は人生において裏切られたと感じてきました。両親は、私に何が起ころうと、まったく関心を示してくれませんでした。しかし、あなたはとても優しくて思いやりがあります。馬鹿みたいですが、あなたが母親であったらよかったと思います。時々、そんな空想にふけることもあるのです」

8．クライエント（感情的になった前回のセッションの後、クライエントはあくびをし、窓の外をながめ、コメントする）：「今日はあまり話すことはありません。今週は特別何もありませんでしたから」

9．24歳男性クライエント（第5回セッションにて）：「私の期待に沿うことのできる人などいないのが問題です。私が期待しすぎていることはわかっていますが、いつも最後にはがっかりすることになるのです」

10．中年のマイノリティ男性（挑戦的に）：「あなたは、（マイノリティ）男性に対するよくある固定観念で私を見ていますね。これだけは知っておいてもらいたいのですが、私には野心もあるし、家族を大切にしたいのです。今すぐ仕事が必要なんです」

■回答例

1．「おめでとう。昇進した話は聞いていないけど、その話をする前に、さっきあなたがパートナーと別れた話をしていたときの気持ちについて、もっと話を聞かせてください。この件については、話したくないようだと気づいていましたが、この状況について、あなたがどのように

感じているかに焦点を当てていきましょう」

2．「私に抱きしめてほしいと思い、そうした感情を私に伝えることができたことに対してうれしく思います。私もあなたには親しみを感じていますが、私があなたに恋愛感情を抱いてしまうと、あなたをがっかりさせることになり、援助することができなくなってしまいます。どうかこの点を理解してください」

3．「あなたが問題を解決したいと思っていることはわかっていますし、それはいいことです（肯定的意味づけ）。しかし、あなたは自分の進捗に不満を持っており、私が役に立っていないと感じているようですね。私のやり方をどのように変えればいいと感じていますか（感情および期待の探求）」

4．「きみは、毎週私に報告をしなければならないことについて、非常に腹を立てているようですね。それに対して、私はあなたを責めることはできません。しかし、これは裁判官の命令であるため、私たちではどうすることもできないのです。この状況で最大限の努力をするためにはどうすればよいと思いますか」

5．「私があなたを助けることにあまり興味を示していないと感じさせたことに対し、申し訳ないと思っています。あなたは、別のケースワーカーとよい関係を築けなかった経験をお持ちのようですが、私たちの関係はよりよいものにしたいと考えています。あなたは、今の時間のプレッシャーと期限内にうまくできなかった場合の結果に対する不安の下で、フラストレーションを感じているようです。私は、あなたが満足できる仕事を見つけるための時間を最大限に活用できるようにお手伝いするつもりです。場合によっては、期限が近づくにつれ、延長が認められる可能性もありますが、それは保証されているわけではありません。時間を最大限に活用することとは、与えられた時間の中で、あなたが希望するような仕事を見つけるために最大限の努力をすることではないでしょうか」

6．「そういう事情でしたら、あなたが私を信頼することが難しいと感じていること、つまり私が本当に頼りになるのかどうかと感じている点は理解できます」

7．（微笑みながら）「そんなことを言っていただいてありがとう。私のあなたに対する配慮を感じ、子どもの頃に得られなかった愛情や思いやりを求めていることがわかったのですね。あなたの気持ちははっきりと理解できますし、そうした気持ちを伝えてくれたことに感謝しています」

8．「その発言は、先週の話とは矛盾しているようですね。あなたは自分自身や結婚に関して、非常に深い感情を表してくれました。前回話し合ったことに対する気持ちについて話してくれませんか」

9．「今の発言は、私たちの関係に対するあなたの気持ちなのでしょうか。つまり、ある意味、私はあなたの期待に応えられていないということでしょうか。その点について、あなたの気持

ちを話してもらえませんか」

10.「私にそのような気持ちを伝えてくれたことに感謝しています。あなたは、私があなたをどのように見ているのか疑問に思っていたのですね。私はあなたのことを、野心的で責任感のある人だと思っていますし、あなたのそうした資質を十分理解していることを知ってほしいのです」

注
1. 一見、反発のように見えるグループ行動の兆候が、実際には、グループメンバーに不満を与え、やる気を失わせる傾向にある過度の変化（メンバーの喪失、セッションのキャンセル、ミーティング開催場所の移動など）に対するメンバーの反応である場合がある。

第4部

終結の段階

援助プロセスの3番目となる最終段階では、援助関係の進捗と終結の最終評価を行う。援助プロセスの初期および中間段階と比較し、文献において最終段階が注目されることは少ないが、この段階は重要である。ソーシャルワーカーが援助関係をどのように終結させるかにより、クライエントがこれまでの成果を維持し、終結後も成長し続けるかどうかが大きく左右される。また、さらに、ソーシャルワークサービスを受ける人の多くは、これまで終結時に、曖昧さ、放棄、怒り、唐突さ、あるいは失敗などを含む困難な終結を経験してきた。適切に対処すれば、終結自体は、関係を建設的かつ有意義に終了させる方法の手本となる介入になりうる。たとえ援助プロセスの終結が計画外であったとしても、ソーシャルワーカーは、クライエントとのソーシャルワークをきめ細かく巧みに終結する方法を理解しておく必要がある。

本章では、個人、グループおよび家族を対象としたソーシャルワークにおけるケースの進捗を評価するための方略を紹介する。本章の大部分は、さまざまな計画的および計画外の終結についての記述である。倫理的配慮、ソーシャルワーカーとクライエントの終結に対する一般的な反応、終結後にクライエントの成果を維持するための方略、援助関係を効果的に終結する上での儀式の活用などについて説明する。

第19章

最終段階──評価と終結

本章の概要

　第19章では、ケースの進捗評価の手法を概観し、終結のプロセスに影響を与えるさまざまな要因を取り上げる。また、ソーシャルワーカーとクライエントの双方に関わってくる課題は何かを明らかにし、効果的に終結を扱うために不可欠な技術について説明する。本章を学習することにより、以下の目標を達成することができる。

- 評価がいかに、以前の援助プロセスで用いたアセスメント測定や目標設定手順の上に成り立っているかを理解する。
- 評価における成果、プロセス、および満足度の形式を区別する。
- さまざまな形態の計画的な終結と計画外の終結に生じるダイナミクスを十分に理解する。
- クライエントが援助を通して獲得した成果を強化する手助けをする。
- 終結に対する一般的な反応、およびその対処方法を理解する。
- 終結を実現するための儀式の活用方法を知る。

■評価

　援助プロセスの成果に対する評価は、ソーシャルワーク実践においてかつてないほど重要性を増している。実際に、大半のソーシャルワーカーは、ある種の実践評価を実施している。第12章では、サービスに明確な方向性を持たせ、進捗を測定するためのベンチマークを設定する上で、目標や目的、クライエントによるセルフモニタリング、その他の測定が非常に重要となる点について述べた。したがって、サービスの完結は、終結前に目標達成やその他変化の側面を評価することができる最終点となる。ソーシャルワーカーがベースラインを体系的に測定し、進捗を追跡していれば、クライエントにとって終結時の準備は整っていることになる。評価を行う根拠を再び確認し、クライエントを評価プロセスに積極的に参加させることにより、クライエントの協力をさらに高めることが可能である。例えば、評価に関する話題の導入として、以下のような発言を活用することができるだろう。

- 「終結における重要な点の1つは、達成した結果を評価すること、協働作業において、最も役に立ったものは何か、最も役に立たなかったものは何かを特定することです」
- 「私たちの機関は、サービスの質を向上させることに全力を傾けています。サービスの善し悪しを知る上で、あなたの率直なフィードバックが役に立ちます」
- 「評価測定は、あなたがここへ来てから、どのように症状が変化したのかを見る上で役に立ちます」
- 「ケースプランが成功したかどうかを判断する一つの方法は、ソーシャルワークを始めてから、あなたの状況がどのように変化したかを評価することです」

援助プロセス全体や完結時のクライエントの進捗を判断する上で、さまざまな評価手法を活用することができる。例えば、標準テスト、直接観察、目標達成スケーリング、および記録、日誌、調査を通したクライエントの自己報告などがある。評価の効力は、複数の情報源を活用した場合に高まる。いずれの手法を用いた場合でも、(1)成果、(2)プロセス、(3)満足度といったサービスに関する3つの側面に焦点を当てた評価を行う。

成果

成果の評価では、契約段階で設定した目標に対する結果を評価する。第8章と12章で説明したように、アセスメントおよび目標設定段階において用いた手法により、どの成果を測定するかある程度決まる。例えば、問題が発生する頻度（定刻出勤、居残り、一気飲み、買いだめ、否定的認知、薬の服用忘れなど）、あるいは運動、"I"ステートメントの活用、安全な性行為、または家族での外出といったターゲットとした行動の頻度がどのように変化したかを測定する。また、問題の深刻度（迅速評価手段〈rapid assessment instruments〉による自尊心スコア、自定式評価スケール〈self-anchored rating scale〉による不安感、クライエントの日誌に基づく睡眠障害、あるいは児童の担任教師や保育者の観察に基づく散漫性など）における変化を調べることにより、成果を評価する。こうした項目を、サービス初日に測定したベースライン測定値と比較することにより、進捗の程度や終結に対するクライエントの準備の度合いを判断することができる（Epstein & Brown, 2002）。成果を測定する3つめの基準は、目標または課題の達成（たとえば、求人募集に申し込み、仕事を獲得する、宿題をする、子育てやしつけの仕方の改善、節酒の継続、安全改革の策定、課題グループのセッションで課される課題の完了など）である。成功を測る具体的な手段には、目標達成尺度（GAS）がある。まず、ソーシャルワーカーとクライエントが、いくつかの問題行動や目標とする変化、またそれに関連するゴールを特定する。次に、両者で話し合い、各項目が実現あるいは成功する可能性を数字で表す。－2は、望ましい成果が期待できないか、あるいはクライエントが達成できる見込みが非常に少ない課題や目標を示す。0評価は、成果が期待されることを示し、＋2は、最も望ましい成果が期待できるか、あるいは実現の可能性が最も高い課題を示す（Yegidis & Weinbach, 2002）。－1または＋1は、わずかな期待の程度の差を示す。例えば、減量グループにおけるクライエントの目標が、1週間に食べたものと運動を記録することであれば、評価尺度は以下のようになる。

  －2 ＝ 1週間のうちのほとんど、一貫性のある記録ができていないか、あるいは記録が不完全である

－1＝すべての食事・運動およびそのカロリーを2日間記録している
　0＝すべての食事・運動およびそのカロリーを4日間記録している
＋1＝すべての食事・運動およびそのカロリーを5日間または6日間記録している
＋2＝すべての食事・運動およびそのカロリーを7日間記録している

　続いて、クライエントの目標達成予想は、目標を達成する可能性に基づき重みづけされ、より良い成果を理想的あるいは「ストレッチ」目標と位置づける。明らかに、GASは課題を完了させようという動機づけが高く、結果の報告をきちんと行うクライエントに最も適している。一貫性を持ってGASを活用することにより、ソーシャルワーカーとクライエントは、サービスの成果に向かって段階的に進んでいるかを確認し、最終的には、終結についてクライエントの準備が整っているかどうかを示す一つの指標として活用することが可能である。

　マニュアル化された介入やエビデンスに基づく介入では、通常、測定はソーシャルワークの一環として行われる。一般的に、こうした測定の手段は、アセスメント、援助、あるいはサービス計画の一環として活用され、問題領域やストレングスを特定したり、進捗を測定するためのベースラインを設定したりする。成果の実現に向けた実践において、そうした手段を選択し、実施するための標準尺度や情報については、非常に多くのテキストで取り上げられている（Bloom, Fischer, & Orme 2006；Fischer and Corcoran 2006a, 2006b；Unrau, Gabor, & Grinnell, 2007）。こうした手段の一部は、繰り返し活用することができ、ソーシャルワーカーとクライエントにとって、長期間、進捗を追跡することが可能となる。こうした単一被験者法（単一システム研究法、単一事例時系列法、あるいはn=1計画法とも呼ばれる）を通して、クライエントは、以前に実施したベースライン値に基づき、過去の自分と比較される。当初の目標が曖昧であったり、測定不可能であったりした場合、あるいはベースライン測定が実施されなかった場合でも、ソーシャルワーカーとクライエントは、おおよその進捗状況や終結に向けた準備度合いをつかむために、クライエントの問題、症状または成果、あるいは目標達成度の現状を評価することができる。とはいえ、比較分析を実施することは不可能である。

　比較測定に加え、クライエントの意見を見極めるために、面接やアンケートを活用し、ソーシャルワーカー自身の観察結果と、クライエント自身がどの程度進捗したと感じているかを比べて評価することができる。こうした回想やその他の自己報告における問題は、言うまでもなく、内容が非常に選択的になり、ソーシャルワーカーを喜ばせたい（あるいは罰を与えたい）というクライエントの願望、サービスの完結に対するクライエントの関心、あるいは問題が解決され、今後サービスは必要なくなるという望みなど、さまざまな要因の影響を受ける点である。クライエントの認識に対し、異議を唱えることは賢明ではないが、目標達成、問題の減少、あるいは能力の増大を示す最近の出来事（「重大な出来事」）の実例を挙げさせることによって、バイアスを減らすことができる。また、こうした話し合いは、クライエントの成果を再確認する場となり、クライエントの自信や満足感を高めることが多い。

　先に述べた通り、進捗に対するクライエントの認識は、実行可能であれば、他の基準や情報源によって補足することができる。例えば、家族のメンバー、教師、その他の援助者、あるいはクライエント仲間（家族、グループ、居住施設の場合）などからのフィードバックは、クライエントの進捗に対する複数の見方を提供し、自己報告と対比させることが可能である。

経過

　評価のもう一つの側面は、有益または有害であった援助プロセスの特徴を特定することである。進捗を促したり、阻害したりした技法や出来事についてのフィードバックは、ある特定の技術を磨き、それ以外を排除し、よりはっきりと見分けた上で技法を活用するために役に立つ。また、そうした「形成的評価」手法は、組織が望ましい変化を起こすために、プログラムのどの要素が効果的であるかを特定したり、用いた技法が標準化された機関の手順と一致し、できるだけ効率的に実行されているかどうかを判断したりする上で役立つ（Royse, Thyer, Padgett, & Logan, 2001）。こうした評価により、援助の効果をもたらすクライエントとソーシャルワーカー間の相互作用の微妙な差異を理解することができる。例えば、自己主張が強いクライエントに有効な技法は、精神的に落ち込んだクライエントには反対の効果をもたらす場合がある。同様に、家族介入は、ある特定の方法で計画された場合に、最も効果を発揮する。巧みに実行された技法により、肯定的な成果が生まれたと考えていたソーシャルワーカーは、むしろ、ソーシャルワーク実践者がクライエントに手を差し伸べようとする意欲や、クライエントがほぼ諦めかけた時に希望を持ち続ける意欲によって、クライエントが助けられたことに気づくはずである（McCollum & Beer, 1995）。

　当然のことながら、クライエントのフィードバックは、援助プロセスの利点を評価するために活用することができるが、プロセスについての自己報告には、先に述べた成果についての自己報告と同じようなバイアスがかかるおそれがある。また、評価手段は、変化を実現するために役立った援助プロセスの側面をより正確に測定するために用いることができる。

　マニュアル化された介入やエビデンスに基づく介入とともに、フィデリティ評価は、プログラムまたは個々のソーシャルワーカーが活用したプロセスや技術が、いかに介入計画と一致していたかを示す（Substance Abuse and Mental Health Services Administration [SAMHSA], 2003a）。フィデリティ評価では、ある特定のソーシャルワーカーのアクションを検討するために、スーパーバイザーによるミーティング、セッションの見学、臨床医との監査面接、あるいは同僚とのフォーカスグループなどが実施される定性的事例審査が行われる（O'Hare, 2005）。定量的フィデリティ測定には、サービスの種類に関する統計、頻度、期間、およびパターン、カルテ審査およびその他の管理資料や品質保証データ、介入モデルとの一致レベル、ソーシャルワーカーが特定の技術を活用する程度をとらえたインベントリーなどが含まれる。このような手段の一つである実践技術インベントリー（PSI）には、クライエントとの面接回数、特定の技術が使われた頻度（「クライエントに対し、精神的な支援を提供した」「ある特定の問題に対処するための具体的な技術を教えた」など）（O'Hare, 2005, pp. 555-556）、ケースに合った技術例（「自宅から介護施設へ移ることが、いかに苦痛なことであるのかを認めた」、「他の入居者と対面する方法をロールプレイした」など）が記録される。

　グループや家族を対象としたソーシャルワークにおける成果やプロセスを評価したいと考えているソーシャルワーカーには、公開されている手段を利用することが可能である。トセランド&リヴァス（Toseland & Rivas, 2009）は、援助グループの治療的要素に関するフィードバックをとらえることが可能な6つの自己報告測定について説明している。例えば、ヤーロム（Yalom）の治癒要因尺度（Stone, Lewis, & Beck, 1994）は、援助グループの特徴およびその各治療効果を特定しようとするものである。また、介入プロセスの有効性に対する概算的な測定を行うために、

評価基準を組み合わせることによって（セッションに関する記録、クライエントの自己報告、観察など）、実践の有効性に関する正当な評価基準を設定することが可能である。

高度な文章能力や言語能力を持たない子どもやその他のクライエントの場合、コラージュや絵を描くといった表現技法を用いることにより、評価内容を引き出すことが容易となる。例えば、クライエントに対し、「ソーシャルワーカーとの作業の中で、最も好きなこと・嫌いなこと」「ソーシャルワーカーとの面接で、役に立ったこと」を表現するために、何かを描いたり、表示したりするように指示する。また、クライエントの世話をしている人やその他観察者からのフィードバックを定期的に受け、そうした評価をある時点で活用する介入に反映させることができる。

満足度

達成された成果やそのために使われた手段は、クライエントの進捗を測る重要な評価基準である。ますます競争が激化し、利用者重視になっている実践環境におけるもう一つの測定は、クライエントの満足度に関する情報を得ることである。こうした満足度のレベルは、クライエントとの評価に関する話し合いの中で測定する。場合によっては、サービス終結時や特定のフォローアップ期間に、クライエントが記入するフィードバック用紙が配布されるなど、正式なフィードバックの回収が推進されていることがある。また、マネージド・ケアを提供する企業など資金提供者の中には、クライエントの意見を直接聞くことによって、サービス提供者を評価するところもある。

こうした手段を用いて、「今後、当サービスを友人や家族に紹介したいと思いますか」「あなたは担当セラピストとともに、目標を達成することができましたか」「今回受けなかったサービス以外に、必要であると思ったサービスはありますか」といった質問をすることにより、ソーシャルワーカーのサービスに対する満足度を測定する（Corcoran & Vandiver, 1996, p.57）。また、満足度調査では、待合室の適切性、駐車場の利便性、サービス申請時から初回面接が行われるまでの所要時間、家庭訪問をする際のソーシャルワーカーの迅速性、受付スタッフの対応といった体制や運営上の問題を評価する（Ackley, 1997；Corcoran & Vandiver, 1996；Larsen, Attkisson, Hargreaves, & Nguyen, 1979）。満足度測定では、特に機関のサービスにおける特定の要素や特定の取り組みにおける進捗を評価する。例えば、職員の文化を考慮する力、多様な集団に対する施設の開放性、あるいはクライエントの電話や要望に対応するまでの所要時間について質問する。

26項目からなるカンザス州利用者満足度調査は、リッカート型尺度を用い、「夜間または週末に、緊急事態に遭遇した場合、プログラムからの支援を受けることができる」「住む場所を選択することができる」「援助計画の中に、自分の意見やアイデアを取り入れてもらえる」といった項目に対し、クライエントは、1〜5点（非常にそう思う〜まったくそう思わない、または該当しない）の間で採点をする（SAMHSA, 2003a）。これに関連した方法の一つであるクオリティ・オブ・ライフ（生活の質）に関する自己評価では、利用者は機関に対し、「最近の調子」（SAMHSA, 2003b）について、社会生活、自立レベル、身体的健康、交通の便などの項目に対し、4段階（悪い—まあまあ—良い—非常に良い）で評価しながら話すように指示される。また、この自己評価では、メンタルヘルスの症状、アルコールやその他薬物使用の影響を重度—中程度—軽度—影響なしの尺度で測定する。さらに、クライエントは、以上の項目のうちのいずれかをサービス計画に反映させるべきかどうかを示すように指示される。満足度調査および自己評価調査のいずれ

も、クライエントが他の考えを述べたり、質問をしたりしてもよい自由回答型の項目を提示している。当然のことながら、これらをはじめとする評価手段の有用性は、こうした手段を標準的な実践や手順に取り入れることに対する専門家や機関の意欲および能力に左右される（Rzepnicki, 2004）。

終結

終結とは、個々のソーシャルワーカーとクライエントとの関係を正式に終了させるプロセスを指す。終結は、個人のクライエントや家族から、課題グループ、連携、コミュニティまで、さまざまなクライエントシステムを対象としたソーシャルワーク実践の一つの側面であり、援助関係の期間に関わりなく発生する（注1）。終結は、目標が達成された時点、クライエントが別のサービスへ移行した時点、期限付きサービスが終了した時点、ソーシャルワーカーまたはクライエントが援助関係をやめた時点で発生する。クライエントの心配事やニーズが変化するに従い、クライエントが長期間にわたってサービスを「受けたり受けなかったり」する可能性が高いとしても、独自の課題の出現に対するケアごとに区切りをつけることが重要である。

終了の概念は、ソーシャルワーカーが、ケアが提供される推定期間、割り当てられたセッション数、あるいは援助プロセスの指針となる目標について言及するサービス開始時に紹介される場合が多い。期限付きの援助モデルでは、初めに行われるインフォームドコンセントに関する話し合いの中で、サービスが提供される所定の期間が明示される場合がある。例えば、ソーシャルワーカーは、「短期の援助は効果的であり、私たち二人の時間を効率的に使うために役立つと考えられます。そこで今日は、あなたが取り組みたい目標や、そうした目標を達成するために、今後6〜8週間の最も効果的な時間の使い方について、アイデアを出すことから始めましょう」などと説明する。

援助モデルが短期または長期のいずれの場合であっても、終結を成功させるためには、クライエントがソーシャルワーカーやグループから適切な形で離れる心構えができるようにすること、またクライエントの立場から「自立」（注2）できる立場への移行を促すその他の課題を達成することが必要となる。

1．提供されたサービスや目標がどの程度達成されたかを評価する（注3）。
2．終結を実行する時期を決定する。
3．終結プロセスにおいて生じた情動反応を相互に解決する。
4．達成した成果を維持し、成長の継続を実現するための計画を行う。

課題の重要性やそれらの課題がどの程度うまく達成されるかは、援助関係が生じる文脈によって大部分が決まる。終結プロセスにかかる負荷は、契約の種類（自発的なクライエントか、法の強制によるクライエントか）、クライエントシステムの規模や特徴、用いる介入の性質といった要因の影響を受ける。情動反応は、援助関係の性質や長さによってさまざまである。つまり、法の強制によるクライエントやより体系化された期限付きのサービスを受けるクライエントは、ソーシャルワーカーとの長期間にわたる自発的な関係に関与してきたクライエントに比べ、終結時に喪失感を感じる可能性は少ない。例えば、期限付きの教育グループの終結は、継続的な対人関係支援グループの終結や居住施設における援助の終了に比べ、負荷が少なく、メンバーの心構えが

それほど必要とされない。短期危機介入、ケースマネージメント、あるいは退所プランニング関係の終結は、実現したニーズの性質やサービスの期間によって負荷が異なる。家族セッションの終結は、クライエントシステムとしての家族の大半が、ソーシャルワーカーの関与なしではあるが、一緒にいながら取り組みを続けることになるため、個人のクライエントの場合よりも困難は少ない。

終結の種類

　終結は、一般的に、計画外の終結および計画的な終結のいずれかに分類される。計画外の終結は、クライエントが時期尚早にサービスを受けることをやめたり、ソーシャルワーカーが病気、転職、その他の状況により、援助関係をやめたりした場合に発生する。計画的な終結は、クライエントの目標が達成された場合や、移転または紹介が見込まれる場合や必要な場合、あるいは期限付きの場合（病院や学校など）や用いられる援助様式（短期援助や期間固定のグループなど）のため、サービスが終了した場合に発生する。

事例を通して考えてみよう

　◇事例「ごねる人の支援」は、前任のソーシャルワーカーが突然やめた後、ケースに対する責任を引き継いだ専門家にとっての難題を描いている。事例の中では、前任者であるナンシーの計画外の終結により、クライエントであるモーリーの苦悩が始まった。モーリーは、混乱、怒り、新任のソーシャルワーカーや専門家一般に対する不信感などの反応を示した。現在のソーシャルワーカーであるロンは、モーリーが前任者を失ったことに対してある程度の区切りをつける手助けをしようと試み、「ナンシーに対して、何か言いたいことはありますか」と尋ねた。これに対し、クライエントは、専門家に対する不信感について、さらに詳しく説明した。計画外の突然の終結、あるいはうまく扱えなかった終結によってもたらされた感情に対処するために、ソーシャルワーカーは、他にどのような方略を用いることができるだろうか。

計画外の終結

　計画外の終結は、クライエント、ソーシャルワーカー、またはその両者のアクションによって引き起こされる可能性がある。

　クライエント主導の終結は、援助からの脱落、クライエントをサービスが利用できない状態にする有害事象、あるいはクライエントの行動によって、サービスが取りやめられたり、クライエントが支援状況から追放されたりすることが引き金となる。有害事象の例には、逮捕、家出、自殺、その他不慮の死などが含まれる。サービスからの「脱落者（ドロップアウト）」に分類されるクライエントも、同じように広範にわたり、非自発的にサービスを受けているクライエント、または動機を持たないクライエント、ソーシャルワーカーに対して不満を抱いているが、そうしたことを言葉で表現することができないクライエント、満足のいく進捗を遂げたと感じ、臨床医がどう考えていようと、「完了した」と思い込んでいるクライエント、資金不足やサービス環境が不便であるといった実際的な理由から、やめると決意したクライエントなどが含まれる。計画

外の終結の混合形式は、「押し出し（プッシュアウト）」と呼ばれ、ソーシャルワーカーとクライエントが「意気投合」することができず、ソーシャルワーク実践者の無関心や関与不足により、クライエントが中断する状況が促進されるか、強化される（Hunsley, Aubrey, Vestervelt, & Vito, 1999）。

　こうしたクライエント側から終結に持っていくケースに共通するテーマは、すべてが予想外であるため、話し合い、処理、あるいは終了の機会が与えられず、感情が残り、未解決の課題がそのままになってしまうということである。終結の課題（協働作業についての反省、今後の計画、治療の終結を告げること）は未完了のままとなり、当事者は見捨てられた気持ち、怒り、拒否感、失敗、安堵、および遺憾の念を感じる。

　同様の問題は、ある種のソーシャルワーク実践者側からの計画外の終結によっても生じる。例えば、ソーシャルワーカーが死亡した場合、資格をはく奪されたり、解雇されたりした場合などである。一時解雇や転勤などによるその他のソーシャルワーク実践者側からの計画外の終結は、クライエントから陰性反応を引き出すおそれがあるので、一般的に、処理や終了の時間が考慮される。こうした感情や終結の扱いについては、本項の後半で取り上げる。その他の計画外の終結には、終結の課題ができる限り行われるように特別な手段が必要となる。

計画外の終結の取り扱い

　ある想定によると、クライエント全体の50%がサービスから脱落し（Kazdin & Wassell, 1998；Sweet & Noones, 1989）、この数字は、特定のサブグループによってはさらに高くなる。ある状況では、「欠席者」に対処するために独自の手順を備えているが、一連の援助の途中でサービスを受けに来なくなるクライエントとは別に、初回セッション後に再び現れることがないクライエントには異なる仕組みが必要となる（メイヤー（Meyer, 2001）を参照のこと）。

　クライエントによる計画外の終結に対する一般的な対応は、ソーシャルワーカーがクライエントに対して、電話、電子メール、あるいは手紙で連絡を取る方法である。そうすることの目標は、サービス終了の決意を認め、クライエントに対し、終了セッションに参加するように促すこと、あるいはそのコミュニケーションを通して、終了セッションの目的を達成することである。例えば、逮捕されたあるクライエントが電話を受けたり、サービスに復帰したりすることは不可能であったが、ソーシャルワーカーが手紙を書くことは可能であり、その手紙を通して、クライエントが達成した目標や引き続き苦闘している問題の見直しを行った。ソーシャルワーカーは、クライエントのことを気に留めていることを伝え、収監中および出所後に受けられる他のサービスについての情報を提供した。同様の技法は、ソーシャルワーカーが突然やめなければならなくなった場合、クライエントがサービスを受けることをやめた場合、あるいはクライエントが医師の忠告に反し、施設を出た場合にも活用することができる。こうした終わり方は、クライエントが自分の見方を伝えたり、評価に参加したりする機会が与えられないため、理想的ではないが、終結の区切りをつけ、今後のサービスに関して「誤解を解く」上で役立つ。

　ソーシャルワーカーが死亡または業務遂行不可能となった場合、クライエントのケアあるいは移動に向けて介入をすることが、ソーシャルワーカーの同僚の義務となる。また、こうしたクライエントのニーズや反応が、ソーシャルワーカーを突然失ったことやその喪失の本質、喪失に関わる個人的な経験、および援助を求めている特定の問題によって形成される点を認識しなければならない（Philip & Stevens, 1992；Philip, 1994）。したがって、失われた関係に胸を痛めることが、

先に特定した援助目標への取り組みを続けることとともに、重要な課題となる。

同様に、クライエントが突然死亡した場合、それが事故あるいは殺人や自殺といったトラウマ的行為によるものであれ、そうした喪失は、後に残された援助専門家にとって重大な影響を及ぼす。当然取るべき行動として、また専門家の育成の面から、スーパーバイザーや同僚は、クライエントを失ったソーシャルワーカーに主要な資源として、支援を提供するべきであり、同僚は、共感したり、悲しむ姿勢を受け入れたり、生じた感情について話したり、整理したりすることを勧める（Chemtob, Hamada, Bauer, Torigoe, & Kinney, 1988；Krueger, Moore, Schmidt, & Wiens, 1979；Strom-Gottfried & Mowbray, 2006）。

ケースの見直しを行う公式のプロセスは、シュネイドマン（Shneidman, 1971）により「事後介入」と呼ばれているが、個人あるいはグループでケースを処理する（Pilsecker, 1987）、心理学的検視（Kleepsies, Penk, & Forsyth, 1993；Chemtob et al., 1988）、または緊急事態ストレス・デブリーフィング（Farrington, 1995）といった形を取る。こうした仕組みは、それぞれ意図や焦点が多少異なるが、いずれもソーシャルワーカーが喪失を認識し、クライエントとの経験を直視し、また支えとなる視点を持ち、実際に起きたことに対する理解を深める機会を与えてくれる。

グループのあるメンバーが計画外に終結する理由はさまざまであるが、グループとの不適合や違和感、交通の便が悪い、あるいは時間が合わないといった、グループ自体に関わる理由とグループとは関係のない理由の両方がある（Toseland & Rivas, 2009）。いずれにしても、計画外のグループ脱退は、終結関連の課題を達成する上で大きな問題となる。グループの成功には、凝集性が重要であるため、メンバーを失うことは、グループの絆を脅かし、他のメンバー自身の目標達成やグループの妥当性に疑問を抱かせ、残りのグループメンバーと信頼関係を構築し続けることを躊躇させるおそれがある。ソーシャルワーカーは、脱退するメンバーと残りのメンバー双方に対し、何らかの形で終了を促すように努めなければならない。それは、これまでグループが掲げていた検討事項や期限に沿ったものでないとして、グループプロセスや個々のメンバーの将来的な健全性や成功を後押しすることになるため、非常に価値のある取り組みである。

事例

16人の学生集団は、18カ月間、すべてのクラスを一緒に受けてきた。しかし、ソーシャルワーク修士課程（MSW）プログラムの半ばで、学生の一人が、年をとり病気で苦しんでいる家族のメンバーと過ごす時間を増やすため、退学を決意した。モイラは、クラスの中でも評判の良い成績優秀な学生であり、講師陣や担当教授は、彼女の決断に驚いたが、現状では、自分の決断は正しいと自信を示すモイラの言葉に納得した。とはいえ、モイラは自分の決断に対して気弱になっていた。クラスメートに自分の決断を伝えるためにメールを送ったものの、自分自身やグループにとっての終了の区切りをつけるために、もう一度だけセッションに参加したらどうかという講師の提案は断った。しかし、モイラは、自分の決断について、グループで話し合っても構わないと講師に伝え、次のクラスでその件を取り上げることには納得した。

クラス当日、まず講師は、モイラの席が空いていることを指摘し、クラスの学生に対して、モイラが退学を決断した理由について知っている人はクラスのみんなに話してほしいと指示した。モイラは、多くのクラスメートと、個人的に連絡を取っていたため、講師はモイラの決断について詳しく内容を話す必要はなかった。次にグループは、自己喪失（「モイラができないのであれば、私たちにできるだろうか」）、怒りや混乱（「モイラは一生懸命取り組んできたのに、なぜ今

やめるのだろうか」)、悲しみ (「モイラは、このグループに対して、重要なことをたくさん教えてくれました」)、望み (「これは、きっと一時的な選択にすぎないだろう」)、理解 (「モイラは、自分の家族のためにしなければならないことをしているんだと思います」) といったモイラの中退に対する反応について話し合った。

続いて講師は、「モイラがグループにもたらしてくれたものは何ですか。また、それに対し、どのように感謝の念を示すことができますか」と尋ねた。モイラから学んだこと、モイラと過ごした時間の中で重要だと思ったことについて話し合った後、クラスのメンバーは、そうした内容をモイラに伝えるために、手紙を書いた。講師は、それらの手紙を読まずに回収し、モイラの功績、能力に関する自分の考え、および将来、プログラムに復帰する場合の選択肢について詳しく述べたモイラ宛ての自分の手紙に同封した。

続いてクラスでは、モイラの中退を受け入れ、心の整理をすることの意義について話し合った。以前、数人のクラスメートが中退したときに経験した他のメンバーの喪失 (「来たかと思うと、また行ってしまう」)、および疑念 (「彼らは、強制的にやめさせられたのだろうか」)、不安 (「自分はうまくできるだろうか。次は自分だろうか」)、罪 (「私が言ったことやしたことが原因だろうか」)、苦痛 (「ここでは、誰も重要視されてはいないのだ」) など、喪失に対しての区切りがなかったために生じた感情と、今回のモイラの件を比較した。モイラのケースにおける終了のプロセスは、本人は不在であったが、終結の目標を達成し、クラスに対して力強いメッセージを伝えた。同様の喪失を経験する他の種類のグループの場合と同様の結果である。

本章の随所で使われている「終了 (クロージャー)」とは、問題が解決したこと、当事者や喪失が永遠に葬り去られ、今後話題になることはないことを意味するのではない。また、「これで終わり。次に進もう」という意味でもない。終了とは、単に経験や出来事をじっくり検討し、移行の重要性が示されたことを意味する。参加者が自由に次へ進む手助けとなるという意味において、終わりを示すのである。臨床的には、曖昧あるいは対応を誤った終結は、ソーシャルワーカーとクライエントに対し、課題が未完了であるという気持ちを残し、クライエントが将来の援助関係に容易かつ十分に取り組む姿勢を困難にさせる。終了を実現するか否かで、大きな違いがもたらされる。

・・・

成果を伴わない計画的終結

終結が計画的に迎えられても、サービス目標がうまく達成されたことによって終了するのではない場合がある。こうした終結は、以下のような場合に起こる。

- ソーシャルワーカーまたはクライエントが、援助関係に満足していない。
- クライエントが、自分の問題を克服するために、積極的に粘り強く取り組んできたにもかかわらず、どうしようもないほど行き詰まっている。
- ソーシャルワーカーに、クライエントのニーズに対処する能力がない。
- クライエントが、適切な援助要件を順守していない。

計画外の終結とは異なり、終了にあたって、サービスから突然離れるわけではないため、ソーシャルワーカーとクライエントは、終了の目標を達成する機会が与えられる。また、グループも

成果の伴わない終わり方をする場合があり、メンバーがリーダーや他のメンバーに対し、不満を抱き、失望し、あるいは怒りを感じる場合がある（Smokowski, Rose, & Bacallao, 2001）。

　援助プロセスが不成功に終わる場合、終結時には、（1）さらに望ましい成果の実現を妨げた要因、（2）今後、追加的な援助を求めることについてのクライエントの感情について、話し合いをする必要がある。こうした取り組みにおいて、ソーシャルワーカーは、終了を実現しつつも、将来サービスを再開する可能性があることを示しながら、両者が正直に懸念を述べることができるように、できるだけ安全な環境を作り出さなければならない。また、非防御的なやり方でフィードバックを聞いたり、伝えたりする能力が必要となる。時には、こうした終結時の対話の結果、ソーシャルワーカーとクライエントが再び結びつき、今後のサービスのための新たな契約を策定する条件の合意に至る場合がある。こうした最終セッションにおいて、ソーシャルワーカーは、終結時の問題がソーシャルワーク実践者あるいは機関との不適合である場合、他のサービスへの紹介を行う準備をしておかなければならない。

成果をあげた計画的終結

　先に述べた通り、計画的な終結はさまざまな形を取る。実践現場の本質、介入手法、あるいは資金提供元により、特定の期間内に終結しなければならない外的圧力がかかる場合がある。その他には、クライエントが目標を達成し、ソーシャルワーカーから独立するとき、援助関係自体が計画に沿って終結を迎える。この段階は、クライエントがすべての望ましい目標や課題を完了した（あるいは、ソーシャルワーカーの目から見て、クライエントは「対処済み」である）ことを示すのではなく、単にクライエントは「その時点で、もはや援助を必要としない程度の安心感」を抱いていることを意味する（Reid, 1972, p.199）。こうした展開と関連するものとして、カミングス（Cummings, 1991）が提唱する「ライフサイクルを通したインターミッテント療法」（p.35）がある。すなわち、ソーシャルワークサービスを必要とする個人は、医療やその他のサービスと同じように、このサービスを利用する。つまり、一つの問題について長期間援助を受けるのではなく、緊急の問題に対処する必要がある場合にサービスを求めるのである。したがって、こうした終結状況において、ソーシャルワーカーとクライエントは、将来的にサービスを再開するための危機管理計画を作成する。

期限または構造的制約による終結

　所定の間隔でサービスを提供する組織や機関では、それに従って終結を計画しなければならない。例えば、学校の場合、サービスは一般的に学年末で終了となる。病院やその他の施設におけるサービスの期間は、入院、収監、あるいは保険適用期間によって決められる。

　サービスモデルの中には、期限付きグループや所定の期間が定められた入居者向けプログラムなど、特定の期限内にサービスを行い、終了させることを明確な目的としたものがある。例えば、ある援助プログラムは、クライエントのニーズの変化に伴い、一つのプログラム（一つのソーシャルワーカー・グループが担当）から次のプログラムへ進めるように構成されている。入居者向けプログラムやその他入居期間が定められている状況では、一連の援助は、比較的予想可能なプロセスを経ることになり、クライエントは終結へ向かって、手順あるいは段階ごとに進んでいく。治療の状況により、サービス期間は数日間から数カ月間とさまざまである。また、学年度末に、所定の実習科目プロセスを終えるソーシャルワーク専攻の学生にとっても、終結における

時間的な要因は重要となる。

　プログラム構成や既存の時間的制約に基づく終結には、こうした状況に特有の要因が関わってくる。第一に、学年末あるいは学生向けの研修期間の終了は、あらかじめ定められた終結の期限であり、この場合、クライエントが期限に対し、独断的に課されたものであると解釈したり、ソーシャルワーカーが任務を終了することを任務の放棄であると認識したりする可能性を低くする。また、終結の時期を前もって知ることにより、分離についての感情を克服するために十分な時間を持つことができる。一方、学校の場合、クライエントである学生は、多くの支援をすべて一度に失うことになる。

　個々の要因ではなく、時間的な制約や機関の機能によって終結の時期が定められている場合に共通するもう一つの要因は、終結時に、クライエントの問題が適切に解決されていない場合がある点である。あらかじめ定められたタイミングの悪い終結は、サービスを受けられなくなり、途中で援助関係を打ち切らなければならないクライエントから、激しい反応がもたらされるおそれがある（Weiner, 1984）。したがって、ソーシャルワーカーは、時期尚早の分離に関わる感情を解決しながら、必要に応じて、クライエントに追加的なサービスを勧めるという二重の課題に直面することになる。

　学年終了や所定のサービス期間終了によってあらかじめ定められた終結では、個々のクライエントの進捗にあわせて期限が定められた場合とは異なり、必ずしも、肯定的な成果が同じように期待されるわけではない。すなわち、「あなたの目標を達成する上で十分な時間をかけるために、５月まで面接を続けます」という言い方は、「このプログラムを終えるまでに私に与えられた時間は５月までですので、それまで面接を続けます」という言い方よりもはるかに肯定的な期待を示す。とはいえ、期限付きのソーシャルワークが、必ずしも不満足な結果につながるとは限らない。クライエントは、集中的に取り組むことによる恩恵を受け、終結後に他のサービスへ紹介されることになったとしても、ソーシャルワーカーとの有意義な関係を経験できる場合がある。

　例えば、本書の著者の一人は、長期にわたる深刻なメンタルヘルス問題を抱えるクライエントを担当したことがあるが、実際にクライエントと関わるために与えられた時間で、クライエントが危機を乗り越えるための支援を行い、将来的な危機の発生が再入院につながらないように、クライエントがソーシャルサポートを構築するための援助を行うことができた。終結プロセスにおいて、両者は、一年間で実現できた成果を見直し、クライエントは、新しいソーシャルワーカーと面会した。そのソーシャルワーカーからは、これまで達成してきた成果を支え、維持していくために、今までほど集中的ではないサービスを受けることになる。

計画的終結に関わるその他の決定要因

　終結が、機関の状況、クライエントの事情、あるいはサービス形態によって事前に定められていない場合、ソーシャルワーカーとクライエントは、どのように終了時期を知るのであろうか。サービスが非常に目標志向である場合、終結点は明確である。つまり、目標が達成され、変化が維持された場合に終結を迎える。一方、目標が一定の形を持たないか、進行中である場合、正確な終結点を決めることはより困難となる。理論的には、人間は無限に成長するため、クライエントがどの時点で最適な成長を実現したかを判断することは簡単なことではない。通常、クライエントが報酬逓減［訳注：費用対効果が充分に得られないこと］の状況に達した時、すなわちセッションから得られる成果がそれほど重要ではない点まで次第に減ってきた時点で、終結を提案す

ることが適切である。クライエントが言葉や行動を通してサービスを終了する心構えができていることを示すか、あるいはソーシャルワーカーから終結に関する話を切り出す。

　計画的終結として、さらに二つの異なる形に注目する必要がある。まず、「同時終結」は、クライエントとソーシャルワーカーが同時にサービスまたは機関を離れる場合に生じる。この場合、お互いに共有できる力強い経験として終結を迎えることができ、終結に向けた課題に時間や関心を集中的に向けることが多い（Joyce, Duncan, Duncan, Kipnes, & Piper, 1996）。また、同時終結では、ソーシャルワーカーの終結に対する個人的な反応が、クライエントに投影されないようにするため、ソーシャルワーカーの高い自己認識が必要となる。ソーシャルワーカーが組織を離れる場合の他の終結と同様に、今後のサービスの条件や資源についても対処しなければならない。

　計画的終結のもう一つの種類は、クライエントが死亡した場合、ただしその死が予測され、事前に対応計画を取っていた場合に生じる終結である。ホスピスケア、介護施設、あるいは病院などの状況において、ソーシャルワーカーや他のケア提供者は、日常的に死に直面する。このような状況に置かれたクライエントを援助し、ソーシャルワーカーの対応を効果的に管理するためには特別な技術を要することから、こうした環境におけるオリエンテーションやスーパービジョンを通して、ソーシャルワーク実践のこの重要な側面に対処する必要がある。例えば、援助関係が患者の死と同時に終了することが予測される場合、人生を振り返ること、回想、終末期の懸念に対処するための計画、および精神的な事柄に対する配慮がなされる（Arnold, 2002）（注4）。

終結に向けたクライエントの反応に対する理解と対応

　終結は本来、ソーシャルワーカー（およびグループ、入院患者、居住施設の場合は他のクライエント）との別れを伴うものである。こうした分離では、通常、ソーシャルワーカーとクライエントに対する複雑な感情が生じるが、その程度は、達成された成果の度合い、愛着の強さ、終結の種類、クライエントの文化的志向、およびこれまでの大切な人との別れの経験によりさまざまである（Bembry & Ericson, 1999；Dorfman, 1996）。クライエントがうまく目標を達成する場合、援助プロセスが終わりに近づくにつれ、ある程度の自信と満足感を抱く。ストレングスや自尊心が高まると、成長を続ける機会として、将来に対して楽観的な見方をする。

　個人、共同、家族、およびグループを対象とした治療において、大半のクライエントは、終結時に肯定的な感情を持つ。達成した成果から得られるメリットは、通常、援助関係が失われる影響をはるかにしのぐ。クライエントは、「初めてここへ来て、あなたにお会いしたときは、私はめちゃくちゃな人間でした。あなたがおそれて逃げてしまわなかったことが不思議なくらいです」「あなたが頭の中を整理する手助けをしてくださったおかげで、与えられた選択肢に目を向けることができました」、あるいは「息子との問題はそれほど変化がありませんでしたが、グループに参加し、自分が孤独ではないことを知ったことは、私にとって大きな力となりました」というような発言をし、これまでの経験を振り返る。

　先に述べた通り、クライエントとソーシャルワーカーは、終結プロセスにおいて、同じような共通の喪失感を抱く。実際に、悲しみは、学校へ通うために両親のもとを離れる、新しい学年へ進級する、卒業する、新しいコミュニティへ引っ越す、あるいは転職をするといった人生の一プロセス（前向きな人生の場合でも）である多くの終わりの場面に共通する要素である。終結における喪失は、一般的に、大切に感じてきた人との別れに伴う「甘い悲しさ」を感じるような深く心を打つ経験となる。経験豊富なソーシャルワーカーは、次の段階への移行は困難ではあるが、良

いときと困難なときの両方にうまく対処することが、成長する上で必要である点を認めながら、クライエントがこうしたどっちつかずの感情を言葉に表す手助けをする。

　ソーシャルワーカーの立場から見ると、終結の本質や終結に伴う安心感は、終結が起こる組織全体の健全性やソーシャルワーク実践者の職務満足度のレベルと関連しているようである（Resnick & Dziegielewski, 1996）。取り扱い件数が多く、クライエントの出入りが激しく、また職員の支援や効果的なスーパービジョンが欠如している現場では、臨床的な終結に伴う課題や感情に対して十分な関心が向けられないおそれがある。当然のことながら、ソーシャルワーク実践の他の要素と同様に、ソーシャルワーカーが受ける終結の影響も、実践者の個人としての生活と専門家としての生活との適切なバランスを維持する能力など、全体的な「健康状態」によって決まる。

　終結は、過去の喪失や終わりと結びつく感情を呼び起こすおそれがあるため、クライエント（およびソーシャルワーカー）は、さまざまな方法で（それぞれさまざまな程度で）、終結に対応する。

1．**怒り**：クライエントは、終結時、特にソーシャルワーカーが機関をやめることが原因で終結に至った場合、怒りを感じることがある。こうした終結は、関連性のある目標ではなく、ほとんど事前の予告もなく起こるため、それに対する反応は、その他の種類の突然の危機に対する反応と類似している場合がある。クライエントは、否定的な感情を表出することに困難を感じるとともに、自分の前に立ちはだかる喪失に対する悲しみや不安を感じているため、ソーシャルワーカーは、自分がやめることによって引き起こされた感情に手を差し伸べなければならない。クライエントに感情を言葉で表現することを促し、共感的に対応することが重要である。しかし、過剰関与のレベルになるまで共感し、否定的な感情を抱くクライエントを支援したり、建設的な計画に従事したりできる能力を失わないようにすることが肝心である。

　ソーシャルワーカーの退任が、本人のコントロールを超えた状況（一時解雇または解雇）による場合、自分自身の怒りや権利を擁護したい気持ちを満足させるために、クライエントの怒りを煽らないことが重要である。こうした行為は、臨床的にクライエントに対して役立たないばかりか、全米ソーシャルワーカー協会の倫理綱領に反する。倫理綱領は、「同僚との議論においてクライエントを利用すること、あるいはソーシャルワーカーとその同僚との間の葛藤についての不適切な話し合いに、クライエントを巻き込む」ことがないようにと警告している（NASW, 1999, 2.04b）。

2．**否認**：クライエントは、自分の目の前に立ちはだかっている終結やサービスの期限について知らなかったと強く主張し、終結が目前に迫っている事実などないかのようにふるまう場合がある。終結に対して感情を抱いていることを否定したり、そうした感情が自分自身に影響を与えていることを認めたりしない。あるいは、ソーシャルワーカーとの最終セッションに欠席することにより、終結を回避しようとするクライエントもいる（Dorfman, 1996）。こうしたクライエントの「いつも通りの」態度から、クライエントは終結の影響を受けていない、あるいは終結を冷静に受け止めていると判断するのは誤りである。平静を保った外見は、「嵐の前の静けさ」を示しているのかもしれない。

　クライエントが一時的に感情を否定するのは、最終的に直面しなければならない悲惨な現実がもたらす精神的苦痛をかわそうとするためである。クライエントが自分の感情に触れる手助

けをするためには、再び終結の話題を取り上げ、ソーシャルワーカーが退任した後、目標に向けた取り組みを続けるための計画を設定する援助を行う意思を示すことが有益である。終結の話題を取り上げる上で、クライエントの情動反応に対する非言語的なシグナルに注意を払う必要がある。また、大切な人と別れたときに、クライエントが一般に経験する苦痛、怒り、拒絶に対して理解していることを伝え、そうした感情を引き出す共感的なコミュニケーションを行うことが奨励される。以下の対応例は、この種のコミュニケーションの仕方を示したものである。

- 「退院することがおそろしいので、ここを離れる必要がなければよいと望んでいることはわかりますが、退院の話を避けたからといって、退院しなくてすむようになるわけではありません。残りの時間を使って、これまでの取り組みを振り返ることにより、あなたがここで達成したすべてのことを外の世界で活用できるように心構えをしてほしいのです」
- 「あなたはここで本当によく取り組んできました。また、その多くがあなたにとって簡単ではなかったこともわかっています。あなたが今、肩をすくめて、それは何の意味もないと言うことが信じられません。私はこれまでの取り組みは大きな意味を持っていたと思います」

3. 回避：時折、クライエントは、ソーシャルワーカーが自分を拒否する前に、ソーシャルワーカーを拒否することにより、ソーシャルワーカーが退任することに対する怒りや苦痛を表明する。クライエントの中には、終結が近づくにつれ、セッションに出席しないことによって、静かに反抗する者がいる。あるいは、ソーシャルワーカーを無視したり、もはや自分はソーシャルワーカーを必要としていないことを明言したりと、事実上「最良の防御は有効な攻撃である」という方略を用いる場合がある。クライエントがこのような行動を取る場合、クライエントに対して手を差し伸べることが重要である。手を差し伸べなければ、ソーシャルワーカーがクライエントのことを心からまったく気にかけていない証拠として受け取られてしまうおそれがある。クライエントに手を差し伸べる際には、電話、メール、手紙、家庭訪問によって個人的に連絡を取ることが大切である。そうしたやりとりの中で、ソーシャルワーカーは自分の懸念や心配を再確認し、共感やクライエントの情動反応に対する理解を伝えることができる。

4. 以前の問題の再発を報告、または新たな問題を生み出す：クライエントの中には、援助が終わりに近づき、しばらく統制できていた問題が再発したことにより、混乱に陥る傾向にある者がいる（Levinson, 1977）。援助関係を継続させるために、終結セッションの間や最後に予定されているセッションにおいて、新たなストレスや問題を訴える者もいる。通常、最小限のコミュニケーションしか取らないクライエントが、突然心を開いたり、これまで伏せておいた秘密情報を明かしたりする場合もある。あるいは、自己破壊的あるいは自殺的行為といったさらに深刻な反応を示すクライエントもいる。

　クライエントによる暴露、後退、あるいは症状の再発の程度によって、ソーシャルワーカーがどのように対応すべきかが決まる。終結に伴う心配や不安を認めることが重要である。一部のクライエントにとっては、終結が近づく頃、こうした問題について早期に話し合うことが有益である。ソーシャルワーカーは、「時々、サービスが終了すると、問題が再発すると心配する人がいますが、私は、あなたのこれまでの成果について自信を持っています。たとえ、後退

が見られたとしても、終結に影響を与えることはないと信じています」といった言葉をかける。ある理論モデルでは、どうすれば治療を必要としていた当初の機能レベルに後退してしまうかという点について、ソーシャルワーカーはクライエントを交えて明示的に議論すべきであると提案している。この根底には、そうした話し合いによって大きな不安が生じ、その結果、逆説的ではあるが、クライエントに将来的な後退に対する免疫をつけるという考え方がある（Walsh, 2003）。

時には、ソーシャルワーカーとクライエントにとって、計画的な終結について再検討する意味がある場合がある。期間を延長することにより、クライエントが決定的な進捗を遂げることが可能であると思われる場合、合意した課題を達成するために、限定的な「計画に基づく延長」（Epstein & Brown, 2002, p. 232）がなされることがある。例えば、援助プロセスの後半になってから重要な問題が特定された、以前に特定されていたにもかかわらず、さらに緊急を要する問題に取り組むために後回しになっていた問題が再発した、あるいはクライエントの問題に影響を与えると予想される移行を伴う出来事（結婚、施設からの退所、子どもの親権を取り戻す）など、追加的なセッションを行うために再契約をする正当な理由が存在する。このような場合、機関の支援があれば、特にクライエントが初回契約期間中に他の問題において大きな進展を遂げた場合、援助関係の継続は認められる。

新たな問題の発生（あるいは以前の問題の再発）が、終結を回避するための策略であるのか、あるいは新たな契約を策定するための正当な理由であるのかどうかを判断することは難しいが、これまでのクライエントの進捗に対する自分の感覚、依存の度合い、および提起された問題の重要性に基づき、判断しなければならない。ソーシャルワーカーがこうした要因を批評的に見る上で、スーパーバイザーとの話し合いが役立つ。クライエントの問題は介入に値すると考えているが、援助を続けることにより、有害な依存性を助長してしまうのではないかと不安な場合、クライエントを別のセラピストに紹介することを検討するか、自分自身でクライエントとのソーシャルワークを継続するが、グループの形をとったり、あるいはセッションの頻度を減らしたり、以前ほど集中的ではない形式を取ることを考える。

5．**援助関係の延長を試みる**：クライエントが新たな問題や問題の再発を明らかにするのではなく、終結後のソーシャルワーク実践者との社会的あるいはビジネス関係を提案することによって、より直接的にソーシャルワーカーとの関係を継続しようと試みる場合がある。例えば、クライエントは、時々お茶を飲んだり、ハガキや手紙の交換をしたりすることを提案したり、あるいはソーシャルワーカーと定期的に会うことができるような研修プログラムへの参加をもくろんだりすることもある。また、グループが機関の手から離れた後も、引き続き会おうと決めることも、こうした現象の例である。

残念ながら、こうした計画によってもたらされた安心感は、ほんの一瞬しか続かず、関係を継続することの否定的な影響が深刻化するおそれがある。ソーシャルワーク専門職では、二重関係は倫理上、禁止されているため、やりとりを続けたいという要請の中には、明らかに不適切なものがある。他にも、禁止されてはいないものの、援助関係において成し遂げた作業を元の状態に戻してしまい、ソーシャルワーカーの力を借りずに自立できるというクライエントの自信を損なうおそれのある、賢明とは言えない関わり方もある。さらに、非公式のやりとりを続けることにより、クライエントが他の有意義な関係に関わる機会を制限してしまう（Bostic,

Shadid, & Blotcky, 1996)。

　グループの場合、ソーシャルワーカーは、自分自身の立場について明確にし、過去の経験からの教訓を伝えなければならないが、グループが継続的に会うことをやめさせるのは、通常、ソーシャルワーカーの役割ではない。例えば、ある死別グループの終結時、グループメンバーがあるメンバーの自宅でバーベキューを計画したことがある。グループリーダーは、参加への誘いに対し、「来週のセッションでみなさんとはお別れですが、私も誘っていただいてありがとうございます」と簡単に述べた。特に脆弱で、容易に失望してしまうメンバーからなる別のグループでは、ソーシャルワーカーは、「みなさんがお互いに親しみを感じ、グループが正式に終結した後も、引き続き会おうとしていることをうれしく思います。私の経験から、グループを終了した後で、そうした関係を続けていくことが困難な場合があります。もしそのようなことになっても、がっかりしたりせず、みなさんが一緒に成し遂げたすべてのことを思い出す機会としてください」と述べた。

　計画的に行われるフォローアップを目的とした電話連絡、面接、「追加セッション」が常に不適切であるという意味ではない。むしろ、そうした計画は、援助プロセスの目標の範囲内で行われ、避けられない終結から逃れようとするものではなく、明確な援助目的を持つ。

6．**ソーシャルワーカーの代理を見つける**：ソーシャルワーカーの代わりとして、一人あるいは複数の人物を見つけることは、社会資源を構築する上では建設的な方法であるが、同時に、クライエントが依存することのできる人物を見つけ、失われたソーシャルワーカーとの関係を補おうとすることを意味する。また、グループメンバーは、これまでのグループによる支援の代わりに、他のグループと関わり、実際には、永続的なソーシャルサポートシステムを構築できない場合がある。こうした問題は、クライエントが限られたソーシャルサポートしか持ち合わせていない場合に生じることが最も多い。したがって、援助プロセスの間に、クライエントの社会化を高める必要性を明らかにすべきであり、そうした必要性をソーシャルワークの目標の一つに掲げることも考えられる。実際に、成果を維持するための計画では、クライエントに対する援助資源として、専門家の代わりとなるネットワークや資源を構築する必要がある。

終結に対するソーシャルワーカーの反応

　終結に対して反応を示すのは、クライエントだけではない。ソーシャルワーカーの反応には、罪悪感（クライエントを失望させた、あるいはクライエントを十分に援助できなかったことに対して）、回避（感情や反応が生じることを避けるために、終結についての発表を遅らせる）、安堵（扱いにくい、あるいは挑発的なクライエントとのやりとりが終わることに対して）、サービスの延長（セラピストが感じた金銭的あるいは感情的な満足感のため）などがある（Dorfman, 1996；Joyce et al., 1996；Murphy & Dillon, 2008）。時期尚早に終結を迎えることが一般的である状況では、ソーシャルワーカーは、ケースを終了することができず、介入を実行する前に援助が終わってしまうケースに繰り返し取り組むうちに、ソーシャルワーカーは、バーンアウトやクライエントに対する配慮の低下を経験する（Resnick & Dziegielewski, 1996）。自己認識や優れたスーパービジョンは、ベテランのソーシャルワーカーが終結に関わる反応を認識するために不可欠な要素である。こうした反応は、クライエントに悪影響を及ぼすため、それらを特定し管理することが重要である。

■成果の集約と今後の維持方略の計画

　終結に対する情動反応や行動反応を扱うことに加え、終結には、実現した変化について概観し、定着させること、およびそうした変化を維持するための計画を策定することが課題となる。グループワークでは、メンバーがグループの状況の中でうまくやりとりするだけでなく、新たに身につけた対人スキルを幅広い領域の社会関係に応用できるように手助けすることが目的となる。

　成果の維持は、さまざまな要因によって妨げられる。

1．習慣的な反応パターンへ逆戻りしてしまう自然な傾向（アルコールや薬物の使用、攻撃的あるいは引きこもり行動、良くないコミュニケーションパターンなど）
2．個人的および環境的ストレッサー（家族の葛藤、大家からの圧力、個人的に受けた拒絶、失業、健康問題、愛する人の死など）
3．社会的活動や余暇活動を行う環境における機会の欠如
4．肯定的なサポートシステムの不在（仲間や家族のネットワークが、クライエントと同じように変化していない場合）
5．不十分なソーシャルスキル
6．機能的行動の強化不足
7．環境変化に対する準備不足
8．仲間からのプレッシャーに抵抗できないこと
9．機能不全あるいは破壊的な環境への後戻り
10．新しい行動が十分に定着していないこと（注5）

　維持方略を計画する上で、ソーシャルワーカーは、以上の要因を予測し、クライエントがそうした要因に対処できるように準備させなければならない。一部のクライエントにとっては、モニタリング・段階が有用である。この段階では、セッションの回数と頻度は減るが、サポートシステムが集められて、新たな懸念を抱えるクライエントを援助する。この技法は、事実上、ソーシャルワーカーの支援からクライエントを「乳離れさせる」ものであるが、クライエントが新しい技術を試すことができる移行期間を設け、徐々に援助関係を終了させながら支援を行う。

　個人や家族を対象とした場合、ソーシャルワーカーは、クライエントに対し、後退に対処する手段を検討するように積極的に促す。あるモデルでは、「問題の再発をもたらすために、各自に必要とされること」は何かを尋ね、メンバーが以前の行動パターンを取り、その後、そうした行動を取ることによってどのような考えや感情を持ったかを説明するロールプレイを計画することを提案している（Walsh, 2003, p.206）。同様の形式の予測や実践も、将来の再発に対し、クライエントに免疫をつける上で役立つ。

　ソーシャルワーカーは、クライエントが問題をコントロールできないようである場合、追加的な援助を受けに戻ることを奨励する。自分の問題に自力で対処できるクライエントの能力に対して、信頼を示すことは重要であるが、ソーシャルワーカーが常にクライエントに対して関心を抱いていることを伝え、必要があれば、相談に戻ってくるように促すことも同様に重要である。

フォローアップ・セッション

　終結後のフォローアップ・セッションは、終結の成功と変化の維持を確実なものとする上で重要なもう一つの技法である。こうしたセッションは、クライエントとソーシャルワーカーの双方に恩恵をもたらす。多くのクライエントは、終結後も成長を続けるが、フォローアップ・セッションは、そうした成果を認める機会を提供し、クライエントに取り組みを継続する意欲を与える。

　また、フォローアップ・セッションは、ソーシャルワーカーが未解決の問題に対し、簡単に追加的な援助を行う機会となる。ソーシャルワーカーは、このようなセッションにおいて、変化の永続性を評価する。すなわち、クライエントが援助関係の直接的な効果がなくても、成果を維持できるかどうかを判断する。計画的なフォローアップ・セッションのもう一つの利点は、終結による打撃を緩和し、実践の有効性に対する経時的評価を行う機会となることである。

　援助プロセスの重要な一部として、フォローアップ・セッションの概念を紹介することにより、ソーシャルワーカーは、クライエントがこうしたセッションを後になって、個人の私的生活への侵害、あるいはソーシャルワーカーの好奇心を満たそうとする試みとしてとらえてしまう危険を避けることができる。ウェルズ（Wells, 1994）は、フォローアップ・セッションを計画する上で、ソーシャルワーカーは、特定の日時を設定するのではなく、所定の期間を置いた後、クライエントに連絡する旨を説明するように奨励している。このように一定の期間を置くことで、クライエントは、公式の援助期間中に学習した内容や実現した変化を実際に試したり、さらに強化したりすることができる。

　フォローアップ・セッションでは、一般的に、ソーシャルワーカーは、介入期間に比べ、クライエント対して形式張らずに接する。適切な社会的礼儀を払った後、クライエントの進捗へと話を進め、適切な場合には、介入後手段を講じる。また、フォローアップ・セッションは、介入期間中のソーシャルワーカーの取り組みを詳細に評価するための格好の機会となる。振り返って、最も役に立ったもの、あるいは最も役に立たなかったものは何か。同時に、さらなる取り組みを通して、この時点での成果を集約することが可能である。また、クライエントが人生に対処する上で、引き続き活用することのできる援助から何を得たのか。最後に、必要であると思われる場合には、ソーシャルワーカーはこの時点で、より正式な援助に向けた契約をすることが可能である。このようにフォローアップ・セッションを通して、ソーシャルワーカーは、機能の低下を阻止するタイムリーな援助を計画することができる。

　フォローアップ・セッションに関連して、クライエントがサービスから「決別する」ことができないおそれがある点に注意しなければならない。終結時の分離が困難であったクライエントは、フォローアップ・セッションをソーシャルワーカーとの契約を引き延ばすための口実に使う場合がある。こうした継続的な愛着は、変化プロセスにとって有害であり、クライエントがソーシャルネットワークや他の援助専門家との適切な愛着を構築することを妨げてしまう。ソーシャルワーカーは、フォローアップ・セッションを提案する際、こうした可能性に注意を払い、クライエントにこのようなセッションの具体的な目的や焦点を理解させるようにしなければならない。

終結における儀式

　多くの状況では、終結は、目標の達成や援助関係の終了を象徴的に示す祝賀または儀式の形

をもって終わりを迎える（Murphy & Dillon, 2003）。例えば、入居者向けプログラムや一部の治療グループでは、終結は「卒業」あるいは「進級」式の中で認められ、そうした式の間、他の入居者やメンバーは、旅立つメンバーの成長について言及し、前途を祝す。証書、カード、あるいは「メモリーブック」（Elbow, 1987）は、職員や仲間のクライエントから終結を迎えたクライエントに送られる象徴的な贈り物の一例である。個人や家族を対象としたソーシャルワークでは、終結のしるしとして、本、苗木、感動的な言葉を額におさめた物、しおり、その他協働関係やソーシャルワークを通して得た功績を表す記念品などの小さな贈り物を準備してもよい。グループの場合、終結時に、コラージュや壁画など、グループを象徴する後に残るような品物を制作することがある。このような品物を制作するプロセスにおいて、参加者は、メンバーである自分にとってのグループの意義を振り返ることができる（Northen & Kurland, 2001）。

　終結を示すために儀式を用いるかどうかは、クライエントに対する理解、機関や状況にそうしたアクションが適切であるかどうか、およびクライエントがそうしたアクションに対して感じる意義に基づき、判断しなければならない。例えば、個人的にカードを贈ることは、一部のクライエントに対し、親密な友情を示す行為であると誤解されるおそれがある。一方、児童養護施設を出て、定住用施設へ入る子どもなど、他のクライエントにとっては、そうしたカードは安心感や継続性の拠り所となる場合がある。高価すぎる贈り物は、受け取ったクライエントがお返しをする必要性を感じた場合、戸惑いを与えてしまう。「さよならパーティー」は、達成感や自信を強化し、終結の一部として対処しなければならない悲しみやどっちつかずの気持ちを未然に防ぐ（Shulman, 1992）。卒業式は、家族のメンバーが出席を拒んだり、クライエントが実現した変化を認めたりしない場合などに、過去の失望感を蘇らせ、さらなる後退につながるおそれがある（Jones, 1996）。

　ドーフマン（Dorfman, 1996）は、クライエントにどのように最終セッションを迎えたいかを尋ね、クライエントから具体的な提案がないようであれば、選択肢を与えることを勧めている。有用かつ有意義な終結の儀式は、非常に数多くある。例えば、離婚や離別を経験した家庭の子どもたち向けの「バナナスプリット」グループの最終セッションでは、参加者がバナナスプリット（縦切りにしたバナナにアイスクリームをのせ、チョコシロップや生クリームなどをかけたデザート）を作って食べた（McGonagle, 1986）。ソーシャルワーカーは、クライエントの継続的な成果に向けた「贈り物」や祝福の言葉を表現したカードを作成したり、グループの参加者は、クラスやグループの終結についての詩を書いたり、有名な歌の替え歌を作ったりする場合もある（Walsh, 2003）。クライエントの中には、ソーシャルワーカーに対し、自分たちの功績を示す「卒業証書」を作成することや、一緒に写真を撮ることを求める者もいる（Dorfman, 1996）。卒業式やグループの終結を祝うその他のイベントは、終結の課題を促進し、クライエントが今まで経験したことのない有意義な儀式のモデルとなる可能性がある（Jones, 1996）。こうした終わり方は、ソーシャルワークの目標と象徴的に結びつき、他のクライエントが、グループの仲間や入所者から祝福されるような功績を実現しようと努力する意欲を高めるために役立つ。

事例

　「ホライゾン」は、行動問題が原因で、入院あるいは収監された青少年向け更生訓練施設である。このプログラムは、コミュニティ生活への復帰を目指す10代の青少年を支援し、ソーシャルサポートを構築させ、その結果、自宅へ戻ったり、うまく自立生活に移行したりできるように

なることを目的としている。この点を考慮し、個々の入居者の滞在期間はそれぞれ大きく異なる。入居者の中には、困難に直面したり、再び罪を犯したりする者もいる。その場合、刑務所あるいは入院施設へ戻ることになるか、あるいは単に「姿を見せなくなって」しまう。このような終結を迎えた場合、職員は、クライエントが今回「うまくやり遂げる」ことができなかったことに対する失望に対処し、この結果を回避するためにどうすべきであったかを問う中で、困難に直面するおそれがある。また、こうした終わり方は、他のクライエントにとっても、自分自身の課題やうまく次の手順に進むための自分の能力について不安を感じさせるため、動揺を与えてしまう。

　入居者は、プログラムを時期尚早に終結する場合、コミュニティ・ミーティングへ出席するように指示される。そこで入居者は、プログラムでの経験や身につけたことで将来的に役立つ内容についてグループで話し合い、整理することができる。また、職員や他の入居者に対しても、自分の見解や感情を伝えるように促し、思いやりのあるコミュニティから協力的で建設的なフィードバックを提供できるようにする。そうしたフィードバックを受け取る入居者も、いずれ自分がフィードバックを与える立場になるかもしれない。クライエントがプログラムをやめ、姿を見せなくなってしまった場合でも、セッションは続けられる。その場合、残った入居者や職員は、途中で仲間がやめてしまった件に対する自分の感情を処理し、そこから学ぶことのできる教訓を見つけ出す。

　入居者が目標を達成し、さらに定住に焦点が置かれた生活環境に移行する心構えができたら、職員は、退所に向けた計画やスケジュールについて話し合い、終結時に生じるおそれのある問題に対する警戒を続ける。職員は、グループや個々のセッションの中で、「安心できる」場所から未知の世界へ移行する際に生じるおそれについて話し合うことを忘れてはならない。プログラム修了生を招き、自分の経験についての話やアドバイス、励ましの言葉を受ける場合もある。この時点で、目標を見直し、進捗状況を図式化し、変化を後押ししたプログラムの特徴に関してクライエントの意見を求める。クライエントと職員はともに、今後の問題を予測し、そうした困難に対処するために必要な方略の策定に取り組む。

　「ホライゾン」の職員と入居者は、退所間近の入居者のために、「卒業」式を企画し、入居者各自からは「旅立ち」に向けた象徴的な品物が贈られる。こうした贈り物は、感動的な言葉、仲間内の冗談や共通の経験を思い出させるもの、および新しい生活に役立つタオルや炊事用具など、具体的な品物からなる。

　家族のメンバー、教師、他の機関のソーシャルワーカーは、卒業式に招かれ、式当日には、次の段階へ進むクライエントを支援するように依頼される。こうした式は、涙を誘う感動的なイベントとなることが多く、これまでの功績や将来への期待に焦点が置かれる。

■まとめ

　ソーシャルワーカーは、クライエントと関わることの重要性、効果的な援助関係を築くために必要な技術や姿勢について十分に理解している。しかし、残念ながら、こうした関係が終了すると、ソーシャルワーカーは、「これまでの関係を分析すること」に対して、同じような鋭さを持たなくなってしまう場合がある。効果的な評価や終結を通し、ソーシャルワーク実践者とクライエントの両者は、協働作業において実現した共通の達成感を味わうことができる。このようなプ

ロセスによって、クライエントに害を与えたり、不利になったりしないような方法で関係を終了させる手本を示す機会が得られる。効果的な終結を迎えること、クライエントは成果を維持し、今後必要に応じて、さらなる援助を求めるた上で必要な技術や知識を身につけることができる。

注

1．終結をマクロ実践に適用する場合の概念と手順については、ファウリ、ハリガン＆ネッティング（Fauri, Harrigan, and Netting, 1998）の論文を参照のこと。
2．さまざまな状況における終結や、さまざまな理論志向を用いる場合の終結における検討事項と方略については、ウオルシュ（Walsh, 2007）が優れた情報源となる。
3．「欠席者」のダイナミクスに関する議論や効果的な臨床的対応については、メイヤー（Meyer, 2001）を参照のこと。
4．終末期ケアにおけるサービスについては、全米ソーシャルワーカー協会の緩和と終末期ケアのソーシャルワーク実践基準（www.naswdc.org, 2004）を参照のこと。
5．再発に関する神経生物学についての説明、再発の原因となるさまざまな要因の特定、依存症に関わる信念や通説についての議論、再発教育および依存症や衝動性障害を持つクライエントに対する治療に関するモデルの詳細について取り上げた論文および著作には、フェルテンスタイン（Feltenstein, 2008）、クーブ＆ル・モアル（Koob & Le Moal, 2008）、マット（Matto, 2005）、ベイカー、パイパー、マッカーシー、マジェスキー＆フィオーレ（Baker, Piper, McCarthy, Majeskie, & Fiore, 2004）、スミス（Smyth, 2005）、キャロル（Carroll, 1996）、ブラウネル、マーラット、リヒテンシュタイン＆ウィルソン（Brownell, Marlatt, Lichenstein, and Wilson, 1986）、ダレイ（Daley, 1987, 1991）、マーラット＆ゴードン（Marlatt and Gordon, 1985）、カタラノ、ウェルズ、ジェンソン＆ホーキンス（Catalano, Wells, Jenson, and Hawkins, 1989）がある。

文 献

A

Abbott, A. A., & Wood, K. M. (2000). Assessment:Techniques and instruments for data collection. In A. Abbott (Ed.), *Alcohol, tobacco, and other drugs:Challenging myths, assessing theories, individualizing interventions* (pp. 159-186). Washington, DC: NASW Press.

Abramovitz, M. (2005). The largely untold story of welfare reform and the human services. *Social Work*, 50(2), 174-186.

Abramson, M. (1985). The autonomy-paternalism dilemma in social work. *Social Work*, 27, 422-427.

Abramson, J. S. (2002). Interdisciplinary team practice.In A. R. Roberts & G. J. Greene (Eds.), *Social workers'desk reference* (pp. 44-50). New York: Oxford University Press.

Ackley, D. C. (1997). *Breaking free of managed care*.Orlando, FL: Guilford Publications.

Adams, J. & Drake, R. (2006). Shared decision-making and evidence-based practice. *Community Mental Health Journal*, 42(1), 87-105.

Adams, K., Matto, H. & Le Croy, C. (in press). Limitations of evidence-based practice for social work education: Unpacking the complexity. *Journal of Social Work Education*.

Agbayani-Siewart, P. (2004). Assumptions of Asian-American similarity: The case of Filipino and Chinese American students. *Social Work*, 49(1), 39-51.

Aguilar, I. (1972). Initial contact with Mexican-American families. *Social Work*, 20, 379-382.

Aguilera, D., & Messick, J. (1982). *Crisis intervention: Theory and methodology* (4th ed.). St. Louis: Mosby.

Ahijevych, K., & Wewers, M. (1993). Factors associated with nicotine dependence among African American women cigarette smokers. *Research in Nursing and Health*, 16, 293-292.

Albert, V. (2000). Redefining welfare benefits: Consequences for adequacy and eligibility benefits. *Social Work*, 45(4), 300-310.

Alcabes, A. A., & Jones, J. A. (1985). Structural determinants of clienthood. *Social Work*, 30, 49-55.

Alexander, E. (1991). Sharing power among organizations:Coordination models to link theory and practice.In J. M. Bryson & R. C. Einsweiler (Eds.), *Shared power: What is it? How does it work? How can we make it work better?* (pp. 213-247). Lanham, MD:University Press of America.

Alexander, R., Jr. (2003). *Understanding legal concepts that influence social welfare policy and practice*. Pacific Grove, CA: Brooks/Cole, Thomson Learning.

Al-Krenawi, A. (1998). Reconciling western treatment and traditional healing: A social worker walks with the wind. *Reflections*, 4(3), 6-21.

Al-Krenawi, A., & Graham, J. (2000). Culturally sensitive social practice with Arab clients in mental health settings. *Health and Social Work*, 25, 9-22.

Allen, D, (2007). Black people have been let down by mental health services. *Nursing Standard*. 22(4), 28-31.

Allen-Meares, P. & Garvin, C. (Eds.). (2000). *The handbook of social work direct practice*. Thousand Oaks, CA: Sage.

Alley, G.R., & Brown, L.B. (2002). A diabetes problemsolving support group: Issues, process, and preliminary outcomes. *Social Work in Health Care*, 36, 1-9.

Alter, K., & Hage, J. (1992). *Organizations working together*. Newbury Park, CA: Sage Publications.

American Association of Retired Persons Foundation (October, 2007). State Fact Sheet for Grandparents and other relatives raising children.

American Association of Suicidology. (2004). *How do you recognize the warning signs of suicide?* Retrieved September 1, 2008, from http://www.suicidology.org/associations/1045/files/Mnemonic.pdf

American Psychiatric Association. (2000). *Diagnostic and statistical manual for mental disorders* (4th ed.text revision). Washington, DC: American Psychiatric Association.

Anderson, S., & Grant, J. (1984). Pregnant women and alcohol: Implications for social work. *Social Casework*, 65, 3-10.

Anderson, S. G., Halter, A. P., & Gryzlak, B. M. (2004). Difficulties after leaving TANF: Inner-city women talk about reasons for retuning to welfare. *Social Work*, 49(2), 185-194.

Anderson, D. A., & Worthen, D. (1997). Exploring a fourth dimension: Spirituality as a resource for the couple therapist. *Journal of Marital and Family Therapy*, 23(1), 3-12.

Anderson-Butcher, D., Khairallah, A. O., & Race-Bigelow,J. (2004). Mutual support groups for long-term recipients of TANF. *Social Work*, 49(1), 131-140.

Andrews, L. B. (2001). *Future perfect: Confronting decisions about genetics*. New York: Columbia University Press.

Andrews, A.B., & Ben-Arieh, A. (1999). Measuring and monitoring children's well-being across the world. *Social*

Work, 44(2), 105-115.
Aponte, H. (1982). The person of the therapist: The cornerstone of therapy. *Family Therapy Networker*, 21(46), 19-21.
Applegate, J. S. (1992). The impact of subjective measures on nonbehavioral practice research:Outcome vs. process. *Families in Society*, 73(2), 100-108.
Arditti, J.A. (2008). Parental imprisonment and family visitation: A brief overview and recommendations for family friendly practice. Children of Incarcerated Parents, Conference Proceedings, Spring 2008, Center for Advanced Studies in Child Welfare, University of Minnesota.
Arnold, E. M. (2002). End-of-life counseling and care: Assessment, interventions and clinical issues. In A. R. Roberts & G. J. Greene (Eds.), *Social workers'desk reference* (pp. 452-457). New York: Oxford University Press.
Arnowitz, E., Brunswick, L., & Kaplan, B. (1983). Group therapy, with patients in the waiting room of an oncology clinic. *Social Work*, 28, 395-397.
Aronson, H., & Overall, B. (1966). Treatment expectations of patients in two social classes. *Social Work*, 11, 35-41.
Asai, M. O., & Kameoka, V. A. (2005). The influence of Sekentei on family caregiving and underutilization of social services among Japanese caregivers. *Social Work*, 50(2), 111-118.
Atchey, R. C. (1991). Social forces and aging (6th ed.). Springfield, IL: Charles G. Thomas.Austin, C. D. (1990). Case management: Myths and realities. *Families in Society*, 71(7), 398-405.
Austin, K. M., Moline, M. E., & Williams, G. T. (1990). *Confronting malpractice: Legal and ethical dilemmas in psychotherapy*. Newbury Park, CA: Sage Publications.
Aversa, Jasmine (2008, June 15). *"60,000 Joined the U.S.Jobless Rolls in June."* Star Tribune, Minneapolis,Minnesota, A1, A9.

B

Baer, J. (1999). Family relationships, parenting behavior,and adolescent deviance in three ethnic groups. *Families in Society*, 80(3), 279-285.
Bailey, V. (2001). Cognitive-behavioral therapies for children and adolescents. *Advances in Psychiatric Treatment*, 7, 224-232.
Bailey-Dempsey, C., & Reid, W. J. (1996). Intervention design and development: A case study. *Research on Social Work Practice*, 6(2), 208-228.
Baker, T. B., Piper, M. E., McCarthy, D. E., Majeskie,M. R., & Fiore, M. C. (2004). Addiction motivation reformulated: An affective processing model of negative reinforcement. *Psychological Review*, 11(1), 33-51.
Bakker, L., Ward, T., Cryer, M., & Hudson, S. M.(1997). Out of the rut. A cognitive-behavioral treatment program for driving-while-disqualified offenders. *Behavioral Change*, 14, 29-38.
Balgopal, P., & Vassil, T. (1983). *Groups in social work: An ecological perspective*. New York: Macmillan.
Bandura, A. (1977). Self-efficacy: Toward a unifying theory of behavioral change. *Psychological Review*, 84, 191-215.
Bandura, A. (1986). *Social foundations of thought and action*. Englewood Cliffs, NJ: Prentice-Hall.
Bandura, A. (1988). Social cognitive theory. In R. Vasta (Ed.), *Annals of child development: Six theories of child development: Revised formulations and current issues* (pp. 1-60). Greenwich, CT: JAI Press.
Bandura, A. (1997). *Self-efficacy: The exercise of self control*. New York: Freeman
Bandura, A., & Locke, E. (2003). Negative self-efficacy and goal effects revisited. *Journal of Applied Psychology*, 88(1), 87-99.
Banerjee, M.M. (2002). Voicing realities and recommending reform in PRWORA. *Social Work*, 47(3),315-328.
Barber, J. G. (1995). Working with resistant drug abusers. *Social Work*, 40(1), 17-23.
Bargal, D. (2004). Groups for reducing intergroup conflicts. In C. D. Garvin, L. M. Gutierrez, & M. J.Galinsky (Eds.), *Handbook of social work with groups* (pp. 292-306). New York: Guilford Press.
Barker, R. L. (1996). *The social work dictionary* (3rd ed.). Washington, DC: NASW Press.
Barker, R. L. (2003). *The social work dictionary* (5th ed.). Washington, DC: NASW Press.
Barnes, A. (2008). Race and hospital diagnoses of schizophrenia and mood disorders. *Social Work*, 53(1), 77-83.
Barsky, A. & Gould, J. (2002). *Clinicians in Court: A Guide to Subpoenas, Depositions, Testifying, and Everything Else You Need to Know*. New York: Guilford Press.
Barth, R., & Schinke, S. (1984). Enhancing the supports of teenage mothers. *Social Casework*, 65, 523-531.
Barth, R. P., Wildfire, J., & Green, R. L. (2006). Placement in to foster care and the interplay of urbanicity,child behavior problems and poverty. *American Journal of Orthopsychiatry*, 76(3), 358-366.
Bartlett, H. (1970). The common base of social work practice. New York: National Association of Social Workers.
Barton, C., & Alexander, J. (1981). Functional family therapy. In A. Gurman & D. Kniskern (Eds.), *Handbook of family therapy* (pp. 403-443). New York: Brunner/Mazel.

Barusch, A.S. (2002). *Foundations of social policy, social justice, public programs, and the social work profession.* Itasca, Ill: F. E. Peacock.

Beatrice, D. F. (1990). Inter-agency coordination: A practitioner's guide to a strategy for effective social policy. *Administration in Social Work*, 14(4), 45–60.

Beck, A. (1974). Phases in the development of structure in therapy and encounter groups. In D. Wexler & L. Rice (Eds.), *Innovations in client-centered therapy.* New York: Wiley.

Beck, A.T. (1975). *Cognitive therapy and emotional disorders.* New York: International Universities Press Inc.（大野裕訳『認知療法：精神療法の新しい発展』岩崎学術出版社、1990）

Beck, A.T. (1976). *Cognitive therapy and the emotional disorders.* New York: International Universities Press

Beck, A.T. (1967). *Depression.* New York: Harper.

Beck, A., Kovacs, M., & Weissman, A. (1979). Assessment of suicidal intention. *Journal of Consulting and Clinical Psychology*, 47, 343–352.

Beck, A., Resnik, H., & Lettieri, D. (Eds.). (1974). *The prediction of suicide.* Bowie, MD: Charles Press.

Beck, A., Rush, A., Shaw, B., & Emery, G. (1979). *Cognitive therapy of depression.* New York: Guilford Press.（前田基成ほか訳『うつ病の認知療法』岩崎学術出版社、2007）

Beck, J. S. (1995). *Cognitive therapy: Basics and beyond.* New York: Guilford Press.

Becvar, D. S., & Becvar, R. J. (2000a). *Family therapy: A systemic integration* (4th ed.). Boston: Allyn & Bacon.

Becvar, D. S., & Becvar, R. J. (2000b). Family relationships, parenting behavior, and adolescent deviance in three ethnic groups. *Families in Society*, 80(3), 279–285.

Behroozi, C. S. (1992). A model for work with involuntary applicants in groups. *Social Work with Groups*, 15(2/3), 223–238.

Belkin, L. (1999, October 31). *Parents blaming parents.* New York Times Sunday Magazine, p. F61.

Bell, H. (2003). Strengths and secondary trauma in family violence work. *Social Work*, 48(4), 513–522.

Bell, J. L. (1995). Traumatic event debriefing: Service delivery designs and the role of social work. *Social Work*, 40(1), 36–43.

Bell, L. (2001). Patterns of interaction in multidisciplinary child protection teams in New Jersey. *Child Abuse and Neglect*, 25(1), 65–80.

Bembry, J. X., & Ericson, C. (1999). Therapeutic termination with the early adolescent who has experienced multiple losses. *Child and Adolescent Social Work Journal*, 16(3), 177–189.

Bennett, C. J., Legon, J., & Zilberfein, F. (1989). The significance of empathy in current hospital based practice. *Social Work in Health Care*, 14(2), 27–41.

Bepko, C., & Johnson, T. (2000). Gay and lesbian couples in therapy: Perspectives for the contemporary family therapist. *Journal of Marital and Family Therapy*, 26(3), 409–419.

Berg, I. K. (1994). *Family-based services: A solutionfocused approach.* New York: Norton.

Berg, I. K., & Jaya, A. (1993). Different and same: Family therapy with Asian-American families. *Journal of Marital and Family Therapy*, 19(1), 31–38.

Berg, I. K., & Kelly, S. (2000). *Building solutions in child protection.* New York: W.W. Norton.（桐田弘江ほか訳『子ども虐待の解決：専門家のための援助と面接の技法』金剛出版、2004）

Bergeron, L. R., & Gray, B. (2003). Ethical dilemmas of reporting suspected elder abuse. *Social Work*, 48, 96–105.

Bergin & Garfield (2004). *Handbook of psychotherapy and behavioral change* (5th ed.). New York: Wiley

Berkman, B., Chauncey, S., Holmes, W., Daniels, A., Bonander, E., Sampson, S., & Robinson, M. (1999). Standardized screening of elderly patients' needs for social work assessment in primary care. *Health and Social Work*, 24(1), 9–16.

Berlin, S. B. (1996). Constructivism and the environment: A cognitive-integrative perspective for social work. *Families in Society*, 77, 326–335.

Berlin, S. B. (2001). *Clinical social work: A cognitiveintegrative perspective.* New York: Oxford University Press.

Berlin, S. B., & Marsh, J. C. (1993). *Informing practice decisions.* New York: Macmillan.

Berman-Rossi, T., & Kelly, T. B. (2000, February). *Teaching students to understand and utilize the changing paradigm of stage of group development theory.* Paper presented at the 46th annual program meeting of the Council on Social Work Education, New York, NY.

Berman-Rossi, T., & Rossi, P. (1990). Confidentiality and informed consent in school social work. *Social Work in Education*, 12(3), 195–207.

Bernal, G., & Flores-Ortiz, Y. (1982). Latino families in therapy: Engagement and evaluation. *Journal of Marriage and Family Therapy*, 8, 357–365.

Bernhardt, B., & Rauch, J. (1993). Genetic family histories: An aid to social work assessment. *Families in Society*, 74, 195–205.

Bernstein, B. (1977). Privileged social work practice. *Social Casework*, 66, 387–393.

Bertcher, H., & Maple, F. (1985). Elements and issues in group composition. In P. Glasser, R. Sarri, & R. Vinter

(Eds.), *Individual change through small groups* (pp. 180-202). New York: Free Press.
Bertolino, B., & O'Hanlon, B. (2002). *Collaborative, competency-based counseling and therapy*. Boston:Allyn and Bacon.
Beyer, J. A., & Balster, T. C. (2001). Assessment and classification in institutional corrections. In A. Walsh (Ed.), *Correctional assessment, casework,and counseling* (3rd ed., pp. 137-159). Lanham, MD:American Correctional Association.
Biesteck, F. (1957). *The casework relationship*. Chicago: Loyola University Press.（原田和幸ほか訳『ケースワークの原則――援助関係を形成する技法』誠信書房、2006）
Bidgood, B., Holosko, M., & Taylor, L. (2003). A new working definition of social work practice: A turtle's view. *Research on Social Work Practice*, 13(3), 400-408.
Black, W. G. (1993). Military induced family separation:A stress reduction intervention. *Social Work*, 38(3), 273-280.
Block-Lerner, J., Adair, C., Plumb, J., Rhatigan, D. & Orsillo, S. (2007). The case for mindfulness-based approaches in the cultivation of empathy: Does nonjudgmental present moment awareness increase capacity for perspective-taking and empathic concern? *Journal of marital and family therapy*, 33(4), 501-516.
Bloom, M., Fischer, J., & Orme, J. G. (2003). *Evaluating practice: Guidelines for the accountable professional*. Boston: Allyn & Bacon.
Bloom, M., Fischer, J. & Orme, J. (2006). *Evaluating practice: Guidelines for the accountable professional*. Boston: Allyn and Bacon.
Boehm, A., & Staples (2004). Empowerment: The point of view of consumers. Families in Society: *The Journal of Contemporary Human Services*, 85(2), 270-280.
Borys, D. S., & Pope, K. S. (1989). Dual relationships between therapist and client: A national study of psychologists, psychiatrists, and social workers. *Professional Psychology: Research and Practice*, 20, 283-293.
Bostic, J. Q., Shadid, L. G., & Blotcky, M. J. (1996). Our time is up: Forced terminations during psychotherapy. *American Journal of Psychotherapy*, 50, 347-359.
Bowen, M. (1960). A family concept of schizophrenia.In D.D. Jackson (Ed.), *The etiology of schizophrenia*. New York: Basic Books.
Bower, B. (1997). Therapy bonds and the bottle (establishment of therapeutic alliance linked to higher success rate in treatment of alcoholics). *Science News*, 152, 8.
Boyd-Franklin, N. (1989a). *Black families in therapy: A multisystems approach*. New York: Guilford Press.
Boyd-Franklin, N. (1989b). Major family approaches and their relevance to the treatment of black families.In N. Boyd-Franklin, *Black families in therapy: A multisystems approach* (pp. 121-132). New York: Guilford Press.
Boyd-Franklin, N., & Bry, B. H. (2000). *Reaching out in family therapy: Home-based school and community interventions*. New York: Guilford Press.
Bradshaw, W. (1996). Structured group work for individuals with schizophrenia: A coping skills approach. *Research on Social Work Practice*, 6 (2), 139-154.
Brager, G., & Holloway, S. (1978). *Changing human service organizations: Politics and practice*. New York: Free Press.
Brager, G., & Holloway, S. (1983). A process model for changing organizations from within. In R. M.Kramer & H. Specht (Eds.), *Readings in community organization practice* (pp. 198-208.) Englewood Cliffs,NJ: Prentice-Hall.
Brandes, S. D. (1976). *American welfare capitalism,1880–1940*. Chicago: University of Chicago Press.
Brehm, S. S. (1976). *The application of social psychology to clinical practice*. New York: Wiley.
Brehm, S. S., & Brehm, J. W. (1981). *Psychological reactance: A theory of freedom and control*. New York: Academic Press.
Brent, D. A., Johnson, B., Bartle, S., Bridge, J., Rather, C.,Matta, J., et al. (1993). Personality disorder tendency to impulsive violence, and suicidal behavior in adolescents. *Journal of the American Academy of Child and Adolescent Psychiatry*, 32(1), 69-75.
Breton, M. (1985). Reaching and engaging people:Issues and practice principles. *Social Work with Groups*, 8(3), 7-21.
Breton, M. (2006). Path dependence and the place of social action in social work. *Social Work with Groups*, 29(4), 25-44.
Bridges, G. S., & Steen, S. (1998). Racial disparities in official assessments of juvenile offenders: Attributional stereotypes as mediating mechanisms. *American Sociological Review*, 63, 554-570.
Briggs, H. and Rzepnicki, T. (Eds.) (2004). *Using evidence in social work practice*. Chicago:Lyceum.
Brindis, C., Barth, R. P., & Loomis, A. B. (1987). Continuous counseling: Case management with teenage parents. *Social Casework*, 68(3), 164-172.
Brissett-Chapman, S. (1997). Child protection risk assessment and African American children: Cultural ramifications for families and communities. *Child Welfare*, 76, 45-63.
Bronfenbrenner, U. (1989). Ecological systems theory.In R. Vasta (Ed.), *Annals of child development: Six theories of child development: Revised formulations and current issues* (pp. 187-247). Greenwich, CT: JAI Press.
Brookins, G. K., Peterson, A. C., & Brooks, L. M. (1997). Youth and families in the inner city: Influencing positive outcomes. In H. J. Walberg, O. Reyes, & R. P. Weissberg (Eds.), *Children and youth: Interdisciplinary perspectives*

(pp. 45–66). Thousand Oaks, CA: Sage Publications.

Brooks-Gunn, J., & Duncan, G. J. (1997). The effects of poverty on children: The future of children. *Children and Poverty*, 7(2), 55–71.

Brown, L. S. (1994). *Subjective dialogues: Theory in feminist therapy*. New York: Basic Books.

Brown, C. (2007, August 2). Liberians, anxious and grateful. *Star Tribune*, pp. B1, B7.

Brown, L., & Root, M. (1990). *Diversity and complexity in feminist theory*. New York: Haworth Press.

Brownell, K., Marlatt, G., Lichenstein, E., & Wilson, G. T. (1986). Understanding and preventing relapse. *American Psychologist*, 41(7), 765–782.

Brownlee, K. (1996). Ethics in community mental health care: The ethics of nonsexual relationships: A dilemma for the rural mental health professionals. *Community Mental Health Journal*, 32(5), 497–503.

Brueggemann, W. G. (2006). *The practice of macro social work* (3rd ed.). Thomson-Brooks/Cole.

Brunner, C. (1991). *Thinking collaboration: Ten questions and answers to help policy makers improve children's services*. Washington, DC: Education and Human Services Consortium.

Burford, G., & Pennell, J. (1996). Family group decision making: Generating indigenous structures for resolving family violence. *Protecting Children*, 12(3), 17–21.

Burford, G., & Pennell, J. (2004). From agency client to community-based consumer: The family group conference as a consumer-led group in child welfare.In C. D. Garvin, L. M. Gutierrez, & M. J. Galinsky (Eds.), *Handbook of social work with groups* (pp. 415–431). New York: Guilford Press.

Burnette, D. (1999). Custodial grandparents in Latino families: Patterns of service use and predictors of unmet needs. *Social Work*, 44(1), 22–34.

Burns, A., Lawlor, B. & Craig, S. (2004). *Assessment scales in old age psychiatry* (2nd ed.). London: Martin Dunitz.

Burns, D. (1980). *Feeling good*. New York: Avon Books. (野村総一郎ほか訳『フィーリング good ハンドブック—気分を変えてすばらしい人生を手に入れる方法』星和書店、2005)

Burns, D. (1995). *The therapist's toolkit: Comprehensive assessment and treatment tools for the mental health professional*. Philadelphia: D.D. Burns.

Buss, T. F., & Gillanders, W. R. (1997). Worry about health status among the elderly: Patient management and health policy implications. *Journal of Health and Social Policy*, 8(4), 53–66.

Butz, R. A. (1985). Reporting child abuse and confidentiality in counseling. *Social Casework*, 66, 83–90.

C

Cain, R. (1991a). Relational contexts and information management among gay men. *Families in Society*, 72(6), 344–352.

Cain, R. (1991b). Stigma management and gay identity development. *Social Work*, 36(1), 67–71.

Cameron, S., & turtle-song, i., (2002). Learning to write case notes using the SOAP format. *Journal of Counselling and Development*, 80, 286–292.

Campbell, J. A. (1988). Client acceptance of singlesubject evaluation procedures. *Social Work Research Abstracts*, 24, 21–22.

Campbell, J. A. (1990). Ability of practitioners to estimate client acceptance of single-subject evaluation procedures. *Social Work*, 35(1), 9–14.

Canda, E. (1983). General implications of Shamanism for clinical social work. International *Social Work*, 26, 14–22.

Canda, E., & Phaobtong, T. (1992). Buddhism as a support system for Southeast Asian refugees. *Social Work*, 37(1), 61–67.

Canda, E. R. (1997). Spirituality. In R. L. Edwards (Ed.), *Encyclopedia of social work 1997 supplement* (19th ed., pp. 299–309). Washington, DC: NASW Press.

Capitman, J., MacAdam, M., & Yee, D. (1988). Hospitalbased managed care. *Generations*, 12(5), 62–65.

Caplan, G. (1964). *Principles of preventive psychiatry*. New York: Basic Books.

Caplan, T. (1995). Safety and comfort, content and process: Facilitating open group work with men who batter. *Social Work with Groups*, 18(2/3), 33–51.

Caple, F. S., Salcido, R. M., & di Cecco, J. (1995). Engaging effectively with culturally diverse families and children. *Social Work in Education*, 17(3), 159–169.

Carkhuff, R. (1969). *Helping and human relations: Practice and research*. New York: Holt, Rinehart & Winston.

Carlozzi, A., Bull, K., Stein, L., Ray, K., & Barnes, L. (2002). Empathy theory and practice: A survey of psychologists and counselors. *Journal of Psychology*, 36(2), 161–171.

Carlton-LaNey, I. (1999). African American social work pioneers' response to need. *Social Work*, 44(4), 311–321.

Carniol, B. (1992). Structural social work: Maurice Moreau's challenge to social work practice. *Journal of Progressive Human Services*, 3(1), 1–19.

Carr, E. S. (2004). Accessing resources, transforming systems: Group work with poor and homeless people.

In C. D. Garvin, L. M. Gutierrez, & M. J. Galinsky (Eds.), *Handbook of social work with groups* (pp. 360–383). New York: Guilford Press.

Carrell, S. (2000). Group therapy with adolescents. In Group exercises for adolescents: A manual for therapists (pp. 13–26). Thousand Oaks, CA: Sage Publications.

Carrillo, D. F., Gallant, J., & Thyer, B. (1995). Training MSW students in interviewing skills: An empirical assessment. *Arete*, 18, 12–19.

Carroll, K.M. (1996). Relapse prevention as a psychoosical treatment: A review of controlled clinical trials. *Experimental and Clinical Psychopharmacology*, 4, 46–54.

Carter, C.S. (2000). Church burning: Using a contemporary issue to teach community organization. *Journal of Social Work Education*, 36(1), 79–88.

Carter, B., & McGoldrick, M. (Eds.). (1988). *The changing life cycle: A framework for family therapy* (2nd ed.). New York: Gardner Press.

Carter, B., & McGoldrick, M. (Eds.). (1999a). *The expanded family life cycle: Individual, family, and social perspectives* (3rd ed.). Boston: Allyn & Bacon.

Carter, B., & McGoldrick, M. (1999b). Coaching at various stages of the life cycle. In B. Carter & M. McGoldrick (Eds.), *The expanded family life cycle: Individual, family, and social perspectives* (3rd ed., pp. 436–454). Boston: Allyn & Bacon.

Caspi, J., & Reid, W. J. (2002). *Educational supervision in social work. A task-centered model for field instruction and staff development*. New York: Columbia University Press.

Catalano, R., Wells, E. A., Jenson, J. M., & Hawkins, J. D. (1989). Aftercare services for drug-using institutionalized delinquents. *Social Service Review*, 63(4), 553–577.

Centers for Disease Control. (2005). *10 leading causes of death, United States*. Retrieved July 2, 2008, from http://webappa.cdc.gov/cgi-bin/broker.exe

Center for Economic and Social Justice. (n.d.). *Defining economic and social justice*. Retrieved August 23, 2008, from http://www.cesj.org/thirdway/ economicjustice-defined.htm

Chan, C. L. W., Chan, Y., Lou, V. W. Q. (2002). Evaluating an empowerment group for divorced Chinese women in Hong Kong. *Research on Social Work Practice*, 12(4), 558–569.

Chandler, S. (1985). Mediation: Conjoint problem solving. *Social Work*, 30, 346–349.

Chapin, R., & Cox, E. O. (2001). Changing the paradigm: Strengths-based and empowerment–oriented social work practice with frail elderly. *Journal of Gerontological Social Work*, 36, (3/4), 165–169.

Charnley, H., & Langley, J. (2007). Developing cultural competence as a framework for anti-heterosexist social work practice: Reflections from the UK. *Journal of social work*, 7(3), 307–321.

Chau, K. L. (1990). A model for teaching cross-cultural practice in social work. *Journal of Social Work Education*, 26(2), 124–133.

Chau, K. L. (1993). Needs assessment for group work with people of color: A conceptual formulation. *Social Work with Groups*, 15(2/3), 53–66.

Chelune, G. J. (1979). Measuring openness in interpersonal communication. In G. Chelune & Associates (Eds.), *Self-disclosure*. San Francisco: Jossey-Bass.

Chemtob, C. M., Hamada, R. S., Bauer, G., Torigoe, R. Y., & Kinney, B. (1988). Patient suicide: Frequency and impact on psychologists. *Professional Psychology Research and Practice*, 19(4), 416–420.

Chen, S.W., & Davenport, D. (2005). Cognitive behavioral therapy with Chinese American clients: Cautions and modifications. *Psychotherapy Theory Research, Practice and Training*, 42(1), 101–110.

Chesler, M. (1994a). Strategies for multicultural organizational development. *Diversity Factors*, 2(2), 12–18.

Chesler, M. (1994b). Organizational development is not the same as multicultural organizational development. In E. Y. Cross, J. H. Katz, F. A. Miller, & E. H. Seashore (Eds.), *The promise of diversity* (pp. 240–351). Burr Ridge, IL: Irwin.

Child Welfare League of America. (1990). *Agency selfimprovement checklist*. Washington, DC: Child Welfare League of America.

Chipungu, S. S., & Bent-Goodley, T. B. (2003). Race, poverty and child maltreatment. *APSAC Advisor, American Professional Society on the Abuse of Children*, 15(2).

Choi, G. (1997). Acculturative stress, social support, and depression in Korean American families. *Journal of Family Social Work*, 2(1), 81–79.

Christian, J. (2005). Riding the bus. *Journal of Contemporary Criminal Justice*, vol?, 31–48.

Cingolani, J. (1984). Social conflict perspective on work with involuntary clients. *Social Work*, 29, 442–446.

Citron, P. (1978). Group work with alcoholic poly-drug involved adolescents with deviant behavior syndrome. *Social Work with Groups*, I(1), 39–52.

Claiborn, C. (1982). Interpretation and change in counseling. *Journal of Counseling Psychology*, 29, 439–453.

Clifford, D., & Burke, B. (2005). Developing antioppression ethics in the new curriculum. *Social Work Education*,

87(2), 677-692.
Clinical social work association Clinical social work association http://www.associationsites.com/mainpub.cfm?usr=CSWA
Clinical Social Work Federation. (1997). Definition of clinical social work (revised). http://www.cswf.org/www/info/html
Cnaan, R. A., & Rothman, J. (1986). Conceptualizing community intervention: An empirical test of three models of community organization. *Administration in Social Work*, 10(3), 41–55.
Coady, N. & Lehmann, P. (Eds.). (2008). *Theoretical perspectives for direct social work practice: a generalisteclectic approach* (2nd ed.). New York: Springer.
Coady, N. F., & Marziali, E. (1994). The association between global and specific measures of the therapeutic relationship. *Psychotherapy*, 31, 17–27.
Cobb, N. H. (2008). Cognitive-behavioral theory and treatment. In N. Coady & P. Lehmann (Eds.), *Theoretical perspectives for direct social work practice. A generalist-eclectic approach* (2nd ed., pp. 221–248). New York: Springer Publishing Company.
Cohen, J. A. (2003). Treating acute posttraumatic reactions in children and adolescents. *Biological Psychiatry*, 53, 827–833.
Cohen, E. D., & Cohen, G. S. (1999). *The virtuous therapist: Ethical practice of counseling and psychotherapy*. Belmont, CA: Brooks/Cole.
Collins, G. (2007, October 18). None dare call it child care. *The New York Times*, A27.
Collins, M. E., Stevens, J. W., & Lane, T. C. (2000). Teenage parents and welfare reform: Findings from a survey of teenagers affected by living requirements. *Social Work*, 45(4), 327–338.
Collins, P. M., Kayser, K., & Platt, S. (1994). Conjoint marital therapy: A social worker's approach to singlesystem evaluation. *Families in Society*, 71(8), 461–470.
Comer, E., Meier, A., & Galinsky, M.J. (2004). Development of innovative group work practice using the intervention research paradigm. *Social Work*, 49(2), 250–260.
Comfort, M. (2008). *Doing time together*. Place: University of Chicago Press.
Compton, B. R., & Galaway, B. (1994). *Social work processes* (6th ed.). Pacific Grove, CA: Brooks/Cole.
Compton, B., Galaway, B., & Cournoyer, B. (2005). *Social work processes*. (7th ed.). Pacific Grove, CA: Brooks/Cole.
Condrey, S. E., Facer, R. L., & Hamilton, J. P. (2005). Employees amidst welfare reform: TANF employees overall and organizational job satisfaction. *Journal of Human Behavior in the Social Environment*, 12(2/3), 221–242.
Congress, E. P. (1994). The use of culturegrams to assess and empower culturally diverse families. *Families in Society*, 75, 531–540.
Congress, E. P. (1999). Ethical dilemmas in interdisciplinary collaboration. In E. Congress (Ed.), *Social work values and ethics: Identifying and resolving professional dilemmas* (pp. 117–128). Chicago: Nelson Hall.
Congress, E. P. (2000). Crisis intervention with diverse families. In A.R. Roberts (Ed.), *Crisis intervention handbook: Assessment, treatment and research* (2nd ed., pp. 430–448), New York: Oxford University Press.
Congress, E. P. (2002). Using the culturegram with diverse families. In A. R. Roberts & G. J. Green (Eds.), *Social workers' desk reference* (pp. 57–61). New York: Oxford University Press.
Congress, E.P., & Lynn, M. (1994). Group work programs in public schools: Ethical dilemmas and cultural diversity. *Social Work in Education*, 15(2), 107–114.
Congress, E. P. & Lynn, M. (1997). Group work practice in the community: Navigating the slippery slope of ethical dilemmas. *Social Work with Groups*, 20(3), 61–74.
Connolly, C.M. (2006). A feminist perspective of resilience in lesbian couples. *Journal of Feminist Family Therapy*, 18(1/2), 137–162.
Constable, R., & Lee, D. B. (2004). *Social work with families: Content and process*. Chicago: Lyceum Books.
Cook, J.B., & Kaffenberger, C.J. (2003). Solution shop: A solution-focused counseling and study skills program for middle school. *Professional Counseling Journal*, 7(12), 116–124.
Corcoran, J. (1997). A solution-oriented approach to working with juvenile offenders, *Child and Adolescent Social Work Journal*, 14, 227–288.
Corcoran, J. (1998). Solution-focused practice with middle and high school at-risk youth. *Social Work in Education*, 20, 232–243.
Corcoran, J. (2000a). *Evidence based practice with families: A lifespan approach*. New York: Springer.
Corcoran, J. (2000b). Evidence based treatment of adolescents with externalizing disorders. In A. R. Roberts & G. J. Greene (Eds.), *Social workers' desk reference* (pp. 112–115). New York: Oxford University Press.
Corcoran, J. (2002). Evidence based treatment of adolescents with externalizing disorders. In A. R. Roberts and G. J. Greene (Eds.), *Social workers' desk reference* (pp. 793–796) New York: Oxford University Press.
Corcoran, J. (2008). Solution-focused therapy. In N. Coady & P. Lehmann (Eds.), *Theoretical perspectives for direct social work practice. A generalist-eclectic approach* (2nd ed., pp. 429–446). New York: Springer Publishing

Company.

Corcoran, J., & Franklin, C. (1998). A solution-focused approach to physical abuse. *Journal of Family Psychotherapy*, 9(1), 69–73.

Corcoran, J., & Stephenson, M. (2000). The effectiveness of solution-focused therapy with child behavior problems: A preliminary report. Families in Society: *The Journal of Contemporary Human Services*, 81(5), 468–474.

Corcoran, K., & Fisher, J. (1999). *Measures for clinical practice* (3rd ed.). New York: Free Press.

Corcoran, K., & Gingerich, W. J. (1994). Practice evaluation in the context of managed care: Case recording methods for quality assurance reviews. *Research on Social Work Practice*, 4(3), 326–337.

Corcoran, K., & Vandiver, V. (1996). *Maneuvering the maze of managed care: Skills for mental health practitioners*. New York: Free Press.

Corcoran, K., & Winslade, W. J. (1994). Eavesdropping on the 50-minute hour: Managed mental health care and confidentiality. *Behavioral Sciences and the Law*, 12, 351–365.

Corey, G. (1990). *Theory and practice of group counseling*. Pacific Grove, CA: Brooks/Cole.

Corey, G., Corey, M. S., & Callanan, P. (2007). *Issues and ethics in the helping professions* (7th ed.). Pacific Grove, CA: Brooks/Cole.

Corey, G., Corey, M. S., Callahan, P. J., & Russell, J. M. (2004). *Group techniques* (3rd ed.). Pacific Grove, CA: Brooks/Cole.

Corey, M. S., & Corey, G. (2002). *Groups: Process and practice* (6th ed.). Pacific Grove, CA: Brooks/Cole.

Corey, M. S., & Corey, G. (1992). *Groups: Process and practice* (4th ed.). Pacific Grove, CA: Brooks/Cole.

Cormier, S., & Nurius, P. S. (2003). *Interviewing and change strategies for helpers: Fundamental skills and cognitive behavioral interventions*. Pacific Grove, CA: Brooks/Cole, Thomson Learning.

Cormier, S., Nurius, P. S., & Osborn, C. J. (2009). *Interviewing and change strategies for helpers: Fundamental skills in cognitive behavioral interventions* (6th ed.). Belmont, CA: Brooks Cole.

Cormier, W., & Cormier, L. (1979). *Interviewing strategies for helpers. A guide to assessment, treatment, and evaluation*. Pacific Grove, CA: Brooks/Cole.

Cornelius, L.J., Simpson, G.M., Ting, L., Wiggins, E., & Lipford, S. (2003). Reach out and I'll be there: Mental health crisis intervention and mobile outreach services to urban African Americans. *Health and Social Work*, 28(1), 74–78.

Corwin, M. (2002). *Brief treatment in clinical social work practice*. Pacific Grove, CA: Brooks/Cole.

Costello, E. J., Compton, S. N., Keeler, G., & Angold, A. (2003). Relationship between poverty and psychopathology: A natural experiment. *Journal of the American Medical Association*, 290(15), 2023–2029.

Council on Social Work Education (2008). *Educational Policy and Accreditation Standards*. Washington, DC: Council on Social Work Education.

Cournoyer, B. R. (1991). *Selected techniques for eclectic practice: Clinically speaking*. Indianapolis, IN: Author.

Cournoyer, B. (2004). *Evidence-based social work practice skills book*. New York: Allyn-Bacon.

Courtney, M. (1999). Challenges and opportunities posed by the reform era. Presented at the "Reconciling welfare reform with child welfare" conference. Center for Advanced Studies in Child Welfare, University of Minnesota, February 26.

Cowger, C. D. (1992). Assessment of client strengths. In D. Saleeby (Ed.), *The strengths perspective in social work practice* (pp. 139–147). New York: Longman.

Cowger, C. D. (1994). Assessing client strengths: Clinical assessment for client empowerment. *Social Work*, 39(3), 262–267.

Cowger, C. (1997). Assessing client improvement. In D. Saleebey (Ed.), *The strengths perspective* (2nd ed., pp. 52–73). White Plains, NY: Longman.

Cox, E. O. (1991). The critical role of social action in empowerment oriented groups. *Social Work with Groups*, 14(3/4), 77–90.

Crabtree, B. F., & Miller, W. L. (1992). *Doing qualitative research*. Newbury Park, CA: Sage Publications.

CRAFFT. (n.d.). Retrieved September 1, 2008, from http://www.projectcork.org/clinical_tools/pdf/CRAFFT.pdf

Crenshaw, A. B. (2003, October 14). "Middle-class families are richer, study shows." *The Dallas Morning News*, p. 3D.

Cross, T. L., Bazron, B. J., Dennis, K., & Issacs, M. R. (1989). *Toward a culturally competent system of care*. Washington, DC: Georgetown University Child Development Center.

Crosson-Tower, C. (2004). *Exploring child welfare: A practice perspective*. Boston: Allyn & Bacon.

Cull, J. G., & Gill, W. S. (1991). *Suicide Probability Scale (SPS)*. Los Angeles: Western Psychological Services.

Cummings, N. A. (1991). Brief intermittent therapy throughout the life cycle. In C. S. Austad & W. H. Berman (Eds.), *Psychotherapy in managed health care: The optimal use of time and resources* (pp. 35–45). Washington, DC: American Psychological Association.

Cummins, H. J. (2007, July 24). Minimum wage increases today. *Star Tribune*, D1 & D2.
Cunningham, M. (2003). Impact of trauma social work clinicians: Empirical findings. *Social Work*, 48(4), 451–459.
Curry, R. (2007). Surviving professional stress. *Social Work Today* (November/December), 25–28.
Curtis, C. M., & Denby, R. W (2004). Impact of the Adoption and Safe Family Act on families of color: Workers share their thoughts. *Families in Society*, 85(1), 71–79.

D

Dahlen, E. R., & Deffenbacher, J. L. (2000). A partial component analysis of Beck's cognitive therapy for anger control. *Journal of Cognitive Psychotherapy*, 14, 77–95.
Daley, D. C. (1987). Relapse prevention with substance abusers: Clinical issues and myths. *Social Work*, 32, 138–142.
Daley, D. C. (1991). *Kicking addictive habits once and for all: A relapse prevention guide*. New York: Lexington.
Dane, B. (2000). Child welfare workers: An innovative approach for interacting with secondary trauma. *Journal of Social Work Education*, 36(1), 27–38.
Dane, B. O., & Simon, B. L. (1991). Resident guests: Social workers in host settings. *Social Work*, 36(3), 208–213.
Danish, J., D'Augelli, A., & Hauer, A. (1980). *Helping skills: A basic training program*. New York: Human Sciences Press.
Danzy, J., & Jackson, S. M. (1997). Family preservation and support services: A missed opportunity. *Child Welfare*, 76(1), 31.
Davidson, J. R., & Davidson, T. (1996). Confidentiality and managed care: Ethical and legal concerns. *Health and Social Work*, 21(3), 208–215.
Davis, B. (2005). Ms. Palmer on second street. *Social Work*, 50(1), 89–92.
Davis, L. E., & Gelsomino, J. (1994). An assessment of practitioner cross-racial treatment experiences. *Social Work*, 39(1), 116–123.
Davis, I. P., & Reid, W. J. (1988). Event analysis in clinical practice and process research. *Social Casework*, 69(5), 298–306.
Deal, K. H. (1999). Clinical social work students' use of self-disclosure: A case for formal training. *Arete*, 23(3), 33–45.
Deal, K. H., & Brintzenhofeszok-Szoc, K. M. (2004). A study of MSW students' interviewing skills over time. *Journal of Teaching in Social Work*, 24(1/2), 181–197.
Dean, R. G. (2001). The myth of cross-cultural competence. *Families in Society: The Journal of Contemporary Human Services*, 82(6), 623–630.
De Anda, D. (1984). Bicultural socialization: Factors affecting the minority experience. *Social Work*, 29, 172–181.
De Anda, D., & Becerra, R. (1984). Support networks for adolescent mothers. *Social Casework*, 65, 172–181.
De Angelis, D. (2000). Licensing really is about protection. *ASWB Association News*, 10(2), 11.
DeBord, K., Canu, R. F., & Kerpelman, J. (2000). Understanding a work-family fit for single parents moving from welfare to work. *Social Work*, 45(4), 313–324.
De Jong, P., & Berg, I. K. (1998). *Interviewing for solutions*. Pacific Grove, CA: Brooks/Cole.
De Jong, P. (2001). Solution-focused therapy. In A. R.Roberts & G. J. Greene (Eds.), *Social workers' desk reference* (pp. 112–115). New York: Oxford University Press.
De Jong, P., & Berg, I. K. (2001). Co-constructing cooperation with mandated clients. *Social Work*, 46(4), 361–374.
De Jong, P. & Berg, I. K. (2002). *Lerner's workbook interviewing for solutions* (2nd ed.). Pacific Grove, CA: Brooks/Cole, Thomson Learning.
De Jong, P., & Miller, S. D. (1995). How to interview for client strengths. *Social Work*, 40(6), 729–736.
Delgado, M. (1983). Activities and Hispanic groups: Issues and suggestions. *Social Work with Groups*, 6(1), 85–96.
DeLine, C. (2000). *The back door: An experiment or an alternative*. Alberta, Canada: The Back Door.
Denison, M. (2003). The PDR for mental health professionals. *Psychotherapy: Theory, Research, Practice, and Training*, 40(4), 317–318.
DePoy, E., & Gilson, S. F. (2003). *Evaluation practice. Thinking and action principles for social work practice*. Pacific Grove, CA: Brooks/Cole.
DePoy, E., Hartman, A., & Haslett, D. (1999). Critical Action Research: A model for social work knowing. *Social Work*, 44(6), 560–569.
Demer. S., Hemesath, C., & Russell, C. (1998). A feminist critique of solution-focused therapy. *The America Journal of Family Therapy*, 26, 239–250.
De Shazer, S. (1988). *Clues: Investigating solutions in brief therapy*. New York: Norton.
De Shazer, S., & Berg, I. K. (1993). Constructing solutions. *Family Therapy Networker*, 12, 42–43.
Devore, W., & Schlesinger, E. G. (1999). *Ethnic-sensitive social work practice* (5th ed.). Boston: Allyn & Bacon.

Dewayne, C. (1978). Humor in therapy. *Social Work*, 23(6), 508-510.
Di Clemente, C. C., & Prochaska, J. O. (1998). Toward a comprehensive transtheoretical model of change: stages of change and addictive behaviors. In W. R. Miller and N. Heather (Eds.), *Treating Addictive Behaviors* (2nd ed.). (pp. 3-24). New York: Plenum Press.
Dickson, D. T. (1998). *Confidentiality and privacy in social work*. New York: Free Press.
Dies, R. R. (1983). Clinical implications of research on leadership in short-term group psychotherapy. In R. R. Dies & R. McKenzie (Eds.), *Advances in group psychotherapy: Integrating research and practice (American Group Psychotherapy Association Monograph Series)* (pp. 27-28). New York: International Universities Press.
Dietz, C. (2000). Reshaping clinical practice for the new millennium. *Journal of Social Work Education*, 36(3), 503-520.
Dimidjian, S., & Linehan, M. M. (2003). Defining an agenda for future research on the clinical application of mindfulness practice. *Clinical Psychology: Science and Practice*, 10, 166-171.
Dobson, K. S., & Dozios, D. J. (2001). Historical and philosophical basis of cognitive behavioral therapies. In K.S. Dobson (Ed.), *Handbook of Cognitive therapies* (pp. 3-39). New York: Guildford Press.
Doherty, W. J. (1995). *Soul-searching: When psychotherapy must promote moral responsibility*. New York: Basic Books.
Dolan, S., Martin, R., & Rosenow, D. (2008). Selfefficacy for cocaine abstinence: pretreatment correlates and relationship to outcomes. *Addictive behaviors*, 33, 675-688.
Dolgoff, R., Loewenberg, F. M., & Harrington, D. (2005). *Ethical decisions for social work practice* (7th ed.). Itasca, IL: F.E. Peacock.
Dolgoff, R., Loewenberg, F. M., & Harrington, D. (2009). *Ethical decisions for social work practice* (7th ed.). Itasca, IL: F.E. Peacock.
Dore, M. M. (1993). The practice-teaching parallel in educating the micropractitioner. *Journal of Social Work Education*, 29(2), 181-190.
Dorfman, R. A. (1996). *Clinical social work: Definition, practice, and vision*. New York: Brunner/Mazel.
Dossick, J., & Shea, E. (1995). *Creative therapy III: 52 more exercises for groups*. Sarasota, FL: Professional Resource Press.
Doster, J., & Nesbitt, J. (1979). Psychotherapy and selfdisclosure.In G. Chelunc & Associates (Eds.), *Selfdisclosure* (pp. 177-224). San Francisco: Jossey-Bass.
Drisko, J. W. (2004). Common factors in psychotherapy outcome: Meta-analytic findings and their implications for practice and research. Families in Society, *Journal of Contemporary Social Sciences*, 85(1), 81-90.
Dubowitz, H., & DePanitilis, D. (2000). *Handbook for child protection practice*. Thousand Oaks, CA: Sage. (庄司順一訳『子ども虐待対応ハンドブック── 通告から調査・介入そして終結まで』明石書店、2005)
DuBray, W. (1985). American Indian values: Critical factors in casework. *Social Casework*, 66, 30-37.
Duehn, W., & Proctor, E. (1977). Initial clinical interactions and premature discontinuance in treatment. *American Journal of Orthopsychiatry*, 47, 284-290.
Duncan, B. L., & Miller, S. D. (2000). *The heroic client*. San Francisco: Jossey Bass.
Dunlap, E., Golub, A., & Johnson, B. D. (2006). The severely-distressed African American family in a crack-era: Empowerment is not enough. *Journal of Sociology and Social Welfare*, 53(1), 115-139.
Duvall, E. M. (1977). *Marriage and family development* (5th ed.). Philadelphia: Lippincott.
Dyche, L., & Zayas, L. H. (2001). Cross-cultural empathy and training the contemporary psychotherapist. *Clinical Social Work Journal*, 29(3), 245-258.

E

Eamon, M. K., & Zhang, S-J. (2006). Do social work students' assess and address economic barriers to clients implementing agreed task? *Journal of Social Work Education*, 42(3), 525-542.
Early, T. J., & GlenMaye, L. F. (2000). Valuing families: Social work practice with families from a strengths perspective. *Social Work*, 45(2), 118-130.
Educational Policy and Accreditation Standards (EPAS) (2008).
Eaton, T. T., Abeles, N., & Gutfreund, M. J. (1993). Negative indicators, therapeutic alliance, and therapy outcome. *Psychotherapy Research*, 3(2), 115-123.
Edwards, A. (1982). The consequences of error in selecting treatment for blacks. *Social Casework*, 63, 429-433.
Edwards, E. (1983). Native-American elders: Current issues and social policy implications. In R.McNeely & J. Colen (Eds.), *Aging in minority groups*. Beverly Hills, CA: Sage Publications.
Edwards, E. (2007). Saving Graces. New York: Broadway.
Edwards, E. D., Edwards, M. E., Davies, G. M., & Eddy, F. (1987). Enhancing self-concept and identification of American Indian girls. *Social Work with Groups*, 1(3), 309-318.
Efran, J., & Schenker, M. (1993). A potpourri of solutions: How new and different is solutionfocused therapy? *Family Therapy Networker*, 17(3), 71-74.

Ehrenreich, B. (2001). *Nickel and dimed. On (not) getting by in America.* New York: Metropolitan Books.
Ehrenreich, B. (2004, July 11). Let them eat cake. *The New York Times,* p. 3.
Elbow, M. (1987). The memory books: Facilitating termination with children. *Social Casework,* 68, 180–183.
Ell, K. (1995). Crisis intervention: Research needs. In E. L. Edwards (Ed.), *Encyclopedia of social work* (19th ed., pp. 660–667). Washington, DC: NASW Press.
Ellis, A. (1962). *Reason and emotion in psychotherapy.* New York: Lyle Stuart. （野口京子訳『理性感情行動療法』金子書房、1995）
Ellis, A. (1978). Family therapy: A phenomenological and active-directive approach. *Journal of Marriage and Family Counseling,* 4, 43–50.
Ellis, A. (2001). *Overcoming destructive beliefs, feelings, and behaviors: New directions for rational emotive behavior therapy.* Amherst, NY: Prometheus.
Ellis, R. A., & Sowers, K. M. (2001). *Juvenile justice practice. A cross disciplinary approach to intervention.* Brooks/Cole-Thomson Learning.
Ellor, J. W., Netting, F. E., & Thibault, J. M. (1999). *Religious and spiritual aspects of human service practice.* Columbia, SC: University of South Carolina Press.
Enos, S. (2008). Incarcerated parents: Interrupted childhood. Children of Incarcerated Parents, Conference Proceedings, Spring 2008, Center for Advanced Studies in Child Welfare, University of Minnesota.
Ensign, J. (1998). Health issues of homeless youth. *Journal of Social Distress and the Homeless,* 7(3), 159–174.
Ephross, P. H., & Vassil, T. V. (1988). *Groups that work: Structure and process.* New York: Columbia University Press.
Epstein, H. (2003, October 12). Enough to make you sick. *The New York Times Magazine,* pp. 76–86.
Epstein, L. (1992). *Brief treatment and a new look at the task-centered approach* (3rd ed.). Boston: Allyn & Bacon.
Epstein, L., & Brown, L. B. (2002). *Brief treatment and a new look at the task-centered approach* (4th ed.). Boston: Allyn & Bacon.
Epstein, R. S., Simon, R. I., & Kay, G. G. (1992). Assessing boundary violations in psychotherapy: Survey results with the Exploitation Index. *Bulletin of the Menninger Foundation,* 56(2), 150–166.
Erford, B. T. (2003). Transforming the school counseling profession. Upper Saddle, NJ: Merrill Prentice Hall.
Erickson, S. H. (2001). Multiple relationships in rural counseling. *The Family Journal: Counseling and Therapy for Couples and Families,* 9(3), 302–304.
Etherington, K. (2000). Supervising counselors who work with survivors of childhood sexual abuse. *Counseling Psychology Quarterly,* 13, 377–389.
Evans, T. (2004). A multidimensional assessment of children with chronic physical conditions. *Health and Social Work.* 29(3), 245–248.
Ewalt, P. L., & Mokuau, N. (1996). Self-determination from a Pacific perspective. In P. L. Ewalt, E. M. Freeman, S. A. Kirk, & D. L. Poole (Eds.), *Multicultural issues in social work* (pp. 255–268).Washington, DC: NASW Press.
Ewing J. A. (1984). Detecting alcoholism: The CAGE questionnaire. *Journal of the American Medical Association,* 252(14). 1905–1907.
Ezell, M. (2001). *Advocacy in the human services.* Thousand Oaks, CA: Brooks/Cole, Thomson Learning.

F

Falicov, C. (1996). Mexican families. In M. McGoldrick, J. Giordano, & J. Pearce (Eds.), *Ethnicity and family therapy* (2nd ed.) (pp. 169–182). New York: Gullford Press.
Fallot, R. D., & Harris, M. (2002). The Trauma Recovery and Empowerment Model (TREM): Conceptual and practical issues in a group intervention for women. *Community Mental Health Journal,* 38, 475–485.
Farmer, R. L. (1999). Clinical HBSE concentration: A transactional model. *Journal of Social Work Education,* 35(2), 289–299.
Farrington, A. (1995). Suicide and psychological debriefing. *British Journal of Nursing,* 4(4), 209–211.
Fast, J. D. (2003). After Columbine: How people mourn sudden death. *Social Work,* 48(4), 484–491.
Fauri, D. P., Harrigan, M. P., & Netting, F. E. (1998). Termination: Extending the concept for Macro Social Work practice. *Journal of Sociology and Social Welfare,* 25(4), 61–80.
Fauth, J. (2006). Counselors' stress appraisals as predictors of countertransference behavior with male clients. *Journal of Counseling and Development,* 84(4), 430–439.
Fearing, J. (1996). The changing face of intervention. *Behavioral Health Management,* 16, 35–37.
Feeny, S. L. (2004). The cognitive behavioral treatment of social phobia. *Clinical Case Studies,* 3(2), 124–146.
Feltenstein, M. W. (2008). The neurocircuitry of addiction: An overview. *British Journal of Pharmacology,* 154(2), 261–274.
Ferguson, K. M. (2007). Implementing a social enterprise intervention with homeless, street-living youth in Los Angeles. *Social Work,* 52(2), 103–112.

Fernandez, M. (October 15, 2007). Study finds disparities in mortgages by race. *The New York Times*, A20.
Fernandez-Olano, C., Montoya-Fernandez, J. & Salinas- Sanchez, A. (2008). Impact of clinical interview training on the empathy level of medical students and medical residents. *Medical teacher*, 30(3): 322-324.
Figley, C. R. (Ed.). (1995). *Compassion fatigue: Dealing with secondary traumatic stress disorder in those who treat the traumatized*. New York: Bunner-Mazel.
Figley, C. R. (Ed.). (2002). *Treating compassion fatigue*. New York: Brunner-Rutledge.
Finn, J. L., & Jacobson, M. (2003a). Just practice: Steps toward a new social work paradigm. *Journal of Social Work Education*, 39(1), 57-78.
Finn, J. L., & Jacobson, M. (2003b). *Just practice: A social justice approach to social work*. Peosta, IA: Eddie Bowers.
Fingeld, D. (2000). Therapeutic groups online: The good, the bad, and the unknown. *Issues in Mental Health Nursing*, 21, 241-255.
Fischer, J. (1973). Is casework effective? A review. *Social Work*, 18, 5-20.
Fischer, J. (1978). *Effective casework practice: An eclectic approach*. New York: McGraw-Hill.
Fischer, J. & Corcoran, K. (2006). *Measures for Clinical Practice and Research: Couples, families, and Children: A sourcebook, Vol. 1 (4th ed)*. Oxford University Press.
Fischer, J. & Corcoran, K. (2007). *Measures for Clinical Practice and Research: Adults: A sourcebook, Vol. 2 (4th ed)*. Oxford University Press.
Flapan, D., & Fenchal, G. (1987). *The developing ego and the emerging self in group therapy*. Northvale, NJ: Aronson.
Flores, M. T., & Carey, G. (2000). *Family therapy with Hispanics: Toward appreciating diversity*. Boston: Allyn & Bacon.
Fong, R. (1997). Child welfare practice with Chinese families: Assessment issues for immigrants from the People's Republic China. *Journal of Family Social Work*, 2(1), 33-47.
Fong, L. G. W., & Gibbs, J. T. (1995). Facilitating service to multicultural communities in a dominant culture setting. An organizational perspective. *Administration in Social Work*, 19(2), 1-24.
Fontes, L. A. (2005). *Child abuse and culture. Working with diverse families*. New York: Guilford Press.
Fortune, A. E. (1985). Treatment groups. In A. E. Fortune (Ed.), *Task-centered practice with families and groups* (pp. 33-44). New York: Springer.
Fortune, A., Pearlingi, B., & Rochelle, C. D. (1992). Reactions to termination of individual treatment. *Social Work*, 37(2), 171-178.
Fowler, R. C., Rich, C. L., & Young, D. C. (1986). San Diego suicide study, II: Substance abuse in young cases. *Archives of General Psychiatry*, 43, 962-965.
Frager, S. (2000). *Managing managed care: Secrets from a former case manager*. New York: Wiley.
Frankenburg, W. K., Dodds, J., Archer, P., Shapiro, H., & Bresnick, B. (1992). The Denver II: A Major Revision and Restandardization of the Denver Developmental Screening Test. *Pediatrics*, 89, 91-97.
Franklin, C. (2002). Developing effective practice competencies in managed behavioral health care. In Roberts, A. R. & Greene, G. J. (Eds.), *Social workers desk reference* (pp. 3-10). New York: Oxford.
Franklin, D. L. (1990). The cycles of social work practice: Social action vs. individual interest. *Journal of Progressive Human Services*, 1(2), 59-80.
Franklin, C., & Streeter, C. L. (2004). *Solution-focused alternatives for education: An outcome evaluation of Garza High School*. Retrieved December 11, 2008, from http://www.utexas.edu.libproxy.lib.unc.edu/courses/franklin/safed_report_final.doc
Freddolino, P., Moxley, D., and Hyduk, C. (2004). A differential model of advocacy in social work practice. *Families in Society*, 85(1), 119-128.
Fredriksen, K.I. (1999). Family caregiving responsibilities among lesbians and gay men. *Social Work*, 44(2), 142-155.
Fredriksen-Goldsen, K. I., & Scharlach, A. E. (2001). Families and work. *New Directions in the Twenty- First Century*. Oxford University Press.
Freed, A. (1988). Interviewing through an interpreter. *Social Work*, 33, 315-319.
Freedberg, S. (2007). Re-examining empathy: A relational-feminist point of view. *Social work* 52(3): 251-259.
Freeman, E. M., & Dyers, L. (1993). High risk children and adolescents: Families and community environments. *Families in Society*, 74(7), 422-431.
Freud, S. (1999). The social construction of normality. *Families in Society*, 80(4), 333-339.
Frey, G. A. (1990). Framework for promoting organizational change. *Families in Society*, 7(3), 142-147.
Frey, A. and Dupper, D., (2005). A broader conceptional approach to clinical practice for the 21st century. *Children and Schools*, 29(1), 33-44.
From, S. B. (2008). When mom is away: Supporting families or incarcerated mothers. Children of Incarcerated Parents, Conference Proceedings, Spring 2008, Center for Advanced Studies in Child Welfare, University of Minnesota.
Fullerton, C. D., & Ursano, R. J. (2005). *Psychological and psychopathological consequences of disasters*. In J. J. Lopez-

Ibor, G. Christodoulou, M. Maj, N. Sartorius & A. Okasha (Eds.), *Disaster and mental health* (pp. 25-49) New York: Wiley.

G

Gabbard, G. O. (1996). Lessons to be learned from the study of sexual boundary violations. *American Journal of Psychotherapy*, 50(3), 311-322.

Galinsky, M. J., & Schopler, J. H. (1989). Developmental patterns in open-ended groups. *Social Work with Groups*, 12(2), 99-114.

Galinsky, M. J., Terzian, M. A., & Fraser, M. W. (2006). The art of group work practice with manualized curricula. *Social Work with Groups*, 29, 11-26.

Galinsky, M. J., Turnbull, J. E., Meglin, D. E., & Wilner, M. E. (1993). Confronting the reality of collaborative practice research: Issues of practice, design, measurement, and team development. *Social Work*, 38(4), 440-449.

Gallo, J. J. (2005). Activities of Daily Living and Instrumental Activities of Daily Living Assessment. In J. J. Gallo, H. R. Bogner, T. Fulmer, & G. Paveza (Eds.), *Handbook of geriatric assessment* (4th ed., 193-234). Boston: Jones and Bartlett Publishers.

Gallo, J. J., & Bogner, H. R. (2005). The context of geriatric care. In J. J. Gallo, H. R. Bogner, T. Fulmer, & G. Paveza (Eds.), *Handbook of geriatric assessment* (4th ed., 3-14). Boston: Jones and Bartlett Publishers.

Gallo, J. J., Bogner, H. R., Fulmer, T., & Paveza, J. (Eds.). (2005). *Handbook of geriatric assessment* (4th ed.). Sudbury, MA: Jones and Bartlett Publishers.

Gallo, J. J., Fulmer, T., Paveza, G. J., & Reichel, W. (2000). *Mental status assessment. In Handbook of geriatric assessment* (3rd ed., pp. 29-99). Gaithersburg, MD: Aspen.

Gambrill, E. (1995). Behavioral social work: Past, present and future. *Research on Social Work Practice*, 5(4), 466-484.

Gambrill, E. (2004). Contributions of critical thinking and evidence-based practice to the fulfillment of the ethical obligation of professions. In H. Briggs, and T. Rzepnicki (Eds.), *Using evidence in social work practice*. (3-19). Chicago: Lyceum.

Gambrill, E. (2007). Views of evidence-based practice: Social workers' Code of Ethics and accreditation standards as guides for choice. *Journal of Social Work Education*, 43, 447-462.

Garcia Coll, C., Akerman, A. & Cichetti, D. (2000). Cultural influences on developmental processes and outcomes: Implicatons for the study of development and psychopathology. *Development and Psychopathology*, 12, 333-356.

Garcia Coll, C. T., Lamberty, G., Jenkins, R., McAdoo, H. P., Crnic, K., Wasik, B. H., & Vasquez Garcia, H. (1996). An integrative model for the study of developmental competencies in minority children. *Child Development*, 67, 1891-1914.

Gardner, F. (2000). Design Evaluation: Illuminating social work practice for better outcomes. *Social Work*, 45(2), 176-182.

Garland, J., Jones, H., & Kolodny, R. (1965). A model for stages in the development of social work groups. In S. Bernstein (Ed.), *Explorations in group work*. Boston: Milford House.

Gartrell, N. K. (1992). Boundaries in lesbian therapy relationships. *Women & Therapy*, 12(3), 29-50.

Gaudiano, B. A., & Herbert, J. D. (2006). Self-efficacy for social situations in adolescents with generalized social anxiety disorder. *Behavioral and Cognitive Psychotherapy*, 35, 209-223.

Gavin, D. R., Ross, H. E., & Skinner, H. A. (1989). Diagnostic validity of the Drug Abuse Screening Test in the assessment of DSM-III drug disorders. *British Journal of Addiction*, 84 (3), 301-307.

Garvin, C. (1981). *Contemporary group work*. Englewood Cliffs, NJ: Prentice-Hall.

Garvin, C. (1986). Family therapy and group work: "Kissing cousins or distant relatives" in social work practice. In M. Parnes (Ed.), *Innovations in social group work: feedback from practice to theory: proceedings of the annual group work symposium* (p. 1-16). NY: Haworth Press.

Garvin, C. (1987). *Contemporary group work* (2nd ed.). Englewood Cliffs, NJ: Prentice-Hall.

Garvin, C. D., & Galinsky, M. J. "Groups" *Encyclopedia of Social Work. Terry Mizrahi*. Copyright © 2008 by National Association of Social Workers and Oxford University Press, Inc.. Encyclopedia of Social Work: (e-reference edition). Oxford University Press. University of North Carolina - Chapel Hill. 15 June 2008 http://www.oxford-naswsocialwork.com/entry?entry=t203.e167

Gelman, C. R. (2004). Empirically-based principles for culturally competent practice with Latinos. *Journal of Ethnic and Cultural Diversity in SocialWork*, 13(1), 83-108.

Gelman, C. R., & Mirabito, D. M. (2005). Practicing what we teach: Using case studies from 911 to teach crisis intervention from a generalist perspective. *Journal of Social Work Education*, 4, 479-494.

Gelman, S. R., Pollack, D., & Weiner, A. (1999). Confidentiality of social work records in the computer age. *Social Work*, 44(3), 243-252.

Gendlin, E. (1974). Client-centered and experiential psychotherapy. In D. Wexler & L. Rice (Eds.), *Innovations in client-centered therapy*. New York: Wiley.

Gendolla, G. H. E. (2004). The intensity of motivation when the self is involved: An application of Brehm's Theory of Motivation to effort-related cardiovascular response. In R. Wright, J. Greenberg & S. S. Brehm (Eds.), *Motivational analysis of social behavior* (pp. 205-224). Lawrence Erlbaum Associates Publishers.

Gendron, C., Poitras, L., Dastoor, D. P., & Perodeau, G. (1996). Cognitive-behavioral group intervention for spousal caregivers: Findings and clinical observations. *Clinical Gerontologist*, 17(1), 3-19.

Genty, P. M. (2008). The inflexibility of the Adoption and Safe Family Act and the inintended impact upon the children of incarcerated parents and their families. Children of Incacerated Parents, Conference Proceedings, Spring 2008, Center for Advanced Studies in Child Welfare, University of Minnesota.

George, L., & Fillenbaum, G. (1990). OARSmethodology: A decade of experience in geriatric assessment. *Journal of the American Geriatrics Society*, 33, 607-615.

Germain, C. (1979). Ecology and social work. In C. Germain (Ed.), *Social work practice: People and environments* (pp. 1-2). New York: Columbia University Press.

Germain, C. (1981). The ecological approach to people- environmental transactions. *Social Case-Work*, 62, 323-331.

Gerstel, N., Bogard, C. J.,McConnell, J. J., & Schwartz,M. (1996). The therapeutic incarceration of homeless families. *Social Service Review*, 70(4), 542-572.

Getzel, G. S. (1991). Survival modes for people with AIDS in groups. *Social Work*, 36(1), 7-11.

Getzel, G. S. (1998). Group work practice with gay men and lesbians. In G. P. Mallon (Ed.), *Foundations of social work practice with lesbian and gay persons* (pp. 131-144). Binghamton, NY: Haworth Press.

Giacola, P. R.,Mezzich, A. C., Clark, D. B., & Tarter, R. E. (1999). Cognitive distortions, aggressive behaviors and drug use in adolescent boys with and without prior family history. *Psychology of Addictive Behavior*, 13, 22-32.

Giannandrea, V., & Murphy, K. (1973). Similarity of self-disclosure and return for a second interview. *Journal of Counseling Psychology*, 20, 545-548.

Gibbs, J. (1995). *Tribes: A new way of learning and being together*. Sausalito, CA: Center Source Systems.

Gibson, P. A. (1999). African American grandmothers: New mothers again. *Affilia*, 14(3), 329-343.

Gilbar, O. (1992). Workers' sick fund (kupat holim) hotline therapeutic first intervention: A model developed in the Gulf War. *Social Work in Health Care*, 17(4), 45-57.

Gilbert, N. (1977). The search for professional identity. *Social Work*, 22, 401-406.

Gilbert, D. J. (2003). Multicultural assessment. In C. Jordan & C. Franklin (Eds.), *Clinical assessment for social workers: Quantitative and qualitative methods* (2nd ed., pp. 351-383). Chicago: Lyceum Books.

Gilgun, J. F. (1994). Hand to glove: The grounded theory approach and social work practice research. In L. Sherman & W. J. Reid (Eds.), *Qualitative research in social work* (pp. 115-125). New York: Columbia University Press.

Gilgun, J. F. (1999). CASPARS: New tools for assessing client risks and strengths. *Families in Society*, 80(5), 450-458.

Gilgun, J. F. (2001). CASPARS: New tools for assessing client risks and strengths. *Families and Society: The Journal of Contemporary Human Services*, 82, 450-459.

Gingerich, W. J., & Eisengart, S. (2000). Solutionfocused brief treatment. A review of outcome research. *Family Process*, 39, 477-498.

Gingerich, W. J., & Wabeke, T. (2001). A solutionfocused approach to mental health interventions in school settings. *Children in Schools*, 23(1), 33-47.

Gira, E., Kessler, M., & Poertner, J. (2001). *Evidencebased practice in child welfare*. Urbana-Champaign, ILL: University of Illinois at Urbana-Champaign.

Gitterman, A. (1996). Ecological perspectives: Response to Professor Jerry Wakefield. *Social Service Review*, 70(3), 472-476.

Giunta, C. T., & Streissguth, A. P. (1988). Patients with fetal alcohol syndrome and their caretakers. *Social Casework*, 69(7), 453-459.

Glancy, G., & Saini,M. (2005). An evidence-based review of psychological treatment of anger and aggression. *Brief Treatment and Crisis Intervention*, 5(2), 229-248.

Glisson, C. (1994). The effects of service coordination teams on outcomes for children in state custody. *Administration in Social Work*, 18(4), 1-25.

Global standards for social work education and training. (2004). International Association of Schools of Social Work and International Federation of Social Workers. Final document for discussion and adoption at the General Assemblies, Adelaide, Australia.

Golan, N. (1978). *Treatment in crisis situations*. New York: Free Press.

Golan, N. (1981). *Passing through transitions: A guide for the practitioners*. New York: Free Press.

Gold,M. (1986, November). (As quoted by Earl Ubell.) Is that child bad or depressed? *Parade Magazine*, 2, 10.

Gold, N. (1990). Motivation: The crucial but unexplored component of social work practice. *Social Work*, 35, 49–56.

Goldenberg, I., & Goldenberg, H. (1991). *Family therapy: An overview* (3rd ed.). Pacific Grove, CA: Brooks/Cole.

Goldenberg, I., & Goldenberg, H. (2000). *Family therapy: An overview* (5th ed.). Pacific Grove, CA: Brooks/Cole.

Goldenberg, I., & Goldenberg, H., (2004). *Family therapy: An overview* (6th ed.). Pacific Grove, CA: Brooks/Cole.

Goldfried, M. (1977). The use of relaxation and cognitive re-labeling as coping skills. In R. Stuart (Ed.), *Behavioral self-management* (pp. 82–116). New York: Brunner/Mazel.

Goldstein, E. G. (1997). To tell or not to tell: The disclosure of events in the therapist's life to the patient. *Clinical Social Work Journal*, 25(1), 41–58.

Goodman, H. (1997). Social group work in community corrections. *Social Work with Groups*, 20(1), 51–64.

Goodman, H., Getzel, G. S., & Ford, W. (1996). Group work with high-risk urban youths on probation. *Social Work*, 41(4), 375–381.

Goodwin, D. W., & Gabrielli, W. F. (1997). Alcohol: Clinical aspects. In J. H. Lowinson, P. Ruiz, R. B. Millman, & J. G. Langrod (Eds.), *Substance abuse: A comparative textbook* (3rd ed., pp. 142–148). Baltimore, MD: Williams & Wilkins.

Gordon, W. (1965). Toward a social work frame of reference. *Journal of Education for SocialWork*, 1, 19–26.

Gordon, T. (1970). *Parent effectiveness training*. New York: P. H. Wyclen.

Gottesfeld, M., & Lieberman, F. (1979). The pathological therapist. *Social Casework*, 60, 387–393.

Goyer, A. (2006). *Intergenerational relationships: Grandparents raising grandchildren*. Policy and Research Report, American Association of Retired Persons.

Graham, P (1998). *Cognitive behavior therapy for children and families*. Cambridge: Cambridge University Press.

Graham, J. R., & Barter, K. (1999). Collaboration: A social work practice method. *Families in Society*, 80(1), 6–13.

Grame, C., Tortorici, J., Healey, B., Dillingham, J., & Wilklebaur, P. (1999). Addressing spiritual and religious issues of clients with a history of psychological trauma. *Bulletin of the Menninger Clinic*, 63(2), 223–239.

Green, J. W. (1999). *Cultural awareness in the human services: A multi-ethnic approach*. Boston: Allyn & Bacon.

Green, J. P., Duncan, R. E., Barnes, G. L., & Oberklaid, F. (2003). Putting informed into consent: A matter of plain language. *Journal of Pediatric Child Health*, 39, 700–703.

Green, R. G., Kiernan-Stern, M., & Baskind, F. R. (2005). White social worker's attitudes about people of color. *Journal of Ethnic and Cultural Diversity in Social Work*, 14(1/2), 47–68.

Greene, A. D. & Latting, J. K. (2004). Whistle-blowing as a form of advocacy: Guidelines for the practitioner and the organization. *Social Work*, 49(2), 219–230.

Greene, G. J., Lee, M. Y., & Hoffpauir, S. (2005). The language of empowerment and strengths in clinical social work: A constructivist perspective. *Families in Society*, 86(2), 267–277.

Greenberg, M. (2007). *Making poverty history*. Ending Poverty in America, Special Report of The American Prospect, The Annie E. Casey Foundation & The Northwest Area Foundation. A3–A4.

Greenberg, J., & Tyler, T. R. (1987). Why procedural justice in organizations. *Social Justice Research*, 1(2), 127–143.

Greenfield, P. M. (1994). Independence and interdependence as developmental scripts: Implications for theory, research and practice. In P. M. Greenfield & R. R. Cocking (Eds.), *Cross-cultural roots of minority child development* (pp. 1–24). Hillsdale, NJ: Lawrence Erlbaum Associates.

Gross, E. (1995). Deconstructing politically correct practice literature: The American Indian case. *Social Work*, 40(2), 206–213.

Grote, N. K., Zuckoff, A., Swartz, H., Bledsoe, S. E., & Geibel, S. (2007). Engaging women who are depressed and economically disadvantaged in mental health treatment. *Social Work*, 53(4), 295–308.

Guadalupe, K. L., & Lum, D. (2005). *Multidimensional contextual practice. Diversity and transcendence*. Thomson-Brooks/Cole.

Gulati, P., & Guest, G. (1990). The community-centered model: A garden variety approach or a radical transformation of community practice? *Social Work*, 35(1), 63–68.

Gumpert, J., & Saltman, J. E. (1998). Social group work practice in rural areas: The practitioners speak. *Social Work with Groups*, 21(3), 19–34.

Gutierrez, L. M. (1994). Beyond coping: an empowerment perspective on stressful life events. *Journal of Sociology and Social Welfare*, 21(3), 201–219.

Guiterrez, L., GlenMaye, L., & Delois, K. (1995). The organizational context of empowerment practice: Implications for social work in administration. *Social Work*, 40, 249–258.

Gutierrez, L. M., & Lewis, E. A. (1999). Strengthening communities through groups: A multicultural perspective. In H. Bertcher, L. F. Kurtz, & A. Lamont (Eds.), *Rebuilding communities: Challenges for group work* (pp. 5–16). New York: Haworth Press.

Gutierrez, L. M., & Ortega, R. (1991). Developing methods to empower Latinos: The importance of groups. *Social Work with Groups*, 14(2), 23–43.

Gutierrez, L. M., Parsons, R. J., & Cox, E. O. (1998). *Empowerment in social work practice: A sourcebook*. Pacific Grove,

CA: Brooks/Cole.（小松源助監訳『ソーシャルワーク実践におけるエンパワーメント』相川書房、2000）

Gurman, A. (1977). The patient's perception of the therapeutic relationship. In A. Gutman & A. Razin (Eds.), *Effective psychotherapy: A handbook of research*. New York: Pergamon Press.

H

Hackman, J. R., & Oldham, G. R. (1976). Motivation through the design of work: Test of a theory. *Organizational Behavior and Human Performance*, 16, 250-279.

Hackman, J. R., & Oldham, G. R. (1980). *Work design*. Reading, MA: Addison-Wesley.

Hackney, H., & Cormier, L. (1979). *Counseling strategies and objectives* (2nd ed.), Englewood Cliffs, NJ: Prentice-Hall.

Hage, D. (2004). *Reforming welfare by rewarding work*. Minneapolis: University of Minnesota Press.

Haight, W. L. (1998). Gathering the spirit at First Baptist Church: Spirituality as a protective factor in the lives of AfricanAmerican children. *Social Work*, 43(3), 213-221.

Hall, E.T. (1976). *Beyond culture*. New York: Anchor Press.

Halpern, R. (1990). Poverty and early childhood parenting: Toward a framework for intervention. *American Journal of Orthopsychiatry*, 60(1), 6-18.

Halpern, J., & Tramontin, M. (2007). Disaster. Mental health theory and practice. Thomson-Brooks/Cole.

Hammond, D., Hepworth, D., & Smith, V. (1977). *Improving therapeutic communication*. San Francisco: Jossey-Bass.

Hand, C. A. (2006). An Ojibwe perspective on the welfare of children: Lessons of the past and visions for the future. *Children Youth and Services Review*, 28, 20-46.

Handmaker, N. S., Miller, W. R., & Manicke, M. (1999). Findings of a pilot study of motivational interviewing with pregnant drinkers. *Journal of Studies on Alcohol*, 60, 285-287.

Hankin, B. L., Abramson, L. Y., Moffitt, T. E., Silva, P. A., McGee, R., & Angell, K. E. (1998). Development of depression from preadolescence to young adulthood: Emerging gender differences in a 10-year longitudinal study. *Journal of Abnormal Psychology*, 107, 128-140.

Hannah, G. (2006). Maintaining product-Process balance in community anti-poverty initiatives. *Social Work*, 51(2), 9-17.

Hardina, D. (2004). Guidelines for ethical practice in community organization. *Social Work*, 49(4), 595-604.

Hardy, K. (1993). War of the worlds. *The Family Therapy Networker*, 51-57.

Hare, J. (1994). Concerns and issues faced by families headed by a lesbian couple. *Families in Society*, 75(1), 27-35.

Harper, K. V., & Lantz, J. (1996). *Cross-cultural practice*. Chicago: Lyceum Books.

Harris, J. (1999). First steps in telecollaboration. *Learning and Leading with Technology*, 27, 54-57.

Harris, M., & Franklin, C. (2003). Effects of cognitivebehavioral, school-based group intervention with Mexican American pregnant and parenting adolescents. *Social Work Research*, 27, 74-84.

Hart-Hester, S. (2004). Elderly suicides: A need for prevention. *The Internet Journal of Mental Health*, 2, Retrieved July 2, 2008, from http://www.ispub.com/ostia/index.php?xmlFilePath=journals/ijmh/vol2n1/suicide.xml

Hartford, M. (1971). *Groups in social work*. New York: Columbia University Press.

Hartman, A. (1981). The family: A central focus for practice. *Social Work*, 26, 7-13.

Hartman, A. (1990). Many ways of knowing. *Social Work*, 35, 3-4.

Hartman, A. (1991). Social worker in situation. *Social Work*, 36, 195-196.

Hartman, A. (1993). The professional is political. *Social Work*, 38(4), 365, 366, 504.

Hartman, A. (1994). Diagrammatic assessment of family relationships. In B. R. Compton & B. Galaway (Eds.), *Social work processes* (5th ed., pp. 153-165). Pacific Grove, CA: Brooks/Cole.

Hartman, A., & Laird, J. (1983). *Family centered social work practice*. New York: Free Press.

Hasenfeld, Y., & Furman, W. M. (1994). Intervention research as an interorganizational exchange. In J. Rothman & E. Thomas (Eds.), *Intervention research: Design for human services* (pp. 297-313). New York: Haworth Press.

Hathaway, S. R. & McKinley, J. C. (1989). *MMPI-2 manual for administration and scoring*. Minneapolis: University of Minnesota Press.

Hawthorne, F. (2007, October, 23). Greater obstacles to retirement for women. *The New York Times*, Special Section, Retirement, p. H13.

Haynes, R., Corey, G., & Moulton, P. (2003). *Clinical supervision in the helping professions: A practical guide*. Pacific Grove, CA: Thomson, Brooks/Cole.

Haynes, K. S., & Mickelson, J. S. (2000). *Affecting change: Social workers in the political arena* (4th ed.). Boston: Allyn & Bacon.

Healey, M. (2007, September 27). Fact check: Children's health insurance. *Star Tribune*, p. A1.

Healy, L. M. (2007). Universalism and cultural relativism in social work ethics. International *Social Work*, 50, 11-26.

Hegar, R. (1999). The cultural roots of kinship care. In R. Hegar & M. Scannapieco (Eds.), *Kinship foster care, policy, practice, and research* (pp. 17-27). NewYork: Oxford University Press.

Henry, M. (1988). Revisiting open groups. *Group Work*, 1, 215-228.

Henry, S. (1992). *Group skills in four-dimensional approach* (2nd ed.). Pacific Grove, CA: Brooks/Cole.

Hernandez, M., & McGoldrick, M. (1999). Migration and the life cycle. In B. Carter & M. McGoldrick (Eds.), *The expanded family life cycle: Individual, family, and social perspectives* (3rd ed., pp. 169-184). Boston: Allyn & Bacon.

Hersen, M. and Thomas, J. (Eds). (2007). *Handbook of clinical interviewing with children*. Thousand Oaks, CA: Sage.

Hess, P. M., & Mullen, E. J. (1995). Bridging the gap. Collaborative considerations in practitioner- researcher knowledge-building partnerships. In P. M. Hess & E. J. Mullen (Eds.), *Practitioner- researcher partnerships* (pp. 1-30). Washington, DC: NASW Press.

Hill, B., Rotegard, L., & Bruininks, R. (1984). The quality of life of mentally retarded people in residential care. *Social Work*, 29, 275-281.

Hillier, A. (2007). Why social work needs mapping. *Journal of Social Work Education*, 43(2), 205-221.

Hines, P. H., Preto, N. G., McGoldrick, M., Almeida, R., & Weltman, S. (1999). Culture and the family life cycle. In B. Carter & M. McGoldrick (Eds.), *The expanded family life cycle. Individual, family and social perspectives* (3rd ed.). Needham Heights, Boston: Allyn & Bacon.

HIPAA medical privacy rule. (2003). Retrieved May 1, 2004, from http://www.socialworkers.org/hipaa/medical.asp.

Hirayama, K. K., Hirayama, H., & Cetingok, M. (1993). Mental health promotion for South EastAsian refugees in the USA. *International SocialWork*, 36(2), 119-129.

Ho, M. (1987). *Family therapy with ethnic minorities*. Newbury Park, CA: Sage.

Hodge, D. R. (2004). Working with Hindu clients in a spiritually sensitive manner. *Social Work*, 49(1), 27-38.

Hodge, D. R. (2005). Spiritual lifemaps: A client-centered pictorial instrument for spiritual assessment, planning and intervention. *Social Work*, 50(1), 77-87.

Hodge, D. R. (2007), Social justice and people of faith: A transnational perspective. *Social Work*, 52(2), 139-148.

Hodge, D. R., & Nadir, A. (2008). Moving toward culturally competent practice with Muslims: Modifying cognitive therapy with Islamic tenets. *Social Work*, 53(1), 31-41.

Hoehn-Saric, R., Frank, J., Imber, S., Nash, E., Stone, A., & Battle, C. (1964). Systematic preparation of patients for psychotherapy—I. Effects on therapy behavior and outcome. *Journal of Psychiatric Research*, 2, 267-281. *Social Casework*, 62, 30-39.

Holbrook, T. L. (1995). Finding subjugated knowledge: Personal document research. *Social Work*, 40(6), 746-750.

Holland, S. (2000). The assessment relationship: Interaction between social workers and parents in child protection assessment. *British Journal of Social Work*, 30, 149-163.

Hollander, E. M. (2001). Cyber community in the valley of the shadow of death. *Journal of Loss and Trauma*, 6, 136-146.

Hollis, F. and Woods, M. (1981). *Casework: a psychosocial therapy* (3rd ed.). New York: Random House.

Holt, B. J. (2000). *The practice of generalist case management*. Needham Heights, MA: Allyn & Bacon

Homan, M. S. (1999). *Promoting community change: Making it happen in the real world* (2nd ed.). Brooks/Cole.

Homan, M. S. (2008). *Promoting community change. Making it happen in the real world* (4th ed.). Thomson Brooks/Cole.

Homeless Youth, National Coalition for the Homeless, NCH Fact Sheet # 13. Retrieved July 16, 2008, from http://www.nationalhomeless.org.

Hopfensperger, J. (2007, July 21). Divided by deportation, families ask why. *Star Tribune*. A1&A12.

Horesji, C., Heavy Runner, B., & Pablo, C. J. (1992). Reactions by Native American parents to child protection agencies: Cultural and community factors. *Child Welfare*, 71(4), 329-342.

Houston-Vega, M. K., Nuehring, E. M., & Daguio, E. R. (1997). *Prudent practice: A guide for managing malpractice risk*. Washington, DC: NASW Press.

Howard, M., Allen-Meares, P., & Ruffolo, M. (2007). Teaching Evidence-Based Practice: Strategic and Pedagogical Recommendations for Schools of Social Work ; *Research on Social Work Practice* ; 17, 561-568.

Hoyt, M. F. (2000). *Some stories are better than others: Doing what works in brief therapy and managed care*.Philadelphia, PA.: Brunner/Mazel.

Hubble, M. A., Duncan, B. L., & Miller, S. D. (1999). Introduction. In M. A. Hubble, B. L. Duncan, & S. D. Miller (Eds.), *The heart and soul of change: What works in therapy*. Washington, DC: American Psychological Association.

Hudson, W. W. (1990). Computer-based clinical practice: Present status and future possibilities. In L. Videka-Sherman, & W. H. Reid (Eds.), *Advances in clinical social work research* (pp. 105-117). Silver Springs, MD: NASW Press.

Hudson, W. (1992). *The WALMYR assessment scales scoring manual*. Tempe, AZ: WALMYR.

Hudson, W. W. (1996). Computer assessment package. Tallahassee, FL: WALMYR.

Hudson, W., & McMurtry, S. L. (1997). Comprehensive assessment in social work practice: A multi-problem screening inventory. *Research of Social Work Practice*, 7(1), 79-88.

Huffine, C. (Summer, 2006). Bad conduct, defiance, and mental health. *Focal Point*, 20(2), 13-16.

Hulewat, P. (1996). Resettlement: A cultural and psychological crisis. *Social Work*, 41(2), 129-135.
Hull, G. Jr. (1982). Child welfare services to Native Americans. *Social Casework*, 63, 340-347.
Hunsley, J., Aubrey, T., Vestervelt, C. M., & Vito, D. (1999). Comparing therapist and client perspectives on reasons for psychotherapy termination. *Psychotherapy*, 36(4), 380-388.
Hurdle, D. E. (2002). Native Hawaiian traditional healing. *Social Work*, 47(2), 183-192.
Hurley, D. J. (1984). Resistance and work in adolescent groups. *Social Work with Groups*, 1, 71-81.
Hurvitz, N. (1975). Interactions hypothesis in marriage counseling. In A. Gutman & D. Rice (Eds.), *Couples in conflict* (pp. 225-240). New York: Jason Aronson.
Hutchison, E. (2003). *Dimensions of Human Behavior Person and Environment* (2nd ed.). Thousand Oaks, CA: Sage.
Hutson, R. Q. (2001). *Red flags: Research raises concerns about the impact of "welfare reform" on child maltreatment*. Washington, DC: Center for Law and Social Policy.
Hutxable, M. (January, 2004). Defining measurable behavioral goals and objectives. School Social Work Association of America, Northlake, Ill.
Hyde, C. (1996). A feminist's response to Rothman's "The interweaving of community intervention approaches." *Journal of Community Practice*, 3(3/4), 127-145.

I

Icard, L. D., Longres, J. F., & Spenser, M. (1999). Racial minority status and distress among children and adolescents. *Journal of Social Service Research*, 25(1/2), 19-40.
Indyk, D., Belville, R., Lachapelle, S. S., Gordon, G., & Dewart, T. (1993). A community-based approach to HIV case management: Systematizing the unmanageable. *Social Work*, 38(4), 380-387.
Ingersoll-Dayton, B., Schroepfer, T., & Pryce, J. (1999). The effectiveness of a solution-focused approach for problem behaviors among nursing home residents. *Journal of Gerontological Social Work*, 32(3), 49-64.
International Federation of Social Workers (2000). New definition of social work. Berne: International Federation of Social Workers.
Ivanoff, A. M., Blythe, B. J., & Tripodi, T. (1994). *Involuntary clients in social work practice: A researchbased approach*. New York: Aldine de Gruyter.

J

Jackson, A. P. (1998). The role of social support in parenting for low-income, single, black mothers. *Social Service Review*, 72(3), 365-378.
Jackson, D. D., & Weakland, J. H. (1961). Conjoint family therapy: Some considerations on theory, technique, and results. *Psychiatry*, 24, 3-45.
Jacobs, E. E., Masson, R. L., & Harvill, R. L. (1998). *Group counseling strategies and skills*. Pacific Grove, CA: Brooks/Cole.
James, R. K. (2008). *Crisis intervention strategies* (6th ed.). Thomson-Brooks/Cole.
James, R. K., & Gilliland, B. E. (2001). *Crisis intervention strategies*. Pacific Grove, CA: Brooks/Cole, Thomson Learning.
James, R. K., & Gilliland, B. E. (2005). *Crisis intervention strategies* (5th ed.). Thomson- Brooks/Cole.
Jang, M., Lee, K., & Woo, K. (1998). Income, language, and citizenship status: Factors affecting the health care access and utilization of Chinese Americans. *Health and Social Work*, 23(2), 136-145.
Jansson, B. (2003). *Becoming an effective policy advocate* (4th ed.). Pacific Grove, CA: Thomson-Brooks/Cole.
Janzen, C., & Harris, O. (1997). *Family treatment in social work practice* (3rd ed.). Itasca, IL: F. E. Peacock.
Jarrett, R. L. (1995). Growing up poor: The family experience of socially mobile youth in low-income African American neighborhoods. *Journal of Adolescent Research*, 10(1), 111-135.
Jayaratne, S. (1994). Should systematic assessment, monitoring and evaluation tools be used as empowerment aids for clients? In W. W. Hudson & P. S. Nurius (Eds.), *Controversial issues in social work research* (pp. 88-92). Needham Heights, MA: Allyn and Bacon.
Jaycox, L. H., Zoellner, L., & Foa, E. B. (2002). Cognitive behavioral therapy for PTSD in rape survivor. *Journal of Clinical Psychology*, 58(8), 891-907.
Jenkins, A. (2007). *Inequality, race and remedy*. Ending Poverty in America, Special Report of The American Prospect, The Annie E. Casey Foundation & The Northwest Area Foundation. A8-A10.
Jennings, H. (1950). *Leadership and isolation*. New York: Longmans Green.
Jessop, D. (1998). 'Caribbean Norms vs. European Ethics', The Sunday Observer (Jamaica) (1 February): 13.
Jilek, W. (1982). *Indian healing: Shamanic ceremonialism in the Pacific Northwest today*. Laine, WA: Hancock House.
Jimenez, J. (2002). The history of grandmothers in the African American community. *Social Services Review*, 76(4), 524-551.
Johnson, H. C. (1989). Disruptive children: Biological factors in attention deficit disorder and antisocial disorders.

Social Work, 34(2), 137–144.

Jones, D. M. (1996). Termination from drug treatment: Dangers and opportunities for clients of the graduation ceremony. *Social Work with Groups*, 19(3/4), 105–115.

Jordan, C., & Franklin, C. (1995). *Clinical assessment for social workers: Quantitative and qualitative methods*. Chicago: Lyceum Books.

Jordan, C., & Franklin, C. (2003). *Clinical assessment for social workers. Quantitative and qualitative methods* (2nd ed.). Chicago: Lyceum Books.

Jordan, C., & Hickerson, J. (2003). Children and adolescents. In C. Jordan & C. Franklin (Eds.), *Clinical assessment for social workers: Quantitative and qualitative methods* (pp. 179–213). Chicago: Lyceum Books.

Jordan, M. (2007, October 9). Exception to a meltdown. *The Wall Street Journal*, C1–C2.

Jose, P. E., Cafasso, L. L., & D'Anna, C. A. (1994). Ethnic group differences in children's coping strategies. *Sociological Studies of Children*, 6, 25–53.

Joseph, S., Williams, R., & Yule, W. (1993). Changes in outlook following disaster: Preliminary development of measures to assess positive and negative responses. *Journal of Traumatic Stress*, 6, 271–279.

Joshi, P. T., Capozzoli, J. A., & Coyle, J. T. (1990). The Johns Hopkins Depression Scale: Normative data and validation in child psychiatry patients. *Journal of the American Academy of Child and Adolescent Psychiatry*, 29(2), 283–288.

Joyce, A. S., Duncan, S. C., Duncan, A., Kipnes, D., & Piper, W. E. (1996). Limiting time-unlimited group therapy. *International Journal of Group Psychotherapy*, 46(6), 61–79.

Julia, M. C. (1996). *Multicultural Awareness in the health care professions*. Needham Heights, MA: Allyn & Bacon.

K

Kadushin, A. (1977). *Consultation in social work*. New York: Columbia University Press.

Kadushin, G., & Kulys, R. (1993). Discharge planning revisited: What do social workers actually do in discharge planning? *Social Work*, 38(6), 713–726.

Kagle, J. D. (1991). *Social work records* (2nd ed.). Chicago: Waveland Press.（佐藤豊道監訳『ソーシャルワーク記録』相川書房、2006）

Kagle, J. D. (1994). Should systematic assessment, monitoring and evaluation tools be used as empowerment aids for clients? Rejoiner to Dr. Jayaratne. In W. W. Hudson & P. S. Nurius (Eds.) *Controversial issues in social work research* (pp. 88–92). Needham Heights, MA: Allyn and Bacon.

Kagle, J. D. (2002). Record-keeping. In A. R. Roberts & G. J. Greene (Eds.), *Social workers' desk reference* (pp. 28–33). New York: Oxford University Press.

Kahn, M. (1997). *Between therapist and client: The new relationship*. New York: W.H. Freeman & Company.

Kane, N. (1995). Looking at the lite side. "I feed more cats, than I have T-cells." *Reflections*, 1(2), 26–36.

Kane, R. A., Penrod, J. D., Davidson, G., Moscovice, I., & Rich, E. (1991). What cost case management in longterm care? *Social Service Review*, 65(2), 281–303.

Kaplan, H. I., and Sadock, B. J., (Eds.). (2007). *Synopsis of Psychiatry* (10th ed.). Baltimore, MD: Williams and Wilkins.（井上令一・四宮滋子訳『カプラン臨床精神医学テキスト —— DSM-4-TR 診断基準の臨床への展開』メディカル・サイエンス・インターナショナル、2004）

Katz, S., Ford, A. B., Moskowitz, R. W., Jackson, B. A., & Jaffe, M. W. (1963). Studies of illness in the aged. The Index of ADL: A standardized measure of biological and psychosocial function. *Journal of the American Medical Association*, 185, 914–919.

Kauffman, J. M. (1997). *Characteristics of emotional and behavioral disorders of children and youth* (6th ed.). Upper Saddle River, NJ: Prentice-Hall.

Kazdin, A. E., & Wassell, G. (1998). Treatment completion and therapeutic change among children referred for outpatient therapy. *Professional Psychology: Research and Practice*, 29(4), 332–340.

Kear-Colwell, J., & Pollock, P. (1997). Motivation or confrontation: Which approach to the child sex offender? *Criminal Justice and Behavior*, 24, 20–33.

Keefe, T. (1978). The economic context of empathy. *Social Work*, 23(6), 460–465.

Kessler, M., Gira, E. & Poertner, J. (2005). Moving best practice to evidence based practice in child welfare. *Families in Society*, 86(2), 244–250.

Kettenbach, G. (2003). *Writing SOAP notes: With patient/client management formats* (3rd ed.). Philadephia: Davis.

Kettner, P. M., Daley, J. M., & Nichols, A. W. (1985). *Initiating change in organizations and communities*. Monterey, CA: Brooks/Cole.

Kilpatrick, A. C., & Holland, T. (1999). *Working with families: An integrative model by level of need* (2nd ed.). Boston: Allyn & Bacon.

Kilpatrick, A. C., & Holland, T. (2003). *Working with families: An integrative model by level of need* (3rd ed.). Boston: Allyn & Bacon.

Kilpartrick, A. C., & Holland, T. P. (2006). *Working with families. An integrative model by level of need* (4th ed.). Boston: Allyn & Bacon.

Kim, J. S. (2008). Examining the effectiveness of solution-focused brief therapy: A meta-analysis. *Research on Social Work Practice*, 18, 107–116.

Kirk, S. A., & Koeske, G. F. (1995). The fate of optimism: A longitudinal study of case managers' hopefulness and subsequent morale. *Research on Social Work Practice*, 5(1), 47–61.

Kirk, S. A., & Kutchins, H. (1992). *The selling of DSM: The rhetoric of science in psychiatry*. New York: Aldine De Gruyter.

Kleespies, P. M., Penk, W. E., & Forsyth, J. P. (1993). The stress of patient suicidal behavior during clinical training: Incidence, impact, and recovery. *Professional Psychology: Research and Practice*, 24(3), 293–303.

Klein, A. (1970). *Social work through group process*. Albany, NY: School of Social Welfare, State University of New York at Albany.

Knight, C. (2006). Groups for individuals with traumatic histories: Practice considerations for social workers. *Social Work*, 51(1), 20–30.

Knight, J. R., Sherritt, L., Shrier, L. A., Harris, S. K., & Chang, G. (2002). Validity of the CRAFFT substance abuse screening test among adolescent clinic patients. *Archives of Pediatrics and Adolescent Medicine*, 156, 607–614.

Knox, K. S., & Roberts, A. R. (2008). The crisis intervention model. In N. Coady & P. Lehmann (Eds.), *Theoretical perspectives for direct social work practice. A generalist-eclectic approach* (2nd ed., pp. 249–274). New York: Springer Publishing Company.

Kohn, L. P., Oden, T. M., Munoz, R. F., Robinson, A., & Leavitt, D. (2002). Adapted cognitive-behavioral group therapy for depressed low-income, African American women. *Community Mental Health Journal*, 38, 497–504.

Komar, A. A. (1994). Adolescent school crises: Structures, issues and techniques for postventions. *International Journal of Adolescence and Youth*, 5(1/2), 35–46.

Koob, J. J. (2003). Solution-focused family interventions. In A. C. Kilpatrick & T. P. Holland. *Working with families: An integrative model by level of need* (3rd ed., pp. 131–150). Boston: Allyn & Bacon.

Koob, G. F., & Le Moal, M. (2008). Addiction and the brain antireward system. *Annual Review of Psychology* 59(1), 29–53.

Kooden, H. (1994). The gay male therapist as an agent of socialization. *Journal of Gay and Lesbian Psychotherapy*, 2(2), 39–64.

Kopp, J. (1989). Self-observation: An empowerment strategy in assessment. *Social Casework*, 70(5), 276–284.

Kopp, J., & Butterfield, W. (1985). Changes in graduate students' use of interviewing skills from the classroom to the field. *Journal of Social Service Research*, 9(1), 65–89.

Korol, M. S., Green, B. L., & Grace, M. (1999). Developmental analysis of the psychosocial impact of disaster on children: A review. *Journal of the American Academy of Child and Adolescent Pyschiatry*, 38, 368–375.

Koss, M. P., & Shiang, J. (1994). Research on brief psychotherapy. In A. E. Bergin & S. L. Garfield (Eds.), *Handbook of psychotherapy and behavioral change* (3rd ed., pp. 664–700). New York: Wiley.

Kotlowitz, A. (1991). *There are no children here*. New York: Doubleday.

Kovacs, M. (1992). *Children's depression inventory manual*. Los Angeles: Western Psychological Services.

Krähenbühl S., & Blades, M. (2006). The effect of interviewing techniques on young children's responses to questions. *Child Care Health and Development*, 32(3): 321–333.

Kreutzer. D. (2008, February 15). Wage mandates won't help the poor. *Star Tribune*, A17.

Kruger, L., Moore, D., Schmidt, P., & Wiens, R. (1979). Group work with abusive parents. *Social Work*, 24, 337–338.

Kuehlwein, K. T. (1992). Working with gay men. In A. Freeman & F. M. Dattillio (Eds.), *Comprehensive casebook of cognitive therapy* (pp. 249-252). New York: Plenum.

Kumabe, K., Nishada, C., & Hepworth, D. (1985). *Bridging ethnocultural diversity in social work and health*. Honolulu: University of Hawaii Press.

Kung, W. W. (2003). Chinese Americans' help seeking behavior for emotional distress. *Social Service Review*, 77(1), 110–134.

Kurland, R., & Salmon, R. (1998). Purpose: A misunderstood and misused keystone of group work practice. *Social Work with Groups*, 21(3), 5–17.

Kurtz, D. P., Kurtz, G. L., & Jarvis, S. V. (1991). Problems of maltreated runway youth. *Adolescence*, 26, 543–555.

Kurtz, D. P., Lindsey, E., Jarvis, S. & Nakerud, L. (2000). How runaway and homeless youth navigate troubled waters: The role of formal and informal helpers. *Child and Adolescence*, 17(2), 381–402.

Kutchins, H. (1991). The fiduciary relationship. The legal basis for social worker's responsibilities to clients. *Social Work*, 36, 106–103.

L

Laing, R. (1965). Mystification, confusion and conflict. In I. Boszormenyi-Nagy & J. Framo (Eds.), *Intensive family therapy: Theoretical and practical aspects.* New York: Harper & Row.

Laird, J. (1993). Family-centered practice: Cultural and constructionist reflections. *Journal of Teaching in Social Work,* 8(1/2), 77–109.

Lamb, M., & Brown, D. (2006). Conversational apprentices: Helping children become competent informants about their own experiences. *British Journal of Developmental Psychology,* 24, 215–234.

Lambert, M. J., Bergin, A. E., & Garfield, S. L. (2004). Introduction and historical overview. In M. J. Lambert (Ed.), *Handbook of psychotherapy and behavioral change* (5th ed., pp. 3–15). New York: Wiley.

Lambert, M. J., & Ogles, B. M. (2004). The efficacy and effectiveness of psychotherapy. In M. J. Lambert (Ed.), *Handbook of psychotherapy and behavioral change* (5th ed., pp. 139–193). New York: John Wiley.

Land, H. (1988). The impact of licensing on social work practice: Values, ethics and choices. *Journal of Independent Social Work,* 2(4), 87–96.

Lane, F. E. (1986). Utilizing physician empathy with violent patients. *American Journal of Psychotherapy,* 40, 448–456.

Lane, E. J., Daugherty, T. K., & Nyman, S. J. (1998). Feedback on ability in counseling, self-efficacy, and persistence on task. *Psychological Reports,* 83, 1113–1114.

Lang, N. (1972). A broad range model of practice in the social work group. *Social Service Review,* 46, 76–89.

Lantz, J. (1996). Cognitive theory in social work treatment. In F. Turner (Ed.), *Social work treatment: Interlocking theoretical approaches* (4th ed., pp. 94–115). New York: Free Press.

Larsen, D., Attkisson, C., Hargreaves, W., & Nguyen, T. (1979). Assessment of client satisfaction: Development of a general scale. *Evaluation & Program Planning,* 2, 197–207.

Larsen, J. (1975). *A comparative study of traditional and competency-based methods of teaching interpersonal skills in social work education.* Unpublished doctoral dissertation, University of Utah, Salt Lake City.

Larsen, J. (1980). Accelerating group development and productivity: An effective leader approach. *Social Work with Groups,* 3, 25–39.

Larsen, J., & Hepworth, D. (1978). Skill development through competency-based education. *Journal of Education for Social Work,* 14, 73–81.

Larsen, J., & Mitchell, C. (1980). Task-centered, strength-oriented group work with delinquents. *Social Casework,* 61, 154–163.

Lavee, Y. (1997). The components of healthy marriages: Perceptions of Israeli social workers and their clients. *Journal of Family Social Work,* 2(1), 1–14.

Lazarus, A. A. (1994). How certain boundaries and ethics diminish therapeutic effectiveness. *Ethics and Behavior,* 4(3), 255–261.

Leadbeater, B. J., Kuperminc, G. P., Blatt, S. J., Hertzog, C. (1999). A multivariate model of gender differences in adolescents' internalizing and externalising problems. *Developmental Psychology,* 35, 1268–1282.

Leahy, R. H., & Holland, S. J. (2000). *Treatment plans and interventions for depression and anxiety disorders.* The Guildford Press.

LeCroy, C. W. (2002). Child therapy and social skills. In A. R. Roberts & G. J. Greene (Eds.), *Social workers' desk reference* (pp. 406–412). New York: Oxford University Press.

Lee, M. Y. (2003). A solution-focused approach to cross-cultural clinical social work practice: Utilizing cultural strengths. Families in Society: *The Journal of Contemporary Human Services,* 84(3), 385–395.

Lee, M. Y., Greene, G. J., & Rheinscheld, J. (1999). A model for short-term solution-focused group treatment of male domestic violence offenders. *Journal of Family Social Work,* 3(2), 39–57.

Lehman, A. F. (1996). Heterogeneity of person and place: Assessing co-occurring addictive and mental disorders. *American Journal of Orthopsychiatry,* 66(1), 32–41.

Leiter M. P., & Maslach, C. (2005). *Banishing burnout: Six involving feelings, attitudes, motives and strategies for improving your relationship expectations with work.* San Francisco: Jossey-Bass.

Leonhardt, L. (2007, September 12). Has the jump in wages met its end? *The New York Times,* C1 & C4.

Lesure-Lester, E. G. (2002). An application of cognitive behavioral principles in the reduction of aggression among abused African American adolescents. *Journal of Interpersonal Violence,* 17(4), 394–403.

Levi, D. (2007). *Group dynamics for teams* (2nd ed.). Thousand Oaks, CA: Sage Publications.

Levick, K. (1981). Privileged communication: Does it really exist? *Social Casework,* 62, 235–239.

Levine, C. O., & Dang, J. (1979). The group within the group: The dilemma of cotherapy. *International Journal of Group Psychotherapy,* 29(2), 175–184.

Levinson, H. (1977). Termination of psychotherapy: Some salient issues. *Social Casework,* 58, 480–489.

Levinson, D. J. (1996). *Seasons of women's life.* New York: Alfred A. Knopf.

Levy, C. (1973). The value base of social work. *Journal of Education for Social Work,* 9, 34–42.

Levy, L. (1963). *Psychological interpretation.* New York: Holt, Rinehart & Winston.

Lewis, E. (1991). Social change and citizen action: A philosophical exploration for modern social group work.

Social Work with Groups, 14(3/4), 23-34.
Lewis, E. A., Skyles, A., & Crosbie-Burnett, M. (2000). Public policy and families of color in the new millennium. National Council on Family Relations Annual Program Meeting, Minneapolis, MN, November 12, 2000.
Lewis, J. A., Lewis, M. D., Packard, T., & Souflee, F. (2001). *Management of human service programs* (3rd ed.). Pacific Grove, CA:Wadsworth/Brooks/Cole.
Lewis, T., & Osborn, C. (2004). Solution-focused counseling and motivational interviewing. A consideration of confluence. *Journal of Counseling and Development*, 82, 38-48.
Liau, A. K., Barriga, A. Q., & Gibbs, J. C. (1998). Relations between self serving cognitive distortions and overt versus covert antisocial behaviors in adolescents. *Aggressive Behavior*, 24, 335-346.
Lieberman, M., & Borman, L. (Eds.) (1979). *Self-help groups for coping with crisis.* San Francisco, CA: Jossey-Bass.
Lieberman, M., & Videka-Sherman, L. (1986). The impact of self-help groups on the mental health of widows and widowers. *American Journal of Orthopsychiatry*, 56, 435-449.
Lieberman, M., Yalom, I., & Miles, M. (1973). *Encounter groups: Firstfacts.* New York: Basic Books.
Ligon, J. (1997). Brief crisis stabilization of an African American woman. Integrating cultural and ecological approaches. *Journal of Multicultural Social Work*, 6(3/4), 111-123.
Lim, C., & Adelman, H. S. (1997). Establishing a school-based collaborative team to coordinate resources: A case study. *Journal of Social Work in Education*, 19(4), 266-277.
Lindemann, E. (1944). Symptomatology and management of acute grief. *American Journal of Psychiatry*, 101, 141-148.
Lindemann, E. (1956). The meaning of crisis in individual and family. *Teachers College Record*, 57, 310.
Lindsey, M. A., Korr, W. S., Broitman, M., Bone, L., Green, A. & Leaf, P. J. (2006). Help-seeking behaviors and depression among African American adolescent boys. *Social Work*, 51(1), 49-58.
Linhorst, D. M. (2002). Federalism and social justice: Implications for social work. *Social Work*, 47(3), 201-208.
Linhorst, D. M., Hamilton, J., Young, E., & Eckert, A. (2002). Opportunities and barriers to empowering people with severe mental illness through participation in treatment planning. *Social Work*, 47(4), 425-434.
Linzer, N. (1999). *Resolving ethical dilemmas in social work practice.* Boston: Allyn & Bacon.
Lipchik, E. (1997). My story about solution-focused brief therapist/client relationships. *Journal of Systemic Therapies*, 16, 159-172.
Lipchik, E. (2002). *Beyond technique in solution-focused therapy: Working with emotions and the therapeutic relationship.* New York: Guilford Press.
Lister, L. (1987). Contemporary direct practice roles. *Social Work*, 32, 384-391.
Littell, J. & Girvin, H. (2004). Ready or not: Uses of the stages of change model in child welfare. *Child welfare*, 83(4), 341-366.
Lo, T. W. (2005). Task-centered group work: Reflections on practice. *International Social Work*, 48, 455-456.
Locke, D. (2001, February 22). With this ring. *Saint Paul Pioneer Press*, 17A.
Loewenburg, F., & Dolgoff, R. (1996), *Ethical decision for social work practice* (5th ed.) Itasca, Ill: F. E. Peacock.
Loewenberg, F. M., Dolgoff, R., & Harrington, D. (2005). *Ethical decisions for social work practice* (7th ed.). Itasca, IL: F.E. Peacock.
Logan, S. M. L., Freeman, E. M., & McRoy, R. G. (1990). *Social work practice with black families: A culturally specific perspective.* New York: Longman.
Long, K. A. (1986). Cultural considerations in the assessment and treatment of intrafamilial abuse. *American Journal of Orthopsychiatry*, 56, 131-136.
Long, D. L., Tice, C. J., & Morrison, J. D. (2006). *Macro social work practice. A strengths perspective.* Thomson-Brooks/Cole.
Longres, J. F. (1991). Toward a status model of ethnic sensitive practice. *Journal of Multi-cultural Social Work*, I(1), 41-56.
Longres, J. F. (1995). *Human behavior in the social environment.* Itasca, IL: F. E. Peacock.
Longres, J. F., & Torrecilha, R. S. (1992). Race and the diagnosis, placement and exit status of children and youth in a mental health and disability system. *Journal of Social Service Research*, 15(3/4), 43-63.
Loo, C. M., Ueda, S. S., & Morton, R. K. (2007). Group treatment for race-related stresses among Vietnam veterans. *Transcultural Psychiatry*, 44(1), 115-135.
Lowenstein, D. A., Amigo, E., Duara, R., Guterman, A., Kurwitz, D., Berkowitz, N., et al. (1989). A new scale for the assessment of functional status in Alzheimer's disease and related disorders. *Journal of Gerontology: Psychological Sciences*, 44, 114-121.
Lowinson, J. H., Ruiz, P., Millman, R. B., & Langrod, J. G. (Eds.). (2005). *Substance abuse: A comprehensive textbook* (4th ed.). Philadelphia, PA: Lippincott, Williams & Wilkins.
Lu, Y., Dane, B. & Gellman, A. (2005). An experiential model: teaching empathy and cultural sensitivity. *Journal of teaching social work*, 25(3/4), 89-103.

Luborsky, L., & Spence, D. (1978). Quantitative research on psychoanalytic therapy. In S. Garfield & A. Bergin (Eds.), *Handbook of psychotherapy and behavior change* (pp. 331–368). New York: Wiley.

Lukas, S. (1993). *Where to start and what to ask: An assessment handbook.* New York: Norton.

Lukton, R. (1982). Myths and realities of crisis intervention. *Social Casework*, 63, 275–285.

Lum, D. (1996). *Social work practice and people of color: A process-stage approach* (3rd ed.). Pacific Grove, CA: Brooks/Cole.

Lum, D. (2004). *Social work practice and people of color. A process-stage approach* (5th ed.). Pacific Grove, CA: Brooks/Cole.

Lum, D. (2007). *Culturally competent practice: A framework for understanding diverse groups and justice issues.* Pacific Grove, CA: Thomson-Brooks/Cole.

M

Macgowan, M. J. (1997). A measure of engagement for social group work: The group work engagement measure (GEM). *Journal of Social Service Research*, 23(2), 17–37.

Macgowan, M. J. (2004). Prevention and intervention in youth suicide. In P. Allen-Mears, & M. W. Fraser (Eds.), *Intervention with children and adolescents: An interdisciplinary perspective* (pp. 282–310). Boston: Pearson.

Mackelprang, R., & Hepworth, D. H. (1987). Ecological factors in rehabilitation of patients with severe spinal cord injuries. *Social Work in Health Care*, 13, 23–38.

Mackey, R. A., & O'Brian, B. A. (1998). Marital conflict management: Gender and ethnic differences. *Social Work*, 43(2), 128–141.

Madden, R. G., & Wayne, R. H. (2003). Social work and the law: A therapeutic jurisprudence perspective. *Social Work*, 48(3), 338–349.

Magen, R. (2004). Measurement issues. In C. D. Garvin, L. M. Gutierrez, & M. J. Galinsky (Eds.), *Handbook of social work with groups.* New York: Guilford Press.

Magen, R. H., & Glajchen, M. (1999). Cancer support groups: Client outcome and the context of group process. *Research on Social Work Practice*, 9(5), 541–554.

Maguire, L. (2002). *Clinical social work: Beyond generalist practice with individuals, groups and families.* Pacific Grove, CA: Thomson-Brooks-Cole.

Mahler, C. (1969). *Group counseling in the schools.* Boston: Houghton Mifflin.

Mahoney, M. J. (1974). *Cognition and behavior modification.* Cambridge, MA: Ballinger.

Mailick, M. D., & Vigilante, F. W. (1997). The family assessment wheel: A social constructionist perspective. *Families in Society*, 80(1), 361–369.

Malekoff, A. (2006). Strengths-based group work with children and adolescents. In C. D. Garvin, L. M. Gutierrez, & M. J. Galinsky (Eds.), *Handbook of social work with groups* (pp. 227–244). New York: Guilford Press.

Malgady, R. G. & Zayas, L. H. (2001). Cultural and linguistic considerations in psychodiagnosis with Hispanics: The need for an empirically informed process model. *Social Work*, 46, 39–49.

Mallory, K. (2004, May 8). Barbers cutting cancer out in Montgomery County. *The Washington Afro American*, 112, 39.

Mann, B., & Murphy, K. (1975). Timing of self disclosure, reciprocity of self-disclosure, and reactions to an initial interview. *Journal of Counseling Psychology*, 22, 304–308.

Marlatt, G. A., & Gordon, J. R. (1985). *Relapse prevention: Maintenance strategies in the treatment of addictive behaviors.* New York: Guilford Press.

Marlow, C. (1993). Coping with multiple roles: Family configuration and the need for workplace services. *Affilia*, 8(1), 40–55.

Marsh, J. C. (2002). Learning from clients. *Social Work*, 47(4), 341–342.

Marsh, J. (2003). Arguments for family strengths. *Social Work*, 42(2), 147–148.

Marsh, J. (2004). theory-driven versus theory-free research in empirical social work practice. pp. 20–35 in Briggs, H., & Rzepnicki, T. (eds). *Using evidence in social work practice.* Chicago: Lyceum.

Marsh, J. (2005). Social justice: social work's organizing value. *Social Work*, 50, 293–294.

Martin, L. L. (1993). *Total quality management in human service organizations.* Thousand Oaks, CA: Sage Publications.

Martin, P. Y., & O'Connor, G. G. (1989). *The social environment: Open systems applications.* Upper Saddle River, NJ: Longman.

Maschi, T. (2006). Unraveling the link between trauma and male delinquency: The cumulative versus differential risk perspective. *Social Work*, 11(1), 59–70.

Mason, J. L., Benjamin, M. P., & Lewis, S. A. (1996). The cultural competence model: Implications for child and family mental health services. In C. A. Heflinger & C. T. Nixon (Eds.), *Families and the mental health system for children and adolescents: Policy, services, and research* (pp. 165–190). Thousand Oaks, CA: Sage Publications.

Mattesisch, P. W., & Monsey, B. R. (1992). *Collaboration: What makes it work.* Saint Paul, MN: Amherst Wilder

Research Center.

Matto, H. C. (2005). A bio-behavioral model of addiction treatment: Applying dual representation theory to craving management and relapse prevention. *Substance Use & Misuse*, 40(4), 529-541.

Mau, W., & Jepsen, D. A. (1990). Help seeking perceptions behaviors: A comparison of Chinese and American graduate students. *Journal of Multicultural Counseling and Development*, 18(2), 95-104.

May, P., Hymbaugh, K., Aasc, J., & Samct, J. (1983). The epidemiology of fetal alcohol syndrome among American Indians of the Southwest. *Social Biology*, 30, 374-387.

Mayadas, N., Ramanathan, C., & Suarez, Z. (1998- 1999). Mental health, social context, refugees and immigrants: A cultural interface. *Journal of Intergroup Relations*, 25, 3-14.

Mayer, J., & Timms, N. (1969). Clash in perspective between worker and client. *Social Casework*, 50, 32-40.

Mayo Clinic. (2007, January 12). Elder abuse: Signs to look for, action to take. Retrieved July 25, 2008, from http://www.mayoclinic.com/health/elder-abuse/HA00041

Mays, N. (2003, Fall). Investigating how culture impacts health. *Washington University in Saint Louis Magazine*.

McAdoo, J. L. (1993). Decision making and marital satisfaction in African American families. In H. P. McAdoo (Ed.), *Family ethnicity: Strength in diversity* (pp. 109-118). Thousand Oaks, CA: Sage Publications.

McChesney, K. Y. (1995). Urban homeless families. *Social Service Review*, 69(3), 428-460.

McCollum, E. E., & Beer, J. (1995). The view from the other chair. *Family Therapy Networker*, 19(2),59-62.

McCollum, E. E, & Trepper, T. S. (2001). *Creating family solutions for substance abuse*. New York: Haworth Press.

McConaughy, S. H., & Auchenbach, T. M. (1994). *Manual for the semistructured clinical interview with children and adolescents*. Burlington, VT: University of Vermont, Department of Psychiatry.

McCubbin, H. (1988). *Resilient families in the military: Profiles of strengths and hardiness*. Madison, Wisconsin: University of Wisconsin.

McCubbin, H. I., & McCubbin, M. A. (1988). Typologies of resilient families. Emerging roles of social class and ethnicity. *Family Relations*, 37, 247-254.

McDonald, L. (2002). Evidence-based, familystrengthening strategies to reduce delinquency: FAST: Families and Schools Together. In A. R. Roberts & G. J. Greene (Eds.), *Social workers' desk reference* (pp. 717-722). New York: Oxford University Press.

McGoldrick. M. (Ed.) (1998). *Revisioning family therapy. Race, culture and gender in clinical practice*. New York: The Guilford Press.

McGoldrick, M., & Gerson, R. (1985). Genograms in family assessment. New York: Norton. McGoldrick, M., Giordano, J., & Pearce, J. K. (Eds.) (1996). *Ethnicity and family therapy*. New York: Guilford Press.

McGonagle, E. (1986). *Banana splits: A peer support group for children of transitional families*. Ballston Spa, NY: Author.

McHale, J. P., & Cowan, P. A. (1996). (Eds.), *Understanding how family-level dynamics affect children's development: Studies in two-parent families*. Jossey- Bass Publishers.

McIntosh, J. L. (2003). Suicide survivors: The aftermath of suicide and suicidal behavior. In C. D. Bryant (Ed.), *The handbook of death and dying* (pp. 339-350). Thousand Oaks, CA: Sage Publications.

McKenry, P. C., & Price, S. J. (Eds.). (2000). *Families and change. Coping with stressful events and transitions* (2nd ed.). Thousand Oaks, CA: Sage Publications.

McKenzie, A. (2005), Narrative-oriented therapy with children who have experiencd sexual abuse. *Envision: The Manitoba Journal of Child Welfare*, 4(2), 1-29.

McLoyd, V. (1997). The impact of poverty and low socioeconomic status on the socioemotional functioning of African-American children and adolescents.In R. W. Taylor & M. C. Wang (Eds.), *Social and emotional adjustment and family relations in ethnic minority families* (pp. 2-34). Mahwah, NJ: Lawrence Erlbaum Associates.

McMillen, J. C. (1999). Better for it: How people benefit from adversity. *Social Work*, 44(5), 455-468.

McMillen, J. E., & Fischer, R. (1998). The perceived benefit scale: Measuring perceived positive life changes after negative events. *Social Work Research*, 22(3), 173-187.

McMillen, J., Morris, L., & Sherraden, M. (2004). Ending social work's grudge match: Problems versus strengths. *Families in Society*, 85, 317-325.

McMillen, J. C., Smith, E. M., & Fisher, R. (1997). Perceived benefit and mental health after three types of disaster. *Journal of Consulting and Clinical Psychology*, 63, 1037-1043.

McMillen, J. C., Zuravin, S., & Rideout, G. B. (1995). Perceptions of benefits from child sexual abuse. *Journal of Consulting and Clinical Psychology*, 63, 1037-1043.

McNeely, R., & Badami, M. (1984). Interracial communication in school social work. *Social Work*, 29, 22-25.

McPhatter, A. (1991). Assessment revisited: A comprehensive approach to understanding family dynamics. *Families in Society*, 72, 11-21.

McQuaide, S. (1999). Using psychodynamic, cognitive behavioral and solution-focused questioning to construct a new narrative. *Clinical Social Work*, 27(4), 339-353.

McQuaide, S., & Ehrenreich, J. H. (1997). Assessing client strengths. *Families in Society*, 78(2), 201-212.

McRoy, R. G. (2003, June 6). *Impact of systems on adoption in the African American community*. Keynote address presented at the meeting of the Institute on Domestic Violence in the African American Community, Minneapolis, MN.

McWilliams, N. (1999). Psychoanalytic formulation. Guilford Press.

Meenaghan, T. M. (1987). Macro practice: Current trends and issues. In *Encyclopedia of social work* (18th ed., pp. 82–89). Silver Spring, MD: National Association of Social Workers.

Meezan, W., & O'Keefe, M. (1998). Evaluating the effectiveness of multifamily group therapy in child abuse and neglect. *Research on Social Work Practice*, 8(3), 330–353.

Meichenbaum, D. (1977). *Cognitive-behavior modification*. New York: Plenum Press.

Meier, A. (1997). Inventing new models of social support groups: A feasibility study of an online stress management support group for social workers. *Social Work with Groups*, 20(4), 35–53.

Meier, A. (2002). An online stress management support group for social workers. *Journal of Technology in Human Services*, 20(1/2), 107–132.

Meier, A. (2006). Technology-mediated groups. In C. D. Garvin, L. M. Gutierrez, & M. J. Galinsky (Eds.), *Handbook of social work with groups* (pp. 13–31). New York: Guilford Press.

Metcalf, L. (1998). *Solution focused group therapy: Ideas for groups in private practice, schools, agencies, and treatment programs*. New York: Free Press.

Metcalf, L., Thomas, F., Duncan, B., Miller, S., & Hubble, M. (1996). What works in solution-focused brief therapy: A qualitative analysis of client and therapist's perceptions. In S. Miller, M. Hubble, & B. Duncan (Eds.), *Handbook of solution-focused brief therapy*. San Francisco: Jossey-Bass.

Meyer, C. (Ed.). (1983). *Clinical social work in the ecosystems perspective*. New York: Columbia University Press.

Meyer, C. (1990, April 1). *Can social work keep up with the changing family?* [Monograph]. The fifth annual Robert J. O'Leary Memorial Lecture. Columbus, OH: The Ohio State University College of Social Work, 1–24.

Meyer, W. (2001). Why they don't come back: A clinical perspective on the no-show client. *Clinical Social Work*, 29(4), 325–339.

Meyers, M. K. (1993). Organizational factors in the integration of services for children. *Social Service Review*, 67(4), 547–571.

Meystedt, D. M. (1984). Religion and the rural population: Implications for social work. *Social Casework*, 65(4), 219–226.

Milgram, D., & Rubin, J. S. (1992). Resisting resistance: Involuntary substance abuse group therapy. *Social Work with Groups*, 15(1), 95–110.

Miller, D. B. (1997). Parenting against the odds: African-American parents in the child welfare system—a group approach. *Social Work with Groups*, 20(1), 5–18.

Miller, J. A. (1994). A family's sense of power in their community: Theoretical and research issues. *Smith College Studies in Social Work*, 64(3), 221–241.

Miller, R., & Mason, S. E. (2001). Using group therapy to enhance treatment compliance in first episode schizophrenia. *Social Work with Groups*, 24(1), 37–52.

Miller, S. M., & Øyen, E. (1996). Remeasuring Poverty. *Poverty & Race*, 5(5), 1–4.

Miller, W. R., & Rollnick, S. (1991). *Motivational interviewing: Preparing people to change addictive behavior*. New York: Guilford Press.

Miller, W. R., & Rollnick, S. (2002). *Motivational interviewing: preparing people to change addictive behavior* (2nd ed.). New York: Guilford Press.

Miller, W. R., & Sovereign, R. G. (1989). The check-up: A model for early intervention in addictive behaviors. In T. Loberg, W. R. Miller, P. E. Nathan, & G. A. Marlatt (Eds.), *Addictive behaviors: Prevention and early intervention* (pp. 219–231). Amsterdam: Swets and Zeitlinger.

Millon, T., & Davis, R. (1997). The MCMI-III: Present and future directions. *Journal of Personality Assessment*, 68(1) 68–95.

Minuchin, S. (1974). *Families and family therapy*. Cambridge, MA: Harvard University Press.

Mitchell, C. G. (1998). Perceptions of empathy and client satisfaction with managed behavioral health care. *Social Work*, 43(5), 404–411.

Mokuau, N., & Fong, R. (1994). Assessing the responsiveness of health services to ethnic minorities of color. *Social Work in Health Care*, 28(1), 23–34.

Moore, S. T. (1990). A social work practice model of case management: The case management grid. *Social Work*, 35(5), 444–448.

Morell, C. (2003). Empowerment theory and long-living women: A feminist and disability perspective. *Journal of Human Behavior in the Social Environment*, 7(3/4), 225–236.

Morgan, A. (2000). *What is narrative therapy?* Adelaide, South Australia: Dulwich Centre Publication.

Morgan, G. (1997). *Images of organizations*. Thousand Oaks, CA: Sage Publications.

Morrison, J. (1995). *The first interview: Revised for DSM-IV*. New York: Guilford Press.
Morrow, D. F. (1993). Social work with gay and lesbian adolescents. *Social Work*, 38(6), 655–660.
Morton, T. (1999). The increasing colorization of America's child welfare system. The overrepresentation of African American children. *Policy and Practice*, 12, 21–30.
Mosley, J. C., & Lex, A. (1990). Identification of potentially stressful life events experienced by a population of urban minority youth. *Journal of Multicultural Counseling and Development*, 18(3), 118–125.
Moyers, T., & Rollnick, S. (2002). A motivational interviewing perspective on resistance in psychotherapy. *Journal of Clinical Psychology*, 58(2), 185–193.
Munroe, E. (2004). Improving practice: Child protection as a systems problem. *Children Youth and Services Review*, 27, 375–391.
Munson, C. E. (2002). The techniques and process of supervisory practice. In A. R. Roberts & G. J. Greene (Eds.) *Social workers' desk reference* (pp. 38–44). New York: Oxford University Press.
Murdach, A. D. (1996). Beneficence re-examined: Protective intervention in mental health. *Social Work*, 41, 26–32.
Murphy, C. M., & Baxter, V. A. (1997). Motivating batterers to change in the treatment context. *Journal of Interpersonal Violence*, 12(4), 607–619.
Murphy, B. C., & Dillon, C. (1998). *Interviewing in action: Process and practice*. Pacific Grove, CA: Brooks/Cole.
Murphy, B. C., & Dillon, C. (2003). *Interviewing in action: Relationship, process, and change* (2nd ed.). Pacific Grove, CA: Brooks/Cole.
Murphy, B. C., & Dillon, C. (2008). *Interviewing in action in a multicultural world* (3rd ed.). Pacific Grove, CA: Brooks/Cole.
Murray, C. E., & Murray, T. L. (2004). Solution-focused premarital counseling: Helping couples build a vision for their marriage. *Journal of Marital and Family Therapy*, 30(3), 349–358.
Mwanza (1990). *Afrikan naturalism*. Columbus, OH: Pan Afrikan Publications.
Mydans, S. (2004, August, 1). Looking out for the many, saving the one. *The New York Times*, p. WR3.

N

Nader, K., & Mello, C. (2008). Interactive trauma/ Grief-focused therapy with children. In N. Coady & P. Lehmann (Eds.), *Theoretical perspectives for direct social work practice. A generalist-eclectic approach* (2nd ed., pp. 493–519). New York: Springer Publishing Company.
Nadler, A. (1996). Help seeking behavior as a coping resource. In M. Rosen (Ed.), *Learning resourcefulness: On coping skills, self control and adaptive behavior* (pp. 127–162). New York: Springer Publishing.
Naleppa, M. J. (1999). Late adulthood. In E. D. Hutchison (Ed.), *Dimensions of human behavior: The changing life course*. Thousand Oaks, CA: Pine Forge Press.
Naleppa, M. J., & Reid, W. J. (2000). Integrating case management and brief-treatment strategies: A hospital-based geriatric program. *Social Work in Health Care*, 31(4), 1–23.
National Association of SocialWorkers (NASW). (1996). *Code of ethics*. Washington, DC: NASW Press.
National Association of Social Workers (NASW). (1999). *Code of ethics*. Washington, DC: NASW Press. http://www.naswdc.org/publs/code/code.asp
National Association of Social Workers (NASW).(2001). *NASW standard for cultural competence for social work practice*. Washington, DC: NASW Press.
National Association of Social Workers. (2006). *Immigration policy toolkit*. Washington, DC: NASW Press.
National Association of Scholars. (2007). *The scandal of social work education*. Retrieved August 24, 2008, from www.NAS.org
National Institute on Drug Abuse. (2008, January 2). *Commonly Abused Drugs*. Retreived June 30, 2008, from http://www.drugabuse.gov/DrugPages/DrugsofAbuse.html
Nelson, T. D., & Kelley, L. (2001). Solution-focused couples groups. *Journal of Systemic Therapies*, 20, 47–66.
Nelson-Zlupko, L., Kauffman, E., & Dore, M. M. (1995). Gender differences in drug addiction and treatment: Implications for social work intervention with substance abusing women. *Social Work*, 40(1), 45–54.
Netting, F. E., Kettner, P. M., & McMurtry, S. L. (2004). *Social work macro practice*. (3rd ed.) Boston: Allyn & Bacon.
Nevil, N., Beatty, M. L., & Moxley, D. P. (1997). *Socialization games for persons with disabilities: Structured group activities for social and interpersonal development*. Springfield, IL: C. C. Thomas.
Newman, K, & Chen, V. T (2007). *The missing class. Portraits of the near poor in America*. Boston: Beacon Press.
Nichols, M. P. (2006). *Family therapy. Concepts and methods* (7th ed.). Boston: Allyn & Bacon.
Nichols, M. P., & Schwartz, R. C. (1998). *Family therapy: Concepts and methods* (4th ed.). Boston: Allyn & Bacon.
Nichols, M. P., & Schwartz, R. C. (2004). *Family therapy: Concepts and methods*. (6th ed.). Boston: Allyn & Bacon.
Norcross, J. C. & Lambert, M. J. (2006). The therapy relationship. In J. C. Norcross, L. E. Beutler & R. F. Levant (Eds.), *Evidence-Based Practices in Mental Health: Debate and Dialogue on the Fundamental Questions* (pp. 208–217).

Washington, D.C.: American Psychological Association.

Nord, M., & Luloff, A. E. (1995). Homeless children and their families in New Hampshire: A rural perspective. *Social Service Review*, 69(3), 461–478.

Norris, J. (1999). Mastering documentation, 2nd ed. Springhouse, PA: Springhouse.

Northen, H. (2006). Ethics and values in group work. In C. D. Garvin, L. M. Gutierrez, & M. J. Galinsky (Eds.), *Handbook of social work with groups* (pp. 76–89). New York: Guilford Press.

Northen, H., & Kurland, R. (2001). The use of activity. In *Social work with groups* (3rd ed., pp. 258–287). New York: Columbia University Press.

Norton, D. G. (1978). *The dual perspective: Inclusion of ethnic minority content in the social work curriculum*. New York: Council on Social Work Education.

Nosko, A., & Wallace, R. (1997). Female/male coleadership in groups. *Social Work with Groups*, 20(2), 3–16.

Nugent, W. (1992). The effective impact of a clinical social worker's interviewing style: A series of singlecase experiments. *Research on Social Work Practice*, 2(1), 6–27.

Nugent, W. R., & Halvorson, H. (1995). Testing the effects of active listening. *Research on Social Work Practice*, 5(2), 152–175.

Nugent, W. R., Umbriet, M. S., Wilnamaki, L., & Paddock, J. (2001). Participation in victim-offender mediation and reoffense: Successful replications? *Research on Social Work Practice*, 11, 5–23.

Nybell, L. M., & Gray, S. S. (2004). Race, place, space: Meaning of cultural competence in three child welfare agencies. *Social Work*, 49(1), 17–26.

O

Oettingen, G., Bulgarella, C., Henderson, M. & Collwitzer, P. M. (2004). The self-regulation or goal pursuit. In R. Wright, J. Greenberg & S. S. Brehm (Eds.), *Motivational analysis of social behavior* (pp. 225–244). Lawrence Erlbaum Associates Publishers.

Ogbu, J. U. (1994). From cultural differences to differences in cultural frame of reference. In P. M. Greenfield & R. R. Cocking (Eds.), *Cross-cultural roots of minority child development* (pp. 365–392). Hillsdale, NJ: Erlbaum.

Ogbu, J. U. (1997). Understanding the school performances of urban blacks: Some essential knowledge. In H. J. Walberg, O. Reyes, and P. R. Weissberg (Eds.), *Children and youth: Interdisciplinary perspectives*. Thousand Oaks, CA: Sage Publications.

O'Hanlon, W. (1996). Case commentary. *Family Therapy Networker*, January/February, 84–85.

O'Hare, T. (2005). *Evidence-based practices for social workers: An interdisciplinary approach*. Chicago: Lyceum Books, Inc.

O'Hollaran, T. M., & Linton, J. M. (2000). Stress on the job: Self-care resources for counselors. *Journal of Mental Health Counseling*, 22, 254–265.

Okun, B. F. (1996). *Understanding diverse families. What practitioners need to know*. New York: Guilford Press.

Okun, B. (2002). *Effective helping: Interviewing and counseling techniques*. Pacific Grove, CA: Brooks/Cole.

Okun, B. F., Fried, J., & Okun, M. L. (1999). *Understanding diversity. A learning-as-practice primer*. Pacific Grove, CA: Brooks/Cole Publishing Company.

Oliver, M. L., & Shapiro, T. W. (2007). *Creating an opportunity society*. Ending Poverty in America, Special Report of The American Prospect, The Annie E. Casey Foundation & The Northwest Area Foundation. A27–A28.

O'Melia, M., & Miley, K. K. (Eds.) (2002). *Pathways to power. Readings in contextual social work practice*. Boston: Allyn & Bacon.

Organista, K., Dwyer, E. V., & Azocar, F. (1993). Cognitive behavioral therapy with Latino clients. *The Behavior Therapist*, 16, 229–228.

Orme, J. (2002). Social work: Gender, care and justice. *British Journal of Social Work*, 32, 799–814.

Ortiz, L. P. A., & Langer, N. (2002). Assessment of spirituality and religion in later life: Acknowledging clients' needs and personal resources. *Journal of Gerontological Social Work*, 32, 5–20.

Ostroff, C., & Atwater, L. E. (2003). Does whom you work with matter? Effects of referent group gender and age composition on managers' compensation. *Journal of Applied Psychology*, 88(4), 725–740.

Othmer, E., & Othmer, S. C. (1989). *The clinical interview using DSM-III-R*. Washington, DC: American Psychiatric Press.

P

Pack-Brown, J. P., Whittington-Clark, L. E., & Parker, W. M. (1998). *Images of me: A guide to group work with African-American women*. Boston: Allyn & Bacon.

Padgett, D. K. (1999). *The qualitative research experience*. Brooks/Cole-Thomson.

Padgett, D. K. (Ed.). (2004). *The qualitative research experience*. Thomson-Brooks/Cole.

Padilla, Y., Shapiro, E., Fernandez-Castro, M., & Faulkner, M. (2008). Our nation's immigrants in peril: An urgent call to social workers. *Social Work*, 53(1), 5–8.

Palmer, N., & Kaufman, M. (2003). The ethics of informed consent: Implications for multicultural practice. *Journal of Ethnic and Cultural Diversity in Social Work*, 12(1), 1–26.

Palmer, B., & Pablo, S. (1978). Community development possibilities for effective Indian reservation child abuse and neglect efforts. In M. Lauderdale, R. Anderson, & S. Cramer (Eds.), *Child abuse and neglect. Issues on innovation and implementation* (pp. 98–116). Washington, DC: U.S. Department of Health, Education and Welfare.

Palmer, K. (2007, September 3). The new mommy track. *U.S. News & World Report*, pp. 40–44.

Panos, P. T., Panos, A., Cox, S., Roby, J. L. & Matheson, K. W. (2006). Ethical concerning the use of videoconferencing to supervise international social work field practicum students. *Journal of Social Work Education*, 38(3), 421–438.

Parad, H. J. (1965). *Crisis intervention: Selected readings*. New York: Family Service Association of America.

Parad, H. J., & Parad, L. G. (Eds.). (1990). *Crisis intervention: Book 2*. Milwaukee, WI: Family Service America.

Parad, H. J., & Parad, L. G. (2006). *Crisis intervention book 2: The practitioner's source book for brief therapy* (2nd ed.). Tucson, AZ: Fenestra Books.

Parihar, B. (1994). *Task-centered management in human service organizations*. Springfield, Ill: Thomas.

Parlec, M. (1979). Conversational politics. *Psychology Today*, 12, 48–56.

Parloff, M., Waskow, I., & Wolfe, B. (1978). Research on therapist variables in relation to process and outcome. In S. Garfield & A. Bergin (Eds.), *Handbook of psychotherapy and behavior change* (pp. 233–282). New York: Wiley.

Parsons, R. J. (2002). Guidelines for empowermentbased social work practice. In A. R. Roberts & G. J. Greene (Eds.), *Social workers' desk reference* (pp. 396–401). New York: Oxford University Press.

Parsons, R. J., Jorgenson, J. D., & Hernandez, S. H. (1988). Integrative practice approach: A framework for problem solving. *Social Work*, 35(5), 417–421.

Parsons, R. J., Jorgensen, J. D., & Hernandez, S. H. (1994). *The integration of social work practice*. Pacific Grove, CA: Brooks/Cole.

Patterson, D. A., & Lee, M. (1998). Intensive case management and rehospitalization: A survival analysis. *Research on Social Work Practice*, 8(2), 152–171.

Paveza, G. J., Prohaska, T., Hagopian, M., & Cohen, D., (1989). *Determination of need—Revision: Final report, Volume I*. Chicago: University of Illinois at Chicago.

Pavlov, I. P. (1927). *Conditioned reflexes*. Oxford, England: Oxford University Press.

Payne, M. (2005). *Modern social work theory* (3rd ed.). Chicago: Lyceum Books.

Paz, J. (2002). Culturally competent substance abuse treatment with Latinos. *Journal of Human Behavior in the Social Environment*, 5(3/4), 123–136.

Pazaratz, D. (2000). Task-centered child and youth care in residential treatment. Residential treatment for Children and Youth 17(4), 1–16.

Pelton, L. H. (2003). Social justice and social work. *Journal of Social Work Education*, 433–439.

Pence, E., & Paymar, M. (1993). *Education groups for men who batter: The Duluth model*. New York: Springer.

Perlman, H. (1957). *Social casework: A problem-solving process*. Chicago: University of Chicago Press.

Peters, A. J. (1997). Themes in group work with lesbian and gay adolescents. *Social Work with Groups*, 20(2), 51–69.

Peterson, D. (2007, August 29). Income up: Fewer of us in poverty. *Star Tribune*, A1 & A10.

Petr, C. & Walter, U. (2005). Best practices inquiry: A multidimensional, value-critical framework. *Journal of Social Work Education*, 41(2), 251–267.

Philip, C. E. (1994). Letting go: Problems with termination when a therapist is seriously ill or dying. *Smith College Studies in Social Work*, 64(2), 169–179.

Philip, C. E., & Stevens, E. V. (1992). Countertransference issues for the consultant when a colleague is critically ill (or dying). *Clinical Social Work Journal*, 20(4), 411–419.

Pichot, T., & Dolan, Y. (2003). Solution-focused brief therapy: Its effective use in agency settings. New York: Haworth Press.

Pierce, W. J., & Elisme, E. (1997). Understanding and working with Haitian immigrant families. *Journal of Family Social Work*, 2(1), 49–65.

Piliavin, I., Wright, B. R. W., Mare, R. D., & Westerfelt, A. H. (1996). Exits from and returns to homelessness. *Social Service Review*, 70(1), 33–57.

Pilsecker, C. (1987). A patient dies—A social worker reviews his work. *Social Work in Health Care*, 13(2), 35–45.

Pincus, A., & Minahan, A. (1973). *Social work practice: Model and method*. Itasca, IL: F. E. Peacock.

Poindexter, C. C. (1997). In the aftermath: Serial crisis intervention for people with HIV. *Health and Social Work*, 22(2), 125–132.

Pokorny, A. D., Miller, B. A., Kaplan, H. B. (1972). The Brief MAST: A shortened version of the Michigan Alcoholism Screening Test. *American Journal of Psychiatry*, 129(3), 342–345.

Pollack, S. (2004). Anti-oppressive social work practice with women in prison: Discursive reconstructions and alternative practices. *British Journal of Social Work*, 34(5), 693–707.

Pollio, D. E. (1995). Use of humor in crisis intervention. *Families in Society*, 76(6), 376–384.

Pollio, D. (2006). The art of evidence based practice. *Research on Social Work Practice* 16(2), 224–232.

Polowy, C. I., & Gilbertson, J. (1997). *Social workers and subpoenas: Office of General Counsel Law Notes*. Washington, DC: NASW Press.

Pomeroy, E. C., Rubin, A., & Walker, R. J. (1995). Effectiveness of a psychoeducational and task-centered group intervention of family members of people with AIDS. *Social Work Research*, 19, 129–152.

Ponce, D. (1980). The Filipinos: The Philippine background. In J.McDermott, Jr.,W. Tseng, & T. Maretski (Eds.), *People and cultures of Hawaii* (pp. 155–163). Honolulu: University of Hawaii Press.

Pope, K. S., Keith-Spiegel, P., & Tabachnick, B. G. (1986). Sexual attraction to clients. *American Psychologist*, 41, 147–158.

Potter-Efron, R., & Potter-Efron, P. (1992). *Anger, alcoholism and addiction: Treating anger in a chemical dependency setting*. New York: Norton.

Potocky-Tripodi, M. (2002). *Best practices for social work with refugees and immigrants*. New York: Columbia University Press.

Potocky-Tripodi, M. (2003). Refugee economic adaptation: Theory, evidence and implications for policy and practice. *Journal of Social Service Research*, 30, 63–91.

Poulin, J. (2000). *Collaborative social work. Strengthsbased generalist practice*. Itasca, IL: F. E. Peacock.

Powell, M., Thomson, D. and Dietze, P. (1997). Memories of an event: interviewing separate occurrences. Implications for children. *Families in Society*, 78(6), 600–610.

Prochaska, J. O., & DiClemente, C. C. (1986). Towards a comprehensive model of change. In W. R. Miller & N. Heather (Eds.), *Treating addictive behaviors: Processes of change* (pp. 3–28). New York: Pergamon Press.

Prochaska, J., DiClemente, C. C., & Norcross, J. C. (1992). Transtheoretical therapy: Toward a more integrative model of change. *Psychotherapy: Theory, Research, and Practice*, 19, 276–288.

Proctor, E. (2007). Implementing Evidence-Based Practice in social work education: Principles, strategies, and partnerships. *Research on Social Work Practice* ; 17, 583–591.

Proctor, E. K., & and Davis, L. E. (1994). The challenge of racial difference: Skills for clinical practice. *Social Work*, 39(3), 314–323.

Proehl, R.A. (2001). *Organizational change in human services*. Thousand Oaks, CA: Sage Publications.

Project Cork. (n.d.) *CAGE*. Retrieved September 8, 2008, from http://www.projectcork.org/clinical_tools/html/CAGE.html

Protecting the privacy of patients' health information. (2003). Retrieved May 1, 2004, from http://www.hhs.gov/news/facts/privacy.html

Puryear, D. (1979). *Helping people in crisis*. San Francisco: Jossey-Bass.

Q

Queralt, M. (1984). Understanding Cuban immigrants: A cultural perspective. *Social Work*, 29, 115–121.

R

Ragg, D., Okagbue-Reaves, J., & Piers, J. (2007, October 28). *Shaping student interactive habits: a critical function of practice education*. Presentation at Council of Social Work Education Annual Program Meeting #74a.

Raines, J. C. (1996). Self-disclosure in clinical social work. *Clinical Social Work Journal*, 24(4), 357–375.

Ramakrishman, K. R., Balgopal, P. R., & Pettys, G. L. (1994). Task-centered work with communities. In E. R. Tolson, W. J. Reid, & C. D. Garvin (Eds.), *Generalist Practice: A task-centered approach*. New York: Columbia University Press.

Ramos, B. M. & Garvin, C. (2003). Task-centered treatment with culturally diverse populations, In E. R. Tolson, W. J. Reid, & C. D. Garvin (Eds.), *Generalist practice: A Task-centered approach* (2nd ed., pp. 441–463). New York: Columbia University Press.

Ramos, B. M., & Tolson, E. R. (2008). The task-centered model. In N. Coady & P. Lehmann (Eds.), *Theoretical perspectives for direct social work practice. A generalist-eclectic approach* (2nd ed., pp. 275–295). New York: Springer Publishing Company.

Range, L. M., & Knott, E. C. (1997). Twenty suicide assessment instruments: Evaluation and recommendations. *Death Studies*, 21, 25–58.

Rank, M. R., & Hirschl, T. A. (1999). The likelihood of poverty across the American lifespan. *Social Work*, 44, 201–208.

Rank. M. R., & Hirschl, T. A. (2002). Welfare use as a life course event: Toward a new understanding of the U.S. safety net. *Social Work*, 47, 327–358.

Rapoport, L. (1967). Crisis-oriented short-term casework. *Social Service Review*, 41(1), 31–43.
Rapp, C. A. (1998). *The strengths model: Case management with people suffering from severe and persistent mental illness*. New York: Oxford University Press.
Eloise Rathbone-McCuan "Elder Abuse" Encyclopedia of Social Work. Terry Mizrahi and Larry E. Davis. Copyright © 2008 by National Association of Social Workers and Oxford University Press, Inc., Encyclopedia of Social Work: (e-reference edition). Oxford University Press. University of North Carolina - Chapel Hill. 25 July 2008 http://www.oxfordnaswsocialwork.com/entry?entry=t203.e122
Ratliff, S. S. (1996). The multicultural challenge to health care. In M. C. Julia, *Multicultural awareness in the health care professions*. Needham Heights, MA: Allyn & Bacon.
Rauch, J. B. (1993). *Assessment: A sourcebook for social work practice*. Milwaukee, WI: Families International.
Ray, N. (2007). Lesbian gay, bisexual and transgender youth: An epidemic of homelessness. National Gay and Lesbian Policy Institute, July 30, 2007. Retrieved July 16, 2008, http://www.thetaskforce.org
Raymond, G. T., Teare, R. J., & Atherton, C. R. (1996). Is "field of practice" a relevant organizing principle for the MSW curriculum? *Journal of Social Work Education*, 32(1), 19–30.
Reamer, F. (1989). *Ethical dilemmas in social service* (2nd ed.). New York: Columbia University Press.
Reamer, F. G. (1994). *Social work malpractice and liability: Strategies for prevention*. New York: Columbia University Press.
Reamer, F. G. (1995). Malpractice claims against social workers: First facts. *Social Work*, 40(5), 595–601.
Reamer, F. G. (1998). *Ethical standards in social work: A critical review of the NASW code of ethics*. Washington, DC: NASW Press.
Reamer, F. G. (1999). *Social work values and ethics* (2nd ed.). New York: Columbia University Press.
Reamer, F. G. (2001). *Tangled relationships: Managing boundary issues in the human services*. New York: Columbia University Press.
Reamer, F. G., (2005). Ethical and legal standards in social work: Consistency and conflicts. *Families in Society*, 86(2), 163–169.
Reese, D. J., Ahern, R. E., Nair, S., O'Faire, J. D., & Warren, C. (1999). Hospice access and use by African Americans: Addressing cultural and institutional barriers through participatory action research, *Social Work*, 44(6), 549–559.
Regehr, C., & Angle, B. (1997). Coercive influences: Informed consent in court-mandated social work practice. *Social Work*, 42(3), 300–306.
Reinecke, M., Datillo, F. & Freeman, A. (2003). *Cognitive therapy with children* (2nd ed.). New York: Guilford Press.
Reisch, M. (2002). Social work and politics in the new century. *Social Work*, 45(4), 293–226.
Reid, K. E. (1991). *Social work practice with groups: A clinical perspective*. Pacific Grove, CA: Brooks/Cole.
Reid, K. E. (2002). Clinical social work with groups. In A. R. Roberts & G. J. Greene (Eds.), *Social workers' desk reference* (pp. 432–436). New York: Oxford University Press.
Reid, W. J. (1972). *Task-centered casework*. New York: Columbia University Press.
Reid, W. J. (1975). A test of the task-centered approach. *Social Work*, 22, 3–9.
Reid, W. J. (1977). Process and outcome in the treatment of family problems. In W. Reid & L. Epstein (Eds.), *Task centered practice. Self-help groups and human service agencies: How they work together*. Milwaukee: Family Service of America.
Reid, W. J. (1978). *The task-centered system*. New York: Columbia University Press.
Reid, W. J. (1985). *Family problem solving*. New York: Columbia University Press.
Reid, W. J. (1987). *Task-centered research. In Encyclopedia of social work* (vol. 2, pp. 757–764). Silver Spring, MD: NASW Press.
Reid, W. J. (1992). *Task strategies*. New York: Columbia University Press.
Reid, W. J. (1994). The empirical practice movement. *Social Service Review*, 68(2), 165–184.
Reid, W.J. (1996). Task-centered social work. In F. J. Turner (Ed.), *Social work treatment: Interlocking theoretical approaches* (4th ed., pp 617–640). New York: Free Press.
Reid, W. J. (1997a). Research on task-centered practice. *Social Work*, 21(3), 131–137.
Reid, W. J. (2000). *The task planner*. New York: Columbia University Press.
Reid, W.J., & Bailey-Dempsey, C. (1995). The effects of monetary incentives in school performance. *Families in Society*, 76, 331–340.
Reid, W.J., & Epstein, L. (Eds.). (1972). *Task-centered casework*. New York: Columbia University Press.
Reid, W. J., Epstein, L., Brown, L., Tolson, E. R., & Rooney, R.H. (1980). Task-centered school social work. *Social Work in Education*, 2, 7–24.
Reid, W. J., & Fortune, A. E. (2002). The task-centered model. In A. R. Roberts & G. J. Greene (Eds.), *Social workers' desk reference* (pp. 101–104). New York: Oxford University Press.
Reid, W., & Hanrahan, P. (1982). Recent evaluations of social work: Grounds for optimism. *Social Work*, 27, 328–

340.

Reid, W., & Shyne, A. (1969). *Brief and extended casework*. New York: Columbia University Press.

Reilly, T. (2001). Collaboration in action: An uncertain process. Administration in *Social Work*, 25(1), 52–74.

Reisch M., & Sommerfeld, D. (2003a). Interorganizational relationships among nonprofits in the aftermath of welfare reform. *Social Work*, 48(3), 307–319.

Reisch, M., & Sommerfeld, D. (2003b). The "Other America" after welfare reform: A view from nonprofit sector. *Journal of Poverty*, 7(1/2), 69–95.

Reitan, T. C. (1998). Theories of interorganizational relations in the human services. *Social Service Review*, 72(3), 285–309.

Renfrey, G. S. (1992). Cognitive-behavior therapy and the Native American client. *Behavior Therapy*, 23, 321–340.

Resnick, C., & Dziegielewski, S. F. (1996). The relationship between therapeutic termination and job satisfaction among medical social workers. *Social Work in Health Care*, 23(3), 17–33.

Reuben, D. B., & Siu, A. L. (1990). An objective measure of physical function of elderly outpatients: The Physical Performance Test. *Journal of the American Geriatrics Society*, 38, 1105–1112.

Reynolds, B. C. (1951). Must it hurt to be helped? In B. C. Reynolds, *Social work and social living: Explorations philosophy and practice*. New York: Citadel Press.

Reynolds, T., & Jones, G. (1996). Trauma debriefings: A one-session group model. In B. L. Stempler, M. Glass, & C. M. Savinelli (Eds.), *Social group work today and tomorrow: Moving to advanced training and practice* (pp. 129–139). Binghamton, NY: Haworth Press.

Rheingold, A. A., Herbert, J. D., & Franklin, M. E. (2003). Cognitive bias in adolescents with social anxiety disorder. *Cognitive Therapy and Research*, 27, 639–655.

Ribner, D. S., & Knei-Paz, C. (2002). Client's view of a successful helping relationship. *Social Work*, 47(4), 379–387.

Rice, A. H. (1998). *Focusing on strengths: Focus group research on the impact of welfare reform*. A paper presented for the XX Symposium Association for the Advancement of Social Work with Groups, October 1998, Miami, FL.

Richey, C. A., & Roffman, R. A. (1999). One the sidelines of guidelines: Further thoughts on the fit between clinical guidelines and social work practice. *Research on Social Work Practice*, 9, 311–321.

Richman, L. S., Kohn-Woods, L., & Williams, D. R. (2007). Discrimination and racial identity for mental health service utilization. *Journal of Social and Clinical Psychology*, 26(4), 960–980.

Rittenhouse, J. (1997). Feminist principles in survivor's groups: Out-of-group contact. *The Journal for Specialists in Group Work*, 22, 111–119.

Rittner, B., & Dozier, C. D. (2000). Effects of courtordered substance abuse treatment on child protective services cases. *Social Work*, 45(2), 131–140.

Rivera, F. G., & Erlich, J. L. (1998). *Community organizing in a diverse society* (3rd ed.). Boston: Allyn & Bacon.

Roberts, A. R. (1990). *Crisis intervention handbook: Assessment, treatment, and research*. Belmont, CA: Wadsworth.

Roberts, A. R. (2000). An overview of crisis theory and crisis intervention. In A. R. Roberts (Ed.), *Crisis interviewing handbook: Assessment, treatment, and research*. Belmont, CA: Wadsworth.

Roberts, A. R., & Greene, G. J. (Eds.) (2002). *Social workers' desk reference* (pp. 112–115). New York: Oxford University Press.

Roberts, A. R. (2005). *Crisis intervention handbook: Assessment, treatment and research* (3rd ed.). New York: Oxford University Press.

Roberts, D. (2002). *Shattered bonds. The color of child welfare*. New York: Basic Books.

Roberts-DeGennaro, M. (1987). *Developing case*. New York: Columbia University Press.

Robinson, J. B. (1989). Clinical treatment of black families: Issues and strategies. *Social Work*, 34, 323–329.

Robinson, V. (1930). *A changing psychology in social work*. Chapel Hill: University of North Carolina Press.

Robinson, D. R. (2000). Challenges from the front line: A contemporary view. In A social justice framework for child welfare. The agenda for a 21st century. Conference Proceedings, University of Minnesota, June, 23, 2000.

Rodenborg, N. (2004, November). Services to African American children in poverty: Institutional discrimination in child welfare. *Journal of Poverty: Innovations on Social, Political and Economic Inequalities*, 3(3).

Rogers, C. (1957). The necessary and sufficient conditions of therapeutic personality change. *Journal of Consulting Psychology*, 22, 95–103.

Rodgers, A. Y., & Potocky, M. (1997). Evaluating culturally sensitive practice through single-system design: Methodological issues and strategies. *Research on Social Work Practice*, 7(3), 391–401.

Ronnau, J. P., & Marlow, C. R. (1995). Family preservation: Poverty and the value of diversity. *Families in Society*, 74(9), 538–544.

Rooney, G. D. (1997). Concerns of employed women: Issues for employee assistance programs. In A. Daly (Ed.), *Work force diversity: Issues and perspectives in the world of work* (pp. 314–330). Washington, DC: NASW Press.

Rooney, G. D. (2000). Examining the values and ethics reflected in policy decisions. In K. Strom-Gottfried (Ed.), *Social work practice: Cases, activities and exercises* (pp. 50–54). Thousand Oaks, CA: Pine Forge Press.
Rooney, G. D. (2009). Oppression and involuntary status. In R. H. Rooney (Ed.), *Strategies for work with involuntary clients* (2nd ed. In press). New York: Columbia University Press.
Rooney, G. D., Neathery, K., & Suzek, M. (1997). *Defining child neglect: A community perspective*. Minneapolis, MN: Minneapolis Human Services Network Research Report.
Rooney, R. H. (1981). A task-centered reunification model for foster care. In A.A. Maluccio & P. Sinanoglu (Eds.), *The challenge of partnership: Working with biological parents of children in foster care* (pp. 135–159). New York: Child Welfare League of America.
Rooney, R. H. (1992). *Strategies for work with involuntary clients*. New York: Columbia University Press.
Rooney, R. H. (2009). *Strategies for work with involuntary clients* (2nd ed.). New York: Columbia.
Rooney, R. H., & Bibus, A. A. (1996). Multiple lenses: Ethnically sensitive practice with involuntary clients who are having difficulties with drugs or alcohol. *Journal of Multicultural Social Work*, 4(2), 59–73.
Rooney, R. H., & Chovanec, M. (2004). Involuntary groups. In C. Garvin, L. Gutierrez, & M. Galinsky (Eds.), *Handbook of social work with groups*. New York: Guilford Press.
Rose, S. D. (1989). *Working with adults in groups: Integrating cognitive-behavioral and small group strategies*. San Francisco: Jossey-Bass.
Rose, S. M. (1992). *Case management and social work practice*. Menlo Park, CA: Longman Press.
Rose, S. D. (1998). *Group therapy with troubled youth: A cognitive behavioral interactive approach*. Thousand Oaks, CA: Sage Publications.
Rosen, A. (1972). The treatment relationship: A conceptualization. *Journal of Clinical Psychology*, 38, 329–337.
Rosenblatt, E. (1994). *Metaphor of family systems theory*. New York: Guilford Press.
Rosenthal, K. (1988). The inanimate self in adult victims of child abuse and neglect. *Social Casework*, 69(8), 505–510.
Rosenthal Gelman, C. (2004). Empirically-based principles for culturally competent practice with Latinos. *Journal of Ethnic and Cultural Diversity in Social Work*, 13(1), 83–108.
Ross, C. (1997). *Something to draw on: Activities and interventions using an art therapy approach*. London: Jessica Kingsley.
Roth, W. (1987). Disabilities: Physical. In *Encyclopedia of social work* (vol. 1, pp. 434–438). Silver Spring, MD: NASW Press.
Rothman, J. (1991). A model of case management: Toward empirically based practice. *Social Work*, 36(6), 521–528.
Rothman, J. (1994). *Practice with highly vulnerable clients: Case management and community-based service*. Englewood Cliffs, NJ: Prentice-Hall.
Rothman, J. (1995). Approaches to community intervention. In F. M. Cox, J. L. Erlich, J. J. Rothman & J. Tropman (Eds.), *Strategies of community intervention*. Itasca, Ill: Peacock.
Rothman, J. (1999). Intent and consent. In J. Rothman (Ed.), *Reflections on community organizations: Enduring themes and critical issues* (pp. 3–26). Itasca, IL: F. E. Peacock.
Rothman, J., Erlich, J. L., & Tropman, J. (1995). *Strategies of community intervention* (5th ed.). Itasca, IL: F. E. Peacock.
Rothman,, J., Erlich, J. L., & Tropman, J. E. (1999). *Strategies of community interventions* (5th ed.). Itasca, IL: F.E. Peacock.
Rothman, J., Erlich, J. L., & Tropman, J. E. (2001). *Strategies of community interventions* (6th ed.). Itasca, IL: F. E. Peacock.
Rothman, J., Gant, L.M., & Hnat, S.A. (1985). Mexican-American family culture. *Social Service Review*, 59, 197–215.
Rothman, J., & Tropman, J. (1987). Models of community organization and development and macro practice perspectives. Their mixing and phasing. In F.M. Cox, J. L. Erlich, J. J. Rothman & J. Tropman (Eds.), *Strategies of community organizing* (pp. 3–26) Itasca, Ill: Peacock.
Rotunno, M., & McGoldrick, M. (1982). Italian families. In M. McGoldrick, J. Pearce, & J. Giordano (Eds.), *Ethnicity and family therapy* (pp. 340–363). New York: Guilford Press.
Rounds, K. A., Galinsky, M. J., & Stevens, L. S. (1991). Linking people with AIDS in rural communities: The telephone group. *Social Work*, 36(1), 13–18.
Rowan, A. B. (2001). Adolescent substance abuse and suicide. *Depression and Anxiety*, 14, 186–191.
Rowe, R., Maughan, B., Worthman, C. M., Costello, E. J., & Angold, A. (2004). Testosterone, antisocial behavior, and social dominance in boys: Pubertal development and biosocial interaction. *Biological Psychiatry*, 55(5), 546–552.
Royse, D., Thyer, B. A., Padgett, D. K., & Logan, T. K. (2001). *Program evaluation: An introduction* (3rd ed.). Belmont, CA: Brooks/Cole.
Rozzini, R., Frisoni, G. B., Bianchetti, A., Zanetti, O., &Trabucchi, M. (1993). Physical Performance Test and

Activities of Daily Living scales in the assessment of health status in elderly people. *Journal of the American Geriatrics Society*, 41, 1109-1113.

Rubin, A. (2007). Improving the teaching of evidencebased practice: Introduction to the special issue. *Research on Social Work Practice*, 17, 541-547.

Rubin, A. & Babbie, E. (2005). *Research methods for Social Work*, (5th Ed.). Belmont, CA: Wadsworth/Thomson Learning.

Rudolph, K. D. & Clark, A. G. (2001). Conceptions of relationship in children with depression and aggressive symptoms. Social-cognitive distortions or reality. *Journal of Abnormal Child Psychology*, 29(1), 41-56.

Ryder, R., & Tepley, R. (1993). No more Mr. Nice Guy: Informed consent and benevolence in marital family therapy. *Family Relations*, 42, 145-147.

Rzepnicki, T. L. (1991). Enhancing the durability of intervention gains: A challenge for the 1990s. *Social Service Review*, 65(1), 92-111.

Rzepnicki, T. L. (2004). Informed consent and practice evaluation: Making the decision to participate meaningful. In H. E. Briggs, & T. L. Rzepnicki (Eds.), *Using evidence in social work practice: Behavioral perspectives* (pp. 273-290). Chicago, IL: Lyceum Books, Inc.

S

Safran, J. D., & Muran, J. C. (2000). Resolving therapeutic alliance ruptures: Diversity and integration. *In Session: Psychotherapy in Practice*, 56(2), 597-605.

Saleebey, D. (Ed.). (1992). *The strengths perspective in social work practice*. New York: Longman. Saleeby, D. (1996). The Strength perspective in social work practice: Extensions and cautions. *Social Work*, 41(3), 296-305.

Saleebey, D. (Ed.). (1997). *The strengths perspective in social work practice* (2nd ed.). Needham Heights, MA: Allyn & Bacon.

Saleebey, D. (2002). *The strengths perspective in social work practice* (3rd ed.). New York: Allyn & Bacon.

Saleebey, D. (2004). The power of place: Another look at the environment. *Families in Society*, 85(1), 7-16.

Salmon, R., & Graziano, R. (Eds.). (2004). *Group work and aging: Issues in practice research and education*. New York: Haworth Press.

Salston, M., & Figley, C. R. (2004). Secondary traumatic stress effects of working with survivors of criminal victimization. *Journal of Traumatic Stress*, 16(2), 167-174.

Salzar, M. S. (1997). Consumer empowerment in mental health organizations: Concepts, benefits and impediments. *Administration and Policy in Mental Health*, 24, 425-434.

Sandfort, J. (1999). The structural impediments to human services collaboration: Examining welfare reform at the front lines. *Social Service Review*, 73(3), 314-339.

Sands, R. G. (1989). The social worker joins the team: A look at the socialization process. *Social Work in Health Care*, 14(2), 1-14.

Sands, R. G., Stafford, J., & McClelland, M. (1990). "I beg to differ" : Conflict in the interdisciplinary team. *Social Work in Health Care*, 14(3), 55-72.

Santos, D. (1995). Deafness. In *Encyclopedia of social work* (vol. 19, pp. 685-703). Washington, DC: NASW Press.

Sarkisian, N., & Gerstel, N. (2004). Kinship support among blacks and whites: Race and family organization. *American Sociological Review*, 69, 812-836.

Sarri, R. (1987). Administration in social welfare. In *Encyclopedia of social work* (vol. 1, pp. 27-40). Silver Spring, MD: NASW Press.

Satir, V. (1967). *Conjoint family therapy*. Palo Alto, CA: Science & Behavior Books.

Satir, V. M., (1972). *Peoplemaking*. Palo Alto, CA: Science and Behavior Books.

Saulnier, C. F. (1997). Alcohol problems and marginalization: Social group work with lesbians. *Social Work with Groups*, 20(3), 37-59.

Sauter, J., & Franklin, C. (1998). Assessing Post- Traumatic Stress Disorder in children: Diagnostic and measurement strategies. *Research on Social Work Practice*, 8, 251-270.

Savner, S. (2000, July/August). Welfare reform and racial/ethnic minorities: The questions to ask. *Poverty & Race*, 9(4), 3-5.

Schaffer, D. (1992). *NIHM diagnostic interview schedule for children, version 2.3*. New York: Columbia University, Division of Child and Adolescent Psychiatry.

Schein, E. H. (1985). *Organizational culture and leadership*. San Francisco: Jossey-Bass.

Scheyett, A. (2006). Danger and opportunity in teaching evidence-based practice in the social work curriculum. *Journal of Teaching in Social Work*, 26(1): 19-29.

Schiller, L. Y. (1997). Rethinking stages of development in women's groups: Implications for practice. *Social Work with Groups*, 20(3), 3-19.

Schneider, R. L., & Lester, L. (2001). *Social work advocacy. A new framework for action*. Brooks/Cole.

Schneider, R. L., & Netting, F. E. (1999). Influencing social policy in a time of devolution: Upholding social work's great tradition. *Social Work*, 44(4), 349–357.

Schopler, J., & Galinsky, M. (1974). Goals in social group work practice: Formulation, implementation and evaluation. In P. Glasser, R. Sarri, & R. Vinter (Eds.), *Individual change through small groups*. New York: Free Press.

Schopler, J. H., & Galinsky, M. J. (1981). Meeting practice needs: Conceptualizing the open-ended group. *Social Work with Groups*, 7(2), 3–21.

Schopler, J. H., Galinsky, M. J., & Abell, M. (1997). Creating community through telephone and computer groups: Theoretical and practice perspectives. *Social Work with Groups*, 20(4), 19–34.

Schopler, J. H., Galinsky, M. J., Davis, L. E., & Despard, M. (1996). The RAP model: Assessing a framework for leading multicultural groups. *Social Work with Groups*, 19(3/4), 21–39.

Schrier, C. (1980). Guidelines for record-keeping under privacy and open-access laws. *Social Work*, 25, 452–457.

Schwartz, G. (1989). Confidentiality revisited. *Social Work*, 34(3), 223–226.

Search Institute. (2002). National Survey of Parents. Minneapolis. Minnesota: Same.

Seay, H. A., Fee, V. E., Holloway, K. S., & Giesen, J. M. (2003). A multi component treatment package to increase anger control in teacher referred boys. *Child and Family Behavior Therapy*, 25(1), 1–18.

Secret, M., Jordan, A., & Ford, J. (1999). Empowerment evaluation as a social work strategy. *Social Work*, 24(2), 120–127.

Segal, U. A. (1991). Cultural variables in Asian Indian families. *Families in Society*, 72, 233–244.

Segal, E. A. (2007). Social empathy: A tool to address the contradictions of working but still poor. *Families in Society*, 88 (3), 333–337.

Segal, Z. V., Williams, J. M., & Teasdale, J. D. (2002). *Mindfulness-based cognitive therapy for depression: a new approach to preventing relapse*. New York: Guilford.

Selekman, M. D. (2005). *Pathways to change: Brief therapy with difficult children* (2nd ed.). New York: Guilford Press.

Selvini-Palazzoli, M., Boscolo, L., Cecchin, G., & Prata, G. (1974). The treatment of children through brief therapy of their parents. *Family Process*, 13, 429–442.

Selzer, M. L. (1971). The Michigan Alcoholism Screening Test: The quest for a new diagnostic instrument. *American Journal of Psychiatry*, 27(12), 1653–1658.

Senge, P. (1990). *The fifth discipline: The art and practice of learning organization*. New York: Doubleday Currency.

Senge, P. M. (1994). *The fifth discipline field book: Strategies and tolls for building a learning organization*. New York: Bantam, Doubleday, Dell.

Sengupta, S. (2001, July 8). How many poor children is too many? *The New York Times*, WK 3.

Serres, C. (2004, June 6). House of hurdles. Minneapolis, *Star Tribune*, pp. A1, A21.

Shamai, M. (2003). Therapeutic effects of qualitative research: Reconstructing the experience of treatment as a by-product of qualitative evaluation. *Social Service Review*, 77(3), 454–467.

Shane, P. G. (2007). The effects of incarceration on children and families. National Association of Social Work, *Child Welfare Section Connection*, 1, 1–5.

Shannon, T. R., Kleniewski, N., & Cross, W. M. (2002). Urban problems in sociological perspective. In *Nature of urban life* (4th ed., pp. 63–89). Long Grove, IL: Waveland Press.

Sharpe, L., & Tarrier, M. (1992). A cognitive-behavioral treatment approach for problem gambling. *Journal of Cognitive Psychotherapy*, 5, 119–127.

Shea, S. C. (1998). The chronological assessment of suicide events: a practical interviewing strategy for the elicitation of suicidal ideation. *Journal of Clinical Psychiatry*, 59, 58–72. Retrieved July 2, 2008, from http://www.suicideassessment.com/web/case/case-JCP.html

Sheafor, B., Horejsi, C. R., & Horejsi, G. A. (1994). *Techniques and guidelines for social work practice* (3rd ed.). Boston: Allyn & Bacon.

Sherraden, B., Slosar, B., & Sherraden, M. (2002). Innovation in social policy: Collaborative policy advocacy. *Social Work*, 47(3), 209–211.

Sherwood, D. A. (1998). Spiritual assessment as a normal part of social work practice: Power to help and power to harm. *Social Work and Christianity*, 25(2), 80–90.

Shih, M., & Sanchez, D. (2005). Perspectives and research on the positive and negative implications of having multiple racial identities. *Psychology Bulletin*, 131(4), 569–591.

Shneidman, E. S. (1971). The management of the presuicidal, suicidal and postsuicidal patient. *Annals of Internal Medicine*, 75, 441–458.

Shoham, V., Rorhbaugh, M., & Patterson, J. (1995). Problem and solution-focused couples therapies: The MRI and Milwaukee modes. In N. S. Jacobson & A. S. Gurman (Eds.), *Clinical handbook for couple therapy*. New York: Guildford Press.

Shulman, L. (1984). *The skills of helping individuals and groups* (2nd ed.). Itasca, IL: F. E. Peacock.

Shulman, L. (1992). *The skills of helping individuals and groups* (3rd ed.). Itasca, IL: F. E. Peacock.
Shulman, L. (2009). *The Skills of Helping Individuals, Families, Groups, and Communities*. (6th ed.). Belmont, CA: Brooks/Cole.
Silberberg. S. (2001). Searching for family resilience. *Family Matters*, 58, 52–57.
Silvawe, G. W. (1995). The need for a new social work perspective in an African setting: The case of social casework in Zambia. *British Journal of Social Work*, 25, 71–84.
Silove, D. (2000). A conceptual framework for mass trauma. Indications for adaptation, intervention and debriefing. In B. Raphael & J. P. Wilson (Eds.), *Psychology, debriefing, theory, practice and evidence* (pp. 337–350), New York: Cambridge University Press.
Simon, J. B., Murphy, J. J. & Smith, S. M. (2005). Understanding and fostering family resilience. *The Family Journal*, 13(4), 427–436.
Simonson, N. (1976). The impact of therapist disclosure on patient disclosure. *Journal of Transpersonal Psychology*, 23, 3–6.
Siporin, M. (1975). *Introduction to social work practice*. New York: Macmillan.
Siporin, M. (1980). Ecological systems theory in social work. *Journal of Sociology and Social Welfare*, 7, 507–532.
Skinner, B. F. (1974). *About behaviorism*. New York: Knopf.
Slater, S. (1995). *The lesbian lifecycle*. New York: Free Press.
Smagner, J. P., & Sullivan, M. H. (2005). Investigating the effectiveness of behavioral parenting with involuntary clients in child welfare settings. *Research of Social Work Practice*, 15(6), 431–439.
Smith, B. D., & Marsh, J. C. (2002). Client–service matching in substance abuse treatment for women with children. *Journal of Substance Abuse Treatment*, 22, 161–168.
Smith, C., & Carlson, B. E. (1997). Stress, coping and resilience in children and youth. *Social Service Review*, 71(2), 231–256.
Smith, C., & Nylund, D. (1997). *Narrative therapies with children and adolescents*. New York: Guilford Press.
Smith, N. (2006). empowering the "unfit" mother: increasing empathy, redefining the label. *Affilia*, 21(4), 448–457.
Smith, T. B. (2004). *Practicing multiculturalism: Affirming diversity in counseling and psychology*. Boston: Pearson.
Smokowski, P. R., Rose, S. D., & Bacallao, M. L. (2001). Damaging therapeutic groups: How vulnerable consumers become group casualties. *Small Group Research*, 32(2), 223–251.
Smyth, N.J. (2005). Drug Use, Self-Efficacy, and Coping Skills Among People with Concurrent Substance Abuse and Personality Disorders: Implications for Relapse Prevention. *Journal of Social Work Practice in the Addictions*, 5(4), 63–79.
Social workers and psychotherapist–patient privilege: Jaffee v. Redmond revisited. (n.d.) Retrieved March 2, 2005, from http://www.socialworkers.org/ldf/legalrissue/200503
Solis, D., & Corchado, A. (2002, January 25). "Recession may hurt Hispanics the most." *The Dallas Morning News*, pp. 2D, 11D.
Solomon, P., & Draine, J. (1996). Service delivery differences between consumer and nonconsumer case managers in mental health. *Research on Social Work Practice*, 6(2), 193–207.
Sommers-Flanagan, R. (2007). Ethical considerations in crisis and humanitarian interventions. *Ethics and Behavior*, 17(2), 187–202.
Sosin, M., & Callum, S. (1983). Advocacy: A conceptualization for social work practice. *Social Work*, 28, 12–17.
Sotomayor, M. (1991). Introduction. In M. Sotomayor (Ed.), *Empowering Hispanic families: A critical issue for the 90s* (pp. xi–xxiii). Milwaukee, WI: Family Service America.
Sousa, L., Ribeiro, C., & Rodriques, S. (2006). Intervention with multiproblem poor clients: Toward a strengths-focused perspective. *Journal of Social Work Practice*, 20(2), 189–204.
Sowers-Hoag, K., & Thyer, B. (1985). Teaching social work practice: A review and analysis of empirical research. *Journal of Social Work Education*, 21(3), 5–15.
Specht, H., & Courtney, M. E. (1994). *Unfaithful angels: How social work abandoned its mission*. Toronto: Maxwell Macmillan Canada.
Speisman, J. (1959). Depth of interpretation and verbal resistance in psychotherapy. *Journal of Consulting Psychology*, 23, 93–99.
Spitalnick, J. S., & McNair, L. D. (2005). *Journal of Sex and Marital Therapy*, 31, 43–56.
Spitzer, R., Williams, J., Kroenke, K., Linzer, M., DeGruy, F. III, Hahn, S., Brody, D., & Johnson, J. (1994). Utility of a new procedure for diagnosing mental disorders in primary care: The PRIME-MD 1000 study. *Journal of the American Medical Association*, 272, 1749–1756.
Spoth, R., Guyll, M., Chao, W., & Molgaard, V. (2003). Exploratory study of a preventive intervention with general population African American families. *Journal of Early Adolescence*, 23(4), 435–468.
Spriggs, W. E. (2007). *The changing face of poverty in America, Why are so many women, children, racial and cultural minorities still poor?* Ending Poverty in America, Special Report of The American Prospect, The Annie E.

Casey Foundation & The Northwest Area Foundation. A5–A7.
Springer, D., & Franklin, C. (2003). Standardized assessment measures and computer-assisted assessment technologies. In C. Jordan & C. Franklin (Eds.), *Clinical assessment for social workers. Quantitative and qualitative methods* (2nd ed., pp. 97–137). Chicago: Lyceum Books.
Springer, D. W., Lynch, C., & Rubin, A. (2000). Effects of Solution-focused mutual aid group for Hispanic children or incarcerated parents. *Child and Adolescent Social Work*, 17(6), 431–442.
Srebnik, D. S., & Saltzberg, E. A. (1994). Feminist cognitive- behavioral therapy for negative body image. *Women and Therapy*, 15(2), 117–133.
Staples, L. H. (1990). Powerful ideas about empowerment. *Administration in Social Work*, 14(2), 29–42.
Steinmetz, G. (1992). Fetal alcohol syndrome. *National Geographic*, 181(2), 36–39.
St Lawrence, J. S., Brasfield, T. L., Jefferson, K. W., O'Bannon, R. E., & Shirley, A. (1995). Cognitivebehavioral intervention to reduce the African adolescents' risk for HIV infection. *Journal of Counseling Psychology*, 63(2), 221–237.
Stokes, J. P. (1983). Components of group cohesion: Intermember attraction, instrumental value, and risk taking. *Small Group Behavior*, 14, 163–173.
Strean, H. (1997). Comment on James C. Raines' "Self disclosure in clinical social work" *Clinical Social Work Journal*, 25(3), 365–366.
Steigerwald, F., & Stone, D. (1999). Cognitive restructuring and the 12-step program of Alcoholics Anonymous. *Journal of Substance Abuse*, 16, 321–327.
Stoesen, L. (2004). End to Iraq prisoner abuse demanded. *NASW News*, 49(7), 1.
Stone, M., Lewis, C., & Beck, A. (1994). The structure of Yalom's Curative Factors Scale. *International Journal of Group Psychotherapy*, 23(2), 155–168.
Storm, C. (1991). The remaining thread: Matching change and stability signals. *Journal of Strategic and Systemic Therapies*, 10, 114–117.
Strom-Gottfried, K. (1998a). Applying a conflict resolution framework in managed care. *Social Work*, 43 (5), 393–401.
Strom-Gottfried, K. J. (1998b). Informed consent meets managed care. *Health and Social Work*, 23(1), 25–33.
Strom-Gottfried, K. J. (1999a). Professional boundaries: An analysis of violations by social workers. *Families in Society*, 80, 439–448.
Strom-Gottfried, K. J. (1999b). *Social work practice: Cases, activities and exercises*. Thousand Oaks, CA: Pine Forge Press.
Strom-Gottfried, K. J. (2007). *Straight talk about professional ethics*. Chicago: Lyceum.
Strom-Gottfried, K. J. (2008). *The ethics of practice with minors: High stakes, hard choices*. Chicago: Lyceum.
Strom-Gottfried, K. J. (2009). The ethics of practice in home-based care. In S. Allen and E. Tracy (Eds.), *Delivering Home-based Services: A Social Work Perspective*. New York: Columbia University Press.
Strom-Gottfried, K., & Morrissey, M. (2000). The organizational diversity audit. In K. Strom-Gottfried (Ed.), *Social work practice: Cases, activities, and exercises* (pp. 168–172). Thousand Oaks, CA: Pine Forge Press.
Strom-Gottfried, K., & Mowbray, N. D. (2006). Who heals the helper? Facilitating the social worker's grief. *Families in Society: The Journal of Contemporary Social Services*, 87(1), 9–15.
Saulnier, C. F. (2002). Deciding who to see: Lesbians discuss their preferences in health and mental health care providers. *Social Work*, 47(4), 355–365.
Stuart, R. (1980). *Helping couples change*. New York: Guilford Press.
Stuart, P. H. (1999). Linking clients and policy: Social work's distinctive contribution. *Social Work*, 44(4), 335–347.
Studt, E. (1968). Social work theory and implications for the practice methods. *Social Work Education Reporter*, 16, 22–46.
Suarez, Z. E., & Siefert, H. (1998). Latinas and sexually transmitted diseases: Implications of recent research for prevention. *Social Work in Health Care*, 28(1), 1–19.
Subramanian, K., Hernandez, S., & Martinez, A. (1995). Psychoeducational group work for low-income Latina mothers with HIV infection. *Social Work in Groups*, 18(2/3), 53–64.
Substance Abuse and Mental Health Services Administration.(2003a). *Family Psychoeducation Fidelity Scale*. Retrieved June 19, 2008, from http://download.ncadi.samhsa.gov/ken/pdf/toolkits/family/12.FamPsy_Fidelity.pdf
Substance Abuse and Mental Health Services Administration. (2003b). *Assertive Community Treatment: Monitoring client outcomes*. Retrieved June 19, 2008, from http://download.ncadi.samhsa.gov/ken/pdf/toolkits/community/19.ACT_Client_Outcomes.pdf
Sukhodolsky, D. G., Kassinore, H., & Gorman, B. S. (2004). Cognitive behavioral therapy for anger in children and adolescents: A metaanalysis. *Aggression and Violent Behavior*, 9, 247–269.
Sue, D. (1981). *Counseling the culturally different: Theory and practice*. New York: Wiley.

Sue, D. W. (2006). *Multicultural Social Work Practice*. Hoboken, NJ: John Wiley & Sons.
Sue, D. W., Capodilupo, C. M., Torino, G. C., Bucerri, J. M., Holder, A. M. B., Nadal, K. L., & Esquilin, M. (2007). Racial microagression in everyday life. *American Psychologist* (May-June), 271–285.
Sue, D. W., & Sue, S. (1990). Counseling the culturally different: Theory and practice (2nd ed.). New York: Wiley.
Sunley, R. (1997). Advocacy in the new world of managed care. *Families in Society*, 78(1), 84–94.
Sweet, C., & Noones, J. (1989). Factors associated with premature termination from outpatient treatment. *Hospital and Community Psychiatry*, 40(9), 947–951.
Swenson, C. (2002). Clinical social work practice: Political and social realities. In A. Roberts, & G. Greene (Eds.), *Social workers desk reference* (pp. 632–639). New York: Oxford.
Swenson, C. (1998). Clinical social work's contribution to a social justice perspective. *Social Work*, 43(6), 527–537.

T

Taft, J. (1937). The relation of function to process in social casework. *Journal of Social Work Process*, I(1), 1–18.
Tate, T. (2001). Peer influencing positive cognitive relationship. *Reclaiming Children & Youth*, 9(4), 215–218.
Teall, B. (2000). Using solution-oriented intervention in an ecological frame: A case illustration. *Social Work in Education*, 22(1), 54–61.
Terr, L. C. (1995). Childhood trauma: An outline and overview. In G. S. Everly, Jr., & J. M. Lating (Eds.), *Psychotraumatology* (pp. 301–320). New York: Plenum.
Testa, M. (2002). Subsidized guardianship: Testing an idea whose time has finally come. *Social Work Research*, 26(3), 145–158.
Teyber, E. (2006). *Interpersonal processes in therapy: An integrative model* (5th ed.). Pacific Grove, CA: Brooks/Cole.
Thibault, J., Ellor, J., & Netting, F. (1991). A conceptual framework for assessing the spiritual functioning and fulfillment of older adults in long-term care settings. *Journal of Religious Gerontology*, 7(4), 29–46.
Thomas, H., & Caplan, T. (1997). Client, therapist and context: Addressing resistance in group work. *The Social Worker*, 65(3), 27–36.
Thomas, H., & Caplan, T. (1999). Spinning the group process wheel: Effective facilitation techniques for motivating involuntary clients. *Social Work with Groups*, 21(4), 3–21.
Thomlison, B. (2005). Using evidence-based knowledge in child welfare to improve policies and practices: current thinking and continuing challenges. *Research on Social Work Practice*, 15(5), 321–322.
Thompson, C. (Ed.). (1989). *The instruments of psychiatric research*. New York: Willey.
Thyer, B. A. (2002). Principles of evidence-based practice and treatment development. In A. R. Roberts & G. J. Greene (Eds.), *Social workers' desk reference* (pp. 739–742). New York: Oxford University Press.
Thyer, B. A., & Wodarski, J. S. (1998). *Handbook of empirical social work practice, volume 1*. New York: Wiley.
Tienda, M. (2007). *Don't blame immigrants for poverty wages*. Ending Poverty in America, Special Report of The American Prospect, The Annie E. Casey Foundation & The Northwest Area Foundation. A10–A11.
Tohn, S. L., & Oshlag, J. A. (1996). Solution-focused therapy with mandated clients: Cooperating with the uncooperative. In S. D. Miller, M. A. Hubble, & B. L. Duncan (Eds.), *Handbook of solution-focused brief therapy* (pp. 152–183). San Francisco: Jossey-Bass.
Tolan, P. H., & Gorman-Smith, D. (1997). Families and the development of urban children. In H. J. Walberg, O. Reyes, & R. P. Weissberg (Eds.), *Children and youth: Interdisciplinary perspectives* (pp. 67–91). Thousand Oaks, CA: Sage Publications.
Tolman, R. M., & Molidor, C. E. (1994). A decade of social group work research: Trends in methodology, theory and program development. *Research on Social Work Practice*, 4(2), 142–159.
Tolson, E. R., Reid, W. J., & Garvin, C. D. (1994). *Generalist practice. A task-centered approach*. New York: Columbia University Press.
Toseland, R. W., Jones, L. V., & Gellis, Z. D. (2006). Group dynamics. In C. D. Garvin, L. M. Gutierrez, & M. J. Galinsky (Eds.), *Handbook of social work with groups* (pp. 13–31). New York: Guilford Press.
Toseland, R. W., & Rivas, R. F. (2009). *An Introduction to Group Work Practice* (6th ed.). Boston: Allyn and Bacon.
Tracy, E. M., & Whittaker, J. K. (1990). The social network map: Assessing social support in clinical practice. *Families in Society*, 71(8), 461–470.
Trepper, T.S., Dolan, Y., McCollum, E.E., & Nelson, T. (2006). Steve De Shazer and the future of solutionfocused therapy. *Journal of Marital and Family Therapy*, 32(2), 133–139.
Tropman, J. E., & Morningstar, G. (1995). The effective meeting: How to achieve high-quality decisions. In J. E. Tropman, J. L. Erlich, & J. Rothman (Eds.), *Tactics and techniques of community intervention* (3rd ed., pp. 412–426). Itasca, IL: F. E. Peacock.
Trotter, C. (1999). *Working with Involuntary Clients*. London: Sage.
Trotter, C. (2006). *Working with Involuntary Clients: a guide to practice* (2nd ed.). London: Sage.
Truax, C., & Carkhuff, R. (1964). For better or for worse: The process of psychotherapeutic personality change.

In *Recent advances in the study of behavior change* (pp. 118-163). Montreal: McGill University Press.
Truax, C., & Carkhuff, R. (1967). *Toward effective counseling and psychotherapy: Training and practice*. Chicago: Aldine-Atherton.
Truax, C., & Mitchell, K. (1971). Research on certain therapist interpersonal skills in relation to process and outcome. In A. Bergin & S. Garfield (Eds.), *Handbook of psychotherapy and behavior change* (pp. 299-344). New York: Wiley.
Tsui, P., & Schultz, G. L. (1985). Failure of rapport: Why psychotherapeutic engagement fails in the treatment of Asian clients. *American Journal of Orthopsychiatry*, 55, 561-569.
Tsui, P., & Schultz, G. L. (1988). Ethnic factors in group process: Cultural dynamics in multi-ethnic therapy groups. *American Journal of Orthopsychiatry*, 58, 136-142.
Tuckman, B. (1963). Developmental sequence in small groups. *Psychological Bulletin*, 63, 384-399.
Tuckman, B. W., & Jenson, M. A. (1977). Stages of small group development revisited. *Group and Organization Studies*, 2, 419-427.

U

U.S. Department of Health and Human Services. (2003). *Office for Civil Rights: HIPAA*. Retrieved August 4, 2003, from http://www.hhs.gov/ocr/hipaa/
Ussher, J. (1990). Cognitive behavioral couples therapy with gay men referred for counseling in an AIDS setting: A pilot study. *AIDS Care*, 2, 43-51.

V

Vakalah, H. F., & Khajak, K. (2000). Parent to parent and family to family: Innovative self-help and mutual support. In A. Sallee, H. Lawson, & K. Briar-Lawson (Eds.), *Innovative practices with children and families* (pp. 271-290). Dubuque, IA: Eddie Bowers.
Valencia, R. R. & Black, M. S. (2002). Mexican Americans don't value education! *Journal of Latinos and Education*, 1(2), 81-103.
Van Hook, M. P., Berkman, B., & Dunkle, R. (1996). Assessment tools for general health care settings: PRIME-MD, OARS and SF-36. *Health and Social Work*, 21(3), 230-235.
Van Souest, D., & Garcia, B. (2003). *Diversity education for social justice*. Alexandria, VA: Council on Social Work Education.
Van Voorhis, R. M. (1998). Culturally relevant practice: A framework for teaching the psychosocial dynamics of oppression. *Journal of Social Work Education*, 34(1), 121-133.
Van Voorhis, R. M., & Hostetter, C. (2006). The impact of MSW education on the social worker empowerment and commitment to client empowerment through social justice advocacy. *Journal of Social Work Education*, 47(1), 105-121.
Van Wormer, K. (2002). Our social work imagination: How social work has not abandoned its mission. *Journal of Teaching in Social Work*, 22(3/4), 21-37.
Van Wormer, K., & Boes (1997). Humor in the emergency room: A social work perspective. *Health and Social Work*, 22(2), 87-92.
VandeCreek, L., Knapp, S., & Herzog, C. (1988). Privileged communication for social workers. *Social Casework*, 69, 28-34.
Varlas, L (2005). Bridging the widest gap: Raising the achievement of black boys. Education Update 47(8). 1, 2, 8.
Vera, E. M., & Speight, S. L. (2003). Multicultural competencies, social justice and counseling psychology: Expanding our roles. *The Counseling Psychologist*, 31, 253-272.
Videka-Sherman, L. (1988). Meta-analysis of research on social work practice in mental health. *Social Work*, 33(4), 325-338.
Vodde, R., & Gallant, J. P. (2002). Bridging the gap between micro and macro practice: Larger scale change and a unified model of narrativedeconstructive practice. *Journal of Social Work Education*, 38(3), 439-458.
Voisin, D. R. (2007). The effects of family and community violence exposure among youth. Recommendations for practice and policy. *Journal of Social Work Education*, 43(1), 51-64.
Vosler, N. R. (1990). Assessing family access to basic resources: An essential component of social work practice. *Social Work*, 35(5), 434-441.
Voss, R. W., Douville, V., Little Soldier, A., & Twiss, G. (1999). Tribal and shamanic-based social work practice. A Lakota perspective. *Social Work*, 44(3), 228-241.

W

Wagner, C. C., & Conners, W. (2008, June). *Motivational interviewing: Resources for clinicians, researchers, and trainers*. Retrieved July 25, 2008, from http://www.motivationalinterview.org/

Waites, C., MacGowan, J. P., Pennell, J., Carlton-LaNey, I., & Weil, M. (2004). Increasing the cultural responsiveness of family group conferencing. *Social Work*, 49(2), 291–300.

Wakefield, J. C. (1996a). Does social work need the ecosystems perspective? Part 1. Is the perspective clinically useful? *Social Service Review*, 70(1), 1–32.

Wakefield, J. C. (1996b). Does social work need the ecosystems perspective? Part 2. Does the perspective save social work from incoherence? *Social Service Review*, 70(2), 183–213.

Walen, S., DiGiuseppe, R., & Wessler, R. (1980). *A practitioner's guide to RET*. New York: Oxford University Press.

Walker, R., & Stanton, M. (2000). Multiculturalsm in social work ethics. *Journal of Social Work Education*, 36(3), 449–462.

Walsh, F. (1996). The concept of family resilience: Crisis and challenge. *Family Process*, 35, 261–281.

Walsh, J. (2000). *Clinical case management with persons having mental illness: A relationship-based approach*. Pacific Grove, CA: Brooks/Cole.

Walsh, J. (2003). *Endings in clinical practice: Effective closure in diverse settings*. Chicago: Lyceum Books.

Walsh, J. (2006). *Theories for direct social work practice*. Belmont, CA: Thompson Brooks/Cole.

Walsh, J. (2007). *Endings in clinical practice: Effective closure in diverse settings* (2nd ed.). Chicago: Lyceum Books.

Walsh, J., & Bentley, K. J. (2002). Psychopharmacology basics. In A. R. Roberts & G. J. Greene (Eds.), *Social workers' desk reference* (pp. 646–651). New York: Oxford University Press.

Waltman, G. H. (1996). Amish health care beliefs and practices. In M. C. Julia, *Multicultural awareness in the health care professions*. Needham Heights, MA: Allyn & Bacon.

Wampold, B. (2001). *The great psychotherapy debate: Models, methods and findings*. Mahwah, NJ: Lawrence Erlbaum.

Warren, K., Franklin, C., & Streeter, C. L. (1998). New directions in systems theory: Chaos and complexity. *Social Work*, 43(4), 357–372.

Wartel, S. (1991). Clinical considerations for adults abused as children. *Families in Society*, 72(3), 157–163.

Washington, O., & Moxley, D. (2003). Promising group practices to empower low income minority women coping with chemical dependency. *American Journal of Orthopsychiatry*, 73(1), 109–116.

Watkins, A. M. & Kurtz, P. D. (2001). Using solutionfocused intervention to address African American male overrepresentation in special education: A case study. *Children & Schools*, 23(4), 223–234.

Watzlawick, P., Weakland, J., & Fisch, R. (1974). *Change: Principles of problem formulation*. New York: Norton.

Weaver, H. N. (2004). The elements of cultural competence: Application with Native American clients. *Journal of Ethics & Cultural Diversity in Social Work*, 13(1), 19–35.

Webb, N. B. (1996). The biopsychosocial assessment of the child. In *Social work practice with children* (pp. 57–98). New York: Guilford Press.

Weick, A., & Saleebey, D. (1995). Supporting family strengths: Orienting policy and practice in the 21st century. *Families in Society*, 76, 141–149.

Weil, M. O. (1996). Community building: Building community practice. *Social Work*, 41(5), 481–499.

Weil, M. O. & Gamble, D. N. (1995). Community practice models. In R.L. Edwards (Ed.), *Encyclopedia of Social Work* (19th ed. pp. 577–593). Washington, DC: NASW Press.

Weinberg, M. (2006). Pregnant with possibility: The paradoxes of "help" as anti-oppression and discipline with a young single mother. *Families in Society*, 67(2), 161–169.

Weiner, M. F. (1984). *Techniques of group psychotherapy*. Washington, DC: American Psychiatric Press.

Weiner-Davis (1992). *Divorce-busting*. New York: Summit Books.

Weiss, C. H. (1998). *Evaluation: Methods for studying programs and policies* (2nd Edition). Upper Saddle River, NJ: Prentice Hall.

Wells, R. (1975). Training in facilitative skills. *Social Work*, 20, 242–243.

Wells, R. A. (1994). *Planned short-term treatment* (2nd ed.). New York: Free Press.

Wells, R. A., & Gianetti, V. J. (Eds.). (1990). *Handbook of the brief psychotherapies*. New York: Plenum Press.

Wenar, C. (1994). *Developmental psychopathology from infancy through adolescence* (3rd ed.). New York: McGraw-Hill.

West, L., Mercer, S. O., & Altheimer, E. (1993). Operation Desert Storm: The response of a social work outreach team. *Social Work in Health Care*, 19(2), 81–98.

Westermeyer, J. J. (1993). Cross-cultural psychiatric assessment. In A. C. Gaw (Ed.), *Culture, ethnicity and mental illness* (pp. 125–146). Washington, DC: American Psychiatric Press.

Weston, K. (1991). *Families we choose: Lesbians, gays, and kinship*. New York: Columbia University Press.

Wexler, D. (1992). Putting mental health into mental health law: Therapeutic jurisprudence. *Law and Human Behavior*, 16, 27–38.

Whaley, A. L. (1998). Racism in the provision of mental health services: A social cognitive analysis. *American Journal of Orthopsychiatry*, 88(1), 48–57.

Whitaker, C. (1958). Psychotherapy with couples. *American Journal of Psychotherapy*, 12, 18–23.

White, M., & Epston, D. (1990). *Narrative means to therapeutic ends*. New York: Norton.

White, M., & Morgan, A. (2006). *Narrative therapy with families and children*. Adelaide, South Australia: Dulwich Centre Publication.

Whiteman, M., Fanshel, D., & Grundy, J. (1987). Cognitive-behavioral interventions aimed at anger of parents at risk of child abuse. *Social Work*, 32(6), 469–474.

Whiting Blome, W. & Steib, S. (2004). Whatever the problem, the answer is "evidence-based practice" or is it? *Child welfare*, 83(6), 611–615.

Whittaker, J. K., & Tracy, E. M. (1989). *Social treatment: An introduction to interpersonal helping in social work practice*. New York: Aldine de Gruyter.

Will, G. F. (2007 ; October 14). Code of coercion. *The Washington Post*, pp. B07.

Williams, C. C. (2006). The epistemology of cultural. *Families in Society*, 87(1), 209–220.

Williams, A. (2007, August 1). Child abuse in military families. *Star Tribune*, pp. A1, A7.

Williams, L. F. (1990). The challenge of education to social work: The case for minority children. *Social Work*, 35(3), 236–242.

Williams, N., & Reeves, P. (2004). MSW students go to burn camp: Exploring social work values through service-learning. *Social Work Education*, 23, 383–398.

Wilson, W. J. (1997). *When work disappears: The world of the new urban poor*. New York: Random House

Withorn, A. (1998). No win…facing the ethical perils of welfare reform. *Families in Society*, 79(3), 277–287.

Witkin, S. (1993). A human rights approach to social work research and evaluation. In J. Laird (Ed.), *Revisioning social work education: A social constructionist approach*. Binghamton, NY: Haworth Press.

Wodarski, J. S., & Thyer, B. A. (1998). *Handbook of empirical social work practice. Volume 2: Social problems and practice issues*. New York: Wiley.

Wolf, K. T. (1991). The diagnostic and statistical manual and the misdiagnosis of African-Americans: An historical perspective. *Social Work Perspectives*, 10(1), 33–38.

Wolfe, J. L. (1992). Working with gay women. In A. Freeman & F.M. Darrillio (Eds.), *Comprehensive casebook of cognitive therapy* (pp 249–255).

Wong, D. K. (2007). Crucial individuals in the helpseeking pathway of Chinese caregivers of relatives in early psychosis in Hong Kong. *Social Work*, 52(2), 127–135.

Wood, S. A. (2007). The analysis of an innovative HIVpositive women's support group. *Social Work with Groups*, 30, 9–28.

Worden, J. W. (1991). *Grief counseling and grief therapy: A handbook for the mental health practitioner*. New York: Springer.

World Health Organization. (2008). *Suicide prevention (SUPRE)*. Retrieved July, 2, 2008, from http://www.who.int/mental_health/prevention/suicide/suicideprevent/en/index.html

Wright, O. L. Jr., & Anderson, J. P. (1998). Clinical social work practice with urban African American families. *Families in Society*, 79(2), 197–205.

Wright, R. A., Greenberg, J., & Brehm, S. S. (2004). Motivational analyses of social behavior. Lawrence Erlbaum Associates Publishers.

Wright, W. (1999). The use of purpose in on-going activity groups: A framework for maximizing the therapeutic impact. *Social Work with Groups*, 22(2/3), 33–57.

Wulczyn, F., & Lery, B. (2007). *Racial disparity in foster care admissions*. Chapin Hall Center for Children, University of Chicago, Chicago, Ill.

Wylie, M. S. (1990). Brief therapy on the couch. *Family Therapy Networker*, 14, 26–34, 66.

Y

Yaffe, J., Jenson, J. M., & Howard, M. O. (1995). Women and substance abuse: Implications for treatment. *Alcoholism-Treatment Quarterly*, 13(2), 1–15.

Yalom, I. D. (1995). *The theory and practice of group psychotherapy*. (4th ed.). New York: Basic Books.

Yalom, I. D., & Lieberman, M. (1971). A study of encounter group casualties. *Archives of General Psychiatry*, 25, 16–30.

Yamamoto, J., Silva, J. A., Justice, L. R., Chang, C. Y., & Leong, G. B. (1993). Cross-cultural psychotherapy. In A. C. Gaw (Ed.), *Culture, ethnicity and mental illness* (pp. 101–124). Washington, DC: American Psychiatric Press.

Yamashiro, G., & Matsuoka, J. (1997). *Help seeking among Asian and Pacific Americans: A multiperspective analysis*. Washington, DC: NASW Press.

Yegidis, B. L., & Weinbach, R. W. (2002). *Research methods for social workers*. Boston: Allyn and Bacon.

Yesavage, J. A., Brink, T. L., Rose, T. L., Lum, O., Huang, V., Adey, M., et al. (1983). Development and validation of a geriatric depression screening scale: A preliminary report. *Journal of Psychiatric Research*, 17, 37–49.

Yin, S. (2006). *Elderly white men afflicted by high suicide rates: U.S. medical system not set up to detect depression in the aging*. Retrieved July 2, 2008, from Population Reference Bureau Web site: http://www.prb.org/

Articles/2006/ElderlyWhiteMenAfflictedby HighSuicideRates.aspx

Yunus, M. (2007). *Creating a world without poverty. Social business and the future of capitalism.* NY:Public Affairs.

Z

Zastrow, C. (2003). *The practice of social work. Applications of generalist and advanced content* (7th ed.). Pacific Grove, CA: Thomson Brooks/Cole.

Zastrow, C., & Kirst-Ashman, K. (1990). *Understanding human behavior and the social environment* (2nd ed.). Chicago: Nelson-Hall.

Zechetmayr, M. (1997). Native Americans: A neglected health care crisis and a solution. *Journal of Health and Social Policy,* 9(2), 29–47.

Zeira, A., Astor, R. A., & Benbenishty, R. (2003). School violence in Israel: Findings of a national survey. *Social Work,* 48(4), 471–483.

Zimmerman, S. L. (1995). *Understanding family policy: Theories and applications* (2nd ed.). Thousand Oaks, CA: Sage Publications.

Zipple, M., & Spaniol, L. (1987). Current educational and supportive models of family intervention. In A. B. Hatfield & H. P. Lefley (Eds.), *Families of the mentally ill.* New York: Guilford Press.

Zuckerman, E. L. (2003). *The paper office, third edition: Forms, guidelines, and resources to make your practice work ethically, legally, and profitably* (3rd ed.). New York: Guilford Press.

Zung, W. (1965). A self-rating depression scale. *Archives of General Psychiatry,* 12, 63–70.

索 引

A〜Z

BSW ……………………………………… 58
CSWE ………………………………… 31, 58
CSWE の教育方針および認定基準 ……… 660
DSM-IV-TR ………………… 305, 361, 614
HIPAA（Health Insurance Portability and Accountability Act：医療保険の相互運用性と説明責任に関する法律）……… 115, 125
MSW（Master of Social work）………… 44, 58
NASW（全米ソーシャルワーク協会）
………………………… 29, 57, 102, 115
NASW の倫理原則 ……………… 102, 660
NAWS 倫理綱領 ……………………… 135
SOAP 記録 …………………………… 381, 515
WALMYR アセスメント尺度 ………… 549

あ

相手に対する尊重 ……………………… 105
アウトライン ……………………… 96, 255
アクションシステム …………………… 50
アサーティブ …………………………… 209
アセスメント ………… 42, 43, 59, 73, 76, 299
アセスメントにおける注意事項 ……… 304
アセスメントの基礎となる情報 ……… 316
アセスメントの切り口 ………………… 415
アセスメントの定義 …………………… 301
アドボカシー ……… 66, 520, 686, 689, 691
アドボカシーやソーシャルアクションのリスクと限界 …………………………… 692
アドボケイト ……………… 44, 55, 60, 66
アプリカント ……………………… 48, 71
アルコール …………………………… 347, 348
アルコール依存症 ……………………… 348
アンビバレント ………………………… 29

い

言い換え ……………………………… 231
怒りと暴力のパターン ………………… 185
怒りの感情に関する困難をもつクライエント
………………………………………… 186
怒りのコントロール …………………… 633
意思決定の基準 ………………………… 509
維持方略 ……………………………… 919
依存症 ………………………………… 350
依存心を養う …………………………… 118
一元的でない関係 ……………………… 122
一貫性の欠如 ………………………… 355
5つの価値（ソーシャルワーク教育上の）… 33
いつ、どのように助言をするか ……… 282
イネイブラー …………………………… 35
「今、ここ」に焦点をあてる ……… 247, 879
移民 ……………… 29, 40, 93, 336, 375, 394
医療へのアクセス ……………………… 346
飲食 …………………………………… 471
陰性症状 ……………………………… 359
インセンティブ …………………… 594, 595
インテグリティ …………………… 102, 109
インフォーマティブ・イベント ……… 552, 555
インフォームドコンセント
…………………… 53, 115, 117, 120, 491, 583

う

ウェルビーイング
………… 30, 31, 32, 42, 74, 102, 116, 133, 292, 492
ウォーミングアップ …………………… 90, 291
受け答えの効果の測定 ………………… 294
うつ病 ……………… 97, 361, 362, 363, 364
うつ病評価尺度 …………………… 379, 380

965

え

- エージェンシーシステム……………………… 50
- エクスペディター……………………… 35, 66
- エクセプション・クエスチョン…… 649, 650, 651
- エコマップ……………………… 372, 373, 398, 407
- エコロジカル……………………… 46, 78
- エコロジカル・システム・モデル………… 46
- エコロジカル理論……………………… 47, 573
- エコロジカル・システム理論…………… 47, 48
- エナクトメント……………………………… 317
- エビデンス……………………… 41, 580
- エビデンスに基づく介入……………………… 904
- エビデンスベースド……………………… 41, 53, 86
- 援助関係の促進条件…………………………… 154
- 援助グループ……………………… 453, 456
- 援助プロセス……………………… 34, 61, 71-101
- 援助プロセスが不成功に終わる場合………… 912
- 援助プロセスの成果に対する評価………… 902
- 援助を求める行動……………… 388, 423, 577
- エンパワメント………… 34, 62, 81, 503, 665, 718
- エンパワメント過程における
  ソーシャルワーカーの役割……………… 66

お

- 追い詰められたとき……………………… 203
- オーセンティシティ…………… 154, 188-190
- オーセンティックなメッセージの4つの要素
  …………………………………………… 193
- オーナーシップ………………………………… 80
- オープンエンド…… 89, 96, 234-240, 256-260, 323
- おしゃべりなクライエント…………………… 184
- 折り合い……………………………………… 114
- 穏健な普遍主義……………………………… 115
- オンライン…………………………………… 820

か

- 解決志向アプローチ………… 55, 498, 572, 574
- 解決志向の原理……………………………… 648
- 外見………………………………………… 345
- ガイド付きの実践…………………………… 602
- ガイドライン………………………… 55, 133
- 介入……………… 41, 47, 48, 51-56, 61 68, 71, 81, 110
- 回復…………………………………………… 32
- 解放の神学…………………………………… 819
- カウンセラー………………………………… 61
- 関わり合いの中で生じる反応………………… 83
- 拡大危機理論……………………… 617, 618
- 「確認」するための受け答え………………… 242
- 隠れた相互作用……………………………… 579
- 過去の経験の開示…………………………… 202
- 過少関与…………………………………… 860-896
- 過剰関与…………………………………… 860-896
- 家族システム………… 350, 382, 386, 396, 400, 403, 405
- 家族システムにおける役割………………… 441
- 家族システムの境界………………………… 423
- 家族内のルール……………………………… 764
- 家族に対するアセスメント用ツール……… 397
- 家族の意思決定スタイル……………… 433, 485
- 家族の意思決定プロセス…………………… 433
- 家族の回復力………………………………… 396
- 家族の機能…………………………… 386-388
- 家族の権力構造……………………… 429-433
- 家族の交流における内容とプロセスのレベル
  …………………………………………… 408
- 家族の神話…………………………………… 438
- 家族のストレッサー………………… 388-397
- 家族のストレングス…………… 422-423, 743
- 家族の定義…………………………………… 385
- 家族のホメオスタシス……………………… 401
- 家族のメンバーのコミュニケーション・
  スタイル………………………………… 442
- 家族の目標…………………………………… 436
- 家族の役割…………………………………… 440
- 家族のライフサイクル……………………… 448
- 家族のルール………………………………… 402
- 家族メンバーの位置関係…………………… 777
- 家族ライフサイクル………………………… 575
- 家族ライフサイクル理論…………………… 576
- 課題…………………………………………… 81
- 課題完結性…………………………………… 703
- 課題グループ……………………… 453, 821
- 課題グループの形成………………………… 489
- 課題実行の手順（TIS）……………………… 592
- 課題重要性…………………………………… 703
- 課題中心アプローチ……………… 85, 584, 609
- 課題中心システム……………… 572, 584, 587, 603
- 課題中心モデル………………… 498, 572, 574, 585
- 課題の策定…………………………………… 586
- 課題の有効性………………………………… 585
- 課題フォーム………………………………… 603
- 価値………………………………………… 32-38
- 価値観……………… 63, 93, 101, 355, 488, 691
- 価値観の衝突……………………… 103, 114
- 価値と倫理的基準…………………………… 491
- 価値のジレンマ……………………………… 37
- 価値の矛盾…………………………………… 109
- 葛藤からの解放……………………………… 772
- 過度の一般化………………………………… 630
- 過度の不安…………………………………… 360
- 環境システム………………………………… 370

環境条件	507
環境的ニーズ	370
環境の影響力	103
関係反応	858
慣行化された人種差別	711
監護権	59, 66
感情に気づく力	157
感情的な機能	97
感情のコントロール	358
感情の妥当性	360
感情の幅	360
感情表現	358
感情を表現する語句	158

き

機会	40
危機介入	572, 574, 618
危機介入モデル	498, 572, 610, 619, 620, 625
危機介入理論	612, 617
危機がもたらすメリット	616
危機状況	611
危機反応	612
危機理論	625
期限付き契約	559
喫煙	471
技能多様性	703
機能的アプローチ	52
機能的なルール	403
機能的パターン	369
機能不全	211
規範	486
基本的人権	40
機密情報	135
機密保持義務	93
虐待が疑われる場合の報告義務	128
虐待の徴候	338
逆転移	110, 882-885
客観的(Objective)情報	381
客観的データ	381
教育的役割	187
境界	122
境界の侵害	123
共感	43, 154
共感性尺度	169
共感的	258
共感的コミュニケーション	155-157
共感的コミュニケーションの技術	168
共感的コミュニケーションの尺度	170
共感的な受け答え	157, 170-180
共感的な受け答えのための導入句	179
共感疲労	865, 867, 883

凝集性	796
強調を用いる受け答え	231
協働	29, 72, 721
協働するパートナー	148
協働的問題解決	122
共有目標	508
記録	377
記録機器	471
均衡モデル	610, 625

く

具体性を求める受け答え	240-251
具体性の追求	258
具体性の追究	249
具体的な目標	460
クライエントが受けるサービスに影響を及ぼす政策	668
クライエントシステム	45, 49, 83, 343
クライエントとソーシャルワーカー間の境界維持	115
クライエントになる可能性のある人	30, 49
クライエントの怒りと不満	212
クライエントの期待	147
クライエントの拒否する権利	131
クライエントの参加	502, 543, 555
クライエントの自己開示	122
クライエントの自己決定の権利	117
クライエントの自己変革	106, 118
クライエントの準備状況	598
クライエントの責任	150
クライエントの同意	131
クライエントの独自性	105
クライエントのニーズ	111
クライエントのフィードバック	905
クライエントのプライバシーの限界	120
クライエントの役割	151
クライエントの利益	118
クライエントへの報酬	594, 595
クリーミング	133
クリティカルあるいは参加型アクションリサーチモデルを用いたグループ面接	672
クリティカル・インシデンス	552
グループの規範	796
グループシステム	382
グループセッション	367
グループのアセスメント	473
グループの意思決定	468
グループの構成	463
グループのサイズ	465
グループのニーズ	456
グループのパターン化された行動	481

グループのフォーマット		468
グループの部外者		470
グループの目的		456
グループの連携		484
グループファシリテーション		691
グループ面接	186, 209,	268, 672
グループワーク		57, 452
クローズドエンド型		96, 233

け

ゲイ	75
計画	381
計画外の終結	908, 909
計画的な終結	908, 912
経験の妥当性を肯定する	105
継続期間	466
契約	43, 79, 81, 98, 556, 808
契約の締結	558
ケース・アドボカシー	134
ケースマネジャー	34, 58, 65
ケースワーク	57
結果多様性	51
結果同一性	51
欠陥アプローチ	616
結束	488
結論の飛躍	630
限界を設定する	213
健康保険	346
現在志向・行動志向的アプローチ	560
現実検討	354
限定的な「計画に基づく延長」	917
見当識	354
権力	485

こ

コア・コンピテンシー	31, 44
後悔志向	630
効果的なメッセージを発するためのパラダイム	191
交換条件	513
高コンテクスト文化	504
交渉能力	691
構造的および経済的障害や環境からの遮断	669
構築	314
硬直化したルール	403
肯定的意味づけ	893
肯定的同意	584

合同システム	382
行動のガイドライン	466
行動のパターン	369
行動のリハーサル	599, 600
行動プロファイル	477
合同面接	268, 367
高齢者のうつ病	366
コーズ・アドボカシー	134
コーズアドボカシー	689
コーディネーター	65
コーピング・クエスチョン	650
ゴールまでのレース	529
誤解	357
国際ソーシャルワーカー連盟	30
心の均衡	610
心の均衡をめざすモデル	610
心の深読み	630
個人化	193
個人情報の要求	199
個人セッション	367
個人的な自己開示	190
個人の価値観	101
個人の認知パターン	480
個性を肯定する	105
固定観念	105
言葉での説得	600
言葉の阻害要因	279
子どもと高齢者に対するアセスメント	338
子どもに対するアセスメント	339
子どものうつ病	365
コピーの禁止	131
個別教育計画	501
コミットメント（関与）の欠如	605
コミュニケーションの阻害要因	445
コミュニティ・オーガナイザー	700
コミュニティの規範的なストレングス	699
コミュニティオーガニゼーション	58
コミュニティの価値観や姿勢	698
コミュニティの組織化	694
コミュニティやグループの自然発生的な援助システム	686
コンサルタント	67
コンサルテーション	67
個人内システム	344
コンタクテッド・パーソン	48
コンタクト	71, 73
コンピテンス	102, 491

さ

サービス機関のチーム	718
サービスの価値	102
最低限の促し	230
細分化	516
サティア	728
サブグループ	475, 478, 484, 485, 575, 786, 800
差別化	790, 795, 814
差別に関するソーシャルワーカーの責任	711
差別を行わないこと	491
サポートシステム	30, 78, 365, 683
サポートネットワーク	681
参加型アクションリサーチ	674
三角測量的な観察	552
参加への準備	784, 794
参加への準備段階	804

し

ジェネラリスト	58, 86, 573
ジェネラリスト実践	44, 618
ジェノグラム	347, 398, 425, 728
自我心理学	52
自記式尺度	549
資金提供者	502
シグネチャー教育法	46
刺激と反応の一致	228
資源	33, 66, 73, 76, 343
資源開発	103, 660
資源システム	58
資源にアクセスする権利	102, 103
資源を動員するための協調的パートナーシップ	678
思考障害	359
思考と感情の葛藤	105
自己開示	63, 90, 91, 122, 147, 177, 188, 190
自己開示の種類	190
自己開示のタイミングと強さ	191
事後介入	910
自己概念	357
自己覚知	33, 63, 83, 102, 110
自己関与的な説明	190
自己関連づけ	630
自己規制	110
自己決定	62, 76, 115, 117, 491, 581
自己決定権	133
自己決定の原則	137, 700
自己決定の権利	118
自己決定の制約	510
自己効力感	81, 118, 503, 585, 599, 600
仕事と家族	394
自殺	364
自殺の危険性	363
自助グループ	45, 337, 445
システム概念	400, 401, 413
システムの枠組み	397, 414, 474
システムモデル	47
システム理論	47, 51
事前指示書	119
事前に対応計画を取っていた場合に生じる終結	914
事前面接	460
実証的なエビデンス	580, 585, 632, 648
実践者の非言語的なコミュニケーションの一覧表	278
実践モデルに従うアセスメント	314
質問を畳みかける	288
自動思考	628
児童保護サービス	59, 128
自発的なクライエント	30, 49, 84, 148, 458
自民族中心主義	115
社会化	95
社会学習理論	627
社会経済的正義	58
社会経済的地位	95
社会構成主義	618
社会事業介入モデル	672
社会システム	42, 77
社会システム理論	42
社会正義	29, 40, 69, 102, 694
社会政策	58, 389
社会的機能	345
社会的近接や社会的距離	507
社会的ネットワーク	48, 300, 321, 326
社会福祉	36
社会変革	30
ジャッフェ・ヴィ・エドモン（Jaffee v. Redmond）事件	129
終結	85, 817, 907
終結における儀式	920
終結プロセスにかかる負荷	907
集団の利益	114
柔軟性	577, 578
主観的観察	381
主観的情報	381
主体性	583
出席率	472
受動的協力者	118
受動的抵抗者	118
受動的な抵抗	90
守秘義務	124
受容可能性	347
循環的因果関係	412
循環的行動	412
ジョイニング	736, 749

紹介されてきたクライエント……………… 73
障害の特定……………………………… 597
召還令状と秘匿特権付き情報…………… 129
上級ジェネラリスト……………………… 55
情緒障害…………………………………… 361
情緒的喚起………………………………… 600
情緒的理由づけ…………………………… 629
焦点………………………………… 77, 259
焦点づけ…………………………… 96, 253, 263
情報開示…………………………………… 135
情報公開…………………………………… 124
情報収集…………………………………… 124
情報提供に伴う潜在的リスク…………… 125
情報の開示………………………………… 126
初回面接…… 92, 98, 147, 149, 181-184, 199, 254, 323
初心者のソーシャルワーカー 92, 187, 215, 236, 280
自律性……………………………… 583, 704
事例のノート……………………………… 381
ジレンマ…………………………………… 109
人権………………………………………… 40
資源へのアクセス………………………… 62
人種差別……………………… 62, 336, 421, 711
人生経験を理解する……………………… 106
人生の移行………………………… 329, 393
身体接触…………………………………… 473
身体的健康………………………………… 346
身体的特徴………………………………… 345
診断とアセスメントの違い……………… 304
進捗状況のモニタリング………… 81, 550, 553
進捗に対するクライエントの認識……… 904
心的外傷後ストレス障害（PTSD）
　……………………………………… 612, 614
信念………………………………… 63, 101
親密性…………………………… 788, 795, 814
新メンバー………………………………… 470
信頼………………………………… 102, 122
心理社会的アプローチ…………………… 52
心理的コンタクト………………………… 228
心理療法…………………………………… 125

す

随伴性契約………………………………… 556
スーパーバイザー………………… 68, 703, 917
スーパービジョン………… 56, 68, 83, 110, 915, 918
スーパービジョンとコンサルテーション… 126
スキーマ…………………………………… 631
スケーリング・クエスチョン…………… 650
ステレオタイプ…………………………… 178
ストレス…………………………………… 576
ストレスマネジメント…………………… 64

ストレングス 30, 34, 43, 61, 67, 81, 343, 344, 666, 743, 835
スピリチュアリティ……………………… 367
すべき思考………………………………… 630
スペシャリスト…………………………… 58

せ

成果の維持………………………………… 919
成果の評価………………………………… 903
成功体験…………………………………… 599
政策分析…………………………………… 691
性差別……………………………………… 62
精神疾患と診断・統計マニュアル（新訂版）
　→ DSM-IV-TR……………… 305, 361, 614
精神的アセスメント……………………… 376
精神力動的理論…………………………… 52
性的虐待…………………………… 59, 97
生物心理社会的システム………………… 347
生物物理学的考慮………………………… 379
生物物理学的な機能に対するアセスメント 345
セーフティネット………………………… 30
セカンド・スーパービジョン…………… 520
接近・回避行動…………………………… 784
折衷的ジェネラリスト…………………… 573
折衷的な問題解決アプローチ…………… 619
説明責任…………………………………… 38
セルフモニタリング……………………… 546
善意に基づく契約………………………… 556
先行条件…………………………………… 326
潜在的な資源……………………………… 30
潜在的な阻害要因………………… 535, 597
潜在的なリスク…………………………… 536
先入観……………………………………… 106
全米ソーシャルワーカー協会（NASW）…… 29
専門家によるより深い共感的な受け答え
　………………………………………… 84
専門職上の価値……………… 101, 114, 115
専門職上の関係…………………………… 122
専門職上の境界………………………… 117, 122
専門職の基本的価値……………………… 114
専門職の中核的価値……………………… 102
専門職の目的……………………………… 31
専門職倫理違反…………………………… 131

そ

相違を埋める共通点	512
双極性障害	361
相互作用	370
相互性	122
相互目標	508
相互レベルの共感性	167
ソーシャルアクション・システム	720
ソーシャルアクション	70, 660, 686, 689, 691, 695
ソーシャルサポート	681
ソーシャルサポートシステム	372, 373
ソーシャル・ネットワーク・グリッド	375
ソーシャルプランナー	696
ソーシャルワーカーの見解を求める質問	201
ソーシャルワーカーの倫理的責任	115
ソーシャルワーク実践	58
ソーシャルワークの違法行為	123
ソーシャルワークの基本的価値	102, 580
ソーシャルワークの倫理	581
遡及的な評価	547
測定可能な目標	500
測定と評価	541
ソシオグラム	484
組織内の変革の方略	701
組織のエコロジー	702
組織の文化を考慮する力	713
率直なフィードバック	202, 434

た

ターゲットシステム	49
ターゲットとなる懸案事項	598, 608
ターゲットとなる懸案事項の特定	586
大うつ病性障害	362
第三者の権利	127
対人技術	43
ダイナミクス	592
代理体験	600
代理トラウマ	865
ダイレクト分野	37, 64, 69, 71
他者非難	629
他者を受容する	106
多文化的視点	431
多様性の尊重	40
タラソフ（Tarasoff）事件	127
単一被験者法	82, 904
探索	73, 77
探索の対象	254

ち

地域開発	695
チェリー・ピッキング	133
チェンジ・エージェント	663, 664, 725
力とコントロール	786, 794, 807
力の欠如	510
力も望みもない脆弱なグループ	718
知的機能	353
地方コミュニティ	698
仲介者	34
仲裁者	35
仲裁人	65
中立性	93
重複診断	350
直面化	84, 183, 838
治療	32, 60
治療規範	811
治療グループ	45, 454
治療的なしばり	895

つ

つながっていない家族	428

て

デイケア・プログラム	370
低コンテクスト文化	504
定性データ	724
定性的測定法	551
定性的評価測定	551
定量データ	724
定量的測定	545
敵意に満ちたクライエント	185
適合度	370
転移	876
転移性の抵抗	890

と

同意書	131
動機	75, 592
動機づけ	71, 73, 74, 75
動機づけのための面接	368, 499, 512, 513
動機づけ理論	499
動機と目標の一致	92, 229, 511, 512

統合失調症	359
当事者	245
同時終結	914
同性愛者への差別	62
独立心	583
閉じたグループ	464
ドメスティック・バイオレンス（DV） 348, 463, 472, 680, 838	
ドラッグ	347
トランスジェンダー	75
トライアンギュレーション	777
トリアージ評価システム	611

な

内部告発	710
内容の関連性	228
7つの受け答え	230
悩みを抱えた一人の人間としてのクライエント	106
ナラティブ・プログレス・レビュー	561

に

ニーズのアセスメント	673
ニッチ	47
二分割思考	629
人間の尊厳	32, 102
認知行動アプローチ	627
認知行動家族療法	728
認知行動療法（Cognitive-behavioral therapy：CBT）	627
認知再構成法	498, 572, 574, 627, 632, 635
認知障害	359
認知の仕方	440, 759, 760, 758
認知的な機能	97
認知の柔軟性	355
認知の歪み	105, 628, 632, 775
認知パターン	202, 354, 438
認知理論から導かれるアセスメント	315

ね

ネットワーク・セラピー	337

は

バーンアウト	865, 918
バイステック	117
バイセクシュアル	75
破局思考	629
パターナリズム	115, 118
パターン化された行動	474
発達	575
発達障害	59
発達段階に応じた適切性	528
話をさえぎる	289
ハビタット	47
パフォーマンスの達成	600
反証不能	629
判断重視	629
判断力	353
バンデューラ	599
反応性効果	546

ひ

ピアグループ	528
比較測定	904
非機能的パターン	369
非言語的な行動	275
非言語的な手がかり	275
非言語的メッセージ	183
非現実的な期待	149
非公式のネットワークや自然発生的なサポートシステム	683
非自発的なクライエント	30, 49, 499, 501, 502, 608
非線形システム	51
否定的な仮定	631
否定的な（心の）フィルター	630
秘密保持	115, 117, 124, 491
秘密保持の限界	126
評価	44, 270
評価尺度	157, 572, 724
評価手法	903
評価のもう一つの側面	724
評価方法と進捗状況の測定	542-543
費用に関する懸念	346
費用便益比率	707
開かれたグループ	464-473
貧困	30, 40, 57, 62, 102, 389-393, 396, 418, 503, 668, 670, 674, 688
頻度	466

ふ

- ファシリテーター ……………… 35, 66, 592, 705
- フィードバック ……………… 196, 756, 808, 886
- フィデリティ評価 ……………………………… 905
- フェミニスト理論 ……………………………… 819
- フォーミュラ・タスク ………………………… 652
- フォローアップ・セッション ………………… 920
- 福祉施設のプログラム ………………………… 716
- 不公平な比較 …………………………………… 630
- 物理的環境 ……………………………………… 371
- 不法滞在者 ……………………………………… 685
- プライバシー ……………………………………… 87
- プライバシーの確保 …………………………… 710
- プライバシー・ポリシー ……………………… 125
- プランニング …………………………………… 660
- ブレインストーミング ………………… 591, 597
- プレディクション・タスク …………………… 652
- プログラム構成や既存の時間的制約に基づく終結 …………………………………………… 913
- プロセスモデル ………………………………… 53
- 文化 ……………………………………………… 426
- 文化的価値観 ……………………………………… 93
- 文化的規範 ……………………………………… 114
- 文化的視点 ……………………………………… 505
- 文化的背景 ……………………………………… 479
- 文化に配慮した上での能力のアセスメント … 307
- 文化に配慮したサービス ……………………… 110
- 文化の相違 ……………………………………… 128
- 文化を考慮する力 ……………… 109, 110, 713, 715
- 文書によるインフォームドコンセント ……………………………………………………… 126
- 分離 ……………………………………… 791, 795

へ

- 米国ソーシャルワーカー協会 ………………… 102
- ベースライン …………………………………… 902
- ベースライン測定 ……………………… 546, 548, 904
- ベースライン測定値 …………………………… 903
- ベストプラクティス …………………………… 53
- 別離 ……………………………………………… 393
- 変化に対する障壁 ……………………………… 597
- 偏見 ………………… 102, 105, 106, 308, 387, 496, 579, 712
- 偏向 ……………………………………………… 103
- ベンチマーク …………………………………… 902

ほ

- 包括的なアセスメント ………………… 343, 344
- 報酬システム …………………………………… 606
- 法と倫理の関係 ………………………………… 116
- 法による指示 …………………………………… 117
- 法による指示を合意できるものにする方略 … 512
- 法の強制によるクライエント …………………………
    30, 49, 54, 63, 72, 75, 79, 80, 89, 92, 97, 98, 155, 157, 165, 167, 214, 263, 282, 324, 498, 499, 501, 502, 507, 509, 510, 519-540, 568, 573, 581, 583, 632, 647
- 法律の順守と義務 ……………………………… 688
- 方略としての社会計画 ………………………… 695
- 暴力 ………………………………………………… 97
- 暴力的行動に走りがちなクライエント ……… 186
- 保護的な介入 …………………………………… 118
- ポジティブなフィードバック ………………… 207
- ポストモダン …………………………………… 729

ま

- マイクロアグレッション ……………………… 579
- マイナス思考 …………………………………… 629
- マイノリティ ……… 36, 90, 308, 310, 361, 389, 396, 407, 418, 420
- マイノリティグループ ………… 480, 510, 559, 577
- マクロ・ソーシャルワーク …………………… 661
- マクロレベルのケースマネジメント ………… 720
- マクロレベルの実践 ……………………………… 45
- マクロレベルのプログラム …………………… 501
- 貧しい子どものためのセーフティネット …… 669
- マッチング ……………………………………… 573
- マッピング ……………………………………… 672
- マニュアル化された介入 ……………………… 904
- マネージド・ケア ……………………… 62, 85, 134
- マネジメント ……………………………………… 45
- マネジャー ……………………………………… 703
- 満足度 …………………………………………… 906
- 満足度調査 ……………………………………… 906

み

- ミクロシステム ………………………………… 58
- ミクロレベルの実践 ……………………………… 45
- ミクロレベルのプログラム …………………… 501
- 未成年者 ………………… 525, 582, 594, 614, 632
- 未成年者の権利 ………………………………… 132
- ミッションステートメント …………… 500, 701
- ミニューチン …………………………………… 728
- ミラクル・クエスチョン ……………… 98, 650

民族的マイノリティ………… 90, 93, 308, 420, 421

む

無許可での閲覧禁止……………………… 131
6つの手順………………… 619, 620, 625

め

メゾレベルの実践………………………… 45
メタコミュニケーション………… 762-764
面接…………………………………………… 86
メンバーの役割…………………………… 799

も

模擬面接……………………………………… 92
目標達成尺度……………………………… 903
目標達成の阻害要因……………………… 82
目標と課題………………………………… 516
目標の細分化……………………………… 588
モデリング………………………………… 600
モニタリング………………………… 65, 609
モルフォジェネシス……………………… 407
モルフォスタシス………………………… 407
問題解決中心………………………………… 80
問題解決アプローチ…………………… 52, 62
問題解決中心アプローチ………………… 80
問題解決モデル…………………………… 585
問題に直面したクライエント………… 106

や

薬物………………………………………… 347
薬物依存……………………………………… 97
薬物乱用の可能性を探る面接………… 349
役割移行…………………………………… 441
役割間の葛藤……………………………… 441
役割導入面接……………………………… 147
役割の明確化……………………………… 149

ゆ

有益または有害であった援助プロセスの特徴
…………………………………………… 905
優先課題の要約…………………………… 531
誘導尋問をする…………………………… 289
ユーモアを用いること………………… 283
歪んだ意味づけ…………………………… 330

よ

陽性症状…………………………………… 359
要約という技法…………………… 265-270
4つのアプローチ………………………… 572

ら

ライフステージ…………………………… 370
ラポールの構築…… 73, 74, 76, 88-93, 146, 186, 191, 242,
339, 459, 461, 730, 735, 843

り

リアクタンス理論………………………… 889
リーダーシップ………………… 43, 459, 801
リーマーのガイドライン……………… 134
リスク……………………………………… 80
リスクのアセスメント………………… 511
リビングウィル………………………… 119
リファラル…………………………… 48, 72
リフレーミング………………………… 894
利用可能性……………………………… 346
利用可能なサポート源………………… 376
リラベリング…………………………… 894
臨床アセスメントパッケージ（CASPARS） 544
臨床ソーシャルワーク学会……………… 60
臨床ソーシャルワーク連盟……………… 60
臨床ソーシャルワーカー………………… 61
倫理………………………… 36, 115, 580
倫理原則………………… 102, 109, 117, 691
倫理綱領………… 34, 38, 102, 115, 520, 522
倫理的意思決定モデル………………… 134
倫理的葛藤……………………………… 504
倫理的義務……………… 117, 132, 518, 523
倫理的実践……………………………… 523
倫理的ジレンマ………………… 109, 132, 134

倫理的責任……………………………… 520, 538
倫理的なジレンマ……………………………… 699
倫理法的類型論……………………………… 582

る

ルール違反……………………………… 405
ルールの柔軟性……………………………… 407

れ

レジリエンス……………………………… 44
レズビアン……………………………… 75
レビュー……………………………… 111

ろ

ロールプレイ……………………………… 600
録音・録画……………………………… 131
論理的分析効果……………………………… 552
論理療法（Rational-emotive therapy：RET）
……………………………… 627

わ

「私」メッセージ……………………………… 197
「私」を主語とするメッセージ…………… 193

著者紹介

ディーン・H・ヘプワース

アリゾナ州立大学スクール・オブ・ソーシャルワーク名誉教授、ユタ大学名誉教授。個人精神療法、家族療法の分野で実践経験を持つ。本書の第1版から4版までの出版に主執筆者として携わる。共著には Improving Therapeutic Communication（『治療的コミュニケーションの向上』）がある。現在は引退し、アリゾナ州フェニックスに在住。

ロナルド・H・ルーニー

ミネソタ大学ツインシティー校スクール・オブ・ソーシャルワーク教授。児童福祉の実践に携わり、インボランタリーなクライエントの援助などにかかわってきた。また、インボランタリーなクライエントに関するトレーニングやコンサルテーションを実施し、Strategies for Work with Involuntary Clients（『インボランタリーなクライエントへのソーシャルワーク戦略』）第2版の編集者を務めた。

グレンダ・デューベリー・ルーニー

アウグスバーグ大学ソーシャルワーク学部教授。ミクロ・マクロ実践コース、HBSE（Human Behavior and Social Environment：人間行動と社会環境）、倫理、児童福祉および調査の授業で教鞭をとる。実践経験に加え、児童、青少年、家族支援の機関でトレーナーとして活躍。またコミュニティをベースとした調査プロジェクトに携わる。児童福祉政策が黒人家庭に及ぼす様々な影響に対するアドボケイトを続けている。Strategies for Work with Involuntary Clients（『インボランタリーなクライエントへのソーシャルワーク戦略』第2版）の共著者でもある。

キム・シュトローム-ゴットフリート

ノースカロライナ大学チャペルヒル校スクール・オブ・ソーシャルワーク特別功労教授。ダイレクトソーシャルワーク、コミュニティと組織化、人的資源管理分野について教鞭をとるかたわら、倫理、専門的教育などを研究。非営利および公共機関における実践経験を持ち、主にメンタルヘルス、自殺防止の介入などに取り組んできた。ソーシャルワーク実践の倫理に関して、数多くの論説、研究論文、著作を手がけている。著書に Straight Talk about Professional Ethics（『職業倫理についての率直な話』）および The Ethics of Practice with Minors: High Stakes and Hard Choices（『未成年者を対象としたソーシャルワーク実践の倫理：ハイリスクと厳しい選択』）があり、共著には Teaching Social Work Values and Ethics: A Curriculum Resource（『ソーシャルワークの価値と倫理を教える：カリキュラム・リソース』）がある。

ジョアン・ラーセン

ユタ大学スクール・オブ・ソーシャルワークで教鞭をとった後、ユタ州ソルトレイクシティにて開業。個人、家族、グループを対象とした心理療法の幅広い経験を持つ。女性が抱える問題を扱った4冊の著書がある。

監修者紹介

武田信子（たけだ・のぶこ）

一般社団法人ジェイス代表理事。臨床心理士。東京学芸大学教育学部研究員。東京大学大学院教育学研究科博士課程修了。元トロント大学大学院（ソーシャルワーク）客員教授。社会的マルトリートメント予防全国集会会長。日本プレイワーク協会理事。全国で子どもの養育環境に関する調査研究や対人援助専門職の研修、専門性開発に取り組む。著書に、『やりすぎ教育』（ポプラ新書、2021）、『教育相談』（編著、学文社、2019）、『子ども家庭福祉の世界』（共著、有斐閣、2015）など。

監訳者紹介（五十音順）

北島英治（きたじま・えいじ）［第1〜4章、第9章担当］

元日本社会事業大学教授。The University of British Columbia、M.S.W.取得、The University of Washington、Ph.D.取得。1995年から東海大学健康科学部社会福祉学科助教授、その後、教授。2011年から日本社会事業大学教授、2013年より現職。著書に、『ソーシャルワーク論』（単著、ミネルヴァ書房、2008）、『ソーシャルワーク・入門』（共著、有斐閣、2000）、『社会福祉士相談援助演習』（共著、中央法規出版、2009）など。

澁谷昌史（しぶや・まさし）［第15〜18章担当］

関東学院大学社会学部教授（2016年4月より）。上智大学大学院文学研究科社会学専攻社会福祉コース博士前期課程修了。上智社会福祉専門学校社会福祉士・児童指導員科専任教員、社会福祉法人恩賜財団母子愛育会日本子ども家庭総合研究所研究員などを経て現職。専門は、子ども家庭福祉論、ソーシャルワーク論。訳書に、『アメリカの子ども保護の歴史』（2011）、『マルトリートメント 子ども虐待対応ガイド』（2008）（いずれも共訳、明石書店）など。

平野直己（ひらの・なおき）［第5〜8章担当］

北海道教育大学札幌校教授。東京都立大学大学院人文科学研究科博士課程を単位取得中退後、札幌少年鑑別所法務技官を経て現職。専門は臨床心理学・精神分析学。著書に、『ガイドブック あつまれ！ みんなで取り組む教育相談』（編著、明石書店、2022）、『学校臨床心理学・入門』（編著、有斐閣、2003）、『コミュニティ臨床への招待』（分担執筆、新曜社、2012）など。

藤林慶子（ふじばやし・けいこ）［第13〜14章、第19章担当］

東洋大学福祉社会デザイン学部社会福祉学科教授。日本女子大学大学院文学研究科社会福祉学専攻博士課程前期修了。2004年東洋大学社会学部助教授を経て、2011年より現職。主な論文、著書に、『高齢社会に対応する介護保険制度と介護支援サービス』（一橋出版、1999）、「社会福祉施設における実習スーパービジョンの課題」（『ソーシャルワーク研究』Vol.33、No.4、2008）、「生活型福祉施設におけるサービスの評価」（『ソーシャルワーク研究』Vol.38、No.2、2012）、「介護・社会福祉の人材養成の課題」（『社会保険旬報』No.2570、2014）など。

山野則子（やまの・のりこ）［第10〜12章担当］

大阪公立大学現代システム科学研究科教授。博士（人間福祉）。内閣府子どもの貧困対策に関する検討会構成員、孤独・孤立対策の重点計画に関する有識者会議構成員、厚生労働省社会保障審議会児童部会委員、文部科学省第9期中央教育審議会委員、デジタル庁こどもに関する各種データの連携に係るガイドライン策定検討委員会委員、こども家庭庁こどもの貧困対策・ひとり親家庭支援部会委員などを歴任。大阪府教育委員会ほかスクールソーシャルワーカー・スーパーバイザー。著書に、『子どもの貧困調査』（編著、明石書店、2019）、『学校プラットフォーム』（単著、有斐閣、2018）、『エビデンスに基づく効果的なスクールソーシャルワーク』（編著、明石書店、2015）など。

訳者紹介

上田洋介（うえだ・ようすけ）
東京大学教育学部卒。ビジネス・アナリスト、システム・コンサルタント、翻訳者。

藤野るり子（ふじの・るりこ）
経済学修士号を取得後、外資系企業にて社内通訳翻訳者を務める。その後、メリーランド大学大学院にて第二言語習得分野の修士号を取得。主な訳書に『国際ビジネス2　経営環境と金融システム』（共訳、楽工社、2013）。

ダイレクト・ソーシャルワーク ハンドブック
対人支援の理論と技術

2015年3月31日　初版第1刷発行
2024年11月20日　初版第3刷発行

著　者	ディーン・H・ヘプワース／ロナルド・H・ルーニー グレンダ・デューベリー・ルーニー／キム・シュローム‐ゴットフリート ジョアン・ラーセン
監修者	武田信子
監訳者	北島英治／澁谷昌史／平野直己 藤林慶子／山野則子
発行者	大江道雅
発行所	株式会社　明石書店 〒101-0021　東京都千代田区外神田6-9-5 電　話　03（5818）1171 ＦＡＸ　03（5818）1174 振　替　00100-7-24505 https://www.akashi.co.jp
装　　幀	明石書店デザイン室
編集協力／組版	清水祐子
印　刷・製　本	モリモト印刷株式会社

ISBN978-4-7503-4171-2　Printed in Japan
（定価はカバーに表示してあります）